DICTIONNAIRE
DE L'ART, DE LA CURIOSITÉ

ET

DU BIBELOT.

PRINCIPAUX OUVRAGES DU MÊME AUTEUR.

SCIENCES.

Dictionnaire général de l'Archéologie et des Antiquités chez les divers peuples. 1 vol. in-8° de VIII-576 pages, illustré de 450 gravures sur bois. Paris, Firmin-Didot et Cie, éditeurs, 1881.

Traité complet de la Tourbe. 1 vol. in-8°, avec figures. Paris, J. Baudry, éditeur, 1870. (Épuisé.) La deuxième édition est en préparation.

Traité complet théorique et pratique du chauffage et de la ventilation des habitations privées et des édifices publics. 1 vol. in-8° jésus de 262 pages, avec 250 figures intercalées dans le texte. Paris, Vve A. Morel et Cie, éditeurs, 1875.

Études sur les chaussées dans les grandes villes. Brochure in-8°. Paris, J. Baudry, éditeur, 1874. (Épuisée.)

Du Chauffage en général et plus particulièrement du chauffage à la vapeur et au gaz hydrogène, conférence faite à la Société centrale des architectes le 20 janvier 1875. Brochure in-8°. Vve A. Morel et Cie, éditeurs. (Épuisée.)

Études sur les hôpitaux et les ambulances. Brochure in-8°, avec figures. Paris, Vve A. Morel et Cie, éditeurs, 1876. (Épuisée.)

Aérage et assainissement des grandes villes. Brochure in-8°, avec figures. Paris, Vve A. Morel et Cie, éditeurs, 1876. (Épuisée.)

ARTS.

Dictionnaire raisonné d'architecture et des sciences et arts qui s'y rattachent. 4 vol. grand in-8° jésus d'environ 550 à 600 pages chacun, et contenant environ 4,000 bois dans le texte, 60 gravures à part et 40 chromolithographies. Paris, Firmin-Didot et Cie, éditeurs, 1877-80.

Traité des constructions rurales. 1 vol. in-8° jésus de XIII-509 pages, accompagné de 576 figures intercalées dans le texte ou hors texte. Paris, Vve A. Morel et Cie, éditeurs, 1875.

Des concours pour les monuments publics, à propos du concours de l'Hôtel de Ville de Paris. Brochure in-8°. Paris, J. Baudry, éditeur, 1873. (Épuisée.)

HISTOIRE.

Histoire des arts et de la civilisation de l'antique Égypte. 1 vol. in-8°, avec figures. (En préparation.)

TYPOGRAPHIE FIRMIN-DIDOT. — MESNIL (EURE).

ERNEST BOSC,

ARCHITECTE.

DICTIONNAIRE
DE L'ART, DE LA CURIOSITÉ

ET

DU BIBELOT.

PARIS,
LIBRAIRIE DE FIRMIN-DIDOT ET CIE,
IMPRIMEURS-LIBRAIRES DE L'INSTITUT DE FRANCE,
RUE JACOB, 56.
—
1883.

INTRODUCTION.

Le goût de la curiosité remonte à une haute antiquité ; les grands palais des Pharaons avec leurs merveilles sans nombre étaient de véritables musées. Ce n'était pas seulement pour satisfaire au goût des collections, mais bien plutôt parce qu'ils aimaient à s'entourer de belles œuvres, que les Égyptiens réunissaient dans leurs demeures ces merveilles d'art. Ces rois de l'Orient adoraient, du reste, le luxe, par-dessus tout ; ce n'étaient donc pas des curieux dans le sens strict que nous attachons aujourd'hui à ce mot.

On peut donc admettre que les premiers collectionneurs de l'antiquité, les premiers *curieux*, furent les Grecs et les Romains ; mais tandis que les premiers collectionnaient par amour de l'art et par un sentiment inné de posséder de belles œuvres, afin de se former et s'épurer de plus en plus le goût, les Romains, au contraire, n'avaient des collections que par ostentation pure et pour satisfaire leur vanité. La plupart, si ce n'est la totalité des collectionneurs romains, en effet, n'avaient aucun sentiment du beau ; ils auraient été incapables de distinguer un chef-d'œuvre d'un travail médiocre. Cicéron, par exemple, qui payait 200,000 francs une table de citre (thuya) ; Cicéron, qui avait ses maisons de ville et ses dix-sept villas peuplées de chefs-d'œuvre, ce prince des orateurs était cependant dénué de tout sentiment artistique. Nous en trouvons la preuve dans un grand nombre de passages de ses livres ; ainsi il ose écrire, dans ses *Paradoxes* (1) : « Dans une maison, les esclaves qui soignent les objets d'art, qui les nettoient, qui les frottent et les lavent, occupent le dernier échelon de l'esclavage... » Et plus loin il ajoute : « Vous voilà stupéfait devant une peinture d'Echion, devant quelque figure de Polyclète. Peu importe d'où elles viennent, ni par quel titre vous en êtes le

(1) *Paradoxa*, V, 2.

possesseur. Mais quand je vous vois en pamoison et en extase devant ces objets, je dis que vous êtes l'esclave de niaiseries (*ineptiarum*).

« Quoi donc! tout cela n'est-il pas agréable? Assurément oui! Et nous aussi *nous avons l'œil connaisseur;* mais, au nom des dieux, ne tenez pas que ces beautés soient faites pour enchaîner des hommes, mais bien pour amuser des enfants (*oblectamenta puerorum*). »

Ajoutons que les *Paradoxes* sont des petits traités philosophiques « tout à fait socratiques et vrais (*socratica longeque verissima*), » comme l'auteur nous le dit dans sa préface; du reste, quand Cicéron les a écrits, il n'était pas précisément jeune, il avait même dépassé la maturité du talent et de l'âge, puisqu'il avait alors soixante ans sonnés.

Voici une autre preuve du peu de goût de ce célèbre *curieux*, nous la trouvons consignée dans un autre de ses ouvrages (1); il y dit : « Vous traitez de fiction ce que raconte Carnéade, d'une tête de Faune (trouvée dans une carrière de marbre), comme si cela n'eût pu arriver par hasard, et comme si tous les marbres ne contenaient pas des têtes, même celles sortant du ciseau de Praxitèle. Car, en somme, ces têtes se font en ôtant le superflu, et un Praxitèle lui-même pour les faire ne met rien du sien; mais quand on a ôté beaucoup du bloc et qu'on est parvenu aux linéaments du visage, tout ce qui se trouve perfectionné était auparavant dans le marbre. Il a donc bien pu se trouver quelque chose de semblable dans les carrières de Chios. »

Si l'on appliquait cette théorie plus qu'étrange aux beaux ouvrages littéraires, à ceux même de Cicéron, ne pourrait-on pas dire « qu'ils sont tous dans la casse du compositeur, qu'il ne s'agit que de les en faire sortir? » Cicéron écrivait encore (2) : « Nous méprisons ces futilités, nous les abandonnons aux peuples vaincus pour leur servir de consolation et de distractions dans leur esclavage. »

Nous pourrions également mentionner des Romains illustres, tels que Salluste, Valère-Maxime, Sénèque et d'autres encore, qui professaient le même dédain que Cicéron pour les œuvres d'art : ces hommes traitaient les artistes d'ouvriers. Voici une réflexion typique de Sénèque; ce philosophe ne peut admettre parmi les professions libérales la peinture et la sculpture, « à moins, dit-il, que l'on ne comprenne également la parfumerie, l'art culinaire, ainsi que toutes les professions exercées en vue de nos plaisirs. »

Velléius Paterculus va plus loin encore, il dit qu'il eût été préférable pour Rome d'ignorer les arts que de les connaître (3).

---

(1) *De Divin.*, II, 61.
(2) *In Verr.*, II, 4, 60.
(3) I, 13.

Mais pour rendre hommage à la vérité, nous devons ajouter qu'au fond Rome méprise tout ce qui est art, parce qu'elle ne possède pas d'artistes ; dès lors elle se donne le genre (qu'on nous pardonne cette expression bien moderne ici) de mépriser les artistes étrangers; elle les appelle « petits Grecs en délire(*Grœculi delirantes*) (1), » et qu'est-ce qu'un Grec? Pétrone (2) nous l'apprend : « Un Grec est un homme à tout faire; il est à la fois géomètre, grammairien, rhéteur, garçon de bain, peintre, augure, danseur de corde, médecin, empirique et diseur de bonne aventure; il sait tout, du reste, car un Grec affamé montera au ciel, si vous le lui demandez. »

En voilà assez sur ces fameux Romains, sur ces hommes qu'on nous montre, aujourd'hui plus que jamais, comme les civilisateurs des nations en général et des Gaules en particulier. Les Romains n'ont pas civilisé les peuples, ils les ont corrompus, après les avoir odieusement combattus, afin d'assurer leur domination après la conquête.

Ce qui précède montre donc qu'un abîme profond sépare le collectionneur grec et le collectionneur romain ; mais comme on doit donner à chacun ce qui lui est dû (*suum cuique*), nous sommes bien obligé de reconnaître que, malgré son manque de goût, Rome a été la vraie patrie des curieux ; c'est grâce à ceux de cette antique cité que nos musées possèdent ces innombrables copies exécutées d'après les chefs-d'œuvre grecs, qui sans elles nous seraient inconnus. C'est grâce aux Romains que nos collections possèdent la *Vénus de l'Ermitage*, qui a appartenu à César ; le *Remouleur*, à Lucullus ; le *torse de l'Amour*, à Verrès; le *taureau Farnèse*, à Pollion; le *buste de Démosthène*, à Cicéron; le *Faune à l'enfant*, l'*Hermaphrodite* et le *vase de Médicis*, à Salluste, ces trois chefs-d'œuvre du Louvre.

La distinction que nous avons établie entre le Grec et le Romain caractérise nettement le génie des deux peuples, qui, ayant une éducation toute différente, avaient des caractères opposés.

Le Grec, par sa brillante éducation littéraire, passant sa vie dans les leschés, dans les gymnases, vivant surtout par l'esprit, savourait en délicat toutes les jouissances de l'art ; le Romain était avant tout un soldat : il faisait des exercices, des marches forcées, des tranchées et des fortifications ; il vivait dans les camps, dans les palestres, dans les cirques, dans les amphithéâtres ; il avait un culte pour la force musculaire, il la cultivait chaque jour ; aussi ne possédait-il des collections que par pure ostentation : c'est bien évident.

Parmi nos curieux modernes, nous avons certainement des Grecs, mais il y

---

(1) Pétrone, *Sat.*, III.
(2) *Ibid.*

a beaucoup plus de Romains; enfin il existe un troisième genre, le collectionneur marchand, qui achète un tableau 2,000 francs dans l'espoir de le revendre 10,000, ou une demi-armure de 80,000 francs pour la revendre 400,000 francs. Tous les marchands de curiosités juifs n'habitent pas Bagdad.

Il faut se méfier en général des collectionneurs qui, pour vous être agréables, vous cèdent, prix coûtant, une pièce ou un objet quelconque. Mais n'anticipons pas sur le rapide aperçu des curieux à travers les âges; revenons aux Grecs, puis nous parlerons des Romains, ensuite des collectionneurs de l'ancienne France, enfin des collections et des collectionneurs contemporains.

Nous ne possédons pas de renseignements sur les collectionneurs de la Grèce ancienne, mais ils devaient être fort nombreux, si nous en jugeons par la quantité d'artistes qui peuplaient ce pays et par le nombre prodigieux des œuvres d'art produites. Nous savons, en effet, que les artistes grecs étaient très habiles dans l'art de peindre, dans la sculpture, dans l'art de travailler les métaux, principalement dans la toreutique, enfin dans l'art céramique. Par les énormes collections de terres cuites grecques que possèdent les divers musées du monde entier, nous pouvons nous faire une idée de la grande importance de cette fabrication, qui avait donné son nom à un des quartiers d'Athènes.

Les fondeurs en bronze devaient aussi avoir beaucoup produit de travaux, puisque Pline nous informe (nous le disons au mot BRONZE) que « de son temps il y avait à Athènes 3,000 statues de bronze, autant à Olympie et autant à Delphes. » Nous savons aussi que l'incendie de Corinthe détruisit, avec d'immenses richesses, une grande quantité de bronzes.

Les premières collections des Grecs furent placées dans les temples et dans d'autres monuments publics, dans le Lycée, dans l'Odéon, dans le gymnase de l'Aréopage; ce dernier musée renfermait les bustes des philosophes les plus célèbres. Delphes avait une galerie de tableaux; le temple de Junon à Olympie, ceux de Minerve à Platée et à Syracuse, étaient de véritables musées; le Parthénon d'Athènes renfermait une collection de pierres gravées; l'intérieur d'autres édifices émerveillait la vue par l'exposition qu'ils contenaient des objets d'art de divers pays, notamment par des spécimens des arts de l'Égypte et de la Phénicie.

Le temple de Minerve à Lindos, dans l'île de Rhodes, possédait une coupe en *electrum* dédiée à la déesse par Hélène, laquelle coupe avait été faite d'après le moulage du sein de cette princesse (1). Un curieux moderne, un

---

(1) Pline, XXXIII, 23.

prince grand amateur de l'antiquité, avait dans sa collection des coupes de bronze exécutées d'après le moulage du sein d'une célèbre courtisane aux cheveux d'or, pour nous servir d'une expression antique, plus poétique que celle de cheveux rouges.

Mais si nous ne possédons aucun document sur les collectionneurs de la Grèce, les auteurs latins nous fournissent, au contraire, des renseignements assez importants sur les curieux de Rome ; ceux-ci se nommaient : Cicéron, Atticus, Verrès, Sylla, Lucullus, Chrysogon, Licinius, Muréna, Scaurus, César, Servilius, Crassus, Pompée, Camérinus, Antoine, Brutus, Cassius, Salluste, Auguste, Agrippa, Mécène, Censorinus, Asinius Pollion, Varron, etc.

Nous ne décrirons pas les collections et les caractères de ces personnages ; nous nous bornerons seulement à fournir quelques détails caractéristiques sur quelques-uns d'entre eux, par exemple sur Verrès, qui possédait sans contredit la plus célèbre galerie de Rome. Cet homme était un grand seigneur, et, bien que fils de patricien, il était sans fortune, mais aussi sans préjugés ; il était fin connaisseur, mais voleur comme pas un : nous le verrons bientôt. Il fit ses premières armes avec Marius, et, prévoyant la triste fin de son patron, il passa résolument à Sylla : il n'avait pas de préjugés, nous venons de le dire. Son nouveau patron lui abandonna, pour se l'attacher, les dépouilles des proscrits ; Verrès pilla avec bonheur : il était si rapace ! Puis, comme lieutenant de Dolabella, il fut chargé de conduire en Asie la guerre contre les pirates ; c'était bien le cas de dire : à pirate, pirate et demi. Il faut lire dans Cicéron la belle conduite de Verrès en Asie ; le portrait est peut-être un peu chargé (jalousie de confrère en curiosité, dira-t-on), soit ; mais un fait ressort d'une façon indiscutable : c'est que, bien que parti sans un as dans sa poche, ce que nous traduisons aujourd'hui sans un *sou vaillant*, Verrès, en revenant de l'Orient, était assez riche pour occuper quelques années plus tard, et cela pendant trois ans, la plus haute fonction de Rome, celle de préteur de la ville, c'est-à-dire de suprême magistrat de la justice civile. On peut se demander quelle pouvait bien être la probité des juges ayant à leur tête un brigand (le mot n'est pas trop fort, nous le prouverons bientôt) comme Verrès. Après son prétorat, ce digne magistrat fut nommé proconsul en Sicile ; on sait quel était le pouvoir des représentants de la puissance romaine dans les provinces : celui d'un autocrate terrible, dans les mains duquel se trouvait concentrée toute l'administration : justice, finances, troupes de terre et de mer ; aussi Verrès se conduisit de telle sorte que Cicéron pût dire un jour en plein tribunal : « Je nie que dans toute la Sicile, cette province si riche et si ancienne, il y ait, parmi les plus prospères cités et les familles opulentes, un seul vase d'argent, un seul bronze de Corinthe, une seule perle, une seule pierre précieuse ; je nie qu'il y ait un seul objet d'or ou d'ivoire, une seule statue de marbre ou d'ivoire ; je nie qu'il y ait une seule peinture que Verrès n'ait recherchée, et que, les objets lui ayant plu, il ne les ait volés. »

Aussi, en revenant de Sicile, Verrès avait une fort belle collection qui ne lui coûtait pas grand'chose : rien du tout ; du reste, à cette brillante époque de Rome, le vol et le pillage étaient dans les mœurs des grands personnages romains, de ces grands civilisateurs du monde. Cicéron (1) nous dit : « Quelle est la ville d'Asie qui a pu se reconnaître, respirer ou vivre seulement, je ne dirais pas sous l'autorité d'un général en chef ou de son légat, mais même sous le gouvernement d'un seul tribun des soldats ? qu'on la nomme. »

Voici, du reste, un aperçu de la façon d'opérer de Verrès.

Les habitants de Tyndaris avaient pour principal dieu Mercure ; ils en possédaient une représentation en bronze, un vrai chef-d'œuvre. Verrès, le jour même de son arrivée à Tyndaris, aperçoit ce bronze, et, pour prendre possession de sa province, il ordonne qu'on descende Mercure de son piédestal et qu'on l'expédie à Messine. Le premier magistrat de la ville s'y refuse, le préteur le fait empoigner et déshabiller par ses licteurs, qui le garrottent et l'attachent tout nu, en plein hiver, à l'une des statues équestres du forum de Tyndaris. Le sénat implore la grâce du magistrat intègre, mais Verrès ne l'accorde qu'en échange du bronze, qu'il lui faut absolument pour ses collections ; le sénat s'exécute. Après tout, Mercure n'est-il pas le dieu des voleurs, et Verrès ne pouvait-il à la rigueur opérer de la sorte pour lui rendre hommage ?

Une autre fois, Verrès veut absolument la Diane de Ségeste, c'est-à-dire une statue colossale en bronze ; il l'a demande aux Ségestains. Ceux-ci font la sourde oreille. Notre honorable préteur frappe alors des impôts aussi exorbitants qu'extraordinaires, il fait des levées en masse de marins, enfin il commet tant et tant d'exactions et de voleries que les pauvres Ségestains, écœurés, rançonnés à merci, viennent le supplier de vouloir bien accepter leur Diane.

Verrès opère de même à Agrigente, à Perga, à Samos, à Syracuse, à Chio, à Ténédos, partout enfin où s'exerce son pouvoir. Il pille tous les temples, tous les édifices, toutes les collections : il lui faut bien monter les siennes, le pauvre homme !

Mais l'acte le plus inqualifiable de Verrès, c'est la manière dont il s'empare d'un beau candélabre qu'Antiochus, roi de Syrie, envoyait aux dieux du Capitole. Le fils du roi apportait lui-même à Rome cet objet d'art tout

---

(1) *Pro lege Man.*, 22 et 23.

en or massif, d'une dimension colossale, finement ciselé et garni de pierres précieuses. C'était, on le voit, un chef-d'œuvre de grand prix. Pour son malheur, le jeune prince passe par Syracuse; Verrès lui emprunte pour quelques jours la merveille destinée aux dieux, afin, dit-il, de la montrer à ses ouvriers comme un beau modèle pouvant leur former le goût. Le jeune prince, foncièrement honnête, sans défiance aucune, consent au prêt; puis au bout de quelques jours, voulant poursuivre sa route, il réclame à Verrès son candélabre, une fois, deux fois, trois, fois mais sans aucun succès. Le jeune prince insiste timidement d'abord, puis il se fâche; c'est ce qu'attendait Verrès pour se débarrasser de cet importun : il le fait donc jeter hors de sa province, ne pouvant supporter une insolence qui pourrait porter atteinte à la dignité de la puissance romaine.

C'est avec de pareils procédés que le préteur se créa sa pinacothèque, sa bibliothèque et sa dactyliothèque. — Malheur aux naïfs qui montraient une bague ou un cachet! Verrès leur faisait l'honneur de les leur emprunter, mais il oubliait toujours de les leur rendre.

Avec la quatrième *Verrine* de Cicéron, le *de Signis*, nous pourrions fournir beaucoup de détails sur cet honnête préteur, ainsi que décrire l'agencement d'une collection romaine, mais nous pensons que nos lecteurs sont suffisamment édifiés sur ce personnage, ce fameux représentant de la puissance romaine. Pour ce qui est de l'arrangement d'une collection, comme nos lecteurs appartiennent pour la plupart au monde des curieux, ils doivent parfaitement se rendre compte de la disposition d'un cabinet d'amateur de l'ancienne Rome, puisqu'ils connaissent certainement la distribution d'une maison romaine avec ses *atria* et ses galeries.

Nous n'ajouterons donc que quelques mots pour terminer ce que nous avons à dire sur les amateurs romains, puis nous nous occuperons des curieux modernes.

Après Verrès, le plus grand collectionneur de Rome fut sans contredit l'édile Scaurus, le gendre de Sylla, qui avait commis autant de malversations que Verrès de vols. Pline (1) en parle à peu près dans ces termes : « Ce Scaurus, qui possédait un palais sur le Cœlius, avait pour beau-père un Sylla, pour mère une Métella, qui achetait tous les biens des proscrits, pour père un Scaurus, prince du sénat, associé de Marius et receleur des dépouilles des provinces. » Scaurus fit construire, pour donner des fêtes pendant un mois, un théâtre qu'il décora de trois mille statues, qui, après avoir servi à cette décoration, reprirent leur place dans sa galerie à côté des objets d'art que lui avait laissés son beau-père.

(1) Pline, XXXVI, 24.

Suétone (1) nous apprend que César était aussi un riche amateur recherchant les pierres précieuses, les beaux travaux de ciselure et les belles tables antiques. Il achetait aussi beaucoup de tableaux ; il en paya deux à Timomarque 80 talents, soit environ 400,000 francs. Ce fut César qui ouvrit dans Rome la première exposition publique d'objets d'art sur le Capitole (2).

Le fameux triumvir Antoine devait aussi posséder de belles collections, car il avait pillé Rome et les provinces afin de les garnir ; quand il désirait une collection ou un objet d'art, il proscrivait son propriétaire : c'est ainsi que, pour avoir une belle opale, il proscrivit le sénateur Nonius, et Varron, afin de posséder sa riche bibliothèque.

Un jour, Antoine demanda à Verrès ses vases de Corinthe ; celui-ci eut l'imprudence de refuser : il fut proscrit et tué. Il avait trouvé enfin un maître ! Comme on peut le voir, tous ces gens se valaient ; c'était, du reste, le moment du plus grand luxe, l'époque qui fit dire à Juvénal (3) que le luxe était chargé des vengeances du monde vaincu. Mais abandonnons ici l'antiquité et arrivons aux temps modernes.

Les premiers rois francs et mérovingiens aimaient beaucoup les objets d'art, ils en possédaient en assez grand nombre dans leurs palais. Nous n'ignorons pas que Clovis appréciait beaucoup la belle orfèvrerie ; Childebert, les manuscrits ; et que Chilpéric, au dire de Grégoire de Tours, faisait rechercher par un fin limier, le juif Priscus, les ouvrages de prix. Dagobert et Charles le Chauve enrichirent considérablement le trésor de Saint-Denis. Enfin, au XIIIe siècle, Louis IX fit de la Sainte-Chapelle un véritable musée. Mais nous avons hâte d'arriver au XIVe siècle, parce que nous pouvons montrer une collection de cette époque d'après la *Description de Paris* par Guillebert de Metz ; voici ce qu'écrit cet auteur à ce sujet :

« La porte de l'ostel de maistre Jaques Duchié, en la rue des Prouvelles est entaillée d'art merveilleux. En la court estoient paons et divers oyseaux à plaisance. La première salle est embellie de divers tableaux et escriptures d'enseignements et pendus aux parois. Une autre salle est remplie de toutes manières d'instrumens, harpes, orgues, vieilles, guiternes, psaltérions et autres, desquels le dit maistre Jaques savoit jouer de tous. Une autre salle estoit garnie de jeux d'eschez, de tables et d'autres manières de jeux en grant nombre, item une belle chappelle où il y avoit des pulpitres à mettre livres dessus, de merveilleux art, lesquels on faisoit venir à divers sièges loings et près, à destre et à senestre, item, ung estude où les parois estoient couverts

---

(1) *Cæsar*, XLVII.
(2) Suétone, *Cæsar*, X.
(3) Juvénal, VI, 292.

de pierres précieuses et d'espices de souesve oudeur, item une chambre où estoient foureures de plusieurs manières, item, plusieurs autres chambres richement adoubés de lits, de tables, engigneusement entaillés et parés de riches draps et tapis à orfrais, item en une autre chambre haulte estoient grand nombre d'arbaleste, dont aulcuns estoient paints à belles figures, là estoient étendars, bannières, haches, guisarmes, mailles de fer et de plomb, pavois, targes, escus, canons et autres engins avec plenté d'armeures et de briefment; il y avoit aussy comme toutes manières d'appareils de guerre, item, là estoit une fenestre faite de merveillable artifice par laquelle on mettoit hors une teste de plates de fer creux, parmy laquelle on regardoit et parloit à ceux dehors si besoing estoit, sans doubter le trait (sans avoir à redouter un trait); item, par dessus tout l'ostel estoit une chambre carrée où estoient fenestres de quatre costez pour regarder par dessus la ville. » Il y avait à cette époque une sorte de monte-plat établi dans l'hôtel de Jacques Duchié, car nous lisons quelques lignes plus bas : « Et quand on y mangeoit, on montoit et avaloit (descendait) vins et viandes à une polie, pour ce que trop hault eust esté à porter. Et par dessus les pignacles de l'ostel estoient belles ymages dorées. Cestui maistre Jaque Duchié estoit bel homme, de honneste habit et moult notable; si tenoit serviteurs bien moriginés et instruits d'avenant contenance, entre lesquelx estoit l'un maistre charpentier, qui continuellement ouvroit (travaillait) à l'ostel. »

A quelle classe de la société pouvait appartenir Jacques Duchié ?

C'était certainement un bourgeois, un commerçant probablement, qui collectionnait uniquement par goût.

Si nous n'avons pas de détails sur d'autres collections du xiv° siècle, nous possédons en revanche des inventaires : ceux de Clémence de Hongrie, du duc de Normandie (1363), de Charles V (1380), de Charles VI (1399).

Pour le xv° siècle, ce sont les inventaires de Jehan, duc de Berry (1412), de Philippe le Bon (1420), d'Anne de Bretagne (1498).

L'inventaire du château d'Amboise, rédigé le 23 septembre 1499, nous fournit une description d'un véritable musée d'armes de la fin du xv° siècle. On pouvait y voir, en effet, des épées de tous genres : « une espée emmanché de fer, garnie en fason de clef, nommée *l'espée de Lancelot du lac;* une espée d'armes garnie de fouet blanc et au pommeau a une nostre dame d'un costé et ung souleil de l'autre, nommée *l'espée de la victoire*, puis une espée aux armes du pape Caliste, une dite : *espée du roy d'Écosse*, etc.; » puis ce sont des dagues ; une d'elles emmanchée de licorne, la poignée de cristallin, nommée la *dague Saint Charlemaigne;* une autre dague à rouelle de bois; un grand nombre de haches à une main et à deux mains, des fers de lances, des brigan-

INTRODUCTION.

dines, enfin « le harnois de la Pucelle garniz de garde braz, d'une paire de mytons et d'un abilement de teste, où il y a ung gorgerey de maille, le bort doré, le dedans garny de satin cramoisy doublé de mesme. »

Pour le xvi° siècle, nous avons les inventaires de Georges d'Amboise (1510), de Charlotte d'Albret, duchesse de Valentinois (1514) (1), de Marguerite d'Autriche (1524), de Charles-Quint (1536), de la Sainte-Chapelle de Paris (1573), de Marie Stuart (1586), de Catherine de Médicis (1589) (2), de Gabrielle d'Estrées (1599). Parmi les collectionneurs célèbres de ce siècle, nous mentionnerons : Jean Grolier, le bibliophile, et Jacques-Auguste de Thou.

Le xvii° siècle est une belle époque pour la curiosité ; c'est alors que nous voyons apparaître les premiers catalogues de vente, les experts et les collectionneurs, tels qu'ils existent à peu près de nos jours. L'un des premiers catalogues a été rédigé par de Marolles, abbé de Villeloin. Les collectionneurs célèbres étaient : Claude Maugis (1658); Mazarin (1661), qui, quelques jours avant sa mort, se faisait transporter dans sa galerie et disait en lui-même, mais assez haut pour être entendu : « Et dire qu'il me faut quitter tout cela... et encore cela... J'ai eu tant de peine à acquérir ces choses! Ah! je ne puis les abandonner sans regret... car je ne les verrai plus où je vais... où je vais... Mon Dieu! quand j'y songe... (3); » Michel de Marolles (1681), Evrard Jabach (1695).

Les collectionneurs du xviii° siècle sont : la comtesse Verrue (1736), Pierre Crozat (1740), Antoine de la Roque (1744), L. de Madaillan (1750), le comte de Caylus (1765), Jean de Julienne (1766), Jean Mariette (1774), Blondel de Cagny (1776), etc. C'est pendant la première moitié du xviii° siècle que l'on vendit les collections de la comtesse Verrue, de Crozat, de la Roque, d'Augrand, de Fontpertuis, de Quentin de Lorangère, du prince de Carignan, de Cagny, du duc de Tollard. De Julienne acheta à ces ventes un grand nombre d'objets pour la galerie qu'il avait fait construire dans le jardin de son hôtel vers 1730; il commençait à collectionner depuis 1715 et il continua jusqu'à sa mort, survenue en 1766.

Nous donnerons ici, pour terminer ce qui nous reste à dire sur les collections du xviii° siècle, deux titres de catalogues : l'un rédigé par Gersaint, c'est celui de Quentin de Lorangère; l'autre, par Pierre Remy et C.-F. Julliot, pour la vente de Julienne; enfin nous citerons quelques lignes d'un catalogue de Cochin :

---

(1) Publié par E. Bonnaffé, Paris, Quantin, éditeur, 1878.
(2) Publié par E. Bonnaffé, Paris, Aubry, éditeur, 1875, et Quantin, éditeur, 1880.
(3) *Chroniques de l'Œil-de-bœuf*, I, p. 17.

INTRODUCTION. XI

Catalogue raisonné des diverses curiosités de M. Quentin de Lorangère, composé de tableaux des meilleurs maîtres des Flandres et d'une collection de dessins et d'estampes de toutes les écoles, etc., par E.-F. Gersaint à Paris, chez Jacques Barois, quai des Augustins, 1744. Voici le libellé du second : *Catalogue raisonné des tableaux, dessins, estampes et autres effets curieux après décès de M. Juliènne*, par Pierre Remy et C.-F. Julliot, 1 vol. in-12 de 316 pages, Paris, 1767. Rémy était marchand d'estampes, rue de la Poupée, et Julliot, marchand de curiosités, rue Saint-Honoré, au coin de la rue du Four, à l'enseigne *Au Curieux des Indes*. Il vendait principalement des porcelaines et des meubles en laque de l'Orient.

Un fait digne d'attirer l'attention, c'est que Gersaint, dans sa préface du catalogue de Quentin de Lorangère, commence déjà à faire valoir la collection de Julienne en ces termes : « Le goût naturel pour les belles choses et l'amour que M. de Julienne a toujours eu pour les arts, qu'il a cultivés dès sa plus tendre jeunesse, se reconnaissent aisément dans le fameux cabinet qu'il possède aujourd'hui et à la perfection duquel il travaille depuis une trentaine d'années (1). Malgré l'application continuelle qu'exigent deux manufactures à la tête desquelles il est depuis longtemps, etc. (2): »

Voici, d'après le catalogue de Cochin, la description d'une chambre du XVIII° siècle, de la chambre de la marquise du Deffand (3) :

« Un coin de cheminée à côté duquel s'évase une ample bergère aux pieds de bois, aux bras rustiques, aux larges et mollets coussins; sous la bergère un panier à laine en osier, à l'apparence de Charpagne ; contre la cheminée une servante, au-dessous une petite étagère-bibliothèque à trois planchettes de livres; dans l'angle de la pièce une encoignure avec quelques porcelaines ; au fond, dans la boiserie unie, est placée sans ornement et sans moulure, une porte vitrée dominant sur le noir d'un cabinet; et, dans l'alcôve qui suit, la tête d'un lit qui paraît recouvert d'une perse à ramages, garnissent également le mur où l'on aperçoit un petit cartel : telle est la chambre de Mme du Deffand. »

Quant aux collectionneurs du XIX° siècle ; ils sont si nombreux que nous n'en parlerons pas ici; nous en donnons, du reste, une liste assez complète à la fin de notre ouvrage, avant la table analytique et synoptique des termes de ce Dictionnaire groupés par genres ou familles.

Nous ne parlerons pas davantage des collections, car il faudrait un gros vo-

---

(1) Le catalogue de Gersaint a été imprimé en 1743, et nous avons dit que Julienne commença à collectionner vers 1715 ; c'est donc juste vingt-huit ans : on voit que Gersaint disait vrai.
(2) Il s'agit de deux manufactures de draps qui étaient situées sur la rive gauche de la Bièvre dans les terrains que traverse aujourd'hui l'avenue des Gobelins.
(3) *L'Art au XVIII° siècle*, par Edmond et Jules de Goncourt, Paris, Firmin-Didot, éditeur.

lume pour les décrire ou seulement les analyser d'une manière très sommaire. On collectionne tout aujourd'hui, et indépendamment des nombreux marchands de curiosités, le grand marché parisien de la rue Drouot permet à quiconque a de l'argent et un peu de goût de pouvoir en quelques jours se monter un *musée*. Du reste, nos collectionneurs sont si divers dans leurs préférences que des industriels, toujours à l'affût de bonnes affaires, n'ont pas hésité à dépecer des châteaux pour en revendre les morceaux. Il y a cinquante ans environ, n'a-t-on pas transporté de Moret, près de Fontainebleau, pour la reconstruire Cours-la-Reine à Paris, la façade d'une maison de la renaissance? Un bon bourgeois de Paris n'acheta-t-il pas, il y a vingt-huit ans environ, des cheminées d'Arnay-le-Duc pour en meubler sa maison de campagne? Un Marseillais n'a-t-il pas démoli, il y a environ quinze ans, la porte monumentale du palais des Stanga, à Crémone, pour la donner au musée du Louvre? Cette porte ne pesait, du reste, que la bagatelle de 55,000 tonnes. Mais les hauts faits de MM. les démolisseurs ne s'arrêtent point aux quelques démolitions qui précèdent; ce sont là des portions de monument : mais voici qu'en 1880, dans le département du Lot, canton de Saint-Ceré, c'est un édifice tout entier qu'on démolit, l'ancien château de Montal. On le dépose pierre par pierre pour le placer sur wagon, après avoir créé une route et avoir camionné le tout à travers bois de l'emplacement du défunt château à la station la plus proche du chemin de fer, c'est-à-dire à plus de 25 kilomètres.

Le railway a déposé le tout boulevard de Clichy, à Paris, où nous avons pu constater *de visu* l'arrivage en assez bon état de ce qui fut l'ancien manoir des Montal, bâti par Jehanne de Balsac. Et tous ces vénérables débris, lucarnes, cheminées, médaillons, frises à rinceaux, gables, etc., ont été vendus et dispersés sous le marteau du commissaire-priseur le 31 avril 1881, à deux heures de relevée, pour nous servir du style de l'officier ministériel. Des collectionneurs émérites, des princes du sang, ont acheté ces beaux spécimens de l'art français; l'un a poussé les bustes, un autre une cheminée, celui-ci une lucarne, celui-là une frise de corniche. Une lucarne a été adjugée 15,000 francs à M. Edmond Foulc, qui l'a transformée en porte dans l'hôtel qu'il vient de se construire au Trocadéro; M. Stettiner, le célèbre marchand, a payé 50,000 francs une cheminée (1); le château tout entier n'avait été vendu, paraît-il, que 60,000 francs. Singulière destinée que celle de ce château! Dans quels lieux iront reposer ses vénérables restes? Peut-être un

---

(1) A la vente Hamilton, cinquième vacation, 15-20 juillet 1882, M. H. Stettiner a payé (n°s 301, 302), un secrétaire et une commode ayant appartenu à Marie-Antoinette, dernières œuvres livrées par Riesener et Gouthière, 115,500 et 107,625 francs.

INTRODUCTION. XIII

jour, en parcourant un musée de New-York ou de Boston, nous retrouverons-nous en face de nos vieilles connaissances de Montal, qui auront franchi l'Océan, sans s'en douter probablement. *Sic transit gloria mundi*, ce que nous traduirons très librement : ainsi voyagent de glorieuses mondaines... de pierre.

Après ce rapide aperçu sur la curiosité, nous prierons le lecteur de nous accorder encore quelques instants d'attention pour lui expliquer le plan de ce nouvel ouvrage et lui exposer en même temps les motifs qui nous ont conduit à l'écrire.

Le plan du *Dictionnaire de l'Art et de la curiosité* est des plus simples : nous ne nous occupons que des seuls arts plastiques ou du dessin, c'est-à-dire des arts ayant une forme palpable, laissant de côté les résultats des arts instantanés, tels que la musique, la danse, la pantomime et la déclamation. Nous devons ajouter que de ces arts plastiques nous avons exclu l'architecture, le plus considérable de tous cependant et qui pour cela méritait un travail à part; nous l'avons fait, et d'une manière fort étendue (1).

Dans le présent ouvrage, nous traitons d'une manière générale des arts suivants : armes et armures, bijouterie et joaillerie, céramique, orfèvrerie et argenterie, étoffes et tissus, verrerie. Les diverses branches des arts qui précèdent ont également des subdivisions que nous étudions aussi, ce sont : la damasquinerie et la ciselure, les gemmes et les pierreries, la faïence et la porcelaine, les travaux du métal (estampage repoussé, émaillerie, etc.), les tapisseries; les verres de Bohême, de Venise, et la cristallerie; enfin nous traitons des menus objets de la curiosité, du *bibelot*, puisqu'il faut l'appeler par son nom, ainsi que des divers accessoires qui se rattachent directement à notre sujet, tels que le blason, les ustensiles de sacrifices, ceux de table et de cuisine, les meubles, etc., etc. C'est ce vaste ensemble qui justifie si bien le titre de l'ouvrage.

Cet ensemble bien arrêté, nous avons pris les mots et pour chacun d'eux nous donnons sa définition, son historique et sa technologie, s'il y a lieu, enfin le prix que vaut l'objet décrit et celui qu'il a atteint à diverses ventes importantes. Les notices écrites sur chaque mot sont très sommaires, les renseignements généraux et particuliers très condensés; des récits, des anecdotes et des détails intéressants ôtent à ces notices l'aridité qu'on pourrait à tort leur supposer, car nous avons la prétention d'écrire des

---

(1) *Dictionnaire raisonné d'architecture et des sciences et arts qui s'y rattachent*, 4 vol. in-8° jésus, orné de 4,000 bois dans le texte, 60 planches hors texte et 40 chromolithographies. Paris, Firmin-Didot et Cie; 1877-1880. (La deuxième édition est sous presse.)

dictionnaires dont la lecture est extrêmement attachante, afin de justifier ce qu'a dit un éminent archéologue sur les dictionnaires (1) : « Laissez faire nos modernes historiens du langage, et d'ici à quelque temps il faudra chasser de l'usage un ancien dicton qui, pour ma part, m'a souvent indigné ; on ne dira plus désormais *ennuyeux*, mais *amusant* comme un dictionnaire. »

Après l'exposé de notre plan, nous n'avons plus que quelques mots à ajouter pour énoncer les motifs qui nous ont conduit à entreprendre notre travail.

A une époque où le goût de la curiosité est si généralement répandu, nous avons été surpris que jusqu'à ce jour aucun auteur (curieux ou amateur) ne se soit décidé à produire un ouvrage de quelque importance sur un sujet aussi attachant, aussi intéressant ; nous avons donc voulu combler une lacune. Nous n'ignorons pas qu'il a paru dans ces derniers temps quelques volumes traitant de la curiosité, ayant pour titres : *Causeries sur l'art et la curiosité* (2) ; *Notes d'un curieux; Études sur la céramique, ou histoire de la céramique; Histoire de la gravure; les Tapisseries françaises; les Tapisseries bruxelloises; les Anciens Amateurs; les Amateurs d'autrefois; Histoire des plus célèbres amateurs français, Guide de l'Amateur des faïences*, etc., etc.

Ces ouvrages, tirés à petit nombre, généralement bien faits, bien écrits, par des curieux, des érudits, sont aussi remarquables par la forme que par le fond ; mais ils n'embrassent pas d'une manière générale, d'une manière assez encyclopédique, le vaste domaine de la curiosité. C'est qu'en effet, c'était un bien gros travail que d'entreprendre un livre technique sur cette science, dont la langue, comme celle du moyen âge (3), manque de précision ; ensuite il fallait lire beaucoup d'ouvrages, en compulser davantage, fouiller les inventaires et les catalogues, suivre les ventes, visiter les collections françaises et étrangères, et surtout ne pas s'astreindre à étudier particulièrement un genre, un style, un coin de la curiosité. Or le curieux est nécessairement un homme riche et de loisir, c'est-à-dire un *gentleman* qui aime beaucoup à voir, à flâ-

---

(1) *La Science du langage*, par M. Muller, traduit de l'allemand par Georges Harris et Georges Perrot (introduction).

(2) *Causeries sur l'art et la curiosité*, par E. Bonnaffé. Ce volume est très intéressant ; son auteur, collectionneur émérite du reste, a donné d'excellents articles sur le même sujet dans la *Gazette des Beaux-Arts* et dans l'*Art*.

(3) Souvent, en effet, à cette époque le même terme désigne des objets tout différents : ainsi l'agrafe des livres s'appelait *fermoir,* mais le mot *fermail* s'appliquait indistinctement à l'agrafe des livres et des vêtements ; on employait également les termes de *fermillet* et de *fermants*, on disait indistinctement *lapis-lazuli* et *lapis-lazari*, etc., etc.

INTRODUCTION.

ner, à toucher, à palper, à voyager sans soucis d'aucune sorte; la causerie entre amis, entre confrères, voilà son fait; raconter les bonnes aubaines, les belles occasions, rire à demi et même sourire des achats d'un jeune étourneau ou d'un curieux aussi riche qu'ignorant, voilà son affaire : mais travailler assidûment, avec acharnement, c'est autre chose; le travail chez le curieux... c'est là son moindre défaut. Puis nous pouvons bien dire aussi que, dans la grande famille des curieux, l'un recherche la peinture, les dessins, les manuscrits ou les estampes ; l'autre collectionne les tabatières, les bonbonnières, les pendules ou les montres; un autre les armes, celui-ci la faïence, celui-là les bronzes, la ferronnerie, la vieille ferraille, comme dit le vulgaire. Il n'était donc pas permis à un collectionneur trop pratiquant de publier un livre technique sur la curiosité.

Par ce qui précède, le lecteur peut voir qu'en écrivant le Dictionnaire que nous soumettons à son appréciation bienveillante, nous avons cru rendre un réel service à tous ceux (et ils sont nombreux) qui s'occupent de la curiosité. Dans ces dernières années, nous nous plaisons à le redire, ce goût a pris un tel développement, le domaine qu'il embrasse est si considérable qu'il n'est plus permis à un curieux, si travailleur qu'il soit, d'en parcourir sans fatigue toute l'étendue. D'un autre côté, l'amour du lucre a créé tant d'imitations et de contrefaçons, tant de fausses pièces, qu'il devient nécessaire de prendre un guide sûr, afin de pouvoir distinguer le vrai du faux. Nous avons beaucoup vu, beaucoup comparé, un peu acheté; nous avons été trompé, nous nous sommes même laissé tromper à dessein dans des achats de peu d'importance, pour voir l'insistance et connaître le boniment du marchand de curiosité voulant *rouler* son client, et finalement nous pensons avoir acquis une certaine dose de connaissances et quelque expérience : c'est cette somme de connaissances que nous voulons livrer au lecteur, aux jeunes et aux vieux curieux, à ceux qui viennent et à ceux qui s'en vont.

Mais quelle forme adopter de préférence pour classer les immenses matériaux (notes, croquis, dessins, objets, photographies, etc.) que nous avions en si grand nombre sous la main, pour donner à chacun d'eux sa valeur, pour pouvoir permettre entre eux des comparaisons aussi rapides que faciles?

Pour obtenir tous ces avantages, nous n'avions qu'un type d'ouvrage pouvant permettre et faciliter toutes les recherches : c'était le dictionnaire.

Nous n'avons pas hésité un seul instant à l'adopter. Il n'était pas possible, en effet, d'écrire des volumes didactiques sur toutes les matières que nous avions à traiter : non seulement la vie d'un homme n'y suffirait pas, mais encore, avouons-le, aucun lecteur, aussi intrépide qu'on le suppose, n'aurait osé entreprendre une pareille étude. Le dictionnaire, tel qu'on le fait aujourd'hui, amène après lui de grandes, de très grandes difficultés à surmonter, de nombreux obstacles à vaincre; mais toutes ces barrières n'étaient pas pour nous infranchissables, d'autant que, depuis de longues années, nous étions rompu et familiarisé avec le travail spécial que comporte une œuvre aussi vaste et aussi complexe qu'un dictionnaire.

Avons-nous réussi au gré de nos lecteurs? Nous leur laissons le soin de décider; en tout cas, tous nos efforts ont tendu vers ce noble but : ÊTRE UTILE.

Si ce nouvel ouvrage rend quelques services aux amateurs de la curiosité, et s'il obtient le succès de bon aloi de ceux de nos livres qui l'ont précédé, nous nous trouverons très largement récompensé de nos peines et des longues et patientes recherches que nous a nécessitées ce nouveau travail, que nous livrons au public intelligent et érudit en toute confiance.

E. B.

DICTIONNAIRE
DE L'ART,
DE LA CURIOSITÉ ET DU BIBELOT.

AATTOUCH. — Sorte de palanquin des riches dames arabes; il est formé au moyen de cercles mobiles, recouverts de belles couvertures de laine rouge, unies ou rayées de bandes de couleur variées. Les bois arrondis formant les deux cercles du milieu du palanquin se dressent en faisceau contourné en spirale au-dessus de la couverture. Le sommet du faisceau se termine par un panache en plumes d'autruche. L'aattouch est placé sur le bât (*haouïa*) du chameau, qui est recouvert d'un gros filet décoré de flots de laine de diverses couleurs. Chaque aattouch (*aattatich*, au pluriel) peut contenir deux femmes et deux ou trois enfants. Grâce aux cercles mobiles du devant, on peut suivant la volonté du voyageur tenir le palanquin ouvert ou fermé.

ABACOT. — Ancienne coiffure des rois d'Angleterre; elle affectait la forme d'une double couronne.

ABAQUE. — Sorte d'armoire qui servait chez les Romains à différents usages. Du reste, suivant le local dans lequel il se trouvait placé, l'abaque des anciens remplissait l'office de divers meubles modernes. Dans une salle à manger (*triclinium*), c'était une table en marbre qui servait à porter des cratères ou des amphores, quelquefois des pièces d'argenterie. Chez les boutiquiers grecs, ce terme (ἄβαξ) désignait un comptoir; chez un boulanger, un pétrin. C'était, en un mot, le terme générique qui désignait ce que nous nommons aujourd'hui une console, une étagère, une crédence, un bahut, etc. C'était aussi une table à calculer que les Romains nommaient *abacus*, les Chinois, *souanpan*, et les Russes, *stchote* (calcul, compte). — Chez les Grecs, ce terme désignait un jeu de dés et de pions qui se jouait sur une table carrée, *abaque*; on nommait aussi ce jeu, *jeu de Palamèdes*. (Voy. ABAQUE dans notre *Dictionnaire d'architecture* et dans notre *Dictionnaire général d'archéologie*.)

ABASSI. — Monnaie d'argent de la Perse valant 0 fr. 88; elle est ainsi nommée parce qu'elle fut frappée sous Abbas III. Sur son avers cette monnaie porte inscrite en relief la profession de foi des musulmans, et sur son revers les noms d'*Abbas* et de la ville dans laquelle la pièce a été frappée.

ABAT. — Sorte de redingote sans manches avec un large pantalon. C'est un costume oriental fait en drap grossier ; il est porté par les soldats, les marins et les indigènes de la Turquie. — On appelle encore ce costume *abats* et *salonika*, parce qu'on en exportait en assez grande quantité de Salonique, en turc *Saloniki*.

ABIME. — Dans le blason, on nomme ainsi le centre ou le milieu de l'écu. Un petit écu placé au centre d'un grand est dit *en abîme*; de même toute pièce placée sur un écu, et qui ne touche à aucune autre, est dite *placée en abîme*.

ABRA. — Monnaie d'argent de l'ancien royaume de Pologne, mais qui avait cours également dans l'empire ottoman. L'abra valait environ 0 fr. 18.

ABRAXAS. — Pierres ou gemmes taillées, de formes très diverses, sur lesquelles sont gravés les mots *abraxas, abrasas*. — Pour plus de détails, voy. notre *Dictionnaire général de l'archéologie*.

ABUB. — Instrument de musique à vent employé chez les anciens Hébreux pendant les sacrifices. Sa forme a été fort discutée par les antiquaires ; les uns croient avec Kircher que l'abub ressemblait à un cornet ou à une corne ; d'autres prétendent que c'était une simple baguette de tambour faite à l'aide d'un roseau. Dom Calmet dit que c'était une flûte, celle que les Grecs nommaient ἀμβυβαία. (Voy. FLUTE.)

ACCESSOIRES. — Objets divers ou parties qui, dans une œuvre d'art peinte ou sculptée, servent d'entourage, d'ornement, de décoration à l'objet ou sujet principal. Les accessoires doivent être traités avec une certaine liberté, avec de l'aisance et, pour ainsi dire, avec une sorte de négligence, afin de ne pas attirer par trop l'attention du spectateur et détourner son attention de l'objet principal. Dans une peinture, les vases, les draperies et autres détails qui entourent, qui habillent, pour ainsi dire, le sujet principal, sont des *accessoires*. Dans les paysages grandioses, des figures, des animaux, sont souvent des accessoires ; ils sont généralement dessinés à petite échelle (en petit), afin de donner de la grandeur au paysage. Quand les figures ou les animaux sont placés, au contraire, sur le premier plan, et atteignent par conséquent de grandes dimensions, dans ce cas alors ce sont les arbres, le paysage, qui forment l'accessoire, ou mieux les *accessoires*.

ACCOLÉES (TÊTES). — En numismatique et en glyptique, on désigne sous ce terme ou sous celui de têtes conjuguées (*capita jugata*) des têtes de profil appliquées l'une sur l'autre. Beaucoup de médailles, de camées ou de pierres gravées portent des *têtes accolées*.

ACCOLURE. — Ligature dans la RELIURE d'un livre. (Voy. ce mot.)

ACCORD. — En peinture, on nomme *accord des couleurs*, l'emploi judicieux des couleurs de manière à former une intonation générale harmonieuse pour la vue, de même qu'en musique l'accord des sons produit un résultat heureux pour l'oreille. — 1° En musique, on nomme *accord*, un ancien instrument de musique, sorte de grande viole montée de 12 à 15 cordes. On le plaçait sur un pied, et l'instrumentiste en jouait debout. Chaque coup d'archet faisait résonner deux ou trois cordes à la fois ; les sons rendus par cet instrument étaient sourds et graves ; aussi dans l'ancienne orchestration s'en servait-on pour jouer la basse de l'harmonie. On désigne aussi cet instrument sous le nom de *lyre moderne*. (Cf. le *Cabinet harmonique* de Bonanni, p. 102 et suiv.) 2° Dans les tuyaux à anche d'un orgue, on nomme *accord*, le fil de laiton qui abaissé ou relevé fait varier l'intonation.

ACCORDÉON. — Instrument de musique à anches métalliques ; il est formé (fig. 1) au moyen d'un soufflet renfermé dans une petite boîte percée à sa paroi supérieure ou table d'un nombre de trous plus ou moins considérable, lesquels sont fermés par des clefs mobiles. Une large soupape placée sous le soufflet permet d'ouvrir et de fermer l'accordéon sans avoir à faire parler les languettes. L'instrumentiste à l'aide de sa main gauche met le soufflet en mouvement, tandis qu'avec les doigts de sa main droite il tient fermées ou il soulève les clefs à volonté. Certains accordéons ont une étendue de trois octaves et même trois octaves et demie, ils donnent des tons bémolisés et diésés. Cet instrument était très fréquemment utilisé en Al-

Fig. 1. — Accordéon.

lemagne et en Angleterre ; dans ce dernier pays, il existe un modèle de forme octogonale. En France, un nouvel instrument, l'*harmoniflûte*, qui a fait son apparition vers 1865, a fait délaisser presque complètement l'accordéon.

ACCOTS. — En céramique, on désigne sous ce terme des fragments d'étui hors d'usage, des gazettes brisées ou poignées de terre qu'on utilise pour consolider des files ou piles qui constituent dans leur ensemble l'encastage des produits céramiques. — On choisit ordinairement pour cet usage les terres les plus réfractaires parce qu'on place les accots entre les piles et les parois du four, de manière à rendre ainsi l'enfournement solidaire, afin de résister à l'intensité du feu. (Voy. Encastage et Enfournement.)

ACHE (Feuilles d'). — Feuilles d'une plante de la famille des ombellifères. Il existe plusieurs variétés d'ache, celle que les sculpteurs de la période ogivale ont reproduite le plus souvent, c'est l'ache à grosse feuille de persil découpée en trois lobes, et qui a été également employée dans l'art du blason pour décorer les couronnes ducales. En grec, on nomme l'ache ἄπιον, et en latin *apium*.

ACHÉIROPOIÉTÉS. — Ce terme signifie littéralement *non fait par la main de l'homme*. On désigne ainsi des images, des représentations faites sans le secours de la main de l'homme ; on cite notamment la *sainte face* ou *Véronique*. C'est un linge qui servit, dit-on, à sainte Véronique pour essuyer la figure du Christ, et sur lequel, par un miracle, se trouva imprimée la figure du Rédempteur. Dans la basilique de Saint-Jean de Latran, à Rome, on montre un portrait de Jésus-Christ commencé, dit-on, par saint Luc et terminé par les anges.

ACHEMINÉE. — Dans la fabrication des glaces, on nomme *glace acheminée*, celle dont on a enlevé les plus fortes aspérités.

ACHEVAGE. — En céramique, on nomme *achevage*, le dernier travail, la dernière façon donnée sur une pièce de poterie, que celle-ci soit coulée, moulée ou tournée.

ACIER. — Fer combiné avec du carbone, susceptible de fournir par la trempe un métal d'une grande dureté. La proportion de carbone qui entre dans la composition de l'acier est très faible puisqu'elle n'est guère que de 1 ou 2 pour 100. On distingue plusieurs sortes d'aciers suivant les procédés employés pour leur fabrication, les principaux sont : l'*acier naturel*, retiré directement du minerai produit par sa réduction ; l'*acier de cémentation*, produit par la carburation du fer ; l'*acier de forge*, produit par l'affinage incomplet de la fonte, etc. — On nomme *acier de l'Inde, acier Wootz* ou *de Damas*, un genre d'*acier moiré* ou *gaufré* qui présente diverses nuances. C'est avec cet acier qu'on fabrique les belles armes blanches ; sa fabrication est assez curieuse. Le minerai de fer qu'on y emploie est composé de 58 pour 100 de fer oxydulé et de 42 pour 100 de gangue quartzeuse. On fond ce minerai dans un petit fourneau à poitrine fermé en argile réfractaire ; la tuyère du fourneau est également faite avec cette dernière substance, et des tuyaux de bambou amènent l'air de la soufflerie qui est faite au moyen d'outres en peau de bouc. Les Indiens cémentent le fer fourni par les creusets avec une argile réfractaire mélangée de paille de riz. Le bois employé pour charger le four est celui du *cassia auriculata*. — On fabrique avec ce bel acier non seulement des armes blanches, mais des armures, des canons et des objets de toilette, des garnitures de boutons d'habit, des agrafes, des boucles, des broches, des fermoirs de ridicules, et une petite bijouterie de peu de valeur. Souvent le grenat et des pierres fausses sont enchâssés ou montés dans des pièces d'acier. En Russie, on fabrique des boîtes en acier poli, décorées de guirlandes plaquées de cuivre de diverses couleurs. (Voy. BIJOUX.)

ACLIS. — Arme ancienne; sorte de harpon qui a beaucoup d'analogie avec l'ANGON. (Voy. ce mot.)

ACROSTOLE, ACROSTOLIUM. — Ornement placé à l'extrémité supérieure du *stolus* (proue). C'est au-dessous de l'acrostole que se trouvait le *rostrum* (éperon) qui servait à détruire les navires. Beaucoup de proues sculptées sont de véritables objets d'art ou de curiosité; on en voit fréquemment des spécimens dans les musées et dans les collections.

ADOUCI. — Les miroitiers, ou plutôt les fabricants de glaces, désignent sous ce terme la première façon donnée aux glaces brutes. Dans la cristallerie, c'est aussi le premier travail qu'on fait sur le cristal seulement ébauché par la taille.

ADOUCISSAGE. — Poli qu'on donne aux métaux, au moyen de la poussière obtenue par diverses substances. On désigne de même la poussière servant à donner ce poli.

ADUFE. — Sorte de tambour de basque dont on se sert en Espagne.

ADULAIRE. — Cette variété de pierre, belle en cabochon, est dénommée aussi *pierre de lune*, à cause de sa couleur blanche à reflets nacrés. C'est une sorte de feldspath qui, dans l'art du céramiste, est employé pour donner de la transparence à la porcelaine. On dit aussi, mais plus rarement, *adlunaire*.

ÆLODICON, ÆLODION. — Voy. ÆOLINE.

ÆLOMÉDICON. — Instrument de musique inventé par Brunner ; c'est un genre d'æoline qui ne diffère de ce dernier que par la construction de sa soufflerie qui est à vent continu. (Voy. le terme suivant.)

ÆOLINE. — Instrument de musique à vent sans tuyaux et à anches libres. Il a remplacé l'harmonium. Cet instrument a été inventé vers 1801 ou 1802 par un Allemand du nom d'Eschenbach ; un certain Voigt y apporta plusieurs modifications et le dénomma dès lors *ælodicon*, *ælodion*; vers 1832, Sturm le perfectionna en construisant un grand æoline à dix octaves.

AÉROPHONE. — Instrument à clavier et à anches libres, inventé vers 1828 par Dietz, facteur d'orgues. C'est l'aérophone qui a donné naissance à l'harmonium, à l'harmoniflûte, etc.

AÉROCLAVICORDE. — Sorte de clavecin, dont l'invention, datant de 1790, est attribuée à deux facteurs, Schell et Tchirkil ou Tchirki ; dans cet instrument les cordes sont mises en mouvement (*en vibration*) par une soufflerie ; les sons produits se rapprochent sensiblement de la voix humaine.

AFFÉRON. — Petite pièce de métal terminée en aiguille qui sert à garnir le bout des lacets et des aiguillettes ; ce terme est synonyme de FERRETS, beaucoup plus usité. (Voy. ce mot.)

AFFIQUAGE. — Voy. BRODERIES.

AFFRONTÉES (TÊTES). — Se dit de deux têtes placées de profil, sur des médailles et des pierres gravées, et qui se regardent. Il ne faut pas confondre ce terme avec ACCOLÉES. (Voy. ce mot.)

AGADA ou KWETZ. — Instrument de musique à vent, sorte de flûte avec un bec à anche, employé par les Abyssins et par les Égyptiens.

AGALI KEMAN. — Sorte de violoncelle en usage en Turquie.

AGALMATOLITHE. — Pierre translucide de la Chine, d'un blanc mat légèrement teinté de rose, de jaune ou de vert; elle sert à faire des statuettes, des magots, des animaux fantastiques, etc. Ce minéral chinois est composé de silice et d'alumine, et d'une minime quantité de chaux et de potasse.

AGATE. — Pierre fine quartzeuse très dure, demi-transparente, susceptible d'un beau poli et que les graveurs de l'antiquité ont beaucoup employée pour graver soit des INTAILLES, soit des CAMÉES. (Voy. ces mots.) Le nom de ce cristal de roche dérive du mot Ἀχάτης (Achatès), fleuve de Sicile près duquel se trouvaient anciennement des agates en grande abondance. Au XIIIe siècle on disait encore *acate*, et au XVe *agathe :* « Puis la scella d'une agathe engravée. » (Ronsard, 633.) — Parmi les nombreuses variétés d'agates qui sont unicolores

Fig. 2. — Agate onyx incrustée sur la couverture d'un manuscrit du VIIe siècle.

ou polycolores, il y a lieu de distinguer plus particulièrement les suivantes :

1. AGATES ARBORISÉES. — Celles qui semblent renfermer dans leur pâte des représentations d'arbres, de mousses, etc.; aussi les nomme-t-on *agates mousseuses,* on devrait plutôt dire *moussues*. Celles-ci sont souvent appelées *pierres de moka* par les lapidaires. C'est *mocha* qu'on doit dire, du saxon *moch*, qui signifie mousse. Cette variété est celle que les anciens appelaient *dendrachates*.

2. AGATES CALCÉDOINES OU CHALCÉDOINES.

— Celles-ci sont d'un blanc laiteux, aussi les anciens les nommaient-ils *leucachates*.

3. AGATES CORNALINES ROUGES. — Ces agates sont généralement unicolores; beaucoup d'intailles anciennes ont été gravées sur celles-ci.

4. AGATES ENTYDRES. — Ainsi dénommées parce qu'elles paraissent renfermer des gouttelettes d'eau ou de rosée.

5. AGATES JASPÉES. — Celles qui sont mêlées à du jaspe. On nomme *jaspe sanguin* l'héliotrope des anciens, dont nous parlons plus loin, § 12.

6. **Agates mamelonnées.** — Celles dont les dessins semblent former des mamelons.

7. **Agates œillées.** — Celles-ci, qu'on peut regarder comme une variété d'onyx, se nomment aussi *œils de chat, œils de lion, pierres oculaires, œils d'Adad*, dieu des Syriens : c'est la *triophthalme* des anciens. Quand les lapidaires scient ces agates dans un certain sens, ils leur donnent en les arrondissant une forme qui les fait ressembler à un œil. Certaines statues de l'antiquité avaient des yeux faits avec cette variété d'agate.

Fig. 3. — Agate onyx (face et profil).

8. **Agates onyx.** — Cette variété sert à faire des camées : c'est l'*onychis* des Latins, le

Fig. 4. — Camée en agate (face et profil).

quartz agate onyx des minéralogistes. Notre figure 2 montre une agate onyx qui était incrustée sur la couverture d'un manuscrit du

Fig. 5. — Agate onyx zonée, d'après un échantillon du Muséum de Paris.

VIIe siècle. Celui-ci avait été donné au célèbre monastère de Saint-Maximin de Trèves par Ada, fille de Pépin le Bref et sœur de Charlemagne. Les bénédictins du monastère avaient à tort supposé que les figures de cette agate représentaient Charlemagne, sa sœur et trois autres parents du monarque. Aujourd'hui que personne ne peut mettre en doute l'authenticité de ce camée antique, il faut bien reconnaître que les cinq personnages représentent plutôt la famille d'un empereur romain ; nous serions assez disposé à y voir Claude et divers membres de sa famille. Ce manuscrit est aujourd'hui déposé dans la bibliothèque publique de Trèves. — Notre figure 3 montre une agate onyx zonée de face et de profil, tandis que notre figure 4 fait voir un camée en agate onyx à deux couleurs. — Les Italiens nomment *onicolo* (petit onyx), et, par abréviation, *niccolo*, une agate, dont la couche inférieure est noire, tandis que la couche supérieure est d'un bleu ardoise pâle, bleu turquin foncé. (Voy. Niccolo.)

9. AGATES RUBANNÉES. — Suivant qu'elles sont sciées, les agates, présentent des bandes déroulées en inflexions plus ou moins régulières ; c'est ce qui leur fait donner le nom de *rubannées*.

10. SARDOINES. — Les sardoines (*sardonix*, de ὄνυξ, *ongle*, ou *taie*) sont de diverses couleurs ; elles sont rouges, orangées et brunes. La sardoine à teinte fauve est aussi dénommée *sarde*

Fig. 6. — Canthare en agate. (Bibliothèque nationale de Paris.)

ou *sardagate*, parce que les premières auraient été trouvées dans la ville de Sardes en Lydie (Asie-Mineure).

11. SAPHORINES. — Cette variété d'agate, qu'on nomme aussi *saphirine* (couleur de saphir), est bleuâtre, d'un bleu pâle. Les saphirines sont assez rares.

12. HÉLIOTROPES. — Le quartz agate héliotrope des minéralogistes est aussi dénommé *pierre de sang, jaspe sanguin;* elle est à fond vert foncé, parsemée de points ou de veines rouges couleur de sang. Sa belle couleur verte lui vient de la présence du fer dans sa composition ; elle en renferme jusqu'à 5 pour 100. Cette pierre, de même que la sardoine, est très recherchée. La fameuse bague ou *anneau de Gygès*, à l'aide de laquelle on pouvait, dit-on, se rendre invisible, avait son chaton orné d'une belle héliotrope.

Enfin, nous devons mentionner les *prases* et *chrysoprases*, dont la couleur est vert-pomme ; les agates jaunes à ton de cire ; la *cerachates* des anciens ; les *agates figurées*, ainsi dénommées parce qu'on croit voir sur leurs surfaces des figures, des images bizarres : telle était celle de Pyrrhus, qui, selon Pline, représentait naturellement Apollon et les Muses. Mentionnons aussi les *agates zonées*, c'est-à-dire dont les dessins forment des zones (fig. 5), et les *bois agatisés* (quartz-agate xyloïde des minéralogistes) qui sont de véritables pétrifications. Les bois ainsi pétrifiés appartiennent à différents genres, surtout à des végétaux dicotylédonés arborescents. On emploie beaucoup ces agates pour faire des tabatières. — En général, on utilise les agates pour faire des coupes, des vases, des boîtes, des coffrets, des colonnettes, des incrustations, etc.

L'antiquité nous a légué des ouvrages merveilleux, tels que le vase de la Bibliothèque nationale de Paris en sardonyx transparente, la coupe du musée de Naples dite *tazza Farnese*. — Notre figure 6 montre le célèbre canthare de la Bibliothèque nationale de Paris connu sous les dénominations diverses de *coupe des Ptolémées, vase de Mithridate, vase de Saint-Denis*. Il est taillé dans un seul morceau d'agate orientale. Il avait été donné à l'abbaye de Saint-Denis par Charles III dit *le Simple*, comme nous l'apprend une inscription émaillée qui se trouve sur le pied de ce vase; pied rapporté beaucoup plus tard et que nous n'avons pas donné sur notre figure. — On travaille en grand les agates dans l'ancien Palatinat, à Oberstein, petit bourg situé sur un des affluents du Rhin. La taille et le polissage se pratiquent au moyen de moulins à eau qui actionnent de grandes meules et des cylindres. Il nous arrive aussi beaucoup d'agates du Brésil et de toute la contrée méridionale traversée par l'Uruguay. Par le feu et des bains électro-chimiques on transforme, par exemple, une agate brune en une agate à deux couches; dans le commerce de la curiosité, ces agates sont dites *pierres baignées*. — Enfin on fait aussi des agates artificielles avec des pâtes de verre colorées; mais un œil tant soit peu exercé distingue parfaitement les pièces vraies des fausses pièces. Le vase de Portland du *British Museum* est une imitation d'agate fort bien réussie : ce qui prouve que l'antiquité savait également fort bien contrefaire les pierres naturelles. (Voy. VASE.)

AGES. — On distingue trois âges en archéologie : l'*âge de la pierre*, l'*âge du bronze*, et l'*âge du fer*.

AGE DE LA PIERRE. — Il se subdivise lui-même en *âge de la pierre taillée*, nommé aussi *époque archéolithique* ou *paléolithique*, ou de *diluvium*, pendant lequel âge l'homme se servait d'instruments de silex grossièrement taillés par le clivage. La deuxième subdivision est nommée *âge de la pierre polie* ou *époque néolithique*, pendant laquelles les armes, les ustensiles et les instruments en silex étaient polis sur de grosses pierres en grès nommées à cause de cela *polissoirs*.

AGE DU BRONZE. — Il est bien difficile de préciser la date à laquelle le bronze a fait son apparition dans l'Europe occidentale; mais ce qui est certain, c'est qu'il a dû s'écouler un laps de temps assez considérable entre l'emploi des instruments de pierre et ceux de bronze, car la fonte et la réduction des métaux sont des opérations assez difficiles et demandent des connaissances que ne possédaient point les hommes de l'époque néolithique. D'après certains archéologues, les instruments de bronze auraient été inventés dans l'Europe occidentale par suite d'une civilisation assez avancée pour produire le bronze; d'après d'autres, au contraire, ce métal aurait été importé par un peuple conquérant qui aurait connu cette fabrication grâce à des rapports qu'il aurait eus avec les Phéniciens ou les Tyriens. Quoi qu'il en soit, l'introduction du bronze dans l'Europe occidentale aurait eu lieu seulement 1800 ans avant l'ère vulgaire. Quelle était la composition du métal à cette époque? Il résulte de diverses analyses que ce bronze renfermait 88 parties de cuivre et 12 parties d'étain, et cela quelle que soit la provenance du bronze ancien, qu'il ait été trouvé en Asie, en Égypte, en Grèce, en Espagne, en Italie ou en France. Ainsi donc les amateurs de curiosités et les collectionneurs, qui achètent des bronzes de la période dite *de bronze*, ont un moyen de s'assurer des pièces vraies et des pièces fausses, puisque la composition de ce métal dans les temps les plus reculés est toujours la même. (Voy. BRONZE.)

AGE DU FER. — Le fer n'aurait fait son apparition dans l'Europe occidentale que beaucoup plus tard que le bronze, c'est-à-dire 600 ans seulement avant l'ère vulgaire. On le livrait dans le commerce à l'état brut, après sa réduction. On le trouve même sous forme de saumon quadrangulaire, dont les extrémités latérales sont étirées en pointe. On peut voir des saumons de ce genre au musée gallo-romain de Saint-Germain en Laye. Ces saumons ont été découverts dans les tourbières des environs d'Abbeville (1).

AGIOSYMANDRUM. — Instrument en bois qui dans l'empire ottoman servait à convoquer les chrétiens dans leurs églises ou dans leurs temples, à l'époque où il était interdit à ceux-ci d'utiliser les cloches, qui auraient pu servir également pour un appel à la révolte.

AGRAFE. — Petits objets, bijoux de bronze, d'argent, d'or, d'ivoire, ou d'autres matières, qui servaient à attacher des vêtements autour du cou ou sur la poitrine. L'usage des agrafes remonte à la plus haute antiquité; les Étrusques, les Égyptiens, les Grecs et les Romains s'en sont servis. Dans notre *Dictionnaire général de l'archéologie*, nous avons

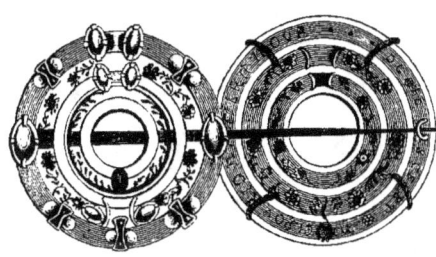

Fig. 7. — Agrafe de Louis IX.

donné des agrafes gauloises et mérovingiennes. Les soldats avaient des agrafes en fer; celles des ceinturons sont quelquefois gravées au burin, et d'autres même sont finement ciselées. Ici (fig. 7) nous présentons au lecteur une agrafe ayant servi à Louis IX, le jour de son mariage avec Marguerite de Provence, fille aînée de Raymond II. Il est donc probable que ce bijou date du XIIIe siècle. Notre figure 8 montre une fort belle agrafe historique dans sa dimension réelle; c'est celle de Charles-

(1) Ce qui précède sur le mot AGE est tiré de notre *Cours d'archéologie française*, publié par le journal *l'Architecte*, 9e année, 1881, nos 31 et 36.

Quint. Ce bijou est décoré de perles et de pierres précieuses. La bordure du losange qui encadre l'aigle d'Autriche est enrichie de saphirs, de perles, d'améthystes et d'émeraudes. Les demi-cercles qui entourent le losange sont ornés d'émail blanc, rouge et vert; c'est sur ces cercles ou à leur intersection que sont placés huits petits reliquaires qui devaient contenir des débris d'ossements et sur lesquels on lit les noms de huit saints ou saintes; dans le haut : Martin, ensuite André, Marguerite, Nicolas, Pierre, Hippolyte, Constant et Laurent. Ce genre d'agrafe était beaucoup porté au moyen âge, surtout par les nobles et les personnes riches; aussi la fabrication de ce bijou occupait-elle de si nombreux ouvriers qu'ils étaient réunis en une corporation dite des *fermaillers,* car à cette époque les agrafes se nommaient aussi *fermails, fermillets* et *mordants*. Les romans de chevalerie qui parlent du moyen âge nous apprennent que les manteaux étaient retenus par des *fermails moult richement garnis* de pierreries. Quelques conciles en défendirent l'usage aux clercs.

AIGLE. — Cet oiseau de proie se voit comme emblème sur beaucoup de blasons. Nous venons d'en donner un exemple dans notre figure 8. Nous n'avons pas à parler ici de l'animal, mais des lutrins en dinanderie, en bois sculpté ou même en marbre, qu'on nomme ainsi parce qu'une représentation de cet oiseau sert de pupitre pour supporter des ANTIPHONAIRES ou autres recueils religieux. (Voy. ce mot.)

AIGUE-MARINE. — Ce terme, dérivé du vieux français *aigue* (de *aqua*, eau, et *marina,* marine), sert à désigner une pierre, une sorte d'émeraude pâle d'un bleu verdâtre comme l'eau de mer, d'où son nom. Dans l'antiquité, cette pierre se nommait *béryl;* on l'utilisait principalement pour y graver des divinités marines. Le globe qui surmonte la couronne d'Angleterre est formé d'une aigue-marine qui mesure près de 0m,06 de diamètre; mais nous devons ajouter que cette pierre a peu de valeur. Bien que ce quartz hyalin verdâtre soit une variété du béryl, on trouve cepen-

Fig. 8. — Agrafe de Charles-Quint.

dant parfois des aigues-marines qui présentent tous les caractères du corindon, c'est-à-dire dureté, pesanteur spécifique, propriété de la double réfraction ou dichroïsme. On trouve principalement l'aigue-marine au Pérou, au Brésil et en Russie ; ainsi que dans l'Inde, en Écosse, en Irlande, et quelques spécimens en Bretagne ; mais les plus précieuses viennent des Indes orientales. — Les graveurs en pierres fines ont utilisé dès une haute antiquité l'aigue-marine pour graver des camées ou des intailles. A la Bibliothèque nationale de Paris, nous possédons une intaille d'aigue-marine exécutée par un artiste grec ; elle est de grande dimension, elle montre un portrait de Julie, fille de Titus. Ce magnifique objet d'art est enchâssé dans une monture antique en or, enrichie de cabochons de saphir.

Fig. 9. — Aiguière en vermeil du XVᵉ siècle.

En céramique, on nomme *aigue-marine* un produit d'une couleur bleu céleste ou turquoise, qui est obtenu par la fusion du sable, de la potasse et de la soude avec un mélange d'oxyde de plomb et d'oxyde de cuivre. Ce produit céramique sert à décorer les porcelaines tendres vieux sèvres.

AIGUIÈRE. — Vase largement ouvert, à anse et à bec, qui servait autrefois à placer sur

Fig. 10. — Aiguière en étain de Briot.

les tables l'eau (en vieux français, *aigue*), le vin ou d'autres boissons. Dès l'antiquité la plus reculée, on utilisait les aiguières pour les ablutions manuelles des convives avant, pendant ou après le repas de fête. Les anciens considéraient ce vase comme un objet de grand luxe; aussi possédons-nous des aiguières antiques extrêmement remarquables. Le moyen âge et surtout la renaissance dépassèrent de beaucoup le luxe des anciens pour la fabrication des aiguières. Pendant le XVIᵉ siècle on en fit en métal, en terre cuite, en émail. La fabrique de Limoges en fit en cuivre rouge émaillé. Les artistes de la renaissance italienne produisirent également des œuvres très remarquables; et si Benvenuto Cellini ne fut qu'un statuaire de second ordre, il faut bien reconnaître qu'il fut un orfèvre incomparable dans une époque où l'orfèvrerie allait de pair avec la peinture et la sculpture. Au musée du Louvre, on peut voir une aiguière du XVIᵉ siècle attribuée à ce grand artiste. En étudiant cette œuvre d'art, on voit que par sa forme gracieuse et par la souplesse de talent que l'artiste a montrée dans cette composition, cette aiguière n'est pas au-dessous de celle que Benvenuto fit offrir avec son bassin à François Iᵉʳ par le cardinal de Ferrare. Le corps de cette pièce rare est formé d'une sardoine; le couvercle est surmonté d'une tête de Minerve en émail dont la chevelure est d'or; la visière du casque est d'agate, bordée par deux minuscules corps de femme; le cimier du casque est formé d'un dragon d'émail; l'anse de l'aiguière est aussi un dragon émaillé qui a des yeux d'opale; les oreillons du casque, de même que le collier de la Minerve et les deux bagues qui enserrent le balustre du pied du vase, sont décorés de grenats enchâssés dans de l'or.

Notre figure 9 montre une aiguière en vermeil d'un travail allemand du XVᵉ siècle. Cette pièce fait partie de la riche collection de M. Spitzer.

Une aiguière aussi fort remarquable est celle du XVIᵉ siècle qui se voit au musée de Cluny. Elle est formée par un buste d'homme sur trois pieds avec une anse qui représente un dragon ailé; sa hauteur est de 0ᵐ,22. C'est à tort que quelques archéologues ont fait remonter cet objet de curiosité jusqu'au XIIIᵉ siècle; la fonte, d'une légèreté admirable, ainsi que les ciselures, retouchées au burin, prouvent surabondamment qu'il s'agit ici d'un travail du XVIᵉ siècle. Notre figure 10 montre une aiguière en étain de François

Briot; et notre figure 11, une aiguière de style arabe.

L'aiguière du célèbre orfèvre du XVIᵉ siècle que montre notre figure 10 mesure seulement 0ᵐ,30 de hauteur; sa forme est ovoïde, elle est divisée en trois zones décorées de rinceaux, de mascarons, de chevaux ailés et de génies. Cette aiguière ainsi que son bassin font partie des collections du musée de Cluny.

Les aiguières authentiques du XVIᵉ siècle, de style français, allemand, italien ou moresque, atteignent aujourd'hui dans les ventes

Fig. 11. — Aiguière arabe.

des prix très élevés, extraordinaires. De là de nombreuses contrefaçons dont on doit se méfier. Un œil tant soit peu exercé reconnaît les imitations à la mauvaise qualité du métal. (Voy. AQUAMANILLES.)

AIGUILLETTE.— Cordon tissu au moyen de fils de coton, de laine, de soie, d'or ou d'argent, dont les bouts sont terminés par de petites pointes métalliques nommées ordinairement FERRETS (Voy. ce mot), plus rarement *afférons*. De nos jours, les aiguillettes servent d'ornement aux officiers d'état-major, aux aides de camp, aux aspirants de marine, aux gendarmes, aux soldats de la garde républicaine, etc. Autrefois, sous Louis IX par exemple, un édit royal enjoignait aux prostituées de porter une aiguillette sur l'épaule gauche comme marque caractéristique.

ALABANDINE. — Pierre précieuse, nommée plutôt *spinelle rouge, spinelle pourpre ;* elle est plus pâle et plus transparente que le rubis, mais comme valeur elle occupe le premier rang après celui-ci.

ALABASTRITE. — Faux albâtre. Cette matière, qui n'est qu'une variété saccharoïde de sulfate de chaux, se rencontre en France dans les carrières à plâtre, mais surtout en Toscane. L'alabastrite est employée à la décoration d'objets de grand ameublement; ce genre d'ornementation a été surtout en usage pendant les XIII° et XIV° siècles.

L'alabastrite, ou *albâtre gypseux,* est beaucoup plus tendre que l'albâtre calcaire; il est d'une blancheur remarquable, si remarquable qu'elle est devenue proverbiale. On fabrique aussi avec l'alabastrite des statuettes, des vases, des coupes, de petits objets pour bureau, des cendriers pour cigares, des lampes, etc. L'Italie fabrique beaucoup d'objets en alabastrite; souvent même les Italiens les colorent en jaune, vert, bleu, groseille et carmin, et comme cette substance s'imprègne facilement de couleur et conserve une demi-transparence, beaucoup de personnes croient que ces objets de couleur sont taillés dans une pierre naturellement colorée. (Voy. ALBATRE.)

ALARUM. — Singulier instrument japonais employé comme avertisseur des tremblements de terre. Il ne figure ici qu'à cause du gong qui entre dans la composition de cet instrument, lequel gong se vend souvent comme objet de curiosité. (Voy. GONG.)

ALBATRE. — Matière de nature calcaire, de couleur blanchâtre, demi-transparente et même demi-translucide sur les bords. L'albâtre présente soit des veines ondulées et continues, soit des veines confuses et rompues à la manière des brèches. Dans le premier cas, on nomme cette matière *albâtre rubanné,* s'il n'est que demi-transparent, *albâtre onyx,* s'il est translucide; et dans le second cas, *albâtre fleuri.* L'albâtre calcaire se distingue donc de l'albâtre gypseux nommé ALABASTRITE (Voy. ce mot) par sa plus grande dureté, par sa composition et sa structure particulière. Comme tous les calcaires, le premier albâtre fait effervescence dans les acides, tandis que ceux-ci n'ont aucune action sur l'albâtre gypseux. — On distingue deux variétés d'albâtre calcaire : l'*albâtre commun,* et l'*albâtre oriental,* ainsi désigné parce qu'il provient de l'Orient; ce dernier est beaucoup plus fin, plus dur et d'un ton plus éclatant. Les Romains ont largement employé l'albâtre calcaire en dalles de revêtement, en colonnes; ils en ont fait des tables, des statues, des vases. Publius Lentulus Spinter causa à Rome une grande surprise quand il montra pour la première fois de grandes amphores taillées dans cette matière. Les Romains utilisèrent surtout l'albâtre oriental du genre *onyx,* et, bien que celui-ci ne se présente pas dans la nature en blocs considérables, ils purent en faire des colonnes dont quelques-unes mesurent plus de 5 mètres de hauteur. — La renaissance a laissé, en assez grand nombre, des bas-reliefs, des vases, des bustes en albâtre; mais l'Italie moderne a fait de nombreuses imitations des albâtres de la renaissance et de l'antiquité. — Notre figure 12 montre sculpté en albâtre un beau portrait de Charles-Quint. Cette œuvre fait partie des collections du cabinet des antiques à Vienne. De nos jours, on tire beaucoup d'albâtre des carrières des provinces de Malaga et de Grenade en Espagne, de l'île de Malte, de Trapani en Sicile. En Algérie, on exploite de nouveau les carrières antiques d'onyx translucide d'Aïn-Tecbalek près Tlemcen. Cet onyx est une très belle matière et, à la couleur près, a de l'analogie avec le plus précieux albâtre oriental; il présente comme lui des veines qui, au lieu d'être brunes, sont de diverses nuances, tantôt d'un ton rosé ou couleur de chair, tantôt verdâtres. On fabrique avec cet onyx quantité d'objets de haut luxe.

ALBUM. — Livre richement relié, de

forme oblongue, dont les feuillets reçoivent des pensées, des poésies, des croquis, des dessins, etc. Ce sont généralement les amis de la famille ou des connaissances qui remplissent les albums, qui restent comme souvenir dans les familles; du reste, en Allemagne l'al-

Fig. 12. — Portrait de Charles-Quint (bas-relief en albâtre).

bum porte le titre significatif de *stammbuch* (livre de souche ou de famille). Il a fait son apparition en France dans les premières années du XIXe siècle. Les artistes dessinateurs ont souvent sur eux des albums, plus modestes que ceux de famille, mais qui ont beaucoup plus de prix, car ils leur servent à prendre des vues, des dessins, des croquis. Dans le langage de la curiosité, on désigne sous ce terme de nombreux feuillets de dessins, de musique, de croquis, réunis sous une même couverture. Les albums de la Chine ou du Japon ont souvent une grande valeur, suivant la beauté du travail qu'ils renferment.

ALCARAZAS, ALCARAZOS ou ALCARAZAS. — Vase originaire de l'Égypte, où

Fig. 13. — Alcarazas de Valence (1ᵉʳ type).

il a rendu et rend encore de grands services, et importé en Espagne par les Arabes. De là il a pénétré en Italie et en France. Ce vase

Fig. 14. — Alcarazas de Valence (2ᵉ type).

est en terre très poreuse; aussi est-il employé dans les pays chauds à rafraîchir l'eau. On hâte et on active le refroidissement en recouvrant les alcarazas d'un linge grossier de laine très imbibé d'eau et en suspendant l'alcarazas, au bout d'une corde, au nord et dans un courant d'air. Le drap mouillé et le courant d'air favorisent l'évaporation de l'eau et par conséquent son refroidissement. Tel est le genre d'alcarazas que nous nommons en

Fig. 15. — Alcarazas de Valence (3ᵉ type).

France *vases hydrocérames* (de ὕδωρ, eau, et κέραμος, terre à potier). — En Chine, on fait des alcarazas en porcelaine émaillée qui ont généralement un teton d'écoulement sur la panse. En Italie, mais surtout en Espagne et dans la Perse, il existe également des alcarazas en poterie richement émaillée qui servent à la décoration des appartements; tels sont ceux que représentent nos figures 13, 14 et 15. Ce sont des alcarazas de Valence (Espagne) conservés à la manufacture nationale de Sèvres. — En général, nous venons de le voir, les alcarazas sont faits en terre cuite non vernie; cependant, dans certains pays, on utilise des poteries vernies, analogues à celles que montrent nos figures. Du reste, en été l'eau se conserve toujours beaucoup plus fraîche dans la poterie même vernie que dans des vases de métal.

ALDINES (ÉDITIONS). — Voy. LIVRE.

ALENÇON (POINT D'). — Genre de dentelle (fig. 16) qui se fabrique à Alençon et qui réunit la richesse des dessins à la perfection du travail et à la reproduction des plus beaux motifs; pour toutes ces qualités cette merveille d'art a été surnommée la *reine des dentelles*.

Voy. DENTELLES, où le lecteur trouvera une superbe barbe ou cravate en dentelle d'Alençon du xviiie siècle.

HISTORIQUE. — On doit à Colbert l'importation de cette belle industrie en France. C'est en 1665 que le ministre de Louis XIV installa dans son château de Lourai des ouvriers vénitiens; dix ans plus tard, des lettres patentes fixèrent le siège de la fabrication à Alençon; mais, malgré les privilèges accordés aux fabricants, l'industrie était languissante et partant ne progressait guère, parce qu'elle était écrasée par la concurrence des produits étrangers; aussi un édit royal en date de 1684 prohiba l'entrée en France des dentelles de Flandre, de Gênes et de Venise. A partir de

Fig. 16. — Point d'Alençon.

cette prohibition, l'industrie prit un grand essor, et les fabriques un grand accroissement; mais cette prospérité ne fut pas de longue durée, car, sous Louis XVI, Marie-Antoinette mit à la mode des dentelles beaucoup plus légères, moins riches et par conséquent d'une moindre valeur, ce qui ruina complètement le point d'Alençon. Sous le premier empire cependant, ce genre de dentelle reprit quelque faveur, et depuis les dames ne l'ont jamais abandonné, puisque de nos jours la fabrication fournit encore au commerce une assez grande quantité de ce beau produit de l'industrie française.

FABRICATION. — Le point d'Alençon se fabrique entièrement à l'aiguille et sur un parchemin doublé d'une toile; de là son extrême solidité. L'ouvrière (nous n'osons dire la dentellière, car aujourd'hui une machine porte ce nom) exécute des morceaux d'environ $0^m,25$; puis ces petites pièces sont réunies bout à bout au moyen d'une couture imperceptible et forment une coupe ou pièce qui mesure ordinairement 25 mètres de longueur. Le fil de lin employé pour la fabrication est filé à la main et, bien que retors, il est d'une extrême finesse et sans nœuds. C'est à la bonne et belle qualité de son fil que le point d'Alençon doit sa beauté et sa grande réputation. La majeure partie des fils employés à la fabrication du point d'Alençon est tirée du département de la Somme, surtout des environs de Nouvion.

ALÉRION. — Ce terme de blason (dérivé du latin *aquilario*, diminutif d'*aquila*, aigle) sert à désigner de petits aigles sans pattes, aux ailes étendues, qui dans l'héraldique indiquent une victoire remportée sur l'étranger. Les maisons de Lorraine et de Montmorency avaient des alérions dans leurs armoiries.

ALFA. — Cette graminée persistante, de la tribu des *phalaridées*, croît par touffes dans les terrains rocheux des hauts plateaux du tuf de l'époque quaternaire. On emploie la feuille de l'alfa, qui affecte la forme du jonc, à fabriquer des objets de sparterie, nattes, paillassons, cordes, ainsi qu'à faire des chapeaux, des corbeilles, des paniers; enfin, dans ces dernières années, les Anglais ont utilisé l'alfa pour faire de la pâte à papier. — L'usage de l'alfa remonte à une haute antiquité, puisque les Phéniciens envoyaient leurs vaisseaux en Espagne pour charger de l'alfa. Les Espagnols sont restés maîtres dans l'emploi de cette graminée; aussi ont-ils fondé de nombreux établissements en Algérie, où l'alfa croît naturellement et où la culture le rend encore plus productif. Après eux, les Arabes ont également travaillé l'alfa, qu'ils nomment *halfa*.

ALGÉRIENNE. — Étoffe d'ameublement très épaisse qui se fabrique à Alger et dans toute l'Algérie; elle est tissée au moyen d'une grosse laine aux couleurs vives et variées.

Cette étoffe est rayée dans le sens de la trame ; elle sert pour faire des tentures, des portières, etc. Telle est la véritable algérienne ; seulement aujourd'hui on emploie beaucoup plus la fausse, qui est un tissu plus léger qui se fabrique à Roubaix, à Tourcoing et à Aubusson.

ALLOUYÈRE. — Ancien terme dérivé de la basse latinité (*allouerium*), et qui désigne une sorte de grande bourse, une gibecière en cuir, en velours ou en satin, que les dames portaient à la ceinture, et dans laquelle elles renfermaient leur argent et leurs papiers. (Voy. AUMONIÈRE et RIDICULE.)

ALTO. — Instrument à archet de la famille des violes, il comporte ordinairement quatre cordes qui donnent, de l'aigu au grave,

Fig. 17. — Alto.

le *la*, le *ré*, le *sol* et l'*ut*. Quelques types anciens ont en plus le *mi* du violon : c'est la *viole d'amour*. La troisième et la quatrième corde sont filées en laiton. Cet instrument s'accorde de quinte en quinte ; son doigté et le maniement de l'archet sont les mêmes que pour le violon, seulement la musique s'écrit avec la clef d'*ut*, troisième ligne. L'alto a une quinte de moins à l'aigu que le violon et une quarte de plus au grave ; les sons qu'il rend sont doux et mélancoliques. On nomme aussi cet instrument *alto-viole*, *quinte* ; il nous vient d'Italie ; quelques-uns ont des volutes admirablement sculptées et valent un grand prix, surtout s'ils sortent des ateliers d'Amati, qui excellait dans cette fabrication. — On désigne de même une sorte de clarinette à pavillon courbe, faite en buis, en ébène ou en grenadille. Notre figure 17 montre un alto de ce genre.

ALTO-BASSE. — Ancien instrument de musique à cordes et à percussion. L'instrumentiste le frappait d'une main avec un bâtonnet, tandis que de l'autre main, il jouait un air sur la flûte. L'accord de l'alto-basse avec celle-ci se fait sur la quarte, la quinte ou l'octave.

ALVÉOLE. — En orfèvrerie, c'est un cercle de métal plus ou moins large destiné à recevoir une pierre, une perle, etc.

AMAZONITE. — Sorte de feldspath d'un vert opaque ; on le nomme ainsi parce qu'on le trouve sur les bords de l'Amazone. Cette matière était connue des anciens, car ils ont taillé dans l'amazonite des coupes, des vases et des camées. On nomme également cette pierre *apatite*.

AMBIRA. — Instrument de musique en usage chez les peuples de l'Afrique méridionale. Il est composé de tringles de fer méplat, ou plutôt de tigettes d'acier, disposées sur un seul rang dans un morceau de bois creux. Comme ces tiges sont d'inégale longueur, elles rendent des sons variés quand l'instrumentiste en joue avec l'ongle du pouce.

AMBRE. — On nomme ainsi deux substances totalement différentes : l'*ambre gris* et l'*ambre jaune* ou *succin*. Nous ne parlerons du premier qu'incidemment dans cet article, car il ne sert point à fabriquer des objets de curiosité ; nous nous étendrons, au contraire, assez longuement sur le dernier. Si nous parlons ici de l'ambre gris, c'est pour bien établir la différence qui existe entre lui et le succin. L'ambre gris (en anglais *amber*, en allemand *ambra*) est un produit qu'on trouve ordinairement surnageant à la surface de la mer sur les côtes de Coromandel et de Madagascar, et autres contrées. Il est expulsé des intestins des cachalots malades; quelques anatomistes affirment même que c'est une sécrétion morbide du foie de ces animaux. L'ambre gris est composé d'une substance grasse nommée *ambréine*, qu'on utilise dans la parfumerie; anciennement on lui attribuait même des propriétés aphrodisiaques.

L'ambre jaune ou succin est, au contraire, un minéral, solide, d'une couleur généralement jaune, diversement nuancée, puisqu'on connaît douze nuances différentes. Le succin se nomme également *carabé*, et dans l'antiquité, *pierre ligurienne* (Théophraste, *de Lapid.* 29), parce que cette matière, employée dans la Grèce pour faire des bijoux, arrivait de la Ligurie. On altéra même ce nom en celui de *lyggurienne,* parce que dans ces temps reculés beaucoup pensaient que ce minéral était produit par l'urine du lynx. L'ambre jaune, comme nous venons de le voir, a été connu et utilisé de toute antiquité, soit pour faire des bijoux, soit pour décorer des meubles. Les gisements en sont très répandus à la surface de la terre, car nous n'en sommes plus à l'époque où l'on affirmait que tout le succin était recueilli sur les bords de la Baltique. Les ambres les plus anciens que nous connaissions proviennent de l'Égypte; ils ne sont ni complètement diaphanes, ni complètement opaques; en effet, le même morceau est d'une part transparent, tandis que de l'autre il est opaque; sa couleur est quelquefois verdâtre mêlé de jaune, ou jaune avec des stries d'un blanc laiteux. L'ambre égyptien (*sacal* ou *chéchéleth*) était un des trois aromates qui, d'après les prescriptions de Moïse, entraient dans la composition de l'encens que les Israélites brûlaient devant le tabernacle. — Homère connaissait fort bien l'ambre, puisqu'il en parle trois fois dans l'*Odyssée* comme d'une matière qu'on utilise dans les parures d'or, de même que les pierres précieuses (*Odyssée,* IV, 73, XV, 460, et XVIII, 295). — Pausanias (I, 12) nous parle de l'ambre (ἤλεκτρον) qui avait servi à faire la statue d'Auguste. Dans le livre IX (ch. XLI), le même historien nous dit : « Il vint à la maison de mon père (c'est Télémaque qui parle) un homme très rusé; il avait un collier d'or garni d'*ambre jaune;* » et plus loin : « Eurymachus, un des prétendants de Pénélope, lui apporta un collier d'or très bien travaillé, garni d'*ambre jaune et éclatant comme le soleil.* » — Diodore de Sicile (V, 23) nous apprend que l'ambre vient d'une île appelée *Basilée* située en face de la Scythie. — Tacite (*de Moribus Germ.*, XLV) nous dit que les Æstyens « fouillent la mer et, seuls d'entre les autres peuples, ils recueillent le *succin* qu'ils nomment *glese;* ce n'est pas que ces barbares aient cherché et trouvé la nature de ce produit marin, longtemps confondu avec les algues que rejette la mer jusqu'à ce que notre luxe lui eût donné un nom. Ces peuples n'en font aucun usage; ils le recueillent brut, ne savent pas le mettre en œuvre, le vendent aux autres et en reçoivent l'argent avec étonnement. Il y a apparence que c'est une gomme d'arbre (*succum arborum*) qui se durcit, car on y voit encore des insectes et des moucherons enfermés dans la matière d'abord gluante..... L'ambre brûle aisément et jette une flamme grasse et huileuse, etc. »

Cette croyance que l'ambre était une gomme, une résine provenant des arbres, était fort accréditée; car nous lisons, dans les *Métamorphoses* d'Ovide (II, 364), que les Héliades (1) ressentirent tant de chagrin de la mort de leur frère Phaéton, que les dieux les prirent en pitié et les changèrent en peupliers, et, ajoute Ovide, « de cette écorce coulent encore leurs larmes, qui sont converties en perles d'ambre qui durcissent au soleil. L'Éridan les recueille dans ses eaux transparentes et les porte aux femmes du Latium qui en font des parures. »

De son côté, Pline (XXXVII, 2), nous in-

---

(1) Les Héliades, filles d'Apollon et de Clymène, se nommaient Lampétie, Phaétuse et Phœbé; elles pleurèrent la mort de leur frère quatre mois entiers.

forme que de Carnute en Pannonie jusques aux côtes de la Germanie, d'où provient le succin, il y a environ 600 milles et que sous Néron un entrepreneur de jeux, Julianus, y envoya un chevalier pour chercher de l'ambre, lequel chevalier, qui était encore vivant, parcourut tout le littoral et tous les marchés du pays et acheta une telle quantité de succin que les filets du *podium*, destinés à protéger les spectateurs contre les atteintes des bêtes féroces, étaient attachés avec des boutons de succin. Le plus gros morceau apporté par ce voyageur pesait 13 livres. — Par ce qui précède, on voit que l'ambre était connu dans l'antiquité et qu'on l'employait à toutes sortes d'usages. Au musée de Berlin, on voit des boucles d'ambre antique avec des figures de Gorgones. Les Romains en faisaient des vases et des statuettes. Tout le monde connaît aujourd'hui les *vasa electrina* enchâssés dans l'argent, et la fameuse *patera electrina* dont la décoration comporte des médaillons représentant l'histoire d'Alexandre. Une grande quantité de peuplades sauvages et de peuples civilisés, parmi lesquels nous devons signaler les Phéniciens et les Hébreux, attribuaient à l'ambre des propriétés particulières; aussi s'en servaient-ils comme d'Amulettes. (Voy. ce mot.)

Souvent l'ambre translucide renferme, dans un état parfait de conservation, de petites feuilles de fougère, des lichens ou des insectes dont la structure est parfaitement conservée. Une variété jaune-rouge est moins dure que l'ambre jaune-citron. Quelques archéologues pensent que c'est par suite d'un long séjour dans le sol que l'ambre a changé de couleur; nous ne pouvons partager cet avis : l'ambre rouge est une variété parfaitement distincte de l'ambre jaune; ce qui le prouve, c'est que celle-ci ne renferme jamais d'insectes dans sa pâte. C'est l'ambre rouge qui, pilé, est mêlé à l'encens. — Les noms d'artistes ayant travaillé l'ambre sont extrêmement rares, nous ne connaissons que le nom d'un seul ambriste du XVIIIe siècle ayant joui de quelque réputation, il se nommait Éphraïm Benjamin. On reconnaît l'ambre vrai du faux à sa composition; le vrai, dont la densité varie de 0,90 à 100, renferme 78,83 de carbone, 10,23 d'hydrogène,

10,90 d'oxygène. Cette composition montre bien que cette résine pourrait provenir d'une variété de conifères antédiluviens. Une autre marque distinctive du véritable ambre, c'est son odeur fine de feuilles de citronnier. Du reste, l'ambre vrai est résistant sous la dent, il dégage en brûlant une bonne odeur, il ne fond qu'à 380° environ, tandis que le faux entre en fusion à 98°; les morceaux du succin véritable ne se recollent pas comme ceux du faux; mais l'un et l'autre, frottés sur du drap, attirent les objets légers, paille, plume, papier; c'est même à cause de cette propriété électrique que l'am-

Fig. 18. — Bijou en ambre (XVIIe siècle).

bre se nomme *électron*. Une variété d'ambre noir se nomme JAYET. (Voy. ce mot.)

Aujourd'hui l'industrie moderne, à Dresde, à Kœnigsberg, à Constantinople et à Catâne, utilise encore largement l'ambre pour fabriquer des boîtes, des tabatières, des bonbonnières, des colliers, des bracelets et toute sorte de bijoux, ainsi que des becs de pipe, des porte-cigares, des chapelets, etc. — Nos figures 18 et 19 montrent des bijoux en ambre du XVIIe siècle donnés en cadeaux de noces; ils font aujourd'hui partie des collections de la bibliothèque ducale de Weimar. Le petit Amour décoche une flèche sans trop viser son but. Ce bijou fut donné par le duc Guillaume de Saxe-Weimar à la princesse Charlotte de Saxe, sa future, qui lui remit en retour une main ornée d'une manchette et d'un cercle d'or décoré de diamants et de rubis. Cette main tient entre le pouce et l'index un myosotis (Ne m'oubliez pas), recommandation assez utile à faire surtout aux princes. Comme l'ambre est souvent strié et très cassant, les sculpteurs, pour arriver à le travailler sans s'exposer à casser la pièce, surtout vers la fin du travail, plongent de temps en temps celle-ci dans l'eau chaude. — Les gisements d'ambre en Europe sont assez nombreux ; cette matière se trouve sou-

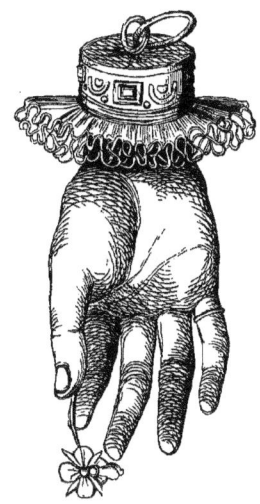

Fig. 19. — Bijou en ambre (XVIIe siècle).

vent mélangée à des couches de marne et d'argile, principalement en Silésie, dans le Groënland et en Sibérie ; on trouve d'autres gisements sur les bords de la Baltique, en Saxe, en France, dans le Gard, où il est mêlé aux lignites, enfin dans diverses autres contrées. La production annuelle de l'ambre est d'environ 190,000 kilogrammes.

AME. — Partie essentielle des instruments à cordes ; c'est un petit cylindre de bois blanc et sec qui se trouve placé à peu près au-dessous du pied du chevalet, entre la table et le fond du violon. Non seulement l'âme sert à maintenir la distance respective entre ces deux parties, mais encore à établir entre elles des vibrations uniformes et normales. Suivant les proportions de l'instrument, l'âme varie dans ses dimensions. Le violon, l'alto, le violoncelle, ont des âmes.

AMÉRICAIN (ART) (1). — Bien longtemps avant l'arrivée des Européens en Amérique, il existait dans ce grand pays des monuments considérables, dont il reste encore aujourd'hui d'imposantes ruines. Ce sont tantôt de vastes *tumuli*, d'immenses pyramides, des temples à double enceinte, enfin des fortifications très considérables dont les murs mesurent parfois jusqu'à près de dix mètres de haut. Des cités florissantes occupaient le pays ; l'une d'elles, Palenqué, avait une étendue presque aussi considérable que Paris. Tous les monuments qui couvrent l'ancienne Amérique ont été certainement construits par une population aborigène (2) ; c'est là un fait incontestable, car ces monuments comportent des formes originales indigènes totalement inconnues du reste du monde. En effet, nulle part on ne voit, par exemple, des édifices rappelant même de loin par leur forme les téocallis et les pyramides mexicaines.

En ce qui concerne la peinture, nous avouons que l'art américain n'est pas bien riche. Seules les ruines de Palenqué, ainsi que celles de Chichen-Itza dans le Yucatan (Pérou), montrent des peintures murales de l'art américain le plus ancien. Dans ces représentations le grotesque l'emporte sur le côté artistique. On voit figurés des hommes et des femmes occupés à des travaux manuels. Nous possédons

---

(1) Comme nous le disons dans notre introduction, et comme nous nous plaisons à le répéter encore une fois, à propos du premier article d'art de ce Dictionnaire, nous ne traitons ici que des seuls arts plastiques, et encore avons-nous exclu l'architecture, dont nous avons traité *in extenso* dans notre *Dictionnaire raisonné de l'architecture et des sciences et arts qui s'y rattachent*, 4 vol. in-8° jésus ; Paris, Firmin-Didot et Cie, éditeurs, 1877-80.

(2) Ce terme (tiré du latin *ab origine*, depuis l'origine) a la même signification que le terme grec αὐτόχθονες (autochthones), c'est-à-dire peuples nés sur la terre même qu'ils habitent.

aussi de curieuses miniatures d'un manuscrit mexicain fort connu, dénommé *manuscrit Troano* du nom de son premier possesseur Juan de Tro y Ortolano. Cette œuvre est peinte sur des feuillets gommés d'écorce d'arbre ; l'enduit qui recouvre ces feuillets est fait avec une matière blanchâtre. Humboldt, dans son ouvrage sur les Cordillères nous montre des costumes mexicains du commencement du XVIIIe siècle ; ils sont dessinés d'après des miniatures de l'époque. Tels sont les seuls monuments peints de l'art américain. — En sculpture, nous possédons des spécimens beaucoup plus nombreux. Ainsi, dans les ruines du palais de Huehupallan près de Palenqué, on voit sculptées en bas-relief sur une sorte de pierre lithographique des figures géantes qui ont un type caractéristique principalement par le front très fuyant, ce qui indique bien la race primitive ou aborigène. Quelques-uns des personnages représentés en bas-relief portent des colliers à leur cou et sur la poitrine un ornement nommé *pectoral*, qui, nous le savons, était porté par les rois ou les grands prêtres. L'un de ces personnages porte un casque qui a beaucoup d'analogie avec un type de casque grec créé huit à dix siècles plus tard par les Athéniens. Enfin les monuments et les sculptures sont couverts de signes hiéroglyphiques qui, au lieu d'être gravés en creux, sont au contraire saillants ; ces signes prouvent d'une façon évidente que l'art américain est bien autochtone et n'a puisé aucun élément chez les Égyptiens et les Phéniciens, comme quelques auteurs l'ont avancé sans apporter aucune preuve, du reste, en faveur d'une thèse insoutenable. — En céramique, l'art américain a fourni des types nombreux et d'une haute antiquité ; il existe dans les musées et dans les collections particulières des poteries américaines d'origine palenquéenne, ce sont les plus anciennes ; d'autres d'origine aztèque, chichimèque, péruvienne, quichuase, théotehuacane, tulhèque ou toltèque, et yucatèque. Il se fait aujourd'hui, surtout en Allemagne, de nombreuses contrefaçons des poteries américaines. On reconnaît assez facilement les contrefaçons : les tons et les nuances de celles-ci sont moins durs, ensuite la glaçure est obtenue par le feu du four, genre de glaçure que n'ont pas connu les anciens Américains.

AMÉTHYSTE. — Pierre précieuse colorée en violet. Il en existe deux variétés différentes : l'une est très commune, c'est un quartz hyalin, ou du cristal de roche, coloré en violet ; l'autre variété est un peu plus précieuse à cause de sa dureté et de l'intensité de sa coloration, on la nomme *améthyste orientale* ou *corindon hyalin violet*. — La joaillerie utilise les améthystes pour les bijoux ; on en fait des bagues, des broches, des boucles d'oreilles, des boutons, etc. Parfois de gros échantillons d'améthyste ont permis de tailler dans leur masse des coupes, de petits vases et jusqu'à des colonnettes qu'on emploie pour la décoration de petits meubles. — La glyptique utilise également l'améthyste, qui par sa dureté et sa transparence se prête admirablement à la gravure, soit pour camées, soit pour intailles. Parmi celles-ci nous devons mentionner un portrait de Mécène, gravé par Dioscoride, et l'*Achille citharède*, signé Pamphile ; ces gravures appartiennent l'une et l'autre à la collection des pierres gravées de la Bibliothèque nationale de Paris. — Les améthystes communes (quartz hyalin) se trouvent en Allemagne, en France, en Sibérie et en Suisse ; les améthystes corindon nous viennent de l'Inde et du Brésil, et, en moindre quantité, de l'Espagne. Le pectoral du grand prêtre des Hébreux à Jérusalem était décoré de douze pierres précieuses, parmi lesquelles figurait au neuvième rang l'améthyste corindon. — L'anneau pastoral des évêques catholiques a son chaton orné d'une améthyste. — On attribue à cette pierre des propriétés bienfaisantes : par exemple, de préserver de l'ivresse ; d'où son nom (ἀ privatif, et μεθύω, je m'enivre). C'est pour cela que cette pierre est consacrée à Bacchus et que beaucoup de graveurs de l'antiquité ont gravé des représentations de ce dieu sur des améthystes.

AMEUBLEMENT. — Terme générique qui embrasse l'ensemble du mobilier (tentures, vases, bronzes, objets d'art, etc.) qui décore et meuble l'habitation de l'homme. Le luxe de l'ameublement est particulièrement remarquable chez les peuples orientaux. Nous ne pouvons nous faire qu'une bien faible idée de ce qu'étaient les tentures et les tapisseries des anciennes civilisations orientales ; ce n'était partout que des meubles d'or, d'argent ou d'ivoire, ou fabriqués avec des bois précieux incrustés eux-mêmes des matières précieuses que nous venons de citer. Les murs et les planchers de l'habitation disparaissaient sous les tentures et les tissus les plus beaux et les plus soyeux, sous les tapis les plus moelleux et les plus brillants. Quand les plafonds n'étaient pas en bois de cèdre incrustés de nacre, d'ivoire et d'or, les bois les plus précieux avec les faïences aux riches colorations concouraient à l'ornementation de cette paroi de l'habitation. On ne peut se faire une idée du luxe de l'ameublement des anciens que par celui qui règne encore de nos jours dans l'Inde. Ce qui prouve le plus en faveur de la splendeur de l'ameublement oriental, c'est qu'aujourd'hui dans nos riches demeures modernes on est obligé de recourir aux tapis et aux tentures d'Orient pour obtenir un riche ameublement. Mais, il faut bien l'avouer, souvent les riches demeures modernes sont loin d'être meublées avec goût ; il y règne un luxe tapageur et de mauvais aloi, parce que leurs propriétaires ne s'occupent pas de meubler ou l'habitation entière ou chaque pièce dans un seul et même style, et trop souvent un salon de réception possède à la fois des meubles Louis XV et Louis XVI, des lustres Louis XIV et des portières orientales. C'est de l'éclectisme, dira-t-on ; nous le voulons bien, mais il ne faut pas, sous prétexte d'éclectisme, se créer des demeures qui ressemblent à une véritable boutique de bric-à-brac. Nous devons ajouter cependant que quelques hommes de goût ont su créer des ameublements parfaitement compris ; ainsi à la vente de Léopold Double nous avons pu voir des salons de divers styles où chaque meuble était bien à sa place. Nous n'insisterons pas davantage et, pour d'autres détails sur l'ameublement, nous renverrons les lecteurs aux mots suivants : Bronze, Décoration, Ébénisterie, Mobilier, Tapis, Tapisseries et Tentures.

AMIANTE. — Substance minérale, filamenteuse, incombustible, dont on faisait dès l'antiquité des vêtements incombustibles ; on la désignait aussi sous le nom d'asbeste (*asbestus*) (1). — La composition de l'amiante se rapproche de celle de l'Amphibole (Voy. ce mot) ; elle renferme de la silice, de la magnésie et un peu de chaux. Cette substance se présente sous forme de filaments soyeux plus ou moins blancs, quelquefois jaunes ; sa texture fibreuse la rapproche, quant à ses propriétés extérieures, de la soie, du lin, ou des fils blancs et soyeux obtenus par le traitement de l'écorce du mûrier blanc. L'amiante a beaucoup attiré l'attention de certains industriels ; aussi est-on parvenu de nos jours à la filer et à tisser des étoffes, soit avec des fils d'amiante pure, soit avec des fils mélangés avec du coton. Le tissu une fois obtenu, on se débarrasse du coton qu'il renferme en le passant au feu. Après refroidissement l'étoffe revient à son état primitif. Divers peuples de l'antiquité faisaient des linceuls d'amiante, afin de brûler leurs morts et de pouvoir recueillir leurs cendres sans qu'elles soient mêlées à celles du combustible employé à l'incinération.

De nos jours, on a fabriqué des mouchoirs de poche en amiante ; on les blanchit, quand ils ont servi, en les faisant passer à travers la flamme. On emploie également cette substance pour la garniture des presse-étoupes et des pistons de machine, comme du reste pour tous les joints qui sont exposés à un frottement continu et à une température élevée. Si cette substance avait plus d'élasticité, elle pourrait rendre de grands services à l'industrie. On récolte l'amiante principalement aux États-Unis et au Canada ; dans ce dernier pays on en exploite deux variétés différentes, dont l'une est couleur d'ambre translucide ; on en trouve également, mais en moindre quantité, dans les fentes de certains rochers du Piémont, de la Corse, de la Sardaigne, de la Savoie ; on en récolte également dans les Pyrénées et jusqu'en Sibérie.

AMICT. — Terme générique par lequel les

---

(1) E. Bosc, *Dictionn. génér. de l'archéolog. et des antiquités*.

Romains désignaient tous les vêtements de dessous. — Voy. notre *Dictionnaire général d'archéologie*, v° AMICT.

AMORÇOIR. — Vers la seconde moitié du XVIᵉ siècle, quand on remplaça les ARQUEBUSES par les MOUSQUETS (Voy. ces mots), on employa pour amorcer ceux-ci une poudre spéciale qu'on versa dans les bassinets; et comme on portait cette poudre dans une petite poire à poudre, on appela celle-ci *amorçoir*. La forme des amorçoirs est très variée, suivant le style adopté et le pays où ils sont fabriqués. Quelques modèles sont en forme de courge aplatie ayant au centre un trou qui permet de passer l'index pour retenir l'amorçoir. On en fabrique en bois de poirier richement décoré d'incrustations en ivoire sculpté, en argent sculpté, gravé ou niellé, en fer gravé ou ciselé, en cuivre fondu et ciselé ou même émaillé. C'est un objet de haut luxe, et dans les ventes les amorçoirs atteignent parfois un haut prix, jusqu'à 3,000 francs; aussi en fait-on de nombreuses contrefaçons.

Fig. 20. — Amorçoir arabe (1ᵉʳ type).

Notre figure 20 montre un amorçoir arabe, en forme de corne. En dévissant la partie inférieure par le bouton *a*, on le remplit de poudre; par les cordonnets *bb*, on peut le suspendre, et, en appuyant le pouce sur le point *c*, le levier coudé ouvre l'orifice *e*, qui laisse écouler la poudre, l'amorce, dans le bassinet de l'arme à feu. Cet amorçoir est en argent; toute l'ornementation a été faite au repoussé.

Notre figure 21 montre un autre amorçoir

arabe en forme de gourde. Deux anneaux placés sur les côtés de cet amorçoir servent à le suspendre; par le bouchon *a* on le remplit de poudre. Les pendeloques placées au-dessous de

Fig. 21. — Amorçoir arabe (2ᵉ type).

cette gourde sont composées de chaînettes et de coraux bruts; celle du milieu porte une de ces petites mains en corail que les Napolitains et les Siciliens portent sur eux pour se préserver contre le mauvais œil. (Voy. AMULETTE.)

AMPHIBOLE. — Substance minérale opaque dans laquelle, dès la plus haute antiquité, l'homme a taillé des verres à boire, des boîtes, des manches de couteau, etc. Il existe des ustensiles de l'époque de la pierre polie qui sonts faits en amphibole.

AMPHORE. — Grand vaisseau de terre portant des anses sur son col et terminé en pointe. Il existe des amphores grecques et romaines. — Voy. notre *Dictionnaire d'archéologie*, vº AMPHORA, et notre *Dictionnaire d'architecture*, vº AMPHORE et VASE.

AMPHORIDION. — Petite amphore, diminutif d'*amphora* (amphore.)

AMPOULE. — Fiole, flacon, au col court et étroit, à panse sphérique. Généralement, les ampoules affectent la forme d'un globe ou d'une vessie. Un de ces vases qui est célèbre et qu'on montre à l'église de Saint-Remi, à Reims, c'est la sainte ampoule (Voy. RELIQUAIRE); c'était une fiole d'huile parfumée enchâssée dans un reliquaire, elle fut brisée pendant la Révolution sur le pied de la statue de Louis XV à la place Royale de Reims. Il existait une autre sainte ampoule, dite *de saint Martin*, à Marmoutiers près de Tours; on la fit venir à Chartres pour sacrer Henri IV.

La coutume de porter des amulettes re-

Fig. 22. — Ampoules de pèlerinage.

monte à une haute antiquité. Beaucoup de celles-ci consistaient en petits sacs dans lesquels on plaçait des substances ou des fragments de certains objets. Les Romains et les Étrusques avaient des bulles (*bullæ*); les chrétiens eurent des *ampoules*; souvent celles-ci étaient portées par des pèlerins, aussi les nommait-on *ampoules de pèlerinage*: telle est celle que montre notre figure 22, trouvée à Roure (Côte-d'Or). Elle est en métal, affecte la forme d'un petit sac. Sur sa face antérieure on voit un écusson aux armes de France, et du côté opposé un écusson aux armes de Bourgogne.

AMULETTES. — Objets extrêmement variés dans leurs formes et dans la matière employée à leur fabrication, auxquels la superstition attribue le pouvoir de guérir certaines maladies, ou même de préserver les hommes et les animaux contre des sorts que des êtres malfaisants leur jettent. Tous les peuples, surtout au début de leur civilisation, ont adopté les amulettes; suivant les temps ou les pays, on les a diversement dénommées. Les principales formes des amulettes consistent en mains d'or, d'argent, de corail; elles ont trois doigts fermés et tendent en avant le petit doigt et l'indicateur. Quelquefois des pierres fines, principalement des turquoises, portant des sentences gravées servent d'amulettes. Nos figures 23 et 24 montrent la face et le revers du talisman ou amulette de la superstitieuse reine Catherine de Médicis. Il

Fig. 23. — Amulette de Catherine de Médicis (avers).

Fig. 24. — Amulette de Catherine de Médicis (revers).

Fig. 25. — Amulette byzantine.

est en bronze coulé et date du XVIᵉ siècle. D'après le P. Ménestrier, ce talisman aurait été fait par Jean Fernel d'Amiens, premier médecin de Henri II, qui avait reçu de grands bienfaits de Catherine. Notre figure 25 montre une amulette de cuivre émaillé en forme de triptyque; on la portait suspendue au cou comme un *encolpium*. Le vantail placé à la gauche du lecteur représente à sa partie supérieure la descente de J.-C. aux limbes, et dans sa partie inférieure l'Ascension. Le vantail à droite laisse voir dans le haut l'entrée de

J.-C. à Jérusalem, et dans le bas la Présentation au temple. Le centre du triptique montre la Vierge et son enfant avec l'inscription M. Θ. (Μήτηρ Θεοῦ, la Mère de Dieu). Cette amulette est de style byzantin, les catholiques grecs en portent de semblables encore de nos jours. En archéologie chrétienne, on nomme amulettes, ou quelquefois *encolpia*, des reliques, des médailles, etc. — Voy. notre *Dictionnaire d'archéologie*, v° AMULETTES et ENCOLPIA.

AMUSETTE. — Ancienne pièce d'artillerie reléguée aujourd'hui dans les musées comme antiquités; elle servait de fusil de rempart, ou bien comme pièce de montagne. Son canon de petit calibre lançait des boulets d'une livre.

ANCHE. — Languette de buis ou de métal qui a pour fonction de briser un courant d'air en battements réguliers. Chaque battement de l'anche produit l'une des vibrations du son; sans l'anche, le courant d'air s'échapperait sans vibrer. On peut les diviser en trois genres : l'*anche simple* ou *battante*, l'*anche double* et l'*anche libre*. Un grand nombre d'instruments de musique sont à anches.

ANDARAS. — Instrument de musique péruvien qu'on nomme aussi *zampona*. C'est une sorte de flûte de Pan composée de onze roseaux réunis au moyen de deux baguettes nouées transversalement et fixées à l'aide d'une résine quelconque.

ANDROÏDE. — Automate à figure d'homme qui, au moyen d'un mécanisme spécial disposé à l'intérieur de la figure, exécute certains mouvements de l'homme. Parmi les automates célèbres, nous mentionnerons le joueur de flûte de Vaucanson. (Voy. AUTOMATE.)

ANGLETERRE (POINT D'). — On nomme faussement *point anglais*, ou mieux *point d'Angleterre*, un genre particulier de dentelles qui se fabrique à Bruxelles; aussi cette dentelle n'est réellement que le point de BRUXELLES. (Voy. ce mot et DENTELLES.)

ANGOISSE (POIRE D'). — Instrument en fer, en cuivre ou même en argent, qui affecte la forme d'une poire et qui, au moyen

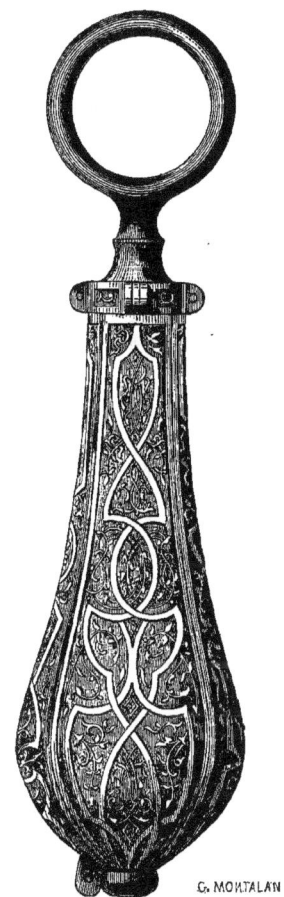

Fig. 26. — Poire d'angoisse.

d'un mécanisme particulier, pouvait se séparer en quatre quartiers par un demi-tour de main donné à ce mécanisme, sorte de vis de rappel. — Anciennement les voleurs se servaient de cet instrument pour bâillonner les victimes qu'ils voulaient dévaliser. Ils le

28 ANGOISSE (POIRE D').

faisaient pénétrer de force dans la bouche, puis ils faisaient agir le ressort qui distendait horriblement les mâchoires. Quelques-uns de ces instruments sont fort beaux comme travail, aussi atteignent-ils dans les ventes des prix assez élevés. Nos figures 26, 27 et 28 montrent une superbe poire d'angoisse qui n'était pas un vulgaire bâillon de voleurs. Il devait être employé par des grands seigneurs, peut-être même par la police. Cette œuvre fait partie

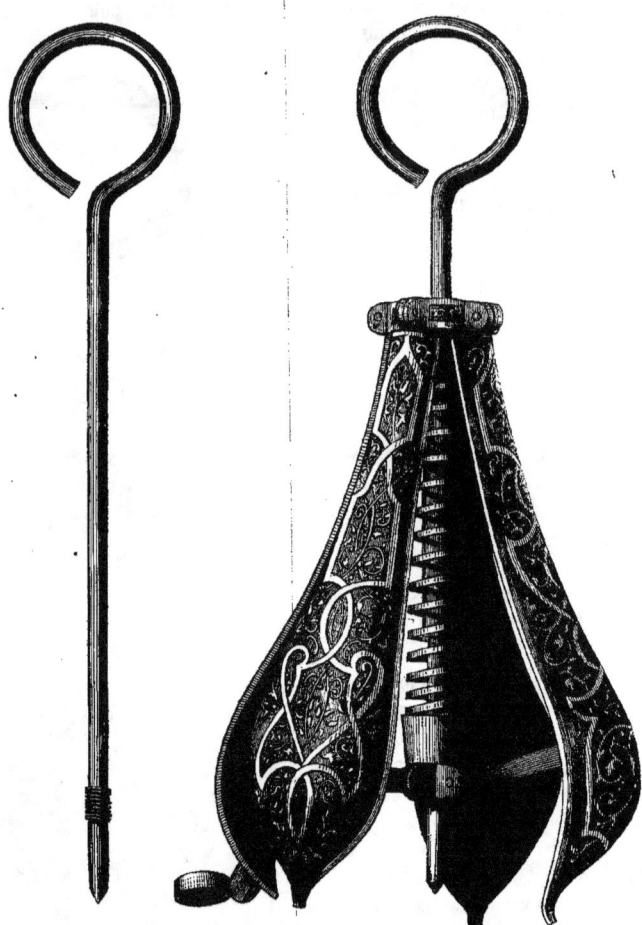

Fig. 27 et 28. — Clef et poire d'angoisse ouverte.

de la collection Sauvageot du Louvre. Notre figure 26 montre la poire fermée ; la figure 27, la tige servant à faire fonctionner le mécanisme, et la figure 28, la poire ouverte telle qu'elle se trouvait dans la bouche du patient bâillonné.

HISTORIQUE. — L'auteur de l'*Inventaire général de l'Histoire des larrons* (volume du XVIe siècle) nous apprend que l'invention de la poire d'angoisse est d'un nommé Palioli, un voleur toulousain. D'un autre côté, d'Aubigné, dans ses *Histoires*, en attribue la découverte à un capitaine d'aventure. Voici, du reste, ce que dit cet auteur (l. III, ch. XV) : « Il y avait en ce pays (Villefranche-sur-Meuse) un capitaine Gaucher, grand coureur, hazardeux en ses courses, et qui, n'ayant pas été propre à s'avancer en honneur par le vrai métier du soldat, s'était rendu plus redouté et renommé par ses prises... Pour ce que ce galant se trouvait surchargé de prisonniers, qui le contraignaient de retourner au logis premier que d'avoir mis fin à son projet, il inventa une sorte de cadenas, fait en forme de poire, aussi les appelait-il *poires d'angoisse*. Il faisait ouvrir les dents à ses prisonniers et, les ayant fait retirer sous le palais cette machine avant retirer une clef qui était dedans, il en faisait un tour qui grossissait le morceau d'un travers de doigt et par ainsi ne pouvait plus sortir de la bouche que avec l'aide de la clef. Cela fait, il disait au prisonnier : « Allez vous rendre en tel lieu, ou bien résolvez-vous à mourir de faim. »

ANGON. — Arme qui semble avoir appartenu plus spécialement aux Francs. Un auteur ancien, Agathias, au second livre de son *Histoire du siècle de Justinien*, décrit cette arme à peu près dans les termes que voici : « L'angon est une pique de moyenne longueur; c'est une arme de jet qu'on peut lancer au besoin, mais qui est également propre à la défense et à l'attaque. En effet, cette sorte de javeline est presque entièrement en fer, si bien qu'on n'y trouve de bois que ce qui suffit pour la poignée. La pointe de l'arme est terminée par deux crochets recourbés vers la hampe et qui ont quelque ressemblance avec les crochets des hameçons. Lorsque l'angon est jeté sur un ennemi et qu'il pénètre dans les chairs, il s'y engage si profondément qu'on ne peut le retirer sans rendre la blessure mortelle, quand bien même elle ne l'aurait pas été dès l'abord. » L'angon du moyen âge, qu'on nommait aussi *ancon, rancon* et *corséque*, rappelle par la forme de son fer celle de la hallebarde et de la fleur de lis. C'est la forme du fer de l'angon, qui figurait sur les armoiries des princes de l'époque féodale, qui a suggéré l'idée de la fleur de lis introduite dans l'art héraldique.

ANIME. — Sorte de cuirasse du moyen âge qu'on nomme également *garde-cœur*.

ANNEAU. — Ornement en or, en argent, en bronze, en cornaline, ou de toute autre matière, qui se porte au petit doigt. Ce signe de distinction, qu'on nomme aussi *bague*, fut en usage dès la plus haute antiquité. Selon la Fable, Jupiter imposa à Prométhée l'obligation de porter au doigt un anneau de métal pour lui rappeler son enchaînement sur le Caucase. Les Grecs désignaient les anneaux sous le nom de δακτυλίοι; les Romains, très anciennement, les nommaient *unguli* (ongles), parce qu'ils les portaient près de l'ongle à la première phalange. Il y avait des anneaux de mains et des anneaux de pieds chez divers peuples. Les beaux anneaux étaient d'or et ornés de pierres précieuses. Quand l'anneau portait en chaton une pierre gravée servant de cachet, les Grecs le nommaient σύμβολον (signe), et les Latins, *sigillarius annulus* (anneau sigillaire). — Suivant les époques et

Fig. 29. — Anneau du comte d'Essex.

suivant les peuples, la manière de porter les anneaux a varié : par exemple, les Égyptiens le portaient au médius de la main droite, les Hébreux également; les Grecs le plaçaient au quatrième doigt ou doigt annulaire de la main gauche; les Romains, à divers doigts de la main : à l'origine ils ne portaient qu'un seul anneau, plus tard ils en eurent à chaque doigt et quelquefois à chaque phalange; le peuple ne portait que des anneaux de fer. Dans l'antiquité, dans la cérémonie des fiançailles, le futur époux donnait à sa fiancée un anneau : c'est devenu de nos jours l'anneau d'alliance, qui est en argent ou en or; il se dédouble et porte sur la tranche inférieure les noms du mari et ceux de la femme. Primitivement l'anneau de mariage était de fer avec un chaton d'aimant, pour symboliser l'union des époux, qui doivent s'attirer comme l'aimant attire le fer. — Enfin dans certaines contrées les habitants ont porté des anneaux non seulement aux oreilles, mais encore aux narines.

Notre figure 29 montre un anneau historique, celui du comte d'Essex, que lui avait donné la reine Élisabeth, en lui recommandant de le lui retourner si jamais il avait besoin de sa protection. Le comte d'Essex, condamné à mort, envoya bien à la reine cet anneau d'or, dont le chaton est formé par un diamant taillé en cœur; mais par un hasard singulier, cet anneau tomba entre les mains de lady

Fig. 30. — Anneau de porte (fer ciselé).

Nottingham, dont le mari, ennemi de d'Essex, lui fit défense de le remettre à la reine. A son lit de mort, lady Nottingham révéla ce secret à la reine et lui demanda son pardon. « Dieu puisse vous pardonner, répondit la reine émue, moi je ne le puis. » L'aveu de la comtesse de Nottingham causa un tel chagrin à Élisabeth, qui avait tant aimé d'Essex, qu'elle se laissa, dit-on, mourir de faim. (Voy. BAGUE et BIJOU.)

Les amateurs de curiosités attachent aussi beaucoup de prix aux anneaux de porte en fer ou en bronze richement travaillés.

Notre figure 30 montre un anneau en fer ciselé du XIIIe siècle, de l'une des portes intérieures de la cathédrale de Bourges. Cet anneau est une pièce des plus intéressantes de la serrurerie de l'époque ogivale. L'anneau semble maintenu dans la gueule du chien qui sort du milieu d'un disque à rosaces trilobées et quadrilobées ou à quatre feuilles, et, fait bizarre, les rosaces à quatre lobes se suivent au nombre de trois à gauche de notre figure.

Les luthiers nomment *anneau*, une sorte de clef qui sert à faciliter le doigté dans les instruments à vent, tels que clarinette, flûte, hautbois, etc.

ANNELET. — Dans le blason, on désigne sous ce terme de petits anneaux qui placés sur l'écu sont un signe de grandeur et de noblesse.

ANTÉFIXE. — Ornement d'architecture qui se plaçait sur le faîte de la couverture ou sur les bords du toit dans les tuiles dites *imbrices*. — Voy. ce mot dans notre *Dictionnaire d'architecture*, et TERRE-CUITE, dans ce dictionnaire.

ANTEROS. — Pierre précieuse qui a beaucoup de ressemblance avec le jaspe.

ANTICAILLE. — Voy. ANTIQUAILLE.

ANTIGORIUM. — Sorte d'émail grossier qui sert à recouvrir la faïence grossière.

ANTIPHONAIRE ou ANTIPHONIER. — Recueil de la musique religieuse, livre d'église où les offices sont notés en plainchant. Les antiphonaires en usage en France, par suite de la divergence liturgique qui règne dans notre pays, présentent entre eux de grandes différences. Le plus ancien antiphonaire connu est celui de Grégoire dit *le Grand;* il se divise en deux parties : l'une, le *Graduel,* comprend les chants en usage pendant la messe; l'autre, le *Responsorial,* plus spécialement nommé *antiphonaire,* contient les répons et les antiennes des heures de l'office. L'antiphonaire autographe grégorien a été détruit dans un incendie du Vatican; aussi, quand on a voulu rechercher la forme primitive de cet antiphonaire pour une nouvelle édition, on a dû consulter les antiphonaires de Saint-Gal et de Montpellier, comme étant les plus parfaits. — Souvent les pages des antiphonaires sont manuscrites et sur vélin ; elles renferment des miniatures et des lettres onciales ornées. Les couvertures de ces recueils sont parfois très remarquables par les ornements gravés et les dessins au petit fer de leur reliure.

ANTIQUAILLE. — Terme de mépris qui sert à désigner un objet de peu de valeur.

Au commencement du XVIe siècle, ce terme, dérivé de l'italien et qui s'écrivait *anticaille*, était employé dans une acception sérieuse comme synonyme d'*antiques*. Plus tard il servit comme aujourd'hui à désigner le menu fretin de la curiosité ainsi que les objets d'origine douteuse.

Dans le tome Ier, p. 424, de la *Renaissance des arts à la cour de France,* nous lisons : « A Jacques Veignolles, peintre, et Francisque Rybon, fondeur, pour avoir vacqué à faire des mosles de plastre et terre pour servir à jetter en fonte les anticailles que l'on a amené de Rome pour le roy à raison de 20 livres pour chacun d'eux par mois. »

Et dans une lettre de Voltaire à Montcrif, en date de 1734, le philosophe de Ferney écrivait : « Il est vrai que M. Falkener a du goût pour l'antiquaille, mais ce n'est ni pour alun, borax, terre sigillée ou plante marine. Son goût se renferme dans les médailles grecques. »

ANTIQUAIRE. — Suivant l'époque où il a été employé, ce terme a eu diverses significations. Anciennement les antiquaires étaient des personnes très instruites qui s'occupaient d'études archéologiques : c'est l'archéologue moderne ; aujourd'hui ce même terme d'antiquaire, ne sert qu'à désigner des personnes qui, sans études préalables, composent sans goût et sans discernement des collections d'objets d'art; on nomme même antiquaires des marchands de curiosités.

ANTIQUE (ART). — Sous ce terme on comprend aujourd'hui tous les monuments d'art, toutes les productions artistiques des anciennes civilisations, telles que celles de l'Assyrie, de la Babylonie, de l'Égypte, de l'Étrurie, de la Grèce et de l'Italie. Il y a quelques années à peine que ce même terme d'*art antique* ne servait à désigner que les œuvres d'art de la Grèce et de Rome, car les classiques n'admettaient pas d'autres arts que le grec et le romain ; tous ceux des autres civilisations, que chacun admire aujourd'hui, étaient traités de *barbares*. Nous ne nous étendrons pas plus longuement sur ce sujet, puisque nous l'avons traité en détail dans divers articles auxquels nous renvoyons le lecteur. (Voy. AMÉRICAIN, ASSYRIEN, BABYLONIEN, ÉGYPTIEN, ÉTRUSQUE, GREC, PHÉNICIEN, ROMAIN, etc.)

ANTIQUITÉS. — Terme générique par lequel on désigne tous les objets d'art anciens, aussi bien les peintures, les sculptures, les meubles, les ustensiles, que les monuments de l'architecture qui ont une valeur véritable ; car les mêmes objets qui ne présentent pas un intérêt quelconque sont désignés sous le terme d'ANTIQUAILLES. (Voy. ce mot.)

ANTONNOIRE. — Ce terme en usage au XVe siècle servait à distinguer non seulement un *entonnoir*, mais encore un large éteignoir ayant la forme d'un entonnoir. L'orthographe de ce mot était variable suivant l'époque où on l'a employé, comme le lecteur pourra s'en convaincre par les citations suivantes ; ainsi dans l'*inventaire du duc de Berry*, en date de 1417, nous lisons : « Un petit antonnoer d'or garny de menues perles iiij livres tournois ; » dans l'*inventaire de Gabrielle d'Estrées*, en date de 1599, on cite « un bougeoir en forme de ferrière avec une petite chesne et un antonnoir. »

APATITE. — Voy. AMAZONITE.

APLOME. — Variété de grenat d'un ton brun foncé.

APOGRAPHE. — Instrument qui sert à copier des dessins.

APOLLONICON. — Orgue mécanique inventé par les mécaniciens anglais Flight et Robson, qui employèrent cinq années (1812 à 1817) pour exécuter ce travail. Comme disposition des jeux et comme distribution des tuyaux d'air, l'apollonicon ressemble à l'orgue ordinaire, il possède 45 jeux et jusqu'à 1,800 tuyaux.

APOLLONION. — Instrument à clavier surmonté d'un automate jouant de la flûte. L'apollonion a été inventé vers la fin du XVIIIe siècle.

APPLIQUE. — Ce terme sert à désigner une plaque d'ornement, mais surtout des bras de lumière, des supports auxquels sont fixées une ou plusieurs branches propres à recevoir un système d'éclairage quelconque, mais surtout des bougies de stéarine. On nomme ces objets *appliques*, parce qu'on les applique contre les murs, entre des trumeaux, sur les montants ou les chambranles d'une cheminée, au milieu de caissons, etc. — Les appliques porte-lumière ont fait leur apparition à la fin du XVIe siècle. A l'origine, c'étaient de grandes plaques de métal, principalement de cuivre ciselé qui portaient une ou plusieurs branches de lumière ; souvent le centre de la plaque de métal était décoré d'un simple miroir destiné à refléter les feux ; plus tard le miroir s'agrandit et devient une petite glace biseautée, le cuivre ne sert plus que d'encadrement à celle-ci, et au-dessous du cadre une sorte de cartouche de forme variée sert de porte-lumière. Beaucoup d'appliques hollandaises et flamandes sont exécutées de cette façon. On en fait à la même époque en faïence polychrome ; nous en avons vu de superbes en faïence de Nevers et de Moustiers. Enfin on fabrique des appliques en bronze doré décorées de fleurs en porcelaine de Saxe. A l'époque de Louis XVI, les appliques affectent une forme de balustre cannelé, surmonté de vases. Les canaux des balustres et des vases sont richement décorés de feuillages ; de magnifiques enroulements s'échappent de la panse du balustre. Généralement les appliques Louis XVI sont finement ciselées ; elles atteignent dans les ventes des prix considérables. On fait aujourd'hui beaucoup d'imitations d'appliques de cette époque, et grâce à la galvanoplastie il est souvent bien difficile de distinguer les objets vrais des imitations. (Voy. BRAS-APPLIQUE.)

APPRÊTOIR. — Selle en bois dont se servent les potiers d'étain pour apprêter leur métal.

APPUI-MAIN. — Baguette d'environ 1ᵐ,25 de longueur, dont l'extrémité supérieure est

Fig. 31. — Aquamanile en forme de coq.

terminée par une boule. Elle sert aux peintres à appuyer la main avec laquelle ils tiennent le pinceau et à lui fournir un point d'appui qui leur permet de dessiner avec fermeté, parce que le haut de l'appui-main porte sur le cadre ; comme le peintre incline plus ou moins cette baguette suivant le cas, la main qui porte sur l'appui-main a un point d'appui rigide.

AQUAFORTISTE. — Nouveau terme qui dans la langue des artistes et des amateurs sert

Fig. 32. — Aquamanile en forme de lion.

à désigner le graveur à l'eau-forte. (Voy. Gravure.)

AQUAMANILE. — Sorte d'aiguière avec bassin servant à se laver les mains ; il en existe en métal et en faïence. Le moyen âge a fondu beaucoup d'*aquamaniles* qui affectent la forme d'animaux vrais ou chimériques. L'usage de ces ustensiles était très général, car à cette époque, on ne se mettait jamais à table sans se laver les mains à l'eau parfumée ; aussi chez

Fig. 33. — Aquamanile en forme de lion.

les grands seigneurs, comme on annonçait que le repas était servi au son du cor, on disait : « On vient de *corner l'eau.* » Nos figures de 31 à 36 montrent divers spécimens d'aquamaniles en forme d'animaux qui ont été fabriqués en Allemagne au moyen âge.

Fig. 34. — Aquamanile en forme de lion.

AQUARELLE. — Peinture à l'eau ; procédé de peinture dans lequel on utilise des couleurs légères et transparentes, principalement des laques, qu'on délaye dans de l'eau. Les pinceaux employés pour l'aquarelle sont le condor, le putois, la marte. On fait de l'aquarelle sur papier, sur vélin, sur soie, sur ivoire. On fabrique des papiers spéciaux fortement collés à gros grains, afin d'obtenir des tons couverts de granulations ou de points blancs, ce qui ajoute de la fraîcheur aux tons de l'aquarelle,

Fig. 35. — Aquamanile en forme de chien.

qui doit être enlevée par une main leste et habile. Jamais l'aquarelle n'a été aussi en faveur qu'à notre époque; nos plus grands maîtres contemporains n'ont pas dédaigné ce

Fig. 36. — Aquamanile en forme de sirène.

genre; nos salons annuels, de même que nos expositions universelles, nous ont montré des œuvres extrêmement remarquables, et beaucoup de nos lecteurs se rappellent sans aucun doute l'exposition des aquarelles de la rue Lepelletier qui montraient des interprétations superbes des fables de la Fontaine signées par des artistes tels que E. Lami, Gérôme, Vibert, Moreau, Ed. Detaille, Leloir, Veyrassat, Lemaire, Garnier, Jacques, etc., etc. Les Anglais sont grands amateurs d'aquarelles, ils possèdent une école qui fournit des productions étourdissantes et ont de nombreuses sociétés de *water colours*. On utilise beaucoup l'aquarelle pour peindre des éventails, des écrans, etc. Autrefois les lavis à l'encre de Chine ou à la sépia étaient classés parmi les aquarelles; on appelle aujourd'hui ce dernier genre Lavis et Sépia. (Voy. ces mots.)

AQUARELLISTE. — Artiste qui peint à l'aquarelle, c'est-à-dire avec des couleurs à l'eau; cet artiste doit avoir une grande sûreté de main, car il doit enlever à grande eau et du premier coup son dessin, une fois que son esquisse a été légèrement arrêtée au crayon. (Voy. Aquarelle.) En France, en Belgique, en Angleterre, en Italie et en Espagne, il existe aujourd'hui de nombreuses sociétés d'aquarellistes qui ont poussé bien loin l'art de peindre à l'eau.

AQUA-TINTA, AQUATINTE. — Genre de gravure à l'eau-forte qui imite les dessins lavés (*lavis*) à l'encre de Chine, à la sépia, au bistre, à l'encre à écrire. (Voy. Gravure.)

AQUATINTISTE. — Graveur à l'Aqua-Tinta. (Voy. ce mot et Gravure.)

ARABA. — Voiture turque traînée par des chevaux et quelquefois par des bœufs, réservée presque exclusivement aux femmes, qui se tiennent à l'intérieur de l'araba couchées sur de brillants et moelleux coussins. La caisse de cette voiture est en bois sculpté, peinte en vert ou en amarante, et décorée de dorures. Cette voiture (fig. 37) est couverte par une tenture d'étoffe de couleur. — On désigne sous le même terme une sorte d'omnibus en usage à Constantinople et qui peut contenir dix à douze personnes. Les arabas des dames du harem de Constantinople sont des voitures de grand prix et un objet de curiosité.

ARABE (Art). — Généralement on croit que la loi musulmane défendait aux artistes arabes la reproduction de la figure humaine ou des êtres animés quelconques; il n'en est rien. En effet, si nous étudions avec soin le Coran, rien n'indique la prohibition de représenter des idoles et des êtres animés. Ce n'est guère que dans les entretiens de Mahomet et de ses disciples, entretiens recueillis par ces derniers, qu'on peut voir que le Prophète réprouvait la reproduction d'animaux par la peinture ou la sculpture. Du reste, les sectateurs seuls d'Omar ne représentaient jamais la figure humaine; ceux d'Ali, au contraire, les chyistes ou hétérodoxes la laissaient reproduire par les artistes; mais nous devons ajouter qu'en général on trouve dans les compositions des artistes arabes plus d'ornements que de figures. Cependant nous savons fort bien que la mosquée construite à Jérusalem vers l'an 700, par le calife Abdel-Meleck, avait des portes dans la décoration desquelles figuraient des images du Prophète; et quelques écrivains arabes, entre autres Mouradja-d'Osson, nous informent que des peintures murales de l'intérieur de ce temple représentaient diverses scènes du paradis et de l'enfer. Ces travaux avaient dû être exécutés par des artistes

Fig. 37. — Araba.

byzantins; du reste, la peinture arabe dérive en grande partie de l'école byzantine. La parenté de la sculpture arabe et mauresque avec la sculpture byzantine est sensible; elle ne se reconnaît pas seulement dans l'ornementation, mais encore et surtout dans la représentation des animaux et dans quelques rares spécimens de la statuaire, que les Arabes ont presque ignorée, tandis qu'ils ont prodigué avec un grand luxe et une grande abondance l'ornementation en rinceaux, en zigzags, en entrelacs, en palmettes, etc.

Les Arabes, principalement ceux d'Afrique, paraissent avoir été très avancés dans les connaissances de l'art céramique, ils ont produit des carreaux et des faïences étourdissantes. Nous pouvons en juger par les produits qui nous restent, par ces poteries musulmanes, principalement par les produits dénommés *perso-arabes, hispano-arabes* et *siculo-arabes;* ces dernières céramiques sont toutes ou presque toutes à reflets métalliques, ces reflets mordorés qu'aux XVe et XVIe siècles ont imités les villes italiennes Gabbio et Pesara.

Les Arabes ont également fabriqué des vases en terre de pipe avec une couverte d'un beau vernis bleu-verdâtre, composé de cuivre et de potasse. Ces vases comportent également des ornements à reflets métalliques dorés et cuivrés; et, fait curieux à noter en passant, c'est que le vernis bleu des Arabes est d'une nuance ou plutôt d'un ton presque identique à celui de certaines poteries égyptiennes. — Pour ce qui concerne l'architecture arabe,

voyez notre *Dictionnaire d'architecture*, v°
Arabe.

ARABESQUE. — Ornement décoratif employé par le peintre, le sculpteur, l'architecte, par le relieur, le graveur sur métaux, le nielleur, le damasquineur, etc. — Cet ornement se compose de rinceaux, d'entrelacs, d'enroulements, de palmes, de branchages plus ou moins entortillés avec fleurs, fruits et boutons. Souvent ces enroulements portent des animaux, des oiseaux, des chimères, des êtres fantastiques ou imaginaires, etc. C'est à tort qu'on attribue aux Arabes l'invention de ce genre d'ornement, car l'origine des arabesques remonte à une époque très reculée; en effet, on retrouve ce motif de décoration déjà fort développé sur les monuments antiques de l'Orient, chez les Égyptiens, les Assyriens, les Étrusques, les Grecs et les Romains. Ces derniers en usèrent et en abusèrent, à tel point que Vitruve s'en plaint fort amèrement et à peu près dans ces termes : « Mais tous ces sujets de peinture que les anciens tiraient des objets véritables et de la nature, aujourd'hui des habitudes vicieuses les font réprouver; ce qu'on peint sur nos enduits n'a plus de modèle fixe et régulier. Ce ne sont plus que des monstres; ou substitue aux colonnes des roseaux; aux frontons a succédé je ne sais quelle espèce d'entortillage de formes cannelées et bigarrées. On voit des candélabres soutenir de petits temples, du faîte desquels sortent, comme d'une racine, des feuilles délicates et flexibles qui, contre toute vraisemblance, portent de petites figures : toutes choses qui ne sont point, n'ont point été et ne peuvent être ; mais telle est la force de ces pratiques nouvelles, que, soit paresse d'esprit, soit faute de jugement, on semble perdre de vue ce qui devrait être le véritable but des arts. »

Cette citation montre que l'ornementation, telle que l'a décrite l'architecte romain, est bien la même que celle que nous appelons *arabesque*; elle était donc bien connue des Romains. Mais ce sont certainement les Arabes qui la poussèrent à son plus haut degré de splendeur. Pendant l'époque romano-byzantine et pendant l'époque du moyen âge, l'arabesque

Fig. 38. — Arabesques.

subsiste encore, mais elle est souvent dessinée d'une façon grotesque. A l'époque de la renaissance, les arabesques atteignirent un grand développement et une perfection rare ; c'est à cette période de l'art qu'en Italie et en France les armes, les coffrets, les bahuts, les cabinets sont décorés d'arabesques merveilleuses, pleines de finesse et de goût ; on les emploie en nielles, en incrustations, etc. Au XVIIe et au XVIIIe siècle, l'arabesque, comme un véritable chiendent, envahit tout ; on la voit sur les meubles, sur les étoffes, sur l'émail, sur l'ivoire, sur les armes, sur le fer, l'acier, le bronze, l'argent et l'or, et jusque sur les reliures. Au XIXe siècle l'arabesque est très employée, non seulement pour tous les divers usages que nous avons indiqués, mais surtout pour la décoration des monuments de l'architecture. Notre figure 38 montre une arabesque qui décore la salle dite *des dieux* de la Glyptothèque de Munich, ou musée de sculpture. Ce monument a été construit sur les plans de l'architecte Klenze.

ARBALÈTE. — Arme de trait dont on se servait avant l'invention des armes à feu. L'arbalète se compose d'un arc en acier ou en bois solide et résistant, lequel arc est monté sur un fût en bois, nommé *arbrier*. On tire l'arbalète en appuyant le bois sur l'épaule, et non contre l'épaule comme pour le fusil. On vise au moyen d'une *hausse* ou *fronteau de mire* qui a souvent, comme les hausses de nos fusils modernes, des trous percés à diverses hauteurs servant à mirer à différentes distances. La corde de l'arc est retenue au bandé par un cran taillé dans la *noix*, laquelle est maintenue par une *gâchette*. Une pièce de fer nommée *clef*, placée sous l'arbrier, sert de détente pour faire échapper la gâchette et partir le coup ; le *trait*, guidé souvent par une rainure, est maintenu en place par une pièce nommée *tient-tout*. Notre figure 39 montre deux superbes arbalètes de chasse à cran du XVIe siècle ; elles font partie de la collection d'armes de M. Spitzer et ont figuré à diverses expositions.

HISTORIQUE. — L'invention de l'arbalète est attribuée aux Phéniciens ; les Romains connaissaient également un genre d'arbalète qu'ils nommaient *manubalista* ou ARCUBALISTA (Voy. ce mot dans notre *Dictionnaire d'archéologie*.) Pour les temps modernes, l'origine de l'arbalète n'est pas bien connue, elle doit certainement remonter au commencement du XIe siècle, puisqu'on voit des soldats armés d'arbalètes sur une miniature exécutée par un abbé de Cluny, Heldric, mort vers 1010 ou 1011. Selon Guillaume de Poiton, cette arme fut employée à la bataille de Hastings (1066). Sous Louis VI dit *le Gros* (1108-1137), nous avions en France des milices d'arbalétriers. Enfin, en 1139, le concile de Latran en défendit l'emploi à cause de ses effets par trop meurtriers ; mais, malgré cette proscription, l'usage s'en conserva jusqu'au XVIIIe siècle ; ce n'est que l'extension des armes à feu qui le fit abandonner. — Dès le commencement du XIVe siècle, les arbalétriers se réunirent en corporation. La plus ancienne société d'arbalétriers que nous connaissons en France remonte vers le milieu du XIVe siècle ; elle fut fondée à Compiègne (Oise) en 1357, et confirmée par lettres patentes en date du 10 août 1359. Près d'un siècle après, en 1367, Charles V prit cette société sous sa protection.

Nous possédons aujourd'hui dans nos musées toutes sortes d'arbalètes ; beaucoup de celles de l'époque de la renaissance ont leur fût couvert de plaques en ivoire gravé, ou le fût lui-même est incrusté d'ivoire d'une grande richesse de dessin ; les arcs d'acier sont unis, mais la plaque de détente, la détente ellemême et le garde-main, ou sous-garde, sont en fer uni, damasquiné ou ciselé et gravé. L'arsenal de Zurich montre celle qui aurait appartenu à Guillaume Tell. — Au milieu de toutes ces sortes d'arbalètes ayant des noms divers, il y a lieu de distinguer les arbalètes de guerre et celles de chasse. Toutes sont différemment dénommées, suivant la forme qu'elles affectent. On distingue principalement : l'*arbalète à main*, parce qu'elle se bande à la main ; l'*arbalète à étrier*, qui porte à l'extrémité de l'arbrier un étrier dans lequel l'arbalétrier engage le pied gauche, ce qui lui permet de se servir de ses deux mains et de disposer de toute sa force pour bander l'arc. Enfin il y a des arbalètes qu'on bande à l'aide de divers mécanismes ou appareils nommés *bandage*; les principaux sont dits *bandage à griffe*, *à pied de chèvre* ou *de biche*, *bandage à treuil* ou *guindard*, *bandage à cric*, *portatif* ou *à cranequin*. Ce dernier mécanisme, qui est très puissant, consiste en une crémaillère à crochet dans laquelle s'engrène une roue dentée qu'on manœuvre à l'aide d'une manivelle. Quand le crochet de la crémaillère atteint la corde, on tourne la manivelle en sens inverse et l'on bande ainsi l'arc, en ramenant la corde engagée dans le crochet jusqu'au cran d'extrême tension, nommé pour cela *cran de bandage*.

ARBORISÉE (AGATE). — Voy. AGATE.

ARC. — Arme de jet employée anciennement par tous les peuples pour chasser ou bien comme arme de guerre. L'arc se compose d'une tringle ou verge d'acier ou de bois, et d'une corde à boyau, qui soutend l'arc formé par la verge. Pour faire usage de cette arme, l'archer la maintient fortement de la main gauche et l'éloigne de son corps, tandis que la main droite ramène la corde près du corps, ce qui accentue la courbure de la verge; aussi, quand la corde est abandonnée par la main de l'archer, l'arc en vertu de son élasticité se débande, pousse avec force le milieu de la corde et décoche la flèche placée au centre de l'arc. Les arcs chinois, japonais, persans, mongols et tartares sont laqués et décorés d'ornements.

HISTORIQUE. — L'arc a été en usage chez tous les peuples de l'antiquité, chez les Hébreux, les Scythes, les Parthes, les Thraces, les Grecs, les Romains. Nous savons même par Végèce que certains archers de l'antiquité lançaient leurs traits à plus de 450 pieds. Les Grecs attribuaient l'invention de l'arc à Apollon. Zozime parle d'un archer grec qui lançait avec un seul arc trois flèches à la fois, qui frappaient trois buts différents. Ceci nous paraît bien extraordinaire. Mais nous avons plus près de nous un exemple qui tendrait à prouver qu'avec une arbalète on pouvait toucher au même instant deux cibles; c'est ce qui arriva en présence de Henri VIII et de François Ier. L'arbalétrier qui exécuta ce tour d'adresse se nommait Hélier de Carteret (1). — Dans la Gaule, l'arc n'était pas en usage chez les Mérovingiens; mais un capitulaire de Charlemagne témoigne qu'on en usait au VIIIe siècle. Pendant le moyen âge, il y eut des corps d'archers à cheval; mais généralement les archers étaient à pied. Au commencement du XIVe siècle, l'ARBALÈTE (Voy. ce mot) remplaça définitivement, en France, l'arc; en Angleterre, au contraire, les corps d'archers subsistèrent encore jusque vers la moitié du XIVe siècle, puisque pendant la guerre de Cent Ans les corps d'archers assurèrent la victoire aux Anglais aux batailles de Crécy, de Poitiers et d'Azincourt.

ARCHET. — Ce terme de luthier sert à désigner une baguette en bois dur, terminée par deux parties saillantes : celle de l'extrémité supérieure, qui est immobile, se nomme *tête*; celle que l'instrumentiste tient dans la main droite se nomme *hausse*, parce que cette partie, mobile au moyen d'une vis à écrou, peut monter ou descendre à volonté. Un faisceau de crins blancs de cheval va de la tête à la hausse; c'est avec cette dernière qu'on tend le faisceau de crins qui sert à racler les cordes des instruments dits *à cordes*. L'archet, frotté à la colophane, fait vibrer les cordes; il est plus ou moins long, suivant l'instrument auquel il est affecté. En effet, l'archet sert pour la pochette, le violon, la viole, l'alto, le violoncelle, la basse et la contrebasse. Si la forme du violon n'a pas varié, l'archet, au contraire a changé souvent de forme; ainsi depuis Carelli, c'est-à-dire depuis 1700, nous comptons six types différents d'archets.

ARCHITECTURE. — Dans son acception la plus généralement admise, l'architecture est *l'art de bâtir*. C'est sans contredit le plus ancien des arts. Il est bien évident, en effet, que l'homme, dès son apparition sur la terre, comprit immédiatement la double nécessité de se créer un abri contre les intempéries de

---

(1) Cf. Auguste Vaquerie, *les Miettes de l'histoire*, p. 152, 1 vol. in-8°; 2e éd., Paris, 1863.

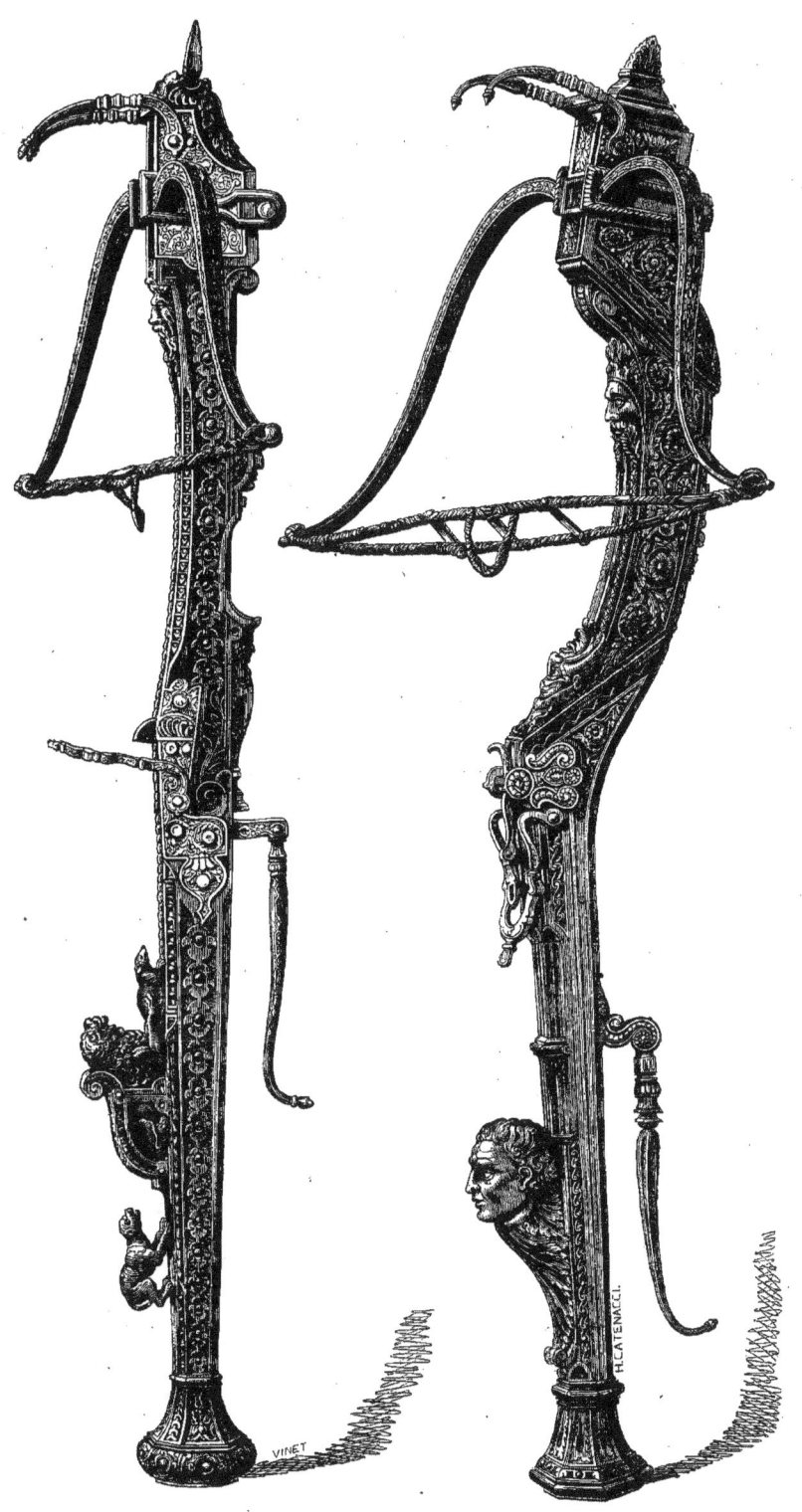

Fig. 39. — Arbalètes à cran du XVIe siècle.

l'atmosphère et un refuge contre les dangers qui l'environnaient de toutes parts. Les grottes et les cavernes naturelles furent les premières maisons, ou plutôt les premiers refuges, les premiers repaires dans lesquels l'homme se logea ; plus tard il se construisit des cabanes de bois, des maisonnettes de pierre et de terre, enfin des maisons avec de beaux matériaux. Puis, quand les peuples atteignirent une grande civilisation, ils créèrent de véritables monuments d'art ; alors seulement les travaux de l'homme méritèrent le titre d'*art architectural*. Nous n'avons pas à parler de celui-ci dans le présent livre, puisque l'architecture est le seul art dont nous ne nous occupons pas ici, ayant déjà traité ce vaste sujet dans un ouvrage à part, dans notre *Dictionnaire raisonné d'architecture*, où nous renvoyons le lecteur désireux d'étudier les merveilles de ce grand art.

ARCHIVIOLE. — Ancien instrument de musique composé d'un clavecin et d'un jeu de viole qui fonctionne à l'aide d'une manivelle semblable à celle des vielles. — On nomme *archiviole de lyre* un instrument, monté de douze à seize cordes, qui participe à la fois de la lyre et de la guitare.

ARDAVALIS. — Instrument de musique des anciens Hébreux dont l'existence est pour nous fort problématique ; nous pensons que ce mot est une corruption du terme grec ὕδραυλις, qui servait à désigner un orgue hydraulique. On écrit aussi *hardavalis*.

ARGENT. — Métal blanc, d'un vif éclat, surtout après avoir subi le polissage. Après l'or, c'est le plus malléable et le plus ductile des métaux, puisque par le battage on peut le réduire en feuilles dont l'épaisseur est de $\frac{3}{1000}$ de millimètre ; quant à sa ductilité, nous en aurons donné un aperçu en disant que 5 centigr. d'argent peuvent fournir un fil de 132 mètres de longueur. La production annuelle de l'argent est considérable, surtout depuis la découverte de gisements importants dans l'État de Nevada ; elle atteint en moyenne dans ces dernières années la somme de 260 millions de francs ; on comprend dans ce chiffre la dépréciation constante de l'argent, qui vers 1860 valait 223 francs 50 le kilogramme, tandis qu'aujourd'hui il ne vaut guère que 198 francs. Ce sont principalement les États-Unis qui fournissent la plus grande quantité d'argent. L'argent s'oxyde fort peu à l'air et à l'humidité ; aussi est-il employé non seulement pour fabriquer de la monnaie, mais encore pour des pièces d'ORFÈVRERIE. (Voy. ce terme et ARGENTERIE.) L'argent en lingot est une véritable marchandise, dont la valeur est sujette à des fluctuations diverses, ce qui fait que de grandes maisons de banque, achetant des lingots à la baisse, font souvent fabriquer de la monnaie à la hausse ; car chacun peut faire frapper de la monnaie, l'État n'en ayant pas le monopole comme le pensent encore beaucoup de gens.

Indépendamment des divers usages que nous venons d'énumérer, l'argent ou ses dérivés servent à fabriquer de la bijouterie ; le sulfure d'argent est utilisé pour produire des dessins noirs à la surface de certaines pièces de bijouterie. Les objets ainsi traités sont dits *niellés*. (Voy. NIELLAGE.) L'azotate d'argent est employé comme caustique et dans diverses compositions pharmaceutiques, ainsi que pour la photographie et l'ARGENTURE (Voy. ce mot.). Enfin, amalgamé avec le mercure, il sert à la fabrication des glaces. — Dans le blason, l'argent est un des deux métaux de l'écu ; on le représente dans la gravure en blanc, c'est-à-dire que le burin ne fait aucun travail, laissant sa surface unie, sans pointillés ni hachures. L'argent symbolise, dans l'art héraldique, l'innocence, la pureté, la candeur, la vérité et la franchise.

TECHNIQUE. — On nomme *argent de coupelle*, l'argent pur ; *argent doré*, le vermeil ; *argent bas*, l'argent inférieur en titre ; suivant l'alliage qu'il renferme, il est dit de premier titre, de second titre, etc. ; celui qui possède le moins d'alliage est dit *argent fin*. Le cuivre argenté est de l'argent faux. Enfin, suivant les états, les formes sous lesquels il se présente, il est dit : *argent allié, argent trait* ou *fil d'argent, argent en feuilles, argent en lames ; argent en poudre* ou *en coquille, argent monnayé, argent brut, argent allié*, etc., etc.

ARGENT (Vieil). — Sous le titre de *vieil argent*, on vend dans le commerce des objets tels que coffrets, bijoux, petits objets de toilette, etc., qui sont faits avec une composition de cuivre, de laiton ou de métal blanc (alfénide) et plus ou moins argentés. Enfin, on donne une patine factice à des pièces d'argenterie au moyen d'une composition de plombagine et d'essence de térébenthine, qu'on colore en jaune avec une faible quantité d'ocre jaune, ou en rouge avec une faible proportion de sanguine. L'objet, une fois enduit de cette composition, est abandonné jusqu'à complète siccité, puis l'ouvrier le frotte avec le gratteboësse, espèce de brosse en fil de laiton, et donne le fini avec un morceau de drap fin et souple pour obtenir du brillant dans les parties saillantes des pièces de bijouterie et d'orfèvrerie. — Il ne faut pas confondre le *vieil argent*, qui peut ne pas être de l'argent, avec l'*argent noir*, ou mieux *argent oxydé*. Ce dernier reçoit une fort belle patine en noir-bleu foncé; elle est obtenue en plongeant les objets en argent ou plaqués dans de l'eau contenant du foie de soufre solide, la même substance qui sert pour faire des bains sulfureux. Au bout de quelques secondes d'immersion on retire les objets de leur bain sulfureux, on les rince à l'eau pure, puis on les frotte avec un morceau d'étoffe de laine graissée à la cire. Quelquefois on remplace le foie de soufre par une eau contenant 5 à 6 grammes de sulfhydrate d'ammoniaque par litre d'eau.

ARGENTER. — C'est à l'aide de divers procédés, que nous mentionnerons au mot ARGENTURE, donner à des objets divers l'apparence de l'argent.

ARGENTERIE. — Sous ce terme générique on désigne tous les objets d'argent, meubles, ustensiles, et plus particulièrement la vaisselle et les ustensiles de table ; on la nomme également *vaisselle plate*, du mot espagnol *plata*, qui signifie argent. Depuis une vingtaine d'années, l'argenterie a pris une place très importante dans la curiosité ; toutes les pièces ornées de l'antiquité, et principalement les pièces de la renaissance jusqu'au premier empire, sont avidement recherchées par les musées et les amateurs de curiosités. Dans certaines ventes, des pièces d'argenterie de l'époque Louis XVI se sont vendues *jusqu'à* 8 *et* 10 *francs le gramme*. Il existe beaucoup de contrefaçons allemandes. Voici par ordre de valeur le classement des pièces d'argenterie : les plus chères sont les œuvres françaises, puis les italiennes, les œuvres orientales, enfin l'argenterie allemande.

Fig. 40. — Salière du XVᵉ siècle (argent et vermeil).

HISTORIQUE. — On trouve fort peu d'argenterie antique, bien que les peuples orientaux et plus tard les Grecs et les Romains aient fait un large emploi de pièces d'argenterie. Et même à son époque, Fabricius ne voulait pas qu'un Romain, quelle que fût sa noblesse ou sa situation de fortune, possédât d'autre pièce d'argenterie que la patère qui servait aux libations et aux sacrifices de la famille. Ainsi, trois siècles avant l'ère chrétienne, il existait à Rome une tendance à imiter le luxe asiatique, surtout le luxe des nations voisines. Cependant quand les Romains eurent conquis la Sicile, la Grèce et l'Asie, l'usage de l'argenterie devint si commun qu'à l'époque de Jules César, non seulement les dressoirs, les abaques et les tables de salle à manger ruisselaient d'argent, mais encore la plupart des ustensiles de cuisine étaient fabriqués en argent et souvent richement ornés. On possède dans les musées beaucoup de pièces d'argenterie romaine de diverses époques, parmi lesquelles on distingue des plats de formes singulières ; par exemple, des plats à œufs qui ont douze compartiments permettant de servir sur la table douze œufs de poule séparés. On sait que l'œuf était le mets indispensable par lequel on commençait un repas en règle ; de là le proverbe latin, *ab ovo ad mala*, « de l'œuf jusques aux fruits. » Dans le trésor d'argenterie trouvé en 1868 à Hildesheim dans le Hanovre, il y avait, parmi plus de soixante pièces d'argenterie, un plat à œufs tel que celui que nous venons de décrire. (Voy. ORFÈVRERIE.)

Notre figure 40 montre une pièce d'argenterie du XVe siècle ; c'est une salière en argent et vermeil qui représente un page portant un bassin. Cette salière fait partie de la collection de M. Spitzer. Notre figure 41 fait voir un spécimen de l'argenterie du XVIIe siècle ; c'est un double gobelet en argent repoussé et ciselé ; le petit gobelet devait servir à déguster le vin. Le grand gobelet figure une femme richement vêtue. Cette pièce fait partie des collections du musée de Cluny.

Notre figure 42 représente une œuvre d'argenterie moderne des plus remarquables. Elle a été composée et modelée par M. Lecointe avec un rare talent. Les figures ont été fondues et ciselées, tandis que les ornements en bas-relief ont été exécutés au repoussé. Cette fontaine à thé, qui mesure 0^m,70 de hauteur, peut contenir trente litres d'eau qu'on chauffe à l'aide d'une forte lampe à alcool, dissimulée dans le pied. Elle a nécessité 4,500 grammes d'argent pour sa fabrication, mais elle vaut 18 à 20,000 francs environ.

Fig. 41. — Double gobelet en argent (XVIIe siècle).

ARGENTURE. — Procédé à l'aide duquel on applique sur certains métaux simples ou alliés des couches plus ou moins épaisses d'argent. Il existe de nombreuses méthodes d'application ; nous les énumérerons bientôt rapidement.

HISTORIQUE. — Avant les procédés galvanoplastiques, on appliquait en placage l'argent sur les métaux, principalement sur le cuivre et le bronze ; c'est ce qu'on nomme le *plaqué d'argent*, le *silver plated*, *metal plated* des Anglais. Ce genre d'argenture était connu dès la plus haute antiquité, puisque des monnaies de cuivre phéniciennes et assyriennes étaient ainsi argentées. Le musée de Naples nous montre également des pièces plaquées provenant des fouilles de Pompéi. Pendant le moyen âge on pratiqua également le plaqué, et les Arabes excellèrent dans ce genre. Les Francs Mérovingiens connurent également le plaqué; beaucoup de collections possèdent des agrafes et des fibules mérovingiennes plaquées d'argent et quelquefois d'or. — Ce procédé de placage a subsisté jusqu'à la découverte des procédés galvanoplastiques.

Fig. 42. — Fontaine à thé en argent (XIXᵉ siècle).

TECHNIQUE. — Les autres procédés d'argenture sont :

1° *Argenture à la feuille.* — L'argenteur chauffe la pièce à 150 ou à 155 degrés, il la maintient à cette température en la plaçant dans un mandrin qui repose sur des charbons incandescents ; avec des pinces d'acier nommées *brucelles*, il pose sur la pièce à argenter des feuilles d'argent.

2° *Argenture à la pâte.* — Elle est désignée aussi sous les termes d'*argenture au bouchon, au pinceau, au pouce*, etc., suivant le mode d'application de la pâte qui se compose de 50 grammes de chlorure d'argent, 150 grammes de sel marin, et 100 grammes de bitartrate de potasse. Les diverses pâtes vendues dans le commerce pour entretenir ou produire l'argenture sont toutes composées en proportions variables des substances que nous venons d'indiquer.

3° *Argenture au trempé*. — Elle comprend deux méthodes : le *trempé à froid* et le *trempé à chaud*. Ce procédé consiste à tremper dans un liquide froid ou chauffé les pièces à argenter. Les liquides à argent renferment dans leur composition, comme véhicule argentifère, soit du chlorure d'argent, soit du nitrate d'argent. Les liquides sont préparés dans une marmite dans laquelle on plonge les objets à argenter.

4° *Argenture électro-chimique* ou *argenture galvanique*. — Nous ne la décrirons pas parce que la plupart de nos lecteurs la connaissent pour l'avoir apprise dans des traités de chimie ou de physique, ou bien pour l'avoir vu pratiquer dans différentes expositions industrielles; du reste, ces procédés sont assez compliqués et nous ne pourrions les étudier ici sans sortir des limites fort restreintes que nous avons assignées à notre ouvrage au point de vue des procédés techniques. Nous terminerons donc en donnant un court historique de ce procédé d'argenture qui a apporté un merveilleux concours à l'orfèvrerie. — Un physicien italien, Brunatelli, dès la découverte de la pile de Volta avait trouvé le moyen de fixer avec le concours de celle-ci un dépôt d'or sur divers métaux. Quelques années plus tard, vers 1824, un savant génevois bien connu, de la Rive, découvrit le moyen de déposer de l'or au moyen d'un courant électrique sur des métaux en les plongeant dans un bain de chlorure d'or. — Enfin les travaux d'Elkington de Birmingham et ceux de Ruolz permirent à Christophle, en achetant les brevets de ceux-ci, de créer la puissante industrie moderne de l'argenture et de la dorure électro-chimique, telle qu'on la pratique si merveilleusement aujourd'hui. (Voy. DORURE.)

ARMES. — Objets qui servent à l'homme soit à se défendre, soit à attaquer; de là deux sortes d'armes, les *armes défensives* et les *armes offensives*. Ces dernières se divisent elles-mêmes en deux classes : en *armes d'hast* (épieu, masse, pique), que nous appelons aujourd'hui armes de main, et en *armes de jet*, telles que la flèche, l'arc, le fusil, etc.

Nous allons donner une nomenclature de toutes les armes recherchées par les collectionneurs et les amateurs de curiosité; nous établirons quatre catégories principales, puis nous désignerons celles qui sont les plus recherchées par les antiquaires. Du reste, le lecteur trouvera dans cet ouvrage, à leur rang alphabétique, une notice de toutes ou presque toutes les armes que nous ne faisons que mentionner dans le présent article.

HISTORIQUE. — Il ne nous est pas possible, le lecteur le comprendra, d'écrire ici une histoire des armes. Dix volumes ne suffiraient pas

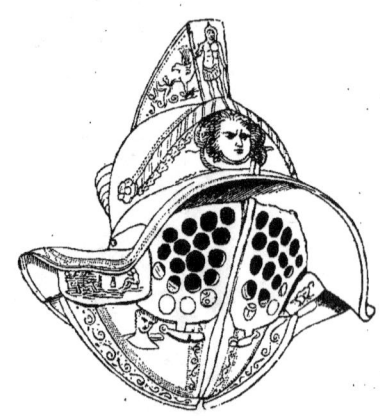

Fig. 43. — Casque de gladiateur romain (1er type).

à accomplir cette œuvre. L'homme a toujours été batailleur, c'est là, paraît-il, une des conditions essentielles de son existence. Nous pouvons même ajouter que la guerre (nous ne dirons pas l'art de la guerre) a toujours été l'unique préoccupation des peuplades sauvages; aussi pouvons-nous dire que moins une civilisation est avancée, plus elle fabrique des armes. Par ces quelques mots le lecteur comprendra la longue nomenclature qu'il nous faudrait établir pour esquisser même une histoire des armes; nous nous bornerons donc à donner ici quelques exemples d'armes de diverses époques et de diverses civilisations. — Nos figures 43 et 44 montrent deux casques de gladiateurs romains d'une fort belle époque; notre figure 45, une jambière de bronze décorée de masques, de feuilles de chêne et de rinceaux. Ces armes antiques ont été trouvées dans diverses fouilles de la péninsule italique. — Notre figure 48 fait voir un trophée composé d'armes franques : ce sont deux boucliers; puis, en A, une francisque ou hache à deux tranchants; en B, un angon ; en C, une cotue; en D, une framée, et en E, une spatha. — Les plus belles collections d'armes sont, en Europe : l'*Armeria real* de Madrid, le musée d'artillerie aux Invalides, le *Horse armory* à Londres, la belle collection d'armes orientales du trésor impérial à Moscou; la collection du prince Soltykoff; la collection de la bourgeoisie et celle de l'arsenal impérial à Vienne; la collection du prince de Galles, riche surtout en armes orientales ; la collection de la Porte de Hall à Bruxelles. Mentionnons également la collection d'armes de la ville de Saint-Omer, et la collection Spitzer, à Paris.

Au *British Museum* il existe une remarquable collection d'armes indiennes léguée au musée par John Henderson. Parmi les poignards on en voit beaucoup aux formes singulières et dont la décoration comporte une

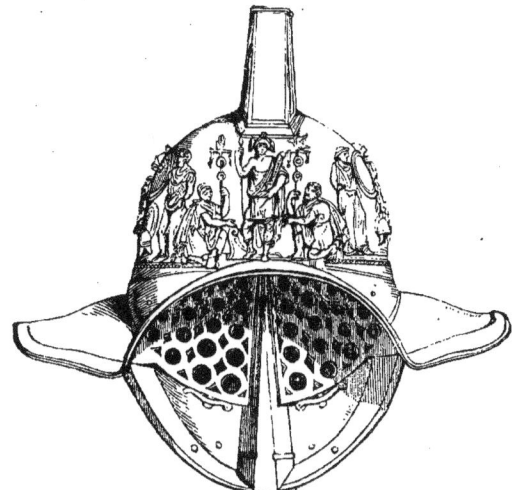

Fig. 44. — Casque de gladiateur romain (2ᵉ type).

grande variété de détails. Bien des lames sont en bel acier damasquiné par les fameux fabricants du Khorassan et d'Ispahan, dont les produits ont été si longtemps célèbres dans tout l'Orient. Souvent des inscriptions arabes, la plupart reproduisant des passages du Koran, forment une partie intéressante de leur décoration. Beaucoup d'armes vénitiennes portent l'empreinte de l'influence orientale et sont généralement l'œuvre d'artistes orientaux.

Pour permettre à nos lecteurs de se faire une opinion sur les armes orientales, nous leur soumettrons quelques exemples. Nos figures 46, 47, 49, 50 montrent des armes persanes ayant appartenu au dernier sultan mamelouk Touman-Bey-el-Aschraf. C'est d'abord un poignard (fig. 46) dont le manche est en agate orné de pierres fines. La lame, damassée et damasquinée d'or, est ondoyante, ciselée et à nervures; elle porte ces deux inscriptions : « Je charge de ma vengeance Dieu, qui est le meilleur maître, le meilleur protecteur et le meilleur agent. » La seconde inscription est ainsi conçue : « Mon Dieu, ne vous opposez pas à ce que je vais entreprendre; Seigneur, complétez vos bienfaits par une bonne fin. »

Notre figure 49 représente la masse d'armes; le manche est garni de velours cramoisi retenu par une baguette d'acier damasquinée d'or. La figure 49 est la hache de ce même mamelouk; elle est finement ciselée. Enfin le casque est représenté par notre figure 50. Il a la forme franchement orientale, c'est-à-dire que le timbre est arrondi et sans visière. Sur le devant du casque une vis de serrage retient une languette qui s'abaisse sur le visage et sert à parer les coups de sabre. Un réseau d'anneaux en acier, dont on aperçoit des traces dans notre figure, sert à préserver le cou et le reste de la tête. Ce beau casque est en acier de Damas bruni et damasquiné en or. (Voy. Lance.)

Enfin nous donnerons une arme défensive médaillon ovale, une furieuse bataille. Quatre petits médaillons renferment les personnifications de la Guerre, de la Paix, de la Discorde et de la Victoire. De robustes prisonniers

Fig. 45. — Jambière de gladiateur romain.

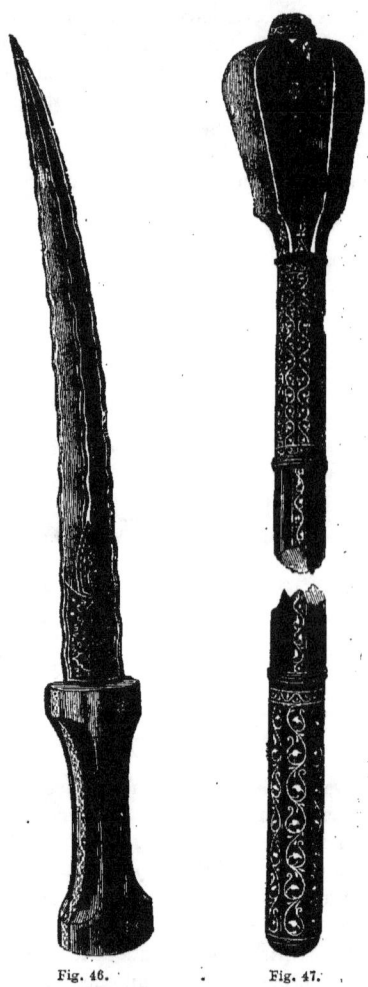

Fig. 46.
Poignard persan.

Fig. 47.
Masse d'armes persane.

dans notre planche I. C'est un superbe bouclier en fer repoussé qui figure dans la collection du musée de Copenhague. Cette œuvre est très certainement un travail italien, milanais peut-être, elle mesure 0^m,70 de hauteur. — Au centre de ce bouclier on voit, dans un forment l'encadrement de l'ensemble; deux mascarons d'un très beau caractère décorent la partie supérieure et la partie inférieure de cette œuvre d'art en tous points remarquable. (Voy. Bouclier.)

I. Armes de l'âge de la pierre. — Ces

armes sont de deux sortes : celles de l'époque de la *pierre éclatée* ou *taillée par éclats*, dites aussi de l'époque paléolithique ; et celles de la *pierre polie*, dites aussi de l'époque néolithique. Elles comprennent des pointes de flèche en silex ; l'une d'elles est inscrite au musée de Berlin comme étant d'origine babylonienne, elle mesure 0ᵐ,06 de longueur et daterait du règne de Nemrod, le fondateur même de Babylone. Inutile d'ajouter que nous croyons fort peu à l'authenticité de cette flèche. Nous ajouterions plus de créance au catalogue du Musée britannique, qui inscrit comme objet égyptien une lame de lance de 0ᵐ,15 de longueur. Parmi les autres armes de l'âge de pierre, nous mentionnerons des haches, quelques armes en silex jaune dénommé *pain de beurre*; des haches danoises ; des pointes de flèche dont quelques-unes à barbe, surtout quand elles sont en silex blanchâtre. Inutile d'ajouter que les armes de l'époque de la pierre sont réparties chez tous les peuples répandus anciennement sur la surface du globe. Enfin nous dirons aussi que, même au XVᵉ siècle, on a fabriqué des armes en *pierre éclatée,* puisque dans divers musées on peut voir des lames de lances mexicaines en obsidienne.

Fig. 48. — Armes des Francs. A, francisque ; B, angon ; C, cotue ; D, framée ; E, spatha.

II. ARMES DE BRONZE. — Ce sont des casques, des boucliers, des haches, des pointes de lance et de javelot, des poignards, des épées, des *parazonia* ou dagues grecques, des cottes d'armes. Denon, dans son grand ouvrage sur l'Égypte, mentionne une cotte d'armes égyptienne en mailles de bronze. Parmi les dagues nous en possédons également de l'ancienne Égypte ; nous avons aussi des haches et des hachettes égyptiennes, phéniciennes et gauloises, des casques assyriens, gaulois et grecs, etc.

III. ARMES DE FER ET D'ACIER. — Épées, dagues, scramasax (sorte de dague), fers d'ANGON (Voy. ce mot), fers de lance, haches de guerre, francisques, couteaux, poignards, etc.

IV. ARMES DIVERSES DE DIVERSES ÉPOQUES. — Masses d'armes (all. *margenstern*), fléaux d'armes avec chaîne et boule ; faux de guerre, haches d'armes, hallebardes, *vouges* du XIVᵉ siècle, faucharets bourguignons du XVᵉ siècle, guisarmes suisses du XVᵉ siècle, corsèques du XVIᵉ siècle dont le fer ressemble à une fleur de lis, baïonnettes, espontons, pertuisanes, fourches de guerre, désarçonnoirs, chausse-trapes, arbalètes, arbalètes chinoises à répétition, épées ordinaires, dites *langues de bœuf,* sortes de dague dont la forme rappelle celle du scramasax.

V. ARMES A FEU. — Mortiers à anneaux du XIVᵉ siècle, mortiers à tourillons du XVᵉ siècle ; bombardes ou canons se chargeant par la culasse, du XVᵉ siècle ; canons bourguignons sans tourillons; veuglaires, se chargeant au moyen de boîtes mobiles, du XVᵉ siècle; canons à tourillons; orgues à serpentins (40 tuyaux) ou canons du XVIIᵉ siècle (c'est le prototype des mitrailleuses); arquebuses à serpentin; canons à main des XIVᵉ et XVᵉ siècles; fusils à silex, fusils à piston, fusils à tabatière, fusils à aiguille, chassepots; hampes à feu du XVᵉ siècle; chars incendiaires; bombardes sur affût, dites *cerbotanes* (*cerbotana ambulatoria*); serpentines en fer; haquebuses à serpentin, à mèche; arquebuses à rouet; fusils à percussion se chargeant par la culasse.

VI. ARMES LES PLUS RECHERCHÉES PAR LES ANTIQUAIRES. — Arbalètes, arcs, arquebuses, badelaires, baïonnettes, bracquemarts, candjars, casse-tête, cimeterres, claymores écossaises, couteaux, coutelas, dagues, damas, dards, épées, éprouvettes, flèches, flissahs, framées, fusils, haches, hallebardes, jacquemarts, javelots, kathar, kokree, kriss, lances, langues de bœuf, mousquets, pertuisanes, pistolets, poignards, poitrinals, ra-

Fig. 49. — Hache persane.

pières, sabres, sarbacanes, serpentins, tomawacks, trabans, tromblons, wallonnes, etc. (Voy. ARMURE, BOUCLIER, CASQUE, DAGUE, DAMAS, EPÉE, etc., etc.).

ARMES ASSOMPTIVES. — Pendant le moyen âge, principalement en Angleterre, on appelait *armes assomptives* celles qu'un roturier avait prises (*assumere*), conquises à la guerre sur un noble. Il avait dès lors le droit de les porter et même de les transmettre à ses descendants.

ARMES BLANCHES. — On désigne sous ce terme les armes d'estoc et de taille, telles que : BAIONNETTES, ÉPÉES, POIGNARDS, SABRES, etc. (Voy. ces mots).

ARMES HÉRALDIQUES. — Ce sont les armes qui figurent dans les écus, dans les blasons; du reste, *armes* est aussi synonyme d'ARMOIRIES. (Voy. ce mot.)

ARMES D'HONNEUR. — Armes décernées à un soldat comme récompense de sa bravoure ou d'une action d'éclat. L'usage de décerner des armes d'honneur a existé de toute antiquité; les Grecs, les Romains, les Gaulois en décernaient à leurs guerriers. D'après le code civil, les armes d'honneur sont insaisissables, on peut les léguer par testament à des parents ou à des amis.

ARMET. — Casque de cavalerie employé depuis le XVᵉ siècle (1460) jusqu'au règne de Louis XIII. Dans l'infanterie, pendant

PLANCHE I. — Armes. Bouclier en fer repoussé du musée de Copenhague.

la même époque, les fantassins portaient le *petit armet* ou petit casque léger de forme conique à rebords plats ou abaissés. Le véritable armet est un casque complet avec timbre couvrant la nuque, un frontal percé pour les yeux, un nasal, un mezail ou murzail pour la respiration, une mentonnière, et un gorgerin, nommé aussi *gorgerette* et *gorgière*, se fermant par des crochets. L'ensemble de la face de l'armet s'ouvre sur deux pivots placés de chaque côté du timbre. L'armet de joute comporte des pièces de renfort. Cette arme, même unie, se vend jusqu'à 320 francs; quand elle est richement ornée de gravures et de ciselures, ou que sa décoration comporte des damasquinures et des incrustations, elle est sans prix, alors surtout que sa bonne conservation et son authenticité sont reconnues. — On peut voir un armet dans l'armure fig. 51.

Fig. 50. — Casque persan.

ARMOIRE. — Meuble en menuiserie à un vantail ou à plusieurs vantaux, garni ou non garni à son intérieur de tablettes et de tiroirs. Il ne faut pas confondre l'armoire qui n'a qu'un seul corps avec le BAHUT, le CABINET, le COFFRE, la CRÉDENCE et la HUCHE. (Voy. ces mots.)

HISTORIQUE. — L'armoire ancienne (*armarium, armariolus, armariotum, conditorium*), qui avait des portes pliantes (τετράθυρος, *janua quadriforis*), ce que les Romains nommaient aussi *valvæ* (en grec, θύραι διάπρισται), cette armoire antique avait été primitivement creusée dans un mur; plus tard ce fut, comme de nos jours, un meuble en menuiserie composé d'un fond, de côtés, d'un dessus et d'un dessous, le tout fermé par des vantaux. Bien qu'à l'époque du moyen âge nous ayons possédé dans les édifices religieux des armoires du premier genre, des *conditoria*, nous n'avons à nous occuper ici que des armoires meubles, qui ont varié de forme suivant l'époque où elles ont été faites, suivant aussi la matière employée à leur fabrication. Les plus anciennes armoires que nous possédions remontent au XIIIe siècle; dans quelques musées même, on peut en voir du XIIe siècle. « A cette époque (comme nous le disons dans notre *Dictionnaire d'architecture*), comme du reste pendant tout le moyen âge et la renaissance, les armoires étaient faites en bois de chêne, de noyer ou de poirier, et garnies de ferrures ouvrées; elles étaient enrichies de peintures, de dorures et d'incrustations de nacre, d'ivoire ou d'autres matières précieuses. On conserve dans les cathédrales de Bayeux et de Noyon des armoires du XIIIe siècle. » Ces armoires étaient placées non seulement dans les sacristies et dans les salles capitulaires, mais à côté même de l'autel; elles remplaçaient sans doute les armoires creusées dans le mur. Ce fait est constaté par dom Doublet, qui, dans ses *Antiquités de l'abbaye de Saint-Denis*, nous dit : « Premièrement au costé droit (de l'autel des Saints Martyrs) est gardé l'un des précieux clovds... Au costé senestre dans une grande armoire est le chef sacré de saint Denis l'Aréopagite, etc. »

A partir du XVe siècle, de belles moulures et des sculptures non moins remarquables remplacent la peinture dans l'ornementation des armoires; dans la salle du trésor de l'église Saint-Germain l'Auxerrois à Paris, il existe plusieurs spécimens d'armoires de cette époque. Dans les églises, les meubles ne servaient pas seulement à renfermer les reliques, comme vient d'en témoigner le passage de dom Doublet, mais encore à serrer les vases sacrés ainsi que les vêtements sacerdotaux. Le musée de Cluny possède des armoires très remarquables de diverses époques, du XVIe, du XVIIe et du XVIIIe siècle, principalement des armoires normandes (des nos 1479 à 1502), qui souvent sont décorées de belles sculptures en bas-reliefs saillants. Nous mentionnerons plus particulièrement celle du XVIe siècle qui fut, dit-on, exécutée par les moines de Clairvaux; une du XVIIe siècle (no 1460) en ébène, décorée de deux panneaux sculptés à figures qui représentent l'*Adoration des mages* et celle des bergers, les quatre évangélistes; le meuble est daté de 1649, il mesure 1m,90 de hauteur sur 0m,80 de largeur. — Le prix de ces meubles est extrêmement variable, ils valent, par exemple les armoires normandes des époques Louis XIV, Louis XV et Louis XVI, depuis 150, 200 et 400 francs; quant aux meubles de la renaissance française ou italienne, ils atteignent jusqu'à 3,000, 4,000 et 5,000 fr. et au delà; ceux d'un travail exceptionnel deviennent de plus en plus rares dans les ventes.

ARMOIRIES. — Signes distinctifs et parfois symboliques qui servent à distinguer les personnes, les familles, les corporations, les peuples. Les armoiries symbolisent les fiefs, les peuples, l'affranchissement des villes : ce sont les *armoiries de domaine, de souveraineté, de villes*; il y a les *armoiries pleines, de familles, d'alliances*, etc.; les *armoiries vraies* et *fausses*, etc. (Voy. BLASON.)

ARMORIAL. — Qui appartient aux armoiries; livre, registre, catalogue d'armoiries d'une famille, d'un peuple. La Bibliothèque de Paris possède un armorial des barons et des chevaliers français qui se trouvèrent à la première croisade (1096-1099); mais l'écriture ne date que du XIVe siècle. Un armorial qui remonte encore à une époque plus reculée, c'est la liste des nobles qui accompagnèrent en Angleterre, en 1066, Guillaume le Bâtard ou le Conquérant, duc de Normandie; elle se trouve à la fin de l'*Histoire de Normandie* de Dumoulin. L'armorial le plus considérable est celui de d'Hozier, qui a pour titre : *Armorial général de France*.

ARMORIÉ. — Se dit de tout ce qui porte ou qui est orné des figures du BLASON. (Voy. ce mot.)

ARMORIER. — Peindre, appliquer, sculpter, graver des armoiries sur un objet quelconque, sur la pierre, sur de la vaisselle plate, sur un cachet, etc.

ARMURE. — Ensemble des pièces d'armes défensives destinées à couvrir et garantir les diverses parties du corps de l'homme ou du cheval de guerre contre les coups de l'ennemi. Pour l'homme, l'armure comprend : CASQUE, CUIRASSE, ÉPAULIÈRES, BRASSARDS, GANTE-

Fig. 51. — Armure du XVᵉ siècle (musée d'artillerie de Paris).

LETS, CUISSARDS, GENOUILLÈRES, GRÈVES, BOUCLIER, etc. (Voy. ces mots.) — Les pièces d'armure consistent généralement en lames ou plaques de fer ou d'acier, en bandes de cuir revêtues de métal, ou de chaînons au moyen desquels on forme des cottes de mailles. Du reste, voici les différentes pièces dont se compose une armure complète. (Voy. fig. 51.) Un casque dit ARMET (Voy. ce mot) dont le bord inférieur recouvre le bord supérieur du gorgerin ; un *corselet* ou *cuirasse* ; puis la *pansière*, attachée au corselet par deux vis. C'est la pansière qui porte la *braconnière*, composée de trois lames par devant et de trois lames par derrière. La dernière lame de la braconnière porte les *tassettes* qui recouvrent les *cuissots*. Puis nous voyons les genouillères, les grèves, enfin les sollerets, qui sont ici des *sollerets à poulaine*. Les épaules sont recouvertes par les *épaulières,* qui sont d'une seule pièce ; elles portent une garde haute. Puis vient le canon, qui protège l'arrière-bras ; puis la cubitière, qui protège le coude ; le canon de l'avant-bras ; enfin la garde du gantelet et le gantelet. On nomme *grèves* l'habillement des jambes jusqu'au solleret. Les grèves comportent deux pièces, la grève proprement dite et la moletière. — Notre figure 52 montre une demi-armure de Jean Sobieski, qui fait partie de l'arsenal historique de Dresde ; on y a joint un BATON DE COMMANDEMENT. (Voy. ce mot.)

HISTORIQUE. — Tous les peuples de l'antiquité ont utilisé l'armure pour protéger le corps de leurs soldats contre les coups de l'ennemi ; mais jusqu'au moyen âge aucun peuple n'a possédé l'armure complète. C'est aussi seulement à cette époque qu'on a commencé à revêtir les chevaux d'une armure nommée BARDE. (Voy. ce mot.) — Malheureusement nous ne possédons pas beaucoup de détails sur l'armure des anciens peuples ; des monuments figurés et des peintures nous montrent seulement les diverses parties précédemment énumérées, le casque, la cuirasse, et les jambières ou cuissards, nommées par les Grecs *cnémides*, *cnémides flexibles,* et qui paraissent avoir été fabriquées en étain. Nous parlerons, du reste, en détail, à leur rang, de ces différentes pièces de l'armure, tandis qu'ici nous ne traiterons que de l'ensemble. En premier lieu, nous trouvons les Gaulois, puis les Romains, enfin en dernier lieu les peuples du moyen âge. — Dans diverses sépultures gauloises, nous avons trouvé des Gaulois revêtus de leur armure complète, qui ne comprenait que le *casque,* une sorte de *zona* ou *ceinture métallique* haute, servant de cuirasse ; d'autres fois, une cuirasse véritable ; enfin des bracelets d'une seule pièce, assez hauts et en forme de fuseau, lesquels bracelets servaient à parer les coups de taille des épées qui auraient pu porter sur les poignets, ce qui mettait immédiatement un combattant hors de combat. Les Gaulois, qui avaient diverses industries, fabriquèrent pour les Romains des cottes de mailles, puisque une inscription découverte dans le département de la Nièvre, à Monceau-le-Comte, nous apprend qu'un centurion romain, M. A. Avitus, fut détaché en Gaule pour surveiller la fabrication des cottes de mailles dans le territoire de la cité des Éduens (ancienne Bibracte) (1). Du reste, les directeurs de ces ateliers étaient nommés *præfecti fabrum,* comme nous l'apprend Végèce. Plus tard, probablement après la conquête, les Gaulois adoptèrent des cuirasses de bronze semblables à celles que nous montre le musée de Saint-Germain. Quelques auteurs anciens, Diodore entre autres, nous apprennent que les Gaulois avaient des ceinturons dorés et argentés, et même des cuirasses d'or. Si l'on n'a pas trouvé de ces dernières, c'est que le prix du métal a poussé leurs détenteurs anciens ou les découvreurs modernes à les fondre ; mais nous avons dans nos musées, en France et à l'étranger, de hautes ceintures qui portent des traces de dorure et d'argenture. Du reste, leurs armes étaient souvent décorées d'ornements ciselés en or et en argent ; leurs casques étaient souvent ornés de corail. Lucain nous dit que les Lingons avaient sur leurs boucliers des peintures, des émaillures. Nos pères à la longue chevelure étaient très experts dans la fabrication des armes défensives ; nous en avons eu de nombreuses preuves, et une toute récente

---

(1) Voir notre *Histoire nationale des Gaulois*, ch. V, page 161 et suiv. ; 1 vol. in-8°, Paris, Firmin-Didot, 1882.

dans le casque découvert à Agen en 1878 ou 1879 et au sujet duquel une communication a été faite à l'Académie des inscriptions et belles lettres, et dont voici une analyse d'après le compte rendu des séances de cette savante société (année 1879). Il y est dit que l'élégance

Fig. 52. — Demi-armure de Jean Sobieski (musée de Dresde).

et la pureté de la forme de ce casque sont frappantes, que la calotte, de forme sphérique un peu allongée, est d'un très beau galbe; « la carène à saillie anguleuse et le listel qui en contourne la base, une visière et un couvre-nuque original, enfin un porte-aigrette, attirent l'attention des amateurs d'armes antiques. Un ouvrier d'un goût parfait et d'une main exercée a pu seul exécuter une pareille pièce, avec un métal de qualité supérieure, capable de se prêter à toutes les sinuosités d'un profil compliqué. Le casque est, en effet, d'une seule feuille de fer travaillée au marteau, sans soudure, sans brasure. A l'époque en question, la métallurgie de la Gaule était donc très avancée. L'origine du casque est parfaitement établie par le lieu où il a été rencontré : il gisait dans un puits funéraire au milieu d'objets de provenance gallo-romaine. »

Ce qui précède nous permet donc de constater, une fois de plus, d'accord en cela avec M. de Belloguet (*Ethnologie gauloise*), qu'un peuple qui savait si bien travailler les métaux et fabriquer de si belles armes devait avoir atteint un degré de civilisation beaucoup plus avancé que celui qu'on s'est figuré jusqu'à présent d'après les *Commentaires* de César, qui dans son livre n'a fait que déblatérer contre les Gaulois, les seuls *barbares* entrés à Rome en vainqueurs. N'avaient-ils pas, du reste, un autre tort grave à ses yeux, n'avaient-ils pas tenu longtemps en échec les armées du proconsul ? De là, la haine de César contre les Gaulois, haine formidable, qui éclate à chaque instant et sous toutes les formes dans son livre, surtout pour celui qui sait lire à travers les lignes et qui a présent à l'esprit que César, après avoir écrit ses *Commentaires*, a certainement détruit ses *Éphémérides*, qui étaient le véritable journal de ses campagnes en Gaule.

Après cette digression nécessaire pour réhabiliter les Gaulois, nous reprendrons notre tâche et nous dirons que les Romains sous la république n'eurent que des armes d'une fabrication vulgaire et grossière ; à l'époque de César et d'Auguste et ses successeurs, ils eurent, au contraire, des armures luxueuses, couvertes d'or, de perles et de pierreries. Beaucoup de casques étaient ornés de pierres précieuses ; les boucliers étaient couverts de perles et les cuirasses resplendissaient d'émeraudes et de saphirs dont elles étaient ornées. C'était là une armurerie de haut luxe et qui ne servait que pour la parade. Et cependant bien que les Romains possèdent des armures beaucoup plus complètes que les Gaulois, il nous faut néanmoins arriver au moyen âge pour avoir véritablement l'armure, dont le guerrier était dit *armé de pied en cape*. Toutefois, avant de parler de l'armure de cette époque, nous devons dire quelques mots de l'armure franque. L'auteur de l'*Histoire de Justinien*, Agathias, en racontant la défaite des Francs à la bataille de Casilinum (553), nous apprend que les Francs ignoraient l'usage des cuirasses, des brassards et des cuissards, et que bien peu portaient des casques. Ils n'avaient donc pour toute arme défensive que le petit bouclier rond ou ovale ayant dans son milieu un *umbo*, sorte de calotte en fer.

ARMURE DU MOYEN AGE. — A partir du XIe siècle, l'armure devient complète ; le casque romain est abandonné et remplacé par le *casque normand*, de forme conique ; à la cotte de mailles on substitue des chemises ou plutôt des blouses recouvertes d'écailles de fer carrées, rondes, cousues sur l'étoffe et placées comme des écailles de poisson ; les boucliers sont plus larges, pointus à la base et arrondis à la partie supérieure. Vers le milieu du XIIe siècle apparaît le HAUBERT (Voy. ce mot), sorte de tunique à manches courtes, faite d'un tissu de mailles de fer, et portant dans le haut un capuchon maillé nommé *ventail*, au-dessus duquel on plaçait le casque. Plus tard les manches du haubert s'allongent et le chevalier porte des gants en peau de buffle garnis de mailles métalliques. Voici les pièces de l'armure d'un chevalier du moyen âge : l'ARMET ou le HEAUME, le HAUSSE-COL, les épaulières, le bouclier, la BOURGUIGNOTTE, le CABASSET, le casque, le cimier, le corselet, la COTTE DE MAILLES, la cuirasse, les cuissards, les brassards, le FAUCRE, le fronteau, les gantelets, les genouillères, les grèves, le HAUBERT, les solerets, les TASSETTES et les passe-gardes. (Voy. les mots en petites capitales.) — Les pièces d'armure du cheval sont : le chanfrein, le poitrail, la selle ; cet ensemble constitue les *bardes*. On considère comme accessoires de l'armure de cheval, les boucles, les étriers, les mors, les éperons, les étendards.

Vers la fin du XIIe siècle, certains hommes d'armes étaient revêtus du *blanc haubert* de mailles à manches couvertes ; ils étaient coiffés

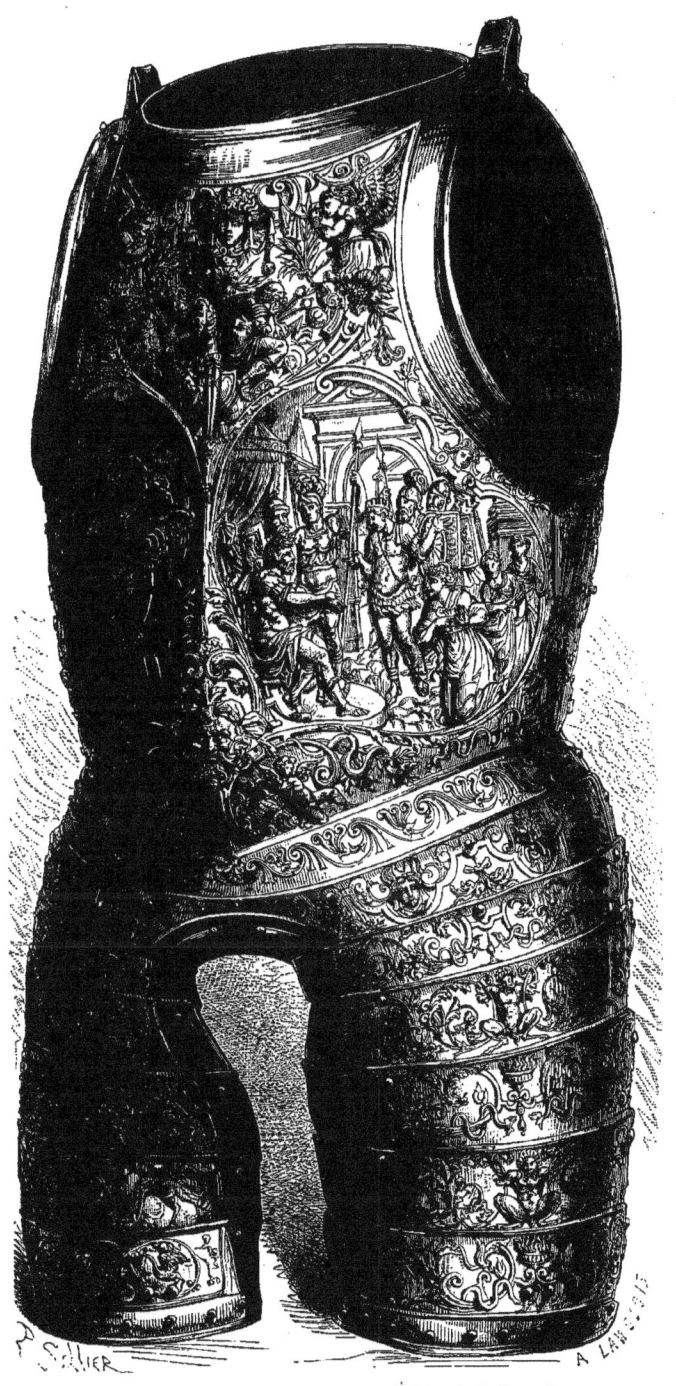

PLANCHE II. — Demi-armure de Henri II (musée du Louvre).

du chapeau de fer; le bas de leurs jambes était protégé par des demi-grèves ou tumelières. On voit un homme d'armes armé de la façon que nous venons de le dire dans l'album de l'architecte Villard de Hennecourt. Pendant tout le XIIe siècle, l'armurerie française fut très prospère; à Paris il y avait un grand nombre d'armuriers, les fabricants en boucliers habitaient le quartier compris entre la rue de la Harpe et la place Saint-André des Arts (anciennement Saint-André des *arcs*).
— Pendant le XIIIe, le XIVe et le XVe siècle, l'armure change fort peu; elle varie bien de formes, mais il n'entre pas des éléments nouveaux ou des changements d'une importance telle qu'il soit nécessaire de les consigner ici. Avec le XVIe siècle, au contraire, les armures deviennent des œuvres d'art remarquables; l'armure ordinaire est très simple, mais de forme élégante; quant aux armures de luxe, elles ressemblent à de véritables broderies d'acier, d'argent et d'or. La demi-armure de Henri II, que montre notre planche II, en dira beaucoup plus aux yeux du lecteur que nous ne saurions en écrire. Du reste, Henri II avait une véritable passion pour les armures; il en fit exécuter non seulement en France, mais encore en Italie, et les frères César et Baptiste Gamberti de Milan, qu'il fit venir à Paris, étaient ce que nous dirions de nos jours ses fournisseurs brevetés. Notre planche III montre une demi-armure italienne du XVIe siècle. Les armures du XVIe siècle furent si remarquables, si merveilleusement belles, l'art de l'armurier était arrivé à un si haut degré, que vers la fin du siècle la décadence se manifesta; au XVIIe siècle l'armure était redevenue lourde, massive, et tout ornement en avait été banni. On put dès lors appliquer à chaque guerrier armé les deux vers célèbres du poète de Bartas, qui, en parlant de Henri IV, armé pour la bataille d'Ivry (1590), dit :

Il s'arme tout à cru, et le fer seulement
De sa forte valeur est son riche ornement.

Du reste, les engins de guerre inventés pendant le XVIIe siècle obligèrent à donner aux armures une grande résistance; elles devinrent si lourdes, si pesantes, que, malgré des ordonnances de Louis XIII et de Louis XIV qui enjoignaient aux cavaliers et aux gentilshommes de s'armer d'armes défensives sous peine de dégradation, la plupart préféraient s'exposer à toutes sortes de dangers et même à la mort plutôt que de supporter des fatigues intolérables. Un peu avant la fin du XVIIe siècle, l'armure disparaît totalement; quelques archéologues pensent que l'armure que Louis XIV reçut en présent, en 1668, de la république de Venise fut une des dernières exécutées en Europe; on peut la voir aujourd'hui au musée d'artillerie de Paris.

ARMURES ORIENTALES. — Le goût du luxe, si puissant chez les Orientaux, devait également se manifester dans leur armurerie; en effet, les armes orientales sont ornées et décorées avec un luxe inusité chez les autres nations : ce ne sont partout que gravures, damasquinures, dorures, ciselures. Toute cette décoration a un cachet d'originalité qui fait rechercher les armes orientales non seulement par les collectionneurs, mais encore par les grands fabricants d'un grand nombre d'industries qualifiées à tort *industries d'art*. (Voy. ART.) — L'armurerie orientale (persane, chinoise, japonaise, indienne, cette dernière surtout) a atteint un si haut degré de luxe qu'il semble difficile de le dépasser. Les pièces qui composent l'armure orientale sont : le casque à nasal, la cotte de mailles, le bouclier, le brassard droit, les plaques de buste; les bottes, étriers, éperons, mors, sont considérés comme accessoires de l'armure. Nous ne parlerons pas ici des armures de la Perse, de la Chine et du Japon, mais nous dirons quelques mots de l'armurerie de l'Inde, si belle, si brillante plutôt par la richesse de la matière employée que par la variété des dessins et la perfection des gravures, des ciselures et des damasquinures. Tous ceux de nos lecteurs qui ont visité l'exposition universelle de 1878 se rappellent la magnifique collection indienne du prince de Galles et principalement des armures dont une, la plus curieuse sans contredit, était faite d'écailles d'un tatou indien et décorée d'or, de turquoises et de grenats. Il y avait également une armure complète faite avec des maillons de kachemir, ce qui donnait à ce travail l'apparence d'un ouvrage en dentelle. Du reste, cette collection princière renfermait des merveilles en casques, kathars, plastrons, jambières, gantelets ; toutes ces diverses pièces d'armure étaient ornées de rubis, de diamants, d'émeraudes, de grenats et d'autres pierres précieuses.

ARMURIER (Art de l'). — L'art de l'armurier est complexe ; il renferme, en effet, des professions diverses, lesquelles occupent à leur tour des artistes de différents genres. Cependant on peut diviser en trois catégories distinctes les armuriers : 1° celui qui ne fabrique que des armes défensives et qu'on nomme *heaumier*, parce que le *heaume* ou casque est la pièce la plus honorable de l'armure ; 2° l'*arquebusier*, c'est-à-dire le fabricant d'arquebuses et d'armes à feu ; 3° le *fourbisseur*, celui qui fabrique des armes blanches qui doivent être parfaitement polies, *fourbies*, d'où le nom de l'armurier de ce dernier genre. — Voici les artistes qui au moyen âge prêtaient leur concours à l'armurier : c'était le dessinateur, le peintre, le graveur, le doreur, l'argenteur, l'orfèvre, l'émailleur, le fourbisseur, le fondeur, le forgeron, et le coutelier. Ces divers artistes, en effet, forgeaient les armes, les doraient, les argentaient, les damasquinaient, les ciselaient, les gravaient, les émaillaient, les dessinaient, peignaient les armoiries, les polissaient, les fourbissaient et les finissaient. — Enfin les couteliers faisaient des poignards et des couteaux de chasse, et l'ouvrier gainier fabriquait les gaines et les fourreaux dans lesquels on plaçait les armes.

ARPANETTA. — Harpe ancienne qui possédait deux rangs de cordes séparés par une double table d'harmonie.

ARPICORDE. — Espèce d'ancien clavecin duquel on tirait des sons semblables à ceux de la harpe, à l'aide de petits sabots qu'on appliquait sur les cordes.

ARPINELLA. — Sorte de double lyre, puisqu'elle est montée de cordes de deux côtés, et dont on joue comme de la harpe ; elle est accordée en *mi-bémol*.

ARPONE. — Instrument qui ressemble au piano droit et qui rend des sons très doux ; il est monté de cordes en boyau qu'on pince avec les doigts. Cet instrument du XVIIIe siècle aurait été inventé par un Sicilien du nom de Michel Barbici.

ARQUEBUSE. — La plus ancienne des armes à feu portatives ; elle a été remplacée par le mousquet et le fusil. Cette arme comporte un mécanisme spécial servant à enflammer la charge ou plutôt l'amorce placée dans un *bassinet* ou *cuvette*. La BOMBARDE (Voy. ce mot) fut aussi appelée *arquebuse*. Il existe plusieurs genres d'arquebuses ; l'*arquebuse à croc, à chenapan, à rouet, à mèche, à serpentin*, enfin l'*arquebuse rayée*, ainsi nommée parce qu'à l'intérieur de son canon il y a des rayures. Vers la fin du XVIe siècle, il parut une *arquebuse à vent* ; certains attribuent l'invention de cette arme aux Hollandais, d'autres antiquaires à un habitant de Lisieux, nommé Marin, qui vivait vers la fin du XVIe siècle. — Après la bombarde, on se servit de l'arquebuse à mèche ; elle se compose d'un canon et d'une platine portant un *chien*, nommé serpentin à cause de sa forme contournée en S. — L'arquebuse à rouet aurait, paraît-il, été inventée à Nuremberg en 1515. Elle est souvent ornée d'incrustations en ivoire et de sujets de chasse sculptés, surtout au XVIIe siècle. — Les arquebuses à pierre ont une clef de détente qui fait partir le chien. Nous devons dire ici que beaucoup d'antiquaires considèrent toute arme à mèche comme n'étant pas une arquebuse, mais une *haquebuse* à serpentin, à mèche ; du reste, cette dernière porte toujours une fourche nommée *fourquine*, qui sert à l'appuyer pendant le tir. D'autres confondent l'arquebuse avec le mousquet ; celui-ci est toujours d'un plus gros calibre. L'étymologie de ce mot a donné lieu à de nombreuses discussions que nous trouvons fort déplacées, d'autant qu'elles n'ont pas abouti à fixer l'origine de ce mot. Disons cependant que la plupart des antiquaires le font dériver de l'italien *arco-*

bugio, arc à trou, ce qui n'a pour nous aucune signification ; du reste, même dans cette langue on dit *archibugio, archibuso*; en latin, *archibugius, archibusus*; en espagnol, *arcabuz*; en allemand, *büchse, hakenbüchse*, ce qui aurait fourni peut-être le vieux mot français *haquebute*, qui, nous l'avons vu plus haut, ne servait peut-être pas à désigner une arquebuse, car même au commencement du XVIᵉ siècle ce mot n'était pas employé, puisque dans une ordonnance de François Iᵉʳ il est question d'arquebusier et d'arquebuse, et non d'haquebute. Voici un passage de cette ordonnance : « Les armes des gens à cheval seront la charge de chacun ; car autrement sera armé l'homme d'armes que le cheval-léger et le cheval-léger autrement que les arquebusiers. L'homme d'armes sera armé de *soullerets*, grèves entières, cuissards, cuirasse avec les tassettes, gorgerin, gossets et grandes pièces... Les arquebusiers aussi seront bien montés... ils auront l'épée au côté, la masse à l'arçon d'une part, et l'arquebuse de l'autre, dedans un fourreau de cuir bouilli, lequel tienne ferme sans branler. Ladite arquebuse pourra être de deux pieds et demi de long ou de trois pieds au plus... »

ARQUEBUSIER. — Marchand ou fabricant d'armes à feu portatives, dénommé aujourd'hui *armurier*. Autrefois ce terme servait également à désigner l'homme d'armes qui employait comme arme l'ARQUEBUSE. (Voy. ce mot.) Pendant le moyen âge, les fabricants d'arquebuses portaient aussi le nom d'*arbalétriers*, parce qu'ils continuèrent à fabriquer concurremment l'*arquebuse* et l'*arbalète*. — Ils se réunirent en corporation en 1523 et se mirent sous le patronage de sainte Barbe. Faisaient partie de cette même corporation les *fourbisseurs* et les *couteliers*, qui avaient la faculté de fabriquer et de polir *tous les ouvrages d'acier*.

ARRACHÉ. — Dans le blason, il se dit de tout ce qui paraît avoir éprouvé quelque violence, principalement des plantes et des arbres dont les racines sont à découvert et meurtries.

ARRÊTÉ. — Dans le blason, il se dit de tout animal posé sur ses quatre pattes sans que l'une dépasse l'autre.

ARRIÈRE-BRAS. — Partie du brassard qui couvrait le bras depuis l'épaule jusqu'au coude.

ARROSEMENT. — En céramique, ce terme sert à désigner un procédé qui consiste à vernir seulement l'intérieur des poteries cuites en biscuit ; on y verse une quantité suffisante de glaçure en bouillie plus ou moins épaisse suivant qu'il s'agit de glacer fortement ou légèrement ; on promène la glaçure sur les parois intérieures des poteries. (Voy. GLAÇURE.)

ART. — Ce terme, qui s'écrit en trois lettres, est bien difficile à expliquer. L'art est un sentiment que tout homme possède à un degré plus ou moins sensible. Chez les uns ce sentiment est à l'état latent, chez les autres il se manifeste par l'admiration qu'ils éprouvent en face d'une belle œuvre naturelle, ou créée de main d'homme ; chez d'autres, enfin, le sentiment artistique est si manifeste, si puissant, qu'il leur permet de créer une œuvre qui fait éprouver aux autres l'émotion qu'ils ont ressentie eux-mêmes en la créant. Ces derniers sont de véritables artistes, puisque non seulement ils comprennent l'art, mais encore ils ont la faculté de produire des œuvres d'art. Voilà tout ce que nous pouvons dire de l'art ; c'est un sentiment vague plutôt qu'une science ; un instinct que tout homme bien doué possède et qui lui permet d'interpréter la nature et de représenter un idéal, non pas un idéal abstrait, métaphysique, mais un idéal réalisé en partie par les formes que place sous nos yeux la nature. L'art est donc un produit de l'imagination pondérée par les lois de l'esthétique, par les lois du beau. Mais qu'est-ce que le beau ? Est-ce une substance ? Est-ce, comme l'ont prétendu certains philosophes, la splendeur du vrai ? Est-ce l'utile ? Questions complexes, auxquelles nous n'essayerons même pas de répondre ; en effet, pouvons-nous, comme certains réalistes platonisants, fidèles disciples de saint Bernard, soutenir que dans la nature il existe *une substance particulière du beau* (1)? Cette thèse, dans l'état actuel des sciences, ne peut supporter la discussion. Le beau est-il la splendeur du vrai ? Nous ne pouvons non plus admettre cette théorie, car souvent le vrai n'est pas la beauté ; dans la nature certains côtés naturels sont fort laids. Est-ce l'utile ? Pas davantage ; car souvent l'utile est la négation de l'art, du beau. L'art, par son essence, est avant tout une jouissance du luxe, on n'en éprouve le besoin que lorsque les nécessités, les besoins primordiaux de la vie sont satisfaits ; en effet, avant de songer à se vêtir richement, à se meubler somptueusement, l'homme éprouve simplement la nécessité de se vêtir pour se mettre à l'abri du froid ou de la chaleur, des intempéries de l'air en un mot, et pour les mêmes motifs il ressent la nécessité d'abriter son corps dans une demeure quelconque. Donc l'art est avant tout une jouissance de luxe, et le beau n'est pas l'utile. Nous ne pouvons donc que reproduire ici ce que nous avons dit au mot ART dans notre *Dictionnaire d'architecture* : « Il n'existe certainement pas de mot qui par sa définition ait fourni plus de matière à la discussion ; en effet, des hommes plus subtils que profonds ont écrit peut-être des milliers de volumes pour définir ce mot. Aussi nous nous garderons bien de nous engager dans une discussion sans issue, pour essayer de renfermer ce mot si expressif dans une formule banale. Nous renverrons donc le lecteur désireux de connaître une définition de ce mot au *Dictionnaire de l'Académie* ou à celui de Littré. — Cet illustre savant prétend que l'art n'est qu'une *manière de faire une chose selon certaines méthodes, certains procédés.* » Cette définition ne peut s'appliquer qu'aux arts mécaniques, et il est bien évident que, quand nous écrivions les lignes qui précèdent, nous n'approuvions pas l'explication fournie par le savant linguiste, puisque nous la mettions même en italique, après avoir eu soin de dire, « prétend que l'art n'est qu'une manière, etc. » Et cependant un éminent critique d'art, en rendant compte du 1er volume de notre ouvrage dans une revue d'art (1), nous adresse ce reproche : « Renvoyer aux dictionnaires de l'usage, quand on fait un livre d'enseignement spécial ou si l'on veut de référence, c'est éluder les questions que l'on doit résoudre ; » et plus loin M. Charles Blanc ajoute : « Si l'auteur eût donné en l'expliquant la définition de Bacon : *homo additus naturæ,* ce qui revient à la définition plus moderne : l'art est l'interprétation de la nature, c'est-à-dire une manière d'exprimer l'âme humaine au moyen de la nature imitée, il eût satisfait le lecteur bien autrement qu'en le renvoyant au Dictionnaire usuel de la langue française où il est dit que l'art est une manière de faire une chose selon *certaines méthodes, selon certains procédés,* définition applicable à l'industrie, qui s'attache à l'utile, mais insuffisante à donner une idée de l'art, qui recherche le beau et le manifeste. Une fois établi que l'art est la manifestation du beau, il eût été facile de se rabattre, du haut de cette généralité, sur cette question particulière : qu'est-ce que l'architecture ? » Et avec la bienveillance qui le caractérise, M. Charles Blanc écrit, quelques lignes plus bas : « Mais pour être juste, il faut dire qu'un dictionnaire n'est pas un traité. » C'est précisément là notre excuse, et nous pensons qu'il existe tant de traités sur cette question que nous n'éprouvions aucun besoin d'écrire sur un sujet qui pour nous ne comporte pas un travail même de quelques pages. En effet, une fois que l'on a dit que l'art est *la recherche du beau,* ou *la manifestation du beau,* ou *l'interprétation de la nature,* ou *un mode d'exprimer les émotions de l'âme,* nous pensons qu'il n'y a plus rien à ajouter, et que toutes les explications qui viendraient à la suite de ces définitions ne pourraient que les amoindrir. En effet, *l'art est un et ses manifestations sont multiples ;* c'est pour cela qu'on ne peut enclore dans une formule une explication satisfaisante qui réponde à la fois à l'art lui-même et à ses manifes-

---

(1) Nous avons entendu soutenir cette thèse au congrès international des sciences de Gand en 1868 (3e section, *Question de la moralité dans l'art*).

(1) *Gazette des Beaux-arts,* pages 246-258, année 1877.

tations. Du reste, ce qui précède est tellement vrai que, si on ouvre dix volumes de différents auteurs, chacun d'eux formule une définition diamétralement opposée à celle de son voisin ; ce qui prouve, nous nous plaisons à le répéter, qu'aucun auteur n'a trouvé et peut-être ne trouvera une définition suffisante et brève pour la chose indéfinissable et si complexe contenue dans ces trois lettres : ART (1). Nous terminerons cet article en donnant la définition de ce mot par Dante ; voici comment il s'exprime dans sa *Divine Comédie* : « L'art humain s'applique à suivre la nature, comme le disciple son maître ; l'art humain est donc le petit-fils de Dieu. »

ART APPLIQUÉ A L'INDUSTRIE. — Dans ces dernières années, on a fait beaucoup de bruit autour de ces trois mots : *union de l'art et de l'industrie*. Les uns ont prétendu que l'art et l'industrie n'avaient rien de commun ; les autres, que l'art ne pouvait se passer de l'industrie ; ceux-ci ont soutenu la thèse contraire ; ceux-là enfin ont pensé qu'il devait exister nécessairement une alliance intime entre l'art et l'industrie, et que dès lors il y avait lieu de rechercher quels seraient les moyens d'opérer cette union. L'Académie des beaux-arts de Paris a même mis au concours en 1872 ce programme : « Exposer les conditions de l'alliance qui doit exister entre les arts et l'industrie ; déterminer les points de contact qui les rapprochent, les limites qui les séparent. Conclure en indiquant, parmi les diverses institutions utiles, celles qui seraient à modifier ou à créer dans l'intérêt du perfectionnement des œuvres de l'art et des produits de l'industrie. » Ce programme, ce qui n'arrive pas toujours à ceux de cette société, avait le mérite d'être clair, mais trois ou quatre concurrents à peine répondirent à l'appel de l'Institut ; l'un d'eux fut récompensé, et l'Académie ne s'occupa plus de cette question. Heureusement qu'à côté de celle-ci, l'Union centrale des beaux-arts appliqués à l'industrie surveillait ce qui se passait à l'étranger, et cette société organisa des expositions, ouvrit des concours et finalement organisa le Musée des arts décoratifs, car depuis 1878 on ne désigna plus les arts industriels que sous le nouveau terme, beaucoup plus rationnel, d'*arts décoratifs*. En effet, dès l'instant qu'un artiste crée un objet usuel, un objet qui sert pour les usages les plus ordinaires de la vie, cet artiste crée une œuvre d'art. Peu importe que ce soit une burette, des salières, des seaux à rafraîchir, des carreaux pour pavement ou pour revêtement ; ces créations sont des œuvres d'art véritables, et, comme l'a fort bien dit M. de Laborde, « en appliquant l'art à l'industrie humaine, loin de rabaisser sa mission, on l'ennoblit ; » de sorte que l'artisan qui fait une poterie d'art est un véritable artiste. Ce n'est guère qu'à notre époque qu'on a voulu établir une distinction entre ces deux travailleurs ; tous les artistes de l'ancienne Grèce et de l'antique Rome étaient à la fois artisans et artistes ; les vases les plus humbles et du prix le plus minime, comme ceux faits avec les matières les plus riches, étaient exécutés par les mêmes hommes ; de là ces merveilleux modèles que nous a légués l'antiquité, qui ne s'occupait pas d'unir l'art à l'industrie, puisqu'elle ne connaissait pas cette dernière. Ce n'est que par une scission regrettable qu'à notre époque une certaine coterie d'artistes a voulu créer un *grand art* et à côté un *petit art;* seulement, comme cette épithète eût été absurde, on avait imaginé l'*art appliqué à l'industrie,* qui, étant une logomachie vide de sens, a été remplacé à son tour par *arts décoratifs,* qui disparaîtra également un jour de la nomenclature, car tous les arts, toutes les œuvres d'art, toutes les productions artistiques sont des œuvres de l'*art décoratif,* l'art étant, comme nous l'avons dit à son rang, une *jouissance de luxe :* donc tout ce qu'il produit, n'étant pas une chose utile, nécessaire, indispensable, est une chose décorative et ornementale. (Voy. ART.)

ART AMÉRICAIN. — Voy. AMÉRICAIN.
ART ANTIQUE. — Voy. ANTIQUE.
ART DE L'ARMURIER. — Voy. ARMURIER.

---

(1) Il y aurait un travail curieux à faire, ce serait de relever les définitions sur l'art fournies par les nombreux auteurs qui ont traité cette question : on arriverait à constater une cacophonie indescriptible.

Art de l'Architecture. — Voy. Architecture.
Art Assyrien. — Voy. Assyrien.
Art Aymaras. — Voy. Péruvien.
Art Babylonien. — Voy. Babylonien.
Art du Bronzier. — Voy. Bronze.
Art Byzantin. — Voy. Byzantin.
Art du Céramiste. — Voy. Céramiste.
Art Chinois. — Voy. Chinois.
Arts Décoratifs. — Voy. Art appliqué.
Art du Dessin. — Voy. Dessin.
Art Égyptien. — Voy. Égyptien.
Art de l'Émailleur. — Voy. Émail.
Art Espagnol. — Voy. Espagnol.
Art Étrusque. — Voy. Étrusque.
Art de l'Éventailliste. — Voy. Éventail.
Art Flamand. — Voy. Flamand et École.
Art Français. — Voy. Français.
Art Gaulois. — Voy. Gaulois.
Art de la Gravure. — Voy. Gravure.
Art Grec. — Voy. Grec.
Art Greco-Romain. — Voy. Gréco-Romain.
Art Héraldique. — Voy. Blason.
Art Hindou. — Voy. Hindou.
Art Hollandais. — Voy. Hollandais.
Art de l'Horlogerie. — Voy. Horlogerie.
Art de l'Imprimerie. — Voy. Imprimerie.
Art Italien. — Voy. Italien.
Art Japonais. — Voy. Japonais.
Art Khmer. — Voy. Khmer.
Arts Libéraux. — Voy. Libéraux.
Art du Mobilier. — Voy. Mobilier.
Art Moderne. — Voy. Moderne.
Art Moresque. — Voy. Moresque.
Art Musulman. — Voy. Musulman.
Art Ninivite. — Voy. Assyrien.
Art de la Peinture. — Voy. Peinture.
Art Persan. — Voy. Persan.
Art Péruvien. — Voy. Péruvien.
Art Phénicien. — Voy. Phénicien.
Arts Plastiques. — Voy. Plastique.
Art Romain. — Voy. Romain.
Art Romano-Byzantin. — Voy. Romano-Byzantin.
Art Russe. — Voy. Russe.
Art du Sculpteur. — Voy. Sculpture.
Art des Tissus. — Voy. Tissus.
Art de la Verrerie. — Voy. Verrerie.
Etc., etc.

ARTICHAUT. — Pièce de ferronnerie hérissée de dards, de crocs, de pointes, que l'on place aux endroits par lesquels des malfaiteurs pourraient s'introduire dans une habitation, dans une propriété. Les amateurs de ferronnerie en collectionnent quand ces pièces sont anciennes et d'un beau travail.

ARTICLE DE PARIS. — Sous ce terme générique, on comprend diverses industries qui sont exercées à Paris et qui écoulent leurs produits dans le monde entier; nous donnerons ici, par ordre alphabétique, une nomenclature de ces industries d'après un document officiel, et nous dirons les principaux objets que chacune fabrique.

Bimbeloterie. — Cet article comprend tous les jouets d'enfants, les poupées, les bébés, leurs vêtements, leurs meubles, les théâtres, panoramas, géoramas, dioramas, lanternes magiques, sujets et pièces mécaniques, arches de Noé, bateaux, cerfs-volants, toupies, ballons, objets en caoutchouc, mirlitons, masques grotesques, etc., etc.

Boutons. — Ils sont en corne, en nacre, en os, en burgau, en corrozo, en papier verni, en bois durci, en métal, etc.

Cartonnages. — Cartons pour maisons de nouveautés, boîtes pour bijoutiers, boîtes à bonbons, cartonnages décoratifs, etc.

Postiches et ouvrages en cheveux. — Nattes, perruques, fausses barbes, tableaux et bijouterie en cheveux.

Éventails. — Éventails en papier, en soie, en nacre, en écaille, peints, brodés, en dentelle, etc.

Fleurs artificielles. — Ces fleurs sont faites avec des papiers spéciaux, de la mousseline, de la gaze, de la soie, du caoutchouc, des plumes, etc. Il se fabrique annuellement à Paris pour environ 30 à 32 millions de francs de fleurs artificielles.

Gainiers. — Outre les gaines, les gainiers fabriquent des étuis pour instruments de chirurgie, pour instruments de mathématique, pour les bijoux, pour l'argenterie, pour armes, instruments de musique, etc. Les gainiers fabriquent aussi les nécessaires. — Les autres articles de Paris sont : les *parapluies*, les *ombrelles*, les *portefeuilles* et les *articles de maroquinerie*; enfin un article important, la TABLETTERIE. (Voy. ce mot.)

ARTILLERIE. — Dans cet ouvrage nous n'avons à nous occuper de l'artillerie qu'au point de vue de l'art et de la nomenclature des noms des diverses pièces, telles que *bombardes, fauconneaux, canons, couleuvrines, ribauddeaux, veuglaires*, etc.; tous ces engins sont décrits à leur rang.

ARTISTE. — Celui qui exerce un état manuel, un art mécanique est un *artisan*; celui, au contraire, qui cultive ou qui exerce un art dit *libéral* est désigné sous le nom d'*artiste*. (Voy. ART.)

ARZAGUAYE. — Arme offensive du moyen âge, dont on s'est servi jusqu'au XVIIᵉ siècle. C'est une sorte de javelot, long de 3 à 4 mètres, dont les deux extrémités sont armées d'un fer pointu; les cavaliers, qui seuls faisaient usage de cette arme, la lançaient à force de bras. On dit aussi, mais plus rarement, *arzegaie*.

ASBESTE. — Voy. AMIANTE.

ASCOT. — Sorte de grosse serge, qu'on utilisait au moyen âge et au commencement de la renaissance pour faire des costumes; plus tard cette même étoffe a été appelée *escot*.

ASIAS. — Sorte de cithare antique, ainsi nommée parce que les Lesbiens, voisins de l'Asie, s'en étaient servis les premiers en Grèce.

ASPERSION. — Ce terme, dans l'art du céramiste, est synonyme d'ARROSEMENT. (Voy. ce mot et GLAÇURE.)

ASSAGAIE. — Voy. SAGAIE.

ASSEOIR. — En dorure, *asseoir l'or*, c'est le poser sur une première *assiette* qui lui sert de fond, ce qui augmente son éclat. — En dorure, on nomme *assiette* une terre rouge bolaire et ocreuse. Cette matière était connue des anciens puisque Pline (I, 35, 6) la nomme *leucophorum*. Les doreurs *couchent d'assiette*, c'est-à-dire peignent avec de l'assiette, les parties à brunir; ils font cette opération après le dégraissage. (Voy. DORURE.)

ASSIETTE. — Vaisselle plate qui sert à désigner la place où chaque convive est assis à table, d'où son nom. Il existe des assiettes en faïence, en porcelaine, en émail, en étain, en argent et en or; on disait anciennement *écuelle*, à cause de la forme des assiettes; celles à soupe se nommaient *bélutes*. Il y a aussi des assiettes en bois; celles qui portent la date du 26 juin 1730 et fabriquées sur l'ordre d'Auguste, roi de Pologne et électeur de Saxe, atteignent parfois dans les ventes des prix assez élevés, parce qu'on y attache le souvenir historique que voici. Le roi de Pologne, Auguste, était un original; un jour, le 26 juin 1730, il lui prit fantaisie de faire servir à son armée, campée sur les bords de l'Elbe en Saxe, un repas gargantuatesque. On y servit des bœufs rôtis en entier qui étaient découpés à la hache par des charpentiers; l'architecte général du royaume avait dressé le dessert et avait fait fabriquer pour la circonstance 30,000 assiettes de bois portant un bas-relief et le millésime du jour de la fête. Le repas fini, le roi fit ranger son armée sur le bord de l'Elbe, et chaque compagnie en défilant reçut l'ordre de jeter ses assiettes dans le fleuve, pour porter la nouvelle de la munificence royale à tous les rivages arrosés par l'Elbe. — Certaines assiettes atteignent de hauts prix, celles de Limoges et de Sèvres se vendent jusqu'à 3 et 4,000 francs; des faïences italiennes montent jusqu'à 18,000 francs; des assiettes en porcelaine, de Chine, roses et minces, dites *coquilles d'œuf rosées*, se sont vendues 280 et 290 francs; le rouen vaut de 30 à 200 fr.; le delft 100 fr. environ, et le moustier, 80 fr.

Nos assiettes (fig. 53 à 56) sont en émail exécuté par Jean Courtois, célèbre émailleur limousin. Elles sont en grisaille rehaussée

68 ASSIETTE.

d'or sur fond noir, cependant les carnations des figures sont légèrement teintes en rose pâle. Elles représentent la *série des mois* d'É-tienne Delaulne; celles que nous donnons ici font partie de la collection de M. Léon Palustre, de Tours, et représentent les mois

Fig. 53. — Assiette en émail (juillet).

de juillet, de septembre, de novembre et de décembre.

Certaines assiettes en faïence de Rouen du XVIIIe siècle sont dites *assiettes à la corne*, parce qu'en effet, une corne d'abondance ou cornet quadrangulaire figure dans leur déco-

Fig. 54. — Assiette en émail (septembre).

ration. De cette corne s'échappent des plantes fleuries. — On nomme *assiettes à fruits* de petits plats en faïence décorés dans le genre de Palissy ou de dessins ajourés. Ces assiettes sont décorées de fleurons, de fleurettes, de cordelières de veuve et de mascarons. Un excellent potier moderne, M. Pull, imite dans la perfection les produits de ce genre dus à Palissy;

on ne distingue les œuvres anciennes des modernes que par une plus grande légèreté spécifique et plus de finesse dans l'ornementation.

Vente Double. — N° 64. Belle assiette en ancienne porcelaine de Sèvres pâte tendre, à bords festonnés, offrant au centre le chiffre de

Fig. 55. — Assiette en émail (novembre).

la du Barry. Le marli offre trois médaillons décorés d'Amours. Bord bleu foncé. 2,150 fr. — N° 66. Trois assiettes à bords festonnés en ancienne porcelaine de Sèvres pâte tendre, au chiffre de la du Barry (marque S. 1770). 2,760 fr. — N° 68. Huit assiettes à bords fes-

Fig. 56. — Assiette en émail (décembre).

tonnés, ancienne porcelaine de Sèvres pâte tendre, à ornements et fleurs gaufrés au marli et décors polychromes à bouquet de fleurs et de fruits au centre, et trois groupes de fleurs au marli. Époque Louis XV (marque lettre D. 1756). 1,080 fr. — N° 69. Deux assiettes à bords festonnés, ancien sèvres pâte tendre; marli à ornements gaufrés émaillés brun et or, reliés par des couronnes de fleurs, et rehaussé de quadrillages d'or sur les entre-deux émaillés gros bleu. (Louis XV.) (I. 1761.). 470 fr. — N° 70. Deux assiettes même style. 510 fr. — N° 71. Trois assiettes même porcelaine et même style. 415 fr. — N° 72. Une assiette même porcelaine et même style. 160 fr. — N° 73. Une assiette même porcelaine et même style, mais marquée X. 1774. 620 fr. — N° 74. Très belle assiette en porcelaine de Sèvres pâte tendre, fond bleu turquoise; au centre, chiffre de la grande Catherine de Russie. Cette assiette provenait de l'impératrice Catherine II. 6,400 fr. — N° 75. Six assiettes à bords festonnés ancien sèvres pâte tendre. Époque Louis XV (lettre D. 1756). 490 fr. — N° 76. Cinq assiettes même porcelaine, même style, marque au point. 420 fr. — N° 77. Deux assiettes même porcelaine, même style, mais avec décor dit *feuille de chou*, à festons et bouquets de fleurs; au centre, trophée d'instruments de jardinage. 705 fr. — N° 78. Quatre assiettes creuses, même porcelaine, mêmes décors que le numéro précédent. 920 fr. — N° 79. Quatre assiettes, bords festonnés, ancien sèvres pâte tendre. Époque Louis XV. 540 fr. — N° 83. Six assiettes comme les précédentes, mais avec la marque R. F. (république française). 480 fr. — N° 94. Deux assiettes, même porcelaine, décorées au centre d'un bouquet de fleurs (marque Q. Q. 1792). 200 fr.

ASSIGNATS. — Papier-monnaie de la révolution française qui circula en France dès 1789. Bien que les assignats fussent hypothéqués sur les biens nationaux, beaucoup de personnes ne voulaient pas les accepter. Il y a des assignats de 5 livres, de 10 livres, de 25 livres, de 100 livres, de 500 livres, de 1,000 et de 2,000 livres. Il s'en vend encore tous les jours pour les collections. Au 1er octobre 1792 le total des assignats décrétés était de 2 milliards 700 millions.

ASSIS. — Dans le blason, on désigne sous ce terme les animaux qui sont représentés posés sur leur arrière-train.

ASSURE. — Fil d'or, d'argent, de laine, de soie, employé comme trame dans les tapisseries de haute lisse.

ASSYRIEN (ART). — Les écrivains de l'antiquité ne nous ont donné que fort peu de détails sur l'Assyrie, ce vaste pays, qui s'étendait entre le Tigre et la rive droite de l'Euphrate. Nous savons seulement que Ninive passait pour la plus grande cité qui eût jamais existé, et en même temps pour un des centres de civilisation les plus anciens. Il nous reste fort peu de chose de Ninive; c'est seulement par les fouilles exécutées aux environs de cette ville en 1842 par Botta, consul de France à Mossoul, que nous avons pu nous faire une idée de l'art assyrien. Antérieurement à cette date, des voyageurs avaient bien visité les bords de l'Euphrate et du Tigre, ils avaient bien rapporté de leurs voyages des objets de curiosité, des cachets, des cylindres; mais rien, absolument rien, ne pouvait faire présumer que des monuments assyriens étaient enfouis dans les sables, en assez grand nombre pour permettre de reconstituer en grande partie une civilisation qui avait occupé une si grande place dans l'histoire. Dès le début de ses fouilles, Botta s'avança du côté de Korsabad, village situé à 16 kilomètres de Mossoul; c'est là qu'après avoir creusé quelques puits, il eut le bonheur de trouver les traces d'un palais considérable ayant un grand nombre de bas-reliefs qui représentaient des scènes de la vie publique et de la vie privée des Assyriens. Quelques années après, Place continua les fouilles si heureusement commencées par son prédécesseur, et il eut la bonne fortune de découvrir la première statue assyrienne qui ait été exhumée de ces lieux naguère si muets pour l'histoire de l'art. Enfin l'Anglais Layard entreprit à son tour des fouilles, à quelques kilomètres de Korsabad, auprès du village de Kalah ou de Nimroud, et ses efforts furent largement récompensés, puisqu'il eut l'insigne honneur de découvrir le palais de Sardanapale III, construit plus de 900 ans avant l'ère vulgaire, et deux temples.

SCULPTURE. — La sculpture assyrienne remonte à 1330 ou 1340 ans avant J.-C., mais

ASSYRIEN (ART).

les monuments de cette époque sont fort rares et ne sont guère représentés que par quelques statues très frustes. Il nous faut arriver vers le milieu du x⁰ siècle avant J.-C. pour trouver des spécimens de sculptures fort remarquables ; mais nous possédons de cette époque une grande quantité de monuments, car le palais et les temples construits sous Sardanapale III, le fondateur de l'art assyrien, abondent en bas-reliefs. Ils représentent des scènes empruntées à la vie du roi, à la religion et à la guerre. On y voit également des scènes de chasses au lion et au taureau. Si les représentations du roi en bas-relief sont fréquentes, les statues de celui-ci sont fort rares. Nous n'en connaissons qu'une seule que nous avons vue au British Museum ; elle ne mesure guère que 1 mètre de hauteur. Les statues des dieux, également fort rares, ont des dimensions considérables ; mais où les Assyriens donnaient à leur sculpture des proportions énormes, c'est dans les colosses représentant des animaux, des taureaux ailés. En général, la sculpture assyrienne présente un caractère de force et de grandeur ; les formes sont dessinées d'une manière brutale et cependant le travail est poussé fort loin au point de vue de l'achèvement. Souvent ces bas-reliefs sont décorés d'inscriptions en caractères cunéiformes, lesquelles, déchiffrées dans ces dernières années, nous ont fourni de nombreux renseignements sur la civilisation et les arts de ce peuple. Par exemple, dans une inscription déchiffrée par M. Oppert nous lisons : « Avec leur permission suprême (des divinités Nisroch, Siri, Milita), je bâtis pour demeure de ma royauté des salles en ivoire, en bois d'ébène, de tamarisque, de lentisque, de cèdre, de pin, de cyprès et de pistachier ; au-dessus j'entassai de grandes poutres courbées en cèdre que j'ai reliées par des poutres droites en pin et en lentisque maintenues par des crampons de fer. » Si nous étudions la gravure sur pierre fine, nous trouvons des œuvres variées et d'une valeur artistique très diverse ; ce que nous possédons surtout, ce sont des cylindres qui servaient de cachets, puisque les lettres des inscriptions sont gravées à rebours. Généralement ces cylindres comportent trois lignes de gravure ; la première contient le nom du propriétaire, la seconde celui de son père, et la dernière celui du dieu sous la protection duquel le signataire se plaçait. Quelques archéologues ont prétendu que beaucoup de ces cylindres étaient des amulettes ; il n'en est rien, il est aujourd'hui parfaitement reconnu qu'ils ne servaient que de cachets. Quelques cylindres assyriens comportent une particularité curieuse à noter ; on y voit un personnage qui porte sur ses épaules une double tête, mais de profil ; ce personnage est tantôt imberbe, tantôt il a toute sa barbe. Quelques assyriologues ont voulu voir dans cette représentation un androgyne ; c'est, du reste, une rage, chez certains orientalistes, de voir des dualités dans beaucoup de représentations : témoin la fameuse *double Istar* ou *Vénus assyrienne hermaphrodite*. Mais revenons à nos cylindres à double tête ; le musée du Louvre a acquis en 1880, je crois, un cylindre où figure un personnage à double profil. Or, comme ce cylindre a d'assez grandes dimensions, on a pu en étudier tous les détails ; le personnage en question porte la barbe droite et tombante sur chaque profil : il ne peut donc être question ici d'androgyne. Il se tient debout devant un dieu (Bélus, d'après quelques-uns) qui porte une amphore inclinée d'où s'échappe un double flot ; d'une main le personnage fait un geste au dieu, et de l'autre à deux individus qui le suivent. M. Joachim Ménant, l'assyriologue distingué si connu, reconnaît là « une scène de présentation au dieu suprême, présentation accomplie par un initiateur dont l'action est double, et auquel pour ce motif on a donné un double profil. » Et M. J. Ménant fait remarquer que les empreintes prises sur les cylindres donnent des bas-reliefs étendus sur une surface plane et montrent une scène que l'œil peut embrasser dans son ensemble, tandis qu'en réalité la surface courbe du cylindre nous montre se déroulant successivement les différentes phases de la scène. Du reste, cette représentation de la même personne dans deux phases différentes d'une action se retrouve sur des bas-reliefs de Nimroud ; par exemple, les deux figures royales, le même personnage, sont tournées l'une vers l'autre, et au milieu se voit l'*arbre sacré*, espèce de palmier court et trapu d'où sortent des panicules de fleurs, au-dessus

Fig. 57. — Aumônière en velours noir orné d'émail, de diamants de Bohême et de grains d'or.

plane la figure d'Ormuz, le dieu suprême, qui tient dans sa main l'anneau symbolique de la domination universelle.

PEINTURE, POLYCHROMIE. — Il est fort probable que les Assyriens n'employaient que la peinture décorative, surtout l'émail; ils en revêtaient les murailles des temples et des palais. Il paraît qu'à Ninive on a découvert des peintures murales assez considérables, mais l'action de l'air a bientôt détérioré ces uniques spécimens de la peinture assyrienne. En résumé, l'art assyrien a une valeur considérable; il occupe une place avantageuse dans nos musées à côté des arts égyptien, hindou, étrusque et grec; il a certainement eu une influence marquée sur ce dernier, puisque des sculptures de Sélinonte et certains bas-reliefs ninivites paraissent avoir entre eux un degré de parenté tel qu'en plusieurs endroits les premières semblent n'être que la copie des seconds.

ATTALIQUES (TAPIS). — Tapis faits de laine et d'or et représentant des scènes à personnages. On les nommait ainsi parce qu'on attribuait l'invention de ces tapis à Attale Ier, roi de Pergame. On désignait également sous le nom d'*étoffes attaliques*, *tissus attaliques*, des tissus de laine brodés à la main qui servaient d'étoffes à tentures.

ATTRIBUTS. — Objets réels ou conventionnels, signes qui servent à faire reconnaître un personnage. — Dans le blason, l'attribut est une épithète qui, jointe au nom d'une pièce, désigne ce en quoi elle diffère des autres pièces héraldiques de même espèce.

AUBERONNIÈRE. — Bande ou plaque de fer que l'on visse ou que l'on cloue sur un coffre et qui sert à porter l'*auberon*, ou pièce de fer rivée au moraillon d'une serrure dite *à moraillon*. C'est dans l'auberon que passe le pêne fermant la serrure.

AUBUSSON (TAPIS D'). — Voy. TAPIS.

AUDACE. — Terme du costumier; c'est une ganse avec laquelle on relevait vers la fin du XVIIe siècle le bord d'un chapeau, ce qui donnait un air crâne, audacieux, aux hommes qui portaient des chapeaux ainsi relevés.

AUDIETTE. — Petit cornet d'acoustique.

AUMÔNIÈRE. — Sorte de bourse nommée plus tard *ridicule*, qu'on porte suspendue à la ceinture; on la désignait ainsi parce qu'elle renfermait l'argent destiné aux aumônes. Il existe des aumônières en cuir ordinaire, en cuir de Russie, en maroquin, en velours, en peluche; celles-ci sont unies ou brodées, elles ont des fermoirs en or, en argent, en acier, en fer, ces derniers recouverts de cuir ou d'étoffe. Au XVe siècle, les hommes portaient des aumônières avec des fers richement ciselés et ornés, qui dans les ventes atteignent des prix fort élevés. Notre figure 57 montre une aumônière en velours noir orné d'émail, de diamants de Bohême et de grains d'or. Elle fait partie des collections de la Voûte-Verte, à Dresde; elle figure dans la salle VIII ou salle dite *des joyaux*.

AUMUCE ou AUMUSSE. — Coiffure du moyen âge portée d'abord par des femmes, puis par des clercs, enfin plus tard par tout le monde. C'était un bonnet en peau d'agneau ou de laine imitant cette peau et nommée *astrakan*. Les gens riches portaient des aumuces fourrées d'hermine; ce dernier genre se nommait également *chaperon*. Les fabricants d'aumuces, étaient des *aumussiers*; ils faisaient également des mitaines, des coiffes, etc. — On désigne de même (*aumusse*) la fourrure que les chanoines et les chantres portent sur le bras.

AURIPEAU. — Voy. ORIPEAU.

AUROPHILE. — Liquide servant à rafraîchir les vieilles dorures et dans la composition duquel il entre du cyanure de potassium.

AUTEL. — Sorte de table, sur laquelle on sacrifie à la divinité, ou sur laquelle dans l'antiquité on faisait des libations en son honneur. Nos figures 58 et 59 montrent l'élévation et le plan de l'autel dit *des douze dieux*. — On nommait *autel portatif* une sorte de diptyque ou triptyque que l'on posait sur une table et devant lequel ou sur lequel les prêtres catholiques disaient la messe ; tel est celui de Charles le Téméraire qui se voit au

Fig. 58. — Autel des douze dieux (élévation).

musée de Berne et qui faisait partie de son mobilier au camp du Drap d'or.

AUTOGRAPHE. — Écrit fait de la main même de l'auteur. Il y a des manuscrits autographes, des lettres autographes ou simplement des signatures autographes. Depuis cinquante ans environ, il existe des collectionneurs d'autographes ; aussi les manuscrits des auteurs, les lettres des hommes célèbres en quelque genre que ce soit ont donné lieu à un commerce et à des transactions considérables. Les créateurs de cette industrie sont les Charavay, les Techner, les Charon, les Laverday et les Fontaine.

PRIX DE VENTE. — *Hôtel Drouot, lundi 6 mars* 1880. — Lettre de Cinq-Mars, 520 fr. — Épître de Mme de Maintenon, 670 fr. — Lettre historique de Marie Stuart relativement à la bataille de Saint-Quentin (1557), 700 fr. — Un billet de Robespierre à Lalande, 100 fr. — Manuscrit de la *Famille Benoiton* de V. Sardou, 500 pages environ, 355 fr. — Le prix total de cette vente, 150 numéros environ, a produit 8,730 francs.

Hôtel Drouot, 10 *février* 1881. — 22 lettres du prince de Metternich, 5,000 fr.; — 2 lettres de Mirabeau, 40 fr.; — 1 lettre de Meyerbeer, 70 fr.; — de Pierre le Grand, 90 fr.; — de Rachel, 410 fr.; — du cardinal de Richelieu, 40 fr.; — de Napoléon Ier à Oudinot, 22 fr.; — du comte de Chambord à Villemain, 995 fr.; — de Louis XIV, 300 fr.; — de Mme de Maintenon, 390 fr.; — de Louis XVIII, 22 fr.; — de Buffon, 18 fr.; — de Lamartine, 16 fr.; — de Jules Janin, 40 fr. — En général, dans les ventes d'autographes ce sont les pièces historiques, puis les lettres des artistes, et des littérateurs, qui atteignent les prix les plus élevés; mais on trouve chez les marchands d'autographes des collections de 40 à 50 ou 60 fr., soit environ 1 fr. la pièce; mais les autographes de littérateurs très renommés, tels que Victor Hugo, Alexandre Dumas père, Gérard de Nerval, Sainte-Beuve, Prosper Mé-

Fig. 59. — Autel des douze dieux (plan de la table).

rimée, Charles Nodier, etc., ces autographes atteignent parfois des prix de 8, 10, 12 et 15 fr., suivant l'importance des pièces.

AUTOMATE. — Pièce mécanique qui reproduit, ou plutôt qui imite les mouvements des corps animés. Quand l'automate présente l'aspect d'un homme et qu'il imite ses gestes, ses mouvements, ses actions, on le nomme *androïde* (ἀνδρος, homme). Divers mécanismes sont utilisés pour faire mouvoir les automates. Quelques-uns sont célèbres : par exemple, le *joueur de flûte* de Vaucanson, le *joueur d'échecs* de Kempelen. De nos jours, Robert Houdin, le prestidigitateur, a créé des automates remarquables : le *danseur de corde*, le *voltigeur au trapèze; Debureau en pierrot*, etc. Les automates sont des objets de pure curiosité.

AUTRUCHES. — Voy. PLUMES et ŒUFS.

AVANT LA LETTRE. — Voy. GRAVURE.

AYMARAS (ART). — Voy. PÉRUVIEN (*Art*).

AZULEJOS. — Minces carreaux d'argile émaillés d'un côté et unis ou peints de diverses couleurs ; on les nomme ainsi parce qu'à l'origine de leur fabrication on les peignait d'une seule couleur, en bleu (en arabe, *azul*). Ces carreaux de faïence à glaçure stannifère, d'une brillante décoration, sont appelés en arabe *zulaja;* les ornements sont généralement mauresques et la couleur d'azur domine dans la tonalité générale. — En Portugal, beaucoup d'églises et de maisons sont décorées d'azulejos ; ils décorent les vestibules et les cages d'escalier, ou bien ils forment l'encadrement des portes. Dès le XIIe siècle on fabriquait ce genre de carreaux, mais les plus estimés sont ceux des XVIe et XVIIe siècles. En Espagne, on voit aussi beaucoup d'azulejos, ceux d'Alicante datent du temps des Maures ; ceux de l'Alcazar de Séville sont antérieurs au XVe siècle. Une des fabriques les plus importantes était située à Manices, petit village situé dans les environs de Valence ; c'est dans ce petit pays que les Espagnols apprirent des Arabes les procédés de la fabrication des azulejos.

AZUR. — Pierre précieuse d'un bleu opaque moucheté de blanc et parsemé de paillettes d'or. L'azur qu'on nomme aussi *lapis-lazuli, lazulite, pierre d'azur*, sert à fabriquer des bijoux, colliers, bracelets, médaillons, etc., ainsi que de petits coffrets, des bonbonnières, des tabatières, etc. Cette pierre sert aussi à décorer de petits meubles, des cabinets, des bibliothèques, etc. ; on l'utilise en placage pour fabriquer des colonnettes, des dessus de guéridon, des tablettes, des étagères, etc. — L'azur factice, dénommé aussi *azur de cobalt*, est beaucoup employé en céramique ; c'est un verre coloré en bleu par de l'oxyde de cobalt, puis réduit en poudre ; suivant les divers degrés de finesse et de nuance, on dit *azur de premier feu, de second feu, de troisième feu*. — Dans l'art du blason, l'azur est le symbole de la justice ; dans la gravure, il est représenté par des lignes horizontales.

BABOUCHE. — Chaussure orientale, sorte de pantoufle riche, sans quartier ni talon, dont l'usage est assez répandu non seulement en Orient, mais aussi en Europe. On la fabrique avec des peaux de mouton, des peaux d'agneau, du cuir ou du maroquin; on en fait même en étoffe de soie. Les babouches sont généralement brodées d'or, d'argent, ou de soie de diverses couleurs; celles de France viennent principalement de l'Algérie; cependant Paris, depuis une vingtaine d'années, fabrique de ces chaussures de fantaisie qui rivalisent de richesse et de goût avec celles qui nous viennent d'Orient. Bien que la babouche soit une chaussure sans talonnière, on en fait aujourd'hui avec de hauts talons Louis XV. — Ce terme est dérivé du persan *papous* (de *pa*, pied, et *pousche*, qui couvre).

BABYLONIEN (Art). — Comme il ne reste absolument rien de Babylone qu'un amas informe de briques nommées par les Arabes *Mudjelibe*, nous ne pouvons parler de cet art par les monuments; nous pouvons supposer qu'il fut la continuation de l'art assyrien, puisque, après la ruine de Ninive, survenue 625 ans avant J.-C., l'art avec le siège de l'empire se transporta à Babylone. Les rares spécimens de sculpture babylonienne que nous possédions portent bien le caractère de l'art ninivite ou assyrien; nous pouvons en dire autant des cônes et des cylindres babyloniens; ils ont tant de rapport avec ceux de Ninive qu'on les confond souvent. — Voy. Assyrien (*Art*).

BACCARAT (Cristallerie de). — Voy. Verrerie.

BACINET. — Voy. Bassinet.

BADELAIRE. — Ce terme, dérivé de l'ancien mot *baudel* (baudrier), désigne une épée ancienne, dont la lame courte et à deux tranchants était recourbée, bien qu'élargie à la pointe. — Les rares badelaires qui passent dans les ventes, s'ils sont ornés, se vendent très cher. Ducange désigne ainsi cette arme : « Un petit *coustel* portatif appelé baudelaire. » Rabelais écrit dans le prologue de son troisième livre : « Affilaient brancs d'acier, badelaire, etc. » Cette arme figure dans le blason.

BAFFETAS. — Grosse toile des Indes qui ressemble beaucoup au Nankin (Voy. ce mot); on la nomme aussi *baflas* et *bafetas*.

BAGUE. — Bijou, anneau ornemental qu'on porte aux doigts des mains ou des pieds. Ce terme est employé comme synonyme d'*anneau*; nous devons ajouter cependant que l'anneau proprement dit est un cercle de métal ordinairement fort léger et sans chaton, tandis que la bague, au contraire, est plus lourde comme poids et comme forme; elle possède en outre un ou plusieurs chatons décorés d'un simple cachet ou qui servent à enserrer des pierres précieuses. L'usage d'orner les mains de bagues remonte à la plus haute antiquité; mais la manière de porter les anneaux ou bagues a beaucoup varié chez les divers peuples et suivant les différentes époques. La plus ancienne bague dont il soit fait mention dans l'histoire, c'est sans contredit l'*anneau de fer* de Prométhée, dont nous avons parlé à Anneau. (Voy. ce mot.) Inutile de dire que nous n'ajoutons aucune créance à cet anneau légendaire; du reste, nous savons par des preuves certaines que longtemps avant l'époque du fer, pendant la période de la pierre polie, sinon de la pierre éclatée (Voy. AGES), les hommes portaient des bagues faites au moyen de coquillages. Les nations orientales ont toujours porté des bagues; les plus anciens livres de l'Inde en mentionnent l'usage. Philostrate, dans la *Vie d'Apollonius de Thyane*, nous dit

Fig. 60. — Anneau constellé romain (1er type).

positivement que les brahmanes portaient un anneau auquel ils attribuaient des vertus surnaturelles. De là sans doute les bagues constellées qui servaient de TALISMAN. (Voy. ce mot.) Nos figures 60 et 61 montrent deux types d'anneaux constellés romains, qui avaient des pouvoirs curatifs extraordinaires. Ils ont été dessinés d'après le célèbre et curieux traité de Gorlœus d'Anvers (1). — De nos jours ne vend-on pas

Fig. 61. — Anneau constellé romain (2e type).

aussi des anneaux renouvelés des Cabires de la Samothrace, qui ne guérissent, il est vrai, que de la migraine. D'après le *Ramayana*, les bagues servaient aussi comme signes de reconnaissance. Chez les Égyptiens elles étaient à la fois une marque d'autorité et un sceau à contresigner des actes authentiques. On a

---

(1) *Abrahami Gorlœi autwerpiani Dactyliotheca*, 4 vol. in-4°, Autw., 1609.

recueilli en Égypte des anneaux fabriqués avec toute sorte de matières, ils sont en or, en argent, en bronze, en fer, en terre cuite émaillée, en or incrusté d'émaux, en quartz, en ambre, en cristal de roche, en jaspe et en ivoire. Ils sont simples, doubles, triples, quadru-

Fig. 62, 63, 64. — Bague étrusque et son chaton.

ples; quelquefois ils sont formés d'un simple fil métallique au sommet duquel un scarabée tournant, pivotant, forme un chaton; d'autres, au contraire, sont faits au moyen d'une bande de métal dont la portion la plus large porte le chaton, dans lequel est enchâssé un scarabée, ou une pierre gravée en creux ou en relief. Les

Fig. 65, 66. — Anneau d'or étrusque avec son chaton.

Étrusques avaient des bagues analogues. Nos figures 62, 63 et 64 montrent une bague étrusque d'or, dont le chaton est formé d'un scarabée pivotant et dont le ventre gravé en intaille représente un homme tenant une amphore. Les sujets sont généralement des emblèmes sacrés, des figures ou des têtes d'animaux symboliques. On y trouve aussi des légendes hiéroglyphiques qui formulent quelques souhaits, quelques devises, ou simplement un nom propre. Il existe également des bagues égyptiennes en terre cuite émaillée, nous venons de le dire ; leur travail témoigne de la grande habileté des artistes qui exécutaient ces objets, dont la plupart ne devaient être que des amulettes funèbres, car leur fragilité ne permettait guère aux vivants de les porter. Ce qui confirme cette opinion, c'est qu'on en trouve fréquemment placés dans les cercueils des momies. Au dire de Plutarque, les bagues étaient d'un usage si fréquent en Égypte et d'une si grande richesse

cependant il est très certain que dès une époque fort reculée les Grecs connurent ce bijou. Hérodote (III, 41) nous apprend même que Polycrate, tyran de Samos, qui vivait six cents ans avant l'ère vulgaire, attachait un très grand prix à une bague en or décorée d'une pierre précieuse : c'était une émeraude dont la gravure avait été faite par ses compatriotes contemporains Rhœcus et Théodore. C'est à la même époque que Sapho écrit à une de ses amies : « Ne sois pas si fière pour une bague. » Un siècle plus tard, l'auteur comique Aristo-

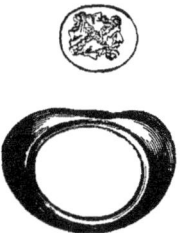

Fig. 67, 68. — Bague romaine avec son chaton.

Fig. 70, 71. — Bagues pompéiennes.

que les habitants de Busiris et de Lycopolis les retiraient de leurs doigts, en signe d'humilité, quand ils se prosternaient aux pieds de la divinité. Les Égyptiens portaient des bagues à tous les doigts des mains, mais principalement à la main gauche. Cette surcharge de bagues aux mains explique la grande quantité qui en a été trouvée dans les tombeaux et les ruines de l'ancienne Égypte. Du reste, des

Fig. 69. — Bague romaine en or.

monuments de ce pays, principalement des sarcophages, nous montrent comment les bagues étaient placées aux doigts. On y voit au pouce la bague-cachet ; l'index, le médius et l'annulaire portaient deux ou trois bagues, et le petit doigt une seule.

Bien que l'auteur de l'*Iliade* et de l'*Odyssée* énumère en détail tous les objets fabriqués de son temps en l'honneur des dieux, nous ne voyons figurer parmi ceux-ci aucune bague ;

phane, dans ses *Nuées*, fait dire à Socrate qui parle à Strepsiade : « Ces fats qui chargent de bagues leurs doigts jusqu'aux ongles. » On voit par là combien on usait et même on abusait de la bague ; nous avons, du reste, des exemples de mains de femmes grecques chargées de dix bagues. — Nos figures 65 et 66 montrent un anneau étrusque dont le chaton, sculpté en relief, devait servir de cachet. Le sujet représente une divinité ailée luttant entre deux mauvais génies. — Nos figures 67 et 68 montrent une bague romaine dont le chaton en cornaline gravé en creux représente un Janus à quatre faces. C'est aussi une bague romaine que montre la figure 69 ; les trois personnages sont des divinités égyptiennes, la triade : Isis, Horus et Nephtys. Enfin nos figures 70 et 71 sont des bagues pompéiennes.

Les Romains de l'époque de Romulus portaient des bagues à la main gauche ; ils n'eurent d'abord qu'un seul anneau, plus tard ils en portèrent à tous les doigts, sauf au médius, qualifié de *digitus infamis, impudicus*, etc. Ils en eurent même à chaque phalange et jusque sur les jointures de celles-ci. Ils tenaient cette mode, ou plutôt cet usage, des Étrusques, qui avaient un grand nombre de bagues ornées de chatons en forme de scarabée. Ceux-ci sont sculptés généralement dans des pierres, dans des jaspes, des cornalines, des améthystes, et la face qui sert de base à l'insecte est souvent gravée en creux (intaille). Sous la république romaine, les riches particuliers ou les magistrats portaient seuls des bagues; sous les empereurs, l'usage en devint si général que seuls les esclaves n'en portèrent point, et cependant certains antiquaires prétendent que même les esclaves avaient un anneau nommé CONDALIUM. (Voy. ce mot dans notre *Dictionnaire de l'archéologie.*) Ces antiquaires appuient leur thèse sur une statue d'acteur comique qui représenterait un esclave et sur un passage de Plaute. — Les Celtes ou Gaulois, de même que les Bretons, portaient des bagues aux doigts du milieu (médius); les Francs en portaient aussi. Bien que les bijoux du moyen âge soient peu communs, on possède un anneau d'or de Childéric, des bagues émaillées d'évêque du x° siècle. A cette époque les gens de marque portaient même des bagues de pouces, connues en Angleterre sous le nom de *thumb-rings* (pouce et anneau), qui signifie encore aujourd'hui *anneau à cacheter*. Du reste, les inventaires que nous possédons de l'époque de la renaissance et même du moyen âge désignent ces bagues comme un témoignage de l'importance des personnages à qui elles appartenaient.

Dans l'inventaire de Charles-Quint, nous trouvons la description d'une bague assez curieuse; nous y lisons : « Une bague d'or où il y a une dame, accoustrée à l'égyptienne, mise sur une feuille d'or, au dessoubz de laquelle est ung ballais, mis en chatton, aïant à l'entour cincq perles, mises en molinet et au dos est ung ardillon avec une boucquelette à attacher la dicte bague. »

Les divers musées nous montrent des bagues des XII°, XIII°, XIV°, XV°, XVI°, XVII° et XVIII° siècles; elles sont en or, en argent, en cuivre doré ou argenté, avec chatons et pierres plus ou moins précieuses. Pendant le XVI° siècle, on désignait à Venise sous le nom d'*anneaux de la mort* des bagues à l'aide desquelles on empoisonnait bien des gens. A l'intérieur de ces bijoux diaboliques se trouvaient fixées de petites griffes en acier qui, par un jeu particulier de leur fabrication, rentraient dans de petites alvéoles remplies d'un poison subtil. Quand le porteur de ces anneaux voulait se débarrasser de quelqu'un, il lui serrait la main de manière à exercer une pression sur les griffes, qui dès lors produisaient une piqûre légère, mais suffisante cependant pour donner la mort à l'individu ainsi piqué. Aussi à cette époque la mode commandait qu'on portât les bagues par-dessus les gants. Aux XVII° et XVIII° siècles, l'usage des bagues devint général; c'est de cette époque que datent les bagues émaillées, à portraits, à miniatures, et tous les jours dans les ventes nous voyons défiler sous les yeux des amateurs quantité de ces bijoux qui atteignent des prix considérables. Mais généralement les bagues depuis Henri IV jusqu'à Louis XVI, en or émaillé et dont' les chatons sont ornés de roses table, de rubis table et de grenats, valent de 60 à 85 francs. (Voy. ANNEAU et BIJOUX.)

BAGUETTE. — Ce terme sert à désigner des objets divers. Les luthiers nomment *baguettes* de petits bâtons terminés en forme d'olive qui servent à battre du tambour. Ces baguettes, qui mesurent environ 0^m,45 de longueur, comprennent une virole, la tige et l'olive. Le timbalier se sert également de baguettes, qui mesurent seulement 0^m,22 de longueur et dont l'extrémité battante est une tête ronde garnie de peau. — Les armuriers nomment *baguettes à bourrer* des tiges ou verges d'acier, de cuivre, de baleine, de bois, de fer, qui servent à presser la charge dans le canon des fusils, des pistolets, etc. Les baguettes à bourrer orientales, avec incrustations de nacre ou de métal, ou damasquinées d'or ou d'argent, valent jusqu'à 20 et 25 francs. — On nomme *baguettes divinatoires* des baguettes aux formes plus ou moins extraordinaires employées par les devins, les sorciers et les magiciens pour connaître le passé, le présent et l'avenir. Tous les peuples, au début de leur civilisation, ont été tous plus ou moins adonnés à la magie, et de nos jours le peuple chinois est encore celui qui pratique peut-être le plus la sorcellerie. Le code criminel chinois contient des dispositions très sévères contre les magiciens.— Au musée de Pétersbourg, on voit une *baguette divinatoire* chinoise, coulée en cuivre jaune, qui mesure environ 0^m,65 de longueur; la base s'élargit en forme de pavillon de trompette; le long de la tige se trouvent placées de chaque côté dix médailles semblables aux *tsien* ou monnaies rondes. Le sommet de la baguette est terminé par une grande médaille surmontée d'une autre plus petite qui porte sur son revers huit *koua*, ou signes élémentaires employés pour les prédictions; ce sont : *Khuen*, terre, sud-est; — *Khen*, montagne, nord-est; — *Kan*, eau, nord; — *Tehin*, vent, sud-ouest; — *Soun*, tonnerre, ouest; — *Ly*, feu, sud; — *Touy*, cime des montagnes, est; — *Kian*, ciel, nord-ouest (1).

BAGUIER. — Coffret, coupe, vasque, servant à contenir des *bagues* et par extension des bijoux.

BAHUT. — Grand coffre dont le couvercle est bombé comme les pierres des garde-fous ou parapets qui bordent les quais ou les ponts. Ces coffres sont recouverts de cuir et décorés de clous à grosse tête. Telle est la véritable signification de ce mot *bahut*, qui, disons-le, est aujourd'hui appliqué à tort et à travers à toute sorte de meubles, armoires, cabinets, crédences, bibliothèques à deux corps, pourvu que ces divers objets mobiliers soient en bois sculpté. Les plus anciens bahuts ne remontent pas au delà du XIIIe siècle; les comptes de l'abbaye de Saint-Denis de l'année 1229 mentionnent sous ce terme deux coffres destinés à l'écurie. — Savary, dans son *Dictionnaire du commerce*, définit bien le bahut, un coffre dont le couvercle est arrondi; mais Monteil prétend que c'est tout simplement une caisse d'emballage, une sorte de malle enveloppante, ce qui s'accorde mieux avec les textes anciens, « où le bahut apparaît presque toujours non pas comme un objet à part, mais bien comme accompagnement obligé des coffres, des malles et des paniers (2), » et ce qui s'accorde fort bien avec la définition que donne M. de Laborde (1) : « On a couvert des coffres avec des peaux de vache et l'on a appelé plus tard ces coffres, *vaches*. Il en est ainsi des bahuts. Dans l'origine, c'était une enveloppe de cuir ou d'osier couvert de toile, qui enveloppait un coffre; ensuite ce fut le coffre lui-même, et presque toujours une large boîte dans laquelle on renfermait d'autres boîtes; puis, lorsque le mobilier du nomade devint fixe et stable, une grande armoire munie de ses tiroirs; enfin plus tard, et exceptionnellement, un écrin avec ses petites divisions pour les bagues. Les grands bahuts étaient chargés sur des sommiers qu'on appelait *chevaux bahutiers*. » Et, à l'appui de son dire, M. de Laborde cite un exemple : « A Pierre du Fou, coffrier demeurant à Paris, — pour une grant male de cuir fauve, garnie de toile par dedans, de courroies et de bloques, ainsi qu'il appartient à tout un grant bahu à mettre par dessus ycelle male, — pour mettre et porter le lict de madame la Royne, pour ce VIII livres. » Par ce qui précède, on voit qu'anciennement les bahutiers étaient ce que nous nommons aujourd'hui de simples emballeurs-layetiers; aussi nous expliquons-nous difficilement toutes les étymologies recherchées pour définir ce mot, qui viendrait, d'après des savants, du bas-latin *bahudum* ou du celtique *bahu*, coffre, ou de l'allemand *behalten*, *behuten*, qui signifient *garder*, *enfermer*, etc., etc. Dans presque tous les textes anciens il est question de bahuts à propos des bagages d'une armée, et même les soldats à qui on confiait la garde de ces coffres se nommaient *bahutiers*. Ainsi donc nos coffres de voyage ont remplacé les bahuts, qui ont été ainsi désignés jusqu'à la fin du XVe siècle. Mais à partir de cette époque ils reçurent une riche ornementation et furent nommés *huches*, et les fabricants de celles-ci *huchiers*, *huchers* et *coffretiers*; c'étaient pour la plupart des sculpteurs sur bois de valeur, de véritables artistes; ils firent partie de la corporation des charpentiers dits de *petite cognée*. Le bahut du XVIe siècle devint un meu-

---

(1) *Magasin Pittoresque*, 1854, p. 280.
(2) *Revue des sociétés savantes*, novembre 1869.

(1) Voyez le glossaire de la seconde partie de la Notice des émaux, bijoux, etc., du musée du Louvre, au mot *Bahut*.

ble fixe; il portait sur quatre pieds courts; le couvercle, bombé ou plat, se fermait au moyen de pentures, de charnières et de serrures à moraillon; il était souvent décoré de cuirs gaufrés et dorés, ou de peintures et de sculptures; une belle ferronnerie en relevait encore la décoration. On enfermait dans ce meuble non seulement des vêtements, mais encore de l'argent et des objets rares et précieux. — Les bahuts des églises, qu'on plaçait soit dans les sacristies, soit dans les salles capitulaires, servaient à contenir les vases sacrés, les actes, les chartes, les belles tentures et tapisseries. Les bahuts des XV° et XVI° siècles sont très recherchés, ils ont beaucoup de style et se vendent de 400 à 10,000 francs et quelquefois plus. (Voy. ARMOIRE, CABINET, CRÉDENCE.) — Vente Double. N° 365. Bahut couvert en maroquin rouge, doré au fer et portant sur le couvercle les armes de France et de Marie-Antoinette. Ce bahut passe pour avoir été le coffre à dentelles de la reine. Il reposait sur une table en bois doré dont le dessus et le pourtour étaient garnis d'une broderie sur fond crème. Hauteur du coffre, 0^m,20 largeur, 0^m,89; hauteur de la table, 0^m,75, largeur, 0^m,92. 2,900 francs.

BAILLONNÉ. — Se dit, dans l'art du blason, de tout animal qui tient dans ses dents un bâton d'un autre émail que le corps.

BAILLOQUE. — Plume peu estimée de l'autruche femelle; elle est brune, mêlée de blanc. On utilise les bailloques à l'état naturel, après les avoir lavées au savon pour aviver leur éclat.

BAIN DE PIEDS. — Grand pot cylindrique, sorte de baquet en faïence à deux anses, qu'on utilise aujourd'hui pour faire des jardinières. Les beaux bains de pieds en faïence de Nevers et de Rouen sont fort rares et se vendent en camaïeu bleu 40 et 50 francs, et à plusieurs couleurs jusqu'à 600 et 800 francs. Il se fait un grand nombre d'imitations.

BAIONNETTE. — Arme de pointe, qu'on peut fixer à volonté à l'extrémité d'un canon de fusil et transformer ainsi en une arme d'hast.

(Voy. ARMES.) La baïonnette ancienne comprend trois parties essentielles : la *lame* en acier, qui est à section triangulaire ou quadrangulaire; la *douille*, sorte de cylindre creux en fer qui s'emmanche à l'extrémité du canon; enfin la partie coudée, le *coude*, qui relie la douille à la lame.

HISTORIQUE. — Il existe un préjugé fort invétéré qui attribue l'invention de la baïonnette à la ville de Bayonne, qui aurait créé cette arme vers 1673 ou 1674. D'abord un fait incontestable, c'est que la baïonnette était connue avant

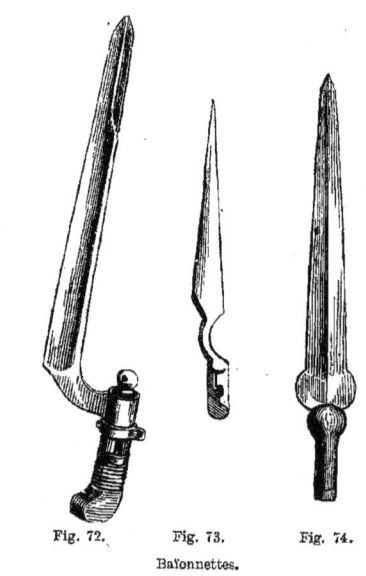

Fig. 72.   Fig. 73.   Fig. 74.
Baïonnettes.

1673, puisque Voltaire, dans son *Siècle de Louis XIV*, nous dit que la baïonnette au bout du fusil a été instituée par Louis XIV; cependant avant lui on s'en servait quelquefois, mais il n'y avait que quelques compagnies qui combattissent avec cette arme; le premier régiment qui eut des baïonnettes et qu'on forma à cet exercice fut celui des fusiliers établis en 1671. Voilà donc la date de l'invention reculée au delà de 1673, puisqu'on s'en servait avant 1671. Pour l'étymologie du mot, il serait dérivé du terme roman *bayneta*, petite gaine, petit fourreau. Du reste, dans tous les idiomes espagnols *bayna* signifie gaine; *desbainar*, dégainer : donc le contenant, qui était alors fort beau, en cuir richement orné, aurait donné son nom au contenu. Dans la relation de sa campagne de Flandre (1642), Puységur écrit : « Il est vrai que les soldats ne portaient point l'épée, mais ils avaient des baïonnettes qui avaient des manches d'un pied de long dont les bouts étaient propres à mettre dans les canons de fusil. » Notre figure 72 montre une baïonnette de cette époque, telle qu'on peut la voir au Musée d'artillerie de Paris. Vers 1701, on perfectionna la baïonnette, on lui donna une douille cylindrique creuse qui permit de rendre le fusil arme de tir et d'hast à la fois (fig. 73) ; vers 1837, on arma les bataillons de tirailleurs algériens de la baïonnette-sabre (fig. 74) ; puis, vers 1840, un nouveau modèle, inventé par le commandant Thiery, remplaça l'ancien : c'était une baïonnette-sabre en forme de yatagan ; enfin, en 1874, ce fut une baïonnette-épée.

BAISÉ. — Les passementiers désignent sous ce terme la partie de l'ouvrage qui, incomplètement frappée, montre sa trame lâche : *fils baisés*, fils de soie qui se sont collés en séchant.

BAISER DE PAIX. — Les premiers chrétiens distinguaient, outre le baiser d'amour : le baiser de réconciliation, le baiser de la foi et le *baiser de paix*; les fidèles échangeaient entre eux ce baiser au moment de la communion. Quand cet usage eut disparu, on y substitua celui de faire baiser une petite plaquette de marbre ou d'ivoire sculptée qu'on nomma *pax, osculatorium, asser ad pacem, lapis pacis, tabula pacis.* (Cf. Ducange, v° *Osculum pacis.*) Les baisers de paix du XIV°, du XV° et du XVI° siècle, quand ils sont encadrés d'or, d'argent, d'émail, de bronze repoussé, ciselé, fondu, émaillé ou cloisonné, atteignent des prix élevés. Nombreuses imitations. (Voy. PAX.)

BAJOIRE. — Corruption du vieux terme *baisoire*, qui sert à désigner une pièce de monnaie ou une médaille qui a pour effigie deux têtes de profil superposées. On voit souvent des *bajoires* qui montrent les profils de Henri IV et de Marie de Médicis. — On désignait aussi sous le même terme une ancienne monnaie d'argent de Genève et une ancienne monnaie d'or de Hollande.

BALANCE. — Voy. FLÉAU.

BALDAQUIN. — Sorte de dais orné et garni d'étoffe qu'on place au-dessus des lits. — Quand ils sont accompagnés de baldaquins, les lits Louis XIV, Louis XV et Louis XVI, atteignent des prix élevés. Les autres genres de baldaquins ne font pas partie de la curiosité.

BALÈVRES. — Quand une pièce de métal, d'or, d'argent ou de bronze, sort de la fonte, les joints du moule dans lequel elle a été coulée laissent des bavures sur sa surface : ce sont ces bavures qu'on nomme *balèvres*.

BALLAUX. — Balles ou plutôt boules ornées de pierreries et qui terminaient les longues épingles que les femmes fichaient dans leurs coiffures. — Dans l'inventaire de Gabrielle d'Estrées (1599), nous lisons : « Neuf ballaux de diamans, en huit desquels y a vingt quatre diamans à chacun et à l'autre vingt sept diamans, tous garnis de leurs esguilles d'or prisés mil escus. »

BAMBOU. — Sorte d'énorme roseau de la famille des graminées (*bambusa arundinacea*). Il est coloré en jaune doré ou en marron foncé; il sert à faire des cannes, de gros meubles, de petites étagères, des chaises, de petits meubles de fantaisie, des jardinières, etc. Le Japonais travaille admirablement le bambou. Il est fâcheux qu'on ne l'utilise pas davantage en France; car il pousse dans l'extrême midi et développe dans une année des tiges qui ne mesurent pas moins de 11 et 12 mètres d'élévation; nous en avons vu des plantations remarquables à Montsauve près d'Anduze, dans le Gard. On fait beaucoup de bibelots avec le bambou; ces objets sont en général de peu de valeur.

BANC. — Au XIV° siècle les bancs étaient de toutes dimensions, très souvent sculptés, toujours moulurés et quelquefois à dossier.

Dans les comptes des bâtiments royaux de 1365, nous lisons : « Hannequin de la Chapelle, pour un banc de taille à osteaux et à bestes de x pieds de long six francs ; pour un autre banc de taille à deux paremens et à marchepied de xij pieds de long viij francs, lesquels bancs sont ès-chambre du Roy. » Et plus loin : « Jean de Verdelay et Colin de la Baste, huchiers, pour un banc de chesne à coulombes de xx pieds de long mis en la salle par terre, pour le grand table du roy avec le dois (dossier ou peut-être dais ?) d'icelle longueur, de trois pieds de lè, garny de traiteaux lequel banc a esté allongié le siège de deux personnes et haucié à doubles marches et le dois pareillement pour ce xiiij francs. »

BANC D'ŒUVRE. — Les bancs d'œuvre font partie du mobilier des églises, ceux qui sont en chêne, en noyer ou en poirier, de l'époque de la renaissance, sont, de même que les stalles, recherchés par les amateurs. (Voy. BOISERIES et STALLE.)

BANDAGE. — Pièces qui dans une arme font ressort, et qui servent à la bander ; dans l'arc, la corde à boyau est le bandage.

BANDANA, ou mieux BANDANOS. — Foulard de l'Inde imprimé fond noir sur jaune d'or, fond rouge et dessins blancs ou autres couleurs. On fabrique aujourd'hui des bandanos très épais et très résistants qu'on utilise comme étoffes pour meubles.

BANDE. — Dans le blason, la bande est la pièce honorable de l'écu. Seule, elle occupe le tiers de l'écu ; elle est alors dénommée *bâton* ou *bande en devise*. (Voy. BLASON.)

BANDE. — Se dit d'un écu couvert de bandes. L'écu est dit *contre-bandé*, quand les bandes de couleurs sont opposées aux bandes de métal.

BANDEROLLE. — Flamme longue et étroite qui sert à orner l'extrémité de mâts ou de perches. — Dans les bas-reliefs, dans les anciens tableaux, on nomme *banderolle* des bandes sculptées ou peintes qui semblent sortir de la bouche des personnages représentés et sur lesquelles sont gravées ou inscrites les paroles que les personnages sont censés prononcer. La banderolle a été employée au moyen âge et à l'époque de la renaissance, en sculpture, en peinture, sur les vitraux, sur les émaux, etc., etc.

BANDOULIÈRE. — Toute bande d'étoffe, de cuir, etc., qui sert à supporter sur une épaule, en traversant la poitrine et le dos de celui qui la porte, un effet d'équipement ou d'armement.

Au moyen âge, c'est à l'aide de la bandoulière qu'on suspendait l'arbalète des fantassins et le pétrinal des cavaliers. Les arquebusiers et les mousquetaires avaient leurs bandoulières garnies d'un *coussinet*, parce qu'elles supportaient un poids considérable, le sac à balles, la mèche, etc. — En 1688, la giberne, qui renfermait la poire à poudre, remplaça la bandoulière. Plus tard et jusqu'à la révolution française, la bandoulière ne fut qu'un vain ornement, car, surchargée de riches broderies, elle ne supportait rien ; mais l'ornement et les galons qui la décoraient servaient soit à distinguer entre elles diverses compagnies, soit à désigner l'autorité particulière de laquelle relevaient les militaires qui en étaient porteurs. La milice de Jersey porte en bandoulière des sortes d'écharpes tissées qui servent à établir les mêmes distinctions que nous venons d'énoncer.

Aujourd'hui on désigne sous ce terme certaines buffleteries, ainsi que les baudriers des suisses d'hôtel et d'église.

BANNIÈRE. — Sorte d'étendard qui affecte diverses formes depuis le carré jusqu'à la flamme. Les corps de métiers, les corps de troupes, les congrégations et les associations quelconques : orphéons, musiques, etc., ont des bannières pour les distinguer dans les foules ou dans les défilés. Nos figures 75 et 76 montrent les bannières de Strasbourg et de Jeanne d'Arc, non pas celle qui accompagnait Jeanne d'Arc dans les combats, mais la bannière que l'on portait processionnellement chaque année dans

Orléans pour célébrer l'anniversaire de la délivrance de la ville.

La face que montre notre figure représente six personnages. Au centre, la Vierge et l'enfant Jésus, qui d'une main passe au doigt de Charles VII un anneau d'alliance; derrière, on voit deux prélats, saint Denis et saint Aignan, patron de la ville d'Orléans; enfin, vis-à-vis le roi, Jeanne d'Arc. Elle est à genoux, revêtue de son costume de guerre. L'autre côté de cette bannière, qui mesure 2 mètres de hauteur sur 1^m,50 de largeur, comporte une peinture en camaïeu qui représente la ville d'Orléans au XVIe siècle; la vue est prise du faubourg du Portereau.

Dans les ventes, les bannières brodées dans les Flandres, en Italie ou dans l'Orient sont celles qui sont les plus recherchées.

Fig. 75. — Bannière de Strasbourg.

BANQUETTE. — Objet mobilier, sorte de banc à dossier et à accoudoirs; beaucoup de banquettes ne comportent ni dossier ni accoudoirs. — Vente San Donato. N° 112. Grande banquette du XVe siècle, en bois de noyer sculpté, dont le dossier est surmonté d'une galerie à jour composée d'un écusson armorié soutenu par deux figures d'enfant se terminant en rinceaux de feuillages. Les montants des accoudoirs offrent chacun un mascaron de tête de femme et un écusson armorié. Haut., 1^m,55; larg., 0^m,75; longueur, 3 mètres. 440 francs.

— N° 113. Grande banquette de même époque, en bois de noyer sculpté à moulures d'ornements et de cartouches, chacun des accoudoirs offre un mascaron de tête de femme. Haut., 1,10; long., 2^m,70; larg., 0^m,93. 470 francs.

BANSY. — Instrument de musique hindou; c'est une sorte de flûte à bec qui a quelque anologie avec le CRISHMA des Hindous. (Voy. ce mot.)

BARBELÉE (ARME). — Arme dont le fer

est garni de pointes ou dents, de manière que le fer, une fois entré dans les chairs, ne peut être retiré de la plaie sans causer des déchirures qui aggravent la blessure.

Fig. 76. — Bannière de Jeanne d'Arc.

BARBOTINE. — État particulier sous lequel on emploie les pâtes céramiques pour opérer leur collage ou application sur les diverses parties d'un objet et former ainsi un tout homogène. Dans un vase, une coupe, on colle les anses avec la pâte en barbotine.

C'est un état pâteux très chargé en eau. La barbotine est la forme sous laquelle on emploie la pâte dans le procédé dit de *coulage*. Généralement, dans les fabriques de céramique, on désigne sous le nom d'*atelier de barbotine* l'atelier des sculpteurs en pâte sur pâte.

BARBITOS, BARBITON. — Instrument à cordes, dont l'origine remonte à une haute antiquité ; il était beaucoup plus gros que la *cithara*. On ne pinçait pas les cordes longues et fortes du barbitos avec les doigts, mais avec un *plectrum*. On attribue l'invention de cet instrument à Terpandre ; d'après Horace, au contraire, il aurait été inventé par Alcée, et d'après Athénée par Anacréon. (E. Bosc, *Dictionnaire d'archéol.*)

BARDES. — Pièces d'armure du moyen âge, employées à couvrir les chevaux de tournoi et de guerre. Ces pièces, au nombre de six, étaient : le *girel*, la *housse*, la *selle d'armes*, la *pissière*, le *sambuc* et la *testière*, qui comprenait elle-même la *cervicale* et le *chanfrein*. Le cheval ainsi harnaché était dit *bardé de fer*. — Dans l'art du blason, un *cheval bardé* désigne simplement un cheval *caparaçonné*.

BARDIGLIO. — Fort beau marbre italien, dont on fait des fûts, des colonnes, des gaines, des coupes, des bustes. Une variété est dénommée *bardiglio fiorito* (fleuri). (Voy. MARBRE.)

BARÈGE. — Étoffe fort légère et à fond toile. Il y a des barèges de laine, laine et soie, ou tout soie ; ce dernier se nomme *grenadine*. On fabrique également des châles et des écharpes en barège ; souvent ces derniers objets sont lamés d'or ou d'argent.

BARLOTIÈRES. — Terme du verrier qui sert à désigner, dans un vitrail, les petites traverses de fer du châssis.

BAROMÈTRE. — Instrument qui sert à mesurer la pression atmosphérique et annoncer la pluie, le vent ou le beau temps. — Vente San Donato. N° 1566. Baromètre en bois de rose contourné par des ornements composés de feuilles d'eau et de nervures en bronze ciselé et doré. La partie supérieure contient un thermomètre. (Style Louis XV.) Hauteur, 1^m,15 ; largeur, 0^m,33. 1,020 lires. — N° 1571. Baromètre, avec thermomètre et pendule, portant sur le mouvement et sur un cartouche en émail le nom de l'horloger : Guillermie. Travail de Boule, écaille et bronze doré. Haut., 1^m,52 ; larg., 0^m,23. 12,100 lires.

BARPOOR (se prononce *barpour*). — Étoffe de couleurs diverses, mais plus généralement noire, dont la chaîne est soie et la trame laine. En Europe, surtout dans le nord, cette étoffe est exclusivement employée pour des vêtements de femme ; mais dans les pays chauds, en Espagne et dans les colonies, les femmes et les hommes en font également usage. On en confectionne des pantalons, des vestons et des gilets. Le barpoor est une sorte d'alépine croisée très fin. On le fabriquait anciennement dans les colonies espagnoles et dans la Saxe. Aujourd'hui Amiens possède des fabriques importantes de cette étoffe, qui mesure environ 1^m,15 de largeur.

BARRE. — Dans l'art du blason, on nomme *barre* le trait, sorte de bande, qui barre l'écu de gauche à droite ; c'est le contraire de la bande. La *barre simple* est large ; c'est une des pièces honorables de l'écu ; la *barre de bâtardise*, au contraire, est étroite. (Voy. BLASON.)

Dans les instruments à cordes, tels que le violon, le violoncelle, l'alto, la harpe, etc., on nomme *barre* une petite pièce en bois de sapin rouge de forme allongée qui est collée à la table supérieure de ces instruments.

BARRÉ. — Se dit, dans l'art du blason, d'un écu couvert de barres alternant de couleurs, ou bien encore de toute pièce honorable couverte de barres. L'écu chargé de barres et de bandes est dit *écu barré-bandé*.

BARRETTE. — Ce terme désigne des objets divers : 1° pivot placé au centre du barillet d'une montre ; 2° petite pièce fixée dans la platine d'une montre et qui fait mouvoir l'axe et la roue de celle-ci, et par extension rayon d'une roue de montre ; 3° petite barre de métal au moyen de laquelle on maintient la chaîne d'une montre à une boutonnière ; 4° bande de métal fixée ou soudée à la cuvette d'une tabatière ; 5° bonnet noir à quatre cornes des ecclésiastiques ; il se plie ordinairement dans sa hauteur, ce qui permet de l'aplatir. La barrette des cardinaux est rouge. A son origine la barrette était un bonnet d'enfant qui couvrait les oreilles ; les papes seuls portaient ce bonnet en rouge ; plus tard il se transforme comme nous venons de le dire en bonnet carré et devient une marque distinctive des cardinaux.

BAS. — Partie du vêtement qui sert à protéger le pied et la jambe. On fait des bas de soie, de filoselle, de laine, de coton, de fil ; il en existe d'imprimés, de brodés, etc. Les amateurs recherchent les seuls bas de soie brodés à jour, ou brodés avec des soies de diverses couleurs.

HISTORIQUE. — L'antiquité n'a pas connu le bas, puisque cette partie du vêtement n'a guère été imaginée qu'au moyen âge. Les Gaulois (qui serraient avec des lanières de cuir leurs *bracæ* ou pantalons larges et flottants quand ils traversaient les halliers de leur pays) et les Francs Mérovingiens, s'ils n'ont pas connu le bas, en ont pressenti l'usage. Les seigneurs du moyen âge, qui couvraient leurs jambes avec de la peau et du drap en hiver et de la toile pendant la belle saison, ont réalisé un progrès sur les Gaulois et les Francs Mérovingiens : ils attachaient ces peaux et ces draps à l'aide de bandes de cuir et d'étoffe, mais le pied était à découvert. Ce n'est guère qu'à la fin du XVᵉ siècle ou au commencement du XVIᵉ qu'on imagina de tricoter des bas ; mais la mode prit alors une telle extension, qu'on inventa presque en même temps en France et en Angleterre le *métier à bas* ou *à tricoter*. Au début, il y eut beaucoup de petits fabricants en chambre ; ce n'est guère que sous Louis XIV, vers 1656, qu'un nommé Jean Hindret fonda une véritable manufacture, au château de Madrid du bois de Boulogne, près de Paris.

BASALTE. — Roche compacte, noire ou d'un gris bleuâtre très foncé, de formation volcanique. Un grand nombre de statues et de monuments figurés de l'antiquité, principalement des antiquités égyptiennes, sont faits en basalte, dont le grain est très fin et doux au toucher, ce qui permettait aux sculpteurs de donner beaucoup de fini à leurs œuvres. Sous Adrien, on fit à Rome beaucoup de statues en basalte. Les sculpteurs de l'antiquité tiraient cette roche de l'Égypte et de l'Éthiopie.

BASILIDIENNES (PIERRES). — Voy. ABRAXAS.

BAS-RELIEF. — Ouvrage de sculpture, plus ou moins saillant, exécuté sur un fond auquel il adhère. La saillie des bas-reliefs peut être plus ou moins prononcée ; aussi les divise-t-on en *haut relief* ou *plein relief, demi-relief, moyen relief* ou *bas-relief* proprement dit ; les qualificatifs ajoutés au mot *relief* suffisent à l'intelligence de ces divers termes et nous dispensent de les expliquer. — Les anciens nommaient *anaglyphes* toute espèce de sculpture en relief, et *toreuma* les bas-reliefs exécutés sur métaux. Pausanias dans les deux cas n'emploie que le mot *typos*. — Suivant l'importance des bas-reliefs et la main de l'artiste qui les a sculptés, les œuvres ont une valeur plus ou moins considérable. Il n'est donc pas possible d'établir des prix ; nous dirons seulement que dans ces dernières années on a contrefait des bas-reliefs italiens, principalement des Donatello, avec une telle habileté que beaucoup d'amateurs se sont laissé prendre à des contrefaçons. Le Donatello était un *article demandé*, et les marchands n'ont pas hésité à en faire fabriquer qui provenaient toujours d'un lieu d'origine certain, de la sacristie de Santa Maria de Lucca, ou de chez la comtesse *** que des malheurs de famille forçaient à se défaire de ce vrai chef-d'œuvre qui était dans la famille depuis plusieurs siècles, et ce pour la bagatelle de 18,000 francs, juste prix. Nous avons connu pas mal de riches amateurs ainsi trompés, pour employer un euphémisme. — Notre figure 77 montre un bas-relief florentin

Fig. 77. — Bas-relief attribué à Mina da Fiesole (XVe siècle).

Fig. 78. — Bas-relief attribué à Jean Goujon (XVIe siècle).

Fig. 79. — Bas-relief de Luca della Robbia (xve siècle).

du XVe siècle attribué à Mina da Fiesole ; notre figure 78, un bas-relief du XVIe siècle attribué à Jean Goujon : ce serait le portrait d'une de ses parentes, puisqu'on lit sur le fond : MARIE GOUJON, MDLXXI ; notre figure 79, un fragment des bas-reliefs de Luca della Robbia qui font partie des collections exposées au musée national du Barjello, à Florence. Luca della Robbia n'a rien produit de plus beau que ces dix bas-reliefs de marbre dont notre figure 78 montre un fragment, et dont Vasari parle en ces termes : « Luca a représenté en quelques groupes les chœurs de la musique qui chantent de diverses façons ; il y mit tant de soin et a si bien réussi ce travail qu'encore qu'il soit placé à seize brasses, l'on voit le mouvement des lèvres de ceux qui chantent, l'agitation des mains de ceux qui règlent la mesure par-dessus l'épaule des plus petits, et toutes sortes de jeux, de chants, de danses et d'actes agréables qu'entraîne le plaisir de la musique. » On sait que ces bas-reliefs furent destinés à l'origine à décorer l'une des grandes orgues placées sous la coupole d'*il Duomo* (la cathédrale) au-dessus de l'entrée de la nouvelle sacristie. Donatello avait été chargé des sculptures placées au-dessus de l'entrée de l'ancienne sacristie. — Vente San Donato. N° 310. Deux bas-reliefs en marbre blanc par Juste Decourt, né à Ypres (Flandre), mort à Venise en 1679 ; l'un représente l'*Amour endormi*, l'autre *Vanitas vanitatum et omnia vanitas*, allégorie représentée par l'Amour appuyé sur une tête de mort et tenant du bras droit un chalumeau à travers lequel il souffle des bulles de savon. Cadre en verre de Venise bleu et or. Haut., 0m,23 ; larg., 0m,33. 1,720 lires.

BASSE. — Voy. VIOLONCELLE.

BASSE LISSE. — On nomme *métier à basse lisse* celui sur lequel la chaîne est disposée horizontalement, par opposition au *métier à haute lisse* dans lequel la chaîne est perpendiculaire. — La basse lisse est employée à Aubusson, à Felletin et à Beauvais. (Voy. TAPISSERIES.)

BASSE-ORGUE. — Instrument recourbé comme le basson et qui possède plus de trois octaves.

BASSE-RICHE. — Sorte de pierre noire incrustée de coquillages avec laquelle on fait divers objets de fantaisie, tels que coupes, porte-montre, socles, vide-poches, etc. Cette pierre se trouve en Auvergne.

BASSE-TROMPETTE. — Instrument en cuivre qui donne des notes graves. On désigne quelquefois sous ce nom des trompettes basses de 0m,26 de longueur. (Voy. TROMPETTE.)

BASSE-TUBA. — Espèce de bombardon. (Voy. TUBA et TROMPETTE.)

BASSIN. — Plat de l'AIGUIÈRE. (Voy. ce mot.) Ils sont en étain, en cuivre, en or, en argent repoussés ou en faïence. On fait beaucoup d'imitations. Notre figure 80 montre un grand bassin et un pot à bière en étain du XVIe siècle : c'est un travail allemand qui aurait été exécuté par Martin Harscher, célèbre potier de Nuremberg, né en 1435 et mort en 1521 ; il porte le monogramme de cet artiste sur le bord du plat. Le médaillon d'Auguste Ier, dit *le Pieux*, électeur de Saxe, aurait été enchâssé postérieurement par un potier contemporain de ce prince, né en 1526 et mort en 1586. Ce médaillon est entouré d'une légende latine, dont voici la traduction : « Auguste par la grâce de Dieu, duc de Saxe, archimaréchal et électeur du saint-empire romain, landgrave de Thuringe, margrave de Misnie, burgrave de Magdebourg. » Cette pièce fait partie de la collection Sauvageot au Louvre. (Voy. DINANDERIE.)

BASSINET. — Ce terme sert à désigner de nombreux objets. — 1° Dans la batterie d'un fusil à pierre, c'est une pièce creuse fixée sur la platine et dans laquelle on mettait l'amorce ou poudre fine contenue dans l'AMORÇOIR. (Voy. ce mot.) La partie demi-cylindrique qui couvre le bassinet se nomme *calotte*, *couvercle*, et mieux *bassinet de sûreté* ; il est disposé de manière à recouvrir l'amorce, afin d'empêcher une explosion dans le cas où la détente partirait accidentellement. — 2° Sorte de grande bobèche qui dans les grands chandeliers en dinanderie reçoit la cire qui coule des cierges allumés. — 3° Au moyen âge, ce terme a servi primitivement à désigner une simple calotte de fer ou d'acier que les soldats du moyen âge

Fig. 80. — Bassin et pot à bière en étain (XVI° siècle).

plaçaient par-dessus leur chaperon de mailles; plus tard ce fut un casque léger n'ayant ni crête, ni gorgerin. Notre figure 81 montre un bassinet à visière de la fin du XIV° siècle; il s'élève en pointe à son sommet, il est aplati latéralement. Ce type est tiré de la collection de la Tour de Londres. Parfois le bassinet avait un porte-panache, et une courroie ou jugulaire en écailles métalliques le maintenait sur la tête. S'il était pourvu d'un chaperon, on le nommait *bassinet à camail*.

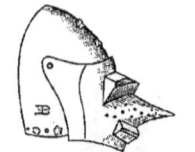

Fig. 81. — Bassinet à visière (fin du XIVᵉ siècle).

Notre figure 82 montre un chevalier coiffé du bassinet, d'après un manuscrit du XIVᵉ siècle (de 1360 environ). Dans cette dernière figure, on voit le camail sur les épaules du guerrier;

Fig. 82. — Bassinet, d'après un manuscrit du XIVᵉ siècle.

ce camail, pour s'attacher au bassinet, est muni d'anneaux qui passent de dedans en dehors par une série de petites fentes qui sont pratiquées dans l'épaisseur du bassinet. Pour em- pêcher les anneaux de rentrer dans l'intérieur, une forte tresse de soie ou de fil métallique assujettit le camail de chaque côté des tempes; cette tresse est dénommée *courroie à fermer*, parce que dans l'ancien français le terme *fermer* signifiait *fixer, assujettir*.

BASSINOIRE. — Bassin de métal de forme ronde, ordinairement en cuivre rouge, quelquefois en cuivre jaune. Il est muni d'un couvercle et d'un bâton qui est fixé au moyen d'une douille. Le couvercle, percé de découpures formant de beaux dessins, laisse passer la chaleur des cendres chaudes ou de la braise renfermées dans la bassinoire qui sert à chauffer le lit. Les belles bassinoires anciennes se vendent 50 et 60 francs, suivant leur état et leur travail de façon.

BASSON. — Cet instrument de musique

Fig. 83. — Basson en érable à dix-sept clefs.

appartient à la famille des instruments à double anche; il se compose de deux branches; la plus longue, appelée *grand corps*, se termine en pavillon, et la plus courte, la *branche* proprement dite, supporte le buccal armé de son anche. Dans la collection d'Adolphe Sax, vendue à Paris au commencement de décembre 1877, nous avons vu de nombreux types de basson : un basson à six clefs, pavillon rapporté, très vieux, de Pèze, à Paris ; un basson ordinaire à sept clefs, de Durier et Muller, de Strasbourg ; un autre, également à sept clefs, de Bauman, de Paris ; un basson à seize clefs en cuivre, de Savary, de Paris ; enfin un basson-Sax en cuivre, à toutes clefs, qui avait été exposé à Londres en 1851 et à Paris, et dont Fétis parle dans les rapports qu'il a faits de ces deux expositions. Il y a encore les *bassons-quinte*, les *bassons-quarte* et le *contre-basson*. Cet instrument a remplacé successivement les instruments graves, tels que la *bombarde*, le *basspommer*, etc. Notre figure 83 montre un basson en érable à dix-sept clefs ; d'autres ont jusqu'à dix-neuf clefs. — On nomme *bassonore* un basson d'un diamètre plus considérable que le basson ordinaire ou un basson en cuivre. Ces instruments sont principalement utilisés dans les musiques militaires ; ils ont été inventés vers 1834.

BASSONORE. — Voy. le terme précédent, *in fine*.

BASTE. — Ancien terme qui servait à désigner un petit travail d'orfèvrerie ou de bijouterie que nous nommons aujourd'hui *chaton*. Voici comment l'orfèvre Leroy définit en 1730 ce terme : « Ce sont les chatons ou enchâssures soudées à ces émaux d'or et d'argent et qui servoient à les attacher ou sur de la vaisselle ou sur des étoffes. Il est ordonné que ces émaux, lorsqu'ils seront appliqués sur des étoffes, n'y seront pas cloués par leurs bastes ou chatons, mais cousus à l'aiguille, afin qu'on puisse les défaire plus facilement pour voir s'il n'y a pas de la craye dessous. »

C'est ce terme qui a fourni l'étymologie du suivant, au moins dans sa première signification.

BATE. — Les bijoutiers, armuriers et potiers d'étain désignent sous ce terme : 1° une petite lame d'or ou d'un autre métal d'épaisseur variable qui épouse le contour d'une pièce de bijouterie ; 2° un cercle qui porte le mouvement d'une montre ; 3° un cercle qui forme le contour d'une tabatière, d'un pied de flambeau, etc. ; 4° la partie polie du corps d'une épée sur laquelle on fait la moulure ; 5° la pièce de rapport en étain des potiers d'étain.

BATER. — C'est : 1° contourner, à l'aide d'une *bâte*, une pièce de joaillerie ou de bijouterie ; 2° rapporter une plaque d'étain à un pot de ce métal.

BATISTE. — Tissu de lin extrêmement fin dont on fait des mouchoirs, de la lingerie, etc. — Dans le peignage du lin (*sérançage*), on obtient deux produits très différents : celui qui reste dans le peigne et qu'on nomme *étoupe*, et celui qui sort du peigne, par conséquent beaucoup plus fin, qu'on nomme *filasse*. C'est celle-ci qui filée fournit les fils nécessaires à la fabrication des tissus de batiste. La filature du lin a été si perfectionnée de nos jours qu'un gramme de filasse de belle qualité, c'est-à-dire très fine, peut donner un fil de 110 mètres de longueur. Les plus belles batistes du monde se font à Cambrai et à Valenciennes ; l'Angleterre, la Flandre et la Hollande fournissent également de très beaux produits. — On nomme *batiste d'ananas* une sorte de tissu très fin, fabriqué avec les fibres de l'*ananas sativa* ou ananas comestible, mais plutôt des *bromelias ananas* (*sagenaria, lucida, semierata*, etc.). — On fait avec cette batiste des écharpes, des fichus, des mouchoirs, des mantilles, etc., brodés à jour. Les principales fabriques de batiste d'ananas sont dans les environs de Manille. Également avec les fibres d'ananas on fabrique des cordes qui présentent une très grande résistance.

BATONS D'HONNEUR. — Sous ce terme générique on désigne certains bâtons, ornés en matières plus ou moins précieuses, qu'on donne à des chefs, à des dignitaires, enfin à des hommes plus haut placés dans une société, une confrérie, etc., tels sont : le *bâton de chantre* ou *bâton cantoral*, que porte dans les cathédrales le *grand chantre*, le dignitaire du chapitre qui règle le chant ; le *bâton de confrérie*, le *bâton pastoral*, le bâton de maréchal, le bâton à signer ou main de justice, ainsi dénommé parce qu'il est couronné d'une main qui signe ou bénit. Les rois le portaient autrefois dans la main gauche dans les solennités. Il n'est pas possible d'indiquer les prix que se vendent ces bâtons, cela dépend du style qu'ils comportent ainsi que des matières et des pierreries qui les décorent.

Les généraux de l'ancienne Pologne avaient des bâtons de commandement richement décorés, et ornés parfois de pierres précieuses. Notre figure 84 montre quatre bâtons de commandement de généraux polonais dits *petits généraux*, car les armées de la couronne de Pologne et celles de Lithuanie étaient commandées chacune par un général en chef (*grand général*) et par un général en second, nommé *petit général*. — Les derviches portent une arme qu'ils nomment bâton. A la vente Double, un bâton de derviche s'est vendu 510 fr. Voici sa description : N° 246. Bâton de derviche formant épée et dont la lame est richement damasquinée en or. La béquille est en jade vert gravé à feuilles et incrustée de rubis. Le fourreau est couvert d'étoffe à fond bleu.

BATTERIE. — Les arquebusiers désignent sous ce nom la pièce d'acier qui, dans les platines à silex, à pierre, recouvre le BASSINET (Voy. ce mot) et produit sous le choc du silex

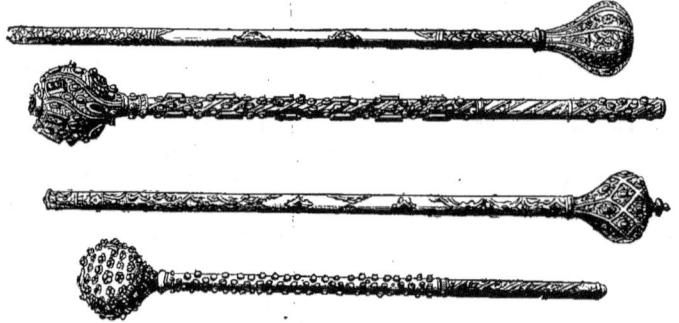

Fig. 84. — Bâtons de commandement.

les étincelles qui enflamment la poudre d'amorce. — Par extension, ce terme désigne la platin toute entière. Il y a des batteries à mèche, à rouet, à pierre. Quand elles sont richement ciselées, elles atteignent une valeur de 100 à 125 francs.

BATTEUR D'OR. — De toute antiquité on a battu l'or, seulement ce n'est guère que de nos jours qu'on est parvenu à le réduire en feuilles extrêmement minces ($\frac{1}{10000}$ de millimètre). C'est là une ténuité dont on ne peut se faire une idée ; nous pouvons seulement faire observer que, dans cet état, ce métal voltige dans l'air comme du duvet.

BATTIK. — Sorte d'étoffe en coton qui se fabrique en Malaisie et dans les Indes hollandaises.

BATTITURES. — Les métaux par le battage à la forge laissent échapper de petites parcelles de fer en écailles ; ce sont ces parcelles qu'on nomme *battitures* ; celles de fer et de cuivre sont utilisées dans l'industrie céramique pour faire entrer du fer ou du cuivre oxydés dans la composition des fondants vitreux.

BATTURE. — Sorte de liquide servant à dorer et qui est composé de miel détrempé dans de l'eau de colle, du vinaigre et de l'or mussif.

BAUDRIER. — Bande de cuir ou d'étoffe qui, mise en écharpe, en bandoulière, sert à porter une épée, un sabre. L'usage du baudrier remonte à une haute antiquité, puisque Homère nous apprend que le baudrier d'Agamemnon était décoré d'une plaque d'argent et d'un dragon à trois têtes. Virgile, de son côté

(*Énéide*), nous informe qu'Euryale enleva à Rhamnès, pendant qu'il dormait, un beau baudrier orné de clous, dorés et qu'Énée reconnut le baudrier de Pallas, fils d'Évandre, sur l'épaule de Turnus. Dans une haute antiquité les Grecs portaient un second baudrier sur le premier, celui-là était plus large et servait à supporter le bouclier. Sur beaucoup de monuments romains, notamment sur les bas-reliefs de la colonne Trajane et de la colonne Antonine, on voit que, tandis que les simples soldats portent le ceinturon, les chefs portent le baudrier. — Au moyen âge, celui-ci était considéré comme un signe de commandement, absolument comme la BANDOULIÈRE. (Voy. ce mot.) Louis XIV supprima le baudrier, mais une ordonnance de 1779 le remit en usage : c'est même à cause de cela qu'on créa l'épaulette pour le retenir et la contre-épaulette ; enfin le ceinturon le remplaça définitivement. Aujourd'hui le baudrier n'est porté que par les suisses, les tambours-majors et les gendarmes.

BAUNK. — Instrument de musique hindou qui a beaucoup d'analogie avec notre trompette.

BAUQUIN. — Bout de la canne du verrier avec laquelle il souffle le verre.

BAVEROLLE. — Mentonnière des casques anciens. — On désigne sous le même terme une pièce d'étoffe carrée qui est attachée comme ornement à une trompette guerrière.

BAVURES. — Traces laissées sur les pièces moulées par les joints du moule ; mais le terme technique est BALÈVRES. (Voy. ce mot.)

BAYEUX (DENTELLES DE). — Voy. DENTELLES.

BAYEUX (TAPISSERIE DE). — Voy. TAPISSERIES.

BAYONNETTE. — Ancienne orthographe de BAÏONNETTE. (Voy. ce mot.)

BEAU (THÉORIE DU). — Il n'est pas de sujet qui ait fait répandre autant de flots d'encre que la *théorie du beau*. Les discussions à ce sujet ont créé une nouvelle classe de critiques inconnue avant notre siècle : c'est *la classe des esthéticiens*, c'est-à-dire d'écrivains, de philosophes qui ont voulu créer une science du beau qu'ils ont dénommée *Esthétique*. Des nombreux écrits sur l'esthétique, aucun n'a amené le plus léger progrès dans l'art ; au contraire, bien des écrits ont faussé l'intelligence des artistes. Mais combien de ces écrits sont tombés dans un profond oubli ! et c'était justice. Toute théorie sur le beau ne peut être qu'un assemblage de mots, et rien de plus ; nous sommes même persuadé que beaucoup d'esthéticiens ont écrit des livres tellement incompréhensibles qu'ils ne les ont pas compris eux-mêmes. Du reste, on a toujours confondu *l'art* et le *beau*, et nous-même pour nous faire comprendre nous avons dû céder à cet entraînement général, puisque, dans un précédent article ART (Voy. ce mot), nous avons été amenés à parler aussi du *beau*. Nous ne nous étendrons pas ici plus longuement sur cette question ; nous nous bornerons à citer une admirable page de Channing sur ce sujet, page qui exprime entièrement notre sentiment sur la théorie du beau ; nous donnerons ensuite les noms des philosophes et des critiques d'art qui ont écrit sur l'esthétique, afin que, si quelques-uns de nos lecteurs désirent creuser la question, ils puissent le faire en s'adressant aux meilleures sources. Mais nous devons les avertir qu'après avoir lu, dix, vingt, trente volumes sur l'esthétique, ils ne seront pas plus avancés qu'avant d'avoir entamé ce travail ; car nous défions bien quelqu'un de pouvoir conclure quoi que ce soit dans une question qui ne peut comporter une conclusion. Voici ce qu'écrit Channing relativement au sentiment du beau : « En considérant notre nature, nous découvrons parmi ses plus admirables facultés le sens ou la perception du beau. Nous en trouvons le germe chez tous les hommes, et il n'y a pas de faculté qui soit plus susceptible de culture ; les ressources que ce sentiment trouve dans l'univers sont infinies. Il n'y a qu'une faible partie de la création que nous puissions changer en nourriture et en vêtements, ou en satisfactions du corps; mais la création entière peut servir au sens du beau. — La beauté est partout. Elle s'épanouit dans les innombrables fleurs du printemps. Elle ondule dans les branches des arbres et les herbes du gazon. Elle habite les abîmes de la terre et de la mer, et brille dans les couleurs du coquillage et de la pierre précieuse. Et non seulement ces faibles objets, mais l'Océan, les montagnes, les nuages, les cieux, les étoiles, le soleil levant, le soleil couchant, tout est inondé de beauté. L'univers est son temple; et les hommes qui la sentent vivement ne peuvent lever les yeux sans qu'elle les environne de tous côtés. Or la beauté est si précieuse, les jouissances qu'elle procure sont si délicates et si pures, tellement en rapport avec nos sentiments les plus tendres et les plus nobles, si près de l'adoration de Dieu, qu'il est pénible de songer à la multitude d'hommes qui vivent ici-bas en aveugles, comme si, au lieu de posséder cette belle terre et ce glorieux firmament, ils habitaient un cachot. Une joie infinie est perdue pour le monde, faute de cultiver le sentiment du beau (1). » — Ainsi donc tout homme bien doué porte en lui le sentiment du beau, qu'il développera par l'étude des créations de la nature ou de celles des artistes. Voilà pour nous en quoi se résument les lois de l'esthétique, les lois du beau; c'est là le véritable centre d'observations pour celui qui veut comprendre et pratiquer l'art. Du reste, toute œuvre d'art n'est que la manifestation soudaine, spontanée, d'un certain état particulier de l'âme, d'une excitation de l'imagination, d'un enthousiasme sublime de l'artiste. Ce que nous venons de dire est tellement vrai que, si l'on considère l'histoire générale de l'art, on verra que l'imagination, cette sublime, cette divine faculté, a seule procréé les chefs-d'œuvre. Si notre époque n'est pas aussi artistique, par exemple, que le XVIe siècle, c'est qu'elle est beaucoup trop positiviste. Or il faut certains milieux pour développer l'imagination, et, quand ces milieux font défaut, les œuvres d'art manquent ou sont tellement faibles, qu'elles nous font l'effet de produits industriels. Mais ne nous laissons point glisser sur la pente des esthéticiens, nous augmenterions le nombre des lignes qu'on ne lit point, et terminons en mentionnant les auteurs qui ont le plus fouillé la théorie de l'art et cela avec des fortunes diverses; ce sont : parmi les anciens, Platon, Aristote et Plotin; parmi les Allemands : Kant, Schelling, Hegel, Winckelmann; parmi les Anglais : John Ruskin, Herbert Spencer, Channing; parmi les Français : Victor Cousin, Lamennais, Proudhon, Taine, Ch. Blanc, Eugène et Théodore Véron.(Voy.SPIRITUALISME.)

BEAUVAIS (TAPISSERIES DE). — Voy. TAPISSERIES.

BEAUX-ARTS. — Terme générique sous lequel on désignait autrefois les arts du dessin (peinture, sculpture, architecture et gravure) ainsi que la musique. Mais comme il est reconnu aujourd'hui et généralement admis par tout le monde que les arts, quels qu'ils soient, ne peuvent être laids, on dit tout simplement *Arts*.

BEC. — Certains instruments de musique, tels que les flûtes anciennes, les clarinettes sont terminés par un bout que l'on introduit dans la bouche pour en jouer; c'est cette extrémité qu'on nomme *bec*, et qui comprend le *corps*, la *table* et la *ligature*.

BECASSONNIER. — Long fusil, nommé aussi *canardière*, parce qu'il est employé pour la chasse aux canards, aux bécasses, bécassines et autres oiseaux aquatiques.

BEC-DE-CORBIN. — Arme des gardes du corps du XVe siècle; sa forme rappelait celle d'une hallebarde courte, et celle de la lame la forme de l'ancienne hache d'armes.

BEC-DE-CROSSE. — Partie de la crosse de l'ancien fusil d'infanterie, qui avait la forme d'un bec de canard.

---

(1) *Magasin pittoresque*, année 1858, page 238.

BEC-DE-FAUCON. — Arme de demi-longueur, ainsi nommée parce que son fer avait quelque analogie avec le bec du faucon. Quelquefois cette arme était garnie d'un fer crochu comme celui d'une hallebarde ou bien d'une massue ; les archers se servaient d'abord du faucon pour démonter les gens d'armes et les assommaient ensuite avec l'assommoir.

BEC DE GACHETTE. — Partie saillante du devant de la gâchette d'un fusil et dont l'échappement hors des crans de la *noix* détermine la percussion.

BECQUÉ. — Dans l'art du blason, se dit d'un oiseau dont le bec est d'un émail différent de celui du reste du corps.

BÈLE. — Javelot du moyen âge que les soldats lançaient comme un trait.

BÈLIÈRE. — En général, c'est un anneau mobile de suspension ; c'est aussi l'anneau qui dans l'âme d'une cloche sert à suspendre le battant. Dans une pendeloque, dans un pendant d'oreilles, la *bèlière du talon*, est l'anneau qui supporte le pendant ou la pendeloque.

BÉLUTE. — Écuelle à soupe du moyen âge. (Voy. ASSIETTE.)

BÉNITIER. — Bassin, ou vasque supporté par un piédouche et qu'on voit à la porte des églises. Les bénitiers en marbre richement sculptés de l'époque de la renaissance sont les seuls recherchés par les amateurs et se payent 3,000 et 4,000 francs.

BERCELLE. — Pince de l'émailleur qui lui sert à manier l'émail.

BERCHE. — Ancienne bouche à feu à tir direct ; on l'employait anciennement à bord des navires.

BÉRET. — Coiffure ronde et plate, sorte de toque en laine portée par les paysans basques.

BERGAME (TAPISSERIES DE). — Voy. TAPISSERIES, § *Tapisserie de Rouen*.

BÉRIL, BÉRYL ou BÉRICLE. — Variété d'émeraude. Ce terme, du reste, s'appliquait souvent au moyen âge au cristal de roche et au cristal artificiel. — Dans *le Propriétaire des choses*, publié vers 1372, nous lisons : « Béril est une pierre qui croist dans l'Inde, laquelle est semblable à l'esmeraulde en verdure ; » et dans Jean Marie des Belges (1500) ; « Marbres polys aussi clers que beryls ; » et dans Palsgrave (1530) :

Berall fyne glass, beril
Beryl a precious stone beril ;

et dans Étienne Binet, *Merveille de la nature* (1600), on lit : « Le Beril est du naturel de l'esmeraude, mais il est sombre, si les angles ne donnent vigueur et gaîté à son eau. Le chrysobéril est de lustre doré, mais blaffard et encore plus blesme le chrysoprasus. »

BERNIGANT. — Vase pouvant servir d'aiguière comme semble l'expliquer l'inventaire des ducs de Bourgogne de 1420, dans lequel on lit : « Un grant bernigant d'argent, faisant aiguière. » (N° 4193.)

BERRUIERS. — Sorte de petits anneaux ornés. — Espèce d'armes. On lit dans Ducange, (1412) : « Espées, berruyers et autres armeures ; » et dans l'inventaire des ducs de Bourgogne de 1420 : « Une sainture d'argent pour la jouste, ou pour dancier, faicte de xij gros cloux aguz, comme pieux, trois quarrez et entre chacun clou a un rabot et ycelle pendent xxiiij berruiers d'argent, » et au n° 4123 du même inventaire : « Un cercle d'or sur lequel a viij raboz et à chaque rabot pendent à chesne d'or, chapeaulx d'Alemaigne nommez *barruiers*, garniz de boucle et mordant d'or assis sur cuivre. » (N° 4126.)

BERTHE. — Pèlerine fort courte que les dames portent autour du cou ; il en existe en fourrure, en soie piquée et ouatée, etc.

BESTIONS. — Philibert Delorme emploie

ce terme pour désigner les animaux fantastiques qui figurent dans les sculptures de l'époque ogivale. Beaucoup de boiseries sont décorées de bestions. — On nomme *tapisseries à bestions* celles qui représentent des animaux.

BEURRIER. — Vase en verre, en cristal, en porcelaine, en faïence, dans lequel on sert le beurre sur la table. Les beurriers en faïence de Delft, gris et bleu, rouge et or sur fond blanc, se vendent jusqu'à 140 et 160 francs; ceux en porcelaine de Sèvres, 20 à 25 francs.

BIBELOT. — Ce terme, qui à son origine ne servait qu'à désigner des outils, des ustensiles et des objets très divers et de peu de valeur, est aujourd'hui employé par les amateurs et les antiquaires pour désigner principalement des objets d'art et de curiosité.

BIBERON. — Sorte de cruche avec une anse et un bec placé au haut de la panse. Un des plus beaux modèles est celui de faïence fine dite de Henri II ou faïence d'Oiron qui faisait partie de la collection du comte Georgier de Pourtalès et qui a été acheté par le South Kensington museum 30,000 fr. Il y a des biberons en faïence de Nevers, de Moustiers, etc. (Voy. Céramique.)

BIBLIOTHÈQUE. — Meuble qui sert à renfermer des livres; nous n'essayerons point de décrire ce genre de meuble qui varie à l'infini comme forme, comme style et comme prix. (Voy. Livres.)

BIJOU. — On désigne sous ce terme de petits objets de luxe faits avec des matières précieuses et ornés ou décorés de pierres plus ou moins précieuses. Les bijoux servent principalement à la parure et à la toilette des dames; cependant les hommes portent également des bijoux, des bagues, des montres, des chaînes, des épingles de cravate, etc. — Le goût des bijoux remonte à l'antiquité la plus reculée, puisque la tradition et les livres les plus anciens mentionnent des bijoux que portaient certains personnages de la plus haute antiquité. A l'époque du moyen âge, seule la noblesse avait le droit de porter des bijoux. (Voy. l'article suivant Bijouterie.)

BIJOU D'ACIER. — Les bijoux d'acier sont nés en Angleterre; ils firent leur apparition en France au milieu du XVIIIe siècle; ils eurent une grande vogue jusqu'à la révolution. Ce fut un nommé Granchez, mercier-bijoutier, qui contribua beaucoup au succès du bijou d'acier. Il avait une fabrique de boutons d'acier, de chaînes et autres bijoux de ce métal, à Clignancourt. Son magasin de vente, qui avait pour titre : *Au Petit Dunkerque* était situé à la descente du Pont-Neuf, entre la rue de Nevers et la rue Dauphine à l'endroit même occupé aujourd'hui (1883) par un horloger et un buraliste de tabac. C'était le rendez-vous de la noblesse et de la bourgeoisie; toute l'Europe du reste voulait acheter ses boutons d'acier *au Petit Dunkerque*. Dans son *Tableau de Paris*, Mercier parle des étagères où « le cristal, l'émail et l'acier brillaient comme des miroirs à facettes ». — La mode des bijoux d'acier passa avec le Directoire. De nos jours divers fabricants ont bien essayé mais en vain de faire prospérer cette fabrication.

BIJOUTERIE. — La joaillerie et la bijouterie se touchent de si près, qu'il ne nous est pas possible de pouvoir les séparer; mais nous avons dû les distinguer de l'orfèvrerie, bien que les deux arts qui nous occupent empruntent la plus grande partie de leurs procédés à celle-ci. Du reste, la bijouterie n'a été qu'une branche de l'orfèvrerie depuis l'antiquité la plus reculée jusque vers la seconde moitié du XVe siècle. Pendant toute cette longue période, seuls les orfèvres fabriquaient les bijoux, l'argenterie de table et celle du Mobilier. (Voy. ce mot.) Ainsi donc, bien que nous englobions dans le même article la bijouterie et la joaillerie, il ne faut pas confondre ces deux arts malgré leurs nombreux points de contact, malgré leurs nombreuses affinités. Il est bien entendu que la bijouterie emploie principalement l'or, l'argent et l'acier pour créer des parures, et que la joaillerie a pour principal objet de sertir et de monter les diamants, les perles,

BIJOUTERIE.

les pierres précieuses en cabochon, taillées, gravées et sculptées. La bijouterie emprunte donc à la joaillerie tout ce qui donne le plus d'éclat à sa riche et brillante décoration. L'or joue le principal rôle dans la bijouterie en vrai. Nous ne nous occuperons pas ici de la fausse bijouterie, dite *bijouterie en doublé*, qui, du reste, exécute beaucoup de formes créées pour la bijouterie d'or. Nous mentionnerons la bijouterie d'argent, celle d'acier, enfin la bijouterie dans laquelle les coraux jouent le principal rôle, car nous devons ajouter que tous les

les bijoux, si nous pouvons toutefois nommer ainsi les rudiments décoratifs dont il aimait à se parer. Or, dans ces temps reculés, dans ces temps préhistoriques, nous devons nous demander qui de l'homme ou de la femme a été le premier à porter des bijoux. Cette question, qui à première vue semble bien complexe, peut ce-

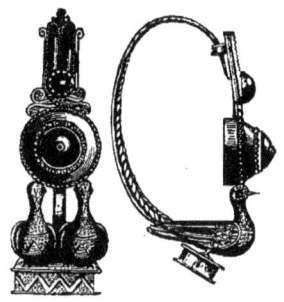

Fig. 86 et 87. — Pendant d'oreille en or (face et profil).

pendant être résolue d'une façon positive et certaine, étant donné que dans ces temps reculés l'homme, tout à fait à l'état sauvage, devait être d'un égoïsme brutal; il ne devait donc considérer la femme que comme sa chose. Dans ces conditions il est bien évident que lui, le maître, a porté le premier des bijoux, des col-

Fig. 85. — Épingle d'or étrusque.

Fig. 88 et 89. — Pendant d'oreille en or (profil et face).

genres créés par le caprice et la fantaisie existent en bijouterie, et que tour à tour les métaux précieux sont gravés, ciselés, perforés, filigranés, niellés, incrustés, sertis, et décorés de camées, d'intailles, de coraux, de diamants, d'émaux, de pierres précieuses et de mosaïques.

HISTORIQUE. — Aussi loin que nous puissions remonter dans les âges de l'humanité, dès l'*âge de la pierre*, c'est-à-dire bien avant les temps historiques, nous voyons que l'homme a aimé

liers en enfilades, comme signes distinctifs de sa puissance, et que ce n'est que postérieurement que la femme a pu se parer à son tour d'ornements. Du reste, il importe peu d'être fixé sur cette priorité; un seul fait se dégage pour le penseur; c'est que la vanité humaine est un sentiment instinctif qui vient, naît et se développe, et n'est nullement moderne. Il est, en effet, à peu près certain qu'avant de s'habiller, l'homme a porté des bijoux rudimentaires, et que le troglodyte n'avait pour costume qu'un collier composé soit de coquillages, soit de dents d'animaux, soit d'éclats de silex. — Plus tard, quand le bronze fit son apparition, l'homme porta des bracelets, des colliers, des torques, des fibules, fondus avec ce métal. Quand l'or apparaît, l'homme l'emploie pour fabriquer des bijoux qui commencent à mériter ce nom, moins par la valeur du travail que par celle de la matière. Enfin, à l'époque du fer, les peuples de l'Orient; mais des bas-reliefs et des sculptures nous montrent souvent des personnages portant des bijoux, et ces monuments figurés nous permettent jusqu'à un certain point de juger de la forme et de la valeur

Fig. 90. — Collier d'or (étrusque).

Fig. 92. — Agrafe en or (art grec).

le bijou est d'argent, de fer ou même d'acier, car l'antiquité de ce métal remonte à une date fort ancienne. Voilà ce que nous pouvons dire du bijou dans les temps les plus reculés. — Si maintenant nous abordons les temps historiques, nous voyons que les Orientaux, aussi

artistique qu'ils pouvaient avoir; tel est le cas, par exemple, des Cambodgiens (1). Chez presque tous les peuples de l'Orient, les Japonais exceptés, chez les Hindous, les Assyriens, les Babyloniens, les Hébreux, les Égyptiens, les Phéniciens, les Arabes, les Chinois, les Turcs, les Persans, les Siamois, nous trouvons des bagues, des cachets, des boucles d'oreilles, des bracelets, des colliers, des pectoraux, etc. Dans le nouveau monde, chez les Mexicains, les Péruviens, nous trouvons également des bijoux. Au mot BAGUE,

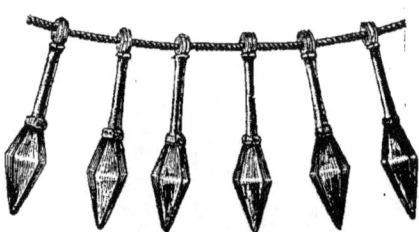

Fig. 91. — Collier en bronze (étrusque).

Fig. 93. — Agrafe en or (art grec).

loin qu'on puisse remonter dans leur histoire, ont toujours eu un grand amour du bijou, qu'ils l'ont considéré comme un complément indispensable de la toilette et du costume et qu'ils ont déployé dans la fabrication de ces parures un luxe inouï, extraordinaire, un *luxe oriental*. De très bonne heure les Orientaux ont allié les pierres précieuses aux bijoux, ils ont donc confondu en un seul et même art la joaillerie et la bijouterie. Nous n'avons pas dans nos musées de spécimens de la bijouterie de tous

où nous prions le lecteur de se reporter, nous avons déjà fourni quelques renseignements sur la bijouterie de divers peuples; ici nous fournirons des renseignements beaucoup plus complets accompagnés de nombreux spécimens de la bijouterie de divers peuples et à diverses époques.

---

(1) Voy. dans notre *Dictionnaire raisonné d'architecture*, au mot KHMER (*Art*), les bas-reliefs dans lesquels on voit des ornements et des bijoux cambodgiens.

Les bijoux de l'époque préhistorique consistent en colliers de pièces enfilées, en silex, en dents d'animaux, en coquillages ; on a trouvé de ces colliers dans le diluvium de Saint-Acheul.

Les Égyptiens avaient de fort beaux bijoux,

Fig. 94 et 95. — Pendants d'oreille d'or (art grec).

comme peuvent en témoigner les spécimens que nous possédons dans nos musées : ce sont des colliers, des bracelets, des bagues, des boucles d'oreilles ; quelques-uns de ces bijoux sont

Fig. 96. — Médaillon d'un collier romain.

même décorés de superbes émaux aux couleurs fraîches et aussi vives que le jour de leur fabrication. Mariette a trouvé des bijoux ainsi ornés dans le sérapéum de Memphis ; on peut les voir aujourd'hui au musée du Louvre.

Les bijoux étrusques ont une grâce et un cachet particuliers, le lecteur pourra s'en convaincre en jetant les yeux sur nos figures de 85 à 91, qui montrent une épingle, des pendants d'oreilles en or et des colliers. Tous ces objets font partie des collections du cabinet des médailles de la Bibliothèque nationale de Paris. Au mot COLLIER nous donnons deux autres types de colliers étrusques.

Les Gaulois possédaient des agrafes, des

Fig. 97. — Médaillon camée d'un collier romain.

fibules, des bagues, des épingles, des bracelets, des colliers en bronze et en or. Les Grecs, de même que les Romains, aimaient beaucoup les bijoux et ont copié ceux des Etrusques ; nos figures de 92 à 95 montrent des agrafes et des

Fig. 98. — Pièce de monnaie dans un collier romain.

pendants d'oreilles d'or grecs qui font partie des collections de la Bibliothèque nationale de Paris.

Les Romains poussaient l'amour des bijoux jusqu'au délire et justifient ces paroles de Mazois dans son *Palais de Scaurus* : « Des émeraudes d'un vert azuré, dit cet auteur, des perles que recèlent les mers profondes de l'Orient, couvrent leurs robes, se balancent à leurs oreilles ou brillent dans leurs coiffures. » Nos figures de 96 à 98 montrent trois médaillons d'un

Fig. 99. — Épingle gréco-romaine.

collier d'or romain qui témoignent de l'habileté des orfèvres de Rome à tirer partie des camées et des médailles pour l'ornementation de leurs bijoux. Les Gallo-Romains avaient parmi leurs bijoux des colliers en ambre et en verroteries, des bagues à cassolette en bronze, des bagues à chaton en bronze et en or, des boucles de ceinturon faites avec ces mêmes métaux. Au mot

Fig. 100. — Pendant d'oreille gréco-romain.

ÉMAIL, le lecteur trouvera un type romain émaillé qui fait partie des collections du Louvre. Les Gréco-Romains raffolaient également des bijoux, ils possédaient les mêmes types que ceux des Grecs et des Romains, mais les types pompéiens étaient plus gracieux, plus coquets encore. Nos figures de 99 à 102 fournissent des spéci-

mens de bijouterie gréco-romaine : ce sont des épingles, des pendants d'oreilles, des fibules.

Pendant l'époque byzantine, la bijouterie est peu en faveur, les artistes ne fabriquent exclusivement que de l'orfèvrerie : beaucoup de

Fig. 101. — Fibule gréco-romaine.

châsses dorées, émaillées, car l'émail joue un grand rôle à cette époque. Cependant nous possédons des pièces de joaillerie remarquables : par exemple, la couronne de Charlemagne, celles des rois visigoths découvertes en 1858 à la

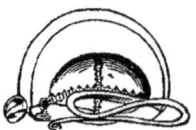

Fig. 102. — Fibule gréco-romaine.

Fuente de Guarrazar près de Tolède et qui sont un des plus beaux joyaux du musée de Cluny. On voit bien dans cette œuvre des Visigoths l'influence de l'art byzantin. Nos figures de 103 à 108 montrent des bijoux mérovingiens du musée d'Arras ; ils datent de la fin du Ve ou du com-

Fig. 103. — Fibule en or mérovingienne.

mencement du VIe siècle, car ils ont été trouvés dans une sépulture de cette époque. Notre figure 103 représente une petite fibule ovale en or d'un travail assez délicat ; son plat extérieur, contourné à sa base par un cordon filigrané présente un réseau enserrant des lamelles de grenat appliquées sur paillon sans rabattu. Le cloisonnage est façonné au marteau et a produit des cavités profondes d'environ trois millimètres. Notre figure 104 montre une sphère en cristal de roche, maintenue par deux frettes d'or filigranées également et ciselées. La croisure supérieure est couverte par une sorte de bélière à calotte ornée de filigranes. Ce bijou, qui paraît avoir été l'œuvre d'un ouvrier gallo-romain, se portait au cou au moyen d'une tresse en fils d'or, dont il restait encore quelques débris au moment de la découverte. Notre figure 105 représente une des boucles d'oreilles en or de la même sépulture. Le grand diamètre est formé d'une épaisse torsade en fils soudés;

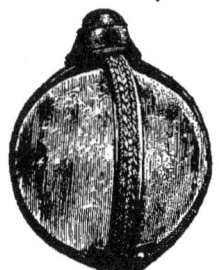

Fig. 104. — Sphère en cristal de roche.

Fig. 105. — Boucle d'oreille en or (IVe ou Ve siècle).

l'ornement porté par cet anneau est un polyèdre à quatorze pans, dont six sont carrés et huit triangulaires. Quatre des carrés sertissent sans rabattu des grenats en table, couchés directement sur une plaque de fond dans des bâtes. Notre figure 106 fait voir un disque d'or creux,

à bordure filigranée, ayant une grande bâte ronde centrale entourée de huit autres circulaires ou ovoïdes et de huit autres beaucoup plus petites et cylindriques. Dix-sept gemmes

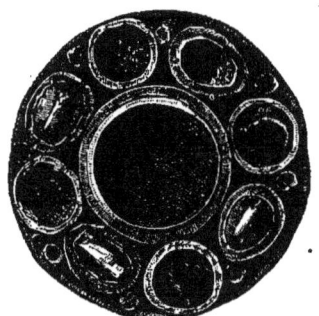

Fig. 106. — Disque d'or mérovingien.

ornaient ce disque, il n'en reste aujourd'hui que quatre. Ce disque devait être cousu sur une bande d'étoffe, une série de trous forés sur la

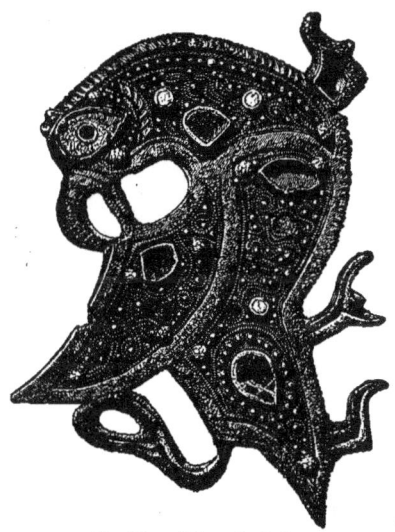

Fig. 107. — Bijou mérovingien.

circonférence de la plaque témoigne amplement de ce fait. Enfin nos figures 107 et 108 représentent deux griffons ailés passant, découpés dans une plaque d'argent massif; diverses parties du corps de l'animal, le cou, l'aile et le corps, ont été champlevées pour recevoir des plaques d'or couvertes de filigranes et de granules, etc. Le moyen âge fabrique peu de bijoux, quelques agrafes ou fermails, quelques bagues, colliers, etc.; mais il produit de l'orfèvrerie émaillée et niellée. A cette époque on désignait sous le terme de *dandains* les clochettes qu'on suspendait au cou des animaux et qu'on faisait entrer par imitation dans des colliers et autres bijoux, comme peut en témoigner l'inventaire des ducs de Bourgogne, en date de 1393, où on lit : « Pour deux colliers d'or à deux dandains. » Du reste, comme nous le verrons bientôt, l'usage des bijoux à cloches et à grelots était aussi répandu au Mexique. Notre figure 109 montre un pendant de collier de la fin du XIIe siècle sardoine, le tout décoré d'émail et ciselé avec un art parfait. L'imagination des artistes de la renaissance a créé des œuvres hors pair, bien supérieures à celles des artistes grecs et romains; il faut remonter aux Égyptiens et aux Hindous pour trouver des bijoux analogues à ceux des artistes du XVIe siècle. C'était le beau temps de l'art; c'est alors qu'on

Fig. 108. — Bijou mérovingien.

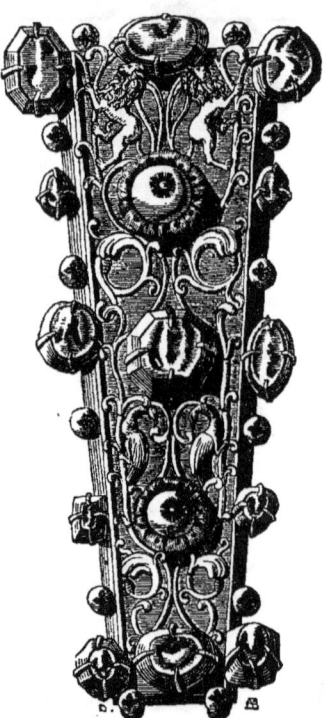

Fig. 109. — Pendant de collier.

ou du commencement du XIIIe siècle, puisqu'il a été trouvé en 1491 dans le cercueil de Constance d'Aragon, femme de l'empereur Henri VI, décédée le 23 juin 1222 à Catane. Ce bijou qu'on nommait aussi PENT-A-COL (Voy. ce mot) fait partie du trésor de la cathédrale de Palerme.

La renaissance a fabriqué des bijoux en quantité et très remarquables, non seulement des colliers, des pendeloques, des ferronnières, des bagues, des boucles d'oreilles, mais encore des coupes en cristal, en lapis, en jade, en voyait de grands personnages, de *haultes dames*, comme la duchesse d'Étampes par exemple, se rendre chaque jour chez Benvenuto Cellini pour voir travailler le bel Ascanio à ce fameux lis en diamants, un des plus beaux bijoux sortis de la main de l'homme.

Nous donnons ici (fig. 110) à titre de curiosité des pendants d'oreilles, tels qu'ils sont tracés dans le manuscrit de François Merlin qui se trouve à la Bibliothèque nationale de Paris. Ces bijoux sont présentés sous forme d'étalage, en damier et sans commentaires. Il est probable que le contrôleur général avait fait copier ces bijoux chez un orfèvre rémois, son compère et ami. Voici le titre exact du manuscrit : « Recherches de plusieurs singularités par François Merlin, contrôlleur général de la maison de feu madame Elizabeth, fille unique de feu roy Charles dernier que Dieu absolve. — Portraictes et escrites par X. Jacques Cellier demourant à Reims, commencé le 3ᵉ jour de mars 1583 et achevé le 10 sept. mil Vᶜ quatre-vingt et sept. »

Notre figure 111 montre un curieux bijou du

Fig. 110. — Pendants d'oreilles (XVIᵉ siècle).

XVIIᵉ siècle, dit *le brillant de la Reine*, et qui paraît avoir appartenu à Marie de Médicis, femme de Henri IV. Ses portraits qu'on voit représentés sur ce bijou, dont on ne possède plus qu'une estampe, étaient peints en émail et représentaient vingt-neuf membres de la famille des Médicis. — Un autre bijou du XVIIᵉ siècle est représenté par notre figure 112 : c'est un médaillon qui renferme le portrait en buste de Marie d'Espagne, gravé sur coquille au revers d'une turquoise dont la face reproduit les traits de Ferdinand III, son époux.

Au XVIIIᵉ siècle, sous Louis XIV, la bijouterie et la joaillerie atteignent une grande perfection ; c'est, du reste, à partir du roi-soleil que la taille des pierres, notamment celle des diamants, est arrivée à son apogée ; aussi tout le monde, hommes et femmes, se couvrent de pierreries. C'est alors que l'on vit un ambassadeur d'Angleterre, Buckingham, arriver à la cour avec un costume si étincelant de pierreries que les dames ne pouvaient cesser de l'admirer. L'auteur des *Chroniques de l'œil de bœuf* nous apprend (t. I, p. 33) qu'un jour

Fig. 111. — Brillant de Marie de Médicis (XVIIe siècle).

« il parut à une fête donnée à la cour, vêtu d'un manteau gris brodé de perles magnifiques. Elles avaient été attachées à dessein avec une telle négligence, que le duc ne tarda pas de les avoir toutes semées dans la salle. Les courtisans lui rapportaient ces perles à mesure qu'ils les retrouvaient; mais Buckingham, avec un abandon plein de grâce, en faisait aussitôt pré-

sent à ceux ou à celles qui les lui présentaient. »
On n'est pas plus galant et plus diplomate à
la fois. — Sous Louis XV, la bijouterie se prête
à tous les caprices de ce style *rococo* si prisé
alors. Les bijoux sont d'une extrême richesse
et flattent merveilleusement les goûts frivoles
de cette époque de plaisir et de luxueuse vo-
lupté. Le bijou se raffina, tout comme la société qui s'en parait; les bagues, les montres,
les chaînes, les châtelaines, les tabatières et

Fig. 112. — Médaillon (XVIIe siècle).

les bonbonnières étaient couvertes, sinon surchargées de sculptures, d'émaillerie de brillantes pierreries serties dans les ors verts,
jaunes et rouges. Ce n'était partout qu'Amours
souriants et guillerets, coquillages torses, ner-
veux, noueux, contournés, rocailles bizarres.
Les étuis, les flacons, les nécessaires, étaient
faits avec du *galuchat* ou peau de requin
polie et colorée de vert. (Voy. GALUCHAT.)
Le piqué sur écaille était fait avec de petites
pointes d'or qui par leurs dispositions singulières formaient des dessins très originaux,
mais maniérés. Sous Louis XVI, une réaction s'opère dans le bijou, le style rocaille

est délaissé, et au genre criard et maniéré
succède un style froid ; l'émail uni et transparent est le plus en vogue, à peine quelques couronnes, quelques guirlandes de fleurs
en couleur ou en camaïeu sur des fonds unis.
Les couleurs préférées pour ces émaux unis
sont le bleu, le gris de fer et l'opale. Les
bagues ont pour chatons des miniatures peintes en émail ou sur ivoire; les boîtes et les
bonbonnières sont en écaille brune cerclées
d'or rouge ; comme les bagues, elles sont aussi
décorées de miniatures sur vélin ou sur ivoire.
Le type de la bijouterie se composait de médaillons aux formes diverses, décorées de gouaches sous verre entourées de perles, de brillants, de roses ; les colliers sont formés de plaques réunies par des chaînons unis. Sous le
premier empire, la bijouterie fut éclectique,
sauf française ; on fabriqua, en effet, des bijoux grecs, romains, étrusques, italiens, égyptiens, et dans quel style ! Les anneaux, les
colliers, les bracelets avaient la forme de serpents ; ils étaient décorés de scarabées, de camées, d'intailles, de fausses médailles : c'est là
ce qu'on nommait le style classique, car à cette
époque on ne jurait que par les Grecs et Romains. — Sous la restauration, on fabrique beaucoup de bijoux estampés et à l'emporte-pièce ;
c'est alors qu'apparaissent les grosses breloques
en cachets de diverses formes et les chaînes à
gros chaînons et à grosses mailles. A partir de
1845 ou 1846, la bijouterie et la joaillerie
françaises réalisent de très grands progrès, qui
n'ont fait que s'accroître jusqu'à ce jour. Il
nous suffira de mentionner les noms des bi-
joutiers-joailliers contemporains pour que chacun se rappelle les beaux produits qu'ils ont
envoyés aux expositions nationales ou universelles ; ces artistes sont : les Wagner, les Froment-Meurice, les Morel, les Rudolphi, les
Lecointe, les Boucheron, les Falize, les Bapst,
les Fontenay, les Sandoz, et tant d'autres
encore. Du reste, ces arts ont tellement progressé dans ces dernières années, que le commerce de la bijouterie comprend les bijoutiers proprement dits et les joailliers.

BIJOUTERIE ÉTRANGÈRE A L'EUROPE. —
Nous allons donner un rapide aperçu de quelques bijoux de fabrication étrangère. Ce sont

110 BIJOUTERIE.

d'abord (fig. 113) des bijoux kiviens. Kiva est une ville du Turkestan et la capitale de la province de même nom située entre la mer d'Aral au nord et la Perse au sud. Les produits de la bijouterie des Kiviens, que montre notre figure 113, ont été exposés aux Tuileries,

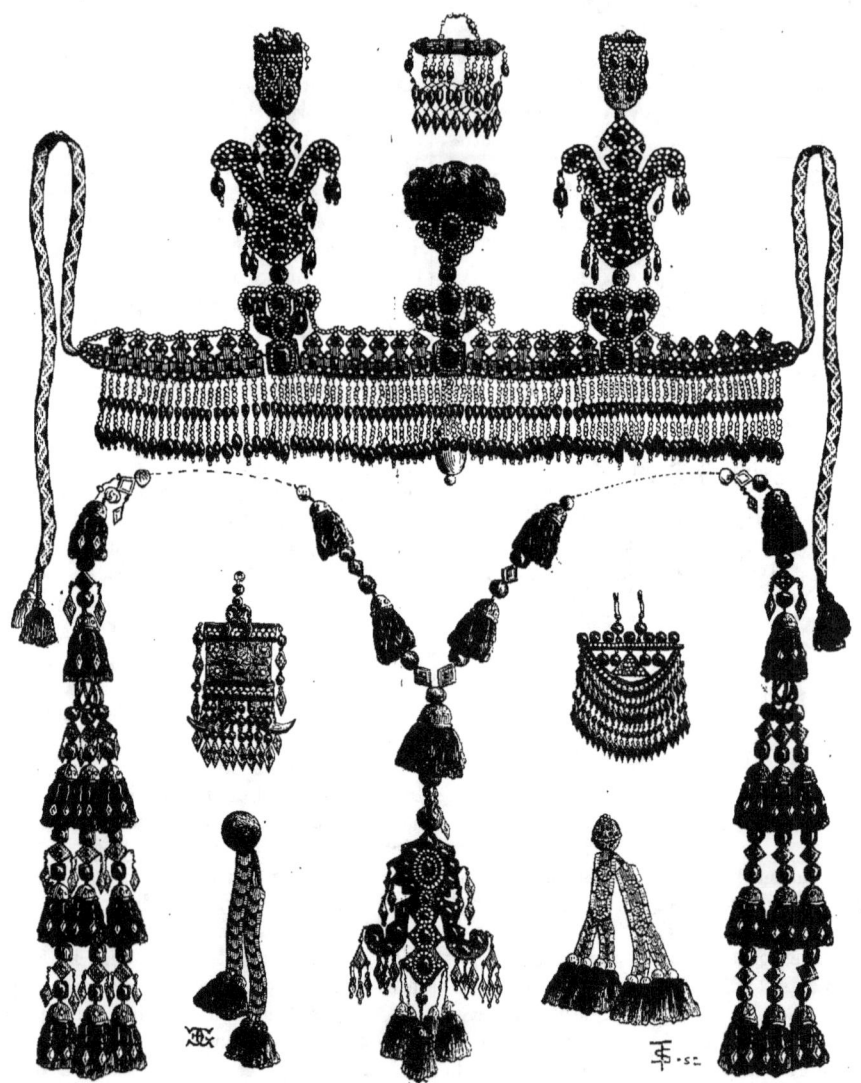

Fig. 113. — Bijoux kiviens.

lors de l'exposition de géographie en 1874; ces bijoux se rapprochent beaucoup de ceux fabriqués par les Kabyles. Il ne faut pas s'étonner de ce fait, puisque ce sont des juifs arabes qui les fabriquent et les vendent à Kiva; du reste, dans tout l'Orient le commerce de la bijouterie est entre les mains des juifs. — On voit à droite et à gauche de notre figure des pendants d'oreilles en filigrane et, au-dessus, un magnifique frontal. Ces objets sont de fabrication moderne. Nous venons de parler du filigrane, nous devons

Fig. 114. — Broche en filigrane (art hindou).

dire ici que le filigrane proprement dit est un bijou dont l'ornementation est faite au moyen une cordelette d'une grande finesse. Vu à distance, le filigrane ressemble à un fil gravé.

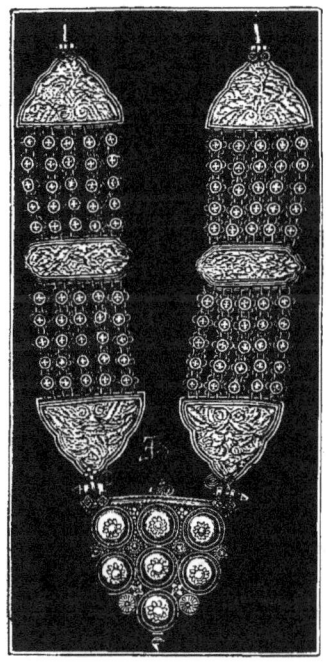

Fig. 115. — Collier hindou.

Fig. 116. — Pectoral (art hindou).

de deux fils métalliques, soit en or, soit en argent, tordus ensemble de manière à former Les Génois, les Chinois et les Hindous font des bijoux filigranés d'une extrême légèreté, et cependant on préfère de beaucoup, dans le constitue bien la charpente du bijou, mais qui est orné de guillochis, de bruni, d'émaux, d'ors de couleur et de dessins gravés et ciselés. Notre figure 114 montre une broche en filigrane de Cuttack ou Kattack (Inde anglaise). C'est un superbe échantillon de l'art hindou, qui produit des spécimens remarquables en bijouterie, comme le lecteur pourra s'en convaincre en jetant les yeux sur nos figures de 114 à 121, qui toutes reproduisent des bijoux hin-

Fig. 117. — Collier de Panjab (art hindou).

Fig. 118. — Autre dessin de *necklace*.

dous. — Notre figure 115 fait voir un collier composé de chaînettes et de plaques émaillées. Notre figure 116 montre un pectoral composé de perles et de pierreries diverses, tandis que notre figure 117 montre un collier de Panjab, d'un genre de fabrication désigné par les Anglais sous le nom de *necklace*. La figure 118 est un échantillon d'un autre dessin de necklace. Notre figure 119 est un magnifique collier dont le dernier réseau est formé par un rang de perles ; enfin nos figures 120 et 121

monde entier, le filigrane français, dont le fil

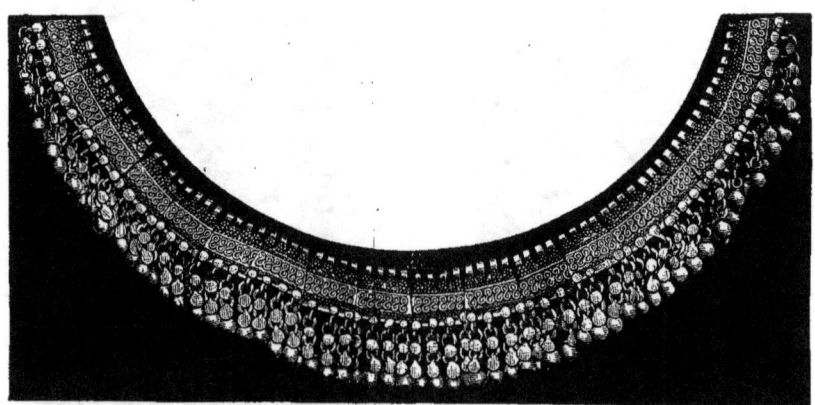

Fig. 119. — Collier à perles (art hindou).

représentent, la première un superbe bracelet de Kachemir, et la seconde une tête de peigne avec trois rangs de perles. La plupart des spécimens de la bijouterie hindoue que nous venons de soumettre à nos lecteurs font partie des collections de South Kensington Museum. Nos figures 122 et 123 montrent un type de bijouterie de l'art américain ; c'est un grelot mexicain en or. Il a été trouvé dans un tombeau zapotèque vers 1860. Il représente une des va-

Fig. 120. — Bracelet de Kaschemir.

devait être porté par un des grands seigneurs de la contrée. En effet, il est impossible de ne pas voir l'analogie qui existe entre l'animal fantastique représenté sur notre grelot et la figure de l'aigle qui, chez les Mexicains, figurait sur l'armoirie des premiers de la nation. *Hos que tenian estas armas de aguila y ti-*

Fig. 122 et 123. — Grelot mexicain (profil et face).

riétés du dieu de la guerre, Huitzilopochtli (de *huitzilin,* colibri, et *opochtli,* gauche). Ce bijou pèse 257 grammes, il est en or fin, d'un travail à peu près semblable à celui de la plupart des pièces anciennes de ce genre, c'est-à-dire filigrané. L'anneau qu'on aperçoit sur la figure de profil permet de supposer que ce grelot était la pièce de milieu d'un collier qui

gre eran los mastenidos y valentes capitanes (1), c'est-à-dire, « ceux qui avaient ces armes décorées d'aigles et de tigres étaient les capitaines les plus craints et les plus vaillants. » Ce bijou nous a été communiqué par M. Boban, l'archéologue bien connu. — Nos figures de 124 à 127 montrent quatre bijoux à grelots curieux, trouvés dans le tombeau d'un roi za-

Fig. 121. — Tête de peigne décorée de perles.

potèque (1) à Tehuantepec, en 1874. Enfin notre dernière figure 128 représente un bijou péruvien : ce sont deux dieux, dont l'un est armé d'un casse-tête. Une grande distance sépare ce bijou de ceux de l'art étrusque et de

l'art grec ; il est difficile, en effet, de voir rien de plus barbare ; nous l'avons donné cependant

---

(1) Le terme *zapoteco* est dérivé d'un mot aztèque qui signifie *pays des zapotes,* c'est-à-dire d'un arbre qui est le sapotillier domestique ou néflier d'Amérique.

DICT. DE L'ART.

(1) Manuscrit mexicain à la Bibliothèque nationale de Paris, fonds mexicain n° (1 Olive Telleriano-Remensis, 14), volume in-folio, sur papier de chiffon de 50 feuillets, contenant les figures symboliques des croyances religieuses des anciens Mexicains, accompagnées d'un texte relatant les événements de l'histoire politique du Mexique depuis l'année 1197 jusqu'en 1556.

parce que c'est un objet de la plus grande rareté. Nous l'avons dessiné d'après un moulage en plâtre que M. Boban a bien voulu nous faire sur l'original même.

BILLE. — Mors de chape en forme de boule. Dans l'inventaire du duc de Bourgogne en date de 1467, on lit : « Une bille d'or, servant

Fig. 124. — Bijou zapotèque.

à chappées fait à rayes de soleil, garnye de plusieurs perles de rubis de dyamans et n'y fault riens pesant iiij onces xix est. »

BISCUIT. — Les céramistes désignent à

Fig. 125 et 126. — Bijoux zapotèques (autres types).

la fois sous ce terme une poterie sans glaçure, perméable et poreuse, et une poterie imperméable complètement cuite, mais sans glaçure, translucide et presque vitrifiée. Ce dernier biscuit est une porcelaine cuite en biscuit ; c'est avec elle qu'on fabrique une foule d'objets de fantaisie, des statuettes blanches ou coloriées, qui atteignent des prix considéra-

bles. — Les biscuits de porcelaine les plus estimés sont, en blanc, ceux qui se rapprochent le plus des beaux marbres ; les plus recherchés par les amateurs sont ceux en ancien

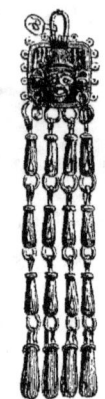

Fig. 127. — Bijou zapotèque (4ᵉ type).

sèvres, qui sont fabriqués avec une pâte silico-alcaline et calcaire ; ceux émaillés et décorés de peintures, dénommés biscuits en vieux saxe.

BISEAU (Glace a). — Voy. Glace.

Fig. 128. — Bijou péruvien.

BISETTE. — Galon brodé. Dans les comptes royaux de 1351, on lit : « Orfroisiés de bisettes d'or de plittes ; » et dans ceux de 1352 : « Chapel de bievre orfroisié de bisète et de pièces esmaillées. » — C'est aussi une sorte de dentelle commune très étroite, mais en fil de lin. La bisette fait l'objet d'une fabrication assez importante.

BLASON. — Art d'expliquer et de décrire les armoiries; ensemble des connaissances constituant l'*art héraldique*. Ce terme est également synonyme d'*armoiries*. Dès une époque très reculée, les guerriers et leurs chefs portaient sur leurs boucliers ou leurs étendards des emblèmes distinctifs propres à les faire reconnaître ou à les rallier sur les champs de bataille. Les Romains avaient des armoiries qui se transmettaient héréditairement ; c'étaient souvent des armes parlantes, telles par exemple qu'un corbeau pour la famille *Corvinus*, etc. Il est néanmoins certain que l'origine des armoiries, telles que nous les connaissons aujourd'hui, ne remonte qu'aux temps des croisades. Lorsqu'on veut blasonner, il faut s'occuper du champ de l'écu, dont la forme est variable et sur lequel il y a lieu de distinguer le centre, le canton dextre du chef, le canton senestre du chef, le flanc dextre, le flanc senestre, la pointe, le canton dextre de la pointe et le canton senestre de la pointe. En style de blason, le côté droit ou *dextre* est à la gauche du spectateur, donc le côté gauche ou *senestre* est à sa droite. Neuf émaux servent à distinguer les partitions de l'écu, savoir : deux métaux, l'*or* (jaune) et l'*argent* (blanc) ; cinq couleurs, l'*azur* (bleu), le *gueules* (rouge), le *pourpre* (violet), le *sinople* (vert) et le *sable* (noir) ; enfin, deux fourrures, l'*hermine* et le *vair*, auxquelles on peut joindre la *contre-hermine* et le *contre-vair*. Les Anglais ont ajouté la *sanguine* (couleur de chair) et l'*orangé* (couleur orange). Lorsque les armoiries ne sont pas peintes et ne peuvent par conséquent présenter leurs émaux sous leurs couleurs caractéristiques, on les indique suivant des signes conventionnels, traits ou hachures, etc., qui sont en usage depuis la fin du XVIe siècle. Ainsi l'*argent* est représenté par un fond entièrement uni sans hachures ni pointillé ; l'*or*, par une surface semée de points ; l'*azur*, par des traits horizontaux ; le *gueules*, par des traits verticaux ; le *pourpre* et le *sinople*, par des hachures obliques allant, pour le premier, de la gauche à la droite de l'écu, et, pour le second, de la droite à la gauche. Le *sable* s'indique par des lignes horizontales et verticales croisées ; l'*hermine*, par des mouchetures noires sur champ blanc ; le *vair*, par des cloches d'azur et d'argent contrariés ; la *contre-hermine*, par des mouchetures blanches sur champ de sable, et enfin le *contre-vair*, par des cloches bleues et blanches, métal sur métal. La *sanguine* est représentée par des lignes diagonales croisées, et l'*orangé*, par des traits verticaux croisés de diagonales allant de droite à gauche. Une des règles les plus sévères du blason prescrit de ne pas mettre *couleur* sur *couleur* ni *métal* sur *métal ;* cependant on y a très souvent dérogé, pour le *contre-vair* notamment, ensuite pour certaines armoiries. Pour plus de détails sur ce sujet intéressant, nous renverrons le lecteur à notre *Dictionnaire d'architecture*, qui donne, pour ainsi dire, un traité succinct mais complet du blason, v° BLASON.

BOIS. — Divers bois sont utilisés pour faire des coffrets, des meubles et autres objets qui sont répandus dans le commerce de la curiosité.

Fig. 128 *bis*. — Bois de sandal gravé.

Le bois de sandal sert à faire des coffrets et des couvertures de livres. Notre figure 128 *bis* montre un spécimen de gravure sur bois de sandal qui décore un coffret fabriqué à Mysore. Les bois les plus employés pour meubles de prix sont le bois de rose, le noyer, le poirier, l'ébène, le citronnier ; enfin tous les bois et toutes les racines les plus colorés et les plus tourmentés sont employés en placage. — Vente J. Jacquemart, avril 1881. — N° 267. Deux panneaux bois sculpté japonais, 300 fr.

BOIS PÉTRIFIÉS OU AGATISÉS. — Cette pierre est formée de silice, elle n'a conservé de son origine végétale que la forme et la structure intérieure de son tissu ligneux. Le palmier (*phœnix dactylifera*) ainsi pétrifié, quand il est scié horizontalement, montre la disposition de ses fibres. Les bois agatisés se distinguent des bois pétrifiés par leur transparence cristalline qui les rapproche des pierres précieuses.

BOISERIES. — Ouvrages de menuiserie en bois plat décorés de peintures ou de sculptures. Nous n'avons à nous occuper dans cet ouvrage que des boiseries de ce genre. Les boiseries en chêne, en noyer, en poirier sculptées, surtout celles de la renaissance, sont les plus recherchées des amateurs. Les lambris Louis XV et Louis XVI qui forment entièrement la décoration d'un salon, d'une salle à manger ou d'un boudoir, atteignent dans les ventes des prix considérables. (Voy. SCULPTURE.) Nous donnerons les prix de quelques boiseries d'appartement vendues à la vente Double, le samedi 4 juin 1881.

N° 465. *Salon dit de Fontenoy.* — Boiserie Louis XV peinte en blanc, rehaussée de dorure, avec plafond par Boucher, représentant deux Amours; et trois dessus de portes, attribués au même artiste, représentant Vénus, Amphitrite et Diane. — Les lambris d'assemblage en chêne sur murs se composaient : d'un panneau de 1^m,20; d'un autre de 2^m,08 développé angle cintré; d'un troisième de 3^m,84 développé angle cintré; d'un panneau de 0^m,66, sur hauteur totale de 4^m,25; en outre, d'un soubassement, d'une croisée et d'une glace de 3^m,08 sur 0^m,97; d'un chambranle de porte, mesure extérieure 1^m,71; d'un autre chambranle de porte, mesure extérieure 1^m,55. Ce salon a atteint le prix de 1,150 fr., dans lequel il faut comprendre 1,000 fr. pour un plafond de Boucher.

N° 466. *Salon Louis XIV.* — Boiseries composées de trumeaux avec encadrements sculptés, peints en blanc et rehaussés de dorure. Les encadrements de tableaux en bois sculpté et doré, mais sans les peintures : en tout, 9 panneaux de diverses largeurs sur 4^m,25 de hauteur; trois chambranles de porte sans portes. Vendu 2,050 fr.

N° 467. *Grand Salon.* — Belle boiserie Louis XV à fond blanc et ornements sculptés et dorés avec quatre portes à doubles battants, deux glaces encadrées et quatre dessus de portes de l'école française, représentant des jeux d'enfants : en tout, sept panneaux; une bibliothèque et deux portes à un vantail; un chambranle sans porte; un dessus de porte sculpté avec peinture intérieure. Vendu 5,450 fr.

N° 468. *Salon Louis XV.* — Boiserie analogue à la précédente; quatre médaillons ovales peints par Aligny; glaces avec cadres en bois sculpté et doré, surmontées de deux peintures de l'école française représentant des jeux d'enfants. Vendu 2,000 fr.

N° 469. *Boudoir de Mme de Pompadour.* — Ce boudoir composé de cinq panneaux de 2^m,60 de hauteur sur diverses largeurs et d'une alcôve à fond de glace en bois sculpté et doré, à ornements rocailles et fleurs sur fond rehaussé de blanc; le plafond décoré d'un joli panneau peint sur toile par Boucher, représentant Mme de Pompadour reçue dans l'Olympe, avec encadrements composés d'ornements et d'Amours Vendu 5,400 fr., sur lesquels il faut déduire 3,400 fr. pour le plafond.

N° 470. *Bibliothèque.* — Boiserie Louis XV à angles arrondis avec bibliothèque vitrée et deux petites portes surmontées de dessus de portes peints en camaïeu bleu, attribués à Boucher et représentant l'Été et l'Automne figurés par des jeux d'enfants; avec un autre dessus de porte représentant Vénus et Vulcain, plus une grande glace avec un cadre riche en bois sculpté et doré. Vendu 3,350 fr.

En terminant cet article sur les boiseries, nous devons ajouter que beaucoup de fabriques d'église ont vendu à des brocanteurs, pour des sommes insignifiantes, des boiseries de tout style provenant de sacristies, de salles capitulaires, des bancs d'œuvre et jusqu'à des chaires à prêcher qu'on a démolies pour en vendre les panneaux sculptés. Fort heureusement que la Commission des inventaires d'art vient de mettre une sorte d'embargo sur les richesses contenues dans les églises de France.

BOITE. — Petit coffre à couvercle de formes très variées, suivant l'usage auquel on le destine. — Chaque époque, chaque pays a créé des boîtes de différents styles et de différentes matières, car on a employé tour à tour le bois, le cuir, l'ivoire, la porcelaine, l'or, l'argent, la corne, l'écaille, enfin des pierres de prix. — Notre figure 129 montre une boîte à mouches en vermeil et en émail du XVIII° siècle; elle a été faite par Blarenberg en style Louis XV. Nos lecteurs savent que les mouches

Fig. 129. — Boîte à mouches.

étaient de petits morceaux de taffetas noir finement découpés. Les femmes sous Louis XV se posaient des mouches sur la figure, soit pour rehausser la blancheur de leur teint, soit pour cacher quelque élevure. Du reste, l'idée de se poser des taches noires sur la peau du visage n'était pas nouvelle au XVIII° siècle; elle remontait aux croisades, et l'usage en était venu de l'Arabie et de la Perse. Notre figure 130 montre une boîte à épices de l'art hindou; c'est un travail exécuté à Moradabad. Notre figure 131 montre une superbe boîte à poudre en ivoire; c'est une œuvre du XVIII° siècle. Le sujet du médaillon est un hommage à Cérès, déesse des moissons.

Au moyen âge, ce même terme s'écrivait *boiste*. On nommait alors *boiste à hosties* une pyxis, c'est-à-dire une boîte à enfermer des hosties non consacrées; on en fabriquait en or et en argent, souvent elles étaient émaillées à Limoges; aussi quand il en passe dans les ventes, ces boîtes atteignent des prix assez élevés. Dans l'inventaire de Charles V, en date de 1379, on lit : « Une boeste d'argent à mectre pain à chanter esmailliée dedans et de hors pesant un marc et ij onces; » dans l'inventaire des ducs de Bourgogne, en date de 1467 : « Deux boistes d'argent à mectre pain à chanter, verrés ès bords l'une à ung esmail des armes de Marguerite de Flandre. » — A cette

Fig. 130. — Boîte à épices ou à bonbons (art hindou).

même époque, on nommait *boistes à porter au col* des boîtes qu'on portait suspendues au cou au moyen d'une chaîne et qui renfermaient des amulettes ou des reliques, des portraits, des miniatures, etc. (Voy. AMULETTE.) — Vente J. Jacquemart, avril 1881. — N° 264. Boîte indienne en ivoire, 300 fr. — Vente San Donato. — N° 636. Boîte ovale en écaille garnie d'or; gouache de Savignac d'après Vernet : une tempête dans le golfe de Naples. 1,150 lires. — N° 637. Boîte rectangulaire en écaille et or élégamment ciselée d'arabesques et entourée d'un filet d'émail bleu. Au centre, émail de Petitot, représentant Louis XIV; signée à l'intérieur : Vachette, bijoutier à Paris. Long. 0ᵐ,09, larg. 0ᵐ,05, haut. 0ᵐ,025. 1,400 lires. — N° 638. Très belle boîte octogonale en or, émaillée de pierreries et de rubis, surmontée d'un remarquable émail : portrait de Vitré, imprimeur de Louis XIV (1651). 11,500 lires. — N° 639.

Boîte ronde en écaille et or, ciselée d'arabesques en deux tons, avec cadre octogone, émaillée en bleu avec miniature représentant Catherine, impératrice de Russie. 900 lires. — N° 640. Boîte en émail russe de forme contournée, garnie en argent, décorée de fleurs et paysage. 80 lires. — N° 641. Boîte en écaille, garnie en or avec médaillon octogone en or ciselé. Portrait de Pierre le Grand. 720 lires. — N° 642. Boîte ovale en écaille garnie or, avec gouache : port de Séville. 280 lires. — N° 643. Boîte en nacre gravée, avec application d'un sujet en or : Alexandre et Éphestion (style Louis XV). 2,000 lires. — N° 644. Boîte ovale en or et émail bleu avec guirlandes et entourages émaillés en vert, blanc, rubis et azur. Au centre, médaillon : sacrifice sur l'autel de l'Amour. 1,350 lires. — N° 645. Boîte en prisme d'améthyste laquée et burgautée, monture or (style Louis XV). 700 li-

Fig. 131. — Boîte à poudre (ivoire).

res. — N° 648. Boîte ovale en or et émail olive, semée de perles de même couleur, à guirlandes et tores de perles et de feuillages ; au centre, émail ovale : invocation à l'Amour. 2,600 lires. — N° 651. Boîte en nacre de perle gravée, incrustation d'or et application en or de sujets mythologiques (style Louis XV). 2,350 lires. — N° 654. Boîte ovale contournée en or ciselé et gravé et jaspe sanguin, enrichie de diamants, et ornée sur le couvercle de deux kings charles en or et diamants. 1,650 lires.

Vente Double. — N° 162. Boîte ovale, or de couleur ciselé à rinceaux, festons de laurier et vases. Le dessus est enrichi d'une peinture sur émail par Petitot : portrait de Turenne. Cette boîte a été exécutée par Mathis de Beaulieu, orfèvre de Louis XVI ; elle avait été acquise à la vente Demidoff en 1863. 18,200 fr. — N° 163. Boîte ronde du temps de Louis XVI, en or, guillochée et émaillée de brun orangé, enrichie d'un rang de demi-perles au bord du couvercle et de cordons ciselés en relief. Au centre, émail de Petitot : Anne d'Autriche. 10,800 fr. — N° 164. Boîte ovale Louis XVI en or guilloché, émaillé vert et or, avec cordons et pilastres en or ciselés en relief et émaillés à feuillages verts et ornements. Le bec est enrichi de branches de fleurs exécutées en diamants, et le couvercle offre à son centre une peinture sur émail, de forme ovale en hauteur, par Petitot : Louis XIV, enfant. Ce médaillon est entouré d'un rang de roses et d'un tore de lauriers en or ciselé. 5,500 fr. — N° 165. Boîte ovale en or émaillé en plein à médaillons, marine et sujet de style oriental (style Louis XV). sans rebord saillant. Nos figures 132 et 133 montrent deux superbes bols fabriqués dans l'Inde; l'un (fig. 132) est en argent damasquiné; l'autre, à rebord (fig. 133), est en cuivre, et sur sa face extérieure on a appliqué de l'étain, puis on a gravé sur ce dernier des fleurs et d'autres ornements. Quelquefois la décora-

Fig. 132. — Bol en argent (art hindou).

Fig. 133. — Bol en cuivre (art hindou).

6,600 fr. — N° 166. Boîte oblongue en or émaillé en plein, décorée de six médaillons représentant des sujets champêtres genre Boucher (style Louis XV). 10,150 francs. (Voy. GOUACHE, où nous donnons des prix de boîtes avec gouache de Blarenberghe.)

BOL. — Vase demi-sphérique qui peut servir à divers usages. Le bol peut être avec ou

tion est simplement marquée sur le cuivre par les contours jaunes gravés à la pointe. Cet ouvrage a été fabriquée à Moradabad, dans les provinces nord-ouest de l'Inde anglaise.

BOMBAGE. — Opération qui consiste à bomber le verre au four.

BOMBARDE. — Ce terme sert à désigner

Fig. 134. — Bombarde sur affût.

à la fois un instrument de musique et une pièce d'artillerie. — La bombarde est probablement le plus ancien des instruments de musique en usage en France. D'après quelques linguistes, ce terme signifierait, en effet, *son du barde*, parce que les bardes ou poètes gaulois auraient accompagné leurs chants avec les sons de cet instrument. Plus tard on désigna sous

BOMBARDE.

ce terme toute une série d'instruments graves en bois de la famille des hautbois, enfin des bassons (bombard-bass-pommer, etc.). De nos jours, les facteurs de pianos nomment *bombarde*

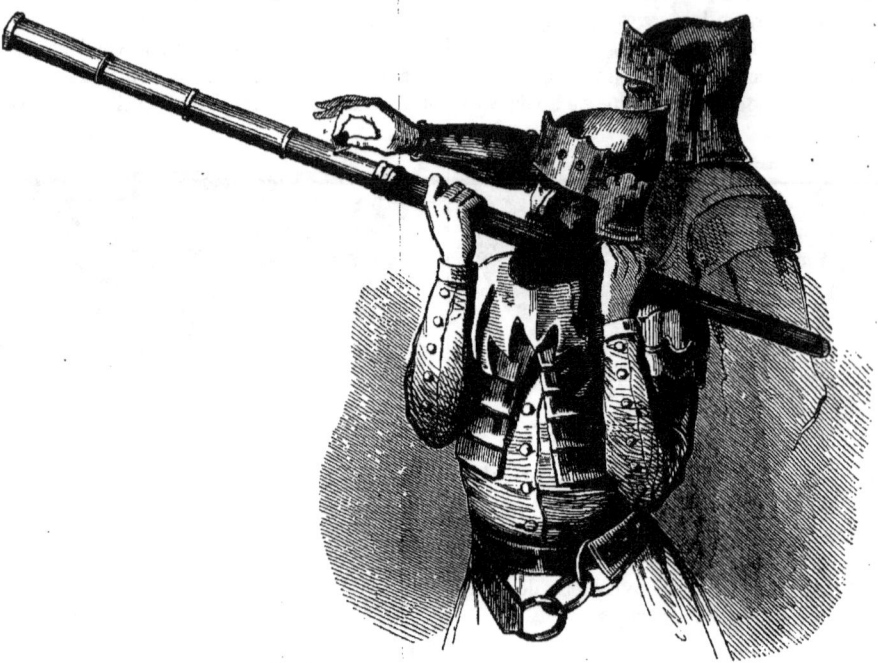

Fig. 135. — *Bombarde du xv⁰ siècle (1ᵉʳ type).*

le plus grand des jeux d'anches de l'orgue; celle qui mesure 32 pieds porte le nom de *contre-bombarde* et sonne l'octave grave du bourdon.
— En termes d'artillerie, la bombarde est une

Fig. 136. — *Bombarde du xv⁰ siècle (2ᵉ type).*

pièce à feu. Il en existait de deux genres : l'un était porté sur un affût, l'autre était tiré à bras d'homme. Notre figure 134 montre une bombarde montée sur affût; elle représente une ancienne enseigne qu'on voyait autrefois à Lyon, rue de la Bombarde, enseigne qui a été refaite et déplacée en 1772 ; mais les anciens bâtiments sur lesquels était placée notre enseigne en ont gardé le nom, et elle existe encore l'ancienne hôtellerie dont Monconys disait, il y a plus de deux cents ans :

> Le bon Seigneur vous contre-garde,
> Vous qui logez à la Bombarde
> Devant Saint-Jean, près du Palais !
> Vivez toujours en bonne paix !

Nos figures 135 et 136 montrent deux bombardes à main du xv⁰ siècle qui peuvent donner une idée des armes à feu portatives. Notre figure 135 est tirée d'une tapisserie du xv⁰ siècle, appartenant à l'église de Notre-Dame de Nantilly, à Saumur, dont le sujet est la prise de Jérusalem par Titus. On voit qu'il fallait deux hommes pour manier une bombarde à main, l'un pour la diriger et la maintenir ferme, et l'autre pour y mettre le feu. Dans notre figure 136, un seul homme suffit pour pointer et mettre le feu à la bombarde. Ce bombardier, également du xv⁰ siècle, provient d'une tapisserie représentant la bataille de Tolbiac, laquelle tapisserie appartient à la cathédrale de Reims.

BOMBARDON. — Ce terme est synonyme de *bombarde*. C'est aussi une sorte de trombone basse à trois pistons et à trois tubes. Cet instrument a été inventé par Wenzel Riedel, de Varsovie, vers 1824 ; il servait de basse aux orchestres militaires. Sa valeur sonore égalait celle de trois trombones ; il comportait douze clefs et il était accordé en *mi bémol* ou en *si bémol*. — Dans la facture moderne, le *bombardon* est le plus grave des saxhorns ; il comporte deux formes : l'une, droite ; l'autre, courbe, passe sous le bras de l'instrumentiste et projette en avant son pavillon comme l'HÉLICON. (Voy. ce mot et la figure qui l'accompagne.) Le bombardon a 3 et 4 pistons.

BONBONNIÈRE. — Petite boîte qui sert à renfermer des pastilles de gomme, de guimauve, de chocolat, etc., des bonbons ; de là son nom. On a fabriqué des bonbonnières en or, en argent, en gemmes taillées, en cristal ; on a décoré ces dernières avec de l'or, de l'argent, des pierres précieuses, des émaux, etc. Il existe également des bonbonnières en écaille blonde, en écaille brune, en corne, enrichies de pointillés d'or, décorées de bluettes de diamant ou d'autres pierreries. Les bonbonnières sont très recherchées par les collectionneurs ; elles se vendent, suivant le travail, de 20 à 300 francs.

Vente San Donato. — N° 650. Bonbonnière en or émaillé bleu avec cercles émaillés sur les côtés et au revers. Double rang de demi-perles fines sur le couvercle. Le second rang enserre un émail ovale représentant un sujet tiré des contes de la Fontaine. 440 lires. — N° 653. Bonbonnière ovale, couvercle en porcelaine de Menecy représentant une brebis et son agneau couchés. La base est retenue par une charnière en agate. (Style Louis XVI.) 680 lires.

Vente Double. — N° 167. Boîte ronde en écaille ornée d'une plaque ronde en ancienne porcelaine de Sèvres, pâte tendre, représentant la Peinture entourée par les Grâces, signée C. N. Dodin, d'après Lagrenée, 1792. — Dodin était premier peintre de figures à Sèvres ; il avait fait pour sa famille cette boîte qui devait être pour les siens une ressource en cas de besoin. Cette boîte était accompagnée d'une lettre de Mᵐᵉ A. Dodin à M. Double. 5,050 fr. — N° 168. Boîte oblongue à angles coupés, en or guilloché, émaillée jaune d'or et enrichie de cordons et pilastres finement ciselés et émaillés en relief à feuillages verts et points d'émail blanc et bleu. Peinture ovale du dessus : deux Amours allumant un cœur sur l'autel de l'Amitié. 4,400 fr. (Voy. BOITE et GOUACHE.)

BONHEUR-DU-JOUR. — Petit meuble avec de nombreux tiroirs qui servent à renfermer des papiers ou des objets précieux de petite dimension ; le bonheur-du-jour est un diminutif du cabinet italien. (Voy. CABINET.)

BONNET. — Coiffure d'homme ou de femme sans rebord. Il existe des bonnets d'avocat, de juge. Autrefois, suivant le bonnet qu'on avait le droit de porter, on était un grand personnage ; d'où l'expression de *gros bonnet*, pour désigner un personnage important. — Nos figures 137 et 138 montrent deux types de bonnet alsacien de femme, que portaient au siècle dernier les opulentes bourgeoises du vieux pays de l'Ill. Ces spécimens sont tirés des collections de

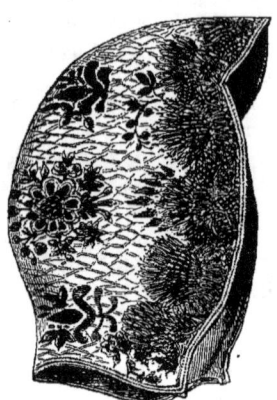

Fig. 137. — Bonnet alsacien.

MM. Baur et Kern ; le premier est en brocart d'argent brodé d'or, l'autre est en brocart orné d'un tour de dentelle d'or appliqué. Notre figure 139 est un bonnet phrygien de toile blanche orné de la cocarde tricolore ; il fait partie de la collection de V. Sardou. Notre figure 140 reproduit un superbe bonnet de dentelle brodée avec un grand bavolet ; c'est un bonnet allemand. Notre figure 141 montre un bonnet de

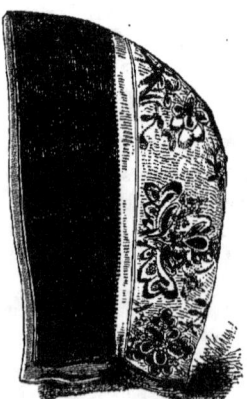

Fig. 138. — Bonnet alsacien.

police républicain. Notre figure 142 reproduit fidèlement un superbe bonnet de cérémonie

vénitien : ce bonnet, de l'époque de Louis XIV, est en broderie enrichi de fleurs en application d'étoffes brodées d'argent sur fond bleu. — Vente San Donato. — N° 931. Bonnet de seigneur vénitien, en drap d'or broché de fleurs et de feuillages en argent et soie d'une grande richesse (Venise, XV° siècle). Vendu 35 lires.

BOORT. — Diamant noué, diamant noir à

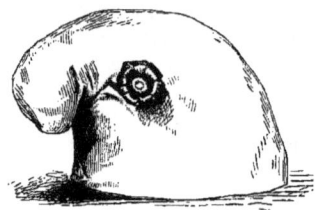

Fig. 139. — Bonnet phrygien.

cassure d'un gris foncé qui passe au noir. Cette

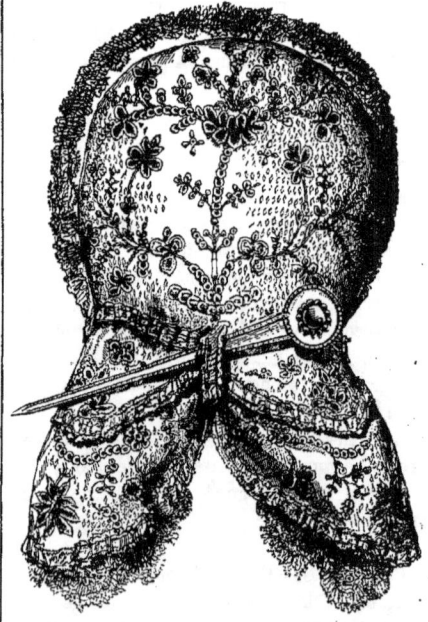

Fig. 140. — Bonnet allemand.

pierre sert à faire des burins et des bijoux ; on la recueille principalement au Brésil, où elle se présente sous forme de rognons irréguliers avec des angles grossièrement arrondis. La densité du boort varie suivant sa pureté; elle est de 3 ou de 4, ce qui lui permet de couper le verre et de rayer le Corindon et la Topaze. (Voy. ces mots.)

Fig. 141. — Bonnet de police républicain.

BORDEMENT. — Ce terme de céramique sert à exprimer la manière d'employer les émaux clairs en les couchant à plat. — On désigne de même, dans une plaque de métal émaillée,

Fig. 142. — Bonnet de cérémonie vénitien.

la saillie qui sert à retenir l'émail. (Voy. Émail.)

BORDER. — Terme de gravure. C'est garnir de cire, dite *cire à border,* une plaque d'acier ou de cuivre, afin de pouvoir faire mordre cette plaque en y versant les acides préparés à cet effet. (Voy. Gravure.)

BORDOYER. — Terme de céramique qui signifie *faire un bordement,* c'est-à-dire coucher l'émail à plat sur une plaque. On désigne de même le résultat défectueux des émaux clairs qui, mis sur un *bas or,* deviennent *louches,* c'est-à-dire nuageux, parce qu'une espèce de fumée obscurcit la couleur de l'émail et la bordoie ; le coulage de l'émail produit ce défaut.

BORDURE. — Tout ce qui borde, dans un tableau ; c'est le cadre, comme dans une glace. Ce terme est également synonyme d'*encadrement* ; ainsi les tapisseries en verdure comportent presque toujours des bordures qui les encadrent.

BOSSELAGE. — Résultat du travail en bosse exécuté sur des objets métalliques, sur des objets en dinanderie, en orfèvrerie.

BOSSELER. — Travailler en bosse ; faire des bosselages.

BOSSELIER ou BOSSIER. — Ouvrier estampeur qui travaille en bosse, c'est-à-dire qui produit des reliefs sur un métal par des repoussés intérieurs. — On désigne de même le verrier qui souffle la bosse.

BOSSETTE. — Ornement de bosse qui décore les deux côtés d'un mors de cheval, ou bien les pièces de cuir placées à la hauteur des yeux de chaque côté de la tête d'un cheval.

BOTTES. — Voy. CHAUSSURES.

BOUCLE. — Ce terme sert à désigner divers objets. On nomme : *boucles d'oreilles,* les anneaux que les femmes portent aux oreilles (Voy. BIJOUX) ; *boucles à ardillon,* des anneaux de métal avec un ardillon. Les baudriers et les ceinturons ont des boucles à ardillon. Notre figure 143 montre une boucle de baudrier du VIe siècle qui a été trouvée en 1850 dans un cercueil de pierre découvert dans la nécropole de Saint-Vigor-le-Grand, près de Bayeux. Cette belle boucle est en cuivre ; elle avait été argentée, car on trouve des traces d'argent sur quelques-unes de ses parties. — Les boucles de souliers en argent, montées de strass, sont fort recherchées ; elles valent depuis 10 francs jusqu'à 180 francs. Les boucles de culottes Louis XIII, Louis XIV et Louis XVI en argent, montées de strass, valent depuis 10 francs

Fig. 143. — Boucle de baudrier.

jusqu'à 30 francs. — Les boucles de ceinture en argent, montées également de strass, valent de 60 à 300 francs et plus, surtout celles qui sont ornées de miniatures.

BOUCLIER. — Partie de l'armure défensive des guerriers anciens et de ceux du moyen âge. Suivant sa forme, le bouclier porte des noms différents : targe, parme, pavois, rondelle, rondache, etc. Chez les anciens, le bouclier rond se nommait *aspis, scutum, clipeus*; le bouclier en croissant, *pelta*. Dans les ventes, rien n'est variable comme le prix des boucliers, car rien n'a été contrefait autant que cette arme, qui vaut en fer battu 15 ou 18 francs, et qui atteint des prix fabuleux suivant le travail de l'artiste qui l'a exécuté.

Fig. 144. — Bouclier italien (xvie siècle).

Nous donnons ici (fig. 144) un bouclier italien de la renaissance ; il est en bois sculpté et a servi probablement à l'une de ces fêtes splendides que donnaient les républiques italiennes pendant le xvie siècle. La composition de notre bouclier est extrêmement remarquable et d'un goût exquis. Les arabesques se déroulent ou plutôt s'enroulent avec des courbes gracieuses sans confusion et sans maigreur. L'homme qui a créé cette œuvre, nous pourrions dire ce chef-d'œuvre, était un artiste de race. Le sujet principal ou motif central est certainement une charge d'un empereur romain en triomphateur se faisant couronner par la Renommée; et ce grand personnage a son char traîné par des oies. Voilà le côté comique. Le noble florentin qui dans la cavalcade historique portait ce bouclier devait beaucoup divertir la foule. On ignore le nom de l'artiste qui a créé cette œuvre d'art.

BOUDINE. — Ce terme de verrier désigne une bosse de verre, de forme circulaire, que présentent les feuilles de verre au milieu d'une pièce. On désigne de même la masse de verre qui est au bout du tube du souffleur.

BOUGEOIR. — Sorte de chandelier bas et dont le pied en forme de coupe possède un anneau ou manche servant à porter cet ustensile. — Vente San Donato. — N° 1336. Bougeoir en argent, bordures à oves, manche à fleuron en relief terminé par une tête de femme; ornements courants, style Berain. Travail français du XVIIe siècle. 650 lires.

BOUGE. — Ce terme, dérivé de *baga* et *bauga*, sert à désigner un coffre. Au moyen âge, quand les personnes de qualité ou de grands personnages se déplaçaient pour aller à la ville ou de la ville à la campagne, ils transportaient tout l'intérieur de leur maison avec eux, de sorte que les mobiliers se plaçaient sur des chariots ou sur des sommiers; aussi la charge qu'on plaçait sur ceux-ci ne dépassait point les forces d'un cheval, et les coffres, bahuts et bouges étaient les charges les plus volumineuses. La bouge était une sorte de sac qui prenait souvent la forme de l'objet qu'il renfermait.

BOUILLON DE MARIÉE. — Sorte d'écuelle en faïence, qu'on désigne aussi sous le nom de *coupe d'accouchée,* parce que c'était dans ce bol qu'on donnait du bouillon aux femmes nouvellement accouchées. Le XVe, le XVIe et le XVIIe siècles ont produit, surtout en Italie, beaucoup de bouillons de mariée en faïence qui sont presque toujours décorés de scènes analogues à la circonstance, c'est-à-dire se rapportant à la maternité; c'est tantôt une femme allaitant son enfant, tantôt une femme nue, assise ou couchée, ayant à ses pieds un Amour qui montre du doigt un nouveau-né couché dans un berceau. Suivant la beauté de l'exécution, ces bouillons valent de 10 à 1,000 francs; les plus estimés sont de Caffagiolo, de Faenza et de Gubbio, en Italie. En France, on fabriqua beaucoup de ces coupes en émail de Limoges; ceux faits par Laudin valent jusqu'à 190 francs, tandis que ceux de Noailhier atteignent à peine le prix de 75 à 80 francs. On a fabriqué des bouillons de mariée en étain; suivant le style, ils valent de 30 à 70 francs. Ceux en argent des époques Louis XIV, Louis XV, Louis XVI, valent de 1 franc, 1 fr. 25 à 2 fr. 20 le gramme.

BOULE CHINOISE. — Voy. IVOIRE.

BOULE (MEUBLES DE). — Voy. MOBILIER et MARQUETERIE.

BOURGUIGNOTTE. — Casque léger à petite visière de la fin du XVe siècle. Il est ainsi nommé parce qu'il fut adopté à l'origine par les soldats du duc de Bourgogne. (Voy. ARMURE et CASQUE.)

BOURLETTE. — Massue du moyen âge armée de fortes pointes. On nomme également cette masse d'armes *bourlotte.*

BOURSAGE. — Ce terme de pelleterie sert à désigner la première opération que subit la peau dans cette industrie; elle consiste à coudre la peau, le poil en dedans, afin de ménager celui-ci lors du transport des peaux. On dit *bourser* une peau, pour la mettre dans l'état que nous venons de décrire.

BOURSE. — Petit sac dans lequel on met son argent. Nous n'avons à nous occuper ici que des bourses anciennes. Celles à mailles d'acier, d'argent ou d'or sont seules recherchées par le commerce de la curiosité. Quelques bourses du XVIIe et du XVIIIe siècle, formées au moyen de deux plaques émaillées et cousues sur un fond de velours, se vendent, suivant la beauté de l'émail, de 125 à 160 francs.

BOURSETTE. — Dans le sommier d'un

orgue, on nomme *boursette* la partie qui laisse passer un fil de fer sans donner une issue au vent de la soufflerie.

BOUTE-FEU. — Cet ancien terme d'artillerie sert à désigner un bâton ferré assez long, garni d'une mèche à son extrémité ou d'une lance à feu. C'est avec ce bâton qu'on mettait le feu aux pièces d'artillerie avant l'usage de l'étoupille en fulminate employée seule de nos jours.

BOUTEILLE. — Vase, récipient à goulot étroit qui sert à contenir des liquides et principalement du vin. Nous n'avons à nous occuper ici que des bouteilles en grès, en porcelaine de Chine et du Japon, et en verre de Venise et de Bohême des XVIᵉ, XVIIᵉ et XVIIIᵉ siècles; celles-là seules sont recherchées des amateurs et atteignent des prix bien divers. Les bouteilles de faïence orientales valent 50, 60 et 100 francs; les bouteilles en porcelaine de Chine valent, suivant leur beauté, 100, 200 et 350 francs. — Notre fig. 145 montre une superbe bouteille en faïence

Fig. 145. — Bouteille en faïence de Perse.

de Perse. Notre figure 146 reproduit une bouteille romaine en verre gravé. C'est un objet d'une grande rareté; elle a été trouvée dans les antiques ruines d'Odemira, près d'Evora en Portugal; elle est de forme globulaire, d'un verre blanc transparent; son diamètre est de 0ᵐ,105; on lit au-dessus des colonnes supérieures : THERME JANI (E final pour Æ), et au-dessus des colonnes inférieures : THEATRVM RIPA.

BOUTEROLLE. — Bout en métal placé à l'extrémité d'un fourreau d'épée, de sabre, de poignard ou de toute autre arme à lame.

BOUTONNEURE. — Garniture de boutons. Comme ces garnitures étaient anciennement fort belles et d'un grand prix, elles figurent généralement dans les inventaires. Nous lisons dans les comptes royaux de 1352 ou 1353 : « A Pierre Boudet, orfèvre pour xx boutons d'or, pour une boutonneure à surcot pour ma dicte dame (la reine); xj paires de boutonneures, c'est assavoir ix paires pour manteaux et ij paires pour chappes, dont l'une boutonneure pour chappe à 50 boutons, chacun bouton d'un glan d'or et de iij perles. »

BOUTONS. — Petites pièces de formes très diverses, rondes, carrées, hémisphériques, sphériques. Elles servent à orner un vêtement ou à réunir et rajuster les diverses pièces dont il se compose. On emploie toute sorte de matières pour la fabrication des boutons; ils sont en bois, en nacre, en carton comprimé, en buis, en métal, etc. Au XVIIIᵉ siècle, on portait en France de fort beaux boutons en métal, en argent, en acier poli; certains étaient décorés de facettes et rehaussés de rosettes pour les riches habits. Aussi, quand les boutons d'étoffe firent leur apparition, « les boutonniers d'or et de nacre, comme le dit M. Jules Simon (1), et les boutonniers ciseleurs poursuivirent à outrance ces boutons économiques. Le parlement lui-même les vit de mauvais

---

(1) Jules Simon, *le Travail*, 7ᵉ édit., 1870, page 92.

œil et permit aux officiers de police de les couper dans la rue et sur les habits de ceux qui les portaient. »

L'usage du bouton n'est pas très ancien ; on se servait autrefois d'agrafes, d'aiguillettes, de brochettes ou grosses épingles et de cordons. — Dans certains pays, en Chine par exemple, les boutons servent, suivant leur richesse, à indiquer le rang et la position de la personne qui les porte.

Fig. 146. — Bouteille romaine en verre gravé.

BOUTOU. — Massue des Caraïbes, longue d'environ un mètre. Faite d'un bois lourd et très dur, elle est plate et amincie sur ses bords. Souvent les plats sont décorés de signes bizarres peints de couleurs éclatantes. Cet objet est de peu de valeur.

BOUTS DE TABLE. — Petits flambeaux à deux branches dont l'usage est assez récent. Les bouts de table anciens ne remontent pas au delà de Louis XV ; ils sont en argent, en bronze ordinaire argenté ou doré. Les bouts de table Louis XVI en argent valent, en moyenne, de 0 fr. 90 à 1 fr. le gramme, suivant le travail de façon. — On désigne de même des salières doubles en argent ciselé ou en faïence; celles en argent valent jusqu'à 190 et 200 francs la paire; celles en porcelaine de Saxe se vendent jusqu'à 300 francs la paire, suivant le fini et la richesse de leurs décors.

BRACÈLE. — Ancienne pièce de l'armure qui couvrait le bras.

BRACELET. — Bijou dont l'origine remonte à une haute antiquité. Dans les temps reculés, les hommes portaient ce bijou aux bras ou aux poignets; aujourd'hui les femmes seules s'en parent. On a fabriqué des bracelets avec les matières les plus diverses; l'or, l'argent, le cuivre, le bronze, ont été utilisés tour à tour; on a orné les bracelets de pierres précieuses, de perles, de camées et d'intailles. Chez divers peuples de l'antiquité, le bracelet n'était pas seulement un ornement, c'était encore une marque de dignité et de puissance : par exemple, chez les Mèdes, chez les Perses et chez d'autres peuples orientaux. — En France, l'usage du bracelet remonte au temps même des Gaulois; nos pères à la longue chevelure en portaient tantôt à l'avant-bras, tantôt au poignet; les Françaises adoptèrent le bracelet dès le commencement du XIII° siècle. Pendant le moyen âge et la renaissance, ce terme avait comme synonyme celui de *manicle*. Nous lisons, en effet, dans Parthenopex de Blois, qui écrivait vers 1240 :

> Le fermail de sos le menton
> Son de rubi et li bouton
> Li bras sont fort par les manicles
> Qui faites sont d'or et d'ornicles ;

et dans l'inventaire de Gabrielle d'Estrées, en date de 1599 : « Deux manicles d'or couverts de rubis d'Inde prisez ensemble cent escus. »
Dans l'art militaire ancien, on nommait *bracelet* la garde du gantelet; il était fait soit en acier à charnière et à loqueteau, soit au moyen d'une plaque d'acier garnie de peau. (Voy. BIJOU, *fig.* 120).

BRACONNIÈRE, ou plutôt BRAGONNIÈRE. — Pendant le moyen âge, on désignait sous ce terme une ceinture de fer attachée à la pansière. La bragonnière était rattachée aux lames qui couvraient les hanches de diverses manières, mais surtout au moyen de lanières de cuir placées en dessous de l'armure. C'est sur la dernière lame mobile qu'étaient suspendues les tassettes qui protégeaient contre les coups de fer le haut des cuisses. (Voy. ARMURE.)

BRACTÉATES. — Ce terme, dérivé du latin *bractea* (feuille de métal), sert à désigner

Fig. 147. — Bractéate en or trouvée en Norvège.

à la fois une monnaie et un bijou faits au moyen d'une feuille de métal estampée. Cependant les premières bractéates portaient une double empreinte. Cette monnaie fut très répandue en Allemagne depuis la seconde moitié du XI° siècle jusqu'à la fin du XIV°. On en fit également usage en Norvège, en Pologne, en Alsace et en Suisse. — Nos figures 147 et 148 montrent deux bractéates ornementales en or trouvées en Norvège; l'une (fig. 149) couverte de filigrane est décorée de pierres fines serties dans le métal de la même façon qu'on voit enchâssés des cabochons dans des crosses des bas siècles. Nos figures de 150 à 151 montrent quatre autres bractéates trouvées

DICT. DE L'ART.

en Suède, en Norvège et en Danemark; une seule, celle représentée par notre figure 152, semble appartenir aux bractéates monétaires,

Fig. 148. — Bractéate en or (Norvège).

car non seulement elle n'a pas d'anneau, mais encore elle n'en a jamais porté, puisqu'on n'en voit pas trace.

BRADEL (Reliure a la). — Reliure dans laquelle la tranche du livre n'est pas rognée et dont le dos et le plat des cartons sont recouverts de percaline ou de papier colorié de diverses nuances.

Fig. 149. — Bractéate norvégienne.

BRAGUE. — Pièce placée à l'extrémité du corps du luth pour en cacher les éclisses. C'était aussi une partie du costume masculin ancien, elle formait le devant de la culotte.

BRANLANTS. — Au moyen âge, l'éclat des métaux et des pierres précieuses, de même que les plus riches broderies d'or et d'argent,

Fig. 150. — Bractéate norvégienne.

ne suffirent pas aux riches personnages pour satisfaire le goût du luxe et du clinquant; aussi les marchands de broderies imaginèrent de créer des ornements en feuilles métalli-

Fig. 151. — Bractéate norvégienne.

ques branlantes, c'est-à-dire disposées sur les costumes de telle sorte que le moindre mouvement les faisait s'ébranler et reluire. Voici ce que nous lisons dans Ant. de la Salle (1455) : « J'ay un aultre parement de satin

Fig. 152. — Bractéate monétaire de Norvège.

bleu losengé d'orfavrerie à nos lectres branlants... et ma cotte d'armes toute semblable sur lequel je viendray sur les lices pour faire mes armes à pié, qui est de satin cramoisy, tout semé de branlants d'or esmaillé de rouge cler à une grant bande de satin blanc, tout semé de branlans d'argent à trois lambeaux de satin jaune tout semé de branlans de fin or. »

BRAQUEMART. — Épée large et courte à deux tranchants et à simple poignée sans garde. Cette arme, qui se portait pendante le long de la cuisse gauche, est fort rare. Celles dont les poignées sont richement ornementées ont une grande valeur. On a fait beaucoup d'imitations, fort peu réussies du reste. A l'époque de Henri IV, les braquemarts furent quelque temps en usage.

BRAS-APPLIQUE. — On désigne sous ce terme des bras de lumière qu'on applique contre des murs ; ils portent des branches de lumières, des girandoles à bougies ou des lampes. — Vente L. Double. — N° 300. Bras-applique en bronze ciselé et doré au mat à trois lumières, composé d'un flambeau supportant un groupe de colombes et s'échappant à sa partie inférieure d'un motif feuillagé orné de branches de fruits. Trois branches à rinceaux sont rattachées au flambeau à l'aide de rubans. La branche centrale se termine par une cariatide d'Amours tenant un cœur. Haut. 0^m,75. (Style Louis XVI.) Ouvrage de Gouthières. 25,000 fr. — N° 301. Quatre bras-appliques en bronze ciselé et doré à trois branches porte-lumière à rinceaux reliés à l'applique par des festons de laurier ; hauteur 0^m,55 (style Louis XVI). 3,420 fr. — N° 302. Huit bras-appliques à deux branches porte-lumière en bronze ciselé et doré ; haut. 0^m,59 (style Louis XV). 12,440 fr. — N° 303. Deux bras-appliques en bronze doré à deux branches s'échappant d'un mascaron ; haut. 0^m,27 (style Louis XVI). 520 fr. — N° 304. Quatre bras-appliques en bronze ciselé et doré, ornés de têtes de boucs et surmontés d'un vase à trois branches ; haut. 0^m,65 (style Louis XVI). 4,040 fr. — N° 305. Deux bras-appliques en bronze ciselé et doré à l'or moulu à trois branches à rinceaux porte-lumière reliés par des festons de lauriers. Les appliques ornées de mufles de lions reliés par des festons de lauriers. Haut. 0^m,65. (Style Louis XVI.) 1,750 fr.

— N° 330. Quatre bras-appliques en bronze ciselé et doré avec vase bleu et à onze branches, modèle à rinceaux, enrichis de cristaux de roche (style Louis XVI.) 1,000 fr. — N° 378. Deux bras-appliques en bois sculpté à trois lumières, composés de cornes d'abondance, de festons de fruits, de couronnes de fleurs et de branches de laurier (style Louis XVI) ; haut. 1^m,20. 1320 fr.

Vente San Donato. — N° 134. Quatre bras-appliques, en bronze doré, à sept lumières. 820 lires. — N° 994. Deux bras-appliques, en bronze doré, à deux lumières (style Louis XV) ; haut. 0^m,67. 1,350 lires. — N° 1081. Deux bras-appliques à trois lumières en bronze ciselé et doré au mat, par Gouthières ; haut. 0^m,72. 8,500 lires. — N° 1089. Deux bras-appliques à trois lumières en bronze ciselé et doré au mat, par Forestier (style Louis XVI). Ils provenaient du château de Versailles. Haut. 0^m,70. 4,600 lires. — N° 1091. Deux bras-appliques à trois lumières en bronze ciselé et doré, par Gouthières. Haut. 0^m,58. 4,000 lires. — N° 1092. Deux bras-appliques à deux lumières, modelé par Clodion. Hauteur, 0^m,73. 8,000 lires. — N° 1093. Deux bras-appliques semblables au n° 1089, même provenance. 3,500 lires. — N° 1094. Deux bras-appliques semblables au précédent. 4,600 lires. — N° 1095. Deux bras-appliques à trois lumières en bronze ciselé et doré, trois lumières (style Louis XVI) exécutées d'après le dessin de Delafosse, le célèbre ornemaniste du XVIIe siècle. Haut. 0^m,66. 5,000 lires. — N° 1096. Deux bras-appliques en bronze doré à trois lumières (style Louis XVI), dessiné par Lafosse. Haut. 0^m,66. 3,900 lires. — N° 1162. Deux bras-appliques en bronze platiné, à sept lumières superposées sur trois rangs. 900 lires.

BRASERO, BRASIER. — Bassin portatif en cuivre, en fer, en bronze, de forme variée, qu'on utilisait dans l'antiquité pour chauffer l'intérieur des appartements. Ce bassin était porté assez généralement sur un pied, ou plutôt sur un trépied, et le centre du bassin renfermait des charbons incandescents. On a retrouvé dans les ruines de Pompéi un superbe brasero de bronze d'environ 0^m,70 de hauteur sur 0ᵐ,45 de diamètre. Pendant le moyen âge, on utilisait comme *braseros* des chariots en fer qu'on roulait d'une pièce à l'autre, suivant que le maître du logis allait dans sa chambre, dans

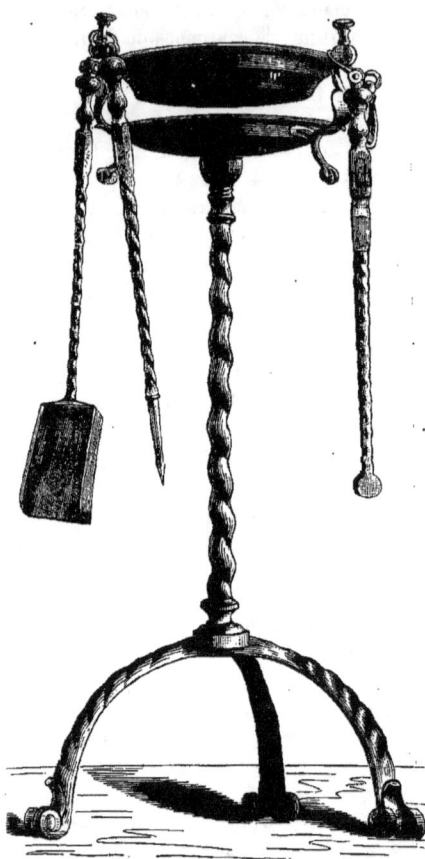

Fig. 153. — Brasero en fer (XVIIᵉ siècle).

sa salle à manger ou dans son cabinet de travail. On nommait ces chariots CHAUFFE-DOUX. (Voy. ce mot.) Cet usage de chauffer avec des braseros, qui ne subsiste plus guère en Europe qu'en Espagne et en Italie, s'est perpétué en France jusqu'au XVIIᵉ siècle. Notre figure 153 montre un brasero de cette époque avec ses ustensiles : pelle, tisonnier et pincettes ; il est en cuivre, le bassin est monté sur une colonne torse portée elle-même sur un trépied. Notre figure 154 montre un brasero portatif de la même époque ; c'est un vase pourvu d'une anse ; le couvercle est perforé de trous étoilés ; en outre, une armature composée de huit tigettes en fer permettait de poser le pied sur le récipient sans brûler sa chaussure ni ses vêtements, si par hasard la robe d'une dame venait à frôler le couvercle brûlant de ce petit meuble aussi commode qu'élégant. — Les beaux braseros dont les pieds sont en fer forgé et richement ornementés se vendent jusqu'à 400 et 450 francs ; les braseros plus modestes, tels qu'on en voit en Italie et qu'on fabrique à Naples, se vendent 60, 80 et 100 francs, suivant leurs proportions.

Fig. 154. — Brasero portatif.

BRASSARD. — Dans les anciennes armures, on désignait sous le nom de *brassard* la partie qui couvrait le bras de l'homme depuis l'épaulière jusqu'au gantelet ; cette partie se composait de deux pièces solides cylindroconiques, réunies par une *cubitière* dont la double fonction consistait à réunir le haut et le bas du brassard et à servir de défense au moyen d'une pointe aiguë. Le brassard a été en usage depuis le XIVᵉ siècle jusqu'au règne de Henri III. (Voy. ARMURE.)

Vente Double. — N° 235. Deux brassards en damas couverts d'entrelacs damasquinés en or, avec gantelets de fines mailles. Travail indien. 360 fr.

BRÈCHE. — Variété de marbre dont on fait des piédestaux, des colonnes, des cheminées, des chambranles de portes, etc. (Voy. MARBRE, dans notre *Dictionnaire raisonné d'architecture*.)

BRELOQUES. — Hochets de minime valeur, petits bijoux, clefs-cachets, qui sont fixés à une chaîne de montre. L'usage de porter des breloques nous vient d'Angleterre. Le beau monde en porta surtout à l'époque de la révolution française au bout d'un ruban métallique ou d'un ruban de soie. Les breloques les plus appréciées étaient alors des bonnets phrygiens, des guillotines, des sabres, des triangles, de petits canons, etc.; depuis la restauration, ces menues curiosités ne sont plus portées. — Au moyen âge, on nommait *breloquié, belloce*, termes remplacés par breloques, des objets de peu de valeur. Nous trouvons ces termes employés en 1536 dans l'inventaire de Charles-Quint pour désigner les objets suivants : « Ung petit benoitier, ung asperges, une lance, un lyvrier, une brouette, ung rasteau, une faucille, une fourche, etc. »
Vente San Donato. — N° 677. Breloque-cachet, formée de deux serpents en or enlacés soutenant une plaque mobile en lapis-lazuli ; sur un de ses côtés est gravée une lettre sous laquelle se lit : *Elle adoucit les peines de l'absence*, et sur l'autre on lit : *C'est l'avenir et non le passé*. 205 lires. — N° 679. Breloque-cachet en cristal de roche montée en or et présentant gravées deux mains suppliantes avec ces mots : *Pray reply*. — N° 680. Cachet-breloque en or et argent oxydé, représentant un triton enchaîné, avec plaque rectangulaire en lapis-lazuli. Ces deux numéros ensemble, vendus 100 lires. — Quatre autres numéros ensemble. 65 lires.

BRETTE. — Longue épée dont la garde est en forme de corbeille ; elle a été surtout en usage au XVIᵉ et au XVIIᵉ siècle.

BRIC-A-BRAC. — Dans son sens générique, ce terme sert à désigner toute sorte d'objets vieux, tels que bahuts, armures, bronzes, tableaux, etc. Le goût prononcé du public pour ces sortes d'objets a donné lieu à une industrie nouvelle, la *fabrication du vieux neuf*, exécutée plus ou moins habilement. Il faut souvent un œil très exercé pour distinguer un vieil objet de curiosité authentique d'avec un objet faux. En général, le mot de bric-à-brac est employé comme terme de mépris ; on l'applique dans la langue usuelle à des objets de peu de valeur.

BRIDON. — Seconde bride légère à mors articulé, qu'on emploie souvent indépendamment de la bride, surtout pour les chevaux de race, faciles à s'emporter.

BRIGANDINE. — Armure du moyen âge, sorte de cuirasse faite de cuir ou de grosse toile recouverte de lames de fer ou d'acier en forme de grosses écailles de poisson. La brigandine était portée principalement par les fantassins ; mais c'était aussi l'armure des archers à cheval et des gens d'armes de condition. La brigandine de ceux-ci avait non seulement des écailles d'acier damasquiné, mais encore elle était parfois recouverte de drap ou de velours aux brillantes couleurs. On désignait de même un plastron qui se mettait sous le hoqueton ou pourpoint.

BROC. — Vase à anse et à bec évasé, qui a la forme d'une poire. Il existe des brocs en bois cerclés de fer ou de cuivre, des brocs en faïence, en porcelaine et en argent. Notre figure 155 montre, à la page suivante, un petit broc en porcelaine dure de l'ancienne manufacture de Valenciennes. — Les brocs en faïence de Nevers valent de 40 à 45 francs ; ceux en faïence de Rouen, qui sont les plus estimés, atteignent parfois le prix de 225 à 240 francs. (Voy. FAIENCE.)

BROCART. — Riche étoffe de soie brochée d'or et d'argent et d'un grand prix. Anciennement on faisait des robes avec ce brocart, qui est aujourd'hui exclusivement employé pour les chapes et les chasubles des prêtres catholiques, ainsi que pour faire des costumes historiques pour les acteurs de nos principales scènes. — Au moyen âge, on désignait sous le nom de *brocart* une fontaine à robinet d'une forme particulière. Il y avait une célèbre manufacture royale de brocart en Portugal. — Vente San Donato. — N° 56. Cinq riches panneaux de brocart vert et or, de l'ancienne

Fig. 155. — Petit broc en porcelaine.

fabrique royale de soieries portugaise ; montés en lambrequins et garnis d'un galon ancien en velours rouge de Gênes. Haut. de chaque panneau, 2^m,50 ; largeur, 0^m,56. 510 lires. — N° 57. Dix riches panneaux en brocart rouge et or, de la même manufacture que le précédent numéro, montés en rideaux et garnis sur un côté de galons anciens de velours rouge de Gênes à crête, et, dans le bas, frange ancienne rouge et or. Haut. de chaque panneau, 3^m,45, larg. 0^m,56. 3,200 lires.

BROCATELLE. — Étoffe de soie brochée à riches ramages, utilisée pour robes et pour meubles. — C'est aussi le nom d'une variété de marbre.

BROCHE. — Ce terme a des significations assez diverses : 1° Petite agrafe dont l'ardillon est mobile parce qu'il n'est pas retenu, comme dans la fibule, par sa tension et le crochet opposé à la charnière. 2° Pointe pour séparer les cheveux, nommée aussi *gravouère*. 3° Robinet pour tirer le vin d'un tonneau ; dans ce sens on disait aussi *brocheron*. On lit dans les *Statuts des mestiers* (1260) : « Quiconques est crieur à Paris, peut aler en laquelle taverne que il voudra et crier vin, portant qu'il y a vin à broche. » 4° Ustensile servant à rôtir. Mais au XIV° siècle, il y avait des broches à rôtir le fromage, comme peut en témoigner l'inventaire de Charles V de 1379, dans lequel nous lisons : « Un instrument à rostir fourmage aux armes de M. le Dauphin. »

BROCHOIR. — Vase à goulot du moyen âge.

BRODEQUINS. — Sorte de chaussure assez haute et lacée sur le cou-de-pied ; elle diffère en cela de la bottine, qui se lace sur le côté. — C'est aussi le nom d'un instrument de torture. (Voy. CHAUSSURES.)

BRODERIES. — Ornement dessiné en relief sur une étoffe, un cuir, etc., au moyen d'un fil de laine, de soie, de coton, d'or ou d'argent. Il existe une grande variété de broderies qui ont divers noms suivant l'espèce de point ou la matière employés pour fabriquer ces broderies ; voici les principaux genres : broderies *au passé, au point de marque, au plumetis, au point de chaînette*; broderies *au nuancé, au crochet, au métier, au tambour, à l'aiguille, en application*; broderies *à l'anglaise, au point de feston, au cordonnet*; enfin il y a les broderies *en blanc, en or, en argent, en couleur*, etc. — On nomme *broderies en tapisserie* un genre de travail qui consiste à remplir un canevas avec de la laine ou de la soie, afin de reproduire un dessin donné. L'art de broder remonte à une époque très reculée, car il en est question dans les livres les plus anciens. Notre planche IV montre une broderie moderne exécutée à Malacca au XVII° siècle ; notre figure 156 donne un fragment de broderie

PLANCHE IV. — Broderie exécutée à Malacca (XVIIe siècle).

or sur velours noir exécuté à Morshedabad dans l'Inde anglaise. (Voy. TAPISSERIES.)

BRONZAGE. — Action de bronzer; opération qui consiste à recouvrir de bronze, par des procédés nombreux et spéciaux, divers objets en métal, en bois, etc.

BRONZE. — Métal composé; alliage de cuivre et d'étain, auquel on ajoute souvent d'autres métaux, tels que du plomb, du zinc, de l'argent, etc. Dès l'antiquité la plus reculée, on a fabriqué avec le bronze des ustensiles, des armes, des instruments de culte, et des tables pour y graver des traités, des lois et des actes publics.

HISTORIQUE. — Quel a été le premier peuple qui a inventé la fabrication du bronze, c'est un point difficile à préciser; mais ce qui est certain, c'est que ce ne sont ni les Étrusques, ni les Latins, ni les Grecs, comme bien des archéologues l'ont affirmé. Du reste, aujourd'hui on admet assez généralement que les arts de l'Europe centrale ont eu pour point de départ l'Asie, et que c'est principalement par l'Hellade et par la péninsule italique qu'ils sont parvenus jusqu'à nous. Nous savons de plus que les Hindous, les Perses et les Babyloniens connaissaient l'art de faire des statues de bronze bien avant les Romains et les Grecs; en outre, nous avons vu à diverses expositions des bronzes japonais et chinois dont l'antiquité se perd dans la nuit des temps. Nos figures 157 à 160 montrent d'anciens bronzes japonais. A l'exposition du métal au palais de l'Industrie de Paris, en 1878, on a pu voir et admirer des bronzes très anciens dans diverses collections, notamment dans celle de M. Cernuschi. Nous mentionnerons également à cette exposition un bas-relief assyrien qui, pour nous, remonterait à une époque sinon plus ancienne, au moins aussi ancienne que le bronze de la collection de M. Gustave Bosno, dont nous parlons un peu plus loin. En ce qui concerne la Grèce, nous savons que l'art du bronze se développa de très bonne heure à Sparte, et Pausanias nous apprend (III, 17) que le temple des Muses, à Lacédémone, possédait la plus ancienne statue de bronze, faite de plusieurs pièces; c'était un

Fig. 156. — Broderie de Morshedabad.

Fig. 157. — Tête de Méduse.

Jupiter, œuvre de Léarque de Rhégium, l'élève de Dipènus ou de Dédale lui-même (1). Les Grecs ne commencèrent à fondre les statues d'un seul jet que vers la 32ᵉ olympiade, c'est-à-dire 456 ans avant l'ère vulgaire. D'après Pausanias (IX, 14), les premiers artistes qui inventèrent le moyen de jeter des statues au moule furent Théodore de Samos, fils de Thébèclès, et Rhœcus de Sa-

Fig. 158. — Pi-tong.

mos, fils de Philœcus; plus tard ce furent Phidias, Polyclète, Myron et Praxitèle; voilà les artistes qui exécutèrent des œuvres de bronze. — Denys d'Halicarnasse nous apprend que Romulus fit placer sa statue, couronnée par une Victoire, sur un quadrige; tout cela était en airain. Voilà donc la mention d'une œuvre de bronze romaine fort ancienne. Le même auteur nous apprend qu'une statue de bronze fut érigée à Horatius Coclès et une statue équestre à Clélie. Les Grecs et les Romains créèrent une quantité énorme de bronzes; ceux que renferment nos musées pourraient au besoin en témoigner, à défaut d'autres témoignages; mais Pline nous dit que de son temps il y avait à Athènes trois mille statues de bronze, autant à Olympie et à Delphes. Le consul Mummius, lors de la prise de Corinthe, en emporta une quantité prodigieuse, tellement prodigieuse qu'il en remplit les temples et les places publiques de Rome; et cependant la ville de Romulus en possédait alors beaucoup, puisque déjà dans les premiers temps de la république, à la prise de Vulsinies, on s'empara de deux mille statues; Scaurus en avait placé trois mille dans son théâtre, et tous les temples, de même que toutes les maisons des riches patriciens, en renfermaient des quantités considérables.

Le bronze est susceptible de recevoir une trempe; mais celle-ci n'ajoute pas à la qualité des armes, au contraire elle les rend plus cassantes. Les Égyptiens et les Grecs, qui avaient inventé un alliage de bronze blanc qui ressemblait à de l'argent, fabriquèrent également des armes de bronze trempées. Pausanias (II, 3) nous dit même que « l'eau de la fontaine de Priène est non seulement très bonne à boire, mais encore que le bronze qu'on y a trempé, après l'avoir fait rougir au feu, y acquiert cette qualité qui le fait rechercher sous le nom de *bronze de Corinthe*, » qui, on le sait, était très renommé, de même que celui de Délos et d'Égine, au dire de Pline (XXXIV, 4, 8).

Nous avons dit précédemment que nous possédions dans nos musées beaucoup de bronzes, et cependant quelle énorme quantité a dû disparaître dans les incendies ou par la fonte! Le pape Urbain VIII, par exemple, enleva à lui seul du Panthéon de Rome tous les bronzes qui le décoraient pour en fabriquer le baldaquin du maître autel de Saint-Pierre et des canons pour le fort Saint-Ange; on estime à 460,000 livres les bronzes ainsi fondus.

On voit dans nos musées des bronzes de

---

(1) Dans notre *Dictionnaire d'architecture*, 1ᵉʳ vol., 1877, nous avons signalé le même fait au mot *Bronze*; mais le présent article est beaucoup plus important.

diverses époques; nous en possédons même qui remontent à une très haute antiquité. Jusque dans ces derniers temps on avait admis que le bronze le plus ancien de toutes les collections était une petite statuette représentant une canéphore assyrienne, sur la robe

Fig. 159. — Vase antique en bronze doré.

de laquelle on lisait une inscription en caractères cunéiformes désignant un roi de Babylonie qui, suivant quelques assyriologues, aurait vécu vingt-un siècles avant l'ère vulgaire, et, suivant d'autres, seize siècles seulement avant J.-C.

Dans la séance du 29 octobre 1875 de l'*Académie des inscriptions et belles-lettres*, M. A.

de Longpérier, dont la science regrette la récente perte, signala le fait suivant : c'est qu'il existait, dans une collection d'antiquités égyptiennes appartenant à M. Gustave Posno, deux statuettes, mesurant l'une 0^m,48, et l'autre 0^m,60 de hauteur, qui présentaient tous les caractères de l'art de l'ancien empire. L'éminent archéologue observa que la plus petite de ces statues avait tout à fait le style de la fameuse statue de bois de sycomore du musée de Boulacq, contemporaine de la quatrième dynastie ; ce qui la fait remonter à une époque

Fig. 160. — Veilleuse sphéroïdale en bronze damasquiné.

comprise entre le quarante-deuxième siècle et le quarante-troisième siècle avant l'ère vulgaire. Mais M. A. de Longpérier a été un peu loin peut-être en déterminant une époque par analogie et en comparant entre elles deux statues faites avec deux matières très différentes.

Nous terminerons cet article en mentionnant les grandes statues de bronze antiques les plus célèbres et en soumettant à nos lecteurs quelques types d'objets en bronze. — Les statues les plus célèbres sont : les *Deux Lutteurs*, le *Satyre endormi* de Naples ; l'*Hercule* du Capitole ; la *statue colossale de Marc-Aurèle*, le *Tireur d'épines* et une *statue de Septime Sévère* à Rome. Notre figure 157 montre une plaque de bronze ornée d'une tête de Méduse au bas de laquelle est fixé un anneau de cuivre. Ce monument d'art antique devait servir d'anneau de tirage à un vantail de porte d'appartement ou d'armoire. La tête de Méduse est à la fois largement et finement modelée. Notre figure 158 montre un vase japonais, dit *pi-tong* (porte-pinceaux), sur lequel on voit des carpes largement modelées, et se jouant au milieu des flots. Le cylindre de notre vase est fondu d'une seule pièce ; mais souvent, dans ce genre de vase, ce même cylindre est formé de deux pièces fondues, soudées après coup et goupillées. Généralement les pièces analogues à celle que présente notre figure sont couvertes d'une belle patine noirâtre. — Notre figure 159 représente un vase antique en bronze doré enrichi de pierres de jade (*yu*). Ce cornet, renflé dans son milieu, est couvert d'un opercule en bronze découpé à jour et gravé ; quatre nervures fortement en relief divisent la paroi extérieure en quatre parties égales ; l'ornemen-

Fig. 161. — Rétiaire (bronze antique).

tation générale se compose en grande partie de feuilles d'eau, et les rehauts des sculptures sont décorés de jade. A en juger par son ornementation, toute dorée, ce vase appartiendrait à une époque comprise entre 600 et 500 ans avant l'ère vulgaire. Notre figure 160 montre une veilleuse sphéroïdale en bronze damasquiné ; la coupe qui la surmonte est en argent repoussé et doré. Le travail en relief de même que le filigrane du bronze représentent des grues. Cette œuvre remarquable est un véritable travail d'orfèvrerie. Notre figure 161 montre une statuette de rétiaire, c'est-à-dire d'un gladiateur combattant armé d'un filet au moyen duquel il enveloppait son adversaire. Il se servait également d'un trident ; son bras gauche était protégé par un brassard, son poignet et son arrière-bras droit portaient des bracelets, ainsi que ses jambes. Comme dans un grand nombre de bronzes antiques, les yeux de notre statuette sont en argent. Ce bronze, de même que celui que nous avons donné figure 157, fait partie de la collection du duc de Luynes à la Bibliothèque nationale.

Nos trois dernières figures (de 162 à 164) montrent de superbes spécimens de bronze de l'art hindou. La figure 162 est un vase en bronze qui a beaucoup d'analogie avec certains vases étrusques. La figure 163 montre un vase

Fig. 162. — Vase en bronze dit *lota* (art hindou).

avec incrustation de cuivre ; enfin la figure 164 donne une reproduction exacte d'un flambeau en bronze d'un temple de Madura.

Vente San Donato. — N° 11. Réduction en bronze, par Barbedienne, de la porte de la façade de San Giovanni (le Baptistère), à Florence, par Lorenzo Ghiberti. Hauteur totale, 3^m,55 ; largeur totale, 2 mètres. Hauteur de chaque vantail, 3^m,08, larg. 0^m,70. 8,100 lires. — N° 110. Réduction du Persée de la *loggia dei Lanzi*, à Florence. 5,800 lires. — N° 307. Neptune, bronze d'après le Bernin. Hauteur, 0^m,53 ; largeur, 0^m,30. 10,500 lires. — N° 320. Deux bronzes du temps de la régence, représentant chacun une figurine d'enfant, dont l'un soulève les deux mains au-dessus de sa tête et l'autre souffle dans une conque marine. Hauteur totale, 0^m,33. 5,400 lires. — N° 321. Vénus triomphante, groupe en bronze de l'époque de Louis XIV, d'après François Girardon ; haut. 0^m,61 ; base en brèche antique d'Afrique. 12,600 lires. — N° 322. Amphitrite triomphante, groupe faisant pendant au précédent et de la même époque. Haut. 0^m,65. Ces deux groupes avaient appartenu à Richelieu. 12,600 lires. — N° 416

Fig. 163. — Vase en bronze avec incrustation de cuivre.

Jeune bacchante ailée, bronze florentin du XVe siècle attribué à Andrea del Verrochio. Haut. 0^m,20. 3,100 lires. — N° 417. Vénus sortant du bain, bronze de Jean de Bologne, avec base en brèche africaine antique. Haut. 0^m,31.

1,550 lires. — N° 422. Vénus allaitant l'Amour, groupe florentin du XVe siècle. Base en corsico. Haut. totale 0^m,33. 950 lires. — N° 922. La Nuit de Michel-Ange, bronze florentin du XVIe siècle sur cire perdue. Hauteur, 0^m,12.

2,500 lires. — Aux mots FLAMBEAU, CHENET, APPLIQUE, BRAS-APPLIQUES etc., nous avons donné d'autres prix de vente de bronzes.

BRONZE (Plaquette de). — Voy. PLAQUETTE.

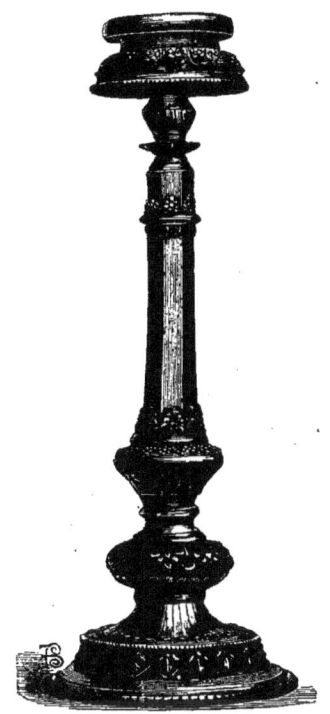

Fig. 164. — Flambeau en bronze (art hindou).

BRULE-PARFUMS. — Sorte de cassolette en métal affectant des formes très diverses et dans laquelle on brûle des parfums pour embaumer et purifier l'air. Les brûle-parfums sont en or, en argent, en bronze, surmontés d'un couvercle ajouré de dessins variés. Cet ustensile éminemment oriental fait partie du petit mobilier d'art décoratif. Il en existe aussi en fer forgé, en acier ; quelques-uns, persans et fort beaux, sont en argent repoussé. L'émail vient souvent enrichir leur décoration, comme par exemple dans le modèle antique chinois que montre notre figure 165. C'est un superbe émail cloisonné dont les ornements sont entourés d'un filet d'or. Les champs sont en vert cobalt, rouge sanguine, outremer, mauve et lilas. Cette pièce fait partie de la collection de M. C. Gon de la Rochelle. Les brûle-parfums sont parfois des vases d'un mètre de diamètre, ils ont des couvercles et sont portés par des monstres fantastiques ou par un trépied formé par trois trompes d'éléphants ; quand ceux-ci sont en émail cloisonné, ils valent 10,000, 15,000 et jusqu'à 20,000 francs.

Vente J. Jacquemart, hôtel Drouot, 4-8 avril 1881. — N° 89. Brûle-parfums en bronze, 760 fr., — N° 111. Brûle-parfums du Japon : 380 fr. — Vente San Donato. — N° 149. Brûle-parfums en ancien émail cloisonné de la Chine, de forme hémisphérique, avec galerie. Le couvercle, qui est repercé à jour, est surmonté d'un chien de Fô en bronze doré. Ce brûle-parfums, dont l'émail est à fond bleu turquoise et à décor polychrome, repose sur trois pieds également émaillés qui s'emboîtent dans des gueules de chien de Fô. Haut. $0^m,88$, diamètre, $0^m,84$. 4,000 lires. — N° 318. Une paire de brûle-parfums en bronze doré, en forme de vase de Médicis, sans anses et à couvercle ajouré, formé de palmettes de laurier et surmonté d'un panache de six plumes avec aigrette. Hauteur totale, $0^m,41$. 720 lires. — N° 723. Brûle-parfums formé d'une coupe à couvercle ajouré surmonté d'une flamme, et posé sur un balustre entouré de trois sphinx accroupis. Le tout en bronze doré. Base circulaire en malachite, ornée de figures en bas-relief en bronze doré. Hauteur totale, $0^m,35$. 700 lires. — N° 1656. Deux brûle-parfums à trois pieds et deux anses formés de têtes d'éléphant et à couvercle surmonté d'une chimère en bronze de la Chine à patine rouge gravé. Hauteur, $0^m,28$. 155 lires. — N° 1657. Brûle-parfums en émail cloisonné de la Chine sur trois pieds et à deux anses en S, décoré d'arabesques en émaux de couleurs sur fond turquoise. Le bouton du couvercle à dragon est en bronze ciselé et doré. Haut. $0^m,55$, larg. $0^m,55$. 1,050 lires.

BRUXELLES (POINT DE). — Genre de dentelles qu'on nomme également *application de Bruxelles* et improprement *application d'Angleterre* et *point d'Angleterre*; en effet, le point de Bruxelles n'a jamais été fabriqué dans le Royaume-Uni. Il existe aujourd'hui deux genres différents de points de Bruxelles : le point à l'aiguille, dit *point de Venise*, et le point dans lequel les fleurs sont appliquées sur tulle. Anciennement, on fabriquait le point de Bruxelles sur trois bandes distinctes larges chacune de 0^m,032 ; on les réunissait ensuite au moyen du point de raccroc. (Voy. DENTELLE.)

BUFFET. — Meuble de salle à manger

Fig. 165. — Brûle-parfums chinois, en émail cloisonné.

qui sert à enfermer les ustensiles et l'argenterie de table, ainsi que les mets. Les buffets sont des meubles à deux corps, différents en cela de l'armoire; le corps inférieur est plus large que le corps supérieur ; ils ont quatre portes battantes et deux ou trois tiroirs dans le haut de la partie inférieure. Les buffets en chêne ou en noyer sculptés valent, suivant leur style et le travail, depuis 200 francs jusqu'à 8 et 10,000 francs. Se méfier des imitations en vieux chêne. Au moyen âge, on appelait *buffet* la chambre qui servait de dressoir et qui fut remplacée par un meuble. (Voy. ARMOIRE, CABINET et MOBILIER.)

BUFFLETERIES. — Terme générique sous lequel on désigne toute sorte de bandes de cuir (buffle, chamois, etc.) qui font partie de l'équipement ou fourniment militaire.

BUGLE. — Instrument de musique, trompette à clef, à perce conique, dont le tube, plus large et beaucoup plus ouvert que celui de la trompette, diffère du cornet à piston par son diapason et son timbre qui est rude, rauque et guttural. Dans les fanfares militaires, le petit bugle sert de dessus aux cornets; les bugles soprano et alto ont trois pistons, tandis que les bugles contralto, baryton et basses en possèdent quatre. Nous devons ajouter que ces deux derniers sont peu employés. Cet instrument a suggéré l'idée à un facteur d'instruments de musique, Adolphe Sax, de créer la famille des SAXHORNS. (Voy. ce mot.)

BUIRE. — Vase pyriforme, dont l'ouverture s'allonge avant d'arriver à son évasement. Ce vase était connu au moyen âge sous le nom de *buée, buhe* et *buye;* voici, en effet, ce que nous lisons dans les lettres de rémission, en date de 1448 : « Ung jeune homme nommé Sorin avoit rompu et cassé une buhe ou cruche de terre. » Il est également question des *buyes* dans les comptes royaux de 1495 ; il y est dit : « Une grande buye à mectre eaue portée par huit lyons. » Il existe des buires en faïence, en porcelaine, en métal, en cuivre émaillé, en cristal de roche, etc. Notre figure 166 montre une buire en cuivre émaillé avec dessins grisaille sur fond bleu de roi. Cette buire, qui est au musée de Sèvres, a été composée, forme et décoration, par M. Dieterle, et l'émail a été exécuté par M. Heine-Meyer. Notre figure 167 représente une buire orientale du xe siècle exécutée en cristal de roche ; cette belle pièce fait partie des collections du musée du Louvre. — Vente de M. M***, hôtel Drouot, mai 1881. N° 106. Buire forme antique à panse ovoïde, peinture en émaux de couleurs, par Pierre Raymond (xvie siècle). 10,150 fr.

BUIS. — Arbrisseau de la famille des euphorbiacées, dont le bois est très utilisé dans l'industrie pour faire des objets tournés ou des pièces de tabletterie ; c'est avec le buis qu'on fabrique des boîtes, des poignées, des jetons, des petits meubles, des moules, des coffrets, etc. Les plus beaux buis et d'un grand diamètre, ceux employés pour la gravure sur bois par exemple, nous viennent de la Perse.

BUKET. — Terme du moyen âge qui servait à désigner à la fois un vase et une coupe ; le buket servait aussi de bénitier : c'est le *bycher* des Anglais, le *becker* des Allemands et le *bicchiero* des Italiens.

Fig. 166. — Buire en cuivre émaillé.

BUREAU. — Meuble en forme de table, sur lequel on écrit. Ce terme paraît dérivé de *bure, bureau,* étoffe de laine grossière, parce qu'anciennement on recouvrait les tables à écrire avec des tapis de bure ou *bureau*. Dans les ventes, les bureaux qui ont un très beau style atteignent parfois des prix considérables, surtout quand ils sont décorés de beaux bronzes. Voici quelques prix de ces meubles.

Vente Double, 1881. — N° 346. Table-bureau en marqueterie de bois de rose et d'érable à quadrillages et rosaces, garni d'ornements rocaille en bronze ciselé et doré (style Louis XV). 5,000 francs. — N° 348. Petit bureau plat (style Louis XV) en marqueterie de bois, à trophées d'instruments de musique et fleurs, et garni de chutes et de sabots en bronze ciselé et doré.

Fig. 167. — Buire en cristal de roche.

4,800 francs. — N° 350. Bureau bonheur-du-jour (style Louis XVI) en bois satiné, garni de bronzes ciselés et dorés, enrichi de panneaux à bouquets de fleurs sur fond jaune clair, genre vernis de Martin. Ce meuble portait le chiffre de Louis XVI et de Marie-Antoinette. 4,000 francs. — N° 370. Bureau bonheur-du-jour (style Louis XVI) en bois de citronnier, richement garni de frises à rinceaux et de chutes en bronze ciselé et doré, fermant à portes et à tiroirs, garni de deux tablettes de marbre blanc. 10,000 francs. — N° 371. Petit bureau en marqueterie de bois à fleurs et ornements en couleur sur fond bois de rose, avec chutes et sabots en bronze ciselé et doré (style Louis XV). 4,800 francs.

Vente San Donato. — N° 1086. Bureau en bois d'acajou par Riesner, orné de bronzes ciselés et dorés au mat par Gouthières; partie supérieure s'ouvrant à cylindre (de l'époque

PLANCHE V. — Buste de Vitellius, en porphyre rouge.

Louis XVI). Ce meuble provenait du château de Vaux-Praslin. Haut. 1ᵐ,34, long. 1ᵐ,69, larg. 0ᵐ,83. 6,500 lires. — N° 1538. Bureau de dame, de Cressent, ébéniste du régent. Il est de forme contournée, à abatant, à quatre tiroirs intérieurs, en bois de rose, belles marqueteries. (Première moitié du XVIIIᵉ siècle). Hauteur, 0ᵐ,87 ; largeur, 0ᵐ,82. 12,500 lires. — N° 1613. Bureau en placage de bois de rose garni de branchages en bois doré de forme contournée s'ouvrant en abatant, formant commode à deux tiroirs et surmonté d'une armoire à porte de glaces (style Louis XV). 1,450 lires. — N° 1628. Bureau à dix tiroirs avec table supérieure à quart de rond en bronze doré à coulisse et arrière-corps rentrant à ressort. Bois de rose et marqueterie de couleur (style Louis XVI). 6,000 lires. — N° 1918. Bureau en trois parties en bois d'acajou incrusté de filets et de cannelures de cuivre. La partie inférieure, cintrée dans le milieu, contient trois rangs de tiroirs. La partie centrale, s'ouvrant à cylindre, est garnie de seize tiroirs à l'intérieur. La partie supérieure contient un tabernacle orné de glaces et de colonnes en cuivre à moulures. Haut. 2ᵐ,10, larg. 1ᵐ,50, profond. 0ᵐ,65. 4,800 lires.

BURETTE. — Petit vase à goulot, destiné à contenir des liquides, vin, huile, liqueur, etc. La burette est un diminutif de la BUIRE (Voy. ce mot) ; son nom, du reste, dérive de ce terme. On fabrique des burettes avec toute sorte de matières, verre, cristal, or, argent, cuivre émaillé, etc. Le prix des burettes en métal varie suivant la valeur du métal employé à leur fabrication, suivant aussi leur richesse ornementale. Les burettes en verre de Bohême taillé valent de 18 à 60 francs la paire. Souvent les burettes sont accompagnées d'un plateau.

BURGAU. — Voy. le terme suiv. et BURGOS.

BURGAUDINE. — Belle espèce de nacre avec laquelle on fabrique toute sorte de menus objets, et qu'on utilise aussi pour le placage et le piqué des meubles de prix. Cette nacre est fournie par la coquille d'un limaçon des Antilles, nommé *burgau*.

BURGOS. — Enduit transparent qu'on pose sur les poteries vernies ou couvertes. Certains burgos déposés en pellicule très mince donnent aux produits une teinte irisée qui présente des tons à reflets métalliques jaune d'or, vert d'eau, iris, etc. Ces enduits ont pour base des composés aurifères. On dit aussi *burgau*.

BURIN. — Outil du graveur en taille-douce. (Voy. GRAVURE.)

BUSTE. — Partie supérieure du corps de l'homme. Généralement les bustes en sculpture ne représentent que la tête, le cou et les épaules sans les bras, le tout monté sur un piédouche. Notre planche V montre un magnifique buste de Vitellius, en porphyre rouge, qui fait partie

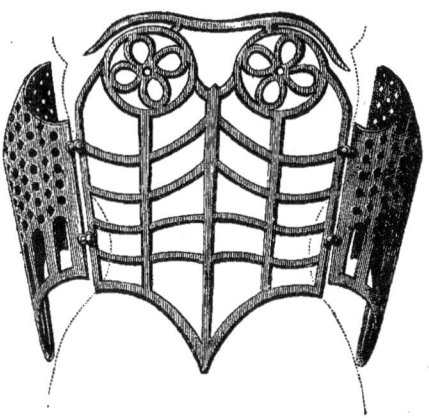

Fig. 168. — Buste en fer (XVIᵉ siècle).

des collections du palais de Madrid. Cette œuvre du XVIᵉ siècle représente ce fameux empereur qui, renommé pour sa gloutonnerie, disait un jour, en traversant le champ de bataille de Bédriac : « Le cadavre d'un ennemi sent toujours bon. » Notre figure 168 représente un buste en fer du XVIᵉ siècle à l'usage des dames. C'est une véritable armure que portaient les femmes d'alors afin de s'amincir la taille, d'augmenter les formes de la gorge et de donner de beaux contours aux épaules. Ce corset ou buste tout en fer forgé, généralement porté par les grandes dames du XVIᵉ siècle, faisait dire à Jean Lippomano, envoyé en France de la république de

Venise : « Par-dessus la chemise elles portent un buste ou corsage qu'elles appellent *corps piqué*, qui leur donne du maintien ; il est attaché par derrière, ce qui avantage la poitrine. » (Voy. Costume et Panier.)

BYSSUS ou SOIE DE MER. — Matière textile que l'on récolte sur une variété de moules de la Méditerranée. On file le byssus, et avec les fils obtenus on tisse des bas, des gants, de petits fichus, etc. C'est une étoffe de curiosité, car les tissus de byssus sont fort rares ; nous en avons vu quelques spécimens à l'exposition universelle de 1878.

BYZANTIN (Art). — Art du Bas-Empire qui prit naissance à Byzance, lorsque Constantin, en 328, transporta le siège de l'empire de Rome à Byzance. Tandis que les barbares ruinaient la civilisation dans l'Occident, Constantin essaya de reconstituer dans sa nouvelle capitale un art nouveau, afin d'opposer à l'art païen un art chrétien digne de son nouvel empire. Au début les artistes byzantins s'inspirèrent des monuments de l'antiquité et produisirent des œuvres de valeur ; le style byzantin contemporain de Constantin jusqu'à celui du VIIIe siècle ne manqua pas de caractère et de grandeur ; c'est même ce style qui exerça plus tard une grande influence sur celui du moyen âge. Mais dans les siècles suivants, quand les artistes byzantins voulurent, en haine du paganisme, délaisser les modèles de l'antiquité, ils créèrent des œuvres grotesques, des figures sans aucunes proportions. En effet, la plupart des œuvres des VIIIe et IXe siècles semblent dessinées par des enfants ; on peut en dire autant d'une grande partie du style romano-byzantin. C'est pendant les VIIIe et IXe siècles que les sculpteurs créèrent ces statues tristes, froides et immobiles, aux formes trapues, si différentes de la statuaire élancée et si élégante du XIIIe et du XIVe siècle. Un des traits caractéristiques de l'art byzantin, c'est la substitution de la mosaïque à la peinture murale, à la fresque. C'est surtout à Saint-Apollinaire Nuovo, à Saint-Vital de Ravenne, que se trouvent les plus belles mosaïques byzantines, qui se ressentent encore des études antiques, parce qu'elles datent du VIe siècle. Mais plus tard, vers le VIIIe siècle, la peinture et la sculpture tombent dans une décadence profonde qui ne peut qu'augmenter encore, puisque les *iconoclastes* ou briseurs d'images détruisent tous les chefs-d'œuvre des siècles passés. Dans les trésors des églises on peut étudier les œuvres d'orfèvrerie de l'art byzantin, telles que châsses, croix processionnelles, calices, coupes, candélabres, lampes, monstrances, etc. On peut étudier aussi l'art qui nous occupe dans les rares manuscrits anciens ; malheureusement il nous reste peu de ces peintures et de ces miniatures : beaucoup ont été détruites, ensuite les artistes en ont produit fort peu. Il ne pouvait en être autrement quand on voit, par exemple, qu'au IXe siècle l'empereur Théophile le Grand, protecteur des iconoclastes, fit brûler les mains au moine Lazare, pour le punir d'avoir orné des manuscrits de figures de saints. — Mais comme c'est principalement dans l'architecture que se retrouvent les signes caractéristiques de cet art, nous n'avons pas à en parler ici ; nous renverrons ceux de nos lecteurs désireux d'étudier les caractères de l'architecture byzantine à notre *Dictionnaire de l'architecture*, v° Byzantine (*Architecture*). Dans le présent Dictionnaire, quand un objet byzantin a passé sous notre plume, nous avons eu soin d'en informer le lecteur.

CABARET. — Petit service à café. Les cabarets sont en faïence, en porcelaine, en argent, en or. Le cabaret tête-à-tête se compose de deux tasses avec leurs soucoupes, d'un sucrier, d'une cafetière, d'une crémière ou pot à crème et d'un plateau; dans les services en porcelaine ou en faïence, ce dernier fait souvent défaut. Les cabarets en faïence, suivant la fabrique d'où ils proviennent, valent de 125 à 180 fr.; ceux en porcelaine de Saxe varient entre 200 et 300 fr.; ceux en porcelaine vieux sèvres atteignent quelquefois, suivant leurs décors, de hauts prix : 1,000, 1,200 et 1,500 fr.; ceux en argent ou en or, le prix du métal.

Prix atteints à la vente Double, en 1881. — N° 206. Un cabaret style Louis XV s'est vendu 760 francs; il était en argent gravé, à feuillages et ornements ciselés. Il se composait d'une petite cafetière, un pot à crème, une cocotte et un plateau oblong à contours reposant sur quatre griffes de lion. Ce plateau mesurait 0ᵐ,26. — N° 31. Cabaret en ancienne porcelaine de Sèvres, pâte tendre, décoré de paysages et d'attributs champêtres par Vieillard. Il se composait d'une théière, d'un pot à crème, d'un sucrier, d'une grande tasse à deux anses avec couvercle et soucoupe et de six tasses de forme ronde avec soucoupes. Ce cabaret était accompagné d'un passe-thé et d'une pince à sucre en argent, le tout renfermé dans un écrin garni à l'extérieur de gros de Tours à fleurs brochées sur fond blanc. Il a été adjugé à 14,000 francs. — N° 32. Petit cabaret solitaire mignonnette en ancienne porcelaine de Sèvres, pâte tendre, à entrelacs vert-pomme rehaussés de dorures et de bouquets de fleurs dans les entre-deux. Il se composait d'un plateau rectangulaire avec bordure découpée à jour, de deux pots à crème, un sucrier, une tasse avec soucoupe, et de deux petites corbeilles rectangulaires (époque Louis XV). Ces diverses pièces étaient renfermées dans un écrin couvert d'étoffe brochée à fleurs sur fond blanc. Il contenait également une médaille d'argent qui fut frappée à l'occasion de la naissance du dauphin né le 22 octobre 1781. Ce cabaret avait servi au dauphin Louis XVII. 4,750 francs. — Ce terme est un peu démodé, le mot *service* remplaçant aujourd'hui les autres termes pour tout ce qui est de la vaisselle : service de table, service à café, service à thé, etc. (Voy. SERVICE.)

CABASSET. — Casque en forme de calotte pointue à petits bords plats circulaires. Au moyen âge, il avait des bords larges et abaissés, mais il n'avait ni visière, ni crête, ni gorgerin. Le cabasset des XVIᵉ et XVIIᵉ siècles, généralement porté par les piquiers, avait le timbre rond sans arête avec de larges bords fortement abaissés. — Nous donnons ci-contre (fig. 169) un cabasset de parade, de la fin du XVᵉ siècle, ayant été porté par Ferdinand le Catholique et qui fait partie des collections de l'Armeria real de Madrid. Ce cabasset espagnol n'a ni crête ni visière et se termine en pointe. En Espagne, on nommait *capellina* une sorte de diminutif de cabasset. — Ce terme s'écrit aussi *cabacet*.

CABINET. — Sorte de bahut à tiroirs et à compartiments. Le cabinet est uni ou incrusté; il est souvent décoré de bronze, d'argent ou d'or, de statuettes, de bas-reliefs, de marbres de prix et de pierres précieuses. Ce genre de meuble, très en usage au XVIᵉ siècle, servait à serrer des bijoux et des objets de valeur. C'était alors une armoire montée sur quatre pieds, fermée par deux vantaux et possédant de nombreux tiroirs. Ce genre de meuble serait originaire de l'Allemagne; mais les beaux cabinets, ceux de bon goût et d'une grande valeur artistique, ont été

Fig. 169. — Cabasset espagnol (Armeria real de Madrid).

fabriqués en Italie et en France : ces derniers sont tantôt en bois d'ébène incrustés d'ivoire, tantôt en bois de prix incrustés d'écaille et de cuivre; on en possède également en fer forgé, damasquiné d'or et d'argent; enfin il en existe en bronze. (Voy. MOBILIER.)

Vente J. Jacquemart. *Hôtel Drouot*, 4-8 *avril* 1881. — N° 305. Cabinet en noyer sculpté. 1,500 fr. — N° 306. Cabinet en noyer à incrustations. 1,350 fr. — N° 308. Cabinet en vieux laque. 1,710 fr.

Vente San Donato. — N° 329. Deux cabinets

italiens du commencement du XVIIᵉ siècle en bois d'ébène, ornés de bronze doré. Le milieu présente un portique à quatre colonnes torses, surmonté d'une balustrade, au centre duquel est une niche contenant une figurine en bronze doré. De chaque côté de ce portique sont quatre tiroirs encadrés de moulures guillochées et garnis de motifs en bronze ajourés et appliqués représentant des mascarons au milieu d'ornements; des têtes de chérubins se voient dans chaque angle. Haut. 0ᵐ,81, long. 1ᵐ,40, profond. 0ᵐ,40. 1,840 lires. — N° 331. Cabinet Louis XIII en bois d'ébène et ivoire gravé. La face présente trois portiques entourés de plaques d'ivoire représentant les Sibylles, l'adoration des bergers, la résurrection du Christ, l'assomption de la Vierge et divers autres sujets. Haut. 0ᵐ,85, larg. 1ᵐ,40, profond. 0ᵐ,43. 1,200 lires. — N° 332. Cabinet vénitien des premières années du XVIIᵉ siècle, entièrement plaqué de nacre et d'ivoire; la nacre est en partie recouverte de peinture vernissée d'arabesques d'or et de fleurs de couleur. Haut. 0ᵐ,85, larg. 1ᵐ,07, profond. 0ᵐ,42. 5,100 lires. — N° 347. Cabinet en bois peint, avec neuf tiroirs, avec arabesques d'or sur fond noir incrusté de médaillons d'ivoire également peints d'arabesques d'or et de fleurs de couleur. Travail italien du XVIIᵉ siècle. Haut. 0ᵐ,52, larg. 0ᵐ,51, profond. 0ᵐ,34. 380 lires. — N° 383. Cabinet espagnol à deux corps, en bois sculpté à facettes losangées et dorées, revêtues de plaquettes d'ivoire peintes d'arabesques. Il est orné de nombreuses colonnettes d'ivoire. Haut. 1ᵐ,64, larg. 1ᵐ,15, profond. 0ᵐ,46. 3,400 lires. — N° 385. Cabinet en bois de noyer sculpté en ronde bosse, du XVIᵉ siècle, travail florentin. Haut. 0ᵐ,78, larg. 1ᵐ,03, profond. 0ᵐ,45. 1,750 lires. — N° 390. Cabinet italien du XVIᵉ siècle en bois d'ébène incrusté sur toutes ses faces de filets et de plaques d'ivoire gravées à sujets divers dont le principal est à l'intérieur de l'abatant et représente l'introduction du cheval de bois dans la ville de Troie. L'intérieur est garni de douze tiroirs au centre desquels une petite porte donne accès sur deux autres petits tiroirs. Haut. 0ᵐ,23, long. 0ᵐ,54, larg. 0ᵐ,22. 680 lires. — N° 888. Cabinet Louis XIII en bois d'ébène et ivoire gravé, à dix-huit travées et une porte centrale représentant des sujets guerriers. Haut. 0ᵐ,41, larg. 0ᵐ,96, profond. 0ᵐ,33. 800 lires. — N° 890. Cabinet Louis XIII en bois d'ébène gravé, à filets et revêtu de plaques d'ivoire gravé, représentant des sujets mythologiques; il présente en outre un portique de chaque côté duquel se trouve six tiroirs; l'intérieur est aussi garni de trois petits tiroirs. Haut. 0ᵐ,41, long. 1ᵐ,03, profond. 0ᵐ,31. 500 lires. — N° 891. Petit cabinet hollandais en ébène (XVIIᵉ siècle). 280 lires. — N° 892. Petit cabinet italien du XVIᵉ siècle. 400 lires. — N° 893. Petit cabinet en bois d'ébène incrusté de filets d'ivoire, garni d'écussons en cuivre découpé, sept tiroirs plaqués d'ivoire gravé représentant des sujets de chasse. 230 lires.

CABOCHON. — Pierre fine polie, mais non taillée; sa forme est donc celle de la pierre elle-même. On polit et on laisse en cabochon toute sorte de pierres : rubis, émeraudes, œils-de-chat, turquoises, grenats, pierres de lune, etc. On nomme *cabochons chevés* ceux qui sont évidés par-dessous. Le *chevage* ainsi que le PAILLON (Voy. ce mot) donnent une grande transparence aux pierres. Beaucoup de reliquaires des XIIIᵉ, XIVᵉ et XVᵉ siècles sont décorés de cabochons.

CACHEMIRE. — Étoffe très fine de laine; châle indien brodé à la main, fait de petites pièces rapportées. Les premiers châles de ce genre ont été fabriqués à Cachemire ou Kaschmir; d'où leur nom. (Voy. CHALE.) Le cachemire de l'Inde est un beau tissu croisé que l'on fabrique avec la laine des chèvres du Thibet.

CACHEMIRETTE. — Étoffe utilisée pour des tentures légères. La cachemirette est originaire de l'Inde; mais diverses contrées, notamment l'Angleterre, en fabriquent de grandes quantités en laine et coton ou en bourre de soie et coton. L'envers de cette étoffe est tirée à poil, tandis que l'endroit est rasé par son rapide passage sur de petits jets de gaz faisant flamber les poils qui se seraient trouvés sur l'endroit de cette étoffe.

CACHE-PLATINE. — Les armuriers ou

arquebusiers désignent ainsi une sorte d'étui en cuir qui sert à protéger la platine des fusils et à les mettre à l'abri de la poussière et de l'humidité. Toutes les armes de luxe dont on ne se sert que rarement doivent être pourvues d'un cache-platine.

CACHE-POT. — Vase de faïence, de porcelaine, enveloppe faite de diverses matières qui sert à entourer et cacher un vase de terre grossière; un pot à fleurs, dans lequel on cultive des plantes et des arbustes pour la décoration des appartements. (Voy. JARDINIÈRE.)

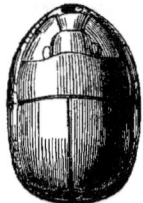

Fig. 170. — Cachet en forme de scarabée.

CACHET. — Petit sceau gravé, en métal ou en pierre fine, monté sur un anneau, sur une bague ou simplement emmanché. Les cachets portent un signe, une figure, des lettres, une inscription quelconque; ils servent à marquer leur empreinte sur une lettre qu'on ferme ou sur toute autre pièce.

HISTORIQUE. — L'origine des cachets est extrêmement ancienne; les Égyptiens les ont utilisés dès la plus haute antiquité. Les déesses Isis et Nepthys sont représentées sur de très anciens sarcophages imprimant leur cachet sur

Fig. 171. — Profil de la figure 170.

le sol. Comme chez beaucoup d'autres peuples, le cachet de leurs bagues servait aux Égyptiens de signature; sur un grand nombre de papyrus, on a retrouvé des empreintes sur terre sigillaire, laquelle remplaçait chez les Égyptiens notre cire à cacheter. Nos figures de 170 à 173 montrent des cachets égyptiens; l'un (fig. 170) est gravé en forme de scarabée, et sur l'autre (fig. 173), en forme de cartouche, on retrouve également le même coléoptère. Plutarque nous apprend que les anneaux de la caste militaire avaient pour cachet la figure d'un scarabée. — Hérodote nous informe que les Babyloniens portaient au doigt un anneau à cachet; nous savons aussi que les habitants de Babylone se servaient comme sceaux de cylindres gravés. Le musée assyrien du Louvre renferme un grand nombre de ces cylindres, qui étaient percés dans leur longueur. La

Fig. 172. — Cachet (dessous du scarabée).

Bible nous apprend qu'il existait des cachets du temps même des patriarches, puisque Juda, fils de Jacob, donna à Thamar, comme gage de sa parole, son anneau à cachet. Du reste, chez presque tous les peuples, envoyer à quel-

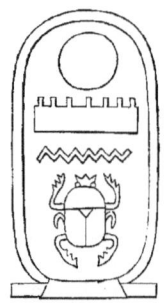

Fig. 173. — Cartouche-cachet.

qu'un son anneau à sceller, c'était une politesse et une marque de confiance. — Les Hindous et les Chinois ont toujours eu des anneaux à cachet, et cela dès les temps les plus reculés de leur histoire; les lois de Manou, le *Mahâbârata*, ainsi que d'autres livres sacrés, en font mention. Les Mèdes, les Perses, les Grecs, les Étrusques, les Romains, se sont servis de cachets. Pline nous informe même que la maîtresse de la maison était obligée d'imprimer son cachet sur certains objets du ménage ainsi que sur les provisions, pour les soustraire à la rapacité des esclaves. — L'usage des bagues à cachet se perpétua jusqu'au XVIIIe siècle, puis elles furent délaissées ; on portait les cachets en breloques. Aujourd'hui la mode a ramené les bagues à cachet.

Un célèbre cachet, qui a fourni le sujet de longues et savantes dissertations, c'est celui de Michel-Ange, qui fait partie de la collection des pierres gravées que possède le cabi-

Fig. 174. — Cachet de Michel-Ange.

net des médailles de la Bibliothèque nationale de Paris. C'est (fig. 174) une intaille sur cornaline transparente qui, dans un espace de 0^m,015 de largeur sur 0^m,013 de hauteur, ne renferme pas moins de 15 figures humaines et 3 d'animaux. Cette intaille d'un grand prix a appartenu aux personnages les plus illustres. Michel-Ange l'aurait payée 800 écus romains. Cette pierre gravée représente, comme on peut s'en assurer en jetant les yeux sur notre figure, des vendanges ; ceci paraît incontestable, mais beaucoup d'antiquaires ne pouvaient admettre un fait si simple. Aussi la célèbre cornaline a-t-elle soulevé des controverses interminables. Bien des antiquaires attribuaient ce travail à un sculpteur grec, Cimon. Du débat, il résulte que c'est une œuvre moderne qui aurait été gravée par Maria di Pescia, ami du grand sculpteur, et l'aurait signée par le petit pêcheur gravé en exergue. Ce qui est certain aussi, c'est que le grand Michel-Ange n'a pas dédaigné de lui emprunter les deux femmes qu'on voit à droite de notre figure ; elles lui ont fourni le motif principal de sa composition *Judith et Holopherne*, qu'on admire à la chapelle Sixtine. — Au-dessous du cachet fort agrandi A, nous donnons en B sa véritable grandeur.

CACHOLONG. — Variété opaline de la calcédoine, provenant de la déshydration du quartz résinite ; la cassure en est unie et généralement brillante, cependant quelques variétés ont une cassure terne. Cette pierre se trouve sur les bords du Cach ; les Kalmouks en font de petits vases, de petites gourdes à tabac, des idoles et des ornements.

CADENAS. — Serrure mobile qu'on accroche à une porte, à une malle, à un bahut, etc. Le cadenas est connu de toute antiquité ; les anciens Égyptiens en possédaient qui avaient la forme de quadrupèdes : c'est la queue de l'animal (lion, cheval, chien, chacal) qui formait l'anneau de fermeture. Cette dernière pièce se détachait, parce que la clef faisait mouvoir le ressort qui maintenait cet anneau de fermeture en place. Au Japon et en Perse, on fait encore usage de ce genre de cadenas. Les beaux cabinets japonais ont tous leurs tiroirs fermés par des cadenas de bronze. A l'époque de Henri III de France, on nommait *cadenas* un petit coffret, en forme de navire, qui servait à serrer les couverts (cuillers, serviettes, fourchettes, couteaux) et la salière du roi et des princes.

CADENETTE. — Ancienne coiffure militaire prescrite à l'infanterie française en 1767 ou 1768, et qui s'est maintenue jusqu'au commencement du XIXe siècle dans certains corps de troupes, notamment chez les hussards.

CADOGAN ou CADOGHAN. — Sorte de coiffure, dans laquelle les cheveux sont retroussés et réunis derrière la tête en une pelote de cheveux roulés. Cette pelote, renfermée d'abord dans un *crapaud*, fut ensuite recouverte d'une *chevrette*. C'est un général anglais du nom de Cadoghan qui mit au xviiie siècle cette coiffure à la mode; d'où son nom. Cependant quelques auteurs prétendent que la *cadogan* ou *catogan* est une coiffure d'origine prussienne qui fit place à

Fig. 175. — Cadre de verre émaillé (Voûte-Verte, à Dresde).

la *queue* en 1792; elle-même avait remplacé la CADENETTE. (Voy. ce mot.)

CADRAN. — Surface légèrement convexe et ordinairement circulaire sur laquelle sont indiquées les heures. Les cadrans seuls ne se vendent guère, à moins qu'ils ne soient des xviie ou xviiie siècles, et en parfait état; ils servent alors à restaurer des pendules de ces mêmes époques.

CADRE. — Bordure servant à orner ou à préserver certains objets qu'elle entoure, tels que gravures, tableaux, aquarelles, tapisseries, etc. Les cadres sont en bois sculptés ou dorés, en ivoire, en fer, en bronze, en argent et en or pour les miniatures et les petits objets d'art exceptionnels. On fabrique même des cadres de verre émaillé ; tel est celui que montre notre figure 175, qui nous paraît être une œuvre italienne du XVIe siècle, à en juger par les arabesques fines et délicates qui forment sa décoration. Cette œuvre remarquable fait partie des collections de la Voûte-Verte, à Dresde. — Vente San Donato. N° 761. Cadre en noyer à fronton rehaussé de filets d'or contenant une collection de quarante-deux croix, la plupart byzantines en argent, vermeil et or émaillé : 2,000 lires ; cadre, 1,200 lires ; croix, 800 lires.

CAEN (Dentelles de). — Voy. Dentelles, § *Point normand*.

CAFETAN. — Vêtement turc qui ressemble à une pelisse ; il est fait en soie et souvent garni de fourrures, ou simplement bordé de fourrures.

CAFETIÈRE. — Il en existe de deux genres : celles qui servent à faire le café, dont nous n'avons pas à nous occuper, et celles dans lesquelles on sert le café. Celles-ci sont généralement en métal, parce que le café s'y conserve beaucoup plus chaud que dans la faïence ou la porcelaine ; elles sont en argent, en vermeil et même en or. Notre figure 176 montre une cafetière, véritable chef-d'œuvre de l'art hindou ; elle est ornée de pierres précieuses et de fines ciselures. — Vente San Donato. N° 1192. Cafetière de forme élancée, ciselée ; le goulot en forme de bec d'oiseau terminé en feuille ; manche en ivoire. Travail anglais du XVIIIe siècle. 1,220 lires. — N° 1193. Cafetière en argent ciselé et repoussé, sur trois pieds en volutes surmontées de bustes de femmes séparés par des cartouches. Travail hollandais du XVIIIe siècle (Haarlem). 1,080 lires. — N° 1199. Cafetière en argent repoussé et ciselé, trois pieds en volutes sortant de feuilles d'acanthe, couvertes de canaux contournés et le couvercle surmonté d'un fruit. Travail hollandais du XVIIIe siècle. 650 lires. — N° 1200. Petite cafetière à goulot en argent repoussé et ciselé, culot orné de feuillages et de fleurs ; anse et goulot à feuilles. Travail anglais du XVIIIe siècle. 620 lires. — N° 1203. Cafetière en argent repoussé et ciselé à bec en forme de feuilles. Travail anglais du XVIIIe siècle.

Fig. 176. — Cafetière en argent (art hindou).

1,120 lires. — N° 1208. Cafetière en argent repoussé et ciselé, dessinée par Bérain ; culot sphérique couvert de roseaux en fleur, de gaines et de lambrequins sur fond grain d'orge ; panse octogone ; anse pleine et contournée en forme de sirène ; bec forme de dauphin. Travail français (style Louis XIV). 7,900 lires. — N° 1212. Cafetière à goulot et anse en vermeil repoussé et ciselé, forme élancée. Travail anglais du XVIIIe siècle. 1,120 lires. — N° 1213. Cafetière en argent repoussé et ciselé à godrons contournés. Travail français du XVIIᵉ siècle. 2,900 lires. — Nº 1217. Cafetière sur trois pieds en volute, en argent repoussé et ciselé. Travail français (époque de la régence). 2,900 lires.

CAGE. — Récipient servant à enfermer des oiseaux. Les anciennes cages qui passent dans les ventes sont en laiton ou en cuivre; d'origine hollandaise et des époques Louis XIII et Louis XIV, elles se vendent de 70 à 90 francs. Quelques cages françaises ou allemandes, dorées, style Louis XVI, se vendent 300 et 700 francs, quand elles possèdent un mouvement ou mécanisme intérieur, dont on aperçoit le fonctionnement en dessous de la cage, quand celle-ci est suspendue.

CAILLOU. — Les lapidaires désignent sous ce terme certains fragments de roche qui taillés et montés en bijou imitent les pierres précieuses. Ce sont généralement des morceaux de cristal de roche roulés. Il y a les cailloux de Bristol, de Médoc, du Rhin, d'Égypte, de Cayenne, le caillou ou diamant d'Alençon; toutes ces variétés sont de peu de valeur.

CAILLOUTAGE. — Ce terme de céramique indique une variété de faïence fine, tirant son nom du caillou (silex) qui entre en certaines proportions dans sa fabrication. Le cailloutage a été importé d'Angleterre en France par M. de Saint-Amans. — La pâte de ce produit céramique, dont la sonorité est remarquable, est assez dense; la glaçure en est principalement formée de silex, de borax et même de borate de chaux. Le cailloutage est souvent désigné dans le commerce sous le nom de *porcelaine opaque*. Les principaux centres de fabrication sont, en France, Bordeaux, Choisy-le-Roi, Creil, Montereau; mais il existe aussi d'autres fabriques dans diverses localités.

CAINORFICA. — Instrument de musique moderne; c'est une grande harpe qui surmonte un piano. Quand l'instrumentiste frappe une touche du clavier, celle-ci met en mouvement un archet sur une corde correspondante. Les sons moyens de la cainorfica rappellent assez ceux du violoncelle.

CAISSE. — Ce terme, employé par les facteurs d'instruments de musique, sert à désigner un meuble, une sorte de coffre, de formes diverses, qui renferme le corps d'un instrument : caisse de piano, d'harmonium, etc. C'est aussi un appareil qui sert à renforcer le son : caisse de violon, de violoncelle, de guitare, etc. — Ce terme désigne encore d'une

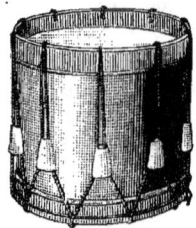

Fig. 177. — Caisse claire (tirants buffle).

manière générale plusieurs instruments de musique dénommés vulgairement *tambours*, tels sont : la *caisse claire*, la *caisse roulante*, la *grosse caisse*, la *tarole*, etc. Seuls le *tambour de basque* et le *tambourin* ne sont pas désignés sous ce terme de caisse. Quelques exemples feront mieux comprendre ce qui précède.

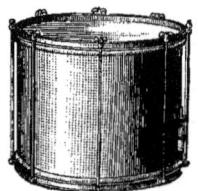

Fig. 178. — Caisse claire en cuivre.

cède. Notre figure 177 montre une caisse claire; elle se compose d'un cylindre en bois ou en cuivre ayant sur chacun de ses côtés une peau tendue. Celui qui joue du tambour frappe avec deux baguettes sur la peau supérieure, et le son se répercute sur la peau inférieure, pourvue du *timbre*, c'est-à-dire de deux cordes de boyau tendues au moyen d'une vis de rappel fixée sur le côté de la caisse. Quand cette partie de la caisse entre en vibration sous les coups frappés sur la partie supérieure, les boyaux remplissent à leur tour le rôle de percuteurs. Les bords du cylindre des caisses sont

Fig. 179. — Tarole (tirants buffle).

percés de trous qui laissent passer des cordes à l'aide desquelles on tend les peaux; on serre ou on relâche ces cordes à l'aide de tirants en buffle. On remplace les cordes par des tringles

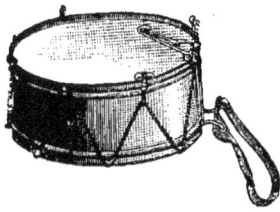

Fig. 180. — Tarole cuivre (à corde tirant).

en cuivre (fig. 178). — Aujourd'hui on a abaissé la hauteur des cylindres, on les a d'abord faits comme le montre notre figure 179 ; puis enfin comme l'indique notre figure 180 : ce sont alors

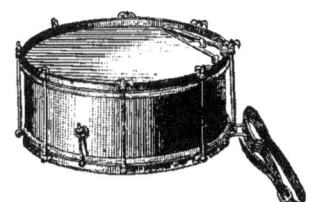

Fig. 181. — Caisse claire plate en cuivre (tringles).

des taroles (fig. 180 et 181). Nos figures 182 et 183 montrent deux grosses caisses, l'une à cordes, l'autre à tringles. La sonorité de cet instrument, sur lequel on frappe avec un tampon de peau, est due surtout au grand diamètre du cylindre, plutôt qu'à la résonnance de l'air enfermé entre les deux peaux.

Voici quelques prix : Caisse claire en cuivre à cordes, 35 fr.; à tringles, 52 fr. Tarole en

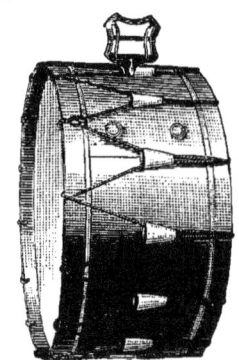

Fig. 182. — Grosse caisse (tôle peinte).

cuivre à cordes, 40 fr.; avec cercles en bois, 38 ; avec cercles en cuivre, 45 et 50 fr. Grosse caisse en tôle peinte en bleu, à cordes, 90 fr.

CAJAS. — Tambour qui se fabrique dans le nord du Pérou ; il se compose de planchettes concentriques tirées du tronc du maguey ou agave. Ces planches sont fixées au moyen

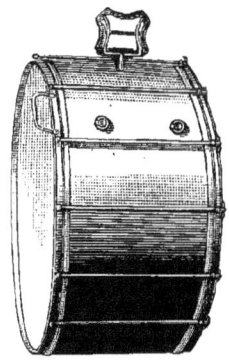

Fig. 183. — Grosse caisse en noyer verni (tringles).

de cercles en cordes de maguey; les deux côtés du cylindre formé par l'assemblage des planchettes sont recouvertes de peau d'âne ou de lama mouillée; la peau, une fois sèche, est suffisamment tendue.

CALAIS. — Pierre bleu clair ou vert de mer pâle que l'on trouve principalement en Perse dans le Khorassan. Quelques minéralogistes, notamment M. Damour, qui a analysé cette pierre, la confondent avec la turquoise. La calais se trouve dans un grand nombre de grottes et de *tumuli*; elle est considérée comme caractéristique de la fin de la période de la pierre polie. Un archéologue bien connu, M. Cartailhac, a trouvé dans un *tumulus* un collier composé de 114 perles de calais. — On nomme quelquefois à tort cette pierre *calaïte*.

CALAITE. — Voy. le terme qui précède.

CALCÉDOINE, CHALCÉDOINE. — Ce terme de lapidaire sert à désigner une pierre très dure et semi-transparente de la famille des agates. D'un blanc laiteux, elle a été utilisée par les graveurs de l'antiquité. Une variété nommée *calcedonix* ou *chalcedonix* présente, dans sa composition, généralement quartzeuse, des bandes alternativement laiteuses et de couleur foncée. Les Babyloniens nous ont laissé un grand nombre de cylindres en calcédoine couverts d'inscriptions. (Cf. notre *Dictionn. de l'archéologie*, v° CALCÉDOINE.)

CALCEDONIX. — Voy. CALCÉDOINE.

CALCINE. — Ce terme de céramiste désigne un mélange de plomb et d'oxyde d'étain employé comme GLAÇURE. (Voy. ce mot.) Opaque ou colorée, la calcine sert à recouvrir la pâte rouge des biscuits, pour en masquer la teinte. Pour composer la calcine, on mêle en proportions convenables et on fond sous l'action de l'air, du plomb et de l'étain ; ces métaux se transforment en une substance colorée jaunâtre, dont la couleur plus ou moins intense varie suivant la durée de l'oxydation et les proportions du mélange.

CALENDRIER (PIERRES DE). — Pierres sur lesquelles sont inscrits les jours et les mois. Notre figure 184 montre un bloc de marbre, trouvé à Pompéi, sur les quatre faces verticales duquel sont trois colonnes d'inscriptions relatives aux mois de l'année. Chacune des douze colonnes porte en tête le signe du zodiaque correspondant au mois qu'il surmonte. Notre figure 185 montre la pierre du calendrier mexicain. Ce zodiaque aztèque a de 4 à 5 mètres superficiels ; il a été taillé dans une sorte de porphyre obscur. Il présente plusieurs séries de figures gravées en relief dans une

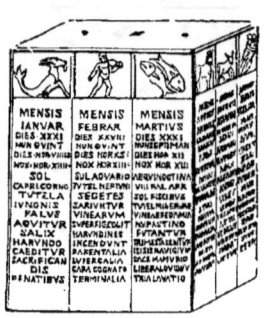

Fig. 184. — Calendrier romain.

suite de cercles. Dans son *Histoire des nations civilisées du Mexique* (t. III, p. 458), Brasseur de Bourbourg, en parlant de la pierre qui nous occupe, dit : « L'identité qui existe entre les divers calendriers du Yucatan, de Chiapas, de Guatemala, de Nicaragua, d'Oaxaca, et celui du plateau aztèque, est une des preuves les plus convaincantes de l'identité de la civilisation. » (Cf. A. Morelet, *Voyage au Yucatan*, I, 192.) Il existe au Louvre un moulage de cette pierre de calendrier.

CALICE. — Ustensile du culte servant à la célébration de la messe. Dans l'église de Monza, on voit sur un bas-relief du vi° siècle la représentation de cinq calices fort anciens. Il existait divers genres de calices : les *calices ministeriales*, qui servaient à distribuer aux fidèles le sang du Sauveur ; les *calices offertorii*, dans lesquels les diacres versaient le vin offert par les fidèles ; enfin, suivant leurs proportions, on distinguait les *calices majores* ou les *calices minores*. Notre figure 186 montre un ancien calice en verre dit *Verre des huit prêtres* ; c'est une coupe en verre décorée dans sa partie centrale de losanges et de ronds en bleu d'outre mer, le tout parsemé de petites perles en émail blanc. Au centre des losanges ainsi que vers le bord supérieur, qui mesure 0ᵐ,12 de diamètre, on aperçoit des caractères arabes dessinés en or, mais n'ayant aucun sens. Le pied de ce calice est en argent repoussé et porte le caractère d'une œuvre du XIIIᵉ siècle. Sa hauteur totale est de 0ᵐ,20 ; notre dessin est donc aux deux tiers de l'exécution. Cette pièce fait partie du musée archéologique de Douai. — Notre planche VI montre un calice en vermeil de la chapelle du palais

Fig. 185. — Calendrier mexicain.

d'Ajuda (Portugal). Ce vase sacré, charmant spécimen de l'orfèvrerie du XVIᵉ siècle, mesure 0ᵐ,35 de hauteur sur 0ᵐ,23 de circonférence à la base. Autour de la coupe se trouve gravée l'inscription : SALVTARIS-ACIPIAM-EN-CALYCEM. L'artiste ciseleur de cette œuvre est inconnu. — Dans les ventes les calices de la renaissance sont les seuls qui atteignent des prix élevés. — Vente San Donato. N° 382. Calice gothique en cuivre gravé ; coupe en vermeil ; la tige à nœud orné de six cabochons émaillés. Haut. 0ᵐ,17. 900 lires. — N° 1243. Calice en vermeil à couvercle orné à la base de figures d'apôtres, de têtes de chérubins et d'évangélistes en haut relief ; sur le nœud, des têtes d'anges. Hauteur, 0ᵐ,40. 1,300 lires. — N° 1244. Calice en vermeil à balustre, orné de trois griffons. Sur la coupe, animaux et inscriptions, travail d'Augsbourg (XVIIᵉ siècle). 1,050 lires. — Nº 1247. Calice en argent repoussé et ciselé. A la base, trois médaillons. 520 lires. — Nº 1248. Calice en argent repoussé, ciselé et doré; à la base, figures des évangélistes. Ornements en relief. Haut. 0ᵐ,29. 610 lires. — Nº 1250. Calice en forme d'ananas, en argent doré, ciselé et repoussé. Tige

Fig. 186. — Ancien calice en verre.

en balustre à cariatides d'anges en adoration. Travail allemand du XVIIᵉ siècle. 370 lires. — Nº 1251. Calice en vermeil; bordure à oves, tige à balustre. Sur la coupe, les armoiries du chapitre d'une église. Travail hollandais du XVIIᵉ siècle. 530 lires.

CALICHON. — Ancien instrument de musique en forme de luth et monté de cinq cordes.

CALORIFÈRE. — Nous n'avons à parler ici que des enveloppes en faïence des calori-

PLANCHE VI. — Calice en vermeil ciselé (palais d'Ajuda).

fères; elles atteignent dans les ventes des prix assez divers. Les calorifères qui se vendent le plus cher sont ceux en faïence décorée de fleurs de différentes couleurs; ils valent de 1,000 à 1,200 francs, quelquefois 2,000 et 3,000 francs.

CALUMET. — Pipe des sauvages. Le grand calumet est surtout en usage chez les peuplades indigènes de l'Amérique septentrionale. La pipe est ordinairement en pierre rouge et polie, et le tuyau mesure environ 0^m,65 de longueur. — Petite valeur.

CAMAIEU. — Peinture monochrome, utilisée pour imiter les bas-reliefs; de là son nom, dérivé de l'arabe *camaa*, qui signifie relief. Quand les camaïeux sont noirs et blancs, on les nomme *grisailles*; on emploie surtout celles-ci pour imiter les bas-reliefs de marbre blanc. — Le camaïeu a été fort à la mode au XVIIIe siècle; il est aujourd'hui beaucoup trop délaissé, car on peut obtenir de fort belles décorations avec ce genre de peinture. Beaucoup de faïences et de porcelaines sont peintes en camaïeu; les couleurs les plus usuelles sont les violets, les roses, les jonquilles, les bleus et les noirs. Ces derniers sont peu recherchés; les roses et les violets sont beaucoup plus prisés, et quand ils sont peints par des artistes habiles, les porcelaines de Saxe et de Sèvres atteignent d'assez beaux prix. — A la vente Double, le n° 45, joli flacon à thé de forme carrée en porcelaine de Sèvres ancien, pâte tendre, décoré en camaïeu carmin à figures d'Amours et attributs avec rehauts d'or sur le dessus et dans les angles, s'est vendu 1,010 francs. Le bouchon était en argent ciselé et doré. Le tout style Louis XV. Marque: lettre C, 1755. — N° 44. Petit plateau ovale à contours en ancienne porcelaine de Sèvres, pâte tendre, décoré d'un groupe de deux Amours et de divers instruments d'astronomie, en camaïeu carmin. Époque Louis XV. (Lettre G, 1759.) Adjugé à 1,450 francs.

CAMAIL. — Casque primitif des chevaliers du moyen âge; c'était une simple calotte de fer entourée d'un tissu maillé qui protégeait le cou et les épaules. La forme du camail a souvent varié, il finit par n'être plus qu'un simple gorgerin. — C'est aussi une pèlerine à capuchon portée par les prêtres par-dessus le rochet. On nomme *mosette* le camail violet des évêques, et celui des cardinaux, qui est rouge. Dans les ventes, ceux en étoffe brodée en dentelle ont seuls du prix.

CAMBODGIEN (Art). — Voy. KHMER (*Art*).

CAMÉE. — Pierre fine gravée en relief; c'est donc le contraire de l'intaille, qui est gravée en creux. La plupart des camées antiques grecs ou romains étaient gravés sur onyx et sur sardonyx ou sardoine. (Voy. AGATE.) —

Fig. 187. — Camée (musée de Vienne).

Les camées servaient à décorer des meubles et des vases; on en utilisait beaucoup pour décorer des bracelets, faire des ceintures, des agrafes, enfin toute sorte de bijoux. Dans les camées à plusieurs couches, dont nous avons donné un spécimen au mot AGATE (fig. 3 et 4), les sujets sont enlevés en blanc sur fond de couleur. — Notre figure 187 montre un camée du musée des médailles à Vienne. Il reproduit les traits d'Élisabeth d'Angleterre; il est gravé sur une agate onyx à trois couches ainsi disposées : brun, blanc et brun. Cette gravure aurait été exécutée par Caldoré, qui, suivant quelques auteurs, ne serait autre que Julien de Fontenay, valet de chambre et graveur en pierres fines de Henri IV, qui l'avait fait exécuter sans doute pour l'offrir à Élisabeth, avec qui il était en fort bons termes.

Notre figure 188 reproduit un superbe camée en sardonyx oriental du cabinet des médailles de Vienne. Eckel, dans son *Choix de pierres gravées*, et Mongez, dans son *Iconologie romaine*, prétendaient que le buste placé à

Fig. 188. — Camée en sardonyx oriental (la famille de Claude).

gauche du lecteur et accolé au portrait de Claude était celui d'Agrippine la jeune, sa dernière femme. Mais le premier auteur voyait dans les deux autres bustes placés en regard ceux de Drusus l'ancien et d'Antonia, parents de Claude ; le second auteur, au contraire, voulait que ces deux bustes fussent ceux de Britannicus et d'Octavie, c'est-à-dire les enfants de Claude. Charles Lenormant a réfuté victorieusement ces deux hypothèses dans le *Trésor de numismatique et d'histoire* ; il établit que les deux bustes à gauche du lecteur représentent Claude et Messaline, et que les bustes de droite sont ceux de Tibère et de Livie. Ce beau monument est connu sous le nom de *camée de la famille de Claude*. Un camée célèbre est celui qui se voit au Louvre et qui représente la famille de Tibère. — Certains camées sont gravés sur quatre couches, ce qui permet à l'artiste de faire de tons différents les chairs, les cheveux et les vêtements. Un glyptiste célèbre de la renaissance, Mathieu del Nassaro, a utilisé avec une grande habileté les différentes teintes d'une agate pour faire une superbe tête de Déjanire, dans laquelle les chairs, les cheveux et la peau de lion se modèlent dans des tons divers. Pour représenter les plaies saignantes de la femme d'Hercule, Nassaro tira même un excellent parti d'une veine rouge qui traversait l'agate. — Pour créer les œuvres d'un prix moins élevé que le camée sur pierre dure, les artistes en ont gravé de tous temps sur des coquillages, principalement sur la *came* ou *chame*, mollusque acéphale. — Vente San Donato. N° 720. Camée romain ovale, à trois couches, représentant Hercule initiant un jeune homme au culte de Minerve. Long. 0^m,075, haut. 0^m,055. 310 lires.

CANAPÉ. — Meuble, grand fauteuil à dossier à plusieurs places. — Vente Double. N° 426. Petit canapé à dossier bas, en bois sculpté et doré, couvert en étoffe de soie brochée à fleurs sur fond blanc et bandes roses. Les extrémités légèrement évasées en volutes, ornées sur leurs faces de balustres détachés. (Style Louis XIII.) Long. 1^m,60. 7,000 fr. — N° 446. Modèle de canapé, ou siège d'enfant, en bois sculpté et doré, couvert d'étoffe à fond jaune (style Louis XVI). 2,250 fr. — N° 448. Canapé Louis XV en bois sculpté et doré à enroulements et à fleurs, couvert en belle étoffe de soie à fond bleu. 5,050 fr.

CANDÉLABRE. — Meuble inventé dans l'antiquité et qui servait à porter des chandelles (*candelæ*); d'où le nom de *candélabre*, donné à cet ustensile du mobilier. Plus tard les candélabres portèrent des godets et des lampes à huile. Ils sont généralement en bronze et à trois pieds; ceux qui passent sous le marteau des commissaires-priseurs se vendent de 60 à 120 francs et plus, suivant leur état de conservation, leurs dimensions et le travail de leur fabrication. — Les spécimens de candélabres antiques représentés par nos figures 189 à 193 ont été trouvés dans les fouilles de Pompéi. Celui que représente notre

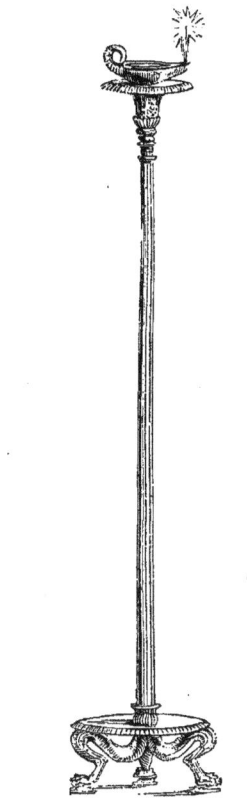

Fig. 189. — Candélabre portant une lampe.

figure 190 est d'une construction très ingénieuse, puisqu'il pouvait se démonter afin de faciliter son transport et son logement dans une caisse de voyage. La base du trépied est formée par trois pieds de biche qui ont sur les deux côtés de leur extrémité un petit anneau. La patte du milieu est attachée aux pattes latérales par de petits clous rivés, 3 et 4, formant un pivot autour duquel se meuvent les anneaux; de sorte que les trois pattes sont parallèles quand le candélabre est démonté, tandis que lorsqu'il est monté elles sont maintenues à égale distance sur la circonférence du cercle. Dans le dernier cas les deux anneaux extérieurs se recouvrent mutuellement et sont réunis au moyen d'une goupille ou petite fiche mobile. Les larges anneaux, 5, 5, 5, se trouvent superposés vertica-

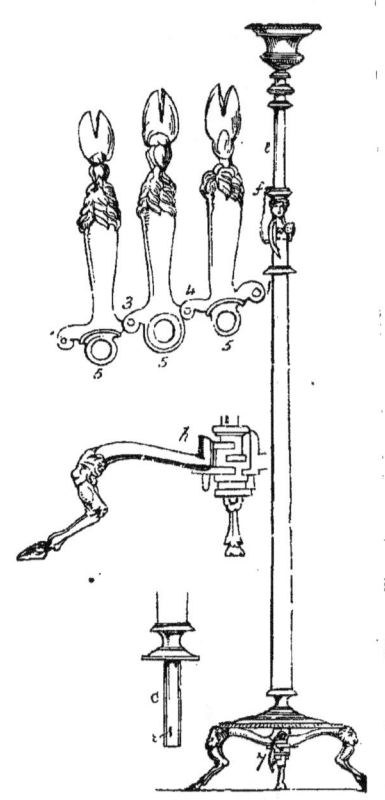

Fig. 190. — Candélabre de voyage.

lement, comme on le voit dans notre croquis *h*. L'extrémité cylindrique de la tige du candélabre traverse les anneaux; elle se trouve arrêtée par une goupille, 7, qui traverse le trou 8 et maintient ainsi rigide tout l'ensemble. La tige du candélabre est creuse et carrée, elle se termine par deux bustes, ceux de Mercure et de Persée, placés dos à dos. Un petit fût, *e*, s'élève ou descend à volonté, il est maintenu à la hauteur voulue par une goupille dont on aperçoit la chaînette en *f*. — Le candélabre représenté par notre figure 191 est à deux branches. Nos figures 192 et 193 montrent le pied et la tête d'un candélabre en bronze de Pompéi. On voit ces quatre types au Musée national de Naples, dans la salle des bronzes du premier étage.

Nos figures 194 et 195 montrent deux modèles de candélabres, nommés aussi *guéridons*, dessinés par Charles Boule.

Les amateurs de curiosités recherchent avidement les candélabres antérieurs aux XVIIe et XVIIIe siècles. Notre figure 196 reproduit un candélabre à trois branches de l'église de Saint-Vaast à Gaurin (Belgique). C'est un travail du XVe siècle qui paraît être sorti des ateliers des fondeurs de Tournai, si célèbres au moyen âge. Il porte à sa partie antérieure un pupitre décoré d'un agneau pascal en ronde bosse au milieu d'ornements à lobes. Ce candélabre, qui a de grandes proportions, ne devait servir que les jours de grande fête. (Voy. CHANDELIER et FLAMBEAU.)

Vente San Donato. — N° 156. Deux candélabres à onze lumières en bronze vert et bronze ciselé et doré au mat, par Thomire. Figure égyptienne debout. Haut. totale, 1^m,90; hauteur des figures, 0^m,70. 2,000 lires. — N° 157. Deux candélabres à sept lumières pareils aux précédents, mais moins élevés. Haut. totale, 1^m,39. 1,900 lires. — N° 291. Deux candélabres à douze lumières, par Thomire; haut. 1^m,45; avec une pendule également par Thomire. 7,500 lires. — N° 324. Quatre candélabres en bronze vert et bronze doré supportant un bouquet de six lumières et posés sur un socle où l'on voit un guerrier tirant de l'arc. Hauteur, 0^m,90. 2,800 lires. — N° 769. Superbe paire de candélabres exécutés par Gouthière et composés par Clodion. Chaque candélabre représente une bacchante en bronze d'une très belle patine avec draperies dorées et tenant un thyrse à trois lumières. Ces figures sont posées sur des bases en rosso oriental, enrichies de guirlandes de feuillages et de fruits. Ils provenaient du château de Versailles. Haut. 0^m,81. 37,000 lires. — N° 938. Deux candélabres en bronze de Thomire sur des bases carrées en porphyre oriental, composés d'une figure de femme drapée, douze lumières. Haut. totale, 2m,55. 7,500 lires. — N° 939. Deux candélabres par Thomire, figure de femme drapée. Haut. totale, 1m,42. 3,550 lires. — N° 940.

Fig. 191. — Candélabre à deux branches.

Huit candélabres à huit lumières chacun, bronze doré mat, par Thomire ; quatre à figures de génies ailés. Haut. 1m,20. 6,000 lires. — N° 1088. Deux candélabres à dix lumières

Fig. 192. — Pied d'un candélabre en bronze.

en bronze ciselé et doré (style Louis XVI). Haut. 1 mètre. 3,900 lires. — N° 1156. Deux candélabres à huit lumières en argent ciselé, style renaissance, à cariatides de femmes et d'Amours. 4,800 lires. — N° 1183. Deux candélabres en bronze doré et ciselé, à dix lumières (style Louis XVI). Haut. 0ᵐ,90. 3,100 lires. — N° 1536. Deux grands candélabres à trois lumières, en bronze ciselé et doré au mat, par Gouthière; composés d'un vase ovoïde en diorite orbiculaire antique élevé sur un trépied à têtes de satyres en bronze doré, garni de trois anneaux et reposant sur trois sphinx ailés en bronze, accroupis sur une base en marbre blanc à feston de lierre en bronze doré (style Louis XVI). Haut. 0ᵐ,78, larg. 0ᵐ,26. 6,700 lires. — N° 1634. Deux jolis candélabres en bronze doré formés d'un jeune garçon couronné de pampres et d'une petite fille couronnée de roses portant chacun sur l'épaule un vase à une lumière (style Louis XVI). Haut. 0ᵐ,36. 3,400 lires.

Vente Double. — N° 292. Deux candélabres composés d'un vase ovoïde en marbre blanc à

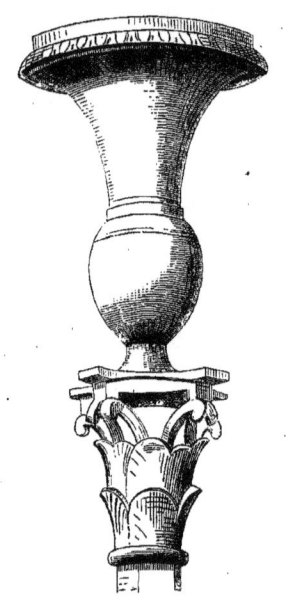

Fig. 193. — Godet et tête d'un candélabre en bronze.

Fig. 194 et 195. — Candélabres de Ch. Boule.

marbre bleu turquin. Haut. 0ᵐ,39. 22,000 lires. — N° 1568. Deux candélabres en bronze doré à dix lumières (style Louis XVI), forme trépied se terminant par trois sphinx ailés étendus sur une base cintrée à mascaron de tête de Méduse. Haut. 0ᵐ,90, larg. 0ᵐ,51. 15,100 lires. — N° 1631. Deux candélabres en bronze doré à trois lumières (style Louis XVI), à volutes et feuilles d'acanthe sur un socle en brèche antique africaine. Haut. 0ᵐ,84, larg. 0ᵐ,54. 8,000 lires. — N° 1632. Deux candélabres à trois lumières, formés de deux femmes debout, en bronze vert modelé par Clodion. Socle en deux anses, têtes de boucs reliés par des festons de vigne et sur piédouche en bronze ciselé et doré. Cinq branches de lis porte-lumière en bronze doré s'échappent du vase qui repose sur une plinthe en granit vert des Vosges. (Style Louis XVI.) Haut. 1ᵐ,15. 7,200 fr. — N° 293. Deux candélabres composés d'une vestale debout, en bronze vert, portant un plateau sur lequel repose un vase élancé en bronze ciselé et doré au mat, décoré de bas-reliefs représentant des jeux de nymphes et de satyres. Cinq branches de roses porte-lumière en bronze doré au mat s'échappent de chacun de ces vases.

Les socles, bas, en granit rose oriental, sont montés en bronze doré (style Louis XVI.) Haut. 0^m,71. 6,000 fr. — N° 294. Deux candélabres formés chacun d'un vase ovoïde à culot godronné en marbre vert veiné de blanc, à anses à têtes de satyres et à trois branches de lis porte-lumière en bronze doré. Le piédouche est orné d'un tore de laurier en bronze doré (style Louis XVI). Haut. 1 mètre. 2,900 fr. — N° 295. Deux candélabres composés chacun d'un groupe de deux nymphes debout en bronze, tenant un bouquet de lis à cinq branches porte-lumière en bronze doré et reposant sur un socle rond cannelé en bronze ciselé et doré (style Louis XVI). Haut. 0^m,85. 11,100 fr. — N° 296. Deux candélabres formés chacun d'une bacchante debout portant un thyrse d'où s'échappent trois branche porte-lumière (style Louis XVI). Hauteur, 0^m,70. 9,900 fr. — N° 297. Deux candélabres en bronze ciselé et doré au mat, modèle à trépied et vase ovoïde au centre, sept branches porte-lumière (style Louis XVI). Haut. 1^m,06. 3,400 fr. — N° 298. Deux candélabres en bronze ciselé et doré au mat, figures de nymphes portant un bouquet à trois lumières (style Louis XVI). Haut. 0^m,53. 1,510 fr.

Fig. 196. — Candélabre d'église à trois branches.

Fig. 197. — Canette imitée de F. Briot.

CANDJAR. — Poignard turc large de 0^m,05 à 0^m,06 et long d'environ 0^m,60. Cette arme est légèrement recourbée. On nomme *candjiar* ou *cric*, une arme, généralement empoisonnée, des naturels de l'Inde et qui ressemble beaucoup au candjar. — Les fourreaux des candjars sont souvent en argent ciselé et ornés parfois de pierreries.

CANETTE. — Pot en grès ou en faïence

qui sert à contenir des liquides, principalement de la bière. Notre figure 197 montre une canette en terre cuite émaillée avec un couvercle en étain ; elle est imitée de François Briot et fait partie de la belle collection du baron Alphonse de Rothschild.

CANIVET. — Le canivet du XVIe siècle était une sorte de pointe qui avait quelque analogie avec celle des graveurs sur bois de nos jours, mais qui en différait surtout parce que le canivet était manié d'une tout autre manière que la pointe. Le découpage au canivet était long et difficile ; il fallait beaucoup de soin pour découper à la main des lettres et des vignettes, et pour créer ces livres ainsi désignés : *cum figuris et characteribus ex nulla materia compositis*, c'est-à-dire avec figures et caractères composés sans aucune espèce de matière ; et par le fait les figures sont créées par la perforation, c'est-à-dire par le vide, par rien. Pour se faire une idée de ces œuvres aussi étranges que rares, il faut se représenter des peaux de vélin ou des folios de parchemin percés à l'aide de cet instrument acéré nommé *canivet*. Les vides créés par cet outil se combinent à la matière laissée intacte et représentent ainsi avec une perfection remarquable des textes, des vignettes, des ornements, en un mot tout ce que nous montrent les ouvrages illustrés. Le vélin est, pour ainsi dire, champlevé, comme dans la xylographie ; seulement, ici, le parchemin est perforé complètement et présente l'aspect d'une dentelle qui serait ourdie par les *tailles*. — On place derrière ces dentelles des corps opaques colorés en rouge, en bleu, en vert, en cerise, en noir, de manière à ce que les caractères ou les illustrations se détachent dans ces diverses couleurs. — On voit donc que le vélin est travaillé de manière à former une sorte d'épreuve négative, de matrice, et que la couleur fournit l'épreuve positive. Du reste, tous nos lecteurs connaissent ces *poncifs* en laiton ou en cuivre avec lesquels les marchands de vin, les épiciers et les emballeurs inscrivent sur des tonneaux, sur des caisses ou sur des emballages l'estampille de leur maison, leur marque de fabrique ou les inscriptions : *fragile*, ou *craint l'humidité*.

Ce poncif représente parfaitement un grossier découpage au canivet.

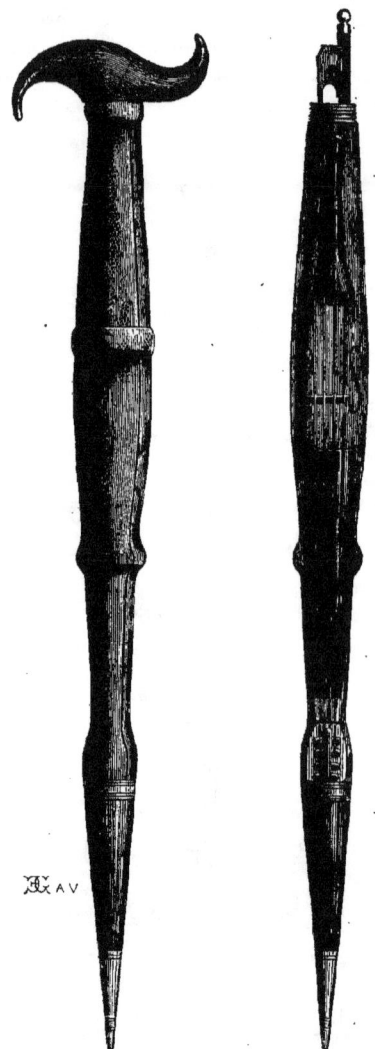

Fig. 198 et 199. — Canne-pochette.
(Fermée.) (Ouverte.)

CANNE. — Bâton droit, terminé par une pomme, qui sert à marcher. On estime une canne, suivant la matière et le travail ; mais dans les ventes on n'attache du prix qu'à la pomme, qui peut être en fer, en cuivre, en bronze, en argent, en or, en pierre. Les pommes en porcelaine de Sèvres, de Saxe, de Vitry, valent, suivant la beauté du décor, 90 à 100 francs. Peu dépassent ces prix, à moins que la canne ne soit historique, c'est-à-dire qu'elle n'ait appartenu à un grand personnage. — Nos figures 198 et 199 montrent la canne d'un maître à danser, la canne-pochette, car on nommait *pochettes* les petits violons que les maîtres à danser mettaient dans leur poche pour aller donner leurs leçons en ville. Voici comment on s'en servait : on dévissait la poignée, on retirait l'anneau de corne ; puis on tirait le chevalet caché à plat sous la touche, on le plaçait à la hauteur de l'âme, et, après avoir retiré l'archet de l'intérieur même de l'instrument, on revissait la poignée de la canne pour pouvoir épauler l'instrument. Il pouvait fournir des notes suffisantes pour accompagner des chassés-croisés ou les pas d'un menuet. Cette canne-pochette du XVIIIe siècle fait partie de la collection de M. A. Jubinal. — Le musée de Cluny (n° 7012) possède une pochette de maître à danser aux armes de France de l'époque de Louis XIII ; elle est de forme allongée, en écaille gravée et incrustée d'argent. La poignée est en ébène sculpté. — Anciennement on désignait également sous ce terme de *canne* un gros vase en terre ; mais ce mot est tombé en désuétude dans ce sens, on n'emploie plus que le diminutif *canette*.

Vente San Donato. — N° 735. Beau jonc à pomme en jaspe sanguin garni or : 75 lires. — N° 736. Beau jonc à pomme en lapis-lazuli et or : 90 lires. — N° 737. Belle canne en écaille à pomme ou en écaille incrustée d'or : 140 lires. — N° 738. Canne en écaille à pomme en or, en forme de nœud émaillé bleu turquoise : 105 lires. — N° 739. Canne en jonc à pomme en argent et vermeil, en forme de boule ciselée et guillochée : 40 lires. — N°s 740 et 741. Canne en jonc avec pomme en cuir tressé surmontée d'une plaque en or. — Jonc à pomme en émail noir, avec tête de mort et la devise : *C'est l'avenir et non le passé* : 35 lires. — N° 743. Jonc monté en or et turquoise : 135 lires. — N° 744. Canne en bois des Iles à pomme en argent oxydé et jaspe sanguin : 100 lires. — N° 748. Canne en jonc avec garde en or ciselé à quatre têtes de chiens et avec pomme en or ciselé représentant une chasse, et en jaspe sanguin : 275 lires. — N° 753.

Fig. 200 et 201. — Ribaudeau dans son blindage et hors de celui-ci.

Badine en jonc à pomme en lapis-lazuli en forme de sphère entourée d'un serpent en or émaillée en blanc avec rubis et brillants : 165 lires. — N° 754. Canne en jonc à pomme en or ciselé, de deux tons, à fleurs et balustres. 340 lires. — N° 755. Jonc avec pomme en or repoussé et ciselé représentant l'enfance de Bacchus. 1,020 lires. — N° 759. Canne en corne de narval, avec crosse en forme de bec de corbin, en agate or, contenant une lorgnette. 1,200 lires.

CANON. — Pièce d'artillerie. Dans le commerce de la curiosité, on n'achète que les petites pièces de bronze remarquables pour leur gravure. Les collectionneurs achètent aussi quelquefois des ribaudeaux. Nos figures 200 et 201 montrent la représentation du plus vieux canon de l'Europe ; c'est un ribaudeau qui a été pêché en 1827 par des pêcheurs de Calais. C'est un cylindre irrégulier de 1^m,18 de longueur, ayant à son extrémité inférieure une tige de fer avec poignée qui permettait d'ajuster et de viser le but. Il y a une sorte de tube ou boîte pour charger la culasse à la main, soit avec un

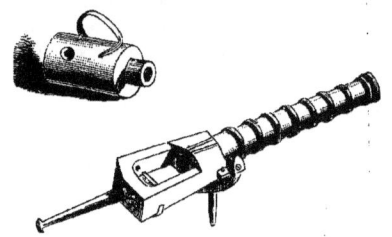

Fig. 201 bis. — Canon en fer du xve siècle.
(Tour de Londres.)

tube de carton, soit avec une cartouche contenant la charge toute prête. On voit donc que les armes se chargeant par la culasse ne sont pas une invention de nos jours. Les ribaudeaux se montaient deux à deux sur un train ou affût, comme le montre notre figure 200, lequel fût supportait une carapace ou blindage qui mettait les pièces à l'abri des projectiles.

Notre figure 201 bis montre un canon en fer du xve siècle des collections d'armes de la tour de Londres. Dans notre figure, on aperçoit la boîte mobile qu'on chargeait et qu'on plaçait ensuite dans la chambre située à l'extrémité du canon ; c'est un type très curieux, qui se chargeait également par la culasse.

CANOPE. — Vase égyptien en argile, ainsi nommé parce qu'on le fabriquait à Canope, ville de la basse Égypte, aujourd'hui Aboukir. Ces vases servaient à filtrer les eaux limoneuses du Nil ; ils reçurent ensuite une consécration religieuse qui, dans le symbolisme égyptien, figurait le bon génie du fleuve. Ces vases ne font leur apparition que très rarement dans les ventes ; il faut que l'on vende des collections archéologiques. Quelques-uns, en albâtre, valent de 150 à 200 francs.

CANTHARE. — Vase antique en forme de cylindre et à anses. Au mot AGATE (fig. 6), nous avons donné un canthare célèbre.

CANTINE. — Ce terme désigne des objets assez différents. Dans le langage de la curiosité, les cantines sont de petites boîtes japonaises en laque ou en porcelaine, cubiques ou cylindriques, qui s'emboîtent les unes dans les autres. — Objet de peu de valeur.

Au moyen âge, comme quelques manuscrits peuvent en témoigner, les officiers en campagne avaient avec eux des cantines ; le musée de Cluny possède une de ces cantines en fer battu qui date du xviie siècle ; voici sa description. — N° 5787. Cantine de guerre en fer battu, avec réservoir à eau, logettes pour la cuisson des aliments et chaîne de suspension. Hauteur, 0^m,45.

CAPARAÇON. — Housse ou riche couverture brodée qu'on place sur les chevaux. Ces objets n'ont de valeur que suivant l'importance des broderies d'or ou d'argent qui les décorent. Les housses orientales sont seules estimées.

CAQUETOIRE. — Genre de fauteuil du xvie siècle dont le nom caractéristique n'a pas besoin d'explication pour être compris. Au xviiie siècle, ce fauteuil devint la *ganache*, et de nos jours on l'a nommé *voltaire*.

CARACOLI. — Alliage composé par parties égales d'or, d'argent et de cuivre. Ce métal servait aux sauvages de l'Amérique à faire des anneaux, des plaques, des pendants d'oreilles et divers bijoux. — Par extension, on désigne sous ce terme les anneaux faits avec cet alliage, anneaux que les sauvages portent aux oreilles, au nez, aux bras et à la cheville.

CARIATIDES. — Statues complètes ou à mi-corps engagées dans une gaine ; elles soutiennent un entablement quelconque. (Voy. ce terme dans notre *Dictionnaire d'architecture*.)

CARPETTE. — Tapis de pied, de dimension moyenne, qu'on place dans une pièce sans le fixer sur le plancher, comme les grands tapis. On pose des carpettes devant des cheminées, devant des canapés, sous des tables de salle

Fig. 202. — Fragment d'un carrelage (château de Saint-Roch).

à manger, etc. — Vente San Donato. N° 155. Deux carpettes orientales : 158 lires. — Chez les marchands de tapis, on vend des carpettes de feutre depuis 10 fr. jusqu'à 40 fr., des carpettes de moquette anglaise imprimées ou bouclées de 50 à 90 fr., des carpettes en haute laine de 60 à 150 fr.

CARREAU. — Nous n'avons à parler ici que des carreaux en faïence employés pour pavement et pour revêtement des murs. Les carreaux en faïence de Perse valent de 80 à 100 francs; ceux en faïence de Delft, des époques Louis XIV et Louis XV, depuis 2 francs jusqu'à 30 francs. Les carreaux de faïence émaillée de la renaissance française ou de la renaissance italienne valent de 3 francs à 70 francs. — On nomme *carrelage* le pavement ou le revêtement fait avec des carreaux. Notre figure 202 montre un superbe carrelage du grand salon du château de Saint-Roch (Tarn-et-Garonne); c'est une faïence style de la renaissance, divisée en quinze compartiments. La composition du carton est de M. Lechevalier-Chevignard, un de nos plus habiles peintres et décorateurs modernes.

CARRELAGE. — Voy. CARREAU.

CARROSSE. — Voy. VOITURE.

CARTEL. — Pendule en bronze doré, en bois sculpté et doré, qui se termine en pointe et faite pour être accrochée à un mur, un lambris ou un meuble en bois élevé. Il existe des cartels dans tous les styles, principalement des époques Louis XIV, Louis XV et Louis XVI. En bronze doré, ils valent de 150 à 200 francs, et, si les ciselures sont remarquables, ils atteignent 1,500 francs et davantage. Ainsi, à la vente Double 1881, un beau cartel dont nous donnons plus bas la description a été adjugé à 5,050 francs. Comme les cartels sont toujours adossés ou appliqués contre les murs, on les nomme cartels-appliques; beaucoup sont portés par des consoles. Vers la fin du XVIIIe siècle le cartel remplace tout à fait la pendule dite *religieuse*, les pendules en gaine et les coucous.

Vente San Donato. — N° 51. Cartel en bronze doré. Modèle de Delafosse. Il est formé de quatre pilastres cannelés, dont deux en arrière-corps, surmontés des pots à feu (style Louis XVI). Hauteur, 0^m,85; largeur, 0^m,43.

5,000 lires. — N° 52. Cartel de Caffieri en bronze doré, formé d'un enlacement de branches de laurier et de larges rinceaux, couronné de fleurs. Cadran signé J. Leroy, à Paris. Hauteur, 1^m,16; largeur, 0^m,58. 10,300 lires. — N° 1597. Cartel de Boule en marqueterie de cuivre sur écaille et ornements en bronze doré, parmi lesquels deux coqs aux angles de la partie supérieure, têtes de béliers et mascarons de figures. Hauteur, 0^m,52; largeur, 0^m,26. 3,550 lires. — N° 1598. Cartel en bronze doré, du temps de la régence, formé de rocailles et guirlandes de fleurs, surmonté d'un épagneul et soutenu par une figure de femme personnifiant l'Afrique. Hauteur, 0^m,91; largeur, 0^m,66. 3,600 lires.

Vente Double. — N° 278. Cartel en bronze ciselé et doré composé d'ornements rocaille et de branches de fleurs, surmonté d'une figurine d'enfant tenant un soleil. Mouvement de Roisin à Paris, à grande sonnerie. Hauteur, 0^m,72; largeur, 0^m,40. 5,050 fr.

CARTES. — Nous ne parlerons ici que des cartes à jouer, dont l'invention a été attribuée aux Chinois et aux Orientaux. On a même prétendu que les cartes avaient été connues des Égyptiens; ce fait est invraisemblable, car aucun livre, aucun monument de l'antiquité (vases peints, mosaïques, sculptures, etc.), ne fournissent aucun détail, aucune représentation de cartes. Tout ce qu'il est permis d'affirmer, c'est que les cartes existaient au XIIIe siècle, puisque le synode de Worcester en 1240 interdit aux clercs de s'en servir. A cette époque les cartes se nommaient *tarots*, et les dénominations avaient quelque analogie avec celles des échecs; ainsi il y avait un fou, des cavaliers, des tours, etc. Charles VI, dans sa folie, aimait beaucoup à jouer aux cartes; les figures de son jeu représentaient l'*empereur*, le *pape*, le *soleil*, la *lune*, l'*ermite*, le *fou*, l'*écuyer*, le *pendu*, la *fortune*, la *tempérance*, la *mort*, la *justice*. Notre croquis 203 montre cette dernière figure, tirée du jeu de cartes de Charles VI, dont 17 cartes sont aujourd'hui au cabinet des estampes de la Bibliothèque nationale de Paris. Ce jeu aurait été fait par l'*imaigier* Jacquemin Gringonneur. Les tarots ont précédé, dit-on, les cartes à jouer ; ils diffèrent des cartes ordinaires par le nombre et la nature des éléments dont ils sont composés. En effet, outre les quatre séries à signes variés qu'ils comportent

Fig. 203. — La Justice, figure d'un jeu de cartes de Charles VI.

comme les jeux de cartes ordinaires, les tarots ont une cinquième série qui est une suite de figures au nombre de vingt-deux. — Il y avait trois sortes de tarots en Italie, car ceux-ci sont originaires de ce pays : le tarot de Lombardie ou tarot vénitien, les *minchiate* de Florence, enfin le *tarrochino* de Bologne. Les plus anciens spécimens de tarots que nous possédions sont du XVIᵉ siècle. Notre figure 204 montre le *roi de denier,* fragment d'un jeu de cartes non colorié du commencement du XVIᵉ siècle ; notre figure 206, le *valet de carreau* d'un jeu de cartes en satin broché du fameux fabricant de Florence Panichi. Disons, en terminant cet article, que ce sont les cartes à jouer qui ont amené l'invention de la gravure sur bois et, par suite, de l'imprimerie, car les premiers livres étaient imprimés avec des caractères de bois. Les plus anciennes fabriques de cartes que l'on puisse mentionner sont celles de Lombardie ou de Venise. Suivant les époques et suivant les pays, les figures des cartes ont singulièrement varié ; ainsi, après la révolution française, le grand peintre David ne dédaigna pas de des-

Fig. 204. — Revers d'un tarot italien (XVIᵉ siècle).

Fig. 205. — Roi de denier (jeu de cartes non colorié) (XVIᵉ siècle).

revers d'un tarot italien de cette époque. Il est difficile de voir des rinceaux d'arabesques plus largement dessinés, ainsi que des lutteurs mieux campés que ceux du centre de notre figure, dont le dessin est tellement symétrique qu'on peut le regarder indifféremment de haut en bas ou de bas en haut. Notre figure 205 montre siner un nouveau jeu. Les reines furent remplacées par la liberté des cultes, des professions, du mariage et de la presse ; les rois, par les quatre philosophes, Voltaire, Rousseau, la Fontaine et Molière ; les quatre valets, par quatre figures personnifiant l'égalité de rang, l'égalité de couleur, l'égalité de devoirs et l'égalité de droits. Il va sans dire que la restauration changea tout cela.

CARTONS. — Grands dessins exécutés par les peintres sur des cartons ou du papier très fort et qui doivent leur servir de modèles soit pour exécuter des peintures sur toile ou des fresques, soit pour servir de modèles à d'autres artistes pour exécuter des faïences, des tapisseries

Fig. 206. — Valet de carreau (jeu de cartes en satin broché).

ou des verrières. Les cartons pour celles-ci sont de deux sortes : les uns sont complets et servent à l'assemblage des pièces ; les autres sont découpés suivant les formes et les dimensions des morceaux ou pièces de verre qui forment la composition du vitrail. Les cartons de maîtres valent un grand prix. Le Louvre possède quatre grands cartons peints à la gouache par Jules Romain pour la manufacture de tapis de Bruxelles. On voit à la bibliothèque Ambrosienne de Milan le carton de la fresque de l'*École d'Athènes,* ainsi qu'un fragment de la *Bataille de Maxence et de Constantin.* Ces deux cartons sont de Raphaël.

CARTOUCHIÈRE. — Boîte en cuir ; nécessaire qui sert à enfermer des cartouches. Quelques cartouchières sont en forme de baudriers ou de ceintures.

Vente Double. — N° 226. Cartouchière couverte de fines incrustations d'os gravé à rinceaux. Garniture en fer noir. Travail allemand du XVI° siècle. 510 fr.

CASQUE. — Partie de l'armure qui sert à défendre la tête et, suivant la forme du casque, le cou. Les casques sont en bois, en cuir, et plus

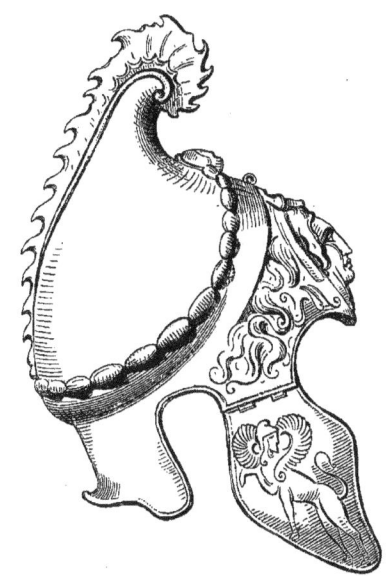

Fig. 207. — Casque grec.

généralement en métal, fer, cuivre, etc. Tous les peuples ont utilisé les casques ; chez les héros d'Homère, ils sont en métal et portent à l'arrière une crinière flottante. Les Grecs et les Romains ont eu des types divers ; nos figures 207 et 208 montrent un casque grec et un casque romain qui font partie de la collection Campana au Louvre. Chez les Romains, le casque de métal fourbi se nommait *galea ;* le casque de cuir, appelé *cassis,* était renforcé par deux bandes de métal posées en croix sur le devant du casque. Les casques anciens avaient presque tous des jugulaires ; certains, ceux de gladiateurs par exemple, avaient des visières qui s'abaissaient sur le visage et le protégeaient. Au moyen âge, surtout à la féodalité, le casque est très utilisé. Nous allons étudier les pièces qui composent les casques, nous en énumérerons ensuite les principales formes. Dans un casque, on nomme *timbre* la partie

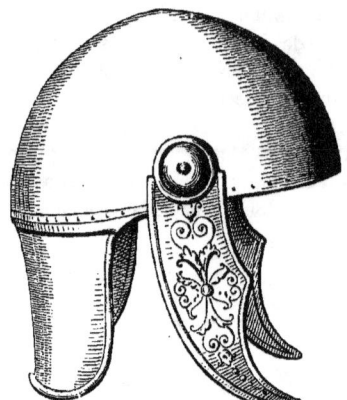

Fig. 208. — Casque romain.

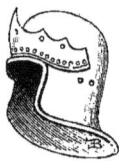

Fig. 209. — Casque avec timbre d'une seule pièce (XVᵉ siècle).

bombée qui emboîte et recouvre la tête, il est généralement forgé d'une seule pièce (fig. 209); certains casques gaulois étaient forgés en deux

Fig. 210. — Casque avec crête (XVIᵉ siècle).

pièces. On nomme *crête* le sommet du timbre aplati ou saillant en forme d'arête (fig. 210). Le *mezail* est l'ensemble des pièces mobiles qui défendent le visage. Pendant le XVᵉ siècle, le mezail est d'une seule pièce mobile; plus tard, au XVIᵉ et au XVIIᵉ siècle, il est en deux parties, la *vue* ou *nasal,* partie supérieure, et le *ventail,*

Fig. 211. — Morion à crête pointue (XVIᵉ siècle).

partie inférieure. Presque arrondi au XVᵉ et au commencement du XVIᵉ siècle, le mezail s'al-

Fig. 212. — Morion à grande crête (XVIᵉ siècle).

longe et s'effile sous François Iᵉʳ, Henri II, Henri III et Louis XIII. Sous ce dernier prince,

Fig. 213. — Casque à mezail (XVIᵉ siècle).

à la dernière époque de l'armet, le mezail n'est souvent qu'une simple grille qui laisse bien respirer librement le cavalier, mais qui défend

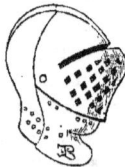

Fig. 214. — Casque en fer de Henri VIII (XVIᵉ siècle).

aussi fort peu son visage. On nomme *mentonnière* la partie inférieure du casque qui va rejoindre le timbre, en couvrant le bas et les deux côtés du visage. La mentonnière se rattache au

1. CAPELINE — 2. MORION. — 3 à 6. CASQUE A VISIÈRE ET AUTRES,
tirés de l'Armeria real de Madrid, publié par M. Ach. Jubinal.

CASQUET.

timbre par un ressort ou par deux crochets, ou enfin par une courroie à boucle. Le *gorgerin* est formé par la réunion de plusieurs lames qui recouvrent le colletin de l'armure; il sert à

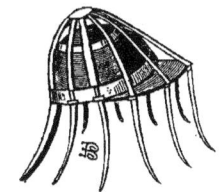

Fig. 215. — Casque du temps de Henri IV.

protéger l'intervalle découvert entre le colletin et le menton; il est réuni au casque par des rivets, et comme celui-ci il s'ouvre en deux parties. — Nos figures montrent : un casque

Fig. 216. — Casque avec gorgerin (XVIIᵉ siècle).

du XVᵉ siècle (fig. 209); un casque du XVIᵉ (fig. 210); un morion à crête pointu, casque des troupes ordinaires au XVIᵉ (fig. 211); un morion à grande crête du XVIᵉ (fig. 212); un casque à mezail proéminent du XVIᵉ siècle

Fig. 217. — Pot-en-tête (XVIIᵉ siècle).

(fig. 213); un casque en fer de Henri VIII, également du XVIᵉ siècle (fig. 214); un casque du temps de Henri IV de France (fig. 215); un casque avec gorgerin (fig. 216), de la première moitié du XVIIᵉ siècle; un pot-en-tête, coiffure du fantassin du temps de Cromwell (XVIIᵉ siè-

cle) (fig. 217); un autre type à gorgerin, de la première moitié du XVIIᵉ siècle (fig. 218); enfin un type très curieux de la première moitié du XVIIᵉ siècle (fig. 219). Voici les noms de divers

Fig. 218. — Casque à gorgerin (XVIIᵉ siècle) (2ᵉ type).

casques : *casque à bourrelet; armet*, ou casque de cavalerie; *bassinet; salade; bourguignotte; morion; petit armet*, ou morion sans crête; *cabasset; chapeau de fer*. Disons enfin qu'on nommait *secrètes* de petites calottes de fer qui avaient souvent la forme des coiffures civiles dont elles n'étaient, pour ainsi dire, que les doublures; ainsi, sous Louis XIII, on plaçait entre le feutre et la doublure des calottes de fer pleines ou ajourées. Le musée d'artillerie de Paris possède quelques exemples de secrètes.

Vente Double. — N° 230. Casque oriental à bombe sphérique cannelée se terminant en pointe, avec garde-nuque, visière et pare-oreilles, entièrement couvert d'entrelacs gravés et dorés. La gravure rappelle celle des armes allemandes du XVIᵉ siècle. 3,000 francs. — N° 231. Casque à bombe sphérique couverte

Fig. 219. — Casque du XVIIᵉ siècle (3ᵉ type).

d'ornements damasquinés d'or; il est garni de deux porte-plumets et d'une maille fine découpée. Ancien travail persan. 550 fr.

CASQUET. — Casque en usage à l'époque de Charles VII; au lieu de visière, il portait une plaque saillante sur le front, mais elle ne protégeait que la vue.

Fig. 220. — Casse-noisette en fer.

CASSE-NOISETTE. — Ustensile de table

Fig. 221. — Casse-noisette en fer ciselé (XVIIe siècle).

qui sert, comme son nom l'indique, à casser des noisettes. A toutes les époques, quand les fruits frais font défaut, on les remplace par des fruits secs. Au moyen âge, on se servait pour le même usage de pinces ou de tenailles appelées *truquoises* ; malheureusement nous ne connaissons pas d'exemplaires de cet ustensile, seuls les comptes ou les inventaires les mentionnent ; ainsi nous lisons dans le compte du testament de la reine Jehanne d'Evreux, en date de 1372 : « Une truquoise d'argent à casser les noisettes pesant VI onces et prisiée

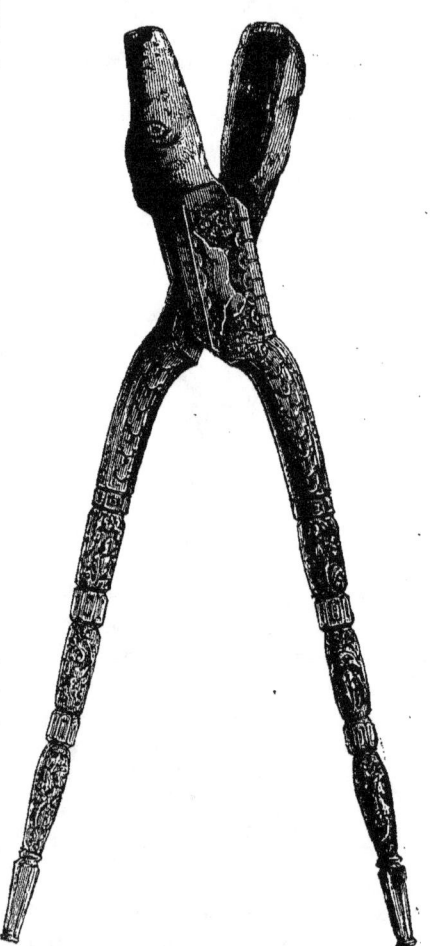

Fig. 222. — Casse-noisette à branches (XVIIe siècle).

IX francs ; » et dans le Journal de Ph. de Vigneulles, daté de 1500 : « Il y avoit deux maistres bairbiers qui le tiroient avec des tricoizes et XVIᵉ siècle ; il est couvert d'une riche ornementation et sa poignée travaillée à jour. Par la simple inspection de cet ustensile on voit comment

Fig. 223. — Casse-noisette en bois sculpté (XVIIᵉ siècle).

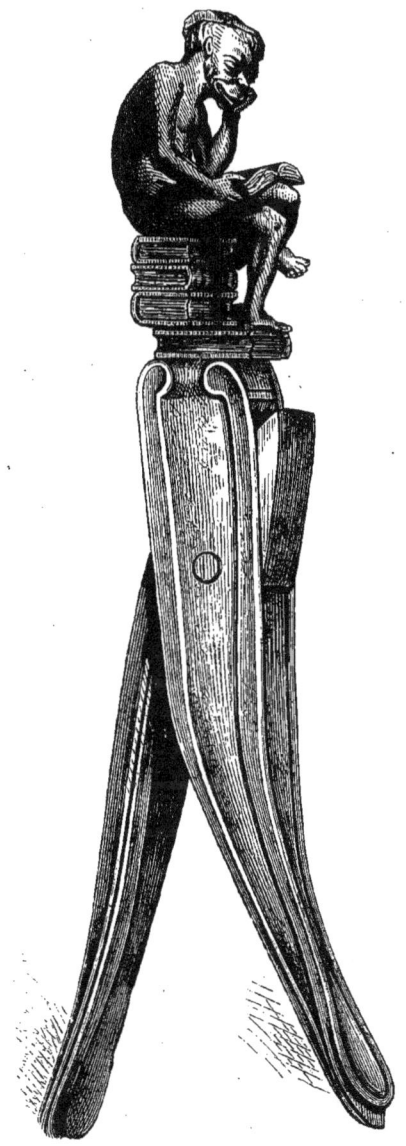

Fig. 224. — Casse-noisette en bois sculpté (XVIIIᵉ siècle).

n'en savoient venir à bout. » Notre figure 220 montre un casse-noisette italien en fer du il fallait s'en servir pour casser la noisette ; on devait réussir souvent, mais quelquefois aussi le fruit sec pouvait bien être projeté sur un convive. Nos figures 221 et 222 montrent deux autres types de casse-noisette en fer ciselé du XVIIe siècle ; enfin nos figures 223 et 224 donnent deux types en bois sculpté du XVIIe et du XVIIIe siècle. Ce dernier modèle tient à la fois de la pince et du *nussknacker* de Nuremberg.

CASSE-NOIX. — Ustensile de table qui sert à casser les noix ; il ressemble beaucoup au casse-noisette, sauf que le récipient à placer le fruit est plus grand dans le casse-noix. (Voy. l'article qui précède.)

CASSE-SUCRE. — Ustensile qui sert à

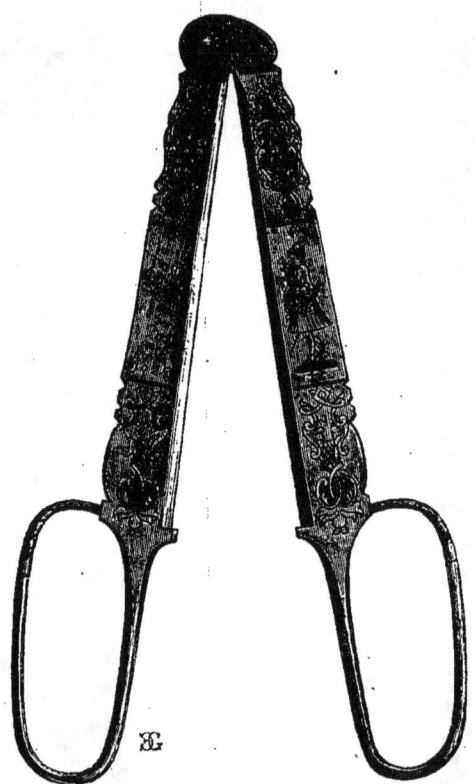

Fig. 225. — Casse-sucre hollandais (XVIIe siècle).

casser le sucre. Notre figure 225 montre un casse-sucre hollandais en fer gravé du XVIIe siècle. Il devait servir à un apothicaire pour casser le sucre *candi* et peut-être aussi des pâtes pectorales de lichen ou de guimauve. Si l'inscription précise bien l'époque de cet ustensile, elle nous laisse fort perplexe quant à sa signification, si toutefois elle se rapporte à l'ustensile même ; cette inscription dit, en effet : « Je suis un bon souffleur ; qui ne le croit, m'essaye. *Anno* 1725. » Cette inscription ne ferait-elle pas plutôt allusion au joueur de cornemuse, au *pifferaro* qu'on aperçoit sur l'une des branches ou mâchoires de cet ustensile, qui fait partie de la collection de M. A. Jubinal.

CASSE-TÊTE. — Arme employée par les sauvages pour fendre, pour casser la tête à leurs ennemis. Cette arme se compose généralement d'une pierre dure, une sorte de hache en silex, en jade ou de toute autre pierre dure emmanchée dans un bois dur. D'autres casse-tête sont faits uniquement en bois dur; ils varient de forme suivant chaque peuplade, mais la plus usuelle est une sorte de massue en bois.

CASSETTE. — Petite boîte en bois, en fer, en métal quelconque, qui sert à enfermer ou à serrer divers objets ou des bijoux. (Voy. Coffret.)

CASSOLETTE. — Vase en métal dans equel on brûle des parfums. Celles qui ont d'assez grandes proportions se nomment plutôt Brule-parfums. (Voy. ce mot.) On désigne plus généralement sous le nom de cassolettes de petites boîtes en argent, en or, etc., qui servent à renfermer des odeurs ; on porte souvent celles-ci comme Breloques. (Voy. ce mot.)

Vente Double. — N° 326. Deux cassolettes, ou brûle-parfums en porcelaine de Sèvres émaillée gros bleu et montées à trépieds à cariatides de femmes en bronze, reliées par des festons de fleurs en bronze ciselé et doré au mat (style Louis XVI). Hauteur, 0ᵐ,67. 14,000 francs. — N° 328. Deux cassolettes ou brûle-parfums formés d'une urne en porphyre rouge oriental, montées sur piédouche et à anses à mascarons en bronze ciselé et doré à l'or moulu. Des flammes ornent les couvercles (style Louis XVI). Hauteur des vases, 0ᵐ,22 ; hauteur des socles, 0ᵐ,10. 2,850 francs.

Vente San Donato. — N° 1548. Deux cassolettes en prime d'améthyste et bronze ciselé et doré par Gouthières (style Louis XVI). Hauteur, 0ᵐ,39 ; largeur, 0ᵐ,16. 6,200 lires. — N° 1573. Cassolettes-flambeaux en bronze ciselé et doré et verre bleu à trépied, ornées de têtes de faune (style Louis XVI). Hauteur, 0ᵐ,22. 600 lires.

CATOGAN. — Voy. Cadogan.

CEINTURE. — Partie de l'habillement qui sert à ceindre la taille. Dans le commerce de la curiosité on n'attache un certain prix aux ceintures qu'autant qu'elles ont une riche boucle, ou bien qu'elles portent un sac, une sacoche ou une aumônière. — Les ceintures orientales ont plus de prix que les ceintures européennes, parce qu'elles sont faites en métal ou en tissu métallique d'or ou d'argent et qu'elles comportent quelquefois des pierreries.

CÉLADON. — Émail unicolore d'un ton gris-vert qui va du plus pâle au plus foncé ; il est posé sur la porcelaine de Chine et du Japon. Les céladons sont presque toujours craquelés. Les craquelés anciens, appelés par les Chinois *tsoui-ki,* datent de 1127, 1138, 1168 à 1278 ; ceux-ci atteignent dans les ventes des prix extraordinaires. Les céladons modernes sont relativement à bon marché ; on les reconnaît en ce que les tons de ces derniers sont plus foncés, surtout plus *lourds.* Le craquelé des céladons s'obtient par de la stéatite pulvérisée qu'on fait entrer dans la composition de l'émail.

Vente San-Donato. — N° 1175. Deux vases en céladon craquelé, décorés d'oiseaux et de fleurs en relief émaillés blanc. Hauteur, 0ᵐ,59. 135 lires.

CÉRAMISTE (Art du). — L'art du céramiste ou de la céramique est l'art de fabriquer des vases et des ustensiles de terre, de faïence, de grès, de porcelaine, etc., et de les décorer, soit par la plastique, soit par l'émail ou la peinture. Le terme de céramique, dérivé de grec κέραμος, signifie *tuile, terre cuite, terre à potier.* L'art de la céramique remonte à une très haute antiquité. Nous possédons en effet, dans nos musées, des produits céramiques qui viennent de la Babylonie et de l'Assyrie. Ces produits ont été fabriqués quarante siècles avant l'ère vulgaire. Les plus anciens livres parlent des objets en terre cuite, au moins pour faire ressortir leur fragilité. Dans l'antiquité classique, divers pays étaient célèbres pour leurs poteries; Samos, Chio, Athènes, l'Étrurie en fabriquaient en grande quantité. Tout un quartier de la ville de Minerve était peuplé de potiers ; aussi le nommait-on le *Céramique.* Cette ville était si fière de son industrie, que non seulement il y avait des expositions de vases pendant les fêtes des Panathénées, mais encore beaucoup de monnaies d'Athènes portaient comme emblème une amphore. Dans l'Étrurie, les principales villes qui fabriquaient des œuvres de terre étaient : Arrétium et Tarquinies.

Bien que Rome tirât ses produits céramiques de l'Étrurie, elle en possédait certainement des fabriques. Mais les anciens ne créèrent en général que des vases en pâte tendre et poreuse et fort peu cuits ; ils étaient facilement rayés par l'ongle. L'Orient seul a créé très anciennement des poteries en pâte dure, de la porcelaine ; c'est la Chine la première qui aurait inventé ces admirables produits qui sont aujourd'hui répandus dans le monde entier. (Voy. Faience et Porcelaine.)

CÉROPLASTIQUE. — La céroplastique, ou l'art de modeler en cire, existe depuis une haute antiquité. Chez les Romains, les images des ancêtres (*imagines majorum*), qui étaient placées dans une pièce donnant sur l'atrium, étaient en cire ; les dieux lares et les dieux pénates chez les pauvres étaient également de cire. Dès l'époque d'Alexandre le Grand, Lysistrate de Sicyone faisait, au dire de Pline, des portraits en cire. Nous savons aussi que la dixième ode d'Anacréon est consacrée à un Amour en cire. Dans un grand festin que Ptolémée Philopator avait offert au philosophe Sphœrus, on lui présenta de magnifiques grenades, et le philosophe tendit une main avide vers ces beaux fruits, qui étaient fort bien imités en cire. Ptolémée avait voulu tromper le philosophe et réfuter ainsi victorieusement sa théorie sur la vérité des impressions reçues par la vue.

Après une longue période de repos, l'art de modeler en cire paraît n'avoir été repris qu'au moyen âge par les Italiens, ensuite par les Allemands. Au xve siècle, le divin Raphaël ne dédaigna par la céroplastique : nous en avons pour preuve la superbe tête de jeune fille du musée Vicar à Lille, qui est bien l'œuvre la plus étonnante sortie des mains de l'homme ; nous n'avons vu nulle part rien d'aussi vivant que ce chef-d'œuvre de Raphaël. — Enfin de nos jours on a utilisé, au plus grand profit de la science, la céroplastique pour représenter des pièces anatomiques, des fleurs, des fruits, etc. Cet art est venu grandement au secours de la science.

CHAIRE. — Siège en bois à dossier des xive, xve et xvie siècles. Le prix de ce meuble varie de 40 à 60 francs suivant la beauté de ses sculptures et son état de conservation.

Chaire a prêcher. — Ce meuble d'église n'est recherché que pour la beauté de ses menuiseries, de ses bois sculptés, de ses blocs de marbre ou de leur sculpture, quand les chaires sont faites avec cette matière.

CHAISE. — Voy. Mobilier.

Chaise a porteurs. — Sorte de grand fauteuil fermé de toutes parts, ou petite voiture, portée par deux hommes. Dans l'antiquité il y avait des chaises à porteurs portées par deux ânes ou deux chevaux. — Le musée de Cluny (n°s 6967 et 6968) en possède deux belles (style Louis XV et Louis XVI) en bois sculpté et doré, avec de beaux panneaux peints. Les rares chaises à porteurs qui passent dans les ventes atteignent des prix élevés. — Vente Double. N° 385. Chaise à porteurs à fond de cuir et richement garnie d'ornements rocaille en bois sculpté et doré (style Louis XV). Elle était doublée en velours de Gênes ponceau ; les garnitures étaient en bronze ciselé ; elle avait encore les anciennes bretelles des porteurs en galons de velours rouge et blanc. 3,050 fr. — Vente San-Donato. N° 133. Chaise à porteurs en bois sculpté, décorée entièrement sur fond d'or, couronnée d'un revêtement en bronze doré à jour. Les panneaux sont peints de sujets mythologiques et allégoriques, d'encadrements de fleurs et d'arabesques. L'intérieur et le toit sont recouverts de velours de Gênes ; elle était fermée par cinq glaces de Venise. (Style Louis XV.) Hauteur, 1^m,76 ; largeur, 0^m,76 ; longueur, 1^m,01. 11,200 lires.

CHALCÉDOINE. — Voy. Calcédoine.

CHALCEDONIX. — Voy. Calcédoine.

CHALCOGRAPHIE. — Voy. Gravure.

CHAMPLEVÉ (Émail). — Voy. Émail.

CHANDELIER. — Ce terme, dérivé du

latin *candella* (chandelle), sert à désigner un ustensile fait pour porter des chandelles ; mais aujourd'hui qu'on n'emploie plus que des bougies de cire, le nom de *chandelier* ne s'applique

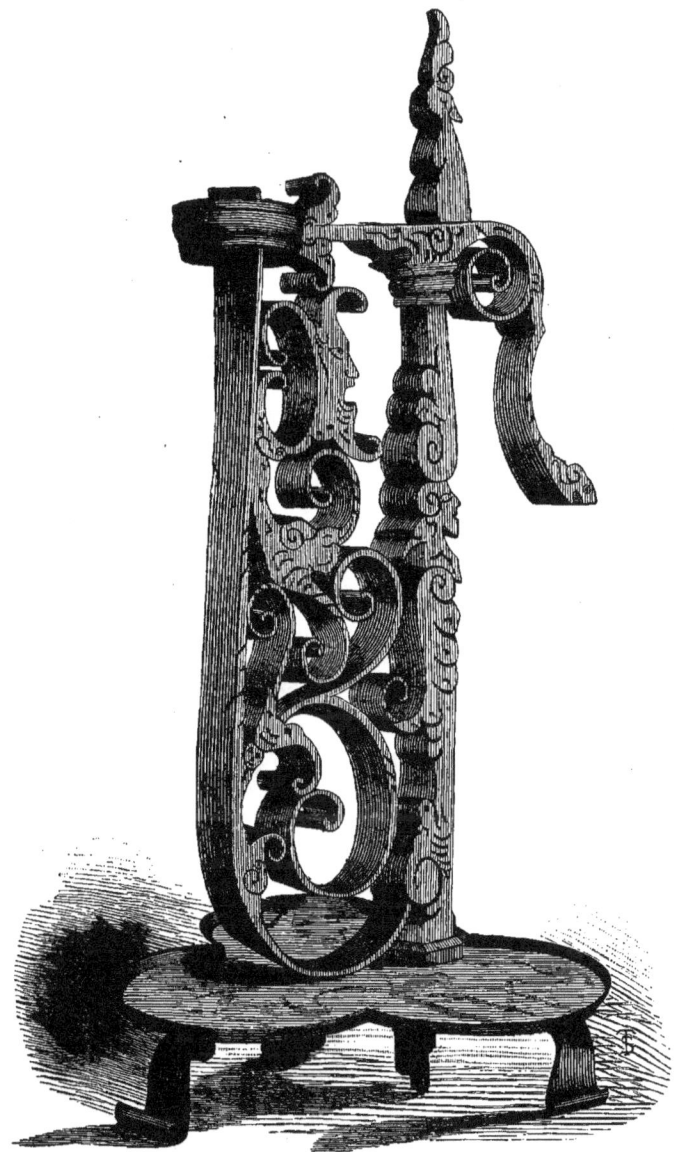

Fig. 226. — Chandelier en fer forgé (XVIIe siècle).

qu'aux grands instruments qui portent les cierges d'église ; les petits chandeliers se nomment FLAMBEAUX. (Voy. ce mot.) — Notre figure 226 montre un chandelier en fer forgé du XVIe siècle du musée de Kensington. Les grands chandeliers d'autel sont à une seule tige ; ils comprennent cinq parties distinctes : le *pied*, le *balustre* ou *tige*; la *pomme* ou *nœud*, qui sert à le saisir ; la *coupe*, sorte de bobèche fixe qui reçoit les gouttes de suif ; et la *pointe*, sur laquelle on fixe le cierge, évidé préalablement en cône très aigu. Les anciens chandeliers ont quelquefois trois, quatre et cinq pointes ; celui qui servait pour l'office des ténèbres en avait neuf. Du reste, dans des églises de Belgique, nous avons vu des chandeliers qui avaient 15, 18 et 20 pointes ; on cite même un chandelier à Coutances qui aurait 44 pointes ; nous ne l'avons jamais vu. (Voy. CANDÉLABRE et FLAMBEAU.)

CHANFREIN. — Pièce d'armure du cheval qui s'appliquait sur le devant de la tête de cet animal. C'était une plaque de fer, d'acier, de cuivre ou de cuir bouilli, qui avait des trous pour les yeux ; cependant pour les joutes il y avait des *chanfreins aveugles*, c'est-à-dire dont les œillères étaient closes, afin que le cheval, privé de sa vue, ne pût s'effrayer ou se dérober au moment du choc. Bien souvent les armes du cavalier étaient gravées sur le chanfrein. Le musée d'artillerie de Paris possède plusieurs chanfreins aux armes de leurs possesseurs ; un entre autres est aux armes d'un prince de Bavière, un autre aux armes de Ferdinand II, empereur d'Allemagne de 1558 à 1564. Ce magnifique chanfrein est enrichi d'ornements repoussés, ciselés, damasquinés d'or sur fond noir. Souvent les chanfreins portaient à leur centre une ou plusieurs longues pointes disposées comme des dents de scie ; quand le chanfrein n'avait qu'une pointe, c'était un long dard dirigé contre le cheval de l'adversaire. La partie qui garantissait les naseaux du cheval se nommait *nasal* ou *mouflard*. Parfois les chanfreins étaient richement décorés d'or et de pierreries ; ainsi Monstrelet nous apprend que le chanfrein du cheval que montait le comte de Saint-Pol, au siège d'Harfleur en 1449, était estimé 30,000 écus. Le chanfrein que portait le cheval du comte de Foix, lors de son entrée à Bayonne, place reconquise par Charles VII, était estimé 150,000 *escus d'or*;

il était en acier et garni de pierreries. — Il existait aussi des demi-chanfreins. (Voy. BARDES et TÊTIÈRE DE CHEVAL.)

CHANTILLY (DENTELLES DE). — Voy. DENTELLE.

CHAPE. — Grand manteau long et ample que portaient les clercs dans les processions. Les chapes ne sont pas, comme beaucoup le supposent, des habits sacerdotaux ; aussi, pen-

Fig. 227. — Chape espagnole (face).

dant les offices, les chantres laïcs en portent comme les prêtres : c'était, du reste, à l'origine un manteau des plus simples, fait pour se garantir uniquement de la pluie ; d'où le nom de *pluvial*, qu'on leur donnait autrefois. A partir de la première moitié du XIIIe siècle, les chapes, qui jusque-là ne se portaient que pour les processions extérieures, deviennent de magnifiques vêtements d'église ; elles sont alors en drap d'or, couvertes d'orfrois et de riches broderies d'or, d'argent et de soie de diverses couleurs. Dans les trésors des églises on voit, du reste, de superbes chapes anciennes ; mentionnons notamment des spécimens remarquables à Tournai et à Louvain (Belgique) et à Spire. Nos figures 227 et 228 montrent de face et de dos une chape espagnole du XVIᵉ siècle que le prêtre revêtait pour les services mortuaires. — Les sculpteurs nomment *chape* une composition dont ils recouvrent les ouvrages en cire qu'ils jettent en fonte; cette chape est faite au moyen de la bourre et d'une terre argileuse. Les mouleurs désignent sous ce même terme l'enveloppe en plâtre qui réunit et serre les diverses pièces d'un moule.

Vente San-Donato. — N° 50. Chape avec

XIVᵉ siècle; ils firent leur apparition au temps de Jean le Bon (1350); ils remplacèrent les *aumusses*, les *bonnets*, les *chaperons* et les *mortiers*. Au début, le chapeau ne fut qu'une simple calotte couvrant à peine la tête; plus tard on lui ajouta des ailes; au XVᵉ siècle, on en fit en velours orné de plumes et de perles. Notre figure 229 montre le chapeau que Charles le Téméraire perdit avec ses trésors à la bataille

Fig. 228. — Chape espagnole (dos).

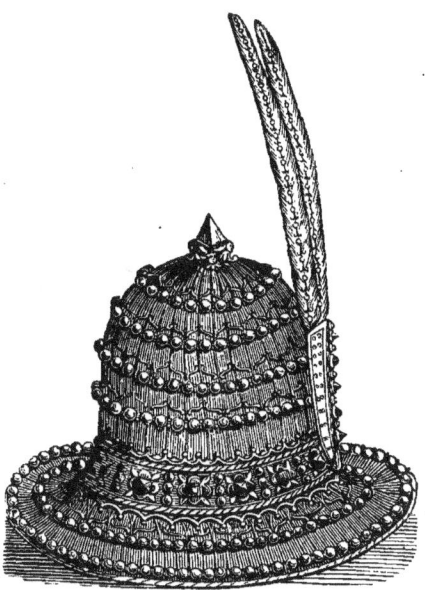

Fig. 229. — Chapeau de Charles le Téméraire.

son collet fond blanc brodé d'or et de fleurs roses; 2ᵐ,90 de largeur sur 1ᵐ,34 de hauteur. 200 lires. — N° 62. Chape en faille blanche, très finement brodée de rinceaux d'or et de tulipes, pensées, roses et œillets de soies diverses. Travail florentin du XVIᵉ siècle. Hauteur, 1ᵐ,34; largeur, 2ᵐ,88. 500 lires. — N° 65. Chape en satin blanc, couverte d'un semis de roses et d'œillets. Travail à la main de la fin du XVIᵉ siècle. Hauteur, 1ᵐ,49; largeur, 2ᵐ,15. 280 lires.

CHAPEAU. — Partie du costume qui couvre la tête des hommes ou des femmes. Les chapeaux d'homme datent du milieu du

de Granson en Suisse; c'est un chapeau à l'italienne en velours jaune entouré d'une couronne de pierres précieuses d'une grande beauté. Jacques Fugger l'acheta, et revendit, quelques années après, une grande partie des pierreries à l'archiduc Maximilien. — Sous François Iᵉʳ, la plume du chapeau fut beaucoup plus grande; sous Henri II et sous Henri III, le chapeau fut à larges bords et très coquet; sous Henri IV, un des bords fut relevé par une ganse et la plume devint un panache. Sous Louis XIII, le chapeau, de feutre mou ou d'une sorte de peluche, fut à larges bords, la coiffe légèrement conique; sous Louis XIV, elle fut entourée de plumes, et les rebords du chapeau furent circulaires; sous Louis XV, on porta le tricorne; sous la république et sous l'empire, le chapeau fut bicorne, après avoir été à quatre cornes pour les militaires sous Louis XVI. Dès la fin du XVIIIᵉ siècle, le chapeau devint cylindrique et jusqu'à nos jours il a peu varié de formes ; tantôt les ailes sont plates ou retroussées, tantôt elles sont larges ou étroites, tantôt le cylindre est le vrai tuyau de poêle ou légèrement conique, etc.

CHAPERON. — Sorte de capuchon qui tenait à la cape et servait de coiffure. Pendant le moyen âge, la noblesse portait des chaperons de soie et de velours couverts de broderies et ornés de pierreries ; les roturiers avaient des

Fig. 230. — Châsse en argent repoussé et repercé (art hindou).

chaperons de drap ou de camelot. Les femmes portèrent le chaperon un peu plus tard que les hommes, ceux-ci le quittèrent à l'époque de Charles VII.

CHAPIER. — Meuble qui dans les sacristies sert à enfermer les chapes ; il est composé de tiroirs semi-circulaires qui tournent sur un pivot placé au centre du demi-cercle.

CHARIOT A CHAUFFER. — Voy. CHAUFFE-DOUX et BRASERO.

CHASSE. — Coffre, coffret fabriqué avec de beaux métaux, décoré de pierres plus ou moins précieuses et destiné à contenir des reliques ; aussi le nomme-t-on souvent RELIQUAIRE. (Voy. ce mot.) Cependant le reliquaire peut être un objet fort simple, tandis que la châsse est toujours sinon une œuvre d'art, au moins un ouvrage de grand prix, parce qu'on l'expose aux regards et à la vénération des fidèles, soit dans un sanctuaire, soit en le portant processionnellement sur des pavois ou des brancards. Deux châsses célèbres, qui ont disparu, on ne sait trop comment, celle de saint Marcel et celle de sainte Geneviève, avaient été fabriquées par le grand saint

Éloi en personne. — Notre figure 230 montre une châsse qui sort de la forme ordinaire, c'est-à-dire qu'elle n'est ni coffre ni cercueil; c'est une œuvre remarquable de l'art hindou en argent repoussé et repercé de Madura ; elle fait partie des collections de South Kensington Museum. Notre figure 23 montre la magnifique châsse du XVIᵉ siècle dite de saint Sébald, à Nuremberg; elle est en bronze doré; elle a été fondue par Pierre Vischer dans les années 1506

Fig. 231. — Châsse de saint Sébald, à Nuremberg.

à 1519. L'artiste fut secondé dans ce travail par ses cinq fils. La base de ce monument d'art est supportée par douze escargots énormes, et, bien que cette œuvre soit très chargée de décorations diverses et tout à fait dans le goût allemand, elle est extrêmement remarquable. Certaines parties ne manquent pas de finesse et sont dessinées avec goût, ce qu'on ne peut pas toujours dire du style allemand. Cependant l'ensemble de la composition pèche par son manque d'unité; on sent que plusieurs artistes ont concouru à la conception de cette œuvre.

CHASUBLE. — Vêtement ecclésiastique

que le prêtre catholique porte par-dessus l'aube et l'étole pour dire la messe. Primitivement la chasuble était une longue robe avec une ouverture pour passer la tête, et comme il n'existait pas de trous pour passer les bras, on la relevait en plis de chaque côté, comme les Mexicains font pour le manteau qu'ils nomment *puncho*. Au moyen âge, on la fendit de côté pour laisser passer les bras, et les portions ainsi séparées furent arrondies par le bas. Aux

Fig. 232. — Chasuble du XVIᵉ siècle.

XVᵉ et XVIᵉ siècles, la chasuble fut faite avec de riches étoffes de soie de brocart, et des tissus d'or et d'argent; telle est celle que montre notre figure 232.

CHATELAINE. — Ancienne ceinture qui servait à retenir soit une aumônière ou une escarcelle, soit un trousseau de clefs. — On désigne de même soit une chaîne, soit une plaquette articulée faite pour porter une montre et quatre ou cinq breloques. Il existe des châtelaines en cuivre doré, en argent, en or, en styles Louis XV et Louis XVI; on en a même fabriqué beaucoup d'imitations.

Vente San Donato. — N° 734. Châtelaine avec montre, clef et cachet, le tout en or très élégamment émaillé de sujets dans le genre de Boucher. Travail français du XVIIIᵉ siècle. 6,000 lires.

CHATON. — Alvéole placé sur un anneau, sur une bague, et qui sert à retenir un diamant, un médaillon, une intaille ou une pierre précieuse quelconque. Les chatons sont en or ou en argent.

Fig. 233. — Chauffe-doux.

CHAUFFE-DOUX. — Sorte de brasero roulant dont on se servait au moyen âge pour élever la température intérieure des appartements. C'étaient des caisses en fer à parois ornementées, des sortes de chariots montés sur quatre roues analogues à celui que montre notre figure 233 ; on les remplissait de cendres chaudes et de braise incandescente.

CHAUFFE-MAINS. — Ustensile servant à chauffer les mains. On se servait dès le moyen âge de ce genre de petit réchaud. Les chauffe-pieds ou chaufferettes paraissent avoir été inventés après les chauffe-mains. Nos figures 234 et 235 montrent fermée et entr'ouverte une boule en cuivre du XVIᵉ siècle qui servait de chauffe-mains. On voit dans l'intérieur une sorte de lampion allumé. — Dans un autre de

Fig. 234. — Chauffe-mains (fermé).   Fig. 235. — Chauffe-mains entr'ouvert.

DICT. DE L'ART.

nos ouvrages (1), nous disons : « Nos ancêtres avaient aussi l'*escaufaille* ou *pomme à chauffer les mains*, qui était une boule de métal contenant de la braise ardente. Nous dirons à ce propos que, dans un inventaire de Gabrielle d'Estrées en 1599, il est question d'une pomme d'agate garnie d'argent pour rafraîchir la main des malades ; ce qui prouve que les petites dames de ce temps-là avaient leurs maisons bien montées et ne se privaient de rien. » Du reste, l'escaufaille du moyen âge n'était que la réédition de la *trulla* des anciens. — Ces escaufailles avaient été réservées dans les églises d'abord à l'usage des évêques, comme semble le témoigner le passage que nous donnons un peu plus loin du voyage de Villard de Honnecourt. Plus tard toutes les grandes dames s'en servirent. Voici le passage de l'architecte du XIIIe siècle (1248) : « Si vos voleis faire une escaufaille de mains, feries aussi come une pume de Keuvre de ij moitiés clozcice. Par dedans le pume de Keuvre doit avoir vj ciercles de Keuvre, cascuns des ciercles à ij toreillons et ens, en milieu doit estre une paelete à ij toreillons. Li toreillons doivent estre caugiet en telle manière que al fu demeur a dès droite ; car li uns des toreillons porte l'autre, etc. » Dans notre figure 235, on aperçoit bien les cercles de cuivre dont parle Villard de Honnecourt ; mais dans notre type il n'y a que trois cercles, au lieu de six.

CHAUFFERETTE. — Petit meuble disposé de façon à recevoir des cendres chaudes et de la braise incandescente dans son intérieur, et qui sert à se chauffer les pieds ; aussi les nomme-t-on également *chauffe-pieds*. Ce meuble a été inventé après le chauffe-mains.

Fig. 236. — Soulier à bec (fin du XVe siècle).

(Voy. l'article qui précède.) En effet, les plus anciennes chaufferettes sont du XVe siècle ; c'étaient des cylindres creux en terre, munis

Fig. 237. — Soulier camus de hallebardier suisse.

d'une anse en fer ; on les plaçait dans de petites boîtes de bois en forme de tabouret.

CHAUSSURE. — Partie du costume qui sert à recevoir les pieds de l'homme et à les

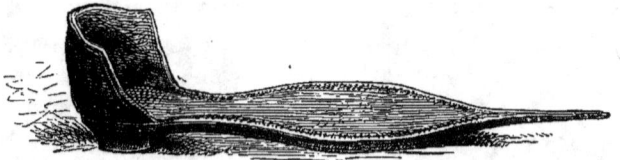

Fig. 238. — Patin à poulaine à pointe modérée.

préserver de toute atteinte. La chaussure garantit les pieds contre l'eau, la poussière, etc. La forme de la chaussure et la matière employée à sa confection ont varié suivant l'époque et suivant les pays. Dans les pays chauds les hommes ont porté des chaussures plus légères que dans les pays froids ; elles étaient en lin, en sparterie, en étoffe. Dans d'autres contrées, au contraire, les chaussures étaient faites avec des

---

(1) *Traité complet théorique et pratique du chauffage et de la ventilation*, p. 30 ; 1 vol. gr. in-8° de 262 pages, accompagné de 250 figures intercalées dans le texte, Paris, 1875.

CHAUSSURE.

peaux d'animaux couvertes de leur fourrure ou en cuirs tannés et rasés. Nos figures 236 à 255 montrent divers types de chaussures.

Notre figure 236 montre un soulier à bec de la fin du XVᵉ siècle; notre figure 237, un soulier camus de hallebardier suisse de la

Fig. 239. — Patin à poulaine.

même époque; notre figure 238, un patin à poulaine à pointe modérée, car au XVᵉ siècle

de la fin du XVᵉ siècle. Dans notre figure 240 on voit un haut patin de femme avec dessus

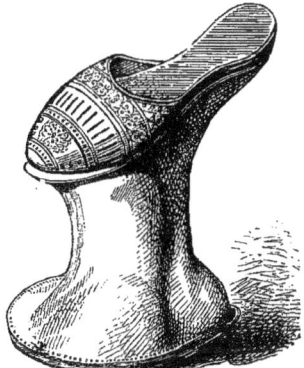

Fig. 240. — Patin de femme vénitienne.

il était interdit aux bourgeois de porter des poulaines à pointe plus longue que celle indiquée par notre croquis. Notre figure 239 montre un patin à poulaine du musée de Cluny (n° 6640 du catal.); il est en bois monté sur

Fig. 241. — Soulier de Catherine de Médicis.

deux pieds garnis de fer. La pointe qui supporte la poulaine est garnie de même, la bride transversale est en cuir brodé de soie; il est

Fig. 242. — Soulier d'enfant (XVIIᵉ siècle).

en peau blanche frappée et découpée d'orne-

Fig. 243. — Soulier de Henri de Montmorency.

ments; il fait partie des collections du musée

Fig. 244. — Sabots à patin.

de Cluny (n° 6652 du catal.). Ce patin, d'origine vénitienne, est monté sur un pied en bois revêtu de peau blanche. Ce genre de patins était porté par les courtisanes de Venise au XVIᵉ siècle. Encore au musée de Cluny (n° 6646 du catal.) nous empruntons le soulier de Ca-

Fig. 245. — Soulier à boucle (XVIIᵉ siècle).

therine de Médicis (fig. 241). Il est à longue pointe et garni jusqu'au cou-de-pied d'une étoffe de soie brodée et à rosaces en argent très serrées. Tout le soulier est en peau blan-

Fig. 246. — Soulier de femme (XVIIIᵉ siècle).

che ainsi que son haut talon. Dans notre figure 242 on voit un soulier d'enfant en daim gris, d'origine française, du temps de Henri IV. Il fait également partie des col-

Fig. 247. — Soulier de femme (Louis XV).

lections du musée de Cluny (n° 6655 du catal.). Nous empruntons à la même collection (n° 6659 du catal.) le soulier de Henri de Montmorency (fig. 243), qui fut décapité à Toulouse en 1632. Cette chaussure est en cuir

noir à bout carré et plat; elle est ornée en petits points formant bourrelet d'une grande

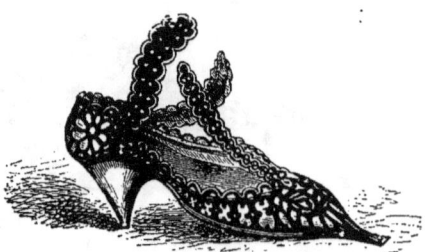

Fig. 248. — Mule (Louis XV).

fleur de lis. Sur le rabat on lit les initiales du duc entourées d'arabesques; le talon, haut et droit, est en bois recouvert de cuir rouge. Il est difficile de voir un sabot à patin plus coquet que celui que montre notre figure 244,

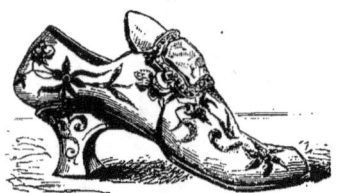

Fig. 249. — Soulier de noble vénitienne.

qui fait aussi partie des collections du musée de Cluny (n° 6674 du catal.). Il est délicatement sculpté d'ajours dorés; le talon et la semelle sont laqués en blanc; il est de l'époque de Louis XIV. Notre figure 245 fait voir un

Fig. 250. — Socque (Louis XV).

soulier à boucle du XVIIᵉ siècle; tandis que notre figure 246 représente un soulier de femme du XVIIIᵉ siècle, dont le haut talon prouve que la dame qui chaussait ce soulier devait aller plus souvent en chaise à porteurs qu'à pied, car on se demande comment on pouvait marcher avec de pareilles chaussu-

Fig. 251. — Sabot de bois (Louis XV).

res. — C'est un soulier de femme de l'époque Louis XV qu'on voit ensuite (fig. 247) et une mule de la même époque (fig. 248), un soulier

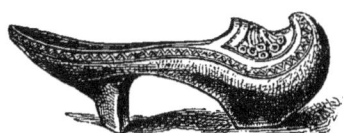

Fig. 252. — Sabot de dame (Louis XV).

de noble vénitienne (fig. 249) des socques du xviiie siècle (fig. 250), un sabot de bois recouvert de cuir (fig. 251); un sabot de dame

Fig. 253. — Soulier de femme (Louis XV).

(fig. 252), dont le catalogue du musée de Cluny (n° 6696) nous dit : « Le dessus est très découvert et sculpté de petits ornements à

Fig. 254. — Mule ornée de ruches tricolores.

rosaces au centre desquels est placé un petit clou de cuivre. » Notre figure 253 montre un soulier de femme de l'époque Louis XV; notre

figure 254, une mule du temps de la première république, décorée de ruches tricolores; enfin notre figure 255, un soulier de merveilleuse.

Fig. 255. — Soulier de merveilleuse.

CHAUSSE-PIED. — Ustensile servant à faciliter l'entrée du pied dans la chaussure. Les

Fig. 256. — Chausse-pied allemand du xvie siècle.

chausse-pieds sont en corne, en ivoire, en cuivre; quand ils sont gravés ou sculptés, les quelques spécimens qui passent dans les ventes atteignent des prix variant entre 150 et 225 francs. Notre figure 256 montre un chausse-pied allemand du XVIe siècle ; il est en fer gravé et fait partie de la collection de M. A. Jubinal. Une disposition ingénieuse, une sorte de pince à longue tige placée à son extrémité supérieure, permet de tirer soit les contreforts du talon, soit les côtés latéraux de la chaussure. La gravure de cet ustensile représente un compagnon cordonnier chargé de son ballot, faisant son tour d'Allemagne. — Les Romains connaissaient les chausse-pieds, on a trouvé à Nîmes des modèles en bronze tout à fait semblables à nos chausse-pieds modernes.

CHEF-D'ŒUVRE. — Pièce que l'apprenti était obligé d'exécuter pour passer maître. Les chefs-d'œuvre qu'on voit dans les ventes sont ordinairement des clefs quadrangulaires richement travaillées ; elles se vendent jusqu'à 250 et 280 francs. A Paris, il y a des amateurs qui collectionnent uniquement des clefs et des serrures, notamment notre confrère M. Liger.

CHEMINÉE. — Encadrement d'un foyer. La cheminée comprend deux montants, une traverse et une tablette. Les cheminées en pierre des XVe et XVIe siècles atteignent quelquefois des prix très élevés ; celles du château de Montal se sont vendues 12 et 14,000 francs. A la vente Double, une cheminée Louis XVI s'est vendue 5,000 francs. En voici la description. — N° 260. Belle cheminée en marbre bleu turquin richement garni de bronzes ciselés et dorés. La frise se composait d'un mascaron central placé dans un médaillon rond soutenu par des cariatides de génies ailés, se terminant en rinceaux de festons de fleurs, de corbeilles de fruits, de dragons ailés et de mufles de lion. Les montants à volutes étaient cannelés et ornés de chutes composées de branches de vigne. Au-dessus des volutes sont des couronnes de vigne, et les côtés offrent un thyrse autour duquel s'enroulent des pampres. Hauteur, 1^m,10 ; largeur, 1^m,59 ; profondeur, 0^m,54.

Vente San Donato. — A. Cheminée en rouge antique sculpté. Haut. 1^m,35, larg. 1^m,80. 4,000 lires. — C. Cheminée en malachite, avec bronzes modelés par Feuchère. Haut. 1^m,28, larg. 2^m,05. 2,550 lires. — E. Cheminée en rouge antique sculpté. Haut. 1^m,31, larg. 1^m,86. 2,800 lires. — G. Cheminée en marbre blanc, avec médaillon en mosaïque de la manufacture de Florence et bronzes modelés par Feuchère. Haut. 1^m,35, larg. 2^m,20. 2,000 lires. — O. Cheminée en porphyre rouge oriental, marbre blanc et doré. Haut. 1^m,20, larg. 1^m,65. 4,000 lires.

CHENETS. — Ustensiles qui servent dans les foyers d'appartement à tenir le bois assez élevé pour faciliter sa combustion. Nos figures 257 et 258 montrent des chenets du XVIe et du XVIIe siècle, du château de Fontainebleau, galerie de François Ier. Celui de droite, surmonté d'une statuette, est un des plus beaux spécimens de l'industrie florentine du XVIe siècle ; l'autre (fig. 257) est en cuivre, de fabrication française, et date du XVIIe siècle. — Voici quelques prix de chenets (vente Double). N° 317. Deux chenets en bronze doré (style Louis XIV), composés chacun d'une cassolette sur pieds à consoles reposant sur un socle triangulaire décoré de bustes de satyres et de bacchantes en bas-relief. Hauteur, 0^m,34. Vendus 400 francs. — N° 318. Deux chenets en bronze doré (style Louis XIV), composés d'un cheval se cabrant, couvert d'un tapis orné, et reposant sur un socle oblong. Hauteur, 0^m,33 ; largeur, 0^m,31. Vendus 930 francs. — N° 319. Deux chenets (style Louis XVI), composés chacun d'un flambeau debout soutenu par deux enfants bronzés s'échappant de rinceaux en bronze ciselé et doré. Hauteur, 0^m,45 ; largeur, 0^m,35. Vendus 6,100 francs. — N° 320. Deux grands chenets (style Louis XVI) en bronze doré, composés chacun d'une cassolette ovale à anses, tête de lion reposant sur un socle à galerie orné d'un médaillon-buste en bas-relief et de guirlandes de feuilles de chêne. Hauteur, 0^m,41 ; largeur, 0^m,45. Vendus 2,000 francs. — N° 321. Deux chenets (style Louis XVI) bronze ciselé et doré, composés chacun d'une cassolette à trépied. Hauteur, 0^m,38 ; largeur, 0^m,38. Vendus 2,400 francs. — N° 322. Deux chenets (style Louis XVI) bronze ciselé, doré, modèle à cassolette, trépied, guirlandes de fruits. Hauteur, 0^m,45 ; largeur, 0^m,43. Vendus 1,800 francs. — N° 323. Deux chenets (style Louis XVI) bronze ciselé et doré, modèle à double vase, galerie et festons de fleurs. Hauteur, 0^m,37 ; largeur, 0^m,35. Vendus

Fig. 257. — Chenet en cuivre (XVIIe siècle). Fig. 258. — Chenet en bronze (XVIe siècle).

1,020 francs. — Deux autres paires de chenets style Louis XVI (n°s 324 et 325) ont été vendus 510 et 490 francs. (Voy. LANDIERS.)

Vente San Donato. — N°s 287 et 288. Chenets en bronze doré, par Crozatier, composés de deux sirènes reposant sur des volutes et supportant un vase décoratif et un pare-étincelles forme éventail en bronze découpé à jour et doré. 1,030 lires. — N° 365. Deux chenets en bronze doré représentant chacun un Amour monté sur un dragon qu'il attaque. 600 lires. — N° 770. Chenets en bronze doré représentant Vénus et Vulcain accoudés sur des volutes, modelés par Feuchère. 1,300 lires. — N° 1920. Deux chenets en acier. 1,380 lires.

CHEVALET. — Bâti de bois en forme d'échelle double qui supporte les toiles sur lesquelles peignent les peintres. — On nomme *tableaux de chevalet* les toiles de petite dimension que les peintres exécutent sur des chevalets. — Vente Double. N° 373. Petit chevalet (style Louis XVI) en acajou garni de quelques bronzes ciselés et dorés. Hauteur, 1m,35. 600 francs.

Ce terme sert aussi à désigner un instrument de torture et une petite pièce de bois mince que l'on place d'aplomb sur la table des violons pour en soutenir les cordes en les relevant, ce qui augmente leur vibration et renforce leur son. — Enfin, on nomme *chevalet* un râtelier pour déposer des armes.

CHIBOUQUE. — Longue pipe turque à tuyau de bois généralement de mérisier. L'une des extrémités du tuyau porte la pipe ou foyer, et l'autre un bout d'ambre.

CHIEN DE FO. — Ce chien est le défenseur ordinaire du seuil du temple et de l'autel de Boudha. Il ressemble quelquefois aux épagneuls King-Charles ; c'est la chimère de l'ancienne curiosité. Il ne faut pas confondre le chien de Fo avec Khi-lin, animal de bon augure, dont le corps est couvert d'écailles. Le chien de Fo est un lion modifié par la fantaisie orientale ; on le reconnaît fort bien à sa crinière frisée, à sa tête grimaçante à dents saillantes et pointues, ainsi qu'aux griffes dont ses pattes sont armées. (Voy. PORCELAINE DE CHINE.)

CHIFFONNIER. — Petit meuble de chambre, de 1m,20 de hauteur, qui a de 7 à 8 tiroirs. Il y a des chiffonniers en acajou, en bois de rose, en palissandre, en Boule ; ils sont des époques Louis XIV, Louis XV ou Louis XVI, et souvent ornés de bronzes ciselés et dorés. Ils valent 120, 300 et 400 francs, suivant leur authenticité et leur état de conservation.

CHINOIS (ART). — On confond trop généralement l'art chinois et l'art japonais ; cependant une distance considérable existe entre ces deux arts ; l'art japonais est de beaucoup supérieur au premier. La Chine n'a guère produit de remarquable que des vases, des bois sculptés et des travaux de bambou. La peinture et la sculpture des Chinois sont peu avancées et ne constituent pas un art proprement dit ; leurs œuvres d'art sont presque des produits industriels, sur certains desquels les artisans ont accompli des tours de force d'habileté ; la forme des vases est peu variée ; quant à leur coloration et à leur décoration, elles sont toujours à peu près les mêmes. Seuls les produits dits *vieux chine* ont une valeur artistique. Les dessins des étoffes et des vases sont capricieux et bizarres ; ce sont toujours les mêmes édifices, les mêmes êtres fantastiques, les mêmes paysages, sans profondeur ni perspective. Le seul produit remarquable de la Chine est la PORCELAINE. (Voy. ce mot et JAPONAIS (*Art*).

Les Chinois se sont montrés de tout temps très habiles dans l'art de travailler le bois ; celui-ci forme, du reste, la base non seulement de leurs constructions (temples, sanctuaires, portiques), mais encore de leur mobilier. Les meubles chinois sont débités dans des bois durs, tels que le bois de fer, le bois d'aigle et le teck. Les essences de bois tendre, telles que le cèdre, le camphrier, le santal ou sandal, servent à faire de petits meubles, des coffrets, des tablettes d'étagères, des panneaux sculptés, etc.

CHINOISERIES. — Sous ce terme générique on comprend tous les objets de la Chine et même du Japon, car dans le commerce de la curiosité on n'établit pas généralement assez de distinction entre les produits, pourtant si différents, de ces deux grands pays.

Vente San Donato. — N° 174. Album chinois in-folio, contenant environ 160 dessins chinois peints à l'aquarelle, représentant des portraits de guerriers, des types d'habitants et des scènes de la vie chinoise, reliure en maroquin rouge, dorée aux fers; fermoirs en or découpés à jour, au chiffre de Napoléon Ier, avec arabesques entremêlées d'abeilles. 520 lires. — Les albums japonais sont beaucoup plus estimés.

CHRONOMÈTRE. — Instrument qui a pour fonction de mesurer ou plutôt de fixer la lenteur ou la rapidité des mouvements en musique; il a été remplacé par le MÉTROMÈTRE. (Voy. ce mot et la figure qui l'accompagne.) — On désigne de même une petite horloge ou une montre de précision.

CHRYSOLITHE ORIENTALE. — Pierre fine d'un jaune verdâtre, transparente, ayant plus de dureté que le quartz. Nous trouvons cette pierre mentionnée dans le *Propriétaire des choses* de 1372 : « Crissolite est un pierre d'Ethiopie qui reluist comme or et estincelle comme feu et a la couleur de la mer qui décline à verdure; » et Binet, dans ses *Merveilles de la nature*, de 1600, dit : « La chrysolite a un verd qui la fait riche; autrefois c'estoit la plus prisée des pierreries. Quelques-unes tirent au béril verd d'oré. » La chrysolithe commune, ou chaux phosphatée, est une pierre d'un jaune verdâtre, cristallisant généralement en prismes allongés; elle est moins dure que le cristal de roche. On nommait également cette pierre au moyen âge *cymophane*, nom que lui ont conservé les minéralogistes.

CHRYSOPRASE. — Quartz agate prase. — Pierre fine un peu moins dure que le cristal de roche, mais cependant assez dure pour rayer le verre; sa couleur est vert-pomme. On en tire de beaux échantillons de grande dimension des montagnes de Kosemütz en Silésie.

CIBOIRE. — Vase du culte catholique destiné à conserver les hosties consacrées. Au moyen âge, on a appelé indifféremment ce vase : *cibolum, ciborium, pyxis, custode, ciboingre, hosteria, hostiaria,* etc.
Le prix des ciboires est très variable suivant l'époque à laquelle ils appartiennent, suivant leur style, suivant la matière employée à leur fabrication, le travail de ciselure qu'ils comportent et les pierres fines qui les décorent.

CIMARRE. — Vase fait ordinairement en étain et d'une forme élégante, dont l'ouverture portée sur un long col est fermée par un couvercle. Les cimarres, qu'on nomme aussi *cimaises, simaises, semaises,* etc., ont deux anses; l'une fixe, servant à incliner le vase pour verser le liquide, et l'autre mobile autour du goulot et placée en manière de bride, qui permet de le porter. Ce vase, ou plutôt cette sorte de pot d'étain, faisait partie de la vaisselle des villes; il servait à verser le vin d'honneur à de grands personnages faisant leur entrée dans une ville. C'est dans des cimarres qu'on faisait des présents de vin d'où probablement l'expression, *pot de vin*, employée pour désigner un don, un cadeau fait à quelqu'un qui a rendu ou qui peut rendre un service. Dans ce cas les cimarres étaient faites d'un métal précieux, d'argent et même d'or. Voici ce que nous lisons dans l'inventaire des ducs de Bourgogne en date de 1420 : « ij grans cimarres à ances d'argent dorées goderonnées pesant ensemble XLIIIJ marcs. »

CIMETERRE. — Sabre oriental à lame large et recourbée échancrée à son extrémité. Ce sabre porte un manche, et non une garde, qui est souvent d'une grande richesse. Il vaut depuis 50 francs jusqu'à 1,200 francs.

CIMIER. — Partie supérieure du casque qui lui sert d'ornement; elle est garnie d'aigrettes, de plumes, de crinières ou de figurines d'animaux : ainsi Minerve avait une chouette pour cimier; Mars, un lion, etc.

CIPOLIN. — Variété de marbre strié longitudinalement de stries blanches et vertes. On fait avec ce marbre des colonnes de dimension moyenne, des vases et autres objets d'art. Le beau cipolin ne peut fournir qu'exceptionnellement pour colonnes.

CIRE (MODELAGE A LA). — Voy. CÉROPLASTIQUE.

CIRE (Peinture a la). — Voy. Peinture.

CISEAUX. — Instrument formé de deux lames tranchantes qui sert à divers usages, mais principalement à couper des étoffes, à découdre, etc. Notre figure 259 montre des ciseaux persans d'une forme assez originale : c'est un oiseau assez fantaisiste, l'oiseau sacré des Persans. C'est le bec de l'animal, comme le montre notre figure 260, qui forme les lames de l'instrument. Cette pièce curieuse fait partie

Fig. 259. — Ciseaux persans.

de la collection A. Jubinal; elle est en acier de Damas; les yeux et les ailes de l'oiseau sont décorés de turquoises. C'est probablement un travail du XVIe ou du XVIIe siècle.

Vente Double. — N° 184. Paire de ciseaux avec monture en argent ciselé et doré et an-

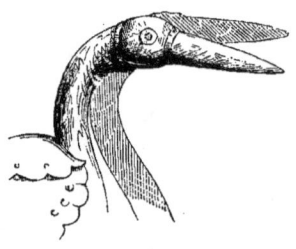

Fig. 260. — Détail des ciseaux persans.

neaux formés de cariatides de femmes (style Louis XIII). 400 fr. — N° 185. Paire de ciseaux en argent ciselé et doré, avec gaine en argent gravé repercé à jour (style Louis XVI). 185 fr.

CISELURES. — Traces du travail accompli par le ciseau du sculpteur sur des objets sculptés. Suivant que le travail exécuté sur un bronze, par exemple, est fait grossièrement, largement ou avec finesse, on dit que le bronze est grossièrement ou largement ciselé, ou qu'il a été exécuté avec de fines ciselures.

CITHARE. — Ancien instrument de musique à cordes. On le trouve constamment cité dans les poètes grecs et latins; malheureusement, chez ceux-ci ce terme est souvent employé comme synonyme de *lyre*, de *barbiton*, de *chelys*, de *phormynx*, etc. Notre figure 261 montre une cithare du XVIIe siècle de la riche collection Achille Jubinal.

CLAIR-OBSCUR. — Cet assemblage de deux mots qui semblent se contredire sert à désigner en peinture une juste distribution de la lumière et des ombres sans avoir à tenir compte de la variété des nuances, des tons et des couleurs. Les peintures monochromes, telles que les camaïeux, ne produisent de l'effet que par le clair-obscur savamment traité. Un dessin au trait n'est qu'un objet assez froid, il ne peut reproduire la rondeur des saillies; c'est le clair-obscur qui donne la forme vraie aux objets; c'est grâce à lui que le peintre peut produire des sortes de trompe-l'œil. Tous les grands peintres ont su tirer un admirable parti du clair-obscur. Les grands coloristes négligent en général l'étude de cette science, qui a été si utile aux grands dessinateurs.

CLAQUE-BOIS. — Instrument de percussion flamand; il se compose de dix-sept bâtons en bois dur et sonore de longueur inégale et qui sont accordés suivant leur grandeur et leurs proportions. On fait résonner ces bâtons à l'aide d'un marteau, ou d'un clavier dont les touches répondent aux bâtons.

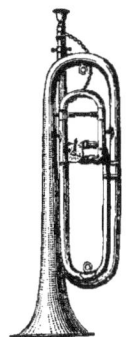

Fig. 262. — Clairon.

CLARIN. — Instrument de musique péruvien, en usage principalement dans les environs de Cajamarca; il est formé par un assemblage de roseaux rattachés les uns aux autres; quelques-uns mesurent 1^m,50 de longueur. L'extrémité de ces roseaux est masquée par une gourde de façon à permettre la libre circulation de l'air. Le clarin donne le *ré*, le *mi*, le *sol* et le *fa*.

CLARINETTE. — Instrument de musique à vent dont le corps est formé par un tube creux en bois (buis, grenadille ou ébène) formé de trois pièces : le *bec*, la *perce* et le *pavillon*. Le bec, qui est armé d'une anche, est la partie que l'instrumentiste tient à ses lèvres; la perce est la partie du tube percée de trous; enfin le pavillon ou patte est la partie évasée. Dans notre figure 263, à la page ci-contre, on voit parfaitement ces trois parties. La perce même se subdivise en deux pour rendre l'étui de l'instrument plus court. Les clarinettes à 13 clefs valent de 90 à 250 francs.

Fig. 261. — Cithare du XVIIe siècle.

CLAIRON. — Instrument à vent employé dans les armées pour les sonneries; c'est une trompette en cuivre jaune qui a un son aigu et perçant. Notre figure 262 montre un clairon. Ces instruments sont accordés en *mi bémol* et en *si bémol*.

CLARONCEAU. — Instrument de musique du moyen âge; c'était une sorte de flûte champêtre.

CLAVECIN. — Ancien instrument de musique à cordes et à clavier. La caisse du clavecin est triangulaire ; les cordes sont pincées par des *soutereaux*, sortes de leviers garnis de becs de plume. L'étendue des claviers, car le clavecin en avait souvent deux, était d'environ quatre octaves. A une certaine époque, le clavecin fut très en faveur, aussi chaque jour voyait presque paraître un nouveau modèle avec des dénominations les plus poétiques : c'est ainsi qu'on eut le clavecin angélique, le clavecin acoustique, le clavecin harmonique, le clavecin céleste, le clavecin d'amour, le clavecin à archet, le clavecin-vielle, le clavecin électrique, le clavecin royal, le clavecin oculaire, le clavecin des saveurs, etc., etc., car il

CLAVICOR. — Instrument de musique à vent et à pistons de la famille des cornets.

CLAVICORDE. — Ancien instrument de musique à cordes et à clavier en usage en France jusqu'au XVI° siècle ; on le nommait aussi *manicordion* ; il fut remplacé par l'épinette, puis par le clavecin.

Fig. 263. — Clarinette en ébène.

Fig. 264 et 265. — Clefs en fer ciselé (XVI° siècle).

faut bien nous arrêter dans une nomenclature qui serait interminable. — Suivant les peintures, la sculpture, la dorure ou les incrustations d'ivoire qui les décorent, les clavecins valent de 60 à 200 francs.

CLAVICITHERIUM. — Ancien instrument de musique à cordes et à clavier qui a donné naissance au CLAVECIN. (Voy. ce mot.) C'est une sorte de harpe à clavecin dont les cordes en boyau sont mises en vibration par des morceaux de buffle actionnés par les touches du clavier.

CLAVIER. — Assemblage des touches des instruments qui en comportent. Le piano, l'orgue, le clavecin, la vielle, etc., ont un clavier.

CLAYMORE. — Épée écossaise à lame droite longue et large, dont la coquille en fer découpée entoure complètement le dessus de la main. Cette arme, qui est rarement ciselée, vaut environ 140 francs.

CLEF. — Ustensile qui sert à ouvrir et à fermer les serrures. L'usage des clefs remonte à une haute antiquité. Les Égyptiens, les Hébreux, les Grecs, les Romains avaient des clefs. Quand la femme romaine entrait pour la première fois dans la maison de son mari, celui-ci lui remettait un trousseau de clefs ; mais en cas de divorce le mari les lui reprenait. Nos figures 264 à 267 montrent des clefs assez curieuses. Les deux premières sont des clefs en fer ciselé du XVIe siècle ; la troisième (fig. 266) est une clef-stylet du XVIIIe siècle. A cette époque les villes, même les plus importantes, étaient peu ou pas éclairées, et le soir, en rentrant chez soi, au moment d'ouvrir sa porte, on pouvait être attaqué ; alors, au lieu d'ouvrir, elles valent jusqu'à 1,200 francs ; du reste, toutes les clefs ciselées sont très recherchées. — Les clefs de chambellan allemandes, en cuivre doré, décorées souvent d'armoiries, se vendent jusqu'à 70 francs.

Vente San Donato. — N° 234. Clef de chambellan ajourée en bronze doré, au chiffre de Jérôme Napoléon et aux armes du royaume de Westphalie. 125 lires.

Vente Double. — N° 586. Clef en fer à tête composée d'ornements finement ciselés et repercés à jour (XVIIIe siècle). 105 francs. — N° 187. Petite clef à tête ciselée et découpée à jour (XVIIIe siècle). 205 francs. — N° 188. Clef analogue à celle qui précède (le canon de celle-ci est travaillé). 65 francs.

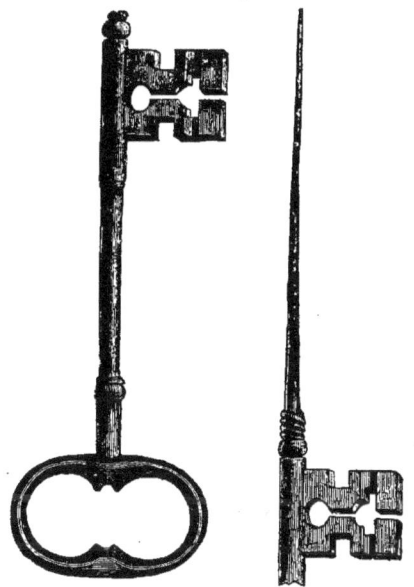

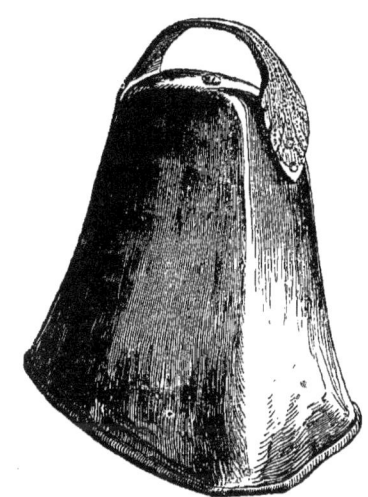

Fig. 266 et 267. — Clef-stylet du XVIIIe siècle.

Fig. 268. — Cloche de Saint-Pol de Léon (an *Hyr glass*).

on dévissait l'anneau de sa clef et on pouvait opposer un stylet à l'agresseur. Cette arme ne pouvait pas rendre de grands services, car les coquins qui vous arrêtaient à cette époque ne devaient pas vous laisser, plus que ceux d'aujourd'hui, beaucoup de temps pour vous mettre sur la défensive. Il nous a paru néanmoins intéressant de montrer une clef-stylet, car elles sont fort rares. — Dans les ventes, les clefs qui atteignent les prix les plus élevés sont celles dont l'anneau ou POIGNÉE (Voy. ce mot) est orné de ciselures décorées de sirènes ;

CLOCHE. — Instrument de métal dont on se sert pour sonner ou pour donner des signaux. Les grosses cloches sont généralement fondues avec un bronze particulier très chargé en argent, aussi le nomme-t-on *bronze des cloches*. Les différentes parties qui composent la cloche sont : les *anses* ou *anneaux*, qui servent à la suspendre au mouton ; le sommet de la cloche, qu'on nomme *cerveau*, qui porte dans son intérieur un anneau auquel est suspendu le *battant*; le gros bord, appelé aussi *panse* et *frappe*, qui est la partie sur laquelle

CLOISONNÉ (ÉMAIL). — COFFRE.

frappe le battant : c'est la partie de la cloche la plus épaisse ; enfin le bord aigu qui termine la cloche, qu'on nomme *patte* et qui est recouvert par une espèce de tore appelé *faussures*. Notre figure 268 montre la plus ancienne cloche de France, celle de Saint-Pol de Léon

Fig. 269. — Cloche de l'église de Saint-Pierre de Rome.

(Finistère) ; on l'a appelée en breton *an Hyr glass,* qui signifie *la longue verte.* — Notre figure 269 montre la cloche de l'église de Saint-Pierre, à Rome ; elle est couverte d'une riche ornementation et de sculptures remarquables.

CLOISONNÉ (ÉMAIL). — Voy. ÉMAIL.

COFFRE. — Meuble en forme de caisse. Il est ordinairement fermé par un couvercle et une serrure ; quand le couvercle est bombé,

COFFRE.

on le nomme BAHUT. (Voy. ce mot.) Pendant le moyen âge, ce meuble servait de table à écrire, d'armoire et de banc. Du temps de Brantôme (1640-1641), le coffre servait encore à ce dernier usage, même à la cour et chez les grands seigneurs ; on le nommait aussi *arche*,

Fig. 270. — Coffre de mariage de Philippe III d'Espagne.

du latin *arca,* qui veut dire coffre. — On nomme *coffre de mariage* le meuble destiné à contenir les parures, les objets de toilette et les bijoux que le futur époux donne en présent à sa fiancée. Celui que montre notre figure 270 était le coffre de mariage de Philippe III, roi d'Espagne ; on voit ce personnage représenté dans le panneau central avec Marguerite, archiduchesse d'Autriche, qu'il épousa en 1599 : cette œuvre est donc de la fin du XVIe siècle. Du côté du roi, il y a un chêne et un lévrier, symboles de la force et de la fidélité ; du côté de l'archiduchesse, des marguerites, allusion à son nom, et un palmier avec des fruits, symbole de la douceur et de la fécondité. Le coffre est recouvert de cuir noir décoré d'ornements dorés, gravés sur des bandes de cuir collées à même sur le bois, puis dorées en plein. Le contour des figures est indiqué d'un trait vigoureux de burin, tandis que le modelé est obtenu par de légères tailles dans la couche d'or au moyen d'une pointe sèche. Les fonds sont rechampis en bleu d'outremer, et les marguerites sont peintes en blanc. Ce petit meuble mesure 0^m,82 de longueur, sur 0^m,60 de haut, et 0^m,45 de profondeur. — Les petits coffres qui servent exclusivement à enfermer des bijoux se nomment *coffrets*. (Voy. le terme suivant.)

On nomme *coffres-banquettes* des coffres qu'on place dans les antichambres et sur lesquels on peut s'asseoir; on dépose dans leur intérieur du bois à brûler.

Vente San Donato. — N° 99. Coffre-banquette du XVI° siècle, en bois de noyer sculpté, à trois médaillons d'entrelacs dans un encadrement de fleurs à cariatides d'hommes et de femmes. Haut. 0^m,53, long. 1^m,76, larg. 0^m,56. 200 lires. — N° 100. Coffre-banquette du XVI° siècle en bois de noyer sculpté, analogue à celui qui précède; mêmes dimensions. 400 lires.

On nomme *coffres à bois* des coffres qui servent à recevoir du bois à brûler.

Vente San Donato. — N° 1522. Coffre à bois, garni d'un devant d'autel à riche broderie de soie et d'or, couvercle en couleur grenat; travail florentin du XVI° siècle. Haut. 1 mètre, long. 1^m,25, larg. 0^m,61. 1,000 lires.

COFFRET. — Petit meuble en forme de coffre, plus ou moins riche et fait de matières très diverses, car on emploie tour à tour le bois, l'onyx, l'agate, l'or, l'argent, le bronze, le fer, le cuivre, l'émail, la marqueterie, etc. Les coffrets servent à renfermer les papiers de famille, les bijoux et les objets précieux. A toutes les époques on a exécuté les coffrets avec beaucoup de soin, et quand la matière avait peu de prix, comme le fer par exemple, on donnait une plus grande richesse au coffret en le ciselant (au mot FER CISELÉ, le lecteur trouvera un beau coffret de ce genre) ; ou bien encore on recouvrait le fer avec du cuir bouilli qu'on ornait de gaufrures et de dorures. Au mot CUIR BOUILLI, le lecteur trouvera un coffret ainsi décoré. Quand on utilisait l'argent comme matière, non seulement celui-ci était ciselé ou repoussé, mais encore on fabriquait des coffrets en filigrane de toute beauté. Au mot FILIGRANE nous avons donné un spécimen de ce que les artistes peuvent obtenir avec l'argent filigrané. Notre figure 271 montre un coffret à bijoux gallo-romain; il a été découvert au lieu dit *Ferme d'Echevronne*,

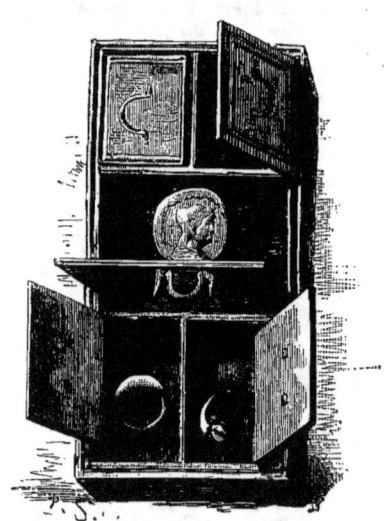

Fig. 271. — Coffret à bijoux gallo-romain (musée de Saint-Germain en Laye).

près de Sauvigny (Côte-d'Or). Il renfermait un grand bronze romain, monnaie du Haut-Empire et plusieurs bagues en or. Dès le XI° siècle l'usage des coffrets était très répandu ; ils étaient en bois sculpté, ou marquetés en ivoire, en argent, en cuivre émaillé, etc. Ils n'avaient pas toujours la forme d'un parallélipipède, il en existait à pans. Le trésor de la cathédrale de Sens possède un coffre en ivoire qui affecte la forme d'un prisme à douze côtés perpendiculaires, tandis que le couvercle est formé par une pyramide tronquée à douze pans. D'autres avaient leur couvercle à quatre versants ; au mot IVOIRE, nous avons donné un type de ce genre. — Notre figure 272 nous donne une reproduction fidèle d'un coffret à parfums en bois d'ébène, monté sur quatre pieds et recouvert d'un réseau d'émail qui encadre chaque pan d'un double cordon de perles bleues et blanches. Ce coffret d'un travail espagnol est en émail cloisonné dit *d'applique*. Les émaux d'applique de couleurs claires se détachent et se découpent sur le fond noir d'une façon charmante. L'intérieur de ce bijou, car c'en est un véritable, est divisé en six compartiments ; les trois du fond contiennent chacun un petit flacon de cristal blanc et doré pour contenir des essences. — Notre figure 273 montre un coffret arabe en ivoire d'une forme très originale, car il sort du coffret oblong ; celui-ci est cylindrique, il a été sculpté dans une défense d'éléphant à Tanger en 1060 ; il est donc du XIe siècle. Ce

Fig. 272. — Coffret à parfums (musée du Louvre).

coffret fait partie de la collection de M. Baur. C'est une espèce de petite pharmacie, car voici ce que nous apprend l'inscription en caractères cufiques qui orne le bandeau placé au-dessus de l'ouverture du coffret : « Il est plus beau qu'un coffret orné de pierreries, et il sert de réceptacle pour le musc, le camphre et l'ambre. Sa vue est pour moi le plus beau spectacle, il m'inspire la générosité pour le malheureux qui vient chez moi. » — Voy. FER CISELÉ, CUIR BOUILLI, JAVA et IVOIRE ; nous donnons à ces mots deux autres modèles de coffrets.

COLLETIN. — Pièce de l'armure qui protège le cou ainsi que le haut de la poitrine et du dos. C'est sur le colletin que s'attachent les épaulières par des pivots à clavettes ou par des courroies à boucles. Le colletin se compose de deux parties détachées reliées à droite par un bouton s'engageant dans une coulisse et à gauche par une charnière. Dans l'armure du fantassin ces deux parties ne forment qu'une seule pièce, tandis que pour les armures du cavalier elles sont formées par des lames articulées.

COLLIER. — Ornement qu'on porte autour du cou. Les hommes et les femmes ont toujours porté des colliers, et cela dès l'antiquité la plus reculée. Certaines statues en bronze des

Fig. 273. — Coffret arabe en ivoire.

Égyptiens portent des colliers. Nos figures 274 et 275 montrent deux colliers étrusques de la collection Campana au Louvre. — On en fait avec toutes sortes de matières, en argent, en or, en pierreries, en perles, etc. Les ordres honorifiques qui sont conférés dans certains pays donnent droit à ceux qui obtiennent ces marques distinctives de porter des colliers. L'ordre de la Toison d'or, par exemple, se porte ainsi. Le collier était en usage dans la

Fig. 274. — Collier étrusque (collection Campana).

Gaule bien avant la conquête; les guerriers qui le portaient se nommaient les *colliers d'or*. Les légionnaires de Rome portaient aussi le collier. Au moyen âge, le collier, qu'on nommait

Fig. 275. — Collier étrusque (collection Campana).

chaîne, fut un signe distinctif des ordres militaires et des chevaliers. Les huissiers et les gardes dans certaines antichambres portent également le collier.

COMMODE. — Meuble de chambre qui sert à enfermer du linge et des effets. La beauté des bronzes et du travail de marqueterie peuvent seuls leur donner une grande valeur.

Les commodes à panse Louis XIV, Louis XV et Louis XVI, ainsi que celles de Boule, atteignent dans les ventes des prix considérables.

Fig. 276. — Commode de Boule.

Voici quelques prix de commodes de la vente L. Double. — N° 343. Commode en bois de rose garnie de bronzes ciselés et dorés (style Louis XVI). La frise se compose d'entrelacs de lauriers avec rosaces dans les entre-deux, et les montants cannelés sont ornés de branches de fruits et de fleurs. Dessus de marbre blanc. Largeur, 1^m,06. Prix demandé, 2,000 francs ; vendue 2,900 francs. (Nos figures 276 et 277 montrent deux dessins de commodes de Ch. Boule.) — N° 355. Commode en bois de rose et marqueterie, le bois enrichi d'incrustations d'ivoire. Sur sa face et ses côtés, une vue de monuments et des groupes de personnages en costume du temps (style Louis XVI). Les pans coupés offrent des cannelures simulées sur fond vert, ainsi que le chiffre de Marie-Antoinette exécuté en nacre de perles. Trois rangs de tiroirs garnis d'anneaux formés de couronnes de fleurs en bronze ciselé et doré au mat. Marbre de tablette bleu turquin. Largeur, 1^m,22 ; profondeur, 0^m,57. Vendue 4,000 francs.

Fig. 277. — Commode de Boule.

— N° 359. Petite commode Louis XVI formant bureau avec tiroirs sur la face et sur les côtés et compartiment contenant une glace, marqueterie et bois de rose. Largeur, 0^m,60. Vendue, 9,000 francs. — N° 360. Commode en marqueterie de bois de rose à vases de fleurs, quadrillages et rosaces, garnie d'ornements en bronze ciselé et doré ; dessus en marbre brèche d'Alep. Largeur, 1^m,26. Vendue 1,850 francs. — N° 362. Commode formant bureau, en bois d'acajou, garnie d'ornements très fins en bronze ciselé et doré par Gouthières ; dessus de marbre rouge du Languedoc. (Style Louis XVI.) Meuble ayant appartenu à la reine Marie-Amélie et qui se trouvait au château de Neuilly. Vendue 9,900 francs. (Voy. MOBILIER.)

COMPOTIER. — Vase à couvercle et monté sur un pied, servant à contenir des compotes de fruits ou des confitures. Il y a des compotiers en cristal, en porcelaine, en faïence, provenant des fabriques de Sèvres, de Saxe, de Delft. Suivant leur décoration, les compotiers atteignent des prix très divers. Quant à leurs formes, ils sont ronds, carrés à angles droits ou arrondis, ovales; on fait également des compotiers modelés en coquille. (Voy. SERVICE DE TABLE.)

CONJUGUÉES (TÊTES). — Voy. ACCOLÉES (*Têtes*).

CONSOLES. — Nous n'avons pas à nous occuper des consoles en marbre et en pierre; des consoles des édifices, bien que dans ces derniers temps nous en ayons vu figurer dans les ventes; mais seulement du meuble appelé *console*, espèce de table étroite qu'on applique sur un mur au-dessous d'une glace, sur un trumeau entre deux baies quelconques. Ce genre de meuble, quand il a du style, atteint des prix très considérables, comme nous allons en fournir divers exemples. Il existe des consoles en fer ciselé, en bois sculpté et doré, garnies de bronze, etc., de l'époque de Louis XIV, Louis XV et Louis XVI. Les consoles style empire, en acajou, garnies de bronze, se vendent fort peu; les autres, au contraire, pour peu qu'elles soient jolies, se vendent 500, 600, 2,000 et 2,500 francs. Les très belles obtiennent des prix fort élevés; voici les consoles qui ont figuré à la vente Double. — N° 374. Grande console de l'époque Louis XVI en bois d'acajou, arrondie à ses extrémités, sur pieds formés de colonnes cannelées, et garnie d'ornements en bronze ciselé et doré. La tablette d'entre-jambes était en acajou, celle de dessus en marbre bleu turquin et encadrée d'une galerie découpée à jour et à draperie en bronze doré. Ce meuble était signé Riesener. Largeur, $1^m,40$. Vendue 3,400 francs. — N° 376. Console en bois sculpté et doré avec frise découpée à jour, supportée par six pieds cannelés en vis et avec chapiteaux ioniques reliés par des festons de fleurs et de fruits. Cette console avait été offerte en présent de relevailles à Marie-Antoinette en 1781. Largeur, $1^m,20$. Vendue 24,000 francs. — N° 381. Console de forme contournée en bois sculpté et doré, ornements rocaille découpés à jour avec tablette de marbre blanc moulurée (style Louis XV). Largeur, $1^m,07$. Vendue 350 francs. — N° 390. Console cintrée en bois sculpté et doré à deux pieds à volutes reliés par des festons de fleurs et avec entre-jambes orné d'un vase garni de guirlandes de fleurs. (Style Louis XVI.) Largeur, $0^m,85$. Vendue 1,680 francs. — N° 393. Deux consoles, de l'époque Louis XVI, en bois sculpté et doré, à frise ornée de branches de laurier. Hauteur, 1 mètre; largeur, $0^m,30$; profondeur, $0^m,30$. Vendues, 3,500 francs. — N° 394. Console de forme contournée en bois sculpté et doré, à mascarons et ornements; dessus de marbre brèche violacée. (Style Louis XIV.) Largeur, $1^m,05$. Vendue 385 francs.

Voici les prix, en lires italiennes, de quelques consoles de la vente San Donato, à Florence (mars 1880). — N° 9. Console Louis XV, de forme contournée, en bois sculpté et doré; ornements rocaille; dessus en marbre blanc de Carrare. Longueur, $1^m,35$; largeur, $0^m,68$. 200 lires. — N° 10. Console rococo à entre-jambes en bois sculpté et doré, style rocaille, à mascarons; dessus marbre de Carrare. Longueur, $1^m,47$; largeur, $0^m,72$. 230 lires. — N° 79. Console de Riesener en acajou, garnie de bronzes dorés au mat, avec deux tablettes en marbre, signée sous le marbre supérieur. Elle est supportée par quatre colonnes enguirlandées de lierre qui enserrent la tablette inférieure; elle a trois tiroirs, dont deux de côté et en quart de cercle. Hauteur, $0^m,92$; largeur, $1^m,30$; profondeur, $0^m,47$. 8,900 lires. — N° 80. Deux consoles en bois sculpté et doré, style rocaille, dessus marbre blanc. Hauteur, $0^m,93$; largeur, $1^m,38$; profondeur, $0^m,67$. 435 lires. — N° 81. Console Louis XV en bois sculpté et doré; dessus marbre vert de Gênes.

Hauteur, 0ᵐ,96; largeur, 1ᵐ,37; profondeur, 0ᵐ,64. 255 lires. — N° 94. Deux grandes consoles en bois sculpté et doré composées chacune de trois figures d'homme, de femme et de satyre supportant une table de malachite. Hauteur, 1ᵐ,08; longueur de table, 2ᵐ,22; largeur, 0ᵐ,79. 2,150 lires. — N° 103. Deux petites consoles, composées chacune d'un groupe de deux enfants, en bois sculpté et doré. Hauteur, 1ᵐ,10; largeur, 0ᵐ,70. 420 lires. — N° 340. Console Louis XIV, en bois de noyer sculpté, de forme contournée; dessus marbre de Porta Santa. Hauteur, 0ᵐ,80; longueur, 1ᵐ,20; largeur, 0ᵐ,58. 730 lires. — N° 1547. Console Louis XVI à pans coupés, en bois sculpté et doré, à frise ajourée, pieds cannelés reliés par des guirlandes de fleurs et entrejambes; dessus marbre bleu turquin. Hauteur, 0ᵐ,89; largeur, 1ᵐ,22. 1,200 lires. — N° 1583. Console en bois de rose, dessus marbre blanc; exécutée par Fourdinois, de Paris. Longueur, 1ᵐ,38; largeur, 0ᵐ,53. 1,200 lires. — N° 1584. Même console que la précédente. 1,000 lires.

CONSOLE (Table à). — Table qui a ses pieds ornementés comme ceux des consoles et reliés par des entre-jambes en X (fig. 278). (Voy. TABLE).

Vente Double. — N° 377. Une grande console à quatre pieds, en bois sculpté et doré, a été vendue 2,120 fr. Le dessus était une brèche violette moulurée. (Style Louis XIV.) Longueur, 2ᵐ,15; largeur, 0ᵐ,85; hauteur, 0ᵐ,88. — N° 261. Deux petites tables-consoles (Louis XVI), dessus marbre bleu turquin; supportées par un montant droit et une colonnette cannelée. Hauteur, 0ᵐ,99; largeur, 0ᵐ,25; profondeur, 0ᵐ,28. 1,850 francs. — N° 6. Table-console (Louis XVI) en bois sculpté et doré, à rinceaux et mufle de lion; dessus brèche africaine jaune antique. Longueur, 1ᵐ,57; largeur, 0ᵐ,78. 105 lires. — N° 7. Console comme la précédente, mais le dessus en marbre Levanto della Spezia. Longueur, 1ᵐ,50; largeur, 0ᵐ,75. 100 lires. — N° 8. Deux tables-consoles (Louis XVI), pieds cannelés, en bois sculpté et doré; dessus albâtre africain antique. Longueur, 1ᵐ,16; largeur, 0ᵐ,58. 160 lires. — N° 301. Table-console à quatre faces exécutée par Feuchère,

en bronze doré au mat. Elle est formée de quatre cariatides de femmes ailées se terminant en rinceaux; leurs têtes laurées supportent des chapiteaux sur lesquels repose un entablement de huit précieuses mosaïques de Florence en pierres dures sculptées en relief; la feuille supérieure est en malachite; vase destiné à recevoir les fleurs dans les entre-jambes. Hauteur, 1ᵐ,01; longueur, 1ᵐ,62; largeur, 0ᵐ,82. 4,000 lires. — N° 933. Quatre tables-consoles de forme rectangulaire en brèche jaune antique de Sienne posées sur des entablements à balustres en bois doré, ornements à feuilles de vigne. Longueur, 1ᵐ,79; largeur, 1ᵐ,89. 600 lires. — Nᵒˢ 1482

Fig. 278. — Table-console (Ch. Boule).

et 1483. Deux tables-consoles (Louis XVI) en bois sculpté et doré; frises de rinceaux avec deux griffons entrelacés au centre, mascarons et rosaces autour; dessus brèche jaune de Sienne antique. Hauteur, 0ᵐ,93; longueur, 1ᵐ,46; largeur, 0ᵐ,71. 2,000 lires.

CONSOLE DE SUSPENSION. — Console qu'on accroche ou qu'on scelle dans un mur et qui sert à supporter des vases, des bustes, des pendules, etc. — Vente Double. N° 263. Deux consoles de suspension en marbre verdâtre, ornées sur leurs faces de mufles de lion rapportés en marbre blanc et tenant dans leur gueule une couronne de fleurs en bronze ciselé. Hauteur, 0ᵐ,28; largeur du dessus, 0ᵐ,26. 1,050 francs.

CONTREBASSE. — Le plus grand instrument de la famille des violons; il est d'un volume presque double du violoncelle, et monté de trois cordes, accordées de quinte en quinte ; les deux premières sont en boyau et la troi-

COR. — Instrument de musique à vent qui se compose d'un tube cylindrique en cuivre fort long et tournant plusieurs fois sur lui-même, de manière à former des cercles concentriques plus ou moins nombreux ; l'instrument se termine par un cône évasé nommé *pavillon*; l'autre extrémité sert d'embouchure. Notre figure 280 montre un cor ou trompe de

Fig. 279. — Contrebasse, fond voûté, à trois cordes.

Fig. 281. — Cor de chasse à cinq tours.

sième en fil de laiton. Notre figure 279 montre une contrebasse à trois cordes, à fond voûté ; car il en existe à fond plat. La contrebasse est un instrument précieux dans un orchestre, parce qu'elle soutient vigoureusement les masses harmoniques.

COQ-DE-MONTRE. — Voy. Montre.

COQUASSE. — Espèce de chaudron de la

chasse à trois tours, et notre figure 281 un cor à cinq tours. — On nomme *cors d'harmonie* des cors à pistons et à cylindres de rotation ; ils

Fig. 280. — Cor de chasse.

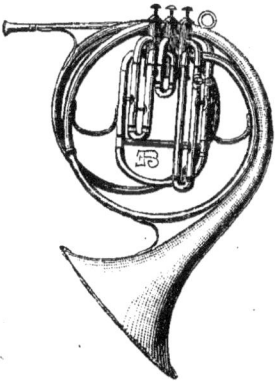

Fig. 282. — Cor d'harmonie.

famille des coquemars, dont il est question dès 1467 dans les inventaires des ducs de Bourgogne : « N° 2579. Une coquasse d'argent verré, au pié et au couvercle et au-dessus armoyé des armes de M. S. de Roubaix à anses et à manche et poise XIX marcs IIJ onces. »

possèdent généralement cinq tons, c'est-à-dire ceux de *la bémol, sol, fa, mi* et *mi bémol*. On fabrique aussi des cors d'harmonie avec un jeu de doubles coulisses ajustées sur l'instrument ; on peut avec ces coulisses faire usage des dix tons suivants : *si bémol* haut, *la, la bémol, sol,* fa, mi, mi bémol, ré, ut, si bémol grave. Notre figure 282 montre un cor d'harmonie à trois cylindres de rotation, cinq tons et trois pistons.

CORAIL. — Production marine calcaire blanche, rosée ou rouge, à forme rameuse, que de tout temps on a employée pour faire des parures et des bijoux. Les Gaulois décoraient leurs casques de grains de corail. Dès le XVI° siècle l'industrie s'est emparée de cette matière pour faire une bijouterie de corail qui, malgré les fluctuations de la mode, a toujours eu beaucoup de faveur. On fait avec le corail des bracelets, des colliers, des broches, des boucles d'oreilles, des têtes d'épingles et des camées. L'émail, les perles fines et le diamant rendent plus brillante encore la bijouterie de corail. — Les Italiens, surtout les Napolitains, ont le monopole de la pêche du corail, principalement les pêcheurs de Portici; on en pêche également beaucoup en Afrique sur la côte tunisienne. Les juifs d'Alger, les bijoutiers de Paris et de Lyon fabriquent des bijoux de corail qui s'exportent dans le monde entier. Un beau collier de corail non monté vaut à Florence, à Rome ou à Naples, 3 à 400 francs; à Paris, environ 500 francs.

CORDOUAN. — Voy. CUIR DE CORDOUE.

CORNALINE. — Variété d'agate plus ou moins transparente et d'un rouge plus ou moins intense. Généralement les graveurs recherchent les cornalines les plus uniformes, comme tons et comme transparence. On appelle *cornaline brûlée* un *niccolo* rouge factice obtenu à l'aide du feu, qui a la propriété de faire passer au blanc laiteux la cornaline rouge. En appliquant un fer rouge sur une cornaline et en le maintenant un temps plus ou moins long sur la surface de cette pierre, on obtient une couche blanche factice qui a quelque ressemblance avec l'onyx.

CORNE. — Proéminence qui pousse sur la tête de certains ruminants. Les cornes d'animaux ont été sans contredit les plus anciens vases à boire, et alors même qu'on délaissa les cornes pour prendre des vases en terre, on

donna à ceux-ci la forme des cornes : les rhytons, par exemple. On vend comme objets de curiosité des cornes de bœuf et surtout de buffles sauvages de l'Inde. Les cornes de rhinocéros sculptées, ouvrages chinois, valent depuis 200 jusqu'à 500 francs. (Voy. CORNES A BOIRE.)

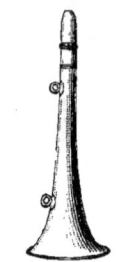

Fig. 283. — Corne d'appel droite.

CORNE D'APPEL. — On désigne sous ce terme de petites cornes en corne ou en cuivre qui servent à sonner, à appeler. Notre figure 283 montre une corne d'appel droite en cuivre, tandis que notre figure 284 en représente une cintrée; ces cornes valent de 4 à 5 francs.

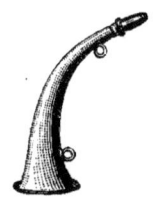

Fig. 284. — Corne d'appel cintrée.

CORNES A BOIRE. — Cornes dans lesquelles on boit. — Beaucoup de sociétés de tir ou d'orphéons gagnent, dans les concours, de grands prix qui, au lieu d'être des médailles, sont des œuvres d'art : telle est la corne de la Société musicale de Zurich que montre notre figure 285. — Notre croquis (fig. 286) fait voir une corne à boire très ancienne, puisque bien des archéologues croient y voir la corne d'Attila, le *Fléau des nations*; elle a été trouvée à Jasz-Bereny en Hongrie. Sur l'emplacement de cette ville se trouvait un ancien château fort dans lequel, pendant son séjour en Hongrie, Attila tenait sa cour. Voici, du reste, à ce sujet l'opinion d'un orientaliste, M. de Hammer : « Il est très probable, dit cet auteur dans son *Histoire de l'empire d'Orient*, que cette corne servait de coupe à boire à Attila lui-

Fig. 285. — Corne à boire de la Société musicale de Zurich.

même ; mais n'eût-elle appartenu qu'à l'un de ses généraux, ou même à un autre souverain des Huns, elle n'en resterait pas moins très remarquable par la singularité de son travail qui porte le caractère de l'époque et rappelle dans ses ornements l'art et les coutumes de l'Orient. — Le premier rang des figures représente une chasse, et le dernier une danse et

Fig. 286. — Corne à boire d'Attila.

des tours d'adresse ou de force. La figure que l'on voit auprès du danseur avec des épées ressemble beaucoup par son costume oriental à un bostandgi turc; je crois qu'elle représente plutôt un homme qu'une femme. » Les centaures que l'on voit au second rang échanger la massue de guerre contre un rameau de paix symbolisent le repos après la guerre; ces centaures, ainsi que les griffons du troisième rang, ont également un caractère oriental. Cette œuvre d'art vandale, conservée dans le musée de la ville de Jasz-Bereny, montre dans sa partie inférieure une décoration identique à nos broderies bretonnes, qui, on le sait, ressemblent elles-mêmes beaucoup aux poteries des dolmens. — Cf. dans notre *Dictionnaire d'architecture* le mot GAULOIS (*Art*). — Divers cabinets de curiosité possèdent des cornes vandales analogues à celle d'Attila.

CORNEMUSE. — Voy. MUSETTE.

CORNET. — Nom de divers instruments à vent; le plus simple de tous, c'est la corne de bœuf évidée et percée à son extrémité aiguë: c'est le cornet dont se servent les pâtres

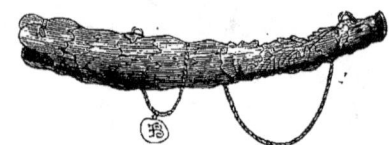

Fig. 287. — Cornet en ivoire (olifant).

pour rassembler leurs troupeaux; on le nomme *cornet à bouquin*. Le même cornet, fait en ivoire, se nomme *olifant* (fig. 287). — On appelle *cornet à pistons* un instrument de cuivre ou de maillechort semblable à celui que montre notre figure 288. Le cornet à trois pistons

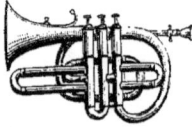

Fig. 288. — Cornet à pistons.

vaut en cuivre de 30 à 50 francs, et en maillechort de 120 à 150 francs. — On désigne également sous le nom de *cornet* un vase de forme conique avec un bord évasé qui sert à contenir des fleurs. On fait des cornets en cristal montés sur des pieds de bronze ; il en existe aussi en porcelaine de Chine et du Japon, en faïence, etc. — Certains cornets sont entièrement en cristal taillés et portent même un couvercle de la même matière, nous en donnons plus loin un exemple au mot COUPE (fig. 301).

CORSELET. — Partie principale de la cuirasse du moyen âge ; elle couvrait les épaules et la poitrine : la pièce qui protégeait celle-ci se nommait *plaque*. — Vente Double. — N° 234. Plaque de corselet en damas à rosaces, quadrilles et bordures damasquinées d'or. Ancien travail indien. 130 francs.

CORSÈQUE. — Sorte de javeline ayant un long fer effilé avec deux oreillons tranchants ou mousses ; c'est une pertuisane avec des ailerons extrêmement développés. Cette arme servait à démonter les cavaliers en les saisissant par une partie saillante de leur armure ; il ne faut pas confondre la corsèque avec la HALLEBARDE, la PERTUISANE et le RONCONE. (Voy. ces mots). Cette arme a été surtout en usage au XVIe siècle ; elle serait ainsi nommée parce qu'elle était employée par les fantassins corses.

COSTUME. — Ensemble des pièces qui composent le vêtement de l'homme et de la femme. Il y a le costume civil, le costume militaire et le costume religieux. En dehors de ces trois grandes catégories du costume, nous devons mentionner l'habillement et les insignes qui distinguent les personnages qui exercent des charges et des fonctions publiques, ainsi que les habillements des acteurs qui jouent sur la scène des théâtres. — A l'origine des civilisations, le costume a été des plus primitifs ; il consistait en peaux de bêtes, en plumes d'oiseaux plus ou moins bien ajustées aux formes de l'homme. Plus tard, la civilisation ayant progressé, les hommes tissèrent la laine des troupeaux et en fabriquèrent des étoffes grossières avec lesquelles ils se façonnèrent des vêtements. La civilisation et l'industrie humaines progressant de plus en plus, les hommes filèrent le lin, le coton, la soie ; ils créèrent l'art de la teinture, de la broderie ; ils purent alors fabriquer les plus beaux tissus, les plus belles étoffes. Nous ne pouvons faire ici l'historique du vêtement chez les divers peuples, le cadre de notre travail ne nous permettant que d'esquisser brièvement toutes les nombreuses matières que nous devons traiter ; nous nous bornerons donc à donner un aperçu sommaire de l'histoire du costume en France. — Le Gaulois, dont aujourd'hui nous connaissons bien les

Fig. 289. — Costume de dame du XVe siècle.

mœurs et les coutumes, n'eut primitivement pour tout vêtement que des peaux de bêtes attachées avec des épines d'arbustes, puis avec des agrafes et des fibules de bronze, enfin d'or. Longtemps avant la conquête, les Gaulois possédèrent de riches costumes qui étaient différents dans les diverses contrées de ce grand et riche pays ; aussi, à l'arrivée de César dans les Gaules, existait-il trois divisions nettement définies d'après le costume : c'était la *Gallia bracata*, la *Gallia comata* et la *Gallia togata*, c'est-à-dire la Gaule portant des *braies* ou pantalons tantôt larges et flottants, tantôt serrés au moyen de lanières de cuir ; la Gaule aux longues et belles chevelures bien nattées ;

enfin la Gaule vêtue de la toge. — Les Gaulois portant des braies avaient une espèce de long gilet descendant jusqu'à mi-cuisse et, par-dessus, une saie (*sagum*) très souvent rayée ou à carreaux : c'était une sorte de large

Fig. 290. — Épinglier.

blouse ; enfin un manteau à capuchon appelé *bardocucullus*. Dès cette époque reculée de notre histoire, il y avait déjà des classes dans notre pays et chacune d'elles avait un costume différent. Ainsi les nobles, ou *colliers*

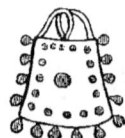

Fig. 291. — Aumônière.

d'or, avaient des saies richement brodées non seulement avec des fils de diverses couleurs, mais encore avec des fils d'argent et d'or ; ceux-ci portaient de belles armes de bronze pendues à des chaînes et à de hautes ceintures

Fig. 292. — Ceinture.

de bronze (*zonæ*) ; ils avaient également des bracelets, des bagues et des *colliers d'or*, ce qui les distinguait du reste du peuple. Le pauvre gaulois avait, au contraire, des *bracæ* faites de peaux de bêtes, et un *lenn*, ou grossière couverture de laine agrafée à son cou au moyen d'une fibule de bronze, remplaçait la saie et le *bardocucullus*. Les Gaulois portaient encore la *caracalle* ou long manteau, la *cérampéline*, veste courte avec ou sans manches, teinte couleur de pourpre. Après la conquête,

Fig. 293. — Costume de dame du XVe siècle.

nos pères adoptèrent les modes romaines ; ils portèrent la toge, la tunique, l'*amphiballos*, la *bigère*, la *chlamyde*, le *strophium*, etc. (1).

Chez les Francs Mérovingiens le costume fut très divers ; ainsi, tandis que les chefs portaient des vêtements romains les plus riches, les soldats et le peuple portaient le

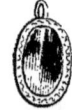

Fig. 294. — Miroir.

vêtement grossier de la Germanie. — Les Carolingiens portèrent le costume gallo-ro-

---

(1) Ceux de nos lecteurs qui voudraient des détails sur ces divers termes n'ont qu'à consulter notre *Dictionnaire général d'archéologie*.

main, le costume latin; mais pendant cette époque carolingienne la saie gauloise ne fut pas abandonnée; du reste, au XIᵉ siècle les paysans la portaient encore, ils la recouvraient d'un ample manteau qui rappelait l'ancienne *caracalle*. Les citadins, surtout ceux qui étaient aisés, portaient une longue robe et des vêtements accessoires, tels que la *bife*, la *cape*, le *calbaium*, l'*esclavine* et le *tabard*. Aux XIIᵉ et XIIIᵉ siècles, les vêtements sont aussi nombreux que variés; nous mentionnerons les plus usuels, savoir : l'*aube*, le *balandras*, la *cape*, la *cyclade*, le *doublier*, l'*esclavine*, le *pelichon*, la *cotte*, les *cointises*, le *surcot*, les *brides*, les *chausses*, etc. C'est pendant cette époque que les gens de loi portaient la longue robe, sorte de soutane, et que les *cagots* pyrénéens, les *cagneux* de la Bretagne et les *gahets*

Fig. 295. — Coiffe.

Fig. 296. — Gants.

ou *gachets* de la Gascogne portaient sur l'épaule, comme marque distinctive, une patte d'oie ou de canard, et que les juifs réprouvés et maudits étaient contraints de porter deux *rouelles* de drap jaune, l'une sur la poitrine, l'autre sur le dos, et la *corne* au bout du bonnet. A partir du XIVᵉ siècle le luxe va toujours croissant, et l'Église demande à Philippe le Bel une ordonnance pour empêcher l'envahissement du luxe et pour régler le costume que chaque classe de citoyens devait porter. Mais l'Église ne fut pas écoutée, et le XIVᵉ siècle, indépendamment des anciens costumes, créa les suivants : le *bliaus*, la *garnache*, le *rondeau*, la *cloque*, la *housse* et la *houppelande*. Ces mêmes vêtements furent en usage au XVᵉ siècle; mais les hommes eurent encore le *pourpoint*, la *heuque*, la *jaquette*, le *paletot*, le *gipon*, la *robe*, le *manteau à chevaucher*, les *mahottres* ou *maheutres* et les *braguettes*.

Les costumes de la femme, de même que ceux des hommes furent à cette époque très variables, tantôt larges et amples, tantôt étroits, étriqués même; les étoffes furent fort belles, c'était surtout du brocart et des velours à ramages et brodés. Nos figures de 289 à 296 montrent des costumes et divers accessoires de la toilette des dames au XVᵉ siècle. Olivier de la Marche, gentilhomme de la cour de Bourgogne, qui fut à la fois chroniqueur et poète, nous donne dans son *Parement des dames* de curieux détails. L'épinglier (fig. 290), dit cet auteur, « doit avoir couverture d'ung fin drap d'or; »

De drap de laine doit estre la bordure
Pour des espingles recevoir la poincture.

Et pour l'aumônière (fig. 291) :

Une bource qu'on dit une aumosnière
Nous convient pendre à cette sainturette
D'or et de perles bordée...
La bource doit, pour estre plus parfaite,
Avoir fermant pour seurement garder
Ce que dame veut tenir et donner.

La ceinture (fig. 292) sera, dit Olivier,

Du plus fin or que l'on pourra trouver
Esmaillé de blanc, noir et rouge cler,
Pour à madame faire saincture chère;
Des patenostres pour faire la manière.

La coiffe (fig. 295) est d'or et de soie tressée; enfin, voici ce qui concerne les gants (fig. 296) :

Un gantier fault qui nous face des gants...
Pour cuir avoir, yrai-je en Alemanie,
Ou si mieulx sert cuyr venant de Behaigne?
Tout ce ne vault : nous irons en Espaigne.
Là, nous pourrons assouyr notre affaire,
Le cuyr est doux, la violette flaire;
Ainsi, madame et ma très redoubtée,
De cuyr d'Espagne vous en serez gantée.

Nous bornerons là ces citations, malgré l'intérêt qu'elles comportent, et nous étudierons le costume au XVIᵉ siècle. A cette époque il est d'une grande richesse ; les diverses modes firent même publier pour la première fois un livre qui traitait de ce sujet important ; et ce ne fut pas seulement ce livre, mais d'autres ouvrages qui nous donnèrent des représentations du costume. Notre figure 297 reproduit un feuillet de la *Vénerie* de Louis XII, qui nous montre un beau page de vénerie dans un costume fort original taillé plutôt pour faire valoir les nudités que pour les couvrir. Le pourpoint et les manches en brassards, ou mancherons, sont de drap d'or, nouées avec un ruban d'un rouge ponceau. Les chausses sont de drap écartelées de rouge et de jaune. Sous Louis XII, les personnes aisées portaient des pantalons aux couleurs éclatantes, une sorte de long veston de velours ou de satin

Fig. 297. — Page de la vénerie de Louis XII.

qui descendait jusqu'à la naissance des cuisses, et, par-dessus, une sorte de robe de chambre dont le grand collet, garni de fourrures, couvrait les épaules. Les membres du conseil des Dix à Venise portèrent une robe analogue. Sous François Iᵉʳ, l'influence italienne et le goût espagnol firent ajouter à la partie supérieure du haut-de-chausse, pour le rendre plus décent, une *trousse* ou *tonnelet*, c'est-à-dire ces sortes de bouffettes ou étoffe plissée ornées de bandes d'une autre couleur que celle du vêtement, et la longue robe, un peu disgracieuse, fut remplacée par un manteau qui se raccourcit sous Henri II et sous Henri III. Sous ces deux princes, on commença à porter la *fraise* ou *collerette à godrons* ou *godronnée*; mais, sous Henri III, les goûts plus qu'efféminés de la cour donnèrent une coquetterie exagérée au costume : les hauts-de-chausses marquèrent de nouveau les formes, et, si la collerette prit d'énormes proportions, le manteau en revanche se fit si court qu'il ne fut plus qu'un vain ornement, une sorte de longue pèlerine. Sous Henri IV, l'austérité du calviniste Sully ramena les mœurs dans une tout autre voie que sous Henri III, et le costume fut plus sévère, mais ne manqua pas d'élégance. Les pourpoints furent sans baleines, de couleur sombre les manches ; à plis crevés laissèrent voir à travers leurs plis une étoffe d'un autre ton ou même d'une autre couleur ; leur extrémité inférieure fut garnie de manchettes et de riches dentelles, et le manteau de drap ou de velours fut doublé de satin. Sous Charles IX, les grandes dames, pour imiter Catherine de Médicis, portèrent le vertugadin. Avec Marie de Médicis, la femme du Vert Galant, les dames de la cour élargirent au moyen de

Fig. 298. — Louis XIV en roi-soleil (costume de ballet).

baleines, et cela d'une manière excentrique, le corsage de leurs robes ; leurs manches furent garnies de gros bourrelets ou boudins étagés depuis le poignet jusqu'à l'épaule. — Sous le fils de cette princesse, les hommes portèrent le manteau court, le chapeau à plumes ; une grande collerette de guipure ou de dentelle rabattue remplaça la fraise ; les habits furent galonnés et la dentelle se montra à profusion. Sous Louis XIV, le pourpoint fut en grande faveur, et, comme sous Louis XIII, les broderies, la dentelle et les rubans firent fureur.

L'ancienne trousse se changea en haut-de-chausse, puis en culotte ; le petit manteau fut remplacé par le manteau à manches, qui finit par faire l'habit caractéristique de l'époque. Les modes de France se répandent dans toute l'Europe. Les bals costumés prêtent à toutes les folies ; le grand roi lui-même ne dédaignait pas d'y figurer, tantôt dans un costume, tantôt dans un autre ; il fit même une très grande impression un jour qu'il y parut en roi-soleil. Notre figure 298 montre, d'après un médaillon de l'époque, le roi-soleil en costume de ballet ; sur sa coiffure, on aperçoit le char du soleil. — Pendant le XVIIIe siècle, les habits changent peu de forme jusqu'à la révolution ; à ce moment le costume devient à peu près tel que nous le voyons à la fin du XIXe siècle ; le pantalon remplace la culotte, et le chapeau haut de forme le tricorne et le bicorne.

COTTE D'ARMES. — Sorte de pardessus militaire. — Les Germains et les Gaulois avaient des cottes d'armes. A l'époque des croisades, la cotte était une sorte de DALMATIQUE (Voy. ce mot) qui fit place au commencement du XVe siècle à la casaque ou manteau des hérauts d'armes. (Voy. MANTEAU.)

COTTE DE MAILLES. — Ancien vêtement de guerre fait d'un tricot de mailles de fer. Du XIe jusque vers le milieu du XIVe siècle, la cotte de mailles fut la principale armure ; elle enveloppait des pieds à la tête le chevalier ; l'écuyer et les gens de pied, au contraire, n'avaient que le buste protégé par la cotte. Celle-ci se plaçait sur un vêtement rembourré, afin d'amortir les coups de lance ou de masse d'armes ; malgré ce rembourrage, l'homme équipé de la cotte ne pouvait se garantir des contusions. La cotte de mailles complète, c'est-à-dire celle qui couvrait la tête, le buste et les chausses, pesait de 24 à 28 livres ; les plus belles cottes étaient faites à Chambly, département de l'Oise. Il y avait une assez grande variété de cottes de mailles, au point de vue de la forme, de la force et des dimensions. Les belles cottes de mailles présentent un tissu léger, souple et impénétrable ; car le chevalier était invulnérable, si sa cotte était bien faite. (Voy. HAUBERT, HAUBERGEON, BRIGANDINE,

JACQUE.) Dans les ventes, les cottes de mailles orientales sont les seules qui aient quelque valeur.

COULEVRINE. — Canon de forme élégante et souvent décoré de riches ornements, ce qui le fait rechercher par des amateurs.

COUPE. — Vase servant à boire : tel a été, du moins, le premier emploi de la coupe ; aujourd'hui beaucoup de ces vases servent d'ornement ou de vide-poches. Il y a des coupes en pierres précieuses, en cristal de roche, en bronze, en argent, en or, en cuivre émaillé, en faïence (fig. 299 et 300). Les coupes qui ont le plus de prix sont celles en émail de Léonard Limosin, de Courtois, de Laudin et de Noailhier. Les prix sont très variables suivant les proportions et la finesse du travail. Ainsi une coupe en vermeil n'a pas été payée moins de 800,000 fr., en 1880, par le baron Charles de Rothschild de Francfort. Cette merveille de Wenzel Jamnitzer avait été déposée par lui au musée germanique de Nuremberg. Voici la description de cette pièce d'argenterie d'après la *Chronique des arts et de la curiosité* (n° du 4 déc. 1880) : « L'œuvre de Jamnitzer est la pièce de milieu d'un surtout de table. Le pied se compose d'un rocher entièrement couvert d'herbes, de fleurs des champs, où se jouent des scarabées, des sauterelles, des colimaçons, de petits lézards. De ce fouillis sort une femme, la Terre, élégamment cambrée, soutenant de sa tête et de ses deux bras un haut calice, décoré de grotesques et surmonté d'un couvercle que termine un vase en forme de balustre d'où s'échappe une gerbe de feuilles et de fleurs. Le tout est en vermeil avec des ornements en émaux opaques ou translucides. L'orfèvrerie du XVI° siècle n'offre rien de plus achevé comme exécution ; on pourrait critiquer certaines parties de l'œuvre au double point de vue du goût et du style, mais ces faiblesses sont rachetées par l'étonnante perfection des détails. » Pour obtenir cette pièce et la retirer du musée, il fallait un consentement unanime des héritiers du banquier Merkel, à qui cette œuvre d'art avait appartenu, consentement sanctionné par une autorisation ministérielle. Un agent du banquier millionnaire fit toutes les négociations en secret et se présenta un jour avec ses pièces en règle au directeur du musée pour retirer le chef-d'œuvre que celui-ci fut bien obligé de céder. Ce fut un véritable enlèvement. — Avec une commode Louis XVI, payée 750,000 francs et achetée par un autre

Fig. 299. — Coupe en faïence moulée, dite *coupe de Bologne*.

Fig. 300. — Coupe à incrustations moulée.

Rothschild, jamais à aucune époque on n'avait vu des objets d'art atteindre de tels prix. — Au mot GROUPE, le lecteur trouvera la description d'un travail de Jamnitzer qui a été vendu 57,000 lires italiennes.

Nos figures 299 et 300 montrent des coupes en faïence moulée ; notre figure 301, une coupe et un cornet en cristal de roche.

Vente San Donato. — N° 28. Deux grandes coupes en malachite, reposant sur des piédes-

Fig. 301. — Coupe et cornet en cristal de roche.

taux de même matière enrichis de bronzes dorés. Hauteur, 1^m,975 ; diamètre, 1^m,43. 7,100 lires. — N° 1226. Coupe d'honneur à anses et couvercle en argent repoussé et ciselé, décoré de feuilles, fleurons, fleurs et cartouches contournés, avec armoiries sur la face, et au revers lion héraldique. Travail anglais de 1654. 2,900 lires. — N 1228. Coupe d'honneur en forme de vase antique couvert, à anses en argent repoussé et ciselé, culot et couvercle à godrons, à cannelures et armoiries. Travail anglais de 1698. 650 lires.

COUPE D'ACCOUCHÉE. — Voy. BOUILLON DE MARIÉE.

COURONNE. — Insigne du pouvoir, symbole de victoire ou de plaisir, etc. Notre figure 302 montre la couronne de Charlemagne ;

notre figure 303, celle d'un roi d'Irlande, Brian Boïroïme, du commencement du XIᵉ siècle, qui périt dans la fameuse journée de Cluan-Tarf. Denis, son fils, recueillit sa succession sans pouvoir cependant porter la couronne de son père, qui avait disparu. On la retrouva en 1692 à trois mètres sous terre dans les marais d'Allen en Irlande, c'est-à-dire 690 ans après

Fig. 302. — Couronne de Charlemagne.

la journée de Cluan-Tarf. Cette couronne est en or massif en forme de chapeau sur le rebord duquel, en tournant le sommet vers soi, on lit les cinq lettres H. R. E. B. B., initiales des mots irlandais : *Hara, Rieis, Erion*, BRIAN, BOÏROÏME, qui signifient : couronne du roi d'Érin, Brian Boïroïme. — Dans notre figure 304 on voit la reproduction d'une couronne d'or massif dite *couronne de fer* de Monza, à cause du carcle de fer qui la garnit intérieure-

Fig. 303. — Couronne du roi d'Irlande.

ment, lequel cercle aurait été fait avec l'un des clous qui servirent à attacher le Christ sur la croix.

Il est inutile d'ajouter que cette légende est fausse, car la couronne de fer est assez moderne, comme l'a établi d'une façon fort claire une savante dissertation de Muratori, le docteur ambrosien. Cette couronne est aujourd'hui conservée dans la basilique de Saint-Jean-Baptiste à Monza, petite ville voisine de Milan. C'est donc à tort qu'elle passe pour être celle que Théodelinde, reine des Lombards, plaça sur la tête du duc de Turin, Agilulphe, qu'elle épousa en 591. Quand les rois lombards ceignaient cette couronne, ils disaient : *Malheur à qui oserait y toucher !* Notre figure 305 donne une fidèle reproduction de la couronne d'Élisabeth de Russie, qui servit en

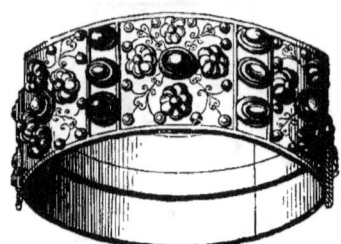

Fig. 304. — Couronne de fer de Monza.

1741 au couronnement de cette tzarine. Il est difficile de voir un bijou où les pierreries soient plus symétriquement disposées que dans le joyau que nous présentons à nos lecteurs, et qui n'existe plus au Kremlin aujourd'hui. Il est probable que cette princesse, de mœurs dissolues, a dû faire démonter les pierreries pour les disposer sur un autre modèle. — Notre planche VII reproduit une superbe couronne d'or grecque qui porte sur quelques-unes de ses fleurs des traces d'émail bleu. Cette couronne, formée au moyen d'une branche de chêne et de diverses fleurs, porte dans sa partie supérieure sept figures ailées dont il est difficile de préciser le caractère distinctif ; seulement les archéologues les plus compétents admettent que la grande figure placée debout serait la déesse des lieux infernaux, dont on retrouve assez fréquemment l'image sur les vases peints des tombeaux. Cette explication nous paraît assez vraisemblable, car cette couronne a été trouvée en 1813 dans un tombeau, près d'Armento ; nous serions donc en présence d'une couronne funéraire, qui, suivant l'inscription gravée sur le piédestal qui porte la déesse, fut l'offrande d'un nommé Kreithonios. Cette œuvre d'art est un des plus beaux bijoux de la collection des antiques du musée de Munich.

PLANCHE VII. — Couronne funéraire grecque (musée de Munich).

COUSSIN. — Partie du mobilier, sorte de sac rempli de plume ou de crin, et qui sert à porter quelques parties du corps. Dans le commerce de la curiosité, on n'achète guère les coussins qu'à cause des enveloppes qui sont en soie, en broderies, en velours anciens ; aussi ne donne-t-on de ces objets que le prix que vaut l'enveloppe.

COUTEAU. — Ustensile tranchant, composé d'une lame et d'un manche fixe ou pliant. Il y a des couteaux de table, des couteaux de

Fig. 305. — Couronne d'Élisabeth de Russie.

poche, des couteaux à découper, des couteaux à dessert, des couteaux de chasse, etc. — L'usage du couteau remonte à l'époque préhistorique, puisque nous avons trouvé dans les grottes et dans les cavernes des couteaux en pierre éclatée, soit en silex, soit en obsidienne ; puis l'homme en a fabriqué en bronze. Nos figures 306 et 307 montrent quatre couteaux faits avec ce métal ; l'un d'eux a une douille annelée, un autre a sa lame décorée d'ornements. Notre figure 308 montre un couteau à dessert qui a appartenu probablement à quelque monastère ; nous disons probablement, car c'était l'usage dans les réfectoires des couvents d'employer des couteaux sur la lame desquels étaient notés, d'un côté, le *Benedicite* et, de l'autre, le *Deo gratias*. Notre couteau porte le *Benedicite* avec le plain-chant pour basse, car souvent les moines chantaient ces prières à quatre voix, il y avait donc des couteaux pour *soprani*, d'autres pour les *altos*, pour les *tailles*

Fig. 306. — Couteaux de bronze.

et les *basses-tailles*. Celui que montre notre figure est au musée du Louvre; il est entré dans les collections vers 1839. Autrefois, pen-

Fig. 307. — Couteaux de bronze.

dant les XVIᵉ, XVIIᵉ et XVIIIᵉ siècles, les bourgeois avaient l'habitude de porter un couteau dans leurs poches, même pour aller dîner ou souper en ville; on faisait alors de beaux couteaux à manche pliant en ivoire. C'est un couteau de ce genre que montre notre figure 309; il fait partie de la collection Sauvageot au Louvre. Notre figure 310 montre un autre couteau du XVIIᵉ siècle également pliant, mais qui servait à ouvrir les huîtres.

A Paris, divers amateurs de curiosités collectionnent des couteaux; nous citerons no-

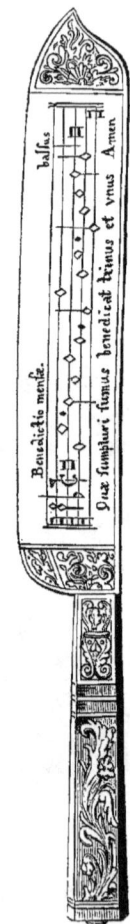

Fig. 308. — Couteau à dessert (musée du Louvre).

tamment MM. Edmond Fould, le baron de Rothschild et Pascal (1). Ces messieurs dans les

---

(1) Ce dernier amateur est mort récemment des suites

PLANCHE VIII. — Couteau de chasse moresque avec sa gaine.

ventes font monter les couteaux à des prix considérables; ainsi nous avons vu le couteau d'un écuyer tranchant de Charles IX adjugé à l'un de ces amateurs à 1,500 francs.

Vente Double. — N° 223. Un couteau à manche en ivoire sculpté à tête de lion, et à lame finement gravée et dorée, portant les armes du pape Urbain, a été adjugé à 500 francs.

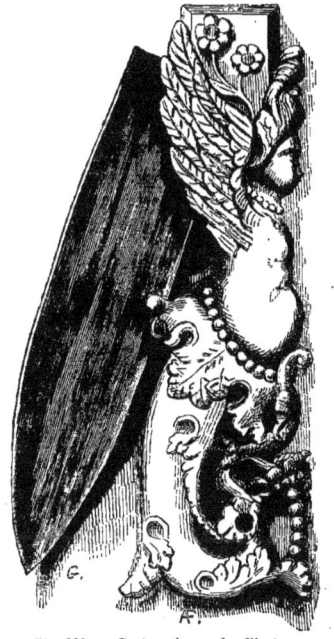

Fig. 309. — Couteau à manche d'ivoire.

— N° 181. Couteau à manche d'ivoire dont l'extrémité est garnie en argent niellé et armorié (XVIᵉ siècle). Adjugé à 85 francs. — N° 182. Petit couteau Louis XIII à manche en argent ciselé, à figures, repercé à jour et doré. Adjugé à 105 francs. — N°183. Couteau à dessert à double lame d'or et d'acier, manche en nacre de perle incrusté d'or (style Louis XV). Adjugé à 310 francs. (Voy. Couverts.)

---

de l'accident qui lui est survenu en passant devant les magasins du *Printemps*, une énorme poutre s'étant abattue sur sa voiture.

Couteau de chasse. — Couteau employé à la chasse pour abattre les pièces de gros gibier, telles que cerfs, sangliers, etc. — Au moyen âge, on attachait une grande importance à la trempe de ces couteaux; on peut en juger avec compétence en lisant le curieux traité de vénerie qui a pour titre : « la Chasse de Gaston Phœbus, comte de Foix, envoyée par lui à Messire Philippe de France, duc de Bourgogne. » Dans divers passages de ce traité il est souvent question du *cousteau* et de l'*espée* de chasse; on y parle de la finesse de la lame

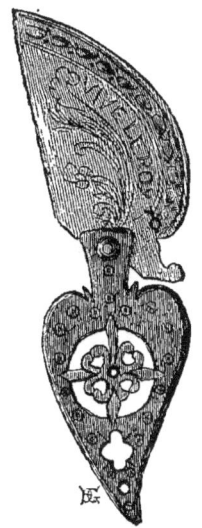

Fig. 310. — Couteau à ouvrir les huîtres.

et de la solidité que doit avoir la pointe acérée, car souvent la vie du veneur dépend de l'excellence de son arme. Gaston Phœbus nous apprend que c'était surtout grâce à son adresse à lancer cette arme qu'un chasseur pouvait mériter le titre de veneur habile. Notre figure 311 montre un superbe couteau de chasse d'une fabrique de Madras; c'est un remarquable spécimen de l'art hindou. — Le couteau dont notre planche VIII donne une représentation est d'origine arabe; la gaine est d'un travail si admirable et si richement décorée qu'elle mériterait à son tour un écrin pour la préserver des intempéries de l'air, comme elle en préserve elle-même la belle lame d'acier gravée et damasquinée de ce beau couteau oriental. Ajoutons, en terminant, que tous les aciers fabriqués pendant le moyen âge étaient d'une qualité remarquable ; quant aux ouvriers moresques, on connaît leur habileté. Le plus cé-

Fig. 311. — Couteau de chasse (art hindou).

lèbre de ces artistes, celui dont on paie encore les lames au poids de l'or, se nommait Assad-Allah, le fameux armurier d'Ispahan, qui vivait du temps du grand Abbas, c'est-à-dire de 1590 à 1628.

COUTELAS. — Sorte d'épée courte et large, tranchante d'un seul côté. Dans les ventes on n'estime que les coutelas qui ont la lame et le manche armoriés et gravés. Beaucoup de contrefaçons.

COUTILLE. — Voy. Dague.

COUVERTS. — Ustensiles de table, qui sont le couteau, la fourchette et la cuiller. Le plus ancien de ces ustensiles est le Couteau (Voy. ce mot) ; puis l'homme se servit de la fourchette à deux dents, parce qu'auparavant il mangeait avec deux de ses doigts, le pouce et l'index. Quant à la cuiller, beaucoup d'archéologues admettent que l'homme s'en est servi presque en même temps que du couteau, c'est-à-dire à l'époque préhistorique. Notre planche IX montre des couverts de table des XVIe et XVIIe siècles en ivoire, sculpté. C'est d'abord, à gauche, une fourchette à deux dents toute en ivoire, surmontée d'un bouton en fer ciselé (XVIe siècle) ; ensuite une cuiller en ivoire sculpté (XVIe siècle) ; puis un couteau à manche en ivoire sculpté (XVIIe siècle) ; puis une seconde cuiller à cuilleron en ivoire avec le manche en filigrane d'argent (XVIIe siècle) ; un autre couteau à manche en fer, ayant à son centre un quadrilatère en nacre de perle surmonté d'un sphinx à tête de femme diadémée (XVIe siècle) ; enfin une seconde fourchette, à la droite du lecteur, en ivoire sculpté, du XVIIe siècle. Toutes ces pièces sont de la collection de M. Bach.

Vente San Donato. — N° 1340. Douze grands couverts (cuillers, fourchettes et couteaux) en argent, en partie dorés. Écussons aux armes du maréchal de Biron. Les manches des cuillers et des fourchettes, contournés avec lions en relief, se terminent par des têtes de cerfs. 1,200 lires. — N° 1343. Un couvert en vermeil et deux couteaux à dessert, manches en écaille à filets et rosaces en or, contenus dans un écrin au chiffre de Marie-Antoinette, dauphine de France. 1,550 lires. — N° 1344. Douze couverts à dessert en vermeil, à manches en porcelaine de Saxe (XVIIIe siècle) ; en tout 36 pièces. 2,000 lires. — N° 1345. Douze grands couverts en vermeil, à manches repoussés ou ciselés, avec sirènes, figurine de Judith et des arabesques. 1,120 lires. — N° 1347. Deux grands couverts complets à dessert, en vermeil ; manche à coquille, portant un écusson armorié. 115 lires. — N° 1348. Couvert à dessert en vermeil, à manche en

PLANCHE IX. — Couverts de table des XVIᵉ et XVIIᵉ siècles.

COUVERTURES DE LIVRES. 237

porcelaine de Berlin, à médaillons allégoriques et paysages (xviiie siècle). Ce couvert a été vendu, avec deux autres cuillers (nos 1349 et 1350) 450 lires. (Voy. Cuiller.)

COUVERTURES DE LIVRES. — Enveloppes faites de diverses matières qu'on place sur les plats et le dos d'un livre pour le protéger contre toutes sortes de dégradations. A

Fig. 312. — Couverture en bois de l'évangéliaire de Noyon.

toutes les époques, les relieurs ont déployé beaucoup de talent pour créer de belles couvertures, surtout avant l'invention de l'imprimerie, car les manuscrits étaient fort rares, d'une grande beauté et très recherchés; ils avaient, du reste, une valeur très considérable, surtout les évangéliaires, qui étaient la gloire des trésors des cathédrales et des monastères. On voit à la basilique de Monza un évangéliaire donné par Théodelinde, reine des Lombards, en 615. Sa couverture est faite en pierres de diverses couleurs. Notre figure 312 montre la face supérieure de la couverture en bois de l'évangéliaire conservé à la bibliothèque de Noyon, département de l'Oise; elle est formée de deux planches en bois de chêne couvertes de peau, de cuivre et d'un placage de corne. La face que montre notre figure a un double encadrement en ivoire; la surface ainsi enclose est décorée de croix évidées qui laissent voir un méplat de maroquin rouge, un ivoire principal flanqué de quatre plus petits, de monnaies et de textes gravés en creux; le médaillon central représente le Christ ayant à sa droite deux apôtres. Des trois petits ivoires qui subsistent, deux représentent des animaux symboliques; quant aux deux monnaies d'or carolingiennes placées dans le haut et dans le bas de notre couverture, elles retiennent des reliques placées en dessous d'elles. (Voy. IVOIRE et RELIURE, où nous avons donné d'autres couvertures remarquables, entre autres celle du psautier de Charles le Chauve.)

CRAQUELÉ. — On dit qu'une faïence, une porcelaine, sont *craquelées* quand leur émail est couvert d'une sorte de réseau de petites fentes. Le CÉLADON (Voy. ce mot) est toujours craquelé. Ce terme est également un substantif.

CRATÈRE. — Grand vase à deux anses, dans lequel les anciens puisaient le vin mélangé à l'eau que buvaient dans leurs coupes les convives d'un festin. (Voy. VASE.)

CRÉDENCE. — Ce terme a dans la langue usuelle des significations diverses; nous ne les signalerons pas. Dans le langage de la curiosité, ce mot sert à désigner un petit meuble d'église, petite table ou console, placé près de l'autel et qui supporte le bassin et les burettes. Les niches simples ou géminées, pourvues de piscines ou lavabos pour les mains, se nomment également *crédences;* enfin on désigne sous ce terme les buffets, les bahuts, les cabinets, etc. Or, en fait de meubles en bois, le mot *crédence* ne sert qu'à désigner un coffre mouluré ou sculpté monté sur quatre ou six pieds complètement isolés; ou bien encore les pieds de derrière sont adossés sur un fond de bois mouluré ou sculpté, de sorte que sous le coffre il y a un vide qui se trouve quelquefois séparé par une tablette d'entre-jambes. Les crédences de la renaissance, qui sont des meubles superposés, dont l'un, celui du bas, est remplacé par des colonnettes ou des pilastres, servaient à recevoir les ustensiles de table : c'étaient donc des variétés de buffets et de dressoirs. Les crédences de cette époque valent jusqu'à 7 et 8,000 francs. Les Italiens nomment *credenza* le meuble à deux corps, à tiroirs et à quatre vantaux qui, dans les salles à manger, sert à serrer l'argenterie, le service de table et les mets principalement les desserts. De l'Italie l'usage s'en est introduit en France, de sorte que nous nommons aujourd'hui couramment les meubles à deux corps *crédences*, ce qui est faux : ce sont des CABINETS. (Voy. ce mot et MOBILIER.)

Vente San Donato. — N° 1170. Crédence du XVI° siècle, en bois de noyer sculpté, de forme triangulaire, surmontée d'un dais avec horloge. La partie triangulaire représente deux groupes et trois figures de bergers en haut relief. Le dais à montants et consoles offre un bas-relief représentant l'*Adoration des mages*. Hauteur totale, 3^m,30; largeur, 1^m,30. 1,450 lires.

CRÉNEQUIN ou CRANEQUIN. — Instrument en forme de pied de biche qui servait à bander l'arbalète dite *à crénequin*. Les cavaliers armés de l'arbalète (crénequiniers, cranequiniers) portaient cet outil à leur ceinture. Les beaux crénequins gravés se vendent de 90 à 100 francs. (Voy. ARBALÈTE.)

Fig. 313. — Crible sans lames.

CRIBLE. — Tambour à main, tambour de basque, le *tympanum* des anciens. Dans son *Harmonie universelle*, le P. Mersenne assigne à ce crible à lames métalliques la plus haute antiquité; il va même jusqu'à avancer que « l'on croit que Marie, sœur de Moïse et d'Aaron, battoit cette espèce de tambour,

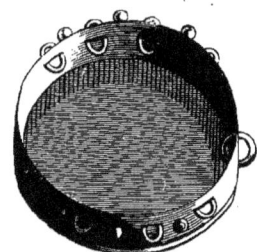

Fig. 314. — Crible antique à lames métalliques.

lorsqu'elle chantoit le cantique de joie du chapitre v de l'*Exode*, après le passage de la mer Rouge... » Nos figures 313 et 314 montrent un crible simple et un crible à lames. (Voy. TIMBALE.)

CRISHMA. — Instrument de musique hindou; sorte de flageolet qu'on insuffle avec le nez.

CRISTAL DE ROCHE. — La plus dure de toutes les variétés de quartz, car le cristal de roche est un quartz hyalin incolore. Sa pesanteur spécifique est de 2,65. Moins dur que les pierres fines, le cristal de roche raye cependant le verre et résiste à la lime. Cette matière, connue de toute antiquité, a servi à faire des coupes, des cornets (voir ci-dessus, fig. 301), des boîtes, des bonbonnières, des objets d'art très variés, qui sont également de valeur très diverse. Généralement les travaux de la renaissance, montés en or et en argent, coupes, flacons, coffrets, etc., atteignent dans les ventes de hauts prix; nous avons vu une tête de mort, grandeur naturelle, taillée dans un superbe morceau de cristal de roche, atteindre le prix de 3,000 francs. A la vente Double (n° 270), un morceau de cristal de roche enfumé, composé d'aiguilles naturelles, a été vendu 26 francs. — Les lustres en cristal de roche ont une grande valeur. (Voy. LUSTRE, où nous donnons des prix.)

CROC A ÉLÉPHANT. — Arme destinée à conduire les éléphants. L'usage de ce croc remonte à une très haute antiquité, car sur des médailles de Numidie on voit des cornacs se servant de ce croc, qu'on appelle également *hache de cornac*. Notre planche X (page 241) montre un des plus beaux échantillons de ces armes. Ce croc peut donner une idée du luxe des Orientaux; il est tout en fer; il a donc fallu des années pour le percer, le creuser, le fouiller et le ciseler, car il n'est pas de bijou travaillé avec plus de soin et d'art. Le manche, également en fer, est noir et damasquiné de rinceaux et d'arabesques; il se termine à son extrémité inférieure par une tête d'animal fantastique, au-dessus de laquelle part une garde, formée de fins ornements ajourés et qui s'élève jusqu'à la douille, au-dessus de laquelle est l'arme proprement dite. Un tigre et d'autres animaux fantastiques flanquent la douille, ajourée par un treillis formé par des cercles; ces animaux servent de point de départ à la lance et au croc. L'arme entière, qui ne mesure que 0^m,68 de longueur, est totalement en fer ciselé et poli; elle fait partie de la collection de Mme S. de Rothschild.

Vente Double. — N° 240. Croc de cornac, en fer damasquiné d'or, avec lame et pointe dentelées. Ancien travail indien. 605 francs.

CROCHET (AIGUILLE A). — Voy. IVOIRE.

CROIX. — Poteau auquel on attachait les coupables chez beaucoup de peuples; et comme le Christ mourut sur une croix, les chrétiens en ont fait un objet de piété et un insigne du culte. Il existe des croix en or, en argent, en vermeil, en cristal de roche, en pierres précieuses de toute sorte. Les petites croix se portent pendues au cou. Beaucoup de croix servent de reliquaires : telle est celle que montre notre figure 315; elle est en vermeil et date du XIIIe siècle; elle fut donnée par Louis IX au seigneur d'Orval; elle est aujourd'hui conservée dans la petite église d'Orval, département du Cher. Il existe aussi beaucoup de croix en bois sculpté. Suivant leur forme, les croix portent différents qualificatifs; il y a les *croix simples*, les *croix composées*, les *croix en*

T (*tau*), les *croix latines*, les *croix russes*, ou *patriarcales*, ou *de Lorraine*, les *croix de Malte, de Toulouse, de Jérusalem*, etc., etc. — On nomme *croix processionnelles* des croix qu'on porte dans les processions ; l'une d'elles, acquise à la vente San Donato (n° 381) pour le musée de Cluny, a été payée 11,100 lires italiennes ; elle figure au nouveau catalogue du musée (éd. 1881) sous le n° 5044.

CROQUIS. — Dessin fait à main levée, qui donne un dessin ou reproduit un objet

Fig. 315. — Croix-reliquaire (église d'Orval).

sans autres proportions et dimensions que celles fournies par une sûreté de coup d'œil plus ou moins grande de la part du dessinateur. Il ne faut pas confondre ce terme avec celui d'ESQUISSE. (Voy. ce mot et ESTAMPE.)

CROSSE. — On nomme *crosse*, ou *bâton pastoral*, une sorte de bâton recourbé, un des insignes de la dignité abbatiale ou épiscopale. Dans l'église primitive, ce ne fut qu'un simple bâton terminé par un crochet, comme le *pedum* des bergers, le *lituus* des augures. L'usage de la crosse remonte aux premiers siècles de l'Église. Au moyen âge les évêques, les archevêques, les abbés et les abbesses eurent des crosses, d'où l'expression, *abbé crossé et mitré*.

PLANCHE X. — Croc à éléphant.

Quand un abbé devenait à la fois évêque ou archevêque, il avait le droit de porter une crosse à triple volute ; cependant, jusqu'à présent, on n'a trouvé que des crosses à deux volutes. Il existe des crosses en or, en argent, en bronze ; elles sont enrichies de ciselures, d'émaux, de pierres précieuses. Les rares crosses en ivoire qui passent dans les ventes atteignent des prix considérables ; mais on fait beaucoup d'imitations.

CROTALES. — Instrument de percussion des anciens ; c'est aussi une sorte de CYMBALES. (Voy. ce mot.) — Au moyen âge, on nommait *crotales* un cercle ou triangle de métal dans lequel étaient insérés des anneaux en métal qu'on faisait résonner en agitant l'instrument.

CRUCHE. — Ce terme, dérivé du flamand *cruyicke*, sert à désigner un vase de terre ou de grès à une ou deux anses. Pendant le moyen âge et la renaissance les cruches ont beaucoup varié de formes ; les cruches allemandes sont assez lourdes et assez grotesques dans leurs proportions. Certaines cruches en grès de Flandre ou en grès de Munich, forme flûte, valent jusqu'à 600 et 800 francs. Les formes pansues émaillées, polychromes, avec de fins moulages, valent, suivant l'époque à laquelle elles appartiennent (XVIe, XVIIe, XVIIIe siècle), 400, 350 et 60 francs ; mais on fait en Allemagne beaucoup d'imitations fort bien réussies. Certains sujets grotesques, suivant la finesse de leur exécution, atteignent également des prix assez élevés. — Les petites cruches se nomment *cruchons*.

CUILLER. — Ustensile de table, dont nous avons déjà parlé à COUVERTS. (Voy. ce mot et la planche IX qui l'accompagne.)
Vente San Donato. — N° 1188. Petite cuiller en or, manche à filets, faite en 1786 (ancienne collection du baron Pichon). 300 lires. N° 1341. — Six cuillers à café en vermeil, manches ornés de guirlandes de feuilles de laurier et de chêne. Travail français (style Louis XVI). 310 lires. — N° 1342. Six cuillers à café en vermeil ; manches à têtes de séraphins, gaînes, consoles et cariatides de vieillards. 155 lires.— N° 1346. Douze cuillers à café en vermeil. 280 lires. — N°^{os} 1349 et 1350. Cuiller à sucre en vermeil, à manche de porcelaine de Berlin ; cuiller à sel en vermeil et porcelaine de Berlin. Ces deux cuillers, avec un couvert (n° 1348), ont été vendues 450 lires.

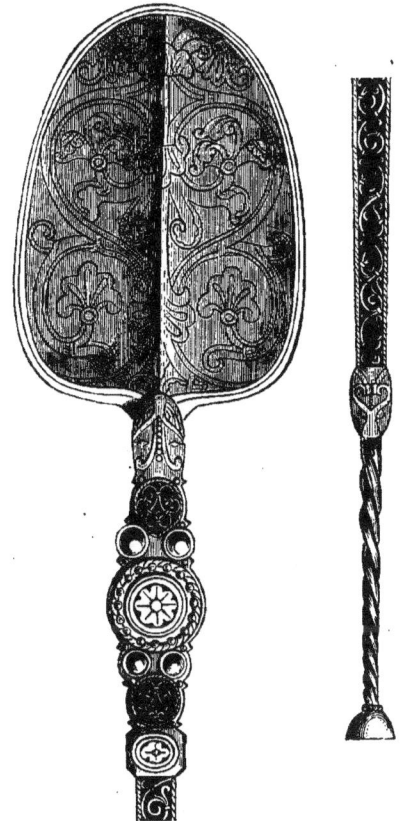

Fig. 316. — Cuiller de couronnement.

Mentionnons un ustensile sacré, dénommé *cuiller de couronnement*, qui sert en Angleterre au sacre des rois et des reines. Notre figure 316 fait voir cet ustensile, qui est en or pur et qui, à en juger par son style et celui des ornements, doit être une œuvre du XIIIe siècle. L'archevêque qui officie pendant la cérémonie du sacre place deux doigts dans les cavités du cuilleron, divisé en deux par une arête saillante : c'est là qu'il puise l'huile consacrée qui sert à oindre les souverains. Cet ustensile est conservé dans la chambre des *Regalia* de la Tour de Londres.

CUIR BOUILLI. — Cuir cuit et préparé par divers procédés ; on l'emploie à divers usages. C'est avec le cuir bouilli qu'on fabrique des cuirs estampés, argentés, dorés et GAUFRÉS. (Voir ci-dessous.) — Le cuir bouilli était connu dès le XIIe siècle ; il en est question dans *Guillaume au court nez* (1) :

> Un cuir boli a en son dos gité
> Par dosors et un clavain afautré.

Fig. 316 *bis*. — Coffre en fer orné de cuir gaufré (XIVe siècle).

Ce n'est guère qu'aux XVIe et XVIIe siècles qu'on l'appliqua aux tentures. Les principales fabriques étaient à Rouen, à Lyon, à Avignon. — Le cuir *bouilli, haché en manière d'enlevure,* c'est-à-dire taillé au CANIVET (Voy. ce mot), et relevé en relief, puis le *cuir bouilli poinçonné*, c'est-à-dire travaillé au petit fer, enfin le *cuir bouilli estampé*, étaient appliqués à la décoration d'étuis, de coffres et d'autres objets mobiliers. Notre figure 316 *bis* montre un coffre en fer du XIVe siècle orné de cuir bouilli, gaufré et doré, qui le recouvre de tous côtés.

Il ne faut pas s'étonner de voir un coffre si soigné, d'une facture si solide et si lourde à la fois. On sait qu'au moyen âge de pareils coffres servaient à transporter les bijoux, les papiers précieux, parfois même les titres, c'est-à-dire

(1) Grande chanson de geste, écrite environ vers 1190, sur les exploits d'Aimeri de Narbonne, de ses enfants et petits-enfants, dont le plus célèbre est Guillaume au court nez, dit Guillaume d'Orange. Cette chanson se compose d'environ 120,000 vers et se divise en 18 branches.

PLANCHE XI. — Demi-armure de Philippe III d'Espagne.

les archives de la famille. Le nôtre, qui fait partie de la collection de M. Lippens à Gand, est décoré par-dessus ses cuirs, de ferrures à créneaux solidement rivées. Dans diverses arcatures du couvercle, on aperçoit des boutons de fer servant à agir sur des secrets intérieurs qui rendent impossible, à tout autre qu'au possesseur des secrets, l'ouverture de ce coffre, véritable coffre-fort par le fait de sa solide structure.

CUIR GAUFRÉ. — Peau tannée qui sert à de nombreux usages, principalement pour tentures d'appartement, ou pour garnir des meubles, chaises, fauteuils, divans, etc. Les beaux cuirs gaufrés de Cordoue valent de 40 à 140 francs le mètre carré; on les désigne sous le nom de *cuirs de Cordoue, cordouans, cordewans*.

Vente San Donato. — N° 367. Tenture en cuir de Cordoue à fond d'argent, rehaussé de fleurs et de larges rinceaux d'or. Surface : 15 mètres de longueur sur 2^m,47 de hauteur. 1,750 lires. — N° 852. Tenture en cuir gaufré florentin du XVe siècle, à dessins de feuillages, losangé d'or sur fond bleu, candélabres dorés et frise représentant des génies. 7,050 lires.

Pendant le moyen âge, on utilisa grandement les cuirs de Cordoue, fabriqués par les Arabes; on les faisait venir de cette dernière ville, mais dès le XIe siècle on les imita en France. Ajoutons que c'est de ce terme, *cordouan*, qu'on a fait *cordoannier*, puis *cordonnier*, car le cuir de Cordoue était aussi beaucoup employé pour faire des chaussures, comme peut en témoigner le *Roman de Jordain*, de 1260 : « Chausses de paille et sollers de cordoant; » et dès 1306 on voit dans Guillaume Guiart :

> Nus et de chausses deschauciez
> Et de soulers et de cordouan.

(Voy. MAROQUIN.)

CUIRASSE. — Arme défensive du buste de l'homme; elle se compose de deux parties reliées ensemble par des courroies. La partie antérieure fixée sur la poitrine se nomme *plastron, pectoral, mammelière*; l'autre moitié ou partie postérieure, qui protège les épaules et le dos, se nomme *huméral* ou *dossière*. Comme la cuirasse a varié sous chaque règne, de même que les modes civiles, c'est cette partie de l'armure qui peut fixer avec le plus de certitude son époque. Jusqu'au milieu du XVe siècle, le plastron est en deux pièces : la partie supérieure, ou *plastron* proprement dit, et la *pansière*, ou pièce inférieure, au-dessous de laquelle s'engageait le plastron. A partir de 1470 ou 1475, la pansière disparaît; le plastron, d'une seule pièce, est bombé et sans arête médiane; la dossière est également d'une seule pièce. Cette disposition se maintient dans les armures cannelées ou *maximiliennes*, qui, en usage en France sous Charles VIII et sous Louis XII, disparaissent à l'avènement de François Ier (1515). Sous ce prince, le plastron bombé disparaît aussi, il est remplacé par le plastron à arête médiane très saillante; il affecte la forme d'un petit comble à quatre égouts ou versants dont le point culminant ou pointe serait placé au creux de l'estomac. Sous Henri II et sous Charles IX, le plastron est à deux versants seulement, tant la pointe est placée bas dans le plastron. A l'époque de Henri IV, la cuirasse dessine complètement la taille, elle n'a plus cette forme conique qu'elle avait sous Henri III; la cuirasse, sous ce prince, donnait beaucoup de grâce au militaire, mais elle gênait le bas de la taille et flottait un peu aux épaules. Sous Louis XIII, la cuirasse n'a qu'une arête médiane très peu saillante, mais elle s'allonge en pointe un peu au-dessous de la taille, et la courroie de ceinture se boucle au-dessus de la taille. Sous Louis XIV et sous Louis XV, l'armure est disgracieuse; elle n'est plus portée, du reste, que par les officiers généraux dans les revues et les jours de parade, car ils la quittaient souvent sur les champs de bataille, comme un objet tout à fait incommode. — Disons, en terminant, qu'à diverses époques il y eut des armures de ville; les unes apparentes et les autres qui se dissimulaient sous le pourpoint. Notre planche XI reproduit une demi-armure, de Philippe III d'Espagne, qui montre une superbe cuirasse. Cette pièce fait partie des collections de l'Armeria real de Madrid.

CUISSARDS. — Parties de l'armure qui

protègent les jambes depuis le haut de la cuisse jusqu'au-dessous du genou. Les cuissards ont été longtemps d'une seule pièce, puis ils ont été articulés; on les fixait autour des cuisses et du genou par deux courroies à boucle. On écrit aussi, *cuissarts*.

CUIVRE. — Métal jaune avec lequel on fabrique quantité d'objets, des BRASEROS, des vases, des jardinières, des FLAMBEAUX, des pelles, des pincettes, etc., etc. (Voy. ces mots et DINANDERIE.) Notre figure 317 montre le développement d'une décoration gravée sur

Fig. 317. — Décoration gravée sur cuivre (art hindou).

cuivre sur la panse d'un vase sphéroïdal. C'est un spécimen de l'art hindou.

CUPA AMATORIA. — Voy. BOUILLON DE MARIÉE.

CURE-DENT. — Voy. FURGETTE.

CURIOSITÉ. — Terme générique sous lequel on comprend tous les objets d'art anciens et modernes, tous les bibelots qui se vendent dans les hôtels des ventes et chez les marchands de curiosités et d'antiquités.

CUSTODE. — Terme générique sous lequel on comprend divers objets d'ameublement : petite boîte dans laquelle on conserve les hosties consacrées; ciborium; voiles qui enveloppent le ciborium; couvercle d'un baptistère; armoire, dais, pyxis; enfin tout ce qui sert à garder, à conserver, comme l'indique son étymologie latine *custodia*, garde, *custodere*, garder.

CYMBALES. — Instrument de percussion, très ancien qui se compose de deux plaques circulaires de bronze ayant chacune à leur centre une petite cavité hémisphérique percée d'un trou qui reçoit une double courroie. Pour jouer des cymbales, on passe les mains dans les courroies et on frappe ces disques l'un

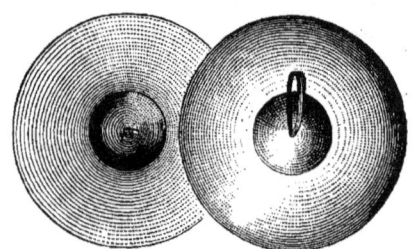

Fig. 318. — Cymbales turques.

contre l'autre. Notre figure 318 montre des cymbales turques en bel airain blanc. On nomme *cymbales syriennes* des instruments faits en mauvais cuivre; suivant la qualité du métal, le prix des cymbales varie entre 15 et 70 francs la paire.

CYMOPHANE. — Voy. CHRYSOLITHE.

DAGUE. — Espèce d'épée-poignard fort en usage à l'époque du moyen âge. — Voici comment Roquefort, dès le commencement du XVIe siècle, définit cette arme dans son *Glossaire*; nous donnons la définition de cet auteur parce qu'elle est très exacte, fort claire, et qu'elle établit bien la distinction qui existe entre la dague et le poignard : « Dague est une manière de courte espée, d'un tiers presque de la due longueur d'une espée qu'on porte d'ordinaire, non avec pendants de ceinture ne pendant du costé gauche pour les droictiers ainsi qu'on faict de l'espée, ains attachée droite à la ceinture du costé droit ou sur les reins; laquelle ores est façonnée à deux arestes entre les tranchants et à pointe plus aigue. La dague se pouvant nommer poignard est plus courte et moins chargée de matière. »

La dague est presque aussi ancienne que l'épée; c'est une arme très maniable, peu embarrassante : voilà pourquoi on s'en servit au moyen âge, où le soldat était surchargé par son armure; il lui fallait donc à un moment donné pouvoir se défendre de très près ; aussi la dague servait-elle à pénétrer à travers les mailles de fer des cottes, et au défaut des armures en général et de la cuirasse en particulier. Beaucoup de soldats d'infanterie légère portaient la dague en même temps que l'épée. Sous Charles VI, tous les grands seigneurs portaient la dague; elle fait, pour ainsi dire, partie de l'habillement. — Au XVe siècle, on appela *dague à rouelle* un poignard espagnol assez long, garni d'une forte garde en forme de rouelle; quelques dagues avaient deux rouelles, de sorte que, la main se trouvant engagée entre celles-ci, l'une servait de garde et l'autre de pommeau. — Aux XIVe et XVe siècles, on appelait la dague *miséricorde*, parce qu'elle servait à faire demander quartier ou miséricorde à l'adversaire terrassé; ou bien encore parce que, dans les combats singuliers, c'était avec la dague qu'on achevait, qu'on donnait le coup de grâce à l'adversaire terrassé et mort à moitié. — Au XVIe siècle, on appelait *dague suisse* celle que portaient les lansquenets suisses ; elle était fort riche, et le fourreau renfermait également des couteaux, des poinçons, etc. Ce fourreau était une véritable trousse. Les archers à pied, les cotereaux, les coulevriniers, portaient également la dague. Les coutiliers portaient une dague particulière très grande, appelée *coutille*. Notre figure 319 montre une poignée de dague italienne du XVIe siècle. La garde est toute en fer forgée et damasquinée de rinceaux en argent. Au XVIe siècle, la dague se portait quelquefois à la bottine ; afin d'en faciliter la prise dans un moment décisif, comme on le vit dans le duel célèbre de Jarnac et de la Châtaigneraie. Le dauphin Henri répandit sur le compte de Jarnac, gentilhomme de la chambre de François Ier, un bruit fâcheux dont le roi se montra irrité. La Châtaigneraie s'attribua et prit en son nom le propos outrageant pour détourner du dauphin la colère de son père ; il força ainsi Jarnac à lui en demander raison. Mais le duel ne fut permis qu'à l'avènement de Henri II ; il eut lieu dans la forêt de Saint-Germain, en présence du roi et de toute sa cour. Jarnac, beaucoup moins fort sur l'escrime que la Châtaigneraie, allait succomber sous les coups de son adversaire, quand il lui porta au jarret un coup de dague tout à fait imprévu qui lui fendit le jarret. On s'empressa autour de la Châtaigneraie pour panser sa blessure; mais celui-ci, humilié et ne vou-

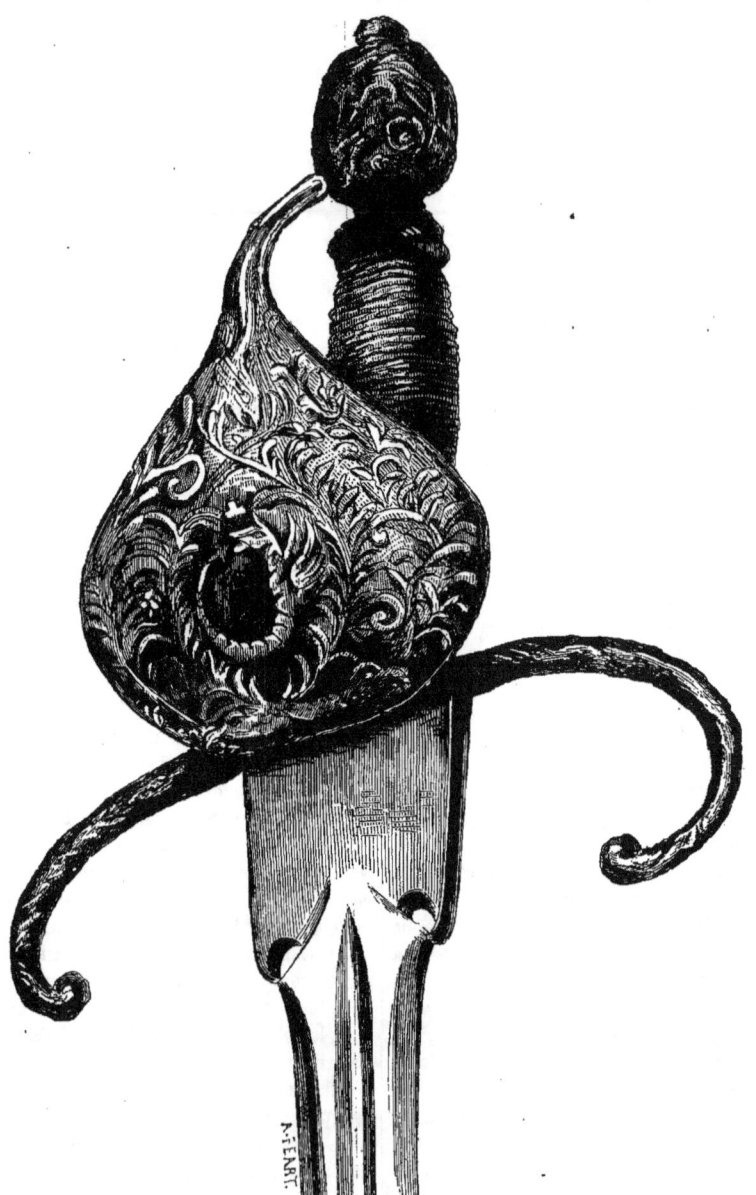

Fig. 319. — Poignée de dague italienne (XVIᵉ siècle).

lant pas survivre à un tel affront, déchira l'appareil qu'on lui avait posé et mourut quelques jours après (1547). C'est depuis lors que toute surprise en escrime s'appela *coup de Jarnac*.

DAGUE.

On nomme *langue-de-bœuf* une dague d'origine italienne qui se distingue à la fois par son extrême richesse et par sa forme extraordinaire. Sa désignation lui vient de la forme de sa lame qui est plate et tranchante sur les deux côtés. Très large au talon, et se rétrécissant très rapidement jusqu'à la pointe, cette lame affecte la forme d'un triangle isocèle dont l'angle sommet serait très aigu; elle est évidée à compartiments, souvent elle est damasquinée d'or et d'argent. La poignée de la langue-de-bœuf est généralement en ivoire enrichi, de même que le pommeau et les quillons, de fines ciselures. La gaine de la langue-de-bœuf, en cuir gaufré, reçoit ordinairement un petit couteau appelé *bastardeau;* celui-ci est très richement décoré, son manche est en pierre dure (agate, jaspe, etc.), en corail, en ivoire, en nacre, etc. Les dagues italiennes les plus estimées provenaient des fabriques de Vérone. Elles portent souvent des devises gravées sur la lame, par exemple celle-ci : *Deus, in nomine tuo salvum me fac.* Dans les ventes, les langues-de-bœuf atteignent des prix variant entre 1,000 et 4,000 francs. — Au XVIe et au XVIIe siècle, on se servait dans les duels d'une dague appelée *main-gauche;* nous ignorons si Jarnac employa celle-ci contre la Châtaigneraie. L'usage de ces dagues était de parer avec la main gauche les coups portés par l'épée de l'adversaire, d'où leur nom; la lame en est tranchante d'un seul côté; elle est quelquefois découpée en dents de scie, afin d'arrêter le fer et de le briser. Le talon de ces lames plates était très large et portait un évidement pour recevoir le pouce; ce qui indique qu'on tenait cette dague la garde en dessous et la pointe en avant. Enfin il existe des dagues main-gauche à trois lames; celle que montre notre figure 320 est italienne et fait partie des collections du South-Kensington Museum de Londres. Au bas de la poignée on aperçoit un petit bouton; dès qu'on appuyait sur celui-ci, la lame sortait de deux centimètres environ et se divisait en trois branches au moyen de ressorts à paillette très puissants; les deux branches formaient ainsi une *avant-garde* d'une très grande étendue dans laquelle on cherchait à surprendre l'épée de l'adversaire. Ces dagues à trois lames seraient, dit-on, d'origine allemande; on prétend même que, dès le commencement du XVe siècle, elles

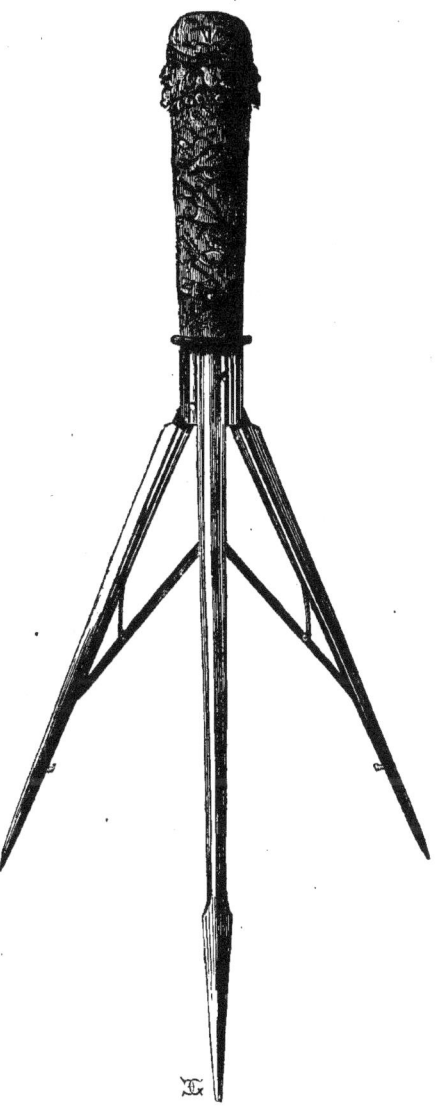

Fig. 320. — Dague italienne main-gauche (XVIe siècle).

servaient dans les séances occultes des *francs juges;* elles faisaient leur apparition au moment où l'on prononçait le serment au nom de la sainte Trinité, que symbolisaient les trois branches de l'arme. Il y a des mains-gauches dont les lames portent plusieurs gorges d'évidement ; elles sont quelquefois repercées à jour sur toute leur longueur. Divers musées, entre autres celui de Sigmaringen, possèdent de ces dagues. On a utilisé la main-gauche jusqu'à la fin du règne de Louis XIII, mais elle ne faisait plus partie du costume ; du reste, l'usage de la dague en général s'est perdu avec celui des combats corps à corps ; seuls nos marins ont encore un long poignard qui rappelle la dague.

Mentionnons, en terminant, deux dagues de forme toute particulière du musée d'artillerie de Paris ; la première, qui date du XVIe siècle,

Fig. 321. — Dalmatique du XVe siècle.

a sa lame qui se divise en deux branches ; l'une d'elles renferme un pistolet dont la platine est placée au talon, l'autre fournit la pointe de l'arme. La seconde a une poignée qui peut servir à mesurer la charge de poudre ; les quillons sont droits, et l'un d'eux peut servir de clef pour monter le rouet d'un pistolet ou d'une arquebuse. — Les belles dagues, celles d'une extrême richesse, sont rares et valent 3 et 4,000 francs ; cependant une dague de l'époque de Henri IV s'est vendue dans ces dernières années 12,000 francs. — A la vente Double, une dague du XVIe siècle (n° 221) a été adjugée à 900 francs. Elle avait son pommeau et sa garde couverts de riches incrustations d'argent, à cariatides et rinceaux. Le fourreau, de velours rouge, était également garni d'argent, et la lame de la dague était striée et repercée à jour.

DAIS. — Nous n'avons à nous occuper ici que du baldaquin mobile, fait avec de riches étoffes de velours brodées en or et en argent, qu'on porte dans les processions au-dessus du saint sacrement. Cet usage de porter le dais ne remonte qu'au XIII° siècle. — On n'achète les dais qu'à cause des étoffes dont ils sont faits et qu'on paie en conséquence de leur richesse et de leur bon état de conservation.

Vente San Donato. — N° 799. Dais du XV° siècle en velours pourpre couvert d'applications d'arabesques d'or, d'argent et soie d'une grande délicatesse. Travail florentin. Hauteur des 4 pans, 0^m,30 ; longueur, 2^m,32. 4,050 lires.

tique espagnole du XVI° siècle pour célébrer l'office des morts : celle-ci est en velours noir brodé d'argent. — Aujourd'hui les diacres, les sous-diacres et les porte-croix revêtent la dalmatique.

Vente San Donato. — N° 423. Collet et deux fragments de dalmatique représentant, brochée bouton d'or sur fond de soie rouge, la Vierge adorée par les anges et par les saints. Travail génois de la fin du XV° siècle. 100 lires. — N° 429. Collet de dalmatique en satin cerise appliqué de rinceaux d'or et de

Fig. 322. — Dalmatique espagnole (face).

Fig. 323. — Dalmatique espagnole (dos).

DALMATIQUE. — Sorte de tunique à manches longues et larges, portée par les anciens Dalmates ; d'où son nom. — C'est aujourd'hui un vêtement ecclésiastique ; il était en usage avant ou pendant le IV° siècle de l'ère vulgaire, puisque le diacre Hilaire en parle dans ses *Questions sur l'Ancien et le Nouveau Testament*, écrites vers la fin du IV° siècle. Ce n'était alors qu'un vêtement blanc avec des bandes pourpres ; les évêques et les prêtres le portaient sous la CHASUBLE. (Voy. ce mot.) Notre figure 321 montre une dalmatique du XV° siècle ; nos figures 322 et 323, une dalma-

soie, avec ovale central en or renfermant une figure d'abbesse nimbée tenant de la main gauche une crosse et une lanterne et de la droite un calice. Travail florentin du XVI° siècle. 170 lires. — N° 808. Dalmatique en taffetas groseille, entièrement brodée d'un semis de fleurs en or et en soie de couleurs, etc. Travail florentin de la fin du XV° siècle ; conservation parfaite. 1,010 lires. — N° 811. Dalmatique en velours de Gênes du XV° siècle, vert cerclé de chamois sur fond blanc. 660 lires. — N° 815. Dalmatique en brocart d'or génois du XV° siècle, sur fond rouge avec blason aux deux extrémités. 810 lires. — N° 845. Deux montants de dalmatique en velours rouge couvert d'application de volutes d'or cerclant, dans chacun, des médaillons ovales représentant des saints. 950 lires. — N° 878. Deux dalmatiques de tissu, broderies d'or, etc. 1,100 lires. — N° 879. Dalmatique du XV° siècle à fond de satin mordoré, richement brodée de vases, de fleurs et de feuillages bouton d'or, vert et bleu. Travail génois. 500 lires. — N° 881. Deux dalmatiques de tissu. Travail génois du XVI° siècle; ancienne collection Fortuny (n° 104 du catalogue). 4,200 lires.

DAMAS. — Étoffe de soie brochée à riches ramages, ainsi nommée parce qu'anciennement on ne la fabriquait qu'à Damas. Aujourd'hui, Lyon fabrique des damas pour le monde entier. — On nomme également *damas* des étoffes de laine, de coton et de fil, qui ont des dessins damassés, c'est-à-dire brillants sur fond mat : le linge de table damassé peut donner une idée de ce genre de damas. — Enfin, dans le commerce des armes on nomme *damas* les lames en acier de trempe supérieure qui présentent des dessins moirés sur leur plat; on fait également des armures en damas.

Vente Double. — N° 232. Ancienne armure persane en damas avec large bordure décorée d'ornements damasquinés en or. Elle se compose d'un casque à bombe sphérique garni d'une maille fine, d'un corselet à quatre plaques et de deux brassards. 1,350 francs.

L'expression *damasser* signifie fabriquer des *armes de Damas,* des *aciers de Damas,* des armures de Damas. — Il ne faut pas confondre ce terme avec *damasquiner*, qui signifie incruster dans le fer, c'est-à-dire pratiquer une incrustation. (Voy. NIELLER, MARQUETER et DAMASQUINERIE.)

DAMASQUINES. — Dessins en or ou en argent incrustés dans le fer ou dans l'acier. Nos figures 324 et 325 montrent des damasquines exécutées sur un canon de fusil hindou. (Voy. le terme suivant.)

DAMASQUINERIE (ART DE LA). — Cet art consiste à graver toute sorte de métaux, mais principalement l'acier, pour y pratiquer des incrustations d'argent et d'or et former ainsi une riche ornementation sur les objets damasquinés.

Fig. 324. — Damasquines sur un canon de fusil hindou.

HISTORIQUE. — Les anciens connaissaient cet art ; les Grecs le nommaient κόλλησις, et les Romains *ferruminatio*. Glaucus de Chio passait pour l'inventeur de cet art, que les peuples d'Orient, principalement les habitants de Damas, ont porté si haut. A Rome, les portes

Fig. 325. — Damasquines hindoues.

de Saint-Paul hors les murs en bronze damasquiné furent exécutées vers la fin du XI° siècle à Constantinople. Au XV° siècle, l'Italie cultiva avec autant de talent que de succès la damasquinerie ; c'est à cette époque qu'on cisela ces magnifiques armures qui frappent d'admiration les plus fins connaisseurs ; c'est alors qu'on couvrit de riches arabesques et de superbes rinceaux les boucliers, les cuirasses, les épées, leurs poignées et leurs fourreaux. Venise et Milan rivalisèrent au XVIᵉ siècle dans cet art ; c'était à qui ferait les plus belles damasquines. Le premier des artistes vénitiens est Paolo Azzimino ; il avait des procédés si remarquables que les plus beaux travaux de la cité vénitienne étaient désignés par cette épithète flatteuse : « C'est un travail d'Azzimino » (*lavoro all'Azzimina*). Milan posséda une pléiade d'artistes : Giovanni Pietro Figino, Carlo Sovico, B. Piatti, F. Bellino, Negroli, Romero, et d'autres encore. Quelques ouvriers italiens vinrent en France au XVIᵉ siècle et y importèrent leur art. Henri II, qui avait une affection particulière pour les belles armures, logeait dans son palais même les frères César et Baptiste Gamberti.

TECHNIQUE. — La première opération de la damasquinerie consiste à polir l'acier, à le passer au feu pour le bleuir, puis à le couvrir d'une sorte de cire qu'on noircit à la flamme d'une chandelle. On trace le dessin, sur cette sorte de vernis avec une pointe obtuse de façon à *mordre*, à érailler le métal. Le dessin terminé, on fait mordre à l'acide un temps plus ou moins long, suivant la profondeur des tailles qu'on veut obtenir. On procède alors au nettoyage, c'est-à-dire à l'enlèvement du vernis : il ne reste plus qu'à placer dans le dessin les incrustations d'or ou d'argent. Plusieurs procédés peuvent être employés pour atteindre ce dernier résultat. Souvent on rentre les tailles, c'est-à-dire qu'à l'aide d'un burin on les approfondit ; ce travail terminé, on place les incrustations et avec la frappe du marteau on termine l'opération. On polit à nouveau ; on lime, s'il y a lieu, et on trempe l'acier. — Quand il s'agit de pratiquer des damasquines sur des métaux moins durs que l'acier, par exemple sur le bronze, on se contente de champlever le dessin sur toute la surface du bronze ; puis on applique sur le fond de minces lames d'or ou d'argent qu'on fixe en rabattant par de petits coups de marteau les bords relevés du métal : les lames sont, pour ainsi dire, serties dans le bronze. Enfin, au moyen de burins et de ciseaux, on modèle les figures et les dessins sur les lames d'or ou d'argent.

DAMES (JEU DE), DAMIER. — Les seuls jeux de dames qui aient quelque valeur sont ceux dont le damier est en laque et les pions en ivoire ; ce sont des damiers chinois, qui sont loin de valoir le prix des échecs en ivoire. (Voy. ECHIQUIER.)

DANSE MACABRE, DANSE DES MORTS. — Suite de représentations, en peinture ou en sculpture en bas-relief, qui nous montrent la Mort s'attaquant indifféremment à toutes les classes de la société et entraînant avec elle dans sa course vertigineuse les individus de tout âge et de toute condition. Dans certaines danses macabres, les danseurs sont des squelettes et des cadavres décharnés. Une des plus anciennes danses macabres est celle de Minden en Westphalie, exécutée vers 1380. Le cimetière des Innocents à Paris possédait une danse macabre en bas-relief ; elle avait été sculptée en 1424. Ce genre de composition n'était destiné dans le principe qu'à la décoration des lieux funèbres ; mais cette sorte de leçon d'égalité donnée par la mort ne tarda pas à pénétrer partout ; on dessina des danses macabres non seulement sur les livres d'heures et sur les missels, sur les gardes d'épée, mais encore sur les murs des marchés, des ponts couverts, et jusque sur les murs des palais des rois. Parmi les danses de mort célèbres, nous citerons celle d'un cimetière de Dresde ; elle a été faite en bas-relief de grès vers 1534 ou 1535. Le Temple-Neuf de Strasbourg possède une danse macabre du milieu du XVᵉ siècle. Il faut rapporter à la même époque celle de la chapelle baptismale de Sainte-Marie à Lübeck et celle de l'église de la Chaise-Dieu en Auvergne.

— Lucerne possède deux danses macabres, l'une dans la bibliothèque cantonale et l'autre sur le pont couvert des Moulins. La Suisse possédait aussi à Bâle la plus importante et la plus célèbre de toutes les danses des morts ; elle a été détruite en 1806, mais il en existe des copies à la bibliothèque de l'Université et dans la salle du Concile ; la gravure l'a reproduite également. Nos figures 326 et 327 montrent deux scènes de cette célèbre danse ; on y voit la Mort qui s'empare d'un peintre et d'un aveugle ; à l'un elle prend sa molette à broyer les couleurs, tandis qu'elle coupe la corde du chien de l'aveugle et lui enlève son bâton. C'est bien à tort qu'on a attribué cette vaste composition à Bock, à Klauber et à Holbein, puisqu'elle avait été exécutée, un an ou deux après la peste de 1439, dans le cimetière des Dominicains, sur l'ordre des Pères du concile, pour conserver une tradition parlante de la grande calamité qui avait frappé la ville. Cette fresque avait été restaurée par Hugues Klauber en 1568, et c'est là ce qui a fait attribuer cette œuvre à cet artiste. L'habile graveur Mathieu Mérian avait reproduit, vers le milieu du XVIIe siècle, les quarante-deux scènes dont se composait l'œuvre de Bâle ; ces planches ont même servi pour une édition de cette danse macabre, qui a paru vers 1835 ou 1836.

DÉCALQUE. — Prération qui consiste à porter un dessin déjà calqué sur un papier,

Fig. 326. — Danse macabre (Bâle).

sur une toile, etc. Les artistes, pour gagner du temps, portent souvent sur la toile le calque de leurs cartons. Les graveurs, les lithographes, appliquent également ce procédé pour porter des dessins sur l'acier, sur le cuivre ou sur la pierre lithographique.

DÉCOR. — Ornement peint ou doré sur une faïence, une porcelaine, etc. Quand le décor s'applique à l'ameublement, aux intérieurs des appartements et des monuments, on dit plutôt DÉCORATION. (Voy. ce mot.)

DÉCORATION. — Action de décorer, d'orner un vaste ensemble. Les travaux de décoration sont faits par les peintres décorateurs ; ils sont très multiples, les éléments décoratifs devant être en rapport avec la destination du milieu qu'ils sont appelés à décorer ; de là divers genres : la décoration monumentale, la décoration théâtrale ou scénique, la décoration pour les fêtes publiques. L'art décoratif est un art des plus difficiles à acquérir. — Pour plus amples renseignements, voyez notre *Dictionnaire d'architecture*, v° DÉCORATIF (*Art*).

DÉCORATIONS. — Insignes de distinction ou de récompense consistant en rubans, croix, colliers, médailles, etc. Les décorations sont civiles ou militaires, et accordées à des citoyens en récompense d'actions d'éclat ou de services rendus à leur pays.

L'usage des décorations remonte à une haute antiquité; les soldats romains portaient des médailles nommées *phalères*. De nos jours, tous les peuples ont créé des quantités de décorations pour satisfaire à l'ambition et à la vanité humaine; aussi la profusion des ordres honorifiques les rend moins enviables, d'autant que leur obtention n'est souvent qu'une affaire de faveur et de courtisanerie. En France, pour éviter l'abus, une

Fig. 327. — Danse macabre (Bâle).

loi de 1871 a fixé le nombre des chevaliers, des officiers, des commandeurs, des grands-officiers et des grands-croix de l'ordre national de la Légion d'honneur.

Vente Double. N° 180. — Décoration du grand inquisiteur cardinal Torquemada. Bijou pendentif formé d'une topaze entourée d'ornements en argent enrichis de rubis et de roses et orné au centre d'une plaque d'or émaillée représentant les attributs de l'inquisition. Travail du XVIII° siècle. 480 francs.

DÉJEUNER. — Ensemble des pièces en faïence, en porcelaine, qui composent la vaisselle nécessaire pour un déjeuner au chocolat; ces pièces sont : des tasses et soucoupes, un sucrier, une chocolatière, une crémière. Les déjeuners en porcelaine de Saxe ou de Sèvres atteignent des prix très élevés; suivant leur décor, ils valent de 500 à 5,000 francs.

DEMI-TEINTE. — Dans l'art du dessin on désigne sous ce terme les tons de couleur moyenne qui séparent l'ombre et la lumière, et qui donnent du relief et de la rondeur aux objets qui portent cette demi-teinte.

DENCHÉ. — Dans le blason, toute pièce de l'écu bordée de pointes ou de *dents* est dite *denchée*.

DENTELLES. — Ornements de la toilette; sorte de passement à jour, à mailles plus ou moins fines, dont on fait des parures.

HISTORIQUE. — On ignore l'époque précise ainsi que le pays où la dentelle a fait son appa-

Fig. 328. — Dentelle de Bruges.

rition parmi les objets de toilette. Ce qu'on peut affirmer, c'est que si les premières dentelles n'ont pas été fabriquées dans les Pays-Bas, c'est dans cette contrée, du moins, que leur fabrication a pris son premier essor et un très grand développement. Les faits, les noms mêmes des dentelles en pays étranger, prouvent que ce sont bien les Flandres qui sont le berceau de cet objet si estimé des dames, et qu'à certaines époques les hommes ont également beaucoup porté; en Italie, on les nomme encore *merletti di Fiandra*. On peut donc dire que c'est en Flandre, puis en Italie que furent fabriquées les premières dentelles. Vers la fin du XIVᵉ siècle, en 1390, il est déjà question de dentelles dans un traité de commerce passé entre l'Angleterre et la ville de Bruges. Notre figure 328 montre une dentelle de Bruges. Jusqu'au XVIIᵉ siècle la France fut tributaire de l'étranger pour les dentelles, car ce n'est qu'en 1665 que Colbert introduisit en France cette belle industrie; les premières fabriques furent établies à Reims, à Alençon, à Aurillac, et à cette époque on fit venir en France des ouvrières vénitiennes et bruxelloises. Aurillac ne fut pas la seule ville de l'Auvergne où Colbert implanta l'industrie dentellière; en effet, nous voyons se fonder un nouvel établissement en 1669 à Saint-Flour. Au début de sa carrière, cette fabrication fut assez languissante, parce que la concurrence étrangère écrasait l'industrie française. Mais bientôt une probibition prononcée contre l'entrée des marchandises étrangères donna une grande impulsion à nos fabriques et, le goût des dentelles se répandant avec une grande rapidité, l'industrie fut sauvée; du reste, les hommes et les femmes en portaient à l'envi, en décoraient leur mobilier; on en mettait jusqu'à l'intérieur des carrosses et aux chevaux. Aussi dès 1698 il venait en France tant d'ouvrières belges qu'il ne fallut rien moins qu'un édit pour retenir les dentellières à Bruxelles. Ce même édit prononçait, en outre, la confiscation des biens de ceux qui auraient encouragé ou favorisé le départ de ces ouvrières pour la France. Au début de l'industrie, la *bisette*, la *gueuse* et la *campane* étaient des tissus plus solides qu'élégants; puis vint la *guipure*, qui était très remarquable et beaucoup plus belle que celle de notre époque. On fit alors des guipures non seulement de soie, mais d'or et d'argent. Bientôt après firent leur apparition le point de Venise et le point de Gênes, dit *argentella* (fig. 329). La barbe en point de Gênes que montre notre figure est de l'époque Louis XV. Ces produits furent à leur tour remplacés par ceux d'Anvers et de Bruxelles, qui, par leur légèreté, leur grâce, leur élégance et leur souplesse, sont restés le type de la dentelle, type auquel ont recours encore les fabricants de nos jours. Il

DENTELLES.

est même fâcheux que ce genre de dentelles ait détrôné les guipures et les points de Gênes et de Venise, qui ont de grands mérites : style, ampleur et solidité. La mode y reviendra, car ces deux genres sont tout différents, et dès lors l'un ne peut exclure l'autre ; ils ont même chacun pour leur emploi une saison marquée ; la guipure peut servir pour les toilettes de ville de l'hiver, et les dentelles pour les toilettes d'été et de soirées. — Quoi qu'il en soit, il y a lieu d'établir pour les dentelles faites à la main et au fuseau quatre divisions principales :

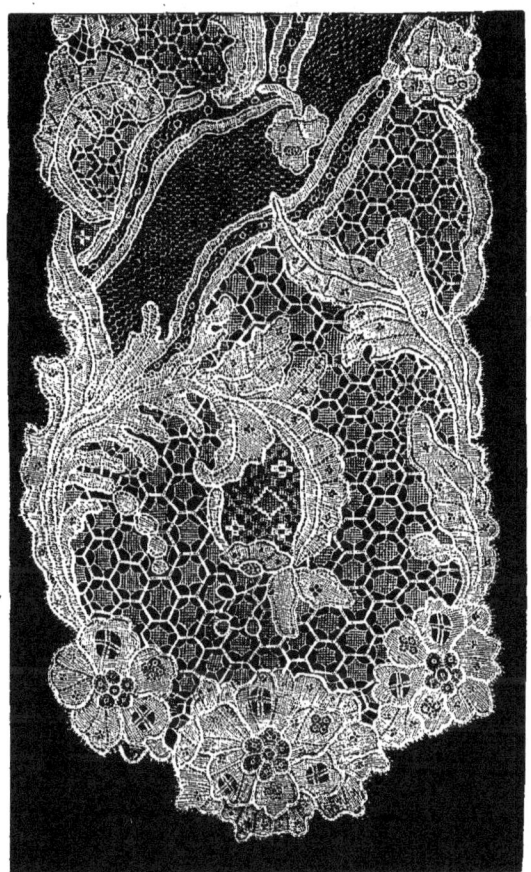

Fig. 329. — Point de Gênes (argentella).

1° le *point d'Alençon*, dont nous avons parlé à son rang (Voy. ALENÇON) et dont nous donnons ici une superbe barbe du XVIII° siècle, d'après un modèle de South Kensington Museum (fig. 330) ; 2° le *point de Bruxelles*, improprement dénommé *point d'Angleterre* ; 3° la *dentelle de Malines* (fig. 331), qu'on nomme aussi *broderie de Malines* parce que les fleurs se détachent sur le fond par un fil saillant qui entoure le dessin et le fait ressembler à une broderie ; 4° enfin, la *dentelle de Valenciennes* et celle *de Lille*, qui sont faites l'une et l'autre au fuseau et du premier coup, mais la première possède beaucoup plus de solidité. Nous ne donnerons pas d'autres détails sur les points de dentelles; des figures parleront beaucoup

Fig. 330. — Point d'Alençon (South Kensington Museum).

mieux aux yeux des lecteurs. Notre figure 332 montre un point dit *fond cinq trous* ou *mariage* ou encore *six pointes*. Cette maille a quelque analogie avec le *fond tulle* du Puy. Notre figure 332 *bis* reproduit le *point de gaze*. Le réseau et les fleurs sont faits à l'aiguille; quand les

DENTELLES.

fleurs sont rapportées sur un fond, on nomme ce genre *application*, par exemple *dentelle application d'Angleterre*. Notre croquis 333 figure le *point normand*, appelé aussi *point de Caen*,

Fig. 330 *bis*. — Dentelle allemande (XVIIe siècle).

dentelle de Caen; c'est une fort jolie dentelle bien qu'un peu lourde. Nos figures 334 et 335 montrent le *point Colbert*, et le *point d'Argentan* fabriqué au XVIIIe siècle (spécimen de South

Kensington Museum). — Notre figure 336 montre un bout de *dentelle Chantilly* véritable, car aujourd'hui on fabrique de cette dentelle au métier. On reconnaît la vraie de la fausse,

Fig. 331. — Dentelle de Malines.

parce que la première a ses mailles fort irrégulières comme dimensions. Notre figure 337

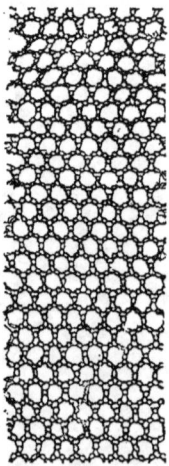

Fig. 332. — Point mariage.

montre une *blonde*, c'est-à-dire une dentelle faite avec des fils de soie. Il existe des blondes blanches et des blondes noires ; notre figure représente une de celles-ci. Dès le XVIIe siècle la fabrication des blondes existait au Puy, puisque François Régis obtint de Louis XIII la révocation d'un édit qui prohibait cette fabrication, importée, au commencement du XVIIIe siècle, à Chantilly, puis à Mirecourt, département des Vosges. Notre figure 330 *bis* montre une superbe dentelle allemande du XVIIe siècle, genre guipure.

Fig. 332 *bis*. — Point de gaze.

FABRICATION. — Ce tissu aérien se fait à la main avec des fils de lin d'une extrême finesse qui sont enroulés sur de petites bobines placées au bout de fuseaux très déliés. On manœuvre ces bobines sur un tambour de manière à croiser les fils autour d'épingles piquées sur un papier fixé sur le tambour. C'est sur ce papier qu'est dessinée la dentelle. Le croisement des fils forme un réseau à jour sur lequel le ramage des fleurs s'enlace avec délicatesse et netteté. — Disons, en terminant, que dans ces derniers temps on a imaginé une machine, la *dentellière*, qui fait, dit-on, de la vraie dentelle, si parfaite qu'il est difficile de distinguer la vraie de la fausse.

DENTELLES D'ARGENT. — Vente San Donato. — N° 903. Grande bande de dentelle d'argent montée sur taffetas groseille, bordée des deux côtés d'une crête en argent. Venise, XVIIe siècle. Longueur, 3m,52 ; largeur, 0m,24. 190 lires. — N° 905. Bande de dentelle d'argent à dents lambrequinées ; elle est posée sur taffetas vert. Venise, XVIIe siècle. Longueur, 3m,15 ; largeur, 0m,26. 140 lires. — N° 913. Bande de dentelle d'argent ; Venise, XVIIᵉ siècle. Longueur, 5ᵐ,30 ; largeur, 0ᵐ,25. 320 lires.

DESSIN (Art du). — L'art du dessin comprend la peinture, la sculpture, l'archi-

Fig. 333. — Point normand.

tecture et la gravure. Le dessin est l'art de représenter les objets à l'aide de moyens graphiques ; de là divers genres de dessin, car on peut dessiner à la plume, aux crayons de

Fig. 334. — Point Colbert.

diverses couleurs et au pinceau. Le *dessin au trait* est celui qui ne donne que les contours d'un objet sans en fournir la couleur, c'est-à-dire les teintes, les demi-teintes et les ombres. Le *dessin ombré*, au contraire, est celui dans lequel les ombres sont représentées par un

264   DESSIN (ART DU).

moyen quelconque, hachures, points, lavis, poudre de couleur, etc. Enfin il existe deux types de dessin : le *dessin linéaire graphique* ou *géométral* et le *dessin d'imitation ;* le premier

Fig. 335. — Point d'Argentan (XVIIIe siècle).

donne en projection géométrale l'objet tel qu'il est, sauf à le représenter à une échelle réduite ; le second reproduit les objets tels qu'ils paraissent aux yeux. Les architectes em-

Fig. 336. — Chantilly.

ploient principalement le dessin géométral pour représenter leurs œuvres, tandis que les peintres, les graveurs, les lithographes, emploient généralement le dessin d'imitation. Enfin, suivant les ustensiles ou les outils employés pour faire un dessin, on obtient le dessin à *l'estompe*, à *l'aquarelle*, à *la sanguine*, etc. — Notre figure 338 montre un dessin curieux qui peut témoigner de l'habileté des calligraphes anciens. Celui que nous présentons à nos lecteurs a été fait par le chevalier de Berny, artiste du xvie siècle ; il est tiré

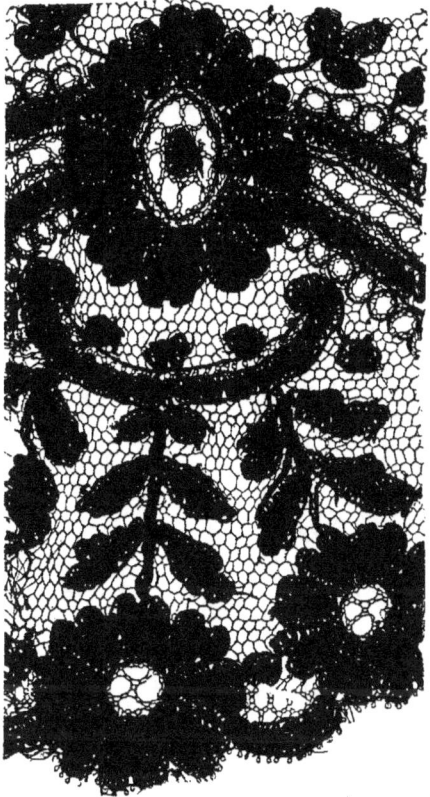

Fig. 337. — Blonde.

d'un chansonnier manuscrit in-4° qui se trouve à la Bibliothèque nationale de Paris. Nous ignorerions complètement le nom de son auteur, si une ancienne gravure de l'époque n'avait pas reproduit en fac-simile ce dessin avec cette inscription : « Pierre-Paul Rubens et sa première femme. Inventé et fait à la plume par le chevalier de Berny. » Disons, en passant, que le genre de dessin que montre notre figure pourrait être reproduit en broderie avec de la soutache.

DEVANT D'AUTEL. — Large bordure en étoffe brochée de soie, d'or et d'argent, recouverte parfois de dentelles, qu'on place au bord d'un tapis d'autel ; le devant d'autel affleure le bord de la table d'autel. Suivant la richesse des étoffes, les devants d'autel ont une grande valeur. Voici quelques prix qu'ont atteints des devants d'autel à la vente San Donato. — N° 58. Devant d'autel à fond de soie blanche, semé de rinceaux de fleurs brodés en soie de couleurs diverses et présentant au centre l'image de saint Antoine de Padoue. Travail vénitien du xvie siècle. Hauteur, 0^m,95 ; largeur, 2^m,14. 280 lires. — N° 361. Devant d'autel en satin cerise, armorié, avec broderies de fleurs de soie de couleurs et applications de rinceaux d'or (Florence, xvie siècle). Hauteur, 0^m,60 ; largeur, 2,^{m}05. 600 lires. — N° 362. Devant d'autel de même étoffe, de même qualité, de même époque et mêmes dimensions que le numéro précédent. 500 lires. — N° 405. Devant d'autel, brodé sur fond blanc, relevé d'arabesques d'or et de fleurs de soie. Travail espagnol du xvie siècle. Hauteur, 0^m,95 ; largeur, 2^m,60. 750 lires. — N° 406. Devant d'autel, gros de Naples blanc, brodé richement d'arabesques. Travail florentin du commencement du xviie siècle. Hauteur, 0^m,90 ; largeur, 2^m,05. 600 lires. — N° 407. Devant d'autel satin saumon, brodé d'un semis de fleurettes bouton d'or en soie et d'ornements d'argent. Bordure en taffetas rouge. Travail florentin du xvie siècle. Hauteur, 1^m,10 ; largeur, 2 mètres. 390 lires. — N° 436. Devant d'autel en soie bleue, couvert d'applications de rinceaux au cordonnet et de fleurettes nouées en haut relief. Travail vénitien du xvie siècle. Hauteur, 0^m,95 ; longueur, 2 mètres. 800 lires. — N° 437. Devant d'autel en velours de Gênes du xvie siècle, marron sur fond d'or, rehaussé de dix bandes en soie ardoise avec application d'ornements bouton d'or, et riche frange marron et or à grille. Hauteur, 0^m,95 ; longueur, 2^m,03. 700 lires. — N° 823. Devant d'autel en satin blanc avec applications de rinceaux d'or et d'argent, et fleurs, fruits et oiseaux brodés en soie de diverses couleurs. Travail florentin du xvie siècle. Hauteur, 0^m,95 ; largeur, 2^m,20. 1,750 lires.

DÉVIDOIR. — DIAMANT.

— N° 827. Devant d'autel vénitien sur drap d'argent avec applications d'ornements d'or d'une grande richesse. **Travail du XVI° siècle. Hauteur, 0ᵐ,95; largeur, 2ᵐ,80. 1,950 lires.** — N° 828. Devant d'autel en toile d'argent, avec applications de rinceaux, de vases de fruits, de grenades, cornes d'abondance, etc.; le tout brodé en haut relief d'or et de soie avec frange d'or à grille. **Travail espagnol de la fin du XVI° siècle. 2,000 lires.** — N° 829. Devant d'autel en velours cramoisi, à décor de cartouches d'or bouclé, entourant une grenade

Fig. 338. — Dessin à la plume.

d'or bouclée en haut relief; frange d'or et frange à grille rouge et or. **Travail génois du XV° siècle (ancienne collection Fortuny). 5,100 lires.** — N° 836. Devant d'autel en brocatelle rouge à rehauts d'argent et d'or. **Travail espagnol du XV° siècle. Hauteur, 1ᵐ,08; largeur, 2ᵐ,20. 4,300 lires.**

DÉVIDOIR. — Instrument qui sert à dévider, c'est-à-dire à mettre en écheveau le fil qui est sur le fuseau. Quelques dévidoirs anciens sont garnis d'ivoire ou d'argent ; les fuseaux seuls, sculptés sur buis, se vendent suivant le travail jusqu'à 90 et 110 francs. A la vente L. Double (n° 271), un dévidoir en cuivre gravé et repercé à jour, décoré de fleurs de lis et d'écureuils (XVIII° siècle), s'est vendu 120 francs.

DIAMANT. — Corps dur et brillant qui a

l'apparence du cristal de roche. C'est du carbone parfaitement pur; chauffé à une haute température, il brûle dans l'oxygène sans donner aucun résidu et en se transformant en acide carbonique. Sa densité est de 3,50. Le diamant, en général incolore et transparent, possède un éclat extraordinaire, qu'on a dénommé *éclat adamantin*. Il existe des diamants jaunes, verts, bleus (ces derniers sont très rares), enfin des diamants roses; quand ceux-ci sont d'une belle eau et sans défauts, ils sont plus chers que les diamants incolores, qui de tous les diamants sont ceux qui atteignent, après les diamants roses, les plus hauts prix. C'est un corps extrêmement dur qui n'est usé que par sa propre poussière. C'est au moyen de la meule qu'on lui donne sa forme par facettes et son poli. Suivant la taille qu'il a reçue, le diamant porte les dénominations suivantes : le *brillant à simple et à double taille;* le *demi-brillant;* les *pendeloques;* la *rose*, qui se subdivise en *rose de Hollande, demi-rose* et *rose du Brabant*. Le prix du diamant est très élevé et susceptible de grandes variations. Les diamants en cabochon valent de 35 à 48 francs le carat; ceux taillés, qui pèsent 1 carat, valent environ 200 francs; de 2 carats, 1,800 francs; de 4 carats, 4,500 francs; de 8 carats, 12,000 francs; de 10 carats, 20,000 francs. Au delà de ce poids il n'est pas possible d'établir de prix, même très sensiblement éloignés de leur vraie valeur; disons cependant que les diamants de 20 carats valent de 80 à 90,000 francs. Le plus gros des diamants connus est celui du rajah de Bornéo, il est d'une très belle eau, il a la forme d'un œuf et pèse 367 carats; viennent ensuite : le *Grand-Mogol,* il pèse 279 carats; celui de l'empereur de Russie, qui pèse 193 carats, acheté par l'impératrice Catherine, 2,360,000 francs et une rente viagère de 115,000 francs. Un des plus beaux, si ce n'est le plus beau des diamants connus, est le *Pitt* ou le *Régent,* qui appartient à la France et que montre notre figure 339 dans sa dimension réelle; il pèse 136 carats, avant sa taille il en pesait 410 : il a donc perdu 274 carats par la taille, qui a nécessité deux ans de travail. On le désignait autrefois sous le nom de *Pitt,* parce qu'il fut acheté durant l'enfance de Louis XV à un Anglais de ce nom pour la somme de 2,500,000 francs; on l'estime aujourd'hui 6 ou 7 millions. Notre figure 340 montre de profil et grandeur naturelle un autre diamant de France : c'est le *Sancy;* il pèse 55 carats; on le nomme ainsi parce qu'il fut acheté, au mois de mars 1475, après la déroute de Charles

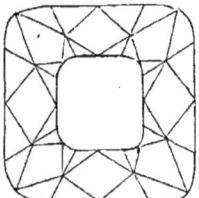

Fig. 339. — Le Régent.

le Téméraire à Granson, par Nicolas Harlai, sieur de Sancy.

On récolte les diamants principalement dans le Brésil et dans les Indes. — On nomme *rivière de diamants* un collier fait avec ces belles pierres. A la fin du XVIe siècle on appelait

Fig. 340. — Le Sancy.

chesnes les rivières, comme peut en témoigner l'inventaire de Gabrielle d'Estrée de 1599 : « *Une chesne de diamants* contenant trente-deux pièces sçavoir huict chiffres du roy et de madame la duchesse, huict grandes pièces faictes en enseigne; au milieu de chacune y a un diamant à seize nœuds garni aussi de diamants et au milieu de chacun y a un diamant plus grand que les autres prisés douze mille escus. »

DIAPASON. — Petit instrument de diverses formes; la plus usuelle affecte la forme d'un U; les branches, longues de $0^m,08$ à $0^m,09$, sont faites en acier et montées sur un pied au point de leur courbure; elles se rapprochent un peu dans le haut, de sorte qu'en passant une tige de fer entre les deux branches et en tirant, le frottement les fait vibrer et donner la note *la*, qui est à vide sur les instruments à archet de France. Du reste, il existe trois diapasons différents : 1° le diapason nouveau, dit *normal*, adopté dans les théâtres et les musiques : c'est le seul ayant une base fixe, déterminée par 870 vibrations d'un diapason à branches donnant le *la*; 2° le diapason ancien, généralement usité en France, dans le midi de l'Europe et l'Amérique du Sud : c'est celui qui se rapproche le plus du diapason normal; 3° enfin le diapason haut, généralement adopté en Angleterre, en Belgique, en Hollande, dans l'Amérique du Nord et en Australie; il est presque d'un demi-ton plus haut que le diapason normal.

DIATRETA. — Vases en cristal taillé des anciens, qui portaient extérieurement des dessins taillés et se détachant du corps même du vase : c'était donc pour le vase une sorte d'enveloppe ajourée.

DINANDERIE. — Travail exécuté au repoussé sur cuivre jaune ou rouge, ainsi appelé parce que la ville de Dinant en Belgique a eu la spécialité de cette fabrication au moyen âge. Outre la chaudronnerie historiée, qui a créé de véritables œuvres d'art, les chaudronniers de Dinant, qu'on nommait *potiers d'airain*, ont exécuté au marteau des personnages, des lutrins d'église, des chandeliers, des candélabres, etc.

DIORITE. — Roche qui se compose de feldspath et d'amphibolite; le diorite est une matière analogue au basalte; on l'appelle en allemand *grunstein*. On utilise cette roche, principalement le *diorite orbiculaire*, pour faire des bases et des piédestaux de statuettes et de divers objets. Cette dernière variété doit son nom à des noyaux qui produisent des orbes, une fois la pierre sciée. C'est une sorte de syénite à cristaux de feldspath et à pâte d'amphibole.

DIPTYQUE. — Double tablette qui s'ouvrait et se fermait comme un livre, mais nous n'avons pas à nous occuper de ce genre de diptyque, qui était une sorte de carnet sur lequel les anciens inscrivaient leurs notes. Les diptyques qui nous intéressent sont des plaques d'ivoire sculpté se repliant l'une sur l'autre ou servant de couverture à des livres. Nous possédons de ces diptyques des XIIe, XIIIe XIVe, XVe et XVIe siècles; ils sont généralement sculptés, et leurs sculptures représentent des sujets religieux. Nos figures 341 et 342 montrent un diptyque en ivoire de la bibliothèque de Sens; il représente le triomphe de Bacchus et sert de couverture au fameux *Missel des fous ou de l'âne*, composé au commencement du XIIIe siècle par l'archevêque Pierre de Corbeil. Ce diptyque, qui mesure 0^m,35 de hauteur sur 0^m,16 de largeur, est appliqué sur des ais de bois très épais et bordés d'argent. Le faire de ce travail est large, bien que certaines négligences trahissent une main peu exercée.

Le musée de Cluny, à Paris, possède de nombreux et beaux ivoires (environ 183, des n°s 1032 à 1215) parmi lesquels se trouvent de beaux diptyques; nos figures 343 et 344 en montrent un sculpté sur ses deux faces, qui provient des collections de ce musée; on en ignore l'origine, mais il est probable que ces plaques ont fait partie de la couverture d'un livre. Suivant un ancien livret du musée, ces sculptures dateraient du XIIe siècle; suivant le nouveau catalogue (éd. de 1881, page 78), elles remonteraient au XIe et même au Xe siècle. Bien qu'il soit difficile de rien préciser à cet égard, nous pensons que le nouveau catalogue a commis une erreur en voulant faire remonter au Xe siècle ces ivoires qui nous semblent postérieurs au XIIe siècle. Si nous nous permettions de leur assigner une date, nous les classerions comme œuvres d'art du commencement du XIIIe siècle. La finesse de l'ornementation, la correction du dessin, la facture, surtout l'allure des personnages placés sur la plaque figure 343, indiquent très certainement un travail du XIIIe siècle. Nous regrettons de n'être point d'accord en ceci avec le savant rédacteur du catalogue, qui nous fournit les détails suivants sur ce diptyque (*loc. cit.*) : « Ces deux plaques d'ivoire sont des monuments aussi précieux par leur époque reculée que par leur exécution. On ne peut décider si dans l'origine elles existaient seules, ou si elles ne sont que les débris d'une couverture de livre, composée d'un certain nombre de sculptures analogues. Il est

Fig. 341 et 342. — Diptyque en ivoire (musée de Cluny).

fort difficile de préciser au juste l'époque à laquelle ces belles plaques ont été exécutées. Il y a lieu de présumer cependant que la face conservée intacte de nos jours est d'une exécution postérieure à celle décorée de sujets chrétiens, rabotés sans doute pour donner une

270 DIPTYQUE.

Fig. 343 et 344. — Dyptique en ivoire.

autre destination aux ivoires, la matière étant rare et d'un prix élevé. Les sujets que l'on distingue au premier abord, sur le côté le mieux conservé des deux plaques, sont quatre des signes du zodiaque : le Verseau et le Lion sur la première, le Sagittaire et le Capricorne sur la seconde. Dans le haut de la première plaque (n° 1041 *du catalogue*), un guerrier menace de sa lance le Verseau, qui se retient à un arbre; plus bas, un autre guerrier plonge un dard dans la gueule du Lion, et, dans la partie inférieure, on distingue une figure d'homme qui se joue dans les branchages. Dans la seconde de ses plaques (figure 344, n° 1042 *du catalogue*), le Sagittaire a l'arc en main et s'apprête à lancer une flèche. Le Capricorne est assailli par deux figures dont l'une, vêtue, est debout sur son dos, et se suspend d'une main à ses cornes et de l'autre à sa queue, tandis que la seconde, entièrement nue, saisit d'une main la barbe de l'animal chimérique et de l'autre cueille un fruit que présente l'extrémité d'une branche. »

Au dernier siècle, les ivoires anciens sculptés n'étaient pas rares, et comme on n'en connaissait pas le prix, on les vendait à bon marché; aujourd'hui, au contraire, ils sont très recherchés et atteignent par conséquent des prix élevés. (Voy. IVOIRE.)

DIRCK. — Poignard écossais avec un manche en corne décoré de pierres transparentes. Ces poignards et leurs fourreaux sont souvent garnis d'argent et portent un gland

Fig. 345. — Djoukan.

de chêne de même métal; le fourreau peut recevoir également deux petites pièces de service. Valeur, de 90 à 150 francs.

DIVAN. — Sorte de sopha sans dossier et garni de coussins; c'est un meuble d'origine orientale. (Voy. MOBILIER.)

DJOUKAN. — Arme persane; c'est un bâton terminé par une panne recourbée, pointue d'un côté et plate de l'autre, ou en forme de pilon comme le montre notre figure 345. Cette djoukan a appartenu à Touman-Bey-el-Aschraf. (Voy. ARMES.) Les anciens mamelouks déchiraient et brisaient avec la pointe de la djoukan les cottes de mailles. Ce crochet servait également à ramasser les javelots ou *djérids,* quand ceux-ci ne portaient point et tombaient à terre.

DJUGO. — Voy. le terme suivant.

DJUMPA. — Instrument de musique hindou; c'est une sorte de cylindre en terre cuite sur le sommet duquel est tendue une peau mince; à l'aide d'un archet, l'instrumentiste racle sur la peau de la djumpa et en tire une sorte de bourdonnement. On désigne aussi quelquefois cet instrument sous le nom de *djugo.*

DOMBOUR. — Instrument de musique avec lequel les Kalmouks accompagnent leurs chants et leurs danses; c'est une sorte de mauvais violon à deux cordes de boyau supportées par un petit chevalet assez haut.

DOMP. — Instrument de musique hindou; sorte de grosse caisse qui n'est pas cylindrique, mais octogonale.

DORURE. — Opération qui a pour but de couvrir d'une légère couche d'or des objets très divers. On applique la dorure notamment sur le bois, la pierre, le marbre, le plâtre, la porcelaine, le cristal, les métaux (argent, bronze, cuivre, zinc, etc.). La dorure sert non seulement à rendre plus brillants et à embellir ces objets, mais encore à leur permettre de résister plus efficacement aux agents atmosphériques.

TECHNIQUE. — Il existe divers procédés pour dorer; le plus élémentaire, pour les métaux, consiste à dorer au mercure. Ce métal dissout l'or, et le résultat de cette opération fournit un amalgame d'or avec lequel on dore les bronzes, après les avoir décapés; on passe ensuite les bronzes au feu; le mercure se volatilise, et l'or reste fixé sur le métal qu'il s'agissait de dorer. — Un deuxième procédé consiste à dorer *au trempé* ou *par immersion;* celui-ci est employé pour la dorure des bijoux. On prépare une dissolution d'or au moyen de l'eau régale, ou bien encore on plonge les bijoux dans une dissolution bouillante de chlorure d'or avec addition d'un carbonate alcalin. — Enfin la dorure galvanique, la plus utilisée de nos jours, consiste à dissoudre l'or dans des agents convenables, afin de pouvoir le précipiter ensuite sur d'autres métaux parfaitement décapés, en employant comme agent précipitant l'électricité développée par une pile. Ce dernier genre de dorure est celui qui satisfait le mieux à toutes les conditions, puisque par ce procédé on peut appliquer en couches adhérentes et continues un métal sur un autre, et obtenir ensuite des surfaces mates ou brillantes sur l'objet doré, absolument comme on pourrait le faire sur l'or lui-même.

DOSSAL. — Sorte de manteau que portaient au xe siècle les grands personnages.

DOSSERET. — Ce terme est quelquefois employé comme synonyme de dais, parce que les dosserets sont faits avec des étoffes et sont appliqués contre des murs. Les dosserets sont ainsi nommés parce qu'ils remplissent une fonction analogue au pilastre en architecture, pilastre qu'on nomme également *dosseret;* en effet, les dosserets en tapisserie ou en étoffe reçoivent devant eux un meuble, comme les pilastres une colonne. Notre figure 345 *bis* montre un superbe dosseret de lit dans le style de la renaissance; on voit que la partie foncée de notre figure correspond bien au panneau de tête d'un lit.

Vente San Donato. — N° 63. Dosseret de lit en moire blanche, avec encadrement en cordonnet, treillage et brodé au plumetis en soie lie-de-vin, représentant en camaïeu un vase surmonté d'une figure de l'Amour debout, divers personnages, des paysages, etc. Travail français, d'après une composition de Bérain. Hauteur, 0^m,94; largeur, 1^m,75. 310 lires.

DOSSIÈRE. — Partie postérieure de la CUIRASSE. (Voy. ce mot.)

DRAGEOIR. — Belle boîte d'or, d'argent, de vermeil, de faïence, de porcelaine, de cuivre émaillé, dans laquelle on servait autrefois, à la table des grands, des épices et des *dragées* plus délicates et plus fines que celles qui composaient le dessert de la table. Le drageoir était employé dès le XIVe siècle. Les domestiques ne le présentaient qu'au maître du logis ou à celui des convives que l'amphitryon voulait honorer plus particulièrement. — On nomme également *drageoirs* de petites boîtes dans lesquelles on mettait des pastilles de gomme ou de menthe; ces derniers sont de petits drageoirs de poche, en fer repoussé et découpé à jour; ils valent jusqu'à 200 francs. A la vente Double, des drageoirs ou boîtes à bonbons ont atteint des prix considérables : 4,000, 5,000, 6,000, 8,000 et 10,000 francs. Une bonbonnière a été adjugée à 18,200 francs; cette boîte, exécutée par Mathis de Beaulieu, orfèvre de Louis XVI, provenait de la vente Demidoff, qui eut lieu en 1863. Voici sa description :

N° 162. — Belle boîte ovale, en or de couleur, ciselée à rinceaux, festons de laurier et vases; le dessus enrichi d'une peinture sur émail par Petitot et représentant le portrait de Turenne. (Voy. BOITE.)

DRAGONNE. — Cordon ou lacet de cuir, de coton, de soie, d'or, attaché à la poignée des armes blanches, et ainsi nommé parce que les dragons se servirent probablement les premiers du cordon de leur sabre. La dragonne n'est pas un simple objet d'ornementation : en effet, le militaire la passe au poignet pour se servir de son arme, qui par ce moyen ne peut lui échapper.

Fig. 346 bis. — Dosseret de lit.

DRAPERIES. — Terme générique sous lequel on désigne toute sorte d'étoffes d'ameublement, tentures, tapisseries, rideaux, dais, dosserets, etc. — En peinture, on nomme *draperies* les étoffes que le peintre emploie soit pour costumer des personnages, soit pour décorer ses intérieurs. La connaissance des styles et des époques est donc de toute nécessité à l'artiste, car sans elle il ne peut que commettre des anachronismes et entasser fautes sur fautes.

C'est un grand art que celui de bien draper une figure. Les Grecs possédaient cet art au plus haut degré. Les draperies de leurs statues sont généralement à petits plis formant de nombreux canons d'une régularité remarquable et qui semble toute naturelle, puisqu'on n'y découvre pas la recherche. Leurs fines étoffes drapaient admirablement d'elles-mêmes, ensuite l'artiste avait un goût exquis. Les draperies de la statuaire grecque sont si parfaites que, loin de cacher les formes, elles les faisaient valoir, pour ainsi dire, en les entourant d'un prestige qui en doublait le charme. Les Grecs étaient des délicats; ce n'étaient point des naturalistes comme les Romains, qui ont fait des draperies lourdes et abondantes. Cette abondance a même suppléé chez ceux-ci à l'harmonie, à l'arrangement. Depuis la chute de l'empire romain jusqu'au XIII° siècle, les draperies des sculptures sont en général lourdes, massives, de mauvais goût; pendant les XIII° et XIV° siècles, elles sont froides, peu étoffées, rigides; elles forment une sorte de lourd fourreau pour le corps, c'est une draperie funèbre sentant le suaire, et cette disposition n'est pas seulement adoptée pour obtenir une figure austère, mais aussi pour permettre à la statue de tenir dans ces niches longues et étroites. Le XV° siècle fait des efforts pour mieux draper que les siècles qui le précèdent immédiatement, mais c'est le XVI° siècle qui, revenant aux traditions de l'antique, crée de belles draperies.

DRAP D'OR. — Riche étoffe de soie brochée, qu'elle renferme ou non des fils d'or dans sa fabrication. Les plus riches draps d'or qui aient été fabriqués sont les veloutés de Venise; ceux des XVI° et XVII° siècles sont très rares et d'un prix très élevé.

DRESDE (TRAVAUX DE). — On désigne sous ce terme de la petite bijouterie en fausses pierres, de la bimbeloterie, qui se fabrique à Dresde, ville très industrielle. (Voy. ŒUVRE.)

DRESSOIR. — Meuble en bois sculpté, ouvert dans sa partie supérieure, c'est-à-dire au-dessus de la hauteur d'appui, et qui sert à étaler, à *dresser* l'argenterie et l'orfèvrerie de table. Les dressoirs sont souvent richement sculptés; ils comportent une ou deux tablettes au-dessus du corps inférieur. Ce meuble existait dès le moyen âge, puisque dans des manuscrits enluminés on en voit des représentations; c'était alors l'étagère sur laquelle on plaçait, dans les salles à manger, les grandes pièces d'orfèvrerie, et, dans les autres pièces de la maison, tout ce qui pouvait flatter la vanité du maître du logis. Quelquefois les dressoirs sont également ouverts dans la partie inférieure; souvent aussi, aujourd'hui surtout, on les ferme, soit dans le bas, soit dans le haut, avec des vantaux à glace, afin de préserver de la poussière les objets qu'ils renferment.

Vente San Donato. — N° 1154. Deux dressoirs à deux corps, en bois de chêne sculpté, à quatre vantaux à glace. La partie inférieure, ornée de cariatides en haut relief et d'une frise à mascarons, tritons, sirènes et cygnes; la partie supérieure en retraite, à quatre cariatides superposées, avec corniche à rinceaux. Hauteur, 2 mètres; largeur, $1^m,10$. 1,110 lires. — N° 1158. Quatre dressoirs à deux corps en bois de chêne sculpté. La partie inférieure à quatre vantaux à glace, avec frise et montants à cariatides en haut relief; la partie supérieure en retraite, à deux vantaux à glace à coulisse, décorée de colonnes torses. Hauteur, $3^m,05$; largeur, $3^m,15$. 4,140 lires.

DUFF. — Instrument de musique arabe; sorte de tambour de basque entouré de disques de cuivre convexes, accouplés deux à deux, qui s'entre-choquent quand on secoue l'instrument.

DULCIMER. — Instrument à cordes métalliques, en usage au moyen âge. On frappait sur les cordes avec de petites baguettes de bois pour jouer de cet instrument.

EAU-FORTE. — Voy. Gravure, § *Eau-forte*.

ÉBAUCHE. — Première partie du travail d'un artiste; elle naît d'une manière spontanée au moment même de l'inspiration qui crée l'œuvre. Dans une ébauche, l'artiste ne se préoccupe pas des détails, mais des masses, il les fait du premier coup; il vise surtout à dresser l'ensemble de son œuvre pour se rendre compte de l'effet qu'elle produira. Le peintre ébauche sur la toile ou sur des cartons, le sculpteur ébauche avec de la glaise ou de la cire. Les connaisseurs attachent beaucoup de prix aux ébauches de maître, parce qu'ils retrouvent dans ces œuvres, bien qu'incomplètes, les traces d'une inspiration instantanée et généralement indépendante des traditions d'école. Il ne faut pas confondre l'ébauche avec l'Esquisse (Voy. ce mot); cependant les sculpteurs et les graveurs, quand ils font leurs travaux préliminaires de rendu, exécutent une véritable esquisse en ébauchant leurs œuvres, le sculpteur en dégrossissant un bloc de marbre et le graveur en traçant sur sa planche les contours principaux de son dessin.

ÉBÈNE. — Bois dur de couleur jaune pâle, susceptible de prendre par la teinture une belle couleur noire. L'ébène sert à fabriquer beaucoup de meubles; d'où le terme d'*ébénisterie*, qui désigne la fabrication du meuble plaqué, parce qu'autrefois tous les bois de placage colorés ou veinés étaient dénommés indistinctement *ébène*. (Voy. le terme suivant.)

ÉBÉNISTERIE (Art de l'). — Art qui embrasse à la fois la fabrication de la charpente du meuble et son revêtement en placage et en marqueterie. — Cet art est très ancien; nous voyons, en effet, les Assyriens, les Phéniciens, les Égyptiens, les Hébreux employer en placage l'ivoire et les bois précieux. — Les Grecs et les Romains appliquèrent l'ébénisterie, comme leurs prédécesseurs, non seulement aux objets mobiliers, mais encore aux parois de leurs temples. Le moyen âge pratiqua largement l'ébénisterie; on créa à cette époque des meubles de toute sorte : bahuts, huches, tables, stalles, crédences, etc.; durant cette période, la fabrication fut si considérable que les différents corps ouvriers de l'ébénisterie prirent des noms divers : il y avait les *tabletiers*, les *huchiers*, les *marqueteurs*, les *fabricants de coffres*, etc. Les artistes du moyen âge employaient tour à tour l'ivoire, la corne, le thuya, le cyprès, le chêne, le buis et quelques autres essences d'arbres pour leur ébénisterie. — Le XVIe siècle inaugura des œuvres charmantes, soit en ébène noire, soit en ébène incrustée d'ivoire et d'écaille. C'est à cette époque qu'on imagina pour la première fois d'employer le fer rougi au feu pour dessiner, sur des bois de tons clairs, des personnages; puis ce fut la marqueterie des bois de couleur qui fit aussi son apparition, d'autant qu'à la fin du XVIe siècle et au commencement du XVIIe siècle les grandes découvertes géographiques introduisirent en Europe de nouveaux bois de diverses couleurs. C'est alors que quelques praticiens eurent l'idée de teindre des bois blancs pour obtenir une plus grande variété de tons pour la marqueterie. — Le XVIIIe siècle donna à l'ébénisterie une perfection telle qu'elle n'a jamais été dépassée depuis.

ÉCAILLE. — Matière qui forme la carapace de la grande tortue des mers de l'Inde ; elle a été sans doute employée de toute antiquité comme matière décorative ; on l'a utilisée pendant le moyen âge et la renaissance. Vers 1570 ou même 1569, des Portugais importèrent en Europe en assez grande quantité des objets plaqués en écaille. — Le XVII° siècle en fit le plus large emploi en incrustations. On imite l'écaille à l'aide de la corne qu'on noircit et qu'on tachette de rouge et de jaune plus ou moins intense par divers procédés.

ÉCHECS (JEU D'). — Ce jeu a été inventé vers la fin du IV° ou le commencement du V° siècle de notre ère par un brahmine nommé Sissa, favori d'un monarque indien ; il aurait été ensuite importé dans la Perse pendant le règne de Chosroès, et de là il serait arrivé en Italie au temps de la première croisade. Les Grecs et les Romains n'ont pas connu ce jeu ; c'est bien à tort que certains commentateurs d'Homère, invoquant un passage de l'*Odyssée*, attribuent cette invention à Palamède, qui, disent-ils, aurait enseigné le jeu d'échecs aux prétendants de Pénélope pour les distraire de leur longue attente devant la porte du palais d'Ulysse. Or, dans ce passage, Homère parle d'une sorte de jeu de combinaisons formées avec des cailloux ; il est donc impossible de reconnaître, même en y mettant beaucoup de complaisance, le jeu d'échecs dans cette description. Cette opinion de divers commentateurs, entre autres de Delille, doit donc être considérée comme erronée. — Il existe de fort beaux jeux d'échecs en ivoire ; les plus remarquables proviennent de l'Inde et valent 3 et 4,000 francs. La généralité de leurs pièces comporte dans leur structure des sphères d'ivoire taillées et ajourées qui ont été exécutées les unes dans les autres, quelquefois au nombre de trois et quatre. Chaque sphère est libre et indépendante de celle qui la précède ou qui la suit immédiatement.

Vente Double. — N° 266. Jeu d'échecs formant boîte en marqueterie de l'Inde, avec pièces en ivoire sculpté peint en rouge et vert. Ce jeu aurait été offert en 1680 à Louis XIV par l'ambassade siamoise. Les pièces représentent des Anglais et des Hindous. La boîte en marqueterie porte, incrustés en cuivre, le chiffre et le soleil de Louis XIV. 1,450 fr.

Les échiquiers en ébène et ivoire de l'époque de la renaissance se vendent de 450 à 600 fr. ; quelques-uns, en ivoire et ambre ou en cristal, atteignent 8 et 900 fr.

Fig. 346. — Échenilloir du XVI° siècle.

ÉCHENILLOIR. — Instrument du jardinier qui lui sert à écheniller, c'est-à-dire à enlever les nids de chenilles sur les arbres, principalement sur les conifères. La forme de cet instrument a varié suivant les époques ; notre figure 346 montre un échenilloir du XVI° siècle de la collection de M. Achille Jubinal.

ÉCHOPPE. — Sorte de burin du graveur sur bois.

ÉCLISSES. — Planches minces et contournées qui forment les côtés de certains instruments de musique de la famille des violons; c'est sur les éclisses que reposent le fond et la table de ces instruments.

ÉCOLES. — Nous ne voulons pas parler ici des locaux destinés à l'enseignement, mais bien des catégories d'artistes qui travaillent d'après les principes et la manière d'un maître dont ils ont reçu soit des leçons directes, soit des enseignements indirects par l'étude des œuvres de ce même maître. Ce terme *école* désigne aussi une classe ou plutôt un *clan* d'artistes qui ont travaillé à certaines époques de l'art dans des pays divers.

ÉCOLE ITALIENNE. — La plus célèbre de toutes les écoles de peinture est, sans contredit, l'école italienne, qui a eu pour chefs incontestés : à Rome, Raphaël; à Florence, Giotto, qui est considéré comme le fondateur de l'école florentine, Léonard de Vinci et Michel-Ange; à Parme, le Corrège; à Venise, le Titien. Tous ces artistes ont été chefs d'école, et, bien qu'appartenant à la même patrie, ils ont créé chacun des centres divers qui ont amené des subdivisions à la grande école italienne, subdivisions qu'on a dénommées : école romaine, école florentine, école bolonaise, école milanaise, école ombrienne, école napolitaine, école lombarde, école vénitienne, etc.

Voici par époque l'énumération des principaux peintres de l'école italienne. — XIIIe siècle : Nicolo de Ferrare, Morello, A. Ricco, Rizzamano, etc. — XIVe siècle : Andrea Tafi, Pisano, Bartolomeo, Cimabue, Giotto, mort en 1336. — XIVe siècle : Simone di Martino, Buonamico Buffalmacco, Ottaviano, Ugaline, Lippo Memmi, A. Lorenzi, Gaddi, Andrea Orcagna, Tomasso, dit *Giottino*, Michelino de Milan, etc. Notre figure 347 montre un ange du célèbre Giovanni Guide, dit *fra Angelico*, le peintre des anges comme Raphaël est le peintre des madones. C'est de cet artiste que Michel-Ange disait : « Il faut que ce moine ait pu visiter le paradis et qu'il lui ait été permis d'y choisir ses modèles. » — XVe siècle : Zevio ou Stefano de Vérone, Lorenzo di Bicci, Francesco da Volterra, Neridi Bicci, Filippino Lippi, Léonard de Vinci, Pisano de Vérone, Marchino de Ferrare,

Fig. 347. — Ange, par fra Angelico (galerie des Offices).

Piselli, Marco Zoppo, Antonello de Messine, etc.

— XVIᵉ siècle : Raphaël Sanzio, Zoppo, Francesco et Baccio Ubertino, Pietro Vanucci, dit *le Pérugin*, Michel-Ange Buonarotti, Dosso Dossi, il Conegliano, Pellegrino, le Rosso, Francesco d'il Cristofano, Mazuoli, Palma, Lorenzo Lotti, fra Jocondo, Ticiano Vecelli, dit *le Titien*, Jules Romain, Sébastien del Piombo, Becafumi, Bordone, Robusti, dit *le Tintoret*, les Salviati, le Primatice, Paolo Caliari, dit *Veronèse*, Buontalenti, Vasari, etc. — XVIIᵉ siècle : Guido Reni, Roselli, Zampieri, dit *le Dominiquin*, Barbieri, dit *le Guerchin*, Salvator Rosa. — XVIIIᵉ siècle : Fossato, Bellavia, Bianchi, Pelligrini, Piazetta. —

Fig. 348. — La vénération de Marie, de maître Wilhem.

XIXᵉ siècle : Casanova, Camerano, Schiavone, Marochetti, Bellini, etc.

ÉCOLE ALLEMANDE. — XIIIᵉ siècle : Conrad, Albertas, Gerlarch, Henricus, Engelbert, Gebelinus, Cristian. Presque tous ces artistes appartiennent à l'école de Cologne. — XIVᵉ siècle : Hans von Kohn, Philipp, Johann de Munster, Conrard et Guillaume de Strasbourg, Sturm, Wurmser Künze. — XVᵉ siècle : Berghausen, Schongauer, J. Hirtz, Albert Dürer, Hans Holbein. — XVIᵉ siècle : Lucas de Cranach, Hans Baldung, Hans-Sebald Beham, Lucas Cranach le jeune, Virgilius Solis, Henri Aldegrever, Hans Grimmer, Hans Stephanus, R. Galtz, Rattenhammer. — XVIIᵉ siècle : J.-H. Roos, Abraham Mignon, C.-L. Agricola, J. Halsman. — XVIIIᵉ siècle : Martin Knoller, J.-P. Hackert, W.-L. Reiner, Balthasar Denner, J.-Ch. Mengs, Ch.-G. Schütz, J.-Henri Tischbein, Raphaël Mengs.

— XIXᵉ siècle : Pierre Cornélius, J.-F. Owerbeck, Wintherhalter, Kaulback, Ch. Lessing, A. Rethel, H. Hess, Schorn, A. Achenbach, L. Knauss.

ÉCOLE COLONAISE. — Cette école fait partie de l'école allemande, mais elle a une importance telle que nous avons cru devoir lui consacrer un paragraphe à part. En effet, l'école colonaise a eu beaucoup plus d'influence que les autres écoles allemandes ; elle a répandu le style chrétien et a frayé, pour ainsi dire, la voie que les Italiens ont ensuite si brillamment parcourue avant et après Léonard de Vinci. Notre figure 348 montre un tableau fort connu grâce à une chromolithographie de Kellerhoven publiée en 1872 : c'est *la Vénération de Marie*, un chef-d'œuvre de l'ancienne école de Cologne, et peut-être de maître Wilhem ou Guillaume, né à Herle en 1320 et mort à Cologne en 1378, ou même 1388 suivant d'autres. Nous l'avons dessiné d'après une photographie que nous avait adressée l'heureux possesseur de ce tableau, M. C. Rhaban Ruhl, en 1872. — Dans ce tableau les têtes sont d'un charme indéfinissable et tous les accessoires sont traités avec un soin extrême. (Cf. *Die Dioskuren*, par le Dʳ Schasler, année 1865, n° 45.) Le panneau de ce tableau, peint sur bois, ne mesure que 0ᵐ,35 de hauteur sur 0ᵐ,235 de largeur. — L'école colonaise brilla surtout d'un vif éclat au XIIIᵉ et au XIVᵉ siècle ; elle subit dans le principe les traditions de l'art byzantin, mais elle sut bientôt s'en affranchir ; les maîtres les plus connus de cette école sont, pendant le XIIIᵉ siècle : Engelhert, Albertas, Cristian, Gehelinus, Gerlach, Henricus, Sifrid Ekart, Ripelin ; pendant le XIVᵉ : Wilhem, Philipp, Johan, dit *Hans von Köln*, Reinkein, dit *Sturm*, Reykincus, la Fie, Gusmin, Heindenreich, dit *Grone*, Peter Grœne, Hermann Heffemmenger, Gabelinus de Stambel, Adam de Turre, Winrici, les Platvoys ou Platvoet, Weinrich, élève de Wilhem ; pendant le XVᵉ siècle : Rüdiger, Berghausen, Stephan, le plus célèbre après Wilhem, nommé aussi Étienne Lochener et même Locher, etc.

ÉCOLE ANGLAISE. — Cette école est relativement moderne, voici les noms des principaux maîtres. — XVIᵉ siècle : J. Brown, F. Quesnel, Jean et Pierre Olivier. — XVIIᵉ siècle : S. Cooper, R. Gibson, Robert Peake, H. Stone, William Dobson, Gandey, Thornill. — XVIIIᵉ siècle : Thomas Hudson, Reynolds, W. Hogarth, Gainsboroug, G. Smith, J. Wright, S. Scott, G. Romsay, J. Barry. — XIXᵉ siècle : Lawrence, Glower, H. Howard, P. Gibson, H. Thomson, J. Constable, J. Tur-

Fig. 349. — Madone avec l'enfant (Jean Van Eyck).

ner, J. Burnet, W. Collins Bonington, D. Cooper, sir E. Landseer, A. Fraser, J.-H. Horsley, Hook, etc.

ÉCOLE FLAMANDE. — XIVᵉ siècle : Jean de Bruges, Pierre de Courtrai. — XVᵉ siècle : Simon Bering, Robert de Valenciennes, Jean Van Eyck (dont notre figure 349 montre une œuvre), G. Van der Meire, Hans Memeling, Van der Goes, Van der Meersh. — XVIᵉ siècle : Jean et François Clouet, Pierre Claeis, Van der Straten, Spranger, Paul et Mathieu Bril, Van de Velde, Van der Wyck, Goltzius,

Pierre et François Pourbus, Jean Breughel, dit *Velours*, P.-P. Rubens. — XVIIe siècle : Van Dyck, Paul de Vos, Peter Neef, Van Veen, Philippe de Champaigne (1), Corneille de Vos, A. Francken, Jordaens, Van der Horst, Simon de Vos, J. Van Oost, Mennix, Teniers le vieux, David Teniers le jeune, Van Heek, Van Eyck (Nicolas), qu'il ne faut pas confondre avec Jean Van Eyck, artiste du XVe siècle. (Voy. ci-dessus.) — XVIIIe siècle : J. Van Oost, Gérard de Lairesse, les Van Thielen, Nicolas Morel, Van der Meulen, J.-B. Breughel, Jacques de Lairesse, Ernest de Lairesse (deux neveux de Gérard de Lairesse). — XIXe siècle : J.-L. Van Hemeleyck, P. Kremer, H. Van Assche, Gregorius, Louis Gallait, Viertz, Henri Leys, etc. La composition de Jean Van Eyck, que montre notre figure 349 est traitée avec beaucoup de soin ; la tête de la Vierge a beaucoup d'expression. Cette peinture est sur un panneau de bois qui mesure $0^m,54$ sur $0^m,40$.

ÉCOLE HOLLANDAISE. — XVe siècle : Oudewater, dit plutôt Ouwater, Thierry de Haarlem, St-Jans de Haarlem, Gérard David. — XVIe siècle : Gérard Horbout, Cornélis Kunst, Johann Schoarl, Pierre Aertsen, surnommé *Lange Peer* (longue pierre). — XVIIe siècle : Jean Bockhorst, Gérard Hondhorst ou Honthorst, dit *Gérard la Nuit* (Gerardo della Notte), J. Van Ravestyn, Van der Helst, Rembrandt Van Ryn, F. Bol, J. Versprounck, Pierre de Hoogh, Bernard Fabritius, Jean Van der Meer, Jean de Bray, S. Koninck, Gérard Terburg, Gabriel Metzu, Gérard Dow, A. Van Ostade et Isaac son frère, P. Potter, Karel du Jardin, Jean Weenix, Albert Cuyp, J. Van Goyen, J. Ruysdael, Hobbema, Bath. — XVIIIe siècle : Nicolas Verkolie, Van Pée, Jacob de Wit, Wilhem Van Mieris et Frans Van Mieris, Cornelis Troost, J. Moucheron, Jean Van Huysum. — XIXe siècle : Bakhuysen, S. Van den Berg, Burgers, Th.-S. Coal, Elven, Kate, J. de Ryk, Vetten, Vogel, Zurcher, etc.

ÉCOLE ESPAGNOLE ET PORTUGAISE. — XIVe siècle : Guillen Tort, Pedro de Zuera, Raymond Torrents, Garcia Martinez. — XVe siècle : G. Stada, J. Palaxi, Antonio Perez, Garcia della Barca, Henriquez. — XVIe siècle : Louis Vargas, Alonzo Vasquez, il Greco, B. Gonzalez Roviale. — XVIIe siècle : Ribera, dit *l'Espagnolet*, F. Zurbaran, Pedro de Moya, Velasquez, Esteban Murillo, Cerezo. — XVIIIe siècle : Casanovo, Francisco Jose Goya y Lucientes, Francisco Bayen, Vieira, Juan Alfaro. — XIXe siècle : don Jose Aparicio, don José de Madrazo, Agrassot, Castellano, Chaves, Christino, Moura, M. Ferran, Garcia Martinez da Silva, Sousa, Montanes, Puebla, Thomasini, etc.

ÉCOLE FRANÇAISE. — XIVe siècle : Jean de Blois, Jean de Saint-Romain, Biterne, G. Loiseau. — XVe siècle : Jean Bourdichon, J. Fouquet. — XVIe siècle : J. Cousin, Jacob Brunel, les Dumoustiers, M. Freminet. — XVIIe siècle : les frères Lenain, Simon Vouet, Varin, Nicolas Poussin, Callot, Stella, Pierre Mignard, Eustache Lesueur, Sébastien Bourdon, Charles Lebrun, Delafosse, Parrocel, Bon Boulogne, Jean Jouvenet. — XVIIIe siècle : L. de Boulogne, de Troy, Largillière, Hyacinthe Rigaud, A. Coypel, Desportes, J.-B. Vanloo, Watteau, Nattier, Natoire, Oudry, Lemoyne, Lancret, Chardin, Subleyras, Boucher, Vanloo, Vernet, Delacroix, Vien, Greuze, Bachelier, Lagrenée, Delaporte, Fragonard, Drouais, Robert-Hubert, David, Huet, Lantara, Drolling, Regnault, Prud'hon. — XIXe siècle : Charlet, Guérin, baron Gros, Raffet Decamps, X. Sigalon (1), Tony Johannot, P. Huet, Isabey, Eug. Devéria, C. Troyon, Thomas Couture, Chasseriau, Diaz de la Penna, Eugène Delacroix, Ingres, Flandrin, Th. Rousseau, Léon Coignet, Henri Regnault, A. Courbet, etc., etc.

ÉCORCHÉ. — Sujet (homme ou bête) au-

---

(1) Beaucoup d'auteurs classent Philippe de Champaigne comme peintre français, parce qu'il a beaucoup vécu et travaillé en France ; mais cet artiste était né à Bruxelles en 1602. — Nous ferons la même observation pour les Clouet.

(1) Dans les *Nouvelles Archives de l'art français* (année 1876, p. 442 et suiv.), nous avons donné des notes biographiques assez étendues sur cet artiste.

quel on a enlevé la peau, qu'on a écorché, afin de pouvoir étudier la myologie. L'étude de l'écorché est indispensable au dessinateur, c'est une des plus importantes. Divers artistes ont fait des statues en écorché ; les deux modèles les plus célèbres sont ceux de Michel-Ange et de Houdon, l'un accroupi, l'autre debout. Aujourd'hui on moule beaucoup de fragments d'écorché sur le cadavre même.

ÉCOT. — Ce terme du blason sert à indiquer un tronc d'arbre ou une forte branche sur lesquels on a retranché les menues branches.

ÉCRAN. — Petit meuble d'appartement qui sert à garantir du rayonnement du feu ou de la trop grande chaleur. Les écrans sont à coulisse, portés sur des pieds, et, grâce à une vis de serrage, on peut les monter ou les abaisser plus ou moins. On fait également des cy-

Fig. 350. — Écran de main.

lindres en bois, plus ou moins bien travaillés, desquels s'échappent un rideau de soie ; ces écrans se placent sur la tablette de la cheminée. Enfin il existe des écrans de main : ce sont des espèces d'éventails, comme le montre notre figure 350. Les écrans de cheminée en bois sculpté et doré, dont le milieu est en tapisserie au petit point, valent 1,000 et 1,200 francs ; ceux en gobelins atteignent encore des prix plus élevés. Voici quelques prix. Vente San Donato. — N° 64. Feuille d'écran en faille blanche, brodée de gerbes de fleurs et de fruits de diverses couleurs au milieu desquelles voltigent des papillons et des oiseaux (Florence, XVIᵉ siècle). Hauteur, 1^m,15; largeur, 0^m,80. 230 lires. — N° 1670. Écran chinois à monture de bois de fer découpé à jour, contenant une feuille en ancien émail cloisonné à fleurs et oiseaux, dans un encadrement en bois de santal et de plaquettes de pierre de lard à ornements sculptés et découpés à jour. Hauteur, 0^m,79 ; largeur, 0^m,99. 610 lires. — N° 1679. Grand écran chinois en bois de fer découpé à jour, reposant sur deux chimères, avec feuille de soie brodée représentant des oiseaux et des volatiles dans des arbustes. Hauteur, 1^m,89 ; largeur, 1^m,17. 630 lires. — N° 1630. Écran en fer forgé et battu et cuivre battu, modèle dit *de Cluny*, supportant une oriflamme en très beau satin vert français du temps de Louis XV, à raies de satin blanc broché de feuillages d'or et de fleurs de soie de couleurs et d'argent, et à rinceaux d'or avec fleurs de soie de couleurs et des paillettes. Au revers, brocart vénitien du temps de Louis XIII, broché d'or et de soie de couleurs. Hauteur du support, 1^m,39; hauteur de l'oriflamme, 0^m,90 ; largeur de l'oriflamme, 0^m,57. 700 lires.

A la même vente, deux écrans de main et deux chasse-mouches (n° 302) se sont vendus 37 lires. Les manches étaient en ivoire sculpté et les écrans en plumes.

Vente L. Double. — N° 391. Écran en bois sculpté et doré à ornements rocaille, garni d'une tapisserie de Beauvais représentant un trophée d'instruments de musique surmonté d'une couronne de fleurs. Hauteur, 1^m,10 ; largeur, 0^m,75. 2,800 francs.

ÉCRIN. — Boîte, coffret dans lesquels on enferme des bijoux, des armes ou des objets de prix. (Voy. COFFRET.)

ÉCRITOIRE. — Ustensile de bureau dans lequel un petit réservoir ou godet renferme de l'encre à écrire. On a fait des écritoires avec toutes sortes de matières ; nos figures 351 et 352 montrent deux écritoires dessinées par Boule. — Voici quelques prix. Vente Double. — N° 331. Écritoire en bronze

Grande écritoire en marqueterie rectangulaire, en marqueterie de cuivre et écaille rouge, garnie d'ornements en bronze ciselé et doré. Aux extrémités, bustes de suivants de Bacchus

Fig. 351. — Écritoire de Ch. Boule.

Fig. 352. — Écritoire de Ch. Boule.

ciselé et doré, modèle rocaille, ornée de trois figurines de singes musiciens ; l'un deux porte une hotte d'où s'échappe une petite branche garnie de fleurettes de porcelaine. Un écusson porte, gravées au burin, les armes de Mme de Pompadour. 1,020 francs. — N° 366.

(style Louis XIV). Longueur, 0^m,51 ; largeur, 0^m,33. 1,020 francs.

ECTYPE. — Objet en relief sorti d'un moule dans l'intérieur duquel se trouvaient des dessins en creux.

Fig. 353. — Écuelle en porcelaine de Valenciennes.

ÉCU. — A partir du XIIe siècle, ce terme sert à désigner le bouclier ; il était d'ordinaire en osier couvert de peaux et bordé d'une bande de métal. Dans toute l'Allemagne les écus étaient peints ; mais nous devons dire qu'il passe peu de ces objets dans les ventes. — Dans le blason, on nomme *écu* un carré long terminé par une pointe, et sur lequel sont placés les émaux, les pièces et les meubles. (Voy. BLASON.)

ÉCUELLE. — Vase creux fait pour recevoir la portion d'une personne. Les belles écuelles en faïence, en porcelaine, en argent, en vermeil, en or, sont pourvues d'un couvercle portant un bouton. Celui-ci peut être un chou, un artichaut, ou bien être formé au moyen d'un branchage, comme les anses ; car les écuelles portent très souvent des anses ou des oreilles pleines ou ajourées. Notre figure 353 montre une écuelle à couvercle et à anses ; elle est en porcelaine de la manufacture de Valenciennes. Suivant la matière, le travail et l'époque où elles ont été fabriquées, les écuelles sont de valeur très différente. — Vente San Donato. N° 1209. Écuelle à anses, en argent repoussé et ciselé, culot à palmettes en relief ; au centre, un cartouche entouré de feuilles ; anses en cep de vigne. Travail français du XVIII° siècle. 510 lires. — N° 1219. Écuelle à anses et plateau en argent repoussé et ciselé ; le couvercle surmonté d'un chou, bordure de guirlandes, coquilles sur fond quadrillé et graindorgé. Travail français du XVIII° siècle. 1,100 lires. — N° 1224. Écuelle avec anses et plateau en argent repoussé et ciselé ; anses à mascarons et feuilles, couvercle et plateau à cannelures contournées, feuilles de fougères et palmettes à plumes. Travail français du temps de la régence. 1,000 lires. — N° 1263. Écuelle en argent à oreilles avec dauphins et rocailles au milieu desquelles est une sorte de marguerite ; couvercle avec artichaut d'une rose tournante ; ornements gravés sur le couvercle ; plateau à contours et à oves (1754). 7,800 lires. — N° 1265. Écuelle en vermeil, modèle de Bérain à anses pleines, avec tête de Diane, volutes et feuilles ; le bouton orné d'un buste de femme, avec palmettes et ornements montants sur fond graindorgé ; bordures à fleurons, oves et ornements courants. Elle porte des armoiries ducales, ainsi que ses deux plateaux en vermeil, à bords contournés, à oves et ornements courants. Travail français. 6,000 lires. — N° 1268. Écuelle en vermeil, oreilles ajourées et couvercle surmonté d'un chou, décors de faisceaux, rosaces, oiseaux et légumes champlevés ; bordures à oves, plateau à bords contournés. Travail français du XVIII° siècle. 2,350 lires. — N° 1270. Écuelle à couvercle et à anses en forme de chérubins ; décors de pivoines, œillets et feuilles, parties dorées, parties réservées ; l'écuelle et le couvercle ornées de boules servant de supports. Travail allemand du XVII° siècle. 960 lires.

Vente Double. — N° 190. Écuelle en vermeil à deux anses plates finement ciselées, à ornements rocaille et portant en relief les armes du cardinal Farnèse. Le couvercle, décoré d'ornements gravés et de canaux creux en spirale, est surmonté d'un artichaut. Plateau oblong et à contours (armoiries gravées). Cette pièce portait le poinçon du célèbre orfèvre Thomas Germain (1680-1748), orfèvre du roi, et provenait de la vente de la reine d'Espagne. Largeur, 0^m,31. 8,100 francs. — N° 191. Écuelle Louis XV, en argent, à deux anses plates ciselées et découpées à jour ; couvercle décoré dans son pourtour d'ornements repoussés et surmonté d'un groupe de roseaux et d'une écrevisse ; plateau à bords festonnés et décorés d'oves ciselées. Largeur, 0^m,31. 3,800 francs. — N° 192. Écuelle Louis XV, en argent, à deux anses et attache du couvercle formées de branchages. Celui-ci est repoussé et décoré d'ornements ; il porte deux écussons armoriés en relief. Diamètre du plateau, 0^m,26. 2,050 francs.

Fig. 354. — Écusson en plomb représentant saint Mathurin.

ÉCUSSON. — Petit écu qui entre dans un écu d'armoiries, soit comme accessoire, soit comme pièce principale. C'est aussi un pennon d'armes plus grand que l'écu. — On plaçait anciennement des écussons sur les enseignes de pèlerinage; notre figure 354 montre un écusson en plomb de ce dernier genre, il représente saint Mathurin et divers personnages qui se découpent sur un fond de papier vélin.

EFFIGIE. — Ce terme de numismatique sert à désigner une image, une représentation, une tête gravée sur une monnaie.

EGLOMISE. — Peinture sur fond d'or exécutée sous une plaque de verre ou de cristal. Ce genre de peinture a été pratiqué depuis la fin du XIIe siècle jusqu'à nos jours.

ÉGYPTIEN (Art). — Art pratiqué par les anciens habitants de l'Égypte. Nous ne dirons ici que quelques mots de la peinture, de la sculpture et de l'architecture. — Si les habitants de l'ancienne Égypte ne furent pas de grands peintres, ils furent jusqu'à un certain point coloristes; ils possédèrent des préparations colorantes d'une solidité à toute épreuve, car après plus de quatre mille ans on a trouvé dans leurs hypogées des peintures aussi brillantes et aussi fraîches que le jour où elles avaient été exécutées. Dans ce pays, chaque classe de citoyens avait, pour ainsi dire, ses travaux spéciaux; c'était aux prêtres qu'était réservée la charge de peintres; nous avons appris par Clément d'Alexandrie que l'écrivain peintre se nommait *hiérogrammatiste* et qu'il occupait le troisième rang. — Les bas-reliefs égyptiens sont couverts plutôt d'une coloration que d'une peinture véritable. Cette sorte d'enluminure était surtout nécessaire pour la lecture des hiéroglyphes, qui, souvent placés à de très grandes hauteurs, n'auraient pu être lus, si un ton franc et tranché n'eût pas déterminé nettement le peu de saillie des formes et des personnages. Dans bien des cas cependant la peinture était purement décorative : dans la coloration des chapiteaux, par exemple, et dans les plafonds, qui, représentent toujours le ciel, étaient invariablement peints en bleu, avec un semis d'étoiles blanches ou de figures astronomiques de même couleur. Dans les statues de pierre calcaire, dans les tombeaux, de même que dans les coffres ou étuis de momies, la peinture était aussi purement décorative. Les statues granitiques n'étaient peintes que dans certaines parties, telles que les yeux, les cheveux, les ornements du vêtement et les bijoux. — En ce qui concerne la sculpture égyptienne, nous pouvons dire que son emploi dans les monuments est très curieux; elle couvrait en effet des parois entières des édifices.

Fig. 355. — Sculpture égyptienne en or.

Ces sortes de bas-reliefs ou de gravures contenaient une véritable histoire nationale gravée en signes hiéroglyphiques, et, fait curieux à noter, chaque partie du monument présentait, pour ainsi dire, un chapitre distinct de cette histoire : par exemple, sur les pylônes et les murs d'enceinte des palais et des temples, les Égyptiens ne gravaient que les faits mémorables de l'histoire nationale, et tout ce qui se rattachait aux travaux des champs et aux progrès de l'agriculture ; sur les murs des temples, au contraire, on ne lisait que des pages sur la religion, et sur les parois des sanctuaires et sur celles de la maison des prêtres on ne gravait que les mystères de la mythologie égyptienne. Un caractère constant de la sculpture égyptienne, c'est la reproduction toujours identique des mêmes types de figures humaines, divines et chimériques ; toujours elles sont présentées dans le même ordre et portant les unes et les autres les mêmes emblèmes, les mêmes symboles. Les statues des dieux, des déesses, des rois, des reines et des prêtres, les sphinx, les lions et les béliers ont constamment la même attitude, et cette invariabilité dans les types se conserve même après la conquête. Notre figure 355 montre une sculpture égyptienne en or du musée du Louvre ; elle représente Horus, Osiris et Isis. Horus et Isis sont debout, ils étendent la main en signe de protection vers Osiris, qui est accroupi sur un dé en lapis-lazuli sur lequel on lit les cartouches d'Osorkon II, roi de la vingt-deuxième dynastie. Ce prince avait le titre de *prophète d'Ammon,* comme le fait, du reste, pressentir Osiris dans un petit discours qu'il est censé lui adresser, discours inscrit sur la partie inférieure du socle et qui est ainsi conçu : « Discours d'Osiris *Ounnowré (l'Être bon)* : Je t'accorde des fêtes trentenaires très nombreuses. Je t'accorde toute puissance et toute victoire. Je t'accorde les années du dieu *Atoum* (nom du soleil couchant) ainsi qu'au Soleil ; ô roi de la haute et basse Égypte, maître des deux pays, Soleil, force et vérité, élu d'Ammon, fils du Soleil, seigneur des levers Ousorkon, aimé d'Ammon ! » — En ce qui concerne l'architecture, on reconnaît aujourd'hui qu'aucun peuple n'a laissé des monuments qui par leurs proportions imposantes puissent rivaliser avec ceux de l'Égypte. Quand on considère ces grands et beaux monuments, on est très surpris de voir qu'un peuple qui possédait d'aussi puissants moyens et d'aussi grandes ressources pour bâtir des palais et des temples, des hypogées et des pyramides, n'ait laissé, pour ainsi dire, aucune trace de constructions privées. La raison en est cependant bien simple, nous la trouvons dans l'organisation même de la civilisation égyptienne. En effet, dans ce pays, malgré les subdivisions de la population en castes, il n'en existait en réalité que deux : la caste des rois et des prêtres, et la plèbe ; ce qui, dans notre langage moderne, pourrait se traduire par l'aristocratie et le peuple. Or la classe élevée, composée d'un petit nombre d'individus relativement à la masse du peuple, ne pouvait maintenir sa domination et assurer sa propre sécurité qu'en inspirant au peuple un souverain mépris pour cette vie éphémère qui n'était jusqu'à la mort que le prélude de la vie éternelle. Aussi les Égyptiens, ne considérant leurs maisons que comme des demeures passagères, des meubles, pour ainsi dire, les construisaient-ils en matériaux légers et de peu de durée, en joncs, en roseaux, en terre glaise, tandis que leurs tombeaux, leurs habitations éternelles, étaient faits avec les matériaux les plus durs, les plus solides, les plus durables. C'est cette idée religieuse qui a présidé à la création des deux types si différents d'architecture : l'un, celui consacré au culte et à la mort, est d'une solidité à toute épreuve, et l'autre, celui de la vie terrestre, représente le type de la plus extrême fragilité.

ÉLECTRUM. — Nom de l'ambre ou *succin* dans l'antiquité. Au moyen âge ce terme servait à désigner toute imitation de pierreries en verre émaillé. (Voy. AMBRE et le terme suivant.)

ÉMAIL. — Matière vitreuse, sorte de poudre très fine, cristalline et métallique, qui, délayée dans l'eau, forme une pâte qu'on pose sur divers métaux de différentes façons, comme nous allons le voir bientôt. Par le seul fait de l'eau qu'elle renferme, cette pâte métallique adhère aux surfaces sur lesquelles on l'applique et, quand on la soumet dans un four à une haute température, elle fait corps avec le métal. Quand celui-ci est refroidi, si l'on ajoute sur sa surface une nouvelle couche de pâte et qu'on enfourne de nouveau, l'ancienne couche d'émail s'amollit sans se liquéfier cependant et fait corps avec la nouvelle couche ; dès lors on comprend que l'artiste émailleur puisse combiner ses opérations de façon à obtenir des effets et des colorations diverses, sans crainte de mélanger et de confondre ces diverses colorations.

ÉMAIL.

HISTORIQUE. — Le mot *émail* est dérivé du latin *maltha*, qui se trouve dans Pline (XXXVI, 24), d'où l'on a fait *malthum*, *smalthum*, en italien *smalto*, enfin *esmail*, émail.

Fig. 356. — Châsse byzantine émaillée.

L'Asie paraît avoir été le berceau de l'émaillerie ; de l'Inde cet art passa en Égypte, de là en Grèce, puis à Rome, puis dans les Gaules ; de là l'émaillerie retourna à Rome, où cet art avait complètement disparu, jusqu'au siècle d'Auguste. Du IIe siècle au Ve, l'émaillerie fut presque délaissée en Europe, mais elle était encore prospère en Orient ; c'est même là que les Byzantins puisèrent les premières notions de leur fabrication, qui devait atteindre au

Fig. 357. — Émail grec.

IXe siècle à Constantinople un si haut degré de perfection. Notre figure 356 montre une châsse byzantine émaillée fond d'azur avec ornements verts et jaunes. Ce reliquaire en forme de sarcophage montre sur sa face principale les saintes femmes au tombeau du Christ. Haut. 0^m,20 ; long. 0^m,19 ; prof. 0^m,85. Collection de M. C. R. Les Grecs fabriquèrent alors des émaux pour l'Occident, mais nous n'avons que fort peu d'émaillerie de la période qui s'étend du Xe au XIVe siècle ; nous en possédons également fort peu du XIIIe siècle ; ce n'est guère qu'à partir du XIVe siècle que les collections commencent à montrer des spécimens assez nombreux. Notre figure 357 fait voir un émail grec du cabinet des antiques de la Bibliothèque nationale ; notre figure 358, une fibule romaine émaillée du musée du Louvre ; notre figure 359, un émail du XIIIe siècle.

A partir de la fin du XVe siècle, l'émaillerie

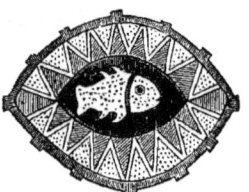

Fig. 358. — Fibule romaine émaillée.

est en pleine faveur, au XVIe siècle elle est dans toute sa prospérité, et c'est de cette belle époque de la renaissance que datent tous les progrès accomplis dans cet art. Notre figure 360 montre un superbe émail de cette époque, œuvre de Bernard Palissy (musée du Louvre),

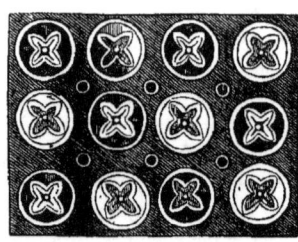

Fig. 359. — Émail du XIIIe siècle.

c'est une grande plaque rectangulaire qui représente « les Israélites devant le serpent d'airain. » Ce sujet est circonscrit dans un médaillon ovale encadré d'une ellipse ornée de canaux de couleur jaune contre lequel viennent s'appuyer les détails d'un cartouche enrichi de figures. Les entrelacs de ce cartouche sont de couleur brune et les émoulages de tons bistrés. Les coussins sur lesquels sont assis les génies des angles inférieurs sont émaillés vert, le cartouche arrondi qui les sépare est jaspé de vert, de bleu pâle et de brun sur fond blanc terne. Toutes les figures sont émaillées de ce même blanc; les vêtements sont de couleur brune ou verte. Le fond de la plaque est bleu; sa hauteur totale est de 0^m,55; sa largeur, de 0^m,42.

Fig. 360. — Émail de Bernard Palissy (musée du Louvre).

Voici quelques prix d'émaux du xvie siècle ayant quelque analogie avec celui que nous venons de décrire :

Vente de M. M***, mai 1881, hôtel Drouot. — N° 85. Grande plaque ovale, peinture en émaux de couleurs sur paillons, figures de sibylles et guerrier armé d'un glaive (xvie siècle). 1,970 francs. — N° 86. Coffret oblong à couvercle de toit composé de treize plaques peintes en émaux de couleur sur fond bleu et représentant des jeux d'enfants (XVIᵉ siècle). 3,200 francs. — N° 97. Miroir rectangulaire, plaque peinte en émaux de couleurs et sur paillons par Jehan Courtois (XVIᵉ siècle). 3,000 francs. — N° 98. Suite de trois jolies plaques rectangulaires, peinture en émaux de couleurs et sur paillons par Jehan Court, dit *Vigier*. 7,200 francs. — N° 100. Deux plaquettes et quatre bossettes, peinture en grisaille sur ton fond noir par Léonard Limosin, figures de sibylles et femmes drapées. 5,900 francs. — N° 107. Plat ovale, peinture grisaille, chairs teintées sur fond noir. Attribué à Pierre Raymond (XVIᵉ siècle). 4,200 francs.

TECHNIQUE ET CLASSIFICATION DES ÉMAUX. — Nous diviserons les émaux en cinq classes ou catégories afin d'apporter un peu d'ordre dans les dénominations suivantes souvent mal appliquées : émaux cloisonnés, champlevés, en taille d'épargne, en basse-taille, émaux incrustés, émaux de plitte ou de pliques, etc. Voici nos cinq divisions : 1° émaux en taille d'épargne et émaux de niellure ; 2° émaux cloisonnés ; 3° émaux de basse-taille ; 4° émaux mixtes ; 5° émaux peints. Enfin nous terminerons cet article en disant quelques mots sur la lave et la terre émaillées.

1° *Émaux en taille d'épargne*. — On désigne ainsi les émaux qui sont placés dans de petites cellules taillées dans le métal ; on a donc épargné sur les bords des figures de petits filets qui retiennent l'émail dans les compartiments formés par ces filets. Voici comment l'artiste opère : il décalque son dessin sur la surface unie du métal ; puis, au moyen de burins, d'échoppes et de ciselets, il évide ce métal en ne réservant, en n'épargnant que les filets du contour : c'est une vraie gravure typographique. Les petits évidements sont remplis de pâte d'émail de diverses couleurs suivant l'effet que poursuit l'artiste. Ces émaux, portés dans le moufle, s'amollissent à une haute température et remplissent les alvéoles creusés dans le métal et aplanissent sa surface. On désigne également ce genre d'émail sous le terme d'*émail champlevé*. — Quand les émaux gravés en taille d'épargne sont émaillés en noir, on les nomme *émaux de niellure*, parce que le *nielle*, c'est-à-dire un mélange d'argent, de soufre et de plomb, était toujours confondu avec l'émail noir.

2° *Émaux cloisonnés*. — Émaux faits au moyen de petites cloisons disposées sur la surface d'une plaque. Voici comment on procède : l'artiste, après avoir tracé sur sa plaque à l'aide d'une pointe le dessin qu'il désire exécuter, prend de petites lames de métal d'une hauteur proportionnée à la grandeur de la pièce (ces lames mesurent de 1 à 4 millimètres de hauteur) ; il fait suivre à ces lames les contours de son dessin, en ayant soin de les fixer sur la plaque avec de la cire. Quand la pose de lames est terminée, il les soude à la plaque ; celle-ci est alors dite *cloisonnée*. On voit que les cloisons remplacent dans ce procédé les cloisons d'épargne. Il distribue ensuite dans le réseau de la plaque autant de poudre d'émail qu'il en faut pour les emplir, puis il les enfourne afin d'opérer l'amollissement du fondant et des oxydes métalliques. Quand la plaque est refroidie, il en polit la surface et obtient ainsi un dessin dont tous les contours sont délimités par un filet métallique brillant, en cuivre, en argent, en or, suivant que les lames sont faites avec l'un ou l'autre de ces métaux.

3° *Émaux de basse-taille*. — Ce genre d'émaillerie est de beaucoup le plus artistique et le plus important, car l'art du graveur et du peintre s'y confondent pour obtenir les plus brillants effets. Voici comment on procède : l'artiste fixe une plaque d'or et d'argent assez solidement pour lui permettre de résister à l'impulsion de l'outil ; il trace sur cette plaque son dessin, puis il grave et cisèle la composition en relief en lui donnant le plus de finesse possible. Ceci terminé, il étend sur sa plaque les pâtes d'émail par grandes teintes plates ; la chaleur du moufle fait entrer en fusion les émaux et leur donne le brillant et la transparence de pierres précieuses. Nous venons de dire que l'artiste n'emploie que des teintes plates ; mais la plaque, étant une sorte de bas-relief, donne aux émaux plus ou moins de couleur suivant que ceux-ci se trouvent appliqués sur des portions plus creuses ou plus saillantes.

On voit par là combien un artiste peut obtenir de brillants résultats.

4° *Émaux mixtes*. — On désigne ainsi les émaux qui sont faits avec le concours de plusieurs procédés ; par exemple, certaines parties sont niellées, d'autres sont en basse-taille, d'autres champlevées, etc. Ainsi, par exemple, dans une plaque taillée en épargne, certaines parties du vêtement, les ornements, si l'on veut, peuvent être cloisonnées, et les bijoux, les objets mobiliers, peuvent être exécutés en basse-taille.

5° *Émaux peints*. — Ces émaux sont faits absolument comme une peinture à l'huile, seulement les procédés sont différents. Voici comment procède le peintre sur émail : après avoir arrêté sur sa plaque le dessin qu'il désire produire, il étale avec un pinceau les différents émaux, puis il enfourne sa plaque pour opérer leur fusion ; il peut même faire des retouches, c'est-à-dire placer après coup de nouvelles couches d'émail.

Lave émaillée. — Dès 1827, M. Mortelèque a eu l'idée de substituer aux plaques métalliques de la lave de Volvic pour étendre de l'émail. Celui-ci s'incruste parfaitement dans les petites cavités de la lave et y adhère fortement. Ce genre de peinture peut braver, pour ainsi

Fig. 361. — Terre cuite émaillée (art hindou).

dire, les intempéries de l'air. On peut donner en outre aux panneaux et aux bandes de lave, pour frises, de grandes dimensions, ce qui permet d'éviter des joints et des raccords fréquents. Un céramiste distingué, M. A. Jouve, fabrique dans ses ateliers du boulevard Saint-Jacques des panneaux de lave de très grandes dimensions. — Nous pouvons citer à Paris divers édifices dans lesquels la lave émaillée a été employée, notamment à l'église Saint-Leu, dans la cour de l'École des beaux-arts, dans le porche de l'église de Saint-Vincent de Paul.

Terre cuite émaillée. — L'art d'émailler la terre cuite remonte à une très haute antiquité. Le petit panthéon égyptien est souvent représenté dans les collections par une série de petites figurines en terre émaillée, dont quelques-unes sont remarquables. Le plus souvent ces figurines sont faites avec des pâtes colorées en bleu, en vert tendre et d'autres couleurs ; elles sont enduites d'une couverte, comme la faïence, ou d'un bel émail. Elles semblent pour la plupart avoir servi d'amulettes ou de pendeloques à des colliers. Notre figure 361 reproduit une terre cuite émaillée hindoue.

ÉMAIL ALLEMAND. — Émail fabriqué en Allemagne ; mais ce pays n'a jamais eu une grande réputation pour son émaillerie.

ÉMAIL D'ANGLETERRE. — Les orfèvres anglais, dès une date très reculée, appliquèrent l'émail à leur orfèvrerie ; ils firent même des œuvres remarquables dans ce genre ; mais pour la grande émaillerie, pour des plaques tombales notamment, ils s'adressaient à Limoges.

ÉMAIL D'ARAGON. — Ce genre d'émail est peu connu ; il en est fait mention en 1380 dans l'inventaire de Charles V : « Une pomme à chauffer mains en hiver blanche à esmaulx d'Arragon. »

ÉMAIL D'AZUR, ÉMAIL COLOMBIN, ÉMAIL TURQUIN. — Émaux bleu d'azur, gris perle, couleur de pigeon, et bleu couleur de marbre turquin.

ÉMAIL BLANC. — Cet émail, surtout celui de Naples, avait une assez bonne renommée ; il dut faire son apparition vers le milieu du XIIIe siècle, il est cité dans divers inventaires dès 1380 (inv. de Charles V). — Vente San Donato. N° 89. Trois plateaux en émail blanc de Naples, à décors argentés en relief, des dimensions moyennes suivantes : longueur, 0^m,38 ; largeur, 0^m,25, se sont vendus 350 lires.

ÉMAIL CHEU, ÉMAIL PAR PIÈCES, ÉMAIL SERTI. — Émaux faits par petits morceaux, par petites pièces, puis soudés et réunis ensemble, sertis (sartis, sardis), pour composer une grande pièce.

ÉMAIL ITALIEN TRANSLUCIDE. — Émail fait en Italie par le procédé de *basse-taille* (Voy. ci-dessus *Émaux de basse-taille*) et dont la transparence des tons laisse voir les tailles et la gravure du fond.

Vente San Donato. — N° 380. Suite de dix-sept émaux translucides du XVe siècle sur or, dont huit de forme rectangulaire représentant le Christ en croix, la Vierge, les évangélistes et deux anges ; huit autres de forme circulaire, des têtes de chérubins, et le dix-septième, de forme ovale, la communion des anges ; tous en parfait état de conservation. 10,300 lires. — N° 713. Émail italien en grisaille représentant la Nativité d'après Leandro Bassano ; longueur, 0^m,18 ; largeur, 0^m,075. 360 lires.

ÉMAIL DE LIMOGES. — Limoges à toutes les époques a fabriqué des émaux ; dès le XIIe siècle ses fabricants répandirent leurs produits dans une grande partie de l'Europe, et, s'ils ne fabriquèrent pas l'émaillerie d'orfèvrerie avec autant d'art que les Anglais, les Italiens et d'autres peuples, Limoges fabriqua la grande émaillerie comme aucune autre contrée.

Vente San Donato. — N° 673. Émail de Limoges représentant la trahison de Judas. 1,320 lires.

Vente A. Febvre (avril 1882). — N° 158. Plaque émaillée par Pénicaud : l'Annonciation. 11,100 fr. — N° 168. Cinq assiettes émaillées par Pénicaud représentant cinq mois de l'année. 12,600 fr. (Voy. ASSIETTE.). — N° 180. Douze plaques émail de Pierre Raymond. 9,000 fr. — N° 224. Boîte émaillée en or (Louis XV) signée : Lesueur. 8,000 francs.

ÉMAIL MIXTE. — Voy. ci-dessus, § 4.

ÉMAIL DENIELLURE. — Voy. ci-dessus, § 1er.

EMBOUCHOIR. — Pièce d'un fusil qui relie le canon à l'extrémité du bois et porte d'un côté le point de mire, et de l'autre donne passage à la baguette.

EMBOUCHURE. — Partie des instruments à vent sur laquelle l'instrumentiste pose ses lèvres pour souffler. Les embouchures sont en cuivre, en maillechort, en ivoire ; elles ont la forme d'un petit entonnoir.

EMBU. — Sorte de tache qui se produit sur les tableaux peints à l'huile qui ne sont pas entièrement séchés. L'embu disparaît quand la peinture est entièrement sèche et qu'on la vernit.

ÉMERAUDE. — Corindon hyalin vert. Une belle émeraude doit être d'un beau vert de pré, translucide et très pur. Cette pierre était connue dans l'antiquité, qui a utilisé des émeraudes de dimensions tout à fait inconnues de nos jours. Le moyen âge et la renaissance ont également utilisé l'émeraude dans une large mesure ; nous la voyons figurer dans bien des descriptions ainsi que dans des inventaires, notamment dans ceux du duc d'Anjou, du duc de Berry et de Charles-Quint (1349, 1360, 1416 et 1536).

EMPENNÉ. — Terme de blason qui qualifie un javelot ou un trait ayant ses ailerons ou *pennes*.

ENCASTAGE. — Opération qui consiste à placer les pièces de faïence dans des *cazettes* ou étuis en terre pour les protéger contre l'action directe du feu et contre les coups de celui-ci.

ENCASTRÉE. — On nomme *médaille encastrée* celle qui est formée par la tête d'une médaille et le revers d'une autre; c'est une pièce fausse.

ENCAUSTIQUE (Peinture a l'). — Voy. Peinture.

ENCENSOIR. — Ustensile du culte dans lequel on brûle de l'encens. Chez les Hébreux, c'était une sorte de coupe; chez les chrétiens,

Fig. 362. — Encensoir en vermeil.

c'est un vase avec un couvercle ajouré et pourvu de chaînes qui servent à le porter et à le balancer pour tenir incandescents les charbons placés dans ce vase et sur lesquels on jette l'encens. — Notre figure 362 montre un encensoir en vermeil qui fait partie du trésor de la cathédrale de Barcelone; ce petit meuble religieux a été fabriqué, ainsi qu'un grand et un petit ostensoir du même trésor, du temps de Ferdinand et d'Isabelle, bien que les vrais Catalans fassent remonter beaucoup plus haut la fabrication de ces objets. Au mot Ostensoir, le lecteur pourra voir le grand ostensoir que nous venons de mentionner.

ENCOIGNURE. — Petit meuble d'appartement qui se place dans les angles des pièces, dans les coins; d'où son nom. Ce sont en général des meubles à un seul corps et arrondis sur le devant; ils sont à un ou à deux vantaux, suivant leurs proportions; ils ont une tablette de marbre, quelquefois ils sont surmontés d'une étagère à deux ou trois tablettes. Il existe des encoignures en bois de noyer, en acajou, en palissandre, en poirier, en bois de rose; elles sont unies, sculptées, plaquées ou marquetées, décorées de bronzes dorés et ciselés.

Vente Double. — N° 339. Deux encoignures (style Louis XV) en ancien laque de Coromandel, décorées de sujets familiers peints en couleurs sur fond noir et garnies d'encadrements et de chutes, en bronze ciselé et doré, composés d'ornements rocaille et de feuillages; dessus en brocatelle d'Espagne. Largeur, $0^m,85$; profondeur, $0^m,64$. 5,700 fr.

N° 342. Deux encoignures (style Louis XVI) en bois d'acajou, garnies de moulures, d'encadrements et de fleurs de lis en bronze ciselé et doré; porte à un vantail; tiroir au-dessus de la porte; tablette dessus en marbre blanc. Ces meubles étaient signés Riesener. Largeur, $0^m,60$; profondeur, $0^m,70$. 3,200 fr.

ENCOLLAGE. — Couche de peinture à la colle que l'on étend sur les bois et les plâtres pour les préparer à recevoir d'autres peintures.

ENCRE DE CHINE. — Encre en bâton qu'on délaie avec de l'eau dans un godet afin de pouvoir s'en servir. On fait avec cette encre de beaux dessins dits *dessins à l'encre de Chine*; ce sont des aquarelles monochromes. Ce genre d'encre nous vient de la Chine; d'où son nom.

ENCRIER. — Vase dans lequel on met de l'encre. Ce terme est synonyme d'Écritoire. (Voy. ce mot et les figures qui l'accompagnent.)

ENFOURNEMENT. — Action de mettre dans un four. On enfourne les poteries, soit à

ENQUERRE. — Dans le blason, les armoiries de couleur sur couleur, de métal sur métal,

Fig. 363. — Enseigne en fer.

Fig. 364. — Enseigne d'auberge de la Forêt-Noire.

cru, soit après leur *encastage*, c'est-à-dire après les avoir enfermées dans des *cazettes* ou étuis pour les préserver des coups de feu.

sont dites *armes en enquerre*. Comme elles sont contraires à l'art héraldique, il y a lieu de *s'enquérir* pourquoi on les porte ; d'où leur nom.

Fig. 365. — Enseigne d'auberge de la Forêt-Noire.

ENSEIGNES. — Nous n'avons à mentionner ici que les enseignes en ferronnerie, les seules qui se vendent dans le commerce de la curiosité. Ce sont des sortes de potences en fer décorées d'enroulements et de rinceaux. — Notre figure 363 montre une enseigne que nous avons dessinée dans un petit village du département de l'Oise; nos figures 364 et 365, des enseignes d'une auberge de village de la Forêt-Noire. Exécutées par des gens du pays, ces enseignes sont loin de présenter des types de composition aussi large que les enseignes qu'on voit dans certaines villes allemandes, à Nuremberg par exemple. Suivant la richesse de leur décoration, ces œuvres de ferronnerie se vendent 0 fr. 20, 0 fr. 25 ou 0 fr. 30 le kilogramme.

ENTRE-DEUX. — Petit meuble en marqueterie, en bois de rose, en noyer, en ébène, en acajou, etc., garni souvent de bronzes ciselés et dorés; on le place entre deux fenêtres; d'où son nom : c'est une sorte de petite CONSOLE. (Voy. ce mot.) — C'est aussi le nom d'une dentelle qu'on pose entre deux autres dentelles ou entre des bandes de tulle ou de batiste, etc.

ENTRE-TAILLES. — Dans la gravure sur bois ou sur cuivre, on nomme *entre-tailles* des tailles courtes qu'on intercale entre deux tailles. (Voy. GRAVURE.)

ÉOLINE, ÉOLODICON. — Voy. ÆOLINE.

ÉPARGNE (TAILLE D'). — Voy. ÉMAIL, § 1ᵉʳ.

ÉPAULIÈRE. — Partie de l'armure qui défend l'épaule.

ÉPÉE. — Arme offensive; c'est l'arme noble par excellence. Elle comprend deux parties distinctes : la *lame* et la *poignée*. La lame se subdivise elle-même en *soie, talon, corps de la lame* et *pointe*. — La soie est la partie qui s'emmanche dans la poignée; elle est toujours droite. — Le talon, partie la plus large de la lame, porte des gorges d'évidement plus ou moins longues; ces gorges, ou *gouttières*, sont des filets creux souvent accouplés, placés soit sur le milieu, soit sur les deux côtés du talon. — Le corps de la lame va en se rétrécissant graduellement jusqu'à la pointe. Celle-ci, toujours aiguë dans les épées de ville, l'est fort peu dans les épées d'armes. — La poignée de l'épée comprend le *pommeau*, la *fusée*, les *quillons*, les *gardes simples*, *doubles* et quelquefois *triples*, les *contre-gardes*, les *pas-d'âne*, l'*écusson* et les *branches*. — Le pommeau est la boule qui termine la fusée, de laquelle il est indépendant. — La fusée est la partie que la main saisit, *empoigne*. — Les quillons sont des branches transversales qui forment une croix avec la fusée et la lame. — La garde et la contre-garde sont deux plaques de fer, plates ou concaves, pleines ou ajourées, placées de chaque côté de la fusée et perpendiculaires à son axe; la garde est placée en dehors et la contre-garde en dedans. Celle-ci, au lieu d'être une plaque, est souvent formée de plusieurs branches : deux, trois, quatre et quelquefois cinq. — Le pas-d'âne est formé par deux anneaux qui partent des quillons et se recourbent vers la lame, mais dans le plan de celle-ci. — L'écusson est le point où les deux quillons se rejoignent contre la fusée; il fait partie de ceux-ci et souvent il affecte la forme d'un écusson héraldique. — Enfin les branches relient les gardes au pommeau de l'épée, soit directement, soit obliquement; elles sont toujours recourbées. — Notre figure 366 montre la magnifique poignée de l'épée que la ville de Paris offrit au comte de Paris le 2 mai 1841, en souvenir de sa naissance survenue le 24 août 1838, comme le porte une inscription en lettres d'or incrustée sur la partie supérieure de la lame immédiatement sous la poignée. La poignée de cette épée est dédiée à la *Force* et à la *Prudence*; c'est cette dernière que montre notre gravure. La charpente de la poignée ou forme nue est en acier fondu, forgé et sculpté, tandis que les figures et une partie des ornements sont en or repoussé et incrusté. Le milieu de la coquille est occupé par un médaillon, dans lequel on voit un jeune enfant couché sur un vaisseau : l'enfant est le jeune prince et le vaisseau symbolise la ville de Paris. Les deux femmes posées de chaque côté du médaillon sont la Fortune propice à droite et la Ville de Paris à gauche. Sur le devant de la garde on voit un coq aux ailes éployées, qui symbolise à la fois la nation française et la vigilance indispensable au guerrier. Ce coq porte sur une sorte de petit socle formé de trois pierres précieuses, un saphir, un brillant et un rubis dont les couleurs, bleu, blanc et rouge, sont celles du drapeau national. Un

Fig. 366. — Poignée de l'épée du comte de Paris.

dragon termine la garde, sa tête est adossée au pommeau d'or de la poignée qui représente la couronne du prince royal. La lame de l'épée est dédiée à la Guerre.

Après avoir décrit les différentes parties de l'épée, il ne nous reste qu'à en étudier les différents types. Dans l'antiquité, elle était de fer

La *lansquenette*, épée des lansquenets et des Suisses, est très large et très courte; elle n'a que des quillons. — Le *braquemart*, que nous

Fig. 367. — Épée de justice (fragment).

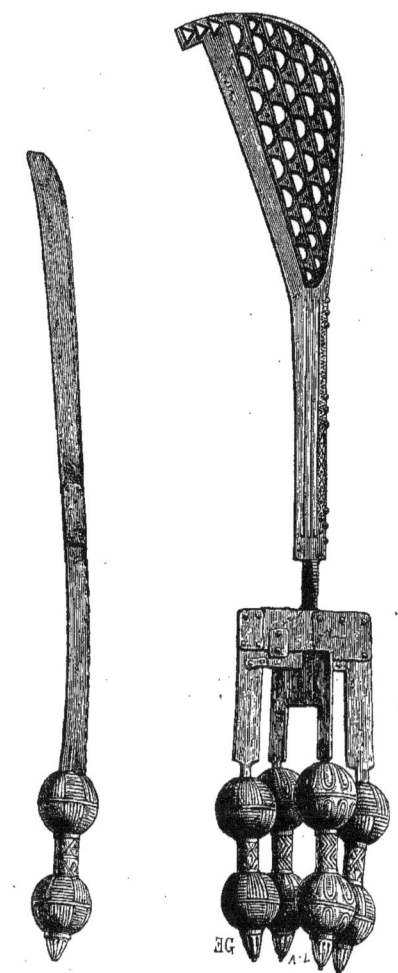

Fig. 368 et 369. — Épée et glaive des Ashantis.

ou de bronze; au moyen âge, l'épée type, pourrions-nous dire, fut l'*épée d'armes* du cavalier bardé de fer. La lame était à deux tranchants avec deux arêtes saillantes dans son milieu. — L'*estoc*, ou *épée d'arçon*, se portait suspendu à l'arçon de la selle; sa poignée, comme celle de l'épée d'armes, n'avait que les quillons, qui formaient parfois une simple garde à jour. —

avons décrit à son rang, tient le milieu entre l'épée et la DAGUE. (Voy. ce mot.) — La *rapière*, qui était l'arme de duel, à lame très effilée et souvent d'une longueur démesurée, est triangulaire ou taillée en carrelet. La belle époque de la rapière, c'est le XVIe siècle et le commencement du XVIIe siècle. La garde de cette arme, tantôt en corbeille, tantôt en berceau, défend parfaitement la main. — Les rapières célèbres sont celles d'Espagne et d'Italie. On reconnaît les premières à la forte saillie qui borde la corbeille, saillie qui empêche l'épée de glisser dessus. La rapière italienne a une corbeille plus profonde, mais sans la saillie bordante. — Mentionnons encore l'épée wallonne, les épées à pistolet, les épées de chasse, les épées à deux mains si curieuses, dont l'une à lame flamboyante était appelée *flamard*. — Certaines épées à deux mains étaient dénommées *épées de justice*, parce qu'elles servaient pour les exécutions capitales. Enfin on nommait *glaives de justice* des épées que les électeurs de l'ancien empire d'Allemagne possédaient comme signe de leur puissance temporelle. Notre figure 367 montre un fragment d'une épée de ce genre ; la poignée porte les armoiries du comte de Wied (1515-1547) ; la lame est moins ancienne, elle porte la date de 1662 et le nom de l'archevêque Maximilien-Henri. Cette épée, de 1^m,50 de longueur, est conservée dans le trésor de la cathédrale de Cologne. Nos figures 368 et 369 montrent une épée de parade et un glaive à quatre poignées d'or des Ashantis, peuple de la côte occidentale d'Afrique. Ces armes sont sans doute symboliques.

Prix. Vente Double. — N° 217. Épée avec

Fig. 370. — Éperon arabe en acier (chabir).

poignée à large garde, à double coquille en fer doré repercé à jour. La lame, longue, est finement gravée et porte une inscription dorée. Cette pièce, qui provenait de la collection de Courval, avait appartenu au maréchal d'Ancre ; elle en portait, du reste, la devise. 2,200 fr. — N° 218. Épée avec poignée à triple garde et à quillons droits, incrustée d'argent, à mascarons, têtes d'enfants, rosaces et ornements. La lame portait le nom d'Hernanès (XVIe siècle). 1,050 fr. — N° 219. Épée avec poignée à triple garde en cuivre doré et incrusté de médaillons ronds, renfermant des médailles antiques flanquées de figurines d'enfants en relief (XVIe siècle). 680 fr. — N° 220. Épée à poignée triple garde et à quillons droits à fermoir avec pommeau cannelé (XVIe siècle). 500 fr. — N° 240. Épée à deux mains à lame flamboyante, et à poignée à longs quillons droits unis. 240 fr.

Vente San Donato. — N° 420. Épée française du XVIe siècle, à garde en fer battu ciselé et partiellement doré. La fusée est garnie de fil de laiton. La lettre *B* se lit au bas de la garde, et le haut de la lame porte des deux côtés, gravée dans un creux, l'inscription : HONNI SOIT-IL. Longueur totale, 1^m,16. 1,220 lires.

ÉPERON. — Petite branche de métal qui s'adapte de diverses façons aux talons d'une chaussure ; elle est armée d'une pointe ou d'une sorte de roue étoilée nommée *molette*. L'éperon sert à exciter le cheval. Notre figure 370 montre un éperon arabe en acier (*chabir*) avec incrustations de cuivre et d'argent ; il est extrêmement dangereux pour le cheval ; les Maures l'ont introduit en Afrique.

ÉPI. — Ornement d'architecture imaginé par les architectes du moyen âge pour donner plus de sveltesse et d'élégance aux clochetons, aux pinacles, aux toitures en tourelle et en général à toutes les toitures. On les plaçait sur les poinçons des charpentes. Les épis en plomb et en faïence vernie ont seuls de la valeur ; ils valent de 120 à 130 fr., s'ils sont du XVIᵉ et du XVIIᵉ siècle.

ÉPIEU. — Sorte de bâton orné d'une pointe en fer qui sert à la chasse du sanglier. Si nous mentionnons ce terme dans ce Dictionnaire, c'est qu'on nomme souvent à tort *épieu* un couteau de chasse, ce qui est tout différent. (Voy. COUTEAU, fig. 311.)

ÉPINETTE. — Ce terme, dérivé de l'italien *spinetta*, sert à désigner un instrument de musique à clavier qui a été le précurseur du clavecin et du piano ; car au XVIIᵉ siècle on inventa une *épinette à marteau*, c'est-à-dire dont les cordes étaient frappées par des marteaux. (Voy. CLAVECIN.)

ÉPINGLE. — Petit ustensile de toilette en métal qui sert à fixer et à réunir les parties d'un vêtement. Les épingles servent encore à maintenir les coiffures et à piquer dans les cheveux des fleurs, des dentelles et autres. A

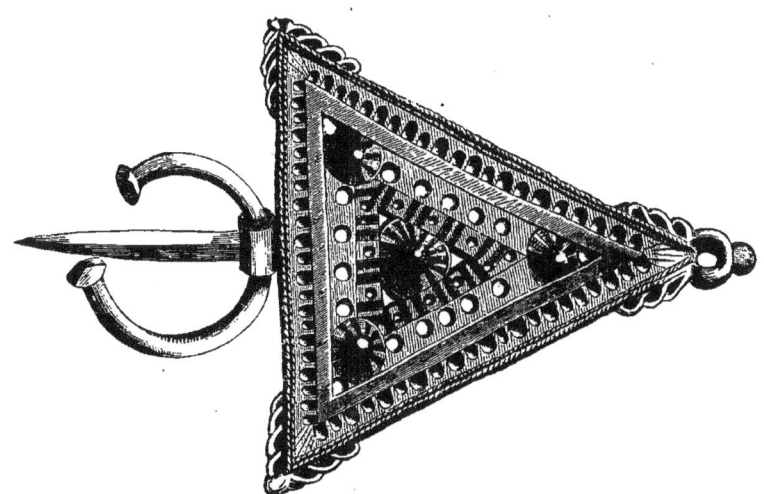

Fig. 371. — Épingle de femme touareg (argent ciselé).

toutes les époques, les hommes et les femmes ont fait usage des épingles. Aujourd'hui les bijoutiers et les joailliers fabriquent des épingles d'un grand prix. (Voy. BIJOU.) Notre figure 371 montre une épingle de femme touareg qui lui sert à fixer une sorte de péplum sur ses épaules ; elle emploie pour cela deux épingles-agrafes dans le genre de celle représentée par notre figure ; elles sont réunies par le sommet au moyen d'une cordelette en cuir.

ÉPREUVES. — Voy. GRAVURES.

ÉPROUVETTE. — Sorte de pistolet, muni d'un cran à ressort, qui sert à mesurer la force expansive d'une poudre.

ESCABEAU. — Siège en bois, généralement sculpté, à trois ou à quatre pieds, mais sans dossier.

ESCAFIGNONS. — Sorte de chaussure qui fut en usage sous Charles V ; c'étaient des souliers qui emboîtaient le pied, mais qui étaient dépourvus de liens, cordons ou boucles.

ESCARBOUCLE. — Pierre précieuse ; variété de grenat qui chez les anciens avait la réputation de condenser, pour ainsi dire, les rayons solaires et de les refléter dans l'obscurité. C'était une des douzes pierres qui ornaient le pectoral du grand prêtre des Hébreux. Son nom lui vient de *carbunculus*, charbon, parce qu'au soleil cette pierre a des reflets de charbons ardents. Il est question de l'escarbouclé dans les *Chroniques de Saint-Denis*, qui remontent, dit-on, à 1250 : « Quand il estoit courroucé (Charlemagne), ses yeux resplendissoient comme *escharboucle*. »

ESCARCELLE. — Voy. AUMONIÈRE.

ESCARPINE. — Forte arquebuse à croc dont on se servait autrefois à bord des navires. On désigne de même une petite pièce de canon.

ESCASSOTTE. — Terme du moyen âge, synonyme de *cassette*, de petite boîte. On désignait de même une *navette* à encens.

ESCAUFAILLE. — Voy. CHAUFFERETTE A MAINS.

ESCONCE. — Terme du moyen âge, dérivé du latin *abscondere*, cacher ; c'était un bougeoir couvert et qui entourait de toutes parts la flamme du luminaire pour la garantir contre les atteintes du vent. L'esconce avait un manche qui servait à la porter, ce qui la distinguait de la simple lanterne, qu'on portait suspendue à une chaîne.

ESCOPETTE. — Petit fusil dont le canon se termine en entonnoir ; il est souvent damasquiné d'or et d'argent, et son bois est incrusté d'ornements. Les escopettes espagnoles ou turques valent de 100 à 600 francs.

ESPADON. — Épée à deux mains à large lame et à deux tranchants ; quelques-unes mesurent plus de deux mètres de longueur. Il existe des espadons à lame flamboyante. Suivant leur ornementation, la beauté de la lame et la richesse de la poignée, les espadons valent de 200 à 450 et 500 fr. — Il y a des *demi-espadons*, c'est-à-dire des espadons à un seul tranchant. — Cette arme a été surtout employée au XIVe et au XVe siècle.

ESPINGOLE. — Arme à feu qui au XVIe siècle avait la forme d'un petit canon ; plus tard, vers le milieu du XVIIe siècle, ce fut une sorte de fusil de rempart ; son canon était court et évasé en forme d'entonnoir comme le tromblon, on le chargeait d'une douzaine de balles ou de chevrotines.

ESPONTON. — Sorte de demi-pique à fer gravé, portée par des officiers d'infanterie et de dragons sous Louis XIV et sous Louis XV.

ESQUISSE. — Premier jet d'une composition qu'un artiste crayonne sur le papier ou sur la toile. C'est dans une esquisse qu'on peut le mieux étudier le véritable talent d'un artiste, car il s'y montre tel qu'il est. Les esquisses sont généralement traitées avec feu, avec verve, et partout elles ont une très grande valeur, surtout celles des maîtres, qui ont souvent beaucoup plus de charme qu'un travail entièrement achevé. Notre figure 372 montre une admirable esquisse de Raphaël : une Madone avec son *bambino*. C'est bien là le plus beau type d'esquisse qu'on puisse voir : rapidité du coup de crayon, léger estompage et correction de dessin extrêmement remarquable. Nous avons choisi ce modèle d'esquisse pour bien faire comprendre et saisir au lecteur toute l'exquise saveur que comporte avec elle l'œuvre d'un maître dans ce premier état qu'on nomme une *esquisse*. — Voici quelques prix qu'ont obtenus des esquisses, à la vente de la collection Walferdin, hôtel Drouot, avril 1880 :

Esquisses de Fragonard. *Je ne le ferai plus, maman*. 700 fr. — *Dites donc, s'il vous plaît*, sépia signée en toutes lettres. 660 fr. — *Le Vœu à l'Amour*. 1,600 fr. — *Le Sacrifice de la rose*. 2,600 fr. — *Le Verrou*, première pensée de la célèbre composition si popularisée par la gravure. 4,500 fr. — *Le Lever des ouvrières en modes* (pensée première). 1,100 fr. — *L'Éducation fait tout*. 3,100 fr. — Un lot de 48 compositions pour les *Contes de la Fontaine*. 10,000 fr. — Esquisse de Boucher. *Molière dans le rôle de Pourceaugnac*. 460 fr. — Géricault. *Le Hussard à cheval*. 1,050 fr. — Greuze. *Le Paralytique*. 1,275 fr. — Wateau. *Tête de femme*. 1,520 fr. — Prudhon. Dessin exécuté pour la vignette de la Seine-Inférieure. Mise à prix, 500 fr.; **adjugé à 9,500 fr.**

Fig. 372. — Esquisse de Raphaël.

ESTAMPAGE. — Procédé à l'aide duquel on obtient des reliefs sur des métaux. On estampe le fer, le plomb, le zinc, l'argent, l'or, le platine, etc. L'estampage est un travail différent du REPOUSSÉ. (Voy. ce mot.) En effet, on estampe avec un moule ou un poinçon sur lesquels on agit par pression ou par percussion. Dans les procédés que nous venons de mentionner, c'est l'outil servant à l'estampage qui se nomme *estampe;* dans les impressions en relief ou en creux, c'est, au contraire, le résultat de l'impression, la feuille imprimée qui se nomme *estampe.* (Voy. le terme suivant.) On estampe également le cuir et diverses autres matières qui servent à la décoration. — Enfin, quand on relève dans un monument des inscriptions de tous genres ou des sculptures parfois très saillantes en ronde bosse, on procède au moyen d'estampages.

ESTAMPES. — Empreintes que donnent sur le papier, sur vélin ou sur toute autre matière, des planches de cuivre, d'acier ou de bois, après avoir été encrées, c'est-à-dire après avoir reçu une couche d'encre à imprimer. On emploie quelquefois à tort comme synonymes les mots *estampe* et *épreuve;* dans bien des cas ces termes ne peuvent être employés indistinctement l'un pour l'autre. Quelques exemples feront mieux comprendre ces deux termes. Un graveur produit une bonne estampe, l'imprimeur a tiré une bonne ou une mauvaise épreuve; il a tiré une épreuve avant la lettre, c'est-à-dire avant la gravure des inscriptions, titre, noms, etc. Ainsi un graveur peut avoir produit une belle estampe dont un imprimeur a tiré une mauvaise épreuve, et réciproquement; mais on peut dire indistinctement : *estampe* ou *épreuve avant toute lettre.* (Voy. GRAVURE.)

Prix de vente. — COLLECTION JEAN GISBERT, BARON DE VERSTALK DE SŒLEN, Amsterdam, 1851. Voici les prix de quelques pièces qui parurent très élevés aux amateurs de cette époque et qui dépassaient de beaucoup les prix atteints dans les ventes antérieures, sans en excepter ceux de la collection Dubois. Ces prix ont encore été dépassés, comme le lecteur pourra s'en convaincre en parcourant les prix que nous donnons des ventes de la collection Guichardat, de celle d'A. Firmin-Didot et de celle de His de la Salle.

Collection Verstalk de Sœlen. — *La Porte du bourg,* d'Adrien Van de Velde. 225 florins. — *Le Cheval,* de Wouverman. 275 florins. — 8 paysages de Naiwine. 245 florins. — L'œuvre de Breemberg. 400 florins. — *La Vache qui s'abreuve,* de Nicolas Berghem. 850 florins. — *Les Trois Vaches au repos,* du même. 750 florins.

C'est à cette vente que la Bibliothèque nationale acheta un portrait de *Rembrandt tenant un sabre,* 230 florins; un autre portrait de *Rembrandt dessinant,* 120 florins; *le Lit à la française,* gravé par Rembrandt, et deux gravures de l'œuvre d'Albert Durer.

COLLECTION GUICHARDAT, 12-20 juillet 1875. — Œuvre complet de J.-J. Boissieu. 15,600 fr.; — l'œuvre du même maître, en 459 épreuves de différents états. 6,700 fr.; — le même œuvre, 355 pièces de différents états, dont beaucoup à l'eau-forte pure. 5,600 fr.

L'œuvre d'Adrien Van Ostade a produit 60,000 francs.

Voici quelques prix de diverses pièces : *le Peintre,* épreuve du deuxième état, 2,600 fr.; — la même épreuve du troisième état, 1,400 fr.; — *le Violon et le petit Vielleur,* épreuve du premier état à l'eau-forte pure, 1,850 fr.; — *le Savetier,* superbe épreuve très rare, tellement rare qu'elle était d'un état qu'on n'avait pas décrit, crainte d'erreur, 1,265 fr.; — *les Fumeurs,* très belle épreuve du premier état, à l'eau-forte pure, 1,200 fr.; — *le Goûter,* à l'eau-forte pure, avant un grand nombre de travaux exécutés principalement dans le fond, 1,600 fr.; — la même, épreuve du deuxième état, 1,500 fr.; — *Boulanger sonnant du cor* pour avertir ses pratiques, 860 fr.; — *les Harangueurs,* épreuve avant les feuilles de vigne, 1,620 fr.; — portrait de *Michel-Ange Buonarotti,* épreuve avec marge par Jules Bonasone, 400 fr.; — *le Triomphe de Bacchus,* par Van Dyck, 980 fr.; — *la Vierge au singe,* d'Albert Durer, 615 fr.; — cette même estampe, vente Firmin-Didot (n° 207), voir plus loin, 600 fr.; — portrait d'*Antoine Cornelissen,* amateur de tableaux d'Anvers, par Van Dyck, 455 fr.; — *les Trois Va-*

ches au repos, épreuve du troisième état avant le nom du maître, par Nicolas Berghem, 405 fr.; — *les Hasards heureux de l'escarpolette*, d'après Fragonard, gravé par Delaunay, 408 fr.; — la même épreuve à l'eau-forte, 440 fr.; — œuvre de Frey en 306 pièces, 785 fr.; — *le Christ prêchant* ou *la Petite Tombe*, par Rembrandt, 680 fr.; — *la Mort de la Vierge*, du même, 1,025 fr.; — du même, *Mendiants à la porte d'une maison*, 1,905 fr.; — portrait de *Clément de Jonghe*, deuxième état, 440 fr.; — œuvre complet de Marcenay de Guhy, 315 pièces, 1,000 fr. — Total de la vente Guichardat : 238,976 fr.

Collection A. Firmin-Didot, hôtel Drouot, avril-mai 1877.

École allemande. — N° 105. *Ars moriendi* : Tentation diabolique, œuvre d'un anonyme (école du maître de 1466). 980 fr. Cette pièce était inconnue des iconographes. — N° 106. *Jugement de Salomon*, magnifique épreuve du premier tirage; anonyme au monogramme : B. M. (ancienne collection Gawet). 4,060 fr. — N° 107. Du même. *Descente de croix*. 500 fr. — Aldegrever. Les estampes de ce maître (des n°ˢ 114 à 132) se sont vendues depuis 11 fr. jusqu'à 120 fr.; néanmoins trois portraits se sont vendus 200, 250 et 350 fr. — Les estampes de Beham (Hans-Sebald) se sont vendues (n°ˢ 138 à 164) de 20 fr. à 86 fr. — N° 166. *Les Trois Rois*, de Jean de Cologne (XV° siècle), second état, très belle épreuve. 400 fr. — Les portraits de Dürer et ses armoiries se sont vendus de 11 à 40 fr. — Les estampes d'après les cuivres de ce même maître se sont vendues de 100 à 1,000 fr.; quelques-unes ont obtenu des prix beaucoup plus élevés. — N° 178. *Adam et Ève*, épreuve de toute beauté du premier état, qui se distingue des suivants en ce que l'écorce de l'arbre, sous l'aisselle gauche d'Adam, n'a pas encore une crevasse longitudinale de 15 millimètres de longueur, à la droite de la grande fente qui descend jusqu'au pied du tronc; papier filigrané (tête de bœuf). 3,100 fr.; tandis que la même estampe (n° 179), épreuve de tirage postérieur, s'est vendue seulement 11 fr. — N° 195. *La Vierge aux cheveux longs, liés avec une bandelette*, superbe épreuve provenant de la collection Verstalk de Sœlen. 2,420 fr. — N° 220. *Saint Eustache*, épreuve tirée sur papier à la grande couronne. 1,700 fr. — N° 221. *Saint Antoine*, épreuve rarissime (anc. coll. Verstalk de Sœlen). 1,140 fr. — N° 222. *Saint Antoine*, superbe épreuve tirée avec barbes, rarissime. 4,500 fr. — N° 237. *La Mélancolie*. 1,000 fr. — N° 271. Magnifique épreuve du portrait d'Érasme de Rotterdam. 810 fr. — Les estampes de gravures sur bois d'Albert Dürer se sont vendues de 50 à 500 fr.; beaucoup ont atteint des prix beaucoup plus élevés, notamment : N° 293. *La Vie de la Vierge*, suite de vingt estampes, première édition qui se distingue par l'absence de texte. 2,020 fr. — N° 337. *Arc triomphal de l'empereur Maximilien I*ᵉʳ, suite de quatre-vingt-douze planches réunies sur 44 feuilles in-folio, œuvre capitale, exemplaire complet de la seconde édition de Bartsch tirée après 1559, date que porte l'une des planches. 3,000 fr. — N° 341. *Char triomphal de l'empereur Maximilien I*ᵉʳ, suite de 8 planches, chefs-d'œuvre de la gravure, que l'on s'accorde à croire dessiné sur bois par Dürer, exemplaire de la première édition, texte allemand, Nuremberg, 1522, rarissime. 4,050 fr. — Les estampes de Martin Schongauer dit *Schön* (1420-1499), au nombre de 103 (n°ˢ 464 à 567), se sont vendues en moyenne 200 et 300 fr.; voici les numéros qui ont obtenu les plus hauts prix : N° 467. *La Nativité* (anc. coll. Böhm). 1,800 fr. — n° 469. *L'Adoration des rois* (anc. coll. W. Esdaile et Thiers). 1,700 fr. — N° 496. *La Mort de la Vierge* (anc. coll. Camberlyn). 2,000 fr. — N° 509. *Saint Antoine*, épreuve du premier état avant les tailles croisées dans le ciel. 1,100 fr. — N° 529. *L'Homme de douleurs*, épreuve du premier état, avant le monogramme placé sur la pierre d'appui près du bout de la draperie. 1,055 fr. — Wenceslas d'Olmütz (fin du XV° siècle). N° 571. *Christ en croix*, superbe épreuve. 1,200 fr.

École flamande et hollandaise. — Anonyme de la fin du XV° siècle. N° 579. *Le Christ en croix entre la Vierge et saint Jean*. On ne connaît de cette estampe qu'un autre exemplaire au musée de Berlin. 1,605 fr. — N° 600. S. A. Balswert, d'après Ant. Van Dyck.

Jésus-Christ recommandant sa mère à saint Jean. 2,050 fr. — N° 702. Lucas de Leyde. Portrait de *Maximilien I*er, très belle épreuve (anc. coll. Thiers). 1,720 fr. — Rembrandt van Rijn (1606 à 1669). Les estampes de ce maître sont classées dans l'ordre du catalogue de Claussin et les états sont indiqués d'après le même ouvrage. Portraits de l'artiste par lui-même. N° 718. *Rembrandt aux cheveux crépus.* 45 fr. — N° 719. *Rembrandt aux trois moustaches.* 480 fr. — N° 720. *Rembrandt avec le bonnet fourré et l'habit noir* (anc. coll. de Paar). 62 fr. — N° 721. *Rembrandt au chapeau rond et manteau brodé* (anc. coll. Daulby), quatrième état. 600 fr. — N° 722. *Rembrandt aux cheveux hérissés,* troisième état. 62 fr. — N° 723. *Rembrandt faisant la moue,* second état. 65 fr. — N° 725. *Rembrandt à la bouche ouverte,* premier état, très rare. 225 fr. — N° 727. *Rembrandt à bonnet et robe fourrés,* très belle épreuve. 200 fr. — N° 729. *Rembrandt avec une écharpe autour du cou,* troisième état (anc. coll. Robert-Dumesnil). 95 fr. — N° 730. *Rembrandt tenant un sabre.* 225 fr. — N° 734. *Rembrandt au bonnet orné d'une plume* (anc. coll. H. Dreux). 205 fr. — N° 735. *Rembrandt appuyé,* premier état avant divers travaux ; le cordon bordant la partie inférieure de la toque est plus court sur la droite ; il est coupé de 0^m,007 sur la hauteur et de 0^m,006 sur la largeur. Extrêmement rare. Magnifique épreuve (anc. coll. Verstalk de Sœlen). 5,730 fr. — N° 736. La même, second état ; épreuve signée : P. Mariette, 1667 (anc. coll. Poggi et H. Dreux). 900 fr. — N° 737. *Rembrandt dessinant,* cinquième état avant le paysage ; la manchette de la main gauche ainsi que celle de la droite sont blanches ; fort rare (anc. coll. Gawet). 1,000 fr. — Parmi les estampes de Rembrandt dites *à sujets sacrés,* nous mentionnerons les suivantes : N° 819. *Jésus-Christ présenté au peuple,* premier état avant la réduction de la planche, superbe épreuve, très chargée de barbes, extrêmement rare en cet état, tirée sur papier du Japon ; elle est restaurée dans plusieurs parties blanches en haut et en bas de la composition et doublée de papier du Japon. 2,900 fr. — N° 820. La même, troisième état. 625 fr. — N° 821. La même, cinquième état. 520 fr. — N° 814. *Jésus-Christ guérissant les malades,* estampe dite *Pièce de cent florins,* second état. 8,550 fr. — N° 822. *Les Trois Croix,* premier état avant différents travaux, avant que la planche ait été ébarbée, avant le nom de Rembrandt et l'année 1655, épreuve sur parchemin très rare. 1,100 fr. — N° 823. La même, second état avant le changement de la composition, de la plus grande rareté (anc. coll. Aylesford, Hawkins et Arozarena). 7,050 fr. — N° 828. *Ecce Homo,* extrêmement rare ; second état avant les contre-tailles sur le visage du Juif placé au-dessus de celui qui tient le roseau. 600 fr. — N° 829. La même, troisième état, superbe épreuve, 800 fr. — N° 830. *La Descente de croix,* superbe épreuve avant l'adresse de *Hendricus Vlenburgensis.* 900 fr. — N° 832. *Jésus-Christ en croix entre les deux larrons,* superbe épreuve chargée de barbes ; elle est remmargée tout autour. 500 fr. — N° 844. *Le Bon Samaritain,* premier état ; le cheval a la queue blanche, et le mur d'appui du perron est également blanc, la marge du bas est coupée ; fort rare. 1,750 fr. — N° 862. *Saint Jérôme,* premier état, où la partie de la croisée le plus près de la droite de l'estampe est moins ouverte ; extrêmement rare. 700 fr. — N° 861. *Saint Jérôme,* magnifique épreuve très chargée, de manière noire, tirée sur papier du Japon. 2,100 fr. — N° 864. *Saint François à genoux,* second état, magnifique épreuve très chargée de barbes, tirée sur japon (anc. coll. John Barnard). 2,480 fr. — Parmi les estampes de Rembrandt dites *à sujets profanes,* nous mentionnerons : N° 866. *Le Tombeau allégorique,* de la plus grande rareté, épreuve sur japon (anc. coll. John Barnard). 2,820 fr. — N° 881. *La Petite Bohémienne espagnole.* 1,960 fr. — N° 882. *Le Vendeur de mort aux rats.* 810 fr. — N° 897. *La Femme aux oignons,* second état, très rare (anc. coll. Arozarena). 950 fr. — N° 917. *Le Patineur.* 2,050 fr. — N° 941. *Le Lit à la française,* de la plus grande rareté, second état avec le nom de Rembrandt et l'année 1646 (anc. coll. J. Barnard, Hibbert et W. Esdaille). 3,010 fr. — N° 942. *Le Moine dans le blé.* 1,900 fr. — Paysages. N° 967. *Paysage aux trois arbres.*

2,000 fr. — N° 968. *L'Homme au lait*, second état, superbe épreuve, chargée de barbes (anc. coll. Camesina, Festetits et Böhm). — N° 969. *Le Paysage au carrosse*, extrêmement rare, épreuve sur japon (anc. coll. J. Barnard, Aylesford et Arozarena). 2,460 fr. — N° 970. *Le Paysage aux trois chaumières*, troisième état. 1,000 fr. — N° 981. *La Chaumière et la grange aux foins*. 1,420 fr. — N° 985. *Paysage aux deux allées*, second état. 1,980 fr. — N° 990. *La Campagne du peseur d'or*. 1,100 fr. — N° 994. *Le Paysage à la barrière blanche*. 3,000 fr. — N° 996. *Le Paysage au canal* (anc. coll. Mecklembourg). 3,700 fr. — N° 997. *La Maison aux trois cheminées* (anc. coll. W. Esdaille). 2,150 fr. — Portraits d'hommes : N° 1016. *Ansloo*, ministre anabaptiste, second état, non décrit. 1,010 fr. — N° 1024. *Haaring* (le vieux), magnifique épreuve. 2,900 fr. — N° 1026. *Haaring* (le jeune), second état où l'on n'aperçoit point distinctement le rideau et les mains du personnage. 1,400 fr. — N° 1029. *Lutma* (Jean), orfèvre, second état avant la croisée et les noms de Lutma et de Rembrandt (anc. coll. Franck et Camberlyn). 3,900 fr. — N° 1031. *Asselyn* (Jean), peintre, premier état avant le chevalet dans le fond (anc. coll. Franck, Durand et Camberlyn). 1,000 fr. — N° 1033. *Bonus* (Ephraïm), médecin, dit *le Juif à la rampe*, second état. 1,550 fr. — N° 1037. *Utenbogaerd*, premier état (anc. coll. Fries et Marshall). 6,500 fr. — N° 1045. *Six, le bourguemestre*, second état avant le nom dans la marge à gauche : *Jean Six Æ*. 29; à droite l'année 1647, avec les chiffre 6 et 4 retournés, magnifique épreuve d'un ton velouté (anc. coll. Arozarena). 17,000 fr. — N° 1085. *Nègre blanc*, très belle épreuve, avant que le fond ait été nettoyé. 3,005 fr. — Portraits de femmes : N° 1086. *La Grande Mariée juive*. C'est le portrait de la femme de Rembrandt, premier état. 4,005 fr. — N° 1087. La même estampe, où la tache noire qui se trouve sur la partie claire de la joue gauche est très apparente. 1,500 fr.

École française. — Estampes gravées d'après Baudouin (Pierre-Ant.). N° 1179. *L'Enlèvement nocturne*, par N. Ponce. 225 fr. — N° 1187. *Rose et Colas*, par J.-B. Simonet, second état, avant l'inscription dans la tablette et l'adresse de Basan. 155 fr. — N° 1192. *La Toilette*, par Ponce, troisième état. 255 fr. — N° 1193. La même estampe, cinquième état. 145 fr. — Estampes gravées par Abraham Bosse. N° 1195. *Éventail représentant les quatre âges de la vie*. 237 fr. — N° 1196. *Les Saisons*, suite de quatre estampes. 120 fr. — N° 1204. *La Galerie du palais*. 120 fr. — Estampes gravées d'après Boucher. N° 1210. *L'Amour ranime Aminte dans les bras de Sylvie*; *Sylvie guérit Philis de la piqûre d'une abeille*, deux pièces faisant pendant gravées par Lempereur. 52 fr. — N° 1212. *Les Amours pastorales*, suite de quatre estampes gravées par Claude Duflos. 53 fr. — N° 1232. *Jeune Fille tenant un bouquet de roses*, gravé dans le genre de Beauvarlet. 60 fr. — N° 1239. *Jupiter et Calisto*. 70 fr. — N° 1244. *Le Mariage de Psyché et de l'Amour*, gravé par J. Beauvarlet. 140 fr. — N° 1250. *Naissance et triomphe de Vénus*, gravé par J. Daulé. 60 fr. — N° 1257. *Pensent-ils à ce mouton?* gravé par Mme Jourdan. 55 fr. — N° 1274. *Vertumne et Pomone*, gravé par Aug. de Saint-Aubin. 100 fr.

Estampes de Callot. N° 1294. *La Carrière, ou la rue Neuve de Nancy*. 120 fr. — N° 1296. *Le Jeu de boules, ou la Foire de Gondreville*, premier état avant le nom de Callot. 250 fr. — N° 1299. *Vue du Louvre; Vue du Pont-Neuf, de la tour et de l'ancienne porte de Nesle*, deux pièces, second état avant l'adresse d'Israël Silvestre. 102 fr. — Eaux-fortes de Jean Cousin (vers 1501 à 1589). N° 1325. *Le Sauveur descendu de la croix*, eau-forte d'une large exécution avec signature de l'artiste. 180 fr. — N° 1326. *Bacchus et la vendange*, pièce en rond, diamètre, 0^m,12. 195 fr. — Gravure au burin d'E. Delaulne d'après Jean Cousin. N° 1327. *Moïse montrant au peuple le serpent d'airain*. 80 fr. — Gravure sur bois d'après Jean Cousin. N° 1334. *Histoire d'Esther et d'Assuérus* (Ahasvérus), cinq planches d'une suite de six estampes, in-fol. en travers; longueur, 0^m,365; hauteur, 0^m,265. 1,000 fr. Voici les sujets de cette suite devenue introuvable :

1. Festin d'Assuérus et de Vasthy;
2. Couronnement d'Esther par le roi;

3. Découverte du complot de Tharès et de Bagathan;
4. Assuérus touchant Esther de sa baguette;
5. Aman demandant grâce à la reine Esther;
6. Les fils d'Aman et ses partisans pendus.

N° 1337. Calendrier illustré. Mois de novembre, in-fol. en travers; longueur, 0m,37; hauteur, 0m,26. 295 fr. — Gérard Edelinck. N° 1351. Sainte Famille, d'après Raphaël, second état, avant les armes de l'abbé Colbert. 240 fr. — Claude Gelée, dit le Lorrain. N° 1373. Le Bouvier, troisième état, avant que l'oiseau à la droite de l'estampe ait été couvert de tailles. 225 fr. — Massard. N° 1382. La Cruche cassée, d'après Greuze. 166 fr. — J.-M. Moreau. N° 1388. La Bonne Éducation, d'après Greuze. 210 fr. — J.-Ch. Le Vasseur. N° 1397. La Laitière, d'après Greuze. 105 fr. — Malœuvre. N° 1404. La bonne Mère et l'Enfant gâté, d'après Greuze, deux pièces. 141 fr. — Eau-forte de Fragonard terminée par J.-J. Aliamet. N° 1410. La Philosophie endormie, d'après Greuze. 115 fr. — P. Mercuri. N° 1502. Sainte Élisabeth, reine de Hongrie, d'après Delaroche, épreuve sur chine. 88 fr. — R. Nanteuil. N° 1516. Moïse, d'après Ph. de Champaigne, second état avant l'adresse de P. Drevet. 156 fr. — Saint-Aubin. N° 1557. Au moins, soyez discret. 100 fr. — N° 1558. Comptez sur mes serments; Au moins, soyez discret, deux pièces faisant pendant. 195 fr. — A Duclos. N° 1560. Le Concert, d'après Saint-Aubin. 721 fr. — Tardieu. N° 1655. L'Embarquement pour Cythère, d'après Wateau. 121 fr. — L. Cars. N° 1659. Fêtes vénitiennes, d'après Watteau. 140 fr. — G. Scotin. N° 1677. Les Plaisirs du bal, d'après Wateau. 101 fr.

École italienne. — Estampes gravées par Jacopo de Barbarj, dit le Maître au caducée (fin du XVe siècle). N° 1716. Les Trois Rois. 206 fr. — N° 1717. La sainte Vierge. 160 fr. — N° 1718. L'Ange gardien. 250 fr. — N° 1719. La Fileuse. 500 fr. — N° 1724. Mars et Vénus. 710 fr. — N° 1726. La Victoire. 395 fr. — N° 1731. Saint Jean-Baptiste, gravé par Campagnola (Jules) d'après J. Bellini. 250 fr. — D. Campagnola. N° 1733. La Vierge entourée de saints. 155 fr. — N° 1734. Décollation d'une sainte. 120 fr. — N° 1735. Les Bergers musiciens, d'après Giorgione. 530 fr. — Andrea Mantegna. N° 1747. La Sépulture. 135 fr. — N° 1751. Soldats portant des trophées. 105 fr. — Da Cesena Peregrini. N° 1771. Une Femme, trois Hommes et un Satyre. 300 fr. — Giov. Ratt. del Porto dit le Maître à l'oiseau. N° 1774. Léda et ses enfants. 490 fr. — Marc-Antoine Raimondi. N° 1775. Adam et Ève, d'après Raphaël. 1,900 fr. — N° 1776. Adam et Ève s'enfuyant du paradis, d'après Michel-Ange. 280 fr. — N° 1777. Dieu ordonnant à Noé de bâtir l'arche, d'après Raphaël. 300 fr. — N° 1778. Le Massacre des Innocents, d'après Raphaël, estampe dite au chicot. 400 fr. — N° 1780. La Cène, d'après Raphaël. 500 fr. — N° 1786. La Vierge à la longue cuisse, d'après Raphaël. 160 fr. — N° 1787. La Vierge au palmier, d'après Raphaël. 500 fr. — N° 1789. Le Martyre de saint Laurent, d'après Baccio Bandinelli. 1,000 fr. — N° 1973. Lucrèce, d'après Raphaël. 1,250 fr. — N° 1797. Le Jugement de Pâris, d'après Raphaël. 800 fr. — N° 1802. Vénus, l'Amour et Pallas, d'après Raphaël. 920 fr. — N° 1803. Jupiter embrassant l'Amour; Mercure descendant du ciel; Cupidon et les trois Grâces, d'après les dessins de Raphaël pour le plafond de la villa Chigi, suite de trois estampes. 820 fr.

COLLECTION HIS DE LA SALLE, janvier 1881. — Claude Lorrain. Le Bouvier, second état. 1,650 fr. — Jean Pesne. Portrait du Poussin, épreuve d'essai. 850 fr. — Delacroix. Panthère bondissant sur un cheval noir, lithographie de toute rareté. 282 fr. — Charlet. La Nymphe de la Tamise, pièce très rare. 100 fr. — Marc-Antoine Raimondi. Orphée et Eurydice. 1,015 fr. — Du même. La Poésie, d'après Raphaël. 3,550 fr. — Œuvre de Géricault, lithographie et unique eau-forte du maître. 3,250 fr. — Œuvre de Gavarni, incomplet, 2,350 fr.

ESTHÉTIQUE. — Science toute moderne qui détermine les lois du beau dans les productions de l'art; c'est, en un mot, la philosophie de l'art qui s'applique indistinctement à tous les arts du dessin. Grâce à l'esthétique, on peut apprécier les questions d'art d'une manière générale et abstraite. Cette science se divise en trois parties principales comprenant beaucoup de subdivisions. La première partie est à la fois métaphysique et psychologique; car elle embrasse dans son ensemble l'idée du beau, de la grandeur, du sublime, de la force, de la grâce, etc., ainsi que la description et l'analyse des sentiments qu'éveillent les œuvres de l'imagination; la seconde partie comprend l'étude du beau dans la nature et dans l'art et la théorie des arts; enfin la troisième partie embrasse l'histoire générale de l'art à travers les âges.

ESTIVIAUX. — Brodequins que portaient les élégants du xive siècle; ils étaient de brocart ou de velours, ou faits d'une étoffe de soie très forte.

ESTOC. — Voy. ÉPÉE.

ESTOMPE. — Outil du dessinateur qui lui sert à modeler les ombres; il est fait avec du papier ou du cuir roulé en cylindres de diamètres divers, depuis 4 millimètres jusqu'à 10 et 12 millimètres. Ces petits cylindres sont taillés en pointe à l'une de leurs extrémités ou aux deux. Pour s'en servir, le dessinateur frotte la pointe de l'estompe dans de la *sauce*, c'est-à-

Fig. 373. — Éteignoir du xvie siècle.

dire dans une poussière fine de crayon noir; mais on estompe aussi à la sanguine et avec les crayons de couleur pour le pastel. Les dessins faits à l'aide de cet outil sont dits *dessins à l'estompe*.

Fig. 374. — Étendard de Jeanne Hachette.

ESTRAMAÇON. — Lourde épée, sorte d'épée à deux mains et à large tranchant. (Voy. ÉPÉE.)

ÉTAGÈRE. — Petit meuble composé de tablettes disposées au-dessus les unes des autres par étages; d'où son nom. Il existe des étagères ouvertes et fermées, droites et cintrées, des étagères d'encoignure, etc. Aujourd'hui les étagères servent à contenir beaucoup d'objets de curiosité de peu de valeur, des bibelots; aussi nomme-t-on *objets d'étagère* le menu fretin de la curiosité. Ce meuble est également synonyme de Dressoir. (Voy. ce mot.)

ÉTAIN. — Métal blanc comme l'argent, qui

a été utilisé pour faire de la vaisselle et des poteries. Au moyen âge, seuls les grands seigneurs et la noblesse de la cour pouvaient posséder de l'orfèvrerie. Les bourgeois ou vilains, comme peut en témoigner le *Ménagier de Paris* de la fin du XIVᵉ siècle, avaient dans leurs salles à manger ou dans leurs cuisines des dressoirs, mais ils ne renfermaient que de la vaisselle d'étain. Elle était souvent fort belle, et dans ce cas on la désignait sous cette dénomination,

Fig. 375. — Étoffe de soie du XIVᵉ siècle.

vaisselle à façon d'argent. En effet, cette vaisselle avait absolument la forme de celle d'argent. — Le potier d'étain se nommait *estaimyer*. Vers la fin du XVᵉ siècle, il s'établit entre les corporations d'orfèvres et d'estaimyers une rivalité de luxe très considérable, et les ouvriers en étain étaient si bien payés que des artistes, tels que Briot, consentirent à délaisser l'orfèvrerie pour s'adonner exclusivement à l'art d'étain et se faire potiers. Le meilleur étain venait d'Angleterre, et c'est de là que les Flamands et les Vénitiens le tiraient pour alimenter leurs fabriques. Encore de nos jours, Bruges possède des potiers d'étain qui fabriquent des produits remarquables. Il existe dans le commerce de la curiosité beaucoup de poteries

ÉTEIGNOIR. — ÉTOLE.

d'étain allemandes qui ne sont pas de prix élevés, elles valent de 60 à 80 fr. ; les belles pièces de la renaissance, d'une belle exécution, valent de 200 à 1,200 fr.

ÉTEIGNOIR. — Petit ustensile du mobilier qu'on dépose sur l'extrémité d'une bougie ou d'une chandelle afin de l'éteindre, sans crainte d'envoyer des bluettes, comme on pourrait le faire en soufflant avec la bouche. — Notre figure 373 fait voir un éteignoir en fer repoussé du XVIᵉ siècle (coll. Delaherche). —
Il est certain que l'emploi de cet ustensile remonte à une époque beaucoup plus reculée

ÉTENDARD. — Sorte d'enseigne de guerre. Notre figure 374 montre l'étendard que Jeanne Laisnée, plus connue sous le nom de Jeanne Hachette, arracha des mains d'un soldat bourguignon au service de Charles le Téméraire, pendant le siège de Beauvais en 1472 ; il est aujourd'hui conservé au musée de la ville. Cet étendard est en toile blanche fleuronnée et damassée, exécutée en double œuvre ; il ne porte

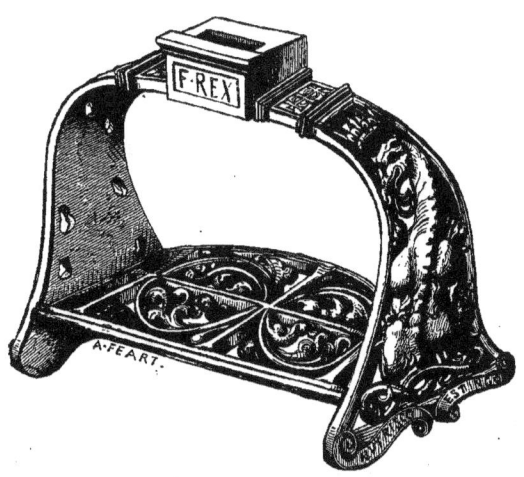

Fig. 376. — Étrier de François Iᵉʳ (musée de Cluny).

comme ornement que des peintures et des dorures assez effacées. Les jeunes filles de Beauvais le portaient autrefois en procession à la fête de saint Angodresme. Suivant le type adopté au XVᵉ siècle, cet étendard avait la forme d'un long pennon. Si son ornementation n'accusait pas une origine bourguignonne, on ne saurait en douter en lisant le commencement du mot BURGUNDIA qui se trouve inscrit après les arquebuses en croix placées à la suite de saint Laurent, qu'on voit debout tenant un gril dans sa main droite. — Les étendards n'ont qu'une valeur historique.

ÉTOFFE. — Terme générique qui sert à désigner toute sorte de tissus de coton, de laine, de soie, de crin, de jute, etc. Les seules étoffes dont nous nous occupions ici sont les étoffes pour meubles et les tentures ; les principales sont : le brocart, la brocatelle, le damas, la veloutine, la coteline, l'imberline, la certosine, le reps, l'algérienne, etc. Notre figure 375 montre un spécimen d'une superbe soie damassée et brochée du XIVᵉ siècle ; elle fait partie de la riche collection d'étoffes du Musée germanique.

ÉTOLE. — Ornement ecclésiastique ; c'est une bande d'étoffe plus ou moins riche qui se suspend au cou. Les extrémités sont élargies en forme de pelle, aussi les nomme-t-on *palles*. Les étoles n'ont une valeur marchande qu'autant qu'elles comportent des broderies, des orfrois ou des pierreries.

ÉTRIER. — Sortes d'anneaux en fer ou de tout autre métal qui pendent de chaque côté de la selle et qui servent au cavalier à appuyer ses pieds. Les étriers sont fixés à la selle au moyen de courroies, nommées *étrivières*, qui passent dans des *bielles* ou anneaux qui comportent parfois de belles plaques de recouvrement, comme dans les exemples que nous donnons ici. Notre figure 376 reproduit un des étriers de François Ier. Son arcade, basse et le fameux capitaine de la guerre de Trente Ans. Ils portent ses armes sur la plaque de la bielle (fig. 379) ; il sont en fer richement travaillé et ajouré. Ces deux types d'étriers font partie l'un et l'autre du musée de Munich. — Les beaux étriers anciens sont fort rares ; ceux en fer, arabes, orientaux, mexicains, ont une très grande valeur, de même que ceux en bronze qui proviennent de la Chine ou du Japon.

Fig. 377. — Étrier en bronze (face).

Fig. 378. — Étrier en bronze (profil).

massive, est décorée d'une salamandre au-dessous de laquelle on lit la devise du roi galant : *Nutrisco et extinguo*. La semelle de cet étrier est ajourée et d'un beau style. — Nos figures 377 et 378 montrent des étriers en bronze du XVIe siècle, c'est-à-dire de la même époque que ceux qui précèdent ; mais les premiers sont du commencement, tandis que ceux-ci sont de la seconde moitié, sinon de la fin du XVIe siècle. Nos figures 379 et 380 montrent des étriers du XVIIe siècle qui ont appartenu à Wallenstein,

ÉTRUSQUE (Art). — L'Étrurie était une vaste contrée, dont la Toscane actuelle formait le noyau central. D'où venaient les premiers habitants qui peuplèrent ce vaste pays ? A cet égard plusieurs versions contradictoires sont en présence, car l'origine des Étrusques, de même que celle de beaucoup de peuples de l'antiquité, est enveloppée d'obscurité. L'opinion la plus généralement admise est que les Étrusques ne seraient qu'une ramification de la grande race pélasgique, originaire de l'Asie.

Nous ne nous arrêterons pas plus longtemps sur cette question, qui serait ici déplacée; du reste, nous l'avons traitée ailleurs avec assez de développement. (Cf. *Dictionnaire d'architecture*, v° ÉTRUSQUE.) Nous définirons ici l'art étrusque, en disant qu'il a pris naissance et qu'il s'est développé dans l'Étrurie ancienne. Ce qui distingue surtout cet art, c'est la simplicité de ses ornements et de ses procédés décoratifs. Ce que les Étrusques affectionnaient par-dessus tout, c'étaient des palmettes, des oves, des entrelacs, des rinceaux de feuilles courants sur des fonds unis. Dans cette décoration composée toujours des mêmes éléments, les Étrusques avaient su créer une variété infinie. Suivant l'objet qu'ils décoraient, le fond était tantôt obscur, et alors l'ornement se détachait en clair; dans d'autres objets, au contraire, les ornements bruns, jaunes, ou noirs se détachaient sur un fond rouge, jaune clair ou blanc. Ce qui caractérise encore l'art étrusque, c'est l'unité que l'on rencontre dans ce style; les mêmes éléments de décoration sont partout utilisés avec une simplicité étonnante; et cependant, quand on se trouve en face d'une œuvre d'art étrusque, on ne peut se lasser de l'admirer, tant les combinaisons innovées sont variées dans leur application. Si l'on étudie un vase de terre ou de bronze, on trouve des profils divers, des ornements différemment traduits; sur celui-ci on admire un entrelacs tout différent d'un second, d'un troisième reproduits sur d'autres vases. Sur la panse de celui-ci, on voit une scène; sur la panse d'un autre, la même scène et les mêmes personnages ont des postures toutes différentes. Si l'on étudie le costume ou la coiffure, au premier abord ils semblent les mêmes, puis on aperçoit bientôt de grandes différences; les plis d'une draperie transforment le même vêtement en divers costumes. — Bien que l'art étrusque ait une grande unité, on y distingue cependant trois périodes différentes : une période archaïque ou primitive, une période secondaire, enfin

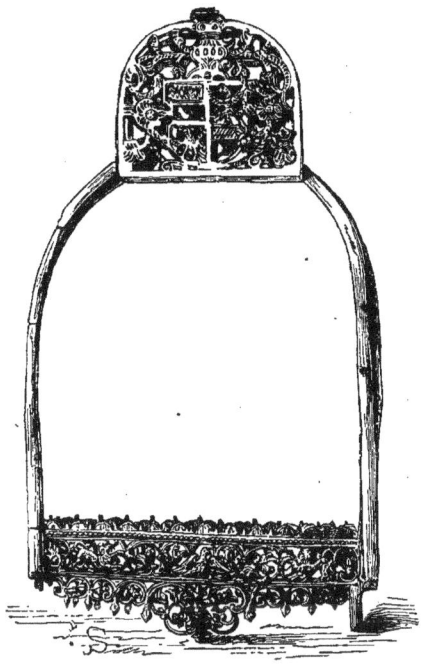

Fig. 379. — Étrier de Wallenstein (face).

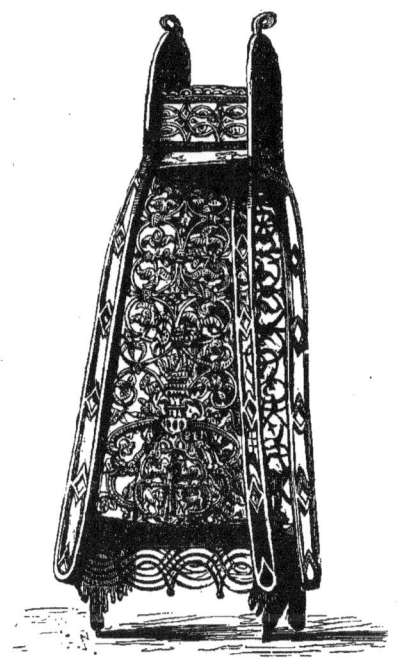

Fig. 380. — Étrier de Wallenstein (profil).

une période finale très brillante pendant laquelle ce peuple a atteint son apogée. Bien des auteurs ont appelé respectivement les deux dernières périodes, période *éginétique* et période *hellénique ;* nous pensons que c'est là une erreur, les Étrusques n'ayant rien pris aux autres civilisations, mais leur ayant donné, au contraire, des éléments et des matériaux dont quelques-uns, les Grecs par exemple, ont su tirer un admirable parti. — Les Étrusques furent également d'habiles fondeurs ; au mot BRONZE, nous avons dit que L. Valérius Flaccus avait recueilli dans une seule ville, à Vul-

Fig. 381. — Canthare en terre noire.

Fig. 382. — Cyathus en terre noire.

sinies, près de deux mille statues de bronze. Ils furent également des ciseleurs habiles ; les boucliers, les candélabres, les coupes, les miroirs, les patères, les chars qu'ils nous ont lais-

Fig. 383. — Réchaud en terre noire.

sés, témoignent surabondamment de l'habileté du ciseau de leurs artistes. Enfin, comme céramistes, on peut dire qu'ils ont produit les œuvres les plus remarquables que nous ait léguées l'antiquité : le lecteur pourra en juger par les quelques spécimens que nous donnons ici. — Nos figures 381 à 383 montrent un canthare, un cyathus ainsi qu'un réchaud étrusque en terre noire, sans glaçure. Ces réchauds, dénommés par les Italiens *focolari*, servaient à un double usage : c'étaient de simples braseros destinés à élever la température d'un local

ÉTRUSQUE (ART). 311

où on les plaçait ; ou bien ils servaient soit à chauds les plats d'un repas. Quelques archéologues ont prétendu qu'on les utilisait aussi comme plateaux pour contenir des ustensiles de toilette, ou bien que c'étaient des nécessaires

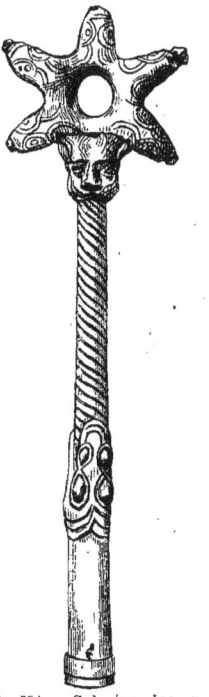

Fig. 384. — Caducée en bronze.

Fig. 385. — Caducée en bronze.

des préparations culinaires, soit à maintenir funéraires destinés aux offrandes. Ce sont là des

Fig. 386. — Cimaise de Métaponte.

suppositions qu'aucun texte n'autorise. Évidemment on a retrouvé de ces *focolari* dans des tombeaux ; l'un d'eux, dans une sépulture de l'ancienne *Clusium*, renfermait des vases de diverses formes ; mais nous n'ignorons pas que souvent, pour ne pas dire presque toujours, les anciens plaçaient auprès du défunt tous les objets qu'il avait aimés pendant sa vie.

On a beaucoup discuté sur l'origine de ces poteries noires ; les uns ont pensé que cette couleur était due à une terre spéciale, les autres à une préparation particulière qu'on faisait subir à ces vases pendant leur cuisson. C'est cette dernière supposition qui est aujourd'hui la plus généralement admise. Voici comment les Étrusques auraient obtenu ce ton noir. Quand leurs poteries étaient sèches et prêtes pour l'enfournement, au lieu de les mettre dans le four à

Fig. 387. — Vase en terre de Vulci.

la manière ordinaire, les potiers auraient placé ces vases dans des *cazettes*, remplies ensuite de copeaux et de sciure de bois ; puis ces cazettes, lutées convenablement, étaient placées dans le four. Les copeaux et la sciure de bois se carbonisaient et produisaient une fumée qui, condensée dans l'intérieur des cazettes, colorait en noir les vases. Nous ajouterons que quelques chimistes, qui ont analysé la composition de la pâte de ces vases noirs (*creta nera*), ont prétendu que cette coloration était due à la présence dans cette pâte d'oxydes de fer et de manganèse ; or ces deux oxydes ne peuvent fournir le beau noir des vases de Chiusi. Quelques archéologues ont dit aussi que la terre de ces vases était mélangée avec du bitume et du charbon. Ces deux suppositions sont également erronées, car la température de cuisson nécessaire pour ces vases aurait volatilisé le bitume et réduit en cendre le charbon. Donc, jusqu'à preuve du contraire, nous nous en tiendrons au procédé d'*enfumage* comme

PLANCHE XII. — Développement du vase fig. 388.

colorant. Les vases que montrent nos figures 381 à 383 font partie de la collection Campana (musée du Louvre). — Nos figures 384 et 385 montrent deux sortes de caducées ou

est formée par cinq têtes de serpents mordant des branches de fer dont il ne reste que des tronçons servant de support à un anneau de bronze, dont les extrémités légèrement coudées venaient sans doute buter contre la tête placée dans le haut de l'instrument. Dans la figure 385, les têtes de serpents sont remplacées par deux têtes de béliers ; on sait que cet animal est souvent l'acolyte de Mercure, dieu pasteur, et qui à ce titre intervient aussi fréquemment dans les sacrifices. — Notre figure 386 montre un fragment célèbre de la cimaise d'un temple de Métaponte. — Notre figure 387 reproduit un vase étrusque d'un très beau caractère ; mais un peu lourd de forme ; enfin notre figure 388, le vase dit *des trois Muses*, de la collection Campana (musée du Louvre). Sa forme en œnochoé indique son usage : il servait à verser le vin dans les repas.

Fig. 388. — Vase des trois Muses.

Fig. 389. — Étui à ciseaux.

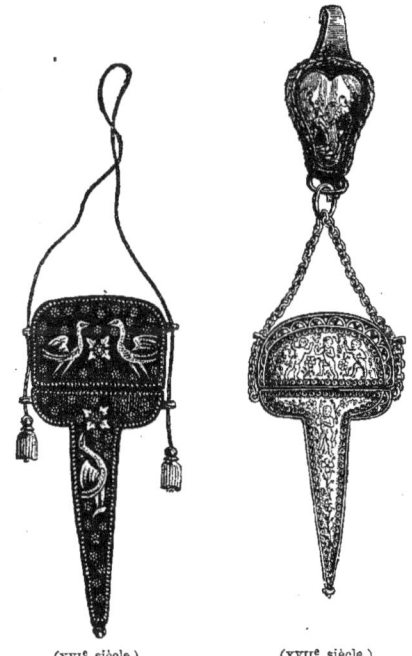

(XVIᵉ siècle.)   (XVIIᵉ siècle.)
Fig. 390 et 391. — Étuis à ciseaux.

pedum en bronze. Le premier (fig. 384), qui se termine en douille, devait porter un manche en bois ou en ivoire. La partie supérieure

Sur la panse de ce beau monument céramographique, on voit les trois personnages qui lui ont fait donner son nom : ce sont les trois muses Uranie, Calliope et Melpomène, c'est-à-dire l'astronomie, la poésie héroïque et la tragédie. Notre planche XII montre le développement de la panse de cet œnochoé. On peut, rien que dans cette planche, étudier le style étrusque ; nous trouvons, en effet, dans le haut une bordure en palmettes, dans le bas un entrelacs coupé de damiers de deux genres.

d'une partie ou d'un ensemble d'une œuvre, pour se fixer sur la manière définitive dont ils la présenteront. Les études des maîtres valent beaucoup d'argent, car souvent ce sont de belles et de bonnes ESQUISSES. (Voy. ce mot.) On désigne de même les modèles faits pour les élèves ou les exercices qu'ils font pour se perfectionner dans un art.

ÉTUI. — Sorte de boîte disposée de telle

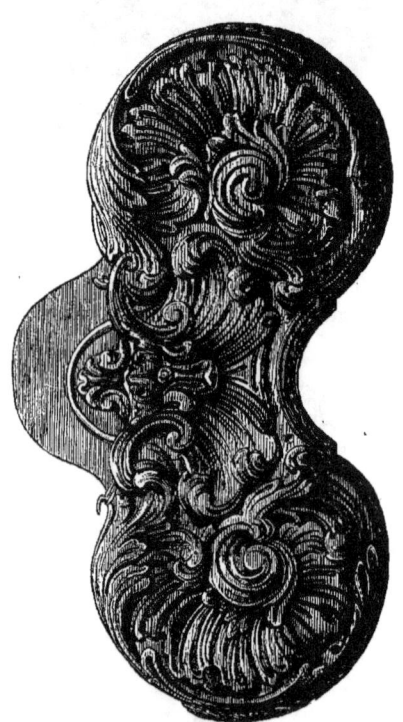

Fig. 392. — Étui à besicles (XVIᵉ siècle).

Fig. 393. — Étui à besicles (XVIIᵉ siècle).

Quant aux trois Muses, elles ont trois costumes, trois poses et trois coiffures qui diffèrent d'une manière sensible. Les profils d'Uranie et de Calliope se ressemblent bien, mais ils sont loin d'être identiques ; nous ne parlons pas de celui de Melpomène, qui est défigurée puisqu'elle souffle très fort dans une double flûte.

ÉTUDES. — Essais que font les artistes,

sorte que l'objet qu'elle renferme ne puisse se déplacer, quelque position qu'on donne à cette boîte. Souvent l'étui est une sorte de gaine. On a fait des étuis en or, en argent, en cuir gaufré, en maroquin, en galuchat, en velours, etc. Notre figure 389 montre un étui à ciseaux du XVIᵉ siècle, ayant appartenu à dame Alice de Thouais de Parthenay. On voit dans le haut de notre figure un chevalier, un genou en terre, qui offre son cœur à une dame, et sur une petite banderole on lit : *Il brvle par vos flames*. Nos figures 390 et 391 montrent deux autres étuis, dont l'un est porté par un cordon et l'autre par une chaîne et un crochet ; on les portait suspendus à la ceinture autant en guise d'ornement que comme nécessaire. Le plus ancien (fig. 390) est également du XVIe siècle ; il est en fer damasquiné d'argent en haut relief ; il représente des oiseaux. L'autre (fig. 391), qui date du XVIIe siècle, est en filigrane d'argent qui retient et enchâsse des plaques d'émail à fond blanc ; la plaque du crochet est également émaillée. Ces deux derniers étuis

Fig. 394. — Éventail (ornement par confusion).

sont de la collection A. Jubinal. Nos figures 392 et 393 reproduisent deux étuis à besicles : l'un (fig. 392) en fer gravé, du XVIe siècle, c'est un travail allemand ; l'autre (fig. 393), du XVIIe siècle, est en bois largement sculpté.

ÉVENTAIL. — Sorte d'écran portatif dont les dames se servent pour s'éventer. Il existe des éventails qui se replient sur eux-mêmes et d'autres qui sont en forme d'écran. Nos figures montrent des types du premier genre ; au mot ÉCRAN, le lecteur trouvera un modèle du second genre. Notre figure 394 fait voir un éventail dont la décoration est dite

Fig. 395. — Éventail (ornement par rayonnement).

ornement par confusion, tandis que notre figure 395 fait voir un *ornement par rayonnement*. Enfin, beaucoup d'éventails comportent une décoration générale qui embrasse la totalité de leur surface ; tel est celui que montre notre figure 396, attribué à Watteau. S'il n'est pas de ce maître, il aurait pu fort bien être signé par lui, tant il est finement rendu ; en tout cas, c'est bien une œuvre du XVIIIe siècle. A cette époque, vers 1753, on comptait à Paris cent cinquante maîtres éventaillistes, et dans le *Journal du citoyen*, livre curieux publié en 1754, nous trouvons les prix que les éventails valaient à Paris, achetés à la douzaine. Voici quelques-uns de ces prix : « Les éventails en bois de palissandre, de 6 à 18 livres ; les éventails en bois demi-yvoire, c'est-à-dire les maistre brins en yvoire et la gorge en os, de 24 à 72 livres; les éventails boys d'yvoire, de 48 à 60 livres; » et l'auteur ajoute : « Il y en a de plus chers. » Certainement le nôtre est de ceux-là, ils ne devaient pas se vendre à la douzaine. — D'autres, d'après Savary, se vendaient 30 et 40 pistoles la pièce, ce qui

Fig. 396. — Éventail attribué à Watteau.

faisait 3 ou 400 fr., car au XVIII° siècle la pistole valait 10 livres de 0 fr. 98 environ.

Vente Double. — N° 177. Bel éventail du temps de Louis XVI avec riche monture en nacre sculptée à figures et ornements rehaussés de dorure. La feuille représente une scène tirée de la *Jérusalem délivrée,* épisode de Renaud et d'Armide. 1,800 fr.

EVIDEMENT. — Creux, quelle que soit sa forme, pratiqué dans un objet. Dans une lame d'épée, par exemple, la gouttière est un *évidement.* Dans le fer ciselé, les ornements sont souvent obtenus par évidement.

EXERGUE. — Terme de numismatique qui sert à désigner dans une médaille le petit espace ménagé au bas de celle-ci, surtout au revers, et dans lequel on place une inscription, une devise, etc. — Ce terme sert aussi à désigner l'inscription elle-même.

EX-VOTO. — Objet de valeur variable qu'on dépose dans les temples, dans les églises, dans les chapelles, par suite d'un vœu (*ex voto*). — Les seules pièces exceptionnelles en or, en argent ciselés, ont quelque valeur comme objet de curiosité. Les églises d'Espagne et d'Italie renferment un grand nombre d'ex-voto.

FAC-SIMILÉ. — Imitation très exacte d'un objet, principalement d'un dessin, d'une gravure, etc. Dans le commerce de la curiosité, il se fait beaucoup de contrefaçons parfaites; ce sont de véritables fac-similés, qui imitent si bien les objets qu'ils ont copiés que souvent de fins connaisseurs s'y sont laissé prendre.

FAIENCE. — Terme générique sous lequel on comprend tous les genres de poteries vernissées ou émaillées. Ce mot dérive de *Faenza*, ville d'Italie qui a fabriqué les plus belles et les plus nombreuses faïences (majoliques) à émail stannifère.

Il n'existe pas d'objets de curiosité qui figurent sur le marché en aussi grande quantité que les faïences; aussi les collectionneurs de cet *article* sont de beaucoup les plus nombreux, c'est par centaines qu'on peut les compter, rien que dans Paris. Quant aux diverses variétés de faïences, elles sont innombrables, car à toutes les époques et chez tous les peuples on a fabriqué des faïences. Pour permettre au lecteur de se faire une idée de l'immense production des faïences dans les divers pays, et d'embrasser d'un coup d'œil l'âge des principales fabrications, nous les donnerons en un tableau résumé et chronologique :

Faïences hindoues. . . . . de toute antiquité.
 — — de la première ou de la seconde civilisation, environ 4500 av. J.-C.
 — babyloniennes assyriennes. . . . 2400 —
 — chinoises. . . . . . . 2800 ou 2200 —
 — indo-américaines. . . . . 2000 —
 — égyptiennes . . . . 1800 —
 — pélasgiques. . . . . 1000 —
Faïences helléniques, première période. . 900 av. J.-C.
 — étrusques. . . . . 900 —
 — gréco-étrusques. . . . . 850 —
 — gréco-romaines. . . . . 300 —
 — gauloises. . . . . 250 —
 — romaines. . . . . 150 —
 — gallo-romaines. . . . . 200 ap. J.-C.
 — germaniques. . . . . 300 —
 — italiennes, émail plombifère. . 750 —
 — hispano-moresques plombifères. 1200 —
 — siculo-arabes. . . . . 1300 —
 — italiennes à émail stannifère 1400 ou 1450 —
 — hollandaises. . . . . . 1480 ou 1500 —
 — françaises et belges. . . . . . . 1550 —
 — suisses. . . . . 1560 —

On divise généralement les faïences en cinq grandes familles :

1° *Terre cuite opaque à glaçure plombifère;*
2° *Terre cuite opaque à glaçure silico-alcaline;*
3° *Terre cuite opaque à glaçure stannifère;*
4° *Terre cuite translucide à glaçure composée;*
5° *Terre cuite translucide à glaçure kaolinique.*

La première famille (terre cuite opaque à glaçure plombifère) était connue des anciens; les faïences de cette catégorie sont recouvertes d'un vernis plombifère transparent; elles se subdivisent en trois genres :

a. Terre cuite opaque vernissée avec ou sans peinture;

b. Terre de pipe vernissée opaque à cassure blanche : toute la faïence anglaise est faite en terre de pipe vernissée;

c. Demi-majolique opaque plombifère des Italiens.

La seconde famille (terre cuite à glaçure silico-alcaline) était également connue des anciens; c'est une poterie imperméable qui est recouverte d'une glaçure alcaline (sel marin) qu'on évapore à une très haute température de cuisson.

La troisième famille (terre cuite opaque à glaçure stannifère) est une poterie recouverte d'un véritable *émail opaque*, c'est-à-dire composé d'un alcali (sel) d'étain et de sable. C'est l'étain (*stannum*) qui entre dans la composition de cette glaçure qui rend cet émail opaque. Cette famille de faïence se subdivise en deux catégories :

a. Terre cuite à émail stannifère ;
b. Faïence à émail stannifère et aurifère.

C'est à cette dernière qu'appartiennent les poteries musulmanes, hispano-moresques et siculo-arabes, qui possèdent ces beaux reflets métalliques stannifères, aurifères et arsénifères.

La quatrième famille (terre cuite translucide à glaçure composée), qu'on nomme *porcelaine à pâte tendre,* est en effet transparente, quand on la regarde en l'interposant entre soi et la lumière. La cassure de cette faïence est blanche, très douce au toucher et légère. On la nomme *à pâte tendre* parce qu'en effet la moindre pointe en fer peut la rayer. Cette pâte est très variable dans sa composition ; la plus ordinaire est un mélange de nitre, de sel marin (chlorure de sodium), d'alun, de soude, de sable, de craie ou de gypse et de marne ; son émail est composé de litharge, de silex, de sable et de sous-carbonate de potasse et de soude ; il entre en fusion à une température assez basse.

Enfin la cinquième famille (terre cuite translucide à glaçure kaolinique) est de la porcelaine à pâte dure, de la porcelaine proprement dite. L'émail de cette porcelaine, qui n'est pas une *couverte*, se compose de kaolin, de quartz, de calcaire et de tessons de porcelaine ; sa cuisson demande une température très élevée, aussi élevée que celle de la cuisson de la pâte où les pièces atteignent le rouge blanc. Cette porcelaine se cuit dans des enveloppes en terre réfractaire appelées *gazettes*, terme défiguré remplaçant celui de *cazettes* (petites cases).

Il ne nous est pas possible de faire ici un historique même très sommaire de la faïence ; nous nous bornerons à mentionner dans l'ordre alphabétique les fabriques les plus célèbres ; ce sont :

AMSTERDAM. — Voy. HOLLANDE, ci-dessous.

ANGLETERRE. — Faïence à émail stannifère, à Sandwich (XVIe siècle), à Lambeth (XVIIe siècle). Terre de pipe vernissée, plombifère et stannifère, à Liverpool (XVIe et XVIIIe siècles).

APT, près Avignon. — Terre cuite à émail stannifère (XVIIe, XVIIIe et XIXe siècles).

ARRAS. — Porcelaine à pâte tendre, très fine, marque A R en bleu au grand feu (XVIIIe siècle).

AVIGNON. — Terre cuite à émail stannifère (XVIIe et XVIIIe siècles).

AUXERRE. — Faïence à émail stannifère, dans le genre de la faïence commune de Nevers de la fin du XVIIIe siècle (XVIIIe siècle).

BAIREUTH. — Grès brun, orné de médaillons, de mascarons, de cartouches moyen âge et renaissance (Xe siècle jusqu'au XVIIIe siècle). — Faïence à émail stannifère presque toujours à camaïeu bleu, dessins très fins qui rappellent les dessins exécutés à la plume. Marques : BAYREUTH en toutes lettres ou K, etc. (XVe au XVIIe siècle).

BEAUVAIS. — Grès en terre cuite au vernis plombifère ; les plus anciennes faïences connues de fabrication française (commencement du XVe siècle).

BORDEAUX. — Faïence à émail stannifère, décoré dans le genre du Rouen (Voy. plus loin) (XVIIIe siècle).

BOURG-LA-REINE, près Paris. — Ancienne fabrique de pâte tendre ou de faïence translucide, produit aujourd'hui des faïences blanches, ainsi que des faïences artistiques polychromes dont les décors sont peints sur émail demi-cru. Marque de fabrique B. La R. — Quand les pièces sont signées d'un *chapelet*, c'est que les décors ont été exécutés par un artiste nommé Chapelet, qui les a marqués ainsi d'un monogramme parlant.

CASTELLANA. — Les faïences *à la Castellana* sont en émail stannifère, elles ont été fabriquées dans les marches d'Ancône à Cita Castello, et datent du XVIe siècle. Cette faïence rappelle les poteries hispano-moresques

FAIENCE. 321

à reflet métallique. Il ne faut pas les confondre avec celles de Castelli dans les Abruzzes, qui sont également en émail stannifère, mais extrêmement communes.

CLERMONT-FERRAND. — Faïence à émail stannifère qui ressemble beaucoup au Moustiers (XVIII⁰ siècle).

DELFT. — Voy. ci-après HOLLANDE.

DELHI. — Terres cuites à émail plombifère exécutées à Delhi (Inde).

FAENZA. — La pâte de Faënza est mince, assez légère, elle est recouverte d'un émail stannifère (du XV⁰ au XVIII⁰ siècle). Cette fabrique a beaucoup produit : plaques, vases, plats, potiches, vases de pharmacie, etc. Les marques sont nombreuses. Le musée de Cluny possède un plat en camaïeu bleu qui représente Diane surprise au bain.

FLORENCE. — Terre cuite à émail stannifère (XV⁰ siècle). C'est surtout la famille della

Fig. 397. — Médaillon en faïence de Luca della Robbia.

Robbia qui a fourni le plus de produits florentins. Le chef de cette famille est Luca, l'élève des orfèvres Léonard et Lorenzo Ghiberti, l'immortel ciseleur de la porte du Baptistère. Il est né vers 1400 (1388, d'après Vasari) ; il eut pour neveu et collaborateur André della Robbia, qui eut quatre ou cinq fils : Jean, Luca et Jérôme, un quatrième dont on ignore le nom, et le cinquième, Ambrosio, qui exécuta le tabernacle qu'on voit aujourd'hui à Sienne dans l'église du Saint-Esprit. Les ouvrages de Luca della Robbia sont les plus beaux qu'on puisse imaginer ; ouvrages de haut et bas relief, ronde bosse, édicules, etc., tout est marqué au coin du plus bel art. Les della Robbia ont laissé un nombre considérable de médaillons. Notre figure 397 en montre un ; c'est un portrait de femme couronnée. Le relief en blanc se détache sur un fond bleu d'azur ; la guirlande de fleurs et de fruits est polychrome. Ce médaillon serait, au dire de son possesseur, un des derniers ouvrages de della Robbia, c'est-à-dire de la fin du XV⁰ siècle, puisque cet artiste est mort le 22 septembre 1482. Cette date paraît plus certaine que celle de sa naissance. Le diamètre de ce médaillon, qui appartient à M. Ch. Favre de Thierrens, d'Avignon, chez qui nous l'avons dessiné, est de 0ᵐ,75. — Voici quelques prix :

Vente San Donato. — N° 374. Buste de saint Jérôme, médaillon circulaire en haut relief, dont la bordure, composée d'une guirlande de fleurs et de fruits en émaux de couleurs avec cercle d'oves intérieur, enserre le buste du saint prêchant. La tête, nimbée d'or, s'enlève sur un fond d'émail bleu. Diamètre total, 0ᵐ,70 ; diamètre du médaillon, 0ᵐ,44. 1,670 lires. — N° 375. La Vierge au coussin, médaillon circulaire dont la bordure, cernée d'oves et composée de citrons, de raisins, d'oranges, de grenades, de pommes, de concombres, de pommes de pin et de nèfles en émaux de couleurs, enserre un haut relief se détachant sur un fond bleu, concave, et représentant la Vierge vue jusqu'aux genoux, assise et soutenant sur un coussin le divin Enfant. (Anc. coll. Cerchi de Pescia.) Diamètre total, 1 mètre ; diam. du médaillon, 0ᵐ,70. 10,000 lires. — N° 376. La Madone à la pomme. La Vierge debout, vue à mi-corps, soutient des deux mains le divin Enfant debout et en pied. Les deux figures, nimbées, s'enlèvent sur un fond d'émail bleu. Haut. 0ᵐ,73 ; larg. 0ᵐ,48. 8,200 lires. — N° 377. La Vierge adorant l'enfant Jésus, composition en forme de tabernacle. Les deux montants cintrés comprennent de chaque côté un vase d'où s'échappent des fleurs en émaux de couleurs qui se réunissent au sommet. Dans une gorge biseautée se distinguent onze têtes de chérubins contemplant la

Vierge, qui, en adoration devant l'enfant Jésus, occupe tout le fond émaillé de bleu. Haut. totale, 0^m,92 ; larg. 0^m,82: 6,600 lires.

GÊNES. — Faïence à émail stannifère ;

Fig. 398. — Coupe en faïence Henri II ou d'Oiron.

beaucoup de plats ouvragés, façon orfèvrerie repoussée. Marque : le phare de Gênes.

GUBBIO. — Faïence à émail stannifère (XVe et XVIe siècles). Faïence à reflets métalliques, plus souvent nacrés avec des tons rubis.

HAGUENAU et STRASBOURG. — Faïence à

émail stannifère, généralement décorée de fleurs jaunes, roses et rouges et de feuillages verts, le tout largement dessiné. Les faïences de Marseille ont beaucoup d'analogie avec celles de Strasbourg et de toute l'Alsace (XVIIe siècle). Marque P. H. et J. H., monogrammes de Paul et de Joseph Hanong, les deux céramistes les plus connus dans ce genre de faïence, qu'ils créèrent vers 1760 environ.

Henri II. — On désigne sous le nom de faïence d'Oiron, ou de Henri II et de Diane de Poitiers, une poterie qui a été probablement fabriquée en Touraine, si ce n'est à Tours même, de 1540 à 1560. Elle est faite avec une

Fig. 399. — Faïence de Nevers (période italienne).

terre de pipe jaunâtre; elle comporte des ornements exécutés avec une grande finesse en assez haut relief, tels que figurines nues, mascarons, canaux, écussons, etc. Ce genre de faïence a fourni matière à d'interminables discussions, et jusque dans ces derniers temps on ignorait quel était l'artiste qui avait produit ces belles œuvres; on les attribua généralement à des artistes florentins, ce qui était une erreur, car Benjamin Fillon a démontré d'une façon indiscutable que ces fines faïences ont été fabriquées par Hélène Gouffier, son fils Claude Gouffier, François Cherpentier et Jean Bernart, ce dernier gardien de la librairie (bibliothèque) d'Hélène Gouffier; et c'est sur le domaine d'Oiron, que Guillaume Gouffier, le mari d'Hélène, avait reçu par la protection d'Agnès Sorel en 1450, que fut créée la première fabrique de ces poteries célèbres qu'on a appelées dès lors *faïences d'Oiron*. Ces faïences sont marquées d'une salamandre, du chiffre de Henri II, H, du monogramme de Catherine de Médicis et de Henri II, des armes de Montmorency-Laval, de l'écu de France surmonté d'une couronne de prince entourée du cordon de Saint-Michel, des trois croissants entrelacés de Diane de Poitiers. Toutes ces marques sont en bleu et dans la pâte. On a payé des prix énormes ces faïences, qu'on a dénommées le phénix et le sphinx de la curiosité ; elles sont partiellement émaillées et vernissées au vernis plombifère. Notre figure 398 montre une coupe en faïence d'Oiron dont nous avons donné une imitation au mot COUPE (fig. 300).

HOLLANDE. — Les plus célèbres poteries de la Hollande sont les faïences de Delft, petite ville située entre la Haye et Rotterdam. La fabrication de ces produits, qui remonte vers la seconde moitié du XV° siècle, s'est perpétuée sans solution de continuité jusqu'à nous, aussi le nombre des faïences de Delft qui sont répandues dans le monde entier est-il incalculable ; longtemps en Angleterre on désignait toutes les faïences sous le nom de Delft. Les exemplaires les plus anciens connus de cette fabrication remontent à 1480. Il existe un grand nombre de marques, car chaque potier a imprimé la sienne sur ses œuvres, et les plus grands peintres de l'école hollandaise n'ont pas dédaigné de concourir à la décoration des faïences de Delft. — Amsterdam a, comme Delft, fabriqué des faïences à émail stannifère. Marque : un coq bleu sur cru au grand feu. Pièces très rares (XVIII° siècle).

Notre planche XIII montre un beau violon en faïence de Delft ; il est décoré de dessins en camaïeu bleu et orné de personnages de l'époque Louis XIV, qui montrent par conséquent les modes hollandaises de ce temps.

MARSEILLE. — Les faïences de Marseille sont en émail stannifère dans le genre de celles de Moustiers, de Strasbourg et de HAGUENAU. (Voy. ce mot dans le présent article.) Elles sont d'un bel émail blanc, décorées en rouge, en rose, en jaune et en vert. Les rouges et les verts sont plus foncés et plus empâtés que dans la fabrication d'Alsace. Peu de pièces importantes, beaucoup d'assiettes, quelques soupières (style Louis XV et Louis XVI). Le principal manufacturier est Savy. Les principales marques de fabrique sont : B. (Botellier ou Bonnefoy), F. (Boyer et Fauchier), V. P. (veuve Perrin), et Jacques Borelly, qui signait en toutes lettres (XVII° siècle). Les premiers essais de fabrication marseillaise datent de 1696 ; la première manufacture paraît avoir été établie dans la banlieue de Marseille.

MOUSTIERS. — Les faïences de Moustiers, très renommées, sont à émail stannifère, finement dessinées, monochromes ou polychro-

Fig. 400. — Faïence de Saint-Cloud (pot pourri).

mes ; l'émail du fond est presque toujours blanc. Tous les produits de Moustiers se ressentent de l'influence italienne. Il existe de nombreux fabricants (XVIII° siècle).

NEVERS. — Comme les faïences de Moustiers, celles de Nevers semblent procéder de l'école italienne, du moins dans la première période ; car l'école nivernaise, suivant les époques, a eu des styles très divers : ainsi de 1600 à 1674 ou 1676, influence italienne ; de 1645 à 1758, imitation plus ou moins réussie du style oriental ; puis, de 1760 à 1815, tradition populaire ou franco-nivernaise. A cette époque, douze ou quinze fabriques produisaient des plats, des assiettes, des pots à confitures, des soupières et des saladiers ; cette

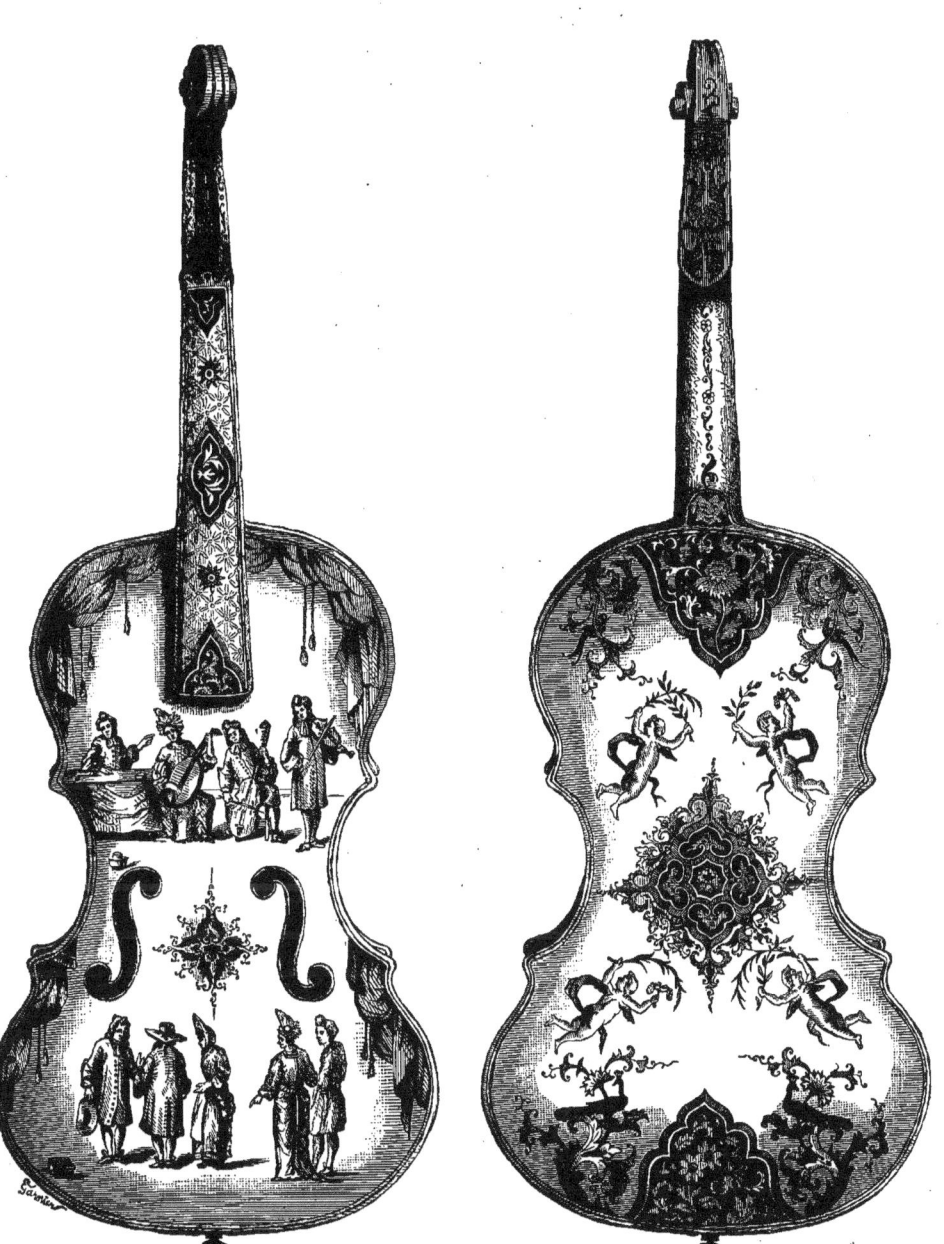

PLANCHE XIII. — Violon en faïence de Delft (face et revers).

même période, après la révolution de 1789, produit des pièces républicaines, c'est-à-dire décorées des emblèmes nationaux ; on les a surnommées *faïences patriotiques*. Notre figure 399 montre une faïence de Nevers de la période italienne.

PARIS. — Ce n'est guère qu'à la seconde moitié du XVIIe siècle que Paris commença la fabrication des faïences à émail stannifère ; les collections de Sèvres et des Arts-et-Métiers ne peuvent laisser subsister aucun doute à cet égard. En 1690, il s'établit à Saint-Cloud une fabrique qui fut visitée, dix ans plus tard, par la duchesse de Bourgogne. La faïence de

Fig. 401. — Faïence de Saint-Cloud (saladier).

Saint-Cloud, marquée ST·C, avec un trait dessous, est ordinairement en camaïeu bleu assez semblable à celle de Rouen, avec laquelle on pourrait la confondre facilement, si elle ne présentait très souvent comme caractéristique un dessin soutenu et cerné par un trait noir qui donne au dessin une grande fermeté. — Meudon avait aussi au commencement du XVIIIe siècle une fabrique de faïence à émail stannifère qui existait encore vers le commencement de notre siècle ; elle était située au *Val-sous-Meudon*. Notre figure 400 montre un pot pourri d'une forme originale de la fabrique de Saint-Cloud ; notre figure 401, un saladier de la même fabrique.

ROUEN. — Dès le XVIe siècle (1540), Rouen possédait des fabriques de terre cuite au vernis plombifère ; mais ce n'est guère que vers 1628 à 1630 qu'elle établit des fabriques à émail stannifère. Dans le principe, ces fabriques furent peu prospères ; il ne fallut rien moins que des arrêts et des lettres patentes accordant quelques privilèges aux fabricants pour donner à cette industrie un certain essor, qui ne fit que s'accroître jusqu'au XVIIIe siècle. Les fabriques rouennaises ont fait toutes sortes d'objets usuels : salières, plats, assiettes, saladiers, sucriers, fontaines, pots, potiches et jusqu'à des cheminées ; la plupart de ces faïences sont des camaïeux bleus, quelques camaïeux verts, enfin des faïences polychromes. Notre figure 402 montre une buire en forme de casque en faïence de Rouen, notre figure 403 un sucrier, notre figure 404 une potiche et notre figure 405 une fontaine-applique ; tous ces objets sont également en faïence de Rouen. (Voy. CÉRAMIQUE et PORCELAINE.)

SCEAUX-PENTHIÈVRE. — Les produits de cement de 1751 que Jacques Chapelle, chimiste, établit cette manufacture ; elle fut patronnée par le duc de Penthièvre, voilà pourquoi beaucoup de pièces sont signées avec l'ancre du grand amiral de France ; mais les plus anciennes (de 1740 à 1760) sont marquées S. X ; puis, de 1772 à 1775, SCEAUX ;

Fig. 402. — Buire en forme de casque (faïence de Rouen).

Fig. 403. — Faïence de Rouen (sucrier).

cette fabrique sont généralement de pâte fine très légère, d'un bel émail blanc stannifère décoré dans le genre de Strasbourg ; mais les décors de Sceaux sont plus fins et plus soignés : ce sont des bouquets et des emblèmes, des groupes d'Amours entourés d'arabesques, de guirlandes de laurier en couleur et en or. Dans les fleurs et les bouquets, le rose et le vert dominent. Le milieu des pièces est souvent, comme dans l'ombilic de notre assiette (fig. 406) un paysage légèrement esquissé où agissent de petites figures. Au mot SOUPIÈRE, nous avons donné un type en faïence de cette même fabrique. C'est au commen- enfin, avec une ancre grêle de forme, qu'il ne faut pas confondre avec des ancres d'autres fabriques. Ajoutons, en terminant, que les plus belles faïences de Sceaux, celles du début, ne portent aucune marque.

FALTES. — Voy. FAUDES.

FANAL. — Sorte de grande lanterne placée dans un lieu plus ou moins élevé afin d'éclairer. Nous n'avons à mentionner ici que des fanaux en bronze ou en bois sculptés, qui dans les ventes atteignent des prix parfois assez élevés. Ainsi à la vente San Donato (n° 95), quatre fanaux de gondole vénitienne en bois sculpté et doré, de forme quadrangulaire, sur un pied balustre à godrons, ornés aux angles de quatre figures d'enfants, se sont vendus 4,200 lires. Il est vrai que ces fanaux, qui avaient 1^m,08 de hauteur, provenaient de la gondole de gala de la famille du célèbre doge Foscari.

FASCE. — Une des pièces honorables de l'écu, celle qui le coupe horizontalement dans son milieu. On nomme *écu fascé*, celui qui a plusieurs fasces d'émail différent.

FAUCHARD. — Arme des fantassins du XIVe et du XVe siècle ; elle fut remplacée plus tard par la pertuisane et la hallebarde ; on la nomme aussi *fauchon*. C'était une longue pièce de fer tranchante des deux côtés et emmanchée au bout d'une hampe.

FAUCONNEAU. — Petite pièce d'artillerie en usage depuis la fin du XVe siècle jusqu'au XVIIIe ; on la nomme également *falconneau*, *falconnet*, et BOMBARDE longue. (Voy. ce mot.)

FAUCRE. — Pièce de fer, tantôt droite et tantôt courbe, qui était vissée sur le côté droit de la cuirasse des hommes d'armes, afin de soutenir la lance en arrêt. Beaucoup de faucres étaient à charnière ou à ressort pour permettre à l'homme d'armes de le relever, afin d'avoir les mouvements du bras droit libres, quand il était obligé de manier l'épée. Dans certaines armures de tournoi du XVe et du XVIe siècle, le faucre portait une longue rainure, grâce à laquelle la lance était maintenue beaucoup plus facilement en arrêt. Le faucre n'existe que dans les armures de cavaliers ; il disparaît sous Henri IV, par suite de la suppression de l'emploi de la lance.

FAUDES. — Sortes de basques d'une cui-

Fig. 404. — Faïence de Rouen (potiche).

Fig. 405. — Faïence de Rouen (fontaine-applique).

rasse de fer ; elles s'évasaient au-dessus des hanches et couvraient le haut des cuissards ; on les appelait aussi, mais plus rarement, *faltes*.

FAUTEAU. — Sorte de bélier du moyen âge qui servait à battre les portes d'une enceinte ; c'était une forte poutre suspendue au moyen de chaînes en fer ; elle était manœuvrée à bras d'hommes.

FAUTEUIL. — Meuble nommé au moyen âge *faudesteuil*, parce que c'était un siège pliant comme les tabourets en X nommés en allemand *faltestuhl*, dérivé du saxon *falten*, plier. De *faudesteuil* on a fait, par contraction, *fauteuil*. Successivement, ce pliant devint chaise ; on y ajouta un dossier, puis des bras, puis un coussin ; enfin le fauteuil fut recouvert d'étoffe, comme celui de nos jours. Voici des prix de vente qui fourniront au lecteur non seulement des prix, mais encore des descriptions utiles de cet objet mobilier ainsi que des étoffes qui le recouvrent.

Fig. 406. — Assiette de faïence de Sceaux.

Vente San Donato. — N° 74. Deux fauteuils en bois sculpté et doré (style Louis XVI), à dossiers cerclés de sequins (piécettes) de perles et surmontés de fleurs retenues par un nœud, sculptées dans la masse, et à pieds cannelés, recouverts d'ancien satin crème rayé ton sur ton et brodé au cordonnet d'un semis de roses réunies par un nœud. 900 lires. — N° 75. Fauteuil en bois sculpté et doré (style Louis XVI). Le dossier, entouré d'une guirlande de fleurs et de rubans, est surmonté d'une couronne de roses qu'un nœud unit à un carquois et au flambeau de l'Hyménée. Les accotoirs sont terminés par des têtes de béliers ; il est recouvert en gros de Tours broché de bouquets de fleurs. 500 lires. — N° 82. Fauteuil en bois sculpté et doré (style Louis XVI). Le dossier est décoré d'un rang de piécettes, les pieds sont cannelés, les accotoirs sont ornés de feuilles d'acanthe. Il est recouvert du même gros de Tours que le numéro précédent. — N° 98. Grand fauteuil renaissance, dont les bras sont composés de cariatides ailées se terminant par des enroulements ; il est garni en ancien brocart vénitien, vert et or. Haut. 1^m,83 ; larg. 0^m,95.

Vente Double. — N° 430. Petit fauteuil d'enfant en bois sculpté et doré (style Louis XVI), modèle à balustre détaché, couvert en dauphine rayée sur fond blanc et à fleurs brochées. Il provenait de la vente Campan et avait appartenu au dauphin Louis XVI. Prix en demande, 2,000 fr. ; adjugé à 6,900 francs. — N° 447. Petit fauteuil bas du temps de Louis XVI, en bois sculpté et doré à balustres, couvert en étoffe de

Chine à fond crème et branches de fleurs brodées en soie de couleur. 1,200 francs. — N.° 452. Fauteuil de bureau en bois sculpté et doré, à feuilles, perles et rosaces, sur pieds cannelés, couvert de dauphine ancienne à bandes roses et entre-deux brochés à fleurettes. 1,000 francs.

Fig. 407 et 408. — Face et dessus d'un coffret en fer ciselé.

FELDSPATH. — Pierre dure, incolore, qui ressemble au cristal de roche, bien qu'elle n'atteigne pas sa limpidité ; sa pesanteur spécifique est de 2,50 ; moins dur que le quartz, le feldspath raye cependant [le verre. Il existe de nombreuses variétés ; voici les principales : *feldspath aventuriné*, dit aussi *aventurine orientale* et *pierre de soleil* ; *feldspath bleu* ; *feldspath nacré*, *adulaire* ou pierre de lune, *argentine*, *œil de poisson* ; *feldspath opalin*, *labrador* du commerce ; *feldspath vert*, *pierre des Amazones*, *vert céladon*.

FER. — Métal ductile et malléable d'un blanc assez brillant quand il est poli.

FER CISELÉ. — On désigne sous ce terme des objets en fer estampé ou repoussé, ou en fer plein, qui sont décorés d'ornements exécutés au ciseau. Nos figures 407 et 408 montrent la face et le dessus d'un coffret en fer ciselé qui fait partie des collections du musée de Munich. (Voy. COFFRET.)

FER A REPASSER. — Fer à repasser le linge. Il n'y a guère que les fers flamands qui aient quelque valeur. Notre figure 409 montre un fer flamand à repasser du XVIIe siècle; il est en fer et en cuivre, son ornementation originale rappelle les beaux travaux de dinanderie que produisaient autrefois les Flandres. Ce genre de fer ne risquait pas de brûler le linge, car on ne le mettait pas à chauffer

Fig. 409. — Fer à repasser flamand (XVIIe siècle).

devant le feu, on plaçait dans l'intérieur de la semelle un morceau de fonte rougie; on aperçoit la porte entr'ouverte qui servait à introduire la fonte. Cet objet fait partie de la collection A. Jubinal.

FER DE LANCE. — Fer dont est armée l'extrémité d'une lance.

Vente Double. — N° 243. Fer de lance avec douille damasquinée d'or, travail persan. 50 francs. — N° 447. Fer de lance décoré sur ses deux faces de branches de feuillages richement incrustées d'or. 310 francs.

FERMAIL. — Ce terme est synonyme d'*agrafe*. Un fermail célèbre, c'était celui que la reine Clémence, femme de Louis le Hutin, laissa par testament au comte d'Alençon, lequel fermail était, dit-on, le plus beau et le plus riche de France. (Voy. FERMAILLES, FERMAUX, FERMILLET, FERMOIRS.)

FERMAILLES. — Joyaux de toutes formes qu'on donnait comme garantie d'un enjeu ou d'une convention. Dans l'*Enseignement des femmes* du chevalier de la Tour (1372), nous lisons : « Et pour ce, belles filles, prenez y bon exemple de non iouer pas trop envoiséement et non avoir le cuer trop aidant de gaigner telles petites fermailles par tels jeux. »

FERMANS. — Volets qu'on rabat sur un tableau pour le couvrir, le fermer, le garantir contre la poussière ou autres causes de détérioration. Certains miroirs avaient aussi des fermans. Au XVIᵉ siècle, ce mot avait comme synonyme *clouans* et *ouvrans*. L'inventaire de Charles-Quint, datant de 1536, nous fournira quelques exemples pour désigner les diverses acceptions de ce mot : « Ung petit tableau d'or, les deux fermans de cristal... Ung autre tableau vuyde qui se ouvre à deux clouans, ouvrés de menus ouvraiges à fil d'or trait... Ung petit tableau d'or en forme de table d'autel fermant à deux ouvrans au milieu duquel... »

FERMAUS. — Voy. FERMOIRS.

FERMILLET. — Diminutif de FERMAIL. (Voy. ce mot.) Le fermail et le mors de chape se ressemblaient fort ; on pouvait même transformer facilement le premier en mors de chape. Ils avaient, du reste, l'un et l'autre la même destination : réunir sur l'épaule, autour du cou ou sur la poitrine les deux parties d'un vêtement. Souvent aussi au moyen âge, le fermail était un simple ornement qui s'agrafait sur une chape ou une tunique. Il existait des fermails à couvercle, c'est-à-dire qui formaient reliquaire. Ce couvercle fermant la cavité, la boîte contenant, comme dans un médaillon, des reliques, était souvent en cristal de roche, en verre ou même formée d'une pierre précieuse.

FERMOIRS. — Les fermoirs (au moyen âge, *fermouers*) sont des sortes d'agrafes employées à *fermer* des livres manuscrits, parce que le parchemin exigeait une forte pression entre les ais de chêne formant la reliure de ces manuscrits. Quand ceux-ci n'étaient pas reliés, ils étaient fermés avec des lanières de cuir. Au contraire, quand les manuscrits étaient reliés, non seulement ils étaient fermés, comme nous venons de le dire, avec des fermoirs, mais encore avec des lanières de cuir fixées d'un côté sur le bord de l'ais et de l'autre côté sur un bouton fixé sur l'ais opposé ; dans ce cas, l'extrémité de la lanière était armée d'un bout de métal percé d'un trou pour recevoir le bouton. Quelques anciens inventaires donnent aussi *fermaux;* celui de 1394 des ducs de Bourgogne : « Une Bible en latin couverte de cuir rouge à quatre fermaux dorez esmaillés. » — Dans les ventes, les fermoirs d'or ou d'argent ciselé ou niellé ont seuls une valeur.

FERRET. — Petit fer qui termine une aiguillette ou un lacet. Beaucoup d'aiguillettes ont des ferrets en argent, en or, en acier, etc.

FERRONNERIE. — Terme générique qui embrasse tous les objets fabriqués à l'aide du fer : les grilles, les portes, les grands chandeliers, les lanternes, les chenets, les landiers, les enseignes de boutique, les poinçons, les girouettes, etc. La plupart de ces termes sont définis dans ce Dictionnaire.

FERRONNIÈRE. — Bijou composé d'une chaînette d'or qui tient fixé dans son milieu une pierre précieuse, une perle, un émail, un petit bijou. On portait la ferronnière au milieu du front. Une des maîtresses de François Iᵉʳ, qui affectionnait particulièrement ce bijou, fut surnommée *la belle Ferronnière*.

FEU (ARMES A). — Armes qui ont pour force principale la poudre, tels que MOUSQUET, FUSIL, PISTOLET, CANON, etc. (Voy. ces mots et ARMES.)

FEU (Bouches à). — Voy. CANON, BOMBARDE, FAUCONNEAU, etc.

FIBULE. — Ce terme est presque synonyme d'*agrafe*, de *fermail*, mais l'objet dénommé *fibule* est beaucoup plus ancien que ces mots ; les Grecs et les Romains portaient des fibules. Notre figure 410 montre une fibule scandinave forme coquille, elle est de l'époque carolingienne et fait partie des collections du musée de Rouen.

FICHE. — Petit objet plat de forme rectangulaire allongée qui sert de marque de jeu.

Les fiches sont en os, en ivoire, en nacre et en argent. Ce terme serait dérivé, d'après Roquefort, de l'anglais *fish*, qui signifie poisson, parce que les premières fiches auraient été employées en Angleterre et auraient eu la forme d'un poisson. Nous avons vu des fiches de nacre en forme de poisson.

FIFRE. — Instrument de musique militaire qui a été en usage en France depuis Henri IV jusqu'à Louis XVI. Cet instrument originaire de la Suisse était encore en usage dans ces dernières années en Allemagne et en Angleterre.

FIGULINES. — Les amateurs de curiosités désignent sous ce termes les figures émaillées en relief, analogues à celles de Bernard Palissy, que le grand artiste nommait *rustiques figulines*. (Voy. Faïence.)

FIGURE. — En peinture, en sculpture, c'est la représentation d'un sujet quelconque ; ainsi

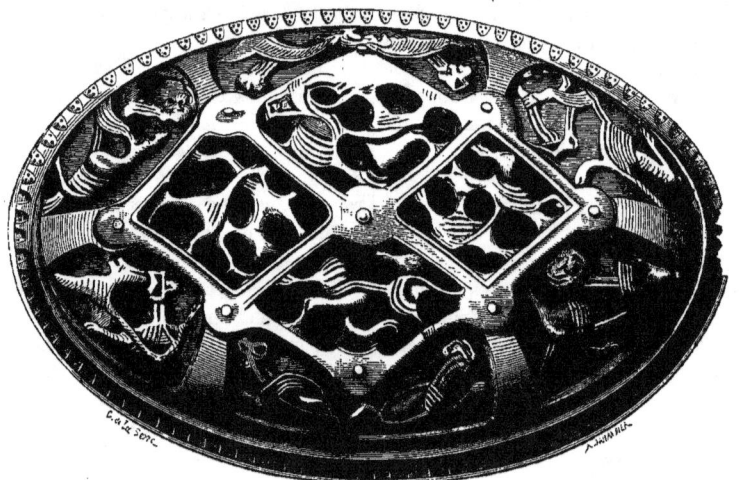

Fig. 410. — Fibule scandinave (musée de Rouen).

on dira : la *Poésie légère* de Pradier est une belle figure. — En termes de blason, toute pièce dont est chargé un écu est une figure. — Les étudiants nomment *figure* une tête ou une académie exécutées d'après un modèle.

FIGURINE. — Petite figure, et aussi petite statuette, petit personnage sculpté. Les Égyptiens et les Phéniciens nous ont laissé des figurines de grès émaillé et de bronze.

FILET. — Terme de blason ; pièce qui n'a que le tiers de la cotice et qui se place sur l'écu de droite à gauche.

FILIÈRE. — Terme de blason ; petite bordure qui touche presque le bord de l'écu.

FILIGRANE. — Travail d'orfèvrerie, fait au moyen de fils d'or ou d'argent contournés de toutes les façons de manière à obtenir de beaux dessins. On a fait avec du filigrane des bijoux, des châsses, des coffrets. Beaucoup de peuples, notamment les Arabes et les Orientaux, ont excellé dans ce genre de travail dans lequel les Génois et les Français sont très réputés. Au mot Bijou, nous avons donné (fig. 114, 122 et 123) quelques filigranes ; ici nous présentons (fig. 411) à nos lecteurs un coffret de toute beauté, en filigrane d'argent, qui fait partie des collections de la Voûte-Verte à Dresde ; c'est une œuvre du XVIIIe siècle. (Voy. Coffret.)

FLAMAND (Art). — L'art flamand ne

date que de la fin du XIVᵉ siècle ; avant cette époque, l'art allemand des bords du Rhin florissait seul dans les Pays-Bas. Au mot ÉCOLE, le lecteur trouvera des renseignements sur l'école de peinture flamande ; ici nous donnerons quelques détails sur la sculpture et la gravure des Pays-Bas. — Nous ne possédons guère que des sculptures du XVIᵉ siècle ; toutes les œu-

Fig. 411. — Coffret en filigrane.

vres antérieures ont péri, soit dans les incendies, soit par la main des iconoclastes. Nous ne connaissons que quelques noms d'imagiers du XVᵉ siècle, la plupart liégeois ; ce sont : Jean Godèle, Gérard de Felens, Lambert Horn et Zutman. Nous avons appris par Albert Dürer qu'un certain Conrard, de Malines, avait produit des œuvres remarquables. Beaucoup de beaux jubés qui décorent les églises de Belgique, ainsi que les belles cheminées monumentales de Bruges et de Courtrai, ont été faites par des artistes dont le nom n'est pas parvenu jusqu'à nous. Dès le XVIᵉ siècle l'école flamande possédait des graveurs émérites ; beaucoup de ceux du commencement de ce siècle nous sont inconnus, leur existence ne nous est révélée que par leurs monogrammes ; l'un d'eux a été dénommé le *Maître à l'écrevisse*. Nous mentionnerons ensuite Théodore de Bry, J. Cock, Nicolas de Bruyn, Goltzius ; au XVIIᵉ siècle, Karel Dujardin, Ant. Van Dyck, Isaac Van Ostade, Paul Potter et Rembrandt, P.-P. Rubens, Abraham Bosse, Bolswert, etc.

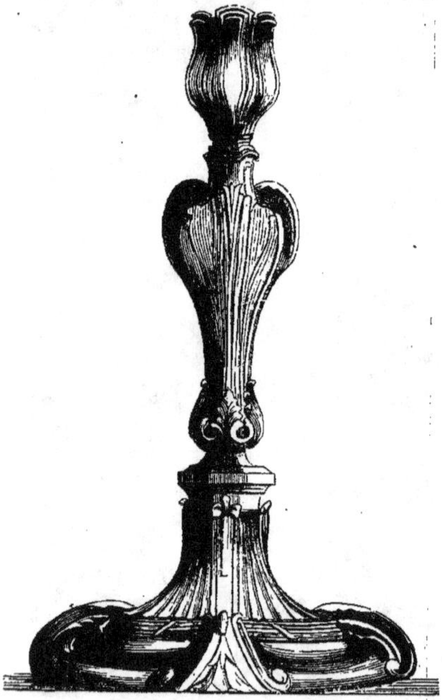

servit à désigner une torche, plus tard un objet mobilier qu'on appelle aussi *chandelier* ; mais depuis qu'on ne se sert plus de chandelles, on emploie plutôt le mot *flambeau*, auquel on attache une signification plus relevée. Le chandelier est un objet très ordinaire ; le flambeau est un très beau chandelier, à une ou plusieurs

Fig. 412. — Flambeau en bronze (style Louis XV).

Fig. 413. — Flambeau en bronze (style Louis XVI).

FLAMBE. — Lame d'arme blanche qui par sa forme ondulée rappelle celle de la flamme d'un foyer. Au moyen âge, les épées à deux mains avaient quelquefois leur lame ondulée ; c'étaient d'énormes flambes qui ne mesuraient pas moins de 1ᵐ,80 à 2 mètres de longueur. Les kriss malais et indiens ont souvent leur lame ondulée ; ce sont de petites flambes. On appelle encore cette arme *flambart* ou *flambard*, *flammard*, *flamart*, *flamberge*. (Voy. KRISS.)

FLAMBEAU. — Primitivement, ce terme

branches, qui a parfois une grande valeur ; beaucoup sont terminés en porte-lumière et peuvent recevoir de trois à cinq et dix bougies. Nos figures 412 et 413 montrent deux types de flambeaux en bronze des époques Louis XV et Louis XVI ; ils ont figuré à l'exposition de l'Union centrale en 1880 ; ils font partie de la collection de Mˡˡᵉ Grandjean et ont été publiés par la *Revue des arts décoratifs*, éditée par M. Quantin. Au mot ORFÈVRERIE, nous avons donné d'autres modèles.

Vente San Donato. — Nᵒ 319. Deux flambeaux Louis XVI, formés chacun d'une figurine de bacchante en bronze doré, agenouillée et supportant un panier de fruits. Base ronde en *corsico antique*. Haut. 0^m,23. 3,500 lires. — N° 336. Deux flambeaux, formés d'un balustre sur une base triangulaire, ornés de plaquettes de lapis-lazuli encadrées d'ornements appliqués en argent découpé, monture en bronze doré composée de trois cariatides ailées. Anciens flambeaux de la chapelle du palais Salviati (style du XVIe siècle). Haut. 0^m,52. 3,000 lires. — N° 1234. Deux flambeaux en argent repoussé et ciselé, à cannelures, guirlandes et godrons. Travail français du milieu du XVIIe siècle. 2,100 lires. — N° 1240. Deux flambeaux en argent; base à médaillons, palmettes, oves et godrons creux; balustres en forme de gaines accolées. Travail français de la fin du XVIIe siècle. 1,900 lires. — N° 1283. Deux flambeaux semblables à ceux du n° 1234. 2,100 lires. — N° 1599. Deux flambeaux en bronze, formés d'un monstre ailé. 75 lires. — N° 1600. Deux flambeaux en bronze, formés d'un dragon sans ailes. 60 lires. — N° 1691. Deux flambeaux en bronze japonais, formés d'une colonne surmontée d'une corniche à fleurs qu'un serpent essaye d'escalader. 150 lires.

Vente Double. — N° 157. Deux flambeaux à tige carrée et base octogonale, ancienne faïence de Delft à décor polychrome rehaussé d'or à fleurs, oiseaux et ornements, marque : A. P. K. Hauteur, 0^m,18. 810 fr. — N° 194. Deux flambeaux en argent ciselé, à tige ornée de festons de laurier et base à canaux creux, enrichie d'ornements rocaille (style Louis XV). Hauteur, 0^m,27. 2,000 fr. — N° 306. Deux flambeaux, formés chacun d'une bacchante debout, en bronze, tenant une branche de vigne porte-lumière et reposant sur un plateau rond en bronze ciselé et doré (style Louis XVI). Haut. 0^m,57. 15,100 fr. — N° 307. Deux flambeaux en bronze ciselé et doré au mat, modèle à trépied, ornés de têtes d'enfants souffleurs ailés, de guirlandes de fruits et offrant à leur centre un carquois retenu par des chaînettes. La base à ressauts offre un flambeau flanqué de rinceaux se terminant par la double tête d'aigle d'Autriche. Ils étaient signés Martin-Court et avaient appartenu à Marie-Antoinette. 13,500 fr. — N° 308.

Deux flambeaux en bronze ciselé et doré au mat et marbre blanc (style Louis XVI), figurine d'enfant assis tenant une corne d'abondance et supportant un vase d'où s'échappe une branche d'œillet porte-lumière. Haut. 0^m,41. 15,000 fr. — N° 309. Flambeau de bouillotte en bronze ciselé et doré, à double plateau repercé à jour et à tige formée d'une colonnette cannelée (style Louis XVI). Hauteur, 0^m,70. 260 fr. — N° 310. Deux flambeaux en bronze ciselé et doré, tige cannelée (style Louis XVI). Haut. 0^m,31. 270 fr. — N° 311. Deux petits flambeaux en bronze ciselé et doré au mat, formés chacun d'une figurine d'enfant assis supportant une coupe porte-lumière et reposant sur un socle en marbre blanc (style Louis XVI). Haut. 0^m,19. 2,020 fr. — N° 312. Deux flambeaux en bronze ciselé et doré, tige à balustre ornée de médaillons-bustes et de trophées d'armes (style Louis XVI). Haut. 0^m,25. 400 fr. — N° 313. Deux flambeaux bas en bronze ciselé et doré (style Louis XV, rocaille). Haut. 0^m,13. 470 fr. — N° 314. Deux flambeaux en bronze ciselé et doré à tige cannelée et évasée reposant sur une base à trois consoles (style Louis XVI). Haut. 0^m,19. 420 fr. — N° 315. Deux flambeaux en cuivre gravé, ciselé et doré (style Louis XV, rocaille). Haut. 0^m,20. 105. fr. — N° 316. Deux flambleaux bas, en bronze ciselé et doré au mat; tige droite cannelée, base ornée de festons de roses (style Louis XVI). Haut. 0^m,13. 720 fr.

FLAMBERGE. — Voy. FLAMBE.

FLAN. — Ce terme de numismatique, qu'on écrivait autrefois *flaon*, sert à désigner le morceau de métal laminé et coupé en rond prêt à recevoir l'empreinte qui en fera une médaille ou une monnaie. On jette dans une sorte de trémie les flans qui viennent s'empiler régulièrement devant le balancier qui leur donne l'empreinte.

FLANCHIS. — Voy. SAUTOIR.

FLANQUE. — Terme du blason qui désigne la pièce ou plutôt les pièces (car les flanques se portent toujours par paire) formées par une ligne en voûte qui part des angles du chef et se termine au bas de l'écu.

FLÉAU D'ARMES. — Arme offensive du moyen âge, composée d'une hampe revêtue de fer et terminée par une chaîne qui porte une boule armée de pointes en nombre variable (cinq, huit, dix et plus). Dans certains fléaux la boule est remplacée par une barre de fer quadrangulaire; beaucoup de musées, notamment celui d'artillerie de Paris, possèdent des fléaux d'armes à barre de fer. Très usités à la fin du XIIIe siècle et pendant tout le XIVe, les fléaux d'armes ont disparu au XVe siècle; ils sont très rares et atteignent dans les ventes des prix relativement élevés.

FLÉAU DE BALANCE. — Tige de fer aux extrémités de laquelle sont suspendus les plateaux d'une balance. Seuls les fléaux gravés ou ciselés de la renaissance ont une valeur.

FLÈCHE. — Arme empennée qu'on lance au moyen d'un arc. Seules les flèches japonaises, montées sur une douille damasquinée d'or, ont une valeur pour les collections. A la vente Double, un lot de flèches japonaises et indiennes (n° 257) s'est vendu 80 francs.

FLEUR DE COIN. — Une médaille porte sa fleur de coin, est à fleur de coin, quand elle est entièrement neuve, qu'elle n'a jamais été mise dans la circulation.

FLEURET. — Sorte d'épée, à lame très étroite, à section quadrangulaire, et flexible, qui sert à faire des exercices d'escrime. — On désigne de même un ruban fait avec de la bourre de soie.

FLISSAH. — Sabre-épée arabe, dont la lame en acier est légèrement renflée dans son milieu. La poignée est en cuivre gravé, plus rarement en fer; la valeur de cette arme est de 30 à 50 francs.

FLOCART et FLOQUART. — Voile flottant qui entoure l'hennin, sorte de coiffure d'origine allemande. Le flocart s'échappe de celui-ci; par extension, on désigne de même la coiffure tout entière. — Dans l'inventaire du duc d'Anjou (1360), nous lisons (n° 381) : « Une dame à un floquart... » et dans celui du duc de Berry (1460) : « Trois pièces de flocars à attourner dames à la manière d'Alemaigne. » (Voy. HENNIN.) — On écrit aussi *flocard*, mais alors ce terme désigne des houppes servant d'ornement aux harnais des chevaux.

FLORENCÉ. — Se dit, dans le blason, d'une branche de croix terminée par une fleur de lis.

Fig. 414. — Joueuse de flûte grecque.

FLORENTIN (ART). — Art qui a fleuri à Florence depuis le milieu du XIIIe siècle et qui a atteint son apogée au XVIe siècle sous les Médicis. A partir de cette époque, l'art florentin a constamment décliné. (Voy. ÉCOLE.)

FLOU. — Terme de peinture qui exprime un genre de dessin qui n'est pas arrêté d'une manière sèche et brutale. Certes un dessin nettement arrêté peut avoir beaucoup de valeur; mais il n'a pas la grâce, la suavité et le charme d'un dessin un peu flou, surtout quand ce dernier est très correctement dessiné. La peinture flou, qui a des touches si moelleuses et si brillantes, n'est prisée aujourd'hui que des véritables amateurs.

FLUTE. — Instrument à vent connu de toute antiquité, car les Grecs ne jouaient pas seulement de la flûte simple ou *monaule*, mais encore de la double flûte ou *diaule* (δἰς, deux, et αὐλὸς, flûte). Elle se composait de deux flûtes tenues des deux mains et qui se réunissaient dans la bouche parce qu'un seul souffle suffisait pour les faire fonctionner. Notre figure 414 montre une joueuse de diaule grecque d'après un vase peint. Nos figures 415 à 417 montrent divers genres de flûte du XVIIe siècle ; ce sont des basses de flûtes à bec, à barillet et en ivoire. Notre figure 418 représente une flûte en argent, à clef d'argent (système Bœhm), à perce cylindrique, à patte d'*ut*. Des flûtes de ce genre en argent valent 500 francs ; celles en maillechort, 225 à 250 francs, et celles en bois de grenadille, de 260 à 300 francs.

FONTAINE. — Nous ne mentionnerons ici que les fontaines qui sont des ustensiles du mobilier, et celles qui par leurs petites proportions peuvent figurer dans les cours des maisons, les jardins et les serres. Dans notre *Dictionnaire d'architecture*, nous avons traité des fontaines monumentales, qui ne figurent pas dans le présent ouvrage.

Prix de vente. Collection Double. — N° 332. Fontaine en plomb, doré en partie, par Falconet, composée d'une figure de nymphe debout, grandeur nature, entourée de roseaux, et ayant à sa droite et à sa gauche un canard et un chien disposés pour lancer l'eau. Ce groupe repose sur un rocher placé au centre d'une vasque, dé-

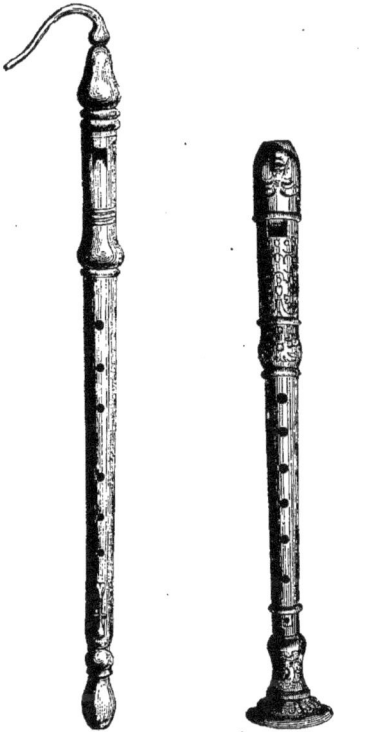

Fig. 415.
Basse de flûte à bec.

Fig. 416.
Flûte en ivoire à bec.

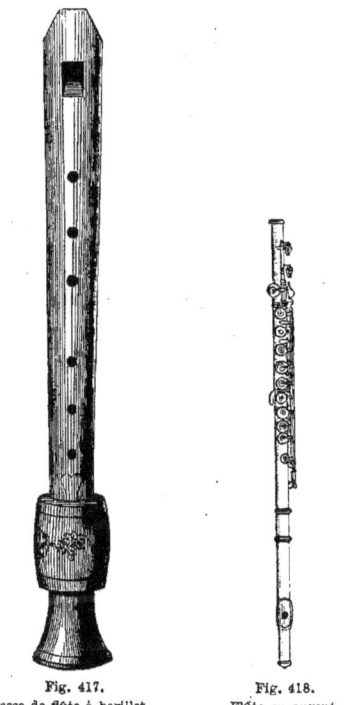

Fig. 417.
Basse de flûte à barillet.

Fig. 418.
Flûte en argent.

corée à l'imitation du marbre, et supporté par deux dauphins dorés. — Ce groupe décorait, ainsi que celui du numéro suivant, une niche de l'hôtel de Mme d'Etioles, depuis marquise de Pompadour, rue du Sentier (hôtel démoli aujourd'hui). Hauteur totale, 2^m,50. 25,500 fr. — N° 333. Fontaine servant de pendant à celle déjà citée dans le précédent numéro. Elle se compose

Fig. 419. — Fonts baptismaux en cuivre de fonte.

d'une figure de suivante de Diane, accompagnée d'un chien et d'un héron. Hauteur totale, 2^m,48. 25,500 fr. — N° 334. Fontaine à vasque ovale, en marbre rouge des Pyrénées, surmontée d'un groupe en plomb peint composé d'une coquille ou vasque supportée par deux cariatides de femmes à queue de poisson et dans laquelle deux tritons enfants se tiennent à demi couchés ; au-dessus, un dauphin debout. Cette fontaine provenait du château d'Issy, ayant appartenu à Marguerite de Valois. Hauteur totale, 2^m,05. 6,300 fr.

Vente San Donato. — N° XXV. Fontaine en marbre blanc, bassin rond, balustre et vasque octogone. Haut., 1ᵐ,48. 450 lires. — N° xliv. Fontaine en marbre blanc, bassin rond au milieu et grande vasque ronde en pierre. Haut., 1ᵐ,70. 400 lires. — N° l. Fontaine en marbre blanc, bassin supérieur à coupe, avec jet d'eau tombant sur une cloche renversée et cannelée en marbre blanc et vasque inférieure en pierre. Haut. totale, 2ᵐ,60. 450 lires. — N° xcix. Une grande fontaine en marbre blanc, vasque de 2ᵐ,50 de diamètre, d'un seul morceau; au milieu, rocher surmonté de trois dauphins soutenant une autre vasque (diam., 1ᵐ,85) du milieu de laquelle s'élève, sur un piédestal élégant, le groupe de Pampaloni (l'Amour au cygne). Hauteur totale, 4ᵐ,25. 3,400 lires. — N° cx. Jolie fontaine en marbre blanc, coupe en forme de coquille ronde, pied formé par trois dauphins, vasque en marbre blanc, surmontée d'une statuette en bronze (Amour au dauphin), répétition de la statuette d'Andréa de Verrochio (cour du Palazzo Vecchio, à Florence). Haut. totale, 2ᵐ,28. 1,350 lires. — N° cxx. Fontaine en marbre, formée d'un groupe (Singe à cheval sur une grenouille), base ovale en marbre. Hauteur, 1ᵐ,35. 450 lires. — N° cxxiv. Fontaine de style moresque à douze jets d'eau et à huit petits bassins, avec un grand bassin inférieur rectangulaire à angles coupés, en marbre blanc, ornements couleurs diverses et arabesques d'or surmonté d'une potiche orange avec deux dragons verts en relief et magot vert sur le couvercle. Haut., 2ᵐ,45. 720 lires. — N° cxxvii. Petite fontaine-applique, avec couvercle et bassin en faïence fond bleu, dessin camaïeu. 115 lires.

Voici quelques prix de fontaines-appliques en faïence : celles de Moustiers, décors camaïeu bleu de 150 à 200 fr., décors polychromes jusqu'à 600 fr.; faïence de Nevers, décors polychromes jusqu'à 200 fr.; faïence de Rouen en forme de poire coupée, décor à la corne, 150 à 180 francs; en faïence polychrome, jusqu'à 2,000 fr. — Mentionnons aussi les fontaines en cuivre rouge repoussé qui valent avec leurs bassins jusqu'à 450 francs.

FONTS BAPTISMAUX. — Sorte de grande cuve en pierre, en marbre, en bronze, servant à administrer le baptême. Notre figure 419 montre des fonts baptismaux en cuivre de fonte du xviᵉ siècle (1549); ils font partie des collections du musée de la Porte-de-Hall à Bruxelles; ils étaient anciennement dans l'église de Saint-Germain de Tirlemont, entre Louvain et Liège. La Belgique possède encore quelques cuves baptismales de cette époque. L'un des plus beaux monuments, également de l'époque romane, est celui de l'église Saint-Barthélemy de Liège, que nous avons vu à l'exposition de l'art ancien qui a eu lieu à Bruxelles en 1880. C'est une cuve supportée par douze bœufs. Ces fonts ont été coulés par Lambert Patras de Dinant, en 1122.

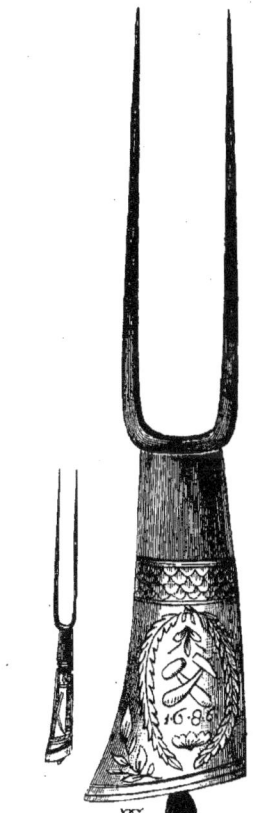

Fig. 420. — Fourchette hollandaise (xviiᵉ siècle).

FOURCHETTE. — Ustensile de ménage qui sert, dans les cuisines et sur la table, à manger, à prendre et à saisir des mets. Notre figure 420 montre une fourchette hollandaise du XVIIᵉ siècle ; elle porte la date de sa fabrication (1686). Elle fait partie de la collection A. Jubinal. (Voy. COUVERT.)

FOURREAU. — Sorte d'étui, de gaine, qui sert d'enveloppe à une épée, à un sabre, à un poignard, etc. Ils sont en cuir gaufré, en cuivre, en acier, et décorés avec plus ou moins de richesse. On a fait également des fourreaux en galuchat grisâtre ou vert. Les plus beaux fourreaux sont ceux des armes orientales et ceux de la renaissance jusqu'à l'époque de Louis XIII. Nos figures 421 et 422 montrent une portion de fourreau d'un cimeterre du XVIᵉ siècle ; le dessous (fig. 421) est en émail guilloché, le dessus (fig. 422) est orné de turquoises et d'onyx.

FOURRURES. — Voy. PELLETERIES.

FRAMÉE. — Lance des Francs. Au mot ARMES (fig. 46), le lecteur trouvera un trophée franc dans lequel on aperçoit une framée.

FRANÇAIS (ART). — Art qui a été pratiqué en France depuis le moyen âge jusqu'à nos jours. Antérieurement à cette époque, il a existé dans le pays occupé par la France un art GAULOIS et GALLO-ROMAIN. (Voy. ces mots.) Pour ce qui concerne les origines de la peinture et les maîtres de cet art en France, nous renverrons au mot ÉCOLE, § *École française*. Ici nous dirons quelques mots de la sculpture. — Pendant le moyen âge, les sculpteurs, qu'on

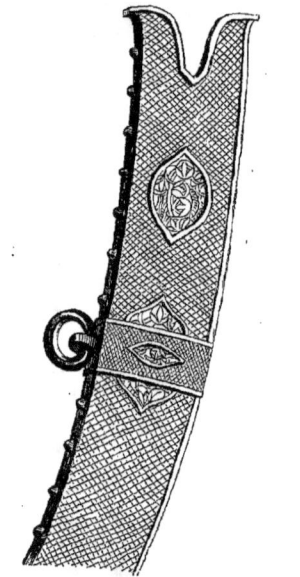

Fig. 421. — Fourreau de cimeterre (revers).

Fig. 422. — Fourreau de cimeterre (face).

appelait *imagiers, ymaigiers, tailleurs d'images*, ont travaillé presque uniquement pour la décoration et l'ornementation des églises ; ils ont fait ces stalles, ces chaires, ces bancs d'œuvre, ces chemins de croix et ces représentations de saints personnages que nous voyons encore épars çà et là dans les églises ou dans les musées. Il y a lieu de distinguer plusieurs périodes dans la sculpture du moyen âge. Du Vᵉ siècle jusqu'à la fin du XIᵉ, il faut avouer que la statuaire, sauf de rares exceptions, est assez grotesque ; les figures, courtes et rondes, n'ont aucun style, aucune proportion, aucune noblesse. Après le XIᵉ siècle, la statuaire change tout à fait ; l'art romano-byzantin pro-

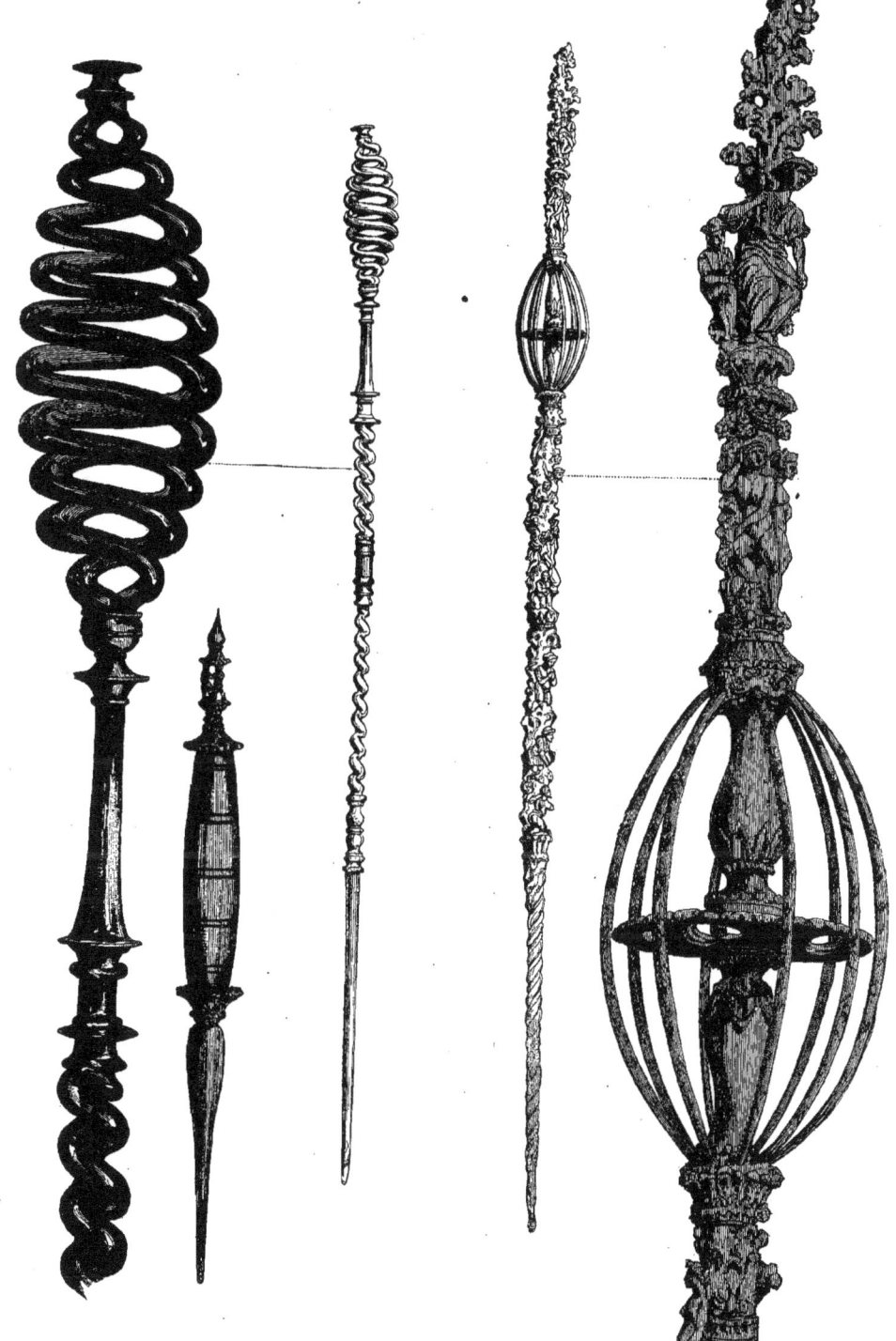

duit des œuvres aux formes longues et sveltes, c'est la contre-partie des œuvres qui l'ont précédé. La fin du XIIIe et tout le XIVe siècle sont les époques les plus brillantes de la sculpture religieuse en France. Au XVe et au XVIe siècle, l'art a singulièrement progressé ; les statuaires ne pratiquent pas seulement l'art religieux, la renaissance opère une transformation totale de l'art français, qui devient souple et gracieux par son contact avec l'art italien ; car, sous François Ier et sous Henri II, les artistes de l'Italie abondent à la cour de France : ce sont les Benvenuto Cellini, les Trebati, les Primatice, les Rosso. Parmi les artistes français, nous mentionnerons Jean Juste, François Marchand, Roland Leroux, Michel Coulomb, Germain Pilon, Jean Goujon, Cochet, Richard Taurigny, etc. — Parmi les sculpteurs de l'époque Louis XIII, mentionnons S. Guillain, Simon ou Jacques Sarrazin, François et Michel Anguier. — Souis Louis XIV, Pierre Puget, Théodon, Pierre Legros, Girardon, Coysevox, Coustou, Tuby, Van Clèves, Lepautre, etc. — Les sculpteurs du XVIIIe siècle sont : Adam Coustou, Falconet, Pigalle, Bouchardon, les Caffieri, Pajou, Lemoyne, Slodtz, Legros, Julien, etc. — Au XIXe siècle, David d'Angers, Ramey, Lesueur, Cartellier, Chaudet, Clodion, Dupaty, Callemard, Bosio, Lemaire, Duret, Pradier, Rude, Simart, Carpeaux, etc.

FRANCISQUE. — Arme des Francs ; c'était une double hache. (Voy. ARMES, *fig.* 46, trophée des armes des Francs.)

FRESQUE (PEINTURE A LA) et FRESQUES. — Genre de peinture dont les couleurs, détrempées à l'eau, sont appliquées sur un enduit encore frais et s'y incorporent. — Par extension, on désigne encore sous ce terme les peintures murales exécutées à l'encaustique ou à la cire, à l'huile ou par la stéréochromie. L'Italie est la terre classique de la fresque, on en retrouve partout, dans les églises, dans les *campo santo,* dans les palais et dans les hôpitaux. — Il existe aujourd'hui trois procédés principaux pour peindre à fresque : 1° la peinture sur fond de mortier ; 2° la peinture à l'encaustique ou à la cire ; 3° la peinture siliceuse ou stéréochromie. Les deux premiers procédés étaient connus des anciens et des maîtres du XVIe siècle ; le troisième procédé est tout à fait moderne. Au mot PEINTURE, nous décrivons *la peinture à l'encaustique.* (Cf. également notre *Dictionnaire d'architecture,* v° FRESQUE.)

FRETEL. — Bouton en forme de fruit, de petit fruit même ; d'où le terme de *fruitelet,* d'où *fretelet, fretel.* Le fretel surmonte les couvercles des vases de divers genres, des soupières, des écuelles, des sucriers, etc. ; on en voit aussi au-dessus des châsses de forme ronde ou de forme pentagonale, hexagonale, etc. Il termine également l'extrémité d'un manche de couteau, d'une cuiller ou d'autres ustensiles : par exemple, d'un AMORÇOIR ; à ce mot (fig. 20), un amorçoir arabe a son couvercle terminé par un fretel. Quand celui-ci est volumineux, il est souvent accolé d'un ou plusieurs *fruitelets.*

FRONTEAU. — Pièce du harnais d'un cheval qui lui couvre le front. Les Gaulois plaçaient des fronteaux à leurs chevaux ; aujourd'hui ce n'est que lorsque ceux-ci sont caparaçonnés pour quelque cérémonie qu'ils ont des fronteaux. (Voy. le terme suivant.)

FRONTIER. — Ornement du front qui présente la forme d'un diadème et qu'on nomme aussi *fronteau* et *frontel,* qu'il ne faut pas confondre avec la FERRONNIÈRE. (Voy. ce mot.) Ce terme était-il connu avant le XIVe siècle ? Nous l'ignorons ; toujours est-il qu'il est écrit dans Eust. Deschamps, poète de ce siècle (1360) ; nous y lisons :

> Qui fille a, n'est pas à repos :
> Terre lui fault premièrement...
> Robes, joyaulx, or et argent...
> Menu ver, gris chapel d'or gay,
> Fronteaulx, couronne ! he Dieu quel gay
> Vaiselle, plas, escuelles, pos...
> Jamais fille ne marieray.

Il y avait des frontiers spéciaux pour les jeunes mariées. Du Cange cite un contrat de mariage (1389) où il est question d'un petit frontel de perles, et dans les lettres de rémission de 1460 nous lisons : « Une frontière à espousée garnye de perles. » Ces deux citations tendraient à prouver que ce genre de frontier était, sinon toujours, du moins souvent, décoré de perles.

FURGETTE, FURGOERE, FUSEQUOIR. — Au moyen âge, ces termes servaient à désigner un cure-dent. Dès le XIVe siècle, c'était un genre que se donnaient les gens bien nés de se curer les dents ; et comme ce n'était pas seulement la conséquence d'un besoin, il existait des furgettes de grand prix, en or et décorées de pierres précieuses. On les appelait également *esguillettes* à curer les dents, *coustelets* à curer les dents, etc. Le terme de *furgette, furgoere,* dérive de l'ancien terme *furgier,* fouiller.

FUSAIN. — Arbuste toujours vert, dont les branches secondaires converties en charbon servent aux artistes à esquisser leurs dessins et à créer ceux qu'on nomme *fusains.* Un des maîtres modernes du fusain est M. Allongé.

FUSEAU. — Petit instrument de bois tourné qui sert à donner un mouvement de rotation, et à tordre ainsi et enrouler le fil, lorsqu'on file à la quenouille ; le fuseau est donc le complément obligé de celle-ci, qui sert de magasin ou de dépôt du chanvre. Notre planche XIV montre des quenouilles et des fuseaux en bois sculpté du XVe siècle ; ces ustensiles, d'un travail florentin plein de finesse, sont déposés au musée de Cluny. Notre quenouille de droite représente, sculptée sur sa tige, l'histoire des femmes fortes de la Bible. On voit à côté l'ensemble et des détails à plus grande échelle. Au moyen âge, on plaçait ordinairement de ces ustensiles dans les Coffrets de mariage. (Voy. ce mot.)

FUSELÉ. — Se dit, en blason, d'un écu chargé de fusées ou de fuseaux.

FUSIL. — Arme à feu portative qui a remplacé l'Arquebuse. (Voy. ce mot.) Primitivement il y eut des fusils à rouet, puis à pierre, puis à piston, puis à tabatière, enfin à aiguille. Comme curiosité, on n'achète guère que des fusils à vent, des fusils arabes ou indiens incrustés d'argent et de corail ; quelquefois des fusils monténégrins décorés de plaques en fer repoussé qui reproduisent de petites têtes en grande quantité. Notre planche XV montre de belles crosses de fusil du XIXe siècle.

Vente Double. — N° 236. Ancien fusil indien avec batterie à mèche et long canon damasquiné en or, la crosse garnie en argent. 1,100 fr. — N° 237. Fusil marocain avec batterie à pierre. La monture est couverte d'ornements en argent doré et repercé à jour. Travail oriental. 350 fr.

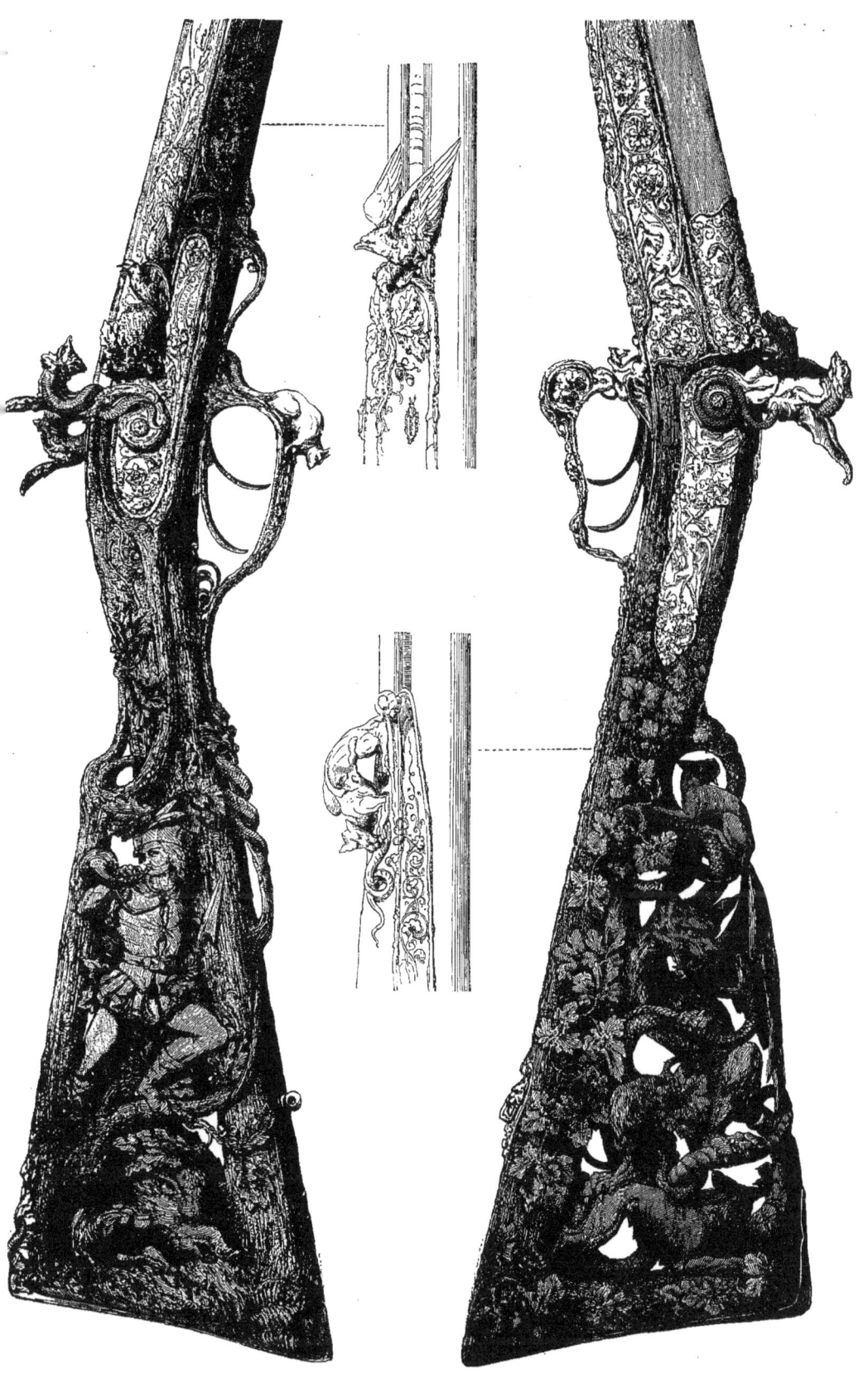

PLANCHE XV. — Crosses de fusil (XIXᵉ siècle).

GAINE. — Étui qui épouse exactement la forme de l'objet qu'il renferme. Ce terme sert surtout à désigner des étuis, des fourreaux d'épée, de sabre, de poignard; d'où l'expression *dégainer*, sortir une épée de son fourreau. Ces gaines sont en cuir, en maroquin, en velours, en métal, quelquefois en galuchat. — On désigne de même un genre de support plus large dans sa partie haute qu'à sa base et sur lequel on place des bustes, des statuettes, des vases, etc. Ces gaines sont en bois, en métal et surtout en marbre.

Vente Double. — N° 264. Deux gaines en marbre rose des Pyrénées de forme rectangulaire. Hauteur, 1^m,30; largeur de la tablette, 0^m,35. 400 fr.

Vente San Donato. — N°s 158 et 159. Quatre gaines en marbre bardiglio fiorito. Hauteur, 1^m,21. 850 lires. — N° 988. Douze gaines en marbre bardiglio fiorito. Hauteur, 1^m,01. 1,275 lires.

GALA (Voiture de). — Voy. Voiture.

GALOUBET. — Sorte de flageolet à bec, à trois trous, le plus aigu des instruments à vent, et plus élevé de deux octaves que la flûte traversière. Cet instrument se joue toujours avec le tambourin; l'exécutant tient de la main gauche le galoubet et bat de la droite le tambourin qui sert à marquer le rythme et la mesure; généralement ce sont deux exécutants qui s'accordent entre eux, l'un sur le galoubet, l'autre sur le tambourin. On joue beaucoup du galoubet et du tambourin en Provence, quand on fait des *farandoles* et d'autres exercices : par exemple, pour les ferrades de taureaux, ou qu'on laisse parcourir les rues d'une ville à un bœuf sauvage, à la patte de derrière duquel on a attaché une corde. Quand le taureau, furieux des mauvais traitements que lui fait subir la foule, s'élance sur un individu, si celui-ci est en danger, tous les assistants se jettent sur la corde, afin d'empêcher l'animal de nuire. Ce divertissement se nomme *bourgine*. On joue également du galoubet dans les promenades aux flambeaux, qu'on nomme *pégoulades*.

GALUCHAT. — Peaux de certains poissons préparées à l'aide de divers procédés et qui fournissent ainsi une sorte de cuir employé pour revêtement d'étuis, de nécessaires, de porte-monnaie, de boîtes d'allumettes, de carnets de visites. On fait même avec le galuchat des buvards, des médaillons-cassolettes, des porte-plumes, des règles et jusqu'à des couteaux à papier. Le galuchat à gros grains est obtenu avec la peau du requin ou du chien de mer; celui à petits grains, avec divers poissons du genre squale, notamment avec la roussette. Les peaux de squales sont plus ou moins grenues; si l'on use, si l'on rabote, pour ainsi dire, leur surface, on rase les petites bosses ou aspérités qui s'y trouvent; il ne reste plus alors que des écailles ou plutôt de petites lentilles transparentes. On utilise le galuchat dans sa couleur naturelle; on le teint en vert ou en gris; nous avons même sous les yeux sur notre table à écrire une boîte en laque dont le dessus, fond noir, est couvert de branchages de *calistegia* presque dans leur vraie grandeur; les feuilles et les fleurs sont faites en galuchat appliqué; les premières sont vertes, et les fleurs violettes et fuschia; les nervures des feuilles, ainsi que les branchages et les pétioles des fleurs sont dessinés par des filets d'or. Cette décoration sur fond noir est d'un bel effet.

GANT. — Partie du costume qui couvre la main. On ne recherche dans les ventes que les gants brodés très anciens. Aux XIV° et XV° siècles, l'art de l'orfèvre et du brodeur s'empara des gants; nous lisons, en effet, dans les comptes royaux de 1352 : « XLVIIJ boutons d'or pour deux paires de gants de peau de chien couverts de chevrotin, garniz au bout de IV boutons de perles; » et dans l'inventaire de Charles VI (1424) : « Uns autres petits gants à prélat, de broderie sur champ d'or et sont tous peints à esmaux et y fault (manque) plusieurs perles. »

GANTELET. — Partie de l'armure qui recouvre la main et l'avant-bras. Les gantelets sont en lames de fer ou d'acier, en écailles, ou en mailles métalliques, comme les cottes. Notre figure 52 (page 55) montre les gantelets de l'armure de Jean Sobieski. Le gantelet est formé de trois pièces : le *canon* ou *revers*, d'une seule pièce, enveloppant le poignet et recouvrant l'extrémité du brassard; le *dessus de la main*, formé de plusieurs lames mobiles à recouvrement extrêmement flexibles; enfin les *doigts*, sur lesquels on compte quelquefois jusqu'à dix-huit écailles pour chaque doigt. On nomme *gantelets à mitons* ceux dont les doigts, sauf le pouce, ne sont point détachés; assez souvent les lames des mitons dessinent la forme des doigts. Usités dès le milieu du XV° siècle, les mitons disparurent avec la seconde moitié du XVI° siècle, à cause de l'emploi des armes à feu, car avec les mitons on ne pouvait tirer de l'arquebuse ou du pistolet.

GARDE. — Partie saillante de la poignée d'un sabre ou d'une épée, qui sert à protéger la main. (Voy. ÉPÉE.)

GARDE-CENDRE. — Plate-bande en cuivre, en fer, en bronze doré, qui sert à retenir la cendre d'un foyer et l'empêcher d'empiéter sur la plaque en marbre.

GARDE-FEU ou PARE-ÉTINCELLES. — Ustensile qui, placé devant le feu, empêche les étincelles de brûler les tapis ou les parquets, et préserve des accidents du feu. Les garde-feu sont en toile métallique, en tissu métallique maillé en cuivre, en bronze, ou bien ils affectent la forme d'un grand éventail en bronze doré.

GARNITURE. — Terme générique qui sert à désigner les différentes pièces qui garnissent la tablette d'une cheminée : PENDULES, FLAMBEAUX, CANDÉLABRES, COUPES. (Voy. ces mots.)

On désigne de même dans la curiosité un vase et deux cornets, ou bien un cornet et deux vases, ou bien encore trois potiches et deux cornets en porcelaine de Chine ou du Japon, ou en faïence de Delft, qui sont pareillement décorés. Les garnitures de cinq pièces, trois potiches et deux cornets, en chine ou en japon, quand elles sont belles et d'un riche décor, valent, suivant leur importance, de 500 à 1,200 fr.; les garnitures en faïence de Delft, de 300 fr. à 1,000 fr.

GAUDRONS. — Voy. GODRONS.

GAULOIS (ART). — Art qui s'est développé dans les Gaules, avant la conquête romaine. Jusque dans ces dernières années, on avait refusé aux Gaulois un art qui leur appartînt en propre; aujourd'hui, grâce aux nombreuses fouilles pratiquées sur différents points de la France, on est obligé de reconnaître un art gaulois, car l'ensemble des poteries, des ustensiles, des bijoux et des armes de ce peuple constitue un art véritable dont les traces n'ont pas entièrement disparu de notre pays, puisque l'ornementation gauloise se trouve en partie sur les broderies bretonnes modernes. Les Gaulois reproduisaient, pour ainsi dire, sans cesse les mêmes ornements : des feuilles de fougère, des dents de loup et des cercles concentriques. — Dans les sépultures gauloises on retrouve des bronzes, de la céramique, des bijoux dont quelques-uns sont émaillés. Nous avons donné dans notre *Dictionnaire d'architecture* des spécimens de l'émaillerie, des bracelets, des torques, des rouelles, des phalères, des cocardes de casque, etc. Le musée de Cluny possède tout un trésor gaulois trouvé en 1856 ; il était enterré dans le sol à 0ᵐ,40 de profondeur, et c'est dans la commune de Saint-Marc le Blanc, près de Rennes, qu'on l'a découvert. Ce trésor (nᵒˢ 4966 à 4974 du catalogue) avait été enfoui sans doute par un orfèvre gaulois dans un moment de troubles, car il s'y trouve des lingots bruts, des bijoux à peine ébauchés, tandis que d'autres pièces sont d'un fini remarquable. Le musée de Cluny n'a acquis que les bijoux terminés : ce sont neuf bracelets d'or, dont l'un est composé de trois branches en or massif de travail tors avec agrafe. Les Gaulois fabriquaient aussi de belles étoffes et des poteries qui ornaient les maisons des riches patriciens de Rome ; enfin ils avaient une littérature et une industrie également remarquables. (Cf. *Histoire nationale des Gaulois*, par Ern. Bosc et L. Bonnemère, ch. III, IV, V, et *passim*.)

GAUTHA. — Instrument de musique hindou. C'est une petite cloche de bronze ; on la sonne matin et soir dans les *atria* des temples pour annoncer les prières.

GEMME. — Terme générique sous lequel on désigne toute sorte de pierres précieuses.

GENOUILLÈRE. — Partie de l'armure qui couvre le genou et réunit les grèves ou jambières aux cuissards. Les genouillères remplissent le même office pour le genou que les cubitières pour le coude ; elles emboîtent le genou, sont pourvues de deux ou quatre lames mobiles à recouvrement et d'un aileron qui garantit l'extérieur du genou. Très développée à l'origine, et toujours en proportion avec l'aileron des cubitières, cette partie de l'armure va en s'amoindrissant de plus en plus du XVIᵉ au XVIIᵉ siècle. Parfois la genouillère est divisée dans son milieu par une torsade ou filet perpendiculaire. Les armures à bandes gravées et damasquinées ont les ailerons de leurs genouillères entièrement couverts de gravures et de damasquines.

GÈSE. — Épieu gaulois, que les Romains transformèrent en lance courte et adoptèrent pour leurs troupes légères, deux ou trois siècles avant J.-C.

GIBECIÈRE. — Espèce de sac ou de bourse qu'on portait autrefois suspendu à la ceinture ; la gibecière se rapprochait pour sa forme de l'AUMÔNIÈRE. (Voy. ce mot.)

Vente Double. — N° 256. Gibecière en velours rouge et vert, brodée en soie de couleurs et or ; travail oriental. 80 fr.

GIRANDOLE. — Groupe de pierres précieuses monté en boucles d'oreilles, que les femmes portent aux oreilles. — Chandelier à plusieurs branches qui sert à éclairer les salons et galeries de fêtes. Il existe également des girandoles-appliques.

Vente San Donato. — N° 140. Six grandes girandoles-appliques à trente-quatre lumières chacune, en bronze doré, composées d'un vase ovoïde supportant quatre branches porte-lumière et reposant sur une figurine d'Amour terminée en feuillage, reliée à l'applique par un mascaron. 8,340 lires. — N° 141. Deux girandoles de même modèle, sans les supports appliques. 1,200 lires. — N° 1205. Deux girandoles en argent, à trois lumières ; base à fleurons, enroulements et oves ; balustres contournés à godrons et feuillages finement ciselés. Travail du temps de la régence. 10,600 lires.

Vente Double. — N° 193. Deux girandoles en argent ciselé, composées de flambeaux à tiges cannelées, ornées de festons de laurier et bouquets porte-lumière à trois branches se rattachant à un vase orné de trois mufles de lion (style Louis XVI) ; haut., 0ᵐ,39. 12,200 fr. — N° 299. Quatre belles girandoles en bronze ciselé et doré, composées chacune d'un grand flambeau, modèle rocaille, portant plusieurs fois répétées les armes de Turenne en relief et décoré d'un bouquet à trois branches porte-lumière, modèle rocaille (style Louis XV) ; haut., 0ᵐ,52. 38,400 fr. Les deux aux armes de Turenne avaient atteint, seules, le prix de 19,200 fr.

GIRON. — Une des pièces honorables de l'écu; elle est de forme triangulaire, sa base a la largeur de la moitié de l'écu, le sommet du triangle atteint le tiers de l'écu.

GIRONNÉ. — Un écu est dit *gironné* quand il est divisé en six, huit, dix, douze, et même un plus grand nombre de girons de deux émaux alternés.

GIVRE. — Dans le blason, c'est une vipère, une couleuvre à queue ondoyante. Quand elle est droite, elle est dite en *pal;* on la dit, au contraire, *rampante,* quand elle est en *fasce.*

GLACE. — Objet mobilier qui reproduit ou réfléchit tout ce qui se présente devant sa face. Les manufactures de Saint-Gobain font des glaces de très grandes dimensions. Dans le commerce de la curiosité, les glaces de Venise à biseaux et décorées de beaux cadres atteignent des prix élevés.

Vente Double. — N° 367. Petite glace carrée à biseaux avec cadre en marqueterie d'écaille et d'ivoire, garni d'écoinçons en cuivre repoussé et doré et de médaillons-bustes en argent (style Louis XIII). Haut., 0^m,42; larg., 0^m,37. 400 fr. — N° 395. Glace avec cadre Louis XV, en bois sculpté et doré, composé d'ornements rocaille et de festons de feuillages. Le haut, cintré, est surmonté d'un motif rocaille sur lequel repose un groupe de fleurs. Haut., 2^m,67; larg., 1^m,42. 360 fr. — N° 395. Petite glace à biseaux en hauteur, avec cadre Louis XVI en bois sculpté et doré. Elle est surmontée de rinceaux et d'un médaillon ovale sur lequel repose une couronne royale. Haut., 1^m,15 ;. larg., 0^m,55. — N° 397. Glace à biseaux dans un cadre Louis XVI, en bois sculpté et doré, surmonté d'une couronne et de rinceaux feuillagés. Haut., 1^m,38 ; larg., 0^m,64. 450 fr. — N° 398. Glace avec cadre Louis XVI en bois sculpté et doré, surmonté d'un trophée d'armes, encadrant un médaillon ovale offrant une fleur de lis se détachant en or sur fond bleu, et de deux festons de laurier retombant sur les deux côtés supérieurs du cadre. Haut., 1^m,80 ; larg., 0^m,98. 310 fr. — N° 399. Glace de cheminée, cadre en bois sculpté, peint en blanc et rehaussé de dorure. Ce cadre se compose de deux montants ornés de médaillons au centre desquels se trouvent des plaques de sèvres à fond bleu et figures blanches ; entre deux motifs composés de vases d'or s'échappent des ornements, des gerbes et des fleurs. Au-dessus de la glace se trouve une peinture ovale en largeur peinte par Van Spœndonck, représentant une corbeille de fleurs. Ce médaillon est encadré d'une branche de chêne et d'une branche de laurier reliées par un nœud de ruban (style Louis XVI). Haut., 2^m,45 ; larg., 1^m,60. 3,050 fr. — N° 400. Glace carrée, avec cadre en bois sculpté et doré à mascaron, coquille et ornements (style Louis XIV). Haut., 1^m,55 ; larg., 1^m,35. 680 fr. — N° 401. Glace en hauteur avec cadre à compartiments de glace et double encadrement en bois sculpté et doré, à ornements et feuillages (style Louis XV). 505 fr.

Vente San Donato. — N° 1433. Glace vénitienne biseautée dans un encadrement de ramages en bois finement sculpté et doré. Hauteur, 1^m,20 ; largeur, 1 mètre. 650 lires. — N° 1759. Glace à cadre laqué bleu, rehaussé d'or. Haut., 2^m,77 ; larg., 1^m,33. 410 lires. — N° 1792. Glace, avec cadre en bois sculpté et doré à fleurs, surmonté d'un cartel à ornements rocaille formant le fronton (style Louis XV). Hauteur, 2^m,40 ; larg., 1^m,02. 820 lires. — N° 1834. Glace à bordure en bois sculpté à jour et doré. 880 lires. — N° 1848. Glace biseautée ; encadrement à fronton et à consoles en bois sculpté et doré à volutes, coquilles et ornements. Le miroir du fronton est gravé et représente une femme couchée (style Louis XIV). 520 lires. — N° 1874. Glace biseautée dans un encadrement à fronton et consoles en bois sculpté à jour et doré, à volutes, coquilles et ornements. Le miroir du fronton est gravé à figures. 225 fr.

GLAIVE. — On appelle quelquefois *glaives de justice* des épées à deux mains qui servaient au bourreau à trancher la tête des condamnés. (Voy. Épée.)

GLASS-CORDE. — Instrument de musique, sorte de piano dans lequel les cordes sont remplacées par des lames de verre, *glass;* d'où son nom. Ces lames, soutenues par des chevalets libres, sont frappées par des marteaux soulevés par des touches. Franklin passe pour être l'inventeur de cet instrument.

GLYPTIQUE. — Art de graver les médailles et les pierres fines. La glyptique a passé dans l'antiquité par trois grandes phases principales. Dans la première, on se contente de graver de l'écriture sur des pierres plus ou moins dures devant servir de marques ou de cachets à de hauts dignitaires, à des prêtres ou à des rois. Cette première période de la glyptique embrasse les deux plus grandes, sinon les deux plus anciennes civilisations, celles de l'Égypte et de l'Assyrie. Au début de la seconde période, nous trouvons la Phénicie, la Grèce primitive et l'Étrurie; avec ces peuples la glyptique commence à devenir un art véritable, qui pendant la troisième période atteint son apogée en Grèce au siècle de Périclès et à Rome sous Auguste. Mais tandis que les Grecs recherchent surtout la pureté de la forme et des contours, ainsi que la beauté des traits et des lignes, les Romains s'occupent de faire valoir les riches couleurs et la transparence des pierres fines. Ce sont là deux aspirations caractéristiques du génie particulier de ces deux peuples : l'un poursuit l'idéal par la poésie qu'il met dans son œuvre, l'autre recherche la richesse et l'éclat comme le *desideratum* suprême de l'art. — Suivant leur degré de dureté, on divise généralement les pierres en dix groupes principaux :

1° Le talc,
2° Le gypse,
} qui se rayent à l'ongle;

3° Le spath calcaire,
4° Le spath fluor,
5° L'hépatite,
} qui se coupent au ciseau;

6° Le feldspath,
7° Le quartz,
8° La topaze,
9° Le corindon,
} qui se travaillent au touret et à la poudre de corindon;

10° Le diamant, qui se travaille au touret et avec sa propre poudre.

GOBELET. — Vase à boire du moyen âge et des XVIe, XVIIe et XVIIIe siècles. Les gobelets étaient en or, en vermeil, en argent, en verre. Notre figure 423 montre un gobelet en argent du XVIe siècle. Sa forme est des plus originales. Le pied est un moulin à vent; en soufflant dans le tube qu'on voit à droite de la figure, on fait marcher non seulement les ailes

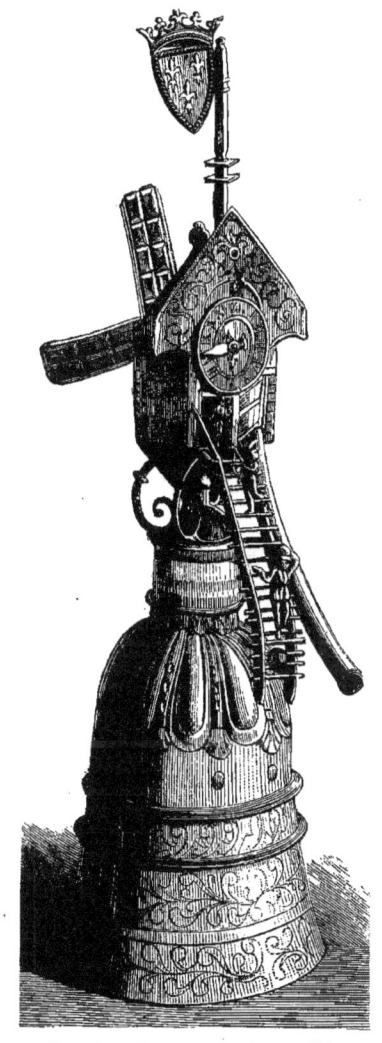

Fig. 423. — Gobelet en argent (XVIe siècle).

du moulin, mais encore les aiguilles du cadran et la girouette, formée par un écu fleurdelisé. Ce gobelet remplaçait le tourniquet des marchands de vin. Le plus robuste souffleur faisait exécuter le plus grand nombre de tours à l'aiguille indicative. Le vainqueur retournait le gobelet ; on le lui remplissait, et il le vidait à la santé des vaincus. Comme on le voit, nos pères savaient joindre l'utile à l'agréable et se divertir à peu de frais. Nos figures 424 et 425 montrent

Fig. 424 et 425. — Gobelets en vermeil.

trent deux gobelets en vermeil au tiers de leur vraie grandeur ; le premier mesure 0^m,38 de hauteur, et le second 0^m,37. Ils font partie de la collection de M. E. B. de Nice. — Il existe aussi des doubles gobelets : l'un, de plus petites proportions, servait à déguster le vin, et l'autre à le boire ; nous en avons donné un beau modèle figure 41, page 42, v° ARGENTERIE.

Vente San Donato. — N° 1249. Gobelet en argent repoussé, ciselé et doré, à têtes de chérubins, lambrequins, grotesques et fruits séparant trois médaillons à paysages et animaux. Travail allemand du XVIIe siècle. 1,600 lires. — N° 1252. Gobelet de forme conique en argent doré aux bords et à l'intérieur ; pourtour orné de monnaies aux effigies de Johann Georges, duc de Saxe, et d'Albert, margrave de Brandebourg, sur fond champlevé. Travail allemand du XVIIIe siècle. 530 lires. — N° 1254. Gobelet de forme conique sur piédouche, en argent repoussé et ciselé ; il porte trois cartouches en forme de dais en lambrequins entourant des médaillons ovales à figures allégoriques séparés par des grotesques. Intérieur doré. Travail russe du XVIIIe siècle. 190 lires. — N° 1256. Gobelet forme conique, évasé au col, orné de monnaies à l'effigie de Sigismond (XVIIe siècle). 340 lires. — N° 1260. Gobelet couvert en vermeil ; coupe de forme conique couverte d'oves alternant avec des têtes de chérubins, fleurs et fruits sur fond champlevé ; couvercle surmonté d'une pomme de pin ; tige à balustre et consoles ; base champlevée, décorée comme le couvercle. 700 lires. — N° 1301. Gobelet couvert, supporté par trois boules en argent, doré en partie, forme conique ; sur le pourtour et le couvercle, médaillons avec bustes d'empereurs romains et trophées ; pour pommeau, une boule. Travail d'Augsbourg du XVIIe siècle. 530 lires. — N° 1304. Deux gobelets allemands avec médaillons portant des chiffres entrelacés et des inscriptions. 140 lires. — N° 1312. Gobelet en vermeil, à médaillons de souverains, séparés par des guirlandes de fleurs et de fruits. 80 lires. — N° 1315. Gobelet en argent doré sur le bord et à l'intérieur, à larges bouquets de fleurs. 110 lires. — N° 1328. Gobelet de forme conique en vermeil, entièrement orné de médaillons séparés par des guirlandes de fleurs et de paysages ; couvercle ajouté. Travail d'Augsbourg du XVIIe siècle. 260 lires. — N° 1331. Gobelet à couvercle de forme conique entièrement couvert de pièces de monnaie. Travail viennois du XVIIe siècle. 800 lires.

GODRONS. — Ornements en forme de longues toupies élancées qu'on place dans les doucines, dans les gorges et dans toute sorte de moulures ; certains godrons sont droits, d'autres courbes. Les anciens auteurs écrivent aussi, *gaudrons*.

GONG. — Instrument de musique des Hindous et des Chinois ; c'est un grand disque avec bordure de 0^m,02, en très beau bronze, sur lequel on frappe avec une baguette garnie d'un tampon de peau. Ce plateau est suspendu à une corde et produit un son retentissant d'une grande intensité qui se perd dans des vibrations lentes et prolongées. On nomme aussi cet instrument *tam-tam* et *kong*; il vaut de 140 à 150 francs.

GORGERETTE. — Voy. GORGERIN.

GORGERIN. — Pièce du casque, formée par la réunion de plusieurs lames articulées, qui recouvre le colletin de l'armure et protège l'intervalle découvert entre le menton et le colletin. Ce terme, dérivé de *gorgia, gorgole, gorgeria, gorgière*, servait aussi au XIVe siècle à désigner une pièce d'étoffe, sorte de collerette qui servait à couvrir la gorge des femmes ; aussi la nommait-on également *gorgerette*. (Voy. CASQUE.)

GORGIÈRE. — Collet de cotte de mailles que portait souvent le HAUBERT. (Voy. ce mot.)

GOUACHE. — Sorte de peinture en détrempe faite au moyen de couleurs broyées et délayées à l'eau gommée. On peint à la gouache absolument comme on peint à l'huile. Les miniatures à la gouache atteignent parfois des prix très élevés ; des boîtes qui portent des gouaches de Blarenberghe se vendent 3,000, 4,000, 5,000 francs et davantage. Voici quelques prix :

Vente San Donato. — N° 711. Gouache de Van Blarenberghe, d'une grande finesse, représentant les ruines d'une abbaye que des ouvriers sont en train de déblayer ; à l'arrière-plan, une ferme d'où sort un troupeau ; au premier plan, une rivière avec un bateau chargé ; à gauche, une famille de pêcheurs. Long., 0^m,20 ; larg., 0^m,07. 2,250 lires.

Vente Double. — N° 158. Boîte ovale en or guilloché, ornée de deux miniatures par Van Blarenberghe. La miniature du couvercle représente le retour du baptême, dans un intérieur rustique ; cette scène se compose de seize figures. La miniature du fond se compose de douze personnages et représente la visite à la nourrice. Cette boîte a été reproduite en chromolithographie dans le *XVIIIe Siècle* de Paul Lacroix, Paris 1878. 30,000 francs. — N° 159. Boîte ronde en or ciselé, à perles en relief et décorée de panneaux d'émail gris-perle sur fond guilloché (style Louis XVI). Le couvercle est orné d'une miniature, signée Van Blarenberghe, représentant une fête de village composée de plus de quatre-vingts figures. 20,000 fr. — N° 160. Boîte allongée en or guilloché et émaillé vert avec encadrements et pilastres ciselés à rosaces et ornements (style Louis XVI). Le dessus est orné d'une miniature signée Van Blarenberghe, représentant une scène champêtre et composée de quatorze figures. 13,000 fr. — N° 161. Boîte ovale en or guilloché, émaillé rouge (style Louis XVI); dessus décoré d'une miniature ovale par Van Blarenberghe. 11,500 fr.

GOUPILLON. — Aspersoir en usage dans les cérémonies de divers cultes ; c'est un petit bâton terminé par un pinceau ou par une boule métallique percée de trous ou d'ajours. Ce terme paraît dérivé du vieux français *goupil*, dérivé lui-même du latin *vulpis* (renard), parce que c'était avec la belle queue de cet animal que se fabriquaient les goupillons de l'époque du moyen âge. Notre figure 426 montre un goupillon du XVe siècle de la cathédrale de Coire, en Suisse ; il se compose d'une boule de cuivre qui se divise en deux hémisphères recevant à leur intérieur une éponge qui s'imbibe d'eau par les ajours pratiqués dans le métal.

GOURDE. — Sorte de bouteille de diverses formes qui sert à renfermer une boisson quelconque. Une cucurbitacée fournit un genre de gourde dite *gourde de pèlerin*; une autre variété fournit des gourdes rondes ; souvent on exécute sur celles-ci des gravures. Les Persans appellent certaines gourdes, KETCHKOULL. (Voy. ce mot, où se trouve une fort belle gourde persane.)

GOUSSET. — Parties triangulaires de l'armure qui garantissaient le dessous du bras. — Dans le blason, le *gousset* est une des pièces honorables de l'écu : c'est un triangle figuré renversé sur l'écu ; les deux angles de base prennent en haut ceux de l'écu, et l'angle du sommet se termine en pal dans la pointe.

Fig. 426. — Goupillon du XVᵉ siècle.

GOUTTIÈRES. — Dans un sabre ou dans une épée, on nomme *gouttières* le canal ou les canaux qui existent sur leur lame.

GRANIT. — Roche composée de feldspath et de mica agrégés ensemble ; c'est le mica qui dans les granits fournit les grains brillants. On fait avec le granit des colonnes, des coupes, des fontaines, des gaines, etc. A la vente San Donato, le n° 306, une paire de vases en granit oriental gris moucheté de feuille-morte, forme ovoïde, à couvercle de même matière avec des montures en bronze doré de l'époque Louis XIV en forme d'anses se rattachant à des têtes barbues couronnées de pampres, s'est vendue 14,000 lires. Leur hauteur était 0ᵐ,47 ; leur largeur à la base, 0ᵐ,12.

GRAVURE (Art de la). — L'art de la gravure consiste à tracer un dessin, une composition sur une matière plus ou moins dure, telle que bois, pierre, métal. A son début, cet art n'a satisfait qu'à un besoin de luxe, et son utilité se borne à créer des cachets, des camées et des intailles. Au XVᵉ siècle, les orfèvres, qui faisaient des nielles, couvrirent de tailles des planches d'argent et arrivèrent ainsi, comme nous allons le voir bientôt, à créer des planches qui par l'impression fournissent des *épreuves* ou des *estampes* en nombre considérable et créèrent un art des plus utiles. — Tous les genres de gravure peuvent être ramenés à trois types différents que nous étudierons après avoir donné un aperçu historique sur la gravure. Ces trois gravures sont : la *gravure en creux*, la *gravure en relief* et la *gravure en bas-relief*.

Historique. — L'art de produire des dessins sur une surface plane métallique remonte à une haute antiquité ; les Orientaux les premiers décorèrent des objets usuels en ivoire, en bois et surtout en métal, d'ornements gravés ; les Égyptiens, les Grecs et les Romains surent également embellir divers objets par de fins dessins tracés à l'aide d'un délicat burin ; mais cet art devint surtout remarquable à l'époque du moyen âge et de la renaissance ; durant ces périodes de l'art, la gravure fut pratiquée d'une manière presque exclusive par les armuriers et les orfèvres, qui l'utilisaient pour décorer les armes et les objets d'orfèvrerie. Très souvent ces habiles artistes incrustaient dans leurs travaux intaillés des fils d'or et d'argent ; souvent aussi ils remplissaient leurs intailles d'un émail noir, nielle, *nigellum* (Theophili *Diversarum artium schedula*), *niello* (Benvenuto Cellini, *Dell'orifeveria*, ch. II). (Voy. Nielle.) Nous n'avons pas à parler ici des divers genres de gravure de l'orfèvrerie et de la damasquinerie, mais seulement de l'art d'imprimer des estampes, que l'art de nieller a créé. — La première estampe date

PLANCHE XVI. — Gravure sur bois du XVᵉ siècle (1418). (Bibliothèque royale de Bruxelles.)

GRAVURE (ART DE LA). 359

de 1452 : c'est là une date fixe et certaine. Antérieurement on a bien produit quelques travaux dans le genre qui nous occupe ; ainsi on connaît une suite de la *Passion* qui aurait été exécutée en 1446 ; un *saint Christophe* en 1423 ; M. le baron de Reiffenberg aurait même acquis pour la bibliothèque de Bruxelles une estampe sur bois qui, au dire des hommes les plus compétents, serait de 1418 ; notre planche XVI montre un fac-similé de cette gravure sur laquelle on peut lire la date sur la traverse de la barrière ; enfin M. H. Delaborde ferait remonter à l'année 1405 ou 1406 le premier tirage de deux estampes imprimées sur les feuillets d'un manuscrit. (Cf. *Gazette des beaux-arts*, 1er mars 1869.) Malgré toutes ces

Fig. 427. — Plaque de la *Paix* de Maso Finiguerra.

dates sérieuses et indiscutables, les Allemands, qui revendiquent sans cesse pour leur pays l'invention de tous les arts, les Allemands, disons-nous, voulaient faire passer Martin Schongauer comme le père de la gravure en taille-douce. Or depuis que Zani découvrit dans un recueil du Cabinet des estampes à Paris une épreuve de la *Paix*, de Florence, exécutée en 1452 par Maso Finiguerra, la thèse allemande n'est plus soutenable. — On sait, du reste, et Émeric David l'a fort bien narré dans son *Histoire de la gravure* (p. 172, éd. 1842), que Maso Finiguerra, natif de Florence, avait exécuté en 1452 une *Paix*, et qu'avant de répandre le *niello* sur la planche déjà gravée, avant même d'avoir terminé sa gravure, il voulut juger de l'effet de son travail. Il en prit une empreinte avec de l'argile, puis il coula des épreuves en soufre de cette empreinte. Pour apprécier ses effets sur un papier, il répandit du noir dans les sillons du soufre, il frotta la surface et, après avoir humecté ou plutôt humidifié un papier, il conçut l'idée de tirer une épreuve ainsi que le faisaient les graveurs sur bois. Dès lors était trouvée la gravure en taille-douce; en effet, notre grand artiste italien, orfèvre et sculpteur, l'élève des Ghiberti et des Masaccio, quand il eut terminé sa planche d'argent, en tira des épreuves avec une encre durable. Ainsi donc Finiguerra obtint de véritables estampes au moyen d'une planche qu'il avait tout simplement exécutée dans une tout autre intention. Notre figure 427 montre cette plaque de *Paix* de Finiguerra. — Dès lors beaucoup d'artistes des XVe et XVIe siècles, d'orfèvres qu'ils étaient, devinrent graveurs, et, au lieu de graver des objets d'orfèvrerie et des bijoux, ils gravèrent des modèles pour fournir des matériaux aux orfèvres, aux joailliers, aux armuriers, aux émailleurs, aux fabricants de meubles, etc. Ce furent des élèves ou des imitateurs d'Albert Dürer, connus sous le nom de *petits maîtres*, qui les premiers se firent remarquer; les plus renommés sont : Albrecht Altdorfer, Aldegraver, Georg Pens, Virgilius Solis, Hans Sébald Beham, Théodore de Bry, Jean Collaert, etc. (Voy. ESTAMPES.) De ce qui précède, il résulte donc que la première manifestation de la gravure en taille-douce, celle qui fixe la date historique, est bien de 1452, et c'est bien à un artiste italien à qui l'on doit la découverte de la gravure. Postérieurement la plaque d'argent a été remplacée par des plaques de cuivre rouge et de cuivre jaune, ces matières ayant permis de créer pour des prix modiques de grandes estampes.

GRAVURE EN CREUX. — On grave en creux sur métal de diverses manières : au *burin*, à l'*eau-forte*, au *pointillé*, au *maillet*, en *manière de crayon*, à la *manière noire* ou *mezzo-tinte*, à l'*aquatinte*; enfin on grave sur pierre.

GRAVURE AU BURIN OU TAILLE-DOUCE. — C'est la plus ancienne de toutes et celle dont on obtient les plus beaux résultats, mais elle exige, de la part de l'artiste qui s'y adonne, un travail long et pénible. Pour exécuter une gravure en taille-douce d'assez grande dimension, il faut que l'artiste y consacre plusieurs années. Il faut qu'il exécute premièrement un dessin très fini et très arrêté de la composition qu'il veut reproduire sur le cuivre ou sur l'acier. Le dessin terminé, il fait au moyen d'une pointe un calque sur *papier-glacé*, c'est-à-dire une feuille de gélatine. Avec l'*ébarboir*, il racle les parties trop saillantes du papier-glacé qui pourraient érailler le vernis lors du transport du décalque. Celui-ci terminé, il répand sur la surface attaquée par la pointe de la sanguine rouge, qu'il étale avec un petit tampon de papier de soie. Ce tamponnage, exécuté par un mouvement de rotation, fait pénétrer la sanguine dans les traits du papier-glacé. Ceci fait, on frotte légèrement la surface de ce papier pour enlever l'excédent de la sanguine et on le porte sur la plaque noircie. Pour reporter ce

Fig. 428. — Fac-similé d'une gravure d'Aldegraver (1527).

décalque, on exerce une légère pression sur la feuille de papier-glacé à l'aide du brunissoir. Quand celui-ci a été promené sur toute la surface, on soulève le calque, et sur la planche on voit nettement dessinés les contours de la composition. Tout ce qui précède est le travail de la mise en place; l'artiste prend alors le burin et trace des tailles plus ou moins profondes suivant que le trait est en pleine lumière, dans la demi-teinte ou dans l'ombre. Ce sont ces premières tailles qui servent de dessous au travail définitif qui est exécuté avec une seconde, une troisième taille et des travaux intercalaires. C'est avec les tailles successives et les travaux intercalés que l'artiste modèle son dessin, accentue les ombres et donne de

Fig. 429. — Fac-similé de l'*Ecce Homo* de Goltzius (XVIᵉ siècle).

la vigueur à son œuvre ; c'est à l'aide de ces mêmes travaux qu'il adoucit les teintes et qu'il atténue les brusques transitions.

Nos figures 428 et 429 montrent deux fac-similés de gravure au burin, l'une d'Aldegraver, datée 1527 ; l'autre de Goltzius. (Cf. Paul Lacroix, *les Arts au moyen âge et à la renaissance*, page 350.)

GRAVURE A L'EAU-FORTE. — On prend une plaque de cuivre qu'on chauffe légèrement, afin de la recouvrir d'un vernis enfermé dans un petit morceau de soie, de taffetas noir. On égalise ce vernis en tamponnant avec un large tampon formé d'une boule de coton entourée de soie. Quand le vernis est parfaitement étalé, on enfume la planche à l'aide d'une chandelle au-dessus de laquelle on promène cette planche. Quand celle-ci est refroidie, on porte le décalque fait sur papier-glace comme nous l'avons décrit ci-dessus (§ GRAVURE AU BURIN). Nous devons dire que beaucoup d'artistes dessinent d'un premier coup sur la planche préparée, sans faire de décalque. L'artiste entame le vernis et mord légèrement son cuivre. Tout le travail terminé, il borde sa planche avec de la cire à border, composée d'un mélange de cire jaune, de poix de Bourgogne et de suif. Ceci fait, l'artiste verse sur la planche de l'acide acétique étendu d'eau pour *décaper*, pour ainsi dire, les tailles et préparer la morsure. Après avoir laissé de cinq à six minutes agir l'acide acétique, il remplace celui-ci par un bain d'acide nitrique étendu d'eau (*eau-forte*). Plus l'acide séjourne sur la planche, plus les traits (*tailles*) se gravent profondément ; aussi les artistes profitent-ils de ces résultats pour obtenir de *grands noirs*. Quand les tailles sont très rapprochées, ils obtiennent par des *crevés* des noirs pleins. On nomme *crevés* ces noirs, parce que l'acide, qui mord fortement sur les traits, ronge à tel point leurs bords que le filet de vernis séparant deux traits crève et les deux filets se confondent, bien qu'au tirage un ton plus pâle les sépare. Quand l'acide mord la planche, il se forme sur les traits de petites bulles qu'on nomme *bouillons*. Le graveur, avec un pinceau souple, passe sur les traits pour supprimer les *bouillons*, qui auraient l'inconvénient d'empêcher une morsure uniforme. Quand la planche est bien mordue, ce qui se voit au brillant et à la profondeur des tailles, on retire l'acide ; puis on nettoie la planche en l'essuyant avec un chiffon de laine imbibé de pétrole ou d'essence de térébenthine. Dans cet état la planche peut fournir des épreuves, dites du *premier état*, sur lesquelles l'artiste se rend compte du résultat de son travail. S'il n'en est pas satisfait, il revernit, mais sans enfumer la planche, afin que, le vernis restant transparent, il puisse repasser (*rentrer*) sur les traits et faire mordre une seconde fois et partiellement la planche, qui, tirée après son nettoyage, fournit des épreuves de second, troisième, quatrième et cinquième état, suivant que l'artiste a retouché deux, trois, quatre ou cinq fois sa planche. Nous venons de voir le moyen d'accentuer les traits ; mais il arrive aussi bien souvent que dans une première morsure certaines parties sont trop accusées. Rien n'est plus facile que de les éteindre ; on se sert pour cela d'un *brunissoir*, outil dont la section est ovale et avec lequel on *plane* légèrement le métal. Enfin, si un artiste veut obtenir des tailles fines et brillantes, il travaille sur le tout avec la *pointe sèche*. Quand celle-ci fournit sur le métal des *barbes*, c'est-à-dire des sortes de petits copeaux adhérents à la taille, on les supprime avec l'*ébarboir*, outil triangulaire qui taille sur chacun de ses trois bords. Beaucoup d'artistes, voulant obtenir de puissants effets, font à dessein des barbes qui retiennent de l'encre en quantité lors du tirage, ce qui donne des noirs intenses aux estampes. L'épreuve tirée dans ces conditions est dite tirée *à toutes barbes* et se vend fort cher dans les ventes ; car ces épreuves sont très rares, le tirage ne fournissant que quelques exemplaires, le rouleau de la presse ayant vite accompli le travail d'*ébarbage*. Nous n'insisterons pas davantage, n'ayant pas à faire ici un traité de la gravure ; nous ne dirons qu'une chose, c'est qu'il n'est pas de plaisir plus grand pour le véritable artiste que de travailler une planche à l'eau-forte ; il peut obtenir tous les effets qu'il désire, il peut retoucher une planche autant qu'il le juge utile, il peut même partiellement refaire tout un côté. Heureux ceux qui ont le loisir de cultiver ce bel art, car c'est là le véritable *art d'agrément* par excellence, même pour les artistes qui en font leur profession.

GRAVURE AU POINTILLÉ. — La gravure au pointillé, qu'on nomme aussi gravure en *mezzo-tinto* et gravure à la *manière noire*, n'emploie pas de tailles, mais des myriades de points qu'on obtient sur les planches au moyen d'une *roulette*, outil dont la roue ressemble à une molette d'éperon et qui crible la planche de petits points. On emploie aussi de préférence, pour faire le grain, un outil nommé *berceau*, large ciseau dont le bord en portion de cercle est strié et présente des pointes très aiguës. L'ouvrier en berçant sa main sur la planche vernie fait entrer ces pointes dans le métal. La planche ainsi grenée, on prend le *racloir* et avec cet instrument on use plus ou moins les grains, suivant que l'on veut obtenir des parties plus ou moins brillantes ; on plane entièrement les parties qui doivent être complètement blanches. Il faut une grande habileté pour exécuter ce genre de gravure, qui est mou et promptement usé par le tirage, car la planche la mieux exécutée ne peut fournir que deux ou trois cents bonnes épreuves. Un Anglais, Horace Walpole (*Anecdotes sur la peinture*), attribue l'invention de ce genre de gravure à Robert, neveu de Charles Ier, qui aurait été conduit à cette découverte parce qu'il vit sur un fusil de soldat une sorte de figure gravée par de petits points que la rouille avait faits sur le canon de cette arme. Robert arriva à cette conclusion que, si on pouvait trouver un moyen de couvrir une plaque de cuivre de myriades de grenelures, on obtiendrait une impression toute noire, mais qu'en planant plus ou moins certaines parties on aurait des tons plus ou moins pâles allant jusqu'au blanc : on pourrait donc modeler une figure. Il fit part de son idée au peintre Wallerant Vaillant, avec lequel il fit des expériences qui réussirent. Malheureusement la petite anecdote de Walpole est controuvée, puisqu'un graveur français presque totalement inconnu, François Aspruck, avait produit dès 1601, c'est-à-dire quarante-huit ans avant Robert, une suite de treize planches représentant le *Christ* et les *Apôtres*, et une autre planche, *Vénus et l'Amour*, datée aussi de 1601. On peut voir ces quatorze épreuves au cabinet des estampes de la Bibliothèque nationale de Paris.

GRAVURE AU MAILLET. — Cette gravure est une variété de la gravure au pointillé ; les pointes sont enfoncées dans le métal à l'aide d'un petit maillet. Ce genre de gravure pourrait fournir un plus grand tirage. C'est un artiste nommé Lutma qui l'a inventé et encore n'a-t-il laissé que quelques portraits.

GRAVURE EN MANIÈRE DE CRAYON. — La gravure en manière de crayon a été inventée en 1756 par François et Demarteau, qui, perfectionnant le rendu de la gravure au maillet, trouvèrent le moyen de créer des fac-similés des dessins de maîtres. Pour exécuter ce genre de gravure, au lieu de mordre le cuivre avec la pointe ordinaire, on en utilise une dont l'extrémité a plusieurs pointes inégales ; puis on imite les hachures avec cette pointe ou avec des roulettes dont les dents sont diversement faites. Avec cette gravure on imitait les dessins des maîtres à s'y méprendre ; aujourd'hui la lithographie a remplacé avantageusement la gravure en manière noire pour les modèles des écoles de dessin ; mais pour l'illustration des textes, ce genre de gravure rend des services qu'on ne saurait demander à tout autre procédé.

GRAVURE A L'AQUA-TINTA. — Ce genre de gravure, qu'on nomme aussi *gravure au lavis*, imite en effet avec beaucoup de perfection les dessins au lavis, à l'encre de Chine ou à la sépia. On commence par graver les contours des figures ; on couvre ensuite de *petit vernis* les parties de la planche qui doivent n'avoir ni traits ni ombres. Ceci fait, on introduit la planche dans un appareil, une sorte de boîte, qui contient de la poudre résineuse très fine, de la colophane ordinairement, et un double soufflet met en mouvement la poussière contenue dans la boîte ; on arrête la soufflerie, et la poussière se dépose sur la planche, qu'on chauffe légèrement. Une fois la planche bordée, on verse l'acide, qui mord dans les intervalles imperceptibles qui séparent les grains de résine. De cette masse de points également espacés il résulte que l'épreuve fournie par l'impression est d'un ton doux et uniforme. Pour ombrer, par exemple, une colonne par ce procédé, on couvre les parties les plus claires avec du vernis et on donne une seconde morsure ; puis on couvre une seconde, une troisième et une quatrième partie, et chaque fois on fait mordre, jusqu'à ce que les ombres les plus fortes soient tracées à leur tour. Certains graveurs, au lieu d'employer la boîte à résine, se servent d'un tamis très fin à l'aide duquel ils saupoudrent la planche de résine. Ce genre de gravure a été inventé en 1762 par Fr. Charpentier, ou seulement en 1787 par Leprince.

GRAVURE EN COULEUR. — Ce genre de gravure est un genre mixte formé par les procédés à la manière noire et à l'aqua-tinta. Par la superposition de diverses planches sur une même estampe, on arrive à diversifier les tons. La chromolithographie a remplacé aujourd'hui ce genre de gravure.

GRAVURE HÉLIOGRAPHIQUE. — L'héliographie ou gravure héliographique s'exécute sur acier et sur verre. Après avoir obtenu sur une plaque enduite d'un vernis spécial une bonne image à l'aide de la chambre obscure, on la place dans une boîte hermétiquement fermée, au fond de laquelle se trouve une capsule de porcelaine contenant de l'essence d'aspic pure. On chauffe cette capsule avec une lampe à alcool, puis on laisse sécher la plaque à l'air, et l'on fait mordre à l'acide. Ce procédé, inventé par Niepce de Saint-Victor, a été perfectionné par Ch. Nègre, Riffaut, Durand, etc.

GRAVURE EN RELIEF TYPOGRAPHIQUE. — Nous ne voulons parler ici que de la gravure utilisée en typographie ou planche xylographique. On grave sur bois, sur cuivre, sur acier, sur zinc ; mais nous ne nous occuperons que de la gravure sur bois ; car la gravure sur métal, sauf pour certains genres de clichés, ne sert que pour des estampilles, des poinçons, des vignettes et les petits fers de relieur. — La gravure sur bois a précédé l'imprimerie proprement dite, puisqu'on grava des caractères sur des planches de bois longtemps avant l'emploi des caractères mobiles. Ces planches ont servi à imprimer les *incunables*. (Voy. LIVRES.) L'un des premiers, si ce n'est le premier ouvrage orné de gravures sur bois, est le *Speculum humanæ salvationis*. Nous ne parlerons pas des procédés employés pour exécuter la gravure sur bois ; nous dirons seulement qu'autrefois les graveurs étaient appelés *tailleurs sur bois*, aussi donne-t-on le nom de *taille* à la planche taillée ou gravée. On grave à une ou à plusieurs tailles. Par cette dernière expression il faut donc entendre une gravure faite avec plusieurs planches (*tailles*) pour imprimer en couleur. On

Fig. 430. — Planche xylographique exécutée vers 1440.

nomme également ce genre de gravure, *gravure en camaïeu* et *gravure en clair-obscur*. Les cartes à jouer sont des gravures à plusieurs tailles ; certains procédés de chromolithographie sont également des gravures à plusieurs tailles.

Nos figures 430 et 431 montrent des gravures sur bois ; la première fait voir une planche xylographique exécutée dès 1440 ; la seconde est un fac-similé des *Simulachres de la mort*, d'après Holbein : elle date du XVIᵉ siècle.

GRAVURE EN TAILLE D'ÉPARGNE. — On désigne ainsi tous les genres de gravures en relief, parce que dans celles-ci ce sont les parties qu'on enlève qui ne laissent aucune trace sur le papier lors du tirage ; au contraire, on *épargne* les tailles qui doivent venir à l'impression, de là le nom de *gravure d'épargne*.

GRAVURE EN BAS-RELIEF. — Voy. GLYPTIQUE et CAMÉES.

Fig. 431. — Fac-similé d'une gravure sur bois d'après Holbein.

GRAVURE SUR PIERRE. — Ce genre de gravure s'exécute sur pierre lithographique avec des pointes de diamant. Il est utilisé pour figurer des plans topographiques et géographiques, pour des dessins de machines et d'architecture ; mais la gravure sur pierre ne souffre pas de médiocrité, il faut qu'elle soit parfaitement exécutée. En Belgique, il existe d'excellents graveurs sur pierre, notamment à Liège.

GREC (ART). — On comprend sous cette désignation l'ensemble des œuvres d'art exécutées dans la Grèce ancienne ou dans ses colonies. L'ancienne Grèce, en la restreignant aux pays occupés par la race hellénique, était bornée au nord par les monts Acrocérauniens et Cambuniens, au sud par la Méditerranée, à l'est par la mer Égée, à l'ouest par la mer Ionienne, que Strabon surnomme la *mer de Sicile*. La Macédoine, située au nord des monts Cambuniens, bien qu'ayant des rois grecs, n'était pas de la race des Hellènes. — Les Grecs couvrirent de leurs colonies tout le rivage oriental de la Méditerranée. Douze cents ans avant l'ère vulgaire, les Éoliens se répandirent dans les îles de Lesbos, de Ténédos, et sur les côtes de la Mysie depuis l'Hellespont jusqu'à Hermus ; les Ioniens s'établirent plus au sud, dans les Cyclades, dans les îles de Samos et de Chio, et sur les côtes de la Lydie ; enfin les Doriens s'établirent dans les îles de Cos, de Rhodes et de Mélos, et sur les côtes de la Carie. Les colonies grecques avaient leur autonomie propre ; elles ne recevaient de la métropole que des prêtres haut placés dans la hiérarchie sacerdotale, lesquels prêtres dirigeaient le culte.

PEINTURE. — Aucune œuvre peinte par les artistes grecs n'est parvenue jusqu'à nous. Pour en parler, nous sommes donc obligé de recourir aux traditions, ainsi qu'aux opinions exprimées par les auteurs anciens, et de juger ce que pouvait être la peinture grecque de la belle époque par les peintures beaucoup plus récentes des villes gréco-romaines ensevelies sous les laves et les cendres du Vésuve. Il est bien difficile d'assigner une date au commencement de la peinture en Grèce ; on peut supposer, avec quelque apparence de raison, que cet art dans son début fut intimement lié à la céramique, à la sculpture, à l'architecture ; il resta un laps de temps considérable avant de s'élever au niveau de la sculpture. Si nous en jugeons par quelques lignes de Cicéron, il semblerait que les premières peintures grecques furent en camaïeu ou monochromes et qu'ultérieurement on employa plusieurs couleurs : « Les modernes, dit-il, l'emportent par la variété et le charme du coloris ; et cependant le plaisir, le ravissement que nous causent à première vue leurs ouvrages n'est pas de longue durée, tandis que les teintes sombres, dures et presque sauvages des anciennes peintures nous attachent et nous enchantent à un point que je ne saurais dire. » Il est probable que dans les peintures que nous appellerons *hyperantiques* les personnages devaient être disposés à la suite les uns des autres, comme dans les bas-reliefs, et qu'à cette époque la correction du dessin était la plus grande, la seule préoccupation des artistes, qui négligeaient totalement la couleur;

Fig. 432. — Vase grec à deux têtes (céramique).

la peinture devait souvent remplacer les bas-reliefs dans les monuments. Elle dut rester longtemps stationnaire; nous savons que Polygnote, qui vivait à l'époque de Cimon, trouva presque dans l'enfance l'art de peindre et que ce fut lui, Micon et Panœnus qui transformèrent cet art et créèrent la peinture d'histoire, puisque, dans les travaux que Polygnote exécuta sur les murs de la Lesché de Cnide et du Pœcile d'Athènes, il avait représenté des scènes de l'*Odyssée* et la lutte des Grecs avec les Perses. Jusqu'à Apollodore les artistes grecs peignaient, paraît-il, sans se préoccuper des effets de la perspective et du parti avantageux qu'on pouvait en tirer. Ce fut cet artiste qui accomplit le premier cette

Fig. 433. — Jupiter Trophonius (sculpture).

révolution en peinture et qui créa de nombreux artistes, car vers la fin de son siècle, c'est-à-dire vers la fin du v⁰ siècle avant J.-C., il existait de nombreuses écoles rivales, dont les plus con- nues étaient l'école d'Ionie, l'école de Sicyone et l'école attique. Zeuxis et Parrhasius étaient les chefs de la première école. A la tête de celle de Sicyone, de beaucoup la plus renommée et la plus avancée, se trouvait Pamphyle; il eut pour élève et successeur, au commencement du IVe siècle avant notre ère, Apelle, le plus célèbre peintre de l'antiquité, le créateur de la *Vénus Anadyomène*. — Les procédés de peinture étaient de deux sortes : la peinture à la cire (encaustique) et la peinture à fresque. Sous Alexandre le Grand, l'art de peindre prit un grand essor ; on créa même un nouveau genre, la mosaïque, qui fut primitivement exécutée comme pavement, puis ensuite comme

quin, qu'ils copièrent mal de beaux modèles étrangers ; nous n'ignorons plus qu'ils eurent des commencements difficiles et qu'ils n'ont point créé un art de toutes pièces, comme a voulu le faire prévaloir jusqu'ici une certaine école. En ce qui concerne la céramique, il est aujourd'hui parfaitement établi que les Phéniciens, qui avaient des rapports commerciaux avec les peuples de l'Occident, ont échangé de leurs belles poteries contre des ouvrages céramiques très rudimentaires des Grecs. Si nous

Fig. 434. — Terre cuite grecque.

Fig. 435. — Terre cuite grecque.

revêtement des murs, où encaustiquée elle simulait de magnifiques peintures. On donne comme mosaïque de cette époque la célèbre *Bataille d'Arbelles* du musée de Naples, qui a été trouvée à Pompéi. Lors de la conquête de la Grèce par les Romains, tous les tableaux de petite dimension, ce que nous nommons aujourd'hui tableaux de chevalet, furent transportés à Rome.

CÉRAMIQUE. — On a bien à tort attribué aux Grecs toutes sortes de vases ; il y a lieu de distinguer entre les vases d'origine grecque et ceux d'origine étrangère importés sur le sol de la Grèce. Nous savons, en effet, aujourd'hui que les Grecs, comme tous les peuples du reste, ont eu un art archaïque très pauvre, très mes-

interrogeons les auteurs grecs, nous trouvons peu de renseignements sur leurs poteries, ils nous apprennent que telle forme de vase avait telle destination et que la céramique a été inventée par Céramus, fils d'Ariadne et de Bacchus, en l'honneur duquel le quartier des potiers à Athènes était appelé le Céramique. — Hérodote, l'auteur présumé d'une biographie d'Homère, nous dit que des potiers en argile, qui travaillaient à Samos et qui allumaient leurs fourneaux pour cuire des vases de terre, aperçurent Homère, l'appelèrent et lui demandèrent de chanter des vers, et qu'en récompense de ce service ils lui remettraient quelques vases ou tout autre cadeau. Homère accepta et leur chanta la pièce de vers connue sous le nom de *le Fourneau,* qui décrit les différentes phases par lesquelles passe la cuisson céramique. Mais nous devons ajouter qu'au temps d'Homère la fabrication était déjà très courante et même assez avancée, car l'immortel poète, en décrivant la danse d'Ariadne, compare à la rapidité de la roue du potier la vélocité des jeunes filles et des jeunes garçons qui exécutent une ronde.

Les vases grecs sont tous en pâte tendre; leur cuisson se fait à feu nu, c'est-à-dire sans encastage et à basse température; ils forment deux divisions distinctes : les *poteries tendres mates* et les *poteries lustrées.* Dans les premières figurent les ustensiles domestiques; les *amphores,* qui servaient à contenir le vin, l'huile, les grains, les figues, etc.; les *coupes* à boire et les plats servant aux usages culinaires.

Les poteries lustrées fournissaient des vases décoratifs, des vases de sacrifice, de beaux cratères pour les festins, etc. Ces vases présentent trois couleurs de fond glacées : le *rouge brique,* c'est-à-dire la couleur naturelle de la pâte avivée par un simple polissage du tourneur ou par un vernis très mince, quelquefois coloré de rouge; le *noir,* qui était très brillant et formait soit des ornements, soit une sorte de revêtement intérieur ou extérieur; enfin le *marron foncé,* que les Grecs obtenaient par une couche de noir transparente qui laissait voir la couleur de la terre. Dans les vases noirs, il y a lieu de distinguer ceux qui le sont par une couleur glacée et ceux qui sont noirs parce qu'ils ont absorbé la fumée du four. Il ne faut pas confondre ces derniers avec les vases *brûlés,* qu'on appelle simplement *les brûlés,* parce qu'avant leur introduction dans les tombeaux ils ont été brûlés sur le bûcher du défunt. Pour décorer leurs vases, les Grecs ont employé quelques couleurs de rehaut mates; ce sont : le *rouge brique,* le *blanc* et un ton violacé, vineux, un *rouge violâtre,* si l'on peut ainsi dire. Ces couleurs sont tantôt posées à plat comme fond et sont alors relevées de traits rouges, noirs, verts, bleus ou jaunes. Tous ces tons sont, pour ainsi dire, des engobes argileuses et ne sont donc point vitrifiables; quelques vases, mais d'une grande rareté, dits *richement colorés,* sont décorés d'or; ce métal est alors appliqué sur une engobe rougeâtre. La plupart des beaux vases grecs sont signés, soit par le potier, soit par le peintre qui a concouru à leur décor.

Fig. 436. — Terre cuite grecque.

Fig. 437. — Terre cuite grecque.

370 GREC (ART).

Voici par ordre alphabétique les noms qu'on a trouvés sur les vases grecs (1) :

Ænadès, peintre.
Alkéion, peintre et potier.
Alsimos, peintre.
Amasis, potier et peintre (2).
Anaklès, potier.
Andociclès, potier.
Arachion, fils d'Hermoclès, potier.
Arkéklès, potier.

Cléophradès, potier.
Clitias, peintre de l'amphore connue sous le nom de *vase François* (ve siècle av. J.-C.).
Déiniadès, potier.
Daris, peintre et potier.
Épitimus ou Épitimius, potier.
Erginus, potier.
Eucérus, fils d'Ergotine, peintre.
Euchir, potier, ce n'était peut-être qu'un surnom, de εὔχειρ (main habile, habile ouvrier).
Eugrammos, potier.
Eumélus, contemporain d'Archias, fondateur de Corinthe.

Fig. 438. — Terre cuite grecque.

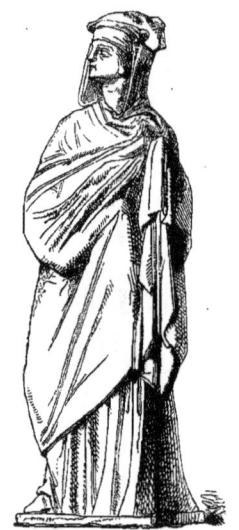

Fig. 439. — Terre cuite grecque.

Arkonidas, potier.
Aristophon, peintre.
Céphalos, potier.
Cachrylius, potier.
Charès, artiste corinthien, potier.
Chariteus, potier.
Chélis,   id.
Chalkos, id.

Euthymîdès, peintre.
Euonimos, id.
Euphronius, potier et peintre.
Euxitheus, potier.
Exechias, potier et peintre.
Glaucytès, potier.
Hégias, peintre.
Hermacus, potier.
Hermogenès, id.
Hiéron,   id.
Hilinus, id.
Hischylus, id.
Hypsis, peintre.
Lasimos, id.
Linus, potier, mentionné sur un vase comme étant peut-être fils d'Apollon et de Calliope.
Mikodos, potier.
Midias,   id.

---

(1) Dans notre *Dictionnaire d'architecture*, au mot GREC (*Art*), nous avons donné la liste des architectes, des peintres et des sculpteurs grecs ; le lecteur pourra voir que bien des noms de céramistes figurent sur la liste des peintres et des sculpteurs.

(2) Nous ferons observer au lecteur que dans cette nomenclature nous disons tantôt peintre et potier, et tantôt potier et peintre; nous mettons toujours en premier lieu la profession dominante de l'artiste.

Naucydès, potier.
Néandre, id.

Fig. 440. — Terre cuite grecque.

Nicosthénès, potier et peintre, auteur d'une superbe amphore italo-grecque à peintures noires.
Onésimus, peintre et potier.

Fig. 441. — Terre cuite grecque.

Panthaios, peintre et potier.
Phédippe, potier.
Phrynus, id.
Poséidon, peintre et potier.

Pithinos, peintre.
Praxias, id.
Python, potier.

Fig. 442. — Terre cuite grecque.

Silanion, peintre.
Simon de Vélia, fils de Xénos, potier.
Thaléidès, potier.
Thériclès, potier corinthien, auquel on attribue

Fig. 443. — Terre cuite grecque.

l'invention des vases décorés de zones d'animaux (θῆρες), ainsi que des vases théricléens.
Timonidas, potier, artiste corinthien (a signé l'un des vases les plus anciens connus).

Tléson, fils de Néarque, potier.
Tychius, potier.

Fig. 444. — Terre cuite grecque.

Xénoclés, potier.
Xénophante, id. athénien.

Fig. 445. — Terre cuite grecque.

Pendant fort longtemps on a confondu les divers genres de vases grecs, mais depuis un travail remarquable de M. de White, la classification qu'il a proposée est adoptée; la voici:

Fig. 446. — Terre cuite grecque.

I. — Vases peints de style primitif.
II. — Vases asiatiques à reliefs.

Fig. 447. — Terre cuite grecque.

III. — Vases peints de style asiatique.
IV. — Vases corinthiens.

V. — Vases noirs à gravures et à reliefs.
VI. — Vases italo-grecs à peintures noires.
VII. — Vases italo-grecs à peintures rouges.
VIII. — Rhytons et vases de formes singulières.
IX. — Décadence de l'art grec en Italie.
X. — Vases noirs ornés en blanc.

Nous terminerons ce paragraphe sur la céramique grecque en donnant le nom des diverses formes; ce sont : l'*amphore*, l'*amphoridion*, le *calix* ou *cylix*, le *canthare*, le *chous*, le *cratère*, l'*hydrie*, le *lécythus*, l'*olpé*, l'*œnochoé*, l'*oxybaphon*, le *pithos*, etc.

SCULPTURE. — Tous les auteurs de l'antiquité s'accordent à dire que les Grecs, au début de leur civilisation, n'eurent d'autres statues que celles des dieux, lesquelles étaient enfermées dans des sanctuaires et complètement hors de la vue de tous, les dieux ne se mettant en communication qu'avec les prêtres. Aussi dans ces temps primitifs les idoles étaient des images et des représentations grossièrement sculptées dans un tronc d'arbre, dans un bloc de pierre. Plus tard, quand les dieux parurent aux yeux de la foule, soit au devant de leurs temples, soit dans les places publiques, leurs statues furent si belles, si parfaites dans leurs formes, que le peuple n'adorait plus la divinité elle-même, mais sa représentation. Les plus anciennes œuvres dont il soit fait mention sont les sculptures qui, d'après Homère, existaient sur le bouclier d'Achille. Nous supposons que ces œuvres n'étaient pas aussi parfaites que le dit le poète, qui ne les décrivait sans doute que d'après sa belle et vaste imagination ; s'il en était autrement, il faudrait admettre que, même dans ces temps primitifs, la toreutique aurait atteint son apogée, ce qui évidemment ne peut pas être, puisque les sculpteurs n'avaient alors que des outils tout à fait imparfaits. Le véritable ouvrage des temps héroïques, le plus ancien qui existe, est le couronnement de la porte des Lions à Mycènes. Or Euripide (*Herc. en cour.*, v. 948) nous apprend que les murs de Mycènes avaient été bâtis d'après la règle phénicienne ; on peut donc en conclure que les lions de la porte de Mycènes sont le morceau de sculpture grecque le plus ancien qui existe aujourd'hui. Les premières statues des Grecs, les idoles, ressemblaient beaucoup à celles des Égyptiens ; elles en possédaient la roideur, l'immobilité ; leurs yeux étaient à peine ouverts ou portaient le caractère d'une grande fixité ; les bras et les

Fig. 448. — Terre cuite grecque.

Fig. 449. — Terre cuite grecque.

mains étaient collées le long du corps; les jambes étaient réunies, souvent même elles disparaissaient comme dans une gaine qui ne laissait dépasser à son extrémité que les pieds. Telle était d'une manière générale le caractère de l'art hiératique de la première période sculpturale chez les Grecs. Pendant une seconde période, c'est-à-dire pendant près d'un siècle (de 560 à 440 environ), l'art se vulgarise de plus en plus; non seulement il se fonde des écoles qui se disputent les prix, mais de contrée à contrée, de cité à cité, le peuple se passionne pour les belles œuvres de la sculpture, qui se modernise, pour ainsi dire, en rejetant les formes froides du passé, les formes de la sculpture égyptienne. C'est alors qu'on délaisse le bois et qu'on taille les belles statues et les bas-reliefs dans le marbre; on ajoute à celles-ci de l'or, de l'ivoire et des pierres précieuses de couleur, pour relever encore les beautés plastiques de la sculpture. Celle-ci dans une troisième période, dans le siècle de Périclès, brille du plus vif éclat avec Phidias, chef de l'école attique, et Polyclète, chef des écoles de Sicyone et d'Argos, ainsi qu'avec leurs continuateurs Lysippe, Praxitèle, Scopas, Polyclès, et d'autres encore. Nos figures 432 à 449 montrent des spécimens remarquables de la sculpture grecque, dont les œuvres sont aujourd'hui répandues dans les grands musées de l'Europe.

GRÉCO-ROMAIN (Art). — Ce terme sert à désigner un art qui florissait à Pompéi, à Herculanum et à Stabies au moment où ces villes furent englouties sous les cendres et la lave brûlante du Vésuve, c'est-à-dire en l'an 79 de notre ère. La peinture et la sculpture gréco-romaines sont extrêmement remarquables. La plupart des maisons de Pompéi avaient les murs de leurs *atria* revêtus de superbes peintures décoratives, dont on voit aujourd'hui la plupart au musée de Naples; nous citerons notamment celles de la maison du Poète tragique, de la muraille Noire, de la muraille des Poissons. Les Pompéiens ont également créé de beaux objets en bronze; le même musée de Naples nous montre aussi une quantité d'ustensiles créés avec l'aide de ce métal : ce sont des vases, des plats, des candélabres, des patères, et surtout de très beaux trépieds; l'un des plus beaux a été reproduit par la galvanoplastie par la maison Barbedienne. Enfin les Gréco-Romains avaient fabriqué des poteries remarquables : ce sont des vases, des urnes, des patères, des lampes de toute forme et de tout genre. La céramique gréco-romaine est surtout remarquable par la finesse de ses profils et des beautés décoratives qui en sont l'ornement. Les ustensiles les plus simples et d'un usage le plus vulgaire sont tous très remarquables. L'art gréco-romain est au style romain ce qu'est le style Louis XV aux styles Louis XIII et Louis XIV; c'est le rocaille, le rococo de l'art romain, c'est-à-dire un art qui par une pente insensible se dirige vers la décadence.

GRENADE. — Projectile de guerre rempli de poudre, dont se servait l'arme du génie dans les sièges, pour la défense des portes et des brè-

Fig. 450. — Grenade à feu grégeois.

ches. Les grenades ont été inventées vers le XIVe siècle, et même antérieurement. Notre figure 450 montre une grenade à feu grégeois en grès noir, du XIIIe siècle, aux deux tiers de sa grandeur vraie ; elle fait partie des collections du musée céramique de Sèvres. Cet engin a été trouvé dans des fouilles faites à Tripoli de Syrie ; il est de fabrication arabe : le fait est certain, car sur l'une de ces grenades, vers la pointe du cône, se trouve appliqué quatre fois sur la panse un timbre rond contenant ce mot arabe : *Bi Hama*, c'est-à-dire fabriqué à Hama, très ancienne ville de Syrie, située sur la route d'Alep à Tripoli. (Cf. *Mémoires de la Société des antiquaires de France*, t. XXXV.)

GRENAT. — Pierre précieuse d'un rouge vineux, quelquefois mêlé d'orangé. Certains grenats sont si foncés qu'ils n'ont aucune transparence. Dans le commerce, on appelle grenats *syriens* ceux dont la couleur tire sur le violet ; c'est grenat *syriam*, qu'il faut dire, parce que Syriam, capitale du Pégu, a fourni à elle seule plus de grenats que toute la Syrie. On appelle *grenats de Bohême* ou *vermeilles*, des grenats légèrement teintés de pourpre.

GRÈS. — Poterie faite avec la poudre de pierre de grès et de l'argile plastique siliceuse, et qui a un très beau lustre, obtenu par le procédé suivant. Pendant la cuisson des poteries, qui dure quelquefois cinq et six jours, on projette dans le four du sel marin que la haute température vaporise. Les vapeurs du *chlorure de sodium* (sel marin), se combinant avec la terre en fusion, produisent un silicate alcalin qui couvre les grès de ce vernis particulier qui les recouvre. L'origine des grès cérames remonte à la fin du XIVe siècle. Les grès allemands sont très renommés, principalement les cruches, les gourdes et les canettes de Cologne. Beaucoup de ces grès allemands passent même pour des grès de Flandre ; on peut cependant distinguer à première vue les deux genres : en effet, les grès allemands, outre leur forme, leur structure architecturale, portent souvent les armoiries des princes allemands ou des légendes. Les grès flamands du XVIe siècle ont beaucoup de finesse comme dessin, parce qu'ils étaient faits par des maîtres illustres, parmi lesquels nous mentionnerons tout particulièrement les potiers et sculpteurs suivants : Hirschvogel, Melkelback, Wick, chez lesquels l'immortel auteur des « rustiques figulines » passa deux années avant de venir à Paris établir sa fabrique royale, dont on a trouvé des restes de four dans la cour des Tuileries. La valeur des grès flamands consiste en outre, à part le fini de leur sculpture, dans un émail brillant et indestructible ainsi que dans la bonne qualité obtenue par une cuisson intense et prolongée. Beauvais a eu des fabriques de grès cérames remarquables ; les formes des vases français sont : des *aiguières*, des *hanaps*, des *lagènes* et des pots servant de cache-pots ou de *pots à fleurs*.

GRÈVES. — Pièces de l'armure qui enveloppent les jambes depuis le dessous du genou jusqu'à la cheville ; c'est une sorte de cylindre en métal composé de deux parties, l'une antérieure, l'autre postérieure, reliées d'un côté par des charnières autour desquelles elles tournent, et de l'autre côté par des crochets ou des courroies. Au XVe siècle les grèves étaient rattachées à la genouillère par des boutons à œillet ; vers la fin du XVIe siècle, par un pivot. Dans les armures cannelées ou maximiliennes, alors même que les sollerets sont également à cannelures, les grèves sont toujours unies. (Voy. ARMURE.)

GRIL. — Ustensile de fer qu'on place sur de la braise et qui sert à faire griller de la viande, du poisson ou d'autres mets. Notre figure 451 montre un gril en fer du XVIe siècle. La partie destinée à recevoir la viande est mobile ; elle pivote sur le point central, qu'on aperçoit dans notre figure ; ce qui permettait de graduer une chaleur uniforme sous la viande en variant les points de superposition. Ce gril a figuré à l'exposition rétrospective des arts à Tours en 1873.

GRILLES. — Les grandes grilles en fer des XVe, XVIe et XVIIe siècles, et celles fabriquées jusqu'à nos jours, ont parfois une grande valeur ; nous n'en parlerons ici que pour mémoire, car il est impossible de rien préciser sur leur style et leur prix.

GRILLET. — Dans le blason, on désigne ainsi le grelot qui figure sur quelques écus, et plus ordinairement aux jambes des oiseaux de proie.

GRINGOLÉ. — Dans le blason, quand des croix, des meubles, ont leurs extrémités terminées par des têtes de serpent, on dit que ces croix, ces meubles, sont *gringolés*.

Fig. 451. — Gril en fer du XVIᵉ siècle.

GRIOTTE. — Variété de marbre rouge tacheté de brun rouge et de blanc. La griotte la plus connue est celle de Flandre. La griotte d'Italie, bien qu'elle ne provienne pas de ce pays, mais du département de l'Aude, est un marbre fort estimé. — A la vente San Donato, une pendule et deux candélabres à six lumières en marbre griotte, bronze vert et doré, se sont vendus 3,750 lires.

GRISAILLE. — Sorte de peinture en camaïeu, c'est-à-dire exécutée en gris et blanc. On emploie les grisailles comme décoration dans les monuments à la place de bas-reliefs. On peint des panneaux en grisaille; beaucoup de triptyques, quand ils sont fermés, montrent des peintures grisailles sur leurs volets. On a fabriqué aussi beaucoup de verrières en grisaille.

GROTESQUES. — Figures bizarres employées au milieu de rinceaux et d'enroulements décoratifs. Ce sont des figures, des ornements créés par le caprice et la fantaisie, et qu'on nomme aussi ARABESQUES. (Voy. ce mot.)

GROUPE. — Dans la langue des arts, ce terme désigne la réunion de plusieurs figures formant un ensemble ou disposées de façon à exprimer une action commune. Les peintres groupent leurs figures. Mais ce terme est principalement employé à désigner une œuvre de sculpture. Daphnis et Chloé sont souvent représentés en groupe. Des groupes célèbres, citons : les *Lutteurs,* le *Laocoon et ses enfants;* le *Taureau Farnèse,* un des groupes les plus considérables que l'antiquité nous ait légués.

A la vente San Donato, un groupe mécanique de Jamnitzer, représentant Diane chasseresse (nº 1238 du catal.), a été vendu 57,000 lires. Ce groupe, en argent et vermeil, représentait la déesse montée sur un cerf dix cors et ayant dans la main droite un épieu terminé par un croissant; elle tient en laisse deux chiens. A côté d'elle, l'Amour est monté en croupe. Sous ses pieds, Nemrod chassant à courre. Haut., 0ᵐ,38. (Voy. COUPE, où il est question d'une œuvre du même maître.)

GUÉRIDON. — Petite table généralement ronde et montée sur un seul pied qui, arrivé près du sol, se bifurque en trois. Les guéridons ont souvent des dessus de marbre; dans les ventes, ceux dont le dessus est en mosaïque de Florence, en malachite ou en lapis-lazuli, obtiennent seuls des prix élevés.

GUEULES. — En blason, on désigne sous ce terme la couleur rouge; c'est la plus honorable. L'émail de gueules, nous l'avons dit à BLASON, est figuré par des hachures verticales quand on ne peut le représenter dans sa couleur.

Fig. 452. — Guiterne du XVIᵉ siècle.

GUILLOCHIS. — Ornements formés par une sorte de réseau ou de lignes ondulées, très employés dans la décoration des pièces d'orfèvrerie. En sculpture, ce terme est employé quelquefois, à tort, comme synonyme de *grecque*.

GUIMBARDE. — Sorte d'instrument de musique de forme ovale dont l'un des côtés serait ouvert et comporterait deux branches. Entre celles-ci se trouve une languette d'acier flexible qui est scellée à son extrémité dans la courbe de l'ovale. Pour jouer de cet instrument, on le serre entre les lèvres; avec le doigt on agite la languette, qui fournit des vibrations que l'exécutant modifie par le rétrécissement ou l'élargissement des lèvres.

GUIPURE. — Voy. DENTELLES.

GUITARE. — Instrument de musique à cordes, dont le corps est formé au moyen de deux tables parallèles en bois (acajou, palissandre, érable, etc.); ces tables sont assemblées par une éclisse de 0^m,08 à 0^m,10 de hauteur. La guitare est un instrument très ancien; dès le XIe siècle, on nommait en France cet instrument *guiterne;* pendant le XIIIe siècle, on trouve ce mot de *guisterne, guyterne*, dans le *Roman de la Rose*, ainsi que dans un manuscrit de la Bibliothèque nationale qui a pour titre *la Prise d'Alexandrie*:

> Là avoit de tous les instruments
> . . . .
> Rubebes et psalterion,
> Leüs, moraches et guiternes,
> Dont on joue par les tavernes;
> Cimbales, cuitales, nacquaires.

Un passage de *Pantagruel* nous apprend que du temps de Rabelais on disait d'une personne qui avait de grands pieds : « Il a les pieds comme une guiterne. » Nous avons donné à petite échelle des guitares, n'ayant qu'à indiquer leur forme générale; nous donnons, au contraire, à grande échelle, dans notre figure 452, une guiterne du XVIe siècle, afin que le lecteur puisse juger des détails de la sculpture qui décore la table postérieure de cet instrument. C'est une composition de Luca Penni qui représente le *Parnasse*. Ce bel instrument faisait partie de la collection du baron Davilliers.

Fig. 453. — Guitare, forme espagnole.

Notre figure 454 montre une guitare, forme française; tandis que notre figure 453 montre une guitare, forme espagnole.

Fig. 454. — Guitare, forme française.

GUITERNE. — Voy. GUITARE.

GUSLI. — Sorte de harpe horizontale montée de cordes métalliques; c'est un instrument de musique russe.

GUZLA. — Instrument de musique en usage en Illyrie; c'est une sorte de violon monocorde sur lequel on racle au moyen d'un archet. — On désigne de même une mandoline orientale incrustée de nacre.

HACHE. — Instrument de fer dont la panne est tranchante d'un côté et en forme de marteau ou de pointe de l'autre. Il existe des haches d'armes, des haches à deux têtes, des haches pour les usages domestiques ou dont on se sert dans certaines professions. Cet instrument a été utilisé par l'homme dès la plus haute antiquité, puisque, sans parler des haches en silex qui remontent à l'époque préhistorique, nous trouvons la hache entre les mains des plus anciens peuples. Homère nous parle de la hache à deux tranchants (ἀξίνη), la *bipennis* des Romains. D'après Plutarque, les Amazones se servaient de la hache d'armes avant le temps d'Hercule, et beaucoup de bipennes figurent sur des médailles extrêmement anciennes. La hache fut l'arme principale des Francs ; on la nommait *francisque;* elle figure dans un trophée franc que nous avons donné au mot Armes (fig. 46). Au même mot (fig. 49), nous avons montré une superbe hache persane. Les haches suisses des XVIe, XVIIe et XVIIIe siècles, à large fer uni, mais dont les manches sont souvent incrustés de nacre ou d'ivoire, se vendent 60, 70 et 80 francs. A la vente Double, une hache d'armes (n° 241), en damas ciselé à étoiles et damasquinée d'or (travail persan), a été adjugée à 400 fr. — On nomme *hachereau* une petite hache d'armes courte, légère et sans marteau.

Hache de cornac. — Voy. Croc d'éléphant.

HACHEREAU. — Voy. Hache.

HACHETTE. — Ce terme, diminutif de *hache,* sert à désigner par conséquent une petite hache. Notre figure 455 montre une hachette d'huissier du terrible tribunal secret constitué en Allemagne par Charlemagne,

Fig. 455. — Hachette d'huissier.

lequel tribunal était tout-puissant aux XIVe et XVe siècles et dont les juges se nommaient *francs juges*. La hachette représentée par notre figure est conservée à Bâle dans la cathédrale, salle du Concile.

HACHURES. — Lignes parallèles, droites ou courbes, qui servent dans une gravure, dans un dessin, à les modeler. — Dans le blason, les hachures, suivant leur inclinaison, indiquent telle ou telle couleur. (Voy. BLASON.)

HACQUEBUSE, HACQUEBUTE, HAQUEBUSE. — Anciens termes du XIV° et du XV° siècle, synonymes d'ARQUEBUSE. (Voy ce mot.)

HAICK ou HAIK. — Pièce d'étoffe de laine blanche, sorte de chalis, que les Arabes portent drapée autour de leur corps. L'haïk est attaché autour de la tête comme un turban avec un câblé de laine brune fait avec du poil de chameau. Quand les femmes de l'Orient sortent dans la rue, elles s'enveloppent complètement avec cette étoffe et ne laissent apercevoir que leurs yeux.

HALLEBARDE. — Arme d'hast dont la hampe se termine par un fer large et pointu, à deux tranchants, lequel fer affecte à sa base la forme d'un croissant. Ce terme paraît dérivé de l'allemand *halle barth* (hache brillante). Cette arme peut frapper d'estoc et de taille ; c'est une variété de la PERTUISANE (voy. ce mot), dont nous avons donné un modèle aux armes de Louis XIV ; il porte, en effet, un soleil avec la devise : *Nec pluribus impar*. La partie inférieure du fer présente le roi Louis XIV sous les traits d'Apollon conduisant le char du soleil attelé de quatre chevaux ; au-dessus, la Renommée, sa trompette à la main, couronne le roi. Cette pièce fait partie du musée d'artillerie de Paris. — Vente Double. N° 229. Hallebarde en fer portant sur une de ses faces les armes gravées de Montmorency et sur l'autre le mot ΑΠΛΑΝΩΣ. La hampe est garnie de velours rouge, cloutée de cuivre, et porte à son extrémité supérieure un gland. 800 fr.

HALLECRET ou HALECRET. — Sorte de cuirasse. C'est un corselet de fer que portaient les cavaliers au moyen âge ; il se composait de deux pièces couvrant la poitrine et les épaules.

HAMPE. — Tige ou manche d'un pinceau, d'une arme, d'une hallebarde, d'un drapeau, etc.

HANAP. — Sorte de grand gobelet, calice et souvent coupe d'honneur, dont se servait le principal convive dans un festin. On en faisait en terre cuite, en faïence, en argent et en or. Les plus recherchés ont leur coupe en cristal, ornée de gravures et d'incrustations. Dès le XI° siècle, le hanap a joué un grand rôle, et, comme l'ont dit plusieurs auteurs, les chevaliers et les poètes ont sans cesse le hanap à la bouche, les premiers pour le vider, les seconds pour le chanter. A partir du XIV° siècle, on fait un si grand usage du hanap qu'il se crée une corporation de *henapiers* qui faisaient de la *henaperie*, comme les orfèvres de l'orfèvrerie. Nous lisons dans les lettres de rémission de 1416 : « Le suppliant qui est ouvrier de orfavrerie et de hanapperie... » Il existait aussi des *hennepiers*, c'est-à-dire des étuis pour *henapes*, comme le constate en 1260 Estienne Boileau dans son *Livre des mestiers* : « Et ne doit faire nul hennepier qui ne soit de trois cuirs. » Vers 1309, la reine acheta de l'orfèvre Thiébault trente-quatre hanaps d'argent. En 1316, le roi achète et envoie à Compiègne soixante-un hanaps du poids de 288 marcs d'argent. — Souvent les hanaps étaient couverts et même fermés à clef ; ils étaient avec ou sans pied, accompagnés ou non d'un bassin comme l'AIGUIÈRE. (Voy. ce mot.) — Vente San Donato. N° 1237. Hanap, forme calice, en argent ciselé, repoussé et doré. La coupe ornée de médaillons en relief sur fond de rinceaux et de sirènes, avec quatre figurines en ronde bosse représentant des cavaliers armés de pied en cap. Tige contournée en feuille d'acanthe reliée à la base par des figurines d'Amours. Couvercle à médaillons et à mascarons, surmonté d'un guerrier portant un toast. Travail allemand. Haut., 0^m,72. 2,500 lires.

HARMONICA. — Instrument de musique de formes diverses : harmonica en verre, harmonica à cordes, harmonica clavicylindre, etc.

HARMONICORDE. — Instrument de musique inventé à Dresde à la fin du XVIII° siècle ; c'était une sorte de piano à queue vertical.

HARMONIFLUTE. — Sorte d'accordéon qui fournit des sons se rapprochant de ceux de la flûte; le maniement en est beaucoup plus facile que celui de l'accordéon, parce que l'instrument est porté sur des pieds, et dès lors l'exécutant a les mains libres.

HARMONIPHON. — Instrument à vent et à clavier qui s'insuffle au moyen d'un tube élastique. Il a été inventé en 1838.

HARMONIUM. — Sorte d'orgue sans tuyaux, à anches libres et à clavier; il se compose de lames ou languettes mécaniques mises en vibration par une soufflerie qu'on actionne avec les pieds. L'harmonium a la forme d'un piano ordinaire.

HARPE. — Instrument de musique à cordes d'assez grande dimension et de forme triangulaire. Dans cet instrument les cordes sont montées verticalement, elles sont en boyau ou en soie enveloppée de laiton; l'exécutant pince les cordes avec les deux mains pour en tirer des sons. Une harpe se compose de quatre pièces principales : la console, la colonne, et le corps ou table sonore; le tout porte sur une pièce nommée la *cuvette,* qui est la base de l'instrument. Il existe de nombreuses variétés de harpes, les principales sont : la harpe *à clavecin,* la harpe *éolienne,* la harpe *harmonico-forte,* la *harpo-lyre,* etc. — Les harpes Louis XVI, à volute sculptée, décorées de dessin en vernis Martin, valent jusqu'à 1,200 et 1,400 francs.

HAST (ARMES D'). — Terme générique qui comprend toutes les armes emmanchées : épieu, esponton, corsèque, lance, guisarme, fléau d'armes, masse d'armes, fauchard, hallebarde, pertuisane, vouge, etc. (Voy. ARMES.)

HAUBERGEON. — Petit haubert. (Voy. le terme suivant.)

HAUBERT. — Ce terme, dérivé de l'allemand *hals berg* (défense de cou), sert à désigner une cotte de mailles à gorgerin et à manches; c'est la longue chemise de mailles du chevalier, qu'on désigne également sous les noms de *blanc haubert* et de *grand haubert :* en effet, cette cotte descendait jusqu'au genou, tandis que le haubergeon était court et s'arrêtait à mi-cuisse ; c'est cette tunique de mailles que les cavaliers portaient au xive et au xve siècle sous leur armure.

HAUK. — Instrument de musique hindou; sorte de gros tambour, de grosse caisse.

HAUSSE-COL. — Partie de l'armure, de la cuirasse, qui entourait le cou et recouvrait le gorgerin. Dans le casque sans gorgerin le hausse-col était un collet de fer qui entourait la gorge. Aujourd'hui le hausse-col des officiers d'infanterie est un simple ornement en cuivre doré, de forme bombée et en croissant, qui se place au-dessous du cou. — Vente Double. N° 224. Hausse-col en fer finement gravé et doré, décoré de médaillons de guerriers entourés de rinceaux dans lesquels se jouent des oiseaux. Travail du xvie siècle. 6,350 fr.

HAUTBOIS. — Instrument de musique à vent et à anches, long d'environ $0^m,60$ et composé de trois pièces qui s'ajustent bout à bout ; il est terminé par un pavillon.

HAUT-DE-CHAUSSE. — Partie du costume qui, partant des hanches, enveloppait les cuisses jusqu'aux genoux; des cordons ou des rubans rattachaient le haut-de-chausse au pourpoint.

HAUTE LISSE ou HAUTE LICE (TAPISSERIE DE). — Voy. LISSE et TAPISSERIES.

HAUT RELIEF. — Une sculpture est dite en *haut relief,* quand elle est plus saillante que le bas-relief sans atteindre la hauteur de la ronde bosse. (Voy. BAS-RELIEF.)

Vente San Donato. — N°⁵ 123 et 124. Haut relief antique en marbre blanc sur vert antique. Buste d'empereur romain, vu de profil. Cadre italien en bois sculpté à jour et doré. Hauteur du médaillon, $0^m,35$; largeur, $0^m,28$. — Haut relief en marbre blanc sur vert antique. Buste d'impératrice romaine. Même cadre que celui qui précède et mêmes dimensions. Les deux numéros, 610 lires. — Nos 125 et 126. Un buste d'Alexandre en profil ; une Gorgone également en profil. Même marbre et mêmes dimensions que les numéros précédents, mais sans cadres. 610 lires. — N° 313. Deux reliefs en marbre blanc représentant des épisodes de l'histoire de Diane. Cadres sculptés à jour et dorés. Travail italien du XVIIe siècle. Hauteur, 0m,75 ; largeur, 0m,78. 2,500 lires.

HEAUME. — Casque fermé en fer des chevaliers ; il enveloppait entièrement la tête et n'avait qu'une petite ouverture ou grille à coulisse pour laisser passer l'air nécessaire à la respiration. Cette grille, qui pouvait se relever sur le front, se nommait *visière* ou *ventail*.

HÉBRAIQUE (Art). — A aucune époque de leur histoire, ni dans les temps primitifs, ni sous David, ni sous Salomon, ni sous les Hérodes et les Romains, les Hébreux n'ont eu un art qui leur appartînt en propre ; c'est donc en vain que quelques archéologues modernes ont voulu définir un art hébraïque et le décrire. Les Hébreux, en effet, n'ont jamais eu d'architecture, nous l'avons démontré d'une manière indiscutable dans notre *Dictionnaire raisonné d'architecture*, v° Judaïque (*Architecture*). En ce qui concerne la sculpture, nous voyons bien dans l'Écriture que Rachel emporte quelques idoles de chez son père Laban ; que dans le désert les Hébreux fondent un veau d'or ; que des chérubins, des candélabres et des vases servent de décoration à l'arche d'alliance : mais toutes ces œuvres, que nous ne connaissons pas, ne prouvent point l'existence d'un art hébraïque ; et, ces œuvres fussent-elles fort belles, des chefs-d'œuvre, rien ne prouverait qu'elles soient dues à des artistes hébreux. Nous savons, au contraire, que le plus beau monument de Jérusalem, le temple de Salomon, avait été exécuté par des artistes phéniciens. Ce roi, en effet, suivant l'ordre qu'il avait reçu de son père, s'adressa (*Rois*, I, v) à Hiram, roi de Tyr, et lui dit : « Tu as connu David, mon père ; tu sais qu'il ne lui a pas été possible de construire une maison à Jéhovah, son Dieu, à cause de la guerre sans fin que lui ont suscitée ses ennemis, guerre qui a duré jusqu'au jour où Dieu a mis sous la plante de ses pieds les ennemis de mon père... » Et le roi de Tyr répond à Salomon : « Je t'envoie un homme sage et intelligent ; il est fils de Tyrien, habile à travailler l'or, l'argent, l'airain, le fer, les pierres, les teintures bleue et pourpre, etc. » Nous ne pousserons pas plus loin ces citations ; elles suffiront pour prouver que l'œuvre entreprise par Salomon n'a pas été exécutée par des artistes juifs. Du reste, le fils de David, en épousant la fille d'un Pharaon, voulait non seulement se créer une alliance avec un puissant voisin, mais encore s'assurer le précieux concours des artistes égyptiens pour tous les travaux qu'il comptait exécuter durant son règne ; en effet, postérieurement à Salomon, le peuple hébreu s'est inspiré en tout et pour tout de la magnifique civilisation égyptienne.

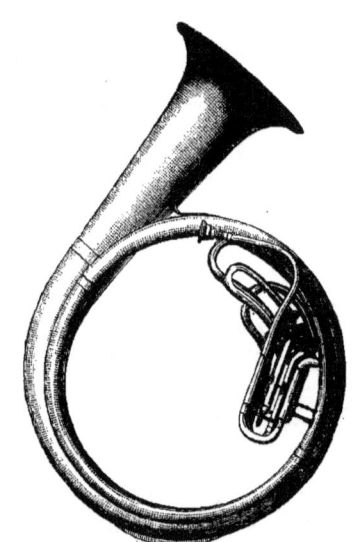

Fig. 456. — Hélicon.

HÉLICON. — Instrument de musique à vent inventé pendant le XIXe siècle. Cet instrument en cuivre possède une sonorité remarquable ; sa forme, que montre notre figure 456, est élégante et d'une grande commodité : elle entoure le corps de l'exécutant, qui le soutient sur son épaule gauche ; le pavillon passe au-dessus de la tête, la branche d'embouchure se trouve juste à la hauteur des lèvres et la main droite vient tout naturellement se poser sur les pistons ou les cylindres. C'est une sorte de trompe de chasse à pistons.

HÉLIOGRAPHIE. — Procédé qui consiste à produire et fixer des images au moyen du soleil (Ηλιος, soleil, et γράφειν, écrire) ; ce terme est synonyme de *photographie*.

HÉMATITE. — Pierre noire sur laquelle on grave des camées ; c'est un peroxyde de fer.

HENNIN. — Sorte de coiffe portée par les femmes du moyen âge et qui était entourée d'un voile flottant. Cette coiffure est d'origine allemande. On désigne sous le même terme des sortes de cornes métalliques sur lesquelles flotte un voile de mousseline et qui servent de coiffure à certaines femmes de quelques contrées de l'Orient. Quand les hennins sont droits, ils s'élèvent sur la tête au-dessus du front ; s'ils sont évasés en forme de cor ou trompe de chasse, les femmes le portent sur le côté. Ordinairement une sorte de treillis ou carcasse métallique entoure la tête et soutient les cornes proprement dites, qui sont en argent ou en vermeil.

HÉRALDIQUE (Art). — Voy. Blason.

HÉRAUT (Manteau de). — Voy. Manteau et Tabard.

HEUQUES. — Vêtement de cour en drap richement brodé et porté par les hommes du XVe siècle.

HEURTOIR. — Marteau de porte. Ils sont en fer forgé, en cuivre, en bronze ; les plus beaux heurtoirs sont ceux exécutés par les ouvriers italiens du XVe et du XVIe siècle. Nos figures 457 et 458 montrent deux heurtoirs. Le premier, du XVIe siècle, est en bronze ; il décorait autrefois l'une des portes de la cathédrale de Lausanne. Celui représenté par notre figure 458 décorait autrefois la porte de l'hôtel de ville de Sion, dans le Valais. Le grotesque qui décore le sommet de l'anneau tient dans sa main droite une arme nommée Malchus. (Voy. ce mot.)

Fig. 457. — Heurtoir en bronze.

Vente San Donato. — N° 396. Heurtoir en

Fig. 458. — Heurtoir en fer.

bronze du XVIe siècle, formé de deux dauphins recourbés et de trois mascarons ; le mascaron supérieur retient avec les dents un écusson armorié ; le mascaron inférieur représente une figure couronnée de pampres. Hauteur, 0ᵐ,33 ; largeur, 0ᵐ,28. 660 lires. — N° 1569. Heurtoir formé d'un grand mascaron de grotesques auquel se rattachent deux dauphins retenant un mascaron analogue. Bronze vénitien de la fin du XVIᵉ siècle. Hauteur, 0ᵐ,52 ; largeur, 0ᵐ,30. 620 lires. — N° 1570. Superbe heurtoir représentant saint Michel terrassant le démon. Bronze florentin sur cire perdue, du commencement du XVIIᵉ siècle. Hauteur, 0ᵐ,42 ; largeur, 0ᵐ,27. 2,020 lires.

HEXAPTÉRIGE. — Objet du culte catholique grec, ainsi désigné parce qu'il repré-

Fig. 459. — Hexaptérige.

sente généralement un séraphin avec six ailes. On place les hexaptériges de chaque côté de l'autel. Celui que montre notre figure 459 est en argent massif, décoré d'arabesques niellées et de figures en vermeil travaillées au repoussé. On voit au centre la *Panagia* (la toute-sainte). Huit cercles contiennent alternativement quatre séraphins portant des hexaptériges et les quatre symboles des évangélistes. Notre hexaptérige se trouve à Mégaspilœum, couvent des montagnes de l'Achaïe, près de Patras. — Nous avons supprimé les deux tiers de la hampe, afin de donner le dessin à grande échelle.

HIÉRATIQUE. — Ce terme, dérivé du grec ἱερός, sacré, sert à désigner dans les arts tout ce qui est assujetti à des règles fixes et immuables et créé d'après ces règles. Dans toutes les civilisations anciennes, ce sont les castes sacerdotales qui ont imposé des types invariables pour représenter des personnifications divines, mythiques ou sacrées; d'où le terme d'*art hiératique*, qui désigne toutes les œuvres exécutées d'après les règles imposées par la caste sacerdotale.

HINDOU (ART). — L'Inde est un très grand pays dont les divisions territoriales ont souvent changé. Il nous faut bien les donner ici, afin que le lecteur connaisse bien le pays dans lequel est circonscrit l'art hindou. Voici la classification territoriale établie par Balbi et généralement adoptée aujourd'hui. Le géographe italien partage l'Inde en quatre régions : *Hindoustan septentrional*, embrassant les contrées montagneuses à l'est du Seteldjé jusqu'au Boutan, y compris la vallée de Kachmir; *Hindoustan méridional*, comprenant une très grande partie de l'ancien empire du Mongol; *Décan septentrional*, limité au nord par la Nerboudda et au sud par la Krichna; *Décan méridional*, qui comprend la fin de la presqu'île au sud jusqu'au cap Comorin. Ces régions comprennent les subdivisions

Fig. 460. — Vase en bronze.

suivantes : HINDOUSTAN SEPTENTRIONAL : Kachmir, Ghéroual, Népaul, Aoud, Allahabad, Behar, Bengale; — HINDOUSTAN MÉRIDIONAL : Lahore, Moultant, Sind, Katch, Guzzerat, Malwa, Adjemir, Delhi, Agrah; — DÉCAN SEPTENTRIONAL : Kandeich, Aurengabad, Bedjapoor, Hyderabad, Bider, Berard, Gandouana, Orissa, Cicars septentrionaux; — DÉCAN MÉRIDIONAL : Kanara, Malabar, Kotchin, Travaucor, Coïmbetour, Karnatic, Salem, Maïssour, Balagat. L'île de Ceylan et les archipels des Maldives se rattachent au Décan méridional.

L'art hindou est sans contredit le plus ancien de tous les arts, puisque la civilisation de l'Inde remonte à l'antiquité la plus reculée. Il y a près de quarante ans, des hommes de grande valeur et dont l'esprit devançait leur époque se doutaient bien que l'Inde était le berceau du monde; cependant ils n'osaient le déclarer ouvertement. En effet, il y a trente ou trente-cinq ans, quelques archéologues érudits soutenaient que, si ce pays n'était pas le berceau du genre humain, il offrait à coup sûr une des premières civilisations que les peuples aient consignées dans leurs annales. Alors les travaux de linguistique n'étaient pas assez avancés pour en dire davantage; mais depuis cette époque les travaux des indianistes ne peuvent laisser subsister aucun doute au sujet de la haute antiquité du peuple hindou; du reste, l'ensemble de son art vient corroborer l'affirmation des savants. En effet, si nous étudions les armes, les vases, l'émaillerie, l'orfèvrerie, les tissus de toute sorte que fabrique l'Inde, nous sommes émerveillés de leur caractère, de la beauté de leur forme et du perfectionnement apporté dans la fabrication de tous ces objets, qui sont des merveilles. Nous avons donné dans divers articles de ce Dictionnaire des spécimens de l'art hindou, nous en donnons d'autres types à la fin du présent article. Si le lecteur veut étudier successivement tous ces beaux produits de l'Inde, il verra, comme nous, que l'art de ce pays est extrêmement avancé. Nos figures 460 et 461 montrent un vase en bronze avec des ornements émaillés, et un sarahé damasquiné en argent de Hyderabad, dans le Décan septentrional. Il est difficile de trouver un vase d'une forme plus élancée et d'une ornementation à la fois plus riche et plus élégante. Notre figure 462 reproduit un vase en terre émaillé d'une forme assez originale. (Voy. BIJOU, BOL, BRONZE, CHASSE, HUKA, PEIGNE, etc.)

Fig. 462. — Vase hindou émaillé.

HING-KAOU. — Sorte de tambourin chinois et japonais, porté sur des pieds (fig. 463). Les Chinois et les Japonais ont d'autres tambours (*kaou*), ce sont : le *pe-kou* ou *pe-kaou*, petit tambour ; le *ta-kaou*, grand tambour de forme cylindrique, etc.

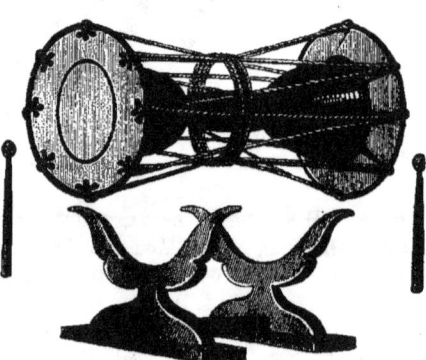

Fig. 463. — Hing-kaou avec son support et ses baguettes.

Fig. 461. — Sarahé en argent damasquiné.

HOLLANDAIS (ART). — L'art hollandais comprend une légion d'artistes dans toutes les branches, peintres, sculpteurs, céramistes, graveurs, orfèvres. Au mot ÉCOLE, nous avons parlé des peintres ; nous dirons ici quelques mots de la sculpture, de la gravure, de la céramique et de l'orfèvrerie hollandaises. — Les plus anciennes sculptures de la Hollande sont : les stalles de l'église de Dordrecht, exécutées de 1536 à 1538 par Jean Aartz ; le tombeau du comte Engelbrecht II de Nassau et de sa femme, qui se trouve dans l'église de Bréda (xvi° siècle.) De la même époque, citons la statue d'Érasme à Rotterdam, les mausolées du Taciturne et de Tromp à Delft, et celui de Guillaume de Nassau à Leuworde. Le tombeau de Bréda passe pour une œuvre exécutée par des Italiens de la renaissance, parce qu'on ignore le nom ou les noms des auteurs de ce monument. — En ce qui concerne la gravure, une des plus anciennes est la gravure sur bois dont la planche est conservée au Cabinet de Berlin et qui est signée, mais non datée, Phillery, imagier à Anvers (*tot antwerpen by my Phillery de Figursnider*) ; elle doit être de la fin du xv° siècle. Les plus anciens graveurs sur bois hollandais sont ensuite : Coster, mort vers 1470 ou, d'après quelques auteurs, 1469 ; Anker, surnommé le *Maître à l'ancre* ; Assen, mort dans la première moitié du xvi° siècle. Parmi les graveurs sur métal, mentionnons : le *Maître*, de 1466, Lucas de Leyde, mort en 1533 ; Claas ou Claassen (1518 à 1558) ; Cornélis Bos (1510) ; Rembrandt (1606 à 1694) ; les frères Bath, Koninck, Van Ostade ; Pierre de Laar, dit *Bamboche* ; Wouwermann, les Berghem, Paul Potter, Van de Velde, etc. (Voy. ESTAMPES.) — En ce qui concerne la céramique, les Hollandais ont distancé les autres nations, parce que les plus grands maîtres de la Hollande n'ont pas dédaigné de peindre sur faïence ; nous mentionnerons les Jean Steen, les Van der Meer, les Van de Velde, etc. Dès le xvii° siècle, à Delft et à Harlem, les fabriques de céramique étaient très nombreuses ; à Delft seulement on comptait près de onze mille ouvriers céramistes. — Dès le xi° siècle la Hollande a produit des œuvres d'orfèvrerie remarquables, et jusqu'à la fin du xvi° siècle sa fabrication n'a décliné un seul instant. Au mot GOBELET (fig. 423), le lecteur pourra voir une œuvre hollandaise du xvi° siècle. Un grand nombre de musées renferment des doubles gobelets, des coupes, des cornes à boire, etc. L'hôtel de ville de Tervere possède un gobelet en vermeil de fabrication hollandaise qui a été donné à cette ville en 1550 par le duc Maximilien de Bourgogne, comte de Buren, en souvenir de son passage du Rhin (15 septembre 1546).

HORLOGERIE (ART DE L'). — L'art de l'horlogerie est tout à fait moderne, car l'invention de nos horloges mécaniques ne remonte

Fig. 464. — Boîte d'horloge de l'époque Louis XV.

qu'au x° siècle. Les peuples de l'antiquité n'avaient à leur disposition, pour mesurer le temps, que des sabliers, des cadrans solaires et des clepsydres ou horloges à eau. Ces dernières se sont perpétuées jusqu'au xvi° siècle, car le musée de Cluny possède une clepsydre en grès flamand de la renaissance. — L'horloge mécanique à balancier apparaît vers le xi° siècle, mais on ne sait pas au juste à qui en attribuer l'invention ; elle serait due, d'après les uns, aux Arabes, d'après les autres, aux Allemands ou à Gerbert, qui devint pape sous le nom de Sylvestre II. Le rouage de la sonnerie ne fut inventé qu'au XIII° siècle, et même au milieu du XIV° siècle, car beaucoup d'auteurs spéciaux considèrent comme la première horloge à sonnerie celle qui fut exécutée en 1360 par Henri de Vic pour le Palais de justice de Paris. Cette horloge

Fig. 465. — Horloge du XVI° siècle (collection Duteil).

serait donc presque aussi ancienne que celle de Jacques Dondi, placée en 1340 sur la tour du palais de Padoue, qui émerveilla à tel point ses contemporains que le surnom d'*Horologius*, qui lui fut donné, fut également porté par les descendants de Dondi. Nous devons ajouter cependant qu'une compilation faite vers 1125, et ayant pour titre : *Usages de l'ordre de Cîteaux*, mentionne une horloge à sonnerie. Malgré cette mention, c'est bien l'horloge de Paris qui passe pour une des premières, sinon pour la première, comme ayant possédé tous les éléments de nos horloges modernes, c'est-à-dire un poids pour moteur, une pièce oscillante pour régulateur et un échappement. L'horloge du Palais créée par Vic fut détruite au XVIII° siècle. Vers le milieu du XIV° siècle, un abbé de Cluny, Pierre de Chaylus, fit placer dans son

Fig. 466. — Horloge de table à mouvement horizontal.

Fig. 467. — Horloge espagnole.

PLANCHE XVII. — Horloge du XVIᵉ siècle.

église une horloge extraordinaire qui marquait les mois, la semaine, les jours, les heures et les minutes. Au commencement du XVIᵉ siècle, l'application de l'horlogerie aux calculs astronomiques fit faire un grand pas à cet art. Vers le milieu du même siècle, les mouvements des horloges montrent des combinaisons ingénieuses ; c'est à ce moment (1556) que Galilée invente l'horloge à pendule (1), et qu'on perfectionne les sonneries pour exécuter des carillons et les pièces mécaniques fonctionnant en même temps que les sonneries. Enfin les XVIIᵉ et XVIIIᵉ siècles apportent de nouveaux perfectionnements ; le XIXᵉ siècle invente l'horloge électrique et l'horloge pneumatique, qui permettent de donner exactement la même heure sur tous les cadrans placés dans une grande ville, ce qui est un progrès considérable. Notre figure 464 montre une boîte d'horloge, avec ornements en bronze, de l'époque Louis XV ; notre figure 465, une horloge du XVIᵉ siècle de la collection Duteil. Sa forme est hexagonale, à deux étages superposés ; l'étage du bas présente un édicule dont les angles sont cantonnés de colonnes corinthiennes cannelées. Les pleins des portiques sont en fer damasquiné ; ce sont des filets d'or fin incrustés dans le fer qui forment les élégantes arabesques que montre notre figure. Le deuxième étage de l'édicule est cantonné de gaines en cariatides. En ouvrant une des portes de cet édicule, on voit sur un plateau intérieur sept figures en argent qui représentent, en passant sur la façade de l'horloge, les sept jours de la semaine ; ce sont : Jupiter, Vénus, Saturne, Mercure, Apollon, Diane et Mars. — Notre figure 466 montre une horloge de table à mouvement horizontal. La partie supérieure renferme un réveil ; le timbre est placé dans la petite coupole ajourée qui surmonte le tambour, porté par trois dauphins. Des plaques cintrées en cristal de roche garantissent le mouvement contre les atteintes de la poussière et de l'humidité. La riche ornementation de cette pièce montre qu'elle date de la fin du XVIᵉ siècle. — Notre figure 467 reproduit une horloge espagnole moderne dans laquelle l'artiste, M. Zuloaga, a voulu reproduire les anciens procédés de la damasquinerie moresque. Enfin notre planche XVII montre une superbe horloge du XVIᵉ siècle qui, d'après la gaine fleurdelisée lui servant d'enveloppe, et

Fig. 468. — Huka (art hindou).

surtout par l'anagramme G. G. qu'on lit sur cette pièce, permet de supposer qu'elle a appartenu à Gaston d'Orléans, fils de Henri IV. Toutes les figures qu'on aperçoit dans cette brillante décoration sont gravées en champlevé et l'ornementation de cette œuvre d'art est extrêmement remarquable ; elle faisait partie de l'ancienne collection Soltikoff.

HOUSSETTE. — C'est, dans le blason, un

---

(1) On peut voir dans notre *Dictionnaire d'architecture*, au mot LAMPADAIRE (note 1), comment Galilée fit cette importante découverte.

meuble représentant une bottine portée autrefois par les gens de guerre.

HUCHE. — Grand coffre rectangulaire sur toutes ses faces, qui était porté quelquefois sur des pieds très bas. Le diminutif est *huceau, hucheau, huchel*, dérivé du latin *hucellus*.

La huche était le meuble par excellence, il servait à renfermer le linge et les habits; il servait à la fois de table et de banc, comme en témoignent de nombreuses miniatures : c'était le meuble indispensable, le meuble courant, qui composait, en dehors du *châlit*, tout l'ameublement ; on le trouvait dans la maison de ville, à la campagne, dans les châteaux, dans les abbayes et dans les églises. A son origine il fut très simple et très modeste; à partir du milieu du XIII° siècle il est déjà orné, et aux XV° et XVI° siècles son ornementation et sa décoration sont des plus riches. Nous devons dire cependant que le musée de Cluny possède (n° 1324) une huche du commencement du XIV° siècle couverte d'une riche ornementation, avec des ferrures ciselées et repercées à jour très finement; mais c'est là, sans contredit, une exception.

La huche, au moyen âge, servait à enfermer des objets précieux ; aussi la garde en était-elle confiée à des officiers domestiques dénommés *garde-huches*, tandis que les fabricants de ce genre de meuble étaient nommés *huchiers* et quelquefois *huchers*. Ces ouvriers, dès le XIII° siècle, faisaient partie de la corporation des *charpentiers de la petite cognée*.

Dans les archives de la Seine-Inférieure nous trouvons le nom de deux huchiers, dont l'un parcourt le pays pour embaucher des ouvriers : « A Guillaume Basset, huchier, pour avoir esté à Apville, à Montreuil sur mer, à l'abbaye de Fécamp, à Hesdin, à Brusselles en Bréban, à Nyvelle en Bréban, à Lisle en Flandre, à Tornay, à Arras, à Amiens et en plusieurs lieux, pour trouver et avoir des ouvriers de hucherie pour abrégier l'œuvre des chaeres (cath. de Rouen, 18 nov. 1465). »
« A maistre Martin Guillebert, hucher, la somme de huyt vingtz livres pour la menuiserie de hucherie desdites orgues.... (Saint-Maclou, 1541). »

A partir du XVI° siècle, le terme de *huchier* est remplacé par ceux de *menuisier* et d'*ébéniste*. Du reste, Rouen était renommé pour ses huchiers sculpteurs ou imagiers. Nous pouvons joindre aux deux noms d'artistes rouennais que nous venons de mentionner, ceux de Pierre Danten, Guillaume de Bourges, dit *le Grand Peintre*, Jehan Lehucher, Pierre du Lys, Nicolas Quesnel, Pierre Souldoin, Guillaume et Richard Taurin, tous artistes de la fin du XV° ou du commencement du XVI° siècle, qui habitaient la plupart la rue de la Vanterie, dont les façades en bois étaient toutes magnifiquement sculptées. Ce furent ces mêmes huchiers-imagiers qui créèrent la belle horloge qui a fait donner à l'ancienne rue de la Vanterie le nom de rue de la *Grosse-Horloge*, qu'elle porte aujourd'hui.

HUCHET. — Petite trompe de chasse qui sert à rappeler les chiens que leur ardeur à chasser a entraînés trop loin de leur maître.

HUILE (PEINTURE A L'). — Voy. PEINTURE.

HUKA. — Sorte de long vase de forme analogue à celle que montre notre figure 468. C'est un huka en argent émaillé, un des plus beaux spécimens de la période mongole. Les émaux sont de couleur bleue et grise (South Kensington Museum).

HULA. — Instrument de musique hindou ; sorte de petit tambour (*kaou*), sur lequel on bat avec la main.

HYACINTHE. — Pierre précieuse d'une couleur bleue ; c'est l'*essonite* des minéralogistes ; sa pesanteur spécifique est de 3,6. L'île de Ceylan et le Brésil fournissent les plus belles hyacinthes. Cette pierre fond au chalumeau ; mais, même après sa fusion, elle conserve sa couleur.

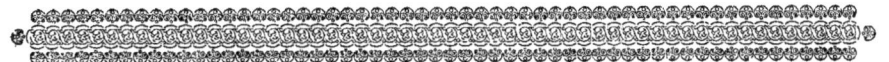

IMITATION (Dessin d'). — Voy. Dessin.

IMPRESSION. — Action d'imprimer. Il y a divers genres d'impression; nous ne nous occuperons ici que de l'*impression typographique* et de l'*impression en taille-douce*. — L'impression typographique s'exécute au moyen d'une machine nommée *presse*, actionnée par les bras de l'homme ou par un moyen mécanique. Quand on se sert d'une *presse à bras*, la feuille ne s'imprime que d'un côté; après avoir changé la forme, on imprime l'autre côté; avec la *presse mécanique*, la feuille s'imprime bien en deux fois, mais successivement dans une même opération; enfin de nos jours, à l'aide des *presses rotatives*, on arrive à imprimer d'une seule fois et avec une grande rapidité les deux côtés d'une feuille. (Voy. ci-dessous l'article Imprimerie.) La gravure sur bois s'imprime typographiquement, c'est-à-dire comme nous venons de le décrire; seulement, au lieu d'encrer la forme, on encre le bois gravé; on applique la feuille sur celui-ci et l'on donne un coup de presse, après avoir exécuté ce qu'on nomme la *mise en train*, c'est-à-dire après avoir collé du papier ou pratiqué des découpages pour obtenir d'un bois l'effet le plus favorable pour le tirage. En effet, suivant qu'on donne plus ou moins de pression dans certaines parties du bois, on obtient des tons plus ou moins veloutés, des noirs plus ou moins puissants. A l'aide du découpage, on applique sur le tympan de petits morceaux de carton léger qui transmettent la pression du rouleau sur la planche (bois), et c'est par ce moyen qu'on obtient sur telle ou telle autre partie une pression voulue. Si l'on veut un noir puissant sur un premier plan dans une gravure, on charge en encre ce point au moyen d'une *hausse*. Veut-on, au contraire, donner du *flou* ou de la profondeur sur un point très éloigné du premier plan, on découpe un papier qui laisse un trou, un vide qui, éloignant le rouleau, donne sur ce point un encrage plus faible, et, comme conséquence, le tirage, au lieu d'être noir sur ce point, est blond. Une bonne mise en train fait qu'un ouvrage à figures est très bien tiré et produit un très bel effet; un tirage sans mise en train ou avec une mise en train défectueuse donne un résultat absolument mauvais. Le tirage de l'impression en taille-douce est encore bien autrement difficile, surtout pour le tirage de l'eau-forte, comme nous allons le voir. — Dans l'impression de la gravure en creux ou en taille-douce, ce sont les creux qui reçoivent l'encre, au lieu d'être les saillies comme dans la typographie. C'est un art véritable que de savoir tirer une excellente épreuve, voici comment on procède. Après avoir chauffé légèrement la planche gravée, l'imprimeur charge d'encre toute sa surface; il essuie ensuite soigneusement sa planche avec une grosse mousseline, puis avec la paume de la main, enfin avec un linge propre, jusqu'à ce que la surface du métal ait recouvré son éclat métallique. Il pose alors la planche sur trois ou quatre épaisseurs de drap ou de grosse flanelle; il étend sur cette planche une feuille de papier humide par suite de l'opération du trempage; il fait alors glisser le tout sous un cylindre en acier dont la forte pression est adoucie par des *blanchets* (morceaux de flanelle). Au fur et à mesure que la feuille de papier reparaît de l'autre côté du cylindre, il détache avec beaucoup de précaution l'épreuve de la planche. Pour tirer d'autres épreuves, il recommence successivement les mêmes opérations que nous venons de décrire. De temps en temps, après quatre ou cinq épreuves, l'imprimeur a soin de débarrasser les tailles de l'encre durcie au moyen d'un chiffon de laine souple imbibé d'essence de térébenthine. Dans le tirage des belles planches d'acier au burin, l'imprimeur n'a qu'à s'occuper de répartir le plus également possible l'encre sur la surface de la planche; l'estampe tirée fournit une épreuve telle que l'artiste l'a gravée. Dans les eaux-fortes, au contraire, l'opération de l'encrage est très importante, car suivant les effets qu'on veut obtenir il faut encrer plus abondamment certaines parties, afin d'obtenir des accents plus ou moins vigoureux. Beaucoup d'artistes aquafortistes tirent eux-mêmes leurs épreuves, parce que seuls ils obtiennent les effets *maxima*, si l'on peut ainsi dire. Le dieu de l'eau-forte, Rembrandt, ne confiait à personne le tirage de ses planches; il se réservait pour lui-même cette jouissance, et il accomplissait sa besogne avec tant d'esprit et d'entrain qu'avec le même cuivre il tirait des épreuves toutes différentes, les unes noires et tristes, les autres toutes brillantes et ensoleillées. Que de fois, dans les ventes, nous avons vu vendre des épreuves comme étant de différents états, qui n'étaient que tirées de deux manières différentes! (Voy. l'article suivant, GRAVURE et ESTAMPES.)

IMPRIMERIE (ART DE L'). — Art de reproduire les manuscrits, les écrits, les mémoires, etc., au moyen de caractères fondus et assemblés, ce qu'on désigne aussi sous le nom de *typographie* (de τύπος, caractère, et γράφειν, écrire). Ce grand art comprend trois parties principales: la fonderie des caractères, la composition au moyen de ces caractères, et l'impression ou tirage. L'imprimerie dérive donc de la gravure, puisque la première opération consiste à graver des planches ou des caractères. De nombreuses villes européennes se sont disputé l'honneur d'avoir les premières inventé l'imprimerie: ce sont, parmi les plus célèbres, Mayence, Strasbourg, Harlem et Bamberg. On sait aujourd'hui d'une façon certaine que les Chinois, dès le milieu du Xe siècle de l'ère vulgaire, connaissaient l'emploi des caractères mobiles pour composer des reproductions d'écrits; on sait aussi que Jehan ou Johann Gensfleisch, dit *Gutenberg*, natif de Mayence, mais fixé à Strasbourg, secondé par Jean Fust et Pierre Schœffer, ou Schöffer, a, dès 1436, obtenu des impressions très satisfaisantes: c'est donc Gutenberg qui passe avec raison pour l'inventeur de l'imprimerie en Europe.

Avant de décrire les divers procédés et travaux qui concourent à l'impression, nous étudierons par ordre hiérarchique le personnel d'une imprimerie, ce qui permettra au lecteur de mieux saisir ensuite l'ensemble du vaste travail typographique que nous résumerons le plus brièvement possible.

Le premier de l'imprimerie, le contre-maître placé à la tête de l'établissement, c'est le *prote* (πρῶτος, premier). C'est lui qui surveille les employés, après leur avoir distribué l'ouvrage; c'est sur lui que repose toute la responsabilité; il fait souvent la paye de quinzaine, nommée *banque*. Après lui viennent immédiatement les *correcteurs*, personnes souvent fort instruites, qui, outre le français, le latin et le grec, connaissent en général au moins une langue vivante; comme l'indique leur nom, ce sont eux qui corrigent la copie des auteurs, qui la revoient aussi au point de vue typographique. Après les correcteurs, nous trouvons les *teneurs de copie*, qui mettent en ordre les manuscrits (*copies*) et les lisent à haute voix lors de la correction des épreuves *en première* ou *en seconde*. Ensuite c'est le *metteur en pages*, qui prend la composition *en paquets* et qui la met en pages, après avoir intercalé les titres, les bois ou gravures, culs-de-lampe, etc.; puis les *compositeurs*, qui travaillent à la journée ou *en conscience*, les *compositeurs paquetiers*, payés aux pièces, qui fournissent les fragments de composition en paquets avec lesquels le metteur en pages compose la feuille, qui suivant son format est dite *in-octavo*, *in-quarto*, *in-folio*. Après les compositeurs, nous avons les ouvriers qui imposent sur les *blocs*, c'est-à-dire avec de petites pièces de fonte qui maintiennent les clichés à la hauteur nécessaire dans les *formes*; on nomme ainsi les châssis dans lesquels est placée la composition des pages qui forment le *recto* et le *verso* d'une feuille. Arrivé à ce point, l'ouvrage est prêt à être mis sous presse, c'est-à-dire à être livré aux *imprimeurs*, ou hommes qui manœuvrent la presse à bras ou conduisent une machine. Auprès de celle-ci sont les *margeurs*, qui font passer les feuilles blanches sortant du *trempage* sous les cylindres des machines; au côté opposé sont les receveurs, qui retirent de la presse les feuilles au fur et à mesure de leur impression. Nous venons de dire que les feuilles sortent du *trempage*; ce sont des *trempeurs* qui mouillent le papier destiné à l'impression et l'empilent. Cette opération est indispensable pour obtenir une bonne impression; en effet, le papier humide est beaucoup mieux pénétré par l'encre et fournit ainsi un tirage excellent. Enfin, dans les imprimeries, il y a les *apprentis compositeurs*, qui rendent une foule de petits services : ils ôtent les *interlignes*, ce qu'on nomme *désinterligner*; ils ramassent les lettres tombées sur le sol, ils ficellent les paquets, ce qu'on nomme *lier la lettre*. Ils jettent dans le *diable* les lettres mauvaises, cassées ou usées; on désigne ainsi dans la *casse* un cassetin ou compartiment destiné à l'usage que nous venons de dire. Enfin les divers ouvriers de l'imprimerie se donnent des sobriquets, parfois très pittoresques et caractéristiques, que nous ne saurions donner ici sans sortir des bornes que nous nous sommes imposées, car l'argot de l'imprimerie est très riche en noms bizarres.

Étudions maintenant le travail du *compositeur*; voici comment il opère. Il est placé devant un pupitre dont le dessus est divisé en nombreux casiers qui renferment les caractères destinés à la composition : ce casier se nomme *casse*, et les compartiments qui le forment sont les *cassetins*. Il tient dans sa main gauche un outil en fer quadrangulaire de forme oblongue ayant un rebord sur deux côtés contigus : c'est le *composteur*; de sa main droite il prend dans les cassetins les lettres, les pose dans le composteur dont une coulisse à vis sert à régler la longueur que doit avoir la ligne ou *justification*. Quand celle-ci est terminée, il la dépose dans la *galée*, petite planche à rebords; et quand il y a sur celle-ci un nombre suffisant de lignes, on *ficelle le paquet*. Les paquets, ajoutés à la suite les uns des autres, servent à tirer des épreuves en *placard*, c'est-à-dire sur un seul côté de la feuille, sur lesquelles l'auteur corrige son travail. On nomme *première, seconde, tierce*, les épreuves successivement corrigées une première, une seconde, une troisième fois. Enfin la dernière épreuve porte le *bon à mettre en pages*; pour la feuille revue et corrigée, le *bon à tirer*. On retire les caractères des formes pour opérer les corrections à l'aide de la *pointe*, grosse aiguille ou pince en fer. On nomme *justification*, nous venons de le dire, la longueur de la ligne d'une page : celle-ci se fait quelquefois avec un morceau de bois nommé *réglette*; *titre courant*, la suscription en tête de la page qui donne le titre général ou celui du chapitre; *folio*, la pagination de chaque page mise à droite ou à gauche du titre suivant, qu'elle se trouve sur le recto ou le verso du feuillet. Quand un livre ne comporte pas de titre courant, le folio est placé au milieu de la ligne, à la place qu'occuperait le titre. — En typographie, on nomme *lézardes* des raies blanches sinueuses que fournit une composition mal établie; quand les lézardes sont droites, on les nomme *rues*. On appelle *imposition* l'arrangement, dans la forme, des pages d'une feuille; elle se fait sur le *marbre*, plaque de fonte bien dressée qui permet aux caractères d'avoir un affleurement bien égal. Dans un livre, on nomme *titre* la page sur laquelle est inscrite le titre de l'ouvrage; celui-ci est précédé du *faux-titre*, qui ne donne que le titre sans nom d'auteur ni d'éditeur et sans aucune explication.

Étudions maintenant ce qui concerne le caractère proprement dit. La grandeur de celui-ci est désignée par *points* à partir de *quatre points, cinq points, six points*, etc. Les lettres qui inclinent de droite à gauche sont dites *italiques* (celles qui composent ce dernier mot); les majuscules sont dites CAPITALES et les minuscules, PETITES CAPITALES (ces deux mots sont écrits avec leurs caractères respectifs). Les blancs qui séparent les lignes se nomment *interlignes*; du reste, les typographes désignent par le substantif *interlinéaire* tout ce qui concerne l'interligne. On appelle *cadrats* des pièces de fonte qui servent à remplir les vides de la composition; les *cadratins* servent à créer un *alinéa*. La partie en relief de la lettre, la tête du caractère se nomme *œil*; la *force d'œil* est de quatre, cinq, six et sept points, comme nous venons de le voir un peu plus haut; quand les caractères sont usés par un long usage, on les nomme *têtes de clous*. Indépendamment des caractères, il y a la ponctuation et l'accentuation. La première comprend la *virgule*, le *point et virgule*, les *deux-points*, le *point d'interrogation*, le *point d'exclamation*, le *point final*, les *guillemets*, la *parenthèse* et le *tiret*. Les accents sont l'accent *aigu*, l'accent *grave* et l'accent *circonflexe*; certaines langues ont beaucoup de signes d'accentuation; le grec, par exemple, possède seize accents différents.

Quand les formes reviennent ou *sortent* des presses, on opère la *distribution* du caractère, c'est-à-dire qu'on décompose ces formes pour placer le caractère dans leurs cassetins respectifs. Avant d'opérer la *distribution*, les formes ont été lavées et nettoyées, de sorte que le caractère est très propre quand il rentre dans les *cassetins*. — Voy. LITHOGRAPHIE (*Art de la*).

INCUNABLES. — Voy. LIVRE.

INDIEN (ART). — Voy. HINDOU (*Art*).

INFULE. — Voy. MITRE.

INSIGNES. — Signes extérieurs de puissance et de dignité. A toutes les époques et chez tous les peuples, même les moins civilisés, les hommes placés à la tête de leur peuplade ou de leur nation ont eu des insignes. Le plus ancien insigne était le *pedum*, sorte de bâton recourbé que portaient les Pharaons. (Cf. *Diction. d'archéologie*, v° PEDUM.) Les insignes royaux sont la couronne, le sceptre, la main de justice, etc. Les chevaliers du moyen âge avaient le casque et l'écu. Les corporations et les sociétés avaient des bannières, des oriflammes et des plaques. Notre planche XVIII montre des insignes des arbalétriers de Clèves, l'ancienne capitale du duché de même nom; ce sont des plaques pectorales surmontées de couronnes réunies par des chaînettes; au-dessous des plaques est suspendue une arbalète. Sur la première de nos figures on voit saint Georges; sur la seconde, l'archange saint Michel terrassant le diable, et sainte Catherine de Sienne, qu'on reconnaît à la roue qu'elle a à sa droite et qui symbolise l'instrument de son martyre. Ces deux plaques sont en argent, en partie dorées; elles datent de la fin du XVe siècle. (Voy. PAPEGAI.) Certains costumes modernes, des médailles, des croix, des décorations, sont également des insignes.

INSTRUMENTS DE MUSIQUE. — A toutes les époques et chez tous les peuples, même à l'état sauvage, l'homme a possédé des instruments de musique. Ces instruments sont extrêmement nombreux et variés : nous avons décrit à leur rang les principaux, chez divers peuples; nous dirons seulement ici qu'il y a trois manières de produire le son; d'où trois genres ou familles d'instruments : *instruments à cordes, instruments à vent, instruments de percussion*.

INSTRUMENTS DE TORTURE. — A diverses époques de barbarie, et même pendant le moyen âge, on a utilisé les instrument de torture, soit par des motifs religieux pour faire renier

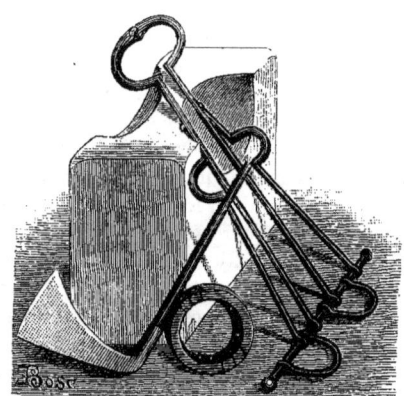

Fig. 469. — Instruments de torture.

leur foi à certaines sectes religieuses, soit pour tirer des aveux à des gens qu'à tort ou à raison on soupçonnait comme coupables de crimes. La sainte inquisition a largement usé des instruments de torture. Notre figure 479

PLANCHE XVIII. — Insignes des arbalétriers de Clèves.

montre des instruments de torture de la Tour de Londres qui se trouvent dans la pièce dite *salle des armes de la reine Élisabeth*. Le billot qu'on voit dans notre figure est celui sur lequel furent décapités, en 1745, les seigneurs Lovat et Balmerino, chefs des révoltés écossais. Dans cette même figure, on aperçoit la hache qui trancha la tête au comte d'Essex, le favori d'Élisabeth, et dont nous avons donné l'ANNEAU à ce mot; ensuite un collier de torture en fer pris sur les Espagnols en 1588; enfin des *bilboes*, sortes de ceps qu'on mettait aux pieds des prisonniers.

INTAILLE. — Ce terme, dérivé de l'italien *intaglio*, ciselure, sert à désigner des pierres fines gravées en creux; l'intaille est donc le contraire du CAMÉE, qui est gravé en relief. (Voy. ce mot.) Les anciens nommaient *diaglyphes* les intailles qui servaient de cachet et de sceau; elles étaient généralement montées en BAGUE. (Voy. ce mot.) Une intaille fort remarquable et célèbre est celle de Michel-Ange; nous l'avons donnée à CACHET. (Voy. ce mot.)

ITALIEN (ART). — On désigne sous ce terme l'art qui a pris naissance en Italie après l'effondrement de la puissance romaine, c'est-à-dire vers la fin du IVe siècle. L'art qui régnait antérieurement était l'art ROMAIN. (Voy. ce mot.)

PEINTURE. — Les plus anciennes peintures de l'art italien que nous possédions sont à Vérone, dans l'église Saint-Nazaire et Saint-Celse; elles datent du VIIIe ou du commencement du IXe siècle. Avant cette époque, l'Italie a bien produit des peintures, mais la plupart, celles des catacombes par exemple, du Ve siècle, sont trop peu remarquables pour être classées parmi les œuvres d'art; ensuite celles exécutées après le Ve siècle ont péri. Quant aux peintures de la fin du VIIIe siècle, elles furent sans doute fort rares, parce qu'à cette époque on préférait la mosaïque pour décorer les églises, et ce n'est guère qu'à partir du XIe siècle que cet art commence à briller d'un vif éclat sous l'influence de l'école byzantine; car la mosaïque, à partir de ce moment, put réellement remplacer la peinture; elle atteint son apogée au XIIIe siècle avec Giunta de Pise. Avec Cimabué commence le style italien, et Giotto surpasse son maître et forme cette vaste école où nous voyons Taddeo Gaddi, Stefano le Florentin, Simon Memmi, Simon de Naples, Laurati, Giottino, Cavalini, Capanna, etc. (Voy. ÉCOLE.) Enfin, avec le XVe et le XVIe siècle, la peinture italienne arrive à un haut degré de perfection, et des maîtres tels que Léonard de Vinci, Michel-Ange, Raphaël, le Titien et le Corrège, n'ont jamais été dépassés dans aucune école moderne. A partir du XVIIe siècle, la peinture italienne entre dans une voie de décadence, malgré les efforts des Carrache pour l'en détourner. Les peintres adoptent un style faux et bâtard, un style décoratif et théâtral, qui les fit surnommer *machinistes*; parmi ces artistes nous voyons figurer Carlo Maratta, Antonio Canaletto, Michel-Ange de Caravage, Carlo Cignani, etc. Au XVIIIe siècle, l'école de peinture italienne disparaît tout à fait; elle subit de plus en plus, vers la fin du siècle, l'influence de l'école française.

SCULPTURE. — Ce n'est qu'à partir du XIIIe siècle, avec Nicolas de Pise, que la sculpture italienne commence à produire des œuvres de valeur; antérieurement à cette époque, l'exécution est barbare, et les belles œuvres qui se retrouvent disséminées çà et là dans les basiliques et dans les églises sont dues à des artistes grecs : c'est, du reste, de ces artistes, qui travaillaient au dôme de Pise, que Nicolas apprend son art. Les principales œuvres du sculpteur pisan sont les sculptures des chaires de Pise et de Sienne et du tombeau de saint Dominique à Bologne. Au XVIe siècle, la sculpture italienne prend un développement considérable; l'école de Florence produit des œuvres d'une perfection exquise, parmi lesquelles nous citerons celles de L. Ghiberti : ce sont les portes du baptistère de Florence, des statues en bronze pour l'église d'Or san Michele, des bas-reliefs pour celle de Saint-Jean de Sienne. Donatello crée de véritables chefs-d'œuvre; ce sont des statues et des bas-reliefs, à Florence; les statues de David, de Judith, de saint Pierre et de saint Georges, et divers bas-reliefs pour le *Dôme;* à Padoue, de beaux bas-reliefs également pour le *Dôme*. C'est alors que Luca della Robbia exécute ses beaux produits céramiques. (Voy. BAS-RELIEF, *fig.* 79, et FAÏENCE, *fig.* 397.) — Comme pour la peinture, l'époque de décadence arrive pour la sculpture italienne avec le XVIIe siècle, car les artistes ne s'attachent plus à la beauté de la ligne, mais à l'expression ; ils produisent dès lors des œuvres maniérées. Nous devons ajouter cepen-

Fig. 470. — Couverture en ivoire du psautier de Charles le Chauve.

dant que quelques artistes firent exception à cette règle ; ainsi, par exemple, si les œuvres du Bernin caractérisent bien la sculpture du XVIIe siècle, celles de Lorenzetto de Scalza, et surtout celles de Jean de Bologne, sont d'une exécution et d'un style plus élevé ; il nous suffira de citer la *fontaine Boboli*, le *Mercure* et l'*Enlèvement des Sabines*, de Florence, comme preuves à l'appui de notre dire. — Avec le XVIIIe siècle la décadence continue, malgré les efforts de Canova qui veut ramener les sculpteurs aux traditions de l'antique, afin de régénérer la statuaire, qui est arrivée à la fin du siècle à une décadence complète. Cependant Canova fait quelques élèves de valeur ; nous citerons notamment Antoine d'Este, les Ferrari, les Marchesi (Pompeo et Bartoloni), enfin Finelli et Tadolini.

ITALIOTES (Médailles). — Médailles frappées par les anciens peuples de l'Italie, les Romains exceptés, principalement par les Grecs de la partie méridionale. Les plus an-

Fig. 471. — Couverture du psautier de Charles le Chauve.

ciennes monnaies italiotes remontent à la fin du VIIe siècle avant l'ère vulgaire ; elles sont *incuses*, c'est-à-dire frappées en creux.

IVOIRE. — Substance provenant des défenses de l'éléphant et qui sert à fabriquer toute sorte d'objets de luxe unis, gravés ou sculptés. Dès les temps les plus reculés, l'ivoire a été utilisé ; Homère nous apprend que de son temps il y avait des poignées, des fourreaux d'épée, des lits et des chaises fabriqués en ivoire. Beaucoup de monuments de l'antiquité chez les Égyptiens, chez les Hébreux et chez d'autres peuples, avaient des portes, des lambris, des plafonds et des colonnes revêtus avec des plaques d'ivoire; beaucoup de meubles antiques étaient entièrement faits avec cette matière : le trône de Salomon, par exemple ; les chaises curules des sénateurs romains, etc. — Des artistes célèbres, entre autres Phidias, ont exécuté des statuettes et même des statues en ivoire ; on les nommait *chryséléphantines*. Par ce court aperçu, on peut voir l'énorme quantité d'objets fabriqués en ivoire ; ils sont si nombreux que, depuis l'antiquité la plus re-

Fig. 472. — Vierge ouvrante en ivoire.

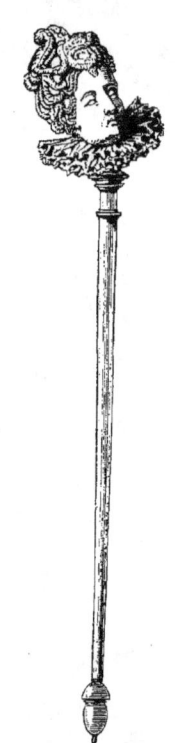

Fig. 473. — Aiguille à crochet en ivoire.

culée jusqu'à nos jours, ils forment certainement la suite la plus complète, et pour ainsi dire non interrompue, de l'histoire de l'art par les monuments. Après l'antiquité, c'est le moyen âge qui créa le plus d'ouvrages en ivoire; pendant le XIIIe et le XIVe siècle les artistes en exécutèrent en si grande quantité que, la matière première faisant défaut, on dut la remplacer par de l'os. Pendant le XVe siècle l'emploi de l'ivoire se ralentit un peu, mais

Fig. 474. — Intérieur de la Vierge ouvrante.

406 IVOIRE.

les pièces qui nous restent de cette époque sont parfois très remarquables. Le musée de Cluny, qui possède beaucoup d'ivoires, n'en compte que dix-huit du xv° siècle (n°s 1095 à 1112).

Au mois de mai 1881, à l'hôtel Drouot, on a vendu 18,100 francs un reliquaire en ivoire du xv° siècle. — Le xvi° siècle, abandonnant l'os, fabriqua exclusivement avec de l'ivoire

Fig. 475. — Coffret en ivoire.

des coupes, des drageoirs, des hanaps, des cippes, des cornes, des poudrières, des peignes, etc., qui sont des œuvres d'art très remarquables. Aujourd'hui le bel ivoire devient de plus en plus rare, aussi son emploi est-il limité à de petites statuettes, à des couteaux à papier, à des broches, à des manches de couteau, à des poignées d'épée, à des pommes de canne, etc. Certaines villes, Paris, Dieppe, Nice, Florence, ont la spécialité de cette fabri-

PLANCHE XIX. — Couverture en ivoire d'un évangéliaire. (Bibliothèque nationale.)

LA VIERGE ET L'ENFANT JÉSUS.
Statuette en Ivoire du XIVe siècle. (Musée du Louvre)

cation, qui, nous venons de le voir, a été fort estimée à toutes les époques et chez tous les peuples.

Au mot DIPTYQUE, nous avons donné quelques spécimens d'ivoires ; nous en soumettons ici quelques autres. — Nos figures 470 et 471 montrent une couverture en ivoire du psautier de Charles le Chauve, qui fut exécuté pour Hermentrude vers 850 ; son format est un petit in-quarto (0^m,24 sur 0^m,17) ; son texte est écrit en lettres d'or. Nos feuilles d'ivoire, qui sont un travail italien, ont été exécutées pour sa couverture ; elles datent donc du IXe siècle ; elles sont enchâssées dans une cou-

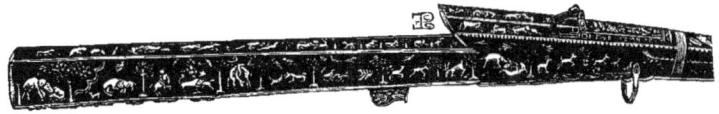

Fig. 476. — Crosse de fusil en ivoire (art hindou).

verture de FILIGRANE d'argent (Voy. ce mot), ornée de vingt-quatre gemmes qui n'augmentent pas beaucoup sa valeur, car ce volume, malgré son ancienneté, est dans un tel état de conservation que son prix est inestimable. Ce psautier fait partie des collections du Louvre. Notre planche XIX montre une plaque d'ivoire du Xe siècle formant également un côté de couverture d'un évangéliaire conservé à la Bibliothèque nationale. L'ivoire représenté par notre planche XIX serait un beau spécimen de la sculpture carolingienne, sa composition est d'une belle ordonnance, et le relief est plein et vigoureux. — Nos figures 472 et 474 reproduisent une Vierge ouvrante du XIIIe siècle. Cette œuvre fait partie des collections du Lou-

Fig. 477. — Détail de la crosse de fusil en ivoire.

vre ; elle mesure 0^m,45 de hauteur. Cette pièce avait été faite pour être suspendue, et non posée sur sa faible base ; un crochet fixé derrière le dossier du siège sur lequel est assise la Vierge peut en témoigner. Notre figure 474 fait parfaitement comprendre comment se développaient les compartiments remplissant l'office de volets, et dont nos lecteurs lisent les scènes sans qu'il soit nécessaire de les expliquer. Nous avons eu l'occasion de dire dans le présent article que l'ivoire avait été employé à toute sorte d'objets ; nos figures 473 et 475 en sont une nouvelle preuve. La première montre une aiguille à crochet de la fin du XVIe siècle ; c'est un charmant travail tout en ivoire, sauf la collerette de la figure qui est en argent. Notre figure 475 montre un coffret en ivoire du Xe siècle ; il est formé de petites plaques d'ivoire sur lesquelles sont représentés divers guerriers combattant ; ces plaques sont ajoutées entre des bandes décorées de fleurons et de têtes alternées. Ce coffret est une œuvre byzantine ; il fait partie de la riche collection de M. Basilewski. Les deux dernières figures 476 et 477 montrent l'ensemble et un détail à plus grande échelle d'une crosse de fusil indien. Disons, en terminant, que beaucoup d'objets fabriqués en os de narval sont parfois pris pour des objets en ivoire. (Voy. SCULPTURE.)

TECHNIQUE. — *Moulage de l'ivoire.* — On trouve parfois des pièces d'ivoire d'une forme singulière. A première vue, ceux qui ignorent le travail de l'ivoire supposent que ces pièces aux formes bizarres sont le produit d'anomalies naturelles; il n'en est rien. En effet, de même que la corne, l'ivoire est susceptible d'être moulé, à un degré moindre, il est vrai. Il faut pour cela le faire bouillir un laps de temps plus ou moins considérable dans un liquide composé de 600 grammes de résine de mandragore dissoute dans deux litres d'eau. L'ivoire, ayant séjourné un laps de temps plus ou moins considérable dans cette solution, n'a guère plus de consistance que la cire trempée dans de l'eau tiède. C'est dans cet état de plasticité qu'on lui donne toutes les formes désirables. Après son refroidissement, l'ivoire durcit et peut être travaillé comme s'il n'avait jamais subi aucune opération.

Blanchiment de l'ivoire. — Les curieux trouvent parfois des pièces d'ivoire dans un tel état de détérioration et si noires, qu'ils ne les poussent pas dans les ventes; mais les marchands de curiosités ainsi que les restaurateurs d'objets d'art ont divers moyens de blanchir les vieux ivoires, qu'ils revendent ensuite fort cher. De tous les moyens expérimentés par nous, voici les trois meilleurs. Pour les ivoires jaunis, il suffit de les brosser avec de la pierre ponce calcinée, très finement tamisée et délayée dans l'eau; puis on renferme les pièces encore humides sous une cloche en verre que l'on expose aux rayons solaires, mais en couvrant cette cloche d'un linge vert tant que l'ivoire n'est pas entièrement sec. Après sa siccité, on l'expose, toujours sous verre, aux rayons du soleil.

Quand les ivoires sont très noirs, on les blanchit en recouvrant leur surface avec une solution de chlorure de chaux de minime épaisseur. Le chlore que l'acide carbonique de l'air fait dégager opère un blanchiment parfait.

Enfin le troisième moyen consiste à faire dissoudre en petite proportion de l'alun dans de l'eau : le sel doit à peine blanchir l'eau. On élève cette solution à l'ébullition, et à diverses reprises on plonge l'ivoire dans la solution bouillante, puis on le frotte avec une brosse douce; ensuite on lave à l'eau tiède l'objet et on le fait sécher dans un linge humide. Quand l'ivoire est bien sec, on le frotte avec un chiffon de laine douce jusqu'à ce qu'il reprenne son brillant. En traitant l'ivoire par l'acide hydrochlorique étendu d'eau, on obtient avec l'ivoire une sorte de gélatine flexible et résistante qui, traitée par une dissolution de tanin, fournit une sorte d'écaille rouge qu'on veine avec des dissolutions d'or et d'argent. On teint aussi l'ivoire en rouge, en bleu, en vert, etc. Nous ne pouvons étudier ici ces diverses opérations; elles nous mèneraient trop loin et nous feraient sortir du cadre que nous nous sommes imposé; nous traiterons ultérieurement ces questions dans un ouvrage technique.

JACQUE. — Vêtement ample, sorte de casaque militaire à manches, fait de nombreux doubles de toile (de 25 à 30) piqués sur un cuir de cerf. La jacque se mettait par-dessus la cuirasse et se laçait par devant. Elle avait un collet droit, mais échancré par derrière pour laisser au couvre-nuque de la salade la faculté de toucher les épaules. Voici comment Ducange décrit ce vêtement d'après un titre de la chambre des comptes : « Mémoire de ce que le Roy veult que les francs-archers de son royaume soit habillez en jacques droy en avant et pour ce a chargié au bailly de Mante en faire un get; et semble au dit bailly de Mante que l'abillement de jacques leur soit bien prouffitable et advantageux pour faire la guerre veu qui sont gens de pié, et que en ayant les brigandines il leur faut porter beaucoup de choses que un homme seul et à pié ne peut faire. Et premièrement leur faut des dits jacques de trente toilles ou de vingt cinq à un cuir de cerf à tout le moins : et si sont de trente-un et cuir de cerf, ils sont bons. Les toiles usées et déliées moyennement sont les meilleures et doivent estre les jacques à quatre quartiers, et faut que les manches soient fortes, comme le corps, réservé le cuir. Et doit estre l'assiette des manches grandes, et que l'assiette pregne près du collet, non pas sur l'os de l'épaulle, qui soit large dessoubz l'aisselle et plantureux dessoubs le braz, assez faulce et large sur les costez bas, le collet fort comme le demourant des jacques; et que le collet ne soit pas trop hault par derrière pour l'amour de salade. Il faut que le dit jacque soit lassé devant, etc. » La jacque pouvait se porter sur une chemise de mailles; elle était plus légère et plus commode pour combattre à pied que la brigandine. — Pendant le XVIIe siècle, on désignait sous ce terme une sorte de cotte de mailles légère que les duellistes couards portaient sous leur pourpoint. On écrit quelquefois *jack*. — Ce terme sert aussi à désigner une sorte de blouse de laine ou de grosse toile que portaient les paysans.

JACQUELINE. — On désigne sous le nom de *cruches jacquelines*, ou tout simplement *jacquelines*, des cruches en terre fabriquées principalement à Desvres, dans le département du Pas-de-Calais. La forme de ces cruches figure une bonne femme assise, à tournure plus ou moins grotesque, avec robe à fleurs, manches à gigot; sur la robe on voit souvent un tablier à bavette festonnée. On a également fabriqué des jacquelines en Hollande, en Allemagne et en Angleterre; dans cette dernière contrée on les nomme *toby-fill-pot* (littéralement, Tobie verse-pot) : ce sont souvent des grotesques mâles, principalement de vieux loups de mer avec une mine réjouie et ayant la pipe à la bouche.

JACQUEMART. — Le *jacquemart* ou *jacquemard* est une figure de fer, de plomb ou de fonte, assez grossièrement exécutée, qui représente un homme d'armes. On plaçait des jacquemarts sur des tours élevées; avec un marteau ils frappaient sur la cloche de l'horloge pour sonner les heures. Ce terme signifie *gros jacque*. La jacque est une casaque de paysan qui a fait surnommer *jacques* les hommes qui la portaient; puis on a ajouté le mot *art*, précédé d'un *m* euphonique, parce qu'on ne pouvait dire *jacqueart* ou *jaquart*. Ce mot *art* ou plutôt *ard* signifierait *ardent* par dérision, parce qu'en effet les paysans sont assez lourds, d'un naturel peu vif comme le *jacquemard*, qui sonne lentement et paisiblement les heures. D'autres étymologistes font dériver ce mot de l'allemand ou plutôt du flamand *jackmann*, homme revêtu d'une jacque ou cotte de mailles; en effet, très anciennement les hommes d'armes placés en observation au haut d'une tour étaient ainsi vêtus. L'origine des *jacquemards* est tout à fait septentrionale ; les premiers de ces bonshommes auraient été fabriqués à Courtrai. Souvent les jacquemards sont en famille : le père sonne les heures, la mère les demies et l'enfant les quarts. On voit une famille de jacquemards sur la tour de Notre-Dame de Dijon. Dans un poème de la fin du XVIᵉ siècle, *Mariaige de Jaiquemart*, attribué à Changenet, vigneron bourguignon, nous lisons des détails assez curieux sur le jacquemart dijonnais. L'auteur débute en annonçant que tout le monde accourt vers la poissonnerie pour voir Jacquemart et sa femme, car l'enfant n'a été placé que beaucoup plus tard ; puis le poète témoigne sa surprise de voir une sorte d'Hercule bien bâti au lieu d'un petit laideron, mal fait et bossu comme un Ésope, qui était auparavant à l'horloge. Les vers de Changenet, en patois bourguignon, ne seraient peut-être pas entièrement compris par tous nos lecteurs ; aussi donnerons-nous en note une traduction littérale faite par M. Peignot (1).

L'enfant de l'horloge de Dijon a été ajouté par un serrurier nommé Saunois, qui vivait au commencement du XVIIIᵉ siècle. Aimé Piron, le grand-père de l'auteur de la *Métromanie*, nous fournit ce renseignement dans une pièce de vers datée de 1714. Nous la donnons en note avec la traduction (1).

JADE. — Pierre opaque semi-transparente d'un ton vert-olive, vert pâle, gris-vert, blanchâtre tirant sur le vert, qui est susceptible d'un beau poli et dont on fabrique en Chine et au Japon des objets très divers. On l'emploie également en bijouterie. On la nomme *pierre néphrétique* (2), *jade oriental*. La structure du jade est si compacte que sa cassure ne présente ni lamelles, ni grains, ni fibres. On fait avec le jade, surtout en Orient, des poignées de sa-

---

(1) Compère, où courent ces gens,
Que je vois aller contre Saint-Jean,
Tirant à la poissonnerie ?
C'est qu'ils vont voir les belles choses,
De la venue de Jacquemar,
Qui n'est ni sur terre ni sur mer.
. . . .
Je ne sais si j'avais trop bu
Ou si j'avais la berlue
Quand je le vis, l'autre jour ;
Mais je ne puis tomber d'accord
Que c'est Jacquemart en personne.
Pour Jacquemart, c'était un homme
De courte taille assez mal fait,
Qui ressemble à ces Ésopes
Qui s'en vont serrant les épaules,
Qu'il semble voir de pauvres diables ;

Mais celui-ci, tout au rebours,
Est là comme un homme bien fort,
Comme un Rolland ou un Hercule.
. . . .
Jacquemart de rien ne s'étonne.
Le froid de l'hiver, de l'automne ;
Le chaud de l'été, du printemps,
N'ont pu le rendre mécontent.

(1) Sônoi ce moître ôvrei si digne :
C'àt ein chèdeuvre qu'il è fai.
Por ainsi, Messieu, sai vo glai,
J'esperon dans la concluance
De votre admirable prudance,
Qui n'a pas de pairoisse ailei,
Qu'on noisé bé ce sarrurei,
Sarrurei qu'à tô pré de faire
Po randre complaitte l'aiffaire,
Po chèque raipeà ein hairai.

Saunois, ce maître ouvrier digne :
C'est un chef-d'œuvre qu'il a fait,
Ainsi, Messieurs, s'il vous plaît,
Nous espérons dans la conclusion
De votre aimable prudence,
Qui n'a pas sa pareille,
Qu'on paiera bien ce serrurier,
Serrurier qui est tout prêt à faire,
Pour compléter cette affaire,
Pour chaque rappel un enfant.

Cette requête était adressée par Piron aux échevins de la ville.

(2) On désigne le jade sous ce nom parce que, dans l'antiquité, on lui attribuait la propriété de guérir radicalement des coliques néphrétiques.

bre, de poignard, ainsi que des coupes. Notre figure 478 montre une coupe de jade chinoise qui servait dans les sacrifices. Les Chinois nomment cette pierre *yu*, et surtout *hiouan-tschin*, qui signifie *profonde vérité*, parce qu'ils attribuent à cette pierre toute sorte de vertus curatives dans un très grand nombre de maladies.

A la vente Jacquemart (8 avril 81), un petit vase de jade vert (n° 258) s'est vendu 210 fr.

JAMBIÈRES. — Voy. GRÈVES.

JAPONAIS (ART). — Le Japon a été pendant fort longtemps un pays fermé ; personne

Fig. 478. — Coupe à sacrifices des empereurs chinois.

n'y pénétrait, il n'avait donc aucun rapport avec les autres nations du globe. A la fin du XVIe siècle et au commencement du XVIIe, il fut un instant ouvert au commerce, puis tout à coup refermé, le mikado craignant pour son pays l'importation des idées européennes ; cependant les Hollandais possédèrent seuls un comptoir sur un point isolé de la côte : enfin,

universelle de 1878. Avant cette époque, à part quelques érudits et quelques amateurs, on ignorait totalement l'existence de cet art ;

Fig. 479. — Vase en bronze japonais.

Fig. 480. — Porte-bouquet en bronze japonais.

depuis 1854, le Japon a établi de nouveaux rapports avec les autres peuples. Malgré ces communications, on ne connaît guère en France l'art japonais que depuis l'exposition

bien plus, les quelques hommes de goût qui recherchaient et collectionnaient les belles œuvres de ce pays étaient considérés comme des maniaques s'occupant de *japonisme*. Les temps ont bien changé ; en effet, l'exposition universelle de 1878 a démontré aux plus incrédules que non seulement il existait un art japonais, mais encore qu'il se trouve à la hauteur des arts des civilisations les plus avancées.

Évidemment, l'art japonais n'est point classique ; l'artiste du Japon a horreur de la symétrie : c'est la dissymétrie, au contraire, qui fait le charme des œuvres japonaises, et celles-ci ont bien leur style propre et leur couleur locale. Les Japonais ne connaissent point les *pendants identiques*; leurs vases, qu'ils soient en bronze ou en porcelaine, sont toujours variés comme dessins d'ornementation, bien qu'ils

ordinaires : par exemple, des objets en bois sont décorés sur leurs tons naturels sans couleurs ni vernis colorés d'aucune sorte. Mais aussi, quand le laqueur emploie sa laque, comme il sait admirablement s'en servir ! comme ses meubles sont brillants et leur glaçure unie et solide ! comme les ors mats sont pleins ! avec quelle vertigineuse vitesse tourbillonnent les poussières d'or ou d'argent sur les laques ! combien les nacres incrustées dessinent de belles formes ! Une des grandes habiletés de l'artiste japonais consiste à se servir des défauts, des veines naturelles de la matière, pour les utiliser et les faire concourir à former, à façonner l'objet

Fig. 481. — Vase à libations japonais.

Fig. 482. — Vase à thé japonais.

forment une seule et même paire de vases. La forme et les proportions sont les mêmes ; la décoration a bien aussi quelque analogie, mais elle est différente sur chaque vase. Du reste, dans toutes ses œuvres, l'artiste japonais sort des sentiers battus ; on dirait même que c'est chez lui un parti pris. S'il trace une courbe, même un cercle, les points de celui-ci ne sont pas également distants du centre ; s'il fait un carré, il en renfle légèrement les côtés ou bien il en abat les angles ; ou bien encore, si les côtés ne sont pas convexes, ils sont concaves. Les Japonais possèdent aussi d'autres qualités ; ainsi ils ne craignent pas de laisser en évidence la matière, quand même celle-ci serait des plus

qu'il désire représenter. A l'exposition universelle de 1878, nous avons vu un superbe paravent laqué, incrusté de nacre dont les pièces taillées imitaient à s'y méprendre les pétales d'une fleur et les tiges de la plante : ces dernières étaient sarmenteuses et contournées ; les pétales des fleurs étaient tout plissés, froissés, et semblaient sortir de leurs enveloppes. Les artistes japonais excellent en tout, quand il s'agit d'interpréter la nature et de la prendre sur le vif ; aucun peuple ne sait rendre comme eux et avec autant de vérité la fleur et la plante : celles qu'ils représentent sont bien des pavots, des nélumbos, des nénufars, des lotus et des papyrus ; mais le végétal créé par l'artiste paraît plus largement fait et plus beau que le produit naturel. Parlerons-nous des faïences, des porcelaines et des émaux cloisonnés? Dans ce genre, personne ne peut rivaliser avec le Japon; il faut voir ces objets, aucune plume, aucun crayon ne saurait en donner une idée, même imparfaite. Tout ce qui sort de la main du Japonais, même les objets les plus simples, les plus usuels, les passe-thé, les corbeilles tressées en jonc, les petits cabinets, tout cela est marqué d'un cachet inimitable. Si nous étudions la couleur des œuvres japonaises, si nous parcourons leurs collections de papiers peints, si nous feuilletons leurs albums, nous sommes tout émerveillés et charmés à la fois de voir la simplicité des moyens employés en regard de la riche et puissante coloration obtenue. Ce qui fait la force et la valeur de l'artiste japonais, c'est sa grande et inépuisable imagination, c'est son admirable manière d'interpréter librement la nature, c'est l'accentuation ferme des formes et de la personnification. Dans les compositions japonaises, l'homme est parfaitement caractérisé par un geste, par une simple attitude; l'animal, par un mouvement : tantôt c'est un reptile souple et ondulant, tantôt c'est une bête avec une attitude sauvage et un air de férocité abominable. L'oiseau se montre avec un vol rapide et gracieux, plein de souplesse et de naturel; d'autres fois il fend l'air, rapide comme l'éclair, ou bien il s'abandonne mollement au courant qui l'entraîne. En ce qui concerne la plante, ce n'est pas seulement à sa forme que nous la reconnaissons, c'est à sa manière d'être, à la façon dont elle est campée dans une composition. La plante aquatique, nous la reconnaissons à son feuillage épais et luxuriant, ou bien à sa feuille au vernis étincelant, ou enfin à sa tige quelquefois raide et droite comme une lame de sabre, quand c'est un iris *pseudo-narcissus* par exemple; la vigne sauvage, à ses vrilles et à la souplesse de ses feuilles rougies par les morsures des premiers frimas. Par ce qui précède, on voit que les caractères essentiels, primordiaux de l'art japonais sont l'imagination, la couleur, le style et l'infinie variété d'innombrables motifs toujours diversement reproduits, un sentiment profond de la couleur et des puissants effets que peut produire le contraste des couleurs. Avec tout cela, il n'est pas étonnant que les Japonais possèdent un art admirable que nos industries d'art commencent à utiliser pour leur plus grand profit.

Nos figures montrent quelques bronzes du Japon : un vase ancien (fig. 479); un porte-bouquet (fig. 480); un vase à libations (fig. 481); un vase à thé (fig. 482). (Voy. LAMPE, LAQUE, PORCELAINE, etc.)

JARDINIÈRE. — Petit meuble qui sert à contenir des plantes, des pots de fleurs. Il existe des jardinières en cuivre repoussé, en fer, en faïence, en bois sculpté. — Vente San Donato. N° 1692. Jardinière en porcelaine de la Chine et bronze doré; elle est formée d'un brûle-parfums de forme octogonale; chaque face présente un médaillon représentant un paysage avec femme portant des emblèmes chinois : pierre sonore, biche, signe de longévité, etc.; le tout couvert d'émaux polychromes. Monture en bronze style rocaille. Haut., $0^m,24$; larg., $0^m,30$. 2,500 lires. — Vente J. Jacquemart (hôtel Drouot (4-8 avril 1881). N° 231. Jardinière en porcelaine d'Imari. 425 fr.

JARRETIÈRE. — Objet d'habillement qui sous Louis XIV et sous Louis XV était considéré comme un objet d'ornement; à cette époque, en effet, la jarretière était un ruban tissé en or avec boucle de diamants. Dans le commerce de la curiosité on n'achète que ces boucles, qui sont en argent, en vermeil, et parfois en or. Il est probable que dès le XII° siècle on portait des jarretières, puisque les dames à cette époque portaient des bas de chausses.

JASERAND et JAZERAND. — Armure de mailles de fer qui servait au cavalier ainsi qu'à son cheval. Par extension, ce terme désignait les anneaux de la maille. Quand une étoffe était revêtue de mailles, on la disait *jazequénée*. Ce terme était connu dès la seconde moitié du XII° siècle, comme peut en témoigner ce passage de *Parise la duchesse* : « Un habit *jacerant* li ont fait aporter. » Dans l'inventaire de Jacques le Hutin, en date de 1316, on trouve le terme *jazequéné* : « Item trois paires de couvertures gamboisiées des armes du roi et une des indes jazequénées. » (Voy. HAUBERT.)

JASPE. — Variété de quartz dont il existe près de cent variétés en Sicile; on les désigne sous le nom de jaspe arborisé, rubanné, agatisé, tigré, fleuri, œillé, etc. Une des plus belles variétés est le *jaspe sanguin*, dont la dureté est suffisante pour rayer le verre et faire feu sous le briquet. Son vert foncé est semé parfois de

Fig. 483. — Jatte chinoise.

taches opaques d'un rouge très intense, d'où son nom.

JATTE. — Vaisseau de forme évasée sans anse. Notre figure 483 montre une belle jatte chinoise coulée, fabriquée à Sèvres; les décors, en pâte de couleur, ont été appliqués au pinceau.

JAVA (PIERRE DE). — On exécute avec

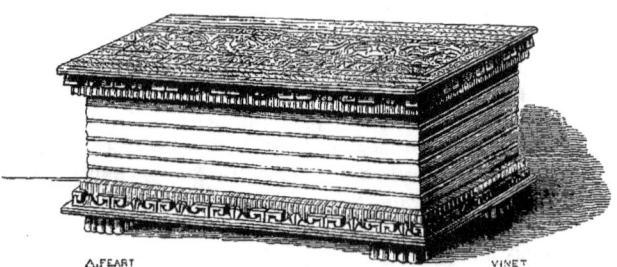

Fig. 484. — Coffret en pierre de Java.

une pierre assez tendre de l'île de Java des objets sculptés, tels que boîtes, bonbonnières, petits bas-reliefs, statuettes, grotesques, etc. Notre figure 484 montre l'ensemble d'un coffret en pierre de Java, et notre figure 485 fait voir le dessus du même coffret à plus grande échelle. Les Malais habitant l'intérieur de l'île taillent cette pierre avec des couteaux. Fait assez curieux, ils ont reproduit ici le dessin d'un ivoire sculpté du musée de Cluny; le lecteur pourra s'en convaincre en se portant au mot DIPTYQUE (fig. 343). Évidemment la sculpture malaise n'a pas la finesse de l'ivoire, mais on reconnaît fort bien l'ensemble de la composition.

JAVELOT. — Arme d'hast de peu de va-

JAYET. 417

leur. C'était une arme analogue au *pilum* des Romains; aussi portait-il souvent l'*amentum*.

JAYET. — Le jais ou jayet est une substance noire bitumineuse; son origine végétale

Fig. 485. — Dessus du coffret en pierre de Java.

se révèle dans sa structure même qui est souvent ligneuse. Le jayet se travaille comme le bois, il brûle comme celui-ci; il est surtout employé à fabriquer des bijoux de deuil. On l'a surnommé *ambre noir;* c'est le *gagates* de Dioscoride, qui l'avait ainsi nommé parce que dans l'antiquité on le tirait de Gagis, ville de la Lycie.

JETON. — Pièce de métal, d'os, d'ivoire, de nacre, etc., plate et ordinairement ronde, qui sert à calculer et à représenter une valeur fictive; dans ce sens ce terme est synonyme de FICHE. (Voy. ce mot.) — Dans les sociétés littéraires ou scientifiques, dans les académies, on nomme *jetons de présence,* des médailles qui représentent également une valeur de convention et qu'on rembourse en argent aux membres ayant assisté aux séances.

JETON. — Ce mot paraît pour la première fois sur un jeton du XIIIe siècle sous le terme de *getouers,* puis de *gectouers, jectoirs,* et successivement *gect,* jets, jetons et jeton. — Ce terme est donc dérivé de *jeter,* parce que chaque somme perdue au jeu était jetée sur la table en jetons; puis, à la fin de la partie, on additionnait la masse des jetons pour payer, ce qui, du reste, est indiqué par cette légende inscrite sur beaucoup de jetons anciens : *Jey comptès et gectés bien, car la fin fera votre compte.* L'antiquité a possédé des jetons; au Xe siècle on en voit de cuivre; au XIVe, d'argent, et au XVe, d'or. Ce n'est guère que dans les temps modernes qu'on a fait des jetons d'ivoire et de nacre. Ce ne fut pas seulement en vue de faciliter les comptes et d'assurer une bonne comptabilité que l'on créa les jetons, mais bien plutôt pour satisfaire la vanité. En effet, la noblesse, ne pouvant battre monnaie, fabriqua des jetons à sa devise, à ses armes; de là l'immense développement que prit la fabrication des jetons.

JOAILLERIE. — Voy. BIJOUTERIE.

JONCHETS. — Jeu très ancien, connu du temps d'Ovide, qui en fait mention, et qui consiste à jeter pêle-mêle les uns sur les autres, en paquets, de minces bâtonnets d'os, d'ivoire ou de bois, et à les retirer ensuite à l'aide d'un cro-chet, sans faire exécuter aucun mouvement à ceux avec lesquels ils sont en contact.

JONQUE. — Dans le commerce de la curiosité, on donne ce nom à de petits navires chinois exécutés en ivoire, en cristal, en pierres fines, etc. Les Chinois nomment ces jonques *tchouen.*

JOYAU. — Ornement de parure monté de pierres fines et de perles; c'est un bijou plus riche que le simple bijou d'or ou d'argent. C'est le joyau qui a créé la joaillerie. (Voy. BIJOU et BIJOUTERIE.)

JUDAÏQUE (ART). — Voy. HÉRBAÏQUE (*Art*).

JUMELÉ. — Dans le blason, on désigne ainsi toute pièce formée de deux jumelles. (Voy. le terme suivant.)

JUMELLES. — Dans le blason, on désigne ainsi deux bandes, deux faces, etc., parallèles, qui n'ont que le tiers de la largeur ordinaire.

JUSTAUCORPS. — Vêtement collant et à manches qui serrait le buste de l'homme et descendait presque jusqu'au genou; il a été porté principalement à la fin du XVIe siècle et pendant tout le XVIIe siècle.

JUSTE. — Flacon de table d'une capacité fixe et invariable, mais dont la forme assez variée se rapprochait de celle des aiguières, des hydries et des pichiers. — La juste avait souvent des anses et un couvercle; elle était tantôt en argent, et même en or; de petites justes, nommées *justelettes,* servaient à contenir la bière. Ce vase était connu dès le XIIe siècle, puisque nous lisons dans le *Roman de Wace,* en date de 1160 :

> La juste estoit moult bonne et chière,
> Tout estoit d'or noblement faite;
> Cel qui la tint, avant la traite
> A present duc la tendi.

KASCHEMIRIEN (Art). — Le Kaschemir ou Cachemire est un vaste pays de l'Hindoustan, borné par le Thibet au nord et à l'est, et par la province anglaise du Penjab à l'ouest et au sud. Le principal motif de décoration de l'art kaschemirien, c'est la palme ou fruit de l'*yucca gloriosa* ; à part ce détail caractéristique, cet art est confondu avec l'art Hindou (Voy. ce mot), bien que le Kaschemir ne fasse pas partie de l'Inde.

KAKÉMONOS. — Stores japonais en soie richement brodée avec de beaux dessins polychromes rehaussés de fils d'or.

KAMA. — Dague circassienne à lame longue et large, souvent damasquinée d'argent ou d'or et ornée d'inscriptions. Chaque plat de la kama porte une gouttière, mais qui ne correspond pas au centre de la lame, afin de ne pas l'affaiblir et ne pas en diminuer la solidité. Il y a des kamas kurdes, géorgiennes et persanes. La poignée de cette dague est en corne noire, en ivoire, et ornée de rosaces d'acier découpées ou d'argent niellé ; certaines kamas ont leur poignée faite en dent de morse. Le prix de cette arme varie de 120 à 180 fr., suivant la beauté de ses damasquines.

KANNETJÉ. — Poteries de grès dont l'origine est puisée dans la légende que voici. Une comtesse de Hollande, Jacqueline, née en 1400 et fameuse dans l'histoire, quoique morte bien jeune, à 36 ans, aimait à tirer au Papegay. (Voy. ce mot.) Pendant cet exercice, elle se faisait apporter à boire dans des kannetjés et, après les avoir vidées, elle les jetait dans les fossés de son château. Vers 1635, on trouva un grand nombre de ces kannetjés dans les fossés d'un château situé entre la Haye et Leyde. Ce fut assez pour donner une nouvelle créance à la légende de Jacqueline, et des auteurs n'hésitèrent pas à écrire que la comtesse de Hollande pétrissait elle-même la terre de ses poteries, les tournait, les enfournait et surveillait leur cuisson. C'est de la sorte, c'est-à-dire transformée en potier, que divers livres populaires d'Amsterdam montrent cette princesse.

KAOU-KLOU. — Petit meuble musulman que beaucoup d'amateurs achètent comme *étagère-console*. Ce terme arabe signifie *porte-turban* ; en effet, ce meuble richement sculpté sert à porter les turbans, il remplace le porte-chapeau de notre pays. Il se compose d'une grande plaque sculptée ou décorée de dessins ajourés ; cette plaque sert de fond, elle porte à son tiers inférieur une tablette arrondie supportée par une potence découpée de dessins à jour. A la vente du décorateur Séchan, il a été vendu un assez grand nombre de kaou-klou, dont le prix a varié entre 40 et 120 francs.

KASS. — Sorte de tambourin fait d'un morceau de palmier creusé et recouvert d'une planche mince. Un kass beaucoup plus grand et d'une forme un peu différente se nomme *kasso* ou *kassuto*.

KATHAR. — Poignard indien dont la poignée comporte deux balustres posés horizontalement par rapport à la lame et réunis de chaque côté par deux lames d'acier. La lame des kathars est en damas, souvent ciselée et décorée d'ornements d'or ou d'argent. Ces poignards sont parfois d'une grande richesse et garnis de pierreries ; ils valent de 50 à 350 fr. — Vente J. Jacquemart (avril 81). N° 141. Kathar damasquiné d'or. 235 fr. — Vente Double. N° 244. Kathar indien, avec poignée à doubles branches reliées par une double traverse en fer, damasquinée d'or. La lame est décorée de figures d'animaux ciselées en relief. Le fourreau, de velours ponceau, est orné d'une rosace garnie de topazes. 350 francs.

KETCHKOULL. — Le bel ustensile couvert de riches arabesques sculptées et d'ins-

Fig. 486. — Ketchkoull (profil).　　Fig. 487. — Ketchkoull (dessous).

criptions que montrent nos figures 486 et 487 se nomme en persan *ketchkoull* (de *ketch*, cintré, courbe, et *koull*, épaule) ; en effet, cette sorte de vase convexe est portée sur l'épaule par le derviche ou mendiant nomade de la Perse, ou bien suspendue par une chaîne. Il mesure environ 0^m,24 de longueur, 0^m,14 de largeur, et 0^m,13 de profondeur ; nos dessins le représentent donc réduit de moitié. Ce beau vase est fait en coquille de noix des îles Maldives ; il a été ciselé par un sculpteur de Chiraz ; il servait de coupe à boire.

KHMER (Art). — L'art khmer est, pour ainsi dire, une branche de l'art hindou qui s'est développée à une époque que nous ignorons dans la partie méridionale de l'Indo-Chine nommée Cambodge. Ce pays renferme des monuments imposants par leurs dimensions, par la finesse de leur sculpture et de leur décoration ; ce sont les témoins vivants, quoique bien mutilés, d'une civilisation très avancée, mais aujourd'hui disparue. La statuaire chez les Khmers était fort remarquable ; les représentations le plus souvent reproduites sont celles de Prèa-Put (Boudha), de Brahma, de Siva,

Fig. 488. — Sculptures des Khmers. (Côté droit de la galerie.)

qui forment ensemble la *trimourty*, ou trinité indoue. Ces œuvres sont sculptées dans le grès ou coulées en cuivre rouge et dorées ; souvent même les statues faites avec des pierres tendres sont recouvertes d'un vernis noir et épais, que les Cambodgiens modernes emploient encore et qu'ils nomment *mereack*. Ce vernis protégeait beaucoup les finesses de la sculpture pour

Fig. 489. — Sculptures des Khmers. (Côté gauche.)

les statues en plein air ; du reste, il était bien souvent lui-même recouvert d'or. La sculpture des Khmers présente des types étranges, parfois bizarres quand elle reproduit des animaux. Le sculpteur khmer a excellé dans ce genre ; rien de terrible comme ses éléphants, ses lions sans crinière, mais chargés de bracelets et de bijoux ; rien de fantastique comme les *nagas* ou serpents, les *garudas* ou figures humaines à tête et à pattes d'oiseau, comme les *yalis*, ces animaux fabuleux participant à la fois du lion et du dragon.

Quand le sculpteur khmer modèle, au contraire, la figure humaine, nous nous trouvons en face d'une beauté surnaturelle et pour ainsi dire idéale.

Les bas-reliefs nous montrent des figures souples et alertes, couvertes d'une riche ornementation d'un goût parfait et d'une puissante coloration. Les têtes des dieux du Cambodge ont une grande finesse d'expression ; ce qui caractérise les divinités, c'est leur attitude calme ; elles sont généralement immobiles, pensives et accroupies, et surchargées de bijoux avec une profusion inouïe, profusion qui rappelle l'exubérante végétation du climat sous lequel habitent ces dieux.

Les parties faibles de la statuaire sont les extrémités ; les pieds et les mains, les emmanchements des poignets et des chevilles laissent beaucoup à désirer ; ensuite la perspective, toute de convention, ignore les plans et évite les raccourcis.

Mais si un peuple a su employer avec science la sculpture décorative, c'est bien le Khmer ; en effet, tous les entablements et les frontons qui surmontent les portes, toutes les balustrades de ponts, toutes les hautes tours qui se dressent au-dessus des temples, tout cela est couvert d'ornements, et, fait digne d'attirer l'attention, si le sculpteur ignore les plans et fuit les raccourcis, comme nous venons de le voir, l'ornemaniste recherche la difficulté ; certaines frises semblent avoir été ajourées à plaisir : ce sont de véritables claires-voies (*clerestories*), bien autrement remarquables, comme tour de force et exécution, que celles pourtant si magnifiques qu'on retrouve dans nos monuments du moyen âge de la belle époque des XIIIe et XIVe siècles.

La révélation de l'art khmer est un fait très considérable ; c'est avec raison que Fergusson a pu dire, dans son *Histoire de l'architecture* (1), que la découverte des villes ruinées du Cambodge est sans contredit un fait aussi important, pour l'histoire de l'art en Orient, que les fouilles qui nous ont fait connaître les cités enfouies dans le sol de l'Assyrie. Nos figures 488 et 489 montrent divers spécimens de sculptures en ronde bosse, telles qu'elles se trouvaient exposées dans la galerie du rez-de-chaussée du musée de Compiègne. Ces monuments sont aujourd'hui exposés au musée du Trocadéro, à Paris. (Cf. notre *Dictionnaire d'architecture*, v° KHMER, où nous avons donné un très long article et de nombreuses figures.)

KHOLE. — Instrument de musique hindou ; sorte de tambour dont le corps, au lieu d'être en bois, est en terre cuite. On appelle aussi quelquefois le même instrument *mirdeing*.

KOKRÉE. — Arme hindoue, sorte de poignard dont la lame recourbée décrit presque un quart de cercle et est renflée dans son milieu. Souvent le manche est orné. Les kokrées du Népaul d'une riche fabrication valent 150 à 350 francs ; les types plus ordinaires valent 10, 15 ou 25 francs au plus.

KRISS. — Arme hindoue, dont la lame est souvent flamboyante. Généralement la poignée et le fourreau de cette arme sont en or et décorés de pierreries, de diamants, de rubis ; d'autres fois, les poignées sont en ivoire, en ébène, en argent, mais toujours richement ciselées ou sculptées. On se sert du kriss dans l'île de Ceylan et dans toute la Malaisie. Souvent la pointe des lames est empoisonnée : avis aux amateurs de ne point essayer la pointe avec le doigt. Les kriss ordinaires valent de 30 à 40 francs ; les plus beaux, 700 et 800 francs. — Vente J. Jacquemart. N° 194. Kriss malais. 4.55 fr.

KUSSIR. — Instrument de musique turc. C'est une sorte de calotte en bois de 0^m,25 de diamètre ; elle est recouverte d'une peau sur laquelle sont tendues cinq cordes.

---

(1) *History of architecture in all countries.*

LABRADOR. — Variété de feldspath qui se présente dans la nature sous d'assez gros volumes. Les premiers échantillons de cette pierre sont venus de l'île Saint-Paul, située près de la côte du Labrador (Amérique septentrionale). Sa couleur est gris foncé avec des reflets bleuâtres nacrés, mélangés de pourpre et d'orangé, qui donnent à son chatoiement le reflet opalin, autrement dit gorge de pigeon. Taillée en cabochon, cette pierre est utilisée dans la bijouterie. Elle agit sensiblement sur l'aiguille aimantée ; ce fait n'est pas étonnant quand on sait qu'elle renferme dans sa composition 25 pour 100 de fer. Cette pierre se trouve également en Russie et en Norvège ; les belles pièces ont une grande valeur, comme le lecteur pourra le voir par les prix suivants. — Vente San Donato. N° 116. Huit colonnes en labrador reposant sur des bases en marbre rouge de Maremmes ; montures (bases et chapiteaux) en bronze doré. Hauteur des colonnes et des chapiteaux $2^m,20$. 29,800 lires. — N°117. Deux grands vases en labrador, forme balustre, ornés de riches montures en bronze doré et oxydé. Les anses reproduisent celles des vases de la galerie du palais Pitti, à Florence. Haut. totale, $1^m,28$; larg. aux anses, $0^m,95$. 8,200 lires.

LACRYMATOIRES. — On désigne sous ce terme de petits vases en terre, en albâtre, mais surtout en verre et à long col, qu'on trouve dans les urnes funéraires. Ce terme appartient plutôt à l'archéologie qu'à la curiosité, nous l'avons cependant donné dans ce Dictionnaire parce qu'il s'en trouve beaucoup dans les collections des amateurs. Un grand nombre de lacrymatoires sont gallo-romains ; on les vend à peine 2 et 3 francs pièce.

LAMBEL. — Terme de blason qui sert à désigner une brisure, c'est-à-dire une figure qui distingue les cadets d'avec les aînés. C'est un filet auquel sont attachés trois pendants de forme trapézoïdale ; on le place à la partie supérieure de l'écu, un peu au-dessous du bord ou bien en fasce.

LAMBREQUINS. — Ce terme a trois significations différentes ; ce sont : 1° des découpures de bois, d'étoffe ou de métal estampé, qui couronnent un store, une tente, une draperie de fenêtre ; 2° dans le blason, ce sont des festons qui couronnent et embrassent l'écu avec la même couleur que les émaux ; 3° des étoffes découpées en festons et flottantes, qui couvraient le casque et le protégeaient contre la pluie et la poussière.

LAMBRIS. — Boiseries qui servent de revêtement à des murs. On nomme *lambris d'appui* ceux qui n'ont que $0^m,90$ à $1^m,20$ de hauteur. Les lambris en chêne sculpté, ceux en poirier, ceux décorés de peintures, sont les seuls qui atteignent des prix élevés dans les ventes.

LAME. — Partie essentielle des épées, des sabres, des poignards, kathars, etc. Les lames les plus réputées dans la curiosité sont les bonnes lames de Tolède, puis les lames allemandes de Solingen.

LAMPADAIRE. — Porte-lampe. Cet ustensile a existé de toute antiquité. Les lampadaires sont en bois sculpté et doré, en bronze, en marbre, en fer forgé, etc. Dans l'antiquité, ils affectaient la forme d'un arbre aux branches duquel on suspendait des lampes. — Vente San Donato. N° 114. Deux lampadaires en fer forgé et doré composés d'enroulements et de feuillages. 1,450 lires. — N° 115. Deux lampadaires de suspension à quatre lumières à gaz et deux autres d'applique à cinq lumières, en bronze oxydé. 3,520 lires. — N° 91. Deux lampadaires à quatre lumières en bronze, exécutés par Barbedienne d'après des motifs empruntés aux sculptures du XV° siècle faisant partie du musée du Bargello, à Florence. Ils sont composés d'une base triangulaire à têtes de bélier, volutes et griffes de lion, supportant un balustre de feuilles d'acanthe orné de mascarons, de guirlandes, de figures d'enfants et de chimères ailées. Socle en marbre de Porta Santa et brèche africaine antique. Haut. totale, 2^m,70. 4,700 lires.

LAMPAS. — Superbe étoffe de soie de Lyon, satin et gros grain, dont les riches dessins se découpent en mat sur le fond satiné de l'étoffe. Le beau lampas vaut 25 et 30 francs le mètre en 0^m,52 à 0^m,55 de large. Le lampas ancien, quand la coupe a 10 à 12 mètres, se vend jusqu'à 90 et 100 fr. le mètre.

Fig. 490. — Lampe gothique (XV° siècle).

LAMPASSÉ. — Terme du blason qui indique des animaux sortant la langue, principalement des lions.

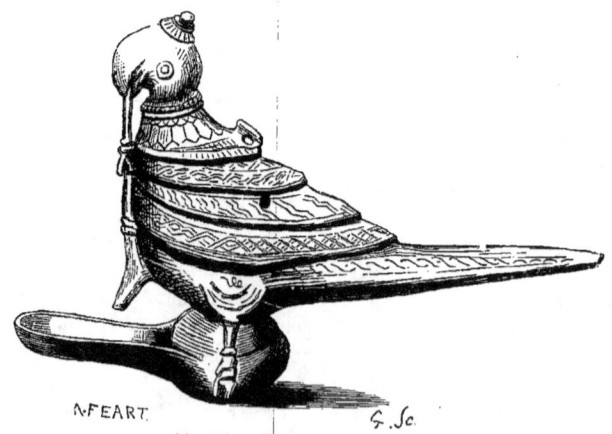

Fig. 491. — Lampe persane en cuivre.

LAMPE. — Ustensile servant à éclairer le soir ou une pièce obscure. Il existe une variété infinie de lampes ; nous ne nous occuperons ici que de celles qui sont les plus recherchées par les amateurs de curiosités. — La lampe juive en cuivre à sept becs, avec un récipient pour le dégorgement et une crémaillère pour la suspendre, sans ornements, vaut de 18 à 20 francs. Les lampes flamandes ont un godet à trois becs porté sur une tige en cuivre comme la lampe; le godet monte et descend à volonté sur cette tige. Ces lampes valent de 8 à 10 francs. Les lampes de mosquée, forme de vase gaulois, en cristal émaillé d'or ou de couleur, valent, suivant leur beauté et leurs dimensions, 50, 60, 80 francs et plus. Notre figure 490 montre une lampe gothique italienne; elle est en fer forgé et porte cette divise : *Servo e me consumo altri,* c'est-à-dire, je sers et me consume pour autrui ; elle fait partie des collections du musée de Cluny (n° 6097 du catal.). Notre figure 491 reproduit une lampe persane en cuivre d'une forme assez originale; notre figure 492, une lampe japonaise de la collec-

Fig. 492. — Lampe japonaise.

tion de M. Cernuschi. Dans cette lampe, le réservoir à huile se trouve placé sous la souris; par son propre poids le liquide descend le pilier décoré de grecques et remonte dans les radicelles de la racine qui occupe le centre de la vasque, et alimente ainsi la mèche à huile qu'on accroche à ces radicelles et dont le pied baigne dans la vasque. Les pieds de cette lampe sont formés par quatre têtes d'éléphants dont les trompes recourbées forment les points d'appui. Les rats ont toujours beaucoup aimé l'huile, c'est ce qui explique leur présence sur d'autres lampes trouvées à Pompéi. Notre figure 493 montre une lampe horaire en étain de la collection de M. A. Jubinal. C'est l'épuisement successif de la lampe qui indique l'heure ; sur le réservoir on aperçoit les chiffres indicateurs. Inutile d'ajouter que rien n'était moins précis que cette horloge, car, suivant que la mèche était plus ou moins forte, plus ou moins saillante, elle consommait plus ou moins d'huile.

LANCE. — Arme d'hast qui comporte une pointe en fer emmanchée à l'extrémité d'une hampe. Notre planche XX montre l'ensemble et des détails à plus grande échelle d'une lance persane d'un goût exquis et d'un travail re-

Fig. 493. — Lampe horaire du XVIIᵉ siècle.

marquable. C'est une œuvre du XVIᵉ siècle; les fers sont en acier de Perse, dit de *khorassan*, et damasquinés d'or. Cette lance a appartenu au dernier sultan mamelouck, Touman-Bey-al-As-

chraf, et ressemble plutôt à une arme de tournoi, dite *lance gracieuse*, qu'à une arme de guerre. La hampe est recouverte de velours cramoisi; un long cordonnet de soie blanche et verte s'enroule autour d'elle. Dans le grand détail, on voit une sorte d'édicule à quatre piliers qui réunit la lance à la virole de la hampe; cet édicule symbolise le temple de la Mecque, l'*éternelle Kaaba*. Au-dessous du fer on voit une petite boîte circulaire dont les inscriptions relatent la profession de foi de l'islamisme. La

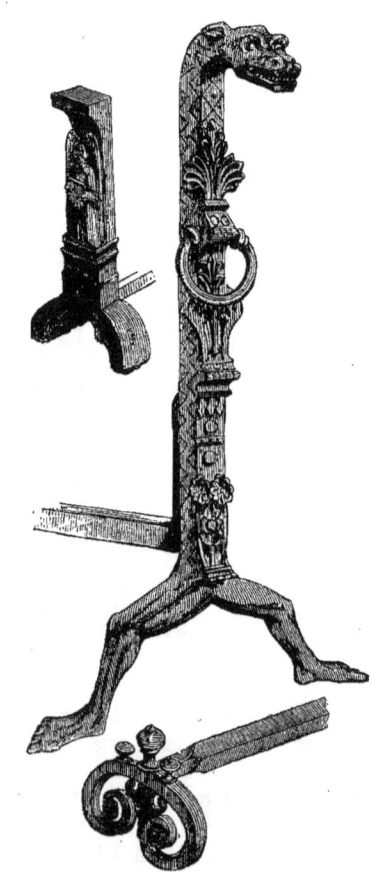

Fig. 494. — Diverses formes de landiers.

boule d'argent placée au-dessous de l'édicule renferme un peu de terre provenant du tombeau du Prophète. — Prix de vente. Les lances chinoises à hampe laquée valent de 18 à

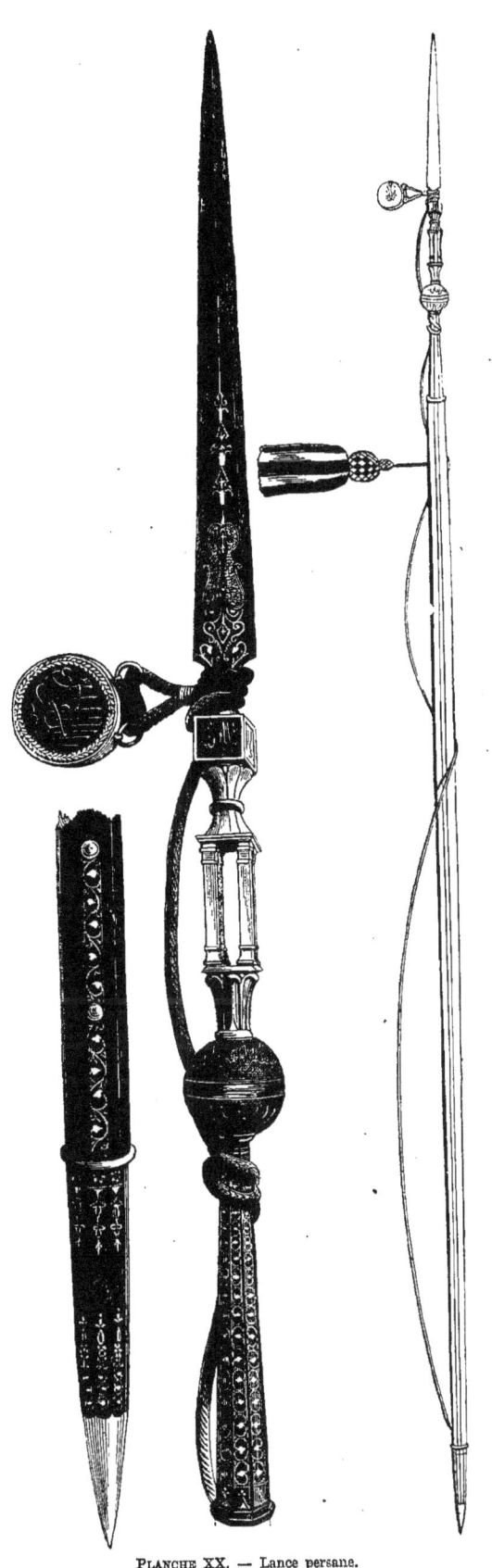

PLANCHE XX. — Lance persane.

35 francs; quand elles sont richement décorées, elles atteignent encore un prix beaucoup plus élevé. Les lances hindoues et persanes damasquinées et incrustées d'or valent de 150 à 800 fr.; à la vente J. Jacquemart (avril 81), le n° 159, un fer de lance ciselé de l'Inde a été adjugé à 650 fr.

LANCETTE A RESSORT. — Voy. PHLÉBOTOME.

Fig. 495. — Divers types de landiers.

LANDIERS. — Les landiers sont les chenets du bon vieux temps. Le véritable type est celui qu'on aperçoit au milieu d'autres dans notre figure 495; il est couronné d'un petit réchaud ou corbeille en fer qui servait à contenir de la braise et des cendres chaudes, pour tenir les plats chauds; il comporte en outre des crocs qui servent à supporter les broches pour la cuisson des rôtis. Souvent dans nos fermes actuelles c'est sur les corbeilles des landiers que les paysans de l'Auxois, du Morvan et du Châtillonnais mangent la soupe en se chauffant les jambes à l'âtre. Les huits landiers que montrent nos figures 494 et 495 font partie des collections du musée de Cluny. Notre figure 496 montre un superbe modèle de landiers de

430 LANGUE DE BŒUF. — LANTERNE.

la collection de M. le baron de Schwiter. Le style de sa riche ornementation révèle une œuvre de ferronnerie du XVIᵉ siècle.

LANGUE DE BŒUF. — Voy. DAGUE.

LANTERNE. — Ustensile mobilier qui sert à éclairer. De tout temps, surtout quand les villes n'étaient pas éclairées ou étaient mal éclairées, bien des gens portaient leur lanterne, ce qui explique ce vers de Martial (*Épig.*, XIV, 61) :

Fig. 496. — Landiers en fer (XVIᵉ siècle).

Et tuta est gremio parva lucerna meo.

« Et ma petite lanterne se trouve en sûreté sur mon sein. »

Ce même usage devait exister à Venise au XVIᵉ siècle, car la petite lanterne en cuivre jaune que montre notre figure 497, vu ses petites proportions (0ᵐ,10 sur 0ᵐ,04), peut faire supposer que les gentilshommes de Venise l'accrochaient à leur poitrine, soit sur un baudrier, soit sur tout autre fourniment. L'idée donc n'était pas nouvelle, nous venons de le voir ; du reste, il n'y a jamais rien de nouveau sous le soleil : par exemple, l'expression « prendre des vessies pour des lanternes » nous vient aussi des Romains, puisque Martial dans ses épigrammes (XVI, 62) fait dire à une lanterne :

Cornea si non sum, numquid sum fuscior ? aut me Vesicam contra qui venit esse putat ?

« Quoique je ne sois pas de corne, en suis-je plus obscure ? et celui qui me rencontre peut-il me prendre pour une vessie ? »

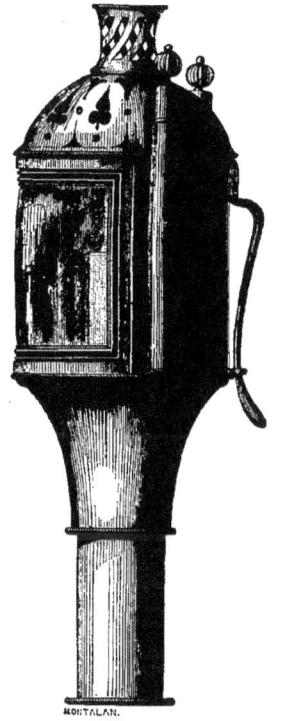

Fig. 497. — Lanterne vénitienne (musée du Louvre).

Vente Double. — N° 289. Lanterne en bronze ciselé et doré, modèle à consoles, vases et festons de fleurs. Elle était enrichie de PLAQUETTES (Voy. ce mot), de pendeloques, d'étoiles et de boules en cristal de roche. Haut., 0^m,90 ; diam., 0^m,72. 2,850 francs. — N° 290. Petite lanterne en bronze doré, ornée de consoles et de festons de fleurs. Elle était garnie de cristaux de roche ; la tige de suspension et le plateau supérieur étaient également garnis de pendeloques en cristal de roche. 1,500 fr. — N° 291. Lanterne analogue à celle qui précède. 1,250 fr.

LAPA. — Trompette de cuivre tartare longue d'environ 2^m,50 ; elle fournit des sons d'une grande puissance.

LAPIDAIRE. — Artiste qui taille et polit les pierres précieuses, qui les grave et les sculpte en petites figures, en bustes, en cachets, en camées. On nomme *signes lapidaires* les marques que l'on retrouve sur les monuments romano-byzantins ; *style lapidaire,* le style employé pour rédiger les inscriptions sculptées ou gravées sur pierre.

LAPIS-LAZULI. — Gemme de couleur bleue plus ou moins foncée dont on fait des bijoux, des coffrets, des colonnes pour de petits édicules, des coupes, des vases, etc. Le plus beau lapis est celui qui se tire de la Hongrie et de la Sibérie, il est d'un beau bleu transparent et traversé par des pyrites d'or ; une variété secondaire est celle des Alpes ; enfin on fait du faux lapis avec du verre ou des pierres semi-translucides qu'on teint en bleu. On nomme également cette gemme *lazulite* et *pierre d'*Azur. (Voy. ce mot.)

Vente J. Jacquemart. — N° 259. Petit vase en lapis-lazuli. 400 fr.

LAQUE. — Gomme résineuse que les Chinois et les Japonais tirent de divers arbres, notamment du *thus vernix,* et de l'*augia sinensis,* en chinois *tsi.* D'autres arbustes, tels que le *thus succedaneum,* le *dryandra cordata,* l'*œleococus vernicia* et les *melnorœa usitata,* fournissent également cette résine. On se sert de cette gomme pour vernir des meubles faits avec divers bois, principalement avec des conifères du genre *cupressus.*

TECHNIQUE. — Le laquage est une opération fort longue et des plus minutieuses. On passe premièrement le bois au grès rouge avec du fiel de buffle ou d'un animal quelconque ; puis on polit la surface de ce bois avec un brunissoir de grès. Quand le bois est bien sec, on passe avec un pinceau une première couche de vernis de laque; on ponce ensuite avec un morceau de schiste fin, puis on donne une seconde, une troisième, une quatrième couche, en ayant soin de poncer, après que chaque couche a durci. On ne donne jamais moins de quatre couches; mais quelquefois il faut vingt couches pour obtenir certains laques rouge vermillon, qui sont alors unis et brillants comme la surface d'une glace. Voilà pour la fabrication de la laque unie. Quand il s'agit de peindre et d'obtenir des reliefs, voici comment opère l'artiste. Avec une sorte de céruse il trace son dessin, jusqu'à ce qu'il en soit satisfait; il peint alors avec des laques de couleur par-dessus, après avoir préalablement employé un mordant. Pour les reliefs, il burine son dessin, comme le fait l'émailleur champleveur; puis il pose successivement dans ces gravures des couches de laque, jusqu'à ce qu'il ait obtenu un relief suffisant; il passe alors une sorte de mordant à la laque et il dore au pinceau pour les dorures brillantes et au tampon pour les dorures mates. On nomme *laques usées* les laques avec décors sans relief, parce qu'on a usé ces reliefs avec la pierre à polir; généralement le décor des tablettes d'étagère est ainsi exécuté. La laque usée porte souvent des dessins or très nets; en Chine la laque usée a son décor en or, tandis qu'au Japon elle est parfois exécutée en couleur. Voici les diverses variétés ou couleurs de laque : la laque fond d'or, l'aventurine, la noire, le rouge ancien, le rouge ordinaire, la laque burgautée, la laque xyloïde, la laque ciselée. (Voy. SALVOCAT.) Le Japon produit des ouvrages de laque admirables, beaucoup plus beaux et beaucoup plus estimés que ceux de la Chine. En France et en Angleterre, surtout à Birmingham, on fait de la fausse laque avec des vernis et du noir d'ivoire. On laque beaucoup de cartons-pâtes.

LAQUE DE COROMANDEL. — On désigne sous ce terme un genre de laque dans lequel les dessins sont indiqués par de petites cloisons saillantes réservées dans le bois absolument comme les cloisons de cuivre dans les émaux champlevés. Les meubles en laque de Coromandel sont certainement originaires de la Chine, car les légendes qu'ils portent sont chinoises, écrites même en caractères de l'espèce dite régulière (*kiai*); les sujets représentés, de même que les emblèmes, les dragons, les grues, les fong-hoangs, tout cela est certainement du Céleste Empire; mais ce qui est encore très certain, c'est que sur la côte de Coromandel on n'a jamais, à aucune époque, fabriqué de meubles analogues; aussi est-il bien difficile de s'expliquer une pareille désignation. Dans ce genre de laque, les diverses couleurs, les ors, sont déposées sans épaisseur dans les cavités, et ces couleurs sont d'autant plus nettes, d'autant plus tranchantes qu'elles sont séparées par la cloison laquée en noir. Il existe en laque de Coromandel de grandes armoires, des cabinets, des paravents. Les plus beaux paravents que nous ayons vus dans ce genre étaient chez M. Decaisne, dont la science regrette la perte récente. En général, ces meubles paraissent avoir été fabriqués au XVIIe siècle pour l'Europe; un armateur anglais pourrait bien avoir été l'initiateur de ce genre de meuble. (Voy. MOBILIER, § 10, *Meubles de l'Orient.*)

LAVABO. — Objet mobilier, table de toilette garnie des ustensiles nécessaires pour faire sa toilette, tels que pot à eau, cuvette, éponges, boîtes à savon, à pâte, etc.

LAVE. — Produit volcanique dont on fait des bijoux de peu de valeur. L'Italie, surtout la ville de Naples, fait avec la lave des broches, des colliers, des bracelets, des pendants d'oreilles, etc.

LAVIS. — Peinture à l'eau, dans laquelle on emploie principalement de l'encre de Chine ou de la sépia. Les dessins ainsi faits se nomment *dessins au lavis, dessins à l'encre de Chine, dessins à la sépia*. Les aquarelles sont des dessins au lavis; mais comme on emploie plusieurs couleurs, l'usage a prévalu de désigner les dessins au lavis à plusieurs couleurs sous le nom d'*aquarelles*. Les dessins lavés avec une seule couleur, en bleu, en vert, en carmin, sont désignés sous le nom de *camaïeux*.

On nomme *gravure au lavis* ou *à l'aquatinta* un genre particulier de gravure qui imite les dessins lavés. (Voy. GRAVURE.)

LECTRIN. — Ancien terme qui désigne un jubé, un pupitre, mais aussi un Lutrin. (Voy. ce mot.)

LETTRINES. — Ce terme est un diminutif de *lettres* (caractères d'imprimerie); on désigne ainsi en typographie les lettres ornées ou majuscules qu'on place dans le haut des pages, des paragraphes ou des colonnes d'un dictionnaire, et qui indiquent la lettre initiale des mots de la colonne.

LIBÉRAUX (Arts). — On désigne sous ce terme les arts que dans l'antiquité l'homme libre pouvait exercer, par opposition aux arts manuels ou mécaniques qui étaient pratiqués par les esclaves. Les arts libéraux sont donc les études grammaticales, littéraires, plus la peinture, la sculpture, l'architecture, la gravure et la musique; on les désigne ainsi parce que dans tous ces arts la pensée et l'esprit ont plus de part que le faire de la main.

LIGURIENNE (Pierre). — Voy. Ambre.

LIMOGES (Émaux de). — Voy. Émail.

LINÉAIRE (Dessin). — On désigne sous ce terme, ou sous celui de *dessin géométrique* ou *graphique,* l'art de représenter par des traits, à l'aide de la règle, de l'équerre et du compas, les figures géométriques, les plans, coupes et élévations d'un édifice, d'une machine, etc. (Voy. Dessin.)

LISSE ou LICE. — Ce terme, dérivé du latin *licium* (trame), sert à désigner les cordelettes tendues sur les métiers à tapisserie, au moyen desquelles l'ouvrier ramène ses laines d'avant en arrière. On nomme *tapisseries de haute lisse* celles qui sont fabriquées avec des métiers dont les cordelettes sont tendues verticalement, et *tapisseries de basse lisse* celles qui sont fabriquées avec des métiers dont les cordelettes sont tendues horizontalement. (Voy. Tapisseries.)

LIT. — Objet mobilier qui sert au coucher. Seuls les lits sculptés de la renaissance, ainsi que ceux des époques Louis XIV, Louis XV et Louis XVI, ont une grande valeur. Les grands lits à colonnes de la renaissance valent depuis 1,000 et 1,200 francs jusqu'à 3 et 4,000 francs. On vend aussi des lits en acajou massif décorés de canaux et de filets en cuivre, désignés sous le nom de *lits style Jacob*. Ils valent de 700 à 1,500 fr. Ils ont été fabriqués sous le premier empire.

LITHOCHROMIE. — Procédé d'impression lithographique exécuté avec diverses couleurs à la fois; c'est une sorte de Lithographie en couleurs. (Voy. ce mot.) On nomme aussi ce procédé *chromolithographie*.

LITHOGRAPHIE. — Procédé qui consiste à tracer des caractères et des dessins sur des pierres calcaires très fines comme grain et connues sous le nom de *pierres lithographiques*. L'artiste dessine ou écrit sur ces pierres avec des plumes d'acier spéciales, et en employant de l'encre lithographique ou des crayons gras. Le dessin terminé, on le fixe sur la pierre avec une eau gommée préparée dans ce but. Pour imprimer, on place la pierre sur le chariot; on la mouille avec de l'eau et une éponge fine; on encre avec le rouleau la pierre, où l'encre ne se dépose que sur le crayon gras. On place alors une feuille de papier humide sur la pierre, on la recouvre d'une autre feuille dite *maculature;* on abat sur le tout un châssis de fer garni de cuir bien tendu, puis on soumet le tout à la pression d'un rouleau : l'épreuve alors est tirée, et on recommence les mêmes opérations pour obtenir de nouvelles épreuves.

LITHOPHOTOGRAPHIE. — Procédé assez complexe au moyen duquel on reporte, pour ainsi dire, des photographies sur pierre qu'on peut tirer alors à l'encre grasse.

LIVRE. — Assemblage de feuilles manuscrites ou imprimées destinées à faire connaître aux lecteurs les travaux et les idées d'un auteur. Nous ne nous occuperons pas du livre dans l'antiquité, puisque ce genre d'écrits ne peut entrer dans le cadre de notre travail; en ce qui concerne les MANUSCRITS, nous renverrons à ce mot. Nous ne parlerons donc ici que du livre moderne, c'est-à-dire du livre imprimé. — Les premiers produits de l'imprimerie, depuis son origine (1435 ou 1440) jusqu'à 1515, sont dits *incunables* (de *incunabula*, *incunabulum*, berceau), et parmi eux il y a lieu de distinguer les *incunables xylographiques* ou *tabellaires*, c'est-à-dire obtenus au moyen de planches en bois sculptées ou gravées d'une seule pièce, et les *incunables typographiques*, composés de feuilles imprimées avec des caractères mobiles, comme les livres modernes.

Parmi les livres de la première catégorie, nous citerons la *Biblia pauperum*, l'*Historia Antechristi*, l'*Ars moriendi*, etc. Il existe en tout trente éditions, la plupart in-folio, imprimées d'un seul côté, de sorte que chaque feuille est contrecollée afin d'avoir un *recto* et un *verso* imprimés; ces éditions sont dites *anapistographiques*. Voir ci-dessous le prix de ces ouvrages (vente Firmin-Didot). On appelle *éditions aldines* les ouvrages sortis des presses d'Alde Manuce, maître imprimeur du XVIe siècle, qui fonda en 1490 à Venise une imprimerie et qui s'adonna particulièrement à la reproduction des chefs-d'œuvre grecs et latins, ainsi que des œuvres de Dante, de Pétrarque, de Boccace et d'autres auteurs italiens modernes. Alde *l'Ancien* eut pour successeur son fils Paul Manuce (1533), puis son petit-fils Alde *le Jeune*, qui de 1590 à 1597 dirigea l'imprimerie du Vatican. Alde *l'Ancien* fit graver et fondre neuf espèces de caractères grecs et quatorze corps différents de caractères latins; ce fut lui qui inventa la cursive latine ou *italique* et qui introduisit l'usage, si généralement admis avec raison aujourd'hui, de tirer quelques exemplaires sur du papier de choix. L'imprimerie des Alde subsista environ un siècle et imprima plus de neuf cents ouvrages. On appelle *éditions elzéviriennes* les ouvrages imprimés par les Elzevirs (Elzeviers ou Elseviers), la fameuse famille hollandaise qui florissait au XVIe et au XVIIe siècle, et dont les livres, de petit format (petit in-12), sont remarquables

Fig. 499. — Ornement de Simon Vostre.

par la beauté et la netteté de leurs caractères. G. Brunet donne les noms de quinze membres de cette famille (1). Beaucoup de livres de ces éditeurs ne portent pas leurs marques; d'autres ont celles-ci : *Lugd. Batavor. ex offic. Elzev.* — *Amstelodami ex officina elzeviriana.* — *Lugduni*

Fig. 498. — Ornement des livres d'heures de Simon Vostre.

Fig. 500. — Ornement de Simon Vostre.

apud Danielem. — Leiden chez les Elseviers. — *Leide Jean.* — *Leyde chez les Elzeviers*, etc. On joint à tort, comme faisant partie de ces éditions, tous les petits in-12 imprimés par Foppeus, par de Migeot, par Fricx, par Wolf-

---

(1) *Manuel du libraire*, vol. V, p. 790, en note (édition Silvestre, 1842-44).

gang, par Jacques le Jeune, par Sambix, par Michiels, etc.

On appelle *éditions diamant* des volumes de tout petit format in-32 imprimés avec des caractères microscopiques. Nos figures 498 à 500 donnent des spécimens d'ornements de Simon Vostre, le premier typographe qui fit des livres avec des illustrations. Il imprima principalement des livres d'heures remarquables par la finesse de la gravure. Il demeurait à Paris, rue Notre-Dame, à l'enseigne de Saint-Jean l'Évangéliste. Il eut deux collaborateurs distingués : Ph. Pigouchet pour ses travaux d'imprimerie, et Jolat pour ses travaux de gra-

Fig. 501. — Frontispice d'un psautier du XVIᵉ siècle.

vure. Toutes les éditions de Simon Vostre sont marquées d'une vignette portant le chiffre du célèbre maître imprimeur du XVᵉ siècle : c'est un cartouche suspendu à un grenadier et maintenu par deux lévriers debout. Notre figure 501 montre le frontispice d'un psautier de la pénitence donné par Marguerite de Valois à son frère François Iᵉʳ vers 1525 ou 1526, car dans un folio de ce livre on voit le portrait de Marguerite avec ses armes, ses initiales et sa cordelière de veuve, qui précise bien la date de cette œuvre, puisque cette princesse perdit son époux, le duc d'Alençon, en mai 1525, et n'épousa le roi de Navarre qu'en janvier 1527. Nous avons donc raison de dire que la date de cette œuvre est bien précisée par la cordelière. Les F couronnées, de même que les salamandres, l'antique écusson de France entouré du collier de Saint-Michel, indiquent bien aussi que ce livre a été donné au roi galant homme du XVIe siècle, qui, soit dit en passant, devait peu lire, le livre donné par sa bonne sœur Margot, ainsi qu'il l'appelait lui-même. (Voy. RELIURE.)

Prix de vente. — Vente Sundland, à Londres. *L'amoureux transy sans espoir* de Jehan Bouchet, imprimé sur vélin en 1503 par Antoine Vérard de Paris. Adjugé à 16,000 fr. Cet exemplaire était imprimé en beaux caractères gothiques; il contenait vingt miniatures et seulement 90 pages de texte encadrées de marges dorées. La reliure était en maroquin rouge.

Vente du comte de Ganay. — Un Rabelais, édition de 1711, 5 volumes à toutes marges. 14,000 fr. — Un autre ne contenant que les 3e et 4e livres de *Pantagruel* en édition originale. 14,600 fr. — Un *Manon Lescaut*, édition de 1753, 2 volumes. 3,450 fr. — Un *Daphnis et Chloé*, de 1753. 2,950 fr. — Un Molière de 1675, 6 volumes. 2,700 fr.

Vente A. Firmin-Didot. — N° 46. *Ars moriendi*, petit in-fol. de 24 feuillets; maroquin bleu, compartiments à froid, tranches dorées (Trautz-Bauzonnet); seul exemplaire connu d'une édition xylographique qui se rapproche beaucoup de la première de Heinecken, provenant de la bibliothèque Yemeniz. 18,000 fr. — N° 47. *Historia sancti Johannis evangelistæ ejusque visiones apocalipticæ*, petit in-fol. en feuilles dans un double étui de maroquin rouge; première édition xylographique selon Heinecken, et cinquième selon Sotheby; 48 feuillets imprimés au frotton et d'un seul côté du papier (*anapistographie*). 14,500 fr. — N° 48. *Historia sancti Johannis evangelistæ ejusque visiones apocalypticæ*, petit in-fol.; maroquin vert, compartiments dorés, tranches dorées (Smith); deuxième édition xylographique selon Heinecken et quatrième selon Sotheby; 48 feuillets imprimés d'un seul côté. 5,900 fr. — N° 49. *Opera nova contemplativa p ogni fidel christiano laquale tratta de le figure del Testamento vecchio*, etc., petit in-8° de 64 feuillets dont le dernier blanc; maroquin vert, ornements sur les plats dans le style italien, tranches dorées (Lortic). Imitation de la *Bible des pauvres*, et le seul livre xylographique italien que l'on connaisse. 13,000 fr.

LITURGIE.— N° 70. Un Durandus, première édition, imprimée à Mayence, et un des plus précieux incunables; magnifique exemplaire sur vélin (1459), in-fol. gothique de 160 feuillets à deux colonnes (reliure du XVe siècle). 6,500 fr. — N° 73. *Missale insignis Ecclesiæ Cathalaunên* (1543), in-fol. gothique à deux colonnes imprimé rouge et noir, figures sur bois; superbe missel à l'usage du diocèse de Châlons-sur-Marne. Cet exemplaire sur vélin fut fait pour le cardinal de Lenoncourt, évêque de Châlons-sur-Marne. 3,600 fr. — N° 76. *Missale monasticum* (1506), in-fol. gothique à deux colonnes, figures sur bois, velours rouge, tranches dorées et ciselées (reliure ancienne); missel à l'usage de l'illustre abbaye du Mont-Cassin. 7,000 fr. — N° 91. *Horæ beatæ Mariæ*, etc., livre d'heures de Simon Vostre, édition non décrite qui contient quinze gravures, exemplaire sur vélin (1507), in-8° de 102 feuillets; maroquin rouge, ornements, compartiments, tranches dorées (ancienne reliure). 1,100 fr.

BEAUX-ARTS. — N° 281. *Les quatre livres d'Albert Durer*, etc., 1557, in-fol., première édition française avec des copies des planches originales. 200 fr. — N° 284. Jean Pèlerin, dit *Viator* (1505), in-fol. gothique, première édition, fort rare, 37 planches gravées au simple trait. 2,080 fr. — N° 288. J. Cousin. *Livre de Perspective* (1560), in-fol. 490 fr. — N° 289. Champfleury de Geofroy Tory (1529), grand in-8°, figures, première édition. 280 fr. — N° 295. Vitruvius et Frontinus, *s. l. n. d.*, in-fol., première édition qui passe généralement pour avoir été imprimée à Rome vers 1486 avec les caractères de Georges Heralt. 1,100 fr.

LIVRES A FIGURES. — N° 306. Æsopus, *s. l. n. d.*, in-fol. semi-gothique de 114 feuillets, signatures *a*-98, alternativement par 8 et par 6; édition d'une extrême rareté. 1,550 fr. — N° 349. Virgile Solis. *Hortulus animæ* (1552), in-8° gothique. 200 fr. — N° 350. Jost Amman. *Habitus præcipuorum populorum*, etc. (1577), petit in-fol. contenant 219 figures de Cost. 1,070 fr. — N° 365. Lucas de Cranach, le vieux. *Passional Christi*, etc., *s. l. n. d.*, in-4° gothique de 14 feuillets non chiffrés (texte en allemand). 450 fr. — N° 381. H. Holbein. *Les simulacres de la danse des morts*, petit in-4°, maroquin rouge, reliure du XVIIIᵉ siècle, quarante-quatre dessins originaux de Holbein, exécutés à la plume et légèrement relevés de bistre. 20,000 fr. — N° 495. Ovide. *Les XXII Epistres d'Ovide*, etc., à Paris chez Hierosme de Marnef et Guillaume Cavellat (1571), in-16 de 440 pages et 2 feuillets, maroquin rouge, filets, tranches dorées (Lortic). 145 fr. — N° 496. Esope. *Les fables et la vie d'Esope Phrigien*, à Paris, chez Hierosme de Marnef et la veufve de Guillaume Cavellat (1582), in-16 de 224 pages, plus 4 feuillets de tables (ancienne reliure). 300 fr. — N° 521. *Le sacre de Louis XV, roi de France et de Navarre*, etc., s. d. (Paris, 1722). Très grand infol., maroquin vert, riches ornements, armes de France, tranches dorées (Pasdeloup *le jeune*), exemplaire sur papier de Hollande orné de 72 gravures au burin par les premiers artistes du temps, tels que Duchange, Larmessin, Cochin, Tardieu, Dupuis, Edelinck, Claude Drevet, etc. 1,100 fr. — Le total de la première vente A. Firmin-Didot pour les livres et manuscrits a produit 955,000 fr. (Voy. MANUSCRIT.)

LOMBARDE (ÉCOLE). — Voy. ÉCOLE.

LOURD. — Voy. TROMPETTE.

LUMACHELLE. — Variété de marbre formée d'un grand nombre de madrépores et de coquillages ; d'où son nom, dérivé de *lumaca*, limaçon. Il existe diverses variétés de lumachelles, les plus connues sont : la *lumachelle drap mortuaire*, d'un noir très pur avec des coquillages blancs ; la *lumachelle bleue*, la *grise et rose;* celle dite *des Bossus*, d'un gris bleu à coquilles blanches. Une lumachelle très estimée est celle que les Italiens nomment *lumachina di monte antico;* on en trouve des carrières dans le territoire de Sienne.

LUMIÈRE. — Dans la langue des arts, ce terme a des significations diverses. — En peinture la lumière est synonyme de jour ; un tableau a beaucoup de lumière quand il est brillamment éclairé. La science du CLAIR-OBSCUR (Voy. ce mot) et celle de la *perspective aérienne* sont basées sur l'étude de la décroissance de la lumière suivant les divers plans qu'elle éclaire ; c'est ce que les artistes nomment *jeux de lumière* et qui par opposition fournit les jeux de l'ombre, dont l'intensité est d'autant plus grande que l'ombre a plus de développement. Quand la lumière tombe d'aplomb et de haut, le plus souvent à 45 degrés, et frappe le sujet principal d'un tableau, on la nomme *lumière principale;* si elle ne fait, pour ainsi dire, qu'effleurer les objets, que glisser sur leur surface, elle est dite *lumière glissante;* on l'appelle *lumière réfléchie*, si elle est renvoyée par un corps qui l'avoisine ; enfin elle est dite *lumière perdue*, lorsque, s'éloignant de sa source de production, elle perd de son intensité et se fond avec la tonalité de la masse d'air ambiante. — Dans les girandoles, dans les appliques, dans les lustres, on nomme *lumières* les branches qui portent des bougies ou tout autre objet éclairant : ainsi une girandole, un lustre, sont dits à cinq *lumières*, quand ils ont cinq branches éclairantes.

LUNETTES (ÉTUI A). — Voy. ÉTUI.

LUSTRE. — Luminaire à plusieurs branches ou *lumières*, qui sert à éclairer de grands locaux, tels que salles de fêtes, théâtres, concerts, etc. Les lustres sont généralement suspendus aux plafonds ou aux voûtes des locaux qu'ils éclairent. Beaucoup de lustres sont en fer, en cuivre forgé, richement travaillés et ciselés ; d'autres sont en bronze doré et décorés de cristaux ; d'autres enfin sont entièrement en cristaux taillés qui reflètent largement la lumière. — On nomme *lustres de Venise* des lustres exécutés en verre dans la célèbre fabrique de Murano à Venise ; les plus beaux que nous ayons vus, comme dimensions et composition, sont ceux de la salle du trône du palais du Quirinal, à Rome. Notre figure 502 montre un superbe lustre en fer du XVᵉ siècle. — Il existe également des lustres en faïence, en porcelaine de Saxe. — La valeur des lustres est très variable, ceux en cristal atteignent des prix très élevés, comme nous allons le voir par les prix suivants.

Vente Double. — N° 286. Magnifique lustre en cristal de roche à seize lumières avec riche monture en bronze ciselé et doré et parties bleuies ; ce lustre est garni de grandes pla- quettes, d'étoiles, de fleurs de lis et d'une superbe gerbe de fleurs et de fruits s'échappant

Fig. 502. — Lustre en fer du XVe siècle.

d'un vase placé à son centre ; le tout en cristal de roche de très belle qualité. Il est terminé à sa partie inférieure par une très forte boule entourée de quatre autres boules plus petites.

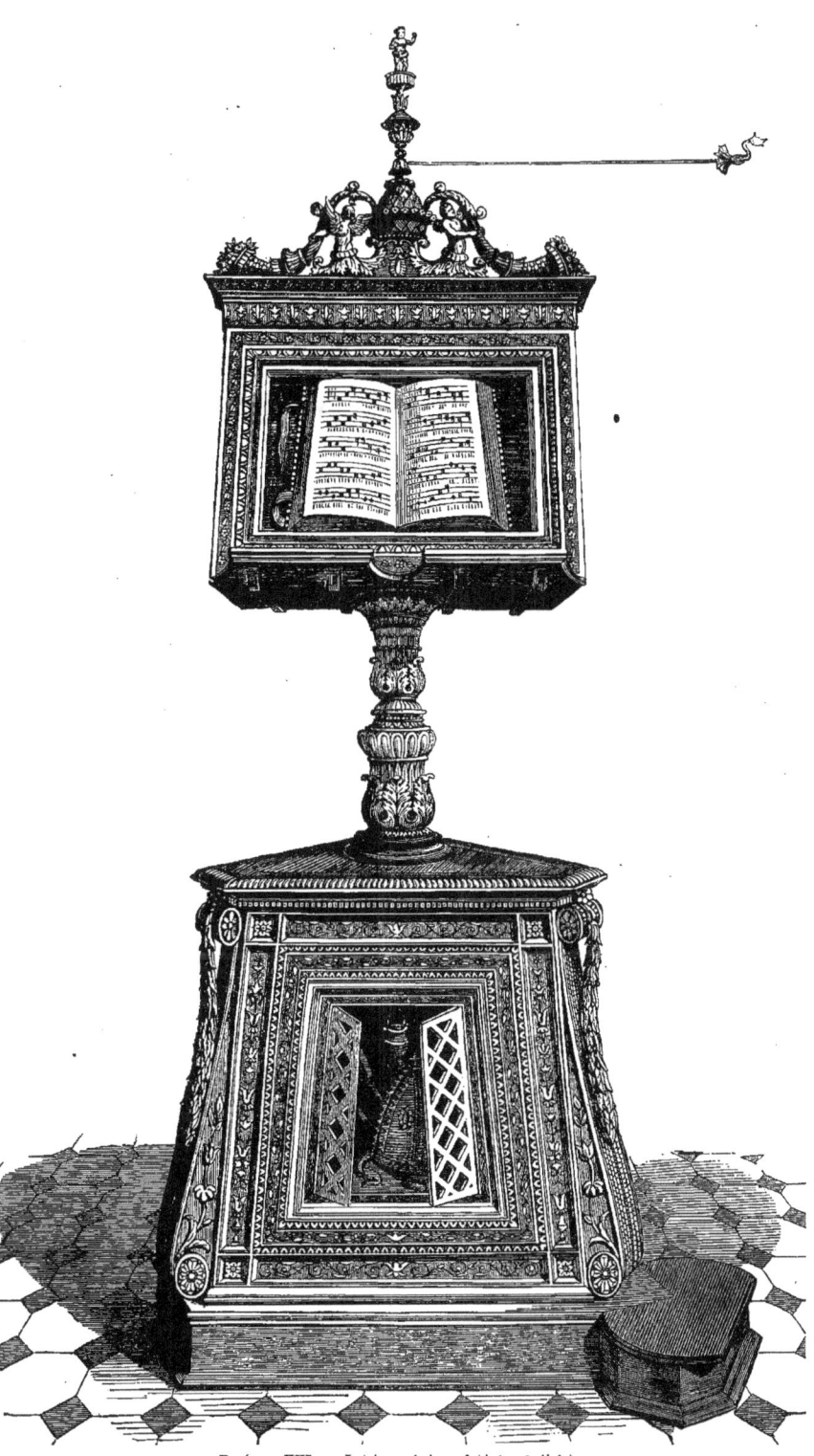

PLANCHE XXI. — Lutrin en bois sculpté (XVIᵉ siècle).

Hauteur, 2 mètres; diam., 1^m,20. 53,000 fr. — N° 287. Lustre en cristal de roche à trente lumières, modèle à consoles, en bronze doré. Il est garni de plaquettes, de pyramides, de belles pièces d'enfilage, et se termine à sa partie inférieure par une boule unie. Hauteur, 1^m,60; diamètre, 1^m,10. 7,900 fr. — N° 287. Lustre en cristal de roche à douze lumières, modèle à consoles, en bronze doré. 3,550 fr. — N° 329. Lustre de style Louis XV, à vingt-sept lumières, en bronze ciselé et doré à l'or moulu, à tige et à branches rocaille, enrichi de figures d'Amours et d'oiseaux. Hauteur, 1^m,25; diam., 1^m,25. 3,000 fr.

Vente San Donato. — N° 119. Deux lustres à trente-deux lumières, en bois sculpté et doré; travail moderne. 1,175 lires. — N° 415. Lustre à vingt lumières en bronze platiné (style Louis XV). Haut., 1^m,50; diam., 1^m,09. 1,900 lires. — N° 312. Lustre en cristal de roche, à seize lumières, à monture ancienne en fer forgé et doré avec enfilage en bronze. 7,000 lires. — N° 326. Deux grands lustres hollandais anciens en cuivre, à seize lumières. 1,420 lires. — N° 415. Lustre hollandais en cuivre à trente-six lumières. 570 lires. — N° 459. Deux lustres hollandais en cuivre, à seize lumières. Haut., 1^m,50; diam., 1^m,45, 1,380 lires. — N° 795. Grand lustre hollandais ancien à seize lumières, en cuivre poli et doré. 820 lires. — N° 856. Même lustre que le numéro précédent. 900 lires. — N° 936. Même lustre que les numéros précédents. 470 lires. — N° 1629. Grand lustre du temps de Louis XVI, en cristal de roche, à vingt-quatre lumières; belle monture en bronze doré à rinceaux, torsades et figures d'Amours. 13,800 lires.

LUTH. — Ancien instrument de musique à cordes; il se compose de quatre parties : la *table*, en sapin ou en cèdre; le *corps*, qu'on nomme aussi *ventre*, parce qu'il est arrondi en dessous, et qui est formé de neuf ou de onze éclisses; le *manche*, garni de touches; enfin la *tête* ou *crosse*, qui porte les chevilles ou clefs quelquefois au nombre de 24 pour tendre les cordes à boyau. Pour jouer du luth, on pince les cordes de la main droite et on appuie de la gauche sur les touches.

LUTRIN. — On nomme *lutrin*, *lectrin*, *leutrin*, *poulpitre*, *pupitre*, un meuble en bois, en marbre, en métal, disposé de façon à recevoir un ou deux livres ouverts. On a fabriqué beaucoup de lutrins en fer, en bronze et en cuivre jaune (dinanderie). Quand le lutrin est formé par le corps d'un aigle aux ailes entr'ouvertes qui reçoit la tablette destinée à supporter les livres, on le nomme *aigle*. Notre planche XXI montre un superbe lutrin en bois sculpté du XVIe siècle de l'église de Santa Maria in organo, à Vérone. Cette œuvre a été exécutée d'après les dessins et la composition de Fra Giovanni, le décorateur de la sacristie et du chœur de la belle église de Vérone, Santa Maria in organo.

LYRE. — Instrument de musique à cordes connu dès la plus haute antiquité. Quand elle n'a qu'une corde, on la nomme *monocorde*; quand elle en possède quatre, cinq, six et sept, elle est dite *tétracorde*, *pentacorde*, *hexacorde*, *heptacorde*.

MACABRE. — Voy. Danse.

MACLE. — Ce terme a deux significations différentes dans le blason : il désigne les losanges formés sur le fond de l'écu par un simple trait ; il désigne aussi les mailles d'un Haubert. (Voy. ce mot.)

MADERIN. — Voy. le terme suivant.

MADRE. — Cœur et racine de certains arbres utilisés pour faire des vases à boire ; on employait principalement l'érable, en allemand *mœser*, dérivé du verbe *mazern*, madrer, tacheter, d'où l'adjectif *mazerig,* madré, tacheté ; enfin *madera*, d'où madre, terme espagnol qui signifie érable. Ce qui précède tendrait donc à faire supposer que les hanaps et les coupes à boire étaient taillés dans l'érable, ce qui est faux. Le madre, en effet, est le cœur ou la racine d'un bois quelconque avec lesquels on faisait des coupes à boire qui avaient des propriétés hygiéniques analogues sans doute à celles des coupes faites en *cassia amara* que vendent nos pharmaciens. Un madre de qualité inférieure se nommait *cailler*. Au moyen âge, les vases à boire en bois étaient fort nombreux ; d'où ces chapitres assez fréquents dans les inventaires qui ont pour titres : *madres* et *caillers ;* de là aussi sans doute l'emploi de certains officiers préposés à la garde de ces ustensiles dans les grandes maisons et qu'on nommait *madriniers, madreciniers, madeleiniers* et *mazeliniers.* D'anciens auteurs, en effet, appellent ces coupes de bois *mazer, madrecin, madelin* et *mazelin.* — Parfois les madres étaient montés par l'orfèvre avec beaucoup de luxe. Des documents, qui datent depuis 1090 jusqu'en 1700, donnent constamment la description ou la désignation de madres faits avec des bois très divers.

MAGOT. — Figure grotesque de la Chine et du Japon fabriquée avec toute sorte de matières ; aussi les prix en sont-ils très variables. Les magots en terre émaillée valent de 0 fr. 40 à 5 francs ; en porcelaine, de 1 fr. à 10 francs ; en bronze, de 5 et 6 francs à 100 francs ; en cristal de roche, de 20 à 50 francs ; en émail cloisonné, depuis 120 jusqu'à 300 et 400 fr. Suivant la richesse de la matière employée à leur costume et suivant leur ornementation, les magots ont une valeur beaucoup plus considérable.

MAI et MAY. — Nom qu'on donnait autrefois au tableau offert chaque année à l'église Notre-Dame par la confrérie royale de Sainte-Anne et Saint-Michel et par la corporation des orfèvres de Paris. Cette coutume dura de 1630 à 1707. M. E. Bellier de la Chevignerie compte soixante-dix-sept de ces toiles. (Cf. *Nouvelles Archives de l'art français*, 2ᵉ série, t. II, p. 390.)

MAICHILES. — Sorte de collier ou bandes sur lesquels sont fixés des grelots en métal plus ou moins précieux. Les Indiens attachent des maichiles à leurs jambes, le long de leurs mollets, quand ils exécutent des danses pendant leurs fêtes ; ces grelots, faits avec des métaux divers, argent, or, bronze, ou avec des gousses ligneuses de certaines légumineuses, produisent à chaque mouvement des danseurs des bruits assez bizarres.

MAILLE. — Dans le blason, ce terme sert à désigner une boucle ronde sans ardillon.

MAILLES (Cotte de). — Voy. Armure et Cotte.

MAIN DE JUSTICE. — Bâton dont l'extrémité est terminée par une main qui bénit, et que dans les grandes solennités les rois

Fig. 503. — Main de justice de Charlemagne.

portaient à la main gauche. Notre figure 503 montre la main de justice ayant appartenu à Charlemagne.

Main gauche. — Voy. Dague.

MAJOLIQUE. — Terme sous lequel les Italiens désignent leur faïence, parce qu'au XVe siècle les premières faïences qu'ils employèrent leur furent envoyées de Majorque. Depuis lors le nom de majolique (*majolica* ou *terra invetriata*) resta aux faïences fabriquées par eux à cette époque. Les majoliques se divisent en trois classes : les demi-majoliques ; les terres cuites émaillées, que les Italiens nomment *opere della Robbia*; enfin les majoliques peintes.

Les faïences de la première époque (1450 à 1520) sont ordinairement de grands plats émaillés seulement d'un seul côté, peints en bleu et d'un ton jaune, souvent à reflets métalliques ou irisés. La deuxième époque (1520 à 1530) comprend de plus petites pièces : plats moyens, assiettes, décorés de bordures, d'arabesques de couleur jaune et rubis à reflets métalliques. La troisième catégorie (1530 à 1560) comprend des sujets mythologiques décorant entièrement l'assiette. La quatrième époque, époque de décadence (1550 à 1590), a des faïences mal dessinées, et les couleurs sont sans éclat et sans vigueur. Venise n'a fabriqué que des demi-majoliques ou poteries à vernis plombifère jusqu'à l'époque où Hirschwogel y apporta l'émail stannifère.

MALACHITE. — Cuivre carbonaté vert qui se trouve dans la nature en rognons ou stalactites. On les scie longitudinalement ou transversalement ; cette opération fournit des dessins rubannés et concentriques dont les nuances varient du vert foncé à un vert clair, mais très brillant. On utilise la malachite pour faire des coupes, des vases, des dessus de guéridon, des caisses et des socles de pendule, des candélabres et jusqu'à des cheminées et des chambranles de porte ; mais pour les objets de grande dimension la malachite est simplement plaquée, car c'est un produit d'un prix très élevé, comme on pourra en juger par les prix de vente de divers objets que nous donnons ici.

Vente San Donato. — N° 28. Deux grandes coupes en malachite reposant sur des piédestaux de même matière enrichis de bronzes dorés. Haut. totale, 1m,97 ; diam., 1m,43. 7,100 lires. — N° 29. Vase en malachite de forme ovoïde, enrichi de bronzes dorés (style régence), supporté sur un piédestal de même matière. Hauteur totale, 2m,43. 8,000 lires. (Ces trois pièces avaient figuré à l'exposition universelle de 1878.) — N° 93. Grande table ronde en malachite, supportée par un balustre et quatre lions ailés ; la frise de la table décorée de mascarons variés en bronze doré au mat. De cette table s'élève un plateau sur lequel danse autour d'un balustre un groupe de quatre nymphes (le tout en bronze doré au mat) supportant un guéridon en malachite couronné de la statuette en bronze doré au mat de Zéphire semant des fleurs. Les bronzes sont de Thomire. Haut. totale, 2ᵐ,60; diamètre de la table en malachite, 2 mètres; diamètre du guéridon en malachite, 0ᵐ,90. 5,000 lires. — N° 96. Deux coupes rondes en malachite à piédouche en bronze ciselé à feuilles d'acanthe et doré, par Thomire. Hauteur, 0ᵐ,28; largeur, 0ᵐ,62. 710 lires. — Nᵒˢ 76 et 77. Deux candélabres à neuf lumières en malachite et bronze doré et argenté (style rocaille) et une pendule en malachite assortie. Les bronzes, composés de quinze figures, représentent la fontaine des Amours, d'après Fragonard. Toute la garniture, 9,200 lires. — N° 309. Vase de forme ovoïde allongée, taillé dans un seul bloc de malachite, posé sur une base en marbre africain antique; anses en bronze doré formées de deux serpents. Hauteur, 0ᵐ,57. 600 lires. — N° 311. Quatre grands vases Médicis en malachite sur base de même matière. Haut. totale, 2ᵐ,05. 16,000 lires. — N° 1019. Grand vase Médicis en malachite, garni d'une riche monture en bronze doré au mat, formant lampadaire à dix-neuf branches. Haut. totale, 3ᵐ,75. 12,000 lires.

MALCHUS. — Arme blanche de main, à lame cambrée longue d'environ 0ᵐ,65 et à un seul tranchant. De même que la badelaire et le braquemart, cette arme, qui appartient au type sarrasinois, a été introduite en Occident à la suite des croisades; le plus vieux document qui en fasse mention date de 1535, c'est le *monstre du mystère des apôtres* : « Pendait à sa ceinture qui estait une grosse chaisne un malchus qui avait fourreau de velours..... » Il est encore question de malchus dans les comptes d'argenterie de Nicolas de Troyes (1536); dans Noël du Faïl, *Baliverneries* (1548); dans le *Dictionnaire de Nicot* (1606); dans les *Voyages de Villamont* (1609), etc., etc.

MALINES (DENTELLES DE). — Voy. DENTELLES.

MANDARIN. — On désigne sous ce terme les mêmes grotesques chinois ou japonais dont nous avons parlé à MAGOT. (Voy. ce mot et PORCELAINE.)

MANDILLE. — Manteau composé de trois pièces que portaient les laquais au XVIIᵉ siècle.

MANDOLINE. — Instrument de musique utilisé principalement en Espagne et en Italie. C'est une sorte de guitare qui, au lieu d'avoir la caisse plate, l'a en forme de demi-poire. Les guitares d'Espagne ont un manche large, celles d'Italie ont un manche étroit. Quand les mandolines sont couvertes de sculptures et incrustées d'ivoire et de nacre, elles se vendent jusqu'à 300 fr.

MANDORE. — Instrument de musique de la famille du luth, long d'environ 0ᵐ,50 et monté de quatre cordes.

MANGONNEAU. — Machine de guerre du moyen âge employée dans les sièges pour lancer des pierres; son emploi a cessé peu de temps après l'invention de l'artillerie.

MANNEQUIN. — Figure en bois recouverte d'un maillot de coton ou de soie qui a la forme du corps humain. Tous les membres des mannequins sont à jointures à noyau, de sorte que ces figures peuvent contrefaire tous les mouvements de l'homme. Les mannequins sont utilisés par les peintres et les sculpteurs pour étudier les draperies, parce qu'un modèle vivant ne saurait tenir assez longtemps la pose pour permettre d'exécuter ce genre de travail.

MANTEAU. — Ample vêtement avec ou sans manches qu'on porte par-dessus d'autres vêtements. Tous les peuples ont utilisé le manteau; souvent aussi il a été employé comme ornement, et, dans ce cas, ses formes ont différé sensiblement des manteaux employés pour l'usage : ainsi notre figure 505 montre un manteau de cour vénitien, du XVIᵉ siècle, qui a la forme d'un camail; notre figure 504 reproduit, au contraire, un manteau fort ample : c'est celui d'un héraut d'armes de l'ordre de Saint-Hubert de Bavière. On

Fig. 504. — Manteau de héraut d'armes, ou tabard.

nomme aussi ce genre de manteau TABARD. (Voy. ce mot.) Les écussons dont il est orné, le collier qu'on aperçoit sur les épaules, ainsi que les dates de 1570 à 1630 que fournit une inscription brodée, donnent des indications précises sur la véritable destination de ce manteau qui était porté dans les cérémonies solennelles.

MANTELET. — Dans le blason, c'est une sorte de lambrequin large, mais de peu de hauteur, dont les chevaliers couvraient leur casque et leur écu; c'est aussi la courtine du pavillon de certaines armoiries.

MANUSCRIT. — Ouvrage écrit à la main. Les anciens avaient deux sortes de manuscrits : les *codices*, qui étaient formés d'une suite de feuillets comme nos ouvrages modernes; les *volumina*, écrits sur papyrus ou sur parchemin, qui étaient roulés; d'où leur nom, dérivé de *volvere* (tourner). Les manuscrits du moyen âge sont en général fort beaux et très recherchés, non seulement pour la valeur des œuvres qu'ils renferment, mais encore pour les miniatures et les lettres ornées qui

Fig. 505. — Manteau de cour vénitien.

les décorent; car souvent leurs enluminures ont été créées par des artistes de valeur, de même que leurs lettres ornées ont été faites par des calligraphes très experts. Au VIIe et au VIIIe siècle, les manuscrits, principalement les livres de liturgie, devaient être richement ornés; malheureusement nous ne connaissons pas de spécimens de cette époque, mais nous en possédons du IXe siècle; nous mentionnerons, entre autres, le psautier de Charles le Chauve du musée du Louvre. Au mot IVOIRE, le lecteur trouvera quelques détails au sujet de ce célèbre manuscrit, ainsi que les deux plaques d'ivoire qui ornent sa couverture. Pendant le IXe siècle, ces manuscrits si richement décorés n'étaient point conservés dans les bibliothèques (*scriptoria*) où les scribes les avaient enrichis de toutes les magnificences de la chrysographie, de la calligraphie et de la peinture, mais on les conservait dans les palais et dans les trésors des cathédrales. Cette haute estime en laquelle on tenait ces œuvres ne doit point surprendre, puisque les psautiers, les évangéliaires, les Bibles et les rituels étaient décorés d'ivoires ou de travaux d'orfèvrerie exécutés par les plus habiles sculpteurs et les orfèvres les plus renommés; c'étaient, du reste, de véritables trésors, puisque les princes, les prélats, les monastères, se les transmettaient de génération en génération. Parfois ces manuscrits atteignaient une telle valeur que leur propriétaire trouvait à les échanger contre des immeubles d'un revenu considérable; du reste, il n'y a pas longtemps, à la vente du comte de Ganay,

M. F. Spitzer a acheté l'évangéliaire de Charlemagne 30,100 francs; à la vente A. Firmin-Didot, le missel de Charles VI, roi de France, a été adjugé à 76,000 fr. (Voy. ci-après, vente Didot, n° 17.)

Vente A. Firmin-Didot (mai 1879). — N° 1. *Biblia sacra*, in-12 carré, de 570 feuillets à deux colonnes; bordures, lettres ornées et historiées; velours violet, tranches dorées; manuscrit du milieu du XIII° siècle, sur vélin très fin, exécuté en France. 2,300 fr. — N° 2. *Biblia sacra*, in-12 carré, de 638 feuillets à deux colonnes; lettres historiées et ornées, maroquin vert foncé, filets à franges dorées, manuscrit sur vélin de la première moitié du XIII° siècle. 800 fr. — N° 3. *La Sainte Bible*, en français, grand in-folio de 383 feuillets, à deux colonnes; miniatures, bordures et lettres ornées, maroquin rouge, filets et dos orné (Derome); manuscrit sur vélin de la première moitié du XV° siècle. 10,000 fr. — N° 4. *Psalterium, cantica*, etc., in-fol. de 119 feuillets; maroquin la Vallière, riche compartiment à froid, tranches dorées (Hagué); manuscrit sur vélin exécuté dans l'abbaye de Saint-Martin de Tournai et daté de 1105. 10,200 fr. — N° 5. *Psalterium, cantica*, etc., petit in-8° carré de 218 feuillets; miniatures, lettres historiées; relié avec des ais de bois recouverts de velours rouge, tranches dorées, fermoir (ancienne reliure); manuscrit sur vélin du milieu du XIII° siècle. 9,500 fr. — N° 6. *Psalterium, cantica*, etc., in-16 de 229 feuillets; miniatures, lettres historiées, veau fauve estampé, tranches dorées et ciselées (reliure du XV° siècle); manuscrit sur vélin de la seconde moitié du XIII° siècle. 2,600 fr. — N° 7. *Evangeliarium*, in-4° de 191 feuillets; lettres ornées, ais de bois recouverts de veau brun et de quelques plaques en métal doré avec émaux et cabochons, ainsi qu'un ivoire sculpté au centre (ancienne reliure); manuscrit sur vélin du VIII° au IX° siècle. 6,000 fr. — N° 8. *Evangeliarium*, in-4° de 176 feuillets; miniatures et lettres ornées, ais de bois recouverts de velours rouge et d'une plaque en émail de Limoges, avec figures en cuivre repoussé et une bordure frappée (ancienne reliure); manuscrit sur vélin du X° siècle. 3,800 fr. — N° 9. *Evangeliarium*, in-fol. de 50 feuillets; miniatures et lettres ornées, chagrin noir, tranches dorées; manuscrit sur vélin, exécuté dans l'abbaye de Luxeuil au milieu du XI° siècle. 15,000 fr. — N° 10. *Vie de Jésus-Christ*, in-fol. de 16 feuillets; miniatures, maroquin la Vallière, compartiment à froid, étui maroquin la Vallière (Lortic); suite de trente miniatures sur vélin exécutées dans la seconde moitié du XII° siècle. 9,000 fr. — N° 11. Beatus (S.). *In Apocalypsin Commentaria;* Hieronimus (S.). *Explanatio Danielis prophetæ*, grand in-fol. de 248 feuillets à deux colonnes; miniatures et lettres ornées; veau marbré, tranche rouge (ancienne reliure); manuscrit sur vélin exécuté pendant la seconde moitié du XII° siècle (110 miniatures). 30,500 fr. — N° 12. *Historia sancti Johannis evangelistæ, ejusque visiones apocalypticæ*, in-4° de 24 feuillets; miniatures, vélin blanc, compartiment en or, tranches dorées (XVI° siècle). 15,300 fr. — N° 13. Manducator (Petrus). *Historia Veteris et Novi Testamenti*, grand in-fol. de 203 feuillets à deux colonnes; miniatures, bordures et lettres ornées, maroquin vert foncé, compartiment à froid, tranches dorées, plaques, ornements et fermoirs en métal doré; manuscrit sur vélin daté 1229. 5,300 fr. — N° 14. *Graduale Romanum*, petit in-fol. de 284 feuillets; miniatures et lettres ornées (dérelié); manuscrit sur vélin exécuté du X° au XI° siècle. 3,900 fr. — N° 15. *Graduale et sacramentarium*, in-4° de 246 feuillets; miniatures, bordures, lettres ornées, ais de bois recouverts en peau de truie estampée; manuscrit sur vélin (XII° siècle). 20,100 fr. — N° 16. *Missale Ecclesiæ Parisiensis*, petit in-fol. de 292 feuillets; miniatures, bordures, lettres ornées; manuscrit sur vélin, exécuté en France dans la première moitié du XIV° siècle. 8,100 fr. — N° 17. Missel de Charles VI, i-fol. de 364 feuillets, dont les deux premiers et quatre derniers sont blancs; miniatures, bordures, lettres ornées; ais de bois recouverts de velours vert, dos maroquin brun, tranches dorées, coins et fermoirs en argent ciselé (ancienne reliure); merveilleux manuscrit sur vélin exécuté au commencement du XV° siècle pour Charles VI, roi de France, et ayant successivement appartenu à sa fille Catherine, femme de Henri V, roi d'Angleterre, et à leurs descendants Henri VI,

Henri VII et Henri VIII. 76,000 fr. — N° 18. *Missale Ecclesiæ Turonensis*, in-fol. à deux colonnes de 170 feuillets dont 9 blancs ; miniatures, bordures et lettres ornées ; missel de l'église de Tours sur vélin, exécuté en France au commencement du XVI° siècle. 20,000 fr. — N° 19. *Heures*, in-fol. étroit, de 4 et 136 feuillets ; miniatures, bordures et lettres ornées ; ais de bois dépouillés de leur couverture ; manuscrit exécuté sur vélin (XV° siècle). 18,500 fr. — N° 20. *Ghetide* (livre de prières en hollandais), petit in-8° de 176 feuillets ; miniatures, bordures, lettres ornées, maroquin la Vallière clair, riches compartiments en mosaïque à la Grolier, tranches dorées, étui (Capé) ; manuscrit sur vélin exécuté à Delft au commencement du XV° siècle. 1,600 fr. — N° 21. *Horæ*, in-8° carré de 78 feuillets ; miniatures, bordures, lettres ornées, manuscrit sur vélin (XV° siècle). 6,000 fr. — N° 22. *Horæ*, in-12 carré de 226 feuillets, dont le dernier est blanc ; miniatures, bordures et lettres ornées, maroquin rouge, compartiment en or et à froid, fermoir argent ; manuscrit sur vélin de la seconde moitié du XV° siècle. 7,000 fr. — N° 23. *Heures*, petit in-8° carré de 206 feuillets ; miniatures, bordures, lettres ornées ; maroquin brun à riches compartiments avec des fleurs de lis et une devise, tranches dorées (reliure du XVI° siècle) ; manuscrit sur vélin exécuté en France à la fin du XV° siècle et qui a appartenu à Marie Stuart. 10,000 fr. — N° 24. *Horæ*, in-8° carré de 185 feuillets ; miniatures, bordures et lettres ornées, maroquin rouge doré en plein à petits fers, tranches dorées ; manuscrit sur vélin (XV° siècle). 2,900 fr. — N° 25. *Heures*, petit in-8° carré de 144 feuillets ; miniatures, bordures, lettres ornées, ais de bois recouverts de velours rouge (XV° siècle). 12,900 fr. — N° 26. *Horæ*, in-16 de 209 feuillets ; miniatures, bordures, lettres ornées, chagrin noir, fermoir argent ciselé ; manuscrit sur vélin de l'école flamande exécuté dans la seconde moitié du XV° siècle. 20,800 fr. — N° 27. *Officium B. Mariæ Virginis*, in-8° carré de 120 feuillets ; miniatures, bordures, lettres ornées, peau de truie, riches ornements à froid, tranches dorées, fermoirs en argent oxydé, dans une boîte en peau de truie (Trautz-Bauzonnet) ; manuscrit de l'école flamande sur vélin noir (XV° ou XVI° siècle). 11,500 fr. — N° 28. *Horæ ad usum Rothomagensem*, in-8° carré de 78 feuillets ; miniatures, bordures, lettres ornées, velours rouge, tranches dorées, fermoirs en argent (ancienne reliure), dans un étui de maroquin bleu (Lortic) ; manuscrit sur vélin exécuté au commencement du XVI° siècle pour Anne de Bretagne. 18,000 fr. — N° 29. *Horæ*, petit in-16 de 146 feuillets ; vélin (XVI° siècle). 1,950 fr. — N° 30. *Officium B. Mariæ Virginis*, in-12 de 125 feuillets ; miniatures, bordures, lettres ornées, maroquin rouge (Le Gascon) ; manuscrit sur vélin (XVI° siècle), ayant appartenu à Anne d'Autriche. 27,000 fr. — N° 31. *Horæ*, in-32 de 196 feuillets ; miniatures, bordures, lettres ornées, maroquin rouge, fermoirs en argent (ancienne reliure) ; manuscrit sur vélin (XV° siècle). 2,700 fr. — N° 32. Durandus. *Rationale divinorum officiorum*, in-folio de 263 feuillets à deux colonnes ; miniatures, bordures, lettres ornées, vélin blanc (ancienne reliure) ; manuscrit sur vélin (XIV° siècle). 3,200 fr. — N° 33. Gregorius papa. *Moralia in Job*, in-4° de 145 feuillets ; lettres ornées, maroquin la Vallière, tranches dorées (Duru) ; manuscrit sur vélin exécuté du VII° au VIII° siècle. 3,000 fr. — N° 34. Hieronimus (S.). *Epistolæ*, in-fol. de 351 feuillets ; manuscrit sur vélin (XVI° siècle). 900 fr. — N° 35. Bonaventura (S.). *Breviloquium*, in-8° de 128 feuillets ; manuscrit sur vélin du XIII° ou du XIV° siècle. 1,800 fr. — N° 36. *La sainte Abbaie. De pluisors manieres d'amœurs, De l'estat de l'ame, Des profiz des tribulacions*, in-4° de 81 feuillets à deux colonnes ; miniatures, lettres ornées, vélin blanc (XVI° siècle). 13,100 fr. — N° 37. *Abrégé de l'instruction du chrestien*, etc. ; manuscrit sur vélin, signé : N. Jarry, Paris, scripsit, 1645. 8,000 fr. — N° 38. Gratianus. *Decretum*, etc., grand in-fol. de 354 feuillets à deux colonnes ; miniatures, bordures, lettres ornées, maroquin la Vallière, tranches dorées (Hagué) ; manuscrit sur vélin du XIII° siècle. 3,500 fr. — N° 39. Cicero. *De Officiis, Somnium Scipionis*, in-4° de 63 feuillets ; lettres ornées, velours rouge, tranches dorées ; manuscrit sur vélin (XIV° siècle). 920 fr. — N° 40. Cicero. *Tusculanorum* (XV° siècle). 645 fr. — N° 41. Cicero. *Lelius, sive de Amicitia. Cato major, vel de Se-*

nectute (xve siècle). 1,280 fr. — N° 42. Cicero. *Lelius, sive de Amicitia dialogus.* Seneca. *Sententiæ Senecæ philosophi*, in-4° de 43 feuillets; maroquin la Vallière (Duru). 3,700 fr. — N° 43. Cicero. *De Finibus bonorum et malorum*, petit in-fol. de 95 feuillets; maroquin vert (Lortic) (xvie siècle). 700 fr. — N° 44. Frontin. *Les Stratagèmes*, traduction française par Jehan de Rouroy, in-fol. de 70 feuillets; maroquin vert (Lortic) (xve siècle). 6,600 fr. — N° 45. Livre d'heures (!) du comte de Bussy-Rabutin, in-16 de 37 feuillets, dont huit contiennent des portraits; maroquin citron doré en plein à petits fers, doublé de maroquin rouge, tranches dorées (reliure du xviie siècle). Ce manuscrit a été cité par Boileau dans sa huitième satire (vers 40 et suivants):

Moi? j'irais éponser une femme coquette?
J'irais, par ma constance, aux efforts endurci,
Me mettre au rang des saints qu'a célébrés Bussy?

Ce dernier vers de Boileau fait allusion au manuscrit décrit ci-dessus (n° 45) qui, on le voit, était un singulier livre d'heures. 25,000 fr.

MAQUETTE. — Esquisse exécutée en terre glaise ou en cire par les sculpteurs, et sur laquelle ils se rendent compte de l'effet que produira l'œuvre qu'ils ont conçue. La maquette leur permet d'étudier et d'arrêter cette œuvre d'une manière définitive avant de la rendre en grand.

MARBRE. — Pierre calcaire blanche ou diversement colorée qui sert à faire des statues, des bas-reliefs, des vases, des coupes, des cheminées, etc. Il existe de nombreuses variétés de marbre, nous énumérerons les plus utilisées pour faire des œuvres d'art; comme notre énumération sera très brève, nous renverrons le lecteur désireux d'avoir de plus amples renseignements sur les marbres à notre *Dictionnaire raisonné d'Architecture*, v° MARBRE. Le plus célèbre de tous les marbres anciens était le marbre blanc de Paros, puis le marbre de Carrare, qui servaient l'un et l'autre à faire des statues. Les marbres employés pour exécuter des vases, des coupes, des statuettes, des socles, des colonnes, des piédestaux et comme revêtements décoratifs, étaient : le rouge antique, le vert antique, le bleu turquin, le cipolin, le noir antique, le portor, le grand antique, le petit antique, le jaune antique, les brèches de toute sorte et de toute couleur, brèche rose, brèche violette, brèche africaine, brèche rouge et blanche, la brèche fleur de pêcher, etc. — On appelle *marbre ruiniforme*, ou *pierre de Florence*, un calcaire des environs de cette ville qui présente dans sa structure des dessins d'un brun jaunâtre se détachant sur un fond plus ou moins foncé, lesquels dessins simulent des ruines; ajoutons qu'il faut être un peu secondé dans ceci par une vive imagination. — Enfin, dans le langage de la curiosité, on classe aussi parmi les marbres, les porphyres, les malachites, les lumachelles, les albâtres, les granits, l'obsidienne, les brocatelles et les basaltes, et jusqu'au liais, qui ne sert que de doublure à certains marbres.

MARCASSITE. — La marcassite est une pyrite ferrugineuse appelée par les minéralogistes *fer sulfuré*. Elle était autrefois utilisée par les bijoutiers, parce que cette pierre est susceptible de fournir un beau poli. Les objets en marcassite ont fort peu de valeur.

MARLI. — Terme de potier qui désigne le bord intérieur d'une assiette ou d'un plat. On nomme *filets au marli* les filets d'or ou de couleur que le décorateur trace sur la limite extrême intérieure du bord qui court parallèlement au centre de l'assiette ou du plat, lequel centre est nommé *ombilic*.

MAROQUIN. — Au mot CUIR, § *Cuir de Cordoue*, nous avons dit que les Arabes d'Espagne fabriquaient à Cordoue un fort beau cuir nommé *cordouan;* plus tard on fit venir ces mêmes cuirs de la côte de Barbarie et plus particulièrement du Maroc, et, à partir de cette époque, le cordouan fut appelé *maroquin, maroquin du Levant*. Cette désignation s'étendit même à toutes les imitations de cuir, quelle que fût leur provenance, même à ceux d'Espagne. Dès le xvie siècle, Rabelais, dans son *Pantagruel*, indiquait fort bien ce que nous venons de dire : « De la peau (de ces moutons) seront faictz les beaulx marroquins, lesquels on vendra pour marroquins turquins ou de Montélimart ou de Hespaigne pour le pire. » Dès le commencement du XVIᵉ siècle, on faisait des tapisseries en maroquin; nous trouvons ce fait consigné dans l'inventaire de Marguerite d'Autriche, daté de 1516 : « Pièces de tapisserye de marroquin rouge à bendes dorées... Pièces de marroquin rouge, chacune de quatre aulnes et demi de longueur et austant de large, bendes de painture verde ouvrées d'or par-dessus. »

MAROTTE. — Ce terme, dérivé de *mérotte* (petite mère), dont il n'est qu'une viciation, sert à désigner une tête grotesque qu'on plaçait au bout d'un bâton avec accompagnement de petits grelots. La marotte est l'insigne des fous. Certaines marottes, combinées de façon à produire le même bruit que le *signal* employé chez les frères de la Doctrine chrétienne, se nommaient *claquettes;* telle est celle que montre notre figure 506, et qui fait partie de la collection de M. A. Jubinal. Cette claquette aurait appartenu à un membre de la société de la *Mère folle de Dijon*, la curieuse association qui, de 1360 à 1770, parcourait en chantant les

Fig. 506. — Marotte de la Mère folle.   Fig. 507. — Marque de boulanger arabe.

rues de la ville à l'époque des vendanges et les trois derniers jours de carnaval. Tous les membres de cette société, qu'on désignait aussi sous le nom d'*Infanterie dijonnaise*, étaient diversement costumés, et allaient à pied, à cheval ou en voiture, portant à la main une marotte ou claquette ornée d'une tête de la Folie.

MARQUE. — Signe, caractère qu'on imprime sur un objet pour constater sa composition, sa valeur ou le nom du fabricant. L'usage des marques remonte à une haute antiquité. A l'époque des Assyro-Chaldéens, on scellait d'un cachet spécial à peu près toute chose (1) ; il n'est donc pas étonnant que les anciens boulangers arabes aient marqué le pain qu'ils fabriquaient pour le distinguer de celui fait par un de leurs confrères. Notre figure 507 montre la marque d'un boulanger arabe qui daterait du VIIe siècle de l'ère vulgaire ; elle aurait été trouvée dans des décombres à Constantine. Le dessin de cette marque est d'un style large et d'un beau caractère. — Dans le blason, on nomme *marque* un objet qui sert à faire connaître une personne ou une famille.

MARQUETERIE. — La marqueterie est une sorte de mosaïque en bois (on la désigne, du reste, également ainsi), mais qui a sur la mosaïque en pierre l'avantage d'être plus légère, de décorer les meubles et d'offrir une plus grande résistance à l'ébranlement causé par les chocs ou les transports. D'un autre côté, la marqueterie est inférieure à la mosaïque par la pénurie des nuances naturelles que le bois peut fournir : il faut donc employer la teinture pour obtenir une grande variété de tons ; de là le peu de durée relative d'un travail d'ébénisterie, comparée à l'inaltérable combinaison de la mosaïque de couleur (verre ou pâtes émaillées). — Comme sa sœur la mosaïque, la marqueterie eut sa renaissance et son plus grand développement en Italie. Créée au XIIIe siècle par les huchiers et les tabletiers, tailleurs d'images (sculpteurs sur bois), elle était en pleine prospérité à la fin du XIVe siècle. Elle fut d'abord exécutée en ivoire et en ébène ; les dessins étaient obtenus par l'opposition du blanc au noir. Plus tard elle s'étendit aux bois naturellement colorés, enfin aux bois colorés artificiellement par des procédés divers qui donnent, du reste, une grande solidité à la couleur des bois. A partir de ce moment, le tabletier crée de fort beaux travaux, tant que ses compositions restent dans le domaine de la nature morte, c'est-à-dire tant qu'il reproduit avec ses bois des oiseaux, des fleurs, des vases ; mais dès l'instant qu'il veut créer des paysages ou imiter des scènes ou des sujets dans lesquels l'homme figure, les travaux du tabletier laissent beaucoup à désirer. Dès le commencement du XVe siècle, l'Italie essaya de ce dernier genre, de cette *manière,* pourrions-nous dire. Dans l'inventaire du duc de Berry, daté de 1416, nous trouvons une marqueterie qui représente « un grant tableau, où est la passion de Nostre-Seigneur, fait de poins de marqueterie et en tour de l'un des costez garnis d'argent blanc. » Au début de cet article, nous avons dit qu'on appelle aussi la marqueterie *mosaïque en bois;* en voici un exemple qui remonte à la fin du XVe siècle. Nous lisons, en effet, dans l'inventaire de la royne Anne de Bretagne, daté de 1498 : « Ung coffret faict de musaycque de bois et d'ivoire, assis sur six testes de dragon faict à ymaiges tout à l'entour taillées en bosse dorée, etc. » Les ouvrages de marqueterie sont en général d'un prix élevé. Il se fabrique à Bombay une marqueterie en pointes de métal, argent et cuivre, avec des carrés, des ronds et des triangles d'écaille, de nacre et d'ivoire blanc et vert, qui a beaucoup de prix. La France, l'Espagne, l'Italie, ont fabriqué beaucoup d'objets en marqueterie ; l'Italie a la spécialité de l'ivoire. En France, un fabricant de Paris, M. Grohé, exécute des meubles en marqueterie qui sont des merveilles. (Voy. MOBILIER, § 5, *Meubles en marqueterie de bois*, et MOSAÏQUE.)

MARTEAU. — Outil de fer, pourvu d'un manche, qui sert à de nombreux corps d'état. Dans le commerce de la curiosité, on ne vend que des marteaux de bronze, d'argent ou même

---

(1) Cf. *Journal des savants*, n° de sept. 1870.

d'or richement travaillés, et qui ont servi à la pose de la première pierre de divers monuments. Parmi les marteaux de curiosité, nous citerons les marteaux de jubilé, qui servent aux papes tous les vingt-cinq ans pour faire ouvrir les portes murées des basiliques de Rome.

Fig. 508 et 509. — Marteau d'argent (profil et face).

Nos figures 508 et 509 montrent de profil et de face le marteau d'argent doré du jubilé de 1550, avec lequel le pape Jules III se rendit à Saint-Pierre pour en ouvrir la porte sainte en employant la formule sacramentelle : *Aperite mihi portas justitiæ* (ouvrez-moi les portes de la justice) ; et comme il ne se trouve personne dans l'église pour répondre, on procède à la démolition.

MARTEAU D'ARMES. — Pièce assez rare, et partant assez recherchée des amateurs. Le marteau d'armes se compose, d'un côté, d'une frappe ou maillet à tête de diamant, et, de l'autre côté, d'une pointe recourbée, nommée *bec-de-corbin* ou *bec-de-faucon* ; au-dessus de la frappe se trouve une pointe en forme de fer de lance. La hampe, quand elle n'est pas toute en fer, est revêtue de métal, sauf à la poignée. Le marteau d'armes a été surtout employé au XIVᵉ siècle. Le musée d'artillerie de Paris possède environ seize modèles, ayant entre eux beaucoup d'analogie. — Au mot DJOUKAN, nous avons donné (fig. 345) un marteau d'armes persan en acier dit de Khorassan, damasquiné en or. — Vente Double. N° 251. Marteau d'armes en fer damasquiné d'or et manche recouvert de velours. 115 fr.

MARTEAU DE PORTE. — Voy. HEURTOIR.

MASCARON. — Face d'homme ou d'animal, souvent grotesque ou fantastique, sculptée ou ciselée en ronde bosse ou en bas-relief sur divers objets dans un but décoratif. Le XVIIIᵉ siècle a fait un très large emploi du mascaron, lequel a été utilisé, du reste, depuis l'antiquité la plus reculée jusqu'à nos jours.

MASQUE. — Faux visage en carton-pâte, en bois ou en métal, qui a été utilisé pour divers usages. Certaines momies égyptiennes avaient des masques d'or reproduisant sensiblement les traits du personnage momifié. — Dans les fêtes de Bacchus, les anciens portaient des masques. — Au moyen âge, dans les tournois, certains chevaliers, pour garder l'incognito, quand ils ne portaient pas de casques fermés, avaient des masques sur la figure. — Aujourd'hui on ne porte plus le masque que dans les mascarades du carnaval. La première mascarade, ou fête travestie et masquée, eut lieu à l'occasion du mariage d'Isabeau de Ba-

Fig. 510. — Masque d'un bouffon.

vière avec Charles VI, en 1389. — Sous François Iᵉʳ les femmes sortaient souvent masquées, pour préserver leur teint des intempéries de l'air ; ces masques, en velours noir, se nommèrent *loups*. Sous Henri III, les hommes adoptèrent également le loup ; les gentilshommes seuls avaient le droit de le porter. A Venise, les membres du conseil des Dix ne sortaient que masqués. Notre figure 510 montre le masque du bouffon de Henri VIII d'Angleterre : c'est une sorte de casque en fer battu, orné de cornes de bélier. Cette pièce fait partie de la collection d'armes de la Tour de Londres (petit cabinet au bout de la salle d'armes). — On ne vend guère aujourd'hui dans le commerce de la curiosité que des masques japonais.

MASSE D'ARMES. — Arme de main du moyen âge, composée d'une hampe portant à son extrémité une boule de fer garnie de pointes, ou un noyau en olive pourvu de cinq, six ou sept ailerons pleins, découpés ou ajourés, armés chacun d'une ou de plusieurs pointes. Cette arme servait à briser les casques, à défoncer les cuirasses. Les masses d'armes orientales sont parfois en beau damas damasquiné d'or et d'argent ; elles valent depuis 50 francs jusqu'à 250 francs. Au mot ARMES (fig. 48), le lecteur peut voir une masse d'armes persane. — Souvent le bout de la hampe porte un anneau qui servait à suspendre cette arme à l'arçon de la selle, du côté opposé à l'épée d'arçon. Certaines masses d'armes du XVᵉ siècle ont, au-dessus de leur poignée, une rondelle en fer pour la défense de la main ; enfin il existe des masses d'armes avec pistolet à rouet. — Divers huissiers de certains ordres avaient des masses d'armes qui étaient de véritables objets d'art : par exemple, les huissiers de l'ordre du Saint-Esprit en possédaient de fort riches, à en juger par la description des comptes des ducs de Lorraine, en date de 1496 : « Pour deux grandes masses pour les deux huissiers d'armes sur chacune desquelles il y a une grande couronne dorée faicte à fleurons, semé à l'entour de pierreries au milieu de chaque couronne les armes de France esmaillées d'azur. » — Vente Double. N° 242. Masse d'armes en damas ciselé à étoiles, damasquinée d'or, enrichie de parties argentées. Travail persan. 150 fr.

MAURESQUE. — Voy. Moresque.

MÉDAILLES. — Voy. Numismatique.

MÉDAILLIER. — Meuble ou salle qui renferme une collection de médailles. Ce terme désigne également la collection elle-même.

MÉDAILLON. — Ce terme a trois significations : c'est une grande médaille; c'est un

Fig. 511. — Médaillon en argent (crucifiement de saint Pierre).

bas-relief de figures de forme ronde; enfin, c'est un bijou, tel qu'un camée cerclé d'or ou une breloque, pourvu d'un verre et dans lequel on peut enfermer des cheveux, ou un portrait, ou tout autre souvenir. Toutes les époques, mais principalement la renaissance, ont créé de beaux médaillons en métal, en faïence, en marbre. Nos figures 511 et 512 montrent deux beaux médaillons en argent repoussé : l'un, de la fin du XVIe siècle, montre le *crucifiement de saint Pierre*; l'autre, de la fin du XVIIIe siècle, représente l'*Annonciation*. Ces deux œuvres d'un artiste inconnu paraissent appartenir par leur facture et leur caractère à la sculpture française.

Vente Double. — N° 189. Médaillon ovale,

MÉLODICA. — MEMBER.

en argent repoussé et finement ciselé, de l'époque Louis XVI; il représente en buste et de profil Marie-Antoinette en riche costume. Ce médaillon est monté dans un cadre en fer ciselé portant le blason de France et appliqué sur un fond de velours noir; le tout placé dans un cadre du temps, en bois sculpté et doré, surmonté d'un carquois et d'une branche de rose. Le cadre, en fer guilloché, aurait été fait par Louis XVI et par son compère Gamain, dans

Fig. 512. — Médaillon en argent (l'Annonciation).

l'atelier de serrurerie du roi. Hauteur du médaillon, 0^m,16; du cadre en fer, 0^m,31; du cadre en bois doré, 0^m,70. 11,600 fr.

MÉLODICA et MÉLODICON. — Instrument à clavier du XVIIIe siècle, en forme de clavecin avec un jeu de flûte.

MEMBER. — Chaire à prêcher des mosquées. Les members sont décorés de riches sculptures et surmontés ordinairement d'un clocher pyramidal qui sert d'abat-voix; leur escalier est placé en avant et décoré d'une riche balustrade pleine. Nos figures 513 à 516 montrent des fragments de sculpture d'une balustrade de member; ils sont si finement sculptés qu'on pourrait supposer que c'est un travail en ivoire. Il serait bien difficile de préciser à quelle époque ont été faites ces sculptures, mais elles ont été exécutées par un excellent artiste; elles proviennent d'une très ancienne mosquée du Caire.

MENTONNIÈRE. — Partie inférieure du casque qui couvre le bas et les côtés du visage, et qui va rejoindre le timbre, auquel elle se rattache par un ressort, par deux crochets ou même par une courroie à boucle. La mentonnière, qu'on nomme très rarement *barbute*, parce qu'elle renferme la barbe, présente la forme du bas du visage. Dans certains casques, dans les bourguignotes par exemple, elle est fendue dans son milieu; elle forme donc deux pièces

Fig. 513. — Ornement d'un member.

Fig. 514. — Ornement d'un member.

Fig. 515. — Ornement d'un member.

qui s'ouvrent comme une porte à deux vantaux, chaque pièce pivotant autour d'une charnière placée de chaque côté du timbre. On réunit les deux pièces, on les ferme au moyen d'un crochet ; c'est également à l'aide de celui-ci que le mézail se réunit à la mentonnière. — Ce terme sert aussi à désigner un ustensile en bois qu'on fixe sur la caisse d'un violon à son extrémité inférieure, et qui sert à protéger l'instrument contre la pression du menton de l'exé-

Fig. 516. — Ornement d'un member.

cutant. Notre figure 517 montre une mentonnière de ce genre. Elles sont en chêne ou en maillechort, et valent : celles en bois, 4 fr.; celles en maillechort, 8 et 9 francs.

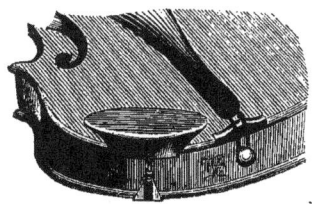

Fig. 517. — Mentonnière.

MENUISERIE (Art de la). — Art qui consiste à travailler les *menues* pièces de bois. Cet art est intermédiaire entre la charpenterie et l'Ébénisterie. Nous parlons ici de la menuiserie parce que les anciens menuisiers fabriquaient des tables, des casiers, des bibliothèques, des armoires, qui se vendent aujourd'hui dans le commerce de la curiosité.

MÉREAUX. — Jetons qu'on distribuait autrefois à certains officiers, ainsi qu'aux divers membres d'une corporation.

MERLETTE. — Dans le blason, ce terme sert à désigner la femelle d'un oiseau qu'on représente, comme *meuble*, dans l'écu, sans bec et sans pattes. Les merlettes sont en nombre ordinairement et servent à distinguer les cadets des aînés.

MÉSAIL. — Voy. Mézail.

MESTIER. — Chandelier du moyen âge, qu'il ne faut pas confondre avec le mortier qui servait à supporter une veilleuse près du lit du roi, usage qui s'est conservé jusqu'à la fin du XVIIIe siècle. Indépendamment de cette veilleuse, il y avait toujours auprès du roi un bougeoir allumé. Dans l'inventaire du duc d'Anjou, daté de 1300, il est question de grands et de petits *mestiers;* dans l'inventaire de Charles V, daté de 1380, nous lisons : « Deux chandeliers d'or appellez mestiers et y a au pied iiij escus d'or de France... »

MÉTAL. — Dans le blason, il se dit de l'or, de l'argent qui forment le champ de l'écu. En couleur, on représente l'or par du jaune ou par de l'or, et l'argent par du blanc ou de l'argent ; en gravure, par des traits différents. (Voy. BLASON.)

MÉTIER A BRODER, MÉTIER A TAPISSERIE. — Métier sur lequel les femmes exécutent des broderies ou tapisseries. Ceux qui sont sculptés et dorés, des époques Louis XV et Louis XVI, valent un prix assez élevé. — Vente Double. N° 341. Métier à broder en bois sculpté à ornements rocaille et garni en fer (style Louis XV). Larg., 1m,23. 1,400 fr.

MÉTRONOME. — Instrument qui sert à mesurer les divers degrés du mouvement musical. Il existe des métronomes simples, d'autres à sonnerie ; ils sont en palissandre ou en acajou, et

Fig. 518. — Métronome.

valent : les premiers, environ 25 fr. ; les autres, 15 fr. Comme le montre notre figure 518, le métronome se compose d'une boîte de forme pyramidale dans laquelle se meut un balancier dont les oscillations, accompagnées d'un bruit sensible à l'oreille, marquent les temps de la mesure. Les oscillations peuvent être ralenties ou accélérées à volonté en élevant ou en descendant le petit poids qu'on aperçoit près de l'extrémité de la tige du balancier ; derrière celui-ci, les numéros d'une échelle indiquent les oscillations qu'il exécute dans une minute. Cet instrument donne 28 degrés de mouvement.

MEUBLES. — Voy. MOBILIER.

MEXICAIN (ART). — Ce n'est guère que par son architecture que le Mexique peut figurer au nombre des civilisations possédant des arts, et nous n'avons pas à parler ici de l'architecture. Tous les autres produits du Mexique sont plutôt des objets de curiosité que des œuvres d'art véritables. Au mot BIJOUTERIE, § *Bijouterie étrangère à l'Europe,* nous avons donné des bijoux mexicains et aztèques. Ceux de nos lecteurs qui voudraient étudier les caractères de l'architecture mexicaine n'ont qu'à consulter notre *Dictionnaire d'architecture,* v° MEXICAINE (*Architecture*).

MÉZAIL. — Parties mobiles du casque qui défendent le visage et qu'on nomme également *visière.* Du XVe au commencement du XVIe siècle, le mézail est d'une seule pièce ; ultérieurement il est presque toujours divisé en deux parties : la *vue* ou le *nasal,* et le *ventail.* La vue est la partie supérieure du mézail ; elle est coupée par deux fentes longitudinales, pour permettre à l'homme casqué de se servir de ses yeux. Le ventail est la partie inférieure du mézail. Suivant l'époque du casque auquel il appartient, le mézail est percé d'ouvertures plus ou moins larges, soit pour les yeux, soit pour la respiration. (Voy. CASQUE.) Sous Louis XIII, le mézail est souvent pourvu d'une grille qui laisse respirer plus librement le cavalier.

MÉZUZOTH. — Petit rouleau de parchemin que les Israélites placent dans les chambranles de portes de leurs maisons, ou qu'ils tiennent enfermés dans un petit étui de métal, en or ou en argent, qu'ils portent sur eux comme un amulette. Nos figures 519 et 520 montrent l'étui métallique ouvert et fermé. Le petit volet ovale sert à montrer le rouleau ; mais on introduit celui-ci par une des extrémités du cylindre, qui se ferme comme une boîte. C'est pour se conformer au *Deutéronome* que les juifs enchâssent le mézuzoth dans les chambranles de bois, car il est dit dans ce livre sacré : « Vous n'oublierez jamais la loi de Dieu; vous la graverez sur le chambranle de vos portes. » Voici un commencement de traduction de ce qui est écrit sur le carré de parchemin roulé : « Écoute, Israël, je suis le Seigneur, etc. » (*Deut.*, VI, 4-9.) Puis un petit espace blanc.

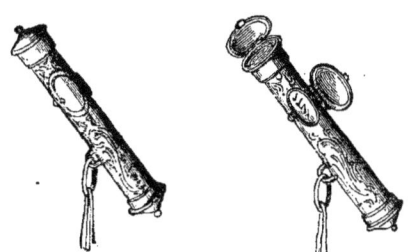

Fig. 519 et 520. — Mézuzoth.

MINIATURE. — Ce terme est dérivé de *minium* (oxyde de plomb), parce que des lettres rouges (*rubriques*) étaient placées par les calligraphes du moyen âge au commencement des chapitres et des alinéas. Ultérieurement on désigna de même les lettres ornées d'arabesques de diverses couleurs et d'or, ou d'enroulements de feuilles de vigne (d'où le terme de *vignette*); enfin le nom de *miniature* fut appliqué aux dessins coloriés, aux enluminures ou sujets peints que les miniaturistes exécutèrent dans de grandes lettres, puis sur des feuillets entiers. Après la découverte de l'imprimerie, les miniaturistes abandonnèrent forcément l'illustration des livres; ils exécutèrent leurs travaux sur panneaux, sur ivoire, sur vélin et sur parchemin. La plupart de ces œuvres, faites soit à la gouache, soit avec des couleurs gommées, servirent souvent à l'ornement des boîtes, des bonbonnières et même des tabatières. Les miniatures étaient placées sous verre et cerclées d'or et d'argent. Ce sont ces œuvres des XVIe, XVIIe et XVIIIe siècles qui font monter ces objets à des prix très élevés. (Voy. Boîte.) — Les miniaturistes dessinèrent et peignirent aussi beaucoup d'éventails;

les plus beaux sont sur vélin et sur parchemin.

PRIX DES MINIATURES. — Vente Walferdin (avril 1880). Des miniatures de Fragonard se sont vendues 1,900, 3,500 et 5,000 francs.

Vente J. Jacquemart (4-8 avril 1881). — N° 363. Un volume contenant trente-quatre miniatures indiennes. 800 fr. — N° 365. Miniature indienne représentant des personnages assis. 150 fr.

Vente San Donato. — N° 714. Portrait ovale d'une actrice du XVIIIe siècle, par Augustin. 1,000 lires. — N° 716. Miniature ronde, signée : Laville, juin 1762. Une mère

Fig. 521. — Mirliton.

nourrissant un de ses enfants, tandis qu'elle interroge du regard l'aîné debout à sa droite. Diam., 0^m,07. 4,500 lires. — N° 717. Miniature ronde. Portrait de femme du XVIIIe siècle vue de profil. Peinture en grisaille, légèrement teintée, par Sauvage. Diam., 0^m,065. 305 lires. — N° 718. Miniature ovale représentant Louis XVI en buste. Haut., 0^m,035; larg., 0^m,03. 230 lires. — N° 719. Miniature ovale de Saint. Elle représente la comtesse polonaise Waleska. Signée. Haut., 0^m,06 ; larg., 0^m,04. 880 lires.

Vente Double. — N° 175. Miniature gouachée par Hall, 1789. Portrait en pied de Mlle de Saint-Aubin dans le rôle de *Babet*. Haut., 0^m,24 ; larg., 0^m,17. 1,000 fr. — N° 176. Miniature gouachée attribuée à Fragonard. Elle représente la Duthé dans un riche costume de théâtre et dansant. Haut., 0^m,18 ; larg., 0^m,15. 2,950 fr. (Pour d'autres prix de miniatures et de gouaches, notamment pour celles de Blarenberghe, voy. GOUACHE.)

MIRDING. — Voy. KHOLE.

MIRLITON. — Louis d'or valant vingt-sept livres, frappé pour la première fois en 1723.

Ces pièces, que montre notre figure 521, avaient pour emblème le buste juvénile du roi, et au revers deux L majuscules entrelacées de face entre deux palmes et surmontées de la couronne royale.

MIROIR. — Surface polie qui réfléchit l'image des objets qui se présentent au devant d'elle. Les plus anciens miroirs sont en métal poli, en acier, en bronze argenté, en argent; il existe même des miroirs antiques en or; mais généralement le métal le plus employé était un alliage de cuivre et d'étain. Dans l'an-

Fig. 523. — Miroir de ceinture (revers).

Fig. 522. — Miroirs pompéiens.

tiquité on faisait, au dire de Pline, des miroirs en pierre, principalement en obsidienne; les anciens Péruviens en avaient également en cette matière. Aujourd'hui nos miroirs sont en verre ou du moins en glace, parfaitement unis et polis; ils sont étamés à l'envers de la glace par divers procédés, soit au mercure, soit à l'argent, etc. Notre figure 522 montre, sur une petite table ancienne, des miroirs en verre et en métal poli, ainsi que des épingles et une lampe, trouvés dans les fouilles de Pompéi. — Notre figure 523 représente le revers d'un miroir de ceinture en cuivre doré; le fond est légèrement gravé et rempli d'émail noir; la glace de ce miroir, d'origine italienne, est à biseau. — Notre figure 524 reproduit un miroir de poche qu'on suppose avoir appartenu à Léonard de Vinci; il est monté en ivoire et porte sur une plaque d'argent cette inscription italienne : *Di me non ti. Doler Donna gia*

Fig. 524. — Miroir de poche.

mai, che ben ti rendo, quel che tu mi dai, qui signifie : « De moi et non toi. Dame, ne te plains jamais, je te rends telle que tu me donnes. » Cet ustensile faisait partie du mobilier conservé dans le château de Clou, près d'Amboise, que Léonard de Vinci avait reçu de François Ier, et c'est là que le grand artiste mourut en 1519. Ces deux derniers objets font partie de la collection A. Jubinal. — Les miroirs de poche en bois sculpté valent un grand prix : de 500 à 800 fr. Nos figures 525 à 527 montrent la face, le profil et le revers d'un miroir de ce genre; il mesure 0^m,13 de hauteur sur 0^m,10 de largeur; c'est un spé-

Fig. 525 et 526. — Face et profil d'un miroir en bois sculpté.

cimen de la sculpture flamande de la fin du XVIe siècle. On voit que l'artiste s'est inspiré des belles œuvres de la renaissance italienne, et qu'en outre il a fait preuve de goût dans les arrangements plaqués, toujours assez difficiles à bien agencer. Ce miroir contient deux cartouches : l'un sous la niche, dans laquelle on aperçoit une femme, et l'autre dans le bas du miroir. Dans le cartouche supérieur, on lit : SITIS ODIO P (per) SEQVENTES Q D (quod) MALV (malum) EST. « Poursuivez de votre haine ce qui est mal. » Dans le second cartouche, on lit : ADHERENTES EI Q. D. (quod) BONV (bonum) EST. « Attachez-vous à ce qui est bien. » Le revers de ce miroir, au lieu et place de la glace, montre un médaillon qui représente Judith, un malchus à la main, jetant dans un sac que lui tend son esclave la tête d'Holopherne. Les légendes flamandes qui se lisent sur le revers de ce miroir sont des sentences flamandes sévères, surtout pour une fiancée ; car ce miroir avait été exécuté comme présent de noce. Voici les conseils traduits du flamand : « Améliorez votre vie ; qui vit selon la chair mourra ; rappelez-vous la femme de Loth. » — Notre figure 528 montre un miroir de main moderne exécuté par M. Rouvenat ; il est en argent ciselé. — On fait beaucoup de miroirs de

Fig. 527. — Miroir en bois sculpté (revers).

main en ivoire, qui atteignent des prix très élevés : ainsi, à la vente San Donato, le n° 703, miroir à main en ivoire finement sculpté dans le style du XVIe siècle, s'est vendu 1,080 lires, c'est-à-dire 972 francs ; il mesurait 0^m,31 de hauteur sur 0^m,11 de largeur.

MIROIRS MAGIQUES. — M. de Laborde, dans sa notice des émaux et objets divers du musée du Louvre, définit ainsi les miroirs magiques : « Miroir métallique, sur lequel sont gravés légèrement des signes et des inscriptions cabalistiques assez distincts pour être vus sans toutefois troubler les reflets du miroir... Depuis la plus haute antiquité, en Asie, jusqu'à la cour du régent en France, jusqu'à nos jours dans le Levant, ces miroirs magiques sont en usage et en vogue mystérieuse. » Ces miroirs posséderaient des qualités surprenantes : par exemple, de permettre de voir à de grandes distances ce qui se passe dans un

Fig. 528. — Miroir de main.

lieu écarté, de guérir les maladies, etc., etc. Notre figure 529 montre un miroir magique japonais, tandis que notre figure 530 montre le revers d'un miroir magique oriental tiré de l'ancienne collection du duc de Blacas. Ce dernier miroir représente deux sphinx à tête de femme, et l'inscription arabe qui se voit en exergue a été traduite ainsi par un orientaliste, M. Reinaud, enlevé bien jeune à la science : « Gloire, longue vie, fortune, éclat, élévation, louange, bonheur, excellence, pouvoir, prospérité, puissance et bienveillance à son propriétaire à jamais! » On comprendra que, si ces miroirs réalisaient au profit de leur possesseur le quart de tous les souhaits exprimés, ils seraient vivement recherchés et payés

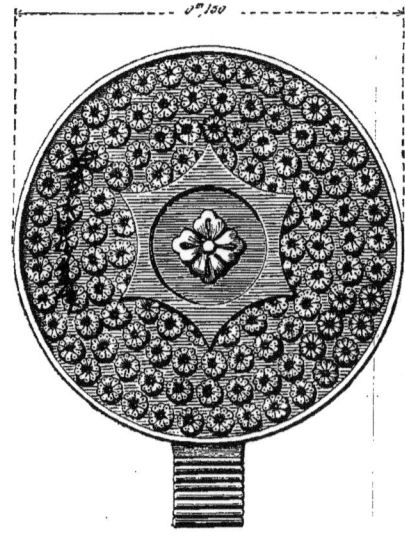

Fig. 529. — Miroir magique japonais.

un prix très élevé; malheureusement ce sont des sceptiques qui les achètent dans les ventes, et ils les paient fort peu, c'est-à-dire la valeur du métal.

MISÉRICORDE. — Dague à lame courte dont nous avons parlé à son rang. (Voy. Dague et Stalle.)

MISSEL. — Livre qui contient le texte des messes pour les principales fêtes de l'année. Au mot Manuscrit, nous avons donné divers prix de beaux missels manuscrits, les seuls qui soient recherchés des amateurs.

MITRE. — Bonnet pointu des évêques catholiques; il est fendu par le haut et porte à la face postérieure deux fanons, comme les tiares des rois assyriens. Une des plus anciennes mitres est celle de saint Thomas de Cantorbéry, qu'on voit à la cathédrale de Sens. Notre figure 531 montre une mitre brodée au petit point; c'est une œuvre d'art moderne sortie des ateliers de MM. Biais et Rondelet, fabricants d'ornements d'église.

MOBILIER. — Terme générique qui comprend l'ensemble de tous les meubles de l'habitation humaine. Les objets mobiliers sont aussi nombreux que variés; dans le courant de cet ouvrage, nous avons fourni sur la plupart d'entre eux de nombreux renseignements. Ici nous donnerons un aperçu de l'ensemble du mobilier, afin que le lecteur puisse se faire une juste idée de l'évolution accomplie par le meuble depuis son origine jusqu'à nos jours. Il est bien entendu que dans le présent article nous ne parlerons pas des ustensiles du mobilier, des meubles secondaires, si nous pouvons ainsi dire; nous ne parlerons que des gros meubles, armoires, bahuts, bureaux, cabinets, chaires ou grandes chaises, crédences, fauteuils, huches, lits, tables, etc., etc. Nous définirons côte à côte les divers genres que, dans le langage ordinaire, on confond trop souvent les uns avec les autres.

I. Historique. — Dans l'antiquité le mobilier était peu confortable, et, d'ailleurs, les spécimens qui nous restent de cet art, plus périssable que les arts du métal et de la pierre, sont peu nombreux. Les objets mobiliers les plus anciens qui nous restent ont été trouvés dans les ruines d'Herculanum et de Pompéi. Pour les civilisations antérieures, pour les Égyptiens, les Assyriens, les Étrusques et les Grecs, c'est seulement par des bas-reliefs et des sculptures que nous connaissons quelques rares meubles de ces peuples. Les bas-reliefs assyriens n'ont révélé que la forme d'un trône, de quelques chaises, d'un tabouret et d'une sorte de palanquin. Les bas-reliefs égyptiens, beaucoup plus nombreux, les caisses ou enveloppes de momies, qui représentent de nombreuses scènes de l'antique Égypte, nous

MOBILIER. 465

ont initiés au mobilier de ce pays ; par exemple, nous connaissons des sièges, des tabourets et des fauteuils, entre autres celui de Rhamsès. De même les bas-reliefs étrusques, grecs et romains nous ont donné des spécimens de lits, de tables, de tabourets, de chaises, de ces divers peuples ; nous possédons même des lits et des sièges en bronze grecs et romains. Certains tombeaux étrusques nous ont montré les formes de sièges de l'ancienne Étrurie, parce que dans ces hypogées nous avons le meuble entièrement sculpté dans la pierre en ronde bosse et dans sa grandeur naturelle.

Pour les temps modernes, si nous jetons un coup d'œil sur les richesses mobiliaires accumulées en si grand nombre dans nos musées,

Fig. 530. — Revers d'un miroir magique.

nous voyons que dès le moyen âge, ainsi qu'à l'époque de la renaissance, la fabrication du meuble prend une grande importance. Cet aperçu nous montre aussi une solution de continuité entre le premier siècle de notre ère et le XIIIe siècle. Mais nous pouvons combler en partie cette lacune par l'étude des vignettes des manuscrits du IXe au XIIIe siècle. Les spécimens du mobilier du IIe siècle au XIIIe nous font donc presque complètement défaut. Pour l'époque romano-byzantine, nous trouvons quelques spécimens de meubles dans divers manuscrits. Dans un manuscrit du Xe siècle (n° 8 du catal. de la vente A. Firmin-Didot), quatre miniatures (feuillets 18 r°, 63 r°, 91 r° et 140 v°) représentent les quatre évangélistes en pied, assis devant leur pupitre de travail. Dans un autre manuscrit du XIe siècle (n° 9 du même catal.), on voit un Christ assis sur un trône garni d'un coussin. Dans le manuscrit de la célèbre Herrat de Lansberg, abbesse de Sainte-Odile, manuscrit intitulé : *Hortus deliciarum*, qui a été détruit dans l'incendie de la bibliothèque de Stras-

DICT. DE L'ART. 30

bourg, lors du bombardement de cette ville par les Prussiens en 1870, on voit, entre autres figures, un lit portant sa literie et une draperie ornée. Dans un évangéliaire de l'abbaye de Saint-Martial à Limoges, manuscrit de la première moitié du XIIIᵉ siècle, on voit le trône byzantin de Théodose le Grand. Ce manuscrit appartenait à M. le comte de Bastard, qui, dans son ouvrage intitulé : *Peintures et ornements des manuscrits,* a reproduit beaucoup de vignettes qui fournissent des renseignements précieux sur le mobilier jusqu'au XIIᵉ siècle. — Pendant les XIIᵉ et XIIIᵉ siècles le meuble est, pour ainsi dire, élémentaire ; c'est un simple assemblage de charpente de *petite cognée*; il est formé de bois assemblés et chevillés sans ornements et sans sculptures d'aucune sorte, car il était sujet à de fréquents

Fig. 531. — Mitre brodée au petit point.

déplacements puisqu'il suivait partout son maître ; à peine si une faible moulure, un filet ou un simple chanfrein viennent rabattre çà et là des arêtes dont la présence serait désagréable au toucher ou à la vue. Les bois étaient alors comme aujourd'hui la matière la plus convenable pour fabriquer le meuble. En effet, les métaux ne sauraient le remplacer ; outre que le métal est fort lourd, le bois possède encore sur celui-ci de grands avantages : il n'est pas froid comme le métal ; il se laisse travailler facilement ; ses veines et sa couleur naturelle sont déjà un ornement ; ensuite l'économie que présente sa fabrication permet de donner des meubles de bois à des prix relativement peu élevés.

Si nous ne pouvons guère juger des meubles antérieurs au XIIIᵉ siècle que par les manuscrits, arrivés à ce siècle, nous commençons à posséder quelques rares spécimens de meubles : ainsi, par exemple, dans le département de la Corrèze, les armoires des trésors d'Aubazines ; celles de Bagneux et de Noyon. Au musée de Cluny, on peut voir (n° 124 du catal.)

un superbe bahut en bois de chêne sculpté à quatre faces, orné d'écoinçons et d'hommes d'armes; le couvercle est décoré de douze médaillons à figures de forme quadrilobée. C'est une œuvre lorraine de la fin du XIII° siècle. Pendant ce siècle, les chaires à prêcher des églises, ainsi que les grandes chaises dénommées également *chaires* ou *chaières*, sont, pour ainsi dire, des réductions de monuments de l'architecture; elles sont décorées de clochetons, d'arcatures, de découpures trilobées ou quadrilobées, tout cela avec une profusion et une richesse qui donnent une grande légèreté et beaucoup d'élégance aux œuvres ainsi décorées. Les grandes chaires (chaises) ont un dossier élevé surmonté d'une sorte de dais. Pendant le XIV° et le XV° siècle, le meuble est de plus en plus décoré et couvert de sculptures; le musée de Cluny possède de ces époques des coffres, des chuches et une chaire admirables (n° 1326 à 1339). A partir du XVI° siècle, c'est-à-dire de la renaissance, le meuble devient un véritable bijou, parce qu'il ne suit plus son maître dans ses diverses pérégrinations; c'est une œuvre d'art qui rivalise de finesse et de goût avec tout ce qu'a créé de plus beau cette époque. Quoi d'étonnant? les plus grands sculpteurs dessinent les modèles de meubles; ils font des lits, des cabinets, des armoires, des bahuts, des crédences, des étagères. Pour la première fois, l'ébène paraît et permet de créer concurremment avec le tilleul et le poirier ces meubles dont les fines sculptures ressemblent aux ciselures exécutées sur métaux. Le Louvre et le musée de Cluny possèdent de meubles de cette époque en assez grand nombre. Voici quels sont les principaux caractères des meubles de la renaissance, c'est-à-dire les éléments décoratifs qui caractérisent ce style. L'emploi fréquent de colonnes torses, unies ou décorées de cannelures et de gravures. Les beaux meubles sont couronnés de frontons triangulaires, ronds ou coupés; dans ce dernier cas, une niche protégeant une figurine se trouve au sommet du meuble et dans son axe. Ces frontons sont soutenus par des colonnes, des pilastres ou par des gaines en cariatides. Souvent le centre des cartouches est décoré de marbres, d'émaux, de plaquettes de bronze ou de gemmes; aussi nomme-t-on ce genre *meubles gemmés*. Ceux qui sont décorés d'émaux et de marbres sont dits de *style vénitien*, parce que Venise a créé beaucoup de meubles dans ce goût. Sous Henri II, quelques rares cabinets sont décorés avec des incrustations d'étain; nous en donnons plus loin un exemple (planche XXII). — Bien que les meubles de la renaissance soient souvent surchargés d'ornements et de sculptures, ils sont rarement lourds et de mauvais goût, parce que l'artiste puise ses inspirations dans les beaux modèles que nous a légués l'antiquité et qu'un sentiment artistique très développé lui permet de transformer à sa guise.

Le meuble Louis XIII est également d'une grande richesse décorative, mais parfois un peu lourd de forme; il est très recherché des amateurs, et les pièces remarquables de cette époque deviennent de plus en plus rares. Sous Louis XIV, le mobilier reflète le faste du grand roi; l'ameublement est riche, luxueux, grandiose, et, disons-le, quelquefois criard. L'or est employé à profusion pour sa décoration; les brocarts et les lampas étincellent aussi bien par leurs riches couleurs que par l'amplitude du dessin, ce sont des rinceaux et des ramages largement dessinés. Le meuble est peu portatif, il faut souvent deux laquais pour avancer un fauteuil; en un mot, le mobilier reflète le faste, la grandeur, le luxe et l'éclatante pompe que le roi-soleil aimait tant à afficher partout et aux yeux de tous. Les collections publiques et privées possèdent en assez grand nombre des meubles de l'époque de Louis XIV, principalement des meubles de Boule dont nous parlons un peu plus loin.

Sous Louis XV, le style simple est inconnu; si le faste du grand roi a disparu, le genre contourné, chantourné, tarabiscoté, lui a succédé. A la place des riches feuillages pleins d'ampleur aux enroulements magnifiques, à l'acanthe et au laurier, nous voyons substituer des feuilles de mauve, de choux frisés, des chicorées aussi tourmentées qu'exubérantes. C'est le caprice et la fantaisie poussés jusqu'à leurs dernières limites, et le terme de *style rocaille* a parfaitement qualifié le style Louis XV. En effet, tout est raboteux, rocailleux; pas un pied de table n'est droit; pas une commode, pas un bureau qui ne soient en forme de poire ou de panse. Cependant vers la fin du règne le dévergondage artistique se calme ; la rocaille cascade un peu moins, les chicorées et les roses tournantes sont moins déréglées ; les culots, les chutes de fleurs et de choux frisés, prennent une tournure plus régulière, plus rangée. Cette dernière manière du Louis XV se nomme *style à la Reine*, parce que c'est la Pompadour qui la première provoqua ces innovations, cette tempérance dans le goût. Malgré tous ses défauts, il faut cependant reconnaître à ce style un mérite : c'est qu'il a créé des ciseleurs bronziers de grande valeur, qui ont formé la magnifique école des bronziers de l'époque Louis XVI. Les bronzes des lustres, des bras de lumière, des girandoles, des chenets de cette époque sont si bien exécutés, si bien rendus qu'on oublie, en les étudiant, leur style et ce que leurs formes peuvent laisser à désirer : on ne voit alors que la perfection du ciseau qui a buriné ces œuvres.

Sous Louis XVI, une réaction s'opère ; on est tellement fatigué du style rococo et rocaille, qu'on rêve un genre plus simple et plus calme. Le meuble est d'une forme sobre, mais il est bien mouluré, bien profilé ; son ornementation est large, gracieuse et coquette tout à la fois. Le laurier et la feuille d'acanthe sont beaucoup employés, ils ornent les tores et les frises ; les bronzes, finement ciselés, sont dorés au mat ; sont seules brunies les graines de laurier, les corolles des fleurettes qui forment les guirlandes et les rubans qui sont les liens de celles-ci. Les flambeaux, les girandoles, les bras de lumière, sont formés de riches rinceaux aux formes simples et harmoniques. L'acajou, le bois de rose, le bois de violette, sont décorés de médaillons de bronze doré au mat, de plaques de porcelaine, de trophées musicaux, champêtres ou guerriers. La colonne est cannelée ; souvent ses cannelures sont ornées de culots, de feuilles d'eau ou de lierre, de piécettes ou de perles. Les deux grands artistes de cette époque sont Riesener, l'ébéniste de Marie-Antoinette, et le ciseleur Gouthière, dont le burin habile a créé ces merveilles dont la galvanoplastie a heureusement tant fait de contrefaçons, qu'elles ont empêché l'éclosion de mauvais bronzes modernes. Après Louis XVI, c'est-à-dire après l'apogée de l'art du meuble, nous entrons dans une époque de décadence. Percier et Fontaine, secondés par David, veulent ramener le style classique ; dès lors tout sera grec, romain et quelque peu égyptien. La découverte de Pompéi vient encore seconder ce mouvement ; aussi les meubles de l'empire, sauf ceux de l'ébéniste Jacob cependant, sont des œuvres de décadence et de mauvais goût. Sous la restauration, quelques esprits avancés veulent enrayer ce mouvement et réagir contre ce style pseudo-classique ; leurs efforts sont vains, et il faudra un laps de temps considérable pour créer un nouveau style, le style du XIXe siècle. Dès l'exposition universelle de 1851 le mobilier était déjà très remarquable ; mais ce n'est guère qu'aux expositions de 1867 et 1878 qu'on a pu constater de très grands progrès accomplis dans l'art de l'ameublement, dans l'art du mobilier. Nous pouvons le dire hautement et sans fausse modestie, c'est la France qui occupe le premier rang dans cet art ; elle doit sa supériorité au génie inventif de ses artistes, à la diffusion de leur capacité, à l'habileté et au tour de main de l'ouvrier de Paris, de l'enfant du faubourg Saint-Antoine. Cette supériorité a été bien et dûment constatée par les membres des jurys étrangers de toutes les expositions dans leurs rapports officiels ; il n'y a guère que des esprits chagrins qui prétendent que dans quelques années nous serons distancés par des nations étangères, notamment par l'Angleterre : c'est là une profonde erreur. Si les autres nations travaillent, de notre côté nous progressons aussi. Ce qui maintiendra toujours la France au premier rang à la tête des nations, c'est son beau climat ensoleillé ; c'est son esprit chercheur et laborieux toujours en quête du mieux, qui n'est pas toujours l'ennemi du bien ; c'est aussi le goût de ses artistes, de ses acheteurs, de ses collectionneurs, le goût que possède la nation tout entière, ce qui justifie fort bien ce mot de Necker : « Le goût est pour la France le plus habile de ses commerçants. »

II. DIVERSES FORMES DU MEUBLE. — Avant d'étudier les divers genres de fabrication spéciale de meubles, nous devons définir les différentes espèces.

Le Bahut, nous l'avons vu à son rang, était à l'origine une simple enveloppe de cuir ou d'osier recouvert de toile qui servait à garantir des coffres dans lesquels on plaçait de petites boîtes. Plus tard la partie enveloppante donna son nom à la partie enveloppée. Aujourd'hui beaucoup d'amateurs désignent sous ce terme de *bahut* des cabinets à deux corps qu'on nomme également *meubles à deux corps*. Dans un ouvrage tel que le nôtre, nous ne saurions user d'une telle licence; nous devons être le plus grammatical possible et appeler *bahut* le coffre à couvercle bombé, et *cabinets* les meubles à deux corps, à quatre vantaux, tels, par

Fig. 532. — Armoire Charles IX (collection Favre de Thierrens).

exemple, que celui qui est représenté par notre planche XXII. Les conservateurs de musées partagent, du reste, notre manière de voir ; il suffira, pour s'en convaincre, de jeter les yeux sur le catalogue du musée de Cluny, du n° 1424 au n° 1436.

Le Coffre est souvent confondu avec le bahut, avec lequel il a, du reste, une grande analogie ; mais tandis que le bahut, dans sa définition stricte, a son couvercle toujours bombé, le coffre a le sien plat. Avec le temps ce terme est devenu synonyme de *malle*, de *bouge*, d'*écrin* même ; plus loin (fig. 534) nous donnons un coffre de toilette de Boule qui est une œuvre d'art remarquable. Le type coffre est une caisse rectangulaire oblongue dont les six côtés, sont plats, mais l'art a successivement modifié cette forme. (Voy. Coffret, Ivoire, Cuir, Fer, Java.) Quand le coffre avait de grandes proportions, il servait à abriter des coffres plus petits, des *coffrets*. Le coffre de mariage, qui était fort riche, se nomme en italien *cassone*.

La Huche était également une sorte de coffre ou de bahut; son diminutif était le *hucheau*. Ces meubles servaient à enfermer toute sorte d'objets, principalement le linge et les habits. On l'utilisait à la fois comme table et comme banc : c'était le meuble le plus employé; aussi le fabriquait-on en si grand nombre qu'on donnait le nom de *huchiers* aux fabricants de coffres, de huches. A leur origine, celles-ci étaient de formes très primitives et fort simples; plus tard, au commencement du XIVe siècle, elles se couvrent d'une riche ornementation.

Les Armoires sont des meubles à un seul corps et à un ou deux vantaux; notre figure 532

Fig. 533. — Armoire de Ch. Boule.

montre une armoire Charles IX, de la collection de M. Favre de Thierrens, à Avignon; notre figure 533, une armoire dessinée par Boule.

Le Buffet et le Dressoir sont deux meubles que l'on confond souvent. Ils ont, en effet, plus d'un point de ressemblance; mais, suivant les époques, ce sont deux meubles complètement distincts. C'est pourquoi nous les définirons ainsi : le *buffet* est un meuble qui servait à enfermer les viandes et les mets qu'on desservait de la table; c'était une table à armoire; quelquefois elle était surmontée d'étagères : c'est donc ici le buffet moderne. Comme sur ces étagères on pouvait placer, *dresser* des pièces pour le festin ou des pièces de vaisselle en faïence ou en orfèvrerie, on le nommait *dressoir*; mais ce dernier terme servait à désigner plus spécialement un meuble d'apparat, fixé au mur, sur les tablettes duquel on plaçait les belles pièces de table du maître du logis. Le dressoir se plaçait aussi au milieu de la salle de festin, comme peut en témoigner la description d'un buffet offert au roi de Naples à l'occasion de son couronnement, en 1495 : « Au milieu de la salle avoit ung buffet qui fut donné au roy, où y avoit linge non pareil, de degré en degré et y estoyent les richesses d'or et d'argent, qui appartiennent au buffet du roy : aiguières, bassins d'or, escuelles, platz, pintes, potz, flacons, grans navires, couppes d'or chargées de pierreries, grilles, broches, landies, pallettes, tenailles, souffles, lanternes, trenchoirs, salières, cousteaulx, chaudrons, chandeliers, tous d'or et d'argent. » (De Laborde, page 178. *Glos. Emaux et Bijoux*, éd. 1853.)

La Crédence était à l'origine un simple meuble à faire l'essai (*credenza*), c'est-à-dire à déguster soit les mets, soit les vins, avant de les servir sur la table; c'était une sorte de table à hauteur d'appui qui plus tard devint une armoire élégante portée sur des pieds; on ouvrait les vantaux pour déposer les objets sur les tablettes. Généralement les crédences montées sur pieds étaient quadrangulaires, quelquefois à pans; les panneaux des portes ou des côtés étaient au XVIe siècle richement sculptés.

La forme du Cabinet a été fort discutée. M. de Laborde (*op. cit.*, p. 180) dit : « Le bahut s'était dressé sur quatre pieds, il s'était empli de petits tiroirs fermés tous ensemble, derrière une porte à deux battants et quelquefois à quatre serrures. On imagina de donner à ce meuble une disposition architectonique à l'extérieur ainsi qu'à l'intérieur, et on forma le cabinet, qui fut, la chose comme le mot, en usage seulement au XVIe siècle et en grande vogue au XVIIe siècle. » Cette définition nous paraît fort juste; seulement il y a lieu d'ajouter qu'au XVIe siècle le genre cabinet s'est scindé en deux types : l'un était monté sur des pieds et une table, et l'autre a affecté la forme d'armoire dans sa partie basse qui est devenue plus saillante. Il en est donc résulté deux genres de cabinets. Notre planche XXII montre un superbe cabinet, meuble à deux corps de l'époque de

PLANCHE XXII. — Cabinet Henri II.

Henri II, avec des incrustations de marbre et d'étain ; ce meuble fait partie de la collection de M. Favre de Thierrens, à Avignon. Beaucoup d'antiquaires désignent ce meuble sous le nom d'*armoire à deux corps*, appellation qui peut être vraie dans le fond, mais qui selon nous a l'inconvénient d'apporter de la confusion dans la nomenclature des meubles. C'est pourquoi nous trouvons qu'il serait désirable qu'on désignât les meubles analogues à celui que montre notre planche sous le nom de *cabinet*, de *meuble à deux corps,* mais non sous celui d'armoire.

La CHAIRE (*chaïère, grande chaise, faudesteuil*) est un grand siège avec dossier portant parfois un dais. Au moyen âge, ce terme servait à désigner depuis le trône jusqu'à une chaise percée. Voici les principales variétés de ce meuble : la *chaize sans bras ;* le *faudesteuil,* qu'il ne faut pas confondre avec *fauteuil ;* la caquetoire ou caqueteuse, devenue notre *causeuse* moderne ; la *chaize* à double dossier, la *chaize tournante* et la *chaize brisée.*

Corrozet, dans le *Blason de la chaize,* nous dit qu'on plaçait ce meuble près du lit et nous donne la nomenclature des diverses chaires :

> Chaire près du lict approchée ;
> Chaire faite pour reposer,
> Pour caqueter et pour causer ;
> Chaire de l'homme grand soulas,
> Quand il est trouaillé et las ;
> Chaire bien fermée et bien close
> Où le muscq odorant repose
> Avec le linge delyé
> Tant souef fleurant, tant bien plyé.

A partir du XV° siècle, ce terme a été définitivement remplacé par celui de *chaise* et n'a plus servi qu'à désigner le meuble le plus modeste de tous ceux sur lesquels peut s'asseoir une seule personne. Dès lors il y eut le fauteuil ; plus tard, le confortable, le voltaire, le crapaud, le pouf, etc., le mot *chaire* ne servant plus à désigner que les chaires des professeurs ou celles à prêcher. — Comme il ne saurait y avoir de la confusion dans l'esprit du lecteur relativement à la désignation et à la destination d'autres meubles, tels que fauteuils, canapés, divans, dos-à-dos, ottomanes, bureaux, pupitres, etc., nous n'en parlerons pas dans le présent article, ayant décrit presque tous ces meubles à leur rang, et nous nous occuperons immédiatement des diverses fabrications spéciales du meuble.

III. MEUBLES D'ÉBÈNE INCRUSTÉS D'IVOIRE. — C'est vers la seconde moitié du XVI° siècle que l'Italie imagina de créer des meubles en ébène, de les incruster d'ivoire, et de nommer ces incrustations *scaglinola*. Quoique bien des personnes trouvent ce meuble triste, *mortuaire,* il faut avouer cependant que pour un cabinet de travail ce genre ne manque pas de charme ; surtout quand on examine de près les fines arabesques, on est bien obligé d'avouer que leur délicatesse est souvent d'un charmant effet et d'un excellent goût. Un des beaux meubles italiens que nous connaissions est celui de notre compatriote M. Edmond Foulc. Probablement vers la même époque, et peut-être en Italie, on a fabriqué quelques meubles en ébène incrustés en étain gravé, véritables précurseurs des meubles de Boule. Parmi ces meubles, les uns sont franchement de l'époque de Henri II et d'autres datent de l'époque de Louis XIII. Il est bien évident pour nous que c'est dans ces meubles que Boule a puisé l'inspiration de ses marqueteries. Cet artiste dut trouver ce décor noir et métal blanc trop triste, trop funèbre ; aussi substitua-t-il à l'étain le cuivre et l'écaille, qui répondaient beaucoup mieux au goût et au génie français.

IV. MEUBLES INCRUSTÉS AU PIQUÉ. — Les meubles incrustés au piqué, que les Italiens désignent sous le nom de *tarsia, lavore alla certosa* (travail de la chartreuse), et, par abréviation, *certosino,* pourraient bien être le même genre de travail que Pline désigne sous le terme de *opus cerostrotum*. Ce genre de marqueterie prit naissance à Venise et fut très prospère du XIII° siècle au commencement du XV° siècle. Les *intarsiatori* commencèrent par faire des meubles incrustés en bois noir et blanc ; quelquefois ils rehaussèrent les contours de leurs dessins avec des filets d'ivoire, soit blancs, soit teints en vert : ce sont généralement des travaux de petites dimensions, des coffrets, des étuis, des boîtes à bijoux, etc. Plus tard, vers le XVI° siècle, les Italiens fabriquèrent des coffrets (*cassoni*), de grandes chaises à dossier (*chaïères*), des tables et des siège pliants, dans lesquels les bois colorés commencent à faire leur apparition ; ce sera bientôt la marqueterie de bois de couleurs diverses. Les plus célèbres *intarsiatori* du xvᵉ siècle sont Giuliano et Benedetto da Majano, Dominico et Giusto ; au xvıᵉ siècle, Fra Giovanni, Fra Gabriello de Vérone, Sebastiani de Rovigo et Damiano de Bergame.

V. MEUBLES EN MARQUETERIE DE BOIS. — Au mot MARQUETERIE, nous avons déjà donné quelques détails sur le genre de meubles ainsi décorés ; nous allons les compléter ici. Nous venons de voir dans le paragraphe précédent l'origine de la marqueterie sur bois ; nous avons même dit que ce furent les Italiens, surtout les Vénitiens, qui les premiers paraissent avoir créé ce genre, qui, du reste, s'introduisit d'assez bonne heure en France et atteignit son apogée au xvıııᵉ siècle. L'Espagne, le Portugal et l'Italie fabriquèrent également des meubles de marqueterie. On distingue facilement les meubles de la péninsule ibérique par les motifs décoratifs, qui ont beaucoup moins de finesse que ceux exécutés dans la péninsule italique, ensuite par une ornementation de cuivres découpés et dorés ; les travaux espagnols sont plus grossièrement exécutés, mais ils ont parfois beaucoup de cachet. En France, sous Louis XIII, la marqueterie pour meubles n'utilise guère que trois ou quatre sortes de bois qu'elle assemble en arêtes, soit en damier, soit en losanges, soit en compartiments ; ces bois sont l'amarante, les bois de rose et de violette, le palissandre et le caroubier pour les larges bandes d'encadrement. Sous Louis XIV et sous le régent, les meubles marquetés sont en très grande faveur. Au début, les artistes créent des décorations fort sobres ; les panneaux de marqueterie sont à peine colorés de trois à quatre couleurs. Mais bientôt la teinture vient enrichir la palette du marqueteur ; aussi le simple vase sans fleurs, qui formait le motif principal des rinceaux et des enroulements, se garnit-il de fleurs ; puis on crée des bouquets de fleurs naturelles noués avec des rubans aux plis ondulants ; plus tard ce sont des trophées d'outils de jardinage ou d'instruments de musique, puis enfin des copies de scènes déjà traitées par la peinture : toutes les bergerades et les pastorales des maîtres d'alors font les principaux motifs de décoration des panneaux. Beaucoup de meubles marquetés passent journellement dans les ventes, et, bien qu'ayant perdu de leur éclat, ils sont encore fort remarquables et atteignent des prix élevés.

VI. MEUBLES EN MARQUETERIE DE PIERRES. — Les fabricants de meubles de la renaissance, toujours à la recherche de motifs décoratifs, devaient naturellement appliquer aux meubles la marqueterie de pierres, la mosaïque. Il est probable que les premiers meubles incrustés de pierres ont été fabriqués à Florence, comme l'indique, du reste, le nom de *mosaïques de Florence,* donné à ces travaux, et qu'exécute encore aujourd'hui et presque exclusivement la plus belle des cités italiennes. A l'origine, ce genre de fabrication décora les cabinets d'ébène de plaquettes et de colonnettes de jaspe, de lapis-lazuli, d'agate, de cornaline. (Voy. STIPI.) Le bronze fut également employé à cette décoration ; il servit à faire les bases et les chapiteaux des colonnettes, à sertir les plaquettes de pierres fines et à faire des cadres de panneaux, des poignées, des boutons ou des entrées de serrures. Plus tard le bois ne servit que de bâti dans lequel on enchâssa de véritables mosaïques formées de pierres dures et beaucoup mieux travaillées que les mosaïques entières. Les effets obtenus par la mosaïque de Florence sont très remarquables ; nous devons ajouter que les Florentins emploient toute sorte de petits moyens, de *ficelles,* qu'on nous pardonne l'expression, pour arriver à produire le plus d'effet possible : ainsi, par exemple, ils teignent les pierres, soit par de la couleur, soit par le feu, car certaines variétés deviennent plus pâles ou se colorent suivant qu'on les chauffe plus ou moins. Faut-il sur un fruit coloré, sur une cerise par exemple, obtenir un point brillant, le *coup de gouache,* un fer rougi au feu frappe en un point la cornaline rouge qui blanchit sous le fer. En somme, le marqueteur emploie tous les moyens en son pouvoir pour rapprocher le plus possible son travail des objets naturels qu'il représente, et il faut bien avouer qu'un artiste intelligent réussit parfois au delà de toute expression. — La galerie d'Apollon, au Louvre, possède de magnifiques meubles marquetés de pierres, fabriqués aux Gobelins sous Louis XIV.

VII. MEUBLES PLAQUÉS D'ÉCAILLE ET D'INCRUSTATIONS MÉTALLIQUES. — C'est très certainement Charles Boule qui a perfectionné, sinon inventé le meuble plaqué d'écaille et de métal. C'est sans contredit le plus beau meuble, le plus décoratif, qui a été imaginé par l'artiste. Tout concourt à rendre ce produit extrêmement remarquable et brillant. Le bois d'ébène est incrusté d'écaille de sa couleur naturelle ou colorée par des dessous. Ces applications d'écaille découpée sont accompagnées d'arabesques, de rinceaux et d'ornements de toutes sortes découpés également dans l'étain et dans le cuivre, et toute la partie métallique de ces incrustations est relevée d'un travail de gravure au burin qui classe ce meuble du XVIIe siècle au premier rang par sa variété, par sa richesse, par le bon goût qui préside à sa conception. Boule fit école : ses fils, ses neveux, fabriquèrent comme lui des meubles marquetés ; mais aucun de ses élèves ne créa des œuvres aussi parfaites que celles du maître. A sa mort, le roi lui donna comme successeur (en 1683 ou 1684) Philippe Poitou ; mais les meubles de celui-ci, ainsi que ceux exécutés par les élèves de Boule, se distinguent de ceux du maître par des compositions plus lourdes, des ajustements moins parfaits et par l'application de la corne diversement colorée substituée souvent à l'écaille. — Notre figure 534 montre un coffret de toilette, monté sur pieds, avec fonds exécutés en écaille et cuivre, par Boule. On voit dans le bas de notre figure, entre les pieds de ce meuble, un support fait pour recevoir un vase de fleurs.

TECHNIQUE. — Voici comment procédait l'artiste marqueteur pour donner à son travail d'incrustation toute la précision, toute l'exactitude désirables. Il superposait deux lames de même épaisseur et de même dimension, l'une en métal et l'autre en écaille, et, après avoir tracé le dessin à la pointe sèche sur le métal, il le découpait d'un seul trait de scie sur les deux lames à la fois. Il obtenait de cette manière quatre épreuves : deux négatives et deux positives, si l'on peut ainsi dire, qui s'emboîtaient parfaitement ; car le dessin exprimé par le vide recevait les ornements tracés par le plein et s'y inséraient exactement : on comprend donc que le creux de l'écaille recevait l'ornement de métal, et réciproquement le creux du métal recevait l'ornement de l'écaille. Cette opération fournissait deux meubles à la fois ; l'un, dit de *première partie*, c'est-à-dire dont le fond était en écaille avec les ornements métalliques ; l'autre, dit de *seconde partie*, qui était la contre-partie, c'est-à-dire

Fig. 534. — Coffre de toilette monté sur pieds.

que le fond était en métal et les ornements en écaille. Enfin les meubles mixtes étaient une combinaison des deux procédés, c'est-à-dire que le même meuble avait une partie fond d'écaille et une partie fond métallique ; on peut voir au Louvre un meuble ainsi exécuté.

VIII. MEUBLES PLAQUÉS AVEC APPLIQUES DE PORCELAINE. — Ce genre de meuble fait son apparition sous Louis XVI ; le style rocaille est délaissé, et à tous les genres de meubles adoptés alors on ajoute des médaillons de porcelaine peinte et des camées de faïence de Wedgwood ; souvent même les frises de certains meubles sont également décorées de porcelaine. Mais c'est là, il faut l'avouer, une application malheureuse ; aussi nous contente rons-nous de la signaler sans insister sur ce genre qui n'est à sa place que dans le boudoir de certaines femmes.

IX. MEUBLES EN LAQUE. — Sous cette rubrique, nous passerons en revue non seulement les meubles laqués, mais encore ceux vernis au *vernis Martin*. Les beaux meubles de laque proviennent de la Chine, du Japon, de la Perse, de l'Annam et de l'Inde ; nous en parlerons au paragraphe suivant, *Meubles de l'Orient*. Ici nous ne nous occuperons que des laques, sortes de vernis fabriqués en Europe. Le premier des laqueurs en date est un Hollandais du nom de Huygens ; mais n'ayant signé aucun de ses meubles laqués, il reste confondu dans la foule. Les plus célèbres laqueurs furent ensuite les Martin, auxquels un arrêt du conseil accorde le privilège de la fabrication de toutes sortes d'ouvrages *dans le goût de la Chine et du Japon*. Le goût des meubles laqués vint en France à la suite de l'emploi que des fabricants de meubles du XVIIIe siècle avaient fait de panneaux laqués de la Chine ou du Japon pour décorer les meubles qu'ils fabriquaient, soit avec des bois massifs, soit en plaqué. Mais, il faut bien l'avouer, ces laques étaient loin, nous ne dirons pas de valoir, mais même de ressembler aux laques orientales. La plus célèbre, la laque Martin, était un vernis translucide comme tous les vernis, mais qui avait sur eux l'avantage de pouvoir se laver et se nettoyer comme la laque véritable. Ce vernis Martin fut appliqué à tout et sur tout ; on vernissait le bois, le métal, les chaises à porteurs, les voitures, les tabatières, les bonbonnières, les écrins, les étuis, les écrans, les feuilles de paravent, toute sorte de meubles enfin. Quelle était exactement la composition de ce vernis, on l'ignore ; mais ce qui est certain, c'est qu'il était sujet à se fendiller comme tous les vernis gras et épais. (Voy. LAQUE.)

X. MEUBLES DE L'ORIENT. — Divers pays de l'Orient ont fabriqué des meubles remarquables : la Chine, le Japon, la Perse, l'Annam, l'Inde. Il n'est pas surprenant que les Chinois soient très habiles dans le travail du bois, puisque cette matière est l'élément essentiel de leurs constructions publiques et privées. Ils ont façonné les bois les plus durs : le teck, le bois d'aigle et le bois de fer. Les chambres en Chine sont séparées au moyen de cloisons de bois mobiles, dont la partie supérieure est décorée d'ajours fantaisistes qui peuvent manquer d'art, mais qui sont d'un puissant effet décoratif ; la partie basse de ces mêmes cloisons est pleine et décorée de riches sculptures. — Le Japon a travaillé les mêmes bois que la Chine, et principalement le cèdre. Les meubles japonais sont très remarquables par leurs sculptures ou par les travaux de laque dont ils sont revêtus. L'exposition universelle de 1878 a montré à quel haut degré de perfection l'art était arrivé chez les Japonais. Les meubles les plus remarquables sont des cabinets, des étagères et des lits ; les cabinets montrent leurs rangées de tiroirs inégaux, ou les cachent sous des vantaux. Les plus beaux cabinets sont en laque rouge, et plus la teinte de celle-ci est foncée, plus elle indique l'ancienneté du meuble qui en est revêtu. Le ton rouge vermillon clair et brillant, qui ressemble à notre cire à cacheter, indique les meubles modernes. On reconnaît les laques du Japon à la beauté du fond, profond, brillant comme une glace ; à la perfection des ornements, de leurs ciselures. — Les Japonais, de même que les Chinois, font également des laques burgautés, c'est-à-dire incrustés de nacre de perle. Ils font aussi des meubles avec incrustations de pierres dures ; mais pour arriver à interpréter plus fidèlement la nature, ils mélangent à leurs pierres du bois et de l'ivoire teints, et jusqu'à des pierres précieuses. Les ivoires verts fournissent les tiges et les feuillages des plantes ; le quartz rose, le jade, la topaze, forment les fleurs ; les vases qui portent les bouquets de fleurs sont souvent taillés dans le lapis-lazuli, dans le jade vert, dans le cristal fumé ou blanc. — Voy. JAPONAIS (*Art*).

En ce qui concerne les meubles incrustés, nous pouvons bien dire que l'Inde et la Perse ont précédé dans ce genre l'Italie, Venise elle-même. Ces mêmes pays ont aussi fabriqué des meubles en piqué, d'ivoire, de nacre et de cuivre. L'ornementation en piqué reproduit des triangles simples ou entrelacés, des croissants, des étoiles, des figures pentagonales.

L'Espagne et le Portugal paraissent avoir tiré les modèles originaires de leur fabrication analogue de l'Inde et de la Perse.

MODELAGE. — Action de modeler, c'est-à-dire d'exécuter en argile, en cire, une statue, un bas-relief, une sculpture quelconque. Le modelage est l'opération par laquelle le sculpteur exécute le modèle de l'œuvre qu'il moulera plus tard en plâtre, ou qu'il sculptera

Fig. 535. — Montre et chaine en or du XVIIᵉ siècle.

dans la pierre, le marbre, le bois, ou qu'il coulera en métal, principalement en bronze. Le sculpteur se sert, pour modeler, de petits outils en buis nommés *ébauchoirs* qui affectent diverses formes. (Voy. MOULAGE.)

MODERNE (ART). — Ce terme sert à désigner l'ensemble des œuvres d'art exécutées dans ces temps modernes, c'est-à-dire à partir des IIIᵉ et IVᵉ siècles, par opposition au mot *art antique* qui désigne les œuvres d'art exécutées dans l'antiquité. L'art contemporain est une des branches de l'art moderne ; c'est l'art qui se produit, pour ainsi dire, chaque jour sous nos yeux.

MONDE D'OR. — Quartz résinite, l'*hy*-

drophane des minéralogistes, *l'œil du monde* des bijoutiers. Cette pierre est faiblement translucide. Ce qui la fait rechercher des amateurs, dit Boué (*Traité d'orf.*, p. 178, t. II), « c'est qu'elle présente, lorsqu'on la plonge dans l'eau, ce phénomène : son extrême porosité permet au liquide de la pénétrer, en chassant l'air qu'elle contenait dans son intérieur, de manière à laisser voir très distinctement les petites bulles d'air chassées par l'eau; après son immersion, elle devient transparente. » Cette pierre a le chatoiement de l'opale; elle provient principalement de l'Italie et de l'Allemagne. Nous la trouvons mentionnée dans le testament de Marguerite d'Autriche daté de 1508; il y est dit : « Quant à la restitution de l'escharboucle et monde d'or qu'avons présentement en nos mains pour gaige... »

D'autres prétendent que ce n'est qu'en 1500 que les premières montres furent fabriquées à Nuremberg par Pierre Hele; et comme elles avaient une forme ovale et assez d'épaisseur, on les nomma *œufs de Nuremberg*. Sous François Ier,

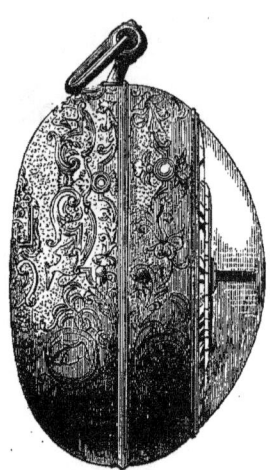

Fig. 537. — Profil de la montre.

Mirmécide, qui est cité comme un excellent ouvrier, en fit en forme de croix pectorale qui étaient fort petites. En 1452, une montre à sonnerie sur le chaton d'une bague fut, dit-on, offerte au duc d'Urbin. Carovagius,

Fig. 536. — Revers de la boîte de montre.

Fig. 538. — Coq ou pont circulaire.

MONSTRANCE. — Voy. OSTENSOIR.

MONTRE. — La montre est une petite horloge de poche, une horloge portative. Il est difficile de préciser l'époque où la montre fit son apparition. Vers la fin du XVe siècle, Pancirole affirme qu'il en existait déjà qui n'étaient pas plus grosses qu'une amande.

dit du Verfdier, exécuta pour André Alciat un réveil qui sonnait à l'heure marquée et qui allumait en même temps une bougie. Henri VIII possédait une petite montre qui marchait huit jours sans être remontée. A l'époque de Charles IX, beaucoup de boîtes de montre étaient en cristal de roche. On connaît un assez grand nombre de noms d'horlogers du XVIᵉ siècle, parce que généralement ceux-ci signaient leurs œuvres sur le cuivre ou l'or portant le coq de montre ou pont. Notre figure 535 reproduit une montre en or du XVIIᵉ siècle avec sa chaîne, sa clef et son cachet; la figure 536 le revers de la boîte; la figure 537, son profil; la figure 538, le coq ou pont circulaire, dont l'ornementation de bon goût rappelle, par l'enchevêtrement de ses entrelacs, celle du revers de la boîte (fig. 536). Le prince Soltykoff et Michel Pascal avaient de très belles collections de montres.

Vente San Donato. — N° 705. Montre carrée à cadran en émail, recouvert d'une plaque de cristal de roche à pans coupés, et décorée au revers et sur les côtés d'ornements en or ajourés, très finement ciselés. Cette montre avait appartenu à la reine Anne d'Autriche. Le mouvement était signé : Meybom, Paris. Hauteur, 0ᵐ,10; largeur, 0ᵐ,065. 1,800 lires.

MORAILLES. — En termes de blason, ce sont des tenailles dentées intérieurement. Quand l'écu porte plusieurs meubles de ce genre, elles sont superposées.

MORDANT. — Pièce de métal qui termine l'extrémité d'une ceinture et qu'on laisse pendre, une fois celle-ci bouclée. Ainsi donc le mordant, l'ardillon et la boucle sont trois choses différentes que trop souvent on confond à tort.

MORESQUE (ART). — On nomme *art moresque* ou *mauresque* un style particulier qui a pris naissance et s'est développé en Espagne du XIᵉ au XIIIᵉ siècle. Ce terme est tout à fait impropre, car il semblerait indiquer que ce sont les Maures d'Espagne qui ont créé un style particulier de l'art oriental; ce qui est faux, l'art moresque n'étant qu'une des phases de l'art arabe. En effet, les Arabes habitaient l'Espagne depuis 711, c'est-à-dire depuis la bataille de Xérès; tandis que les Maures n'y arrivèrent qu'en 1130, c'est-à-dire quatre siècles après, et tous les travaux qu'ils ont exécutés en Espagne dérivent de l'art arabe poussé à un plus haut degré de richesse et de luxe. Ainsi l'art moresque n'est que l'art arabe arrivé à son apogée. Aussi proposons-nous de dénommer à l'avenir l'art moresque, *art arabe de transition*, puisque l'ancien art est *l'art arabe primitif* et qu'après les Maures d'Espagne il y eut une sorte *d'art arabe flamboyant* qui amena la chute définitive de cet art.

MORION. — Voy. CASQUE.

MORS. — Pièce de métal (fer, bronze, acier) quelquefois ciselée et argentée, qui se place dans la bouche du cheval, et qui sert à le gouverner et à le conduire. — On nomme *mors de chape* une agrafe qui servait à réunir et retenir sur la poitrine les bords d'un manteau, d'une CHAPE. (Voy. ce mot.)

MORTIER. — Vase à fond ellipsoïde, ou qui représente plutôt l'intérieur d'une cloche, car sa partie supérieure est évasée. Il existe des mortiers en bois, en pierre, en marbre, en bronze, en fer, en cristal, etc. Ceux qui passent dans les ventes sont généralement en bronze et décorés de dessins en relief; beaucoup sont ornés de fleurs de lis. A l'exposition rétrospective de Bruxelles de 1880, nous avons vu une nombreuse et fort belle collection de mortiers de bronze.

Vente San Donato. — N° 23. Mortier flamand en bronze, décoré de deux frises très élégantes, l'une à fleurs de lis, la seconde composée de chimères, de vases et d'arabesques. Sur le bandeau supérieur on lisait :

PEETER VANDEN CHEIN HEFT MI
GHEGOTEN M CCCCC L VI.

Hauteur, 0ᵐ,20; diamètre, 0ᵐ,24. 400 lires. — N° 24. Mortier à couvercle, en porphyre rouge oriental antique. Hauteur, 0ᵐ,28; diamètre, 0ᵐ,27. 310 lires.

Ce terme sert aussi à désigner une ancienne coiffure.

MORTIER. — Bouche à feu, ainsi nommée parce qu'elle a la forme d'un mortier à piler, et qui sert à lancer des bombes. Les mortiers sont en bronze; il en existe de très anciens en fer fondu.

MOSAIQUE (Art de la). — Assemblage de prismes ou de petits cubes réguliers ou irréguliers faits au moyen de matières plus ou moins dures (pierre, marbre, terre cuite, verre, émail, etc.). Ces cubes sont réunis, agglomérés à l'aide d'un mastic ou ciment quelconque; on forme par leur moyen des dessins, des ornements, des figures d'hommes et d'animaux; enfin on reproduit avec la mosaïque des tableaux : c'est le seul genre dont nous ayons à nous occuper ici, car les mosaïques imitation de peintures sont les seules recherchées par les amateurs. C'est de ce genre qu'un maître italien, Ghirlandaïo, a dit *la vera pitture per l'eternita essere il musaico*. Georges Sand, dans ses *Maîtres mosaïstes*, dans un dialogue entre le Tintoret et le vieux Zuccato, montre bien le véritable rôle de la mosaïque et fait voir aussi qu'elle est *la vraie peinture pour l'éternité*. Voici une partie de ce dialogue : « La mosaïque est un art véritable apporté de la Grèce par des maîtres habiles et dont nous ne devrions parler qu'avec un profond respect, car lui seul a conservé, encore plus que la peinture sur métaux, les traditions perdues du dessin au Bas-Empire. Si elle nous les a transmises altérées et méconnaissables, il n'en est pas moins vrai que sans elle nous les eussions perdues entièrement. La toile ne survit pas aux outrages du temps. Apelle et Zeuxis n'ont laissé que des noms. Quelle reconnaissance n'aurions-nous pas aujourd'hui pour des artistes généreux qui auraient éternisé leurs chefs-d'œuvre à l'aide du cristal et du marbre ! D'ailleurs, la mosaïque nous a conservé intactes les traditions de la couleur, et en cela, loin d'être inférieure à la peinture, elle a sur elle l'avantage que l'on ne peut nier : elle résiste à la barbarie des temps comme aux outrages de l'air. » Vasari, dans la *Vie du Titien*, regrette aussi que « la mosaïque, cet art aussi remarquable par sa beauté que par la durée de ses matériaux, ne soit pas davantage cultivée par les grands artistes. » En effet, à l'époque de Vasari, il y avait fort peu d'ateliers de mosaïque pour la reproduction des tableaux; aujourd'hui il n'en existe pas davantage. Rome seule et la fabrique du Vatican, presque seule dans Rome, cultivent cet art avec une certaine activité. Le fonctionnement régulier de cette fabrique date de 1728; c'est le pape Benoît XIII qui nomma Cristofari directeur *della studio del mosaico;* antérieurement les architectes chargés de la décoration des églises réunissaient en équipes les mosaïstes épars dans divers ateliers de Rome et de Venise, et leur distribuaient pour un prix convenu telle ou telle partie d'un monument à décorer. Aujourd'hui les mosaïques les plus remarquables dans le genre qui nous occupe sortent du Vatican, nous venons de le voir; aussi dans le paragraphe suivant indiquerons-nous les procédés employés dans cette fabrique.

Technique. — Les artistes, après avoir tracé sur un enduit en plâtre les contours du sujet qu'ils veulent rendre en mosaïque, enlèvent successivement le plâtre; ils le remplacent par un mastic particulier : c'est dans celui-ci qu'ils piquent, les uns contre les autres, les petits fils d'émaux taillés (*smalte* des Italiens), et souvent passés à la meule pour rendre leur juxtaposition plus immédiate. Les grands tableaux sont faits par morceaux dont l'exécution est confiée à divers mosaïstes; mais les coupures sont pratiquées dans des plis d'étoffes, dans des accessoires, très rarement dans les carnations; du reste, ces coupures sont généralement horizontales. Quand tous ces morceaux sont terminés, et que la mosaïque est bien durcie, on l'enduit d'une couche de cire, puis on passe au polissage. On exécute celui-ci au moyen de poudre de grès très fine, puis on frotte, on tamponne au plomb, à la potée d'émeri, puis à la potée d'étain avec un tampon de linge; on lave ensuite à grande eau et l'on frotte avec un chiffon souple de laine. On dégraisse la surface de la mosaïque à l'aide d'une brosse trempée dans l'essence, puis on lave à l'eau de savon. Arrivé à ce point, voici ce qu'exécute le mosaïste : pour les grands tableaux, il raccorde les différentes parties de sa mosaïque en les agrafant sur les murs, tandis que les tableaux de petite dimension sont terminés sur les tréteaux et encastrés ensuite dans les murs à la place qu'ils doivent définitivement occuper. Quand la mosaïque est agrafée, elle n'a pas encore l'aspect de la peinture, car la couleur uniforme du mastic s'aperçoit entre les interstices des smaltes. Il remédie à cet inconvénient en encaustiquant au fer chauffé tous les interstices avec de l'encaustique colorée suivant le ton de la partie à encaustiquer; puis le mosaïste frotte toute la composition avec un chiffon de laine graissé à la cire blanche fondue dans de l'essence. Quand les diverses parties sont bien dressées et bien frottées, le tableau produit un vérita-

Fig. 539. — Mosaïque de Constantine.

ble trompe-l'œil; à peine si, en se plaçant de côté, on aperçoit à la lumière frisante de légères ondulations, que fournissent, du reste, même les toiles de grande dimension.

Les mosaïques anciennes sont aujourd'hui très estimées, les amateurs commencent à acheter des mosaïques de pavement pour en faire des revêtements de murs. Notre figure 539 montre une partie de la mosaïque de Constantine découverte à deux kilomètres de cette ville (Algérie); d'où son nom. Cette mosaïque daterait des successeurs du roi Massinissa, l'allié des Romains, qui avait fait de l'antique *Cirta* (Constantine) sa capitale. La portion que montre notre figure représente Neptune et Amphitrite debout sur un quadrige. Dans sa main gauche le dieu des mers tient son trident, signe de sa puissance, tandis que de la main droite il laisse échapper les rênes de ses chevaux.

Vente San-Donato. — N° 314. Mosaïque de Rome par Barberi, représentant la place Saint-Pierre à Rome. La place est occupée par un concours immense de spectateurs qui regardent défiler un cortège sortant de la basilique. Cadre en bois sculpté et doré enrichi de six médaillons en mosaïque de Rome. Hauteur sans cadre, 0^m,62; largeur, 1^m,68.

Fig. 540. — Mouchettes du XVIe siècle (musée du Louvre).

6,300 lires. — N° 315. Autre mosaïque de Barberi représentant le Forum, même cadre et mêmes dimensions que le numéro précédent. 6,300 lires. — N° 316. Guéridon rond avec dessus en mosaïque de Rome, signée : Gioachino Barberi, 1833. Elle représente la prise de la ville de Bounckoux, près la forteresse de Kars, par l'armée russe sur les Turcs. Pied du guéridon en bronze doré. Diamètre, 1^m,05. 3,300 lires.

MOTIF. — Dans la langue des arts, ce terme sert à désigner une scène principale, un morceau principal et déterminé sortant du milieu de l'entourage de la composition; dans ce cas, c'est le motif principal. Quand les accessoires dans une œuvre d'art sont bien traités, on les désigne sous le terme de *motifs secondaires*. Enfin ce mot est synonyme de *morceau*; ainsi on dit : Voilà un beau motif de sculpture, un beau motif d'argenterie, d'orfèvrerie, etc.

MOUCHETTES. — Ancien ustensile qui servait à nos pères à moucher la chandelle, les bougies, les lampes à huile dites *lampes à pompe*. Nos figures 540 et 541 montrent deux mouchettes : les unes, du musée du Louvre, sont du XVIe siècle; les autres, de la collection de M. A. Jubinal, datent, ainsi que leur support, du XVIIe siècle. Nous devons ajouter qu'au XVIe siècle les mouchettes se nommaient ciseaux à moucher (*sysiaux à moucher la chandelle*); ce n'est qu'à partir du XVIIe siècle que le nom de mouchettes est adopté définitivement.

MOUCHOIR. —. Linge de corps qui sert à s'essuyer la figure, à se moucher. Seuls les mouchoirs avec dentelles se vendent le prix que vaut la dentelle qui leur sert d'entourage et d'ornement.

MOULAGE. — Opération qui consiste à mouler avec du plâtre un objet quelconque, une figure, un bas-relief, une sculpture d'ornement, etc. On exécute des moulages en plâtre soit pour obtenir des modèles plus durables que la terre glaise, d'après laquelle sont faits les moules, soit pour avoir des reproductions en diverses matières de divers objets.

TECHNIQUE. — Supposons qu'il s'agisse de mouler un médaillon en cire modelé sur une ardoise. On trempe un pinceau en poil de blaireau (fig. 542) dans de l'huile d'olive bien liquide, et l'on s'en sert pour enduire la surface de la cire et de l'ardoise. Il faut éviter d'employer trop d'huile, car le moule serait *flou*, c'est-à-dire sans finesse et sans netteté; l'objet à mouler doit simplement reluire comme s'il était verni. On entoure ensuite le médail-

MOULAGE. 483

lon avec une bande de zinc n° 12, de trois centimètres environ de hauteur ; on la fixe sur l'ardoise avec de la cire à modeler qu'on emploie pour jointoyer l'interstice subsistant

Fig. 541. — Mouchettes du XVIIᵉ siècle avec le support.

entre le zinc et l'ardoise. On délaye alors dans un baquet de bois ou un vase de terre (fig. 543 et 544) du plâtre très fin, dit *plâtre à modeler*; puis avec une spatule (fig. 545) on verse sur la cire le plâtre gâché, qui doit avoir alors la consistance d'une crème épaisse : trop clair, on le dit *noyé*, et sa prise est très lente ; trop épais, il est dit *gâché serré*, et sa prise est

Fig. 543. — Baquet en bois.

trop prompte ; il durcit rapidement, ne moule pas bien et peut détruire la finesse de la cire. La première couche de plâtre coulée, on souffle dessus assez fortement, afin de pousser le plâtre contre le modèle et chasser les bulles d'air qui pourraient se trouver à la surface de la cire ou dans l'intérieur du plâtre ; puis on verse de nouvelles couches de plâtre en se

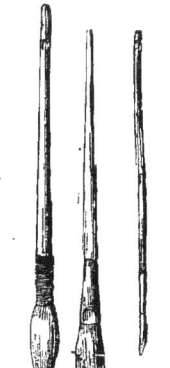

Fig. 542. — Pinceaux en blaireau.

rapprochant successivement des bords du médaillon. Lorsque la surface de celui-ci est entièrement couverte de plâtre, on frappe légèrement sur la table qui porte le médaillon, de façon à provoquer un ébranlement qui tasse, pour ainsi dire, le plâtre; enfin on ajoute en dernier lieu une quantité suffisante de plâtre pour donner au moule une épais-

Fig. 544. — Vase de terre.

seur convenable pour assurer sa solidité et faciliter ainsi son maniement. Au bout d'une heure ou deux, suivant la température ambiante, le plâtre a une prise suffisante pour permettre son décerclage. Ici il faut un tour de main assez habile pour détacher le moule de l'ardoise sans détériorer le modèle, que, du reste, on peut réparer en divers endroits, s'il

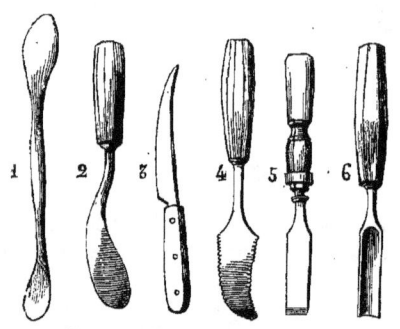

Fig. 545. — Divers outils de modelage.

y a lieu, avec du plâtre à modeler. Quand le moule est parfait, on coule du plâtre de la même façon et avec les mêmes précautions que nous avons déjà décrites, et l'on obtient une nouvelle épreuve, et ainsi de suite successivement. Notre figure 545 montre en 1 et 2 deux spatules, en 3 un couteau, en 5 un ciseau, en 6 une gouge.

MOUSQUET. — Arme à feu portative, bien que lourde. Introduite en France vers 1527, on l'utilisa d'abord pour la défense et l'attaque des places sous le nom d'*arquebuse à mèche* ou *mousquet biscaïen*. Perfectionnée vers 1568, cette arme remplaça l'ancienne arquebuse. On ne pouvait l'épauler ; aussi, pour s'en servir, on l'appuyait sur une fourche, nommée *fourquine*, qu'on plantait en terre. Voici quel était le fourniment des mousquetaires : une bandoulière à laquelle étaient attachées, par des cordelettes, des charges de poudre mesurées d'avance et renfermées dans des étuis de cuir. L'extrémité de la bandoulière portait le sac à balles, auquel était suspendu par un crochet l'amorçoir. — Le *mousquet à rouet* avait à sa platine un chien portant une pierre à fusil, au lieu d'un serpentin; quand on appuyait sur la détente, la pierre raclait sur un rouet d'acier cannelé et fournissait des étincelles qui enflammaient l'amorce. Le rouet se remontait au moyen d'une clef. (Voy. PISTOLET.)

Vente Double. — N° 212. Mousquet à rouet, avec monture forme dite *pied de biche*, richement incrustée d'ivoire et de nacre gravés à sujets de chasse et ornements. Le canon est gravé et doré (XVIe siècle). 1,100 francs — N° 213. Petit mousquet à rouet de même travail que le numéro précédent, avec monture couverte d'incrustations d'ivoire gravé à feuillages. Le canon porte l'inscription : In Brvnn (XVIe siècle). 720 francs.

MOUSTIERS (FAÏENCE DE). — Voy. FAÏENCE.

MOUTARDIER. — Pot dans lequel on sert sur la table la moutarde, ou la *mustarde*, comme on la désignait anciennement, car c'est un condiment employé depuis fort longtemps. Dans l'inventaire de Charles, comte d'Angoulême, en date de 1497, il est fait mention d'un « moustardier en estaing ; » mais dès le XIIIe siècle il existait à la cour de France des officiers dits *moustardiers;* les moutardiers du pape passaient aussi à cette époque pour des personnages très fiers. — Vente San-Donato. N° 1292. Moutardier en argent repoussé et ciselé, ornements contournés (travail français du XVIIIe siècle). 830 lires. — N° 1334. Moutardier; pieds en feuilles d'acan-

MUFLE. — MUSETTE.

the, guirlandes de fleurs, et bouton du couvercle formé d'une rose (travail français, style Louis XVI). 460 lires.

MUFLE. — Tête d'un animal. Beaucoup de mufles servent d'ornement à des objets d'art, principalement des mufles de lion.

MULE. — Sorte de chaussure, généralement sans quartier, portée par les femmes. (Voy. CHAUSSURES, *fig.* 248 et 254.)

MUSEROLLE. — Sorte de panier en fer forgé, décoré d'ornements estampés ou découpés en ajours, qui servait au moyen âge à

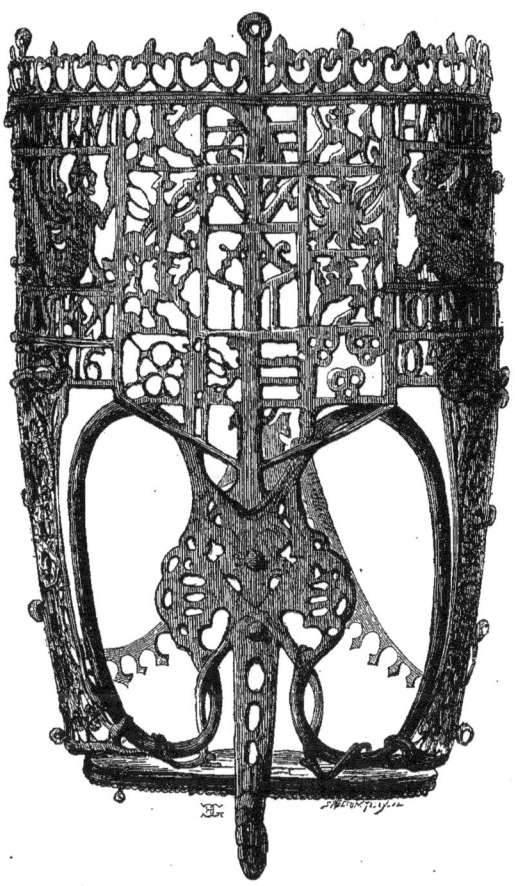

Fig. 546. — Muserolle allemande du XVIᵉ siècle.

museler une mule ou des chevaux montés par des femmes, des haquenées. Les chevaux des cavaliers portaient également dans les tournois des muserolles en fer forgé et ciselé pour ajouter à l'éclat du caparaçonnage dans les fêtes et les cérémonies. Notre figure 546 montre une muserolle allemande du XVIᵉ siècle en fer forgé d'une riche ornementation. — Cette belle pièce fait partie de la collection de M. Achille Jubinal.

MUSETTE. — Instrument de musique d'un caractère champêtre, qu'on a trop souvent confondu avec la cornemuse : voilà pourquoi nous avons voulu réunir dans le même article l'explication de ces deux termes, afin de bien montrer les points de ressemblance et de dissemblance qui existent entre ces deux instruments. L'outre de la *cornemuse* est insufflée par la bouche, celle de la *musette* au moyen d'un soufflet placé sous le bras gauche de l'exécutant. Le bourdon de celle-ci est percé de plu-

Fig. 547. — Musette de Borjon.

sieurs trous bouchés par des chevilles de bois ou d'ivoire, appelées *layettes*, dont on ouvre à volonté un ou deux trous, suivant qu'on veut obtenir la tonique et la dominante du ton dans lequel on veut jouer. Nos figures 547 et 548 montrent la musette dite *de Borjon* avec son soufflet; elle est ainsi désignée parce qu'elle se trouve dessinée en tête d'un traité de la musette écrit par un grave avocat au parlement, Emmanuel Borjon de Scellery, né à Pont-de-Vaux en Bresse en 1632 et mort à Paris en 1691. Ainsi donc l'instrument de musique que montre notre figure est, selon toute apparence, du XVIIe siècle, peut-être même du XVIe, car le volume in-4° de Borjon a été imprimé à Lyon en 1672. Quatre parties essentielles entrent dans la composition de cet instrument, beaucoup plus soigné et beaucoup plus fin que la cornemuse. Le *soufflet*, qui remplace le souffle humain, s'attache au moyen de cordons sur la hanche droite de l'exécutant, qui donne le vent en ouvrant ou en fermant le soufflet avec son bras droit. Le second organe est le *réservoir*, qui distribue le vent dans les différentes parties de l'instrument; il

Fig. 548. — Soufflet de la musette de Borjon.

est fait d'une peau de mouton qui communique avec le soufflet au moyen du porte-vent. Une soupape laisse entrer l'air, mais ne le laisse sortir que par le bourdon. Le *chalumeau*, la troisième partie de la musette, est percé de huit trous, dont sept sur le devant (on les aperçoit sur notre figure) et un sur le côté opposé. Le chalumeau est la partie essentielle de la musette ; il est destiné à jouer la partie mélodique. Enfin la quatrième partie est le *bourdon,* c'est-à-dire le cylindre percé dans toute sa longueur d'ouvertures parallèles et fermées par les layettes, dont nous avons parlé en commençant.

MUSIQUE (INSTRUMENTS DE). — Les instruments de musique sont de plusieurs sor-

Fig. 548 *bis.* — Nablas des Grecs ou harpe à douze cordes.

tes ; nous n'avons pas à en parler ici, nous les avons décrits à peu près tous à leur rang ; mais nous donnerons un type de harpe à douze cordes d'après un vase peint de l'Apulie, vase qui fait partie des collections du musée de Munich. Ce genre de harpe (fig. 548 *bis*) était appelé chez les Grecs nablas (1). (Voy. Cor, Cornet, Caisse, Viole, Violon, Musette, Contrebasse, Trombone, Hélicon, Saxhorn, Ophicléide, etc., etc.)

MUSULMAN (Art). — De même que l'art moresque, l'art musulman n'est qu'une branche de l'art arabe ; les musulmans, en effet, sont les partisans de Mahomet, leurs mosquées et leurs édifices sont tous érigés dans le style Arabe. (Voy. ce mot.)

---

(1) Cf. Rambosson, *les Harmonies du son*; un vol. in-8°, Paris, Firmin-Didot.

NABLE. — Sorte de psaltérion de forme triangulaire qui a ses cordes posées perpendiculairement à la base du triangle.

NACAIRE. — Instrument de musique du moyen âge; ce sont (fig. 549 et 550) des timbales qui, au lieu d'être hémisphériques, ont la

Fig. 549. — Nacaire antique.

forme de la moitié d'un œuf. Ce terme est dérivé de l'arabe *nagârah,* qui signifie timbale; aussi quelques auteurs l'écrivent *naquaire*.

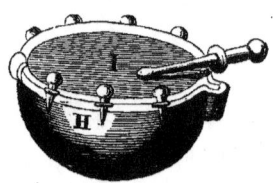

Fig. 550. — Nacaire du XVIIe siècle; H, caisse; I, peau.

NACRE. — Matière blanche et brillante (*nacrée*) qu'on retire de certains coquillages et dont on fabrique des objets divers : des manches de couteau, de poignard; des poignées d'épée et de sabre, etc. La nacre sert aussi dans la marqueterie, où elle est employée en incrustation et en piqué, soit dans les bois, soit dans les laques. Une belle variété de nacre est celle qui se nomme BURGAUDINE. (Voy. ce mot.)

NANKIN. — Étoffe des Indes, dont la matière première est fournie par une plante analogue au coton; seulement, tandis que le coton dans son enveloppe est blanc, le nankin est jaunâtre.

NAPPERON. — Diminutif de nappe, mais qui ne sert ici qu'à désigner de petites nappes en guipures ou brodées à jour.

NARGHILEH ou **NARGUILÉ.** — Pipe à eau turque, qui se compose d'un long tuyau, d'un fourneau ou *pipe* proprement dite, dans lequel brûle le tabac, et d'un vase en verre rempli d'eau parfumée, à travers laquelle passe la fumée avant d'arriver à la bouche du fumeur. Souvent les vases des narguilés sont en cristal gravé et doré, ou en argent damasquiné. En verre, ces pipes valent de 20 à 25 francs; en argent damasquiné, de 70 à 90 francs, quand les bouts sont en ambre ou en bel ivoire.

NARVAL. — Le narval est un cétacé qui porte au-dessus de sa tête une sorte de défense brillante comme l'ivoire. Cette défense à l'état naturel vaut 200 francs; sculptée, elle vaut, suivant son travail, 7 et 800 francs; quand c'est un travail de l'époque de la renaissance qui la décore, elle vaut jusqu'à 1,200 fr. On utilise cette défense pour faire des poignées d'épée, des manches de couteau ou de poignard, etc.

NATURALISME. — Voy. RÉALISME et SPIRITUALISME.

NATURE MORTE. — Dans la langue des

arts, on désigne sous ce terme des peintures qui représentent des animaux morts, des fruits, des végétaux. Aujourd'hui même, ce genre comprend la peinture de chaudrons, de vases en cristal, de panoplies, de tapis, de beaux meubles en marqueterie, enfin la représentation de bibelots. Quelques peintres modernes excellent dans ce genre ; nous avons nommé Philippe Rousseau, Vallon, Desgoffes, Roybet, Vibert, Firmin Girard, H. Cauchois, etc.

NAVETTE. — Voy. Nef.

NÉCESSAIRE. — Ce terme sert à désigner des coffrets qui renferment des objets *nécessaires* à la toilette ou pour le travail à l'aiguille. Il sert encore à désigner des étuis, des cassettes, des petites boîtes, etc. Notre figure 551 montre un nécessaire en jaspe rouge onyx du xviiie siècle de la collection Lenoir (musée du

Fig. 551. — Nécessaire en jaspe rouge.

Louvre) ; il est décoré de moulures d'or ciselé et de rinceaux dans le genre rocaille. Sur une bande d'émail blanc qui borde la partie inférieure du couvercle on lit : « Votre fidélité fait ma seule félicité. » Ce nécessaire renferme dans son intérieur deux petits flacons de cristal avec bouchons d'or, un couteau et une pince d'or, une cuiller, un cure-oreille, un porte-crayon et une tablette d'ivoire.

NÉCESSITÉ (Pièces de). — En numismatique, on désigne sous ce terme les pièces frappées aux époques où l'on manquait de métaux précieux. On donnait à ces monnaies une valeur de beaucoup supérieure à leur valeur véritable. Parmi les pièces de nécessité, il faut mentionner les *monnaies obsidionales*, c'est-à-dire des monnaies en cuivre frappées pendant un siège par le commandant de la place, et auxquelles on donnait une valeur tout arbitraire, mais qui avaient un cours forcé.

NEF ou NAUF. — Pièce d'orfèvrerie qui servait de décoration sur la table d'un festin, et qu'on nommait ainsi parce que ces pièces avaient très souvent la forme d'un navire (*nauf, nef*). Beaucoup d'autres vases du moyen âge portaient ce nom, les plus petits étaient désignés sous celui de *navettes*. Dans le repas de noces de Charles le Téméraire, il parut trente grandes nefs qui formèrent l'un des entremets. Dans les maisons particulières, la nef servit pendant tout le moyen âge à enfermer les épices, les vins, les vases à boire, tout ce qu'on enfermait sous clef par crainte du *spectre rouge*, qui à cette époque se nommait *empoisonnement*. L'usage et surtout l'étiquette de la cour maintinrent l'emploi de la nef jusqu'à la fin du xviiie siècle ; mais on la nommait à cette époque *cadenas*, parce que les cantines qui servaient à enfermer les objets nécessaires au service du roi étaient fermées avec un cadenas.

NEI. — Flûte turque assez primitive ; elle est faite avec un roseau.

NETZKÉ. — Petits objets en ivoire, sortes de breloques connues sous le nom de *boutons japonais*.

NEVERS (Faïence de). — Voy. Faïence.

NICOLO. — Instrument de musique, sorte de bombarde qui n'avait qu'une seule clef et une étendue de l'*ut* de basse. — Ce terme sert aussi à désigner les agates qui sur un fond très foncé présentent une couche supérieure légèrement teintée d'un blanc bleuâtre, le *velo turquino* (voile bleu turquin) des Italiens. (Voy. Agate, § 5 à 8, *Agates onyx*.)

NIELLE, NIELLURE. — Ce terme, dérivé de l'italien *niello,* dérivé lui-même du bas latin *nigellus,* noir, sert à désigner un émail noir dont les orfèvres du xvᵉ siècle se servaient pour couvrir les tailles exécutées sur leurs planches d'argent; mais il est bien évident que la niellure a été connue antérieurement, puisque le moine Théophile en parle dans son traité (*Diversarum artium schedula*) et que cet art était pratiqué à Marseille dès le VIIᵉ siècle. L'antiquaire Visconti fait même remonter au vᵉ siècle la fabrication des chandeliers et des bracelets niellés trouvés à Rome en 1793. Ce qui paraît certain, c'est que la niellure, à partir du xvᵉ siècle, fut utilisée uniquement en Italie; on voit même au musée de Florence une *pax* niellée par Maso Finiguerra en 1452 pour l'église Saint-Jean. Notre figure 427, au mot GRAVURE, montre cette nielle du xvᵉ siècle. — De nos jours, les plus belles niellures se fabriquent en Russie et à Paris.

NINI. — On désigne sous ce terme des médaillons, des petits bustes exécutés par un sculpteur de l'époque Louis XVI, nommé Nini. Ces œuvres se vendent de 40 à 110 francs.

NINIVITE (ART). — Voy. ASSYRIEN.

NONNAIN (ŒUVRE DE). — Dans le langage de la curiosité, on désigne sous ce terme toute œuvre de patience, et, par extension, une broderie d'un travail fin et très considérable, ainsi qu'un genre particulier de broderie. Nous trouvons dans l'inventaire de Charles V, daté de 1380, « un escrinet de broderie de nonnain... une vieille bourse de soye d'œuvre de nonnains. » Mentionnons également ces vers, datés de 1540 et attribués à François Iᵉʳ :

> Gentille Agnès, plus de los tu merite,
> La cause estant de France recouvrer,
> Que ce que peut dedans un cloistre ouvrer
> Close nonnain ou bien dévote hermite.

NOUCHE. — Ancien terme synonyme de FERMAIL. (Voy. ce mot.)

NUMISMATIQUE. — La numismatique est la science qui s'occupe des médailles; des monnaies; car il y a lieu de distinguer en deux classes les pièces comprises dans la numismatique : les unes servent pour le commerce, pour les échanges, ce sont les monnaies; les autres

Fig. 552. — Première médaille française commémorative (avers).

servent à perpétuer le souvenir d'une action éclatante, de l'érection d'un monument, ou à donner la représentation d'un personnage. Cette seconde classe comprend les médailles et les médaillons. Nos figures 552 et 553 mon-

Fig. 553. — Revers de la médaille fig. 552.

trent l'avers et le revers de la première médaille française commémorative; elle a été frappée en 1451, c'est-à-dire au milieu du xvᵉ siècle. Avant Charles VII, en effet, on n'avait jamais appliqué en France l'art de monnayer à des monuments purement historiques ou commémoratifs. La médaille dont nous donnons ici une reproduction est en or ; elle a été frappée en mémoire de l'expulsion des Anglais de notre sol. Elle mesure 0^m,082 de diamètre, elle est donc bien réduite, puisque notre gravure ne mesure que 0^m,054. D'un côté (fig. 552) on voit l'écusson aux armes de France et une légende qui forme deux lignes circulaires comportant quatre vers de huit pieds ; c'est la médaille qui parle en son nom et au masculin :

> Qvand le fv falct sans diférance
> Av prvdent roi de Diev
> On obéissoit par tovt en France
> Fors à Calais qVI est fort lleV.

La légende du revers comporte aussi quatre vers ; les voici :

> D'or find suis extrait de ducas
> Et fut fait pesant VIII caras. (1)
> En l'an que verras moi tournant
> Les lettres de nombre prenant.

Si nous suivons les prescriptions de la légende, c'est-à-dire si nous retournons la médaille pour connaître le millésime de sa frappe, nous remarquerons sur les quatre vers de l'avers qu'il y a huit V, onze I, trois C, un M et deux L. En additionnant chacune de ces lettres, nous trouvons le chronogramme 1451 ; en effet, suivant la numération romaine :

```
    8 V =    40
   11 I =    11
    3 C =   300
      M =  1000
    2 L =   100
    Total : 1451
```

qui est bien l'année pendant laquelle on a chassé les Anglais de France, sauf de Calais (*fors Calais*).

Notre figure 554 montre une *pièce de curiosité* ou *de plaisir*, qui valait dix louis. On nommait ainsi ce genre de monnaie parce que ces pièces, qui valaient six, huit et dix louis, n'étaient pas aussi généralement employées dans

---

(1) C'est-à-dire 8 fois 192 grains, soit 1,536 grains ou 219 grammes.

le commerce que les louis de dix livres ou les doubles louis ; leur possesseur les gardait comme pièces curieuses ou les regardait avec *plaisir ;* d'où leur nom.

A toutes les époques, on a employé les monnaies en belle épreuve pour les enchâsser dans des bijoux. Nous avons donné, au mot BIJOU (fig. 98), un collier qui renferme des monnaies dans sa décoration. De nos jours, après un long temps d'indifférence, le goût se reporte aux médailles, et la bijouterie moderne commence à en consommer un si grand nombre que la galvanoplastie est venue jeter dans le commerce une énorme quantité de fausses médailles antiques,

Fig. 554. — Pièce de curiosité ou de plaisir.

qui sont parfois si bien imitées qu'il est bien difficile de les reconnaître. — Voici quelques prix de médailles.

Vente Hoffmann. — Médaille de Julia Paula, deux métaux (bronze et cuivre rouge au centre), 260 fr. — Pertinax (grand bronze), 200 fr. — Néron, 50 fr. — Galba, 64 fr. — Vespasien, 77 fr. — Nerva, 90 fr. — Hadrien, 100 fr. — Antonin, au revers de Marc-Aurèle, 115 fr. — L. Vérus, 129 fr. — Commode, 137 fr. — Septime-Sévère, 150 fr. — Julia Domna, 151 fr. — Géta, 160 fr. — Macrin, 165 fr. — Une platine d'or, au revers de Trajan, 316 fr. — Du reste, tous les prix de cette vente (16 mai 1875, hôtel Drouot) ont été relativement faibles ; aujourd'hui, en 1883, toutes ces médailles valent beaucoup plus.

OBJETS D'ART. — Terme générique sous lequel on comprend tous les produits de la peinture, de la sculpture, de la céramique, de l'orfèvrerie, de l'horlogerie, etc., qui ont été exécutés à toutes les époques et chez tous les peuples avec art ; nous ne les désignerons pas plus spécialement puisqu'ils sont tous décrits à leur rang dans ce Dictionnaire, qui ne traite que des objets d'art et de la curiosité.

OBSIDIENNE. — Produit volcanique à cassure vitreuse de couleur verdâtre foncée, qui se rapproche de la couleur du verre à bouteille. L'obsidienne fond au chalumeau et se boursoufle. Cette pierre est connue de toute antiquité ; à l'époque préhistorique, dans certaines contrées, notamment au Mexique et au Pérou, l'homme a fabriqué des couteaux, des rasoirs et des casse-tête en obsidienne. Une belle variété de ce minéral est chatoyante et présente des reflets dorés et brillants ; on la taille en cabochon. On nomme quelquefois, à tort, l'obsidienne *agate d'Islande*, parce que les premiers échantillons arrivés en France provenaient de l'Islande.

ŒIL-DE-CHAT. — Cette pierre est le *corindon nacré* des minéralogistes, la *chatoyante orientale* des lapidaires ; elle est translucide et peut se présenter sous diverses couleurs, mais la plus ordinaire est d'un ton verdâtre ; son plus grand mérite est de posséder des reflets nacrés qui, partant du centre de la pierre, lui donnent l'aspect de l'œil de certains chats ; d'où son nom.

ŒUF D'AUTRUCHE. — Les œufs d'autruche sont employés comme objets décoratifs ; unis, ils valent de 6 à 7 francs la pièce ; gravés, de 25 à 30 francs ; décorés d'un réseau de passementerie en soie et or ou argent et soie, ils valent 30 francs environ.

ŒUVRE. — Ce terme a des significations assez diverses. Il signifie l'ensemble des travaux accomplis par un artiste ; ainsi l'*œuvre de Rembrandt* désigne toutes les eaux-fortes exécutées par ce maître. Ce terme est synonyme de travail : ainsi *chef-d'œuvre* veut dire travail principal exécuté par un artiste. Ce mot *œuvre* désigne également l'ensemble des objets spécialement fabriqués dans un pays : ainsi au moyen âge on nommait *œuvres de Damas*, par exemple, les ouvrages de damasquinerie, de verrerie, de poterie, exécutés à Bagdad, à Damas et à Mossoul ; nous dirons même, en passant, que c'est grâce aux industries de ces villes orientales que le style arabe pénétra en Europe en passant par Venise, dont la marine marchande importait tous les riches objets de l'art oriental. Mais, en même temps, la riche cité vénitienne était trop industrieuse pour ne pas profiter de tous les modèles orientaux qu'elle transportait ; aussi, pour satisfaire le goût et la recherche de tous ces objets de curiosité qu'on appelait *œuvres de Damas*, Venise contrefit-elle des étoffes, des verreries, des armes, des damasquines et des bijoux orientaux ; elle répandit ainsi dans le monde entier, mais principalement en Europe, des types qui servirent à leur tour de modèles aux manufactures d'Arras, de Paris et des Flandres.

ŒUVRE DE NONNAIN. — Voy. NONNAIN.

OGIVAL (ART). — On désigne sous ce terme l'art qui fleurit en Europe, et principalement en Allemagne, en Italie et en France, du XIe siècle au XVIe siècle, et qu'on a souvent improprement dénommé *art gothique*.

OIRON (FAÏENCE D'). — Voy. FAÏENCE. — On nomme également les faïences d'Oiron *faïences de Henri II*.

OLIFANT. — Cor en ivoire; cornet d'appel taillé dans la défense d'un éléphant. Au mot CORNET (fig. 287), nous avons donné un *olifant*. Suivant la beauté des travaux de sculpture qui les décorent, les olifants valent de 400 à 800 fr., et même jusqu'à 4,000 francs. Les olifants du XVe siècle sont très rares, ce sont ceux-là qui atteignent les prix les plus élevés. — Le musée de Cluny, le cabinet des médailles de la Bibliothèque nationale, le musée de Puy-en-Velay, le British Museum, possèdent de beaux spécimens d'olifants qui remontent aux XIIe, XIe et même Xe siècles. — Les olifants étaient non seulement des cornes de chasse, mais dans les guerres ils servaient à annoncer l'approche de l'ennemi, à donner le signal du combat, à rallier les troupes. Nous citerons, à l'appui de ce qui précède, *Gérard de Roussillon* (XIIIe siècle), vers 4612 et 4613 :

Ung olifant sona, ses gens vers li ralie,
Et leur dit : « Segues moi, je vous ferai aïe. »

OMBILIC. — Ce terme désigne à la fois la partie centrale et saillante d'un bouclier, et le centre d'un plat ou d'une assiette en faïence ou en métal. Dans les assiettes ou dans les plats en faïence, le MARLI (Voy. ce mot) entoure l'ombilic.

OMERTI. — Instrument de musique hindou; espèce de timbale formée par une noix de coco recouverte d'une peau mince sur laquelle sont tendues des cordes de boyau. C'est une sorte de petites NACAIRES. (Voy. ce mot et TIMBALE.)

ONCIALE (ÉCRITURE, LETTRE). — Écriture, lettres majuscules dont les caractères présentent en général des formes arrondies. On distingue plusieurs genres d'écriture onciale : l'onciale *anguleuse*, *massive*, *élégante*, *tortueuse*, *à double* et *à simple trait*, *à plein trait*, *à traits obliques*, etc. Tous les manuscrits en lettres onciales sont antérieurs à la fin du Xe siècle. Les plus beaux manuscrits de ce genre datent des successeurs de Charlemagne.

ONYX. — Voy. AGATE, § 8.

OPALE. — Quartz résinite, produit volcanique d'un blanc laiteux et brillant, doué d'un chatoiement particulier qu'on nomme *chatoiement opalin*. Moins dur que le cristal de roche, ce quartz raye cependant le verre; c'est le plus léger des quartz. — Dans l'antiquité, on estimait beaucoup l'opale, qui semble avoir été totalement inconnue pendant le moyen âge. On tire cette pierre de l'Orient, de la Saxe et surtout de la Silésie. Les deux variétés d'opale les plus estimées de nos jours sont *l'opale à flammes* et *l'opale à reflets, à paillettes*.

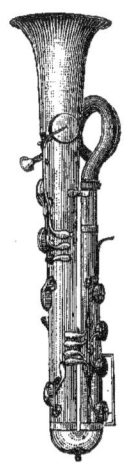

Fig. 555. — Ophicléide à dix clefs.

OPHICLÉIDE. — Ce terme, dérivé du grec, signifie littéralement *serpent à clefs*. C'est un instrument de musique à vent et en cuivre qui, introduit dans les musiques militaires vers 1820, a remplacé le serpent. Notre figure 555 montre un ophicléide à dix clefs. Il vaut environ 160 francs.

ORFÈVRERIE (Art de l'). — Art de l'orfèvre ou fabricant d'objets en or, en argent ou en autres métaux, et, par extension, produits de cet art. L'orfèvrerie à son origine comprenait l'art de travailler tous les métaux précieux; elle embrassait donc la *bijouterie*, la *joaillerie* et l'*orfèvrerie* proprement dite, c'est-à-dire la fabrication des grosses pièces; aussi nommait-on ce dernier art *grosserie*, fabrication à laquelle appartenaient la vaisselle, les couverts, les instruments et les ustensiles du culte, etc. Nous ne traiterons ici que de la grosserie, ayant étudié la Bijouterie en son rang (Voy. ce mot) avec la *joaillerie*.

Historique. — Orfèvrerie antique. — L'art de donner de belles et riches formes à l'or et à l'argent remonte à une très haute antiquité. Les produits de l'orfèvrerie étaient extrêmement remarquables dans l'Asie, en Égypte, en Phénicie, en Judée, en Grèce et à Rome. Des découvertes assez récentes nous ont fourni une grande quantité d'objets d'orfèvrerie et de bijoux égyptiens qui permettent de se faire une juste idée de l'orfèvrerie de l'Égypte dès les temps les plus reculés. Le musée du Louvre renferme un beau groupe en or qui représente la triade égyptienne : Osiris, Isis et Horus. Au mot Égyptien (fig. 355), nous avons donné cette pièce intéressante qui remonte à dix ou onze siècles avant notre ère. Une autre œuvre d'orfèvrerie remarquable est une barque en or trouvée dans le tombeau de la reine Aah-Hotep, avec quantité d'autres objets précieux d'or et d'argent : anneaux, armilles, bracelets, colliers, chaînes, diadème, pectoral, etc. Cette barque en or massif est garnie de son équipage, comprenant : à l'avant, un pilote; au milieu, douze rameurs, un commandant, et, à l'arrière, un timonier; ces personnages sont en argent. Le musée de Boulacq possède des vases d'argent égyptiens de la plus haute antiquité, contemporains peut-être de ceux que les Israélites avaient emportés à leur sortie d'Égypte en assez grande quantité, et qui étaient en or et en argent; ce qui tend à faire supposer qu'à cette époque reculée il existait déjà un art d'orfèvrerie dans ce pays. Quelque temps après cette sortie d'Égypte, les Juifs, ayant demandé à Aaron de leur donner un dieu tranquille, celui-ci réclama les bijoux des femmes et des filles israélites et en fabriqua le veau d'or. Moïse, en descendant du Sinaï avec les tables de la loi, indigné de ce retour à l'idolâtrie, aurait dissous le veau d'or à l'aide de l'eau régale : c'est, du moins, ce que prétend le savant allemand Klaproth.

Après le peuple juif, nous lisons dans Homère que, parmi les riches présents que donna Priam pour avoir le corps d'Hector, il y avait deux magnifiques trépieds d'un travail si remarquable qu'ils éblouissaient les yeux, ainsi que plusieurs vases d'une grande richesse et une coupe d'un prix infini qu'il avait reçus des Thraces, lorsqu'il avait été envoyé chez eux comme ambassadeur. Nous voyons encore dans Homère que Ménélas et Hélène reçurent de l'Égypte des pièces d'argenterie décorées d'ornements en or. Le même auteur nous apprend que l'épée du roi Agamemnon avait une poignée d'or; il nous donne aussi la description du célèbre bouclier d'Achille décoré de pampres d'or de diverses couleurs et finement ciselés. — Les femmes d'Athènes, dès la plus haute antiquité, portaient dans leurs cheveux des cigales en or, symbole indiquant qu'elles étaient bien nées, comme cet insecte, sur le sol de la Grèce.

Notre planche XXIII montre un superbe vase grec en argent du musée de l'Ermitage, à Pétersbourg. Nous aurons occasion de parler un peu plus loin de divers autres objets de ce même musée. Le vase reproduit par notre planche, au quart de sa grandeur vraie, a été trouvé en 1863 au nord-ouest de Nicopol, sur la rive droite du Dniéper, sous un tumulus; sa forme est celle d'une amphore; il daterait du IVe siècle avant J.-C., c'est-à-dire de la plus belle époque de l'orfèvrerie grecque; sa riche et belle ornementation ne peut que confirmer dans cette supposition. Ce beau vase devait servir à contenir le vin mélangé à la neige qu'on servait dans les festins, ce qui

PLANCHE XXIII. — Vase grec en argent (musée de l'Ermitage).

peut accréditer cette supposition, c'est qu'au devant des orifices d'écoulement se trouvent des crépines ou plaques perforées qui empêchaient les impuretés contenues dans le breuvage de s'écouler par les trois ajutages placés dans les gueules de lion et dans la bouche du cheval ailé. Le col, les anses, le pied et tous les ornements dessinés sur le fond de cette pièce d'orfèvrerie sont dorés. Comme belle pièce d'orfèvrerie grecque de la même époque, nous signalerons la COURONNE funéraire que nous avons donnée à ce mot (planche VII, page 226).

Les Romains avaient emprunté aux Grecs l'art de l'orfèvrerie; à Rome, l'argenterie de Délos était très estimée et par conséquent fort recherchée. — Sous l'empire, la vaisselle d'or et d'argent, de même que certains meubles faits avec des métaux précieux, étaient d'une grande abondance; les vases d'or et d'argent ciselés, les patères, les coupes, étaient d'un usage fort journalier. On peut se faire une idée du mérite de ces œuvres d'art par les spécimens qui nous restent dans nos musées, et nos lecteurs connaissent sans doute les vases du cardinal Albani représentant l'expiation d'Oreste et les travaux d'Hercule, ainsi que les deux célèbres plateaux connus sous les noms de *bouclier de Scipion* et *bouclier d'Annibal*. Que de pièces d'orfèvrerie ont dû périr dans les guerres et dans les incendies ! Ce que Rome avait accaparé aux peuples vaincus représente une bien faible partie des richesses fabriquées aux premiers siècles de notre ère. Rome avait tellement pillé et rançonné le monde entier, pour se parer de ses dépouilles, que l'on comprend que les généraux des *pays barbares* (ainsi les nommaient les Romains) emportassent à leur tour avec eux leurs trésors. Ceci expliquerait jusqu'à un certain point les trouvailles faites, dans des contrées éloignées, de pièces d'orfèvrerie romaine. Ainsi en Hanovre, aux environs d'Hildesheim, on a trouvé près de quatre-vingts objets, vases à boire ou décoratifs, urnes, patères, hydries, ustensiles de table, etc.

ORFÈVRERIE FRANÇAISE. — L'art romain de l'orfèvrerie se perpétua en Europe jusqu'au ve siècle. Au vi^e siècle, dans la Gaule, qui avait de très bonne heure pratiqué cet art (puisque nous voyons que Q. Servilius Cæpio s'empara, vers les premières années du iie siècle de notre ère, du trésor des Tectosages, conservé à Toulouse, trésor d'orfèvrerie estimé quinze mille talents (90 millions de francs) par Posidonius); au vi^e siècle, disons-nous, l'école d'orfèvrerie la plus renommée de la Gaule était à Limoges, où l'art de l'émaillerie était déjà assez avancé, Eligius (saint Éloi) (1) fut un artiste renommé, excellent calligraphe, et qui devait non seulement exécuter des travaux de grande orfèvrerie, mais encore des reliures métalliques. Eligius avait été successivement élève d'Abbon (2), citoyen de Limoges, et de Thillo, ouvrier d'origine saxonne. Il avait, en outre, de fréquents rapports avec Baudéric, un autre orfèvre. Du viie au viiie siècle et jusqu'au xie, c'est-à-dire sous les Mérovingiens et les Carlovingiens, il est convenu que tous les produits de l'orfèvrerie sont des œuvres barbares; cependant nos musées renferment des spécimens d'orfèvrerie de ces époques qui témoignent du goût et de l'habileté des artistes qui les ont exécutés : par exemple, le diadème scythe de Novo-Tscherkask, les objets composant les trésors de Petrossa et de Guarrazar, la croix dite *de saint Éloi*, la couronne de Charlemagne, et tant d'autres œuvres remarquables de l'émaillerie byzantine, pour ne mentionner que les œuvres les plus connues de ces époques. Au xie siècle, l'orfèvrerie fabrique surtout des objets du culte, des vases sacrés et des châsses. Paris et Limoges occupent le premier rang dans cette fabrication, qui, d'après Jean de Garlande, était partagée en quatre catégories : les monétaires, les joailliers, les fermailleurs et les fabricants de vases à boire. L'établissement de la corporation des orfèvres remonte à une

---

(1) Saint Éloi était né à Chatelac en 588, il mourut en 659. D'orfèvre il devint ministre et conseiller du bon roi Dagobert, enfin évêque de Noyon.

(2) Il ne faut pas confondre cet Abbon avec saint Abbon, abbé de Saint-Benoît-sur-Loire, qui, vers la fin du xe siècle, avait créé une sorte d'école d'orfèvrerie dont un de ses élèves, un nommé Hausbert, prit la direction après la mort du saint abbé.

498   ORFÈVRERIE (ART DE L').

époque très reculée qu'on ne saurait préciser. Les documents les plus anciens qui soient parvenus jusqu'à nous tendent à démontrer que cette corporation existait bien avant le règne de Louis IX, vers 1260. Le corps des orfèvres, qui jouissait de certaines prérogatives, avait également des charges qui empêchaient cet art de progresser. Pendant le XII° et le

Fig. 566. — Ornement d'orfèvrerie par Louis Roupert (XVII° siècle).

XIII° siècle, l'orfèvrerie suit une marche ascendante; Limoges fabrique un nombre considérable de pièces émaillées dites *œuvres de Limoges* (*opus Lemovicense*). La plupart des cathédrales conservent, parmi d'autres pièces d'orfèvrerie, des œuvres de Limoges; celles du XIII° siècle sont très reconnaissables au milieu des objets d'orfèvrerie antérieurs, car l'avènement de l'art ogival marque de son empreinte toutes les espèces d'orfèvrerie des XIII°, XIV° et XV° siècles. Du reste, les châsses de ces époques sont de véritables édicules go-

ORFÈVRERIE (ART DE L'). 499

thiques; nous citerons notamment la châsse de saint Taurin à Évreux, celle de sainte Julie à Jouarre, et surtout celle de Nivelles. — Le commencement du XVIᵉ siècle fut un temps d'arrêt pour l'orfèvrerie, car les guerres qui épuisaient la France à cette époque forcèrent Louis XII à signer un édit défendant aux orfèvres de fabriquer aucune pièce, vase, châsse, ostensoir, vaisselle, sans une autorisation préalable; mais quelques années après l'avènement de François Iᵉʳ, vers 1528 ou 1530, l'orfèvrerie, qui était florissante en Italie, progressa beaucoup en France, parce que des peintres tels que Léonard de Vinci, le Primatice, le Rosso, et des bijoutiers-orfèvres tels que Matteo del Nassaro, Benvenuto Cellini, et d'autres encore, que le roi fit venir à sa cour, excitèrent grandement l'émulation des orfèvres français. Ce dernier artiste fabriqua, outre les œuvres remarquables que nous avons citées dans le cours de cet ouvrage, un vase d'argent pour la duchesse d'Étampes, une véritable merveille, et pour le palais de Fontainebleau un Jupiter en argent : le dieu lance la foudre d'une main et porte de l'autre le monde. (Voy. SALIÈRES, où nous avons donné une œuvre de Cellini.)

Nous venons de dire que les artistes italiens excitèrent l'émulation de nos orfèvres; en effet, l'orfèvrerie française était à cette époque remarquable et portait bien le cachet des œuvres de notre pays. Les principaux orfèvres français du XVIᵉ siècle sont : Pirame Triboulet, Pierre Mangot, Benedict Ramel, Étienne Delaune, F. Dujardin, F. Briot, Jean de la Haye, etc. Ce dernier était l'orfèvre de Gabrielle d'Estrées. — Au commencement du XVIIᵉ siècle, l'orfèvrerie avait atteint à son apogée et réalisé de grands perfectionnements. Parmi les orfèvres de cette époque, nous mentionnerons Louis Roupert, orfèvre à

Fig. 557. — Cafetière de Ballin.

Fig. 559. — Coupe de Ballin.

Fig. 558. — Buire de Ballin.

Metz, mais qui vint travailler à Paris, où il se fit une certaine réputation. C'est de ce graveur que Mariette dit, dans son *Abecedario* : « Il a conservé, parmi les metteurs en cuivre, la réputation du graveur qui a su le mieux refendre des feuilles d'ornements et promener son burin sur les métaux avec le plus de netteté. » Notre figure 556 montre un ornement d'orfèvrerie de cet artiste; il serait difficile de trouver des rinceaux plus largement dessinés et d'une facture aussi ample. Du XVIIe siècle nous mentionnerons également Ballin, qui, dès l'âge de dix-neuf ans, créa quatre bassins d'argent de soixante marcs chacun, sur lesquels figuraient

Fig. 560. — Flambeau en argent de Meissonnier.

les quatre âges du monde. Ces vases furent achetés par Richelieu, qui lui en commanda quatre autres dans le style antique. Le sculpteur Sarrasin, émerveillé du talent du jeune orfèvre, lui fit ciseler divers bas-reliefs. Ballin fit également, en or émaillé, la première épée et le premier hausse-col portés par Louis XIV; un miroir d'or de quarante marcs pour Anne d'Autriche, et le chef de saint Remi, que le roi-soleil donna à l'église de Reims lors de son sacre. Perrault, dans son livre : *les Hommes illustres* de son temps, donne une biographie de Claude Ballin; il nous apprend, entre autres faits intéressants, que ce même artiste exécuta pour le roi des torchères ou grands guéridons de $2^m,40$ à $2^m,60$ de hauteur pour porter des flambeaux et girandoles, de grands vases pour placer des orangers, des cuvettes, pots à eau et chandeliers. Toutes ces magnifiques pièces d'orfèvrerie furent fondues pour faire face aux dépenses de la guerre. Quelle perte regrettable pour l'art et pour l'histoire de l'orfèvrerie de cette époque! Ce devaient être des merveilles, car Perrault nous dit : « Tous ces ouvrages d'une magnificence incroyable étaient peut-être une des choses du royaume qui donnaient une plus juste idée de la grandeur du prince. » Un autre orfèvre, Delaunay, neveu par alliance de Ballin, le secondait dans ses travaux de composition ; c'est lui qui a dessiné un grand nombre des compositions de son maître. Nos figures 557 à 559 montrent trois œuvres de Ballin, une cafetière, une buire et une coupe. Après la mort de cet artiste, survenue en 1678, parmi les orfèvres les plus distingués qui prirent sa succession nous devons citer Pierre et Thomas Germain, A. Meissonnier de Turin, orfèvre du roi, qui était également peintre, sculpteur et architecte. La plupart de ces artistes travaillèrent beaucoup pendant le XVIIIe siècle, malgré les ordonnances somptuaires qui empêchaient, sauf pour les pièces d'orfèvrerie religieuse, de dépasser un certain poids de métal pour fabriquer des œuvres d'orfèvrerie ; aussi les dernières années du XVIIIe siècle ne furent-elles pas brillantes pour l'art qui nous occupe. Le commencement du XIXe siècle ressembla beaucoup à la fin du XVIIIe, mais pour un autre motif : le style classique faux et bâtard inauguré par David, et continué par Percier et Fontaine, était seul à la mode et produisit en général des œuvres de peu de valeur. David était un grand peintre, mais un décorateur assez médiocre. Les principaux orfèvres de cette époque sont Caillé, Biennais, Thomire et Odiot ; ceux de la restauration, Fauconnier, Tamisier, Maleret et Vechte ; enfin les orfèvres contemporains, les Fanière, Froment-Meurice, Morel, Duponchel, Bachelet, Poussielgue-Rusand, Charles Christofle, etc.

Nos figures 560 et 561 montrent deux spécimens de l'orfèvrerie française ; le premier est un flambeau en argent de Meissonnier, le second un flambeau, également en argent, mais de l'époque Louis XVI.

ORFÈVRERIE ÉTRANGÈRE. — A propos de l'orfèvrerie française, nous avons dit quelques mots de l'orfèvrerie des peuples dits *barbares;* dans le présent paragraphe nous étudierons spécialement l'orfèvrerie étrangère. Tout d'abord il y a lieu de se demander d'où venaient ces barbares ? A cela on peut répondre qu'ils venaient de tous les côtés, des confins extrêmes de l'Asie, du nord et de l'est de l'Europe ; constamment ils envahissaient la Grande-Bretagne, la Gaule, l'Espagne et l'Italie, portant la terreur jusqu'au cœur de Rome même. Ces barbares étaient les Huns, les Vandales, les Ostrogoths et les Wisigoths, les Lombards, les Franks, les Saxons, les Normands, etc. Certes

Fig. 561. — Flambeau en argent (époque Louis XVI).

ces farouches peuplades pillaient sur leur passage les œuvres d'orfèvrerie des nations qu'ils envahissaient, mais elles possédaient incontestablement des produits de leur propre industrie ; c'est un fait qu'on ne saurait nier aujourd'hui, d'autant que nous n'ignorons pas que tous les peuples barbares savaient parfaitement travailler les métaux, non seulement pour se fabriquer des armes, mais encore pour se créer des outils, des ustensiles, des objets de toute nature, et principalement des bijoux. Dans tous les pays envahis pendant le IVe siècle jusqu'au VIIIe, on a rencontré des objets divers qui tous présentent, suivant l'époque de leur fabrication, des caractères identiques : par exemple, en ce qui concerne l'orfèvrerie, c'est l'emploi des grenats en cabochons, en tables et en lames, tantôt enchâssés dans le métal, tantôt sertis ou encloisonnés. Les plus anciennes orfèvreries des barbares font partie des collections du musée de l'Ermitage à Péters-

Fig. 562. — Flambeau en argent (renaissance italienne).

bourg. Le gouvernement russe, qui occupe aujourd'hui les vastes contrées qui furent jadis le berceau de ces peuples nomades, a retrouvé sur son territoire des objets en si grande quantité que les conservateurs du musée les ont classés sous deux divisions principales : les *antiquités du Bosphore Cimmérien*, et la *collection Scythique*, qui possède des objets d'orfèvrerie en or massif. L'un d'eux, très curieux, est un diadème, sorte de bandeau métallique, trouvé sur les bords du Don, à Novo-Tscherkask; il est en or massif orné de cabochons, de perles et d'un superbe camée grec. Malgré la présence de ce bijou sur ce diadème, on est bien obligé de reconnaître, surtout à cause des figures de l'élan et du bouquetin du Caucase placées sur l'orle supérieur de cette pièce, que nous sommes bien en présence d'un bijou

Fig. 563. — Vase à communier et pot à bière de Luther.

scythe. D'autres pièces d'orfèvrerie remarquables, et connues aujourd'hui de tous les curieux, sont les couronnes de Guarrazar, les objets faisant partie du trésor de la cathédrale de Monza, la châsse ou reliquaire de l'abbaye de Saint-Maurice dans le Valais, le superbe parement d'autel de Saint-Ambroise de Milan, connu sous le nom de *paliotto*. Cette pièce d'orfèvrerie remonte à l'an 835 ou 838 ; c'est sans contredit la plus belle de toutes les pièces d'orfèvrerie antérieure au xe siècle. Notre figure 562 montre un flambeau en argent de la renaissance italienne. Il reste fort peu de pièces d'orfèvrerie allemande des VIIIe, IXe et Xe siè- cles; on cite cependant un calice dit *de Tassilo*, duc de Bavière, qui vivait au VIIIe siè-

Fig. 564. — Cruche en argent doré et ciselé.

cle. En ce qui concerne les IXe et Xe siècles, nous savons qu'à cette époque c'était surtout dans les monastères que se pratiquait l'art de l'orfèvrerie; les moines fabriquaient principalement des parements d'autel. Il en fut de même du XIe au XVe siècle; mais, à partir du XVIe siècle, l'orfèvrerie profita du mouvement général de la renaissance. L'art allemand de cette époque fut très remarquable;

Fig. 565. — Pièce d'orfèvrerie de Kaschemir.

Fig. 566. — Spécimen d'émaillerie de l'Inde.

ORFÈVRERIE (ART DE L').

nous ne fournirons comme exemple à nos lecteurs que la superbe monstrance de l'abbaye de Donawerth, que reproduit notre planche XXIV au mot OSTENSOIR ; ici notre figure 563 mon-

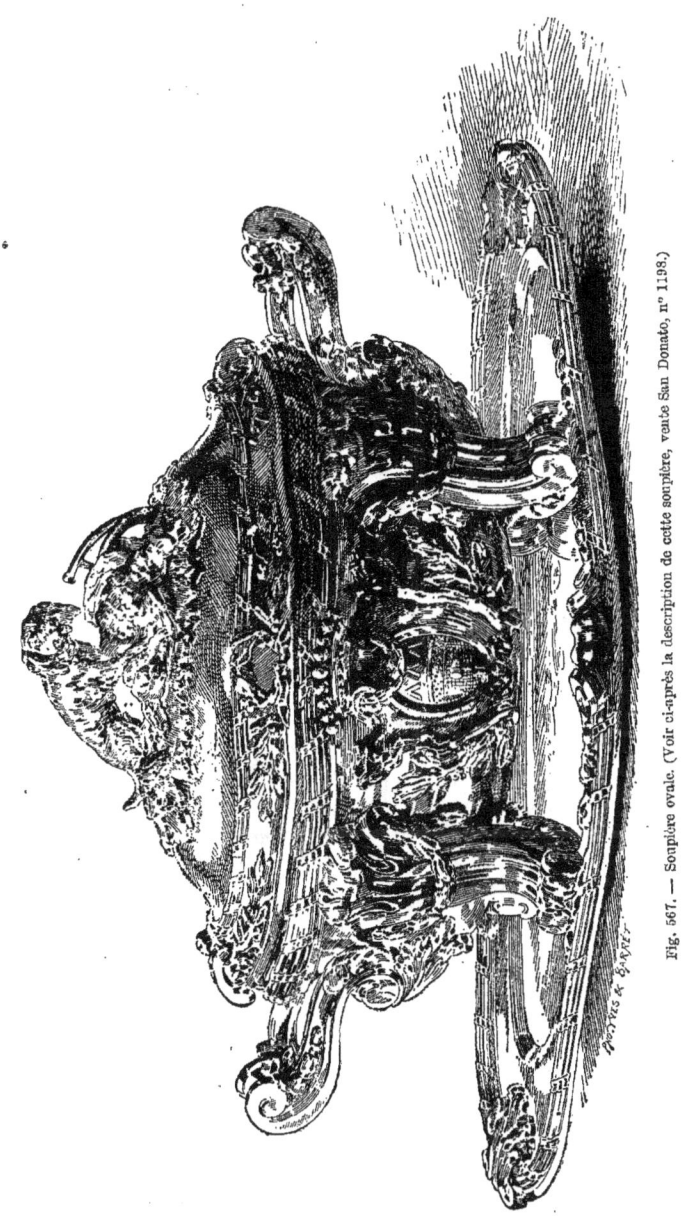

Fig. 567. — Soupière ovale. (Voir ci-après la description de cette soupière, vente San Donato, n° 1198.)

tre le vase à communier et le pot à bière de Luther, deux œuvres de la renaissance allemande. Le pot à bière est couvert d'arabesques finement gravées à l'eau-forte. Ces deux pièces sont en argent doré et faisaient partie de l'ancienne collection Raisé, vendue vers 1867. Du reste, dans tous les pays, en Italie, en Angleterre, en Allemagne, en Pologne, en Espagne, l'orfèvrerie a produit pendant le XVIᵉ siècle des œuvres très remarquables et fort nom-

Fig. 568. — Cafetière en argent. (Voir ci-après la description de cette cafetière, vente San Donato, n° 1208.)

breuses. Nous ne pousserons pas plus loin notre étude sur l'orfèvrerie, car il faudrait écrire de gros volumes pour en retracer l'histoire, même abrégée, et nous terminerons en donnant deux types d'orfèvrerie kaschemirienne (fig. 564 et 565). Notre figure 564 montre une cruche en argent doré et ciselé; c'est une variété de vermeil utilisée à Kaschemir et dénommée par les Anglais *ruddy gold*. Notre figure 565 montre une pièce d'orfèvrerie de Kaschemir; notre figure 566, un spécimen d'émaillerie de l'Inde.

ORFÈVRERIE (ART DE L').

Nous dirons enfin quelques mots des marques et poinçons de contrôle de l'argenterie française, ou plutôt de l'orfèvrerie parisienne.

Il existait anciennement deux poinçons pour celle-ci : celui du maître orfèvre qui avait fait l'ouvrage, et celui de la maison commune, qui

Fig. 569. — Légumier de forme ovale. (Voir ci-après la description de ce légumier, vente San Donato, n° 1210.)

attestait que l'ouvrage avait été essayé par les gardes et qu'il était bien au titre de Paris (11 deniers, 10 à 12 grains). Ce genre de poinçonnage doit remonter à l'année 1275, d'après ce que permet de supposer une ordonnance de décembre 1275, citée par Leroy dans son ouvrage, ordonnance qui fut confirmée par Philippe le Bel en 1313. Ce poinçon était pour Paris une lettre couronnée de l'alphabet, lettre qui changeait chaque année en même temps que les *gardes du métier*, afin de pouvoir établir leur responsabilité respective. Malheureusement, il se produisit des irrégularités dans la succession des lettres de l'alphabet, de sorte qu'on ne saurait préciser exactement quelles sont les lettres correspondantes à telle ou telle autre année, et bien qu'on sache d'une manière certaine la correspondance de quelques-unes d'entre elles : ainsi, par exemple, M correspond à 1472 ; U était encore en 1783 la lettre de poinçon. Mais, à partir de cette époque, Louis XVI assigna un poinçon invariable à chaque communauté d'orfèvres; celui de Paris était un P couronné. Plus tard il y eut les marques des fermiers du contrôle (poinçon de charge et poinçon de décharge) ; l'un indiquait le droit à payer, l'autre l'acquit de ce droit. Chaque fermier avait des poinçons de charge et de décharge différents pour les trois classes d'orfèvrerie, *gros, moyens* ou *menus* ouvrages.

Vente Jules Jacquemart (avril 1881). — N° 255. Un petit vase indien en argent doré. 280 francs.

Vente San Donato. — N° 1185. Quatre salières en cristal bleu, à monture en argent finement ciselé, à quatre pieds contournés en feuilles d'acanthe, surmontés de têtes de bacchantes d'où s'échappent des ceps de vigne chargés de fruits et de feuilles ; cercles ajourés, bordure perle ; travail français du XVIII° siècle. 1,250 lires. — N° 1186. Aiguière à anse et couvercle en argent repoussé et ciselé ; culot entièrement recouvert de roseaux et de feuillages ; orfèvrerie française du XVII° siècle. 5,700 lires. — N° 1187. Chocolatière et lampe à esprit-de-vin en or, haute, de forme simple, couvercle, col et bouterolle du manche ornés de joncs coudés et en ondes ; manche droit en jaspe sanguin. Marque poinçon de décharge et bas de l'A d'Étienne Baligny (1703 à 1713). 10,000 lires. — N° 1189. Terrine avec pieds fourchus mouvant d'une touffe de céleri ; sur le couvercle sont jetés autour d'une orange garnie de son feuillage, ortolans, deux grondins, trois huîtres, truffes, champignons, artichauts, cornichons, etc., etc. Plateau ovale, bords et baguettes garnis de feuillage. Ancienne collection du baron Pichon, qui attribuait cette terrine à Syrieys, orfèvre à brevet du roi, ce qui expliquerait pourquoi cette pièce ne porte pas de poinçon de maître, puisqu'elle a été faite par un orfèvre suivant la cour, et n'avait pour toutes marques que les poinçons 1720 et 1730. 40,000 lires. — N° 1190. Présentoir et son plateau en vermeil forme cylindrique (pentagonale) à anses et plateau, bordure de feuilles variées. 1,070 lires. — N° 1192. Cafetière de forme élancée et ciselée, goulot en forme de bec d'oiseau, col et couvercle à bordures de fleurs variées. Manche en ivoire. Travail anglais du XVIII° siècle. 1,220 lires. — N° 1193. Grande cafetière en argent ciselé et repoussé ; travail hollandais du XVIII° siècle. 1,080 lires. — N° 1194. Deux salières doubles montées en argent ; travail français du XVIII° siècle. 1,500 lires. — N° 1197. Théière de forme rectangulaire en argent ciselé ; travail allemand de l'époque de Louis XIV. 1,100 lires. — N° 1198. Soupière ovale (fig. 567), couvercle surmonté d'un chien avec gibier et attributs de chasse. Travail d'Antoine-Jean de Villeclair contremarqué Y (1762). 11,700 lires. — N° 1199. Cafetière en argent repoussé et ciselé sur trois pieds ; travail hollandais du XVIII° siècle. 650 lires. — N° 1201. Soupière de forme basse en argent repoussé et ciselé ; travail italien du temps de la régence. 1,550 lires. — N° 1206. Soupière ovale, en argent repoussé et ciselé ; culot à feuilles de chêne et de laurier entremêlées ; perlé et feuillages à la base ; anses en ceps de vigne. Travail français du XVIII° siècle. 11,500 lires. — N° 1208. Cafetière en argent repoussé et ciselé (fig. 568), dessinée par Bérain ; anse pleine en forme de sirène ; bec en forme de dauphin ; travail français de l'époque Louis XIV. 7,900 lires. — N° 1210. Légumier ovale (fig. 569), supporté par quatre pieds de biche mouvant de feuilles d'acanthe ; culot à godrons et à feuilles de laurier, surmonté de grappes de raisin ; couvercle à bordure de raisins, roses et fruits finement ciselés, surmonté d'une pomme de pin ; travail français du XVIII° siècle. 2,500 lires. — N° 1213. Cafetière en argent repoussé et ciselé à godrons contournés, supportée par trois bustes de femmes terminés en volutes ; au bec, un mascaron de satyre ; couvercle godronné surmonté d'une flamme ; travail français du XVII°

siècle. 2,900 lires. — N° 1214. Sucrier à anses, en vermeil repoussé et ciselé. 420 lires. — N° 1215. Soupière de forme ronde et son plateau de forme ovale, en argent repoussé et ciselé. Quatre pieds à volutes donnent naissance à des feuilles de chêne qui s'étendent le long du culot. Travail du temps de la régence. 5,200 lires. — N° 1227. Surtout de table en argent repoussé et ciselé. Il représente une fontaine en forme d'obélisque élevée sur un plateau contourné; deux vases enguirlandés servent de flambeaux, et six coupes en verre, simulant des cuves, sont enchâssées dans des montures enguirlandées en argent. Travail français de l'époque Louis XVI. 10,700 lires. — N° 1235. Magnifique aiguière à couvercle et son plateau, en argent repoussé et ciselé; à la base, quatre cartouches contenant des fleurs, paysages et sujets de chasse; bassin ovale à bords contournés à coquilles, joncs, fleurs. Exécuté par P. Germain (1600). 37,000 lires. — Pour d'autres prix d'orfèvrerie, voyez CALICE, COUPE, GROUPE, HANAP, POT A EAU, VIDRECOME, etc.

ORFROI. — Ce terme, dérivé du latin du moyen âge *aurifrisia, aurifriisum, aurifrigia,* ou de l'italien *orifrigio,* sert à désigner une broderie d'or et de soie, ou d'argent et de soie, dont on fait des vêtements très riches, principalement des costumes sacerdotaux. — Il existait également des orfrois pour bordure qui remplissaient l'office de nos galons pour l'ornementation des vêtements; d'où les termes *orfroiser, orfraiser, orfraser,* qui signifiaient *border.* Il y avait des orfrois de différents genres et de largeurs variables; ceux brodés en perles s'appelaient *orfrois de perles.* Les orfrois dits *de Chypre* étaient brodés en or, ils mesuraient de 0^m,20 à 0^m,25 de largeur et représentaient des sujets aussi variés que compliqués. Dans le roman de *Garin,* daté de 1180, nous trouvons ce terme :

> Bien fu vestuë d'une paille de Biterne,
> Et un orfrois a mis dessus sa teste.

Dans le roman de *la Rose,* daté de 1300, il est souvent question d'*orfrais,* et quelquefois ce terme s'applique à un chapeau qui sans doute était bordé et galonné d'orfrois ; en voici un exemple :

> Un chapel de roses tout frais,
> Et dessus le chapel d'orfrais.

Ce qui confirme cette supposition que ce terme s'appliquait à la bordure des chapeaux, c'est que nous lisons dans les comptes royaux de 1351 : « Chapeaux orfoisiez autour de bon orfroy d'Arras. »

Nous avons tiré les deux citations précédentes du *Glossaire* de de Laborde (éd. 1853, page 417). Cet auteur donne beaucoup d'autres passages d'ouvrages des XIIIe, XIVe et XVe siècles, mais il ne nous dit pas que les bordures ou bandes d'orfrois aient été appliquées sur le front ou dans la chevelure des femmes, fait que quelques archéologues ont avancé, mais sans apporter aucune preuve à l'appui ; nous supposons même que ce qu'ils ont pris pour des bandes d'orfroi n'étaient simplement que des bandelettes d'orfèvrerie, ou des couronnes ou cercles de bijouterie, qui aux XIVe et XVe siècles remplissaient le même office que la ferronnière au XVIe siècle.

ORGANISTRUM. — Instrument de musique du moyen âge; sorte de vielle. Il fallait deux exécutants pour jouer de cet instrument; l'un faisait mouvoir les touches et l'autre tournait la manivelle ; l'organistrum était placé sur les genoux des exécutants.

ORGUE. — Instrument de musique, le plus complet de tous, d'une grande sonorité, et qui à lui seul forme tout un orchestre. Nous n'avons pas à parler de ce genre ici, mais seulement des orgues portatives, c'est-à-dire de celles qu'on peut déplacer et transporter comme un meuble. Notre figure 570 reproduit un orgue allemand portatif du XVIe siècle, qui fait partie des collections de South Kensington Museum. Les volets qui ferment l'instrument et protègent le buffet sont décorés de peintures qui montrent d'un côté Abraham renvoyant Agar et son fils, et de l'autre le sacrifice d'Isaac. Inutile d'ajouter que les costumes de ces peintures allemandes sont des plus fantaisistes.

Les orgues de Barbarie sont des orgues à

cylindre également portatives; les orgues à tout petit cylindre se nomment *merlines* et SERINETTES. (Voy. ce mot.)

ORIPEAU. — Laiton battu en feuilles qui sert à faire des ornements de divers genres; toute étoffe en faux or est dite *étoffe d'oripeau*. Autrefois on écrivait aussi *auripeau*.

ORNEMENT. — On désigne sous ce terme tout objet servant à décorer, à orner. Dans l'orfèvrerie, ce sont des rinceaux gravés ou ciselés,

Fig. 570. — Orgue portatif.

des nielles, des émaux, des mascarons, des feuillages, etc. Dans la joaillerie, les pierres précieuses en sont le principal *ornement*. Dans les meubles, les sculptures, les bronzes, la marqueterie, la mosaïque, font la base de leur ornementation : ce sont donc des *ornements*. — Dans le blason, tout ce qui ne fait pas partie intégrante d'une armoirie, et se trouve par conséquent en dehors de l'écu, constitue un *ornement*.

OSTENSOIR ou MONSTRANCE. —

Belle pièce d'orfèvrerie en or, en argent ou en vermeil, au centre de laquelle se trouve une *lunule* ou boîte en cristal qui reçoit une hostie consacrée ou une relique quelconque. On place les ostensoirs au-dessus des tabernacles; on les porte processionnellement pour les offrir, les présenter (*ostendere*) à la piété des fidèles. Notre figure 571 montre un ostensoir en vermeil, richement orné de pierreries, qui appartient au trésor de la cathédrale de Barcelone. Ce qui fait principalement la valeur de cet ustensile

PLANCHE XXIV. — Ostensoir de Donawerth.

du culte, c'est la quantité de joyaux précieux qui y sont appendus et qui proviennent de dons de pieux fidèles ; nous signalerons plus particulièrement un rubis cabochon, de la grosseur d'un œuf de pigeon ; une croix qui ne comporte pas moins de 66 diamants dans sa décoration ; une émeraude estimée 18,000 fr.; enfin un diamant noir d'un prix inestimable, de la dimension du Sancy de France. (Voy. DIAMANT.) Au mot ENCENSOIR, le lecteur trouvera un modèle de cet ustensile sacré, qui provient du trésor de la même cathédrale. — Notre planche XXIV reproduit le magnifique ostensoir de l'abbaye de Donawerth, que nous avons mentionné au mot ORFÈVRERIE, et qui fut donné à cette communauté en 1554 par l'empereur Maximilien. Par sa richesse et son beau travail, cette pièce d'orfèvrerie justifie fort bien ce qu'en dit Gaspare Bruschio, que « c'était un monument d'un grand poids, » c'est-à-dire de grande valeur (1). — En jetant les yeux sur notre planche, on voit que du pied de l'ostensoir, sur lequel est assis Jessé, le père de David, s'élèvent deux branches qui sortent de la poitrine de ce personnage ; chaque rameau s'épanouit en une fleur du milieu de laquelle sort un personnage tenant un sceptre : ce sont les rois de Juda.

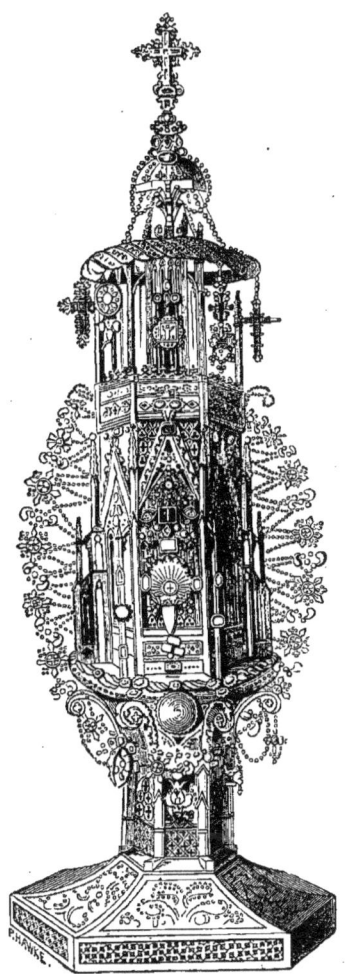

Fig. 571. — Ostensoir en vermeil.

OTELLE. — Sorte de lance du moyen âge. — C'est aussi, dans le blason, un meuble de l'écu figuré par un objet ovale et pointu qui ressemble plutôt à une amande qu'à une lance.

OVE. — Ornement qui affecte la forme d'un œuf ; d'où son nom (*ovum*) : il est très employé comme motif de décoration.

---

(1) « Monumentum argenteum magni ponderis quod monstrantiam vel portatilem sacramenti loculum vulgus sacerdotum vocat. » (*Monasterium Germaniæ præcipuarum maxime illustrium centuria prima*, etc., auctore Gaspare Bruschio, *poeta laureato ac comite Palatino*. In-fol. Ingolstadii, 1551.)

PAGODE. — On désigne sous ce terme de petits bijoux chinois qui ont la forme d'une pagode ; ils sont en argent, en or, émaillés ou décorés de pierres fines.

PAILLON. — Métal réduit par le battage, par le marteau, à l'état de feuille ; il est brillant et souvent coloré ; les bijoutiers le placent sous les pierres précieuses ou sous les cristaux colorés pour aviver la couleur de ces pierres.

PAIX (Baiser de). — Voy. Pax.

PAL. — En termes de blason, c'est une des pièces honorables de l'écu, dont il occupe perpendiculairement le milieu. Le pal est dit *flamboyant*, quand il est effilé et onduleux à sa pointe ; s'il est ainsi à son autre extrémité, le pal est dit *comété* ; il est *affilé*, ou plutôt *aiguisé*, quand il est effilé à sa partie supérieure ; il est dit *fiché*, quand il est pointu à sa partie inférieure. Quand un écu porte plus de trois pals, on les nomme *vergettes*.

PALANQUIN. — Sorte de chaise à porteurs ou de litière couverte seulement d'un dais ou d'un plafond à rideaux. Le palanquin est d'un grand usage dans la Chine et dans l'Inde ; ceux qui sont en bois marquetés valent de 180 à 250 francs.

PALÉ. — Un écu est dit *palé*, quand il est divisé en six pals égaux par cinq lignes perpendiculaires, un pal de couleur et un pal de métal alternativement. Un écu est *contrepalé*, quand il est coupé et que les demi-pals du chef, quoique d'émaux semblables à ceux de la pointe, sont néanmoins différents à leur rencontre.

PALÉOGRAPHIE. — Science des écritures anciennes, c'est-à-dire qui s'occupe des inscriptions et des écritures anciennes faites sur le bois, la pierre, le parchemin, les peaux, le papier, l'écorce d'arbre, le papyrus, les tablettes de cire, etc.

PALETTE. — Planchette en bois, en ivoire, en faïence, de forme carrée ou ovale, percée d'un trou près de son bord, lequel trou sert à passer le pouce de la main gauche pour porter la palette à la main. Elle sert aux peintres et aux aquarellistes pour placer et mélanger leurs couleurs. — Quand un peintre est bon coloriste, on dit qu'il a une *brillante palette* ; quand son travail est cru et sans harmonie, on dit que sa toile *sent la palette* ; quand un tableau est fait de verve et d'entrain et qu'il semble exécuté d'un seul coup, on dit qu'il est fait d'une *seule palette*. — Ce terme est aussi synonyme de *bougeoir*, quand celui-ci a la forme d'une petite pelle. Au moyen âge, la palette servait à porter une chandelle ou à brûler des parfums ; on la nommait aussi *cuiller*, parce qu'on offrait aussi avec la palette des confitures. Il existait des palettes en argent, en ivoire. Quelques-uns de ces ustensiles sont souvent dénommés dans les inventaires *palettes à fumigations* : « Une palette d'argent à manche de bois pour mettre parfums à fumigations. » (Inventaire de Charles V, 1389.)

PALISSY (Faïence de). — Voy. Faïence.

PANCIÈRE. — Pectoral ou partie antérieure d'une CUIRASSE. (Voy. ce mot.)

PANDURIA. — Sorte de guitare péruvienne de petite dimension. Certaines pandurias ont leurs cordes appliquées sur la carapace d'une tortue. On dit aussi quelquefois, mais très rarement, *banduria*.

PANIER. — Sorte de carcasse métallique, ou faite en osier ou baleine, que portaient les dames du XVIII° siècle pour relever et maintenir fort larges leurs jupes ; on l'a successivement dénommée *vertugadin* (gardien de vertu), *bêtise*, *boute-en-train*, *culbute*, *gourgandine*, et, sous le dernier empire, *crinoline*. Notre figure 572 montre un panier en fer du XVIII° siècle de la collection de M. Dupont-Auberville ; il est porté par des attaches qu'on nouait autour de la taille pour le maintenir sur les hanches, une fois que la femme l'avait placé en le passant par-dessus la tête.

En faïence, on donne ce nom à des corbeilles semblables à celles exécutées en osier ; il existe

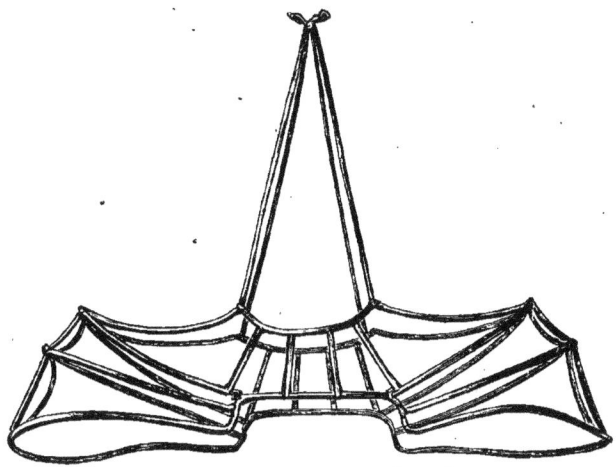

Fig. 572. — Panier du XVIII° siècle.

des paniers en rouen, qui imitent le jonc tressé ; des paniers en porcelaine d'Allemagne avec guirlandes de fleurs entrelacées sur des treillis ajourés.

PANIOT ou PAVIOT. — Pierre précieuse, sorte d'opale, qui, suivant les coups de jour qu'elle reçoit, montre des couleurs diverses, parce que cette pierre est chatoyante ; fait consigné dans l'inventaire du duc de Berry en date de 1416 : « Un petit reliquaire d'or décoré d'une pierre appelée *paniot*, verte, et contre le jour vermeille, en laquelle a par devant un imayge de femme, etc. »

PANNEAU. — Partie d'un ouvrage de menuiserie, d'orfèvrerie, de tenture, de tapisserie, de faïence, etc., qui offre un champ uni, sculpté ou décoré d'une manière quelconque, lequel champ ou surface est encadré ou entouré d'une bordure. Notre figure 573 montre un modèle de panneau qu'on peut porter sur des toiles par le poncis, et peindre ensuite de divers tons pour la décoration d'intérieur d'appartement.

PANONCEAU. — Les seigneurs du moyen âge qui n'avaient pas le droit de porter pennon ou bannière portaient une enseigne nommée *panonceau*. C'était aussi un écusson d'armoiries, ou bien encore une girouette armoriée qui ornait le sommet des tours seigneuriales.

PANOPLIE. — Trophée d'armes qu'on

suspend sur un mur comme motif décoratif. Autrefois ce terme désignait l'armure complète du chevalier. (Voy. ARMES.)

PANTOUFLE. — Chaussure de chambre dont la forme est des plus variables. On fait des pantoufles en peau, en cuir, en velours, en

Fig. 573. — Modèle de panneau peint sur toile.

maroquin uni ou brodé, en paille, etc. Une riche et belle pantoufle, c'est la BABOUCHE. (Voy. ce mot et CHAUSSURE.)

PAPEGAI ou PAPEGAY. — Jeu d'adresse qui consistait à tirer de l'arc, de l'arba-
lète ou de l'arquebuse; on le désigne ainsi parce que le but dans ces jeux était un oiseau en bois ou en carton, ordinairement un perroquet (*papagallo*), qu'on plaçait au bout d'une perche. Dans certaines provinces de la France, on disait *papegault*. Ce jeu était devenu très po-

pulaire dès le xiv⁰ siècle, il était régi par certains règlements qui se perpétuaient d'année en année. Beaucoup de villes donnaient des prix aux plus habiles tireurs. Ménard, dans son *Histoire de Nîmes* (Preuves, XLV et LV), nous informe que le 18 mai 1363 le prix du tir consista « en une tasse d'argent pesant un marc d'argent et dont les consuls firent la dépense. En 1505, ces magistrats offrirent deux douzaines d'écuelles d'étain aux archers et arbalétriers pour les engager à se perfectionner dans leurs exercices. » Voici, d'après M. Al-

Fig. 574. — Papegai en vermeil.

bin Michel, notre collègue à l'Académie de Nîmes (1), l'origine de ce terme : « Le mot français *papegay* ou *papegaut*, en provençal *papegai* ou *papeguay*, en catalan *papa-gall*, en espagnol *papagayo*, en portugais *papagaio*, en italien *papagallo*, en arabe *babbaga*, est l'ancien nom qu'on donnait au perroquet. »

Notre figure 574 montre un papegai en vermeil qui représente un coq et qui a servi comme insigne de la compagnie de l'Arc d'Aldenberghe ; il est donc d'origine néerlandaise : il fait partie de la collection de M. Maxime Du-

(1) *Le Roi du Papegay en l'an* 1800, broch. in-12, Nîmes, 1878.

camp. Sur la médaille que cet oiseau porte à son bec, on lit la date de 1528 et une inscription hollandaise dont voici la traduction : « Cet oiseau appartient à la société de Westenfelde à Aldenberghe. » Les lettres B. W., qu'on aperçoit au milieu du cartouche de la médaille, signifient *Burschap* (société) et *Westenfelde*.

PAPELONNÉ. — Se dit, en blason, de l'écu sur lequel on a représenté des écailles comme sur le corps d'un poisson. — Beaucoup d'animaux fantastiques ont leur corps terminé par une queue papelonnée.

PARAPLUIE. — Ustensile fait pour garantir contre la pluie la personne qui s'en sert. Les premiers parapluies ont été faits avec de la toile cirée, du cuir ou d'autres étoffes. Les Chinois ont fait des parapluies avec du papier verni.

PARASOL. — Cet ustensile, qui ne sert aujourd'hui qu'à protéger contre les ardeurs du soleil les personnes qui en font usage, était autrefois considéré comme insigne ou marque de dignité et de puissance. Des bas-reliefs de Persépolis nous montrent de grands personnages sous des parasols portés par des esclaves ; ce sont souvent des jeunes filles qui portent les parasols au-dessus de la tête du roi. Aujourd'hui les seuls parasols qui se vendent sont japonais, et de peu de valeur.

PARAVENT. — Meuble fait au moyen de divers châssis tendus de papier, ou d'étoffe de soie ou de tapisserie, et pouvant se replier sur eux-mêmes. Ces châssis sont appelés *feuilles*. On utilise ce meuble dans les grands appartements pour se garantir contre les courants d'air. Le Japon a fait de superbes paravents en laque.

Vente San Donato. — N° 863. Paravent à quatre feuilles en ancien velours de Gênes grenat, à ramages et entrelacs sur fond blanc, avec galon et frange assortis. Hauteur de chaque feuille, 1^m,60 ; largeur, 0^m,54. 900 lires. — N° 1563. Paravent à six feuilles en ancien velours de Gênes, pourpre et drap d'or vénitien, broché d'argent et de bouquets de fleurs en soie de couleur. Hauteur, 1^m,79 ; longueur, 0^m,64. 6,000 lires. — N° 1565. Paravent à cinq feuilles en bois sculpté et doré à deux tons, à couronnement en forme de coquille, du commencement du XVIIe siècle. Il était garni, d'un côté, de brocart vénitien à ornements de rinceaux d'argent d'une extrême richesse, tandis que l'autre face était de brocart à fond blanc, broché de fruits et de fleurs d'or et de soie de couleurs parmi lesquelles dominait le ton olive. Ce meuble avait appartenu à Philippe d'Orléans, le régent. Hauteur, 1^m,79 ; largeur, 0^m,61. 2,150 lires. — N° 1741. Petit paravent à quatre feuilles, en soierie ancienne fond noisette, brochée de fleurs en couleurs. 400 lires.

PARCHEMIN. — Peau de mouton ou de chèvre préparée pour recevoir de l'écriture ou des enluminures. Les parchemins ont servi à écrire des MANUSCRITS et à faire des MINIATURES. (Voy. ces mots.)

PARCLOSE. — Voy. STALLE.

PARE-ÉTINCELLES. — Petit meuble en métal, en bronze doré, en cuivre ou en fer, qu'on place devant les foyers pour empêcher les étincelles ou des éclats de bois charbonnés de brûler les tapis ou les parquets. On dit aussi GARDE-FEU. (Voy. ce mot.)

PAREMENT. — Objet qui sert à parer. On désignait ainsi autrefois de riches morceaux d'étoffe qui servaient à *parer* les devants de robe des femmes ou les manches d'habit des hommes. — On nomme *parements d'autel* des étoffes ou des pièces d'orfèvrerie qui couvrent les autels. (Voy. DEVANT D'AUTEL et ORFÈVRERIE.)

Vente San Donato. — N° 37. Parement d'autel en velours de Gênes du XVe siècle, pensées sur fond chamois avec armoiries. En deux morceaux de 0^m,90 de large sur 0^m,72. 280 lires.

PAREPAIN. — Couteau qui servait à parer ou peler le pain, c'est-à-dire à le chapeler. Dans les trousses de couteaux nommées *paires de couteaux*, il se trouve presque toujours un

PLANCHE XXV. — Pastel de John Russel (musée du Louvre).

parepain. Voici une citation à l'appui : « Une paire de couteaux à trancher, c'est à scavoir ij grandz, un petit et le *partpain* de mesme à manche d'argent doré rond, etc. » (Invent. de Charles V, 1380.)

PASSEMENTERIE. — Accessoire du meuble et du costume. C'est un large galon qu'on emploie souvent comme bordure. Les passementeries anciennes, avec fils d'or et d'argent, sont les seules ayant par elles-mêmes quelque valeur.

PASTEL. — Dessin exécuté au moyen de crayons de diverses couleurs, qui remplissent à la fois l'office de couleurs et de pinceaux. On étale à l'estompe, la poudre fournie par le crayon; puis on donne par-dessus le modèle des coups de crayon, des *hachures* ou *tailles,* afin de rendre le dessin plus vigoureux. Le pastel a sur la peinture l'avantage de pouvoir être pris et quitté sans inconvénient, puisque les couleurs et l'huile ne sèchent point ; mais aussi cette peinture délicate a besoin d'être abritée par un verre. On attribue l'invention du pastel à diverses personnes, notamment à Thièle d'Erfurt ou à Heid de Dantzig. C'est vers la fin du XVIIe siècle que ce genre fit son apparition; au XVIIIe siècle, il était en pleine faveur et les maîtres du pastel sont Latour (dont le musée de Saint-Quentin (Aisne) possède une superbe collection), Liotard, Rosalba, Natier, Vigée, Carriera, Russel, etc. Les beaux pastels dans les ventes atteignent des prix très élevés, 7 et 8,000 francs, suivant les peintres qui les ont exécutés.

Notre planche XXV montre un charmant pastel de John Russel, du musée du Louvre.

PASTICHE. — Tableau peint dans la manière d'un maître, et qui l'imite si bien qu'à première vue un amateur peut supposer que l'œuvre qu'il a devant les yeux est celle du maître lui-même. L'Italie a beaucoup pastiché les anciens maîtres italiens, espagnols et flamands, et souvent avec bonheur. Jordaëens, Bon Boulogne, Sébastien Bourdon, se sont montrés très habiles dans les pastiches. Quelques peintres italiens modernes ont été beaucoup trop habiles pour contrefaire la manière de Rembrandt. Ce que les Anglais ou les Américains ont acheté de faux Rembrandt est inconcevable.

PATENÔTRES. — Ornements en forme d'olive qui décorent des objets divers. Généra-

Fig. 575. — Peigne de saint Loup.

lement les patenôtres se placent au-dessous des oves. — Dans le blason, ce terme sert à désigner les chapelets qui entourent les écus.

PATÈRE. — Coupe plate, objet de curiosité antique. — Ce terme sert aussi à désigner un ornement en bois sculpté, en cuivre, en bronze estampé ou ciselé, qui a la forme d'une patère antique et qui sert à supporter les rideaux de tenture.

PATINE. — Sorte de vernis d'un vert foncé ou noirâtre dont se couvrent les bronzes anciens par suite de l'action prolongée de l'oxydation sur leur surface. Les fabricants de vieux bronzes imitent bien cette patine, mais un œil tant soit peu exercé distingue fort bien la patine artificiellement produite de celle provenant de l'action du temps : l'une est mate et opaque, malgré la cire qui la recouvre ; l'autre est transparente et fort brillante, et elle a souvent des reflets de bistre doré très caractéristiques.

PAVILLON. — Dans un instrument de musique en cuivre ou en bois, on désigne sous

Fig. 576. — Peigne en ivoire (art hindou).

ce terme la partie évasée en forme d'entonnoir de cet instrument ; les cors, les trompettes de chasse, les clarinettes, etc., ont un pavillon. — On nomme *pavillon chinois*, ou *chapeau chinois*, un instrument de musique en cuivre qui a la forme de la toiture d'un pavillon chinois et qui a de nombreuses clochettes.

PAVOIS. — Grand bouclier du moyen âge, que portaient des soldats nommés à cause de cela *pavessiers* ou *pavoisiers* ; ils plantaient ces boucliers en terre pour couvrir les archers et les arbalétriers contre les traits des ennemis. Chez les Franks, le chef élu montait sur un pavois, et quatre hommes d'armes le portaient sur leurs épaules devant le front de l'armée.

PAX. — *Pax, baiser de paix, osculatorium*, ces trois termes désignent un baiser symbolique consacrant un principe de communauté fraternelle. En effet, tous les chrétiens participaient à cette cérémonie, qui consiste à faire baiser par tous un seul et même objet sacré nommé *pax, osculatorium*, ou *baiser de paix*. Lors de la création de cette cérémonie, les chrétiens déposaient leur baiser sur une croix, un crucifix, une belle reliure contenant des textes sacrés ; plus tard on créa des ustensiles spéciaux, de petits tableaux faits avec des matières précieuses qui représentaient en bas-relief des sujets tirés de la passion de Jésus-Christ, ou bien le patron de l'église.

PECTORAL. — Partie du costume du grand prêtre des Hébreux, qu'on nomme aussi *rational*. — Ce terme est aussi synonyme de CUIRASSE. (Voy. ce mot.)

PEIGNE. — L'antiquité avait comme nous

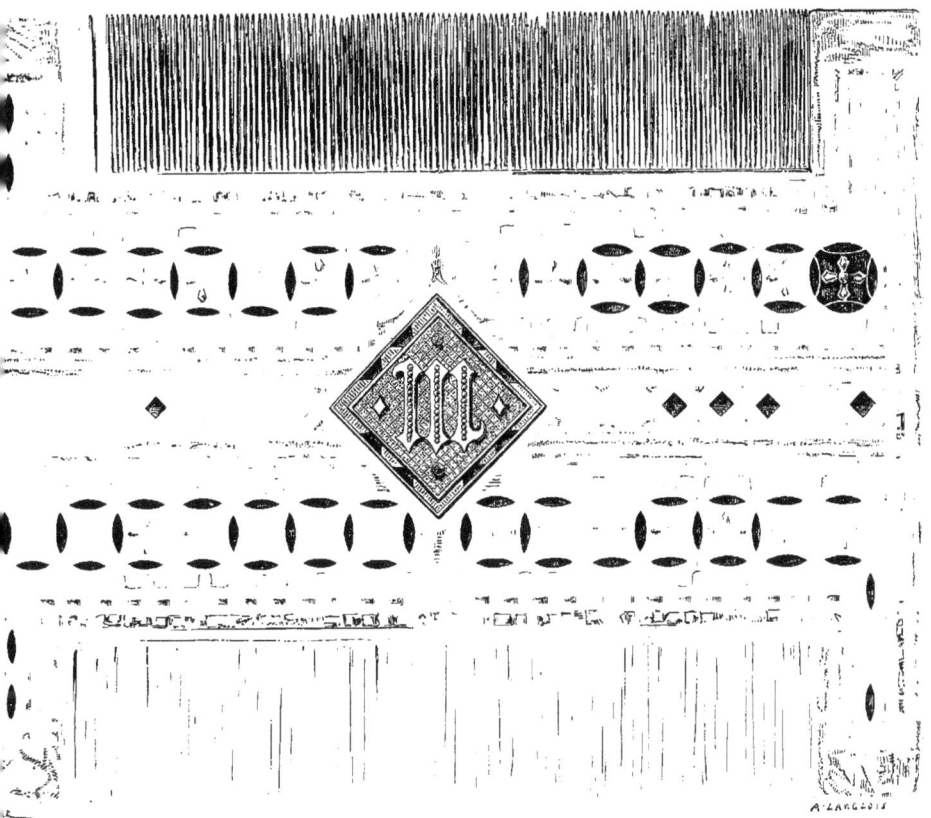

Fig. 577. — Peigne de Marie de Bourgogne.

des peignes en buis et en ivoire pour se peigner les cheveux. Autrefois, dans la primitive Église, avant de dire la messe, les prêtres ne se contentaient pas de se laver les mains ; ils se peignaient aussi la tête, et c'est là ce qui explique la présence des peignes plus ou moins ouvragés parmi les objets déposés dans les trésors des églises. Celui que montre notre figure 575 est dit *peigne de saint Loup*, parce qu'il porte cette inscription : PECTEN S (*sancti*) LUPI ; il fait partie du trésor de la cathédrale de Sens (Yonne). Quelques archéologues ont prétendu que ce genre de peigne oblong servait à la tonsure, mais rien n'autorise cette opinion ; du reste, la tonsure se faisait avec un rasoir et non avec un peigne et des ciseaux. Ce peigne en ivoire a été monté en argent à une époque qu'il serait difficile de préciser. — Notre figure 576 reproduit un peigne en ivoire, remarquable spécimen de l'art hindou, qu'on peut voir à South Kensington Museum ; tandis que notre figure 577 montre le peigne de Marie de Bourgogne, fille de Charles le Téméraire. Cet ustensile de toilette est en buis ; au centre se trouve une plaque d'argent sur laquelle on voit un M gothique ; il date de la fin du xv° siècle ou du commencement du xvi°. Il fait partie de la collection de M. A. Jubinal; il a figuré à diverses expositions de curiosités, notamment à celle organisée en 1874 par l'Union centrale des beaux-arts appliqués à l'industrie. Les peignes des ix°, x° et xi° siècles valent, suivant leur état de conservation et la beauté de leur sculpture, de 90 à 450 francs.

PEIGNOIR. — Vêtement qui sert à envelopper le corps à la sortie du bain, ou qui sert aux femmes à se couvrir le corps pendant leur toilette du matin. Quelques riches peignoirs, garnis de dentelles, ne se vendent que la valeur de ces dernières.

PEINTURE (ART DE LA). — Art qui à l'aide des couleurs peut reproduire tous les objets réels ou tous ceux que l'artiste rêve dans son imagination. Les principales connaissances nécessaires pour pratiquer cet art sont l'anatomie, le dessin, la science des perspectives, etc. Les divers genres de peinture sont la peinture à l'huile, à la fresque, à l'encaustique, à l'aquarelle, à la gouache; enfin on peut considérer comme peinture le pastel, le camaïeu, le lavis et la mosaïque. Suivant les matières sur lesquelles on peint, on distingue la peinture sur toile, sur bois ou sur panneau, sur métal, sur ivoire, sur émail, sur porcelaine, sur lave, sur verre, sur les murs ou peinture murale. En ce qui concerne l'histoire des écoles de peinture, que nous n'avons pu qu'effleurer dans cet ouvrage, nous renverrons au mot ÉCOLES, et nous nous bornerons ici à dire quelques mots de la *peinture à l'encaustique*, qui a été pratiquée dans l'antiquité. Pline nous parle de la peinture à la cire dans son livre, voici ce qu'il écrit (VI, 35) : « On ne connaît pas précisément celui qui pensa le premier à peindre avec de la cire et à brûler sa peinture. Quelques-uns attribuent cette invention à Aristide; ils ajoutent que Praxitèle la perfectionna. Mais les peintures encaustiques me semblent un peu plus anciennes. Je crois celles de Polygnote, de Nicanor et d'Arcésilas de Parium antérieures au temps d'Aristide et de Praxitèle. Lysippe écrivait sur les tableaux qu'il peignait à Égine : *brûlé par Lysippe;* ce qu'il n'eût pas fait, si l'encaustique n'avait pas été inventée. On prétend même que Pamphile, maître d'Apelles, non seulement peignit de cette manière, mais encore qu'il donna des leçons de ce genre de peinture, dans lequel Pausanias de Sicyone se distingua le premier. »

On nomme *peinture monumentale* celle qu'on exécute dans les monuments pour décorer principalement la surface des grands murs. On utilise bien dans ce but la peinture à l'encaustique, mais surtout la *fresque*, c'est-à-dire un genre de peinture (nous l'avons dit à son rang) dont les couleurs détrempées à l'eau sont appliquées sur un enduit encore frais et s'y incorporent.

Notre planche XXVI montre un compartiment des fresques de *la Camera di San Paolo*, à Parme, peintes par Antonio Allegri, dit *le Corrège*. Ce beau fragment de peinture peut donner une idée de la large décoration imaginée par les Italiens pour décorer les coupoles. Millin en parle dans ces termes : « C'est le premier essai que le Corrège ait fait pour remédier à l'obscurité des coupoles par la grandeur des masses qui laisse apercevoir les détails. Ces enfants ont une taille presque gigantesque et qui surpasserait en hauteur le plus grand diamètre des ovales, s'ils étaient debout ; mais par une distribution savante, par des raccourcis dessinés et peints avec un art admirable, l'artiste est parvenu à en montrer plusieurs en entier. Il a parfaitement caractérisé la mollesse et la douceur qu'on retrouve dans l'enfance. Le nombre des génies diffère : un ovale en contient quatre, d'autres trois ; mais en général il n'y en a que deux dans chaque ovale. » Tel est le cas du motif que montre notre belle planche.

PELLES et PINCETTES.— Ustensiles qui se placent devant les cheminées et qui servent à arranger le feu. Les pelles et les pincettes qui ont le plus de valeur sont des œuvres de la renaissance en fer ciselé, damasquiné ou

taillé à facettes. Après les ustensiles de la renaissance, ce sont ceux de l'époque de Louis XIV et de Louis XVI qui valent le plus : de 100 à 300 francs environ.

Pelle a glace. — Pièce d'argenterie qui sert à prendre la glace et à la déposer dans un verre à boire.

A la vente Double, deux pelles à glace en vermeil (n° 210), avec manche en bois noir, ouvrage poinçonné de Th. Germain, se sont vendues 500 francs.

PELLETERIES. — Les peaux de bêtes ont fourni à l'homme son premier vêtement. Les dieux et les héros de l'antiquité étaient revêtus de peaux de bêtes (lion, tigre, ours, etc.). Beaucoup de peuplades des pays septentrionaux ont conservé jusqu'aux IVe et Ve siècles de notre ère les peaux comme vêtements, et aujourd'hui, dans les pays froids, l'homme les utilise encore pour la doublure de ses vêtements ; c'est même une industrie très considérable que l'apprêt des pelleteries. Ce travail a pour objet de donner aux cuirs des diverses fourrures la douceur et la souplesse que l'on obtient des peaux de chevreau destinées à la ganterie, et de conserver, en outre, le poil avec tout le brillant qu'il possédait sur le dos de l'animal. Suivant que la fourrure fabriquée provient d'un animal tué pendant l'hiver ou pendant l'été, elle a une valeur plus ou moins considérable ; voilà pourquoi la chasse aux animaux qu'on recherche pour leur fourrure est faite au cœur de l'hiver, parce que c'est le moment où la peau est la plus fourrée et a, par suite, un plus grand prix. La préparation des pelleteries est très compliquée ; ce n'est pas le lieu d'en parler ici, nous traiterons dans un autre ouvrage la question technique ; mais nous énumérerons ici les quatorze opérations que subit une peau avant de pouvoir servir à la toilette des dames. Voici l'énumération de ce long travail : 1° écroupage, 2° boursage, 3° graissage, 4° foulage, 5° mouillage, 6° fondage, 7° tirage, 8° mise en longueur, 9° dégraissage, 10° battage, 11° peignage, 12° parage ou lustrage, 13° dressage, 14° montage. Les plus belles fourrures sont la martre zibeline, la martre du Canada, le renard bleu de Virginie, le renard doré ainsi que le renard noir de Sibérie. La valeur de ces peaux varie de 500 à 1,200 francs, et pour faire même un petit manchon de dame il faut cinq à six peaux de martre valant chacune de 80 à 100 francs. Les ouvriers de Paris sont les premiers fourreurs du monde ; leurs travaux font non seulement l'admiration des connaisseurs, mais ils servent encore de modèles aux ouvriers de toutes les grandes manufactures européennes. La première manufacture de fourrures de Paris est celle des frères Révillon, rue de Rivoli. Nous ne donnerons pas ici les prix de fourrures, car c'est absolument comme pour le diamant et la dentelle ; ce n'est que l'objet en main qu'on peut le tarifer, et ni grandeur ni similitude ne peuvent servir de points de comparaison.

PENDELOQUES, PENDRILLONS. — On désigne sous ce terme les morceaux de verre ou de cristal de roche taillés qui décorent les lustres de bronze ou de cristal.

PENDULE. — Horloge d'appartement très variable dans ses formes et qu'on place ordinairement sur les cheminées. On désigne ainsi ces horloges parce que leur marche est réglée par un pendule ; tout l'ensemble du mécanisme, qu'on nomme *mouvement,* est enfermé dans une caisse, boîte ou socle faits de diverses matières : bois, albâtre, marbre, bronze, etc. Les prix des pendules anciennes sont très variables ; nous en fournirons un assez grand nombre, portant sur des pendules très diverses et sur des œuvres d'art des plus remarquables.

Vente Double. — N° 273. Pendule en marbre blanc, sculptée par Falconet. Elle se composait de trois figures de nymphes nues et debout, reliées entre elles par des festons de fleurs et entourant un fût de colonne cannelée servant de base à un vase à deux anses décoré de festons, de feuilles de chêne, avec mouvement à cadran tournant. Ces diverses parties reposent sur un socle carré, décoré au pourtour de bas-reliefs représentant des jeux d'enfants, et le tout, moins le couvercle du vase, a été pris dans un seul bloc de marbre. Diderot, en parlant de cette œuvre avec éloge, dit : « Elle montre tout, excepté l'heure. » Hauteur, $0^m,80$;

largeur, 0ᵐ,38. Vendue 101,000 fr. à un collectionneur parisien. — N° 274. Pendule de l'époque Louis XVI, formée du buste d'une négresse en bronze ciselé. Ce buste, dont les yeux marquent les heures, porte dans un médaillon un chiffre exécuté en rose; elle était signée : Furet, horloger du roi. 16,500 fr. — N° 275. Pendule de l'époque Louis XV, style rocaille, provenant du château de Rambouillet et ayant appartenu à la duchesse du Maine, fille de Louis XV. Bronze ciselé et doré. Façade ornée de tuyaux d'orgue; sur le devant sont disposées sur trois degrés vingt figurines de singes musiciens en ancienne porcelaine de Saxe. Le socle en bois d'acajou renferme un jeu d'orgue. Hauteur, 1ᵐ,30; largeur, 0ᵐ,85. 21,000 fr. — N° 276. Pendule de l'époque Louis XV en bronze doré, composée d'ornements rocaille et enrichie de vingt-deux figurines d'Amours en ancienne porcelaine de Saxe et d'un groupe représentant Vénus et l'Amour dans un char également en vieux saxe et reposant sur des nuages en bronze doré. Mouvement de Masson, de Paris. Hauteur, 0ᵐ,70; largeur, 0ᵐ,52. 8,100 fr. — N° 277. Pendule de l'époque Louis XVI, composée de trois figurines en bronze de femmes nues, debout, reliées entre elles par des guirlandes de fleurs en bronze ciselé et doré au mat et supportant de leurs bras surélevés une sphère en bronze bleui qui renferme le mouvement à cadran tournant. Hauteur, 0ᵐ,72. 16,100 fr. — N° 279. Pendule de l'époque Louis XV en bronze, finement ciselé et doré au mat, et marbre blanc. Louis XV debout, vêtu à la romaine, la main droite appuyée sur une rame fleurdelisée, montre de la main gauche la couronne royale enrichie de perles et de pierreries posée sur un socle qui contient un mouvement de Bouchet, à Paris. A droite, trophée d'armes et rouleau de papier à demi ouvert, sur lequel on lit : « Fontenoy, 1745. Traité de paix. » Socle en marbre bleu turquin. Hauteur, 0ᵐ,60; largeur, 0ᵐ,44. 27,000 fr. — N° 280. Pendule à cadran tournant placé dans un vase ovoïde et à deux anses à mascarons, en bronze ciselé et doré. Un serpent, s'enroulant sur le socle et appuyant la tête sur le vase, marque l'heure à l'aide de son dard. (Style Louis XVI.) Une plaque placée sur le socle porte, gravée à rebours afin de pouvoir être lue dans une glace, l'inscription : « Pendule ayant appartenu à Marie-Antoinette et appartenant maintenant à Théodore de Rosiers. » Hauteur, 0ᵐ,52. 10,100 fr. — N° 281. Pendule de l'époque Louis XVI en forme de pyramide, en marbre blanc et bronze doré au mat, ornée d'une applique composée d'un trophée d'armes et surmontée d'un aigle tenant dans ses serres un plan de Yorktown. Socle en marbre bleu turquin. Mouvement de Revel, de Paris. Hauteur, 0ᵐ,73. 1,200 fr. — N° 282. Petite pendule style Louis XVI, formée d'un fût de colonne cannelée en marbre blanc, contenant le mouvement et surmonté d'un vase à cadran tournant marquant les quantièmes. Hauteur, 0ᵐ,50. 5,500 fr. — N° 283. Pendule à cadran tournant placé dans un vase en bronze ciselé et doré garni de deux anses bustes de femmes. Le piédouche est entouré d'un serpent qui marque les heures avec son dard. (Style Louis XVI.) Hauteur, 0ᵐ,53. 3,120 fr. — N° 284. Pendule du même style, en bronze ciselé et doré au mat, surmontée d'un groupe de deux colombes et d'un flambeau, porté sur des nuages et orné à droite et à gauche de deux trophées d'armes et d'instruments de musique. Hauteur, 0ᵐ,35. 3,100 fr. — N° 285. Petite pendule Louis XVI en forme de vase ovale de plan, en marbre blanc. Hauteur, 0ᵐ,36. 510 fr.

Vente San Donato. — N° 290. Belle pendule de Thomire en bronze doré; anciennes mosaïques florentines sculptées en haut relief et malachite; figure allégorique du génie des arts en bronze ciselé et doré au mat. Hauteur, 0ᵐ,92; largeur, 0ᵐ,73. Vendue, avec deux candélabres de Thomire à douze lumières, 7,500 lires. — N° 308. Belle pendule composée d'un vase en rouge antique à couvercle, soutenu par trois griffes d'aigle en bronze doré. Monture à deux têtes de béliers dont les cornes se relient à une frise en bronze doré. Mouvement de Vienne à grande sonnerie et indiquant la date du mois. Hauteur, 0ᵐ,48. 820 lires. — N° 335. Pendule de l'époque Louis XIV, en marqueterie de cuivre sur écaille rouge, richement garnie de bronzes dorés, cariatides, dais, mascarons, figures d'Amours et ornements; elle est surmontée d'une statuette de la Renommée. Hauteur, 0^m,99 ; largeur, 0^m,44. 3,550 lires. — N° 768. Magnifique pendule en marbre blanc composée et sculptée par Pajou, à qui elle fut commandée par Louis XV pour être offerte au dauphin depuis Louis XVI, à l'occasion de son mariage avec Marie-Antoinette. L'Amour arrête la faux du Temps pour y inscrire la date du mariage royal, tandis que la Ville de Paris, assise au bord de la Seine, suspend des guirlandes de fleurs d'où sort un serpent en bronze doré qui indique l'heure sur un cadran tournant formé d'un cercle émaillé où les heures sont séparées par des dauphins. Hauteur, 0^m,95 56,700 lires. — N° 1087. Pendule sympathique de Bréguet. Pendule à cage avec quatre colonnes cannelées et ciselées, en bronze doré, et quatre émaux rectangulaires à la base, représentant des paysages. Le nom de sympathique a été donné à cette pendule parce qu'elle porte à son sommet une demi-lune dans laquelle se place une montre à répétition qui, au moyen d'une détente, fait partir la sympathie de midi tous les jours à cette heure, et ainsi l'heure de la montre à répétition est réglée à midi juste. 4,000 lires. — N° 1562. Pendule en marbre blanc et bronze doré, dont le sujet est l'offrande à l'Amour. (Style Louis XVI.) 10,100 lires. — N° 1633. Pendule en bronze doré d'Osmont, dont elle porte la signature, avec cadran et mouvement signés Ch. Dutertre. 3,500 lires. — N° 1687. Pendule avec sa gaine en marqueterie de Boule, fond écaille, incrustations en cuivre d'un beau style, forme dite *religieuse* ; montants terminés en volutes avec colonnes et fronton cintré surmonté de la figure du Temps. Sous le mouvement, un bas-relief représente les Parques. Hauteur de la pendule, 0^m,93 ; hauteur totale, 2^m,52 ; largeur, 0^m,56 ; profondeur, 0^m,30. 17,000 lires. — N° 1749. Belle pendule en bronze ciselé et doré, composée d'un groupe représentant l'enlèvement d'Europe ; signée : Saint-Germain. 3,400 lires. — N° 1831. Pendule de bureau, en bronze doré, ornée de deux sirènes et surmontée d'une petite corbeille de fleurs. Fabrique de Vienne. 130 lires.

PENNE. — Dans le blason, se dit des plumes (*pennæ*) adaptées à un chapeau sur un écu ; on dit aussi *pennage*.

PENT-A-COL. — Bijou du moyen âge et de la renaissance que les dames portaient au cou, comme aujourd'hui elles portent les médaillons ; d'où son nom, *pent-à-col*. Notre figure 578 montre de grandeur naturelle ce petit joyau

Fig. 578. — Pent-à-col (joyau du XVIe siècle).

qui représente un dragon aux ailes éployées ; il est en or massif et recouvert en partie d'ornements d'émaux incrustés, verts, bleus, rouges et blancs. Le ventre du monstre est formé d'une grosse *perle baroque* (Voy. PERLE) dont la forme a sans aucun doute suggéré à l'orfèvre l'idée de créer un pareil monstre. Ce bijou fait partie de la collection de M. le baron Charles Davillier.

PENTE. — Tapisserie formant le fond des

lits, ce que nous nommons aujourd'hui rideaux et dosseret. Par extension, ce terme servait à désigner les tentures d'une alcôve.

PENTURES. — Bandes de fer plus ou moins ornées qui servent à renforcer et à décorer les vantaux de certains meubles et de certaines portes. Les pentures sont terminées par un œil dans lequel pénètre le gond sur lequel pivote la porte. Dans les meubles, les pentures sont aussi à charnière. Les plus anciennes pentures que l'on connaisse remontent à la fin du IXe ou au commencement du Xe siècle. On vend les pentures à tant la pièce ou à 0 fr. 10, 0 fr. 20 et même 0 fr. 25 le kilogramme, suivant leur travail de façon.

PÉRIDOT et PÉRIDON. — Pierre fine d'un vert jaunâtre, qui raye le verre, bien qu'elle soit moins dure que le cristal de roche. Nous voyons cette pierre mentionnée dans l'inventaire du duc de Berry daté de 1416 : « Une pierre appelée *péridon* enchâssée en or XX sols t. » Cette pierre est peu estimée, puisqu'un vieux dicton des joailliers et des lapidaires français dit : « Qui a deux péridots, en a un de trop. » En allemand, on nomme cette pierre *olivenstaner*, c'est-à-dire par un terme équivalent à *olivine*, parce que sa couleur rappelle celle du fruit de l'olivier. Les beaux péridots nous viennent du Levant, et principalement de l'île de Ceylan.

PERLE. — La perle est une concrétion calcaire qui s'étend en couche plus ou moins épaisse dans l'intérieur des anodontes et des mulettes. Quand cette concrétion est isolée dans l'eau de l'huître, c'est la perle plus ou moins parfaite. Quand elle forme une exubérance tenant à la coquille, on la nomme *perle baroque*, parce qu'elle n'est pas ronde. Ci-dessus, au mot PENT-A-COL (fig. 578), le lecteur pourra voir deux perles baroques : l'une forme le corps du dragon de ce bijou, l'autre est posée en pendeloque. — L'huître qui fournit les plus belles perles et les plus régulières est l'*avicula margaritifera*. Les perles les plus recherchées nous viennent de l'Inde et de l'île de Ceylan. — Très estimées dans l'antiquité, elles formaient la décoration des plus belles parures. Nos lecteurs connaissent l'anecdote de Cléopâtre faisant dissoudre une perle dans du vinaigre, afin de prouver qu'elle pouvait en quelques minutes absorber une somme considérable.

Nous venons de définir ce que c'est qu'une *perle baroque*. Dès le commencement du XVIe siècle cette expression était connue, nous la trouvons consignée dans l'inventaire de Gabrielle d'Estrées, daté de 1599 : « Un grand baril de serpentin garny d'argent doré avec de petites perles barocques et des roses de petits safirs, prisé six vingt escus. » — On nomme *perles de compte* des perles assez volumineuses pour être comptées, mais cependant trop petites pour être estimées suivant leur grosseur. La *semence de perles* désigne les perles trop petites pour être comptées ; elles se vendent au poids : on les utilise en général dans les broderies. — La *perle pucelle* est celle qui se trouve telle qu'elle était dans sa coquille, c'est-à-dire qui n'a pas été percée et n'a subi aucun travail, aucune manipulation. Quand une perle est très brillante, très nacrée, on dit qu'elle a un bel *orient*. Quand, pour une cause quelconque, une perle perd son orient, elle est dite *perle morte*; elle est alors terne et mate : on peut quelquefois l'*aviver*, c'est-à-dire lui rendre sa fraîcheur et son éclat, en supprimant la première couche qui la recouvre ; mais on ne peut pratiquer cette opération, assez longue et assez difficile, que sur des perles d'une certaine grosseur, car souvent, l'enlèvement de la première couche ne rendant pas son nacré à la perle, il faut opérer sur une deuxième couche.

PERS. — Couleur bleue de tons très variés qui débute du plus pâle pour arriver au bleu le plus foncé ; mais en général le pers est un bleu très foncé. Le terme latin *persicus, persica, persicum*, est souvent traduit par *persan*, ce qui est parfois un contresens ; il faut toujours s'assurer si dans les ouvrages techniques ce terme ne peut pas être traduit par *pers*, eu égard à l'objet auquel il se rapporte. Ainsi *color persica* signifie bien souvent *couleur pers*, au lieu de couleur persane, surtout quand il est question d'émail.

PERSAN (Art). — Ce terme sert à désigner l'art de la Perse moderne, c'est-à-dire celui qui s'est développé du x° siècle de notre ère jusqu'à nos jours. Antérieurement à cette époque il a existé dans ce pays un art très ancien qui florissait à Persépolis et qu'on a nommé *art persépolitain*. Nous ignorons la plus grande partie de l'histoire de cet art ancien ; nous ne connaissons guère que l'architecture et la sculpture de l'ancienne civilisation persépolitaine, parce qu'il nous reste des spécimens précieux et considérables de ces deux arts ; mais nous possédons des renseignements beaucoup plus complets sur l'art persan moderne. Ce style est d'une grande richesse ; les couleurs les plus brillantes, les ors et le cristal s'unissent pour donner un air de richesse et de haut luxe à l'art persan. Quand l'édifice est modeste, les ornements sont peints dans une sorte de stuc ; dans les édifices de quelque importance, ce sont des faïences richement émaillées qui forment la base de l'ornementation. — Le palais de Tchar-Bach à Ispahan est une merveille ; il est impossible de rien voir de plus brillant, de plus scintillant même que l'intérieur de ce bel édifice, qui renferme une vaste cour couverte dont le plafond est supporté par quatre colonnes au pied desquelles sont adossées, par groupe de quatre, des cariatides portant chacune sur leurs épaules une tête de lion qui vomit de l'eau dans un bassin central. Les peintures et les dorures, qui décrivent des arabesques féeriques sur le plafond et sur les murs, se réflètent dans ce bassin aux eaux tranquilles, et tout cet ensemble est d'un effet magique. Le mobilier est souvent formé de piqué d'écaille, d'ivoire et de nacre avec quelques bois de couleur. Les armes et l'orfèvrerie sont de véritables merveilles ; enfin les tentures et les tapis sont dessinés avec un goût exquis et coloriés avec une richesse de tons inconcevable. Dans ces dernières années, nos artistes ont beaucoup étudié cet art oriental et certains d'entre eux ont appris de cette façon l'art du coloriste.

PERTUISANE. — Arme du moyen âge qui participe à la fois de la pique et de la hallebarde. La pertuisane se distingue facilement de celle-ci, parce que son fer de pique porte seulement deux ailerons en forme de demi-croissant montant vers la pointe du fer ; sa lame est plate et quelquefois flamboyante ; on y voit souvent des gravures, des dates et des devises. On s'est servi de la pertuisane

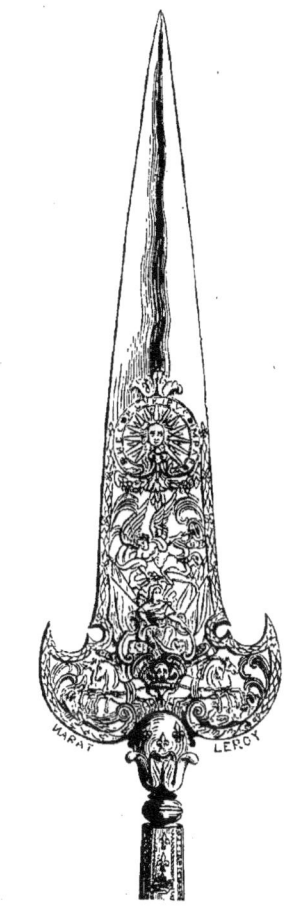

Fig. 579. — Pertuisane.

dans les armées jusque vers la fin du XVII° siècle (1670) ; elle servait à arrêter l'élan de la cavalerie, à défendre les retranchements et à repousser l'assaut des remparts. Au commencement du XVIII° siècle, les invalides et les gardes des poudrières et des arsenaux s'en servirent seuls. La pertuisane des gardes de la manche de Louis XIV avait sur sa lame l'image du soleil avec la devise : *Nec pluribus impar*, et la figure d'Apollon sur un char attelé de quatre chevaux. (Voy. notre fig. 579.)

PÉRUVIEN (Art). — Les anciens Péruviens ont créé des monuments et des routes remarquables. En ce qui concerne les autres

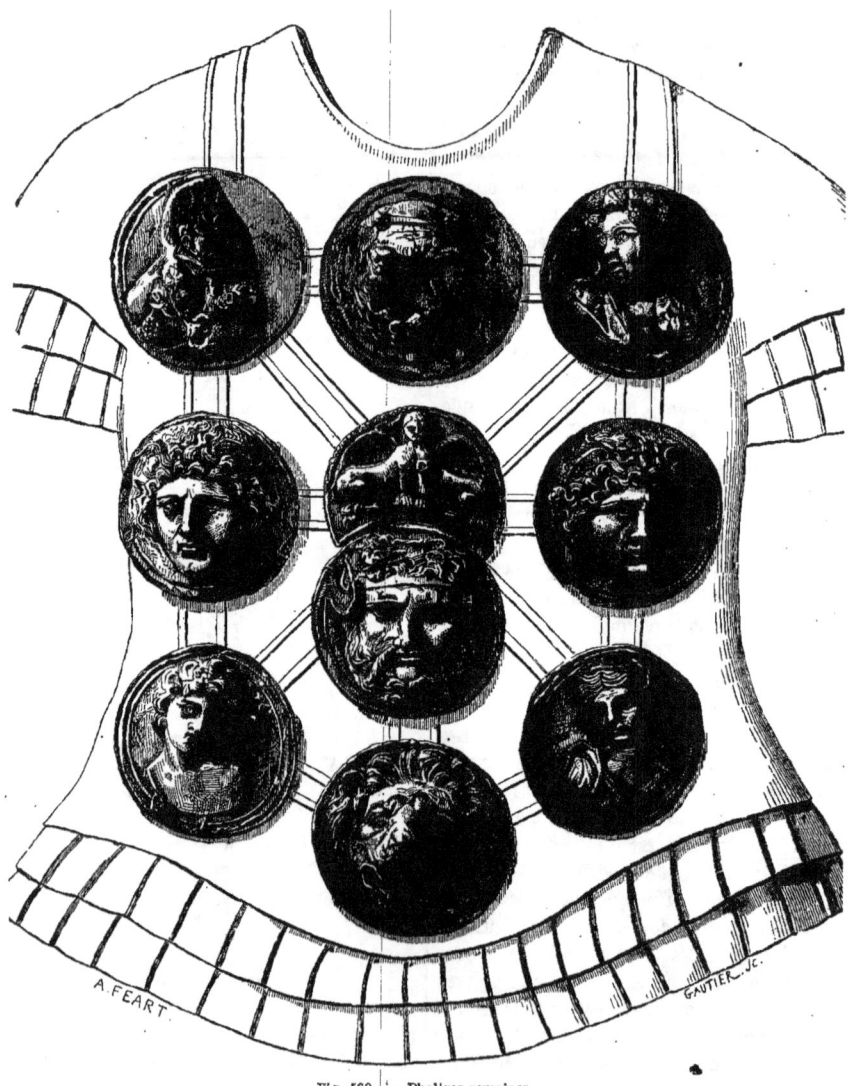

Fig. 580. — Phalères romaines.

arts, ils savaient extraire et travailler les métaux, fabriquer des objets d'orfèvrerie; nous en avons donné un spécimen très ancien au mot Bijouterie (fig. 128). Ils fabriquaient également des poteries. Mais nous devons avouer qu'en dehors de leurs grands travaux d'utilité publique, tels que les routes, les anciens Péruviens avaient un art fort peu avancé, si nous en jugeons par les spécimens importés en Europe. Des auteurs prétendent que les Péruviens étaient d'excellents orfèvres, mais que leurs plus beaux produits ont été fondus par les vainqueurs de ce peuple, ou que les vaincus eux-mêmes les auraient anéantis en les jetant dans les grands lacs de leur pays pour les soustraire à la rapacité des Espagnols. Ce sont là des faits difficiles à contrôler. — Cf. notre *Dictionnaire d'architecture*, vº Péruvien (*Art*).

PÉTRINAL. — Voy. Poitrinal.

PHALÈRES. — Décorations militaires chez les Romains; c'étaient des médailles d'or ou d'argent qui présentaient des figures diverses. A l'origine, les phalères paraissent avoir servi à enrichir les harnais des chevaux. Souvent on réunissait les phalères pour en faire comme des colliers; mais plus ordinairement les Romains portaient ces insignes sur la poitrine, comme le montre notre figure 580, qui reproduit ces décorations d'après un moulage du musée d'artillerie.

PHARMACIE. — Petit meuble en forme de cabinet, ou petite trousse, qui renferment des produits pharmaceutiques. — Vente Double. N° 265. Pharmacie de voyage de François II, en forme de cabinet, en bois d'ébène, fermant à deux portes, avec ustensiles, boîtes et bouchons des flacons en argent doré. Un des tiroirs renferme vingt-cinq petites boîtes cylindriques en ivoire guilloché. Cette pièce reposait sur une table oblongue à pieds tors en bois noir. Hauteur du cabinet, 0ᵐ,84; largeur, 0ᵐ,35. 800 francs.

PHÉNICIEN (Art). — Les monuments d'art phénicien (1) sont extrêmement rares,

---

(1) Ce terme paraît dérivé de *feine* (irlandais, probablement), labourer, et *oice*, eau de mer (*laboureur de la mer*). Nous savons, en effet, que les Phéniciens étaient d'excellents marins. C'est du mot *oice* qu'est dérivé *océan* (*oice*, mer, et *cean*, principal), mer principale. On nommait aussi les Phéniciens *Scuits*, mot qui en irlandais veut dire *vaisseau, navigateur*. La capitale de la Phénicie s'appelait *Tyr* (*tir, tior*), ce qui signifie *la terre par excellence*.

nous ne pouvons même d'après eux juger de cet art. Nous savons seulement que les Phéniciens avaient une civilisation très avancée, puisqu'ils possédaient une marine assez importante pour leur permettre de faire des voyages de circumnavigation autour de l'Afrique; nous savons aussi que l'époque la plus brillante de l'histoire de la Phénicie s'étend du xiᵉ au vɪᵉ siècle avant notre ère, c'est-à-dire embrasse une période qui va du roi David à la conquête de Cyrus. Pendant cette époque ils possèdent un art bien à eux, et ils ont des artistes tellement capables que Salomon en demande à Hiram, roi de Phénicie, ainsi que des contremaîtres pour la construction du temple de Jérusalem. — Voy. Hébraïque (*Art*); et cf., dans notre *Dictionnaire d'architecture*, l'article Phénicien (*Art*).

Fig. 581. — Phlébotome.

PHLÉBOTOME. — On nomme *phlébotome* ou *lancette à ressort* un petit instrument servant à pratiquer des saignées. Notre figure 581 montre une lancette à ressort du xviiiᵉ siècle; elle est montée en argent gravé et enrichie de grenats. Quelques praticiens, à qui nous avons montré le croquis que représente notre figure, pensent que, vu la forme triangulaire de la lame de cet instrument et le puissant ressort qui l'actionne, c'était plutôt un scarificateur ou un instrument de vétérinaire. Il pouvait pratiquer dans la peau des incisions assez profondes pour vider des poches ou loupes renfermant du sang accumulé ou des humeurs malsaines. Cet objet fait partie de la collection A. Jubinal.

PIANO. — Instrument de musique à cordes et à clavier qui a remplacé le clavecin. Tout le mécanisme de l'instrument est enfermé dans une caisse verticale pour les *pianos droits*, et dans une caisse horizontale pour les *pianos à queue*. On nomme *piano carré* celui dont la caisse rectangulaire est portée sur quatre pieds et dont la table est horizontale.

PICHET. — Espèce de cruchon en terre cuite, en faïence. Quelquefois les pichets simulent un personnage portant lui-même une cruche : celui-ci est tantôt Bacchus, un paysan, une commère ; tantôt un troupier, un garde-française, etc. — Au moyen âge, on nommait des pots à eau ou des pots de vin, *pichiers*; ils étaient fort en usage dans diverses localités de France, notamment à Grenoble et dans une partie du Dauphiné. Ce terme a été employé par Parthenopex de Blois, c'est-à-dire dès 1240 :

Un pichier
Moult petit de fontaine plain.
. . . .
Deux beaux pichiers de beau vin cler.

Les pichets en faïence ordinaire à personnages valent de 8 à 24 francs ; ceux en faïence de Nevers, de 25 à 75 francs ; ceux en faïence de Rouen polychrome, de 30 à 180 francs.

PICHIER. — Voy. le terme précédent.

PIÉCETTES. — Ornement courant affectant la forme de petites pièces de monnaie placées les unes à côté des autres comme si, mises en pile, on avait renversé celle-ci en ligne droite. Les experts qui rédigent les catalogues appellent cet ornement *sequins*.

PIÉDESTAL. — Support ou base d'un objet, tel qu'un buste, un vase, une statue ou une statuette, une coupe, etc. On fait des piédestaux avec toute sorte de matières, avec du bois, de la pierre, du marbre, du bronze, de la fonte, etc.

PIÉDOUCHE. — Piédestal de petite dimension. Ce terme est dérivé de l'italien *peduccio* (petit pied). Les vases, les coupes, ont souvent des piédouches.

PIERRE DE LUNE. — Voy. ADULAIRE.

PIERRES PRÉCIEUSES. — Dans le cours de cet ouvrage, nous donnons à leur rang alphabétique les diverses pierres précieuses ; ici nous nous bornerons à les faire entrer dans divers classements (1) :

I. — *Classement des principales pierres suivant leur densité.*

1° Opale ; 2° turquoise pierreuse ou de vieille roche ; 3° quartz, malachite ; 4° émeraude, aigue-marine, saphir d'eau ; 5° turquoise osseuse, tourmaline ; 6° chrysolithe fossile ou commune ; 7° péridot ou chrysolithe des volcans, idocrase ; 8° diamant ; 9° prinelle et rubis balais ; 10° grenat et ses variétés ; 11° corindon ou pierre orientale ; 12° zircon et hyacinthe.

II. — *Divers degrés de transparence des pierres.*

1° Opacité, absence totale de transparence ; 2° translucide sur les bords, premier degré de transparence ; 3° translucide, deuxième degré de transparence ; 4° demi-transparente, troisième degré de transparence, comme certaines agates par exemple ; 5° complètement transparente, comme l'hyalin.

III. — *Classement des pierres par couleur.*

1° *Pierres sans couleur.* — Diamant blanc, saphir blanc, émeraude blanche, topaze de Saxe, gouttes d'eau, jargon blanc ; les quartz hyalins incolores dont les principaux sont : cristal de roche, cailloux de Cayenne, cailloux de Bristol, cailloux de Médoc, cailloux du Rhin, diamant d'Alençon.

2° *Pierres translucides blanches.* — Astérie orientale, chatoyante orientale, œil-de-chat ou chatoyante commune, opale laiteuse, pierre de lune (adulaire), gypse soyeux, cal-

---

(1) Dans ces classements, nous donnons aux pierres leurs dénominations vulgaires, omettant à dessein les dénominations des minéralogistes ; le lecteur pourra ainsi consulter ces termes en leur rang.

cédoine, cornaline blanche, girasol ou astérie commune.

3° *Pierres transparentes jaunes.* — Diamant jaune, topaze orientale, topaze du Brésil, topaze de Saxe, topaze dite de l'Inde, topaze dite de Bohême, fausse topaze, chrysolithe orientale, chrysolithe opalisante ou chatoyante, chrysolithe commune, jargon de Ceylan.

4° *Pierres translucides jaunes.* — Ambre jaune, cailloux d'Egypte ou de Rennes, cornaline jaune.

5° *Pierres transparentes bleues.* — Diamant bleu clair, saphir oriental, saphir indigo, saphir mâle, saphir femelle, saphir d'eau, faux saphir, saphir du Brésil, disthène, aigue-marine orientale.

6° *Pierres translucides et opaques bleues.* — Saphir étoilé, lapis-lazuli, turquoise de nouvelle roche, turquoise de vieille roche, feldspath bleu.

7° *Pierres transparentes rouges et roses.* — Diamant rose, rubis oriental, rubis spinelle, rubis de Barbarie, rubis de Bohême, rubis de roche, rubis de Silésie, faux rubis, grenat ordinaire, grenat de Bohême, grenat syrien, grenat vermeil, hyacinthe orientale, hyacinthe la belle, vermeille, orientale.

8° *Pierres translucides rouges.* — Cornaline, grenat commun, rubis calcédonien, tourmaline rouge.

9° *Pierres transparentes vertes.* — Aigue-marine, chrysolithe verte, diamant vert, émeraude du commerce, émeraude orientale, péridot du commerce, péridot oriental.

10° *Pierres translucides vertes.* — Agate verte, chrysoprase, malachite, pierre des Amazones, prime d'émeraude, tourmaline verte.

11° *Pierres transparentes violettes.* — Améthyste orientale, améthyste du commerce, diamant violet, liliathe, rubis violet.

12° *Pierres noires translucides et opaques.* — Agate d'Islande (obsidienne), diamant noir, rubis noir opaque, jayet ou jais.

PIETA. — On désigne sous ce terme, dans le langage de la curiosité, la représentation du Christ mort reposant, après la descente de la croix, sur les genoux de sa mère qui le contemple en pleurant. Les *pieta* qui ne montrent que le buste ou la tête des saints personnages sont beaucoup plus rares. Notre figure 582 montre une *pieta* de ce genre ; ce médaillon fait partie des objets d'art que possède l'Albergo di Poveri de Gênes, un des plus beaux hôpitaux d'Italie après celui de Milan.

Fig. 582. — Pieta (attribuée à Michel-Ange).

PILON. — Voy. MORTIER.

PINCETTES. — Voy. PELLE.

PION. — Voy. ÉCHECS et DAMES.

PIPE. — Petit réchaud qui sert à brûler du tabac ou de l'opium dont l'homme aspire la fumée. Il existe divers genres de pipes qui n'ont d'autre valeur que celle de la matière dont elles sont faites, de la garniture qui les décore ou des bouts d'ambre qui en terminent le bouquin. Les pipes orientales sont celles qui ont le plus de valeur. Voici les diverses variétés de pipes, car il existe des collectionneurs de ces ustensiles ; nous sommes donc obligé d'en donner une nomenclature : le calumet, ou pipe du sauvage ; le chibouque, ou pipe turque à long tuyau de mérisier avec embout (bec) en ambre ; la pipe à eau, ou Narghilé. (Voy. ce mot.) Suivant la matière dont elles sont faites, on distingue : la pipe en terre blanche dite *terre de pipe ;* — la pipe en terre rouge du Levant, l'une des meilleures à fumer : elle est dorée et vient de Smyrne, de Constantinople, de Tunis, du Maroc, d'Alger ; une fabrique marseillaise (J. Gambier) fait des pipes de terre rouge ou brune excellentes ; — la pipe en kummer, dite *écume de mer ;* — les pipes en porcelaine : beaucoup de ces pipes sont fabriquées en Allemagne et décorées de peintures érotiques dont les moines et les religieuses fournissent principalement les sujets ; — les pipes en racine de bruyère, les pipes en bois ; les pipes en bois de coco, en corrozo, etc. — La pipe à fumer l'opium a son réchaud plus petit qu'un dé à coudre ; elle est d'origine chinoise ou japonaise et a très peu de valeur : 2 ou 3 fr. au plus.

PIPPE. — Ancien terme qui servait à dési-

Fig. 583. — Pistolet-briquet.

gner une tigette de métal à laquelle on attachait les signets des livres. Quelquefois ce terme est improprement appliqué au bouton d'ivoire ou de métal fixé sur le plat d'une couverture et qui recevait le fermoir du livre.

PIQUE. — Terme générique servant à désigner toute espèce de lance. Sous Louis XIII, elle était fort longue ; elle ne mesurait pas moins de 15 pieds, près de 5 mètres ; aussi la raccourcit-on sous Louis XIV de près de moitié et la nomma-t-on *demi-pique* ou *esponton*. Une ordonnance royale de 1708 supprima la pique comme arme de guerre. Le fer de la pique est plat avec deux petits oreillons ; c'est un diminutif du fer de la Pertuisane. (Voy. ce mot et la figure qui l'accompagne.)

PISTOLET. — Arme à feu qu'on pourrait appeler la petite-fille du mousquet, car celui-ci donna naissance au *poitrinal* ou *pétrinal*, qui n'est qu'un mousquet raccourci ou un pistolet très allongé. Le pistolet a fait son apparition au xve siècle, car les argoulets ou soldats de la milice étrangère au service de Louis XI étaient armés de pistolets, assez mauvais du reste, ce qui fait qu'on nomme aujourd'hui un mauvais fusil non seulement un *flingot*, mais aussi un *argoulet*. Ce terme tirerait son origine d'une ville italienne, *Pistoia*, où l'on fabriquait des poignards ou plutôt des dagues ou mains-gauches armées d'un pistolet. Les premiers pistolets furent à rouet ; on les conserva jusqu'au milieu du XVIe siècle, car en 1554, à la bataille de Reuty, les reîtres allemands étaient armés de pareils pistolets : c'est, du reste, à partir de cette époque que le pistolet commença à prévaloir sur la lance dans la cavalerie légère, et au commencement du XVIIe siècle la grosse cavalerie l'adopta. Notre figure 583 montre un pistolet-briquet du XVIIIe siècle ; il est enrichi d'incrustations d'argent finement ciselées. Il faut la regarder de bien près pour voir que cette arme n'est qu'un ustensile remplacé aujourd'hui par nos allumettes chimiques. La moitié supérieure du canon s'ouvre comme un couvercle de coffre sur des charnières parfaitement ajustées ; quand on presse sur un ressort, on voit se dresser un petit cylindre creux portant une mèche de coton qui s'enflammait au moyen de la poudre contenue dans le bassinet. Ce genre de briquet est extrêmement rare ; c'était plutôt un objet de fantaisie et de curiosité qu'un ustensile d'un usage journalier. — Vente Double. N° 214. Paire de pistolets à rouet, avec monture en bois uni (XVIIe siècle). 850 fr. — N° 215. Pistolet à rouet avec monture en bois uni (XVIIe siècle). 200 fr. (Généralement les pistolets seuls se vendent proportionnellement beaucoup moins cher que par paire.) — N° 238. Deux pistolets dont la monture est couverte d'ornements en argent doré et repercé à jour. Travail oriental. 390 fr. — N° 239. Deux pistolets à crosse sphérique (travail oriental). 130 fr.

PITONG. — Vase cylindrique utilisé par les Japonais et les Chinois, soit comme vase d'ornement, soit comme dépôt de pinceaux ou de roseaux à écrire. Ces vases sont faits en bambou uni, sculpté ou gravé, et n'ont pas beaucoup de valeur ; ils sont aussi en bois laqué, en ivoire sculpté ou laqué, en faïence, en porcelaine, en bronze uni, gravé, sculpté, damasquiné, en bronze émaillé, en argent, en jade. Au mot BRONZE (fig. 158), nous avons donné un pitong japonais. Les pitongs qui atteignent dans les ventes les prix les plus élevés sont ceux de jade gravé : ils valent de 300 à 550 francs, suivant leurs dimensions ; puis ceux en émail champlevé, qui valent, suivant leur grandeur, de 350 à 600 francs. La maison Christophe fabrique des pitongs en bronze damasquiné et en bronze champlevé presque aussi beaux que ceux du Japon.

PLAQUE DE FOYER. — Aujourd'hui les amateurs de ferronnerie vont chercher dans les démolitions les plaques de foyer en fonte des époques Louis XIV et Louis XVI, et les payent des prix assez élevés, jusqu'à 150 et 180 francs.

PLAQUETTE DE BRONZE. — On désigne sous ce terme de petits bas-reliefs en métal très recherchés par les amateurs de curiosités. Notre figure 584 montre une de ces plaquettes, exécutée par le célèbre orfèvre de Vicence de la fin du XVe siècle, Valerio Belli, dit *Valerio Vicentino*. Cette plaquette repré-

Fig. 584. — Plaquette en bronze.

sente Scipion l'Africain remettant au roi africain sa femme captive. Cette œuvre paraît être l'épreuve d'une gemme, car Valerio a gravé beaucoup de camées et d'intailles. Les *Uffici* de Florence possèdent de cet artiste un superbe coffret en cristal de roche sur lequel se trouvent vingt-quatre scènes de la vie du Christ gravées en creux. Dans le bas de notre plaquette on lit : VALE. VI. F. ; c'est la signature du maître (*Valerius Vicentinus fecit*).

PLASTIQUES (Arts). — Arts qui ont pour objet la reproduction de la forme (πλαστικός, qui modèle, et πλάσσω, former); ce sont tous les arts qui utilisent le dessin : la peinture, la sculpture, l'architecture. L'art plastique par excellence est la sculpture, qui reproduit non seulement les formes par le dessin, mais encore par le relief.

PLASTRON. — Partie de la cuirasse qui couvre la poitrine.

PLAT. — Ce terme désigne d'une manière générale une vaisselle de table plus ou moins

Fig. 585. — Plat en faïence de Moustiers (décors bleus).

creuse et de dimensions très diverses. Il existe des plats en or, en argent, en cuivre, dorés, argentés ou émaillés, cloisonnés et champlevés en étain, en faïence, en porcelaine, etc. Les beaux plats sont toujours des œuvres d'art et de grande valeur. Ci-dessous nous donnons des prix de vente de plats d'argent; les plats en étain d'Étienne Delaulne et de Briot se vendent 300 et 400 francs. Se méfier des contrefaçons allemandes. Au XVe siècle, Venise a produit des plats d'étain gravés et incrustés de bronze et d'argent; ils sont fort rares et valent jusqu'à 700 francs. Les plats en porcelaine de Chine ou du Japon de 0^m,35 à 0^m,45 de diamètre valent jusqu'à 350 et 400 francs. Les plats de porcelaine de Saxe ou de Sèvres de 0^m,25 à 0^m,30 de diamètre valent, les premiers 250 et 300 francs; les seconds, jusqu'à 2,500 francs et 3,000 francs. Enfin les plats en cuivre et en bronze repoussé, estampé et ciselé,

PLATEAU. 539

valent depuis 40, 50 et 60 francs jusqu'à 225 francs; mais il se fait beaucoup d'imitations. Notre figure 585 montre un plat ovale en faïence de Moustiers d'un décor bleu, du musée de Sèvres ; c'est une pièce des plus remarquables de cette belle fabrication qui, jusqu'à la publication de l'ouvrage de M. Davillier, était, pour ainsi dire, inconnue, car les plus beaux moustiers étaient attribués à la fabrication rouennaise.

Vente Double. — N° 196. Plat ovale en argent orné, au bord, d'un tore de laurier (style Louis XVI). Grand diamètre, 0^m,37. 620 fr. — N° 197. Plat rond d'entrée, de même mo-

Fig. 586. — Pliant (musée de Munich).

dèle que celui du numéro précédent. Diamètre, 0^m,30. 510 fr. — N° 198. Deux plats analogues au numéro précédent, mais plus petits et provenant du même service. Diamètre, 0^m,27. 980 fr. — N° 190. Plat rond à contours en argent, portant le poinçon de Thomas Germain (lettre Q, année 1737), bordé d'oves ciselées. Diamètre, 0^m,28. 820 fr. — N° 200. Plat rond à contours creux, en argent, à bord godronné (style Louis XV). Diamètre, 0^m,26. 700 fr.

PLATEAU. — Sorte de grand plat ou de table portative sur lesquels on présente le café dans des tasses. Il se fait aujourd'hui beaucoup de plateaux de toutes dimensions en laque de la Chine, du Japon, et en laque anglaise et française.

PLATINE. — Partie de l'arme à feu qui sert de pièce de monture à la batterie; on nomme *contre-platine* la plaque de métal qui,

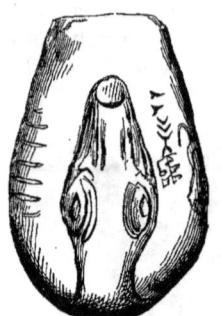

Fig. 587. — Poids assyrien (pierre).

placée de l'autre côté du bois, reçoit l'extrémité des vis qui retiennent unies la platine et la contre-platine.

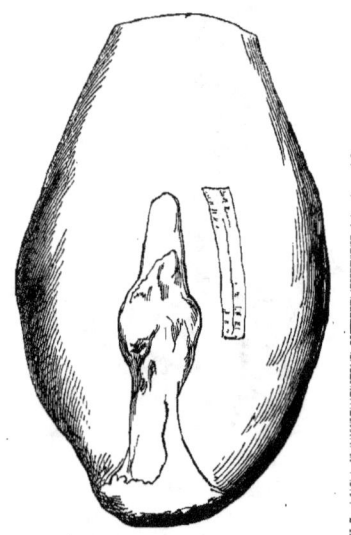

Fig. 588. — Poids assyrien (pierre).

PLIANT. — Ustensile du mobilier qui sert de siège; il est généralement formé de deux châssis en bois ou en fer qui s'entre-croisent et sont fixés dans leur point milieu de façon à former un X double, dont la partie supérieure reçoit une étoffe ou du cuir et forme le siège : voyez notre figure 586 qui montre cette disposition. Le pliant que nous mettons sous les yeux de nos lecteurs fait partie des collections du musée de Munich.

PLUMES. — On fait avec les plumes des oiseaux, des tableaux de fruits et de fleurs. — Les plumes d'autruche seules ont un certain prix; elles servent pour orner les chapeaux des dames et les chapeaux de théâtre des comé-

Fig. 589. — Poids assyrien (bronze).

diens; elles font l'objet d'un assez grand commerce.

POCHADE. — Sorte de saillie ou d'impromptu crayonné ou dessiné au pinceau. La pochade est un dessin rapidement exécuté qui a beaucoup de vérité et de verve, quoi qu'il soit souvent exécuté comme une charge, c'est-à-dire que, si l'on représente une personne, on fait plutôt une caricature qu'un portrait. Les plus grands artistes se sont parfois livrés à la pochade; les caricatures de Callot ne sont que des pochades.

POCHETTE. — Petit violon de poche que portaient avec eux, au XVIII° siècle, les maîtres de danse, quand ils allaient donner leurs leçons en ville. Au mot CANNE, nous avons donné (fig. 198 et 199) une canne à pochette de maître de danse.

POÊLE. — Appareil de chauffage. Nous n'avons pas à parler de celui-ci, mais des enveloppes en faïence, de Delft, de Rouen ou d'Alsace, qui ont souvent beaucoup de valeur, surtout pour les grandes pièces de faïence polychromes.

POIDS. — Objets faits avec des matières lourdes, principalement avec des métaux, et qui servent à peser. On emploie généralement

POIGNÉE. — POIGNARD.

à cet usage une balance; dans un plateau on met l'objet à peser, et dans l'autre les poids. Comme aujourd'hui on collectionne toute sorte d'objets, quelques amateurs ont collectionné des poids. Nos figures de 587 à 591 montrent des poids assyriens; les uns (fig. 587 et 588)

Fig. 590. — Poids assyrien (bronze).

sont en pierre et représentent une oie, la tête renversée sur le dos; les autres (fig. 589 à 591) sont en bronze et ont la forme d'un lion dont l'un a deux anneaux autour du corps, et l'autre, dont le poids est considérable (15 kilogrammes 337 grammes) porte une anse ou poignée servant à le soulever : celle-ci est rajustée avec du plomb. Ces poids font partie de

Fig. 591. — Poids assyrien (bronze).

la collection de poids déposée au British Museum; ils ont été donnés à ce musée par le célèbre voyageur Layard.

POIGNÉE. — Partie d'un objet par laquelle on le saisit. Les clefs, les épées, les sabres, etc., ont des poignées. Notre figure 592 montre une poignée de clef en fer, ciselée par Antoine Jacquard, qu'il ne faut pas confondre avec Joseph Jacquard, inventeur du métier dit *à la jacquard;* notre figure 593 reproduit une poignée d'épée d'après J. Henequin, de Metz. Au mot ÉPÉE, nous avons donné (fig. 366) la superbe poignée de l'épée offerte au comte de Paris, par la ville de Paris, à l'occasion de la naissance de ce prince.

POIGNARD. — Arme de main dont la

lame courte, pointue et tranchante est emmanchée dans une poignée de métal, d'ivoire, de nacre, de jade, etc. Il existe une grande variété de poignards; les uns sont à lame droite ou ondulée et fort simples, les autres fort riches; aussi les prix de cette arme sont-ils variables. Les poignards indiens se nomment KATHAR; les poignards malais, KRISS. (Voy. ces mots.)

Vente Double. — N° 245. Poignard à lame courbe en damas et poignée en jade blanc ver-

Fig. 592. — Poignée de clef en fer.

dâtre gravé, se terminant par une fleur et deux boutons, enrichie de turquoises incrustées. Travail indien. Le fourreau, de velours ponceau, est orné d'une rosace garnie de topazes. 350 fr. — N° 248. Poignard à lame droite en damas, à ornements en relief, avec poignée en morse garnie, ainsi que le fourreau, en argent doré incrusté de coraux. 300 fr. — N° 249. Petit poignard à manche en ivoire gravé et clouté de métal; le fourreau, en cuir, est garni en argent ciselé, doré et niellé. 170 fr. — N° 250. Poignard à lame évidée en damas, avec manche en buffle garni, ainsi que le fourreau en velours vert, en damas damasquiné d'or; travail persan. 180 fr. — N° 255. Poignard avec lame droite en damas damasquiné d'or et manche en agate orientale; le fourreau est couvert en velours rouge. 110 fr.

POIRE D'ANGOISSE. — Voy. ANGOISSE.
POIRE À POUDRE. — Voy. POUDRIÈRE.

POITRAIL. — Partie de l'armure du che-

Fig. 593. — Poignée d'épée.

val qui lui couvrait le devant de la poitrine, le *poitrail*.

POITRINAL ou PÉTRINAL. — Arme à feu à mèche ou à rouet, en usage au XVIe et au XVIIe siècle, qui par ses proportions est une arme intermédiaire entre le mousquet et le pistolet. Pour faire feu, on l'appuyait sur la poitrine; d'où son nom.

POIVRIÈRE. — Voy. SALIÈRES.

POLYCHROME. — On dit qu'un ornement, qu'une faïence, sont *polychromes*, quand ces objets sont décorés au moyen de diverses couleurs. Le CAMAIEU (Voy. ce mot) est, au contraire, un ornement *monochrome* ou d'une seule couleur.

POMME. — Objet, en forme de fruit nommé *pomme*, qui termine ordinairement l'extrémité d'un bâton, d'un jonc, etc. Souvent les cannes sont terminées par une pomme en or, en argent, en ivoire, en pierre de prix. Par extension, dans une canne, on nomme *pomme* l'ornement, quelle que soit sa forme, qui reçoit la paume de la main; souvent c'est la tête

Fig. 594. — Pomme de canne.

d'un animal ou une tête de nègre, etc. Notre figure 594 montre une pomme de canne en porcelaine tendre de Sèvres, du XVIIIe siècle. Le décor est fait au moyen d'incrustations d'or en relief, rehaussées d'émaux verts, qui représentent un cerf, un chien, des oiseaux, un sauvage, un arbre et des papillons. Cette pomme est dessinée dans sa vraie grandeur; elle fait partie de la collection Lenoir du musée du Louvre.

POMMEAU. — Ce terme désigne l'extrémité supérieure de la poignée d'une épée ou de la partie inférieure d'un pistolet. Au mot ÉPÉE, le lecteur trouvera l'explication d'une superbe poignée d'épée, où figure par conséquent un pommeau.

PONCIF et PONCIS. — Procédé par lequel on rapporte rapidement un dessin sur une surface ou sur un objet quelconque. Les artistes emploient ces deux mots comme synonymes: ils le sont devenus aujourd'hui par un long abus; mais nous devons dire que le *poncif* est le papier fort ou le carton mince piqué de trous au moyen desquels, avec le secours de la *poncette*, on reproduit un dessin, et que le *poncis* est le résultat de l'opération, c'est-à-dire le dessin obtenu par le *papier piqué* ou même par le carton découpé dont on a suivi le contour avec un crayon se détachant sur la surface sur laquelle est porté le dessin. La *poncette* est une sorte de tampon fait avec des morceaux de drap ou de feutre roulés; on l'imprègne soit d'une poudre blanche, soit d'une poudre noire, suivant qu'on doit rapporter le *poncis* sur une surface foncée ou claire. La poudre blanche est faite avec un mélange de résine et de céruse; la poudre noire, avec un mélange de résine et de noir de fumée. On utilise le poncis pour les grands décors, pour les dessins à tracer sur les étoffes, sur les abat-jour de lampe, sur les faïences, etc. La plupart des faïences sont dessinées sur poncis, mais beaucoup sont dessinées directement par l'artiste, par exemple les majoliques.

PONT DE MONTRE. — Ce terme est synonyme de *coq*, qui est beaucoup plus employé; au mot MONTRE (fig. 538), le lecteur verra un coq de montre repercé et ajouré.

PORCELAINE. — Ce n'est pas un article qu'il faudrait consacrer à ce mot, mais trois ou quatre volumes, si nous voulions décrire tout ce qu'on sait aujourd'hui sur la porcelaine et sur les diverses phases par lesquelles a passé cette belle industrie chez les divers peuples. Comme nous nous adressons à une classe de lecteurs qui savent, nous pourrons en quelques pages fournir des renseignements très utiles même au curieux qui sait beaucoup; quant au lecteur qui ne connaîtrait absolument rien à la porcelaine (supposition toute gratuite, par suite de ce que nous venons de dire), il saura beaucoup après avoir lu ce qui suit et pourra même acheter toute sorte de porcelaines en connaissance de cause. Voici le sommaire des matières que nous allons traiter dans le présent article : 1° définitions; 2° porcelaine de Chine : famille chysanthémopœonienne, famille rose, famille verte ; 3° porcelaine du Japon ; familles ; 4° porcelaine française ; 5° porcelaine de Saxe ; 6° porcelaines diverses. — Prix de vente.

I. Définitions. — La porcelaine est une poterie fine à pâte grenue légèrement translucide ou opaque ; elle ne se laisse pas entamer par l'acier, elle peut recevoir une couverte ou émail. Il existe deux genres principaux de porcelaine, la *porcelaine dure* et la *porcelaine tendre*.

La *porcelaine dure* a pour base le *kaolin*, terre blanche argileuse, et le feldspath presque pur. Cette composition est remplacée quelquefois par un mélange de craie, de feldspath et de sable. La pâte de cette porcelaine est fine et compacte, très dure et légèrement translucide ; on peut y appliquer des couleurs ou de la dorure, soit directement, soit sur la couverte en les fondant avec celle-ci et à la même température ; ou bien encore, en employant des oxydes ou des fondants métalliques, on peut les faire adhérer à une température plus basse.

La *porcelaine tendre*, composée d'une fritte vitreuse (1), est rendue opaque et moins fusible par l'addition d'une argile marneuse calcaire. On obtient également la porcelaine tendre par un mélange d'argile marneuse et de minium. Cette porcelaine ne va pas sur le feu, elle se raye facilement et ne supporte pas une brusque transition de la chaleur au froid ; mais la dorure et les couleurs s'y fondent à merveille, pénètrent bien la pâte, l'imbibent, pour ainsi dire, et se conservent vivaces très longtemps, pour ainsi dire indéfiniment.

La pâte de porcelaine non couverte fournit une matière charmante, nommée *biscuit*, avec laquelle on modèle des figures ravissantes très connues et fort appréciées des curieux. On peut aussi, comme du reste l'ont fait les Chinois, modeler le biscuit ou pâte non couverte avec la porcelaine couverte, et obtenir par cet heureux mélange des effets très remarquables. — Nous allons passer en revue la porcelaine fabriquée dans divers pays, en commençant par la Chine.

II. Porcelaine de Chine. — La porcelaine de Chine est composée d'une argile blanche très fine qui provient d'une roche feldspathique décomposée, appelée *kaolin* ; la couverte en est faite avec une autre roche à grains cristallins, également décomposée, qu'on nomme *pé-tun-tsé*.

A quelle époque remonte l'invention de la porcelaine ? Cette question a été vivement controversée par les antiquaires. M. Rosellini a affirmé que d'un tombeau égyptien ouvert devant lui, tombeau de la dix-huitième ou de la vingtième dynastie, on a retiré en sa présence des chinoiseries, de petites bouteilles : ces porcelaines dateraient donc de plus de trois mille six cents ans. D'autres antiquaires, s'appuyant sur des travaux de certains sinologues, placent la découverte de la poterie kaolinique entre les années 180 avant J.-C. et 85 ans après. Nous savons cependant que sous Hoang-ti, c'est-à-dire entre 2698 et 2599 avant l'ère vulgaire, on découvrit l'art de la céramique, puisque cet empereur nomma un intendant pour surveiller les premiers essais de cet art. Était-ce déjà de la poterie kaolinique ? Il est bien difficile de trancher la question. Espérons que de nouvelles découvertes, venant peut-être du côté de l'Égypte, nous fourniront la solution de ce problème jusqu'à présent insoluble. — Quoi qu'il en soit, on peut affirmer aujourd'hui qu'une des plus anciennes, sinon la plus ancienne et la plus célèbre des fabriques chinoises, est King-te-tchin. Voici en quels termes en parlait, au commencement du XVIIIe siècle, un missionnaire attaché pendant de longues années au district de King-te-tchin (nous donnerons une simple analyse de la lettre du P. d'Entrecolles) : « Si cette fabrique avait des murailles, ce serait une véritable ville, car elle ne compte pas moins de dix-huit mille familles ; ce n'est pas un amas de maisons, comme on pourrait le supposer en pensant à une fabrique ; au contraire, les rues sont droites, tirées au cordeau et se coupent et s'entre-croisent à certaines distances ; le terrain y est occupé par des maisons fort serrées, et les rues sont tellement étroites qu'on se

---

(1) On nomme *fritte* un mélange de substances salines et de substances terreuses, auquel on fait éprouver un commencement de fusion.

croirait au milieu d'une foire, tant les cris des portefaix s'y font entendre de tous côtés, afin de s'ouvrir un passage au milieu de la foule. Anciennement il n'y avait à King-te-tchin que trois cents fourneaux à porcelaine, aujourd'hui il en existe près de trois mille. Cette vaste fabrique est placée dans une immense plaine environnée de hautes montagnes; elle est adossée principalement sur une montagne placée à l'orient, les autres donnent issue à deux rivières qui se réunissent en un point et forment un beau port, parce que l'une de ces rivières est considérable. Quand on entre le soir, par l'une des gorges, dans King-te-tchin et qu'on aperçoit des tourbillons de flammes et de fumée, on croit voir une vaste ville tout en feu, ou bien encore une immense fournaise qui a de nombreux soupiraux. » Malgré l'intérêt que présente cette lettre, nous n'en poursuivrons pas l'analyse, pensant que ce qui précède suffira pour donner au lecteur une idée de la production chinoise à cette époque. Aujourd'hui King-te-tchin n'est plus qu'un monceau de ruines; les Taï-pings, qui ont failli anéantir la dynastie des Taï-thsings, ont détruit et ravagé toutes les usines et complètement ruiné l'industrie de la porcelaine chinoise. Il a existé dans la fabrication de celle-ci des périodes célèbres. La plus anciennement connue de toutes est celle des vases à décors bleus en camaïeu, qui remonterait à l'époque des *Song*, c'est-à-dire à 1000 ans après J.-C. C'est parmi ces porcelaines bleues qu'on trouve un grand nombre d'indications de règne (*nien-hao*); on nomme ces vases *vases des magistrats* (*kouan-ki*). Une distance de près quatre siècles sépare celle-ci d'une autre fort connue, celle des *Ming* (1368), qui fabrique principalement des vases à décors verts; puis viennent les vases de la période *Hong-vou* (1368 à 1400); puis ceux de la période *Yong-lo* (1400 à 1425), d'une fabrication assez imparfaite avec des dessins assez grotesques : c'est pendant cette période qu'a été construite la tour de porcelaine située près de Nankin. — A partir de la période suivante, dite de *Siouente* (1425 à 1435), la pâte et le décor de la porcelaine chinoise sont remarquables, ses produits semblent emprunter beaucoup comme ornementation et comme plastique au style persan ; enfin, de 1435 jusqu'en 1490 environ, la poterie chinoise atteint son apogée : c'est la période des *Tching-hoa*. Voici, d'après une lettre du P. d'Entrecolles, comment s'exécute la peinture des vases; ce passage prouve que la Chine pratiquait longtemps avant les autres peuples la division du travail : « L'un a soin uniquement de former le premier cercle coloré qu'on voit près des bords de la porcelaine; un autre trace des fleurs que peint un troisième ; celui-ci fait les eaux et les montagnes, celui-là les oiseaux et les autres animaux. » Voilà précisément ce qui fait l'infériorité du décor chinois sur le travail japonais, c'est cette division du travail.

FAMILLE CHRYSANTHÉMO-PÆONIENNE. — On désigne sous ce terme les poteries dans la décoration desquelles prédomine la représentation des chrysanthèmes et des pivoines (*pæonia*). Souvent ces poteries sont avec appliques laquées; la coloration du fond, assez simple et mate, fait ressortir davantage les effets décoratifs appliqués sur ces vases, souvent de forme persane et qui servent pour les usages les plus journaliers.

FAMILLE ROSE. — On désigne sous ce terme les poteries dont le rose forme relief sur la couverte. La famille rose se compose des pièces blanches les plus parfaites, et si minces qu'on les désigne sous le nom de *coquilles d'œuf, porcelaines sans embryon*, etc. Ce genre de porcelaine paraît être une imitation de celle du Japon; les Chinois l'estiment fort; elle a été principalement fabriquée au XVIe siècle, dans la période *Houng-tchy* (1490 à 1509); mais disons, en passant, qu'il ne faut pas toujours ajouter foi aux dates marquées sous le pied des vases, car en Chine plus qu'ailleurs peut-être il y a d'habiles faussaires.

FAMILLE VERTE. — Cette famille, comme la précédente, tire son nom de l'éclat d'un beau vert qui décore ses vases. En général tous les décors de cette famille reproduisent des scènes hiératiques ou historiques; dans la période des *Ming* il a été beaucoup fabriqué de ces poteries vertes.

Vente San Donato. — N° 1163. Vase forme rouleau, en ancienne porcelaine de la Chine de la famille verte, décoré de chimères, d'attributs, de paysages, de fleurs et d'oiseaux dans des médaillons de différentes formes réservés sur fond émaillé vert à fleurs et papillons. Haut., 0m,75. 3,950 lires. — N° 1693. Beau plat de Chine, famille verte; bordure à médaillons de formes variées contenant des insectes et des fleurs sur fond quadrillé vert; au centre, une Chinoise et ses suivantes dans un jardin. Diamètre, 0m,35. 115 lires.

Vente Double. — N° 156. Deux vases en forme de balustre, ancienne porcelaine de Chine, décorés d'un sujet familier exécuté en émaux de couleurs, dans le goût des porcelaines dites *coquilles d'œuf*; garnis de montures à anses; couvercle et piédouche en bronze ciselé et doré (style Louis XVI), avec base ornée de plaques de lapis et socle en marbre bleu turquin. Haut. totale, 0m,38. 10,400 fr.

III. PORCELAINE DU JAPON. — Le Japon, nous l'avons dit à son rang, au mot JAPONAIS (*Art*), a été longtemps un pays fermé : nous le connaissons fort peu, et nous ne possédons aucune notion sur la fabrication de sa belle porcelaine, bien différente de celle de la Chine; aussi nous ne comprenons pas que l'on confonde si facilement dans le langage usuel deux productions si diverses. Les caractères distinctifs de la porcelaine du Japon sont les suivants : premièrement, les poteries japonaises reproduisent des personnages japonais, dont le costume est bien différent de celui des Chinois; ensuite, au point de vue de l'art, nous avons vu que les produits de la Chine sont purement des œuvres industrielles, tandis que les œuvres du Japon sont marquées au coin d'une grande individualité, puisque c'est la même main, le même artiste qui crée son œuvre de toute pièce. — Les principales usines du Japon sont dans l'île de Niphon, dans les îles Sirok'awadri et Ki, et dans celle de Kiousiou. — Les Japonais fabriquent des porcelaines chrysanthémo-pæoniennes, des porcelaines de la famille rose, des porcelaines vitreuses, enfin des porcelaines dites *coréennes*, c'est-à-dire fabriquées dans la presqu'île de Corée (Tchao-Siau), située au nord-est de la Chine. La porcelaine coréenne est parvenue en Europe avec les premiers envois faits dans cette partie du monde par la compagnie des Indes; les fabriques de Chantilly, de Saint-Cloud, de Sèvres, et principalement la Saxe, ont copié ces magnifiques produits, si estimés de nos pères, et les ont parfois si bien imités qu'à première vue un œil exercé peut s'y tromper.

FAMILLE ROSE. — Les porcelaines de cette famille sont émaillées au rouge d'or, qui en s'associant à l'émail blanc passe au rose le plus tendre, celui que les experts qualifient, dans leur langage pittoresque et imagé, de *rose cuisse de nymphe émue* (il est fâcheux que ces messieurs ne nous disent point de quel genre d'émotion, cela nous fixerait tout à fait sur la couleur du rose). Quand les émaux de cette famille s'enrichissent d'un fin damassé ou d'une mosaïque courante, le rouge vif cerne ou relève le jaune, le vert et le rose; le bleu de ciel est quelquefois cerclé de noir. C'est cette famille qui possède les plus belles porcelaines artistiques, ornées de fleurs, de plantes et d'oiseaux; souvent leur fond est *clathré*, c'est-à-dire qu'il imite les tresses fines d'une corbeille; ou *mosaïqué*, ou *pavé*, c'est-à-dire orné de carrés et d'octogones. Cette famille renferme aussi les porcelaines dites *à mandarins*, parce qu'elles sont souvent décorées de ce genre de personnages, c'est-à-dire des employés officiels du Céleste Empire. La *porcelaine à mandarins* peut être divisée en plusieurs sections : la première comprend les fonds noirs avec sujets peints dans des médaillons cerclés d'or; la seconde, les *porcelaines à fonds filigranés;* enfin les autres sections tirent leur nom des mandarins qui les décorent, on les nomme : *mandarins chagrinés, mandarins gaufrés, mandarins à fonds variés, mandarins rouges, mandarins camaïeu*, etc.

PORCELAINE DE L'INDE OU DES INDES. — On désigne ainsi une porcelaine de la Chine à pâte dure, du XVIIe siècle, importée par la compagnie des Indes; son décor est polychrome et or; des personnages se détachent souvent sur un fond de paysage. Mais le terme de *porcelaine de l'Inde* s'applique principalement à des porcelaines du Japon décorées de fleurs, notamment de chrysanthèmes, d'œillets, de roses, d'anémones simples ou doubles, de pavots, etc. Ainsi donc ce genre de porcelaine, qu'on retrouve en si grande quantité dans le commerce de la curiosité, n'a aucun rapport avec l'Hindoustan : c'est bien un produit japonais. Ce genre a été exporté en masse pendant la première moitié du XVIIe siècle, pendant tout le XVIIIe siècle, enfin de nos jours ; c'est par centaines de mille que l'Europe reçoit chaque année ce produit. On voit que dans quelques années ou pourra l'acquérir à très bas prix, vu l'énorme agglomération qu'il s'en fait chaque jour dans le commerce.

PORCELAINE VITREUSE. — Ce genre de porcelaine est le plus beau de tous ceux qu'a produits le Japon ; la pâte en est fabriquée avec un matériau extrêmement dur et d'une pureté si parfaite que l'émail est d'une homogénéité rare. La matière première est une sorte de grès dur et très compact. On fait principalement avec cette porcelaine vitreuse de petites coupes en forme de cône tronqué, montées sur un pied assez élevé ; elles servent à boire le *saki*, cette eau-de-vie de grains si chère aux Chinois et aux Japonais, qui se prend chaude parce que l'ébullition lui fait perdre une partie des huiles empyreumatiques ainsi que la partie la plus volatile, la plus alcoolique, car cet esprit de grains marque de 90 à 96 à l'aréomètre (1). A côté des coupes à saki, nous devons mentionner de petites tasses en forme de cloche, minces comme du papier et d'un bel émail blanc ; beaucoup de ces tasses représentent une fleur avec ses pétales irréguliers. (Voy. TASSE.)

PORCELAINE LAQUÉE. — La *porcelaine laquée* et *burgautée* est un superbe produit du Japon ; généralement le décor de cette porcelaine représente, sur fond noir d'un velouté parfait, des paysages exécutés au moyen d'une mosaïque. Toutes les pièces formant le feuillage d'un arbre sont découpées une à une avec un soin et une habileté extrêmes, et souvent diversement colorées pour varier les effets de la nacre ou de ses sinuosités. L'artiste qui modèle ces œuvres profite de tous les accidents et les combine pour obtenir des raccourcis, des formes variées, etc. Ajoutons un fait assez important, c'est que les Japonais ont exécuté la décoration des laques burgautées sur des porcelaines chinoises qui portent des marques et des inscriptions chinoises, de sorte que bien des gens peu versés dans la connaissance de la curiosité ont cru que les Chinois avaient pratiqué ce genre, ce qui est absolument faux. (Voy. CÉLADON.)

GRÈS. — Les Japonais ont également fabriqué des poteries en grès qui présentent beaucoup d'intérêt. Une des principales fabriques est Bizen, qui produit des dieux, des personnages, des animaux réels ou fantastiques, enfin de beaux vases. Un autre genre de grès, dit *truité, ventre de biche,* se fabrique à Satzuma et à Owari ; la pâte en est très fine, presque blanche et recouverte d'un émail jaunâtre, vitreux, fendillé, qui sert de fond à des décorations simples dans lesquelles figurent des bambous bruns ou bleus, des oiseaux, etc. — Un grès également remarquable est celui de *Kio* ou *Kioto*, avec lequel on fabrique des poteries très curieuses, surtout celles faites avec la pâte dite *de croquet*, qui est extrêmement fine et ferme. Le genre le plus remarquable de Kioto est celui qui sur un fond jaunâtre comporte des reliefs moulés très finement et dont les moulages fournissent des bouquets polychromes, des oiseaux et des papillons. Il ne faut pas confondre ce produit avec celui de Yédo ou Iédo, dont il se rapproche par la délicatesse de ses dessins : les grès de Yédo sont plus blancs et souvent couverts d'un émail truité ; le style des fleurs ne ressemble en rien à celui des vases de Kioto.

IV. PORCELAINE FRANÇAISE. — Les principales fabriques de porcelaine française sont Sèvres, Saint-Cloud, Chantilly et Vincennes ; mais d'autres villes fabriquèrent des porcelaines dures et des porcelaines à pâte tendre. Même une simple nomenclature serait tellement longue que nous devons nous en abstenir ; du reste, les porcelaines françaises sont beaucoup plus connues chez nous des curieux que celles d'autres pays : nous nous bornerons donc à fournir quelques prix, puis nous passerons aux porcelaines de Saxe.

Notre figure 595 montre un vase en porcelaine de Sèvres décoré au grand feu, au moyen de pâtes colorées composées d'oxyde métal-

---

(1) Cf. *Journal de la société contre l'abus du tabac*, n° 8, août 1881, page 179.

lique pouvant résister au feu d'un four chauffé à une haute température.

Vente Jules Jacquemart. N° 239. Vase de Sèvres (1866). 405 fr. — Vente San Donato. N° 461. Groupe en biscuit représentant Marie-Antoinette présentant à la France le premier dauphin. La reine est représentée supportée par trois dauphins. Le modèle de ce

Fig. 595. — Porcelaine de Sèvres.

groupe fut commandé à Pajou, le célèbre sculpteur, par la reine elle-même. Haut. totale, 0ᵐ,56. 17,900 lires. — N° 462. Jardinière rose du Barry, caillouté pâte tendre à décor chinois sur la face et médaillon de fleurs au revers. Elle porte la marque I, c'est-à-dire la date de 1761, et la marque du peintre Dodin. Hauteur, 0ᵐ,15; long., 0ᵐ,25; larg., 0ᵐ,13. 4,000 lires. — N° 463. Belle jardinière bleu de roi, pâte tendre avec large médaillon, représentant *la Leçon de flûte* d'après Boucher, par Chabry, dont elle porte la signature, et bouquet de roses d'or au revers. Lettre M, c'est-à-dire 1765. Haut., 0ᵐ,115; long., 0ᵐ,25; larg., 0ᵐ,12. 4,100 lires. — N° 464. Paire de jardinières carrées, forme dite *cache-pot*, pâte tendre blanche avec décors camaïeu rose, représentant des Amours d'après Boucher, par Michel, dont une des jardinières porte la marque. Lettre C, c'est-à-dire 1755. Hauteur, 0ᵐ,18; largeur, 0ᵐ,13. 14,000 lires. — N° 465. Jolie tasse, de forme cul-de-poule, pâte tendre blanche, décorée d'un Amour d'après Boucher et de deux bouquets de roses, le tout en camaïeu rose. Peinture de Michel. Haut., 0ᵐ,07. 57 lires. — N° 466. Très joli pot pourri, pâte tendre, bleu de roi, caillouté à décor de deux médaillons de paysage avec oiseaux, et à couvercle de même décor surmonté d'une fleur formant bouton. Monture Louis XV en bronze doré ornée de deux chiens en vieux saxe et fleurettes. Haut. totale, 0ᵐ,21; diam., 0ᵐ,13. 2,500 lires. — N° 467. Superbe garniture de trois jardinières, forme dite *commode*, pâte tendre vert-pomme, à grands médaillons de sujets champêtres, peints sur les faces par Moiron fils, et aux revers de beaux bouquets de fleurs, très beaux ors. Marque H et K (1760 et 1763) et signature du peintre. Hauteur de la jardinière du milieu, 0ᵐ,15; long., 0ᵐ,255; larg., 0ᵐ,132. Haut. des deux autres, 0ᵐ,125; long., 0ᵐ,24; larg., 0ᵐ,12. 44,500 lires. — N° 468. Écuelle avec son plateau, pâte tendre blanche à décor de paysages et d'oiseaux, signée Moiron fils. Marque G, c'est-à-dire 1759. 1,150 lires. — N° 470. Solitaire, composé d'un plateau, d'une tasse, de sa soucoupe et d'un sucrier, pâte tendre blanche à décor de paysages et d'oiseaux, par Aloncle, dont il porte la signature. Marque G, c'est-à-dire 1759. 1,420 lires. — N° 471. Une belle paire de vases pâte tendre bleu de roi uni, avec riche monture du temps de Louis XVI, à couvercle et à anses reliées entre elles par des guirlandes, le tout en bronze finement ciselé et doré. Haut. totale, 0ᵐ,28; larg., 0ᵐ,11. 5,650 lires. — N° 472. Garniture de trois jardinières un peu plus grandes que celles du n° 467. Signée Dodin et marquée F, c'est-à-dire 1758. 94,500 lires. — N° 473. Tasse dite *mignonnette* avec sa soucoupe en pâte tendre bleu de roi, à guirlande de laurier d'or, paysage et attributs de jardi-

VASE MILITAIRE, DIT DE FONTENOY.
PORCELAINE DE SÈVRES, PÂTE TENDRE.
Collection de M. Léopold Double.

nage ; marque du peintre Vieillard. Lettre N, c'est-à-dire 1760. 270 lires. — N° 474. Tasse à anses torses, pâte tendre, fond blanc à colonnes bleues rehaussées d'or, avec ruban d'or qui les entoure et festons de branches de cerisier chargées de fruits ; le haut et le bas de la tasse, brun-rouge à décor doré, servant de base et de chapiteau aux colonnes et d'arceaux pour les réunir. Marque du peintre Thévenet père, et lettre M, c'est-à-dire 1765. 180 lires. — N° 475. Douze assiettes à dessert forme compotier, pâte tendre, fond blanc avec bouquet de fleurs, à large marli bleu turquoise à trois médaillons d'oiseaux dans les cartouches formés de rinceaux et de fleurs d'or. Exécutées par Levé père, Philippe Parpette et Girard pour les peintures ; Théodore et Le Guay pour la dorure. Marque O, R, V (1767, 1770, 1774). Diam. 0^m,25. 2,400 lires. — Vente Double. N° 24. Deux magnifiques vases en ancienne porcelaine de Sèvres pâte tendre, à panse ovoïde, reposant sur un piédouche orné d'un tore de laurier et d'un rang de fortes perles, et à couvercle surmonté d'une pomme de pin. Au pourtour de la panse se trouvent quatre médaillons reliés entre eux par des anneaux et des cordons ; chacun de ces médaillons est encadré de festons de feuilles de chêne et présente un décor différent ; celui de la face principale offre un sujet de soldats combattant, parmi lesquels se distingue un groupe de gardes-françaises ; celui de la face postérieure présente un trophée d'armes, et ceux des faces latérales trois couronnes enlacées suspendues à un ruban rose et encadrées par deux palmes. Ces vases furent exécutés pour le roi Louis XV en souvenir de la bataille de Fontenoy. Haut., 0^m,42. 170,000 fr. — N° 25. Joli petit vase à couvercle de forme ovoïde, à ouverture encadrée d'ornements saillants ; couvercle surmonté d'une fleur ; en ancienne porcelaine de Sèvres pâte tendre, fond vert-pomme ; à médaillons de paysages encadrés d'ornements dorés (époque Louis XV). Haut., 0^m,20. Lettre F (1759) 4,800 fr. — N° 26. Beau vase à gorge évasée, en ancienne porcelaine de Sèvres pâte tendre, fond bleu de Vincennes vermiculé d'or, branches de fleurs en relief servant d'anses et médaillons de fleurs polychromes sur la panse et sur le pied. Le culot offre des réserves blanches simulant des cannelures. Haut. du vase, 0^m,30 ; haut. avec sa monture en bronze ciselé et doré et le socle en marbre rose, 0^m,80. 9,100 fr. — N° 27. Deux vases de forme élancée, à gorge et à deux anses enroulées, en ancienne porcelaine de Sèvres pâte dure, fond gros bleu, à décor d'or représentant des paysages et des jeux d'enfants ; socle en marbre noir. Ces vases avaient appartenu à Louis XVI. Hauteur, 0^m,49. 1,550 fr. — N° 28. Deux petits seaux à deux anses, en ancienne porcelaine de Sèvres pâte tendre, décorés de médaillons, de paysages avec figures en camaïeu carmin. Marque au point. Haut., 0^m,11. 900 fr. (Voy. SERVICE.)

Porcelaine tendre. — C'est dans le laboratoire de François de Médicis, au XVIe siècle, que fut découverte la première porcelaine tendre, et cependant ce n'est que sous Louis XIV que nous trouvons le premier document français qui ait trait à ce genre de faïence ; c'est un arrêt rendu en avril 1664 en faveur de Claude Révérend pour le seconder dans sa fabrication. Plus tard, en 1673, un Rouennais, L. Poterat, agrandit la fabrique de porcelaine du sieur Saint-Étienne dans le faubourg de Saint-Sever à Rouen ; puis, en 1695, nous trouvons une fabrique à Saint-Cloud, en 1712 à Lille, en 1734 ou 1735 une autre à Mennecy-Villeroy, enfin en 1740 à Vincennes. Ce furent les travaux de cette dernière usine qui engagèrent le roi à encourager cette industrie en France ; en effet, dès l'année 1753 le roi entra pour un tiers dans les frais d'exploitation, et l'établissement prit le titre officiel de *manufacture royale de porcelaine de France*. Bientôt après, en 1756, la production prit un tel accroissement qu'on fonda dès la même année une nouvelle usine à Sèvres.

V. PORCELAINE DE SAXE. — On donne trop généralement le nom de porcelaine de Saxe à toute sorte de produits allemands ; beaucoup de fabriques allemandes fabriquent bien des porcelaines dures, mais les plus méritantes sont celles de Meissen en Saxe. L'origine de cette fabrique remonte à l'année 1710 environ.

Prix de vente, collection Bertaux, avril 81, hôtel Drouot. Saxe. N° 15. Berger et bergère. 1,420 fr. — N° 22. Le tailleur du roi. 1,805 fr. — N° 42. Groupe de bergers, deux parties. 4,350 fr. — N° 44. Vénus et l'Amour. 3,450 fr. — N° 47. Scène pastorale. 2,225 fr. — N° 48. Scène de carnaval. 2,700 fr. — N° 49. Marquis et marquise. 5,900 fr. — N° 50. Groupe de colporteurs. 4,800 fr. — N° 52. Asiatique sur un éléphant. 3,900 fr. — N° 53. Char d'Apollon. 7,000 fr. — N° 120. Scapin et Arlequin. 2,875 fr. — N° 170. Deux vases décorés de fleurs. 2,200 fr. — N° 188. Flambeaux. 7,310 fr. — N° 190. Deux candélabres. 3,175 fr. — N° 193. Deux bras-appliques. 1,900 fr. — Vente San Donato. N° 632. Poêlon à semis de fleurs, manche relevé de dorure et couvercle à anneau formé par une branche de fleurs en relief. Diam., 0^m,15. 360 lires. — N° 634. Petite tasse avec soucoupe, fond blanc à décor de fleurettes et fumeur lisant auprès d'un bouquet d'arbres. Marque 1770. 40 lires. — N° 635. Douze assiettes à fond citron, à médaillon central où se détache sur fond blanc le blason royal d'Auguste de Saxe, roi de Pologne, et à marli comprenant trois médaillons de fleurs ; deux compotiers carrés, deux compotiers ovales, une pièce milieu ; le tout semblable aux assiettes. 300 lires. — Vente Double. N° 113. Grand surtout de table, de forme oblongue à contours, à fond de glace et galerie composée de plaques cintrées et droites ; ancien saxe. Long., 1^m,35. 900 fr. — N° 114. Belle pièce de milieu composée d'un groupe de deux nymphes et de deux enfants, l'un deux portant une gerbe de blé et l'autre un panier de fleurs. Ce groupe, monté en bronze doré, supporte une corbeille oblongue en ancienne porcelaine de Saxe. Haut., 0^m,83. 1,200 fr. — N° 115. Deux groupes composés chacun de quatre figures d'enfants, ancien saxe. Haut., 0^m,16. 915 fr. — N° 116. Joli groupe composé de quatre figurines d'enfants représentant les saisons. Haut., 0^m,21. 710 fr. — N° 117. Deux statuettes debout près d'un vase et reposant sur des terrasses rocaille en porcelaine de Saxe ; elles représentent l'été et l'automne figurés par Cérès et Bacchus. Haut., 0^m,22. 760 fr. — N° 118. Groupe : Vénus et l'Amour dans un char. Haut., 0^m,18. 830 fr. — N° 119. Six jolis drageoirs, formés chacun d'une figurine à demi couchée tenant une corbeille oblongue.

Haut., 0^m,12 ; larg., 0^m,17. 1,810 fr. — N° 120. Deux flambeaux. Hauteur, 0^m,15. 560 fr. — N° 121. Deux autres analogues. 520 fr. — N° 122. Deux petites corbeilles quadrangulaires, gaufrées à vannerie. Largeur, 0^m,065. 390 fr. — N° 123. Deux autres analogues, mais plus petites. Largeur, 0^m,50. 400 fr. — N° 124. Deux autres analogues, mais ovales. Larg., 0^m,62. 220 fr.

VI. PORCELAINES DIVERSES. — On a fabriqué des porcelaines dans beaucoup de contrées ; dans l'impossibilité où nous sommes de les énumérer toutes, nous nous bornerons à indiquer les centres les plus renommés. En France, nous devons mentionner : Sceaux, où Chapelle, le fabricant de faïence, obtint des porcelaines à pâte tendre dans le genre de celles de Mennecy, mais d'un plus riche décor ; Étiolles près Corbeil, dont la marque est M P conjugués (le fabricant se nommait Monnier) ; Orléans, qui possédait une fabrique royale de porcelaine tendre ; Arras, Bourg-la-Reine, Valenciennes, avaient également des usines porcelainières. — Dans les Pays-Bas, Tournay eut une fabrique renommée de porcelaine tendre : celle de Péterinck (1750). Ce fabricant inventa une pâte qui possédait une grande ténacité et qui par suite résistait bien à l'usage, parce que sa composition est un mélange d'argile et de marne argileuse ayant pour fondant une fritte. A la vente San Donato, deux vases en porcelaine tendre de Tournay (n° 111) ont été adjugés à 3,150 lires. De forme ovoïde, leurs faces étaient décorées de médaillons représentant des pastorales dans le goût de Watteau ; socle en bronze (Louis XVI). Haut., 0^m,94. — Mentionnons, en Angleterre, les fabriques de Chelsea, de Bow, dénommée aussi Stratford-le-Bow, de Bristol, de Plymouth, etc.; en Bavière, celle de Nuremberg ; en Suède, celle de Marieberg. La capitale de l'Autriche, Vienne, posséda dès 1744 une manufacture impériale de porcelaine dure dont la base est le kaolin de Moravie. Ce produit est très estimé à cause de la finesse de sa pâte ainsi que pour la solidité et l'éclat de ses couleurs. — Le palais de San Donato, à Florence, possédait une assez belle collection de faïences de Vienne ; un SERVICE de table, dont nous donnons un détail à ce mot, a été vendu 68,435 lires. Voici quelques autres prix de vente de cette collection. — N° 477. Grand vase à fond lilas, avec anses de branches fleuries et dorées ; sa décoration est une peinture représentant un jeune homme à qui des nymphes offrent une guirlande de fleurs, du vin et des fruits ; au revers, l'été et l'hiver. Hauteur, 0^m,44. 800 lires. — N° 478. Deux beaux vases, hauts de 0^m,33, portant chacun deux médaillons peints : l'Amour prisonnier, l'Amour chargé de roses, l'Amour désarmé, l'Amour ami. 1,000 lires. — N° 480. Une paire de vases analogues. 2,000 lires. — N° 481. Un vase à couvercle ovoïde à fond bleu turquoise avec deux beaux médaillons : Jupiter, métamorphosé en Diane, séduit la nymphe Calisto ; au revers, Diane choisit une flèche. Haut., 0^m,31. 710 lires. — Enfin il a été vendu à cette vente de nombreuses assiettes en porcelaine de Vienne ; les prix ont varié entre 180, 200 et 300 lires. — Une assiette (n° 586) a été adjugée à 570 lires ; elle avait son marli mauve décoré d'arabesques d'or, avec six médaillons losangés à têtes de guerriers en grisaille sur fond rouge ; au fond, dans un rectangle entouré de rinceaux et d'arabesques en or, est peinte l'inscription : *Tiberius schlisst mit Marbot Frieden.* Cette pièce était signée en lettres d'or : E. TALLACH. — Le n° 587 a été adjugé à 650 lires. Cette assiette, à marli blanc à décor d'or, avait son ombilic décoré d'une peinture représentant Hercule prenant l'immortalité de Junon ou la voie lactée. Signé : M. Daffinger.

PORPHYRE. — Roche basaltique très dure composée de feldspath, de quartz et de mica. Les porphyres sont de couleurs variées, mais généralement le rouge, le noir et le gris sont les couleurs dominantes. On fait avec cette matière des colonnes, des vases, des piédestaux. — Vente San Donato. N° 305. Une paire de vases ovoïdes à piédouche en porphyre gris de Sibérie. Haut., 0^m,45. 1,060 lires.

PORTE-BOUQUET. — Tout vase pouvant servir à contenir un bouquet, mais plus particulièrement une caisse en faïence à dos plat, à face cintrée, dont le dessus est percé de trous pouvant recevoir des tiges de fleurs. Certains porte-bouquets ont la forme de petites commodes droites ou à panse. Ces vases, en faïence de Rouen, de Marseille ou de Moustiers, valent de 25 à 100 francs ; les nevers sont d'un prix moins élevé, ils n'atteignent guère que de 6 à 15 francs ; ceux en porcelaine, au contraire, sont fort chers.

Fig. 596. — Porte-cierge de procession (XVIIe siècle).

PORTE-CIERGE. — Ustensile qui sert, comme l'indique son nom, à porter des cierges dans les processions. Celui que représente notre figure 596 est en cuivre repoussé ; il date du XVIIe siècle et fait partie de la collection de M. A. Jubinal. Notre figure 597 montre un porte-cierge d'un autre genre, puisqu'il remplit l'office d'un chandelier. Notre croquis le montre grandeur d'exécution ; il est composé de plaques émaillées. Cet ustensile a été trouvé dans le département de la Vienne, à Montmorillon ; il fait partie de la collection Gourdon de Lalande.

PORTE-HUILIER. — Ustensile de table contenant des burettes pour l'huile et le vinaigre qui servent à assaisonner les salades ou autres mets. Il existe des porte-huilier en faïence, en métal, surtout en argent. Ceux-ci se vendent jusqu'à 2 francs le gramme ; en faïence, quelle que soit leur provenance, ils ne dépassent guère le prix de 50 francs. — Vente Dou-

Fig. 597. — Porte-cierge (coll. Gourdon de Lalande).

ble. N° 201. Porte-huilier en argent de forme oblongue, à deux anses et à galerie composée de rinceaux de feuillages ; il était accompagné des bouchons des burettes (style Louis XV). Larg., 0ᵐ,28. 580 fr. — N° 202. Porte-huilier en argent ciselé avec plateau oblong, orné d'un rang de perles et galerie composée de festons de vigne et de pieds à volutes ; il était accompagné des bouchons des burettes (style Louis XVI). Long., 0ᵐ,31. 680 fr.

PORTE-VOIX. — Instrument en cuivre ou en maillechort, en forme de trompette, qui sert à grossir la voix et à la faire entendre au loin. C'est principalement sur les navires qu'on utilise cet instrument, que montre notre figure 598.

PORTIÈRES. — Étoffes, tapisseries qu'on utilise comme tenture pour masquer une porte et pour intercepter les courants d'air. On fait des portières avec du drap, du velours, de la tapisserie, des tentures, des tissus orientaux. — Vente San Donato. N° 984. Deux portières en ancien point de Hongrie à larges fleurs, fruits et feuillages, avec bordure de velours marron.

1,320 lires. — N° 1667. Tapis-portière en satin bleu turquoise, entièrement couvert de délicates broderies de sujets chinois encadrés. Travail portugais du XVIIIᵉ siècle. Haut., 3ᵐ,46 ;

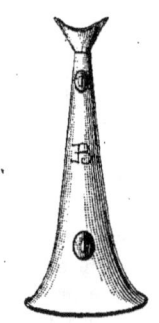

Fig. 598. — Porte-voix en cuivre.

larg., 3 mètres. 1,120 lires. — N° 1663. Portière chinoise en satin groseille avec double encadrement de broderies d'une extrême richesse et perfection. Haut., 4ᵐ,31 ; larg., 2ᵐ,78. 1,800 lires. — N° 1669. Tapis-portière en taffetas bleu de roi, entièrement couvert de broderies de soie de couleurs représentant deux arbrisseaux au tronc et aux rameaux bouton d'or ; franges d'or. Broderie portugaise du XVIIe siècle. Haut., 2m,50 ; larg., 1m,70. 1,600 lires. — N° 1670. Portière vénitienne du XVIe siècle, fond en taffetas blanc couvert de rinceaux d'or et de soie se terminant en figures fantastiques et de feuillages au milieu desquels on distingue des hallebardiers, des chiens, etc. Haut., 2m,82; larg., 2m,20. 2,750 lires. — Vente Double. N° 456. Quatre portières, deux rideaux et un lambrequin en ancienne dauphine, à fond vert d'eau, fleurettes et entrelacs de feuillages brochés en soie de couleurs. Haut., 2m,35; larg., 1m,20. 780 fr. — N° 463. Portière en filet décoré de figures de cariatides et d'ornements, et offrant au centre une figure debout ainsi que l'inscription : « Le temple de Fortune. 1585. » 515 fr.

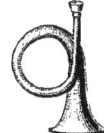

Fig. 599. — Posthorn rond.

POSTHORN. — Sorte de cornet, de cor en cuivre ; les postillons s'en servent sur les routes pour informer de leur passage ; on les utilise

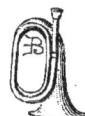

Fig. 600. — Posthorn à deux tours.

aussi dans les parties de chasse. Ces instruments sont de diverses formes : ronds à un tour, ils valent 3 fr. 75 ; à deux tours, droits à

Fig. 601. — Posthorn demi-lune.

coulisse ou à virole, ou en demi-lune, ils valent de 3 fr. 80 à 6 francs. Nos figures 599 à 601 montrent ces trois types.

POT. — Terme générique qui sert à désigner toute sorte de vases de terre ou de métal. Ce terme est souvent accompagné d'un qualificatif ; nous donnons ci-dessous quelques-uns de ces termes composés tels que : POT A BIÈRE, POT A CRÈME, POT A EAU, POT A FEU, POT-EN-TÊTE, POT POURRI, POT TROMPEUR, etc. Notre figure 602 montre un pot en étain exécuté par François Briot.

POT A BIÈRE. — Pot en grès, en faïence, en verre, en métal, qui sert à contenir de la bière. Il existe des pots de ce genre de l'époque de la renaissance qui sont des merveilles.

Fig. 602. — Pot en étain exécuté par F. Briot.

Notre figure 603 montre un pot à bière du XVIe siècle attribué à Hans Siebmacher, un des nombreux artistes allemands de cette époque qui possédait une armée de dessinateurs, d'artistes, d'orfèvres, de graveurs. Cette vaillante pléiade produisit des œuvres d'art aussi remarquables que le pot à bière que nous donnons ici, et dans lequel la finesse et la correction du dessin rivalisent de goût avec des œuvres italiennes de la même époque. Est-ce bien une œuvre allemande que nous avons devant les yeux ? La forme semble indiquer cette origine, mais les fines arabesques qui décorent ce pot permettraient de rechercher un autre art que celui de l'Allemagne. En supposant que ce soit bien là une œuvre de Siebmacher, on est bien obligé de constater combien s'est abaissé le niveau artistique de l'Allemagne. Il est vrai que cette

Fig. 603. — Pot à bière de Hans Siebmacher.

puissance ne possède plus une armée d'artistes depuis qu'elle n'est qu'une armée de soldats.

POT A CRÈME. — Petit pot en faïence, en porcelaine, en or, en argent ou en vermeil, qui sert à contenir de la crème de lait. On le nomme aussi *crémier*. — Vente San Donato. N° 1216. Pot à crème en vermeil repoussé et ciselé. Travail anglais; signé : Randel Brige et Randel. 350 lires. — N° 1220. Pot à crème en argent repoussé et ciselé avec cartouche contourné et trois médaillons de fleurs séparés par des cannelures. Travail anglais du XVIII° siècle. 170 lires. — N° 1221. Un autre à pieds de biche en argent repoussé et ciselé. 150 lires.

POT A EAU. — Vase qui sert à contenir de l'eau ; les uns servent pour l'usage de la toilette et sont accompagnés d'une cuvette ou bassin, d'autres sont utilisés comme service de table pour contenir de l'eau chaude. — Notre figure 604 montre un pot à eau en vermeil (style Louis XV) exécuté d'après Paul Germain, un des plus célèbres orfèvres du XVIII° siècle. (Voy. ORFÈVRERIE.) Cet artiste nous a laissé une nomenclature de tous les ustensiles de toilette de la femme élégante. Il y avait : la vergette, le gobelet, la gantière, le flambeau de toilette, la boîte à poudre, la boîte à mouches, le pot ou coffre à racines, le pot à fard,

Fig. 604. — Pot à eau en vermeil.

le coffre à bijoux, le pot à pâte, le carré, le dessus du carré, le pot à eau, la cuvette et le miroir. Tandis que le pot à fard servait à rougir les joues, le pot à racines servait à rougir les gencives et les lèvres. On devait probablement employer de l'orcanète ou de la garance pour cet usage. — Vente San Donato. N° 1204. Pot à eau chaude en vermeil repoussé et ciselé, à col évasé en forme de feuilles, et collets de guirlandes, coquilles et feuilles d'acanthe sur fond graindorgé, avec double bordure à palmettes, grecques et perles. Travail anglais. 1,050 lires. — N° 1207. Pot à eau chaude en vermeil, mêmes décors que celui décrit précédemment, mais plus petit. 1,200 lires.

POT A FEU. — Pot dont le couvercle figure une flamme. — C'est aussi une pièce d'artifice, mais nous n'avons pas à en parler.

POT-EN-TÊTE. — Coiffure d'infanterie, sorte de casque qui ne couvrait que le sommet de la tête. (Voy. CASQUE, *fig.* 217.)

POT POURRI. — Vase de forme ovoïde, un peu étranglé au-dessous de son ouverture et pourvu d'un couvercle. Il existe des pots pourris en FAÏENCE (Voy. ce mot, *fig.* 400) et en porcelaine; c'est une sorte de potiche de forme élégante.

POT TROMPEUR. — On nomme *pots trompeurs* ou *pots à surprises* des pots qui ne remplissent pas l'office auquel ils semblent destinés. Les Péruviens, les Mexicains et beaucoup d'autres peuples ont fabriqué des pots trompeurs. En France, ils étaient beaucoup estimés

Fig. 605. — Pots trompeurs.

au XVIII° siècle. Nos figures 605 et 606 montrent des pots trompeurs; on voit que leur partie supérieure est ajourée et qu'il serait bien difficile de verser le liquide qu'ils renferment par le bec supérieur, puisqu'il s'échapperait par les ouvertures pratiquées sur le haut des parois. Il faut donc pour les vider user d'un artifice; le voici : à l'aide d'un petit trou *a* (fig. 606), caché sous la partie supérieure de l'anse, on peut résoudre le problème. On bouche ce trou avec le doigt, puis on applique les lèvres au bec saillant *b*, et l'on aspire.

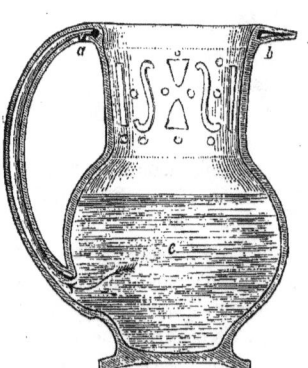

Fig. 606. — Pot trompeur (coupe).

Fig. 607. — Poterie de Sindh (Inde).

POTERIE. — PRÉSENTOIR. 557

Dès les premières aspirations, le liquide s'élève dans l'anse, qui est creuse, traverse les bords du vase également creux et vient se déverser par le bec *b*. En maintenant le doigt sur le trou *a*, on met le vase promptement à sec.

POTERIE. — Objet fabriqué avec de la terre argileuse; industrie ou art de terre. (Voy. CÉRAMIQUE.) Notre figure 607 montre une poterie émaillée de Sindh. Cette poterie, bien qu'un peu lourde de forme, est d'un beau caractère; c'est un spécimen remarquable de la poterie émaillée hindoue.

POTICHE. — La forme de ce vase est originaire de la Chine ou du Japon; c'est une sorte de vase ovoïde avec un couvercle. (Voy. fig. 404.) Les prix de ces vases sont assez variables suivant leur forme, leurs dimensions et leur provenance. — Vente San Donato. N° 1161. Belle potiche à couvercle, en ancienne porcelaine du Japon, à décor d'arbustes, de fleurs et d'habitations en bleu, rouge et or. Haut., 0^m,82. 150 lires. — N° 1167. Garniture composée de trois potiches et de deux cornets du Japon. 3,300 lires. — N° 1169. Deux potiches à couvercle, en ancienne porcelaine de Chine, décorées, en émaux de la famille verte, d'un sujet de chasse composé de huit figures de cavaliers en riches costumes. Haut., 0^m,49. 820 lires. — N° 1171. Grande potiche à couvercle, en ancienne porcelaine du Japon, à huit pans, décorée, en bleu et rouge, d'arbustes et d'arabesques, à médaillons de chimères en rouge et or: Haut., 0^m,85. 1,550 lires. — N° 1174. Deux belles potiches en ancienne porcelaine du Japon, décor bleu et rouge rehaussé d'or et d'émail vert, à médaillons de chrysanthèmes réservés sur fond gros bleu quadrillé d'or et reliés entre eux par une feuille double; les couvercles sont surmontés d'une chimère sur un rocher. Haut., 0^m,85. 1,920 lires.

POUDRIÈRE. — Étui à mettre la poudre de chasse qui sert à charger les fusils, depuis l'invention des amorces ou pistons; on désigne aussi les AMORÇOIRS ou PULVÉRINS (Voy. ces mots) sous le nom de *poudrière*. Notre figure 608 montre une poudrière arabe en bois de cèdre. C'est la forme dite *gourde*; on aperçoit dans le haut deux trous destinés à recevoir les cordons de suspension. — Notre figure 609 reproduit une magnifique poudrière en corne de cerf, de la collection de M. le baron Davillier. Cette œuvre, du milieu du XVIe siècle, représente Hercule terrassant le lion de Némée.

Fig. 608. — Poudrière arabe en bois de cèdre.

PRASE. — Pierre translucide vert pâle, (vert-pomme). C'est un quartz agate, qu'on nomme aussi CHRYSOPRASE. (Voy. ce mot.)

PRÉSENTOIR. — Petite tasse sans anse qui sert en Orient à recevoir une tasse un peu plus élevée pour prendre le café. Les Chinois ont des présentoirs pour le thé; ils sont souvent en porcelaine. On désigne de même une sorte de plateau carré ou circulaire; quelques-uns comportent des poignées. — Les présentoirs arabes en argent filigrané valent de 15 à 18 francs; quand ils sont décorés de turquoises, ils atteignent le prix de 25 à 30 francs.

— Vente San Donato. N° 1303. Présentoir en argent doré; sur le manche, des armoiries princières et l'aigle russe; sur le pourtour, inscription et portrait de Pierre le Grand. Travail russe. 300 lires. — N° 1305. Présentoir semblable au précédent, mais avec le portrait de Catherine de Russie. 300 lires. — N° 1306. Présentoir en argent avec médaillon aux armes de la Russie. 360 lires. — N° 1307. Présentoir analogue au n° 1306. 210 lires.

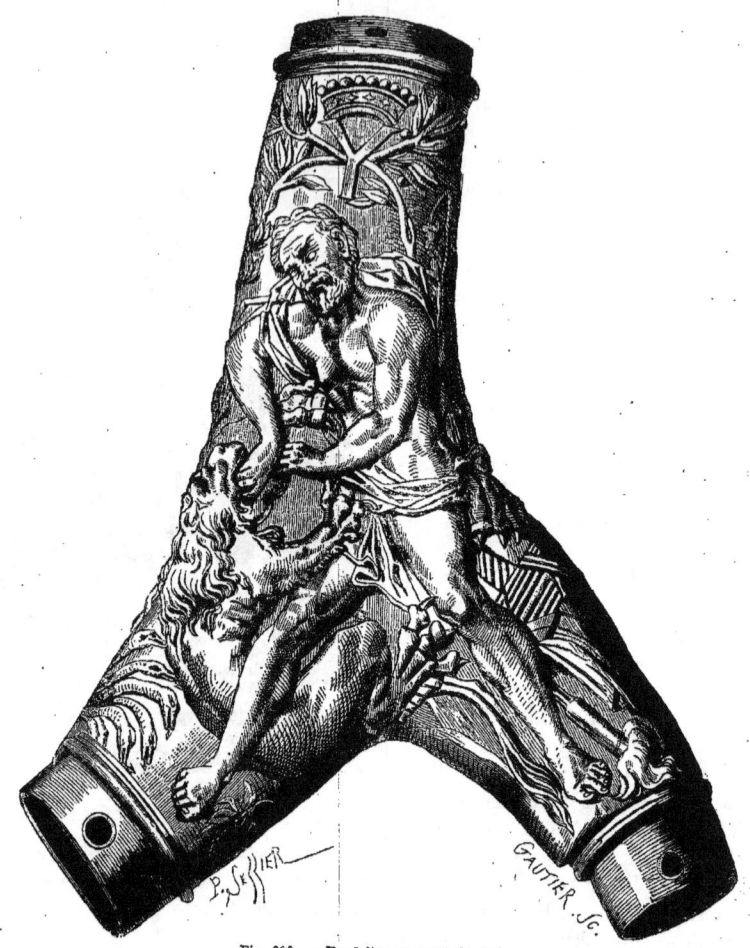

Fig. 609. — Poudrière en corne de cerf.

PRIME ou **PRISME**. — Cristaux de roche dont la couleur se rapproche beaucoup de celle de certaines pierres fines. — On a dès lors des *primes d'émeraude*, des *primes d'améthyste*, etc.

PSALTÉRION. — Ancien instrument de musique qui avait beaucoup de rapport avec la CITHARE. (Voy. ce mot.)

Cet instrument est composé d'un châssis carré ou triangulaire, sur lequel sont fixées des cordes tendues sur une table d'harmonie percée d'ouïes. De nombreux auteurs, dès la fin du XI° siècle, citent le psaltérion; c'étaient principalement les femmes qui touchaient de cet instrument. Dans *li Romans* de Brut (XIIᵉ siècle) nous lisons :

> Et mult sot de lais et de note
> De viele sot et de rote
> De lire et de salterion.

Il en est également question dans le fameux *Roman de la Rose* (XIVᵉ siècle) : « Psaltérion preat et viele. »

Fig. 609 *bis*. — Psaltérion à cordes cintrées.

Notre figure 609 *bis* montre un psaltérion à cordes cintrées, d'après une miniature d'un manuscrit du XIVᵉ siècle.

PSYCHÉ. — Grande glace pivotant dans sa partie supérieure, ce qui permet de l'incliner à volonté. Elle est fixée dans une sorte de châssis. On se voit en pied dans les psychés. On fait ce meuble avec toute sorte de bois.

PUISOIR. — Sorte de grande cuiller qui sert à puiser des olives, par exemple, dans un ravier. — Vente San Donato. Nº 1287. Puisoir en vermeil, en forme de vaisseau, anse à couronne impériale ; au fond, blason de l'empire de Russie. Travail russe. 250 lires.

PULVÉRIN. — Sorte de poire à poudre dans laquelle on met la poudre d'amorce ; aussi nomme-t-on également cet ustensile AMORÇOIR. (Voy. ce mot.) — Vente Double. Nº 225.

Pulvérin à panse hémisphérique, en cuir gaufré, à rinceaux, oiseaux et figures d'animaux, avec garniture de fer. Travail italien du XVIᵉ siècle. 405 fr. — Nº 227. Pulvérin de forme circulaire, en argent doré, orné sur chacune de ses faces d'une peinture sur émail représentant une figure équestre en costume du temps (époque Louis XIV). 300 fr. — Nº 228. Pulvérin de même forme en cuivre ciselé et doré ; il offre sur chacune de ses faces un bas-relief représentant un sujet ayant trait à l'histoire d'Hercule (XVIᵉ siècle). 280 fr.

PUPITRE. — Meuble de bois ou de métal qui sert à supporter des livres, des papiers, des cahiers de musique.

Dès le VIIᵉ siècle, ce meuble était utilisé en France, du moins dans les églises ; car nous lisons dans les *Antiquités de l'abbaye de Saint-Denis* de dom Doublet (I, 286) « qu'au milieu de la première partie du chœur de l'église (de Saint-Denis) est posé le poulpitre de cuivre, enrichi des statues des quatre évangélistes et autres figures, donné par le roi Dagobert, provenant de l'église de Saint-Hilaire de Poitiers, lorsque ledit roi ruina la ville pour cause de rébellion. » Un peu plus loin (page 245), dom Doublet nous apprend que Suger avait doré en or fin ce pupitre.

Les grands pupitres d'église se nomment *aigles* ou LUTRINS. (Voy. ce mot.) — Vente San Donato. Nº 175. Pupitre composé d'un sphinx ailé accroupi, en bois sculpté ; socle en ébène à moulures. 160 lires. — Vente Double. Nº 382. Pupitre à musique en bois sculpté et doré, décoré d'une lyre et de rinceaux découpés se détachant sur un fond de satin ponceau (style Louis XVI). Haut., 0ᵐ,42 ; larg., 0ᵐ,49. 1,500 fr. — Quelques pupitres en bois d'ébène incrustés d'ivoire gravé se vendent de 60 à 300 francs ; d'autres, en bois recouvert de cuir gaufré et doré au petit fer, valent de 35 à 90 ou 100 francs.

UARTZ. — Le quartz hyalin incolore des minéralogistes est ce qu'on appelle vulgairement du CRISTAL DE ROCHE. (Voy. ce mot.) Les cristaux de quartz roulés sont tour à tour dénommés, suivant leur provenance : *cailloux de Bristol, de Médoc, du Rhin; topazes blanches, de Saxe*, etc.

Les bijoutiers nomment également le quartz hyalin *chrysoprase*, parce que sa couleur caractéristique, qui est vert-pomme, passe dès nuances les plus pâles aux plus foncées. Ces nuances lui sont données par une portion plus ou moins considérable de nickel qui entre dans sa composition. La dureté du quartz est variable, mais les moins durs peuvent toujours rayer le verre ; ils sont infusibles à la chaleur du chalumeau, mais ils perdent leur couleur quand ils sont chauffés à une haute température : cependant certains résistent et ne sont pas décolorés par la chaleur du chalumeau ; d'autres changent de couleur et ne conservent qu'une teinte désagréable à l'œil. En général, ce sont les plus tendres qui résistent le moins.

Les plus beaux échantillons de quartz proviennent d'un petit village situé dans la principauté de Munsterberg (haute Silésie); on les rencontre principalement dans des crevasses de serpentine ; souvent ils sont mélangés avec d'autres quartz appartenant à des variétés de calcédoine et d'opale. Susceptible d'un beau poli, la chrysoprase des bijoutiers se prête à toutes sortes de tailles ; les plus belles et les plus transparentes, après celles qui proviennent des montagnes de Kosemütz, sont celles de Glasendorf.

Voici, d'après Klaproth, la composition de ce minéral sur 300 parties :

Silice	288,50
Alumine	0,25
Oxyde de nickel	3,00
Terre calcaire	2,50
Oxyde de fer	0,25
Substances étrangères	5,50
	300,00

QUATRE-FEUILLES. — Ornement de l'architecture ogivale formé au moyen de quatre grandes portions de cercle qui sont réunies en un seul motif. Cet ornement est formé de quatre divisions ou lobes ; il est sculpté en creux, en relief ou tout à fait ajouré. On le nomme également *quadrilobe*; quand il a cinq feuilles, *quintefeuille* ou *quinte lobe*.

Les quatre-feuilles et les quintefeuilles sont formées par des portions de cercle plus ou moins considérables, qui vont du demi-cercle jusqu'au trois quarts de celui-ci. Certains quintefeuilles de la fin du XIIIe siècle et du XIVe siècle sont tracés au moyen d'arcs brisés outre-passés, qui forment donc des arcs ogives. Ces ornements ont été principalement utilisés pour décorer les roses et les œils supérieurs des grandes fenêtres à meneaux de l'époque ogivale ; mais on les trouve appliqués aussi à la décoration des meubles en bois et d'objets d'orfèvrerie de tous genres. Les belles grilles de fer et de bronze sont également décorées de ces ornements, qu'on voit aussi dans les vitraux dont ils forment souvent l'encadrement.

On retrouve donc ces ornements à peu près

QUENA. — QUINTEFEUILLE.

partout dans les objets de menuiserie, d'orfèvrerie, de serrurerie, etc.

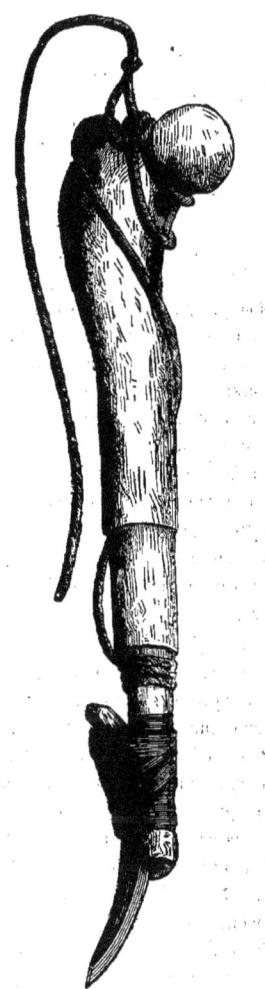

Fig. 610. — Quicé.

QUENA. — Sorte de flageolet péruvien, ou plus exactement flûte d'environ 0^m,50 de longueur ; elle peut fournir presque deux octaves du *fa* au *la*, mais elle n'a point de *dièse*, ni de *bémol*.

QUENOUILLE. — Bâton de fileuse dont le haut est élargi en forme de récipient ovoïde : c'est sur celui-ci que se placent le lin, la laine ou le coton à filer. Au mot FUSEAU, planche XIV, le lecteur trouvera des quenouilles du musée de Cluny richement sculptées. Au moyen âge on mettait de pareils ustensiles dans le coffre de mariage. — On désigne aussi sous ce terme les quatre colonnes des lits renaissance qui supportent le cadre ou grand ciel carré destiné à accrocher les draperies qui entourent ces lits.

QUICÉ. — Beaucoup de poteries indiennes sont travaillées au *quicé*, c'est-à-dire avec l'outil que montre notre figure 610. Les femmes indiennes des bords du fleuve des Amazones procèdent à l'ornementation de leurs poteries et vases funéraires avec cet outil qui se compose de deux parties distinctes : d'un tibia de grand singe et d'une dent d'agouti fortement reliée à cet os par des fils de coton tordus et enduits de cire. Ce mode d'attache est, du reste, commun à beaucoup de peuplades de l'Amérique du Sud ; c'est avec ce genre de liens que la plupart attachent les haches de pierre à leur manche. (Cf. *Ensayos de sciência*, *Antiquedades do Amazonas*, un vol. in-8°, Rio de Janeiro, 1876.)

QUINTE. — On désigne quelquefois sous ce terme l'*alto*, parce que cet instrument est accordé à la quinte inférieure du violon. (Voy. ALTO.)

QUINTEFEUILLE. — Voy. QUATREFEUILLES.

RABABA. — Instrument de musique nubien; c'est une sorte de guitare à six cordes de même diamètre et de même longueur. Ces cordes s'enroulent sur un rouleau mobile garni de peau, lequel rouleau sert à les tendre à volonté. Une sorte d'écuelle couverte de peau sert de résonnateur. Cet instrument est très répandu dans toutes les contrées éthiopiennes. Les Nubiens chantent des airs assez monotones, principalement des chants religieux, en s'accompagnant avec le rababa.

RAIS. — Dans le blason, on désigne ainsi des bâtons pommetés et fleurdelisés qui sont disposés sur l'écu comme les rayons d'une roue.

RAMSINGA. — Instrument de musique hindou; c'est une sorte de trompette en cuivre de grande dimension, composée de trois tubes de métal fort mince qui s'emboîtent les uns dans les autres.

RAPE A TABAC. — Râpe servant à râper le tabac, à le mettre en poudre pour obtenir du tabac à priser. Autrefois, lors des premières importations du tabac en Europe, chacun s'approvisionnait de tabac en carotte et les grands priseurs, qui étaient des grands seigneurs, afin d'avoir toujours de la poudre fraîche, daignaient râper eux-mêmes ces carottes. Notre figure 611 montre une superbe râpe en ivoire de l'époque Louis XIV. C'est en dessous de la face que montre notre figure que se trouve placée une râpe en fin acier. Dans le haut de notre figure, on voit sculptée une coquille à charnière; elle sert de couvercle à la tabatière. Quand le propriétaire de la râpe voulait une simple prise, il inclinait la râpe vers la coquille inférieure; le tabac glissait, coulait dans celle-ci, où le pouce et l'index allaient le saisir et le faire aspirer aux narines. Comme on le voit, c'était un véritable travail que de râper une bonne prise; mais le gentilhomme de la cour ou la douairière à qui devait appartenir cet ustensile d'ivoire avaient à eux tout leur temps : c'était même un moyen de le tuer, ce temps parfois si long pour une vieille douairière.

RAPIÈRE. — Épée longue et affilée avec poignée à coquille. La garde de la rapière, qui était l'arme par excellence du duel, fournissait une bonne défense pour la main, parce que souvent cette garde était en berceau, en corbeille ou en panier hémisphérique; elle était en outre percée d'une grande quantité de trous destinés à arrêter la pointe de l'épée de l'adversaire. Les quillons sont droits et disposés à l'intérieur de la corbeille, qu'ils dépassent. (Voy. ÉPÉE.)

RÉALISME. — Le réalisme, que dans ces derniers temps on a également appelé *naturalisme*, est l'imitation servile et systématique de la réalité. C'est une méthode ou plutôt un mode de reproduction qui prétend enfermer étroitement l'art dans la représentation brutale de la réalité, de la chose, de la matière que l'artiste voit devant lui. Le réalisme est donc le contraire de l'idéalisme; le premier ne voit que le terre à terre, le second que la spiritualité dans l'art. Sous prétexte de réalisme, les natu-

RÉALISME.

ralistes, les *impressionnistes*, comme on les dé-signe aussi, ont produit de nos jours des œuvres cocasses, détestables, ridicules. Ces œuvres ont considérablement abaissé le niveau de l'art contemporain et profondément troublé et perverti le goût public. Sous prétexte de réalisme, notre époque a produit en fait de littérature des romans obscènes et orduriers, en poésie des chansons érotiques et idiotes, en peinture d'affreuses compositions. Certes nous ne sommes pas de ceux qui aiment l'art classique froid et empesé; nous ne trouvons rien de plat et d'atonique comme une peinture bien faite, bien léchée, une peinture qui présente des chairs couvertes de poudre de riz; nous n'aimons pas davantage un morceau de musique bien fait, un livre académiquement écrit. Ces genres de travaux ne montrent point le beau côté de l'art; le *faire* n'arrête que le connaisseur, l'idéal frappe tout le monde : c'est l'art véritable; car ce n'est pas seulement aux yeux que doit parler la peinture, elle a une plus haute mission, elle doit frapper au cœur et émotionner l'âme par l'intermédiaire des yeux. — Depuis que nous tenons une plume, c'est-à-dire depuis près de vingt ans, nous avons toujours défendu l'indépendance de l'artiste; elle seule, en effet, peut lui permettre de créer de belles œuvres. Mais si nous repoussons tout ce qui sent l'*école*, c'est-à-dire la volonté, le faire, la pratique imposés, c'est-à-dire encore la suppression de l'individualité, de la personnalité, la liberté que nous avons toujours réclamée et que nous réclamons encore pour l'artiste, cette liberté ne va pas jusqu'à lui tolérer ces œuvres sans talent et sans goût, ces tristes produits qui depuis trente années envahissent notre époque. L'artiste n'a pas le droit de s'affranchir du respect qu'il doit à son pinceau, à sa plume et au public auquel il s'adresse. On a dit, il y a bien longtemps : *Maxima debetur puero reverentia;* ce que nous traduirons : l'artiste doit avoir le plus grand respect pour le public. Aussi nous ne pouvons que nous récrier en voyant la plupart des productions contemporaines qui pervertissent et corrompent de plus en plus le goût public. C'est à ces œuvres faites seulement dans le but de battre monnaie, comme le dit Auguste Barbier dans *Melpomène,* c'est à ces œuvres,

Fig. 611. — Râpe à tabac.

disons-nous, qu'on pourrait appliquer avec plus de raison toutes les épithètes dont on gratifiait si libéralement les œuvres d'Eugène Delacroix, de ce noble artiste qui a ouvert la voie à l'école éclectique, ayant eu le rare courage de rompre le premier avec les vieilles traditions classiques. Mais un vaste abîme sépare Delacroix de l'école réaliste, et c'est en vain que celle-ci prétend l'inscrire comme son chef. Delacroix fut un *maître* tout court, et c'est bien suffisant pour sa gloire; tout qualificatif ne pourrait que l'amoindrir. Ce fut aussi un vaillant lutteur. Quelques lignes de Théophile Gautier (*Moniteur* du 18 nov. 1864) pourront donner une idée des assauts que l'artiste eut à soutenir. « On ne saurait imaginer, dit Gautier, au milieu de quel tumulte, dans quelle ardente poussière de combat a vécu Eugène Delacroix. Chacune de ses œuvres soulevait des clameurs assourdissantes, des orages, des discussions furieuses. On invectivait l'artiste avec des injures telles qu'on ne les eût pas adressées plus grossières ni plus ignominieuses à un voleur ou à un assassin. Toute urbanité critique avait cessé pour lui, et l'on empruntait, quand on était à court, des épithètes au *catéchisme poissard*. C'était un sauvage, un barbare, un maniaque, un enragé, un fou qu'il fallait renvoyer à son lieu de naissance, Charenton. Il avait le goût du laid, de l'ignoble, du monstrueux; et puis il ne savait pas dessiner, il cassait plus de membres qu'un rebouteur n'eût pu en remettre. Il jetait des seaux de couleur contre la toile, il peignait avec un balai ivre; ce « balai ivre » parut très joli et fit en son temps un effet énorme. Le jury, choisi parmi l'Institut, se donnait tous les ans le plaisir de lui refuser un ou deux tableaux; on renvoyait marqués au dos de l'infamante lettre R, comme des barbouillages de rapin, ces cadres si estimés aujourd'hui. » On a rendu justice à Delacroix et ses œuvres figureront au Louvre au milieu des chefs-d'œuvre. Mais les mauvaises toiles de nos réalistes ne se vendront même pas la valeur des cadres qui les entourent; donc Delacroix n'est pas le chef d'école du réalisme. (Voy. SPIRITUALISME.)

REBAB. — Instrument de musique arabe; il affecte la forme d'une sphère aplatie; il est monté d'une, de deux ou de trois cordes en crin, droites et non tressées. On joue de cet instrument avec un archet en le tenant sur les genoux.

REBEC. — Ancien violon à trois cordes qui a été en usage en France jusqu'au XVIIe siècle; il avait la forme d'un battoir de blanchisseuse dont les angles étaient échancrés au lieu d'être arrondis. Cet instrument était accordé de quinte en quinte.

REBEL. — Au moyen âge on désignait ainsi la vielle.

REFRÉDOIR. — Ancien terme signifiant. SEAU A RAFRAICHIR. (Voy. ce mot.)

RÉGENT. — Voy. DIAMANT.

REHAUTS. — Terme générique qui sert à désigner, dans les arts du dessin, des touches vigoureuses que l'artiste place sur une œuvre pour lui donner plus de vigueur. Les rehauts dans les pastels consistent en hachures larges et franches posées par-dessus le travail de l'estompe; sans rehauts les pastels seraient généralement mous. Les décorateurs emploient souvent, pour donner de la vigueur aux camaïeux, des rehauts en or; ils les placent principalement sur les parties de leur dessin pleinement éclairées.

RELIEF. — Ouvrage de sculpture, d'estampage ou de repoussé plus ou moins relevé en bosse. (Voy. BAS-RELIEF.)

RELIQUAIRE. — Vase de toutes formes et de dimensions diverses, tel que boîte, coffret, monstrance, etc., qui sert à renfermer des reliques. Quand le reliquaire est de très grandes dimensions, on le nomme plutôt CHASSE. (Voy. ce mot.) — Notre figure 612 montre l'ancien reliquaire dit *de la sainte ampoule*, qui était autrefois renfermé dans le tombeau de saint Remi à Reims, mais qui fut brisé en 1793. (Voy. AMPOULE.) La fiole qui contient le baume sacré, censé descendu du

PLANCHE XXVII. — Reliquaire espagnol en bois sculpté.

ciel ou apporté par une colombe à saint Remi, rouge d'une colombe d'or au bec de corail. Cette colombe est fixée sur une pièce d'orfèvrerie en vermeil, plate et ronde comme une assiette; elle est ciselée et décorée de pierreries. La chaîne qu'on aperçoit est en argent; elle servait à suspendre ce reliquaire au cou du grand prieur du monastère de Saint-Remi, car la sainte ampoule ne sortait qu'aux jours du sacre des rois et ne passait pas dans des mains étrangères : seul le grand prieur la touchait. — Notre planche XXVII reproduit fidèlement un reliquaire espagnol en bois sculpté si finement qu'on pourrait croire à première vue que c'est une œuvre d'orfèvrerie. C'est probablement un travail du xve siècle. Notre figure 613 montre du même reliquaire un détail qui s'ouvre en quatre compartiments ou lobes, quand on supprime le pélican qui ferme et réunit par sa base creuse les quatre parties de cette sorte de poire au centre de laquelle se trouve la Vierge avec l'enfant Jésus, au milieu de sept pointes figurant les sept douleurs de cette mère. — Vente San Donato. N° 233. Reliquaire en bois des Iles découpé à jour, avec l'inscription : *Casarano* D. D. D. Il sert d'encadrement à deux miniatures, au

Fig. 612. — Reliquaire de la sainte ampoule.

se trouve placée entre les pattes émaillées de

Fig. 613. — Extrémité du reliquaire espagnol de la planche XXVII.

portrait de Bonaparte premier consul, par Isabey, et au portrait de Napoléon, par Augustin. Haut. 0^m,28; largeur, 0^m,21. 1,950 livres. — N° 333. Reliquaire en bois sculpté, commandé par le patriarche de Venise à Andréa Brustalon. Ce reliquaire est une œuvre capitale du célèbre ornemaniste ; il est de forme triangulaire et couronné par deux enfants dont l'un soutient les palmes du martyre, et l'autre le Christ en croix. Le centre, qui est mobile en forme de porte, est sculpté en haut relief : il présente deux anges s'élançant vers les cieux ; un troisième tient entre ses mains les palmes du martyre et une banderole sur laquelle on lit : *Corpus S. Innocentii martiris*. Hauteur, 0^m,95 ; largeur, 0^m,95 ; profondeur, 0^m,41. 6,800 lires.

RELIURE (ART DE LA). — Art d'attacher, de réunir, de lier des feuilles ou des feuillets et de les mettre sous une couverture pour en former un livre. La couverture a pour but de prévenir la détérioration du livre par un fréquent usage. Quand le carton d'une couverture est entièrement recouvert de peau, c'est la *reliure pleine* ou *entière* ; si le dos du livre est seul en peau, c'est une *demi-reliure*, et quelquefois les coins sont garnis de cuir. Suivant la matière employée, on dit que la reliure est en *maroquin*, en *veau*, en *peau de truie*, en *basane*, en *chagrin*, en *toile*. On nomme *reliure à l'anglaise* la reliure ordinaire ; *reliure à la Bradel*, celle qui conserve les marges du livre intactes. La reliure ne comprend pas moins de douze manipulations, comme on le verra au paragraphe traitant de la technique de cet art.

HISTORIQUE. — On ne sait absolument rien de l'histoire de la reliure avant le ve siècle. A cette époque, comme les livres manuscrits avaient un grand prix, c'étaient les orfèvres qui se chargeaient de la reliure, laquelle était faite au moyen de métal perforé, estampé et ciselé, et décorée de pierres précieuses taillées ou simplement en cabochons. Ce genre d'ouvrage, on le voit, était plutôt un travail d'orfèvre qu'un travail de relieur. Le plus ancien spécimen de ce genre de reliure dont il soit fait mention dans l'histoire est celui que Bélisaire trouva dans le trésor de Gélimer, roi des Vandales, en 534 ; il est donc probable que cet évangéliaire, dont la couverture était ornée de pierres précieuses, était du ve siècle ; en tout cas, il était du commencement du vi^e siècle. La bibliothèque Laurentienne de Florence possède un exemplaire des *Pandectes* de Justinien du viie siècle, relié avec des ais de bois recouverts de velours rouge et décorés de coins en argent. Avant l'invention de l'imprimerie, les livres manuscrits étaient rares ; aussi les plaçait-on à plat sur les rayons des bibliothèques, et le titre se trouvait alors sur un des plats de la couverture ; ce ne fut que plus tard, vers le milieu du xvie siècle, quand l'abondance des livres imprimés commença à peupler les bibliothèques, qu'on fut obligé de placer les livres debout et les titres sur le dos. C'est à partir de ce moment que les ais de bois des couvertures furent remplacés par des cartons qui, moins épais que le bois, permettaient de loger un plus grand nombre de livres sur les rayons d'une bibliothèque. Les couvertures en velours furent également délaissées, car la pression que les livres debout exercent l'un sur l'autre aurait aplati le velours. — Divers musées nous montrent des spécimens de reliure en cuivre émaillé, généralement de la fabrique de Limoges, spécimens qui datent du xie et du xiie siècle. Ce n'est qu'à l'époque des croisades que la couverture des livres est faite avec des cuirs gaufrés dorés et argentés. Les croisés avaient appris des Arabes ce nouveau genre ; antérieurement on employait toute sorte de peaux, mais sans leur donner aucune empreinte. Les principales peaux employées pour la reliure étaient la peau de mouton ou basane, le veau, le maroquin (peau de chèvre ou de bouc), la peau de daim, la peau de truie ; enfin les ouvrages cabalistiques devaient être reliés avec la peau de l'homme : on cite notamment que Hunter, le célèbre médecin écossais, fit relier, au xviiie siècle, un traité des maladies de la peau avec une peau humaine. Les couvertures avec empreintes dorées ou argentées, qui avaient été copiées sur les modèles arabes par les Occidentaux, reçurent le nom d'*alæ* (ailes), parce qu'elles avaient, dit-on, quelque analogie avec les ailes de l'oiseau, soit par la disposition des empreintes, soit par le riche éclat de leurs couleurs. — Au xve siècle, les beaux manuscrits étaient placés dans des *boîtes à livre* ou dans des étuis faits avec des cuirs bouillis ou gaufrés, ornés de sujets variés et

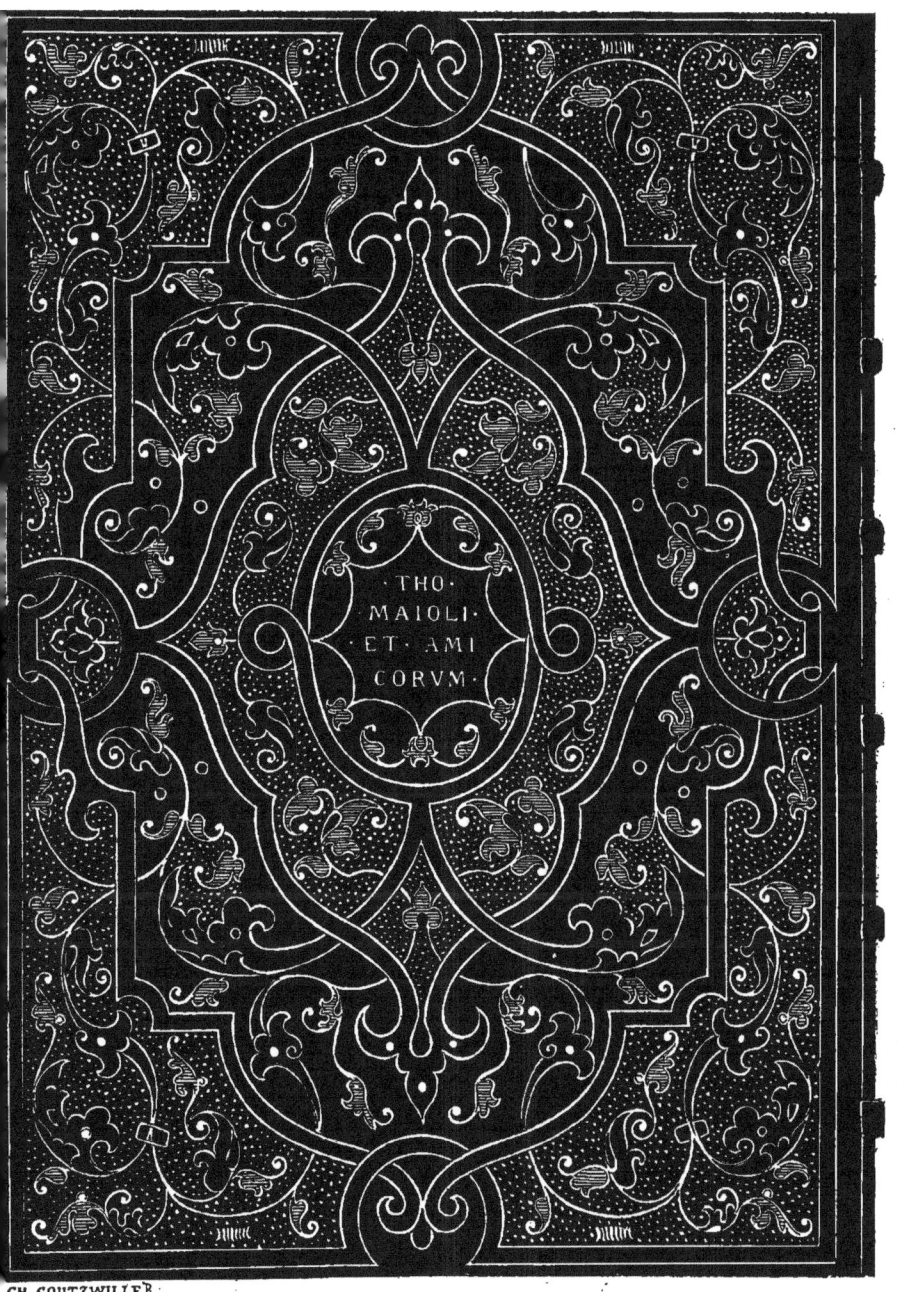

PLANCHE XXVIII. — Reliure de Thomas Maioli.

RELIURE (ART DE LA). 571

garnis de fers étamés ou d'ornements d'argent. La bibliothèque de Munich renferme d'assez nombreux spécimens de reliures du xv⁰ siècle, qui avaient été recueillis par Mathias Corvin, roi de Hongrie, pour sa bibliothèque de Bude. Mais pendant le xv⁰ siècle, grâce à l'imprime-

Fig. 614. — Reliure d'un recueil d'estampes ayant appartenu à Jacques de Thou.

rie, les livres se multiplièrent en telle quantité qu'on les recouvrit de couvertures tout à fait ordinaires : ceux-ci, en effet, n'avaient pas la valeur des manuscrits, presque toujours uni- ques et pour lesquels leurs possesseurs ne craignaient point de faire une grosse dépense de reliure. A l'époque de la renaissance la reliure prit un grand essor qui se développa encore au XVIIe siècle et atteignit son apogée au XVIIIe siècle. On cite parmi les reliures artistiques du XVIe siècle le livre d'heures de Marguerite de Savoie; celles que fit exécuter Grollier, soit en veau, soit en maroquin avec compartiments relevés de filets d'or mat dorés à *petit fer*, ce genre de travail particulier qui fournit des combinaisons gracieuses et très variées. La dorure à petit fer succéda au XVIe siècle à l'abus des grands fers qui se répéta à satiété. Grollier sur l'un des plats de ses couvertures faisait apposer cette devise en lettres dorées : *Portio mea, Domine, sit in terra viventium;* et sur l'autre plat : *Tanquam ventus est mea vita;* et au-dessus : *Ex bibliothecâ Grollieri*. A cette époque, les plats de la reliure sont décorés d'élégants entrelacs, de compartiments, d'arabesques rehaussés d'or et de couleurs. Notre planche XXVIII montre une magnifique reliure de ce genre de Thomas Maioli, célèbre amateur italien dont les reliures sont aussi recherchées que celles de François Ier, de Marguerite d'Angoulême, de Marguerite de Valois et de Jacobus Malinfantius. Dans un inventaire du commencement du XVIIe siècle, dans celui de la reine douairière Louise, daté de 1603, nous voyons qu'on a soin de distinguer la reliure à petit fer ; ainsi nous lisons dans cet inventaire : « La *Cosmographie universelle* de André Thevenet, couverte de vélin blanc, dorée sur tranche et à petit fer, estimée six livres. »

Au XVIIIe siècle, la reliure italienne avec ses grandes arabesques et ses entrelacs d'or et de couleurs est délaissée ; on fait des reliures plus sobres, beaucoup plus simples, mais qui brillent par la finesse et le bon goût qui préside à leur exécution ; nous donnerons comme spécimen de cette époque la reliure d'un recueil d'estampes d'après les tableaux de la Ligue de Périssen et de Tortorel, exemplaire ayant appartenu à Jacques-Auguste de Thou, le célèbre historien, qui le premier poussa la reliure dans cette nouvelle voie. (Voy. fig. 614.) — Le XIXe siècle n'est pas inférieur à ses devanciers dans l'art de la reliure ; il suffira aux lecteurs de jeter les yeux sur la liste des célèbres relieurs modernes, que nous donnons à la fin du présent article, pour se convaincre que nos relieurs, dont ils ont admiré les beaux produits dans nos diverses expositions, soutiennent vaillamment et avec bonheur l'honneur de la corporation.

TECHNIQUE. — La reliure, nous l'avons vu précédemment, comporte trois genres : la reliure entière, la demi-reliure et le cartonnage. Pour exécuter une reliure, il ne faut pas moins

Fig. 615. — Atelier de reliure du moyen âge.

de douze manipulations différentes que nous allons successivement décrire. Quand les feuilles d'impression sortent de la presse à imprimer (Voy. LIVRE), on les laisse sécher, puis on procède à leur *glaçage* ou *satinage*. Les feuilles sont alors remises au relieur qui procède à leur *pliage*, c'est-à-dire que chaque feuille forme un petit cahier dont on réduit le volume le plus possible, soit par la *batture*, soit par le *laminoir* à deux cylindres. Le premier procédé consiste à battre les cahiers sur un bloc de marbre ou une pierre dure avec un marteau à tête légèrement convexe. Notre figure 615 montre un relieur du moyen âge procédant à la batture; dans le fond on voit un jeune ouvrier en train de brocher sur le *cousoir*, dont nous allons bientôt parler. Quand les cahiers sont bien battus, on les tient en presse pendant un certain temps. Le deuxième procédé de batture consiste à faire passer les cahiers entre les deux cylindres d'un laminoir; c'est aujourd'hui le procédé le plus expéditif et le plus employé. Les cahiers sortant de la batture, on passe au *grécage*, opération qui consiste à faire au dos du volume réuni en cahier, plusieurs incisions avec une scie à main nommée *grecque* ; ces incisions servent à guider l'ouvrier, le *brocheur*, ou plus ordinairement la *brocheuse*, pour la pose de la couture qui s'opère sur le *cousoir*, dont notre figure 615 montre un spécimen. La pose de la couture consiste à passer dans les incisions faites par la grecque plusieurs ficelles dont les bouts sont ensuite attachés à la couverture. La ligature des feuilles ou petits cahiers entre eux se nomme *accolure*. Tout le travail de brochage que nous venons de décrire se fait aujourd'hui également à la mécanique avec la machine de Salzberg et Graf, ou celle de Tanner, qui plie et replie d'équerre environ 3,000 feuilles à l'heure et les broche dans le même laps de temps. Les feuilles brochées, on procède à l'*endossure*, c'est-à-dire qu'on frotte à plusieurs reprises le dos des feuillets avec de la colle forte ou de la colle de pâte, afin qu'ils ne puissent plus se déplacer, et avec le *frottoir* on polit l'endossure. Ensuite on procède à l'*ébarbage*, à la *rognure*, à la *dorure* ou *coloriage* de la tranche, à la pose du *signet* et de la *tranchefile*, après quoi on procède quelquefois à un second battage; enfin on colle sur le dos du volume une bande de toile ou de parchemin préalablement mouillée. Le *signet* est le petit ruban servant à indiquer la page à laquelle on s'est arrêté dans une précédente lecture. La *tranchefile* est un petit rouleau de papier ou de parchemin entouré de soie ou de fil ordinairement de deux couleurs, souvent vert et jaune, qui se place dans le haut et dans le bas du dos intérieur du livre qu'on relie. La tranchefile repose immédiatement sur la tranche du livre. Toutes les diverses opérations que nous venons de décrire étant accomplies, c'est alors seulement que la couverture est collée sur le carton. On nuance quelquefois les peaux : c'est ce qu'on nomme leur *racinage*. Enfin on *colle les gardes* et on passe à l'opération de la *dorure*. On dore le dos et souvent les plats avec des *fers*, qui sont généralement des cuivres gravés; ces outils servent à la dorure et au gaufrage. — Autrefois on faisait à grands ou à petits fers le plat des livres; aujourd'hui on obtient le gaufrage et la dorure de toute la surface d'une couverture par une plaque et par une seule pression, tandis que la dorure par filets est extrêmement longue. — Caperonnier de Gauffecourt a publié en 1763 un *Traité de la reliure des livres*; c'est un petit volume in-8° extrêmement rare, on n'en connaît guère que deux ou trois exemplaires; l'un deux se trouve à la bibliothèque publique de Besançon.

Liste des relieurs les plus renommés des XVIII° et XIX° siècles. — Aubert, Pierre et Nicolas Angé, Th. Auvray, les Baillet, les Bachet, les trois Bonnet, les Boucher, les Boyet; les cinq Bradel, parmi lesquels Pierre Bradel père est l'inventeur de la reliure qui porte son nom; les Derôme, les cinq Gainet, les Giffard, Isore, Lagrive, Larmessin, les cinq Lemonnier, Leroy, les six Pasdeloup, Ponce, Pontier; les six Sauvage, dont un exerçant encore (voir ci-dessous); Trouvain, Truffaut, Levasseur, Legascon, Duseuil, Bozérian l'aîné, etc. — On voit dans cette nomenclature que les fils et les petits-fils succédaient à leurs pères et à leurs grands-pères; aussi les reliures du XVIII° siècle ont-elles été exécutées avec une rare perfection par des artistes qu'une longue pratique rendaient extrêmement habiles. — Anne Bozérian, Lefebvre son neveu, Bozérian jeune, Purgold, Simier père, Simier fils, Thouvenin, Gruel, Niédrée, Belz-Niédrée, Duru, Bauzonnet, Trautz-Bauzonnet, Capé, Gruel-Engelman, David, Lortic, Petit, Petit-Didier, Sauvage, Smeers, Marius, Magnier, Lenègre, Lardière, Quinet, Vigneau, etc., etc.

RENAISSANCE (Art de la). — Art qui fleurit en Europe aux XV° et XVI° siècles, et qui a été une des plus belles manifestations du génie humain; on le désigne sous ce terme parce que pendant le moyen âge et antérieurement beaucoup de peuples, qui possédaient même une civilisation avancée, semblaient, pour ainsi dire, inaccessibles aux idées artistiques : ils semblaient morts pour l'art. Aussi, quand le grand mouvement du xv° siècle eut secoué la torpeur artistique, on désigna ce mouvement sous le nom de *renaissance*. Dans de très nombreux articles de ce Dictionnaire, nous étudions les divers objets et les divers produits du xvi° siècle, car on ne saurait faire un pas dans l'histoire de l'art sans se trouver constamment en face des œuvres de la renaissance; aussi renverrons-nous le lecteur aux mots ARMES, IVOIRE, MOBILIER, ÉCOLE, RETABLE, SCULPTURE, etc.

RENCHIER. — Dans le blason, ce terme désigne un meuble de l'écu qui représente un cerf de haute taille dont la ramure, aplatie et rejetée en arrière, est beaucoup plus longue que celle du cerf ordinaire.

REPOUSSÉ (SCULPTURE AU). — Ce genre de sculpture consiste à repousser avec le marteau des feuilles de métal, plomb, zinc, tôle, argent, or, etc., de manière à leur donner une forme voulue qui produit, seule ou accompagnée d'autres feuilles, une figure, un objet quelconque en relief. On emploie, mais plus rarement, dans le même sens le mot *relevé*, parce qu'on relève le métal au marteau. — La sculpture au repoussé remonte à une très haute antiquité, car tous les objets de sculpture en métal dont parle Homère sont repoussés au marteau. Les fabricants d'armures et de pièces d'orfèvrerie utilisent beaucoup le repoussé, dont on perfectionne le travail en le terminant au ciseau.

RÉSILLE. — Dans un vitrail, on désigne sous le nom de *résille* l'ensemble des filets de plomb qui réunissent les pièces de verre. Les résilles sont soutenues et supportées par les BARLOTIÈRES. (Voy. ce mot.)

RESPONSORIAL ou RESPONSAIRE. — Voy. ANTIPHONAIRE.

RESTITUÉES (MÉDAILLES). — En numismatique, on désigne sous ce terme les médailles d'un souverain frappées par l'ordre d'un de ses successeurs. Elles sont en tout semblables aux types primitifs, sauf la légende qui constate la restitution.

RETABLE. — Décoration dans les églises catholiques qui consiste à surmonter les autels, principalement ceux qui sont adossés à un mur, d'une œuvre d'art, peinture, sculpture, bas-relief. On nomme *contre-retable* l'encadrement qui entoure le panneau formant le retable; celui-ci est souvent à volets, de sorte qu'en les fermant on abrite par ce moyen les principales pièces du retable : tel est celui que montre notre planche XXIX, qui décore la chapelle de la Vierge de l'église de Rampillon (Seine-et-Marne). Ce retable de la renaissance est à quatre volets qui se replient autour d'un dais de bois sculpté qui abrite une fort belle Vierge avec son enfant. Cette sculpture paraît être également une œuvre du commencement du xvi° siècle. Les quatre volets reproduisent douze scènes dites *les joies et les douleurs de la Vierge Marie*, savoir : l'annonciation, la rencontre de la Vierge et de sainte Élisabeth, la naissance de Jésus, l'étoile qui l'annonce aux bergers, l'offrande des mages, la circoncision, la parabole du semeur, la fuite en Égypte, saint Joseph dans son atelier (on y voit Jésus faisant tourner une grande vrille), la chambre de la Vierge, enfin le massacre des Innocents.

RIDICULE. — Sorte de sac en étoffe fermé par un cordon glissant dans une coulisse. Les ridicules sont faits avec du satin, du velours ou une étoffe de soie quelconque, mais d'une belle qualité. (Voy. AUMÔNIÈRE.)

RILECK ou RILEK. — Instrument de musique russe; c'est une sorte de lyre.

RINCEAU. — Ornement décrivant une courbe très prononcée; il est fait au moyen de feuillages et sort ordinairement d'un culot. On décore de rinceaux les frises, les champs de pilastres, les rudentures des colonnes, les fûts de colonnes, les champs de panneaux, etc.

PLANCHE XXIX. — Retable de la chapelle de la Vierge de l'église de Rampillon.

Cet ornement a été employé de toute antiquité chez un grand nombre de peuples.

ROBE. — Partie du costume principalement porté par les femmes. Dans l'antiquité, les Grecs et les Romains portaient la robe. Chez nous on nomme *gens de robe* divers corps professionnels; les professeurs, les magistrats, les avocats, dans l'exercice de leur profession, portent la robe. Anciennement, on nommait *gens de robe longue* les magistrats et les membres du clergé; *gens de robe courte*, tous ceux qui portaient l'épée. En Chine et au Japon, les hommes et les femmes portent des robes; généralement elles sont en soie brodée. Notre figure 616 montre une robe de dame chinoise.

Fig. 616. — Robe de dame chinoise.

ROCAILLE (Style). — On désigne sous ce terme un style assez bizarre qui a fleuri sous Louis XV; ce nom lui vient de ce que les meubles de cette époque sont contournés et décorés de bronzes dorés qui imitent la rocaille. On a également nommé ce style, *rococo*. (Voy. Mobilier.)

ROG. — Voy. le terme suivant.

ROJOK. — Instrument de musique russe; c'est une espèce de cornet ou cor des montagnes, tandis que le *rog* est une sorte de trompe de chasse.

ROMAIN (Art). — Art qui fleurit chez les Romains depuis la fondation de Rome jusqu'à l'effondrement de l'empire romain. Les habitants de Rome puisèrent beaucoup de notions artistiques chez les Étrusques et chez les Grecs pour la création de leurs œuvres d'art; ils n'eurent un style propre que deux cents ans avant et trois cents ans après Jésus-Christ, c'est-à-dire au moment où Constantin transféra le siège de l'empire à Byzance (328 ap. J.-C.). — Voy. BYZANTIN. (*Art*).

ROMAN (ART). — Terme générique qui désigne un art qui fleurit depuis la chute de l'empire romain jusqu'à l'avènement de l'art OGIVAL. (Voy. ce mot.) Mais il faut bien ajouter que ce terme d'*art roman* est fort vague, car il ne présente à l'esprit rien de fixe, rien de bien déterminé, rien de précis. En

Fig. 617. — Bas-relief grec (combat des Lapithes et des Centaures).

effet, certains antiquaires scindent différemment cette période et, suivant le pays dans lequel se développe cet art, ils lui donnent divers noms : c'est l'art *byzantin* ou *romano-byzantin* quand il se développe en Orient, et le *style latin* quand il s'agit de l'Occident. (Voy. l'article suivant.)

ROMANO-BYZANTIN (ART). — Art qui a fleuri en Occident depuis le Ve siècle de

Fig. 618. — Bas-relief grec (combat des Lapithes et des Centaures).

notre ère jusqu'au XIIe siècle ; on le divise en diverses périodes : 1° le *romano-byzantin primaire*, qui va du Ve siècle au Xe siècle ; 2° le *romano-byzantin secondaire*, qui comprend une période qui va du Xe siècle au XIe siècle ; 3° le *romano-byzantin tertiaire*, qui embrasse une période qui s'étend du XIe au XIIe siècle.

RONCONE. — Arme d'hast qui a quelque analogie avec la CORSÈQUE (Voy. ce mot), mais le roncone a le dard plus large et plus long ; en outre, ses oreillons sont courbes, au lieu d'être droits, leur pointe est acérée, et elle affecte quelquefois la forme d'un bec de perroquet. Le roncone est d'origine italienne ; le musée d'artillerie de Paris en possède un exemplaire d'un beau travail, dont le fer est gravé et damasquiné d'or et d'argent : il est aux armes du cardinal Borghèse, qui fut pape sous le nom de Paul V.

RONDACHE. — Ancien bouclier en usage surtout dans la cavalerie; il était de forme très variable (nous en connaissons environ cinquante formes différentes), mais il était généralement rond et concave. Le musée d'artillerie à Paris possède une rondache italienne peinte; une autre *à gantelet,* c'est-à-dire que celui-ci est fixé à demeure au-dessous d'une branche coudée mobile qui servait à saisir le bouclier. Il existe des rondaches en jonc natté, semées de rosettes de fer; ces boucliers ont de grandes dimensions. Les petites rondaches se nomment RONDELLES. (Voy. ce mot.) Ce genre de bouclier a été employé jusque vers la fin du XVIe siècle. — Vente Double. N° 233. Rondache en fer repoussé à rayons en spirale et à quatre bossettes saillantes, dorées ainsi que les rayons; ancien travail persan. 750 fr.

RONDE BOSSE. — Ouvrage de sculpture exécuté en plein relief; quand il est exécuté en demi-relief, c'est une œuvre de *demi-bosse* ou même de *bas-relief.* Nos figures 617 et 618 montrent des bas-reliefs du temple d'Apollon épicurius qui font aujourd'hui partie des collections du British Museum.

Les pièces d'orfèvrerie sont dites *vaisselle plate,* quand ce sont des plats et des assiettes; la *vaisselle en ronde bosse,* ou simplement *en bosse,* désigne les aiguières, soupières, légumiers, flacons, gobelets, flambeaux, etc. Quand ces dernières œuvres sont ornées de guirlandes de fleurs ou de fruits, ou d'autres ornements saillants en relief, on les dit *relevés en ronde bosse* ou *en bosse.* (Voy. ORFÈVRERIE.)

RONDELLE. — Petit bouclier de forme demi-sphérique, sorte de petite rondache, mais moins ancien que celle-ci. La rondelle était portée par les gens de pied et la cavalerie légère. Il y avait des *rondelles à main* et des *rondelles à poing;* ces dernières, très petites, avaient sur leur bord un crochet qui servait à les suspendre à la ceinture. En général, les rondelles à main sont grandes comme le quart d'une RONDACHE ordinaire. (Voy. ce mot.)

ROUELLE. — Ancien terme qui sert à désigner un disque, une roue, et par extension une monnaie gauloise qui avait cette forme.

ROUET. — Pièce faisant partie d'une ARQUEBUSE, d'un PISTOLET, d'un POITRINAL. (Voy. ces mots.) — C'est aussi une roue qui sert à tordre et enrouler le chanvre que la fileuse tire de la quenouille pour en faire du fil. — Seuls les rouets sculptés se vendent quelquefois comme objets de curiosité.

ROULEAU DE PATISSIER. — On désigne sous ce terme, ou sous celui de *rouleau à pâtisserie,* des rouleaux en bois généralement unis qui servent aux pâtissiers à travailler leur pâte. Mais quand on voulait orner la pâte de dessins, en dehors des moules, on utilisait des rouleaux semblables à celui que montre notre figure 619, page ci-après; il est en bois de buis avec ornements gravés en creux, afin de fournir sur les pâtisseries des figures en relief; il date du XVIIe siècle.

ROUSSETTE. — Voy. GALUCHAT.

RUBACE, RUBASSE, RUBACELLE et RUBICELLE. — Rubis faux de couleur claire, prime ou prisme de rubis, c'est-à-dire cristal de roche rosé qu'il ne faut pas confondre avec le rubis.

RUBAN. — Tissu de coton, de laine, de soie, mince et de largeur variable, qui sert à la toilette et à la parure des dames et pour d'autres usages.

RUBÈBE. — Sorte de viole du moyen âge qui n'avait que deux cordes qui s'accordaient à la quinte. Le dos de la rubèbe est rond comme celui de la MANDOLINE. (Voy. ce mot.)

RUBIS. — Le rubis dit *oriental,* le corindon hyalin rouge des minéralogistes, jouit à un faible degré de la double réfraction. Sa pesanteur spécifique, qui est de 3,7, sert à le distinguer des autres variétés de rubis. Il raye toutes les pierres moins dures que le diamant

Fig. 619. — Rouleau à pâtisserie.

et n'est rayé que par celui-ci. Il est infusible au chalumeau. — Un beau rubis doit être d'un rouge de cochenille vif et transparent. Sa teinte doit être bien unie; elle tire quelquefois, mais légèrement, sur le violet. Cette dernière couleur, malgré la vivacité de son éclat, lui con-

serve l'aspect velouté caractéristique des beaux corindons. Les rubis défectueux sont traversés par des glaces ou bien encore par des nuages ou reflets laiteux qui nuisent à la transparence; ils sont très souvent colorés de plusieurs nuances dont les plus ordinaires passent du bleuâtre au jaune ou au gris, ce qui leur donne un aspect nacré qui nuit beaucoup à leur éclat. — Un rubis d'une beauté remarquable, du poids de 4 à 5 carats, est beaucoup plus rare qu'un diamant de même poids. — Les beaux rubis au-dessus d'un carat sont si rares qu'on peut les évaluer à moitié prix d'un diamant de même qualité et de même poids. Les plus beaux rubis viennent de Ceylan et de Pégu. La taille la plus favorable au rubis, et, du reste, à tous les corindons hyalins ayant une couleur assez intense, est celle dite *à pans* ou *à degrés*. — On nomme *rubis balais* et *rubis spinelle* deux variétés différentes du rubis. Tandis que le rubis proprement dit est d'un rouge cochenille vif, comme nous venons de le voir, le rubis balais est d'un rose clair et le rubis spinelle d'un rouge cédant au rose; celui-ci est d'une désignation assez moderne, tandis qu'au moyen âge on ne connaissait que le beau rubis et le rubis balais ou *balay*. Dans quelques inventaires il est bien question du rubis d'Alexandrie, c'est-à-dire de celui qui provenait de cette ville, qui faisait un grand commerce de pierres précieuses; on distinguait toujours dans les inventaires le rubis d'Alexandrie d'avec les rubis d'Orient.

Un inventaire des pierreries de la couronne de France, inventaire dressé en 1781, mentionne 81 rubis d'Orient estimés alors à la somme de 33,000 francs. Parmi ces rubis nous en voyons figurer un de 8 carats, un autre de 7 carats, deux de 5 carats, un de 4 carats, six de 3 carats et un certain nombre de fractions.

Le roi de Suède Gustave III, lors d'une visite qu'il fit en Russie en 1777, offrit à la czarine un rubis de la grosseur d'un gros œuf de pigeon, qui était estimé 80,000 fr.; mais on en ignore le poids.

Pour permettre au lecteur de se faire une idée de la valeur respective des trois variétés de rubis, nous dirons qu'un beau rubis d'Orient de 3 carats vaut environ de 2,500 à 3,000 francs; un rubis spinelle de même poids, de 350 à 400 francs; enfin un rubis balais, de 70 à 80 francs.

Le rubis oriental, nous l'avons dit au commencement de cet article, possède faiblement la double réfraction; le feu le plus violent ne peut altérer ni sa forme ni sa couleur, et sa dureté est telle qu'il est presque impossible à graver, comme on peut en juger par deux spécimens qu'on voit au musée de minéralogie du Jardin des plantes de Paris.

Le rubis spinelle, moins dur et bien moins rare, ne possède pas la double réfraction; enfin le rubis balais, variété la plus inférieure, est d'une couleur variable; sa principale est bien rose clair, nous l'avons vu plus haut, mais il y a des balais de couleur rouge clair (groseille) et d'autres d'un ton violacé ou d'un rouge vineux. La pesanteur spécifique de cette variété est de 3,642; elle est susceptible de prendre un beau poli, grâce à la forte proportion de magnésie qu'elle renferme dans sa composition.

RUSSE (Art). — Pour créer un art original, un peuple a besoin d'éléments divers très nombreux; il lui faut aussi beaucoup de temps et, par-dessus tout, une certaine dose de liberté, mère de l'inspiration et de l'enthousiasme. Or, jusqu'à ce jour, les institutions de la Russie n'ont pas eu précisément pour base la liberté. D'un autre côté, l'aspect d'une belle nature exerce sur l'artiste une influence salutaire, indispensable pour créer des œuvres d'art caractéristiques. Or la Russie n'est pas plus favorisée de ce côté que de celui de la liberté. Voilà pourquoi elle ne possède pas et ne possédera pas de longtemps un art en propre, un art original. De grands seigneurs animés d'un noble zèle ont beaucoup fait pour arriver à doter leur pays d'un art autre que celui qui y règne et qui est un art tout à fait étranger, comme nous allons le voir; ils ont fondé des musées et des écoles d'art, et dans leur ardeur ils ont même fourni à des auteurs des documents et de l'argent pour faire dire et écrire, aussi bien en Russie qu'à l'étranger, qu'il existe un art national russe; mais ces sacrifices ne suffisent point pour prouver son existence. M. le comte Serge Stroganoff a été un de ces promoteurs ardents; il a surtout été utile à son pays en créant à Moscou une école de dessin et un musée d'art et d'industrie. Ce sont là certes de précieux éléments pour atteindre au but si désiré. Du reste, il faut bien convenir que la Russie, depuis l'exposition universelle de Londres de 1862, a fondé partout de nombreuses écoles de dessin; le 29 avril 1864, c'est-à-dire un an après l'inauguration du musée industriel de Vienne, il a été ouvert à Moscou un musée dépendant de l'école Stroganoff dont nous venons de parler; nous ajouterons que cette école, formée de la réunion de plusieurs établissements antérieurs, fonctionne depuis 1860 et s'efforce de créer des dessinateurs pour les écoles et les fabriques. Ces deux institutions (école et musée) sont subventionnées par l'État. L'école à elle seule reçoit 16,000 roubles d'argent par an (64,000 francs de notre monnaie); elle est divisée en cinq classes, dont trois préparatoires. Le musée Stroganoff, est lui-même divisé en trois sections: la première comprend le modelage en plâtre; la seconde, les objets d'art de l'Orient et ceux de l'art européen ancien et moderne; la dernière, les monuments de l'art byzantin et de l'art russe ancien (1). Ce sont là des institutions qui porteront très certainement des fruits; mais, en attendant, nous sommes bien obligé de constater qu'il n'y a pas d'art russe proprement dit, car toute la production artistique de la Russie se ressent totalement des influences étrangères qu'elle a subies.

Les productions d'un aussi grand peuple ne peuvent être un de ces accidents fortuits dont il est difficile de pénétrer l'origine; elles sont, au contraire, la résultante des aptitudes de ce peuple, de son caractère, de son unité, de son homogénéité, car l'art n'est que le reflet du milieu dans lequel il se développe et la conséquence du degré de perfectionnement qu'il a atteint. Il y a donc lieu, avant de parler de

---

(1) Il y a plus de dix ans, après une excursion en Russie, nous avons écrit à peu près dans les mêmes termes les dernières lignes qui précèdent. (Cf. *Encyclopédie d'architecture*, page 127, année 1872.)

l'art russe, de rechercher non seulement les origines de cet art, mais encore celles de la nation elle-même. Une fois que nous connaîtrons bien l'histoire de ces origines, nous pourrons alors nous prononcer en toute connaissance de cause. Or, si nous étudions l'ethnographie russe, nous voyons que la Russie est un vaste pays composé de cent douze peuplades qui appartiennent à sept races différentes : la race slave, la race finnoise (*Tchoudes* des Russes), la race allemande, la race turque, la race caucasique, la race mongole ou mandchoue et la race jaune. Cette simple énumération démontre que ces différentes peuplades ont des goûts et des aspirations divers qui ne peuvent s'unir, se confondre qu'à la suite d'un laps de temps fort long, pour constituer un art ayant un caractère d'homogénéité suffisante, pouvant être appelé *art national*.

Voilà donc un premier point établi : pas d'homogénéité, pas d'unité dans l'esprit du peuple russe. Voyons maintenant si son origine est assez ancienne pour fondre en un grand tout et harmoniser les diverses aspirations de ses innombrables peuplades. Ici nous répondons négativement. La Russie est un peuple relativement très moderne ; il a à peine quelques siècles d'existence, bien que sa fondation remonte à l'an 862, époque à laquelle la tribu des Tchoudes, descendant du nord de la Scandinavie, inclina vers l'Orient par l'envahissement des forêts finnoises et fonda, entre autres villes, Slavensk, Moscou et Novogorod. C'est dans cette dernière ville que la tribu des Tchoudes jeta, en 862, les fondements de ce qui devait être plus tard l'empire russe, dont Rurik fut le premier chef et soumit les Slaves de l'intérieur, dont il distribua les terres à ses guerriers. C'est ce même Rurik qui fonda une noblesse (les boyards) et substitua au nom et à la langue slaves le nom et la langue russes. Telle est l'origine de la nation russe ; mais de cette époque, c'est-à-dire du IXe siècle jusqu'au commencement du XVIe siècle, nous ne voyons que guerres étrangères, guerres civiles, invasions, assassinats et usurpations de princes, soumission, décadence : la Russie avait autre chose à faire que de s'occuper d'art. Enfin, à partir d'Ivan III (1465 à 1505), la Russie commence à se posséder et à être maîtresse de ses destinées ; c'est seulement du règne de ce prince que commence la véritable puissance russe, parce que son mariage avec Sophie Paléologue, nièce du dernier empereur grec, le met en relation avec toutes les cours de l'Occident. Ivan fit venir à grands frais dans sa capitale des artistes italiens qui évidemment ne travaillèrent que dans le style de leur pays. Le fils d'Ivan, Vasili IV, encouragea également les arts ; mais n'ayant pas sous la main des artistes russes, il s'adressa en Allemagne, en Italie, en Turquie, surtout à Constantinople, enfin en Suède, pour faire exécuter tous les monuments d'art de son règne. Après ce prince, mort en 1534, la Russie traverse encore une époque de crise qui dure jusqu'à Pierre Ier. Mais ce monarque, au lieu d'encourager les arts, n'a qu'un souci, celui d'agrandir son territoire. Catherine Ire suit l'exemple de son prédécesseur ; Pierre II étend son territoire jusqu'au Nazym en Chine.

La politique de conquête et d'envahissement inaugurée par Pierre Ier s'est perpétuée jusqu'à nos jours. Cependant, à partir de Catherine II, la Russie, bien que poursuivant la politique que nous venons de définir, trouve cependant le temps de s'occuper d'art ; mais alors comme toujours, dans le passé comme dans l'avenir, ce sont encore des artistes de l'étranger qui exécutent en Russie toutes les œuvres d'art ; aussi pouvons-nous dire, en concluant, qu'il n'a jamais existé et qu'il n'existe pas actuellement un art russe proprement dit ; car ce qu'on désigne ainsi n'est qu'un mélange de traditions finnoises, gréco-byzantines, mongoles, tartares, hindoues. L'art finnois tient une grande place dans les produits artistiques de la Russie, les influences de cet art ont été capitales et fort nombreuses et se sont fait sentir dans diverses parties de ce vaste pays. On a voulu contester cette influence ; cependant tout la prouve : la situation géographique de la Russie, sa langue, son histoire, sa littérature, ses mœurs ; les résultats des fouilles de M. le comte Ouvaroff, ainsi que celles de M. Savélieff, sont concluantes à cet égard. Ainsi tout cet ensemble prouve que les influences finnoises ont été ressenties aussi bien dans la

Russie centrale que dans la Russie septentrionale, et qu'en outre ces influences ont été extrêmement considérables et très prépondérantes. D'un autre côté, personne ne peut nier les influences byzantines dans l'art de la Russie méridionale; c'est là un fait incontestable. Du reste, le peuple russe n'a jamais eu assez d'unité pour constituer un art original. Très anciennement, nous venons de le voir, ce sont les influences finnoises qui ont dominé, puis les influences italiennes, grecques; plus tard encore, à partir de Pierre Ier, les hautes classes de la société russe n'ont recherché avec avidité que les imitations de l'art français du xviie et du xviiie siècle; ultérieurement enfin est venu le tour de l'art germanique.

Nous pourrions citer beaucoup de noms d'artistes étrangers ou français ayant vécu longtemps en Russie; mais cette nomenclature n'est pas nécessaire, pensons-nous, pour soutenir la thèse que nous avons avancée; nous dirons seulement, en terminant, que la Russie fait en ce moment, depuis environ vingt ans, de grands efforts pour constituer en un seul faisceau les types d'art existant sur les divers points de son vaste territoire, afin d'arriver à former un art russe national; mais il existe dans ce pays deux grands courants: le parti gouvernemental, qui a toujours été allemand et qui pousse à l'étude de l'art allemand, et le grand parti populaire, qui recherche tout ce qui est de l'art ancien, qui fouille le passé artistique du pays afin de créer un art moscovite. M. Boutowski, l'un des promoteurs de cet art, a publié un livre sur l'ornementation des manuscrits depuis le xe siècle jusqu'au xvie; il a principalement puisé dans les manuscrits grecs déposés dans les bibliothèques publiques ou dans celles des monastères. Or toutes les miniatures qu'on voit dans son ouvrage (*Histoire de l'ornement russe*) décèlent ou une influence gréco-byzantine ou une influence asiatique, principalement hindoue. Ajoutons que généralement on a pris pour des ornements slaves du xe siècle des ornements byzantins tirés de manuscrits grecs; car, au dire des gens les plus compétents, aucun musée, aucune bibliothèque, aucun trésor d'église, ne possède en Russie un manuscrit du xe siècle avec des dessins. C'est absolument comme les archéologues qui ont voulu voir dans la célèbre croix sculptée du musée de Moscou une œuvre russe; or nous savons que cette croix provient du mont Athos (la montagne sainte) et qu'elle porte tous les caractères d'une œuvre byzantine.

Par ce qui précède, on voit combien est complexe l'étude de l'art russe; il serait donc désirable qu'un écrivain russe voulût bien écrire une histoire de l'art qui a existé en Russie depuis l'origine de ce pays jusqu'à nos jours; il devrait dans ce travail déterminer la provenance des objets d'art de Novogorod, de Pskow, de Souzdal, de Biéloroussia, ainsi que les objets provenant des provinces lithuaniennes et des objets purement byzantins. Nous aimerions bien à savoir quelle a été l'origine de ces clochers bulbiformes, s'ils sont gréco-byzantins, s'ils ont une origine asiatique, hindoue peut-être, et de quelle partie de l'Inde ils sont venus s'implanter à Moscou et à Novogorod; il serait aussi du plus grand intérêt de connaître en détail les mobiliers des églises, la plupart si archaïques. Ce n'est qu'alors qu'on pourra démêler cet art russe si divers et connaître ce qui lui appartient en propre, ce qu'il lui a été permis de créer d'après les influences étrangères. Un pareil livre serait à la fois extrêmement utile et intéressant.

RUSTRE. — Terme de blason qui sert à désigner une macle percée en rond. La macle est un losange formé d'un simple trait sur le fond de l'écu.

SABLE. — Terme de blason qui désigne la martre zibeline, et par suite le noir; dans la gravure des armoiries, on représente le sable par des traits croisés. (Voy. BLASON.)

SABRE. — Arme offensive, sorte d'épée à lame large et à gouttières, dont le fer tranchant d'un seul côté se recourbe légèrement vers la pointe; du reste, la forme a varié suivant les époques. Il existe en France trois types principaux : le sabre d'infanterie, celui de cavalerie et le sabre de marine. — Le sabre japonais est légèrement courbé, tandis que le sabre chinois a sa lame droite. Le fourreau japonais est souvent fait en laque aventurinée, et il doit recevoir en même temps un petit poignard qui s'encastre à la fois dans la garde du sabre et dans son fourreau. La poignée du sabre japonais est décorée d'animaux dorés ou même en or; la partie qui se tient dans la main est souvent garnie de GALUCHAT (voy. ce mot) ou d'une tresse en passementerie. — Le sabre indien, nommé aussi *sabre de rajah*, a sa lame droite, sa poignée en damas; elle est généralement très riche et garnie de pierres précieuses; les sabres indiens se vendent toujours plus de 250 à 300 francs. — Le sabre touareg, à lame droite assez large et poignée en fer, vaut 20 francs en moyenne. — Le sabre caucasien ou persan, à lame droite, poignée en argent niellé, lame en damas, vaut avec son fourreau de 30 à 80 francs. — Vente J. Jacquemart. N° 160. Lame de sabre indienne. 600 fr. — N° 173. Sabre persan. 425 fr. — Vente Double. N° 253. Sabre à lame courbe en damas, damasquiné d'or, avec poignée en corne garnie, ainsi que le fourreau, en argent doré. 300 fr. — N° 254. Sabre à lame courbe en damas et poignée en ivoire avec fourreau garni, ainsi que la poignée, en fer ciselé. 100 fr.

SAFRE. — Terme de blason qui sert à désigner une aiglette de mer peinte sur un écu.

SAGAIE ou ZAGAIE. — Sorte de javeline, arme des habitants de l'Afrique centrale et de l'Océanie; on la nomme aussi *assagaie*.

SALADE. — Casque rond sans visière et très léger, que portaient au moyen âge certains cavaliers; ceux des fantassins de diverses époques se nommaient *bourguignotes* ou *morions*. (Voy. CASQUE.)

SALADINE. — Cotte de mailles du XII° siècle; elle était longue et faite avec de fortes mailles. (Voy. BRIGANDINE, COTTE DE MAILLES, HAUBERT.)

SALIÈRE. — Ustensile ou vaisselle de table à mettre du sel et du poivre. — Les salières en argent exécutées en France sous Louis XIII, Louis XIV, Louis XVI, sont très recherchées et valent jusqu'à 200 francs, c'est-à-dire 400 francs la paire; celles en émail de Limoges, de 200 à 500 francs; celles en porcelaine de Saxe, de Sèvres, et celles en faïence italienne, atteignent, suivant leurs décors, des prix divers. — Nous donnons (fig. 620 et 621) de face et de profil une salière de cuisine ou boîte à mettre le sel, dite *de Guy Murgey*, ainsi appelée parce que le sculpteur y aurait représenté un gros chanoine de Troyes de ce nom qui avait su lui déplaire. (Cf. *Éphémérides troyennes*, année 1762, p. 47.) Notre figure 622 re-

Fig. 620. — Boîte à sel ou salière de cuisine (face).

produit la salière de Benvenuto Cellini que cet artiste présenta en 1543 à François Ier; elle passa plus tard à l'archiduc Ferdinand,

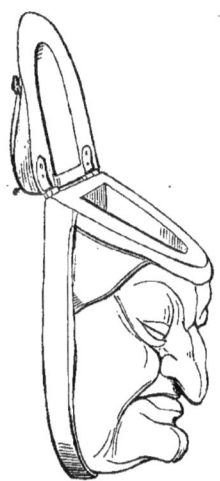

Fig. 621. — Boîte à sel (profil).

qui avait remplacé le roi lors des épousailles de Charles IX avec Élisabeth d'Autriche. Le nouvel époux donna cette salière avec d'autres présents à Ferdinand, pour le remercier d'avoir bien voulu demander sa nièce à son père pour le roi de France. Cette pièce est aujourd'hui au musée de Vienne ; elle représente Neptune et Cybèle. Cette déesse rappelle, par la sveltesse de ses formes, la nymphe en bronze que Cellini exécuta pour Fontainebleau et qu'on voit aujourd'hui au musée du Louvre.

Vente San Donato. — N° 1194. Une paire de salières doubles, montées en argent finement ciselé, à pieds en volutes surmontées de têtes de bacchantes reliées par des festons de ceps de vigne ; bordure ajourée à perles ; entre chaque coupe, un médaillon entouré de raisins ; comme poignée, un vase à tête de lion et guirlandes. Travail français du XVIIIe siècle. 1,500 lires. — N° 1233. Une paire de salières doubles en argent ciselé ; les salières sont reliées entre elles par un vase à feuilles d'acanthe, guirlandes et bouquets de fleurs ; pourtour à médaillons, feuilles de chêne et bordure perlée. Travail français de l'époque Louis XVI. 1,520 lires. — N° 1241. Une paire de salières de forme ovale, sur quatre pieds à feuilles d'acanthe ; sur le pourtour, médaillons, palmettes et guirlandes ; bordure perlée. Époque Louis XVI. 330 lires. — N° 1242. Une salière en vermeil à double compartiment, de forme contournée ; sur le couvercle, un écusson armorié. 115 lires. — Vente Hamilton. 5e vac. (15-20 juillet 82). Une salière en faïence d'Oiron, dite de *Henri II*, 21,000 fr. — Une coupe de cette même faïence a été adjugée 30,450 fr.

SALONIKA. — Costume oriental qu'on nomme aussi ABAT. (Voy. ce mot.)

SALVOCAT. — Laque d'origine japonaise, de couleur jaunâtre rouge. Cette laque porte souvent un fond qui dessine un appareil en fougère, ou *spicatum*, sur lequel ressortent des oiseaux, des fleurs ou des inscriptions ; ces reliefs semblent obtenus par le moulage plutôt que par la ciselure comme dans les laques dites de *ti-tcheou* (ciselées). Certaines boîtes ou coffrets ont leur intérieur laqué au salvocat, tandis que leur extérieur est rouge ou noir. Les exemples de ce genre de laque sont fort rares. (Voy. LAQUE et MOBILIER, § 10, *Meubles de l'Orient.*)

SAMAWAR. — Fontaine à thé, et plus particulièrement fontaine à thé russe. Celles en cuivre rouge ou en cuivre jaune valent de 40 à 50 francs; celles en argent sont de prix très variable, suivant leur travail.

Au mot ARGENTERIE (fig. 42), nous avons donné une fontaine à thé remarquable.

SAMBUE. — Voy. SELLE.

SAMIT. — Tissu dont il est souvent question dans les textes anciens dans lesquels on les nomme tour à tour *exametum, examitum, xamitum, sciamitum, sametum, samitum, samita*. Ces termes sont dérivés du grec du Bas-Empire

Fig. 622. — Salière de Benvenuto Cellini.

ἐξάμιτος. — Le samit était une étoffe de soie qu'on fabriquait au moyen âge en Asie Mineure et en Syrie. — Au XIIᵉ siècle on utilisait cette étoffe pour des vêtements sacerdotaux; nous lisons dans la *Chronique d'Hildesheim* que l'évêque donna à l'église d'Hildesheim un ornement fait en *examinatum* rouge et blanc. Pendant les XIIIᵉ et XIVᵉ siècles, le samit fut encore utilisé pour les mêmes vêtements sacerdotaux; nous lisons, en effet, dans le sire de Joinville que Louis IX avait dans sa chapelle « des vestures pour evesques, de samit et d'autres dras de soie brodés de diverses couleurs selon ce que le temps et les festes le requéraient. » L'inventaire de Charles V mentionne également des chapes et ornements d'autel faits en samit.

SANG. — Instrument de musique chinois et japonais; c'est une sorte de petit orgue portatif fait avec des tubes de roseau de quatre dimensions différentes, comme le montre notre figure 623.

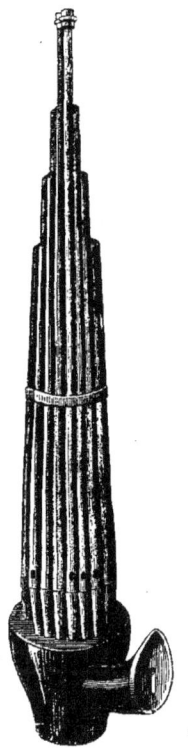

Fig. 623. — Sing.

SANTAL ou SANDAL. — Bois odoriférant de l'Inde, dont on fait des coffrets sculptés ou d'autres objets de toilette ou de petit mobilier. Au mot Bois (fig. 128 *bis*), nous avons donné de ce bois un spécimen hindou gravé; ici (fig. 624) nous en présentons un autre, également de l'art hindou.

SAPHIR. — Corindon hyalin bleu. Cette superbe pierre, alors même qu'elle est d'un beau bleu indigo, ne vaut pas le quart du rubis du même poids. Voici les noms de diverses variétés de saphirs : le corindon astérie ou saphir étoilé, le saphir d'eau ou dichroïte; le saphir du Puy ou d'Allemagne, d'un bleu céleste, est aussi nommé *disthène* ou *saphistrin*. — Un beau saphir doit être d'un bleu indigo d'une parfaite transparence et d'une teinte également distribuée. Les épithètes de *mâle* et de *femelle*, données aux saphirs d'une belle nuance ou trop clairs, ne signifient absolument rien. — On nomme *saphirine* un faux saphir d'un ton bleuâtre translucide. (Voy. AGATE, § 11.)

SARANGUI. — Instrument de musique hindou qui a quelque analogie avec le violoncelle, bien qu'il soit monté d'un plus grand nombre de cordes et que le corps de l'instrument soit plus petit.

SARBACANE. — Tube droit en verre, en métal, qui sert à lancer de petits projectiles avec lesquels on peut tuer des oiseaux.

SARDE. — Agate rougeâtre transparente d'une très belle nuance.

SARDOINE. — Voy. AGATE, § 10.

Fig. 624. — Bois de sandal gravé.

SARDONYX. — Pierre composée d'onyx et de sarde; on la nomme aussi *sardoine*. (Voy. AGATE, § 10.)

SARINDA. — Instrument de musique hindou, sorte de violon grossier, dont les cordes sont en coton de NANKIN. (Voy. ce mot.)

SARRASIN (ART). — On désigne sous ce terme l'art arabe; dans certaines contrées, c'est l'art musulman; en Espagne, c'est l'art moresque. — Voy. ARABE. (*Art*).

SAUTOIR. — Pièce honorable de l'écu formée de la barre et de la bande placées l'une sur l'autre de manière à former un X ou croix de Saint-André. Un ordre de chevalerie se porte en sautoir, quand le cordon de cet ordre tombe en pointe sur la poitrine en portant l'insigne de l'ordre.

SAVONNERIE. — Voy. TAPISSERIES.

SAXHORN. — Instrument de musique à vent inventé par Adolphe Sax, facteur d'instruments de musique à Paris. Il existe divers modèles. Notre figure 625 montre un saxhorn rond, dit aussi *ventilhorn*; c'est un instru-

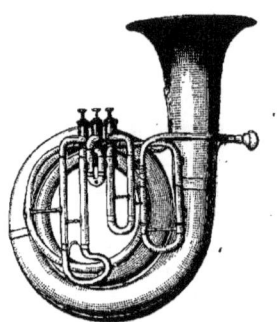

Fig. 625. — Saxhorn ou ventilhorn.

ment circulaire en cuivre dont le pavillon est dirigé en avant de l'exécutant; il présente une grande sonorité et autant de justesse que le saxhorn du modèle saxotromba. Ces instruments sont à 3 et à 4 pistons avec des tons de contrebasse en *mi bémol* et en *fa*; en basse en *si bémol*, en contralto, en soprano, etc. — Notre figure 626 montre précisément un saxhorn en *mi bémol* à trois pistons; il en existe également à quatre pistons.

SAXOPHONE. — Instrument de musique à vent inventé par Adolphe Sax; il est en cuivre. Il existe des saxophones baryton ou basse en *mi bémol*, en contrebasse, en ténor, en alto et en soprano. Les clefs de ces instruments sont, comme l'indique notre figure 627, forgées sur patins.

SAXOTROMBA. — Instrument de musique à vent en cuivre, inventé par Adolphe

Fig. 626. — Saxhorn contrebasse en *mi bémol*.

Sax; il comporte une famille de sept membres allant de l'aigu au grave et divisés par quinte et par quarte. La voix du saxotromba tient le

Fig. 627. — Saxophone.

milieu entre celle des trompettes et des trombones. Le doigté est le même pour tous les instruments de cette famille.

SAXTUBA. — Instrument de musique en cuivre, à buccal, comme le précédent, et armé, comme le saxotromba, d'un mécanisme de cylindres. Inventé par Sax en 1850, il dépasse en puissance tous les instruments connus jus-

Fig. 627 bis. — Sceau de saint Bernard.

qu'à ce jour. Sa famille comporte sept membres allant de l'aigu au grave. On a utilisé cet instrument pour la première fois dans l'opéra d'Halévy, *le Juif errant*.

SCABELLON. — Sorte de piédestal, de socle en forme de gaine moulurée d'une façon

Fig. 628. — Sceau de l'abbaye du Bec-Hellouin.

plus ou moins riche. Il existe des scabellons en bois de prix, en marbre, décorés en bronze doré. Les scabellons servent à supporter des bustes, des vases, des girandoles, etc.

SCEAU. — Pièce qui porte gravées en creux diverses marques ou signes et qui servent à sceller; il y a des sceaux gravés sur métal, sur gemme, sur cristal, sur ivoire, etc. — Notre figure 627 *bis* montre le sceau de saint Bernard, sur lequel se trouve gravé en creux le saint personnage. Il est en costume de moine, tête nue et tonsurée, la figure rasée, assis sur un pliant dont les bras ont leur extrémité terminée par une tête de serpent. — Anciennement toutes les abbayes avaient leur sceau, comme la grande chartreuse a sa marque de fabrique. Notre figure 628 montre le sceau de l'abbaye du Bec-Hellouin; il est en cuivre

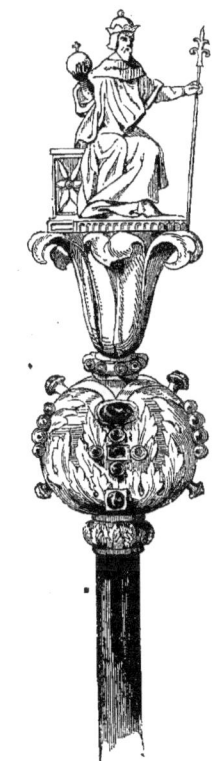

Fig. 629. — Sceptre de Charlemagne.

jaune et assez finement gravé pour l'époque. En exergue, on lit ces mots : « Sigillum conventus monasterii beate Marie de Becco Helluyny 1363. » Le milieu est occupé par la Vierge et son enfant, ayant à sa gauche Hellouin crossé et mitré.

SCEPTRE. — Insigne de puissance, de forme variable, orné d'une façon plus ou moins riche, et souvent enrichi de pierreries qui font la principale valeur de cet insigne. Notre figure 629 montre le sceptre de Charlemagne. (Voy. MAIN DE JUSTICE.)

SCHABRAQUE. — Sorte de housse ou de couverture, en peau de mouton ou en drap, qu'on étend sur la selle et qui couvre les fontes des pistolets. Il existe des schabraques richement brodées, en or ou en argent; ce sont les seules qui aient de la valeur.

Fig. 630. — Moulage du Tasse après sa mort.

SCHACKA. — Poignard du Caucase, à lame large et longue, qui sert à découper la viande. Ce poignard vaut de 25 à 85 francs; ceux d'une grande richesse décorative se vendent beaucoup plus cher.

SCHYARI. — Ancien instrument de musique à vent; sa forme rappelle beaucoup celle d'une cornemuse. (Voy. MUSETTE.)

SCRIPTIONAL. — Ancien pupitre servant à écrire; il était monté sur des pieds, ou bien un autre type se plaçait sur les genoux.

SCULPTURE (ART DE LA). — Art qui a pour objet l'exécution en forme saillante ou creuse d'une figure, d'un ornement quelconque. Ce terme est dérivé du latin *sculptura,* dérivé lui-même de *sculpere,* graver, tailler au ciseau;

PLANCHE XXX. — Statue de Louis XIII en argent. (Collection du duc de Luynes.)

SCULPTURE (ART DE LA).

en effet, l'artiste sculpteur taille avec son ciseau des formes, des images, des ornements dans des matières diverses, bois, ivoire, pierre, marbre, etc. On peut créer des produits de la

Fig. 631. — Le Génie des arts.

sculpture soit en modelant de l'argile, soit en coulant des modèles en métal. Quand la sculpture représente des figures animées, on la nomme *statuaire*; quand elle représente des ornements, des rinceaux de feuillages, des guirlandes de fleurs et de fruits, on la nomme *sculpture d'ornement*; enfin, quand elle grave en creux ou en saillie des pierres fines, des gemmes, on la nomme GLYPTIQUE. (Voy. ce mot.) — Au point de vue de la technique, on divise cet art en *modelage* et en *ciselure*; cette dernière comporte tous les genres, car on peut ciseler le bois, la pierre, le métal.

Avant de sculpter une œuvre, quand le modèle est terminé, le sculpteur en opère le MOULAGE (Voy. ce mot); on moule également d'après nature, par exemple pour faire les bustes ou les médaillons des personnes mortes. Notre figure 630 montre un moulage du Tasse, exécuté d'après nature, après la mort de l'illustre écrivain italien.

C'est à tort que bien des auteurs ont voulu donner à l'art de sculpter, de ciseler le métal, le nom de TOREUTIQUE (Voy. ce mot); cet art, bien que se rapprochant de la sculpture par certains côtés, est tout à fait différent de celle-ci. — Enfin on peut pratiquer divers genres de sculpture : la RONDE BOSSE ou *haut relief*, le BAS-RELIEF. (Voy. ces mots.) Notre figure 631 montre une sculpture moderne représentant le Génie des arts : c'est l'œuvre de M. Mercié, l'auteur de grand talent de *Gloria victis*; elle se trouve placée dans l'arcade qui domine les nouveaux guichets du Louvre du côté de la Seine. — Notre planche XXX donne une fidèle reproduction de la statue de Louis XIII, en argent, due au ciseau du sculpteur Rude, qui l'a exécutée en 1841 pour le duc de Luynes. Louis XIII est représenté à l'âge de quinze ans; il est botté, éperonné, la cravache à la main, prêt à monter à cheval pour aller à la chasse. L'attitude est fière et hautaine; le visage du jeune roi ressemble beaucoup dans cette statue à la figure de sa mère, Marie de Médicis. Les frais de fonte, sans compter le métal, s'élevèrent pour cette œuvre à 12,000 francs, et le travail du sculpteur lui fut payé 10,000 fr. Cette statue, que nous avons vue à l'exposition organisée en 1874, au profit des Alsaciens-Lorrains, à la Chambre des députés, est une des meilleures œuvres de Rude. — Notre planche XXXI montre une sculpture remarquable de la renaissance française due au ciseau de Jean Goujon ; nous l'avons dessinée d'après une photographie. Cette planche, tirée de notre *Dictionnaire d'architecture*, montre deux figures de la fontaine des Innocents, à Paris. Comme pour la peinture, il n'est pas possible de donner des prix pour les ouvrages sculptés; car tant de causes peuvent apporter des variations de prix, qu'il n'est pas possible d'établir une sorte de cours moyen. L'œuvre représentée, la matière employée, le sculpteur qui l'a produite, sont autant de causes de variations. — Les panneaux sculptés sur bois atteignent, après les bas-reliefs en marbre des XVe et XVIe siècles faits en Italie, des prix assez élevés. Ainsi, à la vente San Donato, le n° 363, un panneau de 0^m,60 de hauteur sur 0^m,42 de largeur, a été adjugé à 1,900 lires. — Ce panneau de bois, sculpté en haut relief, teinté, rehaussé d'or et se détachant sur fond d'or, représentait une Madone assise sur un trône avec l'enfant Jésus sur ses genoux; elle était couronnée par deux anges voltigeant de droite et de gauche et suspendant d'une main la couronne au-dessus de sa tête. C'était un travail siennois du commencement du XVIe siècle.

SEAU. — Vase en bois, en faïence, en métal, servant à différents usages, principalement à contenir de l'eau. — Vente Double. N° 358. Seau à couvercle ouvrant à charnière, de forme carrée à angles coupés, en bois de rose, garni de chutes de fruits et d'une frise à rinceaux dans sa partie inférieure en bronze ciselé et doré. Époque Louis XVI. A l'intérieur du couvercle est cette inscription : « Seau d'atours de Marie-Antoinette, vient de la succession du marquis de Calvières. » Signé : C.-C. Saunier. Haut., 0^m,52 ; larg., 0^m,30. 1,950 fr.

SEAU A RAFRAICHIR. — Vase en métal, en argent, en cuivre doré ou argenté, quelquefois en faïence ou en porcelaine, dans lequel on met à rafraîchir les boissons. — Valeur très variable.

SECRÉTAIRE. — Meuble qui sert à renfermer des papiers et sur lequel on peut écrire; il a subi toutes les transformations de la mode à diverses époques; on le nomme aussi *bureau*, *bureau-secrétaire*, etc. (Voy. BUREAU.)

PLANCHE XXXI. — Nymphes de Jean Goujon.

SELLE. — Ce terme sert à désigner un meuble très solide sur lequel les sculpteurs travaillent leur modèle en glaise ou sculptent un bloc de marbre; mais il sert aussi à désigner le harnais qu'on place sur le dos d'un cheval et qui sert à le monter; d'où l'expression, *cheval de selle*. — Au moyen âge, la selle à l'usage des dames se nommait *sambue*; elle comportait une planchette pour reposer les pieds. Elle est citée, dans beaucoup de comptes ainsi que dans les inventaires, avec la litière, ce qui fait que divers auteurs ont confondu à tort la sambue avec la litière. Catherine de Médicis fut la première femme qui eut l'idée

Fig. 632. — Selle du XVIᵉ siècle (Armeria real de Madrid).

d'avancer la jambe sur l'arçon de devant, afin de pouvoir regarder, comme le cavalier, le but vers lequel on dirige le cheval. — Suivant l'époque où elles ont été fabriquées, les selles ont des valeurs très différentes : les selles orientales brodées d'or et d'argent, enrichies de pierres précieuses ; celles décorées d'argent repoussé et ciselé, de l'époque de la renaissance, atteignent dans les ventes les prix les plus élevés.

Nos figures 632 et 633 montrent deux selles du XVIᵉ siècle faites en Italie ; elles font partie de la collection de l'Armeria real de Madrid.

Voici ce que nous lisons au sujet de ce genre de selle dans le catalogue de l'Armeria : « Il y avait jadis, dans l'ancienne cavalerie espagnole, deux espèces de selles : la selle d'armes, et la selle de genette ou parade. La première, dite *armada* ou *bridona*, c'est-à-dire armée de longs étriers, avait de grands arçons couverts d'une enveloppe d'acier ; elle était de mise dans les tournois. » En ce qui regarde la seconde division, nous croyons devoir rappeler la description qu'en donne Tapia y Salcedo, dans son ouvrage intitulé *Ejercicios a la jinetta*. Ce genre de selle doit avoir son bois antérieur plus haut que celui de derrière. L'arçon de devant doit être maintenu si haut que le cavalier, levé sur ses étriers, ne puisse point dépasser son sommet, alors qu'il arrive plus haut que l'entre-deux cuisses ; l'arçon de derrière doit être plus bas et un peu renversé en dehors. Ce genre de selle est en usage pour les cavaliers qui figurent dans les courses de taureaux, *picadores,* gardiens, etc.

Fig. 633. — Selle du xvie siècle (Armeria real).

Autrefois, comme le prouve la chronique du Cid, qui remonte au xiie siècle, la selle à la genette se nommait en Espagne *seilla cocera*.

SÉPIA (DESSIN A LA). — Dessin lavé à la sépia, au lieu de l'être à l'encre de Chine. Beaucoup de grands maîtres ont fait des dessins à la plume ou au crayon relevés à la sépia. (Voy. DESSIN.)

SERINETTE. — Sorte de boîte à musique, d'orgue à cylindre qui peut jouer quatre ou cinq airs différents ; son étendue est d'une octave. Comme on utilise cette musique pour apprendre à chanter à des oiseaux, tels que calandres et serins, on l'a appelée *serinette*.

SERPENT. — Instrument de musique à vent composé de deux pièces minces de bois de noyer accolées l'une en regard de l'autre de manière à former un tube recourbé en forme d'S. Comme il est recouvert de cuir ou de peau de chagrin, cet instrument a quelque analogie avec la forme d'un serpent; d'où son nom: il a été inventé vers la fin du XVIe siècle (1590) par un chanoine d'Auxerre, nommé Edme Guillaume. Il a été remplacé de nos jours par le basson et l'ophicléide. Cet instrument passe assez rarement dans les ventes. Ceux couverts de cuir gaufré se vendent de 40 à 60 francs.

SERPENTIN (Marbre). — Marbre à fond vert avec des taches rouges. Une variété de ce marbre, à grains très fins et très serrés se nomme, *serpentine;* elle est beaucoup plus estimée que le serpentin.

SERPENTINE. — Voy. le terme précédent.

Fig. 634. — Serrure en fer forgé et ciselé (XVe siècle).

SERRURE. — Machine en fer qui fonctionne au moyen d'une clef et qui sert à fermer un meuble, une porte, un coffre, etc.

Notre figure 634 montre une serrure en fer forgé et ciselé du XVe siècle. Elle comporte trois cadres se développant sur un même plan : c'est donc une sorte de triptyque en fer, puisque les deux volets de côté se replient sur le cadre central. Cette œuvre d'art remarquable fait partie de la collection de M. Spitzer; elle représente le *Jugement dernier,* et mesure 0^m,43 de longueur sur 0^m,28 de hauteur. Dans cet espace relativement restreint, l'artiste a représenté trente-quatre à trente-cinq personnages; dans le centre, on voit Dieu le Père rappelant à lui les morts; à sa droite, les bons prient saint Pierre de leur ouvrir les portes du paradis; à la gauche de Dieu le Père, on voit l'enfer, dans lequel l'artiste a eu soin, comme d'habitude, de placer un évêque.

SERRURERIE (Art de la). — Art de travailler le fer, de faire des serrures; d'où son nom. La serrurerie du moyen âge et celle de la renaissance ont produit des œuvres d'art véritables. Les objets de serrurerie se vendent aujourd'hui fort cher. (Voy. Clef, Heurtoir, Landier, etc.)

SERVICE. — Ensemble des pièces affectées au service de la table, ou petite vaisselle de faïence, de porcelaine ou d'argenterie, qui sert à prendre le café, le thé, le chocolat, et qu'on désigne alors sous ces termes : *service à café*, *service à thé, service à chocolat.*

Vente Double. — N° 142. Service de table en ancienne porcelaine de Saxe à fleurs et ornements gaufrés en relief, et décoré de jetés et festons de fleurs et de groupes d'oiseaux. 7,080 fr. Il se composait de soixante-sept assiettes, quatre compotiers ronds à côtes, deux compotiers ronds à lobes, quatre compotiers forme feuille, quatre plateaux forme feuille, deux plateaux ovales à contours et à deux anses, quatre plateaux analogues, mais plus petits. — N° 206. Petit service à café en argent gravé à feuillages et ornements ciselés. Il se compose d'une petite cafetière, un pot à crème, une cocotte et un plateau oblong à contours reposant sur quatre griffes de lion. Époque Louis XV. 760 fr.

Vente San Donato. — N° 540. Magnifique service de table en porcelaine de Vienne, à fond bleu sur le marli des assiettes et des plats, qui est recouvert de décors d'or de la plus grande richesse avec petits médaillons ovales intermédiaires en grisaille s'enlevant sur fond d'or. L'ombilic est entièrement occupé par des peintures fort remarquables reproduisant une grande partie des célèbres tableaux de la galerie du Belvédère à Vienne. 68,435 lires. Ce service se composait de deux soupières, deux bouts de table à bonbons, trois verrières, trois seaux à vin de Champagne, deux légumiers, deux saucières, deux sucriers, deux saladiers, deux compotiers ronds, deux compotiers octogones, deux compotiers carrés, deux grands plats ronds, deux plats ronds moyens, deux petits plats ronds, deux grands plats ovales, deux plats ovales de moyenne dimension, deux petits plats ovales, une coupe à anses, un ravier, dix-huit assiettes à potage et cinquante et une assiettes. — N° 633. Service à thé et à café en porcelaine de Saxe, à armoiries entourées de branches de laurier d'or et à sujets empruntés à la vie des ports, peints dans d'élégants cartouches d'or et de couleurs. 2,800 lires. Il se composait d'une théière avec couvercle, une cafetière avec couvercle, une boîte à thé avec couvercle, un bol, sept tasses à deux anses, sept tasses sans anse, un sucrier avec couvercle, un sucrier sans couvercle, onze soucoupes. Marque 1719.

SIÈGE. — Meuble sur lequel on peut s'asseoir : chaise, fauteuil, canapé, sofa, etc. (Voy. Mobilier.)

SIFFLET. — Petit instrument avec lequel on siffle. Notre figure 635 montre un sifflet chinois qu'on attache au-dessus de la queue des pigeons, de sorte que, lorsque ces oiseaux volent, le vent fait siffler ces instruments. Le

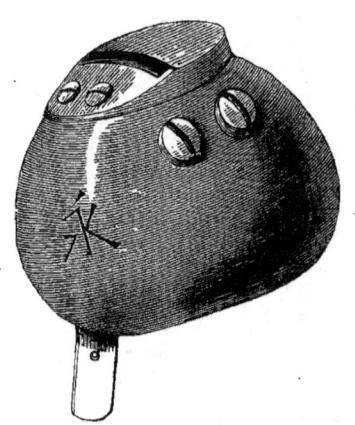

Fig. 635. — Sifflet chinois.

bruit produit a pour résultat d'effrayer et d'éloigner des pigeons les oiseaux de proie qui, sans cela, les dévoreraient. Le bruit est assez curieux quand une compagnie de vingt ou vingt-cinq pigeons prend son vol et s'élève dans les airs ; les oiseaux sont souvent invisibles à l'œil nu, tandis que par un temps serein on entend encore retentir le cri du sifflet, nommé en chinois *pan-ka-fang-kou*. Notre figure 636 montre un sifflet de chasse du XVIe siècle, du musée germanique de Nuremberg : il est en argent ; seule la croix qui surmonte la chaîne est en vermeil. Le tuyau de ce sifflet a une de ses extrémités qui aboutit à l'orifice ménagé dans la boule creuse ; celle-ci et le tuyau sont maintenus dans une position

Fig. 636. — Sifflet de chasse (XVIe siècle).

convenable au moyen d'une sirène décorée de pendeloques. — Notre figure 637 montre un sifflet du XVIᵉ siècle dessiné dans sa vraie grandeur ; il est en vermeil incrusté de pierres précieuses. Ce pouvait être un sifflet de chasse d'un riche seigneur, ou bien un sifflet d'appartement, utilisé au XVIᵉ siècle, pour appeler les gens de service, avant l'usage des sonnettes, qui n'ont guère fait leur apparition en France qu'au XVIIᵉ siècle. Il existe des sifflets de tous genres ; ils sont en or, en argent, en cuivre ciselés, en ivoire et en bois sculptés,

Fig. 637. — Sifflet en vermeil (XVIᵉ siècle).

en faïence, etc. Le compositeur Clapisson possédait une collection de sifflets assez remarquable.

Vente Double. — Nº 147. Sifflet en ancienne porcelaine tendre de Chelsea, formé d'une tête de chien décorée au naturel. 130 fr.

SIFOINE. — Nom de la vielle au moyen âge ; on disait aussi *chifonie*.

SINOPLE. — Terme de blason qui désigne la couleur verte. Dans la gravure des armoiries, le sinople se marque par des traits en bande. (Voy. BLASON.)

SIPOOKA. — Instrument de musique russe ; c'est une sorte de double flûte semblable à celle des anciens Grecs. Au mot FLUTE (fig. 414), nous avons donné un spécimen de celle-ci. On nomme aussi la sipooka, *gélaïka*.

SISTRE. — Instrument de musique qui remonte à la plus haute antiquité; il était connu des habitants de l'ancienne Égypte.

SOFA. — Meuble servant de siège, sorte de canapé ou de lit de repos; il est souvent recouvert de soie, et quelquefois capitonné; il a un dossier et des coussins. (Voy. Mobilier.)

SOIERIES. — Terme générique sous lequel on désigne toute sorte d'étoffes de soie qu'on utilise pour le vêtement ou pour le mobilier. Il existe une grande variété d'étoffes de soie : le lampas, le damas, le crêpe de Chine, le gros de Naples, le gros de Tours, le droguet, la popeline, la faille, le satin, etc., etc.

SOLERETS. — On nomme *solerets* ou *pédieux* (fig. 638) les chaussures en fer de l'armure; leur forme a beaucoup varié : sous Charles VI et sous Charles VII, les solerets étaient à la poulaine; au contraire, sous

Fig. 638. — Solerets ou pédieux à poulaine.

Louis XII et sous François Ier, ils étaient terminés carrément; depuis Henri II jusqu'à Henri IV, la pointe des solerets était en bec de cane. Ils se composaient toujours de lames articulées et à recouvrement; tantôt ils tenaient aux grèves, tantôt ils en étaient indépendants. La pointe de la poulaine adhérait au soleret par une simple clavette; quand le cavalier descendait de cheval, il pouvait faire détacher la pointe de la poulaine ou la relever.

SONG. — Instrument de musique hindou, sorte de buccin, dans lequel les brahmanes soufflent avec force pour appeler le peuple à la prière.

SONNETTE. — Ustensile dont on se sert pour sonner, pour appeler un domestique dans un appartement, ou pour réclamer le silence dans une assemblée. Il existe des sonnettes en argent, en vermeil, en cuivre et principalement en bronze; elles sont ciselées, gravées, incrustées.

SORDONE ou **SOURDON.** — Ancien instrument de musique à vent, qui avait quelque analogie avec le basson; il était formé d'un double tube.

SOUAGE. — Moulure, sorte de tore ou de boudin, décorant le pied des pièces d'orfèvrerie du moyen âge et de la renaissance. Cette moulure était tantôt simple, tantôt double et même triple. — Les souages décoraient aussi les bords supérieurs des vases, des corbeilles, etc. — Par extension, ce terme fut appliqué aux bordures des vêtements.

SOUBREVESTE. — Partie du costume. Ce terme est dérivé de l'espagnol *sobre*, dessus, et de notre terme *veste*; c'était, en effet, une sorte de justaucorps sans manches, un vêtement de dessus, que portaient les mousquetaires.

SOUCOUPE. — Petite vaisselle plate qu'on met *sous une coupe*; d'où son nom. Les tasses à café, les tasses à thé, ont des soucoupes. (Voy. Tasse.)

SOUFFLET. — Ustensile employé pour diriger un courant d'air sur des bois ou des charbons enflammés; il sert à souffler sur le feu. Les soufflets du XVIe siècle sont en bois sculpté, décorés d'ornements; leur douille est en cuivre ciselé. Quelques soufflets du XVIIe siècle sont incrustés d'ivoire gravé; leurs faces sont marquetées de bois de couleur; ils valent de 150 à 400 francs.

Vente San Donato. — N° 1921. Soufflet en noyer sculpté, à cariatides ailées, figures d'enfants, entrelacs et mascarons. Travail italien du XVIe siècle. Haut., 1^m,08; larg., 0^m,55. 370 lires.

SOUPIÈRE. — Vaisselle de table qui sert

à contenir la soupe; d'où son nom. Les soupières sont en faïence, en porcelaine, en étain, en argent. Suivant le style et le travail de ces dernières, on les paie jusqu'à 3 francs le gramme. Les soupières en faïence italienne de Gênes, de Venise, etc., valent de 15 à 40 francs; celles de Moustiers, de 8 à 60 francs; celles de Nevers, de 25 à 60 francs; celles de Haguenau ou de Strasbourg, de 6 à 40 francs; celles de Rouen, jusqu'à 250 francs; celles de Marseille valent presque autant. Enfin les soupières en porcelaine valent : celles de Chine, de 40 à

Fig. 639. — Soupière en faïence de Sceaux.

120 francs; celles de Saxe, de 70 à 500 francs; celles de Sèvres, des prix très variables. Notre figure 639 montre une soupière en faïence de Sceaux. (Voy. ORFÈVRERIE, *fig.* 567.)

Vente Double. — N° 195. Soupière ronde en argent à deux anses et à quatre pieds feuillagés (époque Louis XV); le couvercle, de travail moderne, était surmonté d'une figurine d'enfant accroupi tenant une corne d'abondance. Diamètre, 0^m,24. 4,000 fr.

Vente San Donato. — N° 1198. Soupière ovale à contours; couvercle surmonté d'un chien avec gibier et attributs de chasse. La soupière a des pieds avec enroulements, des anses et un plateau. Travail français de Jean Villeclair, reçu maître le 15 juillet 1750. Contre marque Y, c'est-à-dire 1762. Ancienne collection Pichon. 11,700 lires. — N° 1201. Soupière de forme basse en argent repoussé et ciselé; sur le pourtour et sur le couvercle, feuilles, guirlandes et ornements courants brunis sur fond graindorgé; au centre de la soupière, deux têtes de chèvre; sur le couvercle surmonté d'un fruitelet, anses formées de branchages, bordures d'oves et de perles. Travail italien du temps de la régence. 1,550 lires. — N° 1206. Soupière ovale en argent repoussé et ciselé, culot à feuilles de chêne et de laurier entremêlées, perlé et feuillages à la base; anses en ceps de vigne; bordures de rinceaux avec écusson comtal supporté par deux griffons terminés en feuilles; couvercle à canaux contournés, surmonté d'oignons, épis de blé et feuilles de vigne. Travail français du XVIIIe siècle. 11,500 lires. — N° 1215. Soupière de forme ronde avec plateau de forme ovale en argent repoussé et ciselé; quatre pieds à volutes donnant naissance à des feuilles de chêne qui s'étendent le long du culot; pourtour godronné, avec écusson portant un lion de gueules surmonté d'une couronne à neuf perles entourée de feuilles; anses en ceps de vigne; couvercle surmonté d'un bouquet de fleurs et de feuilles. Travail du temps de la régence. 5,200 lires.

SOURDON. — Voy. SORDONE.

SOUTACHE. — Tresse plate de galon en laine ou en soie tissée d'or et d'argent, qui sert à dessiner sur des étoffes des broderies dites *à la soutache*.

SOUVENIR. — Petit portefeuille à l'usage des dames; il est recouvert tantôt d'écaille ou de galuchat, tantôt de plaques d'or ou d'argent, de feuilles d'ivoire, etc.; des plaques émaillées servent aussi à sa décoration. — On désigne également sous ce terme un genre d'étui large et aplati, ainsi que divers menus objets qu'on donne en souvenir, tels que bonbonnières, boîtes, coffrets, etc.

SPATH ADAMANTIN. — Cette pierre, appelée par les minéralogistes *corindon harmophane*, est opaque ou légèrement translucide; sa structure est lamelleuse; elle se présente sous toutes les couleurs des autres pierres; son extrême dureté lui a fait donner l'épithète d'*adamantin*, qui signifie diamant. On nomme *spath soyeux*, ou *pierre satinée*, une variété de spath que les minéralogistes désignent sous le nom de *chaux carbonatée fibreuse*; *spath fluor* ou *fluorine*, une variété de pierre translucide à fond grenat, opaque avec des veines blanches.

SPIRITUALISME DANS L'ART. — Le contraire du naturalisme, du réalisme dans l'art, c'est le spiritualisme. Ici le dessinateur, le peintre, en un mot l'artiste, ne reproduit pas strictement, brutalement le modèle naturel qu'il a devant les yeux; il pousse beaucoup plus loin son travail, il reproduit son modèle tel que son esprit le lui représente, dans l'idéal de la beauté. Ainsi donc, d'après ce qui précède, nous définirons la spiritualité, ou plutôt le *spiritualisme dans l'art*, une manière de reproduire la matière à travers l'idéal de l'esprit; ce que Paul Delaroche définissait de cette manière : « Il faut, disait-il, qu'un artiste oblige la nature à passer par son intelligence et son cœur. » C'était l'interprétation de ces paroles de Raphaël : « Comme je n'ai pas de beaux modèles parfaits, je me sers d'un certain idéal que je possède dans mon esprit. » Cicéron, qui certes n'était pas un grand artiste, nous l'avons vu dans notre introduction, était un grand orateur (nous n'apprendrons rien à personne en écrivant ceci), Cicéron, disons-nous, se laissant emporter par son éloquence, dit dans son *de Oratore* : « L'artiste qui, l'œil fixé sur l'immuable, le prend pour modèle et le reproduit, ne peut manquer de produire une œuvre d'une beauté accomplie, tandis que celui qui a l'œil fixé sur ce qui est périssable ne fera rien de beau. Quand Phidias créait une statue de Jupiter ou de Minerve, il n'avait point sous les yeux un modèle particulier dont il s'appliquait à exprimer la ressemblance; mais c'est au fond de son âme qu'il cherchait le type idéal de la beauté sur lequel il tenait ses regards fixés, et c'est celui-là qui guidait et son art et sa main. » Ces quelques citations prouvent donc qu'il ne suffit pas d'être impressionniste, naturaliste ou réaliste, pour créer une œuvre d'art : il faut encore à l'artiste voir au delà de la matière, il lui faut poursuivre un but plus noble et plus grand ; il lui faut peindre d'après son cœur, d'après son âme, d'après une imagination saine et empreinte des beautés suaves que peut seule fournir à l'artiste le spiritualisme. Mais de même qu'il n'est pas permis à tous d'aller à Corinthe, de même tous ceux qui n'ont pas le feu sacré de l'art s'arrêtent au milieu de la route de Corinthe, à la station dite *réalisme*. C'est peut-être pour eux bien commode; mais ceux-là ne sont pas de vrais artistes, ce sont seulement des pygmées de l'art. Nous aurions beaucoup à écrire sur ce sujet, mais nous devons nous borner ici à cette simple esquisse. (Voy. RÉALISME.)

STALLE. — Sièges en bois, avec dossier et fond en abatant, qui forment une série continue dans une enceinte quelconque, principalement dans le chœur d'une église; mais la stalle forme aussi souvent un siège unique. Sous la sellette des stalles, il y a ordinaire-

Fig. 640. — Stalle (palais de justice de Rouen).

ment une console en bois qu'on nomme *miséricorde*; mais ce n'est guère qu'au XIᵉ siècle que la stalle porte celle-ci, antérieurement les stalles étaient souvent en pierre. Notre figure 640 montre une sculpture (un joueur de cornemuse) d'une stalle de la salle des pas perdus du palais de justice de Rouen; notre figure 641, une autre sculpture provenant des stalles de la cathédrale de la même ville.

Vente San Donato. — N° 97. Stalle de la renaissance, en bois de noyer sculpté et doré en partie, dont les bras sont formés de deux sphinx couchés; le dossier à fronton à volutes, à mascarons, frise de rosaces et d'ornements,

Fig. 641. — Stalle à la cathédrale de Rouen.

présente un médaillon sculpté en bas-relief représentant Ariane assise sur un lion. Haut., 2 mètres ; larg., 1ᵐ,12. 750 lires.

STATUE. — Figure en haut relief, en ronde bosse, représentant un personnage, une femme,

Fig. 642. — Statuette en terre cuite (anc. coll. Pourtalès).

un animal. (Voy. SCULPTURE.) — Le diminutif de statue est la *statuette*. Notre figure 642 montre une statuette coloriée, en terre cuite : c'est un esclave comique assis, les jambes écartées, sur une amphore; il porte la main droite à son menton et paraît méditer quelque méfait. (N° 837. Collect. Pourtalès ; page 145 du catal.) — Voy. GREC (*Art*) et SCULPTURE.

STIPO, STIPI. — On désigne sous le terme de cabinet, *stipo*, cabinets, *stipi*, ou simplement *stipi*, des cabinets d'une décoration assez sobre, relevée seulement par des colonnettes, des médaillons et des plaquettes de pierre dure que l'on désigne également sous le nom de *meubles* et de *cabinets gemmés*. Au mot MOBILIER, nous avons donné un meuble gemmé (planche XXV). Dans le catalogue de la vente San Donato, on donne le nom de *stipo* à un cabinet décoré de peintures et d'écaille : voici les quelques numéros se rapportant à ce genre de *stipi*. — N° 993. Meuble cabinet, dit *stipo*, de forme monumentale, en bois d'ébène plaqué d'écaille, décoré dans toutes ses parties de sujets empruntés à l'histoire des Hébreux, peints sur verre par Luca Giordano. La partie centrale en saillie représente un portique à quatre colonnes torses en écaille, revêtues à la base d'ornements ajourés et surmontées de chapiteaux en bronze doré. Sur le haut, quatre

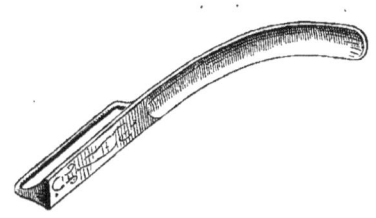

Fig. 643. — Strigile.

figures d'enfants reposent sur des consoles ; de chaque côté, quatre rangs de tiroirs plaqués d'écaille, encadrés de moulures d'ébène formant chacun deux panneaux saillants. Haut.,

Fig. 644. — Sucrier en argent ciselé.

1ᵐ,75; long., 2ᵐ,74; prof., 0ᵐ,64. 6,000 lires, mais avec une table-support en bois sculpté à jour et doré. — N° 1004. Un cabinet stipo analogue au précédent, avec une table-support pareille. 5,600 lires. — N° 1011. Cabinet et table-support, le tout semblable aux précédents. 5,000 lires.

STORE JAPONAIS. — Voy. KAKÉMONOS.

STRIGILE. — Instrument en bronze qui servait dans l'antiquité à racler la peau du baigneur, quand il sortait du bain. Notre figure 643 montre un strigile trouvé à Pompéi.

STYLE. — Terme générique qu'on applique à l'ensemble des œuvres exécutées pendant une époque de l'art et qui ont un caractère propre à cette époque ; d'où les termes :

SUCCADES (VASE A). — Voy. DRAGEOIR.

SUCCIN. — Voy. AMBRE.

SUCRIER. — Vase à couvercle qui contient du sucre. On sert les sucriers seuls ou avec un service à thé, à café, etc. (Voy. SERVICE.) Ils sont en faïence, en porcelaine, en argent, en vermeil. Notre figure 644 montre un sucrier oblong en argent ciselé fabriqué par M. Christofle.

Vente Double. — N° 204. Sucrier oblong à

Fig. 645. — Surahé en faïence de Perse.

Fig. 646. — Surtout de table en argent.

style grec, style romain, style Louis XIV, style de la renaissance, etc. — Ce terme sert également à désigner une sorte de poinçon en métal, en os, en ivoire, pointu d'un côté et en forme de spatule de l'autre ; ce côté servait à étaler la cire sur la tablette sur laquelle on écrivait avec la pointe du style. Cet ustensile était appelé au moyen âge TRAÇOIR. (Voy. ce mot.)

STYLET. — Petit poignard employé principalement par les Italiens et par les Corses.

deux anses avec couvercle et plateau, en argent gravé, décoré de guirlandes de feuillages et d'armoiries ; le couvercle est surmonté d'une rose (style Louis XV). Largeur du sucrier, 0^m,19 ; du plateau, 0^m,23. 2,550 fr. — N° 205. Sucrier analogue à celui qui précède. Les guirlandes qui décorent le plateau, la panse et le couvercle du sucrier, sont repoussées et ciselées en relief (style Louis XV). Larg. du sucrier, 0^m,16 ; du plateau, 0^m,24. 3,100 fr. — N° 208. Sucrier ovale à deux anses avec intérieur en verre bleu et monture en argent décorée de figurines et de guirlandes de vigne. Haut., 0ᵐ,19 ; larg., 0ᵐ,21. 2,100 fr.

SUNARAHÉ. — Instrument de musique hindou ; c'est une sorte de clarinette.

SURAHÉ. — Sorte de bouteille orientale qui affecte la forme de celle que montre notre figure 645, et qui est en faïence persane recouverte d'un bel émail.

SURMONGLAH. — Instrument de musique hindou ; il est formé de longs tuyaux de bambou unis par des cordelettes qui les traversent ; on frappe sur cet instrument avec une sorte de *plectrum*.

SURTOUT DE TABLE. — Grande pièce de vaisselle en faïence, en porcelaine, mais principalement en argenterie, qu'on place sur une table pour la décorer. Les surtouts sont disposés de manière à pouvoir recevoir des fleurs, des plantes vertes ; il entre souvent dans leur composition des vasques en cristal taillé, des girandoles ; les pièces principales portent généralement sur un plateau dont le fond est une glace étamée qui reproduit et reflète l'ensemble des pièces, leur décoration, les fleurs qu'elles contiennent, et qui renvoie les jets de lumière des flambeaux qui entrent dans la composition du surtout. Notre figure 646 montre un surtout fort simple, mais de bon goût, qui représente bien un type pour l'usage journalier.

SWIRELLA. — Instrument de musique russe ; c'est une sorte de flûte de Pan.

SYMBOLISME. — Ensemble des symboles propres à un culte, à une religion. On devrait plutôt dire *symbolique ;* mais, dans la langue des curieux et même des artistes, on emploie *symbolisme* plus ordinairement. Il est vrai que, dans cette langue, ce terme désigne un ensemble plus vaste que celui de symbolique ; c'est le groupement, la réunion de tous les symboles, emblèmes, attributs, etc. Ainsi le lion symbolise le courage et la noblesse ; la boule, l'inconstance ; le pélican, l'amour maternel, etc.

En numismatique, les numismates appellent *symboles* certains attributs : la foudre symbolise Jupiter ; le trident, Neptune ; le paon, Junon ; la chouette, Minerve, etc.

Les trois termes *symbole, symbolisme, symbolique,* sont dérivés du même mot grec σύμβολον, ου, symbole, qui exprime d'une manière figurée un objet qui ne tombe pas sous nos sens : par exemple, la forme peinte ou sculptée d'une idée. — Le *symbolisme* est, au contraire, la langue qui, au moyen de certains signes liés par une connexion intime à certaines idées, représente celles-ci à notre intelligence par ces signes ; enfin la *symbolique* désigne à la fois la science qui interprète les symboles par la critique, et, comme nous l'avons vu en commençant, l'ensemble des symboles propres à une religion, et nous ajoutons ici à une nation ou à une époque ; c'est ainsi que nous avons la symbolique païenne, la symbolique chrétienne, la symbolique du moyen âge, etc. (Cf. pour ce terme et le suivant, dans notre *Dictionnaire d'architecture,* les mots SYMBOLISME et SYMÉTRIE.)

SYMÉTRIE. — Ce terme, dérivé du grec (συμμετρία, avec mesure), désigne le rapport et les bonnes proportions des diverses parties d'un ouvrage entre elles. Dans tous les arts, la loi de la symétrie doit régner d'une manière plus ou moins évidente. En architecture, la symétrie consiste dans la reproduction de parties similaires semblablement placées ; en peinture, de personnages disposés de façon à établir une certaine correspondance, une sorte de répétition.

TABARD. — Vêtement du moyen âge, porté à son origine par plusieurs classes de la société, puis par les hérauts d'armes; il portait alors les armoiries du seigneur dont le héraut était le représentant. Au mot MANTEAU, nous avons donné (fig. 505) un tabard magnifique.

TABATIÈRE. — Petite boîte servant à contenir du tabac en poudre ou tabac à priser. On a fait des tabatières en or, en argent, avec des gemmes; on les a décorées de diamants, de brillants, de miniatures, d'émaux, etc. La tabatière succéda aux drageoirs et aux vases à succades. Elles atteignent des prix très élevés,

Fig. 647. — Tabatière en or (musée du Louvre).

comme on verra ci-dessous. Notre figure 647 montre une tabatière de la collection Lenoir au Louvre (n° 50 du catalogue spécial de cette collection); elle est en or ciselé et revêtue de burgau. Le couvercle, le pourtour et le dessous de cette tabatière sont décorés de peintures en grisaille sur fond noir; c'est une œuvre d'orfèvrerie parisienne du XVIII° siècle; elle est datée de 1771.

Vente San Donato. — N° 647. Tabatière en or émaillé en plein, décorée de cartouches fond vert à coquilles d'or, montrant des fleurs et des fruits émaillés. Longueur, 0^m,08. 11,000 lires. — N° 662. Tabatière rectangulaire bombée en or ciselé, gravé et émaillé (travail de Genève); contenant à droite une montre, à gauche une boîte à musique. Longueur, 0^m,075. 620 lires.

TABLE. — Meuble composé d'un dessus, nommé *plateau*, et de pieds agencés de diverses manières. La table, suivant les époques où elle a été fabriquée, a toujours eu le caractère ou le style de l'époque de sa fabrication. Les tables sont en bois uni ou sculpté, à pieds droits, à pieds tors, en gaine, à cariatides, à colonne, à balustre, etc. Il y a des tables-bureaux, des tables-consoles, des tables-supports, des tables-guéridons, des tables à jeu, des tables pliantes, des tables-étagères, des tables-servantes, etc., etc. Elles sont ornées de marqueteries, de mosaïques, de bronzes ciselés et dorés ; elles sont plaquées de bois précieux, d'écaille, etc., etc. Les dessus sont en bois ou en marbre, en mosaïque, etc.

Fig. 648. — Table à ouvrage, dite *tricoteuse*. (Collection Double, n° 356 du catal.)

Vente J. Jacquemart. — N° 310. Table en bois de fer. 365 fr.

Vente San Donato. — N° 70. Table Louis XVI, rectangulaire, en ébène, incrustée de filets d'étain, garnie de bronzes dorés, avec une tablette composée de 114 carrés de marbres précieux, au milieu desquels se trouve un morceau de noir antique, incrusté de mosaïque, formant un cartouche en jaune, rouge et vert antiques, avec branches de fruits retenues par un nœud en lapis-lazuli. Elle possède deux tiroirs ornés de guirlandes de laurier. Haut., 0^m,84 ; long., 0^m,83 ; larg., 0^m,48. 3,500 lires. — N° 150. Table-guéridon en bois de rose avec marqueterie de fleurs en bois de diverses couleurs et garniture de bronze doré (style Louis XV). Hauteur, 0^m,73 ; diamètre, 1^m,68. 1,450 lires. — N° 299. Table en bois sculpté et doré, aux armes des Médicis, auxquels elle a appartenu. Elle est recouverte d'une feuille très épaisse composée d'incrustations de marbres précieux. Au centre, écusson des Médicis surmonté de la couronne ducale. Long., 1^m,04; larg., 1^m,39. 1,850 lires. — N° 300. Table-bureau dans laquelle ont été incrustés sept médaillons ovales, représentant des bouquets et paniers de fleurs et de fruits, en ancienne mosaïque florentine de pierres dures en relief, cerclés de bronze doré, encastrés dans un fond de malachite. Haut., 0^m,85; long., 1^m,15; larg., 0^m,62. 2,850 lires. — N° 1531. Table-bureau de Riesener, en acajou; elle a trois tiroirs, porte sur quatre pieds cannelés; elle est enrichie de bronzes dorés et signée. Haut., 0^m,78; long., 1^m,15. 3,250 lires. — N° 1534. Magnifique table en bois de rose; enrichie de trente-deux plaques de porcelaine de Sèvres pâte tendre, représentant des bouquets de fleurs se détachant sur des encadrements vert-pomme, relevées d'or et encadrées

Fig. 649. — Table-bureau Louis XV. (Collection Double, n° 371 du catal.)

de bronzes dorés. Elle a trois tiroirs doublés de tabis vert, une rallonge couverte de velours noir, et le dessus de vieux cuir vert avec encadrement doré aux fers. Cette table, qui a été exécutée par J.-F. Leleu, dont elle porte la signature, sur la commande spéciale de la du Barry, provenait du château de cette favorite à Louveciennes. Long., 1^m,78; larg., 0^m,89; haut., 0^m,78. 50,000 lires. — N° 1539. Table de l'époque de Louis XIV, provenant du château de Versailles. Elle est en bois sculpté et doré. L'entablement, composé de motifs sculptés en relief et ajourés, offre sur les deux faces un large mascaron de faune; il repose sur quatre pieds formés de volutes terminées par des dauphins et ornés d'une coquille et de feuillages; les pieds sont reliés par un entrejambes composé de quatre dauphins soutenant un plateau à lambrequins. Dessus de brèche antique africaine. Haut., 0^m,82; long., 1^m,63; larg., 0^m,73. 4,100 lires.

- Vente Double. — N° 340. Table à ouvrage de forme ovale, en marqueterie de bois, enrichie d'incrustations d'ivoire. Le dessus, encadré d'une galerie en cuivre découpé, représente un paysage avec monuments; la tablette d'entre-jambes, un trophée d'instruments de musique (style Louis XV). Haut., 0^m,72; larg.,

0ᵐ,72. 1,700 fr. — N° 344. Table trictrac en bois de rose avec dessus formant damier et échiquier. Elle est garnie de rosaces et de chutes en bronze ciselé et doré (style Louis XVI). Long., 1ᵐ,20 ; larg., 0ᵐ,66. 1,950 fr. — N° 347. Table de forme oblongue à angles coupés, à quatre pieds en fuseau et cannelés en bois d'acajou, garnie de quelques ornements en bronze ciselé et doré. Le pourtour de cette table était enrichi de huit plaques, dont six de forme rectangulaire et deux ovales, en pâte tendre ancien sèvres; le dessus marqueté à quadrillages. Cette table était signée Riesener. Largeur, 0ᵐ,54. 6,050 fr. — N° 351. Deux tables étagères à trois faces (de style Louis XVI), de forme carrée, en bois noir, à double tablette d'entre-jambes, pieds simulant des carquois, et garniture de marbre ciselé et doré à entrelacs de fleurs. Les tablettes étaient en marbre violacé. Hauteur, 1 mètre ; largeur, 0ᵐ,42. 1,550 fr. — N° 352. Deux tables à jouer en bois d'acajou, sur pieds cannelés, garnies de quelques ornements, vases, trophées et rang de perles en bronze doré (style Louis XVI). Larg., 0ᵐ,80. 1,180 fr. — N° 356. Table à ouvrage, dite *tricoteuse*, de forme rectangulaire (Voy. notre fig. 648), en bois d'acajou, sur quatre pieds, à cannelures d'étain et balustres en bronze ciselé et doré, avec entre-jambes à entrelacs ornés de moulures ciselées avec groupe, au centre, de deux dauphins supportant une boule surmontée d'une fleur de lis en bronze doré. Signée J.-H. Riesener. Cette table avait appartenu à Marie-Antoinette. Long., 0ᵐ,57 ; larg., 0ᵐ,35. 6,100 fr. — N° 357. Petite table à ouvrage, en marqueterie de bois, corbeille de fleurs sur fond de bois de rose, garnie de chutes, de poignées et d'entrées de serrure en bronze ciselé et doré. Dessus marbre bleu turquin. Ce meuble, signé Delorme, avait appartenu à Mᵐᵉ Campan. Hauteur, 0ᵐ,69; larg., 0ᵐ,30. 16,000 fr. — N° 361. Table de nuit, modèle Rognon en marqueterie de bois à fleurs et ornements, porte à coulisse, décorée de bronzes ciselés et dorés ; dessus marbre encadré d'une galerie en cuivre découpé et doré (style Louis XV). Largeur, 0ᵐ,52. 1,350 fr. — N° 371. Table-bureau en marqueterie de bois (fig. 649), garnie de chutes et de sabots en bronze ciselé et doré (style Louis XV). Larg., 0ᵐ,66. 4,300 fr. — N° 375. Table-servante de forme ovale, enrichie à ses deux extrémités d'appliques finement ciselées en bronze doré et composées de rinceaux et d'un carquois ailé. Larg., 0ᵐ,75. 2,020 fr. (Pour d'autres prix de tables-CONSOLES, voy. ce mot.)

TABLEAU. — Peinture exécutée sur une toile ou sur un panneau de bois ou de cuivre. Les tableaux sont très variables comme sujets et comme prix. — On nomme *tableaux d'or* d'anciennes pièces d'orfèvrerie estampées et dorées, en cuivre ou en argent, qui représentaient des scènes à personnages. Quelquefois ces tableaux étaient rehaussés d'émaux et de pierreries ; ils avaient de fort beaux cadres estampés, également garnis de pierreries.

TABLETTERIE. — Art qui tient à la fois de ceux de l'ébéniste, du tourneur et du marqueteur ; il fait partie des industries qu'on désigne sous le nom d'ARTICLE DE PARIS. (Voy. ce mot.) En effet, les tabletiers, qui formaient une des très anciennes corporations parisiennes, fabriquent de menus objets en écaille, en corne, en os, en ivoire, en nacre, tels que boîtes, tabatières, peignes, damiers, échiquiers, boutons, nécessaires, jetons, etc.

TABOURET. — Petit meuble qui sert de siège, ou de support pour les pieds ; ce dernier se nomme *tabouret de pieds*. Ces meubles sont en bois sculpté et doré ; ils sont quelquefois recouverts d'étoffes et de tapisseries qui leur donnent beaucoup de prix.

Vente Double. — N° 436. Deux tabourets carrés en bois sculpté et doré, couverts en soie à dessins roses (style Louis XIV). 720 fr. — N° 437. Deux tabourets en bois sculpté et doré, couverts en velours frappé vert-olive (style Louis XIV). 800 fr. — N° 438. Deux tabourets carrés en bois sculpté et doré, couverts en étoffe lamée d'argent à fleurs sur fond ponceau (style Louis XIV). 1,205 fr. — N° 439. Deux tabourets analogues aux deux précédents, mais en velours grenat. 650 fr. — N° 440. Deux tabourets en bois sculpté et doré, sur pieds à colonne cannelée et chapiteau ionique; ils sont couverts d'étoffe ancienne à fleurettes sur fond blanc (style Louis XVI). 1,550 fr. — N° 441. Deux tabourets de pieds, en bois sculpté et doré, à festons de laurier retenus par des rubans; ils sont couverts d'étoffe de soie à fleurettes sur fond ponceau (style Louis XVI). 1,100 fr. — N° 442. Trois tabourets à X, en bois sculpté et doré, couverts de velours grenat avec glands et franges. 1,580 fr. — N° 443. Deux tabourets en bois sculpté et doré, couverts en velours ciselé vert-olive sur fond rose (style Louis XIV). 800 fr. — N° 454. Deux tabourets de pieds, en bois sculpté et doré, couverts de soie ancienne, l'un à fleurs brochées sur fond blanc, l'autre à fleurs brochées sur fond bleuté (style Louis XIV). 428 fr.

TABRI. — Instrument de musique hindou; c'est une sorte de cornemuse.

TAILLE. — Terme de gravure; toute incision faite sur le bois, le cuivre ou l'acier. On nomme *taille-douce* la taille faite au burin sur une planche de cuivre ou d'acier sans le secours de l'eau-forte (voy. GRAVURE); *entre-tailles*, des tailles pratiquées entre d'autres tailles; *surtailles*, des tailles pratiquées sur d'autres, et formant une sorte de pointillé.

TAILLÉ. — Dans le blason, le *taillé* est une des partitions de l'écu; il le partage diagonalement de gauche à droite.

TAILLE-PLUME. — Petit outil de formes diverses qui sert à tailler la plume d'oie pour écrire. Notre figure 650 montre un taille-plume qui date de la seconde moitié du XVI° siècle; il est en cuivre gravé. Voici comment on opérait : avec une lame mobile de canif, qu'on aperçoit dans notre figure sur le point d'être abaissée, on abattait l'extrémité du canon de la plume, qu'on introduisait ensuite dans l'ouverture figurée par la large bouche de la tête placée à la base de notre outil; en tournant la petite poignée placée au-dessus du dé, une vis mettait en mouvement un ressort qui fendait et faisait la pointe de la plume. — Notre figure 651 montre un taille-plume en acier. Avec la petite lame qu'on aperçoit dans le haut de notre figure, on abattait le bout du canon de plume, puis on l'introduisait dans une ouverture parallèle à la lame; on serrait le canon, en forçant sur les bras ou tiges de cette sorte de pince; enfin on tirait vivement la plume, qui sortait toute taillée. Ces ustensiles firent dans leur temps assez de bruit,

Fig. 650. — Taille-plume du XVI° siècle.

puisque dans les Mémoires du XVII° siècle nous lisons :

> Ces canifs si fort prisés,
> Et qui taillent plume aussi vite
> Qu'un lièvre part de son gîte.

Depuis l'emploi des plumes d'acier, les taille-plume sont presque abandonnés.

TAMBOUR. — Instrument de percussion dont on fait usage dans l'armée; on le nomme aujourd'hui plutôt CAISSE. (Voy. ce mot et les figures qui l'accompagnent.)

TAMBOUR DE BASQUE. — Petit tambour, formé d'un cercle de bois de 0^m,04 à 0^m,05 de hauteur et d'environ 0m,25 de diamètre ; des plaques de métal sont fixées dans ce cercle et une peau est tendue sur sa circonférence. On frappe cet instrument avec la main et on le hindou ; il est formé d'une gourde emmanchée d'un long tuyau et montée de trois cordes sur lesquelles on frappe avec un *plectrum*. Il ne faut pas confondre cet instrument avec la TARABOUKA ou *darbouka*. (Voy. ce mot.)

TAMBOURIN. — Sorte de tambour très haut et moins large que le tambour ordinaire. On bat du tambourin avec une seule baguette, parce que l'exécutant s'accompagne avec un GALOUBET. (Voy ce mot.) C'est un instrument employé surtout en Provence.

Fig. 652. — Tambour de basque.

TAM-TAM. — Voy. GONG.

TANBOUR. — Sorte de mandoline en usage chez les mahométans, principalement chez les Arabes ; on en frappe les cordes avec un *plectrum*. Il existe diverses variétés de cet instrument ; les principales sont le *bouzourk*, le *boulkari*, le *charki*, le *kébir-tourki*, etc.

TAPIS. — Pièces d'étoffe en laine, en soie, ou faites avec diverses autres matières, qui servent à des usages différents, d'où leurs qualificatifs de *tapis de table*, *tapis de pied*, *tapis de tenture*, etc. Nous ne parlerons ici que des tapis de table et nous renverrons pour les autres genres de tapis à l'article suivant, TAPISSERIES. Ce genre de tapis est celui qu'on pose sur une table, soit pour l'ornement, soit pour empêcher la main de se trouver en contact direct avec le dessus de la table.

Vente San Donato. — N° 67. Tapis rectangulaire en satin azur, avec encadrement brodé très délicatement d'arabesques d'argent et d'or, fleurettes de soie de couleur, et bordé d'une dentelle vénitienne d'argent et or. Travail génois de la fin du XVIe siècle. Larg., 1m,07 ; long., 2 mètres. 430 lires.

Vente Double. — N° 455. Tapis de table richement brodé, à fleurs et rosaces en soie de couleur et or sur fond grisaille. Travail des

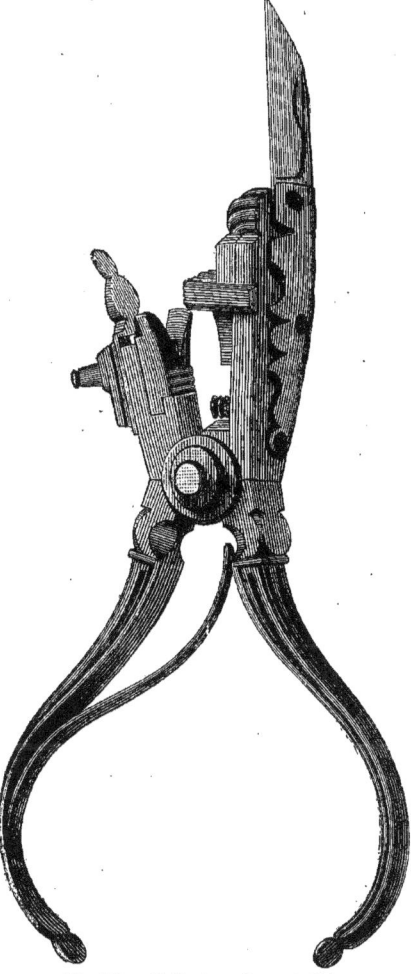

Fig. 631. — Taille-plume du XVIIe siècle.

fait résonner en faisant glisser le pouce sur la peau. Notre figure 652 montre un tambour de basque cerclé en cuivre, qui vaut environ 14 francs ; ceux cerclés en fer valent 6 à 7 francs, et ceux en bois, 5 francs environ.

TAMBOURA. — Instrument de musique

colonies portugaises de l'époque de Louis XIV. Longueur, 3ᵐ,20 ; larg., 2ᵐ, 50. 1,850 fr. — N° 458. Tapis de table en satin crème richement brodé à fleurs, guirlandes, rubans, etc., en soie de couleur et garni d'une frange. Long., 1ᵐ,70 ; larg., 1ᵐ,28. 450 fr. — N° 459. Tapis de table analogue au précédent, mais de moindres dimensions : 1ᵐ,25 sur 1ᵐ,35. 390 fr. — N° 460. Tapis de table en soie bleu clair, à fleurs brochées en soie de couleur, et d'argent. Long., 1ᵐ,35 ; larg., 1ᵐ,50. 250 fr. — N° 461. Tapis de table en satin blanc, décoré d'oiseaux et de fleurs brodés en soie de couleur, et offrant aux angles des corbeilles de fleurs. Travail chinois. Long., 2ᵐ,15 ; larg., 2ᵐ,47. 580 fr.

TAPIS D'ORIENT. — De nos jours, les tentures et les tapis d'Orient jouissent d'une grande faveur, bien méritée du reste, parce que ces pièces sont remarquables par leur coloris brillant et harmonieux, par la beauté de leur ornementation et la solidité de la teinture des laines soyeuses utilisées pour leur fabrication. Les tapis de Smyrne se fabriquent dans toute l'Anatolie, principalement à Ouchack, à Ghourdès et à Koula. C'est surtout dans la première de ces villes que se fabriquent les tapis turcs de haute laine, ainsi que l'étoffe à double face employée pour portières et nommée *kilim*. Ouchack occupe environ 1,500 métiers, 3,000 ouvrières ; 400 jeunes filles et 600 hommes, pour le lavage, le peignage et la teinture de 400,000 kilogrammes de laine. Cette industrie a fait un tort considérable à l'industrie française, et nous devons avouer que ce sont les grandes maisons de draperies et de nouveautés, principalement les maisons de Paris, qui ont poussé à la consommation de ces tapis en France. Il faut ajouter que les tapis orientaux sont d'une solidité et d'une durée à toute épreuve, et qu'ils ne coûtent que de 14 à 22 francs le mètre carré, c'est-dire le prix des moquettes anglaises, qui certes ne peuvent rivaliser avec eux ni comme solidité ni comme goût.

Vente San Donato. — N° 147. Tapis de Smyrne ancien, mesurant 8ᵐ,10 sur 7ᵐ,80, à fond rouge à semis de trèfle bleu, à médaillon central, coins et bordure fond bleu. 1,600 lires.

TAPIS SARRASINOIS OU SARRAZINOIS. — Nous ne connaissons aucun ouvrage qui ait donné de ce mot une définition exacte, parce que les différents auteurs qui nous ont précédé n'ont vu dans ce terme qu'un genre particulier de tapis. Or, au moyen âge et longtemps après, on appliquait le terme de *sarrasin* à tout ce qui avait un caractère oriental ; de là vient la variété des définitions des tapis sarrasinois : les uns ont dit qu'ils étaient brodés ; les autres, veloutés ; les autres, rayés, etc. Ainsi A. Lacordaire, dans une notice sur l'origine et les travaux des manufactures de tapisseries des Gobelins, suppose que le travail sarrasinois est une broderie d'une nature spéciale. Évidemment cette définition est par trop restreinte. Dans ses *Tapisseries bruxelloises*, M. A. Wauters écrit (p. 9) : « Quant à l'expression de *tapis sarrasinois*, sur la signification de laquelle on n'est pas d'accord, elle désignait évidemment le travail de basse lice, qui n'est jamais nommé dans les documents anciens, tandis qu'il est souvent question de celui de haute lice. » De son côté, la commission des Gobelins dit dans un rapport publié dans l'*Officiel*, en avril 1877 : « La fabrication des tapis veloutés, appelés dans l'origine *tapis sarrazinois*, fut introduite en Occident par les Orientaux vers le XIIᵉ siècle. Ce n'était alors que des tissus brodés en soie et or, au petit et au long point, sur une pièce de toile ou sur un fond de velours. Venise fut la première qui fabriqua ces étoffes ; de là elles se répandirent dans les Flandres, à Arras. » Cette définition est déjà plus large, puisqu'elle comprend deux genres de tapis, ceux en broderies et ceux veloutés, seulement nous pensons que les tapis sarrasinois ont fait leur apparition dans notre pays avant le XIIᵉ siècle ; car les Sarrasins, lors de leur invasion sous Charles-Martel (733), amenèrent sans aucun doute en France des ouvriers qui fabriquèrent des tapis veloutés, dont l'usage était exclusivement réservé à la noblesse, tandis que les tapis *nostrez* ou tapis ras, d'une fabrication très ordinaire, étaient d'un usage général.

TAPIS DE BASSE LISSE. — Voy. LISSE.

TAPIS DE HAUTE LISSE. — Voy. LISSE.

TAPIS DE VERDURE. — Ce terme sert à désigner un genre de tapisseries à paysages dans lesquelles la figure humaine n'est qu'un accessoire, tandis que les animaux, les constructions architecturales, les plantes, les arbustes et les arbres verts forment le principal motif de décoration des tapisseries de verdure.

Notre figure 653 montre une tapisserie flamande, dite *verdure,* de la fin du XVIIᵉ siècle.

TAPISSERIES. — Grandes pièces d'ouvrage de laine ou de soie employées à revêtir les murs d'une chambre ou à couvrir des meubles; on les nomme aussi *tentures.* On désigne de même des ouvrages faits à l'aiguille sur du canevas, avec de la laine ou de la soie; suivant le travail, on nomme ces ouvrages *tapisseries au gros point* ou *au petit point.* Nous ne nous occupons dans le présent article que des tapisseries du premier genre, c'est-à-dire des tentures dites *tapisseries de haute* et *de basse lisse.* (Voy. LISSE.)

Fig. 653. — Tapisserie dite *verdure.*

HISTORIQUE. — L'usage de la tapisserie remonte à l'antiquité la plus reculée; les peuples nomades avaient des tentes formées au moyen de tissus : c'était là un premier emploi de la tenture. Les Babyloniens, les Égyptiens, utilisaient de belles tapisseries pour décorer leurs palais et leurs temples. Les Hébreux avaient appris de ces peuples la fabrication des tapisseries; nous voyons dans la *Bible* une description, donnée par Moïse, de dix tentures qui ornaient le tabernacle. Enfin nous savons, par différents auteurs anciens, que les villes de Babylone, de Tyr, de Sidon, de Carthage, de Pergame, de Milet et d'Alexandrie étaient de grands centres de production ou d'exportation de tapisseries pour les pays occidentaux. Les Grecs et les Romains tiraient leurs tapis de l'Orient, principalement de l'Égypte, et Cicéron ne craint pas, dans sa plaidoirie contre Verrès, d'accuser celui-ci d'avoir volé dans divers pays, notamment à Messine et à Syracuse, des tapisseries d'environ 200,000 sesterces. Pline l'Ancien (VIII, 48) nous apprend que Néron avait acheté des tapisseries babyloniennes, pour couvrir des lits de festin, et qu'il les avait payées 4 millions de sesterces, c'est-à-dire 400,000 francs. Les rideaux de théâtre chez les Romains étaient faits au moyen de tapisseries à personnages (1). — C'est aussi l'Orient qui, dans les temps modernes, a fourni à l'Europe des tapisseries jusqu'au IXᵉ siècle. Au moyen âge, les tentures et les étoffes brodées sont largement employées pour la décoration des châteaux, des églises et des clôtures formant les lices des tournois ; à cette époque, elles portaient généralement les armoiries de

Fig. 654. — Tapisserie du Garde-meuble (*la Balançoire*).

leurs propriétaires, et les sujets qu'elles représentaient étaient assez variés ; c'étaient tantôt des scènes historiques, tantôt des sujets de chasse, ou bien encore la reproduction des faits et gestes des héros de la Fable ou des héros des romans de chevalerie. Au XIIᵉ et au XIIIᵉ siècle, l'art de la tapisserie fut très prospère en France ; c'est, du reste, le premier pays de l'Europe où il s'était acclimaté ; de là il se répandit dans les Pays-Bas, en Italie, en Es-

---

(1) Dans notre *Dictionnaire d'architecture*, au mot RIDEAU, nous avons donné beaucoup de détails sur le rideau de théâtre et sur ses diverses dénominations.

pagne, en Angleterre et en Allemagne. Sous Louis IX et jusqu'au XIVe siècle, la France avait, pour ainsi dire, en Europe le monopole de ces belles tentures.

Depuis près de quarante ans, on s'occupe beaucoup en Europe, et surtout en France, des tapisseries; aussi les travaux publiés à ce sujet par des savants des divers points de l'Europe ont permis de pouvoir écrire une histoire générale de la tapisserie (1). Ces beaux produits de l'art méritaient bien, du reste, la faveur que les curieux leur ont accordée, car ils nous ont fourni des renseignements importants au moyen des représentations figurées qu'ils nous montrent : ce sont des batailles, des sièges, des légendes, des histoires, des tournois, des mariages, des entrées triomphales. Les divers personnages nous ont fourni des détails les plus circonstanciés sur les costumes, les mœurs et les usages, qui, sans les tapisseries, nous seraient totalement inconnus.

Nous allons donner une énumération succincte des tapisseries historiques les plus célèbres, puis de divers genres de tapisseries fabriqués dans divers pays.

TAPISSERIE D'AIX. — Cette tapisserie, achetée à Paris, le 4 avril 1656, par le chanoine Minato, pour la cathédrale d'Aix en Provence, représente l'histoire de la Vierge et celle de Jésus-Christ; elle se compose d'environ quinze panneaux ou compartiments qui fournissent une longueur totale de 60 mètres, puisqu'ils mesurent chacun 2^m,40 de hauteur sur 4 mètres de largeur. Cette œuvre, qui fut payée 1,200 écus, est en laine et soie; exécutée d'après les cartons de Quentin Metsys d'Anvers, elle est datée de 1511.

---

(1) Voici les titres de quelques-uns des principaux ouvrages sur les tapisseries : E. Guichard, *les Tapisseries du garde-meuble* (mobilier national), 1 vol. in-fol. avec 100 planches, Paris, Baudry, 1877. — J. Guiffrey, *Histoire générale de la tapisserie*, 25 livraisons in-fol. et planches, Paris, Société anonyme, 15, quai Voltaire, 1879. — Baron de Boyer de Sainte-Suzanne, *Notes d'un curieux sur les tapisseries de haute et basse lisse, anglaises, italiennes, françaises et flamandes*, 1 vol. in-8° carré et 1 vol. in-8°, Paris et Monaco, 1878 et 1879. — Van Drival, *les Tapisseries d'Arras*, 1 vol. in-8°, Paris, Rouveyre, 1879. — A. Wauters, *les Tapisseries bruxelloises*, 1 vol. in-8°, Bruxelles, Vve J. Baertsoen, 1878.

TAPISSERIE D'AMIENS. — Cette tapisserie appartient à la cathédrale d'Amiens; elle représente l'entrée de saint Firmin dans cette dernière ville; il y a de nombreux personnages; le fond montre la Somme et la ville d'Amiens; elle est datée de 1612.

Fig. 655. — Tapisserie de Fontainebleau.

TAPISSERIES D'ANGERS. — Cette ville possédait de nombreuses tapisseries, on voyait notamment à la cathédrale les tapisseries de l'*Apocalypse*, au nombre de cinq; quatre autres pièces représentant la Passion (XVe siècle); enfin des tapisseries des XVIe, XVIIe et XVIIIe siècles; la plupart proviennent de l'ancienne manufacture d'Aubusson.

TAPISSERIES D'AULHAC. — Voy. ci-dessous, TAPISSERIES D'ISSOIRE.

TAPISSERIES D'AUXERRE. — En 1502, Jean Baillet, évêque d'Auxerre, donna à la cathédrale une suite de neuf pièces de tapisseries des Flandres, qui datent de la fin du xve siècle; elles ont appartenu à l'hospice de cette ville, auquel elles furent cédées en 1770 par le chapitre; on peut les voir aujourd'hui au musée de Cluny (n°s 6286 à 6303 du catalogue). Elles représentent la *légende de l'invention de saint Étienne,* titre sous lequel Jacques de Voragine, dominicain, a consacré plusieurs feuillets de sa Vie des saints (*legenda aurea*) à l'histoire de saint Étienne (1).

TAPISSERIE DE BAYEUX. — Parmi les tapisseries historiques, celle de Bayeux est très renommée. C'est une broderie sur une toile de lin qui ne mesure que 50 centimètres de hauteur sur 70[m],35 de longueur; elle représente la conquête de l'Angleterre par Guillaume, duc de Normandie. Le sujet de chaque scène est indiqué par une inscription latine. Le fond de cette tapisserie est aujourd'hui brun; le dessin des figures est assez primitif et barbare, il est brodé à l'aiguille avec des laines de huit couleurs. — On considère cette tapisserie comme l'œuvre de la reine Mathilde, femme de Guillaume le Conquérant, qui l'aurait brodée vers la fin du xie siècle. Quelques archéologues l'attribuent à Mathilde, fille de Henri Ier; elle ne serait donc que du xiie siècle. Les costumes des personnages, le temps qu'il a fallu pour exécuter cette œuvre, nous feraient admettre plutôt cette date; mais nous pouvons dire aussi que peut-être Mathilde, la femme de Guillaume, l'a commencée et que sa petite-fille l'a achevée : de cette façon tous les antiquaires seraient d'accord, et les longs débats qu'a soulevés cette broderie seraient clos.

TAPISSERIE DE BEAUNE. — L'église de Beaune possède une tapisserie du xvie siècle qui représente la vie de la Vierge.

TAPISSERIES DE BEAUVAIS. — Les tapisseries de Beauvais, autrefois fort nombreuses, peuvent se diviser en deux genres différents : celles qui représentent les sujets religieux, et celles qui reproduisent les sujets profanes. Les premières furent données à la cathédrale par Guillaume de Hellande (et non de Hollande, comme on le voit imprimé dans divers ouvrages), évêque de Beauvais. Sept pièces sont à la cathédrale, et la huitième est au musée de Cluny (n° 6284 du catalogue); elle représente COMENT L'ANGE MENA SAINT PIERRE HORS DE LA PRISON D'HÉRODE.

Les tapisseries à sujets profanes représentent la fondation des principales villes des Gaules. Parmi les personnages représentés, on voit : Belgius, roi des Gaulois, fondateur de Beauvais; Lugdunus, roi des Gaulois, fondateur de Lyon; Rémus, frère de Romulus, fondateur de Reims, etc.

TAPISSERIES DE BERNE. — Ces tapisseries, de grandes dimensions, sont exposées dans une des salles de la bibliothèque de Berne : c'est du moins là où nous les avons vues en 1881. Elles sont au nombre de dix; six furent prises à Granson et à Morat sur Charles le Téméraire; aussi les nomme-t-on également *tapisseries du camp du Drap d'or*. Elles ont été exécutées au commencement du xve siècle; leur conservation est remarquable. Les principales scènes représentent l'Adoration des mages, César franchissant le Rubicon, Trajan écoutant la plainte d'une veuve, etc.

TAPISSERIES DE BOUSSAC. — On voit à la sous-préfecture de Boussac, dans le département de la Creuse, trois tentures dites *de Zizim;* elles datent du xvie siècle et représentent des épisodes tirés du roman de la *Dame à la licorne.*

TAPISSERIE DE CHARTRES. — L'évêque de Thou a donné à la cathédrale de Chartres une tenture représentant les *Actes des apôtres,* d'après Raphaël.

TAPISSERIE DE DIJON. — Cette tapisserie mesure 2[m],40 de hauteur sur 6[m],60 de longueur; elle représente le siège que soutint cette ville contre les Suisses en 1513; elle est divisée en trois compartiments qui ne contiennent pas moins de cinquante personnages chacun; on la voit aujourd'hui au musée de cette ville. Cette pièce est signée d'un G, ce qui a permis

---

(1) *Légende dorée* de Jacques de Voragine, translatée du latin en français (incunable du xve siècle).

de dire que c'était peut-être l'œuvre d'un tapissier de Bruges, Pierre Godefroy, qui travailla à Orléans vers 1555 ou 1557 ; du reste, cette tapisserie est bien du XVIᵉ siècle.

TAPISSERIES D'ISSOIRE. — Ces tapisseries, qui appartenaient à un habitant d'Aulhac (Puy-de-Dôme), lui furent enlevées pendant la révolution et déposées au palais de justice, où

Fig. 656. — Tapisserie du XVIᵉ siècle.

elles sont encore, mais bien détériorées ; elles représentent le siège de Troie, mesurent 4ᵐ,35 de hauteur environ et datent du XVᵉ siècle.

TAPISSERIE DE MARSEILLE. — Voy. ci-après TAPISSERIES FLAMANDES *in fine*.

TAPISSERIES DE NANCY. — Nous ne parlerons que de l'une de ces tapisseries, celle qui fut prise dans la tente de Charles le Téméraire, après la bataille de Nancy en 1477. Elle se compose d'une suite de cinq pièces mesurant ensemble 25 mètres de longueur sur 4 mètres environ de hauteur ; c'est une œuvre flamande qui représente l'histoire allégorique des inconvénients de la bonne chère ; le sujet est expliqué en vers français : 1° Repas offert par Dîner à Bonne-Compagnie ; les amphitryons sont : Dîner, Souper, Banquet ; les convives : Bonne-Compagnie, Gourmandise, Friandise, Passe-Temps, etc. 2° Banquet reçoit à sa table Bonne-Compagnie et ses amis, et se prépare à faire frapper ses convives par les maladies. 3° Combat livré par Banquet et les maladies aux convives : Apoplexie, Paralysie, Pleurésie, Colique, Hydropisie, Gravelle, Goutte, etc. 4° Expérience, entourée de ses conseillers, prescrit comme remèdes : sobriété, pilules, etc., et ordonne l'arrestation de Banquet et de Souper. 5° Expérience, assistée de quelques docteurs et de juges, prononce la sentence de mort de Banquet.

TAPISSERIES DE PARIS. — Les tapisseries historiques de Paris sont nombreuses ; elles figurent au musée de Cluny, au Mobilier national, au Louvre, aux Gobelins, au palais de l'Élysée, etc. Notre figure 654 montre une tapisserie du Garde-meuble, *la Balançoire*, d'après Boucher ; notre figure 655, une tapisserie de Fontainebleau aux armes de Catherine de Médicis.

TAPISSERIES D'ARRAS. — Les tapisseries d'Arras ont toujours eu une grande renommée ; nous lisons dans le *Champion des dames* de Martin le Franc, poète du XVe siècle, natif d'Arras, les vers suivants :

> Si tu parles d'art de peintrie,
> D'historiens, d'enlumineurs,
> D'entailleurs par grand maistrie,
> En fust-il oncques de meilleurs ?
> Va veoir Arras ou ailleurs
> L'ouvrage de la tapisserie ;
> Puis-je laisser parler les railleurs
> De l'ancienne plèterie ?

Mais il se fabriquait bien avant le XVe siècle des tapisseries à Arras, c'est un fait certain. D'après une brochure publiée par l'abbé Dehaines, archiviste du département du Nord, il résulte de documents authentiques que, dès l'année 1310, Arras possédait des fabriques de tapisseries à personnages. M. Dehaines démontre qu'on y fabriquait également des tapis sarrasinois. (Cf. la *Tapisserie de haute lisse à Arras avant le XVe siècle*, par l'abbé Dehaines, broch. in-8° de 16 pages, Paris, Plon et Cie, 1880.) — Une histoire d'Angleterre qui se termine en 1152, histoire écrite par un chanoine de Lincoln, Huntington, nous apprend qu'à ce moment toutes les belles tapisseries d'Angleterre étaient achetées à Arras ; il est donc probable que cette fabrication remonte au XIe siècle, ou tout au moins à la première moitié du XIIe siècle. Les tapisseries d'Arras (*opus atrebaticum*) sont tissues de laine, d'or, d'argent et de soie ; les Italiens les nomment *arrazzi*, les Anglais *arraswork* ; elles sont répandues partout, mais nous devons ajouter que beaucoup de tapisseries dites d'Arras ont une tout autre origine. (Voy. ci-après, TAPISSERIES FLAMANDES.)

TAPISSERIES D'AUBUSSON. — Les tapisseries d'Aubusson ont une origine fort ancienne, puisque l'on attribue l'importation de cette fabrication à des Sarrasins échappés à la bataille de Poitiers (732) ; d'après une autre tradition, ce ne serait que dans le commencement du XIVe siècle que des émigrés flamands auraient établi les premiers métiers d'Aubusson. — On fabrique à Aubusson des tapisseries de tout genre, des tapis de pied, et des tapisseries pour meubles et tentures. La chaîne de ces ouvrages est en laine ; suivant le degré de finesse du tissu, le prix du mètre carré varie de 20 à 300 francs. On fait également à Aubusson de la moquette ; dès 1740 cette fabrique a produit des tapis veloutés façon de Turquie. Aujourd'hui Felletin et Bellegarde, deux villes de la Creuse voisines d'Aubusson, font une fabrication analogue à celle de cette dernière ville, mais les produits sont moins beaux, d'un tissu moins fin et, partant, d'un prix inférieur. « Les fabriques de tapisserie de Bellegarde, importantes au XVIe siècle et au commencement du XVIIe siècle, paraissent avoir décliné dès 1636 ; leur sort fut lié à celui des manufactures d'Aubusson, et elles participèrent comme ces dernières au mouvement de reprise momentanée que les règlements de Colbert provoquèrent en 1665. Lorsque les longues et cruelles circonstances qui attristèrent la fin du règne de Louis XVI réduisirent le nombre des ouvriers tapissiers à Aubusson, ceux de Belle-

TAPISSERIES. 623

garde y vinrent combler les vides que tant d'autres causes y avaient faites. » (Pérathon, *Notice sur les manufactures d'Aubusson, de Felletin et Bellegarde*.)

Notre figure 656 montre une tapisserie du XVIe siècle qui mesure 4m,80 de largeur sur 3m,85 de hauteur ; cette tenture représente le cavalier de la mort portant dans sa droite une

Fig. 657. — Tapisserie flamande, dite *des Aygalades*.

épée et de l'autre un sablier ; les groupes qui entourent ce cavalier figurent les sciences, les religions, le luxe, la toilette, etc.

TAPISSERIES DES GOBELINS. — Parmi les fabriques françaises importantes, la première est sans contredit les Gobelins par la beauté des produits de sa fabrication. Colbert, dès 1662, réunit aux Gobelins tous les ateliers de haute et basse lisse disséminés auparavant au Louvre, à la Trinité, à la rue de la Planche. Le grand tort qu'on a eu dans cet établissement jusqu'en 1874, c'est de copier des tableaux de maîtres pour les tapisseries, au lieu d'exécuter celles-ci d'après des œuvres faites exprès pour ce genre de fabrication. Depuis quelques années, les produits des Gobelins sont beaucoup plus remarquables, parce qu'on a demandé des modèles spéciaux à des décorateurs, tels que Chevignard, Denuelle, Erhman, Lameire, Galland, Machard, Mazerolle et d'autres artistes d'un talent remarquable. Les tapisseries des Gobelins sont exécutées en haute lisse; le point en est plus gros que celui de Beauvais. Certaines de ces tapisseries valent jusqu'à 4,000 francs le mètre carré; les ouvriers ne font guère qu'un mètre ou $1^m,20$ par an.

TAPISSERIES FLAMANDES. — On désigne sous ce terme les tapisseries fabriquées dans les Pays-Bas ainsi que dans la Flandre française. La Belgique, et principalement Bruxelles, Audenarde, Anvers, ont joué un rôle important dans l'histoire de cet art flamand. Les principales capitales de l'Europe possèdent des tapisseries flamandes. Les ducs de Bourgogne, de même que Charles-Quint, encouragèrent ce grand art par des commandes importantes. Au commencement de la renaissance, cet art atteint son apogée; dès lors les fabriques flamandes ne peuvent suffire à la consommation; il s'établit des fabriques analogues en Hollande, en France, en Angleterre, en Italie, principalement à Florence, et en Allemagne. De là vient qu'un grand nombre de tapisseries fabriquées dans ces divers pays, dans le genre et le goût flamands, sont vendues comme tapisseries flamandes.

Notre figure 657 montre une tapisserie flamande célèbre, dite *de Marseille* ou *des Aygalades*, parce qu'elle fait partie du mobilier du château des Aygalades, près de Marseille. Cette pièce représente le mariage de Louis XII et d'Anne de Bretagne; elle est tissée en laine et soie, avec des fils d'or et d'argent; elle a dû être fabriquée en Flandre vers la fin du XV° siècle. L'auteur du carton serait, dit-on, un dessinateur de l'école de Jean Van Eyck. (Voy. ÉCOLES.) C'est ce genre de tapisserie, nous l'avons vu plus haut, qu'on nomme *opus atrebaticum*, et en Italie *arrazzi*.

TAPISSERIES DE ROUEN. — On nommait également ces tapisseries *bergames de Rouen*, *tapisseries de la porte de Paris* ou *de la rue Saint-Denis*, parce qu'on vendait ces tapisseries dans ce quartier, ainsi qu'au carrefour Sainte-Opportune, puisque le *Livre commode des adresses* d'Abraham du Pradel indique la demeure d'un nommé Dansvinche, qui fait le commerce des bergames et *tapisseries de Rouen façon de Hongrie*. Ces tapisseries se fabriquaient également à Elbeuf (1). L'origine de la fabrication de ces tapisseries est assez ancienne; divers inventaires en font mention. — Les archives du département de l'Oise renferment l'inventaire du mobilier d'Eudes de Mareuil, dressé par Agnès le Contière en novembre 1323, lequel inventaire mentionne *unum tapissium de Rhotomaga*. Ceci démontre donc l'existence de fabriques de tapis rouennaises dès le commencement du XIV° siècle. — Dans un inventaire de Charlotte d'Albret, duchesse de Valentinois, dressé en 1514 et publié vers 1878 par M. E. Bonnaffé, cet auteur mentionne à deux reprises des tapis normands (page 103) : « Couverture de tappicerie de la tapicerie de Normandie. » Or l'inventaire de la duchesse est relatif à des meubles achetés longtemps avant 1514, et qui meublaient le château de la Motte-Feuilly près de la Châtre, assez loin des fabriques normandes; ce qui prouve que cette fabrication était en activité au commencement du XVI° siècle et qu'en outre ses produits se trouvaient assez loin de Rouen. Cette industrie s'étendit, du reste, au XVII° siècle à Elbeuf, à Abbeville et jusqu'à Boulogne-sur-Mer. Les tapisseries de Rouen étaient très utilisées au XVII° siècle; tous les inventaires de cette époque en mentionnent. Elles étaient bonnes et solides; Savary des Bruslons nous informe que « les unes se faisoient en point de Hongrie, les autres à grandes barres chargées de fleurs et d'oiseaux et d'autres animaux... D'autres qu'on appelle *chines et écailles*... D'autres enfin à grandes et petites barres unies... Il s'en fait une sorte particulière que l'on nomme *fortin*, à cause qu'il entre de

---

(1) Cf. *Chronique des arts*, article de M. Le Breton, page 320, année 1880.

la laine *torse* dans sa fabrication... » Il s'en faisait une grande consommation à Paris, « y ayant peu d'artisans ou gens de basse condition en cette ville qui ne se fasse un point d'honneur, en s'établissant, d'avoir dans sa chambre une tapisserie de bergame. »

Comment sont fabriqués les tapis de bergame ? Ceux que nous avons vus nous permettent de définir ainsi le genre de fabrication : c'est une étoffe assez grossière composée d'une trame de fil écru, quelquefois teint en fausse couleur, et d'une chaîne de laine commune diversement colorée. Les dessins étaient formés par cette chaîne ; les plus simples sont des *chinés* et des zigzags, d'autres sont des mosaïques et des points de Hongrie ; enfin quelques bergames sont à sujets, mais nous n'avons jamais vu de type de ce dernier genre.

Nous terminerons ce paragraphe des tapisseries historiques en disant quelques mots des *tapisseries parlantes*. Avant l'invention de l'imprimerie, beaucoup d'œuvres d'art, telles que bas-reliefs, vitraux, peintures, fresques, servaient à l'enseignement et racontaient des faits historiques, des poèmes, etc. Les tapisseries furent utilisées pour le même usage ; les légendes et les inscriptions qu'elles portaient forment une littérature spéciale des plus amusantes et des plus instructives : ce sont les tapisseries littéraires, si nous pouvons employer ce mot, qui sont dites *tapisseries parlantes*. Les tapisseries saisissaient la vue par le poème, l'histoire ou les scènes qu'elles représentaient, et le littérateur expliquait et commentait les sujets représentés, soit par de la poésie, des inscriptions, des annotations et des commentaires quelconques, et de même que les grands maîtres concouraient aux travaux de tapisserie en fournissant leurs cartons, de même de savants littérateurs ne dédaignaient point de fournir des travaux littéraires. La petite académie fondée par Colbert en 1663, qui fut l'origine de l'Académie des inscriptions actuelle, était tout spécialement chargée de fournir les légendes, inscriptions et exergues des tapisseries et des monnaies.

PRIX DE VENTE. — Les tapisseries bien conservées valent des prix très considérables ; dans ces dernières années beaucoup se sont vendues plus de 100,000 francs; celles des Gobelins sont les plus chères; après celles-ci, ce sont celles de Beauvais, d'Audenarde, et puis celles d'Aubusson, qui atteignent les prix les plus élevés. Les amateurs, avant d'acheter, doivent s'assurer de l'état de conservation des tapisseries, car aujourd'hui on les peint par place pour remonter leurs couleurs, on les raccommode, on pratique des rentrayures ou réparations, et toutes ces opérations sont faites avec une si grande habileté qu'il faut un œil bien exercé pour connaître toutes ces *reprises en sous-œuvre*. Divers marchands de tapisseries ont des ateliers spéciaux de *rentraiture* ou rentrayure, dans lesquels on refait des parties déchirées, trouées ou détériorées par les vers ou d'autres causes. Là l'ouvrier fait à l'aiguille ce que le tapissier exécute avec la broche ; il commence par rétablir tout d'abord la portion endommagée de la chaîne ; puis, avec des laines assorties aux couleurs de la tapisserie, il répare ; il rafraîchit les couleurs avec de petites brosses rondes et très fermes qu'il trempe dans des couleurs délayées ; enfin il procède au nettoyage des parties détériorées par la fumée ou toute autre cause.

Vente du 12 avril 1881, salle n° 8, hôtel Drouot. — Tentures des dieux, d'après Claude Audran. — N° 1. Bacchus, atelier de Cozette (Gobelins). Hauteur, $3^m,60$; largeur, $2^m,55$. Vendu 14,500 fr. — N° 2. Bacchus, contrepartie de la première tenture, basse lisse. 14,500 fr. — N° 3. Bacchus, répétition du n° 1. 7,100 fr. — Cérès, Gobelins, basse lisse. 14,500 fr. — Vénus. Hauteur, $3^m,25$; largeur, $2^m,35$. 7,100 fr. — Tentures des châteaux. — Château de Saint-Germain. Hauteur, $3^m,35$; largeur, $2^m,85$. 17,700 fr. — Château des Tuileries. Hauteur, $3^m,20$; largeur, $3^m,35$. 17,500 fr. Le centre des compositions de ces tentures était de Lebrun.

Vente du 7 ou 8 avril, salle n° 1, hôtel Drouot. — Cinq pièces de l'histoire de Psyché, imitation de compositions gravées par le *Maître au dé*. 31,500 fr. Achetées par les Gobelins.

Vente de Mlle Schneider, 16 avril 1881. — L'histoire de Diane, quatre pièces d'une surface totale de 68 mètres carrés. 9,600 fr. Ce qui porte à 142 fr. environ le mètre carré. — Tenture de Bruxelles (XVIIe siècle). Circé et les compagnons d'Ulysse, trois pièces. 8,200 fr. — Tapisserie d'Aubusson, signée A. Grellet, représentant David dansant devant l'arche ; assez grande tenture, mais mal dessinée. 1,060 fr.

Vente Double, 1881. — N° 409. Portière formée d'une tapisserie de Beauvais représentant la Cueillette des cerises, d'après Boucher ; elle porte comme marque une fleur de lis et le nom de D. M. Beauvais. Haut., 2m,65 ; larg., 2m,55. 30,000 fr. — N° 410. Panneau formant pendant à la tapisserie qui précède et offrant un décor analogue. Haut. 2m,75 ; larg., 2m,65. 30,000 fr. — N° 411. Tapisserie des Gobelins représentant une scène tirée de Don Quichotte, d'après Coypel. Un bouclier placé au bas du sujet et retenu par une tête de lion porte cette inscription : « Dom Quichotte estant à Barcelone dance au bal que lui donne Antonio. » Belle conservation. Haut., 2m,60 ; larg., 4 mètres. 10,400 fr. — Nos 413 et 414. Deux tapisseries de Beauvais, d'après J. Bérain, de la suite dite des Grotesques. Bacchus et Pan. Hauteur de chacune d'elles, 2m,90 ; largeur, 2m,45. 3,320 fr. chacune. — Nos 416 et 417. Deux tapisseries de Beauvais,

paysages animés par des animaux et des volatiles ; chacun des panneaux a un médaillon ovale renfermant un sujet champêtre dans le goût de Boucher. Hauteur, 2m,55 ; largeurs, 2m,80, 1m,75 et 1m,65. 10,800 fr.

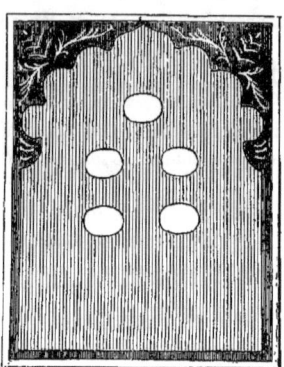

Fig. 659. — Tarot persan (les cinq turbans).

Vente San Donato. — N° 36. Suite de cinq tapisseries des Gobelins, exécutées pour le grand Trianon, d'après les cartons et tableaux de François Boucher, savoir : 1° la Lanterne magique et le Marchand d'orviétan (signé

Fig. 658. — Tarot persan (les trois turbans).

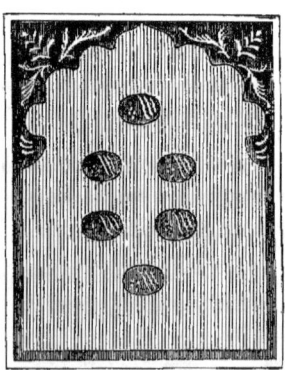

Fig. 660. — Tarot persan (les six turbans).

de Bérain, de la suite dite des Grotesques, représentant, l'une, un éléphant entre deux groupes de danseurs ; l'autre, le dromadaire. Haut., 3m,35 ; larg., 5 mètres. 10,000 fr. chacune. — N° 422. Tenture de salon en tapisserie, composée de trois panneaux décorés de

Boucher, 1736), largeur, 4m,94 ; 2° la Bonne Aventure, largeur, 2m,29 ; 3° la Pêche, largeur, 2m,61 ; 4° le Repos de chasse, largeur, 2m,28 ; 5° les Vendanges, largeur, 2m,10. La hauteur de ces cinq pièces était de 2m,59. Elles ont été adjugées à 109,200 lires. — N° 43. Deux tapisseries des Flandres des premières années du xviie siècle. Sujets à personnages et fonds de paysages ; elles mesurent chacune 3ᵐ,30 de hauteur, 4 mètres de largeur. 7,200 lires. — N° 109. Neuf grandes tapisseries flamandes à sujets héroïques, signées et datées, d'après les cartons de Karel van Mander le fils, et exécutées de 1617 à 1619. Hauteur générale, 4ᵐ,20 ; largeurs, 3 mètres, 3ᵐ,52, 5ᵐ,10, 5ᵐ,20, 6ᵐ,75, 5ᵐ,65, 4ᵐ,10, 3ᵐ,90 et 3ᵐ,15. 43,250 lires. — N° 435. Le Calvaire, tapisserie des Flandres,

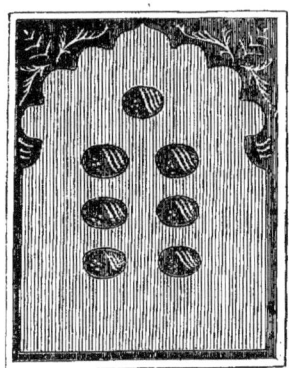

Fig. 661. — Tarot persan (les sept turbans).

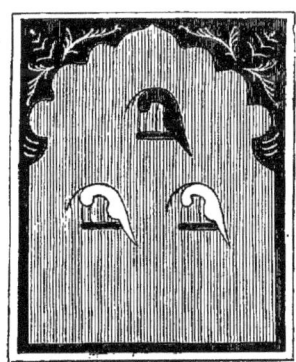

Fig. 662. — Tarot persan (les trois casques).

tissée d'or et de soie, d'après le carton de Roger van der Weyden. Cette pièce provenait du palais de l'Escurial. 7,100 lires. — Nᵒˢ 1525 à 1528. Suite de quatre tapisseries de Flandre de l'époque de Louis XIV, et d'une parfaite conservation, représentant des sujets tirés de l'histoire romaine : 1° Titus faisant un sacrifice aux dieux, larg., 3ᵐ,40 ; 2° Titus arrachant à la fureur des soldats les Israélites sortis de Jérusalem, larg., 5ᵐ,25 ; 3° Titus vainqueur de la

Fig. 663. — Tarot persan (les cinq casques).

Fig. 664. — Tarot persan (les trois sabres).

Judée, larg., 3ᵐ,45; Triomphe de Titus et de Vespasien, larg., 6ᵐ,30. Haut. générale, 3ᵐ,80. 19,150 lires. — N° 1939. Tapisserie de Flandre de la fin du xvᵉ siècle, représentant le Jugement dernier. Hauteur, 4ᵐ,25 ; largeur, 8ᵐ,20. 10,000 lires.

TAPON. — Gros tambour indien, sur lequel on frappe avec le dos de la main.

TARABOUKA ou DARBOUKA. — Instrument de musique arabe : c'est une sorte de

vase de terre cuite ouvert à ses deux extrémités ; sur la plus large est tendue une peau. On joue de cet instrument en faisant glisser le pouce sur la peau et en tapant sur celle-ci avec l'extrémité des doigts. Il existe des tarabouka en

plus tard *pavois,* servait pour le combat à pied.

TAROTS. — Les tarots, comme nous l'avons vu au mot CARTE A JOUER, sont des

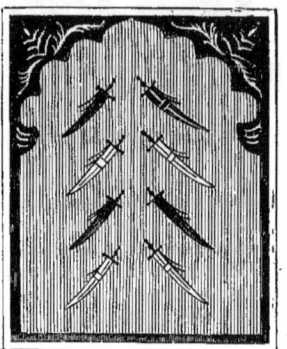

Fig. 665. — Tarot persan (les huit sabres).

Fig. 667. — Tarot persan (les quatre cartels).

terre émaillée et en bois de sycomore incrusté de nacre. Ces instruments valent depuis 8 francs jusqu'à 40 francs.

TARGE. — Petit bouclier de parade assez

cartes; ils sont probablement d'origine persane, le nom de *coursube,* qu'on leur donne quelquefois, paraissant dérivé, d'après quelques linguistes, de Chosroès, nom générique des rois de Perse.

Fig. 666. — Tarot persan (les trois couronnes).

Fig. 668. — Tarot persan (les sept cartels).

léger et orné de peintures. C'est aussi le bouclier du cavalier. On le rencontre assez rarement dans les collections. Selon Merlin de Cordebœuf, écrivain du XVᵉ siècle, la targe se portait au cou ; c'était le bouclier pour combattre à cheval ; tandis que la pavoysine, dénommée

Chez les Sarrasins, les tarots étaient connus dès le XIIIᵉ siècle, antérieurement peut-être ; ils les nommaient *naïb,* qui en arabe signifie capitaine, parce que certaines figures représentaient un capitaine, ou bien parce que c'était un jeu favori des chefs sarrasins. Les Sarrasins introduisirent en Italie et en France ces cartes à jouer vers la fin du XIVᵉ siècle ; mais les cartes à jouer étaient déjà fort en usage dans ces pays. Les jeux de tarots de Blandini, exécutés par Mantegna et même par Finiguerra, de tarots dès 1392 dans le compte de l'argentier Poupart, lequel compte fait mention de trois jeux différents, ornés de plusieurs devises enluminées de diverses couleurs et or. En général, les tarots de cette époque sont peints comme les miniatures des manuscrits, souvent sur fond doré, pictés de points formant des ornements

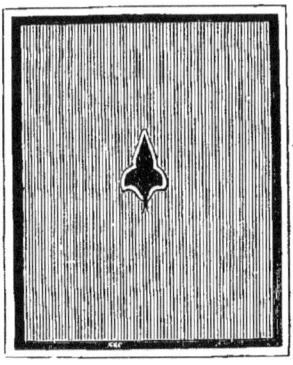

Fig. 669. — Tarot persan (revers).

Fig. 670. — Tasse en porcelaine de Valenciennes.

se composaient, vers la fin du XVᵉ siècle, de quatre séries numérales de dix cartes chacune, soit seulement de quarante, tandis que les tarots persans, nous le verrons bientôt, se composaient de cinquante cartes. — En ce qui concerne la France, nous voyons qu'il est question en creux. Ces points, qui par l'usage formaient des trous ou *tares*, auraient, d'après quelques-uns, fait appeler *tarots* ce genre de cartes. Les tarots persans anciens sont assez rares ; nos figures 658 à 669 montrent douze tarots de la Perse peints sur ivoire, et les dessins qui décorent

Fig. 671. — Tasse figurative en fleur de nélumbo.

rent leur envers. Ils montrent des turbans, des sabres, des casques, des couronnes, des cartouches avec des caractères d'une interprétation assez difficile. Le jeu complet comprend une série de dix cartes de chaque figure, soit en tout cinquante cartes.

TASSE. — Petit vase servant à boire ; sorte de gobelet à anse. Notre figure 670 montre une tasse en porcelaine de l'ancienne manufacture de Valenciennes, et notre figure 671 une tasse affectant la forme de la fleur du nélumbo. (Voy. PORCELAINE, SERVICE et TASSETTE.)

TASSEL. — Mors de chape, ou tout autre ornement de forme carrée, soit de métal, soit d'étoffe, qu'on plaçait au moyen âge sur la poitrine comme décoration. Dans les inventaires on trouve souvent ce terme; nous ne citerons que deux exemples qui montreront les deux significations précitées. 1° Dans l'inventaire de l'église Sainte-Anne de Douai, en date de 1382, nous lisons : « IIJ cappes merveilles, l'une a un tassiel de keuvre couvert d'argent nellé et historié de l'anonciation de Nostre-Dame et sainte Anne et le tassiel de l'autre cappe de keuvre, etc. » ; 2° dans les lettres de rémission de 1456 : « Icelle jeune fille se complaignoit que icellui Arnoulet, violentement et contre son gré, lui avoit osté de son saing et poitrine une petite pièce de drap que elle y mettoit pour soy parer et estre plus honnestement, laquelle pièce de drap se nomme *tasseau* en pays de Hénault et environs. »

TASSETTE. — Ce terme, de même que celui de *tasse*, servait à désigner anciennement une *bourse*; d'où *tassetier*, fabricant de bourses. — Il désigne également les pièces de métal

Fig. 672. — Terre cuite grecque (Vénus de Cnide).

Fig. 673. — Terre cuite grecque (Vénus de Chypre).

disposées sur plusieurs rangs qui rattachent la cuirasse aux cuissards. (Voy. ARMURE.)

TEINTE. — En peinture, ce terme désigne diverses nuances d'une même couleur, en dehors des effets du clair-obscur.

TEINTE (Demi-). — Voy. DEMI-TEINTE.

TEINTER. — C'est, en peinture, donner une teinte, une teinte plate, c'est-à-dire d'un ton égal et uniforme, d'une seule couleur plus ou moins foncée.

fixes, crêtes, etc. Notre figure 672 montre une terre cuite; c'est un antéfixe, superbe spécimen de l'art grec, représentant la Vénus de Cnide. Cette œuvre d'art a été découverte dans une vigne du mont Palatin; elle était peinte, car on retrouve des traces de rose sur le visage, de vermillon sur les lèvres et de jaune sur les cheveux. Notre figure 673 montre une terre cuite grecque probablement exécutée au VIe siècle de l'ère vulgaire; elle représente la Vénus de Chypre, coiffée d'une couronne cylindrique (*cidaris*) d'une riche ornementation. Malgré l'état de détérioration dans lequel se trouve ce monument d'art, on voit très distinctement sur la couronne des sphinx aux ailes déployées. Cette terre cuite, qui fait partie du musée de Vendôme, a été trouvée à Chiti, ancienne *Citium*, colonie phénicienne située sur la côte sud-est de l'île de Chypre. Dans un sens

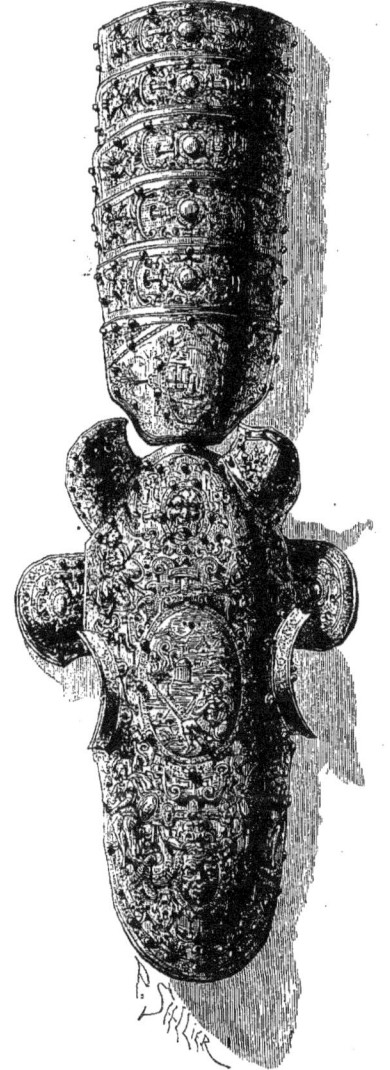

Fig. 674. — Têtière et armure du cou (cervicale) du cheval du duc d'Albe.

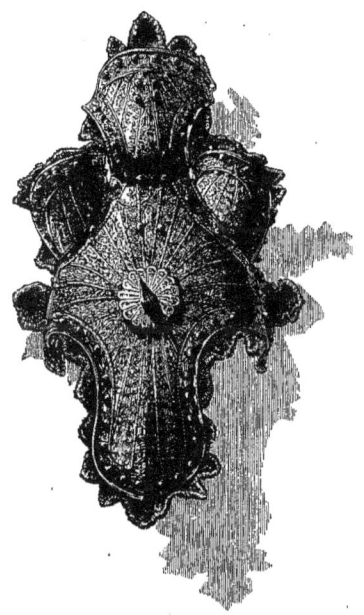

Fig. 675. — Têtière du cheval de Philippe III.

TÉORBE. — Voy. THÉORBE.

TERRE CUITE. — En général, ce mot désigne tous les objets en glaise qu'on a fait cuire, tels que vases, urnes, chéneaux, antéplus restreint, ce terme sert à désigner des statuettes, des sculptures, bustes ou figures en argile. Au mot GREC (*Art*), le lecteur peut voir de nombreuses terres cuites de Tanagra et d'autres provenances.

Vente San Donato. — N° 1535. L'Automne, groupe de terre cuite de Clodion : une bacchante couronnée de pampres, élevant de la main droite une coupe pleine de vin et traînant de la gauche un petit faune ; signée en toutes lettres. Socle ancien en palissandre, orné de bronze doré. Hauteur totale, 0ᵐ,69 ; hauteur sans la base, 0ᵐ,56. 19,000 lires.

TERRINE. — Vase à fond plat et assez généralement à couvercle. Les terrines sont en grès, en terre cuite, en faïence, en argent, etc. Ne pas confondre la terrine, quelle que soit sa dimension, avec l'ÉCUELLE. (Voy. ce mot et VAISSELLE.)

Vente San Donato. — N° 1189. Terrine en argent avec pieds fourchus mouvant d'une touffe de céleri. Sur le couvercle sont jetés,

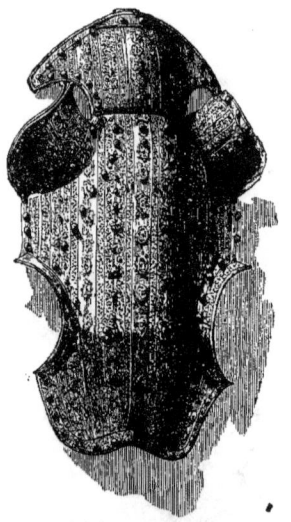

Fig. 676. — Têtière du cheval de Christophe Colomb.

autour d'une orange, ortolans, grondins, huîtres, truffes, etc. Ancienne collection du baron Pichon. Poinçons de 1720 et 1730. 40,000 lires.

TÊTIÈRE ou TESTIÈRE DE CHEVAL. — Partie de l'armure du moyen âge qui couvrait la tête du cheval. La testière comprend la cervicale et le chanfrein. La *cervicale* est la pièce, composée de lames de fer arquées à recouvrement, qui couvrait toute la crinière du cheval, depuis le devant de la selle jusqu'au chanfrein ; elle était fixée à celui-ci par des charnières ou des agrafes. Le *chanfrein* était une plaque de fer ou de cuir bouilli ; nous en avons déjà parlé à son rang. (Voy. CHANFREIN.) Notre figure 674 montre une têtière ; dans le haut de la figure on voit une partie de la cervicale et, au-dessous, le chanfrein. Cette

Fig. 677. — Boîte à thé en argent.

pièce a servi d'armure au cheval du duc d'Albe. Nos figures 675 et 676 montrent des chanfreins des chevaux de Philippe III d'Espagne et de Christophe Colomb. Ces trois pièces font partie de l'Armeria real de Madrid. (Voy. BARDES.)

THÉ (BOITE A). — Boîte servant à enfermer le thé, afin de le mettre à l'abri du contact de l'air et de l'humidité pour l'empêcher de perdre son arome. Les boîtes à thé sont en laque, en métal anglais, en bois sculpté, en argent ou en toute autre matière. — On utilise également comme boîtes à thé des BOITES à épices. (Voy. ce mot.) Nous donnons ici (fig. 677 et 678) deux boîtes à thé avec leur description et le prix qu'elles ont atteint à la vente San Donato.

La boîte à thé (fig. 677) n° 1267 du catalogue est en argent repoussé et ciselé; c'est un travail anglais de la fin du XVIII° siècle; la paire a été adjugée 680 lires; celle représentée par notre figure 678, de forme antique (n° 1266 du catalogue), en argent repoussé et ciselé, à huit faces décorées de lambrequins champlevés avec mascarons en relief, a été adjugée à 1,100 lires.

THÉIÈRE. — Vase qui sert à faire le thé ; c'est une sorte de cafetière en terre, mais plus ordinairement en métal avec couvercle et long goulot. Notre figure 679 montre une théière chinoise en métal blanc, de la collection de M. A. Jubinal. La forme en est des plus originales ; elle reproduit le caractère qui exprime le souhait ; car il est d'usage en Chine,

Fig. 678. — Boîte à thé ou à épices.

comme chez nous, de faire des présents pour fêter une naissance, un mariage, un anniversaire quelconque. On désigne ces présents sous le nom de *jou-y* (vœu de bon augure), et ils portent des figures symboliques ou des inscriptions. La forme de notre théière imite un caractère de l'écriture cursive se prononçant *fou*, qui signifie bonheur ou maximum de félicité.

Vente Double. — N° 209. Théière cylindrique, en argent gravé, à festons de feuillages ; goulot à tête de canard et bouton formé d'une graine. L'anse est en bois noir. Époque Louis XV. Hauteur, 0^m,11. 780 fr.

Vente San Donato. — N° 1197. Théière de forme rectangulaire, en argent ciselé ; les faces couvertes de cartouches dans le style de la renaissance, avec Amours, enroulements entourant des médaillons surmontés de la couronne comtale ; le tout en relief champlevé. Travail allemand de l'époque Louis XIV. 1,100 lires. Notre figure 680 montre cette théière. — N° 1202. Théière à anse mobile, en argent repoussé, à goulot se terminant en bec de cygne. Travail anglais du XVII° siècle. 1,050 lires. Cette théière est reproduite par notre figure 681. — N° 1223. Théière en argent repoussé et ciselé, médaillon et décor de roses et œillets. Travail anglais du XVIII° siècle. 200 lires. — N° 1269. Théière sur quatre pieds de biche, en argent repoussé et ciselé, décor de fleurs, feuillages, supports et figurines ; goulot terminé par un bec de cane ; couvercle surmonté d'un Chinois accroupi sur le sol. Travail anglais de la fin du xvıᵉ siècle. 800 lires.

THERMOMÈTRE. — Petit ustensile qui sert à mesurer les degrés de la chaleur ou du froid qui règne dans un certain milieu ; ils sont en bois sculpté, en bronze doré, etc. — Vente Double. N° 384. Thermomètre style Louis XVI, dans un joli cadre en bois sculpté et doré à ornements ; dans le bas, un trophée composé d'un flambeau et d'un carquois ; dans le haut, deux colombes dans une couronne de fleurs. Haut., 0ᵐ,41 ; larg., 0ᵐ,19. 1,700 fr. — N° 392. Thermomètre-baromètre, en bois sculpté et doré, du temps de Louis XVI. Le cadran circulaire est flanqué de deux cornes d'abondance chargées de fruits et reliées par un mascaron imitant une fontaine. Deux motifs de rinceaux élégants, découpés à jour, encadrent le thermomètre, que surmonte l'aigle de Jupiter lançant la foudre. Hauteur, 1ᵐ,30 ; larg., 0ᵐ,55. 5,500 fr.

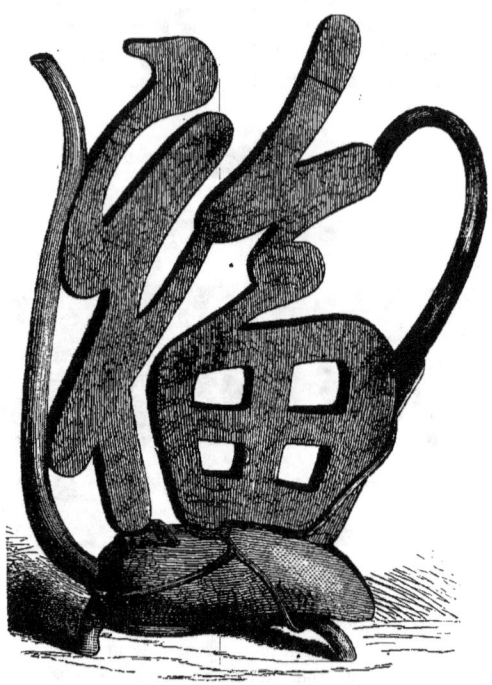

Fig. 679. — Théière chinoise en métal.

THÉORBE. — Instrument à cordes du xvıᵉ siècle appelé *tiorba* en italien. C'est une sorte de grand luth à deux manches accolés parallèlement ; il était très en faveur au xvıııᵉ siècle. Quelques auteurs écrivent *téorbe*.

THOBLA. — Instrument de musique hindou qui se compose de deux tambours dont les corps sont l'un en terre, l'autre en bois.

TIERCE. — Terme de blason qui désigne la fasce formée de trois triangles. Elle est placée sur l'écu en bande, en barre, ou horizontalement au milieu.

TIKORA. — Instrument de musique des Hindous, composé de deux tambours ; il a beaucoup d'analogie avec le THOBLA. (Voy. ce mot.)

TIMBALE. — Instrument de percussion composé de deux demi-sphères en bois ou en métal recouvertes de peau d'âne qu'on tend de diverses manières. Nos figures montrent une timbale antique pour la guerre (fig. 682) et une timbale antique pour la danse (fig. 683). Les timbales sont originaires de l'Inde. Les Sarrasins les introduisirent en Europe au VIIIe siècle ; elles étaient alors appelées NACAIRES. (Voy. ce mot.) — On nomme *timbale d'orchestre* un instrument de percussion formé de deux bassins en cuivre hémisphériques recouverts également d'une peau d'âne, qu'on tend au moyen d'un cercle en fer et de

Fig. 680. — Théière en argent ciselé. (Vente San Donato, n° 1197.)

vis (fig. 684). Ce genre de timbale, monté sur des pieds, mesure de 0^m,48 à 0^m,56 de diamètre. Les timbales valent environ 250 francs la paire. — Ce terme sert également à désigner des vases à boire, des gobelets en argent ou en vermeil.

Vente San Donato. — N° 1196. Deux timbales à quatre lobes en vermeil ; bordures à lambrequins ; au centre, écusson armorié. 340 lires. — N° 1296. Timbale couverte, sur trois pieds formés de boules en argent, à sujets pastoraux ; elle porte un médaillon avec inscription. Travail allemand du XVIIIe siècle. 260 lires.

TISSUS (ART DES). — Art qui consiste à fabriquer des étoffes de coton, de laine, de soie, etc. Cet art embrasse une énorme variété de tissus ; les plus importants sont ceux qu'on tisse pour l'ameublement. L'art des tissus est très ancien, car l'homme éprouva le besoin de se vêtir dès son apparition sur le globe ; des peaux de bêtes furent ses premiers vêtements, mais bientôt il tissa avec le poil filé des animaux pour se couvrir le corps avec ce genre de tissu.

TOILETTE (USTENSILES DE). — Petits objets qui servent à la toilette : ce sont des miroirs, des épingles, des peignes, des brosses, etc. Seuls les objets en ivoire sculpté ont une valeur. Notre figure 522, au mot MIROIR, montre des objets de toilette représentés sur un mur de Pompéi ; on y voit une petite

Fig. 681. — Théière en argent repoussé et ciselé. (Vente San Donato, n° 1202.)

glace, un miroir à main, une boîte avec des épingles, le tout éclairé par une lampe à deux becs.

TOMAHAWK. — Massue des habitants de l'Océanie. Cette arme est courte et à tête renflée ; elle est généralement sculptée, mais n'a pas une grande valeur.

TOMBEAU. — Nous n'avons à mentionner ici que de petits monuments funéraires de style décoratif, tels que stèle, cippe, colonne, piédestal, etc., qui, vu leur dimension restreinte, sont acquis par les collectionneurs, qui recherchent plus particulièrement les tombeaux décorés de sculptures, de bas-reliefs, de statues ou de faïences. Notre planche XXXII montre un tombeau de ce genre, qui faisait autrefois partie des collections de la villa Querini près Padoue ; il est en marbre blanc, la sculpture révèle une œuvre italienne de la fin du XVᵉ siècle.

Fig. 682. — Timbale antique pour la danse.

TONNELET. — Voy. BRACONNIÈRE.

TOPAZE. — Pierre fine de couleur jaune et translucide. On nomme *topaze brûlée* une variété de couleur rosée ou lilas, obtenue artifi-

Fig. 683. — Timbale antique pour la guerre.

ciellement par son passage dans un bain de sable chauffé au rouge brun. La pesanteur spécifique de la topaze est la même que celle du

Fig. 684. — Timbale d'orchestre.

diamant, c'est-à-dire de 3,52. Les vraies topazes du Brésil se distinguent par leur belle couleur d'un jaune d'or très riche; elles sont susceptibles d'un très beau poli. C'est une pierre très difficile à apprécier.

TORCHÈRE. — Grand candélabre en marbre, en bronze vert ou doré. Souvent les torchères sont formées d'une statue qui portent un nombre plus ou moins considérable de lumières. Leur prix est très variable.

Vente San Donato. — N° 53. Quatre trépieds-torchères en cuivre doré, à cannelures. Travail moderne de Birmingham. Haut., 1ᵐ,80. 800 lires. — N° 55. Deux grandes torchères exécutées par Thomire, en bronze ciselé et doré au mat; elles sont composées chacune d'un groupe de trois figures de femmes adossées et supportant une coupe ronde d'où s'échappent des branches de rinceaux et de fleurs formant bouquet de dix-huit lumières. Hauteur totale, 3 mètres. 800 lires. — N° 987. Deux torchères composées chacune d'un groupe de deux Putti en bois sculpté et doré avec base en bois sculpté. 450 lires. — N° 1567. Deux torchères, modelées par Falconet pour le palais de Versailles, formées de trois corps de femmes en bronze vert qui soutiennent des deux mains les branches en bronze doré de cinq lumières groupées autour d'un vase ovoïde en bronze vert, à frise et flamme dorées, et posé sur un balustre à cannelures à spirale en bronze doré. Haut., 1ᵐ,48; larg., 0ᵐ,79. 410,000 lires.

Vente Double. — N° 386. Deux torchères formées chacune de négrillons debout sur un socle triangulaire en bois sculpté et doré (travail italien); girandoles porte-lumières à treize branches en bronze doré. Hauteur totale, 2ᵐ,40. 1,750 fr. — N° 388. Deux torchères en bois sculpté et doré, à tige triangulaire découpée à jour et pied à trois consoles. Elles supportent des girandoles à treize lumières en bronze doré de travail moderne. Hauteur des torchères, 1ᵐ,48; hauteur des girandoles, 0ᵐ,79. 3,900 fr. (Voy. CANDÉLABRE.)

TORTURE (INSTRUMENTS DE). — Voy. INSTRUMENTS.

TOURMALINE. — Pierre fine, couleur de rubis, de saphir ou d'émeraude (car il en existe de trois couleurs), et qu'il ne faut pas confondre avec ces pierres; sa pesanteur spécifique est de 3; elle possède la dureté de l'émeraude.

TOURTEAU. — Terme de blason qui désigne la même figure que le besant; seulement le tourteau est toujours de couleur.

Fig. 685. — Traçoir.

TRAÇOIR. — Crayon du moyen âge qui a quelque analogie avec le style des anciens (Voy. notre fig. 685), et qu'on nommait aussi *grafe*. Dans un ancien roman, où il est question de Flaire séparé de Blancestor envoyé à Montoire, nous lisons :

Un grafe (graphium) à trait de son grafier (écritoire)
D'argent estoit moult l'ot cier.
Par Blancestor qui li donna
Le darain jor (dernier jour) qu'à lui parla.

TRANCHEFILE. — Voy. RELIURE.

TRAVAIL DE DRESDE. — Voy. DRESDE (Œuvre de).

TRÉPIED. — Ustensile formé par trois pieds réunis d'une manière quelconque, et qui sert de support soit à une aiguière et à son bassin, soit à un vase, à un brasero, à une cassolette à brûler des parfums, etc. Divers petits meubles de haut luxe, tels que vide-poches, coupes, baguiers, etc., peuvent avoir la forme de trépied; aussi cet ustensile se fait-il en fer, en bronze vert, ciselé et doré, en argent, en vermeil et même en or. Notre figure 686 montre un trépied en fer forgé (travail vénitien du XVII° siècle); il sert de support à une aiguière arabe et à son bassin. C'est bien le type de trépied par excellence : ses trois pieds sont maintenus solidaires

Fig. 686. — Trépied en fer forgé (XVI° siècle).

par deux triangles. Un autre joli modèle est celui que montre notre figure 687, dont les pieds

PLANCHE XXXII. — Tombeau en marbre blanc (fin du XVe siècle).

sont réunis dans leur milieu par un cercle et dans le haut par une demi-sphère surmontée d'un couvercle formant plateau; c'est une œuvre d'art en or ciselé d'un bijoutier parisien, M. Philipps.

Fig. 687. — Trépied en or (XIXe siècle).

TRIANGLE. — Instrument de musique en acier; il a la forme d'un triangle, d'où son nom; on frappe sur ses côtés avec une baguette d'acier.

TRICTRAC. — Sorte de table à jeu sur laquelle sont incrustées des flèches qui servent à placer des pions en ivoire ou en buis. Ce sont aussi des boîtes doubles qui servent à jouer le jeu dit de *trictrac*. Seuls les trictracs de la renaissance ont quelque valeur.

TRIPTYQUE. — Tablette de trois feuillets qui se replient sur eux-mêmes ; les deux feuillets de côté étant de moitié plus étroits que le feuillet central, on les nomme *volets*. Il existe des peintures sur bois qui forment triptyques. Beaucoup de triptyques anciens sont peints sur cuivre, beaucoup aussi sont sculptés sur ivoire ; notre figure 688 en montre un de ce dernier genre. On voit dans le centre le Christ couronné, richement vêtu et assis sur un trône ; sa main droite est levée pour bénir ; dans l'autre main on voit un livre, les Évangiles ; le fond est décoré d'arabesques en relief.

Fig. 688. — Triptyque en ivoire (XIIIᵉ siècle).

Les angles de ce panneau central sont ornés des symboles des évangélistes. Les volets représentent Moïse et Aaron ; l'un tient les tables de la loi, l'autre une boîte et un encensoir. Cette sculpture date de la fin du XIIIᵉ siècle ; elle fait partie de la collection de M. E. B. à Nice. Hauteur, 0ᵐ,32 ; largeur totale, 0ᵐ,35. — Vente San Donato. N° 388. Petit triptyque en ivoire sculpté, surmonté, parmi d'autres armoiries, de la fleur de lis de Florence. Le centre représente une reine donnant audience à un ambassadeur florentin. Ces personnages sont revêtus de costumes du XVIᵉ siècle, ainsi que les deux figures des volets, dont l'une re- présente un page et l'autre un majordome. Travail d'une grande finesse, portant de nombreuses traces d'or et de rehauts de couleurs. Haut., 0ᵐ,14 ; larg. totale, 0ᵐ,165. 1,400 lires.

TROMBLON. — Sorte d'escopette ; mais le tromblon est plus court que celle-ci, sa gueule, plus large, est ronde ou ovale. C'est une arme espagnole. Les tromblons décorés d'ornements et de damasquines ont seuls une certaine valeur. Il existe aussi un type de tromblon mexicain, mais qui n'a pas une grande valeur.

TROMBONE. — Instrument de musique

en cuivre ; c'est une sorte de grande trompette, composée de quatre branches ou tubes qui s'emboîtent l'un dans l'autre et qu'on nomme les becqueter, et du rideau peint par Parrhasius, qui trompa Zeuxis même, puisqu'il dit à son confrère : « Ote ce rideau, afin de nous montrer ton tableau. »

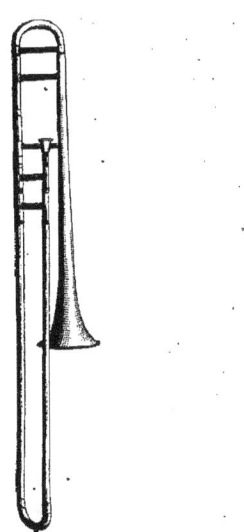

Fig. 689. — Trombone à coulisses.

coulisses. Notre figure 689 montre un trombone à coulisses avec un pavillon droit.

TROMPE DE CHASSE. — Voy. COR.

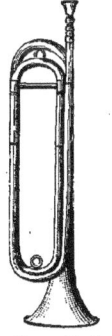

Fig. 690. — Trompette de cavalerie.

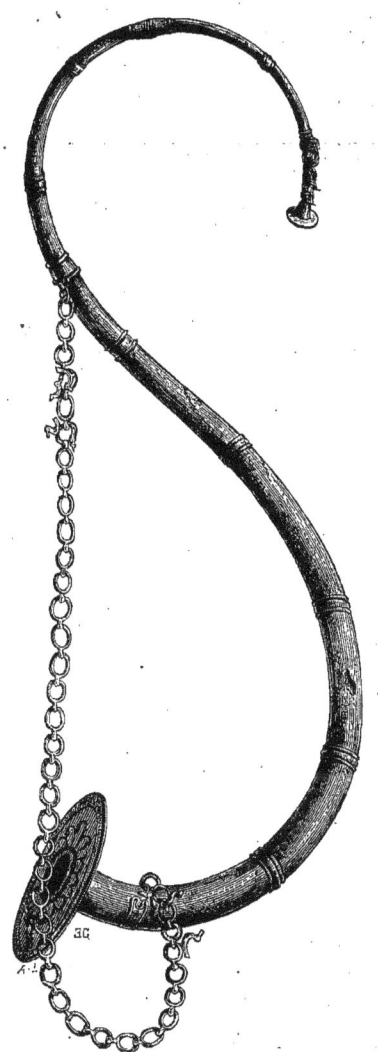

Fig. 691. — Trompette scandinave.

TROMPE-L'ŒIL. — Tableaux qui représentent certains objets avec un tel accent de vérité qu'ils font illusion au spectateur. Tout le monde connaît l'histoire des raisins que Zeuxis avait si bien imités que des oiseaux vinrent

TROMPETTE. — Instrument de musique à vent, le *tuba* des Latins ; c'est un tube droit en cuivre, sans trous ni clefs. Le CLAIRON (Voy. ce mot) est une sorte de trompette. Notre figure 690 montre une trompette de cavalerie. Cet instrument est très ancien en France, puisque la *cornix* des Gaulois était une trompette en cuivre avec un pavillon courbe qui imitait la tête d'un animal.

Notre figure 691 montre une trompette scandinave dénommée *lourd*. Cet instrument fait partie des collections du musée de Copenhague.

TRONCHINES. — Robes de dame particulières au XVIIIe siècle, ainsi nommées parce qu'elles avaient été inventées par un nommé Tronchin.

TRONE. — Siège élevé sur lequel s'assoient de grands personnages, rois, empereurs, princes, évêques, etc., lors de certaines solennités publiques. De nos jours on vend de tout, même des trônes; à la vente San Donato, un trône sculpté en noyer et incrusté d'érable (n° 328)

Fig. 692. — Épreuve typographique (fac-similé d'une gravure en taille-douce).

a été vendu 18,500 lires. Ce trône avait appartenu à Giuliano de Médicis, duc de Nemours; c'était un travail italien du XVe siècle. A la mort de Julien de Médicis, ce trône devint la propriété des Strozzi et orna l'un des palais princiers de cette famille, le *palazzo non finito de la via del Proconsole*, à Florence. Plus tard il fut transporté dans une villa qui fut donnée avec son mobilier à une fille du prince Strozzi, mariée au comte Nuti; celle-ci le vendit au prince Demidoff.

TROU-MADAME. — Jeu d'adresse auquel on joue avec de petites billes en ivoire de $0^m,015$ de diamètre; on les pousse avec la main dans des trous numérotés percés dans des arcades opposées au côté sur la face duquel se tient le joueur. Il faut avec les billes faire un certain nombre, mais ne pas le dépasser, sans quoi on est mis hors de la partie.

TROUSSÈRE. — Agrafe du moyen âge que les dames employaient pour relever leurs

PLANCHE XXXIII. — Épreuve typographique (l'*Enfant prodigue*, d'après une gravure d'Albert Dürer).

robes. Dans un auteur de 1498, J. Molinet, nous lisons :

> Mais entre les autres j'y vis
> Dont l'une y donna un bréviaire :
> Et l'autre un calice à devis,
> Et sa dame une cordelière
> Pour lui faire un troussouaire.

TRUMEAU. — Partie de maçonnerie pleine comprise entre deux vides, entre deux baies (portes ou fenêtres). — Ce terme sert aussi à désigner le parquet et l'entourage d'une glace placée au-dessus d'une cheminée. (Voy. Boiseries.)

TRUMELIÈRES. — Voy. Grèves.

TUBA. — Sorte de longue trompette en cuivre, droite avec un pavillon droit. Ce terme latin est employé pour désigner les trompettes qu'on voit figurées sur des anciens monuments d'art. (Voy. Trompette.)

TULLE. — Étoffe légère à mailles fines et rondes. Il y a des tulles de soie, de coton et de fil. Cette étoffe est employée pour faire des robes légères pour dames, principalement des robes de bal.

Technique. — Anciennement le tulle se fabriquait à la main, comme la dentelle ; mais depuis le commencement du XIXe siècle il existe des métiers à tulle. Vers 1808, un Anglais, M. Headcoat, en voyant fonctionner une machine propre à fabriquer des filets de pêche, eut l'idée d'en construire une à faire le tulle : ce fut le point de départ de toutes les machines créées plus tard pour faire de la dentelle. — Les fils employés sur le métier à tulle sont enroulés, ceux pour la chaîne sur des cylindres, ceux pour la trame sur de petites bobines plates formées par deux disques en laiton rivés ensemble, de manière à présenter une rainure circulaire qui reçoit le fil. Un mécanisme spécial permet aux bobines de tourner autour des fils de chaîne et de les entourer pour former une sorte de maille. — Ce n'est guère que depuis vingt ans environ qu'on est parvenu à faire des métiers à la Jacquard pour tisser des dessins sur cette étoffe de manière à obtenir des tulles brodés.

TURQUOISE. — Pierre précieuse de couleur bleue, de nuances variées. Il existe deux espèces de turquoises ; la plus belle est connue sous le nom de *turquoise orientale* ; sa pesanteur spécifique est de 2,45 ; elle est insoluble dans les acides et infusible même au chalumeau, mais sous le jet de celui-ci elle perd sa couleur. Quelques turquoises sont d'un bleu verdâtre, mais on les estime moins que celles qui sont d'un beau bleu foncé.

TYMPANON. — Chez les anciens, ce mot désignait toute sorte de tambours ; pendant le moyen âge, il était appliqué au Psaltérion (Voy. ce mot) ; chez les modernes, il sert à désigner une sorte de tambour de basque.

TYPOGRAPHIE. — Voy. Imprimerie, Gravure, Livre, etc.

TYPOGRAPHIQUES (Épreuves). — Épreuves imprimées au moyen de la presse typographique. — Aux mots Estampe et Gravure, nous avons fourni de nombreux renseignements sur les épreuves de gravure en taille-douce ; nous devons dire ici, comme complément, quelques mots sur les épreuves de gravures typographiques. Ces épreuves se tirent directement sur des gravures en bois ou sur des clichés obtenus à l'aide de celles-ci. On peut même faire sur bois des fac-similés de gravure sur acier ou sur cuivre, et tirer celles-ci typographiquement. Notre figure 692 montre une gravure sur bois, de Ch. Jacque, qui reproduit une gravure au burin. Notre planche XXXIII reproduit typographiquement une gravure en taille-douce célèbre : c'est l'*Enfant prodigue* d'Albert Dürer.

URANE. — Corps composé d'uranium et d'oxygène ; c'est un demi-métal faisant l'effet d'une pierre de LABRADOR. (Voy. ce mot.) Il se trouve d'assez grandes quantités d'urane en faibles échantillons en Saxe et en Bohême.

Fig. 693. — Urne cinéraire gauloise.

— L'urane, découvert par Klaproth en 1789, est d'une couleur sombre bleuâtre ; taillé en cabochon, il est employé dans la bijouterie ; sa pesanteur spécifique est de 6,50.

URANION. — Sorte de mélodium inventé au commencement du XIXᵉ siècle par un Saxon du nom de Buschmann.

URNE. — Vase qui servait chez les anciens à puiser de l'eau. Il y avait également des urnes funéraires qui servaient à renfermer les cendres des morts incinérés. Nos figures 693 et 693 *bis* montrent deux urnes cinéraires gauloises. — Voy. VASE, et, dans notre *Dictionnaire d'architecture*, le mot GAULOIS (*Art*).

Fig. 693 *bis*. — Urne cinéraire gauloise.

URNI. — Instrument de musique hindou formé d'une noix de coco décapitée, tendue d'une peau mince sur laquelle est également tendue une corde. Cet instrument ressemble beaucoup à l'OMERTI. (Voy. ce mot.)

USTENSILE. — Terme générique qui embrasse quantité de petits objets et instruments, etc. Il y a des ustensiles de cuisine, de ménage, de culte, de sacrifices, etc.

VAIR. — Terme de blason qui sert à désigner un métal formé de plusieurs pièces égales, ordinairement d'azur et d'argent, rangées alternativement et disposées de façon que la pointe des pièces d'azur est opposée à la pointe des pièces d'argent et la base à la base. (Voy., dans notre *Dictionnaire d'architecture*, le mot BLASON (fig. 17 et 19) et la planche X en couleur.)

VAISSELLE. — Ensemble des vases ou vaisseaux qui servent à l'usage de la table, depuis la vaisselle la plus commune en faïence jusqu'à la *vaisselle plate* ou en argent ; on disait même anciennement *vaisselle en plate*, pour vaisselle en argent. Ce mot *plate* était dérivé de l'espagnol *plata*, argent ou métal massif, métal en lingot. Le terme de vaisselle est dérivé de l'ancien mot *vaissel*, qui servait à désigner les vases de toutes sortes fabriqués en argent ; nous le voyons dans l'inventaire du duc de Normandie daté de 1363 : « Un vaissel rond à deux ten rous torn et est mis devant monseigneur quand il mange, etc. » On disait aussi au moyen âge *vaissellemente*; il y avait alors la vaisselle usuelle, dont on se servait sur la table, et la vaisselle de *parement*, qui se plaçait sur le dressoir afin d'orner la salle à manger. C'est cette double destination qui explique ces deux genres de vaisselle, l'une si simple et l'autre si riche, d'un travail parfois si précieux et d'un art merveilleux. Celle-ci ne servait que dans les grandes occasions, dans les repas solennels, dans ces festins pantagruéliques qui comportaient un nombre de plats fabuleux, ainsi que dans ces collations qui étaient encore en usage au XVIᵉ siècle, et dont nous trouvons une description dans les mémoires de Pierre de l'Estoile à l'occasion de la collation donnée au roi par le cardinal de Birague. « Y eust, dit l'Estoile, deux longues tables couvertes d'onze à douze cens pièces de vaisselle de Faënze, plaines de confitures sèches et de dragées de toutes sortes accomodées en chasteaux, piramides, plate-formes et autres façons magnifiques. La plupart de laquelle vaisselle fut rompue et mise en pièces par les pages et laquais de la cour, comme ils sont d'insolente nature, qui fust une grande perte, car toute la vaisselle était excellemment belle. » Elle renfermait peut-être des œuvres de Palissy.

Notre figure 694 montre un type de vaisselle en argent du XVIIIᵉ siècle ; c'est une écuelle vendue à la vente San Donato (n° 1219 du catalogue), et dont nous avons donné la description au mot ÉCUELLE.

VASE. — Ce terme désigne d'une manière générale un ustensile, un vaisseau destiné à contenir des liquides ou tout autre objet. Le vase affecte souvent une forme élégante ; il comporte un piédouche, des anses, une riche ornementation peinte, gravée ou sculptée. L'antiquité nous a légué de fort beaux vases faits avec toute sorte de matières ; ils étaient en terre cuite, en marbre, en albâtre, en bronze, en or, en argent, etc. Nos figures 695 et 696 montrent des dessins exécutés sur des vases antiques : l'une (fig. 695) représente un hippolectryon, ou cheval-coq, qu'on utilisait pour décorer les navires et dont la figure a servi aussi de

650 VASE.

type aux comparaisons d'Aristophane : c'est une peinture noire exécutée sur un vase de Vulci ; l'autre (fig. 696) est une frise en bas-relief d'un vase noir en terre de Chiusi. On voit à

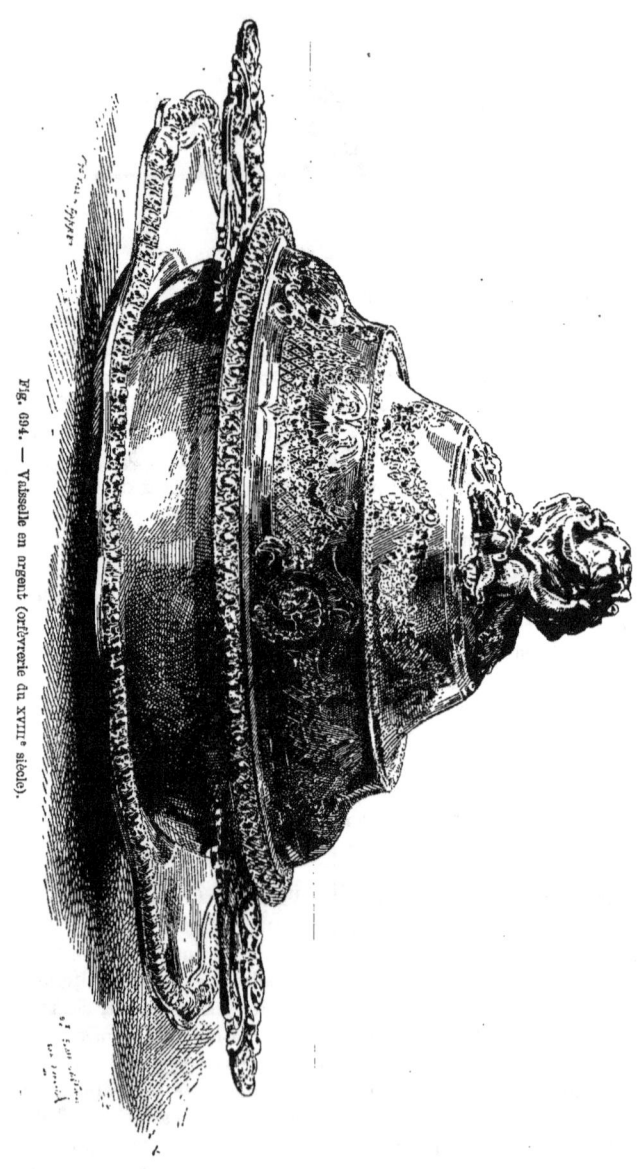

Fig. 694. — Vaisselle en argent (orfèvrerie du XVIIIe siècle).

droite un centaure avec la forme humaine et l'arrière d'un cheval; il porte sur l'épaule une branche à laquelle est suspendu un faon ; devant lui est assise une chimère bicéphale, à la suite un homme tenant un *lagobolum* (*pedum*) renversé, puis une femme ailée tenant une cuisse d'animal; enfin on voit un autre centaure. Les deux vases qui portent nos dessins faisaient partie de l'ancienne collection Pourtalès. Notre figure 697 montre un vase en agate onyx, dit *vase de Mantoue;* notre figure 698, un vase en porcelaine, en forme de poire (piriforme), réticulé, des collections de la manufacture de Sèvres. Un autre vase de la même collection est représenté par notre figure 699 : c'est le vase dit *de Rimini;* la forme est de M. Diéterle, les figures ont été exécutées par M. H. Régnier; tout le décor est en pâte blanche sur fond céladon. Enfin notre figure 700 reproduit le vase Barberini ou de Portland, qui a été découvert au milieu du XVIᵉ siècle, à deux milles environ de Rome, à *Monte del Grano*. Il mesure 0ᵐ,23 de hauteur sur 0ᵐ,20 de largeur; il était placé dans un sarcophage qui servait de tombeau à l'empereur Alexandre Sévère et à sa femme Julia Mammæa; il fait partie des collections du British Museum, après avoir pendant des siècles appartenu à la famille Barberini, puis au duc de Portland; d'où les deux noms sous lesquels est connu ce vase célèbre. La matière employée pour sa fabrication est bleue, vitreuse; les figures, collées contre sa panse, sont blanches et paraissent faites avec cette variété particulière de porcelaine nommée BISCUIT. (Voy. ce mot.) La finesse et la pureté admirables du dessin de ces figures font supposer que, bien que la forme du vase soit

Fig. 695. — Hippolectryon.

Fig. 696. — Frise en bas-relief d'un vase.

Fig. 697. — Vase en agate onyx, dit *vase de Mantoue*.

étrusque ou romaine, l'ornementation est d'un artiste grec. — Au mot JAPONAIS (*Art*), le lecteur pourra voir divers vases en bronze du Japon, et, pour les différents noms des vases dans l'antiquité, lire, dans le IV° volume de notre *Dictionnaire d'architecture,* un très long article illustré de 80 figures, v° VASE. — Prix de vente

Fig. 698. — Vase en porcelaine.

de divers vases : les vases décorés, en or, en argent, ciselés ou repoussés, garnis de pierres précieuses, enrichis de gemmes, d'intailles ou de camées, décorés d'émaux, ont une très grande valeur en dehors du prix réel de la matière. Dans certaines ventes, on a vu des vases de Sèvres atteindre 150,160 et jusqu'à 190,000 fr.; ceux en porcelaine de Saxe arriver au chiffre de 80 et 90,000 fr.; les vases eu faïence de Marseille atteindre 10,000 fr.; les rouen bleu, de 50 à 180 fr.; les nevers, 200 fr.; les majoliques italiennes, de 50 à 500 fr. Parmi celles-ci, des vases de pharmacie ont atteint le prix de 4 et 5,000 fr. Les faïences de Perse ont diminué de valeur dans ces dernières années; mais les beaux vases persans, presque toujours à anses, valent seuls 5 et 600 fr., ou 12 ou 1,500 fr. la paire. Les vases de marbre blanc, principalement ceux en couleur d'un ton chaud et brillant, les vases en porphyre, en granit, en lumachelle, en bleu turquin, en cipolin, en rouge antique, en portor, en campan, en brèche, atteignent des prix considérables; mais les plus belles sculptures sont exécutées sur marbre blanc. Le lecteur verra un peu plus loin qu'une paire de vases en marbre blanc sculptés par Clodion a été vendue 70,700 lires, soit 63,630 francs de notre monnaie.

Vente San Donato. — N° 27. Deux vases en porcelaine de Chine, à long col évasé et festonné, décorés de médaillons de paysages avec figures et de fleurs émaillées en couleurs. Haut., 0^m,92. 880 lires. — N° 88. Vase en majolique de Ginori, de forme ovoïde, avec col relié par deux chimères servant d'anses et reposant sur un piédouche décoré de grotesques. Haut., 0^m,54; larg., 0^m,32. 480 lires.— N° 106. Deux vases en marbre blanc, exécutés en 1782 par Clodion pour le palais de Versailles. Ils ont la forme de vases antiques, pour anses des têtes de béliers, d'un grand caractère, aux cornes desquels sont suspendues des guirlandes de pampres. Sur la face et au revers, des médaillons soutenus par un nœud de rubans et traités en bas-relief. Hauteur totale, 1^m,32 ; largeur entre les deux anses, 0^m,95. 70,700 lires. — N° 120. Deux vases de forme étrusque, à deux anses surélevées, en porcelaine de Sèvres, fond vert représentant sur la face un sujet de trois figures sans encadrement : Départ du guerrier et Retour du guerrier, par Georget; socles en bronze doré. Haut. totale, 0^m,69. 1,600 lires. — N° 121. Une paire de vases forme Médicis, en porcelaine de Sèvres, à fond bleu de roi, décorés d'arabesques, de têtes de chiens, de carquois, de flèches et de feuillages d'or; au revers, des arabesques, des cors de chasse et un médaillon d'or. Sur la face, des sujets oblongs peints par Robert : Chasse de l'empereur à Choisy-le-Bac, près Compiègne, avril 1810. Socle en bronze. Hauteur totale, 0^m,68. 4,150 lires. —

N° 122. Une paire de vases forme Médicis, en porcelaine de Sèvres, à fond écaille blonde, décorés d'une couronne de pampres, de palmettes et d'arabesques d'or. Sujets oblongs sur les faces : Vue prise dans le parc de Saint-Cloud ; Vue du château de Saint-Cloud. Socle en bronze doré. Hauteur totale, 0ᵐ,66. 4,700 lires. — N° 128. Vase en porcelaine de Sèvres, fond rouge d'écaille, de forme ovoïde allongée, à piédouche ; monture mobile à deux anses et

Fig. 699. — Vase de Rimini.

socle en bronze doré. Hauteur totale, 1ᵐ,05. 2,300 lires. — N° 1559. Une paire de fort beaux vases d'albâtre oriental, de forme ovoïde, enserrés de feuilles de laurier, à anses ajourées portant sur des têtes de béliers aux cornes desquels se rattachent des draperies avec pampres ; le tout en bronze doré. Couvercle à cannelures en spirale, à bouton en grappe de raisin, en bronze doré ; base octogonale de même et angles cintrés. Hauteur, 0ᵐ,69 ; larg., 0ᵐ,37. 55,500 lires. — N° 1560. Une paire de vases de forme ovoïde, en albâtre oriental, à couvercle en bronze doré, à têtes de béliers servant d'anses, à frise circulaire ajourée, à

Fig. 700. — Vase Barberini ou de Portland.

palmes séparées par des roses ; frise sur laquelle porte le couvercle à feuilles d'acanthe enserrant le vase, et à base octogonale, les faces formant des angles cintrés ; le tout en bronze doré, style Louis XIV. Hauteur, 0ᵐ,58; largeur entre les anses, 0ᵐ,41. 25,000 lires. — N° 1635. Paire de vases en porcelaine ancienne de la Chine, genre céladon truité coupé de deux frises brunes lambrequinées, avec socle en bronze doré et monture mobile de l'époque Louis XV formée de serpents en bronze doré, enserrant les deux mascarons de têtes soutenant des anneaux placés aux flancs de ces vases. Haut., 0ᵐ,41 ; larg., 0ᵐ,19. 9,000 lires. — N° 1636. Vase en porphyre oriental rouge, avec monture Louis XVI en bronze doré, formant trépied fourchu et à têtes de boucs. Au centre des trois cintres de la base, un mascaron de tête de femme. Hauteur, 0ᵐ,55. 3,600 lires. — N° 1637. Deux vases forme balustre à deux anses rocaille, en porcelaine, fond rose, décorés de médaillons de pastorales encadrés d'or ; socles en bronze doré. Haut., 0ᵐ,20. 510 lires. — N° 1638. Vase forme balustre aplati, en néphrite, fond gris, à anses formées de fleurs, les faces décorées de rosaces de fleurs et feuillages, bordures de rinceaux ; sur base en bois sculptée à branchages de fleurs et crabes. Hauteur totale, 0ᵐ,32. 220 lires. — N° 1639. Paire de vases en porcelaine de Chine, forme balustre aplati, fond blanc à décor de médaillons de vases de fleurs, dont une en relief; anses formées de dragons en rouge et or. Haut., 0ᵐ,50. 760 lires. — N° 1641. Deux grands vases, panse de forme conique, à col évasé et piédouche, en bronze japonais, à patine brune, à fond réticulé ; sur le pourtour des vases, sujets hiératiques ; base et col à fleurs, arbustes et oiseaux en relief ; anses formées de troncs d'arbres. Haut., 0ᵐ,75. 1,020 lires.

VASQUE. — Bassin rond et peu profond qu'on place sous une fontaine ; il y a des vasques en pierre, en marbre, en fonte, en bronze. (Voy. Fontaine.)

VÉLIN. — Littéralement ce terme signifie peau de veau (*vitellina,* sous-entendu *pellis*). C'est une sorte de parchemin préparé avec des peaux de veaux très jeunes, âgés de six semaines au plus; les meilleurs vélins proviennent, du reste, de veaux mort-nés. On a utilisé depuis fort longtemps les vélins pour faire des manuscrits ; de nos jours, les diplômes et titres sont souvent imprimés sur vélin ; on exécute sur cette matière des miniatures, on imprime même des volumes sur vélin. — On nomme *papier vélin* un papier qui imite, par le ton et le glacé de sa surface, le vélin animal.

VELOURS. — Étoffe de laine ou de soie qu'on emploie principalement pour l'ameublement ; on en fait des rideaux, des portières, des tentures de toutes sortes. Le velours sert également à recouvrir des meubles. Les plus beaux velours de laine sont ceux qu'on fabrique à Utrecht ; ils sont unis ou frappés, c'est-à-dire à dessins obtenus par un fer comprimant à chaud la surface du velours. Les velours de laine à dessins de couleurs sont imprimés ou tissés. Les plus beaux velours de soie pour meubles se font à Lyon. Les fabriques de Venise, de Lyon, de Beauvais, de la Savonnerie, de Nîmes, etc., font de beaux velours unis et à dessins pour meubles. (Voy. Tapisseries.)

VELUAU. — Ancien terme qui servait à désigner une enveloppe en étoffe épaisse dans laquelle on enfermait les beaux livres, surtout ceux qui étaient ornés de belles reliures ; les veluaux servaient à préserver celles-ci de tout contact qui aurait pu les détériorer.

VENISE (Verres de). — Voy. Verrerie (*Art de la*).

VÉNITIENNE (École). — Une des écoles de peinture de l'Italie. (Voy. École, § *École italienne.*)

VENTAIL. — Partie du casque du moyen âge. (Voy. Casque.)

VERGETTE. — Terme de blason qui sert à désigner le pal diminué, qui n'a que le tiers de la largeur du pal ordinaire quand il se trouve seul sur l'écu, et qui a même moins que le tiers quand il s'en trouve plusieurs.

VERRE. — Voy. Verrerie (*Art de la*).

VERRE (Peinture sur). — Voy. Vitrail.

VERRERIE (Art de la). — Cet art est très ancien, Pline en attribue la découverte aux Phéniciens; en effet, ceux-ci et les Égyptiens ont pratiqué cet art dans une antiquité très reculée. Ces peuples savaient même tailler, ciseler, colorer et dorer le verre; dans les ruines de l'ancienne Égypte on a trouvé des débris assez considérables pour dissiper tous les doutes sur ce point. D'un autre côté, Strabon nous c'étaient certainement des œuvres analogues au vase de Portland, que nous avons donné ci-dessus (fig. 700). Quoi qu'il en soit, il est certain que les Romains connaissaient le verre coloré et l'émail blanc, et qu'ils faisaient avec ceux-ci des filets, des ornements et des anses d'une rare perfection. Du reste, chez les Grecs

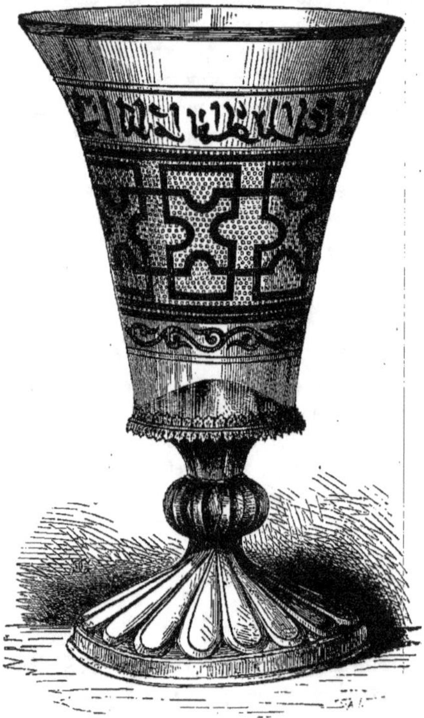

Fig. 701. — Coupe de Charlemagne (musée de Chartres).

Fig. 702. — Verre à ailerons de Venise (XVIᵉ siècle).

apprend qu'on fabriquait à Thèbes des verres transparents diversement colorés qui imitaient les pierres précieuses, telles que le saphir, le rubis, l'hyacinthe et l'émeraude, et que Sésostris avait même fait couler une statue en verre qui imitait cette dernière gemme. Pline, dont il faut toujours un peu se méfier, dit que certains objets en verre blanc se payaient autant que leur équivalent fabriqué en or, et que Néron acheta 6,000 sesterces deux petites coupes : et chez les Romains, les objets de verre furent toujours considérés comme des produits de haut luxe, et leur prix était considérable ; pendant le Iᵉʳ siècle de l'ère vulgaire, les vitres étaient fort rares ; au IIᵉ siècle, beaucoup de maisons commençaient à être vitrées, mais ce ne fut qu'à la fin du IIIᵉ siècle, ou au commencement du IVᵉ, que l'usage du verre à vitres devint assez général. Du reste, l'art de la verrerie a toujours été beaucoup plus avancé en Orient qu'en

VERRERIE (ART DE LA). 657

Occident, et cela dès l'antiquité la plus reculée ; aujourd'hui même où beaucoup de fabriques produisent des œuvres en verre si remarquables, aucune que nous sachions, pas même les fabriques vénitiennes, n'a pu retrouver les procédés employés par les Égyptiens pour fabriquer ces petites urnes à filets dentelés que l'on a exhumées à diverses époques des hypogées de Thèbes et de Memphis.

Pendant le moyen âge, l'Orient a continué ses importantes fabrications, tandis qu'en Occident, à partir de la chute de l'empire romain, Venise et Murano furent les seuls pays qui empêchèrent l'art de la verrerie de disparaître de l'Europe ; mais ces fabriques ne furent réellement prospères qu'aux XIVᵉ et XVᵉ siècles, alors que la fabrication orientale était, pour ainsi dire, ruinée. Les fabriques vénitiennes avaient parfaitement imité, copié même les procédés orientaux : par exemple, elles faisaient dans la perfection le mélange d'émail pointillé bleu et blanc qu'on voit sur la coupe arabe du musée de Chartres et qu'on a improprement dénommée *hanap de Charlemagne* (fig. 701), puisque

Fig. 703. — Verre à ailerons de Venise (XVIᵉ siècle).

Fig. 704. — Hanap couvert en verre (XVIIᵉ siècle).

l'inscription coufique témoigne que cette belle pièce, qui mesure 0ᵐ,24 de hauteur, ne peut remonter au delà du XIIᵉ siècle. Voici la traduction de cette inscription d'après le savant orientaliste Reinaud : « Que sa gloire soit éternelle et sa vie longue et saine ; que son sort soit heureux, son siècle favorable et sa fortune parfaite. » Le pied de cette coupe est en cuivre argenté, ciselé à sa partie supérieure ; le milieu du verre proprement dit est décoré d'entrelacs obtenus par des filets dorés, et l'intérieur de ses entrelacs est décoré de ces petits points bleus et blancs en relief, en émaux incrustés, dont nous parlions plus haut.

Ce n'est guère que vers la fin du XIIe ou au commencement du XIIIe siècle que ce genre d'émail a été employé sur les verreries orientales ; ainsi donc l'époque de cette coupe est bien nettement indiquée aussi bien par la légende que par son émaillerie décorative. Au XVIe siècle et au XVIIe siècle, Murano est en pleine prospérité ; ses œuvres splendides sont recherchées dans le monde entier, et les princes de l'Orient viennent se pourvoir à Murano des œuvres orientales si bien imitées dont ils ne trouvent plus chez eux les originaux. Nos figures 702 et 703 montrent deux verres à ailerons de Venise du XVIe siècle ; notre figure 704, un hanap, spécimen des plus remarquables de la verrerie espagnole du XVIIe siècle. Ces trois pièces appartiennent au musée de Limoges, elles proviennent de l'ancienne collection Gasnault ; nous les avons dessinées d'après une planche de la *Revue des arts décoratifs* éditée par M. A. Quantin, revue qui a rendu et qui est appelée à rendre de si bons et utiles services à nos industries d'art, car le choix des modèles présentés dans cette publication sont de tout point remarquables. — A cette époque, Venise, par l'habileté de ses ouvriers et l'importance de ses fabriques, exerçait en Europe un véritable monopole. L'Allemagne et la Bohème s'affranchirent les premières de celui-ci ; la Flandre et la France ne tardèrent pas à suivre l'exemple donné par les pays allemands, et sous Colbert l'art de la verrerie fut très prospère dans notre pays. Depuis lors il a suivi une marche ascendante ; mais nous devons ajouter que l'énorme production moderne, l'obligation de faire vite et à bon marché, ont donné lieu à un grand nombre de produits industriels dans lesquels l'art fait trop souvent défaut. La chimie moderne a perfectionné la matière, nous avons des verres beaucoup plus blancs, beaucoup plus propres, sans bouillons et sans éraflures ; mais l'art a perdu, à côté de cette perfection matérielle, parce qu'il faut produire à vil prix. Les plus belles verreries ou cristalleries du monde sont celles de Baccarat dans le département de Meurthe-et-Moselle. Cet établissement a été fondé vers le milieu du XVIIIe siècle, vers 1766 ; son premier directeur fut Antoine Renault, avocat au parlement, qui dirigea l'usine jusqu'à sa mort, survenue en 1806. Vers 1822, il se forma une société d'exploitation qui a continué la fabrication des beaux produits de Baccarat, et qui fournit plus de la moitié des cristaux consommés en France et en exporte pour un chiffre considérable à l'étranger. Sur les douze millions de cristaux fabriqués annuellement en France, la cristallerie de Baccarat en fournit à elle seule plus de sept millions.

Estimation de quelques verreries. — Les quelques rares lampes arabes en verre émaillé et doré qui figurent dans les ventes valent environ 400, 600 et jusqu'à 2,000 francs. — Les verres de Venise, qui se rapprochent le plus des verreries de l'Orient, valent, suivant la dimension des pièces, de 25 à 1,500 et 1,800 francs. La beauté de la taille, la richesse de l'ornementation, font le haut prix de ces pièces ; les plus recherchées sont celles des XVIe et XVIIe siècles. Parmi les pièces les plus rares, citons les *coupes* dites *à la goutte de sang*. Ajoutons que, depuis une vingtaine d'années, les fabriques de Murano produisent des quantités considérables de verrerie qui s'efforcent d'imiter les anciens modèles ; mais la lourdeur des pièces, l'incorrection de leurs profils et des dessins de leur ornementation font reconnaître facilement les contrefaçons des belles pièces anciennes. — Les verreries allemandes, qui remplacent l'émaillerie d'ornement par des sortes de peintures, valent de 20 à 300 francs ; les pièces les plus recherchées datent des XVIIe et XVIIIe siècles. — Les verreries de Bohême, d'une bonne exécution, bien qu'un peu lourdes, valent de 20 à 250 francs ; les produits les plus estimés de ce pays sont ceux des XVIe et XVIIe siècles.

VERRIÈRE. — Voy. Vitrail.

VERROTERIES. — Terme générique sous lequel on désigne tous les objets en verre de peu de valeur, colliers, bracelets, pendants d'oreilles, perles, contrefaçons des verres de Venise et de Bohême, ornements divers en verre, etc.

PLANCHE XXXIV. — Vidrecome en vermeil (XIIe siècle), Collection San Donato (n° 1257).

VERTUGADIN. — Voy. PANIER.

VÊTEMENTS. — Voy. COSTUME.

VIDRECOME. — Grand verre à boire allemand, souvent surmonté d'un couvercle, que l'on se passe de main en main à chaque santé qui se porte, et que chaque buveur doit vider à son tour. Ce terme est dérivé de l'allemand *wieder*, de nouveau, et *kommen*, venir. Ce genre de gobelet se voit fréquemment dans les collections, aussi fait-il l'objet d'un grand commerce. (Voy. GOBELET.)

Vente San Donato. — N° 1236. Vidrecome en vermeil, base, coupe et couvercle à bossages sur fond pointillé, balustre à consoles ajourées et palmettes en argent. Le couvercle est surmonté d'une figurine en ronde bosse représentant l'Amour. Travail de Nuremberg. Haut., 0^m,42. 850 lires. — N° 1239. Vidrecome en vermeil, pied, couvercle et calice à bossages ornés de palmettes repoussées; le calice est supporté par un guerrier en costume Louis XIII entouré de feuillages; il porte le poinçon d'Utrecht. Haut., 0^m,31. 500 lires. — N° 1245. Vidrecome de forme octogonale évasé à la base, en vermeil (style oriental). Couvercle aux armes de Tyszkiewicz, anse en forme de sirène. 1,750 lires. — N° 1246. Vidrecome à anse et couvercle en vermeil; forme conique, décoré sur le pourtour de rinceaux entremêlés de têtes de chérubins, de grotesques et de fruits. Travail russe du XVIIe siècle. Hauteur, 0^m,28. 4,000 lires. — N° 1253. Grand vidrecome à couvercle supporté par trois boules; il est entièrement décoré d'écussons armoriés en relief avec exergues; il porte sur le couvercle une couronne comtale surmontée d'un lion héraldique tenant un T. Travail de Coblence du XVIIe siècle. Hauteur, 0^m,34. 6,000 lires. — N° 1255. Grand vidrecome forme calice en vermeil, tige à facettes; la coupe est ornée de trois médaillons appliqués représentant les portraits de Pierre le Grand, de Catherine et d'Alexis. Travail russe du milieu du XVIIIe siècle. Hauteur, 0^m,32 920 lires. — N° 1257. Grand vidrecome forme calice, en argent doré et repoussé; base, coupe et couvercle à bossages et mascarons. La coupe est supportée par une figurine en ronde bosse représentant la Religion détruisant l'hérésie. Le couvercle est surmonté d'un bouquet de fleurs. Travail allemand du XVIIe siècle. Hauteur, 0^m,68. 1,600 lires. Notre planche XXXIV montre ce vidrecome. — N° 1258. Vidrecome à anse et couvercle en vermeil, forme cylindrique, à six compartiments déprimés, encadrés par des têtes de chérubins et des corbeilles de fleurs alternant, reliées par des guirlandes de chêne et de laurier; anse contournée en forme de sirène; couvercle surmonté d'un bouquet de fleurs et orné, à l'intérieur, d'un médaillon représentant le Christ et portant la devise : *Ego sum lux, via et veritas*. Travail allemand. 1,880 lires. — N° 1259. Vidrecome à anse et couvercle en argent doré et oxydé, forme cylindrique, à tore, frise et cordon de rinceaux et têtes de chérubins; sur l'anse, une cariatide de sirène; le champ orné d'un sujet représentant des chevaliers se battant; sur le couvercle, le lion de Harlem. Travail hollandais. 1,050 lires. — N° 1261. Vidrecome en vermeil repoussé et ciselé, à anse en forme de sirène et couvercle surmonté d'un guerrier; sur le champ, enroulements, cariatides, animaux et oiseaux séparant trois médaillons représentant des chasses. Travail d'Augsbourg (XVIIe siècle). 1,020 lires. — N° 1262. Vidrecome de forme cylindrique, avec base et couvercle en argent repoussé et ciselé, orné de fleurs en relief; anse en forme de serpent. Le couvercle, la base, l'anse et l'intérieur sont dorés. Travail allemand du milieu du XVIIe siècle. 920 lires. — N° 1276. Vidrecome à anse et couvercle en vermeil; il repose sur trois pieds formés de boules surmontées de cartouches avec bustes d'empereurs romains. 850 lires. — N° 1279. Vidrecome en argent et vermeil, à couvercle et à anse en queue de poisson, couvert de monnaies à l'effigie de Christian II, Sigismond III, roi de Pologne, etc. 620 lires. — N° 1280. Grand vidrecome à anse et couvercle en vermeil et argent, couvercle à coquilles en relief et grotesques appliqués. Travail d'Augsbourg (XVIIIe siècle). 920 lires. — N° 1286. Vidrecome en argent et vermeil, forme cylindrique, porté par trois fruits, anse contournée à tête de chien; sur le couvercle, un cygne ; sur le pourtour, une bacchanale traitée en haut relief. Travail hollandais. 2,500 lires. — N° 1290. Vidrecome sur le pourtour duquel se voit un sujet pastoral. 550 lires. — N° 1291. Vidrecome en forme de buire, en argent repoussé ; à la base, quatre hiboux dans des niches d'où s'élèvent quatre dragons ; couvercle orné d'enfants. 780 lires. — N° 1294. Vidrecome sur le pourtour duquel se voient de jeunes bacchantes ; couvercle avec un médaillon représentant le jugement de Pâris. 1,300 lires. — N° 1297. Vidrecome en vermeil, sur trois pieds en forme de boule ; sur le couvercle, un médaillon de Pierre le Grand ; sur le pourtour, un sujet de l'Ancien Testament. Travail russe du XVIIIᵉ siècle. 850 lires. — N° 1300. Vidrecome de forme cylindrique, sur le pourtour duquel se voit un grand sujet représentant l'enfance de Bacchus. Couvercle surmonté d'une pomme de pin. Travail allemand. 1,600 lires. — N° 1302. Grand vidrecome en argent repoussé et doré, forme cylindrique ; sujet circulaire représentant Mars venant commander à Vulcain des armes pour l'Amour ; sur le couvercle, une jeune bergère (Minden, XVIIIᵉ siècle). 600 lires. — N° 1308. Grand vidrecome de forme cylindrique à frise, tore, couvercle et anse en argent repoussé et ciselé, doré en partie ; couvert à la base et sur le couvercle de mascarons, de chérubins, rinceaux et fruits dans le style de la renaissance. Sur le couvercle, deux colombes se becquetant ; sur le pourtour, médaillons gravés à sujets de l'histoire romaine : Marcus Curtius et Mucius Scævola (Mayence, XVIIᵉ siècle). 1,820 lires. — N° 1311. Vidrecome en argent doré en partie, forme cylindrique, supporté par trois fruits ; sur le pourtour, sujets bibliques, couvercle orné d'une bacchanale. 920 lires. — N° 1316. Vidrecome en vermeil repoussé, cylindrique, à huit lobes reproduisant des personnages de la comédie italienne, couvercle à bossages, anse gravée. Travail anglais. 1,600 lires. — N° 1319. Vidrecome en noix de coco monté en vermeil, piédouche, tige à balustre et consoles ; collet, couvercle et anse reliée au pied par trois branches ajourées, avec figures allégoriques de la Foi, de l'Espérance et de la Charité surmontées du Père éternel (travail flamand du XVIᵉ siècle). 2,850 lires. — N° 1322. Vidrecome de forme cylindrique, en argent doré en partie, base ornée de grotesques, anse contournée terminée par des dauphins ; sur le pourtour, grande bacchanale en haut relief. Haut., 0ᵐ,22. 2,550 lires.

VIELLE. — Instrument de musique monté de cordes qu'une roue enduite de colophane met en vibration ; cette roue correspond à une manivelle placée extérieurement et au moyen de laquelle l'exécutant lui imprime des mou-

Fig. 705. — Vielle.

vements plus ou moins rapides. Notre figure 705 fait voir cet instrument dérivé de l'*organistrum*, qui avait de plus grandes proportions.

Au moyen âge, on a successivement appelé la vielle, *rote*, *chifoine*, *chifonie* ou *sifoine*.

VIOLE. — Instrument de musique dénommé anciennement *vièle*, mot dérivé de l'italien *viola*. Il existe toute une famille de ces instruments à cordes et à archet. Primitivement on ne connut que deux violes : le *rubèble*, et la *viole* proprement dite ; le premier de ces instruments a deux cordes accordées à la quinte, le second en a cinq diversement accordées. Plus tard on créa la violette ou pardessus de viole, le dessus de viole, la haute-contre de viole, la taille de viole, la basse viole, la viole de jambe, la viole de bras, la viole bâtarde, la viole pompeuse, la viole d'amour, etc. Ce dernier instrument était monté de quatre cordes en boyau et de quatre cordes en laiton ; celles-ci étaient accordées à l'unisson avec les quatre autres.

VIOLON. — Instrument de musique à cordes et à archet, monté de quatre cordes en boyau, dont la plus grave (*bourdon*) est filée en laiton et donne le *sol* ; les trois autres cordes donnent *ré*, *la*, *mi* par quinte du grave à l'aigu ; la plus petite se nomme *chanterelle*. Le violon était connu dès le X° siècle, il s'appelait alors *rebec* et n'avait que trois cordes. Le plus ancien violon qu'on connaisse porte le nom d'un luthier breton Jean Kerlin ; il est daté de 1448. Les violons qui ont le plus de valeur sont ceux signés des noms des luthiers suivants : Nicolas et André Amati de Crémone (fin du XVI° siècle); les fils d'André Amati, Antoine et Jérôme Amati ; P. Magini, Stradivarius, Pierre-André et Joseph Guarneri, Jacques Steiner (XVII° et XVIII° siècle).

Fig. 706. — Violoncelle.

VIOLONCELLE. — Instrument de musique à cordes et à archet, qu'on nomme aussi *basse*; il comporte quatre cordes, deux en boyau et deux filées en laiton ; elles sont accordées en quinte ; elles donnent, du grave à l'aigu, *ut, sol, ré, la*. (Voy. notre figure 706.)

VIRES. — Terme de blason qui désigne deux annelets posés l'un dans l'autre.

VIRETON. — Arme de trait et de jet. C'était une flèche de moyenne longueur que des ailerons posés en hélice faisaient virer dans l'air, après son lancement ; d'où son nom.

VISIÈRE. — Pièce des anciens casques qui se baissait et se haussait à volonté ; c'était tantôt une grille, tantôt une pièce percée de trous, afin de permettre à l'homme de voir et de respirer à travers sa visière. Certaines visières sont appelées *ventails*.

VITRAIL. — Le vitrail, qu'on nomme aussi *verrière*, est un vitrage formé de divers panneaux de verre de couleur ; il peut être plus ou moins riche, soit comme ornementation, soit comme variété de couleurs. — L'usage du verre de couleur était connu des anciens : c'est un fait indiscutable, tant les preuves sont abondantes ; nous en avons déjà dit quelques mots à VERRERIE (*Art de la*). Dans ces époques très reculées, les vitraux étaient seulement formés par la juxtaposition de pièces de verre formant des compartiments de couleurs variées ; ils furent employés pour fermer le fenêtrage des temples et des riches demeures. Au IV° siècle, Prudence parle ainsi des vitraux de la basilique de Saint-Paul hors les murs : « Dans les fenêtres cintrées il y a des vitraux de diverses couleurs, qui brillent du même éclat que les prairies ornées des fleurs du printemps. » Depuis sa découverte, la peinture sur verre n'a fait que progresser ; elle brilla du plus vif éclat aux XIII° et XIV° siècles. Au XV° siècle, les plus grands artistes coopéraient à cette fabrication ; les verrières de Beauvais, si célèbres, et qui sont l'œuvre d'Enguerrand le Prince, avaient été exécutées en grande partie d'après les cartons de Jules Romain, de Raphaël et d'Albert Dürer. Notre figure 707 montre un ancien vitrail qui se trouvait autrefois dans l'abbaye de Bonport, dont il ne reste aujourd'hui que quelques bâtiments, près de Pont-de-l'Arche. Ce vitrail représente Gilles Malet, bibliothécaire de Charles V, et sa femme ; c'est une œuvre du commencement du XV° siècle. Pendant la période de la renaissance le vitrail devient un tableau, les peintres verriers ne se préoccupent pas assez de l'effet général qu'il doit produire dans l'ensemble de la décoration du monument. Du reste, l'invention de l'imprimerie, qui permit à chaque fidèle d'avoir des livres dans les églises, exigea que le vitrail fût beaucoup moins monté en couleurs ; aussi bien des verrières de cette époque sont faites avec des tons pâles, des grisailles et des camaïeux. Ce genre amena promptement la décadence du vitrail, décadence qui s'accentua encore pendant les XVII° et XVIII° siècles. C'est alors que beaucoup de nos artistes verriers quittèrent la France et passèrent en Hollande, en Suisse et en Angleterre ; dans ces pays, le vitrail étant beaucoup plus estimé qu'en France, les artistes obtenaient des ouvrages qui les intéressaient davantage et leur rapportaient beaucoup plus.

Vente San Donato. — N° 439. Vitrail suisse avec armoiries surmontées de l'inscription :

Fig. 707. — Vitrail du xve siècle.

« Sebastian Krom Burger zu Sant Gallen, 1620 ; » au-dessus, à droite, un souverain à cheval, avec hommes d'armes dont l'un porte un fanion au double aigle impérial ; à gauche, un autre souverain, avec trois femmes et des enfants, quitte une ville. Hauteur, 0ᵐ,30 ; largeur, 0ᵐ,22. 500 lires. — N° 440. Vitrail suisse représentant le passage de la mer Rouge, par Corneille et Isabelle von Muralt. Signé et daté 1616. Haut., 0ᵐ,33 ; larg., 0ᵐ,23. 350 lires. — N° 441. Vitrail suisse dont le centre est occupé par deux anges supportant des armoi-

PLANCHE XXXV. — Voitures de gala.

VOITURE. — VOLANT (JEU DE).

ries, la mitre et la crosse d'un évêque. Dans le haut, deux sujets en grisaille : celui de gauche devenu presque invisible; celui de droite représentant la décollation de saint Jean. Haut., 0^m,44; larg., 0^m,33. 380 lires. — N° 442. Vitrail suisse. Seigneur et sa femme à droite et à gauche d'une colonne se détachant sur fond bleu ; au-dessus, deux sujets en grisaille tirés de l'histoire romaine : Mucius Scævola et Coriolan. Haut., 0^m,44 ; larg., 0^m,32. 1,200 lires. — N° 443. Vitrail suisse représentant à droite saint Meinrat, à gauche la Vierge ; au centre, la crosse abbatiale, la mitre et des armoiries. Daté de 1560. Hauteur, 0^m,44 ; larg., 0^m,32. 310 lires. — N° 444. Vitrail suisse représentant debout un guerrier cuirassé ; dans le haut, un paysage avec saint Christophe. Daté de 1557. Haut., 0^m,44 ; larg., 0^m,33. 1,020 lires. — A la même vente, des vitraux suisses du XVIIe siècle, de même grandeur que les précédents nu-

Notre planche XXXV montre deux voitures de gala : celle qu'on voit dans le haut a appartenu à Gustave III, roi de Suède ; elle est au musée de Stockholm ; la plus grande est une voiture de gala de Jean V, roi de Portugal.

Fig. 708. — Volant japonais.

Fig. 709. — Raquette japonaise.

méros, se sont vendus en moyenne de 300 à 425 lires.

VOITURE. — Caisse montée sur des roues, qui sert à transporter des personnes. Les voitures qu'on voit dans les collections sont de grandes et belles voitures de gala ou carrosses.

VOLANT (JEU DE). — Ce jeu se joue à deux personnes munies de raquettes ; elles se renvoient alternativement deux petites balles de liège garnies de plumes en entonnoir qui ralentissent et régularisent le mouvement du volant. Nos figures 708 et 709 montrent un volant et une raquette japonais.

WALLONNE (Épée). — Épée à lame droite, large et à deux tranchants, qui, sous Louis XIII et Louis XIV, était l'arme de la cavalerie régulière. La garde de la poignée de cette épée est pleine, percée de petits trous; elle est en outre bordée d'un petit filet rond; elle se relie au pommeau par trois branches.

WINA. — Instrument de musique hindou formé d'un bambou fixé à deux grandes courges et monté de plusieurs cordes.

WISKI. — Voiture légère, d'importation anglaise, qui a été très en faveur en France vers la fin du XVIII° siècle. (Voy. VOITURE.)

XENORPHICA. — Sorte de clavecin à archet inventé vers la fin du XVIII° siècle à Vienne (Autriche), par Rœllig.

XYLOGRAPHIE. — Art de graver sur le bois. Les premiers livres ont été imprimés avec des planches xylographiques, c'est-à-dire avec des planches gravées sur bois, c'est-à-dire encore dans l'épaisseur desquelles était gravé en relief le texte du volume qu'on voulait imprimer. (Voy. IMPRIMERIE et LIVRES.)

XYLOPALE. — Ce terme signifie *bois pétrifié*. C'est une pierre employée par les bijoutiers pour fournir la lettre X, quand un bijou doit porter un nom renfermant cette lettre, lequel nom est formé par la réunion de diverses pierres. Ainsi les mots ROSINE et XERXÈS, par exemple, sont formés par la réunion de diverses pierres rangées de la manière suivante :

R ubis	X ylopale
O pale	E meraude
S aphir	R ubis
I ris	X ylopale
N icolo	E meraude ou escarboucle
E meraude	S aphir.

On nomme ces pièces *ouvrages à devises*.

La xylopale est susceptible de prendre un beau poli; taillée en cabochon, elle présente des reflets bleuâtres. C'est le *pechstein* des Allemands, le *hoxopale* des Anglais. Cette pierre a beaucoup d'analogie avec le feldspath résinite; elle provient en grande partie de la Saxe et de la Bohême.

XYLORGANON. — Instrument de musique qui a beaucoup d'analogie avec le CLAQUE-BOIS. (Voy. ce mot.)

YATAGAN. — Arme des Orientaux; sorte de sabre à lame courbe, dont le tranchant forme vers la pointe une courbe rentrante. Les yatagans ont généralement de beaux fourreaux en argent, en cuir, en velours garnis de cuivre ou d'argent ciselés; souvent la poignée de ces armes est en ivoire, en argent ciselé ou niellé, ou simplement en corne.

Vente Double. — N° 252. Yatagan avec fourreau en argent repoussé et doré. 250 fr.

YDRE ou YDRIE. — Grand vase en forme de cruche ou de flacon, très employé au moyen âge; on pouvait le fermer à clef. Dans l'*Histoire des trois maris*, écrite vers 1457, nous lisons :

> Pleust à Dieu, pour moi esbatre
> Qu'en tenisse trois los ou quatre
> Voire une isdrie toute pleine
> Si en beuvroie à grant alaine.

Ce terme est fréquemment cité dans les inventaires, notamment dans ceux de Charles V et de Charles VI.

YÉNITE. — Pierre d'un brun foncé qui fait feu sous le briquet, assez dure pour recevoir le poli, dont la pesanteur spécifique est 4 ; elle était surtout employée pour les ouvrages à devises. (Voy. ci-dessus, XYLOPALE.)

YRAINGNÉE DE FER. — Grillage destiné à protéger les verrières des coups de pierres qu'elles pourraient recevoir. Dans les comptes de la chapelle des Célestins, datés de 1398, nous lisons : « A Philippe de Péronne serurier (*sic*) pour deux yraingnées de fer, etc. »

YU-TUUM. — Étoffe chinoise côtelée, unie ; c'est une sorte de popeline laine et soie que les Anglais nomment *wallen-comlets*. Ce tissu se fabrique à Canton, et se fait en grande et en petite largeur; on l'emploie principalement en Chine pour confectionner des vêtements d'hiver. Il y a quelques années à peine que cette étoffe est connue en Europe, car sa consommation était exclusivement locale. Le Japon fabrique des yu-tuum en chaîne soie grège, trame coton, tandis que le yu-tuum chinois est chaîne soie, trame laine.

Canton fabrique aussi une popeline toute laine, nommée *ywa-yu-twan*, qui mesure $0^m,82$ de largeur, et qu'il ne faut pas confondre avec le yu-tuum. Cette popeline laine vaut environ 8 fr. 50 le mètre, tandis que le yu-tuum, bien que renfermant de la soie dans sa composition, est d'un prix moins élevé.

Le yu-tuum fait partie de la nombreuse famille des tissus chinois qu'on nomme *hwamientcheou* (popeline coton), *hwa-sien-tseou* (gros de Naples ondé), *hwa-tcheou* (gros de Naples apprêté), etc., etc.

YWA-YU-TWAN. — (Voy. le terme précédent.)

ZAGAIE. — Voy. Sagaie.

ZARZAHAM. — Ancienne étoffe de soie rayée, d'origine arabe, comme l'indique la racine de son nom. Cette étoffe avait quelque ressemblance avec le taffetas ; dans quelques chartres et livres anciens écrits en latin, on nommait le zarzaham, *tela serica virgata*. Cette étoffe servait également pour doublure et pour confectionner des vêtements de dessus. Au XVe siècle, l'Espagne fabriquait beaucoup de zarzaham ; aussi, quand l'empereur Sigismond vint en 1415 à Perpignan pour conférer avec le pape Benoît XII, le roi d'Aragon lui envoya en présent deux vêtements moresques, l'un de zarzaham broché d'or, l'autre de *ricomas*, enfin un manteau de fine écarlate (*grana*). Que pouvait bien être le *ricomas* ? nous l'ignorons ; malgré nos longues et patientes recherches, nous n'avons trouvé dans aucun ouvrage des détails sur cette étoffe.

ZINCOGRAPHIE. — Procédé inventé en 1828 par Brugnot, et qui consiste à remplacer, pour les cartes géographiques, la pierre lithographique gravée par une planche de zinc.

ZITHER. — Instrument de musique à cordes, originaire de la Hongrie, très employé par les Tsiganes ; nous avons vu, à l'exposition universelle de 1878, ces musiciens pincer du zither.

ZODIAQUE. — Voy. Calendrier (*Pierres de*).

ZOUGGARAH. — Instrument de musique arabe ; c'est une sorte de cornemuse dont le réservoir est formé d'une peau de bouc, à l'une des extrémités duquel se trouvent trois roseaux percés chacun de plusieurs trous qui fournissent des sons variés.

ZOURNA. — Instrument de musique arabe ; c'est une sorte de grand hautbois percé de six ou sept trous sur le devant et d'un seul en dessous. Il existe des zournas de trois dimensions différentes ; on les joue tous avec une anche. Cet instrument est aussi appelé, mais plus rarement, *zamr*.

LISTE

DES PRINCIPAUX COLLECTIONNEURS DU XIXᴱ SIÈCLE (1).

FRANCE.

ABRAM, à Marseille. — *Faïences, ivoires, tableaux modernes, tapisseries.*
ACY (Ern. d'), à Paris. — *Archéologie préhistorique.*
ADHÉMAR (Pierre d'), à Montpellier. — *Curiosités diverses.*
AGASSIS, à Lyon. — *Dessins, estampes.*
AIGOIN, à Paris. — *Céramique.*
AIGREMONT (Léopold d'), à Versailles. — *Dessins, tableaux.*
ALBENAS (baron d'), à Montpellier. — *Superbe collection d'estampes.*
ALBRESPY, à Montauban. — *Céramique, mobilier.*
ALDIN (Gervais d'), à Péronne (Somme). — *Céramique.*
ALKAN aîné, à Paris. — *Livres, tissus.*
ALLÈGRE, à Paris. — *Objets d'art et de la curiosité des XVIIᵉ et XVIIIᵉ siècles.*
ALLEMAND (Hector), à Lyon. — *Dessins, tableaux.*
ANCEL (Marcel), à Saint-Omer. — *Émaux, numismatique française.*
ANDRÉ (Édouard), à Paris. — *Céramique, émaux, terres cuites, verrerie, objets d'étagère.*
ANQUETIL (Dʳ), à Toulouse. — *Céramique, dessins, tableaux.*
ANTHAMAYOU, à Toulouse. — *Tableaux.*
ANTIQ, à Paris. — *Étoffes, mobilier.*
ANTHENAIRE (comtesse d'), à Paris. — *Ivoires.*

ANSARD, à Clermont (Oise). — *Mobilier, tapisseries.*
ARGENCÉ (Arthur d'), à Mayenne. — *Céramique.*
ARLÈS-DUFOUR, à Lyon. — *Tableaux.* — D.
ARMAILLÉ (comte d'), à Paris. — *Armes, céramique, émaux.*
ARMAND, architecte à Paris. — *Céramique, dessins, estampes, numismatique.*
ARMAND, à Paris. — *Bronzes, estampes, médaillons et portraits de la renaissance italienne, numismatique grecque et romaine.*
ARNAVON, à Marseille. — *Faïences marseillaises.*
ARNOULT (Mᵐᵉ), à Paris. — *Mobilier en vernis Martin.*
ARONDEL, à Paris. — *Objets d'art, curiosités diverses.*
AROSA (Gustave), à Paris. — *Id.*
ARTAUD, à Bourges (Cher). — *Miniatures, sigillographie.*
ARTHUR (Ch.), à Condé-sur-l'Escaut (Nord). — *Céramique et mobilier.*
ASSEGOND (Alphonse), à Bernay (Eure). — *Céramique, mobilier.*
ASSIRE, à Rouen. — *Armes et céramique.*
ASTIER, à Toulouse. — *Mobiliers Louis XV et Louis XVI.*
AUBERT (l'abbé), à Poitiers. — *Archéologie, numismatique.*
AUDEOUD (Jules), à Paris. — *Mobilier.*

---

(1) Cette liste ne commence qu'à l'année 1800, et tous les noms des collectionneurs décédés sont suivis d'un D; elle renferme certainement des erreurs et des omissions ; nous serions très reconnaissant envers ceux de nos lecteurs qui voudraient bien nous envoyer des rectifications; nous tiendrons compte de leurs observations, dans une nouvelle édition.   E. B.

LISTE DES PRINCIPAUX COLLECTIONNEURS

Audiat, à Saintes (Charente-Inférieure). — *Curiosités.*
Auger (Alexandre), à Reims. — *Livres à figures du XVIII° siècle.*
Augier, à Marseille. — *Antiquités, numismatique.*
Augier (Ed.), au Mans (Sarthe). — *Céramique.*
Aumale (duc d'), à Chantilly et à Paris. — *Armes, céramique, estampes, livres, mobilier, orfèvrerie, tableaux.*
Aurès, ingénieur à Nîmes. — *Antiquités préhistoriques et gallo-romaines.*
Aymard (Charles), à Lyon. — *Céramique.*
Aymard (Édouard), à Lyon. — *Céramique, mobilier, numismatique, tableaux et tapisseries.*
Azam, à Bordeaux. — *Tableaux.*
Azeglio (comte d'), à Paris et à Turin. — *Curiosités, verres églomisés, faïences, mobilier.*
Azéma, à Castelnaudary (Aude). — *Émaux.*

Bal (Georges), à Paris. — *Tissus.*
Bailleau, à Pierrefitte-sur-Loire (Allier). — *Antiquités préhistoriques, céramique.*
Bapst (T.), à Paris. — *Mobilier.*
Barault, à Châlon-sur-Saône (Saône-et-Loire). — *Numismatique mérovingienne et carolingienne.*
Barbe, à Jublains (Mayenne). — *Antiquités gallo-romaines.*
Barbet de Jouy, à Paris. — *Tableaux, objets d'art.*
Barbier (Ed. et Léon), à Amiens (Somme). — *Céramique.*
Barbieux, à Abbeville (Somme). — *Faïences.*
Bardou (Pierre), à Perpignan. — *Objets d'art et curiosités.*
Baril (Gédéon), à Amiens. — *Céramique, estampes, curiosités diverses.*
Barré, à Beauvais (Oise). — *Céramique, estampes.*
Barry (E.), à Paris et à Toulouse. — *Objets d'art, bibelots, mobilier.* — D.
Bart (Victor), à Versailles. — *Céramique, dessins, tableaux.*
Barthélemy (de), à Paris. — *Numismatique.*
Barthélemy (Jules), à Elbeuf (Seine-Inférieure). — *Céramique, curiosités.*
Basilewski, à Paris. — *Armes, céramique, émaux, ivoires, majoliques, manuscrits, bois sculptés.*
Bassano (duc de), à Paris. — *Peintures, dessins et curiosités.* — D.
Bataille (Eug.), à Versailles. — *Céramique, tableaux.*
Bataille, à Rouen. — *Céramique, mobilier.*
Batigne (Dr Édouard), à Montpellier. — *Céramique.*

Baudot (Félix), à Pagny-la-Ville (Côte-d'Or). — *Objets d'art du moyen âge et de la renaissance.*
Baudou (Dr Auguste), à Mouy près Clermont (Oise). — *Céramique, émaux, ivoires, tableaux.*
Baudrier, à Lyon. — *Céramique et livres.*
Baudrimont (D^r), à Bordeaux. — *Céramique, tableaux.*
Baudry (Alfred), à Rouen. — *Céramique.*
Baudry (Paul), à Rouen. — *Antiquités, céramique.*
Baur, à Paris. — *Costumes, tissus.*
Baye (baron de), au château de Baye (Marne). — *Mobiliers du moyen âge et de la renaissance.*
Bazières, à Reims. — *Céramique, tableaux.*
Beauchamp fils, à Verrières (Vienne). — *Armes.*
Beauffremont (prince de), à Paris. — *Objets d'art et curiosités.*
Beaulincourt (comte de), à Paris. — *Archéologie préhistorique.*
Beaupré, à Nancy (Meurthe-et-Moselle). — *Estampes, numismatique, tableaux.*
Beaussier (comte de), à Paris. — *Céramique, manuscrits, mobilier, objets d'art du XVII° siècle.*
Beauvillé (de), à Paris. — *Objets d'art.*
Beauvillé (de), à Montdidier (Somme). — *Manuscrits.*
Béchillon (l'abbé), à Poitiers. — *Émaux, numismatique.*
Bègue (D^r), à Albi (Tarn). — *Faïences, tableaux.*
Bellegarde (A. de), à Paris. — *Armes et objets d'art.*
Bellenot (de), à Paris. — *Tapisseries des XVI° et XVII° siècles.*
Belleyme (Auguste de), à Paris. — *Céramique du XVII° siècle, mobilier, miniatures, numismatique, objets d'art de la renaissance.*
Bellier de la Chevignerie (E.), à Chartres (Eure-et-Loir). — *Curiosités.*
Bellom, à Beauvais (Oise). — *Céramique, mobilier.*
Bellon, à Rouen. — *Terre cuite de Tanagra, verrerie antique.*
Belon, à Saint-Nicolas-lez-Arras. — *Curiosités gauloises, romaines et mérovingiennes.*
Bénazet, à Paris. — *Instruments de musique.*
Bérard, à Chinon (Indre-et-Loire). — *Estampes.*
Béraudière (de la), à Paris. — D.
Berger (Georges), à Paris. — *Céramique, mobilier.*
Bergès, à Auch (Gers). — *Numismatique.*
Bergès, à Toulouse. — *Céramique, tableaux.*
Bernard, à Lyon. — *Tableaux.*
Bernard, à Nantes. — *Estampes.*
Bernard, à Pont-l'Évêque (Calvados). — *Mobilier, tableaux.*

BERNARD, aux Folies-Chaillon, près Nantes. — *Céramique, mobilier.*

BERNE (L.), à Lyon. — *Tableaux.*

BERNÈDE (D^r), à Agen (Lot-et-Garonne). — *Instruments de musique.*

BERTHAUT, à Montdidier (Somme). — *Mobilier, tableaux.*

BERTIN, au Mans (Sarthe). — *Céramique.*

BERTRAND, à Moulins (Allier). — *Céramique, antiquités gallo-romaines de Lezoux (Puy-de-Dôme).*

BERTRAND (Louis), à Paris. — *Plats en argent, en cuivre, en étain des XVIIe et XVIIIe siècles.*

BESSONS, à Orléans. — *Armes, céramique.*

BETTIGNIES (Maximilien de), à Saint-Amand-les-Eaux (Nord). — *Céramique.*

BEURDELEY (A.), à Paris. — *Émaux de Limoges, mobilier, porcelaine de Sèvres.*

BÉZARD, à Paris. — *Collection de tapisseries provenant du château d'Anet. (Travail flamand du XVIe siècle.)*

BILLON (Mme), à Lisieux (Calvados). — *Curiosités.*

BILLARD DE SAINT-LAUMIER, à Chartres (Eure-et-Loir). — *Numismatique.*

BILLAUT (D^r), à Onzain (Loir-et-Cher). — *Céramique.*

BISCHOFFSHEIM, à Paris. — *Objets d'art, curiosités diverses, tableaux.*

BIZOT (Jules), à Lyon. — *Céramique, estampes.*

BLACAS (duc de), à Paris. — *Antiquités.* — D.

BLAIZEL (marquis du), à Paris. — D.

BLANC (Charles), à Paris. — *Estampes.* — D.

BLANCHET, à Paris. — *Céramique.*

BLANDÉ, à Agen. — *Mobilier.*

BLAVAT, à Reims. — *Antiquités romaines. (Bijoux, poteries et monnaies.)*

BLIGNY D'ESSONVILLE, à Paris. — *Tapisseries flamandes du XVIe siècle, marbres italiens du XIVe, orfèvrerie des XVe et XVIe siècles.*

BLONDEL (Évariste), à Paris. — *Miniatures, objets du XVIIe siècle.*

BOCHER (Emmanuel), à Paris. — *Tissus.*

BOIN, à Bourges (Cher). — *Ivoires, tableaux.*

BOINVIN, à Bourges. — *Céramique.*

BOIS (du), à Saint-Brieuc (Côtes-du-Nord). — *Céramique.*

BOISBOISSEL (de), à Guingamp (Côtes-du-Nord). — *Armes, céramique.*

BOISMONT, à Paris. — *Céramique.*

BOISSET (M. de), à Lyon. — *Céramique.*

BOISSIÈRES (baron de), à Paris. — *Objets d'art, curiosités.*

BOISSIEU (Alphonse de), à Lyon. — *Dessins et estampes de J.-J. de Boissieu.*

BONARDEL, à Blois (Loir-et-Cher). — *Céramique.*

BONNAFÉ (Edmond), à Paris. — *Marbres du XVIe siècle, objets d'art de la renaissance.*

BONNAFOUS (D^r), à Perpignan. — *Numismatique.*

BONNAFOUS DE VERDALE, à Toulouse. — *Curiosités, livres.*

BONAL (D^r), à Nice. — *Céramique, tapisseries.*

BONNARDOT (A.), à Paris. — *Estampes.*

BONNET (Dr H.), à Mayenne. — *Livres anciens.*

BONNIÈRE (D^r de), à Paris. — *Céramique.*

BORDERIE (Arthur de la), à Rennes (Ille-et-Vilaine). — *Livres bretons, impressions bretonnes.*

BORDIER, à Amiens (Somme). — *Céramique.*

BORNÈQUE, à Beaucourt (Haut-Rhin). — *Archéologie, céramique, numismatique.*

BORRIGLIONE, à Nice. — *Tableaux.*

BORTHON, à Dijon (Côte-d'Or). — *Dessins, mobilier, tableaux, terres cuites.*

BOSC (Ernest), architecte à Paris. — *Autographes, dessins, tableaux.*

BOUCHÉ-LECOMTE, à Douai. — *Boiseries sculptées, céramique.*

BOUCHET, architecte au Mans. — *Céramique.*

BOUILLET, à Clermont-Ferrand. — *Antiquités gallo-romaines, émaux, numismatique, iconographie auvergnate.*

BOULEZ, à Autun (Saône-et-Loire). — *Céramique.*

BOULY DE LESDAIN, à Beauvais. — *Céramique, instruments de musique.*

BOURGEAT (J.-M.), à Lyon. — *Céramique, orfèvrerie, tableaux.*

BOURNONVILLE (Eugène de), à Compiègne (Oise). — *Dessins, tableaux.*

BOUSCHET DU BERNARD, à Albi (Tarn). — *Céramique, émaux.*

BOUVIER, à Amiens. — *Objets d'art divers.* — D.

BOVET (de), à Grenoble. — *Numismatique.*

BOY, à Paris. — *Bois sculptés.*

BOYER (Hippolyte), à Bourges. — *Numismatique.*

BROELMAN (Arthur), à Lyon. — *Manuscrits.*

BRANICKI (le comte de), au château de Montrésor, près Tours. — *Objets d'art polonais.*

BRANTÔME (Stéphan), à Poitiers. — *Céramique, curiosités diverses.*

BRÉAUTÉ (Eug.), à Vernon (Eure). — *Bois sculptés, ferronnerie.*

BRESSON, architecte à Lyon. — *Estampes, livres à figures, numismatique.*

BRETAGNE, à Nancy. — *Numismatique.*

BRETESCHE (marquis de la), à Nantes. — *Numismatique.*

BRETON (Gaston Le), à Rouen. — *Céramique, mobilier, terres cuites de Tanagra, tapisseries.*
BRIGES (comte de), à Paris. — *Objets d'art du XVIIIe siècle.*
BRISMONTIER, à Laon (Aisne). — *Céramique, objets gallo-romains.*
BRISSART, à Reims. — *Miniatures, objets d'étagère.*
BRISSOT DE WARVILLE, à Compiègne. — *Céramique, curiosités.*
BROC DE SEGANGES (du), à Paris. — D.
BROET, à Paris. — D.
BROGLIE (prince de), à Chaumont (Loir-et-Cher). — *Céramique.*
BROISE (marquis de la), à Laval (Mayenne). — *Curiosités.*
BROSSARD, à Lyon. — *Tissus.*
BROUSSE (Mme), à Blois. — *Tableaux.*
BRUA, à Montauban. — *Céramique.*
BRUGUIÈRE DE LA MOTTE, à Montluçon (Allier). — *Numismatique.*
BRUNET (Ernest), à Saint-Omer (Pas-de-Calais). — *Antiquités gallo-romaines, émaux, numismatique.*
BRUYAS, à Lyon. — *Estampes, livres à figures, curiosités.*
BUHET, à Saint-Étienne (Loire). — *Autographes manuscrits sur vélin, miniatures.*
BULLIOT, à Autun (Saône-et-Loire). — *Archéologie gauloise et gallo-romaine, céramique, mobilier, tableaux.*
BUNEL, à Toulouse. — *Mobilier.*
BURE (Albert de), à Moulins (Allier). — *Curiosités.*
BUREL, à Lyon. — *Céramique, ivoires, marbres, numismatique, tapisseries.*
BUREY (vicomte de), à Évreux (Eure). — *Numismatique.*
BURGER, à Paris. — *Peintures et dessins.*
BURNOUF, à Paris. — *Manuscrits et objets du Japon.*
BURTY (Philippe), à Paris. — *Estampes, tableaux, objets du Japon.*
BUSSIÈRE DE NERCY, à Melun (Seine-et-Marne). — *Céramique, mobilier.*
BUTENVAL, à Paris. — *Mobilier, objets d'art divers.*

CAÏEU-MOREL, à Abbeville (Somme). — *Faïences.*
CAIX DE SAINT-AYMOUR, à Paris. — *Sigillographie.*
CALLEMARD, à Lyon. — *Tableaux.*
CALONE (vicomte de), à Paris. — *Tableaux, pierres gravées.*
CAMBACÉRÈS (duc de), à Paris. — *Antiquités.*
CAMBIS-ALLAIS (comtesse de), à Paris. — *Céramique, émaux, mobilier de la renaissance.*

CAMPEAU (René de), à Vorges-sous-Laon (Aisne). — *Céramique.*
CAMPISTRON, à Toulouse. — *Mobilier.*
CAMPROGER, à Caen (Calvados). — *Céramique.*
CANDON, à Dozulé (Calvados). — *Numismatique.*
CANÉTO (l'abbé), à Auch (Gers). — *Archéologie du moyen âge.*
CANNETTEMONT (Mlle), à Arras. — *Céramique.*
CANONGE (Jules), à Nîmes (1). — *Céramique, dessins, mobilier.* — D.
CAPEDEVILLE, à Saint-Sever-sur-Adour (Landes). — *Céramique.*
CAPOUL (Victor), à Toulouse. — *Mobilier.*
CARAPANOS (Constantin), à Paris. — *Bronzes antiques grecs, statuettes, numismatique,* etc.
CARDEVACQUE (Adolphe de), à Arras (2). — *Céramique.*
CARTHAILLAC (E.), à Toulouse (3). — *Antiquités préhistoriques.*
CARTIER, à Paris. — *Bois sculptés.*
CARTON-DESMOUTIERS, à Paris. — *Mobilier.*
CASSAN (D^r), à Albi (Tarn). — *Bronzes gallo-romains, céramique, mobilier.*
CASTI, à Douai. — *Céramique.*
CASTI (Charles), à Orléans. — *Peintures, mobilier, tapisseries.*
CASTEL, à Saint-Omer. — *Numismatique.*
CASTILLON (Léopold), à Louviers (Eure). — *Céramique, mobilier.*
CAVALIER (C.), à Montpellier. — *Curiosités.*
CAYROC, à Cordes (Tarn). — *Armes, horlogerie, numismatique.*
CAZAL, à Toulouse. — *Tableaux.*
CAZENOVE (Raoul de), à Lyon. — *Céramique, tapisseries.*
CÉLÉRIER, au Mans (Sarthe). — *Bronzes, céramique, ivoires.*
CERNUSCHI, à Paris. — *Bronzes du Japon.*
CESBRON fils, à Poitiers. — *Armes.*
CHABAS, à Châlon-sur-Saône (Saône-et-Loire). — *Collection égyptienne.* — D.
CHABRIÈRES-ARLÈS (M.), à Lyon. — *Armes, céramique, dinanderie, mobilier, serrurerie, tapisseries.*
CHABRILLAN (comte de), au château de Thugny (Ardennes). — *Mobilier, tableaux.*

---

(1) Par testament, ce collectionneur a laissé ses dessins au musée Fabre, à Montpellier ; un dessin de Michel-Ange au Louvre, et sa collection de faïences au musée de Narbonne.
(2) Auteur de divers ouvrages sur le département du Pas-de-Calais.
(3) Auteur de divers ouvrages et d'une publication périodique : *Matériaux pour l'histoire primitive de l'homme.*

CHAIGNON (Albert), à Sillé-le-Guillaume, près le Mans. — *Dessins, tableaux.*
CHAIX-D'EST-ANGE, à Paris. — *Livres.* — D.
CHALAIS (prince de), à Saint-Aignan (Loir-et-Cher). — *Tableaux.*
CHALANDE, à Toulouse. — *Bronzes, numismatique.*
CHALANDON (Emmanuel), à Lyon. — *Bronzes, orfévrerie.*
CHAMBERT, à Toulouse. — *Dessins, mobilier de la renaissance.*
CHAMBOST (de), à Lyon. — *Mobilier.*
CHAMPCHEVRIER (baronne de), à Tours et à Bonneuil-Matoux. — *Céramique, curiosités.*
CHAMPFLEURY, à Sèvres. — *Faïence de la période républicaine et imagerie populaire.*
CHANGARNIER, à Beaune (Côte-d'Or). — *Antiquités préhistoriques, numismatique gauloise.*
CHANTRE (Ernest), à Lyon (1). — *Archéologie préhistorique.*
CHAPELAIN, au Mans. — *Archéologie préhistorique.*
CHAPER (Eugène), à Grenoble. — *Antiquités gallo-romaines.*
CHARCOT (Dr), à Paris. — *Céramique.*
CHARMEIL, à Bourges. — *Céramique, tableaux.*
CHARPENTIER, à Marseille. — *Numismatique.*
CHARVET, à Beauvais (Oise). — *Curiosités.*
CHARVET, à Paris. — *Antiquités, céramique gauloise et romaine, numismatique, verrerie.*
CHARVET (Dr), à Grenoble. — *Éperons, mors, brides, harnais, rosettes,* etc.
CHASSAN (Alphonse), à Évreux. — *Livres.*
CHASTEIGNIER (de), au château de Girandières, près Poitiers. — *Bijoux préhistoriques, numismatique, tableaux.*
CHATEL, à Lyon. — *Chapes, chasubles, étoffes orientales du moyen âge, tapisseries.*
CHATELIN, à Lyon. — *Bronzes, céramique, dessins, tableaux.*
CHAUSSADE (de la), à Nevers. — *Céramique, mobilier.* — D.
CHAUVET (Ern. de), à Saint-Quentin (Aisne). — *Céramique, tableaux, curiosités diverses.*
CHAZIÈRES (Jean de), à Lyon. — *Estampes.*
CHÉDEAU (Charles), à Mayenne. — *Céramique, laques, numismatique.*
CHENNEVIÈRES (marquis de), à Paris. — *Estampes, tableaux.*
CHEVRIER, à Châlon-sur-Saône (Saône-et-Loire). — *Numismatique gauloise et romaine, archéologie préhistorique.*

CHIÈVRES (Robert de), à Poitiers. — *Céramique, curiosités diverses.*
CHIMAY (prince de), à Paris. — *Objets d'art et curiosités.*
CHOMAT, à Toulouse. — *Armes et armures.*
CLAPISSON, à Paris. — *Instruments de musique.*
CLARY (vicomte), à Saint-Cyr-lez-Tours. — *Tableaux, mobilier.*
CLAUSSADE, à Montauban. — *Curiosités.*
CLAUSSADE (de), à Toulouse. — *Céramique, orfévrerie, numismatique.*
CLERC (vicomte), à Paris. — *Mobilier.*
CLERC-BARON, à Paris. — *Bronzes d'art du XVIIIe siècle.*
CLÉREMBAULT (de), à Bourges. — *Céramique, tableaux.*
CLICQUOT (Eug.), à Reims. — *Émaux, ivoires, tableaux.*
CLOSMADEUC (Dr de), à Vannes. — *Archéologie préhistorique.*
COFFINET (l'abbé), à Troyes (Aube). — *Manuscrits et numismatique.*
COIPEL, à Blois. — *Céramique.*
COLLET, à Soissons (Aisne). — *Céramique.*
COLLET (F.), à Vermand (Aisne). — *Céramique, curiosités diverses.*
COLOMIES (Adrien), à Toulouse. — *Céramique, mobilier.*
COLSON (Dr A.), à Noyon (Oise). — *Numismatique, tableaux.*
COMMINES DE MARSILLY, à Paris. — *Antiquités, curiosités diverses, bas-reliefs grecs.*
COMPAGNON, architecte à Clermont-Ferrand. — *Armes, céramique, objets d'art de la renaissance.*
CONDAMINE (de), à Bourges. — *Chinoiseries, tableaux.*
CONROUX, à Compiègne (Oise). — *Armes.*
CONSEIL, à Saint-Brieuc (Côtes-du-Nord). — *Numismatique.*
CONSTANTIN (Alexandre), à Fécamp (Seine-Inférieure). — *Numismatique.*
CONTEJAN, à Poitiers. — *Numismatique.*
COQUERT (Dr), à Paris. — *Céramique du XVIIIe siècle, objets gallo-romains.*
CORMENIN (baron de), à Paris. — *Mobilier, objets d'art divers.*
CORROYER (Édouard), architecte à Paris. — *Émaux et ivoires du moyen âge, sculptures et bois sculptés des XVe et XVIe siècles.*
COSSÉ-BRISSAC (comte de), à Paris. — *Antiquités et curiosités grecques.*
COSTA DE BEAUREGARD (comte), à Paris. — *Objets de l'âge de bronze.*

---

(1) Auteur de plusieurs ouvrages importants sur les antiquités préhistoriques.

Coste, à Carcassonne (Aude). — *Céramique, dessins, tableaux.*
Coste (Charles), à Toulouse. — *Céramique, mobilier, orfèvrerie.*
Cotteau (Gustave), à Auxerre (Yonne). — *Objets d'art anciens, céramique.*
Cottier (Maurice), à Paris. — *Bronzes, miniatures.*
Cottigny, à Montreuil-sur-Mer (Pas-de-Calais). — *Estampes.*
Counhay, à Suippes (Marne). — *Antiquités gauloises, romaines et gallo-romaines.*
Courajod (Louis), à Paris. — *Objets du moyen âge.*
Courcelles (baron Alphonse), à Paris. — *Objets d'art et bibelots.*
Courel (Henri), à Lisieux (Calvados). — *Céramique, mobilier.*
Courmault, à Paris. — *Curiosités diverses.*
Courtils (marquise de), à Poitiers. — *Antiquités, tableaux.*
Courtrai, à Douai. — *Céramique, grès flamand, tableaux.* — D.
Courval (comte de), à Paris. — *Armes.*
Cousin (Jules), à Paris. — *Livres.*
Cousin, à Blois. — *Céramique.*
Coutant (Paul), à Reims. — *Mobilier.*
Crampon (Paulin), à Paris. — *Porcelaine de la Chine et du Japon.*
Crazannes (de), à Toulouse. — *Numismatique.*
Creton de Sainte-Marie, à Amiens. — *Tableaux et curiosités.*
Crochet (Louis), à Lyon. — *Ivoires, tableaux.*
Cuisine (Henri de), à Dijon. — *Curiosités.*
Cupère-Testelin, à Cambrai (Nord). — *Céramique, tableaux.*
Curzon (de), à Orléans. — *Armes, céramique, émaux.*
Cusco (D^r), à Paris. — *Céramique.*
Cussac (Emile), à Lille. — *Céramique.*
Czartoriski (prince de), à Paris. — *Armes, étoffes, mobilier de la renaissance et du XVIIe siècle, tableaux.*

Daire (H.), à Sedan (Ardennes). — *Tableaux.*
Dalloz (Paul), à Paris. — *Tableaux, curiosités.*
Damain, à Paris. — *Tissus, étoffes brodées.*
Damaschino (D^r), à Paris. — *Objets d'art et bibelots.*
Damour, à Paris. — *Céramique, émaux, tableaux.*
Dancoisne, à Saint-Omer. — *Numismatique.*
Danicourt (Alfred), à Péronne (Somme). — *Numismatique gauloise, beaux spécimens de médailles.*

Danjou de la Garenne (Th.), à Rennes (Ille-et-Vilaine). — *Antiquités préhistoriques.*
Darcel (A.), à Paris. — *Objets d'art du moyen âge et de la renaissance.*
Dard (le baron), à Aire-sur-la-Lys (Pas-de-Calais). — *Gravures.*
Dard, à Dijon (Côte-d'Or). — *Armes, tableaux, objets d'art du moyen âge.*
Dard, à Caen. — *Tableaux.*
Dardeau, à Issoudun (Indre). — *Céramique, dessins, tableaux.*
Dargence, à Pont-l'Évêque (Calvados). — *Mobilier, curiosités.*
Darse (Albert), à Figeac (Lot). — *Céramique.*
Daulé, à Versailles. — *Céramique, curiosités diverses.*
Dauphinot (Adolphe), à Reims. — *Estampes, livres et reliures.*
Dauphinot (Simon), à Reims. — *Céramique, tableaux.*
Dausse (Camille), à Amiens. — *Faïence de Moustiers.*
Daux (marquis), à Saint-Léonard de Louplande, près le Mans. — *Argenterie, mobilier, curiosités diverses.*
Daverne, à Vimoutiers (Orne). — *Céramique, mobilier.*
Davillier père, à Paris. — *Céramique.*
Davillier, à Paris. — *Ivoires, ornements céramiques, mobilier, tapisseries.*
Davoust (Émile), à Orléans. — *Émaux, estampes, ivoires.*
Decamps (Ernest), à Toulouse. — *Armes et armures.*
Decomble, à Toulouse. — *Dessins, mobilier.*
Dejardin, à Lille. — *Céramique.*
Delaborde (Henri), à Paris. — *Objets d'art du moyen âge.*
Delaby (E.), à Courcelles-lez-Lens (Pas-de-Calais). — *Estampes, dessins.*
Delahante (Gustave), à Paris. — *Miniatures remarquables.*
Delaherche (Alexandre), à Beauvais (Oise). — *Bijoux, céramique, dentelles, livres, numismatique, serrurerie du moyen âge, tapisseries.*
Delamotte, à Paris. — *Orfèvrerie.*
Delamotte (Mme), à Pont-l'Évêque (Calvados). — *Céramique, mobilier.*
Delannoy, à Lille. — *Tableaux.*
Delaporte, à Lisieux (Calvados). — *Antiquités gallo-romaines.*
Delatre, à Cambrai. — *Antiquités diverses, mobilier, sculptures.*
Delisle (Léopold), à Paris. — *Psautiers, livres anciens.*

DELMAS, à Montauban. — *Dessins, émaux.*
DELMAS, à Semur (Côte-d'Or). — *Numismatique.*
DELOBEL, à Mamers (Sarthe). — *Tableaux.*
DELORME, à Saint-Omer. — *Numismatique.*
DELPECH, à Amiens. — *Faïences.*
DEMARQUETTE, à Harnes, près Béthune (Pas-de-Calais). — *Archéologie, mobilier des Flandres, boiseries sculptées.*
DENIÈRE, à Paris. — *Orfévrerie, mobilier, tissus.*
DEPRET, à Paris. — *Instruments de musique.*
DESCHAMPS DE PAS, à Saint-Omer. — *Numismatique et sigillographie locales.*
DESGRAND (Louis), à Lyon. — *Estampes, tableaux.*
DESLONGCHAMPS (Dr Raoul), à Saumur (Maine-et-Loire). — *Tableaux.*
DESMARSCAUX, à Lille. — *Tableaux.*
DEMEUNYNCK (Auguste), à Lille. — *Céramique, mobilier, numismatique.*
DESMOTTES, à Paris. — *Bois sculptés et sculptures en bois.*
DESMOTTES (Aimé), à Lille. — *Céramique, mobilier, tableaux des écoles françaises, italiennes, allemandes du XIIIᵉ au XVIIᵉ siècle.*
DESMOULINS, à Reims. — *Céramique, tableaux, bibelots.*
DESNOYERS, à Paris. — *Archéologie gauloise, grecque et romaine, boiseries sculptées.*
DESNOYERS, à Orléans. — *Céramique, numismatique.*
DESPIÈRES (G.), à Alençon (Orne). — *Céramique, estampes, tableaux.*
DESPONT, à Auch (Gers). — *Céramique.*
DESSAIGNES, à Champigny (Loir-et-Cher). — *Céramique.*
DESSOLLIERS, à Paris. — *Autographes, affiches illustrées.*
DESTAILLEURS, architecte à Paris. — *Estampes, mobilier.*
DEUILLIN (Eug.), à Épernay (Marne). — *Céramique.*
DEVANAUX, à Montdidier (Somme). — *Faïences.*
DEVAUX, à Bourges (Cher). — *Armes.*
DIANCOURT, à Reims. — *Objets d'art et livres à figures.*
DIDIER (Henri), à Paris. — *Objets d'art divers.*
DIDOT (Alfred Firmin-), à Paris. — *Estampes, manuscrits, miniatures, ivoires, objets d'art divers.*
DIMPRE (Oswald), à Abbeville. — *Archéologie romaine et gallo-romaine, céramique.*
DOAT (Victor), à Albi. — *Tableaux.*
DOBRÉ (Thomas), à Nantes. — *Estampes, numismatique.*
DOISTEAU (Félix), à Pantin (Seine). — *Faïences*

de Delft, de Rouen; pastels, miniatures du XVIIIᵉ siècle, orfévrerie, mobilier.
DONGÉ, à Paris. — *Orfévrerie.*
DORAD (Dr), à Aix-les-Bains (Savoie). — *Archéologie romaine.*
DORGEVILLE, à Montdidier (Somme). — *Faïences et tableaux.*
DOUBLE (Léopold), à Paris. — *Collection d'objets d'art de tous genres, principalement de l'époque Louis XVI.* — D.
DOUCET, à Bayeux (Calvados). — *Numismatique.*
DOUGLAS (comte de), au château de Montréal, près Nantua (Ain). — *Manuscrits, sigillographie.*
DOULÉ (Charles), à Lieurey (Eure). — *Estampes, numismatique.*
DRAKE DEL CASTILLO (Jacques), au château de Candé, près Tours. — *Céramique.*
DREYFUS (Ferdinand), à Paris. — *Antiquités, curiosités diverses.*
DREYFUS (Gustave), à Paris. — *Bronzes, antiquités grecques, orfévrerie, objets d'art de la renaissance.*
DROUIN (Léo), architecte à Bordeaux. — *Archéologie, céramique, estampes.*
DRUELLE (A.), à Douai. — *Boiseries sculptées, mobilier, grès flamand.*
DUBOCQ (Henri) à Moreuil (Somme). — *Faïences mobilier renaissance.*
DUBOIS, à Paris. — *Miniatures.*
DUBOIS, à Amiens. — *Numismatique.*
DUBOIS (Ch.), à Versailles. — *Céramique, ivoires.*
DUBOYS (Émile), à Angers. — *Tableaux, objets d'art.* — D.
DUBREUIL (Dr), à Bordeaux. — *Tableaux.*
DUCOIN (A.), à Lyon. — *Manuscrits sur vélin, miniatures, émaux.*
DUCROCQ, à Poitiers. — *Numismatique.*
DUFOUR, à Amiens. — *Antiquités, faïences.*
DUFOUR-LEQUEUX, à Reims. — *Tapisseries françaises et flamandes, mobilier.*
DUGASSEAU, au Mans. — *Céramique.*
DUMENIL, à Paris. — *Estampes, dessins.*
DUMENIL, à Rouen. — *Gravures.*
DUMOUTIER (Gustave), à Paris. — *Archéologie préhistorique.*
DUMOUSTIER, à Sedan. — *Curiosités.*
DUNANT (Camille), à Annecy (Haute-Savoie). — *Mobilier, tableaux.*
DUPONT, à Alençon (Orne). — *Céramique.*
DUPONT-AUBERVILLE, à Paris. — *Argenterie, faïences de Palissy, tissus.*
DUPRÉ (Baptiste), à Poitiers. — *Curiosités diverses.*

DUPRESSOIR (Julien), à Clermont (Oise). — *Estampes, mobilier.*
DUPREZ (Honoré), à Neuville-Saint-Remi (Nord). — *Tableaux et curiosités diverses.*
DUPUIS (Dr), à Beauvais (Oise). — *Céramique.*
DUPUIS, à Saint-Omer. — *Céramique et numismatique.*
DUPUY (Charlemagne), à Saumur. — *Ivoires, mobilier.*
DUQUENELLE, à Reims. — *Superbe collection d'antiquités romaines. (Émaux, médailles, poteries, verreries, etc.)*
DURAND (Alphonse), à Nantes. — *Tableaux.*
DURAND (Henri), architecte à Nîmes. — *Tableaux et dessins de Xavier Sigalon.*
DURDILLY, à Lyon. — *Bronzes, céramique, ivoires, numismatique, tableaux.*
DURIEUX, à Cambrai. — *Curiosités et dessins.*
DURINGER, à Vaire-sous-Corbie (Somme). — *Numismatique.*
DURION, à Lyon. — *Armes, céramique chinoise.*
DUSEIGNEUR, à Lyon. — *Armes, chinoiseries.*
DUSSAUSAY, à Chartres (Eure-et-Loir). — *Céramique, mobilier.*
DUTUIT (E.), à Rouen. — *Antiquités, bronzes, céramique, gravures, mobilier, tableaux, objets d'art de toute sorte. Collection très remarquable.*
DUVETTE (Mme), à Amiens. — *Faïences.*
DZALINSKA (comtesse), à Paris. — *Mobilier, objets d'art divers.*
DZIALINSKI, à Paris. — *Argenterie de la renaissance, céramique grecque, émaux, armes de bronze.*

EPHRUSSI (Charles et Michel), à Paris. — *Bois sculptés, bronzes, tapisseries, objets d'art de l'époque ogivale.*
ERLANGER (baron d'), à Paris. — *Tapisseries.*
ESCAMPS (d'), à Paris. — *Céramique.*
ESCLAIBES (comte d'), à Douai. — *Livres.*
ESCOSURA, à Paris. — *Instruments de musique.*
ESGRINY (comte d'), à Nîmes. — *Tableaux.*
ESMONNOT, architecte à Moulins (Allier). — *Antiquités gallo-romaines.*
ESQUIÉ, architecte à Toulouse.— *Archéologie locale.*
ESTOR, à Montpellier. — *Céramique.*
ÉTIENNE, à Paris. — *Mobilier.*
EUDEL (Paul), à Paris (1). — *Bronzes, émaux, mobilier, orfèvrerie française.*
EVEN (Charles), à Saint-Brieuc (Côtes-du-Nord). — *Numismatique romaine.*

FABRE, à Montpellier, fondateur du musée qui porte son nom. — *Tableaux, dessins, etc.* — D.
FALIZE, à Paris. — *Étoffes brochées et costumes brodés.*
FANARD, à Reims. — *Argenterie, miniatures.*
FARCY (Louis de), à Angers. — *Etoffes, tapisseries.*
FAU, à Paris. — *Faïences italiennes, tapisseries.*
FAU (Dr), à Doulens (Somme). — *Antiquités, céramique.*
FAUCHEUX (Dr), à Douai. — *Céramique, mobilier.*
FAURE, à Paris. — *Tableaux.*
FAVIER (A.), à Douai. — *Mobilier, tapisseries, grès flamands, livres et manuscrits précieux.*
FAVRE (Félix), à Paris. — *Tableaux, tissus.*
FAVRE DE THIERRENS (Charles), à Avignon. — *Céramique, mobilier, tableaux.*
FAVRE DE THIERRENS (Ernest), à Nîmes. — *Céramique, mobilier, tableaux.*
FAYET, à Paris. — *Céramique, estampes, tableaux.*
FAYET (Dr), à Chartres (Eure-et-Loir). — *Céramique.*
FERRET, à Clermont (Oise). — *Céramique, estampes, mobilier.*
FEUILLET DE CONCHES, à Paris. — *Objets d'art, estampes.*
FEUILLOY, à Sénarpont (Somme). — *Céramique, tableaux.*
FILLION, à Compiègne (Oise). — *Céramique, tableaux.*
FINET, à Arras (Pas-de-Calais). — *Céramique, livres.*
FIRMIN-DIDOT, voy. DIDOT.
FIVEL (Th.), architecte à Chambéry. — *Numismatique gauloise et romaine, tableaux.*
FLERS (marquis de), à Cour-sur-Loir (Loir-et-Cher). — *Autographes, tableaux.*
FLEURY (Mme), à Chartres (Eure-et-Loir). — *Céramique.*
FLEURY (Ed.), à Vorges-sous-Laon (Aisne). — *Estampes.*
FLEURIÈRE (de la), à Pont-de-l'Arche (Eure). — *Porcelaines vieux sèvres, Chine et Japon.*
FLORIVAL, à Abbeville. — *Céramique, mobilier.* — D.
FONTENEILLE (Paul de), à Cahors (Lot). — *Curiosités.*
FORAY, à Lyon. — *Céramique, livres, mobilier.*
FORESTIÉ (Édouard), à Montauban (1). — *Céramique.*

---

(1) Auteur d'un volume intéressant intitulé : *l'Hôtel Drouot en 1881*, Paris, Charpentier.

(1) Auteur d'un ouvrage intitulé : *les Anciennes Faïences de Montauban.*

FORNARI (Charles), à Sillé-le-Guillaume, près le Mans. — *Chinoiseries.*
FORTIN (Hipp.), à Vimoutiers (Orne). — *Tableaux.*
FORTOU (René de), à Montpellier. — *Céramique.*
FOUCART (Ch.), à Douai. — *Céramique, mobilier.*
FOULC (Edmond), à Paris. — *Bronzes, dessins, livres à figures, marbres et mobilier de la renaissance, tapisseries. Superbe faïence de Luca della Robbia.*
FOULC, à Sinceny (Aisne). — *Faïences de Sinceny.*
FOULD (Édouard), à Paris. — *Bijoux, mobilier, tableaux, tapisseries.*
FOULD (Léon), à Paris. — *Objets d'art divers.*
FOULD (Louis), à Paris. — *Tableaux et tapisseries.* — D.
FOULON (Dr), à Nantes. — *Tableaux et tapisseries.*
FOURNIER, à Marseille. — *Figurines grecques, numismatique, statuettes égyptiennes, vases arabes et japonais.*
FOURNIER, à Paris. — *Faïences de Palissy, porcelaines.*
FRACHON (l'abbé), à Annonay (Ardèche). — *Curiosités, antiquités locales.*
FRAISSINET, à Marseille. — *Tableaux modernes.*
FRANCOU, architecte à Auch (Gers). — *Tableaux et objets d'art.*
FRÉZALS (E. de), à Compiègne (Oise). — *Objets d'étagère, bijoux et boîtes.*
FROBERVILLE (de), à Chailles (Loir-et-Cher). — *Argenterie, objets d'étagère, verrerie de Bohême et de Venise.*
FROMONT (Auguste), à Lille. — *Numismatique.*
FROSSARD (Charles), à Bagnères-de-Bigorre (Hautes-Pyrénées). — *Archéologie préhistorique, grecque et gallo-romaine.*
FROSSARD (L. Ch.), à Paris. — *Estampes, livres et médailles relatifs au protestantisme.*
FULGENCE, à Paris. — *Objets d'art, tableaux.*
FURBY (Alcide), à Aix-en-Provence. — *Tableaux.*

GABORIT DE LA BROSSE, à Poitiers. — *Curiosités, mobilier.*
GAERTNER, à Bourges. — *Céramique mexicaine.*
GAILHARD (Pierre), à Paris. — *Armes.*
GAILLARD, à Plouharnel (Morbihan). — *Archéologie préhistorique.*
GAILLARD DE LA DIONNERIE, à Poitiers. — *Armes, céramique, mobilier, tableaux.*
GALAIS, à Tours. — *Céramique, dentelles, ivoires.*
GALAMETZ (de), à Arras. — *Tableaux, peintures diverses.*
GALBERT (de), à Grenoble. — *Archéologie préhistorique.*

GALLAY, à Paris. — *Instruments de musique.*
GALY (Paul), à Périgueux (Dordogne). — *Dessins, tableaux.*
GALY (Dr), à Périgueux. — *Dessins, numismatique, tableaux.*
GAREISO (l'abbé), à Nîmes. — *Antiquités gallo-romaines et archéologie.*
GARIEL (E.), à Paris. — *Numismatique carolingienne, médaillons de Nini.*
GARNIER (Ed.), à Paris. — *Céramique et bois sculptés.*
GARNIER (G.), à Bayeux (Calvados). — *Livres.*
GARRET (L.), à Amiens. — *Mobilier, tableaux.*
GARRIGOU (Félix), à Toulouse. — *Archéologie préhistorique.*
GASNIER, à Vimoutiers (Orne). — *Céramique, estampes, mobilier.*
GAUDECHON (Octave), à Péronne (Somme). — *Numismatique, manuscrits.*
GAUGAIN, à Caen. — *Mobilier, tableaux.*
GAULTIER DU MOTTAY, à Saint-Brieuc (Côtes-du-Nord). — *Numismatique gauloise.*
GAUTIER, à Paris. — *Boiseries sculptées.*
GAVET (Émile), architecte à Paris. — *Bronzes, céramique, objets d'art du moyen âge et de la renaissance, boiseries sculptées, tapisseries.*
GAY (Victor), architecte à Paris. — *Objets d'art du moyen âge et de la renaissance, bibelots.*
GÉLIS-DIDOT, architecte à Paris. — *Armures, manuscrits.*
GÉNIN (Aug.), à Lyon. — *Céramique, mobilier, tableaux.*
GÉNIN (Émile), à Lyon. — *Céramique, livres, tableaux.*
GENNES (de), à Douai. — *Orfèvrerie, tableaux, bibelots.*
GENTIL, à Lille. — *Céramique, mobilier, numismatique.*
GENTIL (Léopold), architecte à Auch (Gers). — *Céramique.*
GEORGEL (Alcide), à Elbeuf (Seine-Inférieure). — *Armoiries, sigillographie.*
GERMER-DURAND, à Nîmes. — *Numismatique gauloise.* — D.
GÉRÔME, à Paris. — *Costumes, ethnographie.*
GESTA (L..V.), à Toulouse. — *Mobilier ogival et de la renaissance, ferronnerie, vitraux.*
GIACOMELLI, à Versailles. — *Estampes.*
GIGOUX, à Paris. — *Estampes.*
GILLARD, à Nogent-le-Roi (Eure-et-Loir). — *Antiquités préhistoriques et objets d'art provenant exclusivement du département.*
GILLE (Philippe), à Paris. — *Curiosités.*
GILLET (V.), à Arras. — *Curiosités.*

GIMBRÈDE, à Agen. — *Émaux, tableaux, mobilier.*
GIRARD, à Tours. — *Numismatique.*
GIRAUD, à Lyon. — *Bois sculptés, objets d'art.*
GIRAUDEAU, à Niort (Deux-Sèvres). — *Curiosités.*
GIRON DE BOISSET, au château de la Voulte (Haute-Loire). — *Armes, céramique, mobilier.*
GIROS (André), à Saint-Dizier (Haute-Marne). — *Curiosités.*
GIVELET (Charles), à Reims. — *Céramique, bronzes, mobilier.*
GLANVILLE (Louis de), à Rouen. — *Céramique, orfèvrerie, curiosités diverses.*
GLINEL, à Cambrai. — *Tableaux.*
GOLDSCHMIDT, à Paris. — *Objets d'art du moyen âge et de la renaissance.*
GONCOURT (Edmond de), à Auteuil-Paris. — *Estampes et dessins du XVIII*e *siècle.*
GOUELLAIN (Gustave), à Rouen. — *Collection remarquable de faïences de toutes fabriques.*
GOUGEL, à Paris. — *Curiosités.*
GOULARD, à Montauban. — *Céramique.*
GOULDEN, à Sedan (Ardennes). — *Mobilier, curiosités.*
GOUPIL (Albert), à Paris. — *Objets gallo-romains, tapisseries du XVI*e *siècle.*
GOURGUES (comte de), à Paris. — *Mobilier, orfèvrerie du XVII*e *siècle.*
GOYON (Eugène), à Paris. — *Céramique.*
GRAND (Paul), à Lyon. — *Montres, tapisseries.*
GRANDIDIER, à Paris. — *Porcelaines de la Chine et du Japon.*
GRANGE, à Paris. — *Antiquités grecques et romaines, objets d'art du XVII*e *siècle.*
GRANJEAN (M*lle*), à Paris. — *Céramique, ivoires, porcelaines.*
GRAVÉ (E.), à Nantes. — *Céramique, numismatique.*
GRÉAU (Julien), à Troyes (Aube) et à Paris. — *Bronzes antiques et gallo-romains.*
GRIMAUD, à Poitiers. — *Curiosités, tableaux.*
GROULT, à Frais-Marais, près Douai. — *Céramique, mobilier.*
GUÉNARD (Léon), à Amiens. — *Estampes, dinanderie, mobilier.*
GUÉNAU D'AUMONT, à Dijon. — *Numismatique.*
GUÉPIN, architecte à Saint-Brieuc (Côtes-du-Nord). — *Céramique, tapisseries.*
GUÉRIN (comte Raoul), à Nancy et à Paris. — *Archéologie préhistorique, bois sculptés.*
GUERNE (comte R. de), à Douai. — *Mobilier, tableaux.*
GUÉROULT (D*r*), à Caudebec-en-Caux (Seine-Inférieure). — *Antiquités romaines, armes, mobilier des XV*e *et XVI*e *siècles.*

GUIBERT, à Trévières (Calvados). — *Numismatique.*
GUILLARD, à Louviers (Eure). — *Numismatique, curiosités.*
GUILLAUMOT, à Lyon. — *Tableaux, dessins.* — D.
GUILLER (Albert), au Mans. — *Curiosités.*
GUILLET (l'abbé), à Poitiers. — *Céramique.*
GUILLOT, à Sully (Calvados). — *Armes.*
GUIMET, à Lyon. — *Objets de la Chine, de l'Inde, de l'Égypte et de l'Orient. — Musée important ouvert au public.*
GUITTON, à Châtillon-sur-Indre. — *Archéologie préhistorique provenant des ateliers du département de l'Indre.*
GUITTON, à Lyon. — *Mobilier, tapisseries.*

HABERT (L. Th.), à Troyes (Aube). — *Antiquités préhistoriques, curiosités du moyen âge.*
HUCHET (Jules), à Saint-Quentin (Aisne). — *Céramique, tableaux.*
HALGAN (Stéphane), à Nantes. — *Jetons de Bretagne.*
HALLO DE BELLECOURT, à Arras. — *Armes.*
HAMEL (du), à Saint-Omer. — *Numismatique.*
HAMELIN, à Blois. — *Curiosités, porcelaines.*
HANDU, à Yvetot (Seine-Inférieure). — *Céramique.*
HARANGUIER DE QUINCEROT (d'), à Toulouse. — *Mobilier.*
HARDOUIN, à Cambrai. — *Céramique, mobilier, tableaux.* — D.
HARDY (Michel), à Périgueux (Dordogne). — *Antiquités préhistoriques.*
HARTMANN (Alfred), à Paris. — *Terres cuites de Tanagra et vases antiques.*
HAZARD, à Douai. — *Céramique, émaux, mobilier.*
HÉBERT (Félix), à Paris. — *Instruments de musique.*
HEDOU, à Rouen. — *Estampes, ouvrages sur les beaux-arts.*
HEIDSIECK (Charles), à Reims. — *Curiosités ethnographiques.*
HEMERY DE GOASCARADEC, à Saint-Brieuc (Côtes-du-Nord). — *Céramique, numismatique.*
HENNEBERT, à Versailles. — *Céramique, mobilier.*
HENNIN-LIÉTARDE, à Saint-Omer. — *Numismatique.*
HENRI, à Arras. — *Céramique.*
HÉTIER, ingénieur à Mayenne. — *Céramique.*
HIBON DE LA FRESNOYE, à Montreuil-sur-Mer (Pas-de-Calais). — *Céramique.*
HIDEUX (Ch.), à Compiègne (Oise). — *Céramique, cuivres anciens.*
HILLAIRE (Léon), à Toulouse. — *Tableaux anciens*

et modernes, céramique, instruments de musique.

HIRSCH (baron de), à Paris. — Antiquités grecques et romaines, figurines, monnaies, vases en terre cuite, étoffes et tapisseries.

HOCHON, à Paris. — Étoffes, tapisseries.

HOFFMANN (baronne), à Paris. — Étoffes, mobilier.

HIVONNAIT, à Noyon (Oise). — Céramique.

HOMBRES (baron d'), à Alais (Gard). — Tableaux.

HORTALA, à Toulouse. — Tableaux.

HOUDAN (d'), à Angers (Maine-et-Loire). — Argenterie, émaux, ivoires.

HOUDEBINE, à Amiens. — Faïences.

HOUDOY (J.), à Lille (1). — Faïence de fabrication lilloise.

HOURDEQUIN DE BEAUPRÉ, à Montdidier (Somme). — Tableaux, mobilier, numismatique.

HOUSSART (E.), à Cambrai. — Armes, céramique, numismatique, tableaux.

HOUZÉ D'AULNOIT, à Lille. — Objets d'art de la renaissance.

HUBAINE, à Clermont (Oise). — Céramique, mobilier.

HUBERT (Mme Th.), à Reims. — Céramique, mobilier.

HUE, à Toulouse. — Céramique, mobilier, numismatique.

HUCHER (L.), au Mans. — Céramique, numismatique gauloise et gallo-romaine, sigillographie.

HUE (Charles), à Fécamp, fondateur du musée de la ville. — Curiosités. — D.

HUE (Eugène), à Lieurey (Eure). — Numismatique, mobilier.

HUET (J.), à Saint-Quentin (Aisne). — Céramique, tableaux.

HUREAULT, à Reims. — Céramique.

HYRVOIX, à Nantes. — Numismatique.

ICARD, à Paris. — Étoffes brodées.

ICHTIER (M.), à Albi. — Céramique, mobilier.

IMHAUS, à Marseille. — Bibelots, curiosités.

IM-TURN, à Nimes. — Tableaux.

IQUELON (M. d'), à Rouen. — Céramique.

IRROY, à Reims. — Bijoux anciens, céramique.

ISNARD (comtesse des), à Paris. — Objets de toilette des VIIIe et IXe siècles.

JADARD, à Réthel (Ardennes). — Curiosités.

JAHIET, à Bayeux (Calvados). — Armes, céramique.

JALABERT (Charles), à Paris. — Dessins, bronzes, mobilier, tableaux.

JALABERT, à Albi. — Curiosités.

JAMIN (Paul), à Eurville (Haute-Marne). — Céramique.

JANIN (Clément), à Dijon. — Livres.

JANZÉ (vicomtesse de), à Paris. — Instruments de musique.

JARRI, à Mayenne. — Céramique.

JARS, à Amiens. — Céramique.

JOIRE-TRUIQUET (H.), à Douai. — Céramique, dessins, estampes.

JOLY (D^r), à Clermont (Oise). — Céramique, estampes.

JOMSON, à Bordeaux. — Céramique.

JOUBERT, à Pont-l'Évêque (Calvados). — Numismatique.

JOURDAIN, à Albi (Tarn). — Mobilier.

JOURDAN (Clément), à Lyon. — Céramique, mobilier, tapisseries.

JOURDAN (Louis), à Alger et à Paris. — Tableaux, livres. — D.

JOURDE (Philippe), directeur du Siècle, à Paris. — Céramique, mobilier, tableaux.

JUBINAL (vicomte Achille), à Paris. — Bijoux, céramique, instruments de musique, tissus, mobilier, ustensiles divers. — D.

JUBINAL DE SAINT-ALBIN (vicomtesse A.), voy. ci-dessus.

JUIGNÉ DE LASSIGNY (vicomte), à Paris. — Porcelaine de la Chine.

JUIGNÉ DE LASSIGNY, à Beaune. — Numismatique bourguignonne.

JUSTROLABE, à Toulouse. — Mobilier de l'époque Louis XVI.

KAHN (Maurice), à Paris. — Porcelaine de Saxe.

KELLER (Emmanuel), ingénieur à Troyes (Aube). — Tableaux.

KEROUARTZ (marquis de), à Guingamp. — Mobilier.

KOCE (Gustave), à Reims. — Céramique.

KŒNIG (l'abbé), à Paris. — Livres, objets d'art divers.

LABARTE (Jules), à Paris. — Bijoux, cristaux, ivoires, orfèvrerie.

LABBÉ, à Lille. — Céramique.

LABROISE (de), à Mayenne. — Émaux, curiosités.

LAC (J. du), à Compiègne (Oise). — Numismatique.

LACAZE, à Montauban. — Objets d'art et de curiosités diverses.

LACOMBE, à Dijon. — Céramique, mobilier.

LACOMBE (Paul), à Carcassonne. — Céramique.

LACROIX, à Agen. — Numismatique.

---

(1) Auteur d'une Histoire de la céramique lilloise.

LACROIX (Adrien), à Toulouse. — *Tableaux.*
LACROIX, à Mâcon (Saône-et-Loire). — *Archéologie, numismatique.*
LAGARDE, à Lectoure (Gers). — *Céramique.*
LAHONDÈS (de), à Toulouse. — *Curiosités.*
LAIR (comte Charles), à Paris. — *Antiquités, céramique, étoffes, mobilier.*
LAISNÉ, à Avranches (Manche). — *Céramique, curiosités.*
LAJOYE, à Melun (Seine-et-Marne). — *Céramique, ivoires, mobilier, tableaux.*
LALUN, architecte à Louviers (Eure).—*Antiquités du moyen âge, numismatique.*
LAMARY, à Vannes (Morbihan). — *Manuscrits sur vélin, livres gothiques.*
LAMBERT (A.), à Lieurey (Eure). — *Mobilier.*
LAMBERT-LASSUS, à Versailles. — *Céramique.*
LAMBERTYE (comte de), à Compiègne (Oise). — *Numismatique, sigillographie.*
LANGE (Léonce), à Paris. — *Céramique italienne.*
LANNES (Cl.), à Lectoure (Gers). — *Céramique, tableaux, tapisseries.*
LANON (Ed.), à Louviers (Eure). — *Céramique, mobilier.*
LANSYER, à Paris. — *Objets japonais.*
LAPERSONNE, à Festieux (Aisne). — *Armes, faïences, verres.*
LAREINTY (baron de), à Paris. — *Mobilier.*
LAROCHE-D'ESTILLAC (de), à Agen. — *Céramique, mobilier, tapisseries.*
LARTET (Louis), à Toulouse. — *Archéologie préhistorique.*
LASTEYRIE (Mme de), à Lagrange, par Rozoy-en-Brie (Seine-et-Marne). — *Mobilier, tapisseries.*
LASTIC (comte de), à Poitiers. — *Aquarelle, céramique.*
LATOUR-DU-PIN, à Nantes. — *Tableaux.*
LAUGIER, à Marseille. — *Antiquités et numismatique.*
LAUTAR (Dr de), à Toulouse. — *Mobilier des XVIIe et XVIIIe siècles.*
LAVALETTE (comte de), à Paris. — *Objets d'art et curiosités.*
LEBARBIER DE TINAN, à Paris. — *Livres.*
LEBLANC (Léonide), à Paris. — *Objets d'art divers.*
LEBOUCQ DE TERNAS, à Douai. — *Manuscrits, documents historiques, mobilier.*
LE BRETON, voy. BRETON.
LEBRUN, à Pontoise (Oise). — *Objets d'art, mobilier, tissus.*
LECAUDAY (Emmanuel), à Paris. — *Céramique.*
LECELLIER, à Versailles. — *Céramique, curiosités.*
LECESNE, à Château-Thierry (Aisne). — *Curiosités diverses.*

LECESNE, à Arras. — *Armes, céramique.*
LECLERC, à Menton (Alpes-Maritimes). — *Armes, curiosités.*
LECOCQ (Jules), à Amiens. — *Céramique.*
LECOCQ (Georges), à Amiens. — *Archéologie préhistorique.*
LECOINTE, à Saint-Omer. — *Céramique.*
LECOINTRE-DUPONT, à Poitiers. — *Archéologie, émaux, numismatique.*
LECOMTE, à Châlons-sur-Marne. — *Miniatures.*
LECOMTE (J.), à Paris. — *Objets d'étagère, bibelots.*
LECONTE, à Douai. — *Céramique, mobilier.*
LECOURT (Henri), à Deauville-sur-Mer (Calvados). — *Autographes, manuscrits.*
LECOURT (Mme), à Pont-l'Évêque (Calvados). — *Curiosités, mobilier.*
LECUYER, à Paris. — *Terres cuites de Tanagra.*
LEDOUX, à la Rochelle (Charente-Inférieure). — *Numismatique.*
LEGENTIL, à Arras (1). — *Armes, bijoux, tableaux.*
LEGRAND (Albert), à Saint-Omer. — *Bijoux romains et francs.*
LEGUERNEY, architecte à Brionne (Eure). — *Céramique, émaux.*
LEMAIGNEN (Eugène), à Blois. — *Céramique.*
LEMAITRE, à Paris. — *Numismatique.*
LEMARCHAND (Théodore), à Rouen. — *Céramique.*
LEMÉTEYER, à Bolbec (Seine-Inférieure). — *Tableaux des XVe et XVIe siècles.* — D.
LEMOINE, à Saint-Brieuc (Côtes-du-Nord).— *Ethnographie.*
LEMOINE (Jules), à Lamballe (Côtes-du-Nord). — *Antiquités préhistoriques recueillies dans le département.*
LEMPEREUR, à Lyon. — *Céramique, estampes, mobilier, tableaux.*
LENGLART (Jules), à Lille. — *Tableaux des écoles flamande et hollandaise.*
LÉON (A.), à Bordeaux. — *Céramique, numismatique.*
LEPALLARD, à Douai. — *Tableaux, céramique, mobilier.*
LEPIC (baron), à Poitiers. — *Curiosités, tableaux.*
LÉRIGER, à Châtellerault. — *Armes.*
LEROUX (Léonce), à Paris. — *Céramique, mobilier de la renaissance, tapisseries.*
LEROUX (Paul), à Fécamp (Seine-Inférieure). — *Mobilier, tableaux.*
LEROY-LATTEUX, à Amiens. — *Céramique, estampes.*
LESCLUSE (de), à Paris. — *Objets d'art de diverses époques.*

---

(1) Auteur de nombreux ouvrages sur le Pas-de-Calais.

LESOUFACHÉ, architecte à Paris. — *Livres, boiseries sculptées, objets d'art divers.*
LESPINASSE (de), au château de Luanges (Nièvre). — *Céramique, tableaux.*
L'ÉTOURMY, à Caen. — *Tableaux.*
LEVAVASSEUR, à Carcassonne (Aube). — *Céramique.*
LEVÊQUE-BAURAIN, à Beauvais. — *Céramique, estampes.*
LEVESQUE, à Montdidier (Somme). — *Faïences.*
LEVOIR, à Amiens. — *Armes.*
LÉVY (Désiré), à Paris. — *Tapisseries.*
LÉZIAN-LATOURNELLE, à Sainte-lez-Bordeaux. — *Mobilier, orfèvrerie.*
L'HOTE, à Soissons (Aisne). — *Numismatique.*
LIDEHARD, à Caen. — *Tableaux, curiosités, mobilier.*
LIÉGARD, à Douai. — *Tableaux, ivoires, mobilier.*
LIESVILLE (vicomte), à Paris. — *Céramique, objets d'art divers, livres, numismatique, bibelots et objets d'étagère.*
LIÈVRE (Édouard), à Paris. — *Objets d'art divers.*
LIGIER, architecte à Paris. — *Clefs, serrures, ferronnerie de toutes les époques.*
LIGNEROLLES (comte de), à Paris. — *Splendide bibliothèque.*
LIMAL, à Saintes (Charente-Inférieure). — *Tableaux.*
LIMUR (comte de), à Vannes. — *Mobilier, curiosités.*
LIOTARD (Charles), à Nîmes. — *Curiosités, livres, miniatures.*
LIVET, à Lyon. — *Céramique, estampes, manuscrits.*
LOBŒUF, à Amiens. — *Antiquités romaines et mérovingiennes.*
LOCQUET, à Rouen. — *Clefs, serrures, ferronnerie d'art du moyen âge et de la renaissance.*
LOIR, à Arras. — *Numismatique.*
LOISELLE, à Paris. — *Mobilier.*
LOMBARD DE BUFFIÈRES, à Lyon. — *Chinoiseries, mobilier, tapisseries.*
LONGPÉRIER (Adrien de), à Paris. — *Armes, céramique, objets d'art du moyen âge.*
LORIN (Émile), architecte à Auxerre. — *Curiosités diverses, livres.*
LOTTIN, au château des Trois-Vals, par Bernay (Eure). — *Armes, bijoux, mobilier.*
LOYDEAU, à Neuilly (Côte-d'Or). — *Antiquités préhistoriques.*
LUCINGE (prince de), à Belle-Isle-en-Terre (Côtes-du-Nord). — *Armes, céramique, mobilier.*
LUYNES (duc de), à Paris. — *Collections à la Bibliothèque nationale.* — D.
LUZARCHES, à Monrepos, près Tours. — *Tableaux et mobilier.*
MACHELARD (Dr), à Paris. — *Faïences.*
MACIET, à Paris. — *Tapisseries.*
MAGGESI, à Bordeaux. — *Archéologie.*
MAGNE, à Marseille. — *Gravures et dessins de maîtres.*
MAGNEVAL (Gabriel), à Lyon. — *Céramique, mobilier, soieries, tapisseries.*
MAGNIER, à Paris. — *Tapisseries, mobilier.*
MAIGNIEN (Ed.), à Grenoble. — *Numismatique.*
MAILLET DU BOULAY, à Paris. — *Armes, céramique, mobilier, objets d'art du moyen âge et de la renaissance.*
MAILLY (marquis de), à la Roche-Mailly (Sarthe). — *Armes, émaux.*
MAISON, à Paris. — D.
MALARTIC (comte de), à Poitiers. — *Armes.*
MALHERBE (comte de), à Beauvais. — *Chinoiseries.*
MALLAY père, architecte à Clermont-Ferrand. — *Armes, céramique, émaux, objets d'art du moyen âge.* — D.
MALLAY fils, architecte à Clermont-Ferrand. — *Armes, céramique, curiosités.*
MALLET, à Amiens. — *Numismatique.*
MALLET, à Lyon. — *Céramique, manuscrits, orfèvrerie, tableaux.*
MANÈQUE, à Chevenelle (Loir-et-Cher). — *Curiosités.*
MARANS (de), à Moulins (Allier). — *Armes, armures.*
MARCHAND, à Dijon. — *Émaux.*
MARCILLE (Eudoxe), à Paris. — *Dessins, estampes.*
MARÉCHAL, à Cambrai. — *Tableaux.*
MARÉCHAL (Ernest), à Saint-Quentin (Aisne). — *Céramique, mobilier.*
MARICOURT (vicomte de), à Villemétrie, près Senlis (Oise). — *Archéologie préhistorique.*
MARIENVAL, à Paris. — *Étoffes brodées.*
MARINI, à Paris. — *Mobilier, objets d'art de la renaissance.*
MARRE, à Paris. — *Livres, manuscrits.*
MARSY (comte de), à Compiègne (Oise). — *Armes, sigillographie.*
MARTEL (Alexandre), à Béziers. — *Curiosités.*
MARTIN (Georges), à Paris. — *Céramique.*
MARTIN (Dr Louis de), à Montpellier. — *Curiosités.*
MARTIN (Benjamin), à Toulouse. — *Mobilier et tapisseries.*
MARTY (Gustave), à Toulouse. — *Archéologie préhistorique.*
MARY (Ernest), à Château-sur-Seine (Côte-d'Or). — *Céramique, mobilier.*

MARYE-AGAR (Mme), à Paris. — *Jouets d'enfants du XVIIIe siècle.*

MASSÉNAT (Élie), à Brive (Corrèze). — *Antiquités préhistoriques, céramique, numismatique.*

MASSION (Gustave), à Nantes. — *Tableaux, tapisseries.*

MATET, à Toulouse. — *Estampes.*

MAUGIN (D^r), à Douai. — *Livres et documents relatifs à l'histoire de Douai.*

MAUREL-MAUCLERC, architecte à Montbéliard (Doubs). — *Antiquités gallo-romaines.*

MAZE-SENCIER (Alphonse), à Paris et au château de Boschtéroulde, près Rouen. — *Belle collection de faïences.*

MÈGE, à Paris. — *Bois sculptés.*

MEIXMORON DE DOMBASLE, ingénieur à Nancy. — *Céramique, estampes, tableaux.*

MELOIZES (des), à Bourges. — *Terres cuites, tableaux, nombreux médaillons de Nini.*

MELON DE PRADON, à Tulle (Corrèze). — *Céramique, numismatique.*

MÉNARD, à Nantes. — *Estampes.*

MENNECHT, à Amiens. — *Céramique, mobilier.*

MENNECHT DE BARIVAL, à Chiry, près Compiègne. — *Céramique, tableaux.*

MENNESSON, à Vervins (Aisne). — *Antiquités.*

MENESSON (J.), à Reims. — *Tableaux.*

MERCIER (Pierre), à Versailles. — *Céramique.*

MÉRESSE (Ch.), à Compiègne (Oise). — *Archéologie locale et tableaux.*

MÉRIMÉE (Prosper), à Paris. — *Bronzes, livres, sculptures.* — D.

MESNARD (comte de), à Montauban. — *Objets d'art et curiosités diverses.*

MESSIGNY, à Lyon. — *Tableaux.*

MÉTAYER (Mme), à Pont-l'Évêque. — *Armes, autographes, mobilier.*

MÉTIVIER, à Angers. — *Céramique, émaux.*

MEURVILLE (de), à Paris. — *Mobilier.*

MICAULT (Victor), à Saint-Brieuc. — *Antiquités préhistoriques.*

MICHAUX, architecte à Roanne (Loire). — *Tableaux.*

MIE (J.), à Montpellier. — *Curiosités.*

MILLIEN (Achille), à Beaumont-la-Ferrière (Nièvre). — *Céramique, dessins, tableaux.*

MILN (James), à Carnac. — *Archéologie gauloise.* — D.

MILSAND, à Dijon. — *Antiquités, numismatique.*

MOLIN, à Chambéry (Savoie). — *Céramique, ivoires, objets d'étagère.*

MOLITOR (comte de), à Paris. — *Instruments de musique.*

MOLLET, à Paris. — *Mobilier du XVIIe siècle.*

MONCEAU (Henri), à Auxerre. — *Céramique et curiosités diverses du département de l'Yonne.*

MONCORNÉ (René), à Lyon. — *Céramique.*

MONTGOMMERY (vicomte de), à Paris. — *Mobilier, tapisseries.*

MONNECAVE (Gaston), à Saint-Omer. — *Céramique, mobilier.*

MONNECOVE (Le sergent de), à Paris. — *Tapisseries, bois sculptés.*

MONTAUT (L.), ingénieur à Melun. — *Céramique, faïences patriotiques, mobilier.*

MONTEAU (de), à la Ferté-Fresnel, près Argentan (Orne). — *Céramique, mobilier, tapisseries.*

MONTEBELLO (comte de), à Condom (Gers). — *Mobilier et objets d'art.*

MONTEFIORE, à Paris. — *Bois sculptés, livres.*

MONTESQUIOU (vicomte de), à Paris. — *Céramique, curiosités.*

MONTGOMMERY (comte de), à Fervacques (Calvados). — *Armes, céramique, mobilier.*

MONTPELIER (Mlle), à Paris. — *Mobilier, tissus.*

MONTREUIL, à Marseille. — *Faïences marseillaises.*

MONTVALLAT, à Paris. — *Mobilier des XVe et XVIe siècles.*

MOREAU père (Frédéric), à Paris. — *Archéologie gauloise et gallo-romaine (résultats de ses fouilles).*

MOREAU (Hippolyte), à Dijon. — *Curiosités.*

MOREL (D^r), à Montdidier. — *Faïences.*

MOREL, à Carpentras (Vaucluse). — *Archéologie préhistorique et gauloise (résultats de ses fouilles dans le département de la Marne).*

MORIN, à Lyon. — *Manuscrits, numismatique.*

MORNY (duc de), à Paris. — *Tableaux; bronzes du Japon.* — D.

MORTARIEU (de), à Toulouse. — *Estampes.*

MOUCHY (duc de), au château de Mouchy (Oise). — *Tableaux, curiosités diverses.*

MOUSSETTE (D^r), à Chauny (Aisne). — *Céramique, faïence de Sincenys.*

MOUSSOIR, au Mans. — *Instruments de musique.*

MUSTON (D^r), à Montbéliard (Doubs). — *Curiosités diverses.*

NADAULT DE BUFFON, à Paris. — *Céramique, ivoires, miniatures, pastels, tableaux, etc.*

NAEGELY, à Marseille. — *Bibelots curieux.*

NAQUET, à Paris. — *Objets d'art, tableaux.*

NEIRON-DESGRANGES, à Lyon. — *Livres, curiosités.*

NICAISE (Ch.-L.-Aug.), à Châlons-sur-Marne. — *Tableaux de l'école flamande, céramique, émaux, verreries.*

NIEPCE, à Lyon. — *Armes.*

NODIER (Charles), à Paris. — *Livres.* — D.

NOELAS (D^r), à Roanne (Loire). — *Céramique, mobilier.*
NORBERT DE VIOLAINE, à Soissons (Aisne). — *Céramique et objets d'art divers.*
NORMAND (Aubin), à Amiens. — *Archéologie préhistorique.*
NOULET, à Toulouse. — *Livres écrits en languedocien.*
NOURRY (Aug.), à Paris. — *Curiosités.*
NOURRY, à Blois. — *Émaux, tableaux.*

ODIER, à Paris. — *Objets d'art et tissus.*
ODIER, à Lyon. — *Dessins, tableaux.*
ODIOT, à Paris. — *Numismatique et tableaux.*
OLDEKOP, à Toulouse. — *Mobilier du XVIIIe siècle.*
OLIVIER (J.), à Paris. — *Montres, horloges.*
OLIVIER (D^r), à Digne (Basses-Alpes). — *Archéologie gauloise.*
OLLIER DE MARICHARD, à Vallon (Ardèche). — *Objets préhistoriques.*
OPPMAN, à Paris. — D.
ORVILLE (Ern.), à Paris. — *Curiosités.*
OUDIN, à Amiens. — *Céramique, mobilier, tapisseries de Beauvais.*
OZENEANT, à Lille. — *Argenterie, ivoires, mobilier.*

PAILLET (Eugène), à Paris. — *Manuscrits, livres.*
PAISANT, à Saint-Quentin (Aisne). — *Céramique, tableaux.*
PAIX (L.), à Douai. — *Tableaux, mobilier.*
PALLU, à Poitiers. — *Tableaux.*
PALUSTRE (Léon), à Tours (1). — *Archéologie, céramique, émaux.*
PANCKOUCKE, à Paris. — D.
PARENTEAU (Fortuné), à Nantes. — *Archéologie préhistorique et gauloise.*
PASCAL (Michel), à Paris. — *Céramique, montres, curiosités.* — D.
PAULMIER (le), à Sully (Calvados). — *Tableaux.*
PAYN-OMER, à Paris. — *Céramique.*
PELAY (Édouard), à Rouen. — *Collection de cartes, tarots, jetons,* etc.
PELLEPORT-BURET (de), à Bordeaux. — *Curiosités.*
PELLETIER (Mme), à Paris. — *Mobilier.*
PELLIER (Gustave), au Mans. — *Céramique, curiosités diverses.*
PÉRIGNON (marquis de), à Montauban. — *Émaux, faïences.*
PERILLEUX, à Paris. — *Faïences de diverses époques et fabriques.*

---

(1) Auteur de divers ouvrages.

PERRIN, architecte-peintre à Paris. — *Miniatures, tableaux.*
PERRIN, à Soissons (Aisne). — *Livres.*
PERROT, à Paris. — *Objets d'art et jeux.*
PETIT, à Blois. — *Curiosités.*
PHALECQUE (Imber de la), à Douai. — *Tableaux et objets d'art.* — D.
PICHON (baron Jérôme), au château de Montessart (Calvados) et à Paris. — *Mobilier, livres.*
PICHARD, à Paris. — *Objets d'art divers.*
PIERSON, à Amiens. — *Céramique, mobilier.*
PIETTE-LATAUDRIE, à Niort et à Paris. — *Étoffes, faïences, ivoires, serrurerie, objets d'art de l'Orient.*
PIETTE (Édouard), à Vervins (Aisne). — *Antiquités, livres.*
PILLON (Abel), à Beauvais. — *Céramique, livres, mobilier.*
PILLOY, à Saint-Quentin (Aisne). — *Antiquités gallo-romaines et mérovingiennes, numismatique.*
PINCHAUD (A.), à Poitiers. — *Numismatique.*
PINGUILLY-L'HARIDON, à Paris. — *Armes, armures.* — D.
PINSARD, architecte à Amiens. — *Carreaux émaillés de diverses époques.*
PIOGEY, à Paris. — *Mobilier, objets d'art divers.*
PIOT (Eugène), à Paris. — *Statuettes de Tanagra, objets d'art italiens du XVe siècle, objets persans, livres, manuscrits.*
PLANQUART, à Lille. — *Curiosités.*
PLAS (vicomte des), à Nogent-le-Rotrou (Eure-et-Loir) et au château de Clairets (Orne). — *Argenterie, céramique.*
PLATEL, au Havre. — *Mobilier, grande cheminée en bois sculpté, objets d'étagère.*
PLESSIS (du), à Blois. — *Argenterie, céramique, verrerie de Bohême.*
PLICHON, à Amiens. — *Céramique.*
PLICQUE (D^r), à Léouzoux (Puy-de-Dôme). — *Antiquités gallo-romaines découvertes par le collectionneur.*
PLIEUX, à Condom (Gers). — *Mobilier.*
PLIEUX, à Lectoure (Gers). — *Céramique.*
POLLET-MALLET, à Amiens. — *Faïences, mobilier.*
POMMERY, à Reims. — *Céramique.* — D.
PONCELET, à Auxerre. — *Archéologie romaine et gallo-romaine.*
PONCELET, à Douai. — *Émaux, miniatures, gouaches, bonbonnières,* etc.
PONCET, à Montauban. — *Céramique, tableaux.*
PONCHE, à Amiens. — *Tableaux.*
PONTON D'AMÉCOURT, à Chartres. — *Numismatique romaine.*

PONTON D'AMÉCOURT (vicomte de), à Paris. — *Objets gallo-romains, numismatique.*
PONTON (Jules), à Paris. — *Tableaux modernes.*
PORTES, à Albi (Tarn). — *Numismatique.*
PORTES, à Toulouse. — *Horloges.*
POTTIER (A.), à Paris. — *Livres.* — D.
POTTIER (l'abbé), à Montauban. — *Antiquités, céramique, curiosités diverses.*
POTTIER, à Blois. — *Émaux, tableaux.*
POUJADE, à Agen. — *Tableaux.*
POULAIN, à Reims. — *Antiquités gallo-romaines.*
POURTALÈS-GORGIER (comte de), à Paris. — *Antiquités grecques, étrusques et romaines.* — D.
POUYER-QUERTIER, à Rouen. — *Céramique, mobilier, tableaux.*
PRAROND (Ern.), à Abbeville. — *Curiosités diverses.*
PRAT (Louis), à Marseille. — *Mobilier, tableaux modernes, tapisseries.*
PRINS (de), à Lille. — *Livres.*
PRINSAC (Mlle de), au château de Melay-Neuvy, par Moulins (Allier). — *Mobilier Louis XIV.*
PRISSET, à Dijon. — *Numismatique.*
PROSPER-PALLIER, à Nîmes. — *Mobilier, céramique, bronzes.* — D.
PROUST (Antonin), à Paris. — *Objets d'art divers.*
PROUX, à Saint-Quentin (Aisne). — *Céramique, tableaux.*
PULLY (Raoul de), à Tours. — *Tableaux, tapisseries.*
PUYRAYMOND (de), à Amiens. — *Objets de la Chine et du Japon.*

RABAUD (Alfred), à Marseille. — *Collection de chinoiseries.*
QUARRÉ (L.), à Lille. — *Manuscrits et livres sur Lille et sur les Flandres, céramique, mobilier.*
QUEULAIN (Ed.), au château d'Iwuy (Nord). — *Objets d'art.*
QUEYROI, à Moulins (Allier). — *Céramique, émaux, ferronnerie.*
QUIGNON (Alfred), à Amiens. — *Faïences, mobilier, tableaux.*
QUINSONAS, à Paris. — *Manuscrits.*

RABEIL (Albert), à Saint-Brieuc (Côtes-du-Nord). — *Céramique.*
RABOURDIN, à Orléans. — *Estampes.*
RABUT, à Dijon. — *Estampes, numismatique.*
RACINE, à Besançon (Doubs). — *Numismatique gauloise.*
RAINNEVILLE (vicomte de), à Paris. — *Curiosités, tableaux.*
RALLIER (D^r), à Montauban. — *Argenterie.*

RAMBERT (Aimé), à Vichy (Allier). — *Antiquités gallo-romaines, céramique.*
RASTOIN-BREMONT, à Nice. — *Tableaux.*
RATHIER, à Paris. — *Objets d'art.* — D.
RAULIN (Jules), à Mayenne. — *Céramique, estampes, numismatique.*
RAVAULT, à Mayenne. — *Céramique, livres.*
RAVINET, à Troyes (Aube). — *Curiosités.*
RAYNAUD (Paul), à Carcassonne. — *Antiquités préhistoriques et romaines, céramique, émaux.*
READ (Charles), à Paris. — *Livres sur le protestantisme.*
REBUT, à Vitry-le-Français (Marne). — *Céramique.*
RÉCAMIER (Étienne), à Paris. — *Médaillons en bronze, numismatique de l'atelier de Lyon de l'époque gauloise à la renaissance.*
RÉGNAULT (Félix), à Toulouse. — *Archéologie préhistorique.*
RÉMILLY (D^r), à Versailles. — *Estampes, tableaux.*
RÉMY (C.), à Lille. — *Ivoire, curiosités diverses.*
RENARD, à Cambrai. — *Tableaux.*
RESSEGUET, à Toulouse. — *Dessins, mobilier.*
REVON (Louis), à Annecy (Haute-Savoie). — *Estampes, dessins, numismatique gallo-romaine et du moyen-âge.*
REYNARD-LESPINASSE, à Marseille. — *Numismatique.*
RHONÉ (Raoul), à Paris. — *Objets d'art divers.*
RIBÉRAL, à Mirande (Gers). — *Céramique.*
RICORD, à Amiens. — *Céramique.*
RIOCREUX, à Paris. — *Céramique.* — D.
RIS-PAQUOT, à Abbeville (1). — *Céramique.*
RIVIÈRES (baron de), à Gaillac (Tarn). — *Céramique, mobilier, objets du moyen âge.*
ROBERT (Clément), à Paris. — *Bibelots, tabatières, bonbonnières, etc.*
ROBERT (l'abbé), à Albi (Tarn). — *Mobilier.*
ROBERT (Eugène), à Paris. — *Céramique, objets du moyen âge.*
ROBERT (Georges), à Versailles. — *Céramique.*
ROBILLARD DE BEAUREPAIRE, à Caen. — *Céramique.*
ROBILLARD (Louis), à Reims. — *Mobilier, tableaux.*
ROCHAMBEAU (marquis de), à Thoré (Loir-et-Cher). — *Armes, armures, tableaux, bibelots Louis XV.*
ROCHETHULON (de la), au château de Beaudimont. — *Bijoux, mobilier, tableaux.*

---

(1) Auteur de divers livres sur la céramique.

Roger, à Amiens. — *Tableaux.*
Rohan-Chabot (comte de), à Paris. — *Estampes, dessins, tableaux, tapisseries.*
Roidot (Claude), architecte à Autun (Saône-et-Loire). — *Sculptures.*
Rolland (Ch.), à Carcassonne. — *Tableaux modernes.*
Roman (J.), à Embrun (Hautes-Alpes). — *Numismatique.*
Romeuf, à Paris. — *Dentelles, tissus.*
Rondot (Natalis), à Paris. — *Objets d'art divers.*
Rothschild (baron Alphonse de), à Paris. — *Céramique, émaux, orfévrerie, mobilier.*
Rothschild (Edmond de), à Paris. — *Manuscrits.*
Rothschild (baron Gustave de), à Paris. — *Argenterie, céramique, miniatures.*
Rothschild (baron Adolphe de), à Paris. — *Armes de la renaissance (chefs-d'œuvre de damasquinerie).* — D.
Rothschild (baronne Nathaniel de), à Paris. — *Céramique, instruments de musique.*
Roubée, à Auch (Gers). — *Tableaux.*
Roucy (A. de), à Compiègne (Oise). — *Archéologie préhistorique, céramique, numismatique.*
Rougé (J. A.), à Noyon (Oise). — *Céramique.*
Rougé (de), à Paris. — *Antiquités égyptiennes, bronzes, céramique,* etc. — D.
Rougier, à Lyon. — *Bronzes, curiosités.*
Rousseau, à Saint-Quentin (Aisne). — *Numismatique.*
Rousseau (Th.), à Paris. — *Instruments de musique.*
Rousset (du), à Lyon. — *Curiosités, tableaux.*
Roussy (comte de), au château de Sales, près d'Annecy (Savoie). — *Autographes, objets d'étagère, tableaux.*
Roux, à Castelnaudary (Aude). — *Céramique, curiosités.*
Roux (Jules), à Marseille. — *Aquarelles des fables de la Fontaine par des maîtres contemporains, tableaux modernes, faïences, gravures, mobilier.*
Roux (Antony), à Marseille. — *Tableaux modernes.*
Roydet, à Dijon. — *Céramique, manuscrits, mobilier, tableaux.*
Royé-Belliard, à Lyon. — *Tableaux.*
Rozière (E. de), à Pimpenault près Blois. — *Céramique.*
Rozière (Eugène de), à Malzac (Lozère). — *Dessins et tableaux.*

Sabatier, à Agen. — *Mobilier, tapisseries.*
Sabatier (Victor), architecte à Nice. — *Céramique, mobilier, tableaux.*
Sabatier (Ernest), à Nîmes. — *Curiosités, livres, tableaux.* — D.
Sacher de Launay, à Rennes. — *Armes, céramique.*
Saint-Albin, à Paris, voy. vicomtesse A. Jubinal.
Saint-Charles (de), à Lyon. — *Armes, armures, mobilier.*
Saint-Cliver, à Bourges. — *Mobilier, tapisseries.*
Saint-Clou (marquis de), à Compiègne. — *Tableaux.*
Saint-Géniès (baron de), à Paris. — *Objets d'art et curiosités diverses.*
Saint-Géniès (vicomte), à Paris. — *Id.*
Saint-Lary (de), à Toulouse. — *Curiosités.*
Saint-Maur (de), à Toulouse. — *Armes, armures, mobilier.*
Saint-Maurice (de), à Lyon. — *Armes, chinoiseries, mobilier, tapisseries.*
Saint-Olive, à Lyon. — *Armes, céramique, tableaux.*
Saint-Seine (Raoul de), à Dijon. — *Armes, céramique.*
Saint-Victor (Paul de), à Paris. — *Peintures décoratives du XVIIIe siècle, tableaux.* — D.
Salin (Patrice), à Paris. — *Estampes, tableaux.*
Salles (Jules), à Nîmes. — *Tableaux.*
Salzmann, à Paris. — D.
Sardou (Victorien), à Marly-le-Roi. — *Céramique, dessins, estampes, curiosités diverses, costumes.*
Sartel (O. du), à Paris. — *Céramique, numismatique.*
Sartigues (comte de), à Paris. — *Instruments de musique.*
Saulcy (de), à Paris. — *Numismatique.* — D.
Sauriac, à Agen. — *Tableaux.*
Saussure, à Falaise (Calvados). — *Curiosités.*
Sauvageot, à Paris. — *Collections au musée du Louvre.* — D.
Sauvagnac, à Honfleur (Calvados). — *Numismatique.*
Savoye, à Paris. — *Instruments de musique; pièces remarquables par leur belle décoration.*
Sayette (de la), à Poitiers. — *Bijoux anciens, émaux.*
Schœffer, à Paris. — *Tapis, faïences et bronzes orientaux, objets du Japon.*
Schneider, à Paris. — *Tableaux et objets d'art divers.* — D.
Schuter (baron), à Paris. — *Objets d'art et curiosités.* — D.
Scoté, à Clermont (Oise). — *Estampes, mobilier.*
Sébille (Paul), architecte à Paris. — *Peintures, objets d'art divers.*

SÉBILLOT, à Paris. — *Tableaux, mobilier breton, objets d'art et de curiosité.*
SEIDLER, à Nantes. — *Archéologie préhistorique.*
SELLIÈRE (baron), au château de Mello, près Senlis (Oise). — *Céramique, plats de Palissy, curiosités.*
SENTEZ (D^r), à Auch (Gers). — *Porcelaines de Sèvres.*
SICOTIÈRE (de la), à Paris. — D.
SLUIS, à Paris. — *Céramique.*
SMYTH (Mme Edmond), à Paris. — *Mobilier, tableaux, chinoiseries.*
SOMMERARD (Alexandre du), à Paris, fondateur du musée de Cluny. — D.
SOMMERARD (E. du), directeur du musée de Cluny.
SOUBIATES, à Saint-Brieuc (Côtes-du-Nord). — *Boiseries sculptées.*
SOULTRAIT (comtesse de), à Besançon (Doubs). — *Céramique.*
SOYER (Achille), architecte au Mans. — *Céramique, curiosités.*
SPITZER (Frédéric), à Paris. — *Armes, armures, tapisseries. Collection des plus remarquables.*
STEIN, à Paris. — *Horloges, ivoires, porcelaines de Sèvres, verrerie émaillée, objets du moyen âge.*
STEYRET (André), à Lyon. — *Armes, céramique, estampes, tableaux.*
STRAUS, à Paris. — *Ivoires, curiosités diverses.*
SUZE (marquis de la), à Courcelles, près de la Flèche (Sarthe). — *Antiquités, céramique, curiosités.*

TAFFIN, à Cambrai. — *Céramique, tableaux.* — D.
TAIGNY (Edmond), à Paris. — *Bronzes chinois et japonais, tapisseries.*
TALABOT (Paulin), à Marseille. — *Curiosités, tableaux.*
TALHOUET (marquis de), au château de Lude (Sarthe) et à Paris. — *Curiosités du moyen âge.*
TARADE (de), à Amboise (Indre-et-Loire). — *Tableaux.*
TARCY (Paul de), à Bayeux (Calvados). — *Numismatique.*
TASSINARI ET TASSEL, à Paris. — *Tissus italiens et orientaux des XVe et XVIe siècles.*
TAYLOR (baron), à Paris. — D.
TERNINCK, à Bois-Bernard, près Arras. — *Archéologie préhistorique, mobilier.*
TERRAY (vicomtesse du), à Paris. — *Dessins, tableaux, objets d'art très divers.*

TEULIÈRES, à Montauban. — *Céramique.*
THEIS (baron de), à Paris. — D.
THÉRY, à Douai. — *Numismatique.*
THÉVENOT, à Dijon. — *Dessins, estampes.*
THIERS (Ad.), à Paris. — *Bronzes, tableaux, estampes.* — D.
THOMAS (D^r), à Nevers (Nièvre). — *Céramique.*
THOMASSIN, à Douai. — *Bronzes, ivoires, meubles de Boule; porcelaines de Chine, de Saxe et de Sèvres.*
THUISY (marquis de), à Baugy près Compiègne, et à Paris. — *Armes, curiosités orientales, ivoires.*
TIFFOINE (Émile), à Saumur. — *Céramique.*
TILLARD (Ferdinand), à Bayeux. — *Céramique.*
TIMBAL (Ch.), à Paris. — *Bronzes, dessins, orfèvrerie, tableaux, sculptures de la renaissance.* — D.
TOINET (J.), à Tulle (Corrèze). — *Émaux, numismatique.*
TOLBEC, à Paris. — *Instruments de musique.*
TONNELIER (Dr Armand), à Auxerre. — *Céramique.*
TORCY (de), à Dijon. — *Antiquités gallo-romaines, numismatique.*
TOURETTE (de la), à Loudun. — *Curiosités diverses.*
TOURTIER (de), à Amiens. — *Céramique.*
TOUSSAINT (V.), au Havre. — *Céramique, curiosités.*
TOUSTAIN (comte de), à Vaux-sur-Aure (Calvados). — *Livres.*
TRAMECOURT (de), au château de Givenchy (Pas-de-Calais). — *Antiquités, curiosités diverses.*
TRIPIER, à Lille. — *Archéologie romaine, numismatique lilloise.*
TROCHET (vicomte du), à Écommoy, près le Mans (Sarthe). — *Tissus anciens.*
TRONCHOIRS, à Châtellerault. — *Faïences.*
TROUSSARD, à Montdidier (Somme). — *Tableaux.*
TROUSSURE (de), au château de Troussure près Beauvais (Oise). — *Archéologie préhistorique, céramique.*
TYSZKIEWIECZ (comte Michel de), à Paris. — *Antiquités.*

UZÈS (duchesse d'), à Paris. — *Manuscrits, éventails, miniatures.*

VAISSE, à Paris. — *Ivoires.*
VAISSE, à Troyes (Aube). — *Curiosités.*
VAISSIÈRES (Emmanuel de), au château de Vassé (Sarthe). — *Numismatique, tableaux.*
VALETTE, à Nevers. — *Céramique.*
VALLET (Jules), à Paris. — *Belle collection de faïences.*

VALLIER (Gustave), à Grenoble (1). — *Numismatique gauloise, romaine et française.*
VALPINÇON, à Paris. — *Cadres et bois sculptés, livres.*
VANDAL (Eugène), à Tours. — *Céramique.*
VAN DER CUISSE, au château de Flers (arrondissement de Lille). — *Céramique, manuscrits, mobilier.*
VAN DRIVAL (l'abbé), à Arras. — *Curiosités religieuses.*
VAN HEDDEGHEM, à Paris. — *Mobilier, tapisseries.*
VAN HENDEN (Édouard), à Lille (2). — *Numismatique lilloise.*
VANNIER, à Paris. — *Miniatures.*
VAN ROBAIS, à Abbeville. — *Faïences.*
VAUQUELIN, à Granville (Calvados). — *Curiosités.*
VAUTHIER, à Vitry-le-Français (Marne). — *Armes.*
VEDIÉ, à Évreux (Eure). — *Numismatique.*
VEHÉ, à Albi. — *Mobilier.*
VERDONNET (comte de), à Paris. — *Objets d'art divers.*
VERGUES (Ferdinand), à Carcassonne. — *Dessins du XVIII° siècle.*
VERNIER, à Roubaix (Nord). — *Numismatique.*
VERNOIS, à Senlis (Oise). — *Objets d'art et de curiosité.*
VERNON (Joseph), à Lyon. — *Estampes, livres, tableaux.*
VERVOITTE (Charles), à Paris. — *Céramique.*
VESVROTTE (comte de), à Dijon. — *Numismatique.*
VEYE (de), à Toulouse. — *Céramique, mobilier.*
VIBERT (Cl.-Th.), à Mer (Loir-et-Cher). — *Céramique, numismatique.*
VIBRAYE (marquis de), à Cour-Cheverny (Loir-et-Cher). — *Armures.*
VIDAL, à Cordes (Tarn). — *Tapisseries.*
VIGÉ (Étienne), à Toulouse. — *Armes, tableaux.*
VIGUIER (Charles), à Abbeville. — *Faïences.*
VILETTE (l'abbé), à Auch (Gers). — *Archéologie, curiosités.*

VILLARD, à Mâcon (Saône-et-Loire). — *Curiosités.*
VILLENEUVE (R.), à Tréguier (Côtes-du-Nord). — *Céramique, mobilier, tapisseries.*
VILLERS (G.), à Bayeux (Calvados). — *Numismatique, sigillographie.*
VINCENT, à Tours. — *Argenterie, céramique.*
VINCENT (Dr), à Paris. — *Céramique.*
VINCENT, à Paris. — *Miniatures.*
VIONNOIS (Félix), architecte à Dijon. — *Archéologie, curiosités.*
VITTA, à Lyon. — *Tableaux.*
VOGÜÉ (marquis de), à Paris. — *Bronzes et statuettes de la renaissance.*
VOILLIARD, à Dijon. — *Céramique, mobilier.*
VOULOT (Félix), à Épinal (Vosges). — *Bronzes, numismatique, tableaux.*

WADDINGTON, à Paris. — *Objets d'art divers.*
WARENGHIEN (de), à Douai. — *Mobilier, tableaux.*
WATEL, à Paris. — *Faïences de Palissy.*
WATELET, à Soissons (Aisne). — *Collection d'objets préhistoriques.*
WAVRIN, à Douai. — *Curiosités, tableaux.*
WERLÉ aîné, à Reims. — *Peintures et sculptures de l'école moderne.*
WERLÉ (Alfred), à Reims. — *Armures et antiquités gallo-romaines.*
WERNER (Dr), à Angoulême (Charente). — *Céramique.*
WERY-MENESSON, à Reims. — *Armes, armures, fers ciselés.*
WEISGERBER, à Montbéliard (Doubs). — *Céramique.*
WILLEMS, à Paris. — *Instruments de musique.*
WILLERMOZ, à Lyon. — *Céramique, tableaux.*
WINTERNITZ, à Paris. — *Statuettes et objets du Japon.*

YVON (d'), à Paris. — *Objets d'art.* — D.

ÉTRANGER.

ALCOCHETE (baron d'); Portugal.
ANGELO ANGELUCCI, à Turin, Italie.
ARBUTHNOT; Angleterre (3).

AREMBERG (duc d'), à Bruxelles, Belgique. — D.
ARIA (Pompeo); Italie.
AVILA (comte d'); Portugal.

BECKER; Hollande.
BELFORT; Hollande.
BERGGRUEN, à Vienne, Autriche.
BERNARD; Angleterre.
BISCARRA (Carlo Felice), à Turin, Italie.
BOGAERDEN; Hollande.

---

(1) Auteur de divers opuscules sur la numismatique.
(2) Auteur d'un ouvrage intitulé : *Numismatique lilloise*, 1 vol. in-8° avec planches.
(3) La vente de la collection de cet amateur a eu lieu à Londres en juin 1882 ; elle a produit 636,700 fr. Un vase de Sèvres fond bleu turquoise, forme ovale, a été adjugé à 33,000 fr. ; une aquarelle d'Alma Tadéma (le musicien), à 6,565 fr.

BOUTOWSKY (de); Russie.
BUCHER (D^r), à Vienne, Autriche.

CALDERINI (Gugielmo), à Pérouse, Italie.
CARA (Alberto), à Cagliari, Sardaigne.
CAVALLUCCI (Jacopo), à Florence, Italie.
CALVIN (Sidney), à Cambridge, Angleterre.
CUNLIFFE-OWEN (Philipp), à Londres, Angleterre.
CASTELLANI, à Rome, Italie.
CHESTERFIELD (comte de); Angleterre.
COSTER; Hollande.
CROI (de); Belgique.
CUYPERS; Hollande.

DUSSELDORF; Hollande.

EUSCHEDE; Hollande.

FALKE (von Jacob), à Vienne, Autriche.
FARABULINI; Italie.
FRANCHI (Alessandro), à Sienne, Italie.
FRANCKEN; Hollande.

GALIERA (duc de), à Gênes, Italie.
GAMBA (commendatore Francesco), à Turin.
GAMURRINI; Italie.
GENTILI; Italie.
GRAESS, Dresde, Saxe.

HAMERTON (Philip Gilbert), à Londres.
HAMILTON (duc d'), à Londres, Angleterre (1).
HEFFNER ALTENECK (baron de), à Munich, Bavière.
HERMANS; Hollande.
HERMON (Edward); Angleterre (2).
HOWTARD DE CORBIS; Angleterre.
HUNT; Angleterre.
HYMANS (Henri), à Bruxelles.

ISOLA (Guiseppe), à Gênes.

KELLEN (van der), à la Haye, Hollande.
KOTSCHOUBEY; Russie.

LAPINO; Italie.
LEYLAND; Angleterre.
LIGNE (prince de); Belgique.
LIPPMANN (Frederich), à Berlin.
LITTA (J.); Hollande.

MADRAZO (don Pedro de), à Madrid.
MAFFEI, à Vérone, Italie. — D.
MANCHESTER (duc de); Angleterre.
MAYEUR, à Hambourg, Allemagne du Nord.
MILANESI (cavaliero Gaetano), à Florence.
MORGAN (Thomas); Angleterre.
MORRISON, à Londres, Angleterre.
MOUSSINE (comte); Russie.
MUSSINI (L.), à Sienne, Italie.

OUTREMONT (comte d'), à Bruxelles, Belgique.

PALHA DE LACERDA; Portugal.
PAOLOZZI; Italie.
PENAFIEL (comte de); Portugal.
PERRUZI, à Florence, Italie.
PINCHART (Alexandre), à Bruxelles.
POLLACK, à Madrid, Espagne.
PALOVTSOFF, à Moscou, Russie.
POUCKNINE; Russie.

RÉGNIER-CHALON; Belgique.
REVILLOD (Gustave), à Genève, Suisse.
RICHARD WALACE; Angleterre.
ROBERT WALCKER; collection de plus de 400 éventails; Angleterre.
ROMER (F. F.), à Pesth, Hongrie.
ROOSER (Max), à Anvers.
ROBINSON, à Londres.
ROSKELL; Angleterre.
ROSSI (Amadeo), à Pérouse, Italie.

SCHARSPEENS; Hollande.
SERGE STROGANOFF, à Moscou, Russie.
SILVA (le chevalier da); Portugal.
SIX; Hollande.
SOUZA (marquis de); Portugal.
SOWKINE; Russie.
SPENCER (comte); Angleterre.

TITO (Clemente), Italie. — D.
TRIDEMAN; Hollande.

URSEL (d'); Belgique.

VANDEN BRADEN, à Anvers.
VAN VINKEROY (Eug.), à Bruxelles.
VON LOON; Hollande.

WAUTERS, à Bruxelles.
WEST; Hollande.
WILLER; Hollande.
WILSON (W.); Angleterre.

ZICHY (comte), à Buda-Besth, Hongrie.
ZORZI (comte), à Venise.
ZUCCHI; Italie.

---

(1) La superbe collection des ducs d'Hamilton, qui renfermait des meubles de Boule, de Gouthières, de Riesener, etc., provenant du château de Versailles, a été vendue à Londres en juin 1882.

(2) Le total de la vente de la collection Hermon, qui a eu lieu en juin 1882, s'est élevé à la somme de 925,000 fr. Le *Marché aux mariages de Babylone* de Long Edwin a été adjugé à 165,178 francs.

TABLE ANALYTIQUE ET SYNOPTIQUE

DES PRINCIPAUX TERMES

CONTENUS DANS

LE DICTIONNAIRE DE L'ART, DE LA CURIOSITÉ

ET DU BIBELOT,

RÉUNIS PAR GENRES OU FAMILLES.

I. — ARMES

ET LEURS ACCESSOIRES.

Aclis; Amusette; Angon; Anime; Arbalète; Arc; Armes; Armes de l'âge de pierre; Armes de bronze; Armes de fer et d'acier; Armes diverses et de diverses époques; Armes à feu; Armes assomptives; Armes blanches; Armes héraldiques; Armes d'honneur; Armet; Armure; Armures du moyen âge; Armures orientales; Arquebuse; Arrière-bras; Artillerie; Arzaguaye; Assagaie. — Badelaire; Bacinet; Baïonnette; Bandage; Bandoulière; Barbelée (arme); Bardes; Bassinet; Baudrier; Baverolles; Bécassonnier; Bec-de-corbin; Bec de crosse; Bec-de-faucon; Bec de gâchette; Bèle; Berche; Berruiers; Bombarde; Bombardon; Bouclier; Bourguignotte; Bourlette; Boute-feu; Boutu; Bracèle; Braconnière; Braquemart; Brassart; Brette; Brigandine. — Cabasset; Camail; Candjar; Canon; Cartouchière; Casque; Casquet; Casse-tête; Chanfrein; Cimeterre; Cimier; Claymore; Colletin; Corselet; Corsèque; Cotte d'armes; Cotte de mailles; Coulevrine; Couteau de chasse; Coutelas; Coutille; Crenequin; Croc à éléphant; Cuirasse; Cuissard. — Dague; Djoukan; Dirck; Dossière; Dragonne. — Écu; Embouchoir; Épaulière; Épée; Éprouvette; Escarpine; Escopette; Espadon; Espingole; Esponton; Estramaçon; Évidement. — Faltes; Fauchard; Fauconneau; Faucre; Faudes; Fauteau; Fer de lance; Flambe; Fleuret; Flissah; Fourreau; Framée; Francisque; Fusil. — Gantelet; Garde; Genouillère; Gèse; Glaive; Gorgerette; Gorgière; Gouttières; Grèves. — Haches; Hache de cornac; Hacquebuse; Hallebarde; Hallecret; Hampe; Hast (armes d'); Haubergeon; Haubert; Hausse-col; Heaume. — Jacque; Jaserand et Jazerand; Javelot. — Kama; Kathar; Kokrée; Kriss. — Lance; Langue de bœuf. — Main gauche; Mangonneau; Marteau d'armes; Masse d'armes; Mentonnière; Mésail; Mézail; Miséricorde; Morion; Mortier; Mousquet. — Pertuisane; Pique; Pistolet; Plastron; Platine; Poignard; Poitrail; Poitrinal ou Pétrinal; Pommeau; Pot à feu; Poudrière; Pulvérin. — Rapière; Roncone; Rondache; Rondelle; Rouet. — Sabre; Sagaie ou Zagaie; Salade; Saladine; Schacka; Solerets; Stylet. — Targes; Tassette; Têtières ou Testière; Tomahawk. — Ventail; Vireton; Visière; Wallonne. — Zagaie (voy. Sagaie).

II. — ARTS.

Américain; Antique; Arabe; Architecture; de l'Armurier; appliqué à l'Industrie; Assyrien; Aymaras. — Babylonien; Beau (théorie du); Beaux-arts; Blason; Byzantin. — Cambodgien; du Céramiste; Céroplastique; Chinois. — Damasquinerie (art de la); Décoration. — De l'Ébénisterie; Égyptien; Étrusque. — Flamand; Français. — Glyptique; Gravure; Grec; Gréco-romain. — Hébraïque; Héraldique; Hiératique; Hindou; Hollandais; de l'Horlogerie. — Imprimerie; Indien; Italien. — Japonais; Judaïque. — Kaschmirien; Khmer. — Libéraux. — De la Marqueterie; Mauresque; Mexicain; du Mobilier; Moderne; Moresque; de la Mosaïque; Musulman. — Ninivite (voy. Assyrien). — Ogival; de l'Orfèvrerie. — De la Peinture; Persan; Phénicien; Plastiques. — Réalisme dans l'art; de la Reliure; de la Renaissance; Romain; Roman; Romano-byzantin; Russe. — De la Sculpture; de la Serrurerie; Spiritualisme dans l'art. — De la Verrerie.

III. — BIJOUX ET JOYAUX.

Abraxas; Agrafe; Anneau. — Bague; Ballaux; Bijoux; Bijouterie; Boucle; Bracelet; Bractéates; Breloques. — Collier. — Dresde (travaux de). — Épingle. — Fermail; Fermailles; Fermillet; Ferronnière; Fibule; Frontier. — Joyau. — Montre; Mors de chape. — Pagode; Pectoral; Pent-à-col. — Troussère.

IV. — BLASON.

Abîme; Aigle; Alérion; Annelet; Armoiries; Armorial; Armorie; Armorier; Arraché; Arrêté; Assis. — Bâillonné; Bande; Bandé; Barre; Barré; Becqué; Blason. — Denché. — Ecots; Écu; Écusson; Émail; Empenné; Enquerre. — Fasce; Florencé; Fuselé. — Gironné; Givre; Grillet; Gringolé. — Hachures; Héraldique (art). — Jumelé; Jumelles. — Lambel. — Macle; Maille; Mantelet; Merlette; Morailles. — Otelle. — Pal; Palé; Papelonné; Penne. — Rais; Renchier; Rustre. — Sable; Safre; Sautoir; Sinople. — Taillé; Tiercé; Tourteau. — Vair; Vires.

V. — CÉRAMIQUE.

Acots; Achevage; Aigue-marine; Alcarazas; Amphore; Amphoridion; Antéfixe; Antigorium; Aspersion; Assiette; Azulejos. — Bain de pied; Barbotine; Bordement; Bordoyer; Buire. — Cailloutage; Calcine; Céladon; Craquelé; Céramique. — Encastage; Enfournement. — Faïence. — Huka. — Kannetjé. — Majolique; Marli. — Oiron ou de Henri II (faïence d'); Ombilic. — Palissy (faïence de); Patère; Pers; Pichet; Pichier; Plat; Poêle; Pomme; Porcelaines; Pot; Poterie; Potiche. — Soucoupe; Soupière; Surahé. — Terre cuite; Terrine; Théière. — Urne. — Vaisselle; Vase.

VI. — COSTUME ET ACCESSOIRES.

Abacot; Abat; Aiguillette; Alençon (point d'); Allouyère; Audace; Aumônière; Aumuce ou Aumusse. — Babouche; Barrette; Bas; Béret; Berthe; Bonnet; Brague; Bruxelles (point de). — Cadenette et Cadogan ou Cadogham; Caen (dentelles de); Caffetan; Ceinture; Chape; Chapeau; Chaperon; Chasuble; Châtelaine; Chaussures; Costume. — Dalmatique; Dentelles; Dossal. — Escafignons; Étoffe; Étole. — Gant; Gorgerin; Guipure. — Jacque; Justaucorps. — Manteau; Mantille; Mouchoir. — Nankin. — Passementerie; Peignoir; Pelleteries. — Ridicule; Robe. — Salonika; Samit; Soiries. — Tabard; Tronchines. — Velours. — Zurzaham.

VII. — GRAVURE ET LITHOGRAPHIE.

Aquafortiste; Aqua-tinta; Aquatintiste. — Border; Burin. — Canivet; Cartes. — Eau-forte; Echoppes; Entretailles; Épreuves. — Fac-similé. — Gravure (art de la); Gravure en creux; Gravure au burin ou en taille-douce; Gravure à l'eau-forte; Gravure au pointillé; Gravure au maillet; Gravure à l'aqua-tinta; Gravure en manière crayon noir; Gravure en couleur; Gravure héliographique; Gravure en relief typographique; Gravure en taille d'épargne; Gravure en bas-relief; Gravure sur pierre. — Hachures. — Intailles. — Lithochromie ou Chromolithographie; Lithographie; Lithophotographie. — Xylographie. — Zincographie.

VIII. — IMPRIMERIE, LIVRE, RELIURE.

Accolure; Aldines (éditions); Antiphonaire. — Bradel (reliure à la). — Couverture. — Estampes. — Gravure. — Impression; Imprimerie (art de l'); Incunables; Ivoire. — Livre. — Manuscrit; Missel. — Parchemin. — Reliure (art de la); sa technique. — Responsorial ou Responsaire (voy. Antiphonaire). — Typographiques (épreuves). — Vélin; Veluau.

IX. — INSTRUMENTS DE MUSIQUE
ET LEURS ACCESSOIRES.

Abub; Accordéon; Adufe; Ælodicon; Ælodion; Ælomedicon; Æoline; Aérophone; Aéroclavicorde; Agada ou Kwetz; Agali-keman; Agiosymandrum; Alto; Alto-basse; Ambira; Anche; Anduras; Apollonicon; Apollonion; Archet; Archiviole; Ardavalis; Arpanetta; Arpicorde; Arpinella; Arpone; Asias. — Baguette; Bansy; Barbitos; Barbiton; Basse; Basse-orgue; Basse-trompette; Basse-tuba; Basson; Bassonore; Baunk; Bec; Bugle. — Cainorfica; Caisse; Cajas; Calichon; Canne-pochette; Cithare; Clairon; Claquebois; Clarin; Clarinette; Claronceau; Clavecin; Clavicithérium; Clavicor; Clavicorde; Clavier; Contre-basse; Cor; Cor de chasse; Cor d'harmonie; Corne; Corne d'appel; Cornemuse; Cornet; Crible; Crishma; Crotales; Cymbales. — Djumpa; Dombour; Domp; Duff; Dulcimer. — Embouchure; Éoline; Éolodicon; Épinette. — Fifre; Flûte. — Gautha; Glass-corde; Gong; Guimbarde; Guitare; Guiterne; Gusli; Guzla. — Harmonica; Harmonicorde; Harmoniflûte; Harmoniphon; Harmonium; Harpe; Hauk; Hautbois; Hélicon; Hingkaou; Hula. — Kass; Khole; Kussir. — Lapa; Lourd (voy. Trompette); Luth; Lyre. — Maichiles; Mandoline; Mandore; Mélodica et Mélodicon; Mentonnière; Métronome; Musette; Musique (instruments de). — Nable ou Nablas; Nacaire. — Omerti; Ophicléide; Organistrum; Orgue. — Panduria; Pavillon; Piano; Porte-voix; Posthorn; Psaltérion. — Quena; Quinte. — Rababa; Ramsinga; Rebab; Rebec; Rebel; Rileck ou Rilek; Rojok; Rubèbe. — Sang; Sarangui; Sarinda; Saxhorn; Saxophone; Saxotumba; Saxtuba; Schyari; Serinette; Serpent; Sifoine; Sipooka; Sistre; Song; Sordone ou Sourdone; Sunarahé; Surmonglah; Swirella. — Tabri; Tambour; Tambour de basque; Tamboura; Tambourin; Tanbour; Tapon; Tarabouka ou Darbouka; Téorbe ou Théorbe; Thobla; Tikora; Timbale; Triangle; Trombone; Trompe de chasse; Trompette; Tympanon. — Urni. — Vielle; Viole; Violon; Violoncelle. — Wina. — Xénorphica; Xylorganon. — Zither; Zouggarah; Zourna ou Zamz.

X. — AMEUBLEMENT ET MOBILIER.

Abaque; Ameublement; Armoire.— Baguier; Bahut; Baldaquin; Banc; Banquette; Bonheur-du-jour; Brasero; Buffet; Bureau. — Cabinet; Canapé; Candélabre; Caquetoire; Carpette; Cartel; Chaire; Chaise; Chandelier; Chapier; Chenet; Chevalet; Chiffonnier; Coffre; Coffret; Commode; Console; Coupe; Crédence; Custode. — Dais; Déjeuner; Devant d'autel; Divan; Dosseret; Draperies; Dressoir. — Écran; Encoignure; Entre-deux; Escabeau; Étagère.—Fauteuil; Flambeau.

— Guéridon. — Huche. — Jardinière. — Kakémonos; Kaou-klou. — Lambris; Lampadaire; Lampas; Lampe; Landiers; Lanterne; Lavabo; Lit; Lustre. — Miroir; Mobilier; Mouchettes. — Paravent; Parement; Pelle et Pincettes; Pendule; Piano; Pliant; Portières; Psyché; Pupitre.— Scabellon; Service; Siège; Soufflet; Stalle; Stipo; Surtout de table.— Table; Tableau; Tabouret; Tapis; Tapisseries; Torchères, Trumeau. — Vase.

XI. — NUMISMATIQUE.

Abassi; Abra; Accolées (têtes); Affrontées (têtes); Assignat. — Bajoire; Bractéates. — Effigie; Encastrée (médaille). — Flan; Fleur de coin. — Jeton.— Médailles; Médailler; Méreaux; Mirliton. — Numismatique. — Restituées (médailles); Rouelle. — Sceau.

XII. — ARGENTERIE ET ORFÈVRERIE.

Aiguière; Alvéole; Argent; Argenter; Argenterie; Argenture; Assiette. — Bassin; Baste; Bate; Bater; Batteur d'or; Buire. — Cabaret; Cafetière; Calice; Châsse; Ciboire. — Drageoir. — Écuelle; Épingle; Étui à ciseaux; Ex-voto. — Flambeau. — Gobelet. — Insignes des arbalétriers de Clèves. — Miroir; Monstrance; Montre; Moutardier. — Nécessaire. — Orfèvrerie (art de l'); Ostensoir. — Papegai en vermeil; Patère; Pot à eau; Présentoir. — Reliquaire. — Salières; Sifflet; Soupière; Souvenir; Sucrier. — Timbale; Trépied. — Vaisselle.

XIII. — PEINTURE.

Accessoires; Accord; Aquarelle; Aquarelliste. — Camaïeu; Cartons; Clair-obscur. — Demi-teinte; Draperies. — Ébauche; Écoles de peinture; Écoles Italienne, Allemande, Colonaise, Anglaise, Flamande, Hollandaise, Française; Écorché; Églomise; Émail; Embu; Encaustique (peinture à l'); Encollage; Esquisse. — Flou; Fresque (peinture à la). — Gouache; Grec (art); Grisaille; Groupe. — Hachures; Lavis; Lumière. — Miniature; Mosaïque; Motif.— Palette; Panneau; Pastel; Pastiche; Peinture (art de la). — Réalisme. — Spiritualisme dans l'art; Symbolisme; Symbolique; Symétrie. — Tableau; Teinte; Teinter. — Vitrail.

XIV. — PIERRES PRÉCIEUSES, GEMMES.

Adulaire; Agalmatolithe; Agate; Aigue-marine; Amazonite; Ambre; Améthyste; Anteros;

Apatite; Aplome; Azur. — Bardiglio; Basilidiennes (pierres); Basse-riche; Béril; Béryl; Béricle; Brèche; Brocatelle. — Cabochon; Cachalong; Caillou; Calais; Calaïte; Calcédoine; Chalcédoine, Calcedonix; Camée; Chrysolithe orientale; Chrysoprase; Cipolin; Corail; Cornaline; Cristal de roche. — Diamant; Diorite. — Émeraude; Escarboucle. — Feldspath. — Gemme; Griotte. — Hématite; Hyacinthe. — Jade. — Lapis-lazuli. — Malachite; Marcassite. — Nicolo. — Obsidienne; Œil-de-chat; Opale. — Péridot et Péridon; Perle; Prase; Prime ou Prisme. — Quartz. — Rubace; Rubis. — Saphir; Sarde; Sardoine; Sardonyx; Spath. — Topaze; Tourmaline; Turquoise. — Urane. — Xylopale. — Yénite.

XV. — SCULPTURE.

Ache (feuilles d'); Acrostole. — Bas-relief; Buste. — Cachet; Camée; Cariatide; Ciselures. — Diptyque en ivoire. — Écorché. — Figurine; Flan; Fleur de coin. — Glyptique; Godrons; Gravure; Grec (art); Groupe. — Haut relief. — Intaille; Ivoire. — Java (pierre de). — Mascaron; Médaillon; Member; Miroir; Mobilier; Moulage. — Nini. — Ove. — Phalères; Pieta; Plaquette de bronze; Poids; Poignée; Pot; Poudrière. — Reliquaire; Retable; Rinceau; Ronde bosse. — Sculpture (art de la); Statue. — Terre cuite. — Vase; Vidrecome.

XVI. — ÉTOFFES ET TISSUS.

Alençon (dentelle d'); Algérienne; Ascots; Attaliques (tapis); Aubusson (tapis d'). — Baffetas; Bandona ou Bandanos; Barège; Barpoor; Batiste; Battik; Beauvais (tapisseries de); Bergame (tapisseries de); Bisette; Brocart; Brocatelle; Broderies; Bruxelles (point de); Byssus. — Cachemire; Cachemirette; Caen (dentelles de); Chantilly (dentelles de). — Damas; Dentelles; Drap d'or. — Étoffe. — Haick ou Haik. — Portières. — Ruban. — Samit; Soutache. — Tapis; Tapisseries; Tissus (art des); Tulle. — Velours. — Zurzaham.

XVII. — USTENSILES, INSTRUMENTS ET OUTILS DIVERS.

Aattouch; Alcarazas; Amorçoir; Amphore; Amphoridion; Ampoule; Amulette; Angoisse (poire d'); Antonnoire; Apographe; Applique; Apprêtoir; Appui-main; Aquamanile; Audiette. — Baiser de paix; Baromètre; Bougeoir; Bouteille; Bouterolle; Boutons; Bras-applique; Brasero; Broc; Brochoir; Buket; Buste. — Cache-platine; Cache-pot; Cachet; Casse-noisette; Casse-noix; Casse-sucre; Chausse-pied; Chenet; Ciseaux; Clef; Cloche; Coupe; Couverts; Cratère; Cuiller. — Dévidoir; Diapason; Diatreta. — Échenilloir; Échoppe; Écrin; Écritoire; Encensoir; Encrier; Éperon; Épi; Esconce; Estompe; Éteignoir; Étrier; Étai; Éventail; Ex-voto. — Furgette; Furgéore; Fusequoir; Fuseau. — Gaine; Garde-cendres; Gibecière; Goupillon; Gourde; Gril. — Heurtoir; Hexaptérige; Huka. — Instruments de torture. — Jacquemart; Jonque; Juste. — Kakémonos; Ketchkoull. — Lacrymatoires; Lancette à ressort; Lanterne; Lectrin; Lutrin. — Madre; Magot; Mannequin; Marteau; Mentonnière; Mestier; Mézuzoth. — Netzké; Nouche. — Œuf d'autruche. — Palanquin; Panier; Parapluie; Parasol; Pare-étincelles; Peigne; Phlébotome. — Pipe; Pistolet-briquet; Pitong; Poire d'angoisse (voy. Angoisse); Porte-cierge; Porte-huilier; Pupitre. — Quicé. — Râpe à tabac; Rouleau de pâtissier. — Sambue; Sarbacane; Scriptional; Sonnette; Soufflet. — Taille-plume; Tarots; Thermomètre; Traçoir. — Ustensiles. — Volant (jeu de). — Ydre ou Ydrie.

XVIII. — OBJETS ET TERMES DIVERS (1).

Acheiropoïetes; Afféron; Affiquage; Age; Alfa; Androïde; Araba; Arabesque; Arquebusier; Artichaut; Articles de Paris; Artiste; Assceoir; Assure; Attributs; Auberonnière; Autel; Autographe; Automate. — Bailloque; Bambou; Bannière; Barlotières; Barette; Bassinoire; Bâtons d'honneur; Battitures; Belière; Bélute; Bénitier; Bercelle; Bois; Boiseries; Boîte; Bol; Bombage; Bonbonnière; Boudin; Bouillon de mariée; Boursage; Bourse; Bouteille; Bouts de fable; Bridon; Broc; Bronze; Brûle-parfums; Buire; Buis; Burette; Burgaudine. — Cabaret; Cachets; Cadenas; Cadre; Cadran; Cage; Calendrier (pierres de); Calorifère; Calumet; Candélabre; Canette; Canne; Canope; Canthare; Cantine; Caracoli; Carreau; Carrelage; Carrosse; Cartes; Cassette; Cassolette; Châsse; Chauffe-doux; Chauffe-main; Chaufferette; Cheminée; Chibouque; Chien de Fô; Chinoiseries; Chronomètre; Compotier; Couronne; Croix; Crosse; Cruche. — Enseigne;

---

(1) Ces termes n'ont pu figurer à aucun titre dans les dix-sept divisions qui précèdent.

Esthétique; Estiviaux; Étain; Étendard; Études; Évidement; Exergue. — Fac-similé; Ferret; Ferronnerie; Fiche; Filigrane; Flambe; Flocart; Fonts baptismaux; Fusain. — Gaine; Galuchat; Garniture; Grotesques. — Héliographie. — Jonchets. — Lambrequins; Lapidaire; Laque; Lave; Lettrines; Lisse ou Lice. — Main de justice; Marque; Mitre; Mufle; Muserolle. — Œuvre; Olifant; Orfroi. — Paillon; Palanquin; Pastel; Pente; Pharmacie; Plumes; Pochade; Pont de montre; Puisoir. — Quatre-feuilles; Quintefeuille. — Repoussé; Résille; Rocaille (style). — Salvocat; Sceptre. — Trictrac; Trou-madame. — Verroteries; Voiture. — Yraingnée de fer.

FIN DE LA TABLE ANALYTIQUE ET SYNOPTIQUE.

www.ingramcontent.com/pod-product-compliance
Lightning Source LLC
Chambersburg PA
CBHW071707300426
44115CB00010B/1342